《韦卓民全集》编委会

湖北省学术著作出版专项资金资助项目

韋卓民全集

第二卷

康德的经验形而上学——《纯粹理性批判》上半部分注释

[英] 裴顿 著

高新民 整理

韦卓民 译

華中師範大學出版社

图书在版编目(CIP)数据

韦卓民全集·第二卷/[英]裴顿著;韦卓民译;高新民整理.—武汉:华中师范大学出版社,2016.7

ISBN 978-7-5622-7219-9

Ⅰ.①韦…　Ⅱ.①裴…　②韦…　③高…　Ⅲ.①韦卓民(1888—1976)—全集　Ⅳ.①C52

中国版本图书馆 CIP 数据核字(2015)第 315666 号

韦卓民全集·第二卷

责任编辑:郭志刚　　**责任校对**:罗　艺

编辑室:学术出版中心　　**电话**:027—67863220

出版发行:华中师范大学出版社　　**社址**:湖北省武汉市珞喻路 152 号

电话:027—67863426/3280(发行)　　027—67861321(邮购)

传真:027—67863291

网址:http://www.ccnupress.com　　**电子信箱**:press@mail.ccnu.edu.cn

印刷:湖北恒泰印务有限公司　　**督印**:王兴平

字数:1010 千字　　**封面设计**:甘　英

开本:710mm×1000mm　1/16　　**印张**:62

版次:2016 年 7 月第 1 版　　**印次**:2016 年 7 月第 1 次印刷

定价:186.00 元

欢迎上网查询、购书

总 序

历经20年以上两代华师相关学者曹方久、高新民诸教授的辛勤搜集、整理、校订、编辑,《韦卓民全集》终于出版问世。这是华中师范大学出版社的又一壮举,也是这位前辈大家给我们留下的一笔丰厚学术文化遗产。

韦卓民先生不仅是一位卓越的大学校长,还是一位学贯中西、博古通今的杰出学者,其重要业绩在于中西文化之沟通。他毕业于华大前身文华大学,并曾先后就读于哈佛、伦敦、牛津、柏林等世界著名大学。他以毕生精力营造中西文化交流的桥梁。正如年轻一代学者王宏维所描述的那样:“集翻译、研究、教学于一体,熔‘三大批判’于一炉,风雨如磐,运动迭起。精译、深耕、勤教,始终无怨无悔。”1915年,韦先生以英文撰写《孟子之政治思想》,取得文华大学文学硕士学位,可以看作是其学术生涯的发端。随后陆续发表的《佛教净土宗以信得救的教义及其与基督教之比较》(1920)、《孔门伦理》(1929,博士论文)、《中国文化之精神》(1947)等论著,则是这一事业的继续发展。上个世纪50年代中期以后,他身处逆境,而沟通中西文化致力更勤,译著笔耕始终未辍,如《康德哲学介绍》(1956)、《亚里士多德逻辑》(1957)、《培根与其〈新工具〉》(1956)、《康德哲学浅说》(1972)、《黑格尔〈小逻辑〉讲稿》(年代不详)等。这些学术业绩多侧重于介绍西方传统文化的精华,特别是对亚里士多德、培根、康德、黑格尔等人哲学名著的翻译、阐释与导读。早在1928年他就说过:“有机体须从其环境吸收并同化一些要素,而且只有在吸收及同化的过程不断的情况下,才可能有生命。‘综合’一词是很重要的。它意指我们须对我们要综合的文化有完整的分析,比较其优缺点,然后造成一个有机体的整体,以保存两种文化的优点。我们必须这样做,而且必须以母体系统为新结构的间架。这是精神创新的工作……又是多么伟大的工作。”(《东西文化之综合问题》,据台北韦卓民纪念馆译文)这些话陈义甚高。他是这样说的,也是这样做的,而且是以自己的全部生命投入这项伟大工作。或许可以说,不理解这一点就不懂得真正的韦卓民。

诚然，韦卓民是一个虔诚的基督徒，但他信仰而非偏执，更没有流于浅薄的迷信。其根本原因就在于他是一个真正的哲学家，在精神世界更着重于理性的超越，既超越世俗，也超越宗教。正如香港年轻一代学者陈广培所曾指出：韦卓民眼中的基督教与中国社会文化的关系，“隐含着‘他者’的伦理视野”，其终极探究乃是整个宇宙与人类文明的存在与变化。但他并非沉溺于幻想，而是立足现实，关切现实，理解现实。所以他在基督教对华传播问题上，极力主张必须根植于中华文化土壤。用我自己的话来表述，就是“主归中华应该先于中华归主”。作为基督徒，他当然希望“将远东拥有世界最悠久历史的这个国家的优良文化，带到主的神坛前，作为对主的奉献”。因此，他自己坦然承认：“我毕生研究，都在导致去发现怎样使中国文化基督教化。”但他毕竟又是一个经过长期科学训练的现代哲学家，他对基督教的信仰，虔诚而非迷信，从不认为任何经典就是绝对真理，而多数传教士与基督徒信奉与传播的也不一定就是真正的教义真谛。所以，他摒弃西方中心主义，特别是许多欧美差会在华传播基督教过程中所拘守的专断与偏执。我认为，他在学术上致力更多的还是对西方近代哲学名著的译介与诠释。即使是在神学方面，也是反复强调并致力于基督教的中国化，即根植于中华文化。

韦卓民一生最为辉煌的时期是1945—1947年。抗战胜利后，华中大学返回昙华林，重整家园，百废待兴，并且雄心勃勃制订十年发展计划。在此期间，他曾应邀赴美讲学，先是作为鲁斯世界基督教讲座教授(The Henry W. Luce Visiting Professorship of World Christianity)，发表题为“让基督教在中国土地上生长”(Rooting the Christian Church in Chinese Soil)的系统演讲。随后，又应Hewell基金会邀请，在Andoer-Newton以及波士顿的圣公会多次演讲，主题是“中国文化之精神”(The Spirit of Chinese Culture)。这些系列演讲，均于1947年在美国结集出版。

这次讲学，规格甚高，声誉颇隆。韦卓民以前在耶鲁大学的老同事，曾任美国历史学会与美国教会史学会会长的赖德烈教授(Kenneth Scott Latourette)，为其演讲文集撰写序言，高度评价说：“韦博士了解中国文化的精神，有同情而深度的睿智，同时他又是一位基督徒，在向英语世界里，阐述中国文化之深处,实在罕与其比。"赖德烈 1910—1917 年曾在中国雅礼学院任教,是上个世纪 30—40 年代美国中国史与教会史研究的领军人物,他对韦卓民的评价绝非礼仪性的客套,而是由衷的倾服。韦卓民虽然专攻西方哲学,但其中国文化根底甚深,长期教授逻辑学、代数与几何、政治学、哲学、神学等课程,早已具备中西跨文化研究(他自己称为"综合")的坚实基础,即使对欧洲早期汉学大家也不盲目崇信。韦卓民曾指出:"由于不够严谨地解释中国文字中若干名词,或是无意地把若干我们自己的意见掺杂到中国哲学宗教文献之中,我们假中国文化之名,表达我们自己的思想。……如此我们犯了理解上的谬误,翻译上的谬误,这尤其是在引用上最恶劣的谬误,因为在翻译原著时,你等于有效地告诉读者,这是原作者的意思。……最著名的汉学家,往往是最大的罪人。但是谁肯带头来批评呢?"他只有自己带头来批判,并且指名道姓地以这些"饱学之士"为例,如"19 世纪的 Legge(理雅各)与 Ross(罗约翰),20 世纪的 Bruce(卜道成)和 Rawlinson(乐灵生)"。他有意不提当时仍然在世的某些"饱学之士"的名字,算是给他们留点面子。

韦卓民在对外文化交流过程中显示出可贵的自觉与自信,他有足够的底气向西方学界挑战,因为他中文底子极好,熟读四书五经;又精通英、德、法、俄、希腊、拉丁等文字,不仅对西方相关经典著作钻研颇深,而且阅读涉猎甚广。例如,英国史学大师汤因比的巨著《历史研究》尚在陆续撰写出版之中,他就在演讲涉及人类文明兴衰时多次引用其论述,而当时中国史学界研究汤因比者还寥若晨星。韦卓民对西方"饱学之士"的批评,并非局限于经典中个别词语翻译的考订纠误。他特别强调:"我要指出的,不只是语言文字而已。整个的文化背景,必须也要加以考虑,诸如思想形式、思想规则、研究方法、哲学、宗教、艺术及社会结构等。"(以上引文均据老校友沈宝寰译文)因此,这种批评就不是口舌之争,更不是意气之争,而是力图实现层次更高而收效更为深远的东西文化高层交流。韦卓民的演讲不仅面对美国,而且面对世界;不仅面对基督徒,而且面对全人类。

韦卓民虽然是基督徒,但也是教育家与哲学家,他投入精力与思考更多的毕竟还是学校教育与哲学研究。教育使他进入世俗,哲学使他超越宗教;他追求美好的理想,但始终立足于现实,立足于中国的土地,厕身于中国的人民。因此,不像那些专业的神学家与偏执的布道者,他公开而真诚地履行现实社会的公民承担。抗战爆发后,他不断以英文撰写时评文章,向全世界介绍中国人民团结抗击日本疯狂侵略的真实情况,勇敢地表明反对法西斯主义的政治立场,比如1938年6月在美国《耶鲁评论》(Yale Reviews)上发表《抗战初期中国的若干问题》(Questions about China),1940年于重庆发表的长篇英文通讯稿《抗战时期中国的教育》(Education in Wartime China),1941年春发表于《基督王国》(Christendom)杂志的《中国战争对中国文化的影响》(Cultural Effects of the Present War in China),1941年3月在中国广播电台发表的广播词《学者在战争中的任务》(The Role of Scholars in the War)等。特别是这篇向美国人民发表的广播词,再次重申:"在中国所发生的战争,只是极权与民主间大战的先锋。过去一年半来的事实,证实了我的看法,中国正在作战,而且决心继续作战,直至正义和世界道德得到维护为止。"作为一所西迁云南大理的大学之校长,他还自豪地向世界宣布:"透过坚持不懈的努力,中国的高等教育,不仅在战时得以维持,而且在一些重要方面还获得了显著进步,特别是许多研究所和高等学府向大后方落后地区的转移,产生了很好的影响,使得过惯了沿海各地生活的师生们,有机会熟识内地的生活。这种情形本身就是一种具有深远意义的教育,文化得以广泛散布,现代思想得以传播,水准较低的学校,在和进步的省份迁来的大学接触后,也因此提高了程度和效能,其结果将是战后会出现一个更教育化的中国。"在这些平实而又恳挚的话语中,我们可以看到一个真正的爱国者,一个终生奉献教育的老校长,一个胸怀世界的卓越中国公民。

但是抗战结束以后,人们还没有从胜利的喜悦中醒悟过来,国民党反动派就发动了史无前例的大规模内战,而政府腐败与战祸绵延,迅速使广大民众再次陷入痛苦深渊。韦卓民与成千上万善良的知识精英一样,逐步放弃了对于国民党政府的幻想,同情民主运动,保护进步学生,并且毅然拒绝国民政府迁校台湾的指令。他与华中大学广大师生一起,迎接了新中国的诞生,并且接受人民政府的命令,断绝与外国差会的联系,把学校由私立改为公立,以后又顺应全国性院系调整,与中华大学、中原大学等校合并，改制建立华中师范学院。他确实自觉地努力适应新社会，新政府也确曾给予重视并委以领导建校的重任。但是由于朝鲜战争爆发，美国成为敌国，而中国选择“一面倒”的亲苏外交政策。在抗美援朝热潮中，教会大学被定位为“美帝侵华文化堡垒”，其校长也相应被定格为“帝国主义文化侵略代理人”。在肃清“亲美”、“崇美”、“恐美”思想运动的高潮中，韦卓民成为理所当然且火力集中的靶子，并且从此离开学校领导岗位，成为一般教师。1957 年他被错划为“右派”以后，在政治上更受歧视，“十年动乱”期间亦为当然的批斗对象，直至 1976 年以后才经过平反恢复名誉。但好景确实不长，不过两年，这一代学术宗师就溘然与世长辞。

应该承认，韦卓民 1949 年以后这将近 30 年之久的漫长岁月确实是一个悲剧，但悲剧并非个人原因造成。根据我个人亲自接触与文献检索两方面的了解，过去无论如何屈辱痛苦，俨然成为众矢之的，他都能以平和的心态、超脱的胸怀，似乎顺应而又有内在定力地坦然应对。他天性幽默，语言风趣。记得“文革”时期，他作为“批斗对象”每天都要挤公交车从昙华林到南湖校本部“集中学习”。吃中饭排长队时，有人好心提醒他的铝制饭盒已被挤扁，他微笑轻声回应：“人都扁了，何况饭盒?”这就是真实的韦卓民，一位伟大的哲学家、教育家。在那种是非颠倒、蒙冤受屈的岁月，仍然保持着学者的尊严与人格魅力，甚至在集中学习的“牛棚”里仍然照常写作不辍。

俱往矣，过往的岁月，已逝的往事！ 大江东去，浪淘尽千古风流人物。刘知几云：披沙拣金，时有获宝。评文如此，评人亦然，只要是真金，迟早总会闪耀炫目光芒。出版社领导嘱我作序，哲学与神学浅薄如我，何必贻佛头著粪之讥。但曾忝任后辈校长，毕竟有所相知，于公于私，义不容辞。感慨万端，直抒胸臆而已。不当之处，尚祈多界贤达不吝批评教正。

章开沅
乙未初冬 年方九十
于南湖实斋

韦卓民引领我们走向康德
——代出版前言

在中国，伟大哲学家康德的著作和思想正在被越来越多的人所熟悉、所掌握，他那博大精深的思想在中华民族精神进程中的魅力已逐步展现。

韦卓民先生对康德哲学在中国的传播起到了巨大的作用，他在康德哲学"东渐"过程中的关键性地位是不可磨灭的。

20世纪甫始，梁启超发表《近世第一大哲康德之学说》一文，首次向中国人系统地介绍了康德。

"五四"新文化运动前后，张颐先生率先将康德和黑格尔的哲学带进了中国大学的课堂，张铭鼎等许多老一辈的学者致力于康德哲学的介绍和传播，在文化理论界掀起了一个热潮。

20世纪30年代以后，国内陆续翻译出版了康德的一些原著，它们是：《纯粹理性批判》（胡仁源译，1931年，商务印书馆）、《实践理性批判》（张铭鼎译，1936年，商务印书馆）、《道德形而上学探本》（唐钺译，1937年，商务印书馆）。与此同时，也出现了一些有价值的研究专著和论文，如郑昕先生的《康德学述》（1946年，商务印书馆）。

从"五四"到中华人民共和国成立前，尽管康德哲学得到了一定传播，但正如贺麟先生所评论的：成效不大，深度不够，范围狭小，"以致最后谈康德的仅有学术界为数极少的几个人"①。这种情况之所以产生，恐怕与学术界对康德哲学原著的系统翻译和介绍工作做得不够有莫大关系。

20世纪60年代，这种情况得到了很大改善。康德的三大批判中译本陆续出版：《纯粹理性批判》（蓝公武译，1960年）、《实践理性批判》（关文运译，1960年）、《判断力批判》（宗白华、韦卓民译，1964年）。中国人终于可以用中文一窥康德批判哲学体系的全豹了。接着，商务印书馆又出

① 贺麟：《康德、黑格尔哲学在中国的传播》，见《贺麟选集》，吉林人民出版社，2005年，第461页。

版了三本解释康德原著的译作。即是韦卓民先生翻译的《康德〈纯粹理性批判〉解义》([英]斯密著,1964年)、《康德哲学著作选译》([加拿大]华特生编选,1963年)和《康德哲学讲解》([加拿大]华特生著,1963年)。

《纯粹理性批判》是批判哲学的根基,是康德的扛鼎之作。尘封20多年的蓝译《纯粹理性批判》的问世,对想学习康德而又无条件直接阅读原文的莘莘学子,就像久旱后之甘露[①],它成了哲学系学生和哲学研究者案头必备之书。读懂康德,特别是他的《纯粹理性批判》,是十分艰难之事。入门需要引领,康蒲·斯密的《康德〈纯粹理性批判〉解义》,像他英译的康德原著一样,是一本国际公认的权威著作,近一个世纪以来,广泛流传,经久不衰。这一著作汉译本的出版,对康德哲学的传播,无疑又是一场及时雨。试问,有志于研究康德的学者,有几位没有读过这本《解义》的呢?这本书当时"内部"出版,印数很少,可谓洛阳纸贵,得之者将它作为珍品收藏。直到20世纪90年代,有的学校因难觅此书,为教学需要,不得不内部翻印,可见它的价值和作用。

同期出版的其他两本华特生讲解康德的译作,也是对学习、研究康德极具参考价值的读物。《康德哲学原著选读》(原书1888年出版)编选了"三大批判"和《道德形而上学基础》四本原著中的若干章节。作者认为这些包括了康德系统思想的一切要点,对初学康德哲学的人很有帮助,可以为进一步研究康德哲学作好充分准备。这本书曾作为加拿大的大学教材,美国的大学也采用过。《康德哲学讲解》(原书1908年出版)是作者用前书作为基本教材向大学生讲的讲稿,积20年的教学经验整理而成。作者认为把这两本书结合起来向学生传授康德哲学,是"比较成功的一种试验结果"。韦卓民教授也正是用过华特生的教本和经验讲授康德哲学的。

以《解义》为标志的上述三本讲解康德哲学的著作,对促进康德哲学的教学、研究的重要意义,是显而易见的。它们的翻译出版,在康德哲学东渐史中,如果不能说"不亚于",那也是"仅次于"康德原著翻译出版的一件大事。在短短的两三年内,韦卓民先生向世人贡献了包括《判断力批判》(下册)在内的四本有关康德的译作,这在当时无人能出其右,可以说,

---

① 20世纪30年代出版的胡仁源的译本是公认读不懂的。

解放后国内引进康德哲学最早、最多、最有力者，实应首属韦卓民先生。这些事实已然可以确定：在康德哲学在中国传播的第三个阶段①中，韦先生起到了发端奠基的重要历史作用。

但韦卓民先生所从事的康德哲学的传播、研究工作远远不止于此，人们以前知道得太少了。

韦卓民先生是一位学贯中西、融汇古今的大学者。他在中外哲学史、逻辑、教育和宗教神学等领域中均有很深的造诣与丰硕的建树。在西方哲学史领域，韦先生着重研究了四个人，即亚里士多德、培根、康德和黑格尔。关于这四位哲人，他均有遗著留下，但花时间最长、耗精力最多的乃是康德。在他留下近百部(篇)达七八百万字的中英文遗稿中，关于康德哲学的竟占了二分之一左右。这些足以证明，20 世纪中期，国内关于康德哲学的传播和研究，韦先生确实是首屈一指的。

韦先生之所以花大力从事康德哲学的传播和研究，是因为，他把康德看作西方哲学思想发展中承前启后的最关键人物。他认为，研究西方近代哲学中的人不管谈什么哲学问题，都必须追踪到康德。在他讲授康德、黑格尔哲学时，讲到康德，不时会流露出一种激情，这是他讲黑格尔时所没有的。他曾向王元化先生讲过，他对康德的评价远远超过黑格尔。当然，在那极“左”的年代里，他在称颂康德的同时也不得不从政治角度斥责过康德几句，这是可以理解的。

韦先生在 1957 年突遭厄运后，从居住几十年的校长楼移居一间斗室，工资陡降，生活条件急剧变差，但他从容对待，一心扑到对康德等人的研究上，到“文革”前，数年内以惊人的速度译出有关康德的专著竟达 10 部，300 余万字(同一时期，韦先生还撰写和翻译了 4 本关于黑格尔哲学和逻辑学等方面的著作达 100 万字左右)。这个时期，是中国最需要理性和人性的时期，也是他在康德的研究中成就最多的时期，也许这并不是偶然的。商务印书馆慕其名向他约稿，由于“文革”爆发，只出版了 4 部，这可以说是学界的一大损失。此后 10 年，这位耄耋老人在蹲牛棚、下农村、

---

① 贺麟先生在《康德、黑格尔哲学在中国的传播》中把康德、黑格尔哲学在中国的传播分为三个时期：早期为从变法运动到五四运动，中期为从五四运动到全国解放，后期为中华人民共和国成立之后到现在。

挨批斗、受凌辱等更为恶劣的境遇中仍念念不忘康德、黑格尔,笔耕不辍。在那令知识分子濒于崩溃绝望的岁月,他鼓励难友说:“要有信心,做学问不能停下来!”像其他中国学者一样,韦卓民先生也以自己的人格谱写了康德、黑格尔东渐史上悲壮的一幕。

我们看到,韦先生关于康德研究的遗著中,绝大部分是译著,是康德的原著和对原著解读的著作。他认为,要真正认识康德哲学一定要读原著,特别是他的“三大批判”,这是康德哲学思想的精髓。韦先生曾著文专门分析“三大批判”的前提、基础和背景,提出了独到的见解。他认为“三大批判”中的《纯粹理性批判》是重中之重,代表了康德在哲学史上的地位。五六十年代,他在“康德哲学讲座”上,主要讲的是《纯粹理性批判》。他着重分析了该书的主题思想“验前综合判断怎样成为可能的?”这一课题的理论来源、内容实质和解决途径。正是因为想要帮助国内学子更好、更深入地学习这部名著,才知难而进,重新翻译这本最难读的书,以克服当时已有译本中的缺陷。在此前后,他还翻译了两位英国学者讲解《纯粹理性批判》的两本专著(即《康德〈纯粹理性批判〉解义》和《康德的经验形而上学》);特别在“文革”前夕,又翻译了康德为《纯粹理性批判》所撰的简写本《一切未来形而上学导论》。这些都说明了他对这一名著的异常重视。

但是韦先生并不是单纯为翻译而翻译,而是把研究寓于翻译之中,翻译的过程也就是他的研究过程。当年他讲康德、黑格尔哲学时,对一些重要概念、词语,总是反复地从结构、词根讲到语义,从英文、德文追溯到拉丁文,给人的感觉似乎有点“咬文嚼字”、“烦琐考证”,但只要用心体会,就会领略到其中的奥妙和深刻。

下面仅举两例:

例一,“a priori”一词,国内一般都译为“先天”,韦先生认为是错误的,因为“a priori”在拉丁文中并无“与生俱来”之意,康德用这个词更无此意。韦先生在译此词时,先译为“先验”,后一再琢磨,觉得也不妥当。因为在康德著作里多年来已用“先验”来译德文的“transzendental”,如果再用它来译“a priori”,就混淆不清了。于是他反复推敲,最后决定创造一个崭新的词语“验前”来译“a priori”。从字面上看,二者似无甚区别,实际上意思却大不相同,“验前”更符合康德的原意。韦先生在“文革”中还专为此写过一篇文稿。韦先生的这一翻译,目前已得到许多学者的认同。例如中国人民大学的钟宇人教授在来信中写道:“康德所用‘a priori’一词,蓝译本译为‘先天的’,影响很大,其实是不确切的。韦先生根据原拉丁文与对康德用意的深入研究,创译为‘验前的’,很符合康德所说‘绝对不依赖于经验的’原意。”

例二,《纯粹理性批判》第二版序言中康德有一句名言:Ich musste also das Wissen aufheben,um zum Glauben Platz zu bekommen。20 世纪的五六十年代,国内都把它译成“我否定知识,以便给信仰扫清地盘”,并据此认定康德是个反对科学知识的信仰主义者。韦先生说,这根本不是康德的原意,是英译者错误地把“aufheben”译为“deny”,国内有人据英文而译为“否定”,是跟着别人犯错误。因此韦先生根据对德文“aufheben”与“Glaube”词义的考察,及对康德思想主旨的理解,把这句话译为“我要扬弃知识,以便替信念留有余地”。近年来,随着对康德哲学研究的深入,学术界对把“aufheben”译为“扬弃”,把“Glaube”译为“信念”尚有不同的意见。但若留意到当年韦先生这样译,至少表达了康德既未否定知识,又给信仰扫清地盘的意蕴,从而为康德在中国的“错案”平了反,也就不难体会他的苦心了。

对康德哲学中的概念、术语,乃至重要句子,像这样苦心推敲、决不含糊的例子还有很多很多。正如韦先生说的,他在翻译时“以信为主”,用尽心思忠实于原著,不能为了追求“达”、“雅”而损伤原著本意。为了更忠实于原著,他始终不断地修订自己的译文,刻苦钻研、精益求精,正如他所说的,做学问一定要有一种“主见不可无,成见不可有”的独立与创新精神。这种精神在当今弥漫着浮躁、浮夸气氛的学术界,尤其值得提倡,值得推崇。

韦卓民先生在康德哲学研究领域卓有成效的工作,辉煌的成就,是他一生事业的重要组成部分。韦卓民先生乃是为了一个宏伟的工程而奋斗终生的。这个工程就是营造一座宽广而坚实的融通中西文化的桥梁。早在 70 年前,他已明确了这一奋斗目标。1928 年他在伦敦所作的一篇演讲中声称,融合异质文化是各民族文化发展的规律,而在当时的我国,“融合中西文化则是中国走向现代化而必需的、富有挑战性的工作”。他还旗帜鲜明地申明：在吸收西方文化时，我们反对妄自尊大的“保守派”，也要反对崇洋媚外的“洋化派”。如果说，解放前他在融合中西文化方面所做的工作主要是通过在国内办教会大学、宣讲基督教神学和在国外讲解与介绍中国传统优秀文化的话，那么，解放后他就把主要精力放在西方哲学史的译介上来了。原来，他研究、译介康德哲学正是站在这个高度来进行的！他常说：我们要在学习西方哲学时做到取长补短，以便更好地发展中国的哲学。他在上世纪50年代就曾多次说过：在欧洲，有些小国都翻译、出版了柏拉图、亚里士多德、康德、黑格尔等哲学大师的“全集”，而我们至今还没有一套，这同我们这个文明古国的地位是极不相称的。他立志要弥补这一缺陷。本来他已具备优越的主观条件，既“通晓古今”，又“学贯中西”，仅外语就精通英、德、法、俄、拉丁文等七八种。可他并不满足，仍自谦说“差距很大”。其实，他是在鼓励我们努力奠定扎实的功底，以铺设他理想中的“桥梁”。他还认为，在介绍西方文化、西方哲学时，要避免把西方的观念“解说成中国的观念”，过分追求中国化、通俗化，以致把人家的文化变质变味。我们体会他的意思是，在学习康德这样的西方哲学时，一定要力争学到原汁原味的康德思想；要努力体验领会德国语言的特征及其文化背景；设法逐渐领会康德的思维方式从而弄懂其实质，真正做到沟通中西，优势互补。

在这方面，韦先生开了先河，做了榜样，引领我们走近了康德，也引领我们走上了民族文化复兴的宽广大道。

唐有伯　曹方久

2006年6月24日

目 录

中译者前言 …… 1
序言 …… 1
第一章　引论 …… 1
1. 康德与其批评者 …… 1
2. 凑合说 …… 1
3. 极端与中庸的见解 …… 3
4. 凑合说的诸后果 …… 5
5. 康德自己对于《纯粹理性批判》的见解 …… 6
6. 康德学说的新颖性 …… 9
7. 新颖与含糊 …… 10
8. 康德之所以含糊的种种理由 …… 11
9. 康德的用语 …… 12
10. 某些保留 …… 13
11. 康德的要求 …… 15
12. 作为一个思想家的康德 …… 16

第一卷　康德的问题

第二章　出现与实在 …… 21
1. 第一性的质和第二性的质 …… 21
2. 出现对于实在的关系 …… 23
3. 心理的状态 …… 24
4. 种种困难 …… 25
5. 历史背景 …… 28
6. 观念论与科学 …… 28
7. 康德的实在论倾向 …… 30

8. 康德的论证 …… 31
第三章　综合的验前判断 …… 35
1. 哥白尼式的革新 …… 35
2. 验前知识 …… 36
3. 时间的居先性(Priority) …… 37
4. 验前知识的各种类型 …… 40
5. 分析判断与综合判断 …… 42
6. 分析判断 …… 43
7. 综合判断 …… 45
8. 康德的问题 …… 46
9. 康德的问题之实在性 …… 47

第二卷　空间与时间

第四章　感官与感受性 …… 51
1. 先验感性论 …… 51
2. 直观 …… 51
3. 感官与知性 …… 55
4. 外感官与内感官 …… 56
5. 直观的形式 …… 58
6. 纯粹直观 …… 60
第五章　空间与时间——形而上学的阐明 …… 63
1. 康德所提出的问题 …… 63
2. 形而上学的与先验的阐明 …… 63
3. 形而上学的阐明 …… 64
4. 空间与时间不是经验性的观念而是验前的观念 …… 65
5. 空间与时间不是概念而是直观 …… 69
6. 空间与时间的独一性 …… 70
7. 空间与时间的无限性 …… 72
8. 直观与概念作用 …… 76
9. 不同类别的抽象 …… 78

第六章　空间与时间——先验的阐明与结论 …… 81
1. 空间与时间的先验阐明 …… 81
2. 综合的论证与分析的论证 …… 83
3. 结论 …… 84
4. 牛顿的见解 …… 85
5. 莱布尼茨的见解 …… 86
6. 康德的见解 …… 87
7. 时间的在前性 …… 89
8. 形式与质料 …… 90
9. 经验上的实在性,先验上的观念性 …… 95
第七章　空间与时间——康德的种种假定 …… 97
1. 空间的普遍性 …… 97
2. 时间的普遍性 …… 98
3. 空间与时间的普遍性 …… 102
4. 空间与时间的必然性 …… 102
5. 现代数学的理论 …… 105
6. 康德对于代数的见解 …… 107
7. 验前结构的必要性 …… 108
8. 现代几何 …… 110
第八章　空间与时间——康德的结论 …… 113
1. 空间、时间和感受性的关联 …… 113
2. 空间与时间的主观性 …… 114
3. 一种粗浅的类比 …… 116
4. 必然性的主观性与关于必然性的知识 …… 117
5. 反对莱布尼茨与牛顿的那些论证 …… 118
6. 康德的理论 …… 122
7. 人类经验 …… 124
8. 空间与时间对于自在之物的关系 …… 126
9. 时间与自在之物 …… 127
10. 康德的论证的价值 …… 129

第三卷　形式逻辑与先验逻辑

第九章　形式逻辑 …… 133
1. 形式逻辑 …… 133
2. 形式逻辑的划分 …… 134
3. 形式逻辑全是验前的 …… 136
4. 概念的质料 …… 138
5. 概念的不同类型 …… 141
6. 概念的形式 …… 143
第十章　形式逻辑(续) …… 148
1. 判断的各种形式 …… 148
2. 判断的各种形式是否是普遍而又必然的 …… 150
3. 康德的中心论证 …… 152
4. 某些批评 …… 152
5. 康德的理想 …… 154
6. 综合判断的形式 …… 155
7. 推理的思维与分析的思维 …… 158
8. 判断就是综合 …… 161
第十一章　先验逻辑 …… 163
1. 先验逻辑与形式逻辑 …… 163
2. 先验逻辑的性质 …… 164
3. 先验知识 …… 167
4. 知识的先验使用 …… 170
5. 先验逻辑能替代形式逻辑吗 …… 171
6. 先验逻辑的划分 …… 172
7. 康德的“建筑术”(Architectonic) …… 174
8. 先验分析论 …… 176
9. 概念的分析论 …… 176
10. 形而上学的演绎与先验的演绎 …… 177
11. 主观的演绎与客观的演绎 …… 178

第四卷　范畴的形而上学演绎

第十二章　概念作用与判断 ………………………………………… 183

1. 形而上学演绎的划分 ………………………………………… 183
2. “机能”(function)的意义 …………………………………… 183
3. 论证的梗概 ……………………………………………………… 186
4. 概念 ……………………………………………………………… 186
5. 判断 ……………………………………………………………… 188
6. 范畴 ……………………………………………………………… 192
7. 图型化的范畴 …………………………………………………… 195

第十三章　概念作用与综合 ………………………………………… 198

1. 纯粹直观与范畴 ………………………………………………… 198
2. 综合的性质 ……………………………………………………… 198
3. 综合与分析 ……………………………………………………… 201
4. 知识中的两个因素 ……………………………………………… 204
5. 综合与概念 ……………………………………………………… 205
6. 纯粹综合与范畴 ………………………………………………… 208
7. 验前知识的种种条件 …………………………………………… 210

第十四章　形而上学演绎 …………………………………………… 213

1. 论证的一般性质 ………………………………………………… 213
2. 判断中的统一性 ………………………………………………… 214
3. 统一性与综合 …………………………………………………… 216
4. 知性的纯粹概念 ………………………………………………… 218
5. 分析的统一性与综合的统一性 ………………………………… 219
6. 分析的统一性 …………………………………………………… 219
7. 综合的统一性 …………………………………………………… 220
8. 范畴与判断的形式 ……………………………………………… 223
9. 发现范畴的线索 ………………………………………………… 227
10. 分析判断与综合判断 …………………………………………… 229

第十五章　范畴 ……………………………………………………… 231

1. 各范畴 …………………………………………………………… 231

2. 范畴的三分法 …… 233
3. 范畴与类概念 …… 234
4. 副范畴（predicables）…… 235
5. 范畴表是否完整 …… 235

第五卷　先验演绎——导言性的阐明

第十六章　问题 …… 239
1. 先验演绎的划分 …… 239
2. 先验演绎的诸原理 …… 239
3. 经验性的演绎与先验演绎 …… 240
4. 空间与时间和范畴 …… 242
5. 时间上心理的发展 …… 242
6. 先验演绎的必要性 …… 243
7. 演绎范畴的困难 …… 246
8. 这种困难的理由 …… 247
9. 困难的例证 …… 250
10. 求援于经验是无用的 …… 250
11. 凑合说 …… 251
12. 直观与知性 …… 252
13. 动物的意识 …… 254
第十七章　解决问题的方法 …… 258
1. 哥白尼式的革新 …… 258
2. 经验性的观念 …… 259
3. 验前的观念 …… 259
4. 纯粹直观与纯粹概念 …… 260
5. 对象 …… 261
6. 一个一般对象的概念 …… 262
7. 客观演绎的方法 …… 263
8. 先验演绎的一般原理 …… 264
9. 主观演绎的方法 …… 265

第十八章　临时的阐明 …… 268
1. 阐明的方法 …… 268
2. 重复 …… 269
3. 客观演绎 …… 269
4. 主观演绎 …… 271
5. 三重综合 …… 272
6. 论证的计划 …… 274
第十九章　三重综合 …… 276
1. 时间的重要性 …… 276
2. 领会的综合 …… 277
3. 再生的综合 …… 281
4. 三种想像力 …… 284
5. 先验的相近性 …… 285
6. 再生的纯粹先验综合 …… 288
7. 认识的综合 …… 290
8. 清楚的与模糊的观念 …… 293
9. 经验性的与先验的统觉 …… 295
第二十章　对象与概念 …… 297
1. 康德阐明的方法 …… 297
2. 对象 …… 297
3. 意识的形式统一性 …… 300
4. 综合与概念 …… 301
5. 概念与规则 …… 302
6. 经验性的概念 …… 304
7. 必然的再生 …… 306
第二十一章　统觉与自然的统一性 …… 308
1. 必然的综合统一性与统觉 …… 308
2. 经验性的与先验的统觉 …… 310
3. 内感官与经验性的统觉 …… 311
4. 先验统觉 …… 314

5. 统觉的统一性 …… 316
6. 统觉作为经验的条件 …… 319
7. 自然的统一性 …… 321
第二十二章 先验的对象 …… 325
1. 统觉与先验的对象 …… 325
2. 先验的对象与自在之物 …… 328
第二十三章 统觉和范畴 …… 333
1. 阐明的次序 …… 333
2. 经验的统一性 …… 334
3. 统一性是按照概念的 …… 336
4. 范畴与思想的各种形式 …… 337
5. 统觉与范畴 …… 338
6. “作用”（function）的意义 …… 340
7. 综合的作用 …… 344
第二十四章 出现的亲合性 …… 348
1. 出现的亲合性 …… 348
2. 先验的与经验性的亲合性 …… 350
3. 自然的统一性 …… 352
4. 独一的无所不包容的经验 …… 352

第六卷 范畴的先验演绎

第二十五章 顺行的阐明 …… 359
1. 有权威的阐明 …… 359
2. 统觉的统一性 …… 360
3. 杂多的统一性 …… 361
4. 经验性的与先验的意识 …… 362
5. 知性的各原理 …… 363
6. 清楚的与模糊的观念 …… 364
7. 想像力的纯粹综合 …… 365
8. 纯粹综合与经验 …… 366

9. 想像力的先验综合 …… 367
10. 想像力的综合的先验统一性 …… 368
11. 统觉与知性 …… 369
12. 知性与范畴 …… 370
13. 知性与出现 …… 371
14. 知性与想像力 …… 372
第二十六章　退行的阐明 …… 375
1. 退行的阐明 …… 375
2. 所予的出现 …… 375
3. 领会的综合 …… 377
4. 再生的综合 …… 378
5. 先验的亲合性 …… 379
6. 想像力的先验综合 …… 381
7. 先验的想像力与经验 …… 382
8. 先验的想像力与统觉 …… 383
9. 范畴 …… 385
第二十七章　知性与自然 …… 388
1. 知性的作为规则的力量 …… 388
2. 规则与规律 …… 389
3. 康德自己的定义 …… 390
4. 作为立法者的知性 …… 391
5. 最后的概述 …… 392
6. 凑合说 …… 393
第二十八章　客观演绎 …… 394
1. 第二版中的演绎 …… 394
2. 客观演绎与主观演绎 …… 395
3. 客观演绎概述 …… 396
4. 结合或说综合 …… 397
5. 统觉的综合统一性 …… 403
6. 统觉与知识对象 …… 407

7. 统觉的客观统一性 …… 410
8. 统觉与判断的形式 …… 412
9. 客观演绎 …… 414
10. “所予”一词的不明确性 …… 415
第二十九章　主观演绎 …… 417
1. 范畴与人类经验 …… 417
2. 客观演绎与主观演绎 …… 418
3. 主观演绎的构架 …… 420
4. 知识通过范畴而有的限制 …… 420
5. 范畴与非人类的智力 …… 421
6. 范畴与时间的形式 …… 422
7. 想像力的先验综合 …… 424
8. 主观演绎的目的 …… 426
9. 领会的综合 …… 427
10. 领会包含有空间与时间 …… 428
11. 空间与时间包含有统一性 …… 428
12. 主观演绎 …… 429
13. 量的范畴 …… 430
14. 因果性的范畴 …… 432
15. 作为立法者的知性 …… 433
第三十章　演绎的论证 …… 434
1. 经验的分析 …… 434
2. 思想的要求 …… 435
3. 思想的各种形式 …… 438
4. 演绎的主观的和客观的两方面 …… 440
5. 康德的论证之性质 …… 443
6. 哥白尼式的革新 …… 445
7. 康德的见解所含的种种困难 …… 448
8. 哥白尼式的革新与范畴 …… 450
第三十一章　经验中的因素 …… 453
1. 统觉的统一性 …… 453

2. 对象的统一性 …… 454
3. 想像力的综合 …… 454
4. 综合是有意识的还是无意识的 …… 455
5. 这个两难的种种错误的假定 …… 457
6. 先验综合的实例 …… 458
7. 经验的发展 …… 459
8. 综合的必然性 …… 460
9. 心与实在性的合作 …… 462
10. 经验性的实在论与先验的观念论 …… 463
11. 当前的论证之种种限制 …… 465

第七卷 范畴的图型法

第三十二章 范畴与图型 …… 469
1. 康德的论证之一种概述 …… 469
2. 论图型法这一章的重要性 …… 471
3. 判断的先验学说 …… 472
4. 在范畴下的统摄 …… 474
5. 在范畴下的统摄之困难 …… 476
6. 先验的图型 …… 478
7. 范畴通过图型所受的限定 …… 480
8. 一般的图型 …… 481
9. 先验图型的种种特征 …… 485
10. 各种结论的概述 …… 487
第三十三章 先验图型 …… 489
1. 范畴与图型 …… 489
2. 量的图型 …… 490
3. 质的图型 …… 494
4. 关系的图型 …… 497
5. 样式的图型 …… 500
6. 康德的概述 …… 503

7. 图型的数目 …… 506
第三十四章 图型的重要意义 …… 508
1. 统摄与三段论式 …… 508
2. 范畴与图型 …… 510
3. 想像力的先验综合 …… 511
4. 知性的图型法 …… 513
5. 康德学说的价值 …… 515
6. 重建的可能性 …… 516

第八卷 知性的原理

第三十五章 综合判断的最高原理 …… 521
1. 康德的论证之性质 …… 521
2. 分析判断的原理 …… 522
3. 综合判断的不同类别 …… 524
4. 所谓“第三物” …… 525
5. 经验的可能性 …… 528
6. 一切综合判断的原理 …… 532
第三十六章 知性的原理 …… 534
1. 原理的不同类别 …… 534
2. 知性的各原理 …… 535
3. 直观的确实性与推理的确实性 …… 536
4. 这些原理的证明 …… 538
5. 现代科学与知性的原理 …… 541

第九卷 数学的原理

第三十七章 直观的公理 …… 545
1. 公理的原则 …… 545
2. 第一版中的证明 …… 545
3. 第二版中的证明 …… 548
4. 综合的前后相继性 …… 549

5. 直观与对象 …… 552
6. 感性论的学说 …… 553
7. 几何的公理 …… 555
8. 量（quantitas）与限量（quantum） …… 556
9. 算术的公式 …… 560
10. 数学对于经验的对象之应用 …… 562
第三十八章 感官知觉的预测 …… 564
1. 预测的原则 …… 564
2. 第一版中的证明 …… 568
3. 第二版中的证明 …… 569
4. 内涵量 …… 571
5. 质的综合 …… 574
6. 对象的因果作用 …… 576
7. 连续性的学说 …… 577
8. 空洞的空间与空洞的时间 …… 579
9. 康德的结论 …… 580

第十卷 经验的类比

第三十九章 类比的原则 …… 585
1. 这原则的系统表述 …… 585
2. 第一版中的论证 …… 586
3. 时间的样式 …… 588
4. 第二版中的论证 …… 592
5. 论证的种种假定 …… 594
6. 论证的结论 …… 596
7. 这论证的一般性格 …… 598
第四十章 类比的特别性格 …… 601
1. 类比是制约性的 …… 601
2. “类比”的第一种意义 …… 602
3. “类比”的第二种意义 …… 603

第四十一章　第一种类比 …… 605
1. 永恒性的原理 …… 605
2. 第一版的论证 …… 606
3. 第二版的论证 …… 609
第四十二章　实体 …… 612
1. 在什么意义上领会是前后相继的 …… 612
2. 永恒的东西与时间的确定 …… 615
3. 时间的永恒性 …… 617
4. 基体(substratum)与实体(substance) …… 619
5. 实体能被知觉吗 …… 622
6. 实体的限量 …… 625
7. 物质性的实体 …… 626
8. 物质不灭 …… 629
9. 实体的经验性标准 …… 630
10. 变动的概念 …… 632
11. 科学与经验 …… 633
第四十三章　第二种类比 …… 636
1. 因果性原理 …… 636
2. 因果性的六种证明 …… 638
3. 第一种证明 …… 639
4. 对象与其时间上的关系 …… 643
5. 第二种证明 …… 650
第四十四章　第二种类比（续） …… 655
1. 第三种证明 …… 655
2. 因果性这个概念的起源 …… 658
3. 第四种证明 …… 658
4. 第五种证明 …… 662
5. 第六种证明 …… 665
第四十五章　因果性的论证 …… 669
1. 康德的种种预先假定 …… 669

2. 康德的论证 …………………………………………………… 670
3. 客观的与主观的前后相继 ………………………………… 672
4. 经验的各种条件 ………………………………………… 674
5. 进行到经验的过程 ……………………………………… 677
6. 因果性与时间 …………………………………………… 678
7. 特殊的因果律 …………………………………………… 680
8. 想像力的先验综合 ……………………………………… 683
第四十六章 因果性与连续性………………………………… 685
1. 康德关于因果性的概念 ………………………………… 685
2. 原因与结果的前后相继性 ……………………………… 687
3. 变动的连续性 …………………………………………… 688
4. 连续性的定律 …………………………………………… 691
5. 连续性作为领会的形式条件 …………………………… 692
第四十七章 第三种类比……………………………………… 696
1. 相互作用的原理 ………………………………………… 696
2. 同时并存的意义 ………………………………………… 698
3. 第二版中的证明 ………………………………………… 700
第四十八章 第三种类比（续）……………………………… 710
1. 第一版中的证明 ………………………………………… 710
2. 相互作用与感官知觉 …………………………………… 714
3. 相互作用与统觉的统一性 ……………………………… 717
4. 相互作用与同时并存 …………………………………… 721
5. 康德对于相互作用的证明 ……………………………… 726

第十一卷 经验性思想的公准

第四十九章 可能性…………………………………………… 731
1. 可能性、现实性与必然性的原理 ……………………… 731
2. 样式各范畴的相互依赖 ………………………………… 734
3. 思想与其对象 …………………………………………… 737
4. 第一条公准 ……………………………………………… 739

5. 可能性对不同类型概念的关系 …………………………………… 740
6. 经验的可能性 …………………………………………………………… 746
第五十章　现实性与必然性………………………………………………… 749
1. 第二条公准 ……………………………………………………………… 749
2. 第三条公准 ……………………………………………………………… 753
3. 某些传统的想法 ………………………………………………………… 755
4. 莱布尼茨式的可能性 …………………………………………………… 756
5. “公准”这词的意义 ……………………………………………………… 758
6. 康德的阐明之有效性（competence） ………………………………… 760

第十二卷　先验观念论

第五十一章　经验实在论………………………………………………… 765
1. 批判哲学的诸问题 ……………………………………………………… 765
2. 笛卡尔与贝克莱 ………………………………………………………… 766
3. 观念论的驳斥 …………………………………………………………… 767
4. 转向对观念论的进攻 …………………………………………………… 770
5. 经验实在论与先验观念论 ……………………………………………… 773
6. 感官与想象 ……………………………………………………………… 774
第五十二章　内感官与自我知识………………………………………… 776
1. 内感官的似是而非 ……………………………………………………… 776
2. 知性、想像力与内感官 ………………………………………………… 779
3. 康德学说的例证 ………………………………………………………… 781
4. 内感官与现象性的自我 ………………………………………………… 785
5. 统觉与自我知识 ………………………………………………………… 788
第五十三章　自我知识与对象知识……………………………………… 791
1. 自我的存在 ……………………………………………………………… 791
2. 对象的存在 ……………………………………………………………… 793
3. 内外感官的实在性 ……………………………………………………… 796
4. 内外感官的观念性 ……………………………………………………… 798
5. 时间与内感官 …………………………………………………………… 799
6. 内感官与现象性的自我 ………………………………………………… 801

7. 出现与幻相 …… 802
8. 内感官的种种困难 …… 804
9. 一种粗糙的类比 …… 809
第五十四章　概念的先验使用 …… 811
1. 经验性的实在论与先验的观念论 …… 811
2. 概念的经验使用 …… 812
3. 概念的先验使用 …… 814
4. 数学的种种概念 …… 815
5. 范畴 …… 816
6. 康德的结论 …… 819
第五十五章　本体与先验对象 …… 823
1. 现象与本体 …… 823
2. 关于本体的所谓知识 …… 824
3. 先验对象 …… 826
4. 对于本体的信念之起源 …… 828
5. 康德在第一版中的结论 …… 829
第五十六章　现象与本体 …… 832
1. 范畴与关于本体的知识 …… 832
2. “本体”的积极与消极意义 …… 834
3. 我们能认识自在之物吗 …… 835
4. 思想与直观 …… 836
5. 作为一种限制概念的“本体”概念 …… 837
6. 知性不为感受性所限制 …… 839
7. 知性与感受性的统一 …… 840
8. 知识的种种限制 …… 841
写完之后的话 …… 843
一般的索引 …… 845
有注释的段落之索引 …… 919
汉欧翻译名词对照表 …… 928
整理者后记 …… 940
出版后记 …… 941

中译者前言

本书是从裴顿（H. J. Paton）1936 年英国伦敦出版的《**Kant's Metaphysic of Experience**》一书译出的译本，标题为《康德的经验形而上学》。作者裴顿是苏格兰格拉斯哥大学的逻辑学教授，毕业于英国牛津大学，并曾任该大学皇后学院的研究员。该书的副标题是“**A Commentary on the First Half of the Kritik der Reinen Vernunft**”，兹译为“《纯粹理性批判》上半部注释”。

康德的《纯粹理性批判》这部名著早就受到我国哲学研究者的重视。新中国成立以来，在党的领导下，我国的西洋哲学研究者以马克思列宁主义为武器，以毛泽东思想为指导，大力普遍展开对于一切唯心主义的哲学派别与思想家的研究与批判，而作为德国的古典唯心主义创始人的康德当然不能例外。我们都知道康德的哲学思想在欧洲，乃至在全世界，其影响之广，以及遗毒之深，是十分厉害的，所以就格外要予以严格而尖锐的分析与批判。可是，要进行这种艰巨的工作，势必从研究康德的原著入手始克有效。

康德在 18 世纪的德国，毕生从事教学与著作，其生前与死后刊出的大大小小作品不下两百多种，但是主要的还是他有名的三种《批判》，即《纯粹理性批判》、《实践理性批判》与《判断力批判》，其余的如他的《1770 年教授就职论文》、《未来形而上学导言》、《自然科学的形而上学初步》、《道德形而上学探本》和他早年的《自然通史和天体理论》等书，只可作为参考而已。然而，研究康德的三种《批判》的人们，每每又是从《纯粹理性批判》一书入手的，而虽然这书不能与其他两种《批判》孤立开来看，但是想要理解康德的整个思想体系，尤其是他的方法论与认识论部分，我们是必须好好地掌握《纯粹理性批判》的概要的。

可是，康德的著作之中，除了他的《判断力批判》之外，《纯粹理性批判》可能是最难读的，其原因不但是由于这书的原用德文极其麻烦复杂，不易理解，正如裴顿在其《康德的经验形而上学》一书的序言里所说："由于缺乏一种详细的注解，结果便是关于康德（在《纯粹理性批判》里）的种种学说，不免意见分歧，莫衷一是……乃至……对于康德的词句，究竟是作何解，都是莫名其妙。"原德文本是这么难读，而翻译本则每每更有甚焉。所以，要有某种比较详明的注解，是为研究康德《纯粹理性批判》的人所必需的。

19世纪的最后20多年，在德国曾有花亨格尔（H. Vaihinger）、阿迪克斯（E. Adickes）等少数几个研究者作过这书的某种比较详细的解释，但是对于我国的哲学工作者来说，由于语言的隔阂，还是没有多大帮助。

英国的康德研究者凯尔德（E. Caird）在1889年曾刊出过《伊曼努尔·康德的批判哲学》一书，两巨册。对于某些问题讨论得极为详尽，但是这位作者是从黑格尔哲学的观点来谈康德的思想的。关于这种做法，我本人在这里姑且不提出具体的意见，以后当有关于这个题目的专论，而目前只想说，用黑格尔的观点来解释康德，难免有歪曲康德之虞。所以凯尔德的这部巨作，作为参考则可，而作为帮助我们去真正理解康德，则似乎不可。可是，这只是一己之见，不能作为定论，而且与目前的问题没有直接的关系。

近40年来，从康德的著作本身来了解康德的思想的一些论述，刊成为书的比较以前为多。据我本人所接触到的来说，有两种用英文写出的关于《纯粹理性批判》的解义或注释是值得注意的。一种是苏格兰康蒲·斯密（Kemp Smith）1918年在英国伦敦出版的《康德〈纯粹理性批判〉解义》，曾为本译者译出，于1961年2月以笔名绰然，由北京商务印书馆出版，作为内部读物。康蒲·斯密有鉴于《纯粹理性批判》一书的某些地方不易理解，而且认为实质上是自相矛盾，至少是前后不一致的，乃努力于正文的详细考证，沿用德人花亨格尔在其《注释》所采取的所谓"凑合说"，认为《纯粹理性批判》一书是康德仓促间凑合历年的各时代所写的手稿，未遑加以仔细地整理而编成的。这种见解不无说服人之处，虽然我们对之是可以有完全不同的看法的。至少从校勘的观点来看，康蒲·斯密氏把该巨帙中的某些段落，甚至某些个别词句，按其认为是所属的前后不同的年代清理出来，从而加以解释，这种工作，对于注意考证与校勘的读者来说，不无相当的贡献。但是，这部《解义》虽然关于原德文的字句曾详加核定，以便读者理解译文，然而对于书中所用的名词，所碰见的某些观念，还是没有进一步地明白解释，而今译的裴顿《康德的经验形而上学》其副标题为《〈纯粹理性批判〉上半部注释》一书，是旨在弥补康蒲·斯密的《解义》所遗留的缺陷的，因之这两部注解可说是互相补助的。

在校勘上，裴顿是力辟花亨格尔与康蒲·斯密所主张的“凑合说”的。他肯定地说：“我看不见任何理由来假定康德在任何时候使用什么笔记而不加以重新整理的。”（见裴顿原书上册，pp. 39-40）他并引用波鲁斯基所谈到康德写作的方法为证（见原书上册，p. 40）。这是裴顿氏在谈到《纯粹理性批判》里的“先验演绎”时所说的。但是，在别处有关于同样的问题，他也是持这种态度来驳斥“凑合说”。我们可注意他在这里用“康德在任何时候”这种概括的字样。

谈到《纯粹理性批判》一书的内容，裴顿氏以《康德的经验形而上学》为他的这部《注释》的标题。“经验形而上学”是什么意思呢？

我们会记得，康德在他的《纯粹理性批判》里，谈到纯粹理性的问题时，曾提出过“怎样可能有形而上学的科学”，如同我们在事实上有纯数学与纯物理学那样的这个问题。他的答复就是，他以前的那些各种形而上学是站不住脚的，因为它们都是以为用人们的知性或理性是能认识到事物如它们在其本身那样，而不但是如它们对人类的心所出现的那样的。可是，他反复地说明这是没有可能的，因为人类的知识能力是有其一定的限度的，就是说，关于客观对象的知识必须有感受性接受外来的直观为其质料的基础，而又有知性的范畴，或更确切地说，有知性范畴的图型，来给这种质料以其能使人理解的形式，如果二者缺一，都是不能有关于对象的客观知识的，所以说人类的认识能力是有其限度的，而这也就是人类经验的限度，超出这个范围，人类就绝不能有知识可言，最多不过是一些信念而已，而信念不是知识，因为它不一定在人类经验里有其确实在时间与空间里的可指定的对象。康德认为，在他以前的各种纯思辨的形而上学的失败，就是因为它们没有认识到人类认识能力的这种局限性，而冒昧地去谈在有经验以前的知识，那就是一种捕风捉影的举动，毫不能有实际上的效果。

但是人类知性有其范畴，这是早就在欧洲的哲学里所承认的一种概念。康德理解“范畴”为“终究的述项，普遍地而又必然地适用于每一个就其为事物而言的事物。作为普遍性的而又必然性的来说，范畴乃是纯粹的或说验前的，而且我们可以称它们为‘一种一般的事物的纯粹概念’”(见原书上册，p. 257)。“如果我们假定事物为自在之物，则没有可能在验前知道这些事物的普遍性而且必然性的性格。我们用范畴就能有验前的知识，只有范畴如果是由于心的性质而且又是为心加在它们知道的对象之上的。”(见原书上册，p. 257) 于是，裴顿就关于经验形而上学作出这个断言说：“所以康德的形而上学，一方面保留着过去的形而上学的一些理想，而另一方面它再不是和实在之作为实在有关的一种思辨的形而上学了。它改变为一种关于经验的形而上学，而有关于经验的对象之就其为经验的对象而言的种种普遍性的而且必然性的特征。”(见原书上册，p. 258) 用作者自己的话语来说，这就是“经验形而上学”的意思。

可是，作者认为他的这种说法完全是由系统地理解康德自己的学说而来的，是以康德自己的各种著作为根据的。作者一再声明：“如果我们要了解康德，我们就必须让他用他自己的方法说出他的问题来，而且我们又必须设法看明白这问题是什么。”(见原书下册，p. 28) 而且，他又具有信心地认为：“只要我们愿意集中思考在他的学说上面，而不是咬文嚼字地去理解它，康德本人所述说的，其本身是比较易于了解的。”(见原书下册，p. 40) 这样来注解康德的《纯粹理性批判》是比较科学的、公允的，而且作者在书中的各处都写上了“我不明白”，“我觉得有问题的”这种感觉，然而却并不去强求理解，这可说是他的严谨态度的表现，读他这书的例如第五十六章第二和第五这两节便知。

依本译者个人来说，这部注释帮助我来弄清楚关于这部《批判》中的某些用词和某些观念的地方是很多的，兹举出下列几种为例。

首先，我们常常觉得很难知道《纯粹理性批判》的第一版与其第二版的主要差别是在什么地方，而作者认为是“强调的不同，虽然那新的说明显出一种加强的倾向，把空间几乎与时间同等地对待，而且倾向于把想像力描述为在更低水平上起作用的知性”。这种以及其他的提示是不无启发性的。

有人认为康德过分地在这部《批判》里硬把感性与知性分开了。当然，稍微仔细点读过这部《批判》的人都不会有这种误解，而作者特别在他的书第五十六章第七节结尾处（见原书下册，p. 460）指出：“感官与知性，直观与思想，在我们一切的知识里的根本区别和必然的合作——这就是《纯粹理性批判》的中心而又最重要的学说。”而且，这个结论是经过详细反复的讨论后作出的。认为康德是把人类的各种知识能力生硬地割裂开来，这种说法是没有根据的。其实，在裴顿这书的索引里有 35 条是关于“综合”的。康德在这部《批判》里所强调的乃是综合、结合、统一性，而不是其反面。

余如“验前”、“先验”、“超验”等名词，像“出现”、“对象”、“现象”、“本体”、“自在之物”等名词一样，是使读者常常感到难以确切地来理解。然而，如果要明白康德到处所说的是什么，又是不得不确切地理解的。关于这一切的名词与其意义，本注释都反复在各种前后文里加以说明，翻阅本书的详细索引便知。

还有，在这部《批判》里有“数学的范畴”与“力学的范畴”、“数学的原理”与“力学的原理”，而康德又声明他在这些联系上的所谓“数学”与“力学”并不是通常的“数学”与“力学”，但是究竟是指什么说的，我们初读《纯粹理性批判》时，不免觉得头痛，不得其要领。而裴顿的这部《注释》却有比较易懂的说明，看原书的下册 pp. 101-103 便知。关于常为甚至逻辑家所弄不清楚的（如约瑟在其《逻辑导论》里第七章后段关于“判断的各种形式”那样）“分析判断”与“综合判断”的问题，本注释在其第十四章第十节里却几句话便说清楚了。至于范畴何以止于那么多，这也是一个议论纷纷莫衷一是的问题，而这部《注释》在其上册 pp. 293-297 里是解释得比较令人满意的。

还有，“自在之物”这个观念是难掌握的。我一向觉得这个译词与其他翻译原德文 Ding an sich 的用词，都有点不妥，而由于多年的习惯，亦只得采用“自在之物”这个译词。但“自在”原是一个含有深意的佛学翻译名词，与康德所用的 an sich 是有区别的。他的所谓 Ding an sich，依我的个人意见，似是“从事物的本身来说”的意思。有人用拉丁文的“per se”来翻译它，是确切的，但是把 per se 译成我们的汉语，岂不是同样有困难吗？要紧的却是要正确地掌握康德用这个词的意义。裴顿在其《注释》里有比较详细的说明。可是，另一个问题也就随着发生了：自在之物（Ding an sich）和康德所用的另一个名词，即“本体”（noumenon），又有什么分别呢？看他的书的第五十六章就似乎有了分解。

康德的“自在之物”这个观念是他在其著作里所始终保持作为他的批判哲学学说的一个不可或缺的因素，而又是他的思想中的仅有的唯物因素。但是，在他之后，从费希特始，尤其是黑格尔，总是设法取消他的这个观念，而且有人认为他自己甚至在《纯粹理性批判》里就已经取消了“自在之物”的想法。这对康德的批判哲学来说，是一个重要的问题，裴顿认为是不可不辨的，而反复地论证从康德自己的话语里是毫无取消自在之物的这种迹象的。这点我认为是裴顿的正确见解。康德的全部批判哲学是认为我们所能认识到的一切事物、所知道的整个世界，都是形形色色的出现（或说现象），而出现就必须有所出现的“某东西”，并不是人类心灵的幻想，并不是人类心灵的造作（他用德文“Hirngespinst”一词）。如果康德放弃了“自在之物”这个观念，他的全部批判哲学就从而垮台了，正如裴顿所说：“如果康德放弃了‘自在之物’这个信念，他就会要重写他的全部哲学了。”（见原书下册 p. 455）可是，依康德的关于人类知识与经验来说，虽然“我们必须认为在出现的领域以外实在是有自在之物（而且乃至也许这些自在之物只能为一种不同于我们自己的智力的智力所能知道的，虽然这种思想是空洞的）。康德只是否定我们关于这样的自在之物能有任何积极的知识”（见原书下册，p. 457）。可见，裴顿是承认康德的不可知论的，但是这种不可知论只是限于自在之物，限于人类经验的领域以外，或可从人类经验所能推论出来的东西的领域以外。裴顿这样反复说明康德哲学中仅有的自在之物这个唯物成分是必要的，确是帮助我们更好地来了解康德的思想的。

裴顿并进一步想要加强康德这个唯物观点，在他的第四十二章各节里详细说明实体就是物质。如果是的话，康德的所谓“物质”是否就是我们今日的物质这个科学的概念，还得要正确地来了解。作者过于热诚地来说明康德是“和近代科学相接近”，我们对他的这种说法就不得不怀疑了。他的关于康德的时空的见解也是引起读者的疑问的。过分去把康德现代化，似乎是徒劳无功的。研究哲学史的人，怎能把所研究的哲学家离开他的时代和他的阶级成分来理解呢？康德毕竟是 18 世纪德国的一个唯心主义者。然而，裴顿却不附和资本主义国家的新康德派，这又是可以断言的。但是，我们还得要从严格的批判观点来看裴顿的这部篇幅长至 90 多万字译文的著作。

这部书的引证是极其详细的，它的引证不但涉及康德的主要著作，而且常常引用他的各种次要的著作；不但涉及德、英、法的康德注释家，而且引用了关于康德哲学研究的种种论著，而又充分地利用了 B. Erdmann 1881 年所编订的《补充条文》（Nachträge）和 R. Reicke 1889 年与 1895 年所编订的《康德活叶遗著》（Lose Blätter aus Kants Nachlass）。这对于研究康德的《纯粹理性批判》，是有很大的帮助与启发的。

书中的脚注几乎占正文的六分之一，可谓不厌其烦了，但是在许多的脚注里是有一些重要的材料与见解的。

索引有两种：一般的索引与有注释的段落的索引。前一种索引占原书的 47 页，便于读者翻阅正文。而为着用中译本的读者，我们并编有外文与汉文的翻译名词对照表。第二种索引是便利读者把这部《注释》与康德的原书《纯粹理性批判》第一版与第二版来对照翻阅的。

裴顿的这部《注释》只限于《纯粹理性批判》的前半部。但是，作者认为：“如康德那样认为，这半部是可以单独理解的。彻底地掌握了

这半部以后，全书论证的其余部分就不应该还有什么不可克服的困难了。”（见本书序言）

本书的篇幅比较冗长，译者所用的译词尽量保持其前后一致，关于原文则力求忠实。但是，译者的思想水平较低，书中用有欧洲的古今几国文字，而译者的外文修养又常感不足，翻译不当之处，在所难免，敬请读者指正。

韦卓民

1964年12月24日

于武昌华中师范学院

序　言

《纯粹理性批判》出版已有150多年了，而一直到现在还没有一本注释可以和帕斯奥斯（Pacius）关于亚里士多德的《工具论》(Organon）的注释乃至和亚当（Adam）关于柏拉图的《共和国》(Republic，又译《理想国》）的注释能相比拟，这是哲学成就的一种耻辱，尤其是对于德国哲学成就的一种耻辱。在关于康德的最伟大的著作曾有过著述的所有作家当中，没有一个人愿意屈身于把这部著作逐句地来加以说明，汉斯·花亨格尔（Hans Vaihinger）则是做这种工作的唯一的一个人。他原本企图写这样的一本注释，不但注释《纯粹理性批判》，而且还想要对于这本书以前曾有过的注释家们，都一一加以解释。而这样一来，很自然地，他在从事这种工作后不久，便感觉到兹事体大，无法完成，于是就中止了。由于缺乏一种详细的注释，结果便是关于康德的种种学说，不免意见分歧，莫衷一是。尤有甚者，不幸的学生，而且从我个人的经验看来，乃至许多的哲学教师，对于康德的词句，究竟应作何解，都是莫名其妙。有一些句子，其中有几个名词，而又发现有关系代名词和指示代名词，而这些代名词是指哪个名词说的，读者无从决定。甚至句子中的两个名词，应认为哪个是主词，哪个是宾词，也是不能断定的。总而言之，乃至谈到这一些初步的事情，我们也找不到一种可靠的指导，不必去讲别的了。明显的事实就是，大多数学生发现许多段落，而且每每是关键的段落，百思而不得其解。无怪乎这些学生莫知适从，人云亦云，不能加以肯定，更谈不到批评了。

我的目的并不是写一部所需要的类型的注释，这种工作是应该留待一个德国人为德国人做的。然而，凡碰见文字最困难的地方，特别是像先验演绎和各类比的论证这种段落，我是试图逐句来分析康德的思想的；而无论哪里，我对于我的解释，都曾尽力引出原文的章节作为证据。像这样，读者就能独自估量我的解释真实与否。

我所使用的这种方法不无它的不利之处。如果把各种困难分别各点来处理，那么，解释也就难免是困难的。可是得要记住，关于《纯粹理性批判》的一种注释，由于题材的性质，不能是容易的读物，它的用处多少就必须以它所解释的真正困难之多少为转移，或者说，至少要看它是否能说明真正的困难究竟在哪里。其次，如果采用这种方法，康德对于先验演绎的许多阐明，势必使注释的人增加一些重复，可是除了细读之外，是无法来了解其中的论证的。如果有读者认为他已经掌握了一切的细节，他就可只注意本书的第三十和三十一章，在那里我是申述我的一般解释和批评的意见的。我认为主要的不利之处不是不得不集中注意于各种的困难，也不是在于时不时的重复，而实在的危险是在于细小的问题既多，读者因之就看不见论证的主要路线。我只能说，我认为康德的学说是一个整体，而且作为一个人的著述来说，是前后一致的整体，因之我在我的注释中，一直是设法把一些细节作为这样一个整体的要素来解释的。我很可能只是设法阐述我对于康德的中心学说的个人见解，但是如果没有细节的支援的话，是不能指望我的见解有其说服力的；况且，我的主要目的不是为某一特种理论作辩护，而是使学生有他自己的见地，可以不去管别人的理论，而自己独立地去读康德的著作。

每一个注释家必定是从他自己个人的观点来看他所注释的作家，而且必定有他自己个人的限制的。但是，我所理解的是，注释家的任务乃是要说明作家所说的，而不是去说明该作家应该说的是什么。我知道英国有两位最令人感兴趣的关于康德的注释家，即爱德华尔·凯尔德（Edward Caird）和皮里卡（Prichard）教授，他们采取的是一种不同的方法。可是，我不能不认为，如果他们每人写出两本书，一本阐明他个人自己的哲学，而另一本阐述康德的哲学，则他们对我们的贡献会更大一些。当一个注释家发现所注释的书中有不可理解或者谬误的论证时，固然是必须诚实地这样告诉我们，但是超过这点，就不是他的事情了。简短地说，注释中的批评应该是补助注释的。

如果批评家觉得一部书中的整个论证是不可理解或者是谬误的，那么只有在很特别的情况下，他才有正当的理由来替这书作注释。另一方面，如果他明言他显然是不理解的论证是他认为不可理解的，那么他就在任何情况之下都没有正当的理由来作什么注释了。然而可以指望他只在一定的限度内揭示他的作者的不可理解性，可是不能要他去应付一切可能提出的批评，或者按照流行的哲学争论的话语来阐明他的作者。谈到我自己的话，我认为康德的论证是可以理解的，虽然我并不自以为了解了他的论证的种种枝节。我努力于用他自己的术语来阐明他的学说，因为我深信只有熟悉了他的名词，我们才能了解他的论证。如果我能使读者看到批判学说是讲得通的，从而帮助他来评定这学说的真实性，以及鉴定它所曾遭遇到的种种批评的价值，那么我也就心满意足了。我没有试图来讨论皮里卡教授等作家所曾提出的关于认识论的根本问题，这并不是由于我不尊重他们，我绝不是要求人们相信在这一些困难的问题上，康德的学说是最后的真理，但我确信它所包含的真理是远远多过一般人所认为的，而且我有点感觉到它里面所含的真理是多于许多现代哲学派别所包含的。如果我不认为康德的学说是有其永久的重要性的，我就会觉得我花了这么多的笔墨来叙述它是白费时间的了。假使在我开始研究康德时能读到我现在所写出的这一类型的书的话，我就会减省无数的误解和许多不必要的劳累。我希望我写出的这本书，对于继我而起的后辈来说，有一点贡献，使其更易前进。虽然我所写的只限于《纯粹理性批判》的前半部，然而我如康德那样认为，这半部是可以单独理解的。彻底地掌握了这半部以后，全书论证的其余部分就不应该还有什么不可克服的困难了。

前此写到康德的作家，我都从他们那里得到过教益，我不去一一向他们表示谢意。要这样做的话，就得要对所谓“康德的文献”(Kantliteratur)作出一种简略的评介，其价值是决不与其篇幅相称的。可是，由于我的职责所在，我多多少少曾浏览过所有关于这个问题的英文著作以及大部分的德文有权威的著作。我的某一种解释，原来是得自哪一位作家，我无法回忆到，可是我在书中是时常提出并加以致谢的。如果要我说句老实的话，我就不得不像 H. J. de Vleeschauwer① 这位关于康德的现代最好的作家之一一样说，我觉得许多的康德文献是“无用的或者说，这是更严重的，是令人误解的”(inutile ou，ce qui est plus grave，trompeuse)。

① 《先验演绎》第一卷，p. 26 (La déduction transcendentale，tome I，p. 26)。我最近才发现这书，这是我的过失（这书出版于 1934 年）；而且，原文的第二卷，我还没有得到。

无论如何，我所学得的乃是，康德自己无可比拟地是他自己的最好注释家。我在书中自始至终一直是摆脱别人的理论而尽可能用康德的眼光来看康德的学说。懂得这种事业的困难的人，谁都不会指望在康德研究的现阶段上，能找到一种关于康德的著述是完全没有错误的，甚至能避免严重的错误的。可是有一种错误是我总不会犯的，我总不会认为康德的哲学有任何部分——对于康德的科学知识我不能赞一词——是正当地可看作是可以忽视的。

我个人完全负译文的责任。但是，我手边有康蒲·斯密教授的译本，而我希望用英文去看康德的《纯粹理性批判》的人们对于查对我的引文是不致有什么困难的。在很少的时候，我觉得不能不明白地和康蒲·斯密先生的译文有所分歧。人们一定不要因此而认为我不重视斯密先生在这个领域里所作出的贡献。他第一次完成了一种英文的译本，使得不懂德文的人能读康德的这部《批判》，并有望能够像康德试图论证的那样理解康德的论证。我自己关于《纯粹理性批判》的解释和康蒲·斯密先生的解释有天渊之别，因之我就乐意在这里对于他的贡献表示感谢，而由于他的学说广泛地为人所接受，我于是在表示我的不同意见时，可能有时是过于激烈的。

我认为我引用康德的著作时，其引文的出处是不必加以说明的。引用《纯粹理性批判》第一和第二版时，一律用A和B，其页数是按照原版的页数。括弧内的引证是指康德全集德文版的卷数和页数。我引用康德的《形而上学讲演录》（Schmidt校订本）时，注明《形而上学》。

我在书中用了“Kritik of Pure Reason”这样一个短语，也许应该向大家道歉。我一直不喜欢“Critique”这个词（其与法文的联系是和康德大相径庭的），然而我又没有勇气来恢复古英语“Critick”这个形式，因而就退回到一种混合的用法，其毫无法纪，不合规则，等到我明白时，已太迟了。这种偏差，是我无法辩解的。

剩下来我要做的只是对于我以各种形式而得到的帮助致以谢意。

我特别要感谢格拉斯哥（Glasgow）大学的校董会准许我在1932年有六个月的休假，以便完成我关于康德的著述。在那个时期，我写成了这书的第一稿。如果没有这种休假的话，我很怀疑我能够完成这么多的工作。我相信，如果美国七年中有一年休假的制度能推广到英国各大学，那就会增加英国学术上的收获，要比任何其他办法的收获更多。康德研究原是格拉斯哥大学的光荣之一，我这样能继续这个传统，是使我特别感觉到要表达我的谢意的。

我必须向下列各人致以最衷心的感谢：艾丁堡大学的 H. Barker 先生，我的逻辑教研室同事 D. R. Cousin 先生和 M. J. Levett 女士，他们都是读过我这本书的初稿并曾提出过一些批评的，而我由于这些批评，就避免了许多的陷阱；还有 Heinrich Cassirer 博士，他在德文原本上给过我某些帮助；还有 J. H. Muirhead 教授，他曾读过我用打字机写出的最近一稿并且提出过一些宝贵的意见；还有 Lilian Mattingly 女士，她用打字机誊写我的原稿，其中许多的笔迹是不易辨认的；还有我的同事 George Brown 和 D. R. Cousin 两位先生，他们是帮助核校样的；还有 Ursula Todd-Naylor 女士，她替我编本书的索引；还有 Elizabeth Laughland 女士，她替我查对我许多引证的一部分并且编纂有附注的段落的索引。

H. J. 裴顿
格拉斯哥大学
1935 年 6 月

第一章　引　　论

1. 康德与其批评者

康德本来已声明过,《纯粹理性批判》对于把它作为整体去了解的人才是可理解的,但他偏偏为一些注释家所苦,他们主张该书中并无所谓整体可以理解,这确是命运对他的讽刺。

这两种主张的对立是显而易见的。似乎不可能在两者之间找到一种中间路线。一方面,有今日广泛承认的学说,认为这部《批判》是一些段落的凑合本,而这些段落的时代各有不同,彼此只有外在的联系,因而用一位杰出的现代注释家的话语来说,康德"几乎在每一章里都是断然自相矛盾的"①。另一方面,我们有康德对于这种见解愤然的否认:"在任何一种著作里,尤其是当一种著作是作为一种自由讨论而进行的时候,要是把某些页孤立的文字脱离其前后文进行比较,是有可能寻找出表面上的矛盾的。在依赖第二手的批评的那些人眼中,这种表面上的矛盾是会发生偏见的,但是任何一个把书中的观念作为整体而掌握的人是容易解决这种矛盾的。"②康德关于这点是这样地深信不疑,因之他写出他的《未来形而上学导言》(Prolegomena)一书,无非是使得他的读者能把他的观念作为一个整体来掌握③。他认为,在他这样做了之后,理解他就不再会有什么困难了,而且,他还建议那些仍然觉得他是不可理解的人,最好是从事各种科学研究而不去研究形而上学,因为形而上学毕竟不是每个人都必须去研究的。

2. 凑合说

有人认为这部《批判》自始至终明显地是一种凑合本,尤其明显的是

① 见康蒲·斯密:《康德〈纯粹理性批判〉解义》,韦卓民译,商务印书馆 1961 年版,"导言",第 2 页。

② 康德语,见《纯粹理性批判》,原文 BXLIV。

③ 参看《导言》,原文Ⅳ263。

在第一版里所陈述的先验演绎里面。阿迪克斯(Adickes)教授和花亨格尔(Vaihinger)教授曾把这演绎分析为许多彼此分开的积层。阿迪克斯教授认为某些部分是晚出的,而花亨格尔教授却主张这些部分是早出的,可是两氏对于另一些部分又恰恰反过来看,但是这好像并不使人觉得不安。

在这种问题上,自然各人的意见不同是有程度的差异的。阿迪克斯在他的《纯粹理性批判》的版本里提出这种理论,认为康德的办法乃是把某些段落插入一个原始的核心里去。他按照这一理论把这全部《批判》详细地整理出来。我认为他的一般见解是未经证明的,虽然不能说没有其理由,而其细节是过分随便,乃至异想天开的。可是,虽然他是准备把这部《批判》说成是一种凑合本,但我们要以极端的凑合说归之于他乃是错误的。求极端的凑合说,须看花亨格尔,虽然他只详细地处理了先验演绎这一部分①。康蒲·斯密教授的《解义》一书,已使英国读者熟悉了花氏对于这演绎的见解②。当我谈到凑合说时,我指的是这种见解,虽然我的一些批评意见也适用于阿氏的见解。

我在别处曾更详尽地处理过花亨格尔的理论③,而这里我只能表示一种独断的而且概括的意见。

花亨格尔在他的论证中无视两种基本的事实,而这些都是康德所清楚说出的:(1) 这演绎有两方面,一方面是客观的,另一方面是主观的;(2) 这演绎包含有两种阐明,一种是临时的,另一种是系统的。花氏接着选择一种检验的标准,而且只有一种④,粗略地说,就是想象所想出的一切,进而他就用这个标准梳理整个演绎。既然想象只在演绎的主观方面才能发现,人们就首先认为这种方法当然要把这演绎分开为一种主观的演绎和一种客观的演绎了。实在的结果就是这样。我们又认为当然有两

---

① 参看花氏《范畴的先验演绎》(Die Transcendentale Deduktion der Katergorien)(Halle 的 Niemeyer 版)。

② 一般说来,康蒲·斯密教授在别处是遵循阿迪克斯的划分的,而在他处理先验演绎的时候却完全放弃阿氏而赞成花氏,这和他的一般态度是难以调和的。

③ 见《亚里士多德学会记录》(Proceedings of the Aristotelian Society)第 XXX 卷之 Ⅶ (1930)。

④ "唯一而且决定性的分辨原理"(das einzige und entscheidende Unterscheidungsprinzip)。这种承认本身我认为就足以把他的全部理论加以蔑视了。

种客观的演绎(一种是临时的,另一种是系统的)和两种主观的演绎(一种是临时的,另一种是系统的),一共有四种。我们诚然得到一种临时的主观演绎和一种系统的主观演绎,但是由于在系统的阐明中,主观和客观这两方面是紧密结合着的这个事实,于是花亨格尔就把整个系统的阐明看作一个积层了。另一方面,在临时的阐明里,应该结合起来的论点是分开来处理的(这是康德自己曾叫人们注意的一个事实),而这就使花亨格尔能够从而抽出两种客观演绎来,因此就完全如我们所预期的那样。既然决定了主观演绎是晚出的而客观演绎是早期的,他也就推断临时的主观演绎是很迟才出现的,而临时的客观演绎之一种是很早的。这样一来,他也得出四个积层,而他并不反乎常情地在别的地方找到和这种分类适合的预备段落,这事实就使他自己和他的读者们看不见他的方法的直率性。他并且具有异常大的自信心,进而把这些主要的积层分开为一些次层,再佯为把这些各层列成至少可看为有其可能的时间秩序。最后,他按照同样的原理,查核康德的某些(当时还几乎全没有确定时代的)零星笔记,而当然就能发现一些适合于他四个积层的段落。他认为这是他的论证的证实。

我认为这全部讨论是枉费心机的罕有事迹,其学问的丰富与阐明的清晰适足以令人更为之可惜。

3. 极端与中庸的见解

谁也不能否认,康德的心和其他哲学家的心一样,是在不同的水平上工作的,他想有些问题会比想其他问题更透彻些,他是能够解决一个问题而起初并没有体会到这对于其他问题的关系是有它的一切纠缠的。谁也不能否认另外一点,就是在他最后整理这部《批判》时,他手边的笔记是属于反思的各个不同的水平的,并且可能就影响了如我们今日看见的这部《批判》的。我自己认为,康德思想的不平衡是为人夸张到可笑的地步,而且我看不见任何理由来假定康德在任何时候使用什么笔记而不加以重新整理的,这种整理是波鲁斯基(Borowski)谈到康德写作的方法所曾提过的[①]。然而,我对于这些论点并不打算加以争论,而且承认在这里是很可

① 见波氏著作Ⅳ579。

以有意见的不同的。我所要抗议的是这种学说，认为康德拿不同时期的孤立的而又相互矛盾的笔记，用纯然外在的方式把它们联系起来。要是有谁认为这种描述夸大了花亨格尔的学说，我只能请他们再读一读花氏关于先验演绎的专论所写的是什么①。

我斗胆认为：花亨格尔的一般理论是不可相信的，而且这种理论的分别使用可以证明是错误的。在康德那里去寻找矛盾已经成了花氏的几乎一种迫切的观念，一种不得不做的事②。甚至在他的《注释》一书里，在某种程度上也能看到这一点。这本《注释》的极大价值是得自作者的丰富学识以及他的分析能力，而不是由于他的能体会别人的心情③。在他过渡到文学批评的比较更加微妙的工作，过渡到康德写作方法的考虑时，他的弱点就以最粗鲁的形式表现出来了。

根据我对于人类心思的经验，思想和表达的前后不一致不总是乃至不一般就是由于写作时代的不同。然而，这也可以作为一种解释而在一种合理的形式上这样来主张，特别是在我们考虑一部篇幅像《纯粹理性批判》那样长的著作时更是如此。可是许多人不能体会到的，就是在主张这样的一般理论和试图在这种基础上进而确定一部著作写成的次序，在这两者之间是有很大的距离的。在多多少少是合情合理的方式上提出这一般理论的地方，像阿迪克斯所做的那样，把这一般理论详细地演绎出来时，是有许多夸大的余地的。甚至花亨格尔也能认识到，阿迪克斯关于先验演绎的说法是"高度矫揉造作的"，"正像一套周转圆又附加周转圆那样"；而我甘愿重述花氏的批评④。只说这点就够了：阿迪克斯分辨出七种不同的演绎，其中每一种里面他都发现从其他各种而来的插入，而这些插入本身又有另外的一些插入，同时又有一些"使之调协的段落"是旨在使其整体有统一的

---

① 特别要看 pp. 2(=24)与 24(=46)。

② 比较阿迪克斯的《康德与犹如哲学》(Kant und die Als-ob-Philosophie, p. 62)："花亨格尔履行矛盾的崇拜，其方式是置本身原是可予以辩护的原理于死地的。他毫无理由便制造一些矛盾。"

③ 阿迪克斯的见解是同样的(见上引书 p. 57)，而且把这两句诗用于花亨格尔：
"Denn hat er die Teile in seiner Hand, Fehlt, leider! nur das geistige Band."
"因为他的手里只有各部分，可惜！没有那精神的联系。"

④ 参看花亨格尔的 Die Transcendentale Deduktion, p. 4(=26)。

外貌的。我认为阿迪克斯的说法,在细节上和原则上都不像花亨格尔的说法那么不合情理,但是当我看到他竟敢把一种完全依靠内部证明而且以其性质来说是可疑的、不确实的方法拿来应用时,我不禁惊奇了。

必须记住,证明的责任不是在于把这部《批判》看作是该书原来所声明的一本不可分开来看的著作的那些人,而是在于他们自己认为能够把该书划分为它写成的不同积层的那些人。如果我想要去详细地驳斥花亨格尔和阿迪克斯两氏的复杂而分歧的理论,那么我的注意力就会离开康德的学说,而阐明康德的学说恰恰是我的意图。如果能说明《纯粹理性批判》,特别是先验演绎,乃是整个论证——不一定是一个有效的论证,而确实不是一个清楚的论证,可是一个筚路蓝缕,以启山林的能干思想家能够说明的一种论证,那就足以驳斥极端的凑合说了。这就是我打算尽我力之所及来做的事。

4. 凑合说的诸后果

这个问题不能看作一个无关轻重的传记问题,因为就教学和就阐明来说,它都有其严重的种种后果。

少年的心情是很有理性的,他不会认为像这样随便写成的著作是值得花极大的精力去了解的;而且无论你怎样赞扬在一单部著作的范围里结合着那么多的矛盾学说是有其有利之处的,少年的心思也不会很久为你所欺骗。如果凑合说是正确的,《纯粹理性批判》的研究就应该从各大学的哲学课程中撤掉。

就阐明来说,我认为凑合说的种种后果甚至更加严重。不仅是这个理论远不是使康德模糊之处能得到明白,而是掩蔽着这些模糊点叫人陷入五里云雾中。据我看来,凑合说将使进一步的批评成为不可能。

批评的实质,以及我们能够更深刻地洞察一个作家的心思的唯一方法,就是用一个段落所说明白的来查对关于另一个段落的解释,一直到整体逐渐成为清楚的为止①。如果我们的解释与其他段落相矛盾,我们就

① 关于这个题目,阿迪克斯有一些聪明的话(看他的 Kant und die Als-ob-Philosophie, p. 10 起)。

不得不重新考虑它,而这样我们就可更接近真理。对于凑合说是没有这样的强制的,而且为纯然主观的种种印象开辟了近路①。事实上,如果一种解释与康德在别处所说的相矛盾,那么注释家就只会看作是凑合说的另一个证实;而只有他误解康德的能力,才限制他所发现的矛盾的数目。

这凑合说的另一种不幸的但又不可避免的后果,就是围绕着康德这个名字的所谓低首下心的气氛。这种气氛最明显的不是在自认为康德的论敌当中,而是在自以为是说明批判哲学的意义与其价值的那些人当中。康德尽可用莱布尼茨的口吻所说出的话用之于他自己:"我很能够抗敌,可是要上帝把我从我的朋友们中拯救出来。"②

5. 康德自己对于《纯粹理性批判》的见解

凑合说是一种企图——虽然我认为是一种错误的企图——旨在解决一个实在的问题,即解决《纯粹理性批判》一书的困难与晦涩这个问题。从书的出版一直到如今,这是不断为人对它有怨言的题目。

关于这件事情,康德自己的意见至少是值得予以检查的。他原知道休谟的风格是十分微妙、引人入胜的,然而他对于他的问题的提出却遭到那种命运,康德非常害怕他对于同样问题解决的尝试也难免有同样的遭遇。这种尝试将要错误地为人所批评,因为是为人所误解的;而它将要为人所误解,因为虽然人们可能准备去浏览他所写的章节,可是不会花多少精力去彻底思考。其所以人们不愿去这样麻烦来思索这部《纯粹理性批判》,就是因为它枯燥无味,晦涩难读,论证散漫,而且反乎一切人们认以为然的观念③。

关于这书的枯燥无味,康德不认为他需要道歉,无论如何是无须向哲学家们道歉的。他并不认为他具有休谟或曼德尔松(Mendelssohn)文体

① 例如康蒲·斯密惯于把他称为"真正的批判教训"和康德所提出的学说分辨开来,乃至这个事实,就是纯粹直观为康德一贯所主张而且为他看作"他的体系的一个主要部分,也当然不足以使它成为真正批判的"(参看康蒲·斯密的《解义》,绰然中译本,pp. 81-82。——着重号是作者加的)。

② 见 Streitschrift(争辩论文)2. Abschn.(Ⅷ247)。

③ 参看《导言》(Ⅳ261)。

上的天才，但他相信，如果他愿意牺牲理论的周到以迎合人望的话，他便能把这部《批判》写得更通俗一些。我们得要注意到这点：康德在写这部《批判》时，必须做到理论上的周到，因为《纯粹理性批判》必然是具有有机的性格的，而这样一来，它的每一部分都是有赖于其他部分的充分论证。许多人在《未来形而上学导言》一书中所发现的许多困难，使他对作出易于了解的表达的能力几乎失去了信心①。可是毫无疑问，他的风格的枯燥乃是他有意选择的，正如他在这部《批判》的第一版中所说明的那样②。他宁愿用学者的风格，而不用通俗的风格，因为如果他用上一些例证与实例来使他的论证更充分的话，他那无论如何已足够冗长的篇幅就会使读者难于把握他的论证整体了。他所作出的选择是为着科学的利益起见的③，他想用论证来说服读者，而不应该用雄辩来使读者相信他④。这是他长期深思熟虑过的一个问题，而且他也不想虚构一些托词，以解释一种意料之外的失败⑤。

他似乎把他的文笔散漫性⑥看作部分是他自己的弱点，而主要是他的题材的性质所强加在他身上的，因为如果他的阐明要成为一个有机的整体，他就必须深入到许许多多的细节里面去。就其属于题材的本质而言，他认为这种散漫性实际上是有利于他的论证的，即令它不利于他的这本书。可是他也承认这是晦涩性的一种根源，因为读者觉得难以掌握论证的要点，进而难以得到整体所包含的广泛观念。

关于这件事情，康德一点也不错，正如他所述的那样，书的难读至少部分是由于他的阐述方法。特别是对于初学者来说，这部《批判》像是一连串的句子，都是难懂的，然而也许同样地重要。结果就是论证的主要精析点和那些需要特别细读的关键句子，他就无从掌握了。要是多注意一

---

① 参看《纯粹理性批判》，第二版，原文第XLIII页。

② 参看同上引书，第一版，原文自第XVII页起。叔本华（Schopenhauer）这位优秀的批判家称它为“富有光彩的枯燥性”。

③ 参看《导言》，原文IV 262。

④ 参看《遗著》(Nachlass)5031(XVIII 67)。

⑤ 比较康德给 Herz 的信（X 230)和《逻辑引论》VIII(IX 62)。

⑥ 德语“Weitläufigkeit”一词似乎原来是含有“广泛性”与“错综性”的意思，冗长性的暗示是第二性的，可能不是康德的本意。比较第一版，原文 p. 98。

点他的阐明方法，这是可以避免的。

对于书的难读的更基本的怨言，康德是不表同情的。他甚至有点不大体贴别人才说，对书的难读的抱怨，每每只是为了掩盖评论家的懒惰或不中用；而且，他指望他的书之难读可以免得无知之辈侃侃而谈形而上学的问题，这是他们关于其他科学所不敢做的①。他不是不肯承认，许多乃至敏锐的思想家也陷入的误解，"可能不是没有他的错处的"②，然而他所承认的缺点只属于阐明的方法，和他所详细说明的体系与论证无涉。

康德把这些阐述的缺点归之于什么呢？他把它们归之于这件事情：虽然这部《批判》是十二年深思熟虑的成果，但却是只用了四五个月的时间匆忙编成的③——我这里用"编成"这个词是在其不含有特别的意思的意义上的。在这样的编写中，虽是十分注意到书的内容，却没有特别留意阐述的方法④。在四五个月中编成这种说法并不一定意味着它是完全重写出来的，虽然有这样一种并列的说法，即"它只花了很短的时间便成了现在这样的形式"，这一说法明显暗示着重写的情况，而且有助于证实布鲁斯基(Borowski)关于康德惯用的办法所说的话⑤。然而，要是"认真注意书的内容"而对康德竟不暴露花亨格尔所谓的种种明显的矛盾，那就不只是令人诧异而已了⑥。

康德编写匆忙而又忽略了文笔的考虑，其理由是什么呢？一个很好的理由是他一再说过的⑦，即他年事渐高，而有其余一切的批判哲学尚待阐述。他以惊人的辛勤，在那以后的几年中写出了大批批判哲学著作。尽管如此，他的体系还是没有完成，他的最后一部伟大著作，就是现在被

① 《导言》前言Ⅳ264。

② 第二版，XXXVII页。

③ 原文是"zu stande gebracht"，"完成"的意思。

④ 参看给曼德尔松的信(X 323)，并比较一下给迦尔惠(Garve)的信(X 316)和给卑斯特尔(Biester)的信(X 253)。这些在(Ⅳ585)中都被引用过，而其中两段是康蒲·斯密在他的《解义》一书第XIX页(绰然中译本，p. 2)中翻译出来的。

⑤ 参看康德的通信(X 255)。

⑥ 还要注意同一时期康德在给 Herz 的一封信中说，《纯粹理性批判》是他的批判时期的第一部著作，其中(除了几处增加和说明之外)没有什么是他想要更改的。然而他的种种早期作品至今尚未暴露一大堆矛盾。关于康德的研究方法，可参看他给 Herz 的另一封信(X 127)。

⑦ 比较《纯粹理性批判》，第二版，原文XLIII。

称为《遗著》(Opus Postumum)的，只得成为未完稿。

康德的辩解是过于充分的。如果他企图像某些人想要他那样写作，批判哲学就永远不会出版了。

6. 康德学说的新颖性

康德是愿意承认他的著作中某些所谓困难与模糊是由于阐述的种种缺点的，但是他认为这主要是由于他的理论的新颖，由于这些理论与一般人所接受的观念格格不入①。就是在这一点上，他把他的经验与休谟的经验加以比较，认为休谟的批评家是始终不能了解休谟所要说的话的②。

康德是讨厌某些哲学家的。这些哲学家的唯一哲学就是哲学史，因而他们是反对一切新的观念的，虽然他们主张这些新观念都是从前已经有人表达过的③。这种哲学到了现在是应该站在康德这边来的，也许在一定的程度上他们是这样。但是，这种好处——如果它是一种好处的话，不仅为这个事实所抵消，就是康德的许多术语在当时是人们所理解而且有其正确的意义的，而现在已经被人忘记了。甚至粗知鲍姆加顿(Baumgarten)和迈尔雅(Meier)的著作，尤其是康德自己关于逻辑与人类学的演讲录，对于《纯粹理性批判》这书的研究来说是一种重要的帮助。要是没有这种知识，许多论点似乎是模糊不清而且像是卖弄学问似的，可是在当时必定被人看作显而易见的。

大体上，康德的一些见解，在他写出它们的时候，似乎是不合情理，反乎一般人所接受的观念，现在依然是这样。现在还是可能带着一些偏见来接近康德的著作——无论这些偏见是否有理由，那是没有多大分别的——而且可能认为可以凭一己的知识作为基础去批评康德的论证，可是恰恰是这种知识正是康德所要质疑的。他坚持说，如果我们这样做，就不会有进步。我们就将会在这部《批判》里只看见我们已知的东西，因为在这部书中用来表达思想的词句是类似我们寻常所用的；但在这书里一切都像是极端

① 参看《导言》(Ⅳ261-262)。

② 参看《导言》(Ⅳ258)。

③ 参看《导言》(Ⅳ255)。

歪曲,毫无意义的,像是用一种莫名其妙的语言写成似的。其理由就是因为我们用我们自己的思想去曲解它,而不是循着作者的思想去理解它①。

我认为在这里,我们渐渐接触到把康德看作模糊不清的更深刻的种种理由。我们诚然不能完全或大体地用一种哥白尼式的革新,来把那模糊不清归之于康德的批评家的偏见和归之于他们不愿意或者不能够达到康德哲学的内部见解。其主要的解释还是在于这样一个事实:这部《纯粹理性批判》敞开了一个充满全新观念的世界;康德想要做的工作,乃是自古以来替形而上学所做的最困难的工作②;在这种事业上,人类的心灵在开始没有发觉朝着它的目标的最好的捷径③。康德对于实在看到了一种崭新的光景。在这种新光景里面,就接受它的那些人来说,一定是有困难的;而且就看见的人本身来说,也是有一种斗争与吃力的成分的④。

7. 新颖与含糊

哲学是一种研究,许多不同类型的心都投入了它们的力量,都有它们的价值。明晰这种天才——一种伟大的天才——可能是属于许多这些类型的心的,但是我并不认为就能主张,最明晰的心总是最深邃的或者是最有远见的。可能甚至在那些为康德所蔑视的思想家那里也有明晰性,他们的哲学只是哲学史。还更常见的就是,这种明晰性在那些被称为别人著作的分析家⑤、尖锐的说明者和每每是破坏性的批评家身上也可以看到。在比较有肯定的和独创性的思想家当中,这种明晰性是发现于其工作局限于一个狭窄的范围的那些人,不然的话,就是发现于那些承认了某些前提而详细作出其结论的人,就像贝克莱和休谟详细作出洛克所定下来的前提之种种结论那样。这种明晰性最充分地也许是发现于那些有创

① 参看《导言》前言(Ⅳ262)。

② 参看《导言》前言(Ⅳ260)。

③ 参看 M. A. d. N.(《自然科学的形而上学初步》),导言(Ⅳ476 注)。

④ 参看《纯粹理性批判》,第二版,第 XLIV 页。在那里,康德谈到这部《批判》的种种模糊之处,在初起时是很难避免的。可是这是就读者而言的,尤其是就还没有能够研究批判哲学的整个系统的那些读者而言的。

⑤ 这是康德用来描写鲍姆加顿的名词(参看 B35 注)。

造性的思想家，他们所采取的是类似数学的方法，规定了一些自明的原理之后，就以这些原理为基础，极其小心谨慎地同时注意到思想与其表达的方式，一点一滴地来形成一种结构。然而这种方法，由于它们的本性，是不能充分地涵盖人类思想的整个范围的，我还怀疑能不能在哲学的每一个部门里推进或革新思想的哲学家那里，发现这种明晰性。

此时此刻，我们就属于所有这一切类型的心。我认为，一般人坚决要求明晰性，而且对于前一代人的问题解答以及他们的体系是我们看为太容易或太仓促而成为广泛的，却起了一种反作用的力量。可是虽然我们是有许多的明晰作家，然而最努力于把人类知识的各种不同的要素汇合起来，在哲学的一切部门里详细弄清楚这些要素的后果的思想家，恰恰正是最通常被责备为模糊不清的那些思想家。例如，怀海德(Whitehead)教授觉得必须为他的思想表达创制一种新的词汇，而他从前的信徒们却斥责他陷入了种种矛盾，而且放弃了在其反思的早期阶段所认为足够的明晰差别。亚力山大(Alexander)教授大体上是满足于哲学常用的词汇的，但是甚至他娓娓动人、具有说服力的风格，也不能不使我们许多人感到似乎他的学说是晦涩难懂的。

这种现象——同样也在音乐与美术里出现——当我们在哲学里发现它，是不应该使我们觉得惊奇的。当一个人在人所未知的地域里踏勘时，我们在他归来时，并不会因为他的地图不如英国军事部门的测量而责难他。我们必须记住，无论康德是在做什么，他的确是在踏勘着新的途径。我们不仅要想到他的踏勘报告对于没有旅行经验的人来说是新奇的，而且要想到他的报告中可能有些空白点与缺点，如果居住在那些地方长久一点，就会予以纠正。要是要求一种崭新的哲学来到我们面前时像一部数学的专著那样，各方面都能应付自如，那是不合情理的①。

8. 康德之所以含糊的种种理由

在康德身上所发现的含糊曾经大大地为人所夸大。作为一个作家，

---

① 参看《纯粹理性批判》，第二版，原文第 XLIV 页。卡斯拉(Cassirer)，《康德生平与学说》(Kant's Leben und Lehre)第三章(1923 年柏林版)，关于这整个题目有极好的讨论。

康德比他的大多数批评家清楚得多;人们归之于他的矛盾,许多只在他们的想象中存在,而且是由于不能使康德负责的一些误解而来的①。凡是含糊的,大都是发现于康德和传统分开而想要建立他的革新见解的一些段落里,例如先验演绎和各种类比里。关于这点,我们是无须牵强附会地来解释的。凡是康德的真正的含糊的地方,根据两种事实就足以说明:第一,这部《批判》是匆忙中编成的;第二,所研究的种种问题都是困难的,像它们是新颖的那样②。

9. 康德的用语

我无须再去讨论康德含糊的比较严重的根源以及他的论题的新颖与困难了,但是必须谈谈匆忙对于他的语言使用的各种影响。

我们知道康德很少费神去核对校样,看来他甚至没有见过《纯粹理性批判》一书第一版的一些校样③。在第一版看出的应予更正的地方,他也没有加入到第二版中。在第二版的正文里,当他确是作了某些更正时,他也没有首尾一贯地执行④。如果我们记得题目是很困难的,我们就必然相信:这书有些晦涩难读之处,可能得归因于印刷工人;其他晦涩难读之处,也可能是由于这个事实,即康德在手稿里作了一些更改而没有留意进行必要的整理。

书中晦涩难读的根源,更多地是由于语言使用的不小心。《纯粹理性批判》一书的行文就像自由谈话一样⑤,像一个人和自己在内心里的对话,如果我们指望同一个词总是用在恰恰同一的意义上,我们就一定会失望的。

例如"对象"这个词,康德至少在四种意义上来使用它。这个词有时

---

① 例如,令人惊奇的是,人们怎样误解了他关于哥白尼式的革新的清楚说法。参看《纯粹理性批判》,第二版,原文第ⅩⅥ页、第ⅩⅫ注;康蒲·斯密的《解义》,原文自 p. 22 起(绰然中译本,自 p. 64 起);再和本书第三章第一节比较。

② 康德的含糊性可能有些是由于他想错了这个事实而来的,但是这个假设必须是论证所得出的结论,而不应是注释所依的原理。

③ 参看第一版第ⅩⅪ-ⅩⅫ页。

④ 参看例如 B25=A11-12;B29-30=A15-16。

⑤ 参看 BⅩLⅣ。我们可注意到在这种类型的匆忙写作里,我们应准备看到一些重复——这对于有些注释家来说,是一种很大的障碍。

表示的是作为事物的从它本身来看的东西，而又作为事物的对我们出现；或者在更专门的语言里，它是用作自在之物，有时又用作现象里的对象①。此外，现象里的对象本身又是由给予感官的质料和思想所附加上去的形式构成的；而康德把这两个东西的每一种都称为对象，以感官的质料为未确定的对象，或者说作为出现东西的对象，以思想附加的形式作为一般的对象。因此，他就可以说，对象不是所知的，又可以说对象必须为人所知，又可以说对象是离开思想被给予我们的，还可以说离开思想就没有对象。

就一个吹毛求疵的批评家来说，只有书面的文字是指导，那么这些矛盾就无法解决了。可是显然这种语言上的矛盾，即令没有作者内心里的任何混乱，也可能发生。作者指望我们从前后文来断定"对象"所指的是哪一种特定意义，虽然有时也许不可能确切地这样做。

我并不为康德表达的这些不小心之处作辩解，也不主张他的书中的矛盾总是语言上的而已，但是我却要断言，只要运用一点理智，有一种好意，许多这些所谓矛盾就消失了。

必须记住的还有一点。康德主张，在哲学里定义应该是最后出现的，而不应该是一开头就出现的②。有些哲学家是不承认这一点的，可即使是这些哲学家，也应该承认康德是选定了用一种方法来表达他的思想，而不同于他们所用的方法的。他并不是在那里把他的思想结果说出来，或者在一定的定义上构成一个体系。毋宁说他是在那里自言自语，并且叫我们去参加这种谈话。改用一个隐喻来说，我们必须尽力去跟着他走《纯粹理性批判》的那条荆棘险阻的道路③，然后考虑一下我们能不能看见他自认为看见了的那种辽阔的景色。如果我们坚持每一步都是合理的才走第二步，我们就一无所见了。

10. 某些保留

我们所持的一般立场是：这部《批判》里面的种种含糊、矛盾，都无须

① 参看 BXVIII-XIX 注，在这里，康德主张这些都是从不同观点来考虑的同样的对象。

② 参看 A731=B759。

③ 参看 BXLIII。

引证凑合说就能予以说明。然而我是必须有某些保留的。

首先,我只谈到感性论与分析论,虽然我没有任何理由来相信我关于辩证论是应该采取一种不同的见解的。

其次,完全和凑合说无关的是一种广泛的意见一致,认为感性论是在比分析论更早的一个时期写成的,或者无论如何,它所表达的思想是属于更早的一个水平,和分析论的水平不一致。

这样的一种假设,照我的看法来说,是能守得住的一种假设,而有了巨大的权威在它的背后,我是迟疑而不敢否定它的。康德的确在感性论里一以贯之地说,对象似乎能单独地给予感官,而并没有谈到思想的活动。但是在分析论里,他坚持说这种活动对于关于对象的充分意义的知识来说是必要的。其可想象的理由可能是他太短视,看不见接着要来的是什么,不然的话,他是用了一种早期的学说①,没有完全体会到这是和《纯粹理性批判》的中心学说格格不入的。可是我不能隐瞒我自己的信念,虽然这种信念现在是不受欢迎的,那就是康德那里的这种表面上的前后不一致,是由于他太过有远见而指望他的读者们也同样是有远见的。康德一开头就说,他在感性论里打算把感受性孤立起来,从它拿掉知性所思想的一切②。他说的什么就做什么,而那也就是他所做的。在感性论里,绝没有谈到知性的工作。我相信康德希望他的读者们记住,虽然他的论证是冗长且复杂的,所说的一切在某种意义上都是临时性的,必须按照后来所说的加以重新解释。我认为这样提示一两点会有帮助的。他不应把清楚的说法留作第二版中分析论的一个脚注③。

还有一个段落,作为整体我乐于认为它可能写在一个较早的时期,而且表达的是一个较早期的思想水平。那个惟一的段落就是我称为先验演绎的临时性阐明④。它关于想像力的学说无疑是和别处所表达的学说不

---

① 指《就职论文》的学说。反对这种见解的一点,就是感性论和《就职论文》两者之间有一些显著的差别。

② 参看 A22＝B36。比较一下 A62＝B87 和 A305＝B362。

③ 指 B160-161 注。

④ 即 A98-114。阿迪克斯对于这,显得比花亨格尔了解得多些。

一致的。如果把这个段落看作早期的①,我们关于康德思想就有一种可理解的发展——从比较不令人满意的见解发展到比较令人满意的见解,而康德保持着较早期的说法作为指出他曾经历过的道路,这是可理解的。可是我只把这当作是一种未定的假设。能视之为我们知道的东西只是康德认为这一段落为他系统的阐述作了适当准备②。

我们作的这种承认并未给我们任何正当理由,来假定康德能够漏看了他的理论的不同阐述之中的极大矛盾。在这种情况下,他不一定不知道有矛盾。他知道这些矛盾可能正是他何以让他的读者提高警惕,把这段文字作为他的准备而不是教导他的理由。

在这些保留条件下,我没有任何理由不把这部《批判》当作一部不是凑合而成的著作。我这样说,并未对这类写作方法发表任何意见,因为关于这个题目我们还没有足够的证据。我更不是要否认在这本书里存在着一些重复、含糊、不平衡与不一致之处。我的意思是说,要了解这部《批判》,惟一的希望在于把它作为一个整体来处理,而且设法把它的不同部分配合起来③。我相信在康德那里可能发现的不一致之处,不至于使这种处理的方法成为不可能的;而且,我深信先要给开始读康德的人某种见解,尽管是部分错误的见解,是关于他的学说作为一个整体的,然后才使他钻进一些关于所谓它的无止境的矛盾的现代种种阐述里面去。

11. 康德的要求

从这种讨论能清楚地看出,康德自己是完全深信他的这部《批判》是一部完整的著作。事实上对他来说,这部《批判》是如此完整的一部著作,以致哪怕只是改变它的最小部分,也会造成一些矛盾,这不但在体系上是如此,而且即使在人类理性里也是如此④! 我们必须记住,这种说法是在

① 花亨格尔把这段的第一部分看作晚出的。我还要附加一句,就是 de Vleeschauwer 在《先验演绎》(La déduction transcendentale)一书里曾断然说明这部分不可能是晚出的。

② 参看 A98。

③ 我还相信,在康德说第二版中的一些更改是关于阐述的方法的而不是关于学说的实质的时,他是大体正确的。参看从 BXXXVII 页起。

④ 参看 BXXXVIII。

他已经有了听到批评家关于这部书的意见这种便利之后作出的。

无疑有人会告诉我,一个人并不总是他自己的著作的最好评判者。注释家们常常引用康德自己谈到柏拉图的名言,即了解另一个作家每每可能比了解自己更容易一些①。至于康德真正了解柏拉图是否比柏拉图了解他自己容易些,对于这件事情是可以有两种意见的;但是即使康德确是更好了解了柏拉图,这也没有为我们提供正当理由来假定;不像康德那么伟大的人,能了解康德过于他了解自己。我并不打算提议说康德是个神人,是不会犯错误的,但是我认为他很清楚地知道他做的是什么事。

我有望被告知的另一件事,是康德坚持他的著作的统一性,不过是他醉心于"建筑术"的另一实例。所谓"建筑术",就是附加在他的阐述上面的人为的并且是外在的一种计划,这是因为他想让他的阐述符合形式逻辑的划分。依我看,这种说法最多也不过是半个真理。我不否认,康德在许多地方作为他的论证基础的形式逻辑已经过时了;我也不否认,他早就该看到重新考虑他的预先假定的必要。可是,在我看来,康德的学说没有一部分是比他的形式逻辑的理论与其关于形式逻辑对于先验逻辑的关系的理论更严重地为人误解的。如果我们能去掉这些误解,尤其是如果我们能把康德放在他的历史背景上,我相信许多被认为应归咎于一种不合理的学究气和对于建筑术昏头昏脑的偏爱的东西都会有不同的看法了。我还相信,正当地了解康德的错误,也将使我们更清楚地掌握他的思想的统一性。

12. 作为一个思想家的康德

在我个人看来,在康德那里,乃至在《纯粹理性批判》的上半部那里,还有许多是困难而莫名其妙的。然而,许多段落曾经对我来说是含糊不清的,而经过进一步的研究之后,就变为清楚的了;而且我认为,在一些广泛为人误解的论证中,我发现了其意义。这样一来,我便得到了鼓舞,认为在本国对于康德盛行的见解,是对他不够公平的。有些注释家描绘为一个头脑混乱、学究式的思想家,似乎不是使全德国在哲学上激动起来的

① 参看 A314=B370。

那种人而且是能引起一系列的运动，其在别的国家的反响乃至现在还远远没有停止。有这样的可能，即认为这一切运动受到了错误的引导，而我认为罗素先生称康德为“一种不幸”乃是就此而言的。然而，这样说并不是否定康德伟大的某些成分，因为在现代哲学中成为一种不幸，也必须有相当大的天才，即令不是哲学上的天才。从最低的程度上说，如果我们把康德看成是哲学的艾地夫人①，那么他的影响的性质还得要加以说明，而它的根源不能只在道德热情里去发现，更不能在他的雄辩天才里发现。我个人相信，如果我们能深入到这部《批判》的论证之中，哪怕是不完全的，那么我们将要发现的，就不只是一位学究式的老年教授，他用一种外在的建筑术武装着自己，笨拙地把他过去所想的旧笔记订在一起。我们将要发现的是一种强有力的深刻的智力，向着它的目标冷酷地挣扎着，迂回地前进着。

① 这里的艾地夫人是指19—20世纪的美国宗教领袖马利·培卡·艾地夫人。她创立了基督教科学这个教会。——译者

第一卷

康德的问题

第二章　出现与实在

1. 第一性的质和第二性的质

根据康德的观点，我们所知道的世界充满于空间之中，并在时间中持续存在着，而且它是按照因果律互相起作用的一些永恒的实体所组成的。这个世界对一切人是共通的，并为科学所探究的。然而，这个世界不是事物的像它们本身那样的一个世界，而只是事物的像它们对我们出现的那样一个世界，用康德的话说，它是一个现象，或者说出现的东西的世界。

康德这样说，其意思不是说对我们出现的事物只在它们被觉知到的瞬息才存在，或者是说凡是事物都是像它暂时出现的那样。他把我们感觉的时序和客观事物的时序分辨开来，一如我们都必须分辨的那样。例如，房子的后面和前面是同时存在的，尽管我们永远不能同时既看见前面又看见后面。有一个是我们企图知道的客观世界①，而我们必须把它和我们借以企图知道它的那一系列的主观感觉与思想分辨开来。

就常识来说，这个客观世界是由自在之物所构成的。所谓自在之物，是独立于我们的感觉和我们的思想，就像它们本来那样的，其实是独立于人类的心的构造的。当我们不犯错误时，我们所知道的事物是像它们实在的那样，而且像它们依然会是的那样，即令没有心来知道它们。弹子球是红的、硬的、圆滑的、球形的，所有这些特征都是它本身就具有的，我们并不制造它们或者对它们有所增加，我们只是发现它们。

在我们进行反思之后，是难于维持这种常识的见解的。很久以来，在哲学家和科学家之中有一种盛行的观念，即认为弹子球就其本身来说，只具有第一性的质，如大小、形状、运动等，而第二性的质，如颜色与声音，是

① 这个世界称为“客观的”，由于它是一切人的共通对象；而我的感觉或思想是“主观的”——它们属于我而不属于其他任何人。这种区分是临时的，需要进一步加以分析。在某种意义上，我的感觉与思想甚至都形成惟一的现象世界，并能为别人所知道，即令不是直接觉知到。

在有生物体的感觉器官为第一性的质,特别是为运动所感动时才发生的。根据这种见解,事物按其本身那样的世界只以第一性的质为其特征,所有第二性的质只是出现的东西而已。

这种学说,在过去三个世纪中,由于种种科学成就,尤其是由于物理学的成就,已是人们不得不接受的了。康德主张第一性的质对一切人来说都是一样的,而第二性的质是因人而异的。就这一点来说,他是接受上述见解的①。有的时候,他好像认为,第二性的质是纯然主观的,而且好像决不能归之于对象。在别的时候,他承认玫瑰花的颜色与香味是能归之于对象与我们感官的关系的②。在另一方面,他不但肯定第一性的质都是客观的,而且肯定物理从它原本的观点来说,是有正当理由来把虹作为单纯出现处理的,而把雨点(连带雨点的种种第一性的质)看作是自在之物③。

可是,康德自己的批判学说乃是我们必须分辨开来的,不是两种事物,而是三种事物:(1) 第二性的质,它们是依赖我们的个别感觉器官和我们在空间的位置的;(2) 第一性的质,它们是客观的,而且是人所共通的,可以依赖人心构造的,虽然不依赖我们的个别感觉器官或我们在空间的位置;(3) 自在之物,它独立于人心而本来是那个样子,但是不能为我们所知,其理由详后。

按这种见解来说,第二性的质和第一性的质一起是与自在之物对立的,像出现与实在的对立一样。第二性的质和第一性的质两者之间的区别是在出现之内的,不是出现与实在之间的区别。相对而言,第二性的质都是个人的,而且是主观的,而第一性的质却是尽人共通的出现物,而且是客观的出现物;但是第二性的质和第一性的质都不是独立于知道它们的心的实在。然而,第一性的质不像第二性的质那样,只在它们被知觉时才存在:它们是经验的对象的持久的特征④。

---

① 参看 A28-29;B44;A29-30=B45;A36=B53;A45-46=B62-63;B69-70;《导言》,第 13 节注释Ⅱ(Ⅳ289)。

② 见 B69-70。

③ 见 A45-46=B62-63。

④ 除非这是真的,实体的整个学说就是毫无意义的。依康德说来,现象的东西,或者说存在的东西,不是直接呈现于感觉的东西,而是按照类比而与感觉相联系的东西。参看 A225-226=B272-273,并比较本书第四十九章第一节。

2. 出现对于实在的关系

自在之物与出现之间的关系是什么呢？康德从来没有怀疑过自在之物的实在性，而且从来没有怀疑过出现的东西不是自在之物的出现①。出现就是事物像它对我们出现那样，虽然它不是事物从它本身来说的那样。那就是说，在其本身来说的事物也就是对我们出现的事物，虽然它们是对我们出现的，而且由于我们认识的种种力量，必须不同于它们就其本身那样的对我们出现。严格地说，并没有两种事物，而只是一种事物在两种不同的方式上来考虑，就是事物的就其本身来说和对我们出现的事物②。

看来，这个见解是康德的主要见解，但是有点不幸，他又谈到出现的东西是由于自在之物的“影响”。他还谈到自在之物是“刺激我们”或者说“刺激我们的感受性”，这就产生了出现的东西或观念。这种说法是自然的、难于避免的，却是可能引起误会的。我们必须记住，出现的对于出现的实在，其关系是比结果对于原因的关系更为密切的，而且不含有时间的相继性，像在因果关系里所含有的那样。如果说自在之物是出现的条件，会比说它是出现的原因正确些③。

然而，这不是惟一的条件。确定出现的性格的另一个条件就是心。这个出现诚然是在感觉中被给予我们的，而感觉是被动的，但是这并不意味着自在之物或它的某部分，不加以变动而转移到我们的心里来④。换句话说(如果我们宁可不用隐喻的话)，这并不意味着自在之物或它的某部分，恰如它在其本身那样，对我们出现。我们的感受性是这样的：事物无论它们本身所具有的性格是什么，总得要作为空间的与时间的对我们

---

① 试与《导言》第十三节注解Ⅲ(Ⅳ293)相比较。我和阿迪克斯(Adickes)一样相信，论现象与本体一节并不含有这种说法的限定意思，虽然人们每每认为是有这种意思的。参看阿迪克斯《康德与自在之物》一书，p. 95起，并比较本书第五十六章。

② 比较一下BⅩⅧ-ⅩⅨ注、BⅩⅩⅥ和BⅩⅩⅦ。

③ 甚至这种说法还不够确切，不如说自在之物乃是出现的实在，而且对我们来说，这个实在是未知的并且是不可知的。

④ 参看《导言》第九节(Ⅳ282)。

出现。空间与时间是由于我们的人类感受性，或者用康德的话来说，它们是我们感受性的形式，而不是自在之物的特征。还有，如果我们所觉知的不单纯是感官东西的相继续，而且是相互作用的一些实体世界的相继续，那么心必须在思维中是主动的，并且必须投入感官的杂多以这些范畴，如实体或原因与结果。这些范畴就其性质来说，是像知性一样，属于心的。人类的心的性格(带着它的人类的感受性与知性)就(和自在之物一道)确定我们共通的客观世界。简单地说，它确定自在之物必须如何对我们出现。因此之故，我们所认识的世界乃是出现的世界，事物对人的心出现的，而且必须是对人的心出现的世界，而不是这些事物像它们本身那样的世界。

然而我们所认识的世界不是对一时的感官所出现的，而是对感官与思想出现的，或者说对感官与知性出现的。正是因为心不是单纯的感官，而是在思维中能动的，所以它就能超出一时的感觉，而能觉知相互作用着的一些持久实体的这个世界。但是心所觉知的这个世界，乃至在科学知识里，是一个为有限的人类经验的必然条件与限制所改造的世界。

3. 心理的状态

康德所关心的，主要是自然科学所研究的物理世界，但他也把他的原理扩充到心理学所研究的心理世界。他假定，正如我们有一个外感官能使我们去认识空间中的物体世界那样，我们也有一个内感官能使我们去认识我们自己心理状态的世界。但是，我们靠内感官而知道，且在心理学里所研究的东西，也是现象性的：我们所知道的这个我们自己的心，不是像它在其本身那样的，而只是像它在那些确定人的知识的特种条件之下对我们出现那样的。例如，我们知道它是作为时间中心理状态的相继续，但是这是由于时间乃是我们内感官的形式这个事实。人的感受性是这样的，它自然以种种时间的关系加在凡是给予内感官的东西之上；如果没有人的感受性的这种条件的话，直观不借助时间或变动也会领会我的内部状态①。

① 参看 A37＝B54。康德自己所说的不限于内部状态的变动，但是心里特别想到的却是这些变动。

这种见解所引起的种种复杂性显然是大的，而且必须记住，我们的心理状态和物质的身体全都是一个现象世界的部分，而且全都一样从属于因果规律，虽然关于这点康德像是拿不定主意的。康德的理论之一部分是说，在这个现象性的世界里，光对于人眼的撞击不能是颜色这个感觉的原因①。可是光线、人眼与颜色的感觉都是未知的自在之物的出现；而且，如我们曾看到的那样，在许多地方，康德的话语暗示的是，自在之物就是这些出现的原因。这就好像是一种双重的因果作用，类似于康德在人类行为里所发现的双重因果作用（因之意志本身可以是自由的，虽然在现象性世界里构成其出现的有形动作全都是为因果律所决定的）②。我们得要在其本身是现象性的物质身体的运动里来寻求感觉的现象性的原因，但是其最后原因（或者最好说条件）乃是自在之物。

如果在内感官里所知道的自我只是现象性的，那么关于能知的自我，我们又怎样说呢？即令所知的自我只是一种出现，然而能知的自我是否是自在之物呢？康德对于这个问题的答复是含糊的，但是按照他的道德哲学，我们也许可以说，自我是属于自在之物的范畴，虽然作为一个自在之物来说，它永远不能为我们所知③。

按照这个见解，我们所知的现象性世界是能知的心与自在之物的共同产物。我们能把它分析为各有不同来源的不同成分。康德称为感官的杂多是自在之物的贡献，但是在其里面得到安排的空间与时间以及按照着它们而这杂多才被思维的范畴，这些都是人的心所贡献的。

4. 种种困难

在我们所知的现象性世界和我们不知的自在之物的世界这两个世界之间的区分，是康德形而上学的基本的东西。这种区分使他同时能够说明我们关于现象性世界的验前知识，而又使我们有正当理由来相信有上帝和人的自由。除非我们采取这个见解作为一种临时的假设，我们就不

---

① 试将 A28 与 A213＝B260 加以比较。

② 参看 BXXVII-XXVIII。

③ 试与 BXXVIII 作一比较。

能指望得到不是关于他的哲学的一种表面的见解。在本国(指英国——译者)一直妨碍人们了解康德的事实就是,当人们在这里开始研究康德时,德国的观念论哲学就已经去掉了那未知的自在之物。因此,英国的新康德派就很容易低估或抹煞他的哲学的这一方面,而用黑格尔的话来解释(或者说曲解)康德。

康德假设的种种困难诚然是明显的。如果我们不能把我们人类所用的范畴用于自在之物,我们又怎能谈到多数的自在之物呢?在康德说来,数不与量这个范畴联合在一起,离开了空间与时间就毫无意义吗?我们怎能说我们的感觉是由于自在之物的影响呢?“影响”不只是为原因这个范畴的特种情况用的一个词吗?更一般地来说,我们能承认大家都认为是不知道的实在作为关于世界一种可理解的说明之一个主要部分吗?尤其是我们能相信——如果这是康德的学说——像我们所经验的世界是由于两种不为人知的自在之物,一种是自我,另一种也许不是自我,这两者的交互作用而来的吗[①]?承认一种完全是不为人知的因素是困难的。要去承认两种,几乎是不可能的了。如果它们是完全不为人知的,又怎能把它们彼此分辨开来呢[②]?

康德认为我们虽然不能知道自在之物,但是却能思想到它们[③],而这样,他就可以或者希望能避免这样的某些困难。可是这样的一种见解又引入它自己的新困难。依他说来,我们有可能来思想,也就是持有一个概念,而不能说明有,乃至能够有一个对象是对应于这样一个概念的。如果我们要去知道一个对象,而不单纯去思想它,我们就必须能够指出至少有一个与我们的思想相符合的对象之可能性。如果一个思想或概念不是自相矛盾的,它就是可能的,就是说,在逻辑上是可能的。由此不能得出结论说,它的对象是可能的。我们必须在别的方法上说明这个对象的实在可能性。例如,我们也许能够思想到或想象到自由而没有任何逻辑性的

① 康德愿意假定这另一种自在之物可能是一个自我,或者无论如何是一个单子,但是他把这样的假定看作单纯是推测。

② 在 A358 里,康德自己提出了这个可能性,即也许没有两个东西,而只是一个。

③ 参看 BXⅧ和 BXⅧ-XIX 注;又 BXXVI 页起。

矛盾，然而不能说明自由本身在实际上是可能的。在这种情况下，就说我们思想到自由，而不知道它[①]。我们也能想到或设想一个被两条直线围住的几何图形，因为这并不含有逻辑性的矛盾。可是我们不能知道这样的一个几何图形，因为它是和空间的性质不相容的，而空间乃是我们经验到对象的一种条件[②]。

这样的一种区分的种种困难，在这里和我们不相干，而和我们有关的只是这种区分应用到自在之物。既然从假设上讲，自在之物是实在的，那么，看来它就好像从假设上讲是可能的了。我们如果能思想到它，并且真正地思想到它，那么怎样把这样的思想和知识分辨开来呢？

康德的答复就是：这种思想是空洞的。它单纯是一个未知的某东西的思想，而这某东西的实在或可能不是在经验的对象之为实在或可能这种意义上的[③]。我们只能用人类范畴才能思想，而这些范畴（包括现实性范畴或说存在范畴），离开在空间与时间的形式上给予感官的杂多，就是空洞的：从感官分离开来，这些范畴不能给我们知识。

这种答复又引起了新的困难。依这种见解来说，严格地讲，范畴是不适用于自在之物的[④]，虽然不利用范畴，我们也不能谈到或者想到自在之物。这样使用范畴好像是神话似的而毫无可理解的意义的。它对于我们所能有的意义是由于假定了自在之物与经验的对象这两者之间的某种类比[⑤]；而这种假定，如果我们把它当作真正知识的根据，乃是不合理的[⑥]。

---

① 参看 BXXVIII。

② 参看 A220-221＝B268。在同页和后面的几页上会找到别的例子。

③ 关于这种意义，参看经验性思想的公准并和本书第四十九、第五十两章比较。

④ 阿迪克斯（在他的《康德与自在之物》一书第 57 页）主张：康德在两种意义上使用“范畴”这词，(1) 作为我们统觉的先验统一性的综合机能，(2) 作为这些功能所创造或认定的东西的最普遍的质、联系和关系；而且他又主张在第二种意义上的范畴是适用于自在之物的。依我看来，这是错误的，但是他说得对，如果这些范畴能这样适用，它们必须是未图型化的，比如因果作用，在应用于自在之物时，不含有任何时间相继续这种观念。

⑤ 康德在 A696＝B724 和 A698＝B726 明白地这样说。

⑥ 关于康德否认范畴的这种“先验用法”，参看本书第五十四章。关于对“由类比得来的认识”——作为“理论认识”的对立，参看《形而上学的改善》(Fortschritte der Metaphysik)，见《哲学文献》(Phil. Bib)46c，p. 107，并比较《判断力批判》第 59 节（V 352）。

5. 历史背景

康德的学说像任何谈到未知与不可知的东西的学说一样，看来好像是似是而非的，或者说是自相矛盾的，而这就更需要了解引导人们去主张这种类型的见解的一些根据。

康德这个学说，部分是由18世纪的哲学史而来的。在那个时代活动的两个学派之中，经验派相信心是一种没有写过字的白板(tabula rasa)，被动地接受感官的印象；而这种信念，在其一切含义都详细地想出时，结果就是心永远不能深入到作为这些印象的来源的那个实在里去这个见解。这种后果在贝克莱与休谟的著作中就逐渐变得明朗。另一方面，理性派假定纯思维能掌握最后的种种实在，比如纯思维能够证实上帝的存在与属性。康德自己原是受过理性派见解的培养的，但是最后就得出这个结论，认为纯思维自以为知道这种最后的实在，那是没有保证的。然而他继续相信有这些实在，而在他放弃了理性主义时，也就不得不有自在之物是不可知的这种见解了。

6. 观念论与科学

然而康德持这种见解，其理由却比这更为深刻。在他的思想里，观念论的倾向和实在论的倾向都起着作用，而产生自在之物这个学说的乃是两者的结合。

不管观念论的最后价值是什么，它不只是思想的单纯混乱或者现代的人心的一种临时的失常。它部分是对于科学的反作用，一种想在机械世界里保存人类价值的真实性的企图，但是它也和现代科学(特别是物理)在一种更积极而更密切的方式上有关系。

人心的自然倾向是实在论的，而就常识来说，我们桌椅房屋树木这个寻常的世界是实在的世界。然而桌椅这个世界是很不同于物理所知道的世界的。物理的发展使我们的心不得不有出现与实在的对比，依常识看来的世界和科学观察者知道的世界，这两个世界之间的对比。这又引起进一步的反思。如果对于常识说来显然是实在的东西，对于科学家更深刻的眼光来说就变成了单纯的出现，那么可不可以还有一种更深刻的眼光，对它来说，科学家所知道的实在只是更远的实在的出现呢？

科学家与之打交道的只是出现，这个见解就是康德所持的见解。这种见解所根据的不是一种单纯的怀疑的空想或可以说得过去的类比，而是对于科学本身的一种批判。

在本世纪中，更有甚于康德的时代，这样的批判是强加于我们身上的。知识的发展这么快，以至前日对科学出现的物质世界还远远不同于今日所出现的世界。谁又知道它明日将要怎样出现呢？很少有思想家会主张：现代科学给我们提供了关于如实的世界的足够知识，甚至物理学的基本概念也还在受到批判与修正。科学家本身发现：他们不得不接受一些似是而非和前后不一致的东西。量子论和相对论也就是这种情况。甚至有人断言，时间无非是人看事物的一种方式，而不在物质世界里面；而且断言我们所觉知的只是我们自己的测量，可是我们所测量的是什么，我们是一无所知的。这种说法并不是由于康德的影响，但看来好像是康德学说的复兴，它使人对于《纯粹理性批判》的论证更有兴趣。

无疑可以这样公正地说，在出现与实在之间的这些区别，都是在关于实在的知识（或者假定的知识）的基础上作出来的，因而不能有正当理由来区分成为人不知的实在和所知的出现。然而，这种区分所需要的实在知识可能是最一般的，例如实在必须是和自身一致这种知识。如果我们关于实在的一些理论是相互矛盾的，我们就知道，这些理论里所说的至少部分是出现而不是实在，可是也许我们不能够如实描述实在的正确理论。实在是前后一致的这个知识乃是一种很空虚的知识，甚至康德也许会承认我们关于自在之物是有这种知识的①。然而他会认为，这么空虚的一条原理不能使我们进一步推进知识，除非自在之物是在经验中给予我们的，而他相信这是不可能的。

总而言之，康德的学说就是这样的：科学思想固然能深入到超过我们瞬息即逝的一些感觉而达到相互作用的一些实体这个共通的客观世界，但是这个世界乃是向人的心出现的事物的一个世界，而不是如事物在其

① 这点好像含在诸类比的意思之内。

本身那样的一个世界。根据这种说法是所用名词的自相矛盾这个理由，而不详细检查他的论证就草草了结了这种理论，这是不合道理的。认为科学所知的世界本质上是对人的心的一种出现，乃是一种观念论的学说(当然不是惟一的观念论学说)。康德之所以认为这个世界不是人的心所创造的，而是包含有自在之物的实在的，乃是因为在某种意义上，他是一个实在论者。

7. 康德的实在论倾向

康德是尽力来公平处理我们经验的各个不同方面的。他承认世界是给予我们的，而不是思维或空想的产物。在我们的经验里，有一种强迫，不同于一个论证的结论从其前提得出来所根据的易于了解的必然性。我们看见天空是蓝的，你无论怎样尽力去思维也不会改变它的颜色。康德始终认为：在我们的经验中有所予的某东西是一种被动的成分，而且并不假借我们方面的努力而被给予的某东西是人的知识所必需的。

然而，他似乎不是根据这个所予的东西的存在去论证自在之物的实在性，作为所予的东西的必要原因。这样的一种论证，就其本身而言，是不能说服人的，而就一种哲学来说，既然它把原因这个范畴局限于出现的世界，那么这种论证就是双重地不能说服人了[①]。他反而好像会把自在之物看作在一切出现中直接对我们呈现出来，虽然它的实在(相对于它的表面)性格方面是我们所不知的[②]。

康德并不认为自在之物的实在性是需要证明的。他说，说有出现而无出现的东西，这是可笑的[③]。自在之物的实在性同是常识与实在论的预先假定，康德没有怀疑过这点，也没有对它提出过异议。他所关心的惟一问题就是，自在之物能否为人所知。

---

① 试比较 A609＝B637。

② 阿迪克斯在《康德与自在之物》一书中曾大力为这种见解争辩。试比较花亨格尔，《注释》，ii，pp. 110-111。

③ 参看 BXXVII；A251-252。作为一个论证来看，这样的一种说法是不能说服人的，因为它依靠着“出现”这个词，而这个词可能是不适当的。然而这种说法表示人类的心的基本的，即令是未加反思的深信之一，而康德也具有这种深信。

就朴素的实在论而言,事物就其本身而言正像它们对我们出现的那样。科学的唯物论,其哲学把第二性的种种质作为单纯的出现剥去了,而把物理的物体看作自在之物。康德则更进一步,剥去了第一性的种种质作为出现(虽然是另一种的出现)。这一来,他剩下来的就是自在之物,它所具有可知的特征无非是事物像它在其本身那样,而不是像它出现的那样。

康德认为保留自在之物,就把他的哲学与以前所了解的观念论区别开来了,尤其是与像贝克莱主教的那种哲学区别开来了[①]。

虽然康德在任何地方都没有这样明说,但似乎可以合理地推测:他相信如果要有一个不同个人所知道的共通的客观世界,那么自在之物的实在就是必需的。他随处都假定这样的一个共通的客观世界,而且他还假定,这个世界就是科学知识的对象。根据他的见解,科学努力于越出单纯是个人的观点,不去管那应归因于个人感觉器官和在空间的位置的东西,而去发现对那些不怕麻烦而从事必需的测量的人们所共通的世界。

康德还假定不同的个别能知的心的存在。他并不试图去证明这种心的存在,甚至也不去讨论我们相信它们存在的种种理由。

8. 康德的论证

我们若要了解康德,就必须以这为出发点,即像常识那样假定实在的东西是有的,而且假定这些实在的东西是对我们出现的。康德提出的假设[②]而且希望在《纯粹理性批判》里予以证明的,就是实在的东西永远不像它们在它们本身那样对我们出现的;而且他还要证明我们所能知道的,绝不是事物像它们在其本身那样,而只是它们的出现,这种出现的性格从头至尾是为能知的心之性质所影响的。

我是用消极的方式表达这一点的,而康德学说的消极方面是重要的。康德希望能证明关于终极实在的推测是无用的,而且试图通过说明理论

---

① 参看《导言》一书的第十三节注释Ⅲ(Ⅳ293)。可是必须记住:康德对于物理实体的持续存在(或说现象上的实在性)作为把他的见解区别于贝克莱的见解的理由,至少是同样重要的。参看《纯粹理性批判》一书中对观念论的驳斥。

② 比较BXXI注。

的理性在这种事情上的无能为力，来捍卫宗教与道德，不使它们受到攻击①。然而，他的论证的积极方面是同样重要的，甚至比消极方面更为重要。如果形而上学停止它对于终极而不可知的实在的追求，而只关心出现的世界，那么它就能踏上严谨科学的安全道路②。我们必须放弃过去玄想的形而上学，代之以经验的形而上学③。如果我们这样做，我们就不难获得关于不会错误的知识的一个有限制的但却是完整的体系。《纯粹理性批判》并不自以为能提供这样一个体系，而只提供我们这样一个体系的方案，剩下来的只是填上其比较细目的这种较容易的工作④。

康德的论证，其中心原理就是这个革新的但同时又是似是而非的见解：我们关于事物所能有的验前知识，只是限于我们心的性质所规定我们对事物的所知⑤。康德希望说明：(1) 我们确实具有验前的(即是说，普遍而必然的)知识，(2) 除非所知的对象的性格是为我们认识能力的性质所确定的，否则就不能说明这种知识。如果这第二种主张是对的，我们验前的知识就当然不是关于事物如它们自身那样的知识，而是关于事物像它们必须对我们出现那样的知识。我们必须放弃能达到关于终极实在的验前知识这种希望，但是我们能完全确切地决定我们关于现象性世界的验前知识。康德认为他的哲学，而且只有他的哲学，能提供我们在数学里的验前知识的正当理由，而且能决定在实验物理所预先假定的一切验前原理：这并不是他最不重要的主张。

我们可以说，康德的中心论证可分为三种主要论证。这些论证是有关直观、知性与理性的。直观含有对所予的个别对象的一种直接关系，就人来说，直观总是感性的而不是智性的，这就意味着它是被动的而不是主动的⑥。知性乃是用概念来思维在直观里所予的事物的能力。理性乃是

---

① 参看BⅩⅩⅩⅠ。

② 见BⅩⅧ-ⅩⅨ。

③ 我们可以这样来适当地叙述康德在BⅩⅧ中称作“形而上学的第一部分”。这部分是在感性论和分析论中处理的。

④ BⅩⅫ-ⅩⅩⅣ。比较AⅩⅪ和A82=B108。

⑤ BⅩⅧ。“我们关于事物所验前知道的只是我们自己放进它们里面去的东西。”必须在莱布尼茨那里去找这种见解的根源，但是莱布尼茨不能得出这些明显的结论。

⑥ A19=B33；A50=B74。

思想那些永远不能在感性直观中被给予出来的对象的能力。

在感性论里，康德主张我们关于空间与时间的种种直观乃是验前的直观，因而是由我们感受性的性质而来的。因此，我们关于空间与时间的验前直观(即我们所有的惟一验前直观)不能为我们提供关于事物如实的知识，可是这些直观能给我们关于事物如它们必须对人的心出现那样的验前知识，因为事物能对人的心出现，只限于它们是对感受性被给予的，而感受性却把空间的与时间的形式加在它所接受的一切经验性直观之上。

在分析论里，他论证说，知性的各范畴(如原因与结果)都是验前的概念，因而是依靠思想的性质，而不是依靠事物的性质的。除了在应用于时间性与空间性的事物之外，也就是除了在应用于给予人的直观里的出现之外，知性的各范畴是毫无意义的、空洞的。因此，知性不能给我们关于自在之物的任何验前的知识，而只能给我们关于出现的验前知识。

在辩证论里(特别是在类比里)，他论证说，虽然理性由于它的本性，企图超出给予感官的东西的范围，而且必须努力于从受条件限制的东西过渡到不受条件限制的东西，可是当它认为我们人类的范畴是适用于自在之物时，它就陷入种种绝望的矛盾。如果我们把不知道的自在之物与它的出现分辨开来，并且认识到我们的各范畴只适用于出现，那么这些矛盾就会迎刃而解。

所以，用直观也好，用知性也好，用理性也好，用这些能力的任何结合也好，我们都不能得到关于自在之物的验前知识，虽然我们能有关于现象性世界的验前知识。

可以说这些证明都得到了下述事实的证实，即当我们按照纯然知性的根据接受其种种结论时，我们能使我们的道德的以及宗教的信念有其正当的理由。如果我们认为我们的诸范畴是适用于终极的实在的，这些信念就都是不可辩解的了。例如，如果原因与结果这个范畴适用于自在之物，那么自由就成了明显不可能的事情，而自由是道德所必需的①。

① BXXVIII-XXIX。

这些论证的价值，都得要各按其优点来进行考虑。在本书里，我只关心头两种论证。但是必须记住，辩证论的论证是同等重要的；而且还要记住，虽然关于事物的像它们在其本身那样，我们一无所知，但是我们知道它们怎样出现于人的心，而且是必须怎样出现于人的心的；最后必须进一步记住的是，按照康德的观点，我们理论知识的种种限制，在一定的程度上，是为基于我们道德经验的合乎情理的信仰所克服的。

第三章　综合的验前判断

1. 哥白尼式的革新

康德企图在哲学中进行革新。他相信在各门科学中,到了一个时候,人们就引入方法的一种完全的改变,而由于这个改变,这门科学就变为真正的科学:它不算是一种单纯的“暗中摸索”,而踏进稳步前进的坦途了。在用作图的实证开始时,在数学里就发生了这种改变。当伽利略(Galileo)和托里赛利(Torricelli)发展了实验的方法时,在物理学中就发生了这种改变。当哥白尼假设第一次被提出来时,天文学中就发生了这种改变。康德把他自己的哲学革新比诸哥白尼所开始的革新。

初看起来,似乎没有什么比较是更不适当的。哥白尼是用天文学中一种以太阳为中心的解释,来代替当时流行的地球中心说的。康德在形而上学的范围内,好像正是作了几乎与之相反的东西——使人心成为现象性世界的中心,这样,事物就必须符合于我们的心,而不是我们的心符合于事物。

然而康德本人非常明确地说出了这个类比的关键之点①。哥白尼解释说:天体表面上的运动,是由于地球上观察者的运动②。同样,康德解释说:实在的表面上的种种特征,是由于能知者的心③。这个类比不是不精确,更不是不适当,它是绝对确切的。

康德认为在其各种认识的能力上来知道心这种工作是比较容易的,而事实上已为原有的逻辑大体上做到了④。如果实在像它出现那样的基

---

① 见BⅩⅥ,BⅩⅫ注。在这点上责备他的一些批评家是根本不可能了解康德所说的意思的。

② 如果我们认为恒星本身没有运动,我们就最容易明白康德的比较,因为那样,恒星的表面上的运动就完全是由于观察者的。同样地,我们必须把自在之物看作既不是空间性的,又不是时间性的;它们好像有空间性和时间性,完全是由于人心的性质。

③ 康蒲·斯密(参看他的《解义》p. 24)引用哥白尼《关于天体的运行》来支持这种解释。

④ 见AⅩⅣ。

本特征是由于能知的心的性质,那么,对这些特征作详尽叙述就不应该是困难的了①。

这将是“形而上学第一部分”的任务,即康德自己的积极形而上学的任务,而这种形而上学关心的是经验的世界。

2.验前知识

康德在哲学中试图发起革新的主要理由,就是我们具有验前知识这个事实②。要么是我们的观念必须顺应(comform to)事物,要么是所知的事物必须顺应我们的观念③。如果采取了前一个假定,验前的知识是不可能的。只有按后一种假设,验前知识的可能性才能被理解。这就是《纯粹理性批判》的中心的、革新的学说。

那么,验前知识是什么呢?它乃是独立于经验,独立于任何感官印象的知识④。从经验或者从感官印象⑤得来的知识是经验性的或者说验后的(a posteriori)知识。

康德把纯粹验前知识与另一种知识分别开来,这另一种知识虽然是验前的,但却不杂有经验性的成分⑥。他却不一致地坚持这种区别,而“纯粹”一词通常是用作“验前”(a priori)的同义词的⑦。

验前知识的定义是消极的,但是这个消极的定义却有一个积极的标准为之补充。必然性与普遍性⑧就是两个标准或标志,据此我们可把验

---

① 参看AⅩⅩ;BⅩⅩⅩⅥ。

② 拿本书的第二章第七节来比较一下。如在下文第四节所说,康德实是只想到综合的验前知识。

③ 参看BⅩⅥ-ⅩⅦ;A92=B124;A114;A128-129;B166。

④ 参看B2。可是,这样的知识只是从经验开始的,而且事实上只有靠长期实践的一种技能,才能把它从感官印象的质料中区分出来;参看B1-2。

⑤ 参看B3。在康德来说,直观,因而感受印象,是人类经验所必需的。

⑥ 乍看起来,可能有点令人奇怪,所举的那不是纯粹的验前知识的例子乃是“凡是事件都有其原因”这个命题。这是在A160=B199-200中说明的。试与A171=B212-213比较,并与本书第三十六章第三节来比较。

⑦ 比较B1(这节的标题)。

⑧ 皮里卡(Prichard)提议这两者(即必然性与普遍性——译者)归根到底是同一的(见皮氏的《康德的认识论》,第4页注3)。

前的与经验性的区分开来。经验所能给我们的只是从事实得出的一些概括。靠经验，我们能说在我们所观察的范围内一切天鹅都是白的；但是我们不能说天鹅必须是白的，或者说这一般的规则不能有例外。当我们说一切三角形，其内角之和等于两个直角时，我们是说出必然的、普遍的东西。单纯“一般的”能有例外，但是“普遍的”就不能有例外①。

康德主张，如果我们具有验前知识，我们就一定有验前知识的能力或机能②。这个学说是他和他的理性论前辈所共有的。可是他的前辈相信，如康德自己长期相信的那样，这种验前知识的能力（在他的前辈们来说，也就是理性）给我们关于自在之物的知识。康德论证说，如果我们想透了包含在具有验前知识的是什么意思，我们就会明白它必须是从心的性质得来的，而不是从事物的性质得来的。这个学说必须与单纯认定我们有验前知识的能力这个假定区分开来。

3. 时间的居先性(priority)

“验前的”并不包含时间上的居先性。我们一切知识都是从经验开始，而没有知识在时间上是先于经验的③。然而虽是一切知识都从经验开始，但有些知识可能不是得自经验，而且不依靠经验。经验也许是合成的东西，也许感官印象给我们以经验的质料，而我们知识的能力给我们以经验的形式。

在《纯粹理性批判》两版的引论开头都着重地说出这个学说，而且这部《批判》和康德其他的著作也一再说到它。

几个例子就足以表明这一点。纯粹概念据说原就在人的知性里准备好了，而遇有经验时，它们才得到发展④。我们在经验中能发现这些纯粹概念产生的机会原因⑤。各感官的种种印象提供最初的刺激使经验发

① 在B3-4里，康德分别开比较上的或经验性的普遍性和严格的或理性的普遍性。关于“一般的”和“普遍的”两者的分别，参看康德的《逻辑》第八十四节注2与第二十一节注2（Ⅸ133和102）。

② 参看B4。

③ 参看B1；和A1比较一下。

④ 参看A66＝B91。

⑤ 参看A86＝B118。

生,这种经验的质料来自感官,而其形式则来自纯直观与思想[①]。没有所予的材料,甚至验前知识的各种成分也不能够在思想中发生[②]。

根据这些以及许多其他的段落[③],我们可以说,根据康德的见解,从一开始,验前的东西就在经验中起作用——没有什么经验是没有形式的——而借着反思就逐渐对意识弄清楚了。在那种意义上,验前知识是取得的而不是先天的(innate)。康德所关心的不是经验怎样发展的问题——那是心理学的事情,而是包含在经验里的是什么[④],或者说是经验的各种预先假定与条件。他并不是说我们在幼小时期就开始知道空间时间和一些范畴,然后进而构成一个有颜色与声音的世界。

这一切都是莱布尼茨及其学派非常熟悉的。其实可以怀疑,认为验前的也是时间上在先的这种粗糙的学说,曾为严肃的哲学家所主张。好像只是由于反对者的误解,才把它归之于理性主义者。

可是,康德惯于把像"在其前面"和"先行于"这种字眼与我们的验前知识连在一起,而在这些地方就容易认为他是在谈到时间性的居先性。然而在这种用法里,如果是作为在时间上的意义讲,并没有任何的一致性,而这种用法常常是应用于经验性的东西的。直观被认为先于思想[⑤]。知识被认为从感官出发,从而前进到知性,而终于理性[⑥]。另一方面,先验真理被认为先于经验性的真理而且使之成为可能[⑦],而原始统觉说则先于一切特殊的经验[⑧]。在两个东西相互限定,或者形成一个更广泛的整体的必要部分的地方,康德就好像用这些时间性的说法来谈其一个东西对于其另一个东西的关系。

在一定的情况下,验前的并不包含时间上的居先性。例如,谈到任何

① 同前。

② 见A96。

③ 例如A196=B241;《论文》第十四节,5(Ⅱ401),第十五节,系论(Ⅱ406);《争辩论文》(Streitschrift)第二段(Ⅷ240);《逻辑导论》Ⅱ2(Ⅸ17)。

④ 《导言》第二十一节a(Ⅳ304)。

⑤ 参看B67,B132,B145。比较A225=B272-273,又比较A89=B122。

⑥ 参看A298=B355。

⑦ 参看A146=B185。

⑧ 参看A117注。

个别的圆,在我们经验过它之前,我们便能说,它的任何弧的一切对角都是相等的。在我们在世上发现某一特种的几何形之前,我们甚至能发现关于那种形的种种情况。再则,如果验前所知的空间是由于我们心的性质,我们就能说,我们的心在经验开始之前,就有了空间的形式在它里面作为一种潜在的东西。这样的说法康德确是有的,而这些说法是合法的。凡是他的说法能这样解释,看来只有这样解释才是公道的①。

可能有的时候,他为这些合法的说法所迷惑,以致混淆了逻辑性的居先和时间性的居先,虽然我认为这样肯定是轻率的。我觉得可靠的就是这种混淆不是他的最重要学说的一部分,如果有人明白地把这个问题向他提出的话,会遭到他愤怒的否认的。

然而,许多注释家曾在或多或少的程度上给他的词句以一种时间性的解释,而且认为他对心理学的发展作出了一种说明。持这种见解,无论是在其粗糙的或巧妙的形式上,都是把康德的理论变为悖理的。有这种结果的解释,显然是不令人满意的解释。如果应当承认有验前知识的话,当我们根据他自己所强调的陈述,而且又根据显然必须为真的东西去解释他的学说时,我们去考察一下他的学说是否更令人信服,或者无论如何是否更合理一些,这才像是公道地对待康德②。

至于谈到我自己,我愈读康德的著作,就愈相信,在他那里,验前的在逻辑上是居先的,或者像他所说的那样,验前的在客观上是居先的;而且我要大家注意太过于为人忽略的一段文字,这一段文字是有关时间的,但是也适用于一切其他验前的观念的。他说,时间作为一切变动的可能性的形式条件,在客观上是先于一切变动的。在主观上,也就是说,在现实的意识里,时间的观念,像任何其他观念一样,只通过感官知觉的策动(德语 Veranlassung)才被给予出来的③。我不能想象康德的基本立场还有更清楚的声明了。

---

① 例如 A26=B42,A33=B49,A267=B323。

② 在解释的这一点上,我觉得我自己始终一直与皮里卡教授有分歧,虽然我相信,如果他的解释是正确的,那么他的批评就是不能辩驳的。

③ 参看 A452 注=B480 注。

4. 验前知识的各种类型

我们果真具有验前的知识吗？康德举例说明我们是具有这种知识的[①]。

空间和实体的观念是验前观念，数学的判断是验前判断，甚至在常识里也能找到验前判断，如凡事都必定有一个原因这个判断。除非这样的判断是真的，否则在经验里就不能有确实的事情，物理科学也不能有其基础了。

此外，形而上学自以为具有超出经验范围以外的验前知识[②]，像在世界在时间上没有开始这个判断里那样。这样的一种主张是要批评的，但是漏看了批评的必要性却有三种理由[③]。第一种理由是，数学的成就使人期盼形而上学也会有同样的成就。这种希望是没有根据的，因为数学的成就是依靠直观的，而在形而上学里却不能有直观——我们不能直观到世界的开始(或没有开始)。第二种理由是，在形而上学里，我们决不会有为经验与之相矛盾的危险。第三种理由是，理性的验前工作大都是在于我们关于对象的概念的单纯分析。这种分析是有用的工作，需要来使我们的概念弄得清楚的[④]。它本身并不扩大我们的知识，但是它的成功却鼓励我们去想象，靠纯理性的活动，即使没有经验的帮助，我们也能扩大知识。

这就引起分析与综合之间的分别，或者分析判断与综合判断之间的分别这个问题[⑤]。

所有一切分析判断都是验前的，它们无须求助于经验。甚至当这些判断依赖经验性的概念的分析时，也是如此。在《纯粹理性批判》里我们不涉及分析判断。分析判断把我们的知识弄明白，但是对它没有任何增

---

① 参看自 B4 起。

② 同前。

③ 参看 A4-6＝B8-10。

④ 试与 A65＝B90 比较。

⑤ 除了在分析判断里遇见的分析以外，还有别的分析，例如直观的分析。康德所谈的，在这里是概念的分析，这些概念是我们关于对象原有的概念(参看 A5＝B9)。只要我们是在这样分析的基础上进行对象的判定，我们就有了分析判断。

加。我们与之有关的只是那些扩大我们的知识的验前判断，而且这些判断必然是综合的。

那么，综合的验前判断是如何成为可能的呢？这就是《纯粹理性批判》一书的中心问题。

在数学、物理学和形而上学中，都有综合的验前判断①。这些科学不是靠概念的单纯分析而进步的。因此我们得要依次考虑这每一门科学的综合的验前判断，以弄清这些判断是怎能有其正当理由的。我们无权来假定它们都能在同样的方式上被证明为正当的。

这便引出了三个需要我们解答的问题：第一，纯粹数学是怎样成为可能的？第二，纯粹物理学（或者说物理学的纯粹部分）是怎样成为可能的？第三，纯粹形而上学是怎样成为可能的？

数学与物理学的成就证明这两门科学是可能的，而我们的惟一问题乃是它们怎样成为可能的。形而上学就不是这样：形而上学过去有过一贯矛盾与失败的纪录。谈到形而上学，我们要问，它是否可能，而只有在我们获得一个肯定的答复时，才需要问，它是怎样成为可能的。

关于形而上学的问题，康德拿两个别的问题来代替。人对于形而上学的思维都是有一种天然的意向的，而我们就必须问："形而上学作为一种天然的意向是怎样有其可能的？"可是，我们不能满足于只是对这个问题的答复。我们想知道我们的种种形而上学问题是否能得到解答。因此，我们就有第二个问题："形而上学作为一门科学是怎样有其可能的？"

其第一个问题是："形而上学的种种问题何以必然在我们的经验里发生？"②第二个问题是："这些问题怎样才能得到解答？"

康德相信他的哥白尼式的革新，将会把形而上学作为一门科学重新建立起来。这种革新将会引进一个新型的形而上学，它要确定的是形而上学能否处理这些问题。这种革新将会使我们满怀信心地或者扩张纯粹理性的用途，或者加以明确的限制③。

---

① 参看自 B14 起。

② 就康德来说，这不是一个心理学的问题。他所问的乃是理性何以一定必然提出某些问题来。

③ 参看 B22。

上述选择中的后一种就是《纯粹理性批判》的实际结果。康德的形而上学,如我们所曾见到的[1],声明是在经验的限度以内,给我们确实的验前知识。我们要想超出经验的限度,就必须不用知识,而用信仰。

5. 分析判断与综合判断

这种讨论的转折点就是分析判断与综合判断的分别。

初看起来,没有别的分别会是更简单的了。要么述项 B 属于主体 A 作为某东西(隐蔽地包含在 A 的概念之内的)——这就是一个分析判断,要么述项 B 完全处在 A 的概念以外,即令它是和这个概念有关联的——这就是一个综合判断[2]。

如我们在上面已看到的,一切分析判断都是验前的。其主体概念本身是经验性的抑或是验前的,并无分别,因为如果这个概念是所予的,我们就无须再去求助于经验,以作出这个判断。分析判断的例子有"黄金是黄色的"和"一切三角形都是三边形"。

综合判断可以是验后的(a posteriori),也可以是验前的(a priori)。"黄金是发现于西伯利亚的",是一个综合的验后判断。"一切三角形的三个内角之和等于两个直角",是一个综合的验前判断。在这两个例子里,其述项都加上了某东西,不是在主体的概念里所想到的,但是那第二个判断是以必然性与普遍性为其特征的,因而就是验前的,同时也是综合的。

这种对分析的与综合的所作的区别是否是一种主观的区别,以至一个人的分析的会是另一个人的综合的呢?康德的话语在某些地方可能暗示这个区别是主观的,但是我认为,只在主体概念是经验性的地方,这才是如此的。例如,在谈到经验性的概念时,他说,一个人可能在黄金这个概念里想到一个性质(如不锈),而另一个人对此可能毫无所知[3]。这显然是真的。由于经验性的概念是得自经验的,而各人的经验是各有所不同的,因此,把那些其主体概念是经验性的分析判断看作验前的,这就像

---

① 见本书上文第二章第八节。

② 见 A6=B10。应该注意到,在 B19 里,康德认为他的区别是一种新的区别。

③ 参看 A728=B756。

是有点不自然的。“黄金是黄色的”的确不比“如果挖掉它的基础，这个房屋将会倒塌”这个判断更是验前的，而这个判断康德不承认是完全验前的①。

在处理分析判断时，康德主要是涉及那些其中的主体概念本身是验前的分析判断。他认为这种判断在哲学里是真正重要的。在这里，他确实认为所说的概念所含的一些“标志”②，是由于这概念本身的性质而结合着，而不是由于个人的经验的偶然性而结合着。

我们必须假定，分析判断与综合判断之间的区别含有主体概念对于述项概念的关系上的一种分别这个意思，而这种分别，就它是有重要性的这点来说，不是因人而异的。康德的意思不是说他的区别只是一种主观的区别。

6. 分析判断

虽然分析判断是通过主体概念的分析发生的，但是这种判断不是关于这个概念的一个判断③，而是关于被认为是从属于这个概念的对象的。“一切物体都是延展的”不是一个关于物体的概念的判断，而是关于物体本身的④。形而上学的某些分析判断可能没有对象，但是作出这些判断的人原意是要它们和一个对象有关系。

分析判断更不是关于一个词的意义的。遗憾的是，词语并不含有它们自己的意义。如果是含有的话，学外国语就比较容易了。

一个分析判断不是单纯的同义反复，像“人就是人”那样。康德有时认为，在一个分析判断里，述项对主体的关系是同一的关系，但他的意思

① 参看 B2。另一方面，如果说“一切物体都是延展的”这个判断是一个分析判断，这似乎不是不合理的。我们不知道物体是延展的，就完全不能知道它们，但是一个盲人可能知道黄金而不知道它是黄色的。

② “标志”是德文“Merkmale”之译。可以把标志当作一起构成整个概念的一些“部分的”概念；参看本书第九章第四节。

③ Herman Cohen 和 Kindel 主张它是关于这个概念的，但是依我看来，这本是不正确的，而且反乎康德所说的；试与 A736＝B764 作一比较。

④ 试与 A68-69＝B93-94 作一比较。那里的例子是：“一切物体都是可分割的”，这是一个分析判断。

不是说,这个主体和述项是相同的。分析判断把那只是主体概念中暗含的东西变成在述项中明显的①。

然而,困难之处是要知道在一个概念里,什么是暗含的,而什么又不是暗含的。内角之和等于两个直角,这可能像是暗含在三角形的概念里的,但是康德却否认这是一个分析判断。

可以这样认为,康德的所谓分析判断,是指定义说的,或者至少是指说出一个事物的本质,或其本质的一部分的判断而言的。纵然是如此,但构成一个事物的本质究竟是什么,还是有种种明显的困难。无论如何,这种见解不是康德自己的见解。他对于任何想把他的分析判断与综合判断的区别和以前在逻辑里所承认的那些区别等同起来的企图,是感到不愉快的②。

当时的逻辑承认有以下的一些区别③。本质是由某些严格称为本质属性(essentialia)的标志构成的。属性(attributes)在本质里有其充分的根据,而且是从本质派生的④。样式(modes)(即内在的确定性)和关系(即外在的关系)都不是从本质中派生出来的⑤。

虽然一切属性在本质里都有其充分的根据,但是有些属性必须由分析判断才为人所知,而其他属性是要由综合判断而得知的⑥。例如,在"一切物体都是可分割的"这个判断里,可分性是根据广袤的一个属性,而

---

① 参看康德的《逻辑》第三十七节(ⅨⅢ)。不待言,分析判断是由一个概念(即主体概念)的分析而成的,而不是由一个事物(即主体)的分析而成的。可是我发现,不但是在初学者中,而且在康德的注释家中,在这点上是模糊的。我们正是通过综合判断来对事物进行分析的。

② 见《争辩论文》(Streitschrift)第二段(Ⅷ228 起),这是谈这个问题的常引章句(locus classicus);又比较一下 B19。把康德的区别作为康德前辈所熟悉的——而这却是流行的见解——是对于康德的想法的曲解。

③ 试与康德《逻辑》的引论Ⅷ(Ⅸ60-61)相比较。又参看《争辩论文》(Streitschrift)第二段(Ⅷ228 起);《形而上学》(Metaphysik)第 24 页;G. F. Meier 的《摘要》(Auszug)第 121 节;Baumgarten 的 Metaphysica 第 50 节(ⅩⅦ37)。又参看本书第三十九章第三节。

④ 严格意义上的本质属性(essentials)和属性(attributes)有时一起描述为本质(essentialia)或本质的附属物(ad essentiam pertinentia)。一切其他标志无论是样式或者是关系,都说是本质属性以外的(extra-essentialia)。

⑤ 如果有本质,则必有属性,但不必有样式与关系。例如,一个人可以是有理性的(本质)而不是有学问的(样式)或者是一个老师(关系)。

⑥ 康德因之谈到分析的属性和综合的属性。

广袤乃是物体的本质之一部分。有了物体这个概念,而又有毋矛盾律,我们也就能作出上述判断,因之它是分析的。但"一切实体都是持续的"这个判断则不是这样。其中的持续性确是根据实体的本质的一个属性,然而它不是暗含在实体这个概念里的①。有了实体这个概念,我们单纯靠毋矛盾律,也不能断言一切实体都是持续的。因此,这个判断虽然是验前的,却是综合的。

分析判断与综合判断的区别所以是不能引用本质与属性的区别而作出的。

康德的理论并不像表面上那么简单,而分析判断的性质也不是完全明晰的。然而我们所关心的乃是综合判断。

7. 综合判断

关于综合判断,我们能说的有三件事:第一,其述项所包含的多于主体概念所暗含的;第二,这不过是同一件事的另一说法,假如有主体概念,我们也不能单纯靠毋矛盾律来作出综合判断;第三,要想作出一个综合判断,我们所需要的,除主体概念之外,还有另一种东西,即康德所说的第三个东西。我们暂且说这是直观——如果判断是验后的,它就是经验性的直观;如果判断是验前的,它就是纯粹的直观②。可是在现阶段,不能就认这第三点为当然的,因为这是康德希望要证明的。

三角形的三个内角之和等于两个直角,这个判断是一个综合判断,因为按照康德的观点,离开直观,就不能作出这个判断。这个判断陈述一切三角形的一种必然的属性,但是这个属性是不能通过分析三角形这个概念而发现的。

不管分析判断与综合判断的区别所引起的种种困难是什么,总是难以否认我们毕竟作出了综合判断,而且这种判断中有些似乎是验前的。如果是这样,康德就有了一个实在的问题了。

---

① 这里的实体概念乃是一切述项的终极主体的概念。在 A184=B227 里,康德自己说,"实体是持续的"这个命题是同语反复;但是在那里,他大概所想到的,不是纯粹的范畴,而是图型化的范畴。拿本书第三十三章第四节比较一下。

② 我们后来就会看到:这是需要加以限定的。看本书第二十五章第四节。

诚然，我们可以提出更基本的反对意见来。把判断看作是从主体的概念，由分析或由综合而前进到它的述项，这也许是一种错误的见解。也许每一个判断，在本质上同时既是分析的又是综合的①，必然是把整体分为部分，同时又把各部分结合为一个整体。也许只有在物质的操作里，例如砍木与造屋、分析与综合，即拆散和拼拢，才是能彼此分开的。这些看法以及类似的反对意见与关于断言的理论有密切的关系，然而它们对于呈现在康德面前的问题，只有使之更为模糊，而不能加以说明。

8. 康德的问题

康德的中心问题是："综合的验前判断是怎样成为可能的?"

这个问题是和主观的可能性无关的。它所问的不是我们怎样会作出这样的判断，而是怎样真正能作出这样的判断②。在康德看来，真理含有与实在相符合的意思，而他的问题，至少关于数学的判断，是有两个方面的。他所问的是，我们怎样能够，在验前的根据上，从一个主体概念，过渡到不包含在这里面的一种述项，像我们在纯粹数学里所做的那样。他还问，这样的综合验前判断怎样对于实在是真的，例如数学的判断怎能应用于现实世界。这两个问题是不同的，但康德并没有足够清楚地把它们分别开来。

起初，康德并不关心综合的验后判断怎样成为可能这个问题③。他的解释是：我们在主体概念之外，必须有另外的某东西，使我们有正当理由来把一个不包含在主体概念里的述项归之于这个主体。那个"另外的某东西"就是我们关于主体概念所涉及的对象的全部经验。

这就是这问题的常识答案，而在现阶段，这就足够了。可是，就常识而言，对象也就是自在之物。当康德后来论证自在之物不能是经验的对象时，他就有责任去说明经验的对象能是什么。这是康德哲学将要处理

① 我打算在后面说明，就康德自己来说，分析与综合，在一切判断里都是同时存在的。看本书第十四章第一节。但是这样说时，就在不同的意义上使用这些词了。

② 形而上学的情况有点不同，但是甚至在那里，我们也不问，我们怎样会作出形而上学的判断来——这乃是一个心理学的问题。

③ 参看 A8 及 B12。

的问题之一①。

然而,康德问题的主要论点就是这个。在综合的验后判断中,我们有第三种东西,即关于对象的经验(而归根结底,是经验性的直观),正是它使我们有正当理由作出我们关于主体与述项的综合。我们到哪里去找第三个东西,来使我们有正当理由作出我们的综合的验前判断呢? 我们必须有这样的第三个东西,因为已经假定了,我们不能单凭主体概念的分析,就过渡到述项那里。而这第三个东西显然不能是经验,因为经验所能给我们的只是事实的材料,而不能给我们在验前判断中所断定的严格必然性与普遍性。在数学、物理以及形而上学里的综合的验前判断,其辩护在每种情况下,都是要看我们能否找到综合所根据的这种第三个东西。在我们替数学和物理学找到了它的时候,我们就不但对于综合验前判断的性质,而且还对于我们寻常经验的性质,有一种更深刻的洞见了。

9. 康德的问题之实在性

否认康德问题的实在性的惟一方法,就是否认综合验前判断的存在,而且断言表面上像是综合验前的判断,不是非综合的,就是非验前的。

数学的判断确实像是验前的。即使我们设法去克服验前与验后的绝对对立,我们也很难否认在数学的判断和"一切天鹅都是白色的"这种类型的判断两者之间有一种实在的分别。这样的分别是有待于研究的。然而可以主张,一切数学的判断都是分析的判断。这种见解乃是现时数理逻辑家的主要见解。倘若这种见解是正确的,它就使康德的理论站不住脚了。

谈到康德第二种类型的判断(它是形成物理科学的基础),就得要采取一种不同的路线。"每一事件都有一个原因"确然不是一个分析判断。如果我们不接受康德的出发点,我们就必须否认它是一个验前的判断,而或者断言它是错误的,否则断言它是一个单纯的假设或公准。这两种见

---

① 参看 A104 起;A189=B234 起;等处。因为康德在他的《导论》中不处理这个问题,而只给了我们一个常识的答案,就指责他前后不一致,对此我看不出有任何理由。这个答案又碰巧是正确的答案,甚至在我们达到认识在一切经验里都有一种验前的成分时,这个答案仍然是正确的。

解都不可轻易地作为了结，但是各有其种种的困难。

第三种类型或形而上学类型的判断，譬如说“世界在时间上没有开始”，作为一个出发点来说，不是那么重要的，但是它显然不是分析的，而又不以经验为依据的。这样的一个判断能否正当地要求有真理这个问题乃是一个重要问题。

数学思维的性质与其对于经验性世界的关系，物理科学的终极预先假定，一种超出我们有限经验的形而上学知识之可能性——这三种基本问题，对于哲学仍然是，而且可能一直都是最迫切的问题。康德宣称他能解决这些问题，而埋怨用来叙述问题的各个名词，这是愚蠢的。我们的任务是看他的解答是什么。即令关于他的出发点有种种困难，我们也许仍然可以认为，他从而开始的一些假定是足够说得过去的，使我们有正当理由来把他的论证加以进一步的考查的。

第二卷

空间与时间

第四章 感官与感受性

1. 先验感性论

《纯粹理性批判》作为一种先验科学，是关于我们认识对象的方法的，而这是就其在验前成为可能的范围而言的①。

我们认识对象的方法，乃是借助于感受性与知性(可能是有其共同的根源的两种力量)②。我们必须考虑这两种力量是否对知识贡献一种验前的要素。《纯粹理性批判》处理感官所贡献的验前要素的那部分，就是先验感性论。为着这种打算，康德首先就把感受性孤立起来③，那就是说，凡是思想或知性所贡献于我们关于对象的知识的，他一律不予考虑。第二，他把感受性所贡献的验前要素孤立起来。他的方法就是排除凡是属于经验性感觉的东西。这种排除法就只留下纯粹直观，或者说直观的纯粹形式，而我们将要发现这些形式就是空间与时间④。

2. 直　观

在感性论的起头一段里，康德解释了他所用的种种名词，而他的解释是有点复杂的。他所说的话里，有相当大的模糊成分，而我们只有在论证发展的过程中，考查这些名词的用法，才能掌握它们的完全意义⑤。把他的一切说法都看作前提，是一种错误；而认为他是在提出一些完整的论

---

① 参看 B25。它全不考虑从单纯概念分析所发生的验前知识，而只考查综合的验前知识的种种来源与限制。它又排除道德的实践性的综合验前知识。比较 A14-15＝B28-29 和《道德的形而上学初步》(Ⅳ420)。

② A15＝B29。

③ A22＝B36。要看孤立法的其他例子，可参考 A62＝B87，A305＝B362。

④ 试与本书的第五章第九节作一比较。

⑤ 这是康德自已明白地承认的。参看花亨格尔的《注释》，Ⅱ，第 18 页。

证，就是更大的错误了①。我们必须把他所说的，部分当作他打算要证明的东西之一种声明，而在常识的水平上是不能完全了解他的声明的，但是我们很自然地认为是要在常识水平上开始的②。

我打算只来处理某些一般重要性的论点。

在康德看来，感受性在本质上是被动的，而知性是主动的。前者是一种接受性，或者称为容量③；而后者是一种能动性，或者称为力量④。只有感受性才是直观的来源，而知性是概念的来源。一个直观是一单个的表象（repraesentatio singularis）⑤，一个概念是一个一般的表象（repraesentio per notas communes，通过共同标志的表象），即不同对象所共同的东西之观念⑥。

像常常指出过的那样⑦，"直观"（intuition）这个词是模糊的。"我的直观"（my intuition）可能是"我所直观"（my intuiting），又可能是"我直观的东西"（what I intuit）。在康德那里是可以发现这种模棱两可性的。例如，他谈到"一个经验性直观的未确定对象"⑧，在这里，"直观"就像是"直观到"的意思。另一方面，他谈到空间与时间乃是直观而不是概念。在这

---

① 特别是谈到出现（或感觉）的形式必然验前就处在心的里面（A20＝B34）这种说法，我认为应看作不是一种前提，而是要证明的东西之一种声明。诚然这个声明好像得到了一种论证的支持："只有在它里面感觉才能在一定的形式上得到安排与断定，这东西的本身不能是感觉。"依我看来，这像是感性论的主要论证的一种概述，而不是一种企图，想要为那论证成立一个前提。如果我们把它看作是要成立康德的前提的，那么它就绝无希望成为足够的了。

② 初学者不宜过久耽搁在这些初步的困难上面。

③ "接受性"与"容量"是英文 receptivity 与 capacity 之译，其德文分别为 Rezeptivität（感受性）和 Fähigkeit（能力）。见 A19＝B33。

④ "能动性"或"力量"是英文的 activity 或 power 之译，其德文是 Spontaneität（自发性）或 Vermögen（能力）。见 A51＝B75。可是 Fähigkeit（能力）与 Vermögen（能力）的用法不是一致的，好像没有一个涵盖这两个词的总词。这两个词都可作总词用，虽然我认为 Vermögen 这个词更常用。

⑤ Vorstellung 是一个总词，涵盖"直观"（Anschauung）和"概念"（Begriff）。我倾向于把它译为"观念"（idea）而不译为"表象"（representation）。有时它是用作"我所直观"或"思想到"，而又用作"我所直观的"或"我所想的"。在前一意义像是主要的地方，我有时用"表象"这词，作为是更联想到一种行动的。

⑥ 参看康德的《逻辑》第一节（Ⅸ91）。比较 B133 注。

⑦ 康德自己在一段文字里很清楚地指出这点，可惜我已丧失了这段文字的引证。

⑧ 见 A20＝B33-34。

里,他的意思一定是,空间与时间是直观到的个别东西,而不是所想象到的单纯共同性格[①]。

可是,这后一种用法是有其特别理由的。必须记住,康德不是一个典型的观念论者(除了在他认为我们的观念都是人所不知的自在之物的出现这个范围内)。在他看来,空间与时间,离开人类的心,就没有实在性。它们不是自在之物,偶尔为人所直观到的。它们整个存在是靠我们直观到它们的,而称它们为直观或观念,是足以见出这种见解的[②]。

在人里面,直观都是感性的。那就是说,直观是通过被动的感受性到我们这里来的。直观不是我们创造的,而单纯是我们所接受的。我们只有在一个对象被给予我们的范围内,才能直观,而一个对象的被给予我们,只是在它刺激我们的心[③]而产生一种感觉的范围内。

由于"对象"一词模糊不清,这种说法是有困难的。最简单的解释,就是认为康德是在常识的水平上说活。我们可以把对象理解为一个物体,例如一把椅子。它的被给予我们,是在它通过感觉器官刺激我们的心而产生譬如颜色的一种感觉这个范围之内。

如我们已看到的那样[④],康德把常识的对象分析为事物像它在其自身的那样和事物像它对我们出现的那样,换言之,分析为自在之物和现象性的对象。如果我们假定这种分析已经作出了,那么康德的说法(一个对象刺激我们的心而产生一种感觉)就既适用于自在之物,同时又适用于现象性的对象[⑤]。

---

① 空间与时间(作为个别东西)必须同空间性与时间性(一切空间与时间的共同性格)区分开来。

② 同样地,像一座房屋这样的一个对象,当其从先验来看,被认为不是一个自在之物,而是一个出现或观念。参看 A190-191=B235-236。我没有企图来避免用"直观"(intuition)去代替"所直观的东西"(What is intuited)或同类的其他词句。在详细阐述康德时,想要这样做,就会产生太多的麻烦。

③ 德文"Gemüt"(心)是一个不带色彩的(即无偏袒的)词,康德用这词旨在避免"Seele"(灵魂)的形而上学含义。它同值于 Vorstellungsfähigkeit(能容观念的能力)。参看 A19=B34。

④ 见本书上文第一章第九节和第二章第二节。比较《导言》一书第十三节注二(Ⅳ20)。

⑤ 关于自在之物不刺激我们的感觉器官而刺激我们的心的那种非时间性的因果作用,参看本书第二章第二节。这可能是康德在本段里主要想到的。关于现象性的对象的因果作用,参看本书第二章第三节,感觉乃是双重因果作用的产物。

然而,被给予我们的事物或说对象的被给予我们,只是像它出现的那样,而不是像它在其自身的那样。简短地说,它是作为一个现象性的对象被给予的。我们要是严格地说,甚至现象性的对象,也只关于它的质料才是被给予的①。例如给予我们的是一种颜色,我们却想它是一把椅子的颜色。没有思维,即令我们看见一种颜色②,我们还不能知道它是椅子的颜色,其实不知道它是任何东西的颜色③。当康德说,直观而没有思维的概念,乃是盲目的,他的意思就是这样的④。因此,没有思维,就没有确定性的对象,没有严格意义上的现象性对象。所给予的,也就是单纯的感官材料(sensum),可以称为未确定的对象⑤,即离开思维而作为对感官的一种单纯出现⑥的对象。

在现阶段,康德没有条件来说明思维应有的任务。无论如何,现象性的对象,如果它要成为一个现象性的对象,必须同时既对感官被给予,而又为知性所思维⑦。因此,如果说,现象性的对象必须对感官被给予,其实它别无他法能被给予,这样说,也不是不正确的。

直观本身可分析为形式与质料。其质料就是感觉,或说感官材料⑧,这又可称为印象⑨。这是"刺激"我们的心的对象的"结果"⑩。其形式就

① 在现阶段,"质料"可理解为感官材料,如所见的颜色、所闻的声音。有些地方,质料被说成感觉,而在别的地方(例如 A20=B34),又说它是相应于感觉的。比较本书第三十八章第一节。

② 甚至要看见一种颜色,综合而且也许思维,可能也是必需的,但是现在我们可以不去管这一点。

③ 要知道这,我们所需要的,不仅有关于椅子的经验性概念,而且还有实体与偶性的范畴。

④ 参看 A51=B75。

⑤ 参看 A20=B34。未确定的对象就是事物(到了最后,总是自在之物)的,如它对单纯感官的出现。现象性的对象就是事物的,如它出现于感官与思维。如果我们严格地说,只有后者才是对象。

⑥ 比较 A92=B125。A248-249 像是说,未确定的对象(未为范畴所确定的直观)应该称为"出现"(德文的 Erscheinung),而有确定性的对象,或者说现象性的对象,应该称为"现象"。康德通常忽略了这种区别。

⑦ 我不去谈这个事实,就是如果现象性的对象通过类比和直接被给予的对象取得关联,即令它们不是直接被给予我们的感官的,我们也可以知道它们。

⑧ 看 A42=B60,A167=B209,并且比较 Fortschritte der Metaphysik (Phil. Bib. 46c, p. 91)。我不去谈这个困难,就是说出现的质料是"相应于"感觉。看 A20=B34。

⑨ "Eindruck"即拉丁语的 impressio(中译"印象");见 Fortschritte der Metaphysik (Phil. Bib. 46c, p. 91)。

⑩ A19=B34。这里"对象"又是模糊不清的。至少从本原看,可理解为自在之物。

是我们的种种感觉在其里面得到安排的空间与时间，而这是像康德希望去证明的那样，不由刺激我们那个事物而来，而是由我们的心的性质而来的。

直观直接和一个个别对象有关系[1]，而且由于这样的关系，就和思想或说想法区别开来。思想总是间接的，或说推理的，总是通过直观和它的对象有关系的。“对象”这个词在这里又是模糊不清的，而康德可能是在常识的水平上说话的。如果我们坚持要把自在之物和现象性的对象区分开来，他的主要事情就像是有关后者的。现在只说现象性的对象（例如桌子、椅子）是当下直接被给予直观的，这一定足够了。不管思维的任务是什么，当我们知觉到椅子的坚固，看见椅子的颜色时，我们的心是和这椅子直接有关系的，而就这点来说，这椅子是直接呈现于我们的心的[2]。

3. 感官与知性

康德学说的一个主要部分，是感官与知性，就关于对象的知识来说，直观与概念作用同样是必需的[3]。对象通过感官被给予出来，而通过知性被思维[4]。思维没有直观的内容就是空洞的，而直观没有思维的概念就是盲目的[5]。

因此，在单独处理感受性的过程中，是含有一种抽象作用的，而感性论是我们关于空间与时间的知识的一种临时的而又不完备的说明。在觉

---

① 这关系据说是（在 A20＝B34）通过感觉，这个事实并不让它成为间接的，因为感觉是不能和直观分开的，而是直观里面的一个要素。可能要问，从前后文来看，“直观”是指“直观到”（intuiting），或者是指“直观的内容”。整个说来，康德在这些地方所说的，像是没有清楚地分辨这两种意思。在直观的过程中，我们是直截地或直接地觉知到对象，而直观的内容乃是对象的质。对象乃是这种内容按照范畴结合起来而组成的。其实整个对象可以描述为一个直观（的内容）。

② 我在这里不去谈到许多困难。例如，第二性的质可能是因人而异的，而且我们若要有直观，就必须有综合的一个要素，因而就要有想像力的要素。

③ 在康德谈到感官或者谈到知性时，仿佛它们彼此分开，也能给我们知识似的，这就是“知识”这个词不严密的用法。在“关于对象的知识”这个短语里，“对象”一词是指现象性的对象。

④ A15＝B29。

⑤ A51＝B75。比较 A258＝B314。

知到空间与时间作为个别对象之中,总是包含着思想的[1]。思想给我综合,而没有这种综合,在任何对象里就都没有统一性。在感性论里,是没有顾及到这种必需的综合的,但是认为康德在这里没有发觉这个事实,就正如认为他在《未来形而上学导言》一书中与这相应的部分里没有发觉这种事实,同样没有理由。我们必须始终记住思想的任务是临时被排斥的。

4. 外感官与内感官

在康德看来,感官是包括内外感官两者的[2]。凭着外感官(包括视觉、听觉等),我们知道空间的对象[3];凭着内感官,我们就知道我们自己在时间里的心中状态。外内感官给予我们的只是现象,而不是自在之物。

内感官这个学说曾常常受到人们的批评。它在康德的体系和在它本身都引起困难的问题。然而就它本身来说,它并不是不合理的。就康德而言,对于一个个别的对象的直接认识关系只有通过直观才是可能的,而直观只有利用感受性才被给予[4]。因为我们对于我们自己的心中状态,是清楚地有这种直接的认识关系,所以说我们有一个内感官,这不是不适当的。

必须记住,康德的所谓心中状态,不是指与所见(the seen)相对立的这个见(seeing)。内感官的一切材料或说质料(只要它是知识的质料),都是从外感官来到我们这里的[5]。内感官的材料和外感官的材料是部分

① 看B160注。比较A99-100。虽然在这里,空间被说成是一个"对象",但严格地说,空间与时间都不是对象。一个对象必须是自在之物的一种出现,而且必须是在经验性的直观中被给予出来的。空间与时间只是对象的条件,但是由一种类比,我们可以称它们为个别的对象。看A291=B347,并且比较B147和A156-157=B195-196。

② A23=B38。

③ 我认为"外"这个词还可含有我们和不同于我们自己的某东西相接触的意思。

④ A19=B33。比较康德的《逻辑》第一节(Ⅸ91)。

⑤ 见BⅩⅩⅩⅨ注,B67。比较A34=B50,又A34=B51。在括号里的短语可能排斥感情和欲望(也许还排斥思想),这些也都是通过内感官知道的(A357-358)。所谓"知识的质料",康德像是指"关于对象的知识的质料"(对象是与主体对立的)。在B66里,苦乐的感情和意志都被排斥于知识里属于直观的东西。这种排斥也许可以限定在B67里所说的,在那里,是把外感官的观念说成是构成我们用来占住我们的心的那种适当材料的。如果康德认为感情和欲望的质料是从外感官来的,我们确是要求有这种见解更充分的说明。在A357里,他不承认思想、感情、偏爱,或决心能是外部直观的对象。

重叠的，如果不是相一致的话①。凭着内感官我们所觉知到的，不只是我们的感情和欲望，而且又是那观念流。而这些观念，不管它们还是什么别的东西，在康德看来，乃是我们心中的一些改变，或者说状态。即令种种颜色是自在之物，或者是自在之物的质，它们总是改变着心，或说限制了心，意思是说，它们时而在心面前，时而不在心面前。关于这个事实，我们是直接觉知的。旁人可以推论出我正在看见一个红色的邮筒，他们可能是对的。而我，只有我，才是能够直接知道它当下呈现于我的心。在康德看来，这种直接的知识，离开感性的（或说被动的）直观，是没有可能的。它是有关我们自己内部的，或说私人的某东西②，因而康德就谈到与外感官对立的内感官③。

更值得注意的是，正如空间是外感官的形式那样，时间也就是内感官的形式。这就意味着，时间的不能在外面被直观到，正如空间的不能作为我们里面的某东西被直观到④。

关于心而用“里面”与“外面”这些词，总是导致混乱的。如果“在我们的里面”是指知识的对象，那么例如空间就一定是“在我们的里面”的。如果“在我们的里面”是指在我们的身体里，那么空间既是在我们的外面，而又“在我们的里面”⑤。

可是，我们如果可以用另一种方式来说康德的论点，我们的心好像是一直继续在时间里，而不是扩张到整个空间。我们直接觉知到在空间的只是种种颜色或其他的感官材料，也许还有一些物体。如果我们想到心是在空间里，我们这样想，是因为我们以心与之有关联的物体所占据的空

① 例如看 A98-99，并比较 A34＝B51，在那里康德说，我们用内直观并抓住我们心里一切外直观。这是康德的《人类学》第七、第九节（Ⅶ141，142 和 144）所证实的。比如康德说，感官知觉只能称为内部的出现。比较《不正确的尖刻》(Die falsche Spitzfindigkeit)（Ⅱ60），在那里，把内感官说成使一个人自己的观念成为这个人思想的对象的一种能力。

② 是在这意义上的，就是只有我对于一个事物呈现在我的心面前才有其直接的知识。这不是说，呈现在我心的事物本身必然是一个私人的对象，而不是一个人所能共有的对象。

③ “内感官”这个学说不只是在洛克那里(An Essay Concerning Human Understanding Ⅱ 1，第二节起)，而且又在鲍姆嘉顿(Baumgarten)的《形而上学》(Metaphysica)一书（第 535 节，XV 13)里，都可以找到。根据 Erdmann《评论》(Kriticismus)第 51 页，在 Tetens 的《哲学的探求》(Philosophische Versuche)第一卷《探求》Ⅰ，No. Ⅶ，也可以见到。

④ A23＝B37。比较本书第七章第二节。

⑤ 在 A373 里的“在我们的外面”（在它不涉及自在之物时）只是“在空间”的意思。

间归之于心。反之,我们似乎直接觉知到我们的心一直继续存在着在时间里,或者至少是直接觉知到我们观念的流一直继续着在时间里。

康德的见解含有这个意思,就是我们所直接觉知到的只是我们自己的心理像在时间里发展,而我们关于物理世界中的变迁就没有这种直接的觉知。这种争论的消极方面必须在后面来考虑①。

康德并不试图用验前的推理来说明必须有内外感官,或者必须有直观的两种纯粹的形式,而且只有两种。这是单纯要作为事实而接受的②。可是他论证说,其他的观念,例如运动和变化,即那些属于感受性的观念,是预先假定有某种经验性的东西的③。

康德关于内感官的理论须留待后面来考察④。通常认为他的学说的这部分是混乱的,而无疑是应该得到更充分的处理的。我在这里所主张的就是,不应在一开始就把它作为显然不合理的东西而加以抛弃⑤。

5. 直观的形式

乍看起来,康德像是使用了一些词句,如"出现的形式"、"感受性的形式"、"直观的形式"和"纯粹直观",它们几乎都是可以互相交换似的⑥。把这些词句区别开来是重要的,即令这样做时,我们只能使康德的阐述比它本来所是的那样要稍为整洁些。我们在这里所关心的是这些词句的意义,而不是它的正当理由或真理。

凡是出现于感官的东西,都必须是能在空间与时间的关系里得到安排的⑦。空间与时间乃是这种安排的条件,而这也就是出现的可能性的

---

① 参看本书第七章第二节。

② B146。

③ A41=B58;B3。

④ 参看本书第五十二章至五十三章。

⑤ 没有内感官的物理器官,像外感官那样,这是与问题无关的。在康德看来,感官的特征不是它对于物理器官的关系,而只是它的被动性。

⑥ A20-22=B34-36。

⑦ B34;比较A20。就空间来说,这种关系就是"在外面"和"在旁边";而就时间来说,是"在前"和"在后"。很难确定康德是否把任何特别意义附加于"能得到安排"(geordnet werden kann)。这是第二版所特有的。也许可能,他笼统地指这种综合的必然性说的,而这种必然性是对象在我们的领会中的必然在空间与时间上相互有关系。

条件。这样看来，空间与时间就是出现的形式①。

作为一切出现的形式，空间与时间被认为是必然的而且普遍的。因此，我们可以说，我们关于空间与时间的观念都是验前的，或说纯粹的②——它们不可能依靠经验或感官知觉，经验或感官知觉永远不能给我们严格的普遍性或必然性。根据康德的理论，这种观念必须是由于能知的心的性质的，而在所说的情况下，是由于我们感受性的性质的。这又意味着我们观念的内容③，即空间与时间本身，也是由于我们感受性的性质的。它们乃是形式，只有在这些形式之下，我们才能感觉到出现，而且必然为我们感受性的性质加在出现之上。这个学说就体现在空间与时间是感受性的形式这个说法之中④。

根据这种见解，早在经验开始之前，空间与时间就是潜在于我们的感受性里的。我不认为康德相信空间与时间实际上在经验开始之前就在我们的心里⑤。但是“感受性的形式”这个说法是有某种含糊性的。这种说法可能不适用于空间与时间，而适用于我们的感受性的特征，我们是借助这种特征才在时间与空间的关系上感觉到事物的。这种特征，甚至在经验开始以前，也不存在于每一个人里面⑥。

在“出现的形式”与“感受性的形式”之间，有一种清楚的分别，而只有后者含有空间与时间的主观性的意思。

在“直观”是和“出现”同义的范围内，“直观的形式”才可理解为和“出现的形式”同义。在“直观”是“直观到”的意思的范围内，“直观的形式”类似于“感受性的形式”（或“感官的形式”），那时，它就有同样的主观含意和

---

① “出现”在这里是在一种没有特别的意义上使用的，不含出现是依靠心的这个意思。

② 参看 B3-4，并与本书第三章第二节比较。在 A21＝B34 里，当观念不含有任何属于感觉的东西时，就说是“在先验意义上”纯粹的。这是估计到起源的问题，但只是在消极方面，把这种观念说成是由于心的性质，是进了一步。

③ 如我们在上文所看到的，康德自己没有作出这种区别来，而是谈作为观念的空间与时间。

④ 这就明确使我们承认空间与时间的主观性格与起源。“出现的形式”这个短语并不使我们这样承认，虽然在我们仔细想时，它是含有这种结论的意思的。

⑤ 再比较一下 A452 注＝B480 注。

⑥ “感受性的形式”用在这第二种意义上，就是空间与时间的来源，可是不得等同于空间与时间本身。这个短语的含糊性把康德的阐述弄糊涂了，如果没有混淆他的思想的话。

同样的含糊①。

形式在本质上乃是质料的形式,而在我们谈到空间与时间作为"形式"时,把它们想成我们的感官材料在其里面被给予出来的关系,这是方便的。我们也许可以说,它们是感官材料在其里面被给予出来的一些关系的整个组织或系统②。感官材料被给予出来,是作为在别的材料的外面和旁边的,在其前面与后面的。空间与时间是使这样的特殊关系成为可能的一些关系的最终系统。所以它们是这些条件,只有在它们之下,感官材料才能在这样的特殊关系里得到安排③。

6. 纯粹直观

当我们把形式与质料分开,即当我们把空间与时间的关系与处在这些关系上的对象抽取出来时,我们就有了纯粹直观。虽然偶尔有语言的一些含糊,康德却弄清楚了,我们获得我们关于空间与时间的直观,是靠抽取感性的对象,或者排除感性的对象的④。空间与时间作为出现的形式,好像是嵌进所予的出现里面似的。在纯粹直观里,它们是孤立地被认识的,而且又取得它们作为单纯的形式所缺乏的统一性⑤。没有思维,这种统一性就是不可能的——但在感性论里,我们不谈思维。

康德之所以这么容易从直观的形式过渡到纯粹直观,现在就可以明白了。直观的形式乃是或者包含⑥出现所有的一些关系(或关系的系统)的。纯粹直观的内容也相似于这些关系,从感性的一些出现抽象出来,而

① 在A267=B323里,是明白说到直观的形式作为感受性的一种主观的特征(德文"Beschaffenheit"一词应作"造性"解,而英文在这里是用"characteristic"——译者)。

② 对于这点的反对意见就是,在第二版里(B160注),康德谈到好像形式是没有统一性的。空间与时间的统一性来自心的综合活动。比较A99-100、B137-138等处。

③ 应该注意,康德惯于把"形式"与"条件"等同来看。

④ 特别注意A27=B43,并比较《导言》一书第十节(Ⅳ283)。在A20-21=B35里,我们得到空间的纯粹直观,是由于丢去了一个物体的观念(1)思想所意味着的(实体等)和(2)属于感觉的(颜色等)。在B5-6里也是用同样的方法,而在A22=B36里就把它说为是先验感性论本身的方法。这是为形而上学阐明的第二个论证(A24=B38-39),特别是A31=B46所证实的。要有一个很清楚的说法,可参看《争辩论文》(Streitschrift)(Ⅷ240)。

⑤ B160注。

⑥ 在B67里,是说形式所含有的只是关系。"是"和"含有"是康德惯于用来指同一东西说的。

一起作为形成一个个别的整体。空间与时间同时是出现的形式，而不是纯粹直观的内容。其实，一种必然的而且普遍的形式，若要由直观而被人知道，必须是由纯粹直观知道的；而一种纯粹直观，若要有任何内容，必须是在纯粹形式里，而不是在感性的质料里，找到其内容的①。

康德使他的学说变得更加难懂，是由于他说的不是空间与时间是纯粹直观的内容，而是空间与时间就是纯粹直观。这个短语，像短语"感受性的形式"一样，适用于指空间与时间乃是依靠着心的②。

纯粹直观是纯粹的，或说验前的，因为它排除了感官的经验性成分，而所含有的只是感性东西在其里面出现的必然的而又普遍的种种关系。可是，应该注意到，空间与时间不但是经验的必然的、普遍的条件。它们在其自身里面，乃至当从经验抽象出来的时候，也有某种必然性和普遍性，因为在认识它们时，我们撇开经验，从而知道它们一切的部分必须是什么。我们关于它们的直观是纯粹的，是由于这种直观乃是关于一个整体的直观，而这个整体的各部分是能独立于经验而被知道的。康德没有清楚地把这第二种意义与第一种意义分别开来③。

纯粹直观是直观（而不是概念作用），因为它含有对一个个体对象的一种认识关系④：空间只有一个，时间只有一个⑤。

纯粹直观被说成是含有一种验前的杂多的，一个不是感官材料的杂多的一种杂多，而是由于我们感受性的性质而被给予出来的⑥。这种杂多只是由关系（空间的与时间的关系）所组成的⑦，它既是纯粹直观的内

---

① 比较《导言》一书的第九节（Ⅳ282）和第十节（Ⅳ283）。这第一段所含的意思乃是纯粹直观必须只含有感受性的形式，而第二段所含的意思乃是纯粹直观必须是感受性的形式。

② 虽然在形而上学的阐明里，康德是证明空间与时间是纯粹直观的，他不是论证空间与时间是独立于心的，而只论证它们是由纯粹直观而被知道的。

③ 我们后来将要看到这两种意义是密切相互关联着的。参看本书第七章第四节。

④ 空间与时间是对象，这只是一种特意的说法。比较 A291＝B347。

⑤ 或者它也是直观，因为它的内容乃是感性出现的东西的形式。它是和我们的感性性质结合在一起的，而不是（像范畴那样）单是知性的产物。比较本书第八章第一节。

⑥ 比较 A25＝B39、A77＝B102、A77＝B103、A99-100。

⑦ "杂多"(manifold)或"杂多性"(manifoldness)是要说明一种多样性(multiplicity)，它在其自身里是没有统一性的。可是当我们谈到"一个"(a)杂多或多样性时，"a"(一个)这个英语冠词是暗示着我们想要承认的那个统一性的。

容,同时又是(经验性)直观的形式①。

因为空间是纯粹直观,所以纯粹几何就有其可能;因为空间是直观的形式,所以纯粹几何就必然适用于感性世界。

空间与时间的每一部分(因而每一个几何形)也是一个纯粹直观②,它是能从所予的感觉抽象出来而被知道的③。

① 比较B136注、B137注、B160注。在这最后一段里,直观的形式是说为只给出其杂多,而形式上的(或者说纯粹的)直观则给出所说的观念的统一性。

② 比较A29。

③ 几何形能在验前按照一个概念而构成,但是这构成的问题必须在后面才提出。

第五章　空间与时间——形而上学的阐明

1.康德所提出的问题

我们现在有更好的条件来了解感性论的中心问题了。康德相信空间与时间是必要的条件①,只有在这条件之下,对象才被给予我们。他还相信空间与时间是根源于我们人类感受性的性质的。这是要证明的,而不能假定的。所以,他就提出这个一般的问题:"空间与时间是什么?"②

这问题暗示着三种可能性:(1)它们是实在的东西③吗?(2)它们只是实在的东西即自在之物的(内部)确定性④或(外部)关系吗?(3)它们是否只属于直观的形式,是否依靠人的心的主观构造?这第一种见解是牛顿所主张的,第二种(或类似它的)是莱布尼茨所主张的,而第三种是康德所主张的。

2.形而上学的与先验的阐明

在《纯粹理性批判》的两版中,阐明的次序是不同的。在第一版里,康德把他一切的论证都总括起来说。在第二版里,他把论证的两种不同的方法分别开来,而把形而上学的阐明与先验的阐明区分开来。他没有一贯地这样实行。谈到时间,先验的论证即让它存留在形而上学论证⑤的中间;种种关于先验的考虑就保留在第三种空间论证的末尾和在时间的

---

① B29。康德改 A15 里面的"各条件"为这里的"条件",但是漫不经心地在 B30＝A16 里保留着词的复数。这个修改可能是由于康德想把空间与时间联系起来作为一切对象必须在其下面被给予出来的条件。参看本书第七章第一节。

② A23＝B37。

③ "东西"是德语 Wesen 之译(英语译为 thing)。

④ "确定性"(德语的 Bestimmungen)在这里是和关系对比的,但在其他的地方是包括关系的,例如在 A26＝B42 里。

⑤ 即论证三。

第四种论证的末尾。

一个观念的形而上学的阐明是把这个观念[1]单独来分析的，而靠分析来说明它是验前被给予出来的[2]。一个观念的先验阐明是显示这个观念作为一条原理，在这原理的亮光下，就能了解别的综合验前的认识的可能性。它说明(1)别的综合验前知识是从这个观念得出来的，而(2)这种知识，只有把这个观念在一种特殊的方式上[3](即作为是验前给予出来的)来解释，才是有其可能的。在所说的当前情况下，综合验前的命题(特别是数学的命题)，只有解释空间与时间为验前的直观，才能说明是可能的[4]。

空间的形而上学阐明与先验阐明，大体上，是和范畴的形而上学演绎与先验演绎平行的[5]。康德甚至谈到[6]空间与时间的一种先验演绎，但是看来，这包括感性论的整个论证，连同"结论"在内[7]。

3.形而上学的阐明

在形而上学的阐明里，康德没有能够维持他心目中想要维持的空间

---

① 参看B38。这里把Begriff(概念)这词，像常常那样，用于空间与时间，但是，严格地说，Begriff是一个概念，而不是一个直观。说空间与时间是"观念"为更好，因为"观念"(德语的Vorstellung)包括直观与概念。"Vorstellung"的意思就是放在心的前面或者说呈现于心。

② 我理解这个只是说这观念，作为必然的而又普遍的，乃不是从经验"借来"或依靠经验的。关于它的起源的积极说法须留待后文。

在这种搭配上，"形而上学的"这词的用法，为康德所想起，可能是因为他认为当时形而上学的主要价值是在于概念的分析，而丝毫不涉及概念的对象的可能性。比较A5-6＝B9-10。

③ 参看B40。

④ 空间的先验阐明(虽不是时间的先验阐明)还进了一步，而"说明"空间必须是在主体里面作为感受性的一种形式的。严格地说来，先验阐明是应该估计到观念的起源的，但是为了简单起见，更好是把这个起源的问题留待"结论"。在某些方式上，在第二版中引入这种区别是打乱了康德的论证的自然发展的。在谈到感性论的一部分，好像它在一特别的意义上才是先验的似的，这是有一定的麻烦的，因为感性论的全部是先验的，如事实上它的名称所指明的那样。

⑤ 这平行确是很不够精密的，因为形而上学的演绎与先验的演绎都是处理范畴的起源，而且没有不同于演绎的"结论"的。然而形而上学的演绎却可以说是在其本身来考虑范畴的，而先验演绎是在范畴的对于其他的知识的关系上来考虑范畴的。乃至关于范畴或者关于空间与时间，也不得把这种分别坚持得太过分。又比较本书第十一章第十节。

⑥ A87＝B119和《导言》一书的第十二节(Ⅳ285)。

⑦ 康德的说法不能是涉及一种形而上学的阐明和一种先验的阐明之间的分别，因为在第一版里，还没有作出这种分别来。

与时间之间恰好的对等。他引入了一些变异，是没有显著的理由的，可是两者之对等是足够密切的，因此我们能把那两种阐明一齐加以考虑。

形而上学的阐明分成两部分。其第一部分是打算要证明空间与时间不是经验性的观念，而是验前的观念。第二部分是打算要证明空间与时间是直观，而不是概念。那么两者一齐就证明空间与时间乃是验前的或说纯粹的直观。

康德的论证是复杂而又模糊的，由于他不清楚地分辨开来“纯粹直观”与“直观的形式”[①]，又不清楚地分辨开来“验前”(a priori)用于我们关于空间与时间的观念之两种不同意义。论证的第一部分主要是关于空间与时间作为出现东西的形式(或直观的形式)的。在这部分里面，空间与时间是验前的观念这个学说，其意思就是，空间与时间被认为是一切可能的出现的普遍的而且必然的条件或说形式。在第二部分里，如果有任何论证来说明空间与时间不但是直观，而且是纯粹的的直观——而康德的话语也许暗示着有这种论证——那么，“纯粹的”(或“验前的”)是用来指出部分的空间与时间只作为整个空间与时间的限定而为人所知的[②]。这就意味着，我们在认识空间与时间时，须不依靠经验，就能知道它们的部分(即某某空间与某某时间)必须是什么。

在形而上学的阐明里，只有这个论证，说空间与时间同时是纯粹直观而又是出现东西的必然形式(或直观形式)。

空间与时间在心里面有其起源，因而事物对我们出现，是不同于它们的在其本身那样的，这种见解——一切都是属于后来得出的“结论”，而不属于阐明本身。

4. 空间与时间不是经验性的观念而是验前的观念

形而上学的阐明含有两种论证。其第一种论证是消极的，它证明空间与时间不是经验性的观念，而第二种论证则积极地主张空间与时间是

① 参看例如关于时间的第四种论证。A31-32＝B47。

② 比较一下本书的第四章第六节。在那里指出直观在两种意义上是纯粹的。在这两种意义上，“纯粹”(或“验前”)这词所含的意思是说，我们的知识是独立于经验而且是没有感性的内容的。

验前的观念。

空间与时间的观念是不能从经验"引出来"①,或"借过来的"②,因为空间与时间的观念都是经验所预先要假定的③。如果感官材料(sensa)要和我身体外面的物理对象发生关系④,而即令它们的被认为是相互在外边和在其旁边,在前面和在后面,(像它们在人的经验里必然如此那样)——那么就很清楚,空间与时间是已经预先假定了的,不管我们是否觉知到它们是这样预先假定的⑤。认识到⑥事物(不管是感官材料或者是对象)作为相互在外边和在旁边,不是单纯知道它们里面的质之种种不同⑦:而是知道它们的在不同的地方,也就是在空间的不同部分。与此相仿,认识事物作为同时的或相继续的,不是单纯知道它们里面的质之种种不同:而是知道它们的发生于同一个时间或者发生于不同的时间,也就是发生于时间的一部分或者不同部分(即片时)。

康德的主要论证就是:感官材料(甚至对象也是一样的)所在其里面被给予出来的**特殊**空间与时间的关系不能归类为单纯质的分别,而且空间与时间是预先假定为这种特殊关系的条件的⑧。还可以有这个暗示,

① "引出来"是英语的"derived"即原德语的"abgezogen"之译,参看 A23=B38。

② "借过来的"是英语的"borrowed"即原德语的"erborgt"之译。

③ 这并不是说我们关于空间与时间的观念是必然明确的。它们可以是"模糊的"(德语的dunkel),也就是说,不直接呈现于意识的。参看本书第十九章第八节。

④ 康德是指着感性的对象(而不单纯指感官材料)说的,虽然感性的或现象性的对象的性质还没有弄清楚。我们应该注意到,显然一切出现(乃至梦中的出现)都是空间的与时间的,感性的对象只是(在严格意义上的)对象,它们在一个共同的时间与空间有确定性的地位。这种区别要到后面才弄清楚,而那时还是不完全清楚的。

⑤ 正如一切思维都预先假定毋矛盾律,不管我们是否觉知到这一点。

⑥ 不幸英语没有任何一个词能确切相应于德语的"vorstellen"。这词的意思可以是直观到,可以是思想,又可以是直观到而又思想,因而就是知道。因此,除非我们是用一个非英语的词,如"represent"(表现),我们就不得不把德语还是模糊的弄得更为明确了。

⑦ 我了解在 A23=B38 里的德语"bloss verschieden"这个词组是指质的分别说的。

⑧ 拿《论文》(即康德的《就职论文》,用拉丁文写出的——译注)第十四节之五(Ⅱ400)的下面一段来比较:Quod autem relationes attinet s. respectus quoscunque, quatenus sensibus sunt obvii, utrum nempe simul sint, an post se invicem, nihil aliud involvunt, nisi positus in tempore determinandos, vel in eodem ipsius puncto, vel diversis.(如果任何东西对于某东西有关系,显然这些东西是感性的,而就也是同时的,可以说在它们后面没有在确定的时间的同一点或不同点上的别的东西的吧)。又看同引书第十四节之一和第十五节 A(Ⅱ398-399 和 402)。

即空间与时间的观念不是从所予的感官材料(或对象)抽象出来的,正如一个共通的特征的经验性概念(像红或有色性)的被抽象出来那样①。这个次要的争论并不是清楚的:不应把它解释为一种断言,说我们是在经验开始以前就知道空间与时间的。

到此为止,康德的立场是用消极的方式说出来的——空间与时间不是经验性的观念。我们可以用积极的方式把它说出来,说空间与时间(作为在其里面所有出现必须被给予出来的空间与时间的关系的条件的)乃是出现的东西的条件。我们离开空间与时间,就不能知道出现。

第二种论证更进了一步,主张:我们离开出现还能知道空间与时间。只靠第一种论证是不足以建立空间与时间的逻辑上的居先性的;因为空间与时间对于出现尽可处在一种对称的关系,而出现尽可为空间与时间的条件,正如空间与时间是出现的条件那样②。

空间与时间乃是必然的而又是验前的观念。其理由就是,我们能够从空间与时间在思想中抽掉了经验的对象,而依然还有空间与时间剩下来;但是如果我们试图把空间与时间从经验的对象在思想中抽掉,我们剩下来的就空无一物③。由此就可推断,空间与时间不是"确定的东西"(Bestimmungen)④,在逻辑上依靠着出现的;它们乃是出现的东西可能性之条件而在逻辑上是先于出现的东西的。

近来这个论证曾大大地受到批评,但是康德是极力说出原是真的某东西⑤。

如果我们试试想到任何一个对象——不管我们是以一种颜色,还是

---

① 关于不同类的抽象,看下文第九节。这个暗示接近了后来所处理的概念与纯粹直观之间的区别。我们关于空间与时间的观念不是空间与时间对象的共同的质或共同的关系的单纯概念。

② 例如在时空间("space-time")里,空间是时间的条件,而时间又是空间的条件,于是没有一个是先于另一个的(在这样的情况下,康德自己就可能会把一个说成为先于另一个的了)。我们后来将要看到,质料(或感觉)的为经验所必需是和形式一样的,但是这个事实并不取消了形式与质料的区别,或者取消了验前的与经验性的之区别。参看本书第七章第四节。

③ 康德谈时间时,把这个论证说得比谈空间时更清楚。

④ "Bestimmungen"这德文词是包括内部的质和外部的关系的。我有时翻译为英文的"characteristics"(特征)——原义是"不确定"——译者。

⑤ 拿 Alexander 的《空间、时间与神性》一书,第一卷,p. 39 来比较一下。

以一个对象本身如一棵树为例——我们若要试试把它想成是没有空间或时间的特征的,它就不成为什么东西了[①]。但是要断定我们能够有关于其里面没有对象的空间或时间的一个观念,那就难得多了。可是甚至在这点上,虽然一棵树,若要成为一棵树的话,固然必须占据空间而且持续在时间里,但是,即令这棵树(或一切的树都)始终没有存在过,我们还是可以有空间与时间,而且乃至有刚才所说的空间与时间。那就是说,我们离开所有的个别时,还是能觉知到空间与时间,虽然我们离开了空间与时间,是不能觉知到任何个别对象的。

康德的意思是否是说,我们离开了经验的一切对象,还能觉知到空间与时间呢?我们的确不能觉察到[②]空无一物的时间或空间;他在关于时间的类比是反复坚持这个论点的[③],而在《自然科学的形而上学初步》(Metaphysische Anfangsgründe der Naturwissenschaft)一书里,是说明这同样的学说的。要觉察到时间与空间,我们就必须觉察到时间与空间里的事物,而我们只是靠排除或在思维中取消时间与空间的对象,才得到关于绝对的或者说空洞的时间与空间[④]。

牛顿大概是相信,我们在某种意义上能觉知到绝对的空间与时间,而甚至相信,绝对的空间与时间,离开在它们里面的东西,还是能为实在的东西的。这不是康德的学说。他所主张的乃是,在几何里,我们把空间作为一个从它里面的经验性对象抽象出来的个别东西来研究,而且主张,在时间的情况下,与此相类的某东西也是有可能的。我们研究空间的方法是验前在纯粹直观里作出几何形来[⑤],虽然这些几何形是包含有,而且甚至说为呈现于感官的出现的[⑥]。我们又能觉知到空间与时间作为独特的

---

① 除非我们也把它当作是一个没有人知道的自在之物。

② "觉察到"是英文 perceive,原德文 wahrnehmen 之译。

③ 例如 B219,又比较一下 Fortschritte der Metaphysik(Phil. Bib. 46c, p. 103),是同时处理时间与空间的一段。

④ 要有我们关于绝对空间的观念之更精细的说明,可参看《自然科学的形而上学初步》(M. A. d. N.),第一章第二节解释,注解 2(Ⅳ481)。

⑤ B137-138。作图的必要性不能为康德引入感性论里来,因为这是包含有综合的,而综合是留待分析论来讨论的。

⑥ A240=B299。拿本书的第七章第七节以及 B147 来比较一下。

整体，而且说空间有长、宽、高，而时间是有长度的①；但是乃至这样的基本原理还是不会有任何意义的(就是没有客观的关系的)，除非我们能在其对于经验性的对象的关系②上显示它们的意义③；而且我们关于空间与时间的观念，如果离开了再生想像力的活动来想起经验的对象，就会是一种单纯的"图型"(Schema)了④。无论我们怎样想到空间或时间是全无任何特殊的对象的，毕竟必须至少对于可能的对象有某种关系；而且我们只靠知道它们所含有的对象，才能知道特殊的各空间与各时间。

在谈到空间与时间作为个别的整体时，我们就过渡到康德的阐明之第二部分，而这部分是有关于空间与时间的作为纯粹直观而不是作为出现东西的形式的。但是，至此为止，我们能肯定：康德在其说空间与时间在经验里有一个独特的地位时，是说得对的；而在断定空间与时间是经验的可能性的必然的而又普遍的条件这种说法里，对它们的地位的描述并非是不适当的。没有空间与时间，出现东西的所予杂多就不能在外边与旁边，在前与在后等等关系里得到安排，而那种杂多总是在那些关系里得到安排的——而且事实上是必须得到安排的，如果我们是要有人类的经验的话。所以空间与时间乃是一切出现东西的验前形式⑤。

5. 空间与时间不是概念而是直观

第三种和第四种论证(谈到时间时，是第四和第五种论证)⑥要说明的正好是：空间与时间不是概念而是直观的。

---

① 比较 A239＝B299 和 A31＝B47。

② 这里"关系"是英文"relation"之译，而前一个子句的"关系"是"reference"之译。

③ A240＝B299。

④ A156＝B195。

⑤ 应该注意，康德自己很可能认为：这头两个论证，尤其是第二个——比较《导言》一书的第十节(Ⅳ283)——所证明的不是空间与时间的出现东西的形式，而是纯粹直观。可是这样一来，我们就必须了解纯粹直观的意思主要为一个直观，其内容就是这个形式(或形式上的一些关系)，一切出现都是，而且必须，在其里面被给予的。在后来的一些论证里，都是把纯粹直观作为从出现抽象出来而考虑的。

⑥ 凡是我们把空间与时间放在一起来处理的地方，如果我们假定关于时间的第三个论证移至先验阐明中，而改变第四和第五个论证的数号，那就简单一些。

如我们在上又所曾看到那样①,一个概念②乃是含有不同个别对象的共同标志的一个一般的观念。一个直观乃是一个单一的或者个别的观念,也就是一个个别对象的观念。我想到三角形性,但是我直观到当下的三角形。

空间与时间之所以是直观③而不是概念,其理由就是(第三个论证说)空间与时间都是一,以及(第四个论证说)空间与时间都是无限的。

这两个论证不是很清楚地分别开来的。关于空间独一性的种种论证也用于有关于时间的无限性。

6.空间与时间的独一性

第一个论证是简单的。不同的空间都是一个空间的各部分,而不同的时间都是一个时间的各部分。所以空间与时间乃是独一的、个别的,而这样,它们就必须主要靠直观来知道而不靠概念来知道④。

关于空间,还另加上一个论证,而这个论证必须是同样适用于时间的⑤。

我们曾谈到不同的各空间为一个涵盖一切的空间的部分。必不可认为,我们好像在其本身而知道这些不同的空间的,而这个涵盖一切的空间乃是这样不同空间的一个单纯集合体。与此相反,我们必须把这些不同的空间想作是在一个涵盖一切的空间里面的。这些空间只作为这个涵盖

① 即在本节的第四章第二节里。

② 参看康德的《逻辑》一书的第一节。康德反对用"一般概念"(或"共通概念")这一个短语,因为这是用于一切概念的。可是他自己也得要关于空间谈到一个一般或普遍的概念(空间性——spatiality),因为他有时用"概念"(Begriff)这个词作为关于空间的直观讲。

③ 关于这点的意义,参看本书的第四章第二节。如果说我们关于空间与时间的"观念"乃是直观而不是概念,那就会好些。康德是说过"空间的观念"乃是一个直观(B40),但是他也谈到"观念这个时间"(A32=B48)。

④ 康德照例谈到空间不是靠直观知道的,而其本身就是直观(A24-25=B39)。谈到时间,他就说,只通过一单一的对象才能被给予出来的观念乃是直观(A32=B47)。他描写时间本身作为感性直观的纯粹形式。

⑤ 这另一论证的开始部分可以看作单纯扩大而且解释已经说过的话,但是可以理解为一个新的论点之陈述——空间不但是一些部分的个别整体(必须靠直观而知道的),而且又是在逻辑上先于其各部分的一个个别整体(因而是靠纯粹直观而被知道的)。

一切的空间的一些限定而被知道，而从一开始，就必须预先假定有了这个涵盖一切的空间的①。

何以这种主张会导致空间主要是靠直观而被知道的这个结论，这是不十分清楚的。这一点诚然是由这个事实而来的，就是空间“在本质上是一个”②，是逻辑上先于其各部分的一个整体；但是还有另一个论点要作出来。康德并不否认我们有关于空间性的概念，关于一切不同空间所共同的特征，或说“标志”的概念，或者如他所称呼的，“一个一般空间的普遍概念”③。他的论证看来就是(1)许多不同空间的一个共同标志就是它们必然是有限度的；(2)结果就是，我们关于空间性的概念乃是从我们关于作为必然有限度的一些空间的直接直观而得出来的④。关于必然有限度的一些空间的直观预先假定有关于一个涵盖一切的空间的纯粹直观。因此，我们关于空间性的概念就预先假定有一个关于那个涵盖一切的空间的纯粹直观；换句话来说，一个纯粹的空间直观必须是在我们一切关于空间性的概念的基础上的⑤。

这第二个论证可能是为着要说明我们关于空间的知识不但是直观性

① 我并不认为康德的意思是说，我们首先知道这个涵盖一切的空间，然后才知道这许多的空间。我认为他的意思是说，任何所予的空间都是作为一个更广泛的空间而被知道的，如果我们把这点想到底，我们就要发现，每一个所予的空间都意味着一个涵盖一切的空间，而它就是这个涵盖一切的空间的一个限定。这个涵盖一切的空间，在逻辑上来说，是先于这许多的空间的。

② “在本质上是一个”是英语的“essentially one”，原德语的“wesentlich einig”之译。

③ A25＝B39。

④ “空间中的杂多，因而关于一般空间的普遍概念，是依据限定的。”这里的“杂多”乃是纯粹杂多。

⑤ 康德把“空间”同时用作个别的空间而又用作空间性讲，这事实使人难于了解他。我描述为空间性的诸概念的在A是称为“各空间的概念”(德语代词复数的denselben)，而在B是称为“空间的”(德语代词单数的demselben)诸概念。很难明白何以“概念”是用复数——也许因为空间有许多共同的标志。也难明白在B有这修改是为什么理由，既然紧接在上面是说这个概念为一般诸空间的概念(其实必须如此，如果它是依据限定的)。也许有这个修改是由于接近于“in Ansehung seiner”(“关于空间”)这个短语。

花亨格尔(在《解义》Ⅱ，p. 223)中把康德的论证了解为只在直观的情况下，整体才是先行于其部分的；而在概念的情况下，其部分总是先行于其整体的。但是康德在这里没有把概念这种见解弄个明白。诚然在《逻辑导论》Ⅴ(Ⅸ 35)里，“Bestandteile”这词是用作概念的“各部分”讲的，但是这不是通常的术语。

的，而且又是验前的[1]。如果是这样，在这里说明我们的知识是验前的，不是在这种知识是出现东西的必然条件的知识这种意义上，而是在另一种意义上，就是这种知识乃是关于一个整体的知识，这个整体的各部分是独立于经验而被知道的[2]。

从这方面来看，空间的作为各部分的整体，其资格是不同于这样的一个整体，如一切颜色的总数[3]。一切颜色的总数也是一个个别的整体，但是它是如此，只是作为常有一个被观察到的共同特征（有颜色性）的一些个别出现东西的集合或说总计；而它只是由于完成了这些出现东西的经验性诸直观这个系列，才能被知道的。空间乃是不同类别的一个个别整体，所以在知道它时，我们就能说它的各部分必须是怎样的。因此，它是由于纯粹直观，而不是由于一系列的经验性的直观而被知道的[4]。

7. 空间与时间的无限性

我们现在就得要从空间与时间的无限性来考虑这个论证。

不难看到，空间独一性的论证也是空间无限性的论证，而关于时间也是这样来使用这个论证的。

时间无限性的意思不过是这样——时间的任何确定的限量（或说部分）只是作为那唯一的涵盖一切的时间的一种限定，才成为可能的，而那唯一的涵盖一切的时间是预先假定的[5]。因为时间的一切限量或说部分

---

① 形而上学阐明的第三、第四个论证不可能是为要只证明空间与时间是直观的。康德确是在他的论证里断言空间与时间乃是纯粹的或说验前的直观，但是他可能认为他自己有权利这样做，由于他已经证明了空间与时间是纯粹的，或说验前的。然而“验前的”之第二种意义是在他的论证里这么清楚地含蕴着，而就他的整个学说来说又是这么重要，所以我宁可把它弄个明白。

② 它们是被知道为必然受到限制或说是有限的。

③ 我们所说的颜色总数，意思不是指色阶说的，而是指世上的一切个别颜色说的。

④ 我们乃至不能在验前构成色阶，虽然或者我们可以填满它里面的一些小的空隙[比较休谟的《人性论》（Treatise），第一卷，第一部分，第一段]，我们更不能构成颜色的总数。

为了知道空间，综合是必需的，这个事实必须在后面才加以检查。

⑤ 我理解“zum Grunde liegende”这个德语短语的意思为涵盖一切的时间是作为一个条件而被预先假定的。

都是如此，所以时间[1]的原始[2]观念必定是作为无限度的，或者说作为在所指出的意义上的无限的被给予出来的。那就是说，在逻辑上说来，我们关于一个涵盖一切的时间的观念是先于我们关于不同的各时间的直观的。

紧接着的下一步是要说明这样的一个观念必须是一个直观，而不是一个概念。这是单纯从这个事实得出来的结论，事实就是，时间是一个而且是个别的，但是在这里，康德使之成为从这个事实得出来的结论，而这后一个事实就是，时间是无限的，所谓无限，是正好在所指出的意义上的。

为什么得出这样的结论，其理由在两版中的说法是不同的。在第一版里，一个涵盖一切的时间的观念[3]不能通过概念[4]而被给予出来，其理由是因为一个概念的各部分，在逻辑上，是先于所说的概念本身的。这在第二版中被删去了，也许是因为这种说法是不符合理性的概念，即理念的[5]。何以一个涵盖一切的时间的观念不能通过概念而被给予出来，在第二版中的理由就是，概念所包含的只是"部分的表象"[6]。

康德假定时间与时间的各部分都是我们的观念[7]。这是事实，而他的论证就给这个事实弄复杂了。可以说，我们关于唯一的涵盖一切的时

---

① 注意康德自己是说"观念时间"而不是说"时间的观念"。康德惯于把时间本身转移到其观念，是使人难于了解他的论证的。我们关于时间的原始观念乃是某无限的或无限度的东西这个观念，而这个观念是我们有限时间的直观所预先假定的。

② A32＝B48。"原始"（德语的 ursprünglich）是和"派生"（德语的 abgeleitet）对立的。在 B72 里，"原始"和"派生"是在一种特别的意义上使用的：空间与时间的观念是说为"派生的"而不是"原始的"，就是说，这些观念是由于一种依赖的感受性的而不是由于一种自足的智性直观的。比较 Metaphysik d. Sitten，Rechtslehre 第十节（Ⅵ258）和 Streitschrift 第一章（Ⅷ222-223）来进一步明白这些名词。

③ 康德说的是"整个观念"。

④ 这里又是难懂，何以康德谈到"概念"时是用复数，除非是因为时间性这个概念含有一些不同的"标志"。

⑤ 参看康德的《逻辑》第三节（Ⅸ92）。

⑥ "部分的表象"是英语"partial representations"，原德语的"Teilvorstellungen"之译。这里"Teilvorstellungen"看来是和《逻辑讲义》的"Teilbegriffe"与"Partialvorstellungen"同一的，而我们目前是可以把"部分的表象"和"标志"等同起来（如在 A43＝B60 里那样），"标志"也就是"特征"（拉丁文的 notae）。参看康德的《逻辑导论》Ⅷ和第一、第七两节（Ⅸ58，91，95）。又比较本书第九章第四节。

⑦ 这里的"观念"就不应该只是观念的意思。

间的观念就是所有的一切各时间的观念——它是包含着一切个别时间作为它自己的各部分的，因此，一切有限的个别时间都是我们关于那唯一的涵盖一切的时间的观念之各部分。如果我们的观念是一个概念的话，它的各部分就不能是个别时间（或时间的各长度）；因为一个概念的各部分不是归在这概念之下的个别实例，而不过是在这些个别实例里发现的共同特征或说共同“标志”①。我们关于时间的观念必须是一个直观，由于其各部分乃是个别的时间；而且其实它必须是一个纯粹直观，因为只有这样，它才能是一个涵盖一切的时间的观念，其各部分（即各个个别时间）只是作为这个整体的限定而被知道的。

这个涵盖一切的时间，其观念不但是先于我们关于不同个别时间的各直观，它也是先于我们关于时间性的种种概念，先于我们关于不同的时间所共同的一切特征或说标志。如康德所说，它是在我们的概念的“基础上”的②。其理由大概是关于空间的独一性所曾说过的理由。不同时间的一个共同标志就是不同时间必然是唯一时间的一些限定，而我们的时间性这个概念必须是得自我们作为必然受到限制的各个时间的直观的。各个时间作为必然受到限制的这个直观是预先假定有唯一涵盖一切的时间的纯粹直观的，因而这个唯一的纯粹直观必须是在我们一切关于时间性的概念的基础上的。

从空间的无限性所作出的论证是多少有点不同的，而且是更清楚地说出的。

在第一版里，康德论证说，空间性的概念，就其是大小不同的个别空间所共同的概念来说，是不能确定关于量的任何东西的。其推论好像是，既然无限性是一个量，我们关于空间的无限性的知识必须不是从空间性这个概念得来，而是从空间的直观得来的③。

在第二版中，康德承认一个概念能够包含有无限性，意思是说，无限

---

① 包含在时间性这个概念里的共同特征或标志是例如连续性、同质性、次元的单一性或者还有限度。

② 见 B48。在第一版里，康德似乎是说它处在“我们整个观念”的基础上，而实在它就是我们的整个观念。在 B 里从“ihre”改为“ihnen”的意义是好些。

③ 可是要注意，只是因为在我们直观的前进中没有限度，我们才获得无限性这条原理。

性能作为一个共同特征存在于无限多的可能实例①里面。那就是说，一个概念能有无限多的实例在其底下，可是不能有无限多的实例②在它里面，像空间有无限多的个别空间在它的里面那样。普通概念是空间性，而虽然空间性有无限多的实例（个别空间）归在它的下面，而谈到这些个别空间③是在它里面的，那就会是可笑的了。我们一定不能把我们关于无限空间这个直观和空间性的概念混淆起来。

看来已够明显了，我们那唯一的无限的空间（或时间）这个观念是得要和空间性（或时间性）这个概念区分开来的，这个概念乃是一切个别空间（或个别时间）所共同的东西之概念；而且，若是一个个体的观念是一个直观，而一个共同的特征的观念是一个概念，那么我们空间与时间的观念就必须是直观了。如果这是康德所主张的全部的话，那就毋须还说什么了；但是他又论证说，关于一个涵盖一切的空间（或时间）的直观（1）在逻辑上是先于受限制的个别空间（或时间）的直观的；而且（2）由于这个缘故，它在逻辑上又是先于空间性（或时间性）的概念的，而这些概念是由抽象而得自这样的直观的。

如果我们坚持说我们关于空间与时间的直观是似是而非的直观，它们的对象是似是而非的对象，康德是愿意表示同意的④。然而不能否认，我们在某种意义上是觉知空间与时间作为个别的整体，而我们又至少有说得过去的根据来说我们觉知到它们作为无限的整体。依康德的见解来说，如上面那样说，也就是说空间与时间是直观的对象，其实是纯粹直观的对象⑤，由于我们知道它们一切部分必须是什么。

---

① 康德所说的是“各观念”，而这可能是暗示着对 A32＝B48 的“部分表象”说的。我怀疑一个概念能否说是在组成它的“各部分表象”里，而它是说为包含在事物的观念里，如果这些事物是通过它而被知道的。参看《逻辑》第七节（Ⅸ95）。

② 在这里我仍然认为：康德所指的不可能是那些在一个概念里作为其部分的“部分表象”或“标志”。也许我们真的不能想到一个概念里的一切部分的无限性，但是那不是所说的。我甚至不确知那是对的。如果在一个经验性的概念里所想到的“标志”不是无限多的，我们无论如何总是能在经验里发现更多的标志的。参看《逻辑》第一百〇三节（Ⅸ141）。

③ 或者谈到空间性的事物。

④ 例如 B148，A291＝B347，B457 注。在 A292＝B348 里，空间与时间是说成为没有对象的空洞直观的。

⑤ 或者用康德的话语来说，它们是纯粹直观。

康德可能觉得,把时间当作一个纯粹直观比把空间作为一个纯粹直观更加困难。我们很自然地把直观想作一个关于同时的东西的领会,而空间的各部分是同时的①,可是时间的各部分却不是的②。不管怎样,他后来却尽力去加强他的论证,说关于时间的观念是一个直观。他这样做,其方法就是主张一切时间关系都是能在外直观里表示出来,即用一条无限的线这个直观表示出来,只要我们记住一条无限的线的各部分是同时的,而时间的各部分却是相继而起的③。这样的一种论证看来像是应该属于时间的形而上学的阐明的。

在第二版里,康德把这个争点说得甚至更为有力,而且主张一切的时间关系都必须在外直观里表示出来④。

8. 直观与概念作用

直观与概念同是关于任何对象的知识所必需的。这是批判哲学的一种最重要的学说。然而康德曾说过,我们关于空间与时间的观念乃是直观。这不是一个明显的矛盾吗?

我们必须记住,在感性论中,康德是“孤立”感受性的,但是,即令是这样,他不否认在我们关于空间与时间的知识里面是有概念的,这也应该是十分清楚的。他只是断言,我们关于空间性和时间性的概念,在逻辑上是派生的,而我们关于空间与时间的直观乃是“原始的”。像他自己所说的那样,空间是“直观,而概念跟在它的后面”(intuitus, quem sequitur conceptus)⑤。

这种学说曾得到了充分的解释,但是只有在我们明白了下述内容之后,即根据康德的观点,直观与概念的作用是怎样随着认识的不同类别而有所不同,然后才能看到这学说的全部关系⑥。在知道一种颜色时,直观是第一性的,而概念是派生的;关于一切经验性的概念,无复如是。在知道

① B40。

② A31=B47。

③ A33=B50。

④ 参看 B154,B292。

⑤ 参看花亨格尔(Vaihinger)在他的《解义》的Ⅱ,p. 233 所引的一段。

⑥ 只在我们掌握了不同类的概念之分别时,才能充分了解这点。参看本书第九章第五节。

一个实体时，虽然直观总是必需的，但是它的作用是次要的：实体这个概念是第一性的而独立于直观的。知性的一切范畴或称纯粹概念都是这样的。

那么关于空间性的概念就必须是一个纯粹概念，因为它乃是不同的纯粹直观所共同的东西的概念。不谨慎的人可能认为它因之就是和范畴处在同样的水平上，而且具有同样的性质。这是一种错误[①]。空间性这个概念的类似经验性概念是在于它是派生的而且是有所依赖的，虽然它又不像经验性概念，因为它是依赖纯粹直观的，我们关于空间的知识主要是直观性的，而不是智性的。不管我们怎样想康德关于范畴的学说，他关于空间与时间的学说无疑是正确的。

此外，等到康德说明了他关于综合这个学说之后，我是得要把空间的统一性说成好像它是在直观里被给予出来似的。然而它的能被给予出来，只是因为有那不属于感官的综合[②]。空间（与时间）的必然综合统一性是依靠而且预先假定知性的纯粹范畴的[③]。这一切都从感性论省去了，而据我看来，这种省略是说得通的。一个人不能一口气解释清楚他的全部哲学。

要为空间被"表象"为一个无限的所予的量这种说法作辩护，那就困难得多了[④]。在这里，无疑也得要把综合这一事实撇在一边，虽然要触及它，因为康德说过：直观在进行中没有限度作为我们关于空间是无限的这种知识的来源[⑤]。而且"表象"[⑥]这个词可以包含直观或思想或直观与思想在一起，而稍后一点[⑦]，康德就明白地说，空间是被思想作为包含着无限多的部分在它里面的。在时间的情况下，以之归于"无限性"[⑧]的意义就回避了这种暗示，以无限的整体作为完整的被给予出来的[⑨]：时间的

---

① 比较《导言》一书的第八节（Ⅳ282）。

② B160注。比较B130。

③ B161。

④ B39。比较A25。

⑤ A25。

⑥ "表象"是原德文vorgestellt之译。

⑦ B40。

⑧ A32＝B47-48。

⑨ 可是时间的原始观念据说是作为无限度的被给予出来的。

"无限性",其意思是时间的任何有确定的量,其可能只是作为其整体的一种限制,而论证的关键就是在这种说法上①。我还认为我们有权来把重点放在康德的这种大力的主张上,就是他坚持我们关于空间(或时间)的纯粹直观是同时在我们关于空间性(或时间性)的概念和我们关于空间(或时间)的出现东西的经验性直观之基础上的②。无限空间与时间的被给予我们,不是作为完备了的整体,而是作为在我们的经验里所必然预先假定的。

我认为这就是康德企图要说明的真正学说。然而我不能认为他对表达的不小心,而且也许乃至对思想中的混乱不负有责任。我们必须说,不只是无限的空间与时间,离开了知性的综合,不能被给予我们,而且作为完整的整体,它们是完全不对我们被给予的③。康德自己在别处也谈到绝对空间作为理性的一个概念,作为单纯的理念④。

康德所说的,充其量,必须当作是临时的说法,后来要作修改的。我们现在只能主张,我们关于作为无限的空间与时间的知识主要是依靠我们的纯粹直观的,而按其本性来说,其综合是永远不能得到完成的。为着论证的意义,说了这么多也就够了。

9.不同类别的抽象

我曾说过,当我们把空间与时间的关系从处在这些关系的对象抽取

---

① 比较花亨格尔引用的(见花氏《解义》Ⅱ,p.255)康德为他关于空间所说的话的辩护。在那里,康德像是把空间的无限性归结为这个事实,就是一切个别的空间,只有作为唯一空间的部分,才是有其可能而为人思想得到的。他乃至提议说,所给予的乃是一切个别空间的可能性,而这可能性是无穷进展的。

② "在……基础上"是英文"underlies",原德文"zum Grunde liegt"之译。

③ 在《判断力批判》一书第二十六节里(Ⅴ254),康德说,理性的声音使之不能避免无限的空间与时间是会被思想为(在平凡的理性的判断里)全部被给予的。这里所含的意思是否就是感性论所说的,其性格是通俗的,或说是临时的?无论如何,这是暗示"表象"这词应作为"被想到"的意思讲。虽然我们的纯粹直观永远不能是一个完成了的整体,但是我们确是把空间与时间思想为所予的无限定量。

④ 见康德的《自然科学的形而上学初步》(M.A.d.N)(Ⅳ559)。又比较上引书(Ⅳ481)。我在这里是假定牛顿派的物理学家的绝对空间和数学家的无限空间是同一的。康德在他的随笔里(这是不能有出版著作的权威的),否认空间是理性的一个概念。参看《遗著》(Nachlass)4188(ⅩⅦ450)。

出来，这时我们就有了纯粹的直观[①]。据我看来，这似乎是自然的说法，但是后面将会看到，康德自己却只是说，当我们从对象抽象出来时，就有纯粹的直观[②]。而这也就提出一个必须弄清楚的论点。

康德的逻辑学说之一就是，我们决不应该说："把某东西抽象出来"，而应该只说"从某东西抽象出来"[③]。例如在我们想到一块布的红色时，康德就准备说，我们从这块布作出抽象，而不是说我们从这块布把红色抽象出来。

我不认为这点，对于我们目前的意图来说，是十分重要的。重要的乃是，空间与时间不像红色那样从对象抽象出来[④]。

康德是准备说，红色是在玫瑰花和朱砂里面被给予的，而在逻辑上说，是从这些东西抽取出来的，如果不是抽象出来的。我认为他这样说的意思就是，我们靠抽象，就不管所予的对象里面的种种分别，而单独考虑红的性质作为那些对象的共同"标志"[⑤]。这样从经验抽象出来的一个观念——用通常的习惯语来说——就是一个概念，而且不是独立于经验的。为着这个缘故，康德有时否认我们关于空间与时间的观念是抽象过程的结果[⑥]。这样的说法，我认为是康德所拒绝承认的莱布尼茨的错误学说。康德学说的整个论点就是，我们关于空间与时间的观念不是不同的感性对象的共同特色或关系的概念，像这些对象的"在外性"或"相继续性"那样。只有两个事物同是在空间里，其一个才能是在另一个的外面。只有两个事物同是在时间里，其一个才能是在另一个的后面。在认识空间与时间的过程中，我们不是抽象出或抽取出事物的共同理性的种种质[⑦]来（如果这样的短语是可用的话）：我们乃是丢掉或说取消空间的与时间的对象[⑧]；而

---

① 参看上文第三节。

② A27＝B43。

③ 参看《逻辑》一书的第六节（Ⅸ95）；《人类学》第三节（Ⅶ131）。

④ 参看《争辩论文》（Ⅷ199 注）。根据康德所说，莱布尼茨认为空间与时间是这样抽象出来的；看 A40＝B56-57。

⑤ 在红色这个观念在逻辑上被抽取或抽象出来时，它是用作一个共通的"标志"，而这样就具有普遍性，比较《人类学》第三节（Ⅶ131）。简言之，这就是"红的性质"（redness）。

⑥ 参看 A23＝B38，A30＝B46，并比较《就职论文》第十五节 A（Ⅱ402）。

⑦ 康德会称它们为"标志"。

⑧ 比较 A20-21＝B35，A22＝B36，A24＝B38-39，A31＝B46。

那时我们只剩下来空间与时间作为个别的整体。我们知道这些独特的个别整体是无限的,而且它们乃是这样一切的理性的质,如在外面、在旁边或在前与在后的条件。

这个学说是十分重要的。它表明我们关于空间与时间的直观“以其纯洁性被显示出来”①,只是靠着一种伴随在经验性对象的知觉之后的抽象活动的②;而且它还表明在这样的纯粹直观里含有的抽象方法是不同于在概念作用里所含有的抽象方法的③。

① 比较 A66=B91。在其纯洁性上显示它们就是把它们从经验抽取出来作为“清楚的”观念。参看 A196=B241。

② 比较 A196=B241 和 A292=B349。又花亨格尔的《解义》Ⅱ,p. 93 注里的引文。

③ 包含在纯粹直观里的特种抽象作用,最好是用“孤立作用”或“分离作用”这类字样,在 B427 里,康德提到这样的一种用法,但是他一般是用“abstrahieren”(抽象)和“absondern”(分离)作为实用上是同义的。比较《逻辑》一书的第六节(Ⅸ94)。

第六章　空间与时间——先验的阐明与结论

1.空间与时间的先验阐明

虽然它的称呼可怕，但是先验阐明却比较简单。关于空间，它不过是说，几何的判断乃是综合的验前判断。为了成为综合的，这些判断就必须依据直观，而为了成为验前的，它们就必须依据纯粹的直观。我们已经在形而上学阐明里说明过空间是一个纯粹直观。我们现在发现，除非空间是这样的一个纯粹直观①，几何的判断就不能有它的事实上所具有的那种必然性与普遍性。除非空间是一个纯粹直观，我们就不能说，在任何两点之间只有一条直线②，也不能说，空间只有三个维度③。我们能说的，只是就我们的经验所及的范围来说，我们所发现的是这样。

关于时间所用的论证是与这类似的，除了在这里我们就没有完整的科学可与几何相比拟。我们只能谈到时间关系的某些综合的验前原理，或者一般时间的公理④。这样的公理就是："时间只有一个维度"；"不同的个别时间不是同时的而是相继的"。

在第二版中增加了另一个论证⑤。离开时间作为一个验前的直观，我们就不能理解变动（包括运动，因为运动乃是地位的变动）。了解变动是包含着把矛盾的述项归于同样的对象的，而单就思维来说，这是不可能的⑥。这之成为可能，只是在我们体会到矛盾的述项在不同的时间是能属于同样的事物的。所以时间乃是我们理解变动与运动的必然的而又普遍的条件。

---

① 那就是纯粹直观的对象，虽然其性质是似非而实是的。比较 B160 注。

② A24。

③ A24，B41。

④ A31＝B47。

⑤ 见 B48-49。

⑥ 形式逻辑所说的毋矛盾律应与时间无涉。参看 B152-153＝B191-192 并比较本书第三十五章第二节。

还有一点，关于我们时间的观念的这种见解是唯一能说明“运动的一般学说”的，而康德把这个学说看作是由一些综合的验前判断所组成的。

这样一来，我们就有了两个争论。第一，如果我们关于时间本身能知道某些公理，第二，如果我们是要了解变动这个概念和运动的一般学说，时间就必须是纯粹的直观。

康德努力发现关于时间的一门综合的验前的科学，以与作为空间的科学的几何相适应。这样的科学是没有的。由于时间是一维的，所以关于时间的科学就不能越过如康德自己所曾陈述的一些公理。

为要补救这一点，他就得要引入变动与运动，但是变动①与运动②不可能完全摆脱经验性的成分，而且与时间、空间不可能有同样的地位。况且几何学只估计到空间，而没有估计到时间，然而运动的学说是必须同时估计到空间与时间的。既然时间是内感官的形式，那么关于时间的纯粹科学就应该使我们能够在验前处理内部的状态（而不能处理运动着的物体），而且应该替心理学提供一种基础，而不是替物理学提供基础③。

虽然如此，如果时间作为一种纯粹直观是需要来解释康德所提出的公理的，我们也许就应该准备去接受他关于时间的学说，只要他能证实与之相应的空间见解是几何学所必需的。

到此为止，先验阐明所与之有关的，只是要证明空间与时间乃是纯粹的直观——其意义就是，我们知道空间与时间，也就能说它们的各部分必须是什么。例如，知道了空间，我们就能在空间里按照一个概念在验前作出种种的几何形来④，正是它使我们能够证明几何命题。我们还没有主张纯粹几何必须适用于现实世界，因而我们关于空间的纯粹直观必须含有一切出现东西的形式。我们更没有企图来说明因之空间就必须有主观的起源⑤。

---

① B3。

② A41＝B58。

③ “运动学说”的正确性质是另一种困难。

④ 参看《导言》一书的第七节（Ⅳ281）。康德自己本来要等到分析论时，才谈到几何作图的。

⑤ 我认为用这个短语是合理的；比较一下在A26＝B42和A33＝B49里的“主观条件”。康德自己用“主观的起源”作为个人获得一种认识的方式。他用“客观的起源”作为认识由此而成为可能的那些来源，即令这些来源是在人类心灵本身发现的。参看《逻辑导论》Ⅲ（Ⅸ22）。

康德把这两点都引入空间的先验阐明的第三个段落里去了①。所以主张，如果这阐明是要成为严格先验的，就应该这样把那两点都加以引入。通常“先验”这词的含义乃是，不但我们说明一种认识是验前的，而且还说明我们这样做是靠以其起源归之于心灵的②。虽然是如此，这两点并没有引入时间的先验阐明，而为着明晰的缘故，空间与时间的主观性应该留待“结论”予以讨论。

整个说来，对空间的先验阐明比对时间的先验阐明更有力量，因为和几何平行的时间科学充其量也有点不够具体。在感性论中，空间比时间占有更显眼的地位，就是由于这个缘故。在分析论里，情况就恰恰相反，虽然甚至在那里，康德在第二版里的思想也是给空间比其在第一版所具有的地位更显著。

2.综合的论证与分析的论证

康德的论证可以从两个方面来理解。我们可以说他用他关于空间作为一种纯粹直观的理论来提出几何的正当理由。又可以说，他为他关于空间的理论辩护，其根据就是，只有他的这种理论才是和几何学的有效性相一致的。康德认为这第一种论证为前进的或说综合的——它是从条件到受条件限制的东西。他称第二种论证为回溯的或说分析的——它是从受条件限制的东西到其条件③。单独以其本身来讲，先验阐明是属于第二种；但是，如果把它和形而上学阐明合并来看，是能使之适合于第一种论证的。形而上学阐明用一种检查空间的观念本身的方法来成立康德关于空间的理论；其先验阐明说明这样独立地成立的理论是独自能够说清楚几何学的可能性的。因此，作为整个来看，可以说，论证是从条件到受条件限制的东西这样按前进式或说综合式来进行的④。

---

① B41。

② B25；A55-57＝B80-81。比较一下《导言》一书的第十三节注解Ⅲ（Ⅳ293）：“先验”这词，在我的用法上，绝不是指我们的知识对于事物的关系，而只是指知识的机能说的……

③ 这个区别是和欧几里得同年代的。参看 Pappus of Alexandria 的《全集》（Collectio），第七卷（Hultsch 版第二卷，p. 634）和 Heath 的《希腊数学史》，第二卷，p. 400。

④ 概括地说，《纯粹理性批判》的总的论证是以前进为目的的，而《未来形而上学导言》一书的论证是以回溯为目的的。比较一下《导言》一书的前言与第四节（Ⅳ263 和 274-275）。

3. 结　论

形而上学阐明与先验阐明，若是成功的话，就成立了这条原理，即空间与时间是纯粹直观（其意义是靠纯粹直观而为人所知的）。就康德说来，这些纯粹直观是我们关于空间与时间的一切验前知识的条件，这种知识所包括的不但是一般性的公理，而且还包括着详细的命题——例如纯几何的那些命题。这些纯粹直观的内容就是一切出现必须在其里面被给予我们的形式的空间性的与时间性的种种关系；或者用康德的话语来说，空间与时间乃是**出现的东西的形式**。

我们现在就要前进一步，而且为空间与时间的主观性，或说先验观念性作论证。这种先验的观念性可以这样来表达它，就是空间与时间乃是**我们感受性的形式**——它们不是由于出现于感官的事物的性质，而是由于这些事物对着出现的人类感受性的性质。

如惯常的那样，康德没有维持他关于空间与时间的分别说法的一种确切的平行。这部分是由于他的不够小心，而部分也是由于这个事实，就是时间的特征，在某些方式上，是不同于空间的特征的①。

这个论证可以简短地这样来说。验前的知识②——就是说，作为必然的而且普遍的知识来说，是独立于经验的知识的——是不能从经验得来的③。所以它就必定是从能知的心得来的。就康德来说，这就意味着，凡是验前知道的东西④都不能从被知的东西那方面被给予出来，而必须是心的本身所贡献的⑤。如果我们接受空间与时间是验前被知道的这种见解，我们就因之必须主张，空间与时间是由于心的性质的，而在目前所讲的情况下，是由于我们的感受性的。

---

① 空间的结论(a)与(b)大体上是和时间的结论(a)平行的，而时间的结论(b)与(c)[除了(b)的第一句]是没有与空间的保持平行的。

② 这包括完全意义上的知识而又包括这种知识的要素，即直观与概念作用。

③ 另一方面，离开经验，它就不能发生，而靠反思的分析，它是逐渐从经验选出来的(或者说对于心弄“清楚”的)；参看 B1－2。

④ 或说验前想到或直观到的。

⑤ 康德认为，凡是单纯在所知的事物里被给予出来的，都是只能作为经验性事实而被知道的。既然在知识里只有两个因素的存在，即被知的事物和能知的心，所以验前被知道的东西必须不是在被知的事物里给予出来，而是在能知的心里面被给予出来的。

4.牛顿的见解

我们可能还记得,康德已曾提出过三种可能性①。要么(1)空间与时间是实在的东西,即自在之物,要么(2)空间与时间是实在东西的确定或关系,要么(3)空间与时间是我们感受性的形式。关于这三种可能性所用的论证必须简短地加以阐述;其批评留待后面。

其第一种是牛顿的见解。康德并没有认真地对待它。在这里,关于空间,他没有提到这种见解②。关于时间,他只说,如果时间是由于它自身而且为着它自身而存在的某东西的话,它就会是没有实在的对象,然而却是实在的某东西③。他明明是把时间(而且大概把空间)作为离开时间中的对象就不成为什么的,虽然在思想里我们能够把感性的对象从它取消掉而在纯粹的直观里认识它④。后来他便说,根据牛顿的假设,空间与时间就会成为两个永恒的而且无限的自存在的非实在物或说"不可能的东西"(Undinge),它们在那里——却空无一实在之物——单纯是为了接受凡是实在的东西进入它们自己里面去的⑤。他还附加地说,这样一种理论能够说明数学的真理是如何适用于出现的东西之世界——他没有说它是否也能说明纯几何学的可能性——但是在知性想要超出出现东西的世界时,主张这种理论的人们就变得手足无措了⑥。在这里未加解释的这个争论也许在后来提到,那就是当他说,要使空间与时间成为自在之物的形式,那就是要使它们成为一切存在的条件,而包括上帝的存在在内⑦。还有另一批评是要在头两种二律背反里发现的。

---

① A23=B37。比较一下本书的第五章第一节。

② A26=B42。

③ A32=B49。比较一下 A292=B349。

④ 参看本书第五章第九节。

⑤ A39=B56。比较一下 B70。一个"不可能的东西"(Unding)乃是其概念是自相矛盾的;参看 A292=B348。在 A291=B347 里,康德是说明他自己的见解的。在那里,空间与时间不是非实在物,而是想象中的物。又参看《就职论文》第十四节,6(Ⅱ401)。

⑥ A40=B57。比较一下本书第八章第五节。

⑦ B71。这可能是指斯宾诺莎说的,参看 Metaphysik, p. 37;或者可能是指马尔布兰(Malebranche)说的,参看《就职论文》第二十二节附注(Ⅱ410)。

很难否认，康德在感性论里对于这种见解的批评是不足的。他似乎把它当作那些从来没有想透其形而上学的种种含义的物理学家们的见解①。

5.莱布尼茨的见解

康德的论证主要反对的见解就是莱布尼茨的见解。在莱布尼茨的见解里，空间与时间乃是出现东西的关系，这些关系是从经验抽象出来而在抽象的状态上模糊地表象出来的②；其实我们的整个感受性只是实在东西的模糊表象③。

康德后来反对把感性的和智性的这两者之间的分别变为模糊的与明晰的这两者之间的单纯逻辑性分别④。反之，感性的与智性的这两者之间的分别乃是一种先验的分别，就是起源于心中不同能力的分别而且含有内容上的分别⑤。在这点上，我猜想现在很少人会赞成莱布尼茨的见解。

在作为“结论”而引用的几个段落里，康德简化了莱布尼茨的见解。他不去问“模糊”的学说，而理解这种见解是断言空间与时间为独立于我们直观的主观条件的事物之特征⑥。他论证说，如果是那样的话，我们关于空间与时间的知识就会是单纯来自经验的概括了。只是在我们实际上曾经验过自在之物这个范畴内，我们才能作出关于这些物的特征的断言⑦。

---

① 比较一下《就职论文》第十四节S和第十五节D（Ⅱ400和403-404）。

② A40＝B56-57。这里“关系”像是“关系的状态”（relationships）或者关系的质素，而我们关于空间与时间的观念就像是这种共同关系的质素的概念。

③ A43＝B60；A267＝B323；A276＝B332。说我们的感觉到只是一种模糊地想到较为好一点。

④ A43＝B60起。

⑤ A44＝B61-62。

⑥ 这是更一般的情况，而莱布尼茨的学说是其一种特别的形式。“特征”或“确定性”（德文的Bestimmungen）包括内部的性质和外部的关系：在A26＝B42里，内部的性质称为绝对的特征，而外部的关系则称为相对的特征。在A33＝B49里，把这种分别说得很麻烦，说是“特征”与“秩序”之间的分别。

⑦ A26＝B42；A33＝B49。康德的学说就是，既然一个特征（无论属于哪一类），在逻辑上是依靠它是其特征的对象的，那么它就不能是这样的对象的条件；因之我们就不能直观到它，除非是在这对象是给予我们的这个范围之内，也就是说，我们不能在验前直观到它。

因此,如果空间与时间是自在之物的特征的话,我们就绝不能达到数学的不容置疑的确定性,也不能断言在数学里发现的真理是必须对实在世界有效的①。

如果这个争论是正确的,它对于空间与时间是如其在它们自身那样的事物的特征这个见解,是一种致命伤。我们必须找出某种方法来说明何以物理的世界必然符合于纯数学的发现——如果我们总是有权来假定它必须是这样符合的。

6.康德的见解

康德的见解就是,空间与时间乃是人类感受性的形式,那就是说,它们是根源于我们的感受性的性质的。它们是事物对我们出现所必具的形式,而不是自在之物的形式。被给予于感官的东西仍然是含有自在之物的实在性这个意思的;出现依然是自在之物的出现;可是所予的东西的普遍空间的关系和时间的关系绝不能是由于自在之物的,而只是由于我们的感受性的。我们看见一张桌子是圆的,而另一张桌子是方的,无疑这是由于在自在之物里面的某东西的②;可是,如果自在之物不是有空间性的,这种某东西就不能是圆性或方性,而且它的实在性质也就对我们来说必是永远不为所知的了③。自在之物移住到我们心里来,不是没有经过变动的。在其向我们出现时,它们就立刻变为受到我们感受性的空间的与时间的形式所影响。我们认识自在之物只是如其出现那样,而不是如其本来那样。

应清楚地懂得,康德的主要论证不是从感性出现的东西之主观性到和感性出现的东西密切联系在一起的空间与时间之主观性④。恰恰相反,既然空间与时间是在验前知道的,所以它们在起源上必须是主观的,

---

① A40=B57。

② 通常是否认关于康德学说的这种见解的,但是依我看来,它是唯一能使康德的理论成为可理解的见解。比较一下下文的第八节。

③ 实在的性质可想象为思想(A359-360)。

④ 在一些地方(例如B68)康德确实独自主张:感官永远不能给我们自在之物的性质,但是这只是他的主要论证的证实,而不是一种前提。

因而它们是其形式的那些感性出现的东西就必须部分为心的性质所确定。这些出现的东西可能是和自在之物同一的(或者就是自在之物,不但如它们出现那样,而且又如它们本来那样)。在论证的较早阶段上,我们是有权让这种可能性有讨论的余地的,但是现在,按康德的原理,这种可能性被排除了;以后,当我们说空间与时间是出现东西的形式时,我们所含的意思就是,这些出现的东西乃是事物,不如它们在其自身那样,而只是如它们对我们出现那样。

如果我们无视这个事实,即康德的论证总是从必然性与普遍性入手,那么我们就一定会觉得它是独断的,并且乃至不可理解的。例如我们很可能陷入这种错误,认为康德的整个问题是依据这个还没有加以检查的假定,以为一切关系,尤其是空间的以及时间的关系,是不能和感觉一道被给予出来的①。其实康德正与此相反,他认定感官的材料(对象也是一样)却总是在空间的和时间的关系上给予我们的,而空间与时间乃是这些关系的条件②。事实上,这就是他的意思,当他说空间与时间乃是直观或出现东西的形式的时候,他的论证并不是说,关系本身必须是由于心的性质的③。他的论证是说,普遍的而且又是必然的关系系统乃是出现的东西在其里面被给予的那些特殊关系的条件,而这个普遍的而又是必然的关系系统必须是由于心的性质的④。关于这一点,后面还有更进一步的论述。

康德相信,在我们把空间与时间看作自在之物,或者看作自在之物的特征时,其所发生的种种困难,只要我们把空间与时间看作由于我们感受性的性质而来,也就会随之消失。如果我们接受他的假设,那么就不难

---

① 乃至杂多的结合(虽然它是属于知性,而不属于感受性的)也是和直观一道,虽然不是在直观里面被给予的;参看 B161。

② 比较一下 Lindsay 著的《康德》,p. 67:"康德是把空间与时间放在所予的那边的。"

③ 在 B67 里,康德暗示说,通过单纯的关系,自在之物不能被给予,但是这乃是完全不同的一种论证(而又是一种正确的论证;参看本书第五十三章第四节)。无论如何,这是第二版所特有的。

④ 康德诚然说,感觉在其里面得到安排的形式,其本身不能是感觉(A20=B34);但是他所谈的(如果我们把他的复杂断言加以详细的分析,这就是完全清楚的),不是诸感觉在其里面得到安排的那些特殊关系(或说经验性的形式),而是一切这样的特殊关系或说形式的条件的空间与时间的普遍形式。而且不应把这个断言当作他的论证的一种前提,而宁可作为他的结论的一种临时说法;比较本书第四章第二节。

理解,出现东西的形式怎么可能在一切现实的感官知觉之先被给予出来,而且我们又怎么可能有一种纯粹的直观,其内容就是这种形式。这种断定的理由就是,我们的感受性,我们的接受性或者说为对象所刺激的这种容量,是先于关于这些对象的一切直观的①。

7. 时间的在前性

在这里,我们能为对象刺激的容量,在时间上,是先于我们一切现实的直观的。也许可以论证说,康德因之就必须假定我们关于空间与时间的纯粹直观是先于我们一切现实的感性直观的。然而大家都承认这是错误的,更不必说它是可笑的,而且是为康德在别处所公然否认的②,所以,认为不管他的术语是怎样,他的意思并不像这样粗糙,像这样才是不但更宽大的见解,而且我认为是更真实的见解。我们固然能说,按康德的理论来说,任何人,乃至在经验开始以前,都有这样一种感性性质,致使一切对象必须在空间与时间里对它出现。由于"感受性的形式"这个短语的使用,其意义是模棱两可的(不只作为由于我们感受性的性质而来的出现东西的形式,而又作为这种形式所自来的感受性的性质)③,所以我们甚至能够说,感受性的形式(在后一种意义上)是先于一切经验的。但是当我们被告知纯粹直观必须先于一切经验时,我们必须理解这种说法的意思,要么在逻辑上纯粹直观是先于经验的,是经验的一种条件,不是从经验得出的概括;要么我们能够在我们尽管指出的任何特殊经验之先而有的这种纯粹的直观④。

---

① 比较一下关于空间的结论(b)(A26=B42),又关于时间的结论(a)的结尾(A33=B49)。

② 例如《就职论文》第十四节之五以及第十五节的推论(Corollarium)(Ⅱ401 和 406);又《争辩论文》(Ⅷ221)。我觉得难于相信康德在 1770 年和在 1790 年在这一点上都是能完全清楚的,而在 1781 年却能关于这点谈些无意义的东西。其实这种无意义的东西已明白地在 A292=B349 中加以驳斥了。

③ 比较一下本书的第四章第五节。

④ 在《导言》里的第七节(Ⅳ281),其最后一个子句 vor aller Erfahrung oder einzelnen Wahrnehmung(在一切经验或个别的知觉之先)也许暗示着"在一切经验之先"是等于"在知觉到所说的个别对象之先"。比较一下紧接在后面的一分节的最后一句,"关于对象的直观怎能先于其对象的本身?"

无论如何,关于康德的这样一种解释是唯一能有机会来抵抗批评的解释。它对于康德的种种困难是否提供一种容易的解答,那就需要有比他曾作出的更进一步的考查了。正如康德自己所承认的那样,在哲学中总不免有这种危险,就是我们可能把我们对方的理论的反驳认作我们自己的理论的证明。

8.形式与质料

康德认为,在抽象中把形式与质料彼此分开来考察是可能的①。在感性论里,他是离开质料来考虑出现东西的形式(即空间与时间)的。在感官知觉的预测里②,可以说他——虽然这是需要予以保留的——把质料从形式抽象出来而加以考虑③。我们可以认为:全部《纯粹理性批判》把我们经验分析成它的形式与质料的成分。这样的分析不一定意味着我们是先有质料,然后才有形式,或者是先有形式,然后才有质料;而且我看不到任何充足的根据来把这样的一种错误的心理学理论归之于康德。

这种对于康德的心理学的解释乃是许多错误的根源。一般为人承认的见解就是康德继承了休谟把感觉作为孤立的而没有互相关系的原子式的存在物,而我认为上述的心理学的解释就是这种见解的主要根源。我无法找到这种见解的任何充分论据④。依我看来,康德的心理学与鲍姆嘉顿(Baumgarten)与提顿斯(Tetens)的心理学有密切的关系,而在某些方面,和莱布尼茨的心理学也有密切的关系,而与休谟的心理学反倒没有关系。很明显,如果我们从空间的和时间的直观形式抽象出来,剩下在直观里的东西就是没有广度的量的感觉⑤。同样也明显,如果我们从直观的统一性抽象出来(而就康德来说,直观的统一性作为普遍的东西是由于

① 比较一下 A20=B34。

② A166 起和 B207 起。

③ 参看 A167=B209 和 A175-176=B217-218。

④ 比较一下 Lindsay 著的《康德》,p. 15。这是一个困难点,而且还有其他各点将在本书的第十九章第一节,第四十二章第一节和第四十六章第三节里提出来。

⑤ 比较一下 B208。

心的)，剩下来的就是没有统一性的一种单纯"杂多"。康德的确是作出过这两种陈述的；但是这不是什么正当理由来解释说，我们首先获得孤立的感觉，然后才把空间与时间的形式[①]以及没有它就不会有经验性的对象[②]的统一性加在那些感觉的上面。

这种心理学的解释还有另一结果，依我看来，这似乎也是错误的。一般都承认，康德关于一个对象何以作为方的向我们出现，而另一个对象是作为圆的向我们出现这一层，并没有提出任何确切的理由；但是一般是主张，形状的所有这些差异只不过是为我们人心的性质所加上的。其依据似乎是这样：因为就康德说来，空间与时间是完全为心所加上的，所以方性与圆性也必定完全是为心所加上的[③]。如果感官材料不是空间性的，它们怎能是圆的或方的呢?

如果康德认为感觉离开空间与时间实在能存在的话，那么这种争论就是不可抵抗的。如果我们拒绝接受这样的一种解释，那种论证就丧失其力量了。我认为在对象的形状和大小中的经验上之差异是和它们在经验上之质的差异一样，必须以之归于自在之物的所谓"影响"的。

一般为人所接受的学说，把经验性的规律与普遍性的概念这两者之间的区别消灭了，而康德始终是坚持这种区别的[④]。只有严格是普遍的东西才是心所加在对象之上的。经验上的差异乃是普遍东西的特殊确定

---

① 在另一处，康德明白地说，经验性的直观不是由一些出现的东西与空间(即感官知觉与空洞的直观)合成的(德文是 zusammengesetzt)。与此相反，感官知觉与空间的直观只在同一个经验性的直观里作为它的质料与形式结合起来的(德文是 verbunden)。参看 A429 注＝B457 注。虽然这是第一种二律背反的冲突的一个注，但是我认为可以把它当作表达康德自己的见解。其实，如果所给予的东西(即感觉)是并不依靠空间与时间作为条件的，那么妄谈空间与时间作为对象之能被给予出来所必具的条件，又有什么意义呢?

② 如我们后来将要看到的，这种见解是破坏先验演绎的。特别比较一下本书的第三十一章第四节 。

③ 按类推来说，既然因果性是完全为心所加上的，那么每一个特殊的因果联系也就必须完全为心所加上的；但是如果这样，它就是能在验前被知道的，可是康德始终是坚持它必须由经验发现的。同样地，既然等级是完全为心所加上的，那么每一个特殊的等级也必然是完全为心所加上的。按这样一种见解说来，感觉的被给予出来，就会是没有等级，没有广袤的了。还有比这更为荒谬的吗? 依我的见解来说，虽然因果性和有等级性是心所加上的，但是每一个特殊的因果联系和每一种特殊的等级都是自在之物的性质所确定的。

④ 参看例如 B165。

东西,但是它们的特殊性不是由于心,而必定是由于物的①。若要放弃这种见解,我就不知如何能使批判哲学成为可理解的了。

诚然康德坚持这点主要是关于范畴的,但是就空间与时间来说,这同样的原理也是必须有效的。这是康德自己曾充分阐述过的②。"经验上的规律,按其是这样的规律来说,是决不能从纯粹知性得出其起源的,正如出现东西的不可穷尽的杂多的不能从感性直观的纯粹形式得到充分的了解一样。"可以把这个"不可穷尽的杂多"看作是感觉的质之多种多样的差异;但是康德接下来继续说,一切经验上的规律都是知性的纯粹规律的特殊确定物,正如一切出现都受到感受性的纯粹形式的种种条件的限制一样,不管在这些经验上的规律之经验上形式中的种种差异是什么③。按盛行的见解来说,当康德说到"经验上的形式"时,他就必须是指"质料"说的。依我看来,他是谈到形状,也许谈到大小(至少部分如此);而且,如果这种形式是经验上的,它就必须是通过感觉而为人知道的。

毋庸置疑,康德把在纯直观里作图的数学三角形和经验上的三角形区别开来了。经验上的三角形乃是通过感官而被知道的具体三角形对象④。"我们用来在想象中构成一个三角形的那个形象的综合,是完全和我们在领会一个出现的东西,以便为我们自己作出这个出现东西的一个经验上的概念的时候所运用的形象的综合同一的。"⑤这种说法不无含糊之处,但是我认为它的意思是说,在领会一个经验上的三角形的过程中,我们由于我们感觉的性质,不得不把所给予出来的在一个三角

① 凡是一切对象所共同的都是心所加上的。对象中的种种差异必须是由于事物的性质的。这是包含在B69里的意义之内的;参看本书第五十三章第七节。

② 参看A127-128。

③ A128。比较一下A658=B686,来看看"形式"的连续性,这些形式是经验上的而且不同于在A653=B681里所提到的普遍"形式"的,别的谈到经验上的形式或诸形式是在A20=B34以及A110,虽然在那些地方没有用这个名词。在A581=B609里,"经验上的形式"是用在不同的意义上的。在那里,它的意思像是经验的对象的普遍形式,是能在验前被思想的。比较一下在A129里的"关于对象一切知识的形式",而在那里它又称为"智性的形式"。

④ 比较一下花亨格尔的《解义》,Ⅱ,p. 470。

⑤ A224=B271,我译德文的"gänzlich einerlei"为英文的"wholly identical"(完全同一)。

形的形式上予以综合，这种三角形也就像在验前能构成的那样的。在《判断力批判》一书里，康德明确地告诉我们说，“在领会一个感官所予的对象的过程中，想像力是局限于那个对象的一种确定的形式的”；而且又说，这对象能给予出“恰好这样一种形式”，是想像力可以在一种自由的综合中使用的①。

如我们已经看到的那样，康德主张，我们离开质料，就不能知觉到空间②。他乃至更进一步，而谈到空间（我们在其里面知觉到种种运动的空间）是“感性的”③，也就是通过所能感觉到的东西④而“被指定的”或“为符号所表示的”⑤，而这样也就是经验上的。他不断谈到时间在经验上的确定，也是含有这同样的学说的⑥。从感受性的种种形式以及想像力的综合抽象出来，所予的感官材料就不能有任何空间的或时间的特征。然而感官材料是具体地在时间与空间的形式上被给予出来的，而且绝不是在其他方式上被给予的。无论心的作用和自在之物的作用是什么，感官材料在我们的经验中被给予出来必须是相互在外边和在旁边、在前或在后⑦；它们“指定”所占住的特殊个别空间与时间；它们强使想像力在一定的经验上的形式上来综合它们，而这些形式是必须符合于时间与空间的普遍性和必然性的形式的；总而言之，感官材料是（通过自在之物与人心

---

① 见《判断力批判》，第二十二节注释（Ⅴ240-241）。又比较同书第十七、二十一节（Ⅴ232和238）。在第十七节里，康德谈到对象在其下面被给予出来所具的种种形式（清楚地是经验上的或说有确定性的形式）；而在第二十一节里，他所谈的是一个所予的对象利用各感官来把想像力带到当下杂多的一种综合去。又应注意，在A167＝B209里，他明确地说，形状或模型，以及量，都是在经验中验后被给予的。

② 参看本书第五章第四节和第八节并比较一下《自然科学的形而上学初步》（Ⅳ559），在那里，是明白这样说的。

③ 英文“sensible”是“empfindbar”之译（兹中译为“感性的”）。

④ 参看《自然科学的形而上学初步》（Ⅳ481）。

⑤ “designated”或“ symbolised”是德文“bezeichnet”之译（兹中译为“被指定的”或“为符号所表示的”）。

⑥ 参看例如A217＝N264。在Streitschrift（Ⅷ199注）里，康德谈到在经验上确定的时间与空间。

⑦ 在《就职论文》的第十四节之五（Ⅱ400）里，康德关于时间谈到“某东西的关系，显然它们是感性的”（relationes s. respectus quoscunque, quatenus sensibus sunt obvii）。

的合作)，具体地被给予出来的[1]，有其一定的形状、大小，而且在一定时间内持续的。我认为这就是康德把出现分析为质料与形式的基础，而这与这种分析是绝不相容的[2]。

我所提出的解释并不意味着我们认识自在之物。根据任何可能的见解来说，我们都知道自在之物是这样，以致它们对人类的心出现为轻的或重的。根据我的见解来说，我们也知道自在之物是这样，以致它们也是对人类的心出现为方的或圆的。一种说法并不比其另一种说法更为困难，而两种见解都不认为我们知道事物是如它们在其自身那样的。

非常遗憾的是，康德没有弄清楚他的主张，使得人们不能再有争辩。可是我认为只有我的解释能使批判的学说成为合理而前后一致的，而且在康德自己的种种说法里[3]得到明确的支持。我相信，就康德来说，形式与质料只在思想里才是可以分开的，而且虽然普遍的形式是由于我们心的性质的，但是特殊的形式是为“刺激”人类的心的自在之物所确定的[4]。至少也值得去找出这个解释能照着《纯粹理性批判》的进展而能在什么程度上说明其论证，因为对立的解释是把一种大家承认是不能辩护的见解归之于康德的。

---

① 如我所曾说过，如果我们完全从心的贡献抽象出来，“所予的”就是单纯的杂多了。但是在实在里绝不会有这样的抽象的。在经验里具体被给予出来的乃是由于自在之物与人类的心的合作。关于“被给予”这词的用法，参看 B130，B134，B161，B163；又参看本书第二十八章第十节。

② 我认为好像近代注释家们一般忽略了康德加到经验上的形式与结构的那种重要性。所以发现这为贝里柯尔学院的院长所看重，是格外令人觉得满意的。参看该院长(指 Lindsay)著的《康德》，pp. 65，66，105，114。我认为我所主张的学说是他在 p. 72 所引用的两段，即 A431＝B459 和《自然科学的形而上学初步》(M. A. d. N，即Ⅳ509 第 7-8 行)所支持的。其第一段如下：“事物，作为出现是确定空间的，也就是确定空间一切可能的量与关系之述项当中，这个或那个特殊的述项是属于实在的东西的。”

③ 有人以为是另一方面的证据，其详细批评就会占太长的篇幅。可是我坚持，当康德在 A20＝B34 里谈到出现东西的形式时，他是指大家承认是心所加上的普遍形式说的。这个普遍的形式乃是一些感觉“在某一定形式”上得到安置或说安排的唯一必要条件，所谓某一定形式就是有确定性的或经验上的形式。必须不忽略这种区别，我认为这种区别也是在《就职论文》里可以找到的。批判的论证总是依据形式的严格普遍性的，而忽略这点也就使康德的全部学说陷入混乱。

④ 一个不精确的类比可能把这弄清楚。如果我们是戴蓝眼镜，东西的蓝色是我们眼镜所加上的，但是蓝色深浅的不同不是由于我们眼镜的性质，而是由于东西的影响。比较一下本书第八章第二、三节又第五十三章第七和第九节。

9.经验上的实在性,先验上的观念性

康德用一句话概括了他的学说:空间与时间在经验上是实在的,但是在先验上是观念性的①。

说空间与时间在经验上是实在的就是说,就一切感性的经验来说,空间与时间是客观上有效的。空间的和时间的种种特征(连同它们所含蕴的一切)必然一定属于人类经验一切对象的,不管是把这些对象看作单纯个人的感官材料,或者看作这些个人的感官材料所对我们显示的共同对象。如果我们从寻常经验的观点考虑这个问题,我们经验的一切对象都是,而且必然是,在唯一共同的时间与空间里的。

说空间与时间在先验上是观念性的就是说,如果我们停止把它们看作感性经验的条件,它们就不成为什么了;无论我们是把它们看作通过理性而知道的实体,或者把它们看作这种实体的确定性或关系,它们都不能列为自在之物②。换句话来说,从先验的观点看来,空间的与时间的特征只属于经验的对象,而不属于自在之物③。

---

① A28=B44;A35-36=B52。应注意到康德后来描述他的全部哲学为先验观念论,可是又为经验实在论,而使之与先验实在论相对立。参看 A369 起;A400=B518 起;《导言》一书的第十三节注释Ⅲ和第四十九节(Ⅳ293 和 337)。

② A36=B52。作为他的论证的结果,康德就有权来假定,如果自在之物只要为人所知,那就必须不是靠感受性,而是靠纯粹理性。比较一下 A28=B44。

③ 空间与时间"在先验上是观念性的"这个说法,其意思应该是空间与时间之为观念性的,乃是在我们从先验的观点看它们的时候,当我们考虑它们(作为普遍而必然的)必须在人心里有其起源的,因而离开我们的感受性,它们就不是任何东西的,并且是不能适用于自在之物的。我不敢肯定,康德的意思原来不是这样的——他的有些说法是支持这样的一种解释的。可是他把"绝对的"与"先验的"实在性同一起来(A36=B53),而这就有了一个实在的困难。诚然是可以这样来论证的:一个事物在先验上是实在的,就是从先验的观点看是实在的,乃是当我们问它的实在性是不是由于人心的性质,从而就判定它的为实在,是独立于人心的性质,而这样也就是绝对实在的。但是康德可能无意识地退回到"先验的"这词的更古老的意思,而且也许甚至有其可能,他或者把这词和"超验的"混淆起来。如果是这样,他的名词的不精确是一憾事,可是关系不大。只有一种很天真的批评,才会把这看作证明这段文字是早期的作品,或者乃至是更早的见解的残余。

关于康德的形容他的哲学为"先验观念论"一层,曾引起同类的种种困难。可是应该注意,康德在其《未来形而上学导言》中两段文字里说的是,这个短语为人误解了,在这种联系上,"先验的"的"超验的"毫无相干;参看《导言》第十三节注解 3,又附注(Ⅳ293 和 373 注)。

靠这个学说,康德就能避免牛顿的见解之种种不利之处,这种见解是使空间与时间成为自在之物的形式①,结果就使它们成为一切经验的条件,乃至上帝存在的条件。而且这样,康德又能说明莱布尼茨不能说明的问题,即纯数学②是怎样可能的,而且它的结果怎样必然要适用于一切经验的对象③。

① B71。

② 康德主要是涉及几何。

③ A40-41=B57-58。比较一下《就职论文》第十五节 D(Ⅱ404)。

第七章　空间与时间——康德的种种假定

1. 空间的普遍性

如果空间与时间适用于康德的种种意图，它们就应该是给予于感官一切对象的普遍的而且必然的条件。很难断言，康德曾经说明空间是这样一种条件，而一开始，我们就碰见一些困难。空间被认为是外部经验以及外部直观的条件[①]。这种断言明确地限定或说限制了空间据说是其条件的那种经验；而且既然“外部”的意思就是“空间的”[②]，如果说，离开空间就不能有空间的经验，这似乎就是同语反复的说法。

其实，康德的说法不是同语反复：他争持的不单纯是我们离开空间就不能知道空间出现的东西，而且也是我们离开空间出现的东西就不能知道空间；而也就是这种双重的争持使他有权来主张说空间是外部经验的条件[③]。然而说空间乃是有些人类经验的条件，而不是一切经验的条件，这个仍然是事实。

据我看来，这是一种实在的困难，是在全部《纯粹理性批判》中始终使康德不断为难的。诚然能有普遍性与必然性，其适用是有限制的，像几何里关于三角形的种种命题那样；而空间也可以说在其自己的范围里是普遍的、必然的——也就是在外部直观的范围里它是这样。但是康德的整个讨论，其目的是要确定一切人类经验的必然条件的；而虽然在知性的诸原理里，特别是在诸类比里，是把空间作为这样一种必然的条件处理的，但是感性论的论证是不足使这种处理得到其正当的理由的。

---

① A23-24＝B38。

② 我认为这还含有这个意思，即所知的不同于知者。

③ 比较一下本书第五章第四节，又下文第五节。例如颜色不在这同样的意义上是有颜色的出现东西的条件；因为，虽然我们离开颜色就不能知道有颜色的出现东西，但是我们也没有力量来离开有颜色的出现东西而知道颜色。颜色简单就是有颜色的出现东西的共同属性，不是在抽象上能研究的个别可理解的整体。

甚至在书的第一版里，也不是没有迹象，指出康德不是完全没有意识到这种困难的。在第一版里，他说，空间与时间，放在一起，才是一切感性直观的纯粹形式①；而又说，空间与时间是一切（内部与外部）经验的必然条件②。在书的第二版里，他把空间和时间更紧密地联系起来，而这样，就使空间更像一切经验的条件。我们经验的全部“资料”是从外部感官进到我们这里来的③。关于我自己的这种意识，同时也是关于在我外边的其他东西的存在之一种直接意识④。只有通过外部的经验，内部的经验才成为可能⑤。为要说明范畴的客观实在性，我们所需要的不但是直观，而且总是外部的直观⑥。如果我们要使内部的变动成为可思想的，我们就必须通过外部直观才能够这样做，其方法就是用一条线来表象时间，而通过划这条线就表象其内部的种种变动⑦。

要使康德的学说成为人所满意的，我们就必须承认空间与时间是密切地结合在一起的，而且承认空间是内部经验的间接条件，和它是外部经验的直接条件一样。康德的思想是倾向于这个方向的，但是——也许由于他写作的时代就不可避免——他对于这个题目的处理，乃至在第二版里，还是不充分的。把空—时的理论来替代关于空间与时间的分别理论，才是康德学说的自然发展；可是这种替代就会造成关于人心的性质的种种的困难，因为心似乎是在时间里一直持续着，但不扩张到整个空间的。

2.时间的普遍性

关于时间也可能引起与此同类的一些困难。时间乃是单独内感官的

① A39=B56。

② A49=B66。康蒲·斯密氏删去其括弧。

③ BXXXIX；B67。然而这种资料可能只是为关于物理对象的知识作资料的。参看本书第四章第二节。

④ B276。

⑤ B277。

⑥ B291。

⑦ B292。比较一下B156并A33=B50。在1770年的《就职论文》第十五节系论里（Ⅱ405），就已经有了这种见解的萌芽。

形式①,就是说,是关于我们自己和我们内部状态的直观的形式;而时间不能是外部出现东西的确定②。

把我们的心和内部状态放在空间之外似乎是合理的,但是把外部的出现放在时间之外似乎就说不通。时间为什么应该属于内部状态而不属于物体呢? 毫无疑问,变动,因而时间上的位置,既在时间里又在空间里。运动乃是物体的运动;离开空间,运动是不可能的。如康德自己所说,运动把空间与时间这两个要素结合起来了③。

康德似是而非的话是为这个论证所支持的,就是时间既不属于形状,又不属于位置。因之就可能有人认为,康德只是考虑必然属于就其为有空间性的每一个东西之特征。这种限制就排除了运动;因为运动这个概念预先假定有关于能运动的某物的经验上的知觉,而没有什么东西,就其自身来考虑,是能在空间运动的④。

与这种解释相反,我们得要提出这样的说法,即时间不能在外部被直观到⑤。时间不能是外部出现东西的一种确定,其原来的意思似乎是认真的。

这样一种见解是极其稀奇的,因为类比的整个论证是以这个假定为关键的,就是认为事件⑥的客观时序是不同于我们领悟的那个主观时序的。可是在类比里,事件的客观时序是思想通过实体、因果和相互作用这些范畴所确定的。这就暗示着,康德在这里是局限于就其是直接被直观到的出现的东西的。直接在时间里被给予我们的只是我们的观念流或心里的状态流;而我们以客观的时间位置归于运动的物体,是靠思想而不是靠直观的。因此,时间不是外部出现东西的一种直接确定。

如果这是康德的意思,而他却不更明白地这样说,这是奇怪的。

在第三个"结论"里,我们对这个问题得到了清楚一点的认识。在那里所告诉我们的乃是,一切出现的东西,即一切感官对象,都是在时间里

① A33=B49。

② 又比较一下 A23=B37。

③ A41=B58。在 A358 里,康德谈到好像运动是给予于外感官似的。

④ A41=B58。

⑤ A23=B37。

⑥ 所谓"事件",康德主要是指物理事件说的。

面,而且必然都在时间的关系上的①。时间乃是一切出现东西的形式上验前条件②。如果真是这样,时间在人类经验里就有一种普遍性,能使它免于上面关于空间所引起的一些困难。

这个争论的正当理由,以及它和前面的说法之调和,还是有些模糊的。时间,由于它是外部现象的直接条件,所以又是外部现象的间接条件③。其理由就是,甚至我们关于空间的东西的观念,如果我们就其自身来理解,都是我们心的确定,或说状态,而这样就必然是在时间里面的。

这就支持了下述这个见解,即康德不是否认时间为外部出现东西的一种确定,而只是否认时间为外部出现东西的一种直接的确定。他似乎是主张,外部直观作为外部直观看,只给我们以在空间有广延的东西。我们对于一个变动不居的空间世界的觉知仿佛是依靠我们对于那在我们心里相互前后相继的直观的觉知的④。

纵然是如此,这个学说仍然是充满着种种困难的。康德似乎是把外部直观的直接所予的内容,从这所予的内容所与之有关的对象,即物体,区别开来,虽然并不是清楚地区别开来。他确是认为这些对象处在时间的关系里,但是关于这样的客观时间关系的认识却不是一种直接的直观。它乃是思维的结果,而只有思维才能区别开我们心里的变动和一个客观的物理世界;而离开内感官,这种区别是不可能的。

如果这种解释是正确的,那么康德的学说只能按照范畴的先验演绎来了解。现在我们只能注意替这学说辩护的理由:时间乃是外部现象的间接条件,因为我们关于空间的东西的观念都是心的状态,而这样就必然一定是在时间里的⑤。这好像是假定,因为我们的观念是在时间里,所以

---

① A34=B51。又参看 A35=B52。

② A34=B50。比较一下《就职论文》第十五节的系论(Ⅱ405)。

③ 康德又说(在 A34=B51 里),我们利用内直观又抓住心里的一切外部直观。我认为这个说法的意思乃是,如果我们是要觉知外部直观(而且无疑地如果我们是要觉知外部的对象),我们就必须直接意识到这些外部直观作为是在心里的,而这样就作为我们心的历史中的事件,毫无理由把康德的意思作为我们首先觉知到我们内部的状态,然后进而推论出空间的对象来。

④ 既然就康德来说,下等动物是只有外部直观而没有内部直观的,那么大概它们是必然没有关于变动的那种意识的。参看本书第五十二章第一节。

⑤ 在 A34=B50 里这个论证说得更详细。

它们所与之有关系的对象也必须是在时间里的。

如果康德的论证是要成为有效的，那就必须有另外的一个前提：就是所说的观念乃是给予感官的出现东西。如果出现的东西是给予感官的，那么就包含有一个对象的直接存在（当我们是单纯思想时，这就不是如此的）。因此，我们就可主张，如果我们的观念是感官材料，在时间上前后相继而来的，那么它们与之有关系的对象也必须是在时间里的①。

在这个论证里的所谓“对象”必须是现象性的对象②，由于康德会干脆否认任何这样的争论是适用于自在之物的。关于现象性的对象的一些复杂性不能在这里加以解决，但是如果我们在常识的水平上考虑这个问题，康德的见解是有合理之处的。我们直接知道的只是一个观念或一个感官材料被给予出来这个时间，而这个时间也就是我们领会发生的那个时间③。例如我们直接知道我们看见一颗星的那个时间④；我们并不直接知道我们看见它在其所在的地方的那个时间。可是我们现在看见它这个事实，是包含在某时它是存在或曾经存在的这种意思的。

毫无疑问，乃至关于空间，我们必须在我们借助直接的直观能把握住的一个对象的表面上的形状与位置之间作出区分，进而我们必须在我们只靠思维才能把握得住的实在形状与位置之间作出区分⑤。然而乃至这表面上的形状也是被直观到的东西之形状，而不是我们直观活动的形状。谈到时间就不同：我们直接知道的乃是这个直观被给予我们或成为我们心的状态的那个时间；而这就不是被直观到的东西的时间，而是我们直观活动的时间⑥。如果这是真的，时间当然能被准确地描述为内部感官的形式。

---

① 这些对象的各种质可能是同时的，虽然照我们看来，它们是前后相继的。

② 在 A34＝B51 里，这些对象是描述为“出现的东西”或“感官的对象”。

③ 就康德说来，领悟是含有当前所予的直观的；参看 A99；A120；A201＝B246。又比较一下 A190＝B235。“出现的东西，就其单纯作为观念而是意识的对象这点来说，并不有别于它们的被领悟。”我理解这种说法是主要谈到，如果不是完全谈到，出现被给予和被领悟的时间的。

④ 也就是它的颜色被给予出来或对我们出现的那个时间。

⑤ 我们毋须否认在这种情况下是有某种思想，或者无论如何是有某种想象的。

⑥ 无疑，我们直观活动的时间，如我们将在第二种类比里所看到的那样，也可以是我们直观到的东西的时间，那就是在我们正在观察着一个客观的变动的时候；但是这乃是我们永远不能靠单纯的直观而知道的。

3.空间与时间的普遍性

空间与时间的密切联系,从时间方面没有得到充分的处理,正如它从空间方面没有得到充分的处理一样。然而,如果我们接受时间是内部出现东西的直接条件和外部出现东西的间接条件这种见解,我们在时间的情况里就有了康德的论证所需要的那种普遍性了。如果我们又能接受另一种见解——虽然它的一些含义是困难的——认为外部直观是领悟自我的状态以及在这些状态中的变动所必需的,那么我们又能说,空间乃是外部出现东西的直接条件;而且是内部出现东西的间接条件。这大概就会同样给我们以所需要的空间普遍性①。

根据这种见解,空间与时间(分别开来说和一起来说)就会是对感官(无论是内部的还是外部的)出现的一切东西的普遍条件。一切出现东西都会是在唯一的空间里以及在唯一的时间里,或者说,在唯一的时空里。

4.空间与时间的必然性

如果我们像已知的那样把空间和时间当作验前的,那么我们现在暂且授予空间与时间的普遍性是否还涉及所需要的必然性呢?

我们必须记住,所需要的是过于事实上的(或说经验上的)普遍性。例如变动是我们所知的任何事物的一种普遍的特征,可是康德把它看作是从经验得来的②,而不是可以从时间的观念推论出来的③。

在某种意义上,空间与时间正是我们不能追究其根源的终究事实④。可是康德的思想路线确是暗示着这种可能性,也许能寻出它们之间的某种必然联系,那么我们就会只剩下一个终究的事实而不是两个了。甚至且莫说这种可能性,康德显然是把它们看作不是我们在经验中各处碰巧发现的特征,而是经验的必需条件。空间与时间之为一个事实,乃是因为

① 也许需要更进一步在某种意义上把心里的状态视为有空间性的东西。比较一下Alexander教授在《空间、时间与神性》一书里的见解。

② B3。

③ A41=B58。

④ B146。

经验是个事实:但是它们不单纯是我们在经验中所发现的许多事实之一;它们乃是一切其他事实的条件。

关于条件与受条件限制的东西这两者之间的关系这个问题是一个困难问题,但是康德清楚地主张,我们应把空间与时间理解成人所具有的那种经验所必需的①。

在我们考虑任何感官材料时——让我们拿最简单的例子来说罢——我们所理解的(如果我们能理解任何东西的话)就是它的被给予出来,必须是作为在另一个感官材料的外边和在其旁边,而且在其前与在其后。"在外边"和"在旁边"不能归结为在感官材料中的单纯质的差异;它们的意思乃是"在不同的地位"或说"空间的不同部分"。同样地,"在前"与"在后"也不能归结为在感官材料中的质的差异;它们的意思乃是"在不同的个别时间上"②。

空间与时间同是终究的,不能归结为任何另一东西,或者从任何另一东西得出来。康德坚持这个论点是对的,而这是与我们以之变为觉知到空间与时间的心理学过程之任何说明无涉的。

看来这样主张是合理的:空间与时间乃是人类经验中的终究的而必需的要素——没有空间与时间,我们就不能设想任何人类经验。但是关于感觉也可以同样这样说。质料为经验所必需是和形式一样的③,而我们没有感觉就不能有经验,正如没有空间与时间就不能有经验一样。属于空间与时间而不属于感觉的特种必然性是什么呢?

这两种情况中有一种重要的差异。我们关于感觉诚然在验前能说,它是必须有等级的④。除此以外,我们关于感觉,在验前就不能再说什么了:我们必须等候到每一个感觉的被给予出来。另一方面,空间与时间乃是这样,使得我们能够说它们的各部分必须是什么的。可以说,它们是彻

---

① A23=B38。

② A30=B46。

③ 比较一下在A218=B266所谈到的经验(感觉)的质料诸条件,在《遗著》(Opus Postumum)中有这种见解(以及质料与形式的不可分离性)的一种有趣的证实。参看花亨格尔的《解义》Ⅱ,pp. 68-69。

④ A166;B8。这可称为经验的质料的一种形式上的特征。

底必需的，在它们里面没有什么不是必需的。我们所知道的，不只它们必须是在一切经验里这个事实，而且它们在一切经验里是什么。这就构成一个实在的分别，不得夸大它，但不能否认它。

由于这特种的必然性，康德才断言空间与时间是验前的观念或直观。我们曾注意到，“验前”(a priori)这个词是康德在两种意义上用于空间与时间的①。我们现在看到，这两种意义是彼此结合的。空间与时间是验前知道的，第一，作为必然确定其各部分的性格的整体，而第二，作为经验的必需条件②。如果它们不是在第一种意义上的验前观念，它们就不会是在第二种意义上的验前观念③。

不幸的是，康德没有把这两种意义充分地区别开来，或者说明白地联系起来，然而他关于这个名词的模棱两可的使用，其根源也正在于这两种意义之间的实在的联系。

整个问题的结论似乎是这样。就康德来说，空间与时间的需要只是在对人类经验的关系上，但是他这样说的意思不只是说我们没有空间与时间就没有经验。他的意思还有(1)我们没有空间与时间就不能设想到经验；(2)在我们就空间与时间的自身来考虑它们时(在思想上取消了用来充满它们的一切对象之后)，我们还能彻底地确定空间与时间的性质；(3)这样一来，我们就能不依靠经验而确定经验的一切对象所必须与之符合的空间的与时间的条件。要是我们生活在18世纪，或者甚至在19世纪的话，我认为我们没有多大的正当理由去否认康德随后论证中的这些假定。

---

① 例如参看本书里第四章第三节的纯粹的或说验前的直观的意义。

② 这两种意义是和纯数学的可能性以及纯数学的用于现实世界之可能性结合在一起的。在说空间与时间是必然确定其各部分的性格的整体时，我的意思乃是，在知道空间与时间作为整体时，我们就也知道它们的各部分必须是什么。这样，它们就具有可以称为作为纯粹直观的一种内部必然性；而只有这样，我们才有正当理由来把它们看作感性直观的必需形式或条件。比较一下本书第三十章第五节。

③ 感觉，虽然是经验所必需的，但不是(从经验抽象出来的)整体，必然确定其各部分的性格的。因此，它只能靠经验，即验后，才被知道的。它的为经验所必需，只是作为质料(经验上的要素，或说条件限制的要素)，而不是作为形式(验前的要素，或说以条件限制的要素)。

5. 现代数学的理论

对康德说来是不幸的，就是现代数学以及现代的数学理论，对于他关乎几何的种种假定，提出了严重的怀疑，而且还威胁到他的立场，尽管不是颠覆。这个事实只是那些具有现代数学哲学专门知识的人才能作有益的讨论；但是不能不去理会它而不致于在知识上犯不诚实的毛病，所以必须提到它，甚至这样做时，就会冒着暴露误解的危险。Stebbing 教授在《现代逻辑导言》一书里①提供了关于这些新理论的明了简洁的说明。虽然作者在那书里提到关于几何学的一些更早的见解，可是没有理会到康德的见解。

按照现代的见解，数学现在是以这么高度的一般性与抽象性为目的，以致它和量已经停止了有任何本质上的联系，更不必说空间了。其结果就是，形式逻辑、数论以及纯数学，都全合并为一个不可分割的整体；而描述这个整体是循着一种分析的方法的。

我不清楚，这种理论是否处理与康德同样的题目，或者是否和康德在同样的意义上用一些词句。

说和数学同一的逻辑并不是康德的形式逻辑。虽然这种逻辑声言只处理纯粹的形式（如康德的逻辑一样），但是它带进了康德会看作质料的东西②。其次，这种逻辑所谈的分析是不同于康德的分析的；它的分析是多过概念的分析，而康德否认数学是一种单纯概念的分析，这似乎是正确的。这个事实对于康德的形而上学批评是重要的，而这就是意味着数学的命题不是在他的意义上是分析的③。

再则，这些新理论所讨论和创造的“演绎的发展”主要不是一种产生

---

① 特别看该书第十章第四节和第二十三章第四节。Hardy 教授有一篇论文载在 Mind 杂志，新号第三十八卷，第 149 号，p. 1(1929 年 1 月)。拿它来参考是有好处的。这论文提到流行在英国的理论以外的其他理论，但是很难把坚持一种直观成分的那些理论与康德的学说关联起来。

② 参看本书第十章第四节。

③ 如果罗素先生在他说数学的命题都是“同语反复的一些概括”时（Mind 杂志，新号第四十卷，第 160 号，p. 477），其意思是否定这点的，那么外行就很难不问，这种断言是由于对数学的性质有一特种的洞见，抑或是由于一种迷失道路的逻辑。

信服的方法,又不是发明的方法①,更不是作为一种证明的方法而有其重要性的②。除了在一个数学部门已经有了相当大的发展的时候以外,分析的方法是完全不能应用的。因为康德所谈的只是这样的一个数学部门,即欧氏几何,所曾借以发展的那种方法,所以很难看出他的说法和现代的各理论有什么关系。这些理论似乎是正好接着康德所停止的那点来谈的。

然而我们必须假定现代的各理论是否定康德的主要论点的。他的论点就是,纯粹直观是数学所必需的。“可以把数学展示为一种完全逻辑的结构,因此在一个数学的证明里,没有任何直观的成分加入进去了。”③十分奇怪,所考虑的唯一一种直观乃是经验性的直观,而康德所谈的几何被看作是经验性的几何学④——这是一种苛刻的说法,而 Stebbing 女士却没有提出任何理由。

按现代的见解,一种纯数学科学乃是一个演绎的体系,由原始概念、原始命题和由之而得来的种种演绎所构成的⑤。原始概念是据说没有定义,而且毋需定义也能予以理解。原始命题是假定的,而不是证明的⑥。

可是,我们得要建立我们原始命题的前后一致性,而就因此需要有“解释”⑦。其实没有解释,也就不能有前后一致的问题,或真理的问题⑧。解释未下定义的概念,显然就是替它们寻找对象⑨,其实是寻找适合一个体系的对象⑩。

这种对象的寻找以及对象体系⑪的寻找,正是康德认为要有数学的真理与数学的前后一致性所需要而在他着手批判的形而上学所缺少的那

① Stebbing 的《新逻辑导论》(A Modern Introduction to Logic),p. 463。

② 同上引书,p. 177。

③ 同上引书,p. 463。

④ 同上引书,p. 457。

⑤ 同上引书,p. 459。

⑥ 同上引书,p. 175。

⑦ 同上引书,p. 179。

⑧ 同上引书,p. 178。

⑨ 同上引书,p. 179。

⑩ 同上引书,p. 207。

⑪ 如果它们适合一个体系,我就假定它们是必须构成一个体系的。

种直观成分。

我所要提出的另一个问题，就是对象的任何体系是否到了最后还是包含有空间与时间。我还要问，这种高度抽象的数学，如要给我们以几何的一些结论，是否必须这样来加以解释，使得它的对象是能(用康德的话语来说)在纯粹直观上验前被作成的空间的图形。

6. 康德对于代数的见解

还有一点必须注意。前此我们一直是在谈几何。几何是在感性论中最令人注意的。然而康德认为算术与代数也需要有直观，而且需要的是纯粹直观。这是在初步的水平上而且不够详细地讨论的，但是康德似乎是在现代理论所要求的更大的抽象性和一般性这个方向上发展着的，虽然他没有前进到这个程度以致忘记了量这个观念。

康德主张①，代数所构成的是量(quantitas)，而不是像在几何里的限量(quanta)。代数完全从那得要在其限量这个概念之下被思维的对象之性格抽象出来，而替一般的量②的构成选择一种记数法——也就是说，它用符号③来表示加、减、求方根等等这样的操作。它又用符号来表示包含在量这个概念④里的种种不同的关系——我认为是这样的符号，如＝，<，>。各种量大体是用这样的符号，如 x，y，z，来指出的，而且也许用数目来指出。然后——这是重要的——它就在直观里，按照一定的普遍性规则，表示出每一个通过它而产生量或变更量的操作⑤。这样，在代数里面就有一种符号式的结构，它和几何的实物结构一样，能给我们以概念的单纯分析不能得到的结果。这种符号式的结构，或说用符号的结构⑥，也

---

① A717＝B745。其意思，乃至其正文，在某些地方是不确定的。又比较一下本书第三十七章第八节。

② 这些"量"或"quantitates"(如果原谅用这个词)是和限量(quanta)对立的；它们是数目和图形或期间(durations)相对比的；看 A724＝B752。

③ 用符号表示是 bezeichnet 之译。

④ "量这个概念"大概是和"量"的概念或"量性"(quantitativeness)同样的。

⑤ 很有趣的是看到现代的见解，把原始概念看作我们用原始命题操作的符号(见 Stebbing 前引书，p. 178)。

⑥ 比较一下 A734＝B762。

是含有直观的。

很不幸,这是如此不清楚。康德没有弄清楚所包含的直观之性质——看来似乎主要是时间的[①]一种纯粹直观,也许又是空间的一种纯粹直观[②]。我提到这段文字,不是作为提供关于代数的一种令人满意的说明,而只作为指出,就康德来说,几何之归结为代数,并不意味着纯粹直观就再不是必需的了。

7.验前结构的必要性

我不知道康德说代数在纯粹直观上表示出它的种种操作这说法是否对,虽然我认为他的学说是值得考虑的。如果我们把这种学说放在一边,而只考虑欧氏几何,那就很清楚,康德是相信,几何的证明始终是依靠空间的图形的直观,而根据现代的理论来说,直观的成分只在开始时才被发现,就是在我们成立我们原始命题的前后一致性这个时候。

如果我们认为现代的理论作出关于现代数学方法的一种正确的说明,我们也没有理由何以要假定它因之就作出了关于欧几里得的方法的一种正确的说明。反之,我却认为,欧几里得的方法是为康德的理论正确地说明的[③]。如果我们以三角形这个概念为例,我们便可以对它进行分析,一直到我们不能分析为止,然而除非我们在直观上作出一个三角形的图来,我们是始终不能在我们原来的那个概念的定义以外前进一步的;例如我们永远不会发现其三个内角是等于两个直角的[④]。

这并不意味着几何的证明是依靠经验性的直观的。一个三角形这个

---

① 这个见解像是依靠这个根据,就是计数总是前后相继的;参看 A142-143=B182 和《导言》第十节(Ⅳ283)。在 1788 年 11 月致 Schulz 的一封信中(Ⅹ530)暗示着对于这种说法的某种限制。又比较一下《判断力批判》第二十六节(Ⅴ251 起)。

② 《遗稿》(Nachlass)6314(ⅩⅧ616)。

③ 我认为康德的理论很密切和柏拉图的理论相类似。参看柏拉图的《共和国篇》,510d,又比较一下亚里士多德的《形而上学》A6,p.987,14 行起。又看《共和国篇》Adam 版,第七卷,附录一。

④ 或者至少我们思想到它,不是作为一个看见的三角形,而是作为有完全为它的结构原理所确定的各种特征的。整个证明是依靠这些特征的。这就是康德的意思,在他谈到(A240=B299)图形作为呈现于感官的一个出现的东西,虽然它是验前被造成的这个时候。

经验性的直观怎能让我们，甚或似乎是让我们得到欧几里得所要求的那种毋庸置疑的确实性呢？我们可能是不得不在纸上作出一个三角形的图来，以便帮助我们的想像力，但是我们并不是想到那看见的三角形。我们所想的乃是这个三角形，其各种特征只是为它的结构原理所确定的。用康德的话语来说，我们所思想的三角形是我们验前在纯粹直观里按照它的概念构成的。从现代的观点看来，这种话语可能是朴素的。然而它能表示出一条真理，而这真理可能需要重新解释，但不能合理地予以否认。

我相信，在算术里，这同样的学说也是有效的，虽然在那里它不是这么明显。我们能够分析 7 和 5 以及加法这些概念，但是这种分析永远不会告诉我们 7＋5＝12，除非我们在纯粹直观里构成这些数目。这里我们又是利用经验性的直观来帮助我们，但是我们并不是想到我们放在纸上的点点，或者算盘上的算珠，它们都是带着一些不相干的以及经验性的特征的①。我们所想到的乃是我们能在纯粹直观里在验前一个单位加上一个单位而构成的数目，而这些数目的种种特征都是只为它们结构的原理所确定的②。

或者我们可以这样扼要地来讲康德的学说——一切数学的知识都依靠“概念的结构”，其意思是说，按照这个概念在验前表示出直观③。为了这个缘故，我们就可用经验性的直观；例如在纸上作出一个三角形的图来。这样做时，我们只考虑结构这个动作，而对于这个动作，在这经验性的图形里，许多东西，例如各边的长短与各个角的大小，是没有关系的。既然我们能从这些东西抽象出来，所以这些个别的图形就能表达这个概念而不损害它的普遍性。数学所处理的乃是在个别的例子里所表示或表达出来的普遍④。这是和概念的单纯分析完全不同的。

我不是没有觉知到这个事实，即我的立足点是靠不住的，但是我深信，不管在我的论点里有什么一些错误，然而认为在康德的学说里毫无理由，其错误就会更大。

---

① B15；A240＝B299。

② 比较一下 λογιστική 与 ἀριθμητική 两者之间的分别（见柏拉图的《菲里浦斯篇》，56d，e）。

③ A713＝B741。

④ A713-714＝B741-742。

8. 现代几何

对康德来说，更严重的一种困难就是非欧氏几何的发展。康德自己在早年时曾主张过这个观念，认为可以有着不同度的各种空间，而且把这个观念和莱布尼茨关于多种不同的世界的种种推测联系起来①。在《纯粹理性批判》里，他是假定几何是欧几里得式的，而且假定欧氏几何对于物理世界是必然为真的。

我们现在得知，有不同类别的几何，又有不同类别的空间。这样的一种见解，就其本身说来，是无伤于康德认为我们关于空间的知识是验前的这个学说的；因为验前知识可以是逐渐获得的，而在任何阶段上，是可以"模糊的"或说"不清楚的"②。新的数学概念之可能性确实没有为康德的理论所排斥③，但是根据他的种种假定来说，每一不同类别的空间似乎是会意味着一种不同类别的纯粹直观的。这种见解是困难的，如果不是没有可能的话，除非关于空间(或关于时空)能有一种基本的直观。使得一切其他的直观只在与它的关系上成为可理解的。诚然难于相信，各种不同类别的空间是彼此不相联系的；如果在一种几何里有一套命题，能为另一种几何里的不同的虽然与之相适应的一套命题所代替，那么似乎就有某种在基础上的统一性，其性质是值得研究的。就我的了解所及，现代的理论否认任何一种空间比任何别的空间更为基本。它尤其是否认欧几里得的空间比任何其他的空间更真实或更基本，如果要以现代的形式来维护康德的理论，那么我们就必须认为：存在着一种关于空—时的纯粹的直观，正是根据它，一切不同的几何学才是可以理解的④。

---

① 参看康德的《关于活力的正确评价的思想》(Gedanken von der wahren Schätzung der lebendigen Kräfte)第十节(Ⅰ24)。

② 例如所予的验前概念，如范畴，其分析是可以"不清楚的"。这个概念可能含有"模糊的"观念是我们在分析中所忽略的，而且我们总是不能确知，甚至这种概念最仔细的分析是完全的。参看 A728＝B756。

③ 数学的概念能完全地替它们下定义，只是因为它们是"任意"的创作(然而这些创作必须是和空间的性质相容的)，而且又含有一种任意的综合，能容许验前的结构。参看 A729-730＝B757-758，又比较一下本书第九章第五节来看这种概念的"任意性"是什么。

④ Braithwaite 先生像是暗示着有一个绝对时空；参看 Mind 杂志，新号第四十卷，第 160 号，p. 498。

如果适用于物理世界的现实空间只是这些几何学的一种，而又不是欧氏几何，那么替康德的学说作辩护，其困难就变为甚至更厉害了[①]。根据这样的一种见解，看来几何学的应用于物理世界似乎是一种纯然经验上的问题。然而乃至在那种情况下，纯几何学的一种确实适用于物理世界，而且人们似乎假定这些纯几何学的一种必须是这样适用的[②]：我们求助于经验，只是为了找出是哪一种。如果这许多几何学之一实是适用于物理世界，而况且其一种是必须适用于物理世界的，我们就有了康德的问题在一种更巧妙的形式上摆在我们面前了：某种高度抽象的几何体系对于现实世界是有效的，这很难是一种单纯的巧合；而哲学的任务就是要求寻求一种解释。如果我们可以称为物理世界的东西能用这些不同的几何学的话语来解释，即会为着这个缘故一种是比其他各种都更方便些，同样的问题也是会在一种更接近于康德的诸假定之形式上发生的。

必须附带地说，现代物理学的进展还包含着我们关于时间见解的一些改变，但是这不一定意味着我们关于时间的知识是经验性的，纵然引导我们去作出新发现的乃是经验。如果物理学家还是预先假定，我们关于时间的各部分必须是什么，所知道的某东西乃是时间的各部分，或者甚至我们关于时空的各部分必须是什么，所知道的某东西乃是时空的各部分；而且如果哲学家仍然能够说，我们一切的观念必须或者是同时的，或者是前后相继的；那么，时间像空间一样，仍然在某种意义上，有其双重的验前性格，而为着康德论证的缘故，我们所需要的不过如此而已。

按照现代的种种发明来看，康德的学说确实太过简单。我们必须承认，他（和他的同时代人）把许多命题断定为关于现实世界的验前命题肯定是不真实的。我们尤其必须承认，如果我们把空间与时间彼此孤立开来，就不能作出关于它们的充分说明。讲到我自己，我不明白，何以不能重述康德的一些假定而使之适合于现代的物理学说。我认为时间至少有可能是给予于感官的一切出现东西的条件或形式；我认为

① 我听说这种见解已不再为爱因斯坦所主张。

② 这不一定是说，同一种几何学必须适用于空间的每一点儿，只是说某种几何学必须是这样适用的。

我们用一种特别的抽象就能逐渐地把它从它是其形式的那些出现的东西拣择出来,而在数学上把它作为一个个别的、彻底可理解的整体来研究;而且我又认为我们这样做,就能发现出现的世界所必须与之符合的一些规律。然而这些建议是冒险的,只得留待专家评判。为要了解康德,我们必须设身于18世纪的观点;而我极力主张康德的一些假定大体上是正确的。

第八章　空间与时间——康德的结论

1. 空间、时间和感受性的关联

为了论证的种种缘故，我们现在必须假定，我们关于空间与时间的观念都是纯粹的直观，其内容乃是一切对感官给予的东西的必需形式。如我所曾说明的那样，这种学说并不含有乃至令最多疑的实在论者觉得惊慌的东西；然而康德却在这学说里找到种种根据来断言空间与时间在起源上必然是主观的，不是由于事物的本性，而是由于我们感受性的本性的。

再没有别的论证能把空间、时间与感受性联系起来，而不与知性联系起来。我们必须认为和感受性的联系是为前面的种种论证所证实了的；但是不完全清楚，这种联系乃是为这个事实所证明，即空间与时间乃是纯粹的直观，抑或为这个事实所证明，即空间与时间乃是感性的出现东西之形式。

可以这样主张：如果空间与时间是和知性联系的话，我们关于它们的观念就会(像范畴一样)原来是作为概念被给予的，而康德曾论证过，在空间与时间的情况下，其概念是派生的，而直观乃是原始的。如果空间与时间是整个的，而且是个别的，那么我们关于它们的知识就必须是直观性的，因而也就必须是感性的；因为我们没有智性直观这种力量①。

还可以主张，和感受性的联系是由这个事实说明的，即空间与时间乃是对象被给予于感官的条件，而不是它们被思维的条件。我们简单地看

① 可以提出反对的意见说，直观正常是含有一个由于自在之物的“影响”而被给予于感官的实在对象的；而既然纯粹的直观不包含这种对象，它们就像不牵及感官。如果我们说，除非我们的感官是受到刺激，我们就不能获得这些纯粹的直观或者把它们对我们自己弄“清楚”，这很难是对这种反对意见的一种答复；因为对于范畴来说，这同样是真的，而范畴不是起源于感官的。比较一下 A86＝B118，A96 和 A196＝B241。我认为答复必须是：我们的纯粹直观主要是和感官联系，因为它们含有感性出现东西的形式，而在较低的程度上是因为只有感官才能给我们以个别的东西。何以纯粹直观没有实在的对象，其理由就是这种直观的内容乃是所予的出现东西的形式，而不是它的质料。

见红色是有广延的，而这样也就是空间性的，但我们却想到它乃是一种实体的性质。同样地，我们直接觉知到感官材料是在前和在后的，但我们却想到事件是作为因果联系着的。

我们为什么不应把这两种根据看作是建立空间、时间与感受性的联系的根据，是找不到任何理由的。如果康德曾更充分地处理这个问题，我们就会对他感激，但是大体上，他的立场像是对的。如果空间与时间是要被看作在其起源上是主观的，在感受性里，而不是在知性里去寻找它们的起源，这是合理的。

2.空间与时间的主观性

康德的更基本的学说，是说因为空间与时间是在验前知道的，所以它们必须有一种主观的起源。我们关于这个学说，有什么可说的呢？

我们首先必须明了这学说的意思是什么。它的意思不是说空间与时间是心理的；因为空间至少是一种述项，不是心的述项，而是事物作为它们对我们出现的那样的一种述项，也就是感受性的对象的述项①。甚至时间也是一切出现东西（内部的和外部的出现东西）的一种条件，而不管康德说时间不是外部出现东西的一种确定②，其意思是什么；但是不能置疑，就他来说，感官的一切对象是必须在时间里面的③。就他的见解说来，感官的对象乃是事物的出现，其性格与存在是完全不依靠我们心的性质的。虽然如此，感性对象的空间与时间特征，（就我们所知道的来说）还是属于事物照它们对我们出现那样，而不是属于事物照它们在其自身那样的。我们人不能领会事物，除非是作为空间的与时间的，但是我们没有理由来相信，事物如它们在其自身那样，是空间的或时间的；因为空间与时间是为我们感受性的性质加在出现东西之上的。

创作与这种革新性的学说确切相似的学说是不可能的，但是如果我们戴上一副蓝色眼镜而看事物，我们是能说，事物的蓝色，就其对我们的

① A27＝B43。当康德谈到空间的作为一个述项时，他必须是指空间性这个一般的概念说的。

② A33＝B49。

③ A34＝B51。这不但适用于感官材料，而且又适用于物体。

出现来说,不是由于事物,而是由于我们的眼镜。就那样说来,眼镜就大体上是类似康德学说中的人类感受性①。

其次,我们必须明白康德论证的本质。他的论证所依靠的根据不单纯是:除了把经验作为空间性的与时间性的,我们就不能设想任何经验。它的依据乃是:我称为我们关于空间与时间的观念的双重验前的性格。它的根据乃是:(1)我们不依靠经验就能彻底确定空间与时间的性质;(2)这样一来,我们不依靠经验就能确定经验的一切对象所必须与之符合的那些空间的与时间的条件②。

康德的论点——不管乍看起来是怎样像是说不通的——就是,如果事物是正如它们在其自身那样而对我们出现的话,我们就不能不依靠经验而替它们立法。我们能认识到,在我们对它们有过经验的范围内来说,它们是具有某些特征的,而且我们可以预测它们会继续是这样的。例如我们可以说,一向所测量过的每一个三角形都是其内角等于两直角的;而且我们可以指望其他三角形也是有这同样特征的,正如我们可以指望我们所看见的天鹅都是白的那样。但是我们不可以断言每个三角形的内角都必须是等于两直角,而且断言这条规律必然是适用于我们看见的每一个三角形。我们更不能作成几何的一个必然的体系,是一切所经验的对象必须与之符合的。

如果我们能不依靠经验而确定空间与时间的性质,并且从而替经验的一切可能对象订出规则来(根据康德来说),这只能是因为空间与时间乃是由于我们感受性的性质的。没有其他的解释能够说明这个事实,就是我们关于空间与时间的抽象知识具有无可置疑的确实性,而且又是适用于经验的一切对象的。康德的理论不单纯是可能的或盖然的,它要求作为是绝对确实的③。

---

① 顺便可以注意到,虽然事物的蓝色会是为我们的眼镜所加上的,但是,(1)我们不是首先看见事物不是蓝的,然后才看见它们是蓝的;(2)而且蓝的深浅不同,不是由于我们的眼镜,而是由于事物的。这些显明的事实也许有助于弄清楚我关于形式与质料的争论——参看本书第六章第八节。

② 比较一下本书的第六章第五节。这一切都包含在这个说法里,即空间与时间乃是纯粹的直观,其内容就是出现东西的必然形式。

③ A48-49=B66。

如果空间与时间是完全由于我们感受性的性质的，那就很明显，我们毫无根据来想起它们虽然如此，却还是属于事物的如它们在其自身那样的。同样也很明显，在我们感官材料里显出来的经验上的种种质，虽然它们是由于独立事物的“影响”，但不能是这些事物如它们在其自身那样的一些质；因为这样的经验上的质必然是空间的与时间的①。其实这后一个论点是几乎不需要什么论证的，由于感官材料乃是因个别的人而有所不同的(而空间与时间的特征，在其为科学所确定时，是没有这种情形的)。这就意味着，它们所依靠的，部分是不同于它们是其出现的那个事物的某东西②。

3. 一种粗浅的类比

拿康德关于空间与时间的见解和上面提出的蓝眼镜那个粗浅的类比作对比，可能把他的见解的性质弄得更清楚些。假设我们都是生来就在眼睛上有了像蓝眼镜一类的东西，基于此就可以问，我们怎能确定事物的蓝色实际上是否属于自在之物的?

为着这个缘故，我们得要假定我们唯一的感官就是视觉，使得事物的蓝色成为像事物的空间的与时间的特征那样普遍。我们还得要假定我们没有可能来想象到一个没有某种或深或浅蓝色的对象，正如没有可能想象到一个不占住某个空间与持续在某时间内的对象那样。到此为止，这些情况是平行的，然而其中有一个基本的差别。

我们能承认蓝色是一切经验到的对象之一种共同的特征；那就是说，

---

① 说一个自在之物具有一种颜色，既不在空间中扩展，又不在时间中持续，这像是毫无意义的。

② 按照我所了解的康德来说，虽然第二性的质里面的差异(而且又在形状、大小与持续里的差异)是以自在之物的性质为转移的，但是这并不意味着我们所知道的事物是如它们在其自身那样的，只意味着我们所知道的乃是事物之如它们对我们出现的那样。

我们诚然可以反对说，在出现的东西中的种种差异和种种相似必须意味着那个或那些出现的事物的某种差异与相似；但是我们无法知道自在之物，或它们的种种质互相不同或互相类似的那个方面。我们乃至不知道有这些事物的多数性，或者知道自在之物是能有质的，虽然我们由类推必须想到它们是多数的并且是有种种的质的。在这种情况下，关于它们的差异与相似的陈述是很模糊，以致不能表达任何积极的意思的。

我们会有蓝色这个概念:但是即使我们有了这样一个概念,我们用它又能做什么呢? 毫无办法去抽象地研究蓝色的必然规律,从而在验前确定一切可能对象的性格①。因此,我们就永远不能有任何根据来决定蓝色是属于事物本身或者是属于我们眼睛的性质的了。

可以把这个论点用另一个方式说出来。用抽象的方法,我们能够想到蓝色这个概念,但绝不能直观到一切深浅的蓝必然是它的各部分的那个独一无限的蓝;可是除非我们能够这样直观到,蓝色就不实在是空间的类比物。或者是假定我们能够直观到那独一无限的蓝(理由就是:对于这种假定的唯一反对意见就是直观到无限的东西之困难;而这种困难同样也适合于空间的),那么,这直观就会是经验性的了。我们看不到何以每一个蓝的面积,其作为这样的一个面积,是必然要成为一更大的蓝色面积之一部分的。我们诚然明白:每个面积为什么必须是一个更大面积的一部分,但是这和它的蓝色毫不相干②。我们关于空间的直观仍然还是验前的;我们仍然能够不依靠经验而确定空间的规律,并且从而确定控制一切感性对象的规律。可是蓝色这个直观不会给我们这样的权力,而我们就没有充分的根据来把这权力归于我们感受性的性质。

空间与时间在经验中的地位是独一无二的,因为这种独特的地位,康德就认为空间与时间必须归于心的性质。

4.必然性的主观性与关于必然性的知识

康德的哥白尼式的革新是旨在说明假定是我们知道的一种必然性——即经验的对象应该符合于时间与空间的数学规律这个必然性。它是否还旨在说明我们关于这种必然性的知识?

初看起来,像是没有这样的意图的。在范畴的情况下,康德诚然相信,把范畴追踪到它们在人类知性里的起源,我们就使之有可能来知道范

---

① 我们诚然可以确定蓝的等级必然是连续的,而且每一个对象必须有蓝的一个等级。但是,假使那样的话,康德就前后一致主张这等级性(虽然不是蓝色)必须是心的性质在验前所加上的。参看感官知觉的预测一段。

② 同样的批评也会适用于任何论证,就是说,力,物质,或实在性(即假定为充满整个空间的)是必须像空间本身那样,通过纯粹直观而为人知道的。

畴必须是什么。理性完全从它的本身产生出来的东西是不能隐藏的①，而范畴的“线索”是要发现于在形式逻辑里验前知道的判断各种形式里面的。虽然如此，康德并不把人类心灵看作是我们能看透的，或者是比物理的世界更容易了解的②。他的确不相信，我们的感受性对于反思是这么易于看透，使得我们能够了解何以它是必须包含有空间与时间这两个因素的③。

然而批判的学说之创立在一种意义上就是要说明我们关于这必然性的知识，而不仅仅是说明我们所知道的必然性。如我们曾坚持过的那样，康德不仅仅是要论证，如果空间与时间是由于我们感受性的性质，这也就说明一切对象为什么必须是空间的与时间的。这样一个假设会说明所假定的一些事实，但是很难断言它是唯一可能的假设④。绝不能忽略这个论证的双重性格。康德企图要说明的乃是：我们关于纯粹空间与时间的必然特征的抽象知识为什么应该**又是**关于感官对象所必须与之符合的规律的一种知识。他的论点乃是，这样的知识之成为可能，只因我们借以知道空间与时间的纯粹直观是单独由于我们感受性的性质的⑤。

如果我们假定这些事实是前面的各种**阐明**，尤其是**形而上学的阐明**所成立的，那就很难否认康德的学说提出了这些事实的一种可能的解释。有待裁决的问题是，它是否提出了唯一可能的解释。

5. 反对莱布尼茨与牛顿的那些论证

康德用来想去为他的“结论”辩护的一些论证，多半是由对莱布尼茨

---

① AⅩⅩ等处。

② 他坚持说乃至先验辩证的种种来源（A309＝B366），数学知识的种种来源（导言第六节（Ⅳ280）和知性的图型法（A141＝B180-181）都是深深地隐藏在人心里的。想像力说是我们很少意识到的盲目的，但不可或缺的灵魂之机能（A78＝B103），又比较一下A834＝B862。

③ 比较一下B146。在这段里，康德像是乃至否认我们是了解何以我们必须只通过判断的某一定的形式来进行判断。这像是夸大了他的实情，但是我们的确无法知道我们感受性的性质，除非是先就知道它的对象的性质。比较一下Fortschritte der Metaphysik（phil. Bib. 46c, p. 92）。

④ 如果说一种普遍的蓝必须是由于我们感受性的，这就会是与这个争点平行的了。

⑤ 又比较一下本书的第三十章第六至第七节。

与牛顿的理论提出的反对意见所组成的。这是很自然的，由于他的任务是要处理掉一些和他自己的解释不能相容的解释的；但是在这种的论证中，总是有一种危险，就是可能忽略其他的实在可能性。

康德主张，如果他在阐明中所曾提出的一些学说是正确的，那么它们就是和任何莱布尼茨式的学说不相容的。如果空间与时间是出现东西的形式或条件，而这样也就是感性对象的形式或条件，那么它们就不能是这样的对象的单纯特征①（不管是质素或关系）；因为这个对象——如果这对象是作为自在之物看的，就总得要——在逻辑上是先于它的各特征的②。并且，如果我们关于空间与时间的观念"原来"就是纯粹的直观，它们就不能归结为自在之物的共同特征的单纯概念（无论是明晰的或不明晰的）③。

这两个论证的相互不联系是像它们所依据的假定的不相互联系一样的。康德的全部理论所依据的乃是这个见解，即认为虽然我们离开空间与时间不能知道出现的东西，但是我们不依靠经验，还是能知道空间与时间，作为必然确定其各部分的性质的整体④。这就是他的论点的根据，说空间与时间(1)是出现东西的形式，而不是它们的质料⑤，(2)是由直观而被知的。这也是他的论点的最后根据，认为空间与时间(1)不能是事物的单纯特征，(2)不能由单纯概念的作用而被知道。

再则，如果康德认为几何学的判断都是综合的验前判断这种主张是正确的，那么空间与时间就必须是由纯粹直观而被知的：概念的单纯分析——而我们除了分析概念以外，并不能拿它们来做什么——是永远不

① "特征"是英文的 characteristics，即德文的 Bestimmungen 之译 。这些特征可用来包括质素与关系，如在 A26＝B42。那里是说质素为绝对的特征，而关系为相对的特征（或确定性）。

② 参看 A26＝B42 和 A33＝B49。关于这插语，又参看 A267＝B323，并比较一下 A276＝B332。

③ 这个论证在"结论"里说得没有这么清楚。康德只坚持事物的各特征，由于它们本质上是依靠事物的，就不能在验前被直观得到。我们只能用一种从经验性的直观的抽象才设想到这样的特征。关于反对把感性的与智性的两者之间的分别变为明晰的与不明晰的这两者之间的一种逻辑上的分别，可看 A43＝B60 起。

④ 我这样说，其意思乃是，我们知道各部分只是作为其整体的一些限定，而且知道了其整体，我们就也知道其部分必须是什么。

⑤ 参看本书第七章第四节。

能给我们这样的判断的。

我必须承认，要估计这些论证的力量，是极其困难的。依我看来，康德否认直观——不管是经验性的还是纯粹的——能归之于不明晰的概念，这是完全正确的。我还相信，他主张我们关于空间与时间的知识主要是直观性的而不是概念性的，而且我们不能把对象的空间的与时间的特征和其他的特征等量齐观，这也是正确的①。但是问题就发生了，我们能否从所观察的对象抽象出它们所处的关系体系（或各体系），而在这样的一个体系里发现其必须控制处在这些关系上一切对象的一种必然性。或者更正确地说——既然康德的论点乃是我们在空间与时间的情况下能这样做——何以我们主张这样关于这必然性的知识，只有假定关系的体系必须其本身是为知道对象的心加在对象上面去的，才成为可理解的呢？

这个问题更为迫切，因为现代逻辑，如我所了解的，主张能抽象出各种各样的关系体系来，而在这些体系里找出给我们关于处在这些关系里的一切对象的验前知识。这样，空间的与时间的关系就变为形式逻辑所能适当地而又充分地处理的更抽象的关系体系的一种而已。除非我们主张一切关系的作为关系来说，必须是心加上去的——而我并不认为这是康德的见解——空间的与时间的各关系为什么不是事物如它们在其自身那样的实在关系呢？我们为什么不满足于承认，既有了某些关系，我们就能在它们里面抓住一种必然性是我们在单纯质素里所不能抓住的呢？我们为什么又设法去依赖凡是包含有这种必然性的东西必须是心所加上的这个根据来说明我们关于这种必然性的知识呢？

要适当地处理这些问题，就会使我超出这书的限定意图了。我只能暂时说，我认为要照着对于这些更广泛的一些问题的答案来接受或拒绝康德的学说。这就明确地意味着，就其本身来说，他的各种论证是不像他想象的那样是那么无争论余地的。然而我却倾向于认为（虽然我承认这是可能由于无知的）空间与时间不能归结为关系的一种逻辑性的体系的②。

① 空间与时间特征像是关系特征，因而就这样说来，是不同于质素的。

② 例如如果我们说在军队里有从属与同等的各种关系，那么（把这样的关系总是预先假定有空间这一点放在一边）说排列的对于从属与同等是等于空间的对于左右与上下，这是十分不正确的：空间乃是一个个别的整体，只有在其里面，某些关系才是可能的。

依我看来，它们似乎是由纯粹直观而知道的个别整体，而这种纯粹的直观，依我看来，像依康德当时看来一样，是在我们关于一切概念所包含的关系的那些概念之基础上的。我又倾向于认为空间与时间在我们的经验里有一种独特的地位，而等到我们承认了这个在本质上是康德的学说以前，是不会在我们的哲学上有所进展的。

康德是企图公平处理空间与时间的这种独特的性质的，而我们只有认识到这点，才能欣赏他的理论。他主张莱布尼茨没有能够说明空间与时间本质上的个别性。我们没有道理来把这点搪塞过去；而我们能够维持这种本质上的个别性的方法乃是把空间与时间看作（在感官知觉的时候）通过我们自己的感受性而被给予于心的个别整体。不然的话，就是把空间与时间作为自在之物来对待，而康德认为，这种牛顿式的学说是不可想象的。

在我们转到康德对于牛顿的讨论时，我们所必须提出的基本问题似乎是这样：姑且承认，我们利用我们关于空间与时间的纯粹直观就能在验前知道一切出现东西的条件或形式，何以空间与时间不是实在的东西，同时又是事物，不只作为它们对我们出现的那样，而且是它们如在其自身那样的条件或形式呢？

康德对这种可能性注意得太少，这是他的论证的一种弱点。如果我们把神学上的反对意见置之一旁——说这样的一种见解使空间与时间成为上帝存在的条件①——我们就只剩下这个口实，说由于这个理论是自相矛盾的，所以它就是不可想象的②。当康德断言，根据牛顿的假设来说，空间与时间就是虚构物（德文的Undinge——非物），他所含的意思就是，空间与时间这样的概念是自相矛盾的③。他像认为这是这么明显的，所以就是毋需用论证来予以辩护的。他的意思可能是说，空间与时间，作

① 这像是假定空间的严格普遍性的。

② 最重要的段落是 A39-40＝B56-57 和 B70-71。前一个段落是在本书第六章第四节引用的。后一段文字主张说，根据这种见解，空间与时间就必须是两个无限的东西，却不是实体，又不是实在依存于实体的任何东西（如一种共同的质素或关系），然而是存在的，而且是一切事物存在的必需条件，虽然它们在一切存在的事物都被取消或成为无效扬弃（aufgehoben）时，依然是存留下来的，又比较一下 A32＝B49 和 A292＝B348。

③ A292＝B348。

为东西看,是有作为不使任何东西发生关系的一些关系的体系这个矛盾的性格的[①];否则,他也可能在头两种二律背反里所处理的无限性相联系的那些谜里找到空间与时间的矛盾性格。

绝对空间与时间这个牛顿的观念现在一般是被丢弃了,因之我们也许不必为康德对它的反对论证是这么轻松,而大为感到不安。然而牛顿的观念可以为同一类型的一种假设所代替,那就是认为时空,虽然不在牛顿的意义上是绝对的,然而还是一个实在的东西;而且这种假设并认为康德在空间与时间作为实在东西这个观念里所发现的矛盾乃是由于原来把空间与时间彼此孤立开来对待的,因而是可以置之不理的[②]。如果是能维持任何这样的假设的话,那就会把康德的整个立场的墙脚挖掉了。

无论如何,康德有其正当的理由对他的反对者说,他们必须清楚地提出作为代替他的学说的那种学说。他们必须决定:是要把空间与时间看作自身存在的东西,或者单纯是这样的东西的共同质素(关系的质素或其他);时而这样看待它们,时而那样看待它们,或者模模糊糊地摇摆于两种可能性之间而不肯定任何一种。这是不合情理的。而且若是我们的唯一选择乃是在康德的学说与牛顿的或莱布尼茨的学说之间,那么康德的学说对我们的选择是有很强的吸引力的。

可是,只要康德的论证的依据是认为一切其他的见解没有其可能性,它就必须依然是无结论的,除非我们确知所考查的见解是已穷尽无余的。这种消极的证据乃是一种助证而不是一种证明。关于康德的学说的正面要求,我们有什么话说呢?这些要求,如果不依靠空间与时间作为实在东西是自相矛盾的这种见解,是否站得住脚?

6.康德的理论

康德时常说:他的理论——即空间与时间就其起源来说是主观的这个理论——似乎是必然从在种种阐明里所证明的一些学说中得出来的,而且好像没有其他理论是和这些学说相容的。很难弄明白,为什么应该

① 参看《就职论文》第十五节 D(Ⅱ404)并且比较一下 A285=B341。

② 我认为这种见解乃是亚力山大(Alexander)教授的见解。

是这样，除非我们认为每一个牛顿式的理论由于其本身太荒谬、不值得认真考虑而应予以排除①。如果我们这样主张，康德的论点就变为明显得多了；而我倾向于认为：这种假定虽然一般是没有表面化的，但却总是存在于康德关于空间与时间的主观性的论证里面的②。

就我所能发现的来说，康德在任何地方都没有硬说牛顿的学说是和形而上学的阐明与先验的阐明不能相容的。他显然承认，如果空间与时间是实在的东西的话，我们关于空间与时间的知识就会是关于在空间与时间里的对象的验前知识③。这个意思可能是说，牛顿的理论和纯数学的存在与其对于物理世界的应用，都同是相容的④；并且，如果是这样，牛顿的理论与各种阐明的这个学说也会是相容的。如果我们接受这个结论⑤，那么康德反对牛顿的，其整个论证就是依据空间与时间作为实在的东西是不可想象的这一点；而他的要求——认为只有靠那哥白尼式的革新，各种阐明中的学说才能变为可理解的——仅仅只是反对当时在德国占优势的莱布尼茨的哲学理论。

当我们这样来理解康德时，所说的论证就更为合理了。空间与时间不能是实在的东西，或独立的实体，因为这是不可想象的而且是自相矛盾的：但是它们同样不能是实在东西的质素或关系；因为如果它们是如此的话，它们就会是依赖于这些东西的，而我们曾看到这些东西乃是依赖它们的。如果我们认为它们是根源于我们感受性的性质，那么它们的不可思议性或自相矛盾因而就消逝了；而且下面一点也不难理解，虽然它们在从

---

① 即拉丁语所说的“pertinet ad mundum fabulosum”（属于无稽的世界的）。参看《就职论文》第十五节 D(Ⅱ404)。

② 我认为它例如可能是在 B41 里面的。

③ 在 A40＝B57 里，康德说，牛顿的假设的赞成者们为数学的诸命题(Behauptungen)打开了(德语的 freimachen)出现东西的场所。我把这理解为他们能说明数学应用于现实事物的可能性。(freimachen 这词又用作免费递送的函件，其意思我认为是使之免邮费。)

④ 这样的一种解释我认为是至少为《就职论文》第十五节 D(Ⅱ404)的含义所支持的。

⑤ 康德很难相信，按牛顿的见解来说，数学的知识，虽然在其对于物理的事物之关系上是验前的，而在其自身说来，却会是经验性的。他暗示着，可是很奇怪是这样，在 Fortschritte der Metaphysik(phil. Bib. 46c, p. 91)说，如果空间是对象在其自身那样的形式，我们就应该要靠一种经验上的验前直观来知道它；而(在 p. 93 上)又说我们的综合的验前判断会是经验性的而且不必然的，这种说法是自相矛盾的。

对象抽取出来时能为人知道，但它们怎么可能是这些对象的条件——只要这样的对象总是事物的如它们对我们的感受性出现那样，而且如它所必须这样出现那样，而不是事物的在它们自身那样。

这种解释还有另外这个优点，就是它给我们的论证，是从我们关于空间与时间的知识的逻辑上在前性出发的，而不是从这种知识的时间上的在前性出发的。如我们曾说过，我认为，断定康德在任何时候曾把逻辑上的在前性与时间上的在前性混淆起来了，那是轻率的①；而且我不相信，我们需要甚至在感性论里把任何这样粗糙的东西归之于他，而在感性论那里，不幸的是，他的术语没有明确否认其时间的含义而被使用②。但是，即令我们为皮里卡(Prichard)教授那么大力主张的③一些论证所说服，而那些论证是把这种混淆归之于康德的，然而最为重要的还是确定：康德的推理是否完全依据这种混淆，抑或他的思想还含有一个更深刻而更合情理的论点。至于谈到我自己，我毫不怀疑，他的思想是含有这种论点的；而唯一要求我们考虑的也正好是这种更合情理的论点。

7. 人类经验

康德的种种论证都只适用于人类的经验，而他看作可设想的知识，不是依靠感性的直观的知识，而是依靠智性的直观的知识④。

智性直观不会像感性直观那样，依靠从外边给予它的对象：它的对象

---

① 见本书第三章第三节。

② 比较一下本书第六章第七节。很重要要注意到，不只康德在别处明白地否认这种时间上在前性的学说，而且又在像《就职论文》(Dissertation)和《争辩文章》(Streitschrift)这类著作里可以找到这样的否认，而他在那里也一直是用像“在前”和“先于”这种字样，那是暗示着一种时间性的解释的。皮里卡教授主要是依据《导言》一书，而我们应该注意康德如何在那本著作的第十节里论证说，因为在我们排除了其经验性的成分时，空间与时间还留下来，所以它们就是纯粹的直观，因而也就是必须先于一切经验性的直观的感受性之形式。在争辩文章里，也会碰见“留下来”与“这样就先于”这种同样的结合，而这就暗示着“先于”并不是“在时间上先于”的意思。又比较一下康德的《人类学》第七节注(Ⅶ141)：这种接受性的形式构成不能从诸感官借来，而必须(如直观那样)在验前被给予的，那就是，它必须是，若是一切经验性的东西……都被排除掉，还留下来的一种感性的直观。引文中的着重点是我(指本书作者)加的。

③ 见皮氏的《康德的认识论》一书。

④ B71-72。感性直观是被动的，而智性直观是能动的。

是为直观本身这个活动所给予,或说产生出来的①。空间与时间就不会是这样的一种智性的直观之形式了。它们只是感性直观的形式。因此,如果我们设想神的心是具有智性直观的,这神的经验,若是能称为经验的话,是不会有空间性或时间性的。

还有一层,可能还存在着像我们自己的其他有限制的依存的存在者,其经验是感性的,但其各感官可能是不同于我们的感官的②。就这样的存在者来说,空间与时间可以是也可以不是他们感性直观的必需形式。在这方面上,空间与时间是不同于范畴的,因为范畴(由于是属于纯粹知性的)必然被包含③在任何依靠无论哪一种的感性直观的有理性的存在者之经验里④。

也许为使其理论完善起见,康德应该问到:我们能否有一种非空间性的与非时间性的、同时又包含有关于一个对象的直接直观的经验。有的人有时这样描述关于上帝的神秘异相,仿佛它是这样的经验。康德大概会认为这样的一种说法是单纯的空想(德文的 Schwärmerei)。

这样的种种推测,似乎是不必要的而且是矫揉造作的,然而它们可以用来阐释康德学说的一些重要方面。例如这些推测说明:我们为什么不了解感受性作为感受性是应该含有空间与时间的。更重要的一点就是,它们指出康德所说的必然性乃是在其对人类经验的关系上的一种必然性。人们往往容易忘记:康德一直是反对那自认为靠纯粹理性的运用就能确定最后实在的必然特征的形而上学。他满足于在人类经验本身以内确定其必然性这个成分的这种较为谦卑的工作。

我并不认为,根据这种见解,一切都贬低为单纯事实上的事情,而且说人类直观的形式是可以改变的,这是一种有正当理由的批评。后一种假定,其本身也就预先假定了时间的形式,而如果不是这样预先假定的

---

① B145。比较一下 B72,B135,B139。我认为这就是古希腊文的 νόησις νοήσεως(智性的知觉)的特征。

② 那就是说,他们的感受性会是被动的,但是他们却不会觉知到有颜色、声音与其他人类的感官材料。

③ 这只对于没有图型化的范畴来说才是真的。

④ B148。空间与时间,由于是局限于人类经验的,所以是比(不是这样受限制的)范畴有更受限制的普遍性与必然性。

话,依我们的看法,它是完全无意义的。并且,如果我们不依靠经验而能知道空间与时间,而且又了解空间与时间是如何为经验所必需的,不是作为经验的质料,而是作为它的形式或条件,然而却不承认关于空间与时间的一些事实,如果我们愿意称它们为事实的话,是和单纯观察所确定的事实有其同样的资格的,那就会是愚蠢的了。

康德并没有说明我们怎样知道空间与时间是其他人的经验的条件,乃至我们怎样知道还存在着有经验的其他的人。在常识的水平上,我们无疑有权假定上述两种事情。我们的思想与行动中都预先假定有他人的存在;而我们的一切思维,尤其是科学的思维,还预先假定我们所知道的时空性对象的一个共同的世界。可是康德的学说(认为空间与时间只是出现东西的形式)包含着这个后果,就是我们知道我们自己只作为出现的东西,而尤其是知道别人只作为出现的东西。因此,我们关于他人与其经验的知识就要求他有一种特别的讨论,而它并没有得到这样的讨论①。

也许还可以问:我们如何能知道对不同的心所存在的是同样的空间与时间。即令我们假定每一个心都是以感受性的类似形式来到实在性的那里,这不就意味着每一个心是在一种相类似的可是不同的空间与时间里面觉知到出现的东西吗?据我所知,康德是没有提出这个问题的。谈到我自己,我觉得很难来了解,说两个人之中,每一个人同样觉知到一个无限的而且同种类的空间(或时间),然而这些个别的空间(或时间)却是不相同的,这是什么意思。我会想,在这里,如果在任何地方是可以的话,不可分辨的东西之同一性这条原理就是有效的了。

8.空间与时间对于自在之物的关系

就我们来说,我们是否有权来不但断言,空间与时间必须适用于一切出现的东西,而且又否认自在之物是有空间性或时间性的?

严格地说来,关于自在之物,我们只有权来说,我们并不知道,而且不

① 为着康德的哲学起见,我们至少是需要辩明我们认为有其他的心作为思想与行动的中心的这种信念,正如要辩明有永恒的物理实体作为力的中心这种信念一样。

能知道，它们是在空间里和在时间里的。既然我们完全不知道它们，我们就不能说它们不是什么。可是康德一直用这更强的表达法，而我就没有顾虑照着他那样做。

如果康德的论证都是健全的，自在之物可能是有空间性与时间性的这种可能性乃是空洞的而且没有根据的一种可能性，而在我们的思维中不能有其有用的作用的。如果我们戴上一副蓝色眼镜，那么全世界就有可能(如果没有其他证据)同时在实际上变为蓝色的了。也有可能，月球作为一个自在之物，是由未熟的干酪做成的。认为自在之物可能是有空间性与时间性的这种假定是同类的东西。我们假定已经证明了如我们所知的空间与时间是完全由于我们感受性的性质的。如果坚持自在之物可能仍然是有空间性与时间性的，虽然我们永远不能知道它们是这样的，那么这无异于坚持我们完全没有理由相信的一种前定和谐的可能性，而这种前定的和谐，即令是存在的话，对于我们来说，是毫无可想象的分别的①。接受毫无根据的可能性并不是哲学的所为，而我们不应责备康德，因为他拒绝承认一种毫无积极根据为其依据而单纯依据空虚的无知的可能性作为一种实在的可能性②。

然而严格地说来，康德所做的一切乃是立定一种限度。在限度的这边是必须有空间性与时间性的出现东西。超出那个限度的就是自在之物，关于它们的特征，我们一无所知，而且是不能知道的。

9. 时间与自在之物

如果有人提出任何积极的一些根据来支持空间与时间是描述自在之物的特征这个见解，我们就必须按这些根据的优缺点来考虑它们。康德把它放在与时间的关系中考察过这样一个论证③。

有人极力主张说，变动是实在的，即令唯一的变动乃是我们种种观念的变动；而既然时间是变动的条件，所以时间也必须是实在的。

---

① 比较一下 B166-167。

② 在 A388 里，说一个批判的反对意见所指出的乃是一种争点是没有根据的，而不是错误的(只有靠知道所说的对象才能指出后者)。

③ A36-38＝B53-55。

康德认为,对这种意见的答复是很容易的。时间是实在的,但只是在主观上如此,只作为人类感受性的条件,或者说作为内感官的形式。那就是说,人类的感受性乃是这样,因之我就必然觉知到我的内部状态作为时间里的变动着的事件之前后相继。如果有一种不同于感性直观的直观的话,这样的直观就可以,而康德相信它就会,不必和时间有任何关系,因而也不必和变动有任何关系,直接地领会到那些是我们作为变动而直观到的心的种种特征。时间像空间一样,是依靠能知的主体的性质,而不是依靠自在之物的性质的。时间在经验上是实在的,而在它的底下必然是有我自己对我自己的一切出现。但是这并不包含有时间或变动的绝对实在性这种意思。

在一个脚注里,康德更接近于那个真实的反对意见。在那里,他承认我们能说我们的观念是彼此相继续的,但是就他来说,这种说法的意思,不过是我们觉知到我们的观念是在时间上前后相继的——而这种时间上的前后相继是由于,如它总是的那样,我们感受性的性质的。

甚至这也难于面对我认为是论证的实在特点。康德把所说的论点当作是说我们觉知到我们的观念(或说内部的状态)是在时间里变动着的,而他就毫无困难来指出我们同样觉知到外部对象在空间里。空间与时间恰恰在同样的地位上。如果其中之一只是出现东西的形式,那么其他一个也是这样的。然而反对者不但是说他觉知到他的观念(或说内部的状态)是在时间里的。他的意思是说,他的觉知也是在时间里,或者说也是一种在时间上的前后相继[①]。他的论点乃是说,时间具有一种特别的实在性,因为它所含的意义不单纯是在他所觉知的东西,而且也在他的这种觉知里。他所觉知的可能是单纯出现的东西:他的这种觉知却不能是单纯的出现,而必须是绝对实在。如果是这样,时间就必须不只在经验上是实在的,而且是绝对实在的了。

我认为康德的答复会是:这种争执乃是一个错误。当我们说我们的觉知是在时间里的时候,我们之所以能这样说,只是因为我们觉知到我们

① 我想这是 Lambert, Sulzer, Mendelssohn 和 Schulz 所提出的一些反对意见的真正论点;参看 Briefwechsel《往来书信》,见Ⅹ102,107 与 110-111 以及花亨格尔的《解义》,Ⅱ,pp. 400-401。

的觉知，也就是说，觉知到一种前后相继在我们的观念里。如果我们是问，我们的觉知的觉知是否也在时间里，那么我们就开始了一种无穷尽的回溯，在其任何一个阶段上，康德大概是会作出同样的答复的。

应该附带地指出，当康德否认自在之物是变动的时候，他的意思不是说，自在之物是永恒不变的。永恒与变动同是预先假定有时间的，而康德否认我们能有正当的理由来把任何一种的时间性的特征归之于自在之物。

10.康德的论证的价值

如果我们认为康德在莱布尼茨的影响之下，继续把实在性看作单子所组成的①，虽然他已经是深信莱布尼茨所提出的一些证明都是谬误的②，而且关于最后实在性的知识事实上是人们不能达到的，这不是不合理的假定。

如果我们认为有某种这样的信念在康德的心的背后，那就得要记得，就康德来说，单子这个概念已经改变了。他的单子不是无待于外的，而在能知者与所知物之间是有某种的接触的。如果人的心是一个单子，它并不是一个没有窗户的单子，而是通过它的一些窗户展望实在性的。可是它的窗户不是透明的玻璃制的，正如有色玻璃把它的颜色加在所见的对象之上，我们心的窗户同样把时间与空间的形式加在所感觉到的一切对象之上，而且只有通过这些窗户我们才能意识到乃至我们自己。

我不能认为这样一种见解是要作为一种不可能的或自相矛盾的假设而予以拒绝的，或者能把用以支持这种见解的一些论证作为微不足道而置之不理。空间与时间的先验观念性诚然像是一种自相矛盾的说法；它对于相信常识的人是讨厌的，正如对那些把物理世界看作一个幕幔，部分掩蔽着而部分又显出一种更深刻的精神实在的人们是有吸引力的一样；可是我不觉得它的似非而实是的性格是足以成为拒绝它的正当理由的。然而康德的立场，按它本来那样，不能说是有他所自认为那样的可证明的

---

① 比较一下 A359-360。

② 即反思概念的意义含糊(A260＝B316 起)。

确实性的[1];宁可说它是还需要他自以为已经有了的那种明晰化与辩护的[2]。这样的明晰化与辩护的一些尝试可能导出未来的种种新哲学,正如在过去曾有过的那样。

必须记住,关于空间与时间的讨论乃是康德用来企图成立他的先验观念论的三种主要论证的第一种——其他两种就是范畴的先验演绎和各种的二律背反。关于任何部分都还不能作出其最后的判定,必须等到了解了他作为一个整体的哲学。为了阐明的缘故,我们必须假定他在感性论中的中心学说是已经证明了的。

① A48-49=B66。

② BXLIII-XLIV。

第三卷

形式逻辑与先验逻辑

第九章 形式逻辑

1.形式逻辑

像19世纪以前的大半哲学家一样,康德认为,形式逻辑(或者像他所称呼的普通逻辑)乃是一种像数学那样确实的科学。由于它是一种完成了的科学,所以就和数学有所不同。自从亚里士多德以来所有一切的增加,最多也不过是对于这门学科的精确性有一些贡献,而对于它的确实性毫无补益:这些增加往往是一些议论,是由形而上学与心理学这些科学引过来的①。

形式逻辑之有这种独特的成就与完备性,其原因就是它的题材的局限性。形式逻辑所与之有关的只是思维的必然规律,而所思想的对象,不管其性质是什么,这些规律都是有效的。形式逻辑承认思想是有对象的,并且可以说形式逻辑是适用于一般的所有对象的②;但是它完全从对象的性格,而且从对象之间的一切差别,抽象出来。因此,它能够说出一切思维的形式上的规则,而不去管思想的质料,即内容。为了这个理由,它是真正的普通逻辑;在它里面,知性作为思维的官能只和自身以及自己的形式有关③。

我们所想到的对象里面的差别产生我们思维里面的差别④。例如数学的思维在某些方面不同于生物学的思维。如果我们有数学思维的一种逻辑的话,它是会含有关于正确地想到一特种对象的一些规则的。作为这样的逻辑来说,用康德的话说,它就再不是形式的或普通的了。它会是一种特别的(或说特殊的)逻辑,处理思想的一种特别的(或说特殊的)用途⑤。

---

① BⅧ。

② 康德的《逻辑导论》Ⅰ(Ⅸ16)。

③ BⅨ。

④ 比较一下BⅧ。

⑤ A52=B76。

其次,还有我们按照着来运用我们思想的某些经验性的条件,研究感官的影响,想像力的活动,记忆的种种规律,注意力的性质、疑惑、迟疑、深信等等这类问题,乃是重要的;而又有错误的根源,在助成偏见中的性向或习惯所起的作用。处理这种问题的逻辑,虽然它仍是普通逻辑,但是会成为应用的(不是纯粹的)逻辑了。它可从心理学中借过来,而且也许可正确地看作是心理学的一部分①。

形式逻辑作为与特别的逻辑以及应用的逻辑区分开来的逻辑,必须是(1)普通的(也许更好是说普遍的),(2)纯粹的或说验前的。作为普通的逻辑来说,它是从对象中的一切差别抽象出来的,而只处理思想的形式。作为纯粹的逻辑来说,它不接纳诸如属于心理学的那些经验性的原理,而在它里面,一切都必须是验前确实的②。

既然形式逻辑与之有关的乃是一切思维所共同的规律,那么它就必然不去管那些支配综合验前思维的特别规律:事实上,它不管《纯粹理性批判》的问题。

现时的哲学逻辑会怀疑是否可能在思想的形式与质料之间作出这样一种明确的分别。另一方面,数理逻辑却接受这个见解,认为逻辑乃是纯粹形式的科学,但是它解释形式的方式是不同于康德的方式的。如果我们要了解他,我们就必须把我们自己放在18世纪的观点上。对他来说,不幸的就是,范畴的学说大半是基于他的时代的逻辑的,而那时的逻辑,到了今日已受过严重的,也许是破坏性的种种打击。但是这并不是我们为什么要拒绝理解他的论证的理由,这更不是我们为什么要对他采取一种自高自大的态度的理由。

2.形式逻辑的划分

形式逻辑被划分为原理论与方法论③。后者乃是逻辑的实用或技术部分——与其说是科学,毋宁说是技术。它与之有关的主要是知识的明

---

① A52-53=B77;A54=B78-79;《逻辑导论》Ⅱ4(Ⅸ18)。

② A54=B78。

③ 即 Stoicheiology(原理论)与 Methodology(方法论)。

晰性、准确性以及系统的安排，而作为定义与划分来处理这样的问题[①]。

原理论是逻辑的理论的或说独断的部分[②]，可进一步划分为分析论与辩证论。

分析论把知性或说思想的全部形式上的任务分析为其各种要素，而且把这些要素表现为关于我们的知识的一切逻辑性的批评所需要的第一原理[③]。

既然逻辑是从所有与特殊对象有关的东西抽象出来的，而真理乃是思想与其对象的符合[④]，那就很清楚，逻辑性的批评所与之有关的，不是真理，而是形式上的有效性。逻辑所能给我们的只是真理的一种形式上的，或说消极的标准[⑤]。如果我们的一些判断不是相互一致的，或者和思想的形式上的规律不相符合的，那么这些判断就是错误的；但是一个判断是没有形式上的矛盾的，还可以是没有与之相应的对象，而这样就远不是必然真实的了[⑥]。

就此而言，逻辑就是一种规例(canon)，而不是一种工具(organon)[⑦]。它只陈述真理的消极条件，真理的不可或缺的条件(conditio sine qua non)。它只能用之于批评，而不能用来扩大知识[⑧]。

在逻辑是用来扩大或产生知识时，它就是作为一种工具用的。这种用途是“辩证的”，而且总是不合法的。批判这样的用途的那部分逻辑被称为辩证论，也就是原理论的第二部分[⑨]。它不是关于形式有效性的逻

① 《逻辑导论》Ⅱ3(Ⅸ17)；《逻辑》第九十六至九十八节(Ⅸ139-140)。

② 《逻辑导论》Ⅱ3(Ⅸ18)；A60-61=B84-85。

③ A60=B84；《逻辑》第九十六节(Ⅸ139)。

④ A58=B82；A58=B83；A157=B196；A191=B236；A237=B296。

⑤ A60=B84。

⑥ A150=B189-190。如果它所指的对象不与它相符合，那么这个判断就是错误的；如果所指的对象不能被给予在(经验的或纯粹的)直观里，那么这个判断就是无根据的；比较一下A58=B83。

⑦ A61=B85；《逻辑导论》Ⅰ3(Ⅸ13)。在A796=B824里，规例的定义乃是知识某些能力正确使用的验前原理的总和。

⑧ 分析判断是能依靠逻辑原理的帮助而作出的，但是它们并不增加思想的质料；它们单纯改善思想的形式。《逻辑导论》Ⅴ(Ⅸ35)；《导论》Ⅷ(Ⅸ64)；第三十六节(Ⅸ111)。

⑨ A61-62=B85-86；《逻辑导论》Ⅱ(Ⅸ16-17)。

辑,而是关于谬想的逻辑。

分析论与辩证论的这种区别溯源于亚里士多德的《分析篇》(Analytics)与《辩证常识篇》(Topics)①。在亚里士多德的著述里,"分析论"这词原来是指把推理分析为三段论式的各种格。《辩证常识篇》乃是关于辩证推理,即辩证的三段论式的研究,而这种推理的前提是盖然性的,不是科学的②。

所以康德所用的名词是涉及形式逻辑的一种传统的区别的;但是他对于辩证论所作出的解释看来是要为先验逻辑的辩证论作准备。

形式逻辑的分析论在传统上划分为三部分,其第一部分是谈概念的,第二部分是谈判断的,第三部分是谈推论的,而推论通常是与三段论式推理同一的。和这三部分相应的能力或说官能就是知性、判断力③与理性。"知性"(意即"理解"——译者按)在广义上也可包括三者④。

3. 形式逻辑全是验前的

就康德来说,逻辑的一切规律都是验前的,即不依靠任何经验而为人所知的⑤。这意思是说,这些规律是不依靠任何特殊的经验的,而不是说它们是在一切经验之先为人所知的。它们只是通过关于知性与理性的自然用途的观察才被发现的。

形式逻辑是一门验前的科学,因为它所与之打交道的规则与规律乃是普遍性的而且是必然性的,而普遍性与必然性的东西必须是验前知道的。就康德来说,思维规律的必然性看来是从逻辑是形式的这个事实而来的;正是因为逻辑是形式的,所以它就不去管思想对象中的一切差别,

---

① 参看 W. D. Ross(罗斯)著《亚里士多德》一书 p. 21,与 A268-269=B324-325 对比一下。

② 这种区别保存于 G. F. Meier 的《理性论摘要》(Auszug aus der Vernunftlehre)第六节。

③ "判断力"是德文 Urteilskraft 之译。由于在 Peter Ramus 的逻辑里有这个分段,所以拉丁文的"Deficit in secunda Petri"才变为有"他缺乏判断力"的意思(按原拉丁文的直译应是"缺乏彼得的第二部分"——译者)。参看 A133 注=B173 注,我的这种解释是从 J. A. Smith 教授得来的。

④ A130-131=B169。比较一下 A75 注=B100 注。

⑤ 《逻辑导论》Ⅰ(Ⅸ12)。

而它所提出的规律,不管所想的对象的性质是怎样,都必须是有效的①。依靠确定的对象的性格的规律乃是不必然的;这些规律是因对象而异的,我是否想到这一个对象,乃是一种偶然的事情。

当我们在感性论里处理直观时,我们从感官的经常改变的质料抽象出来而发现其共同的或说普遍的形式乃是空间与时间。我们说这些东西是验前知道的,不单因为它们是感觉的普遍条件,而且还因为它们是这一类的整体,使得我们能知道它们的各部分必须是怎样的。空间与时间不是单纯对于感性直观是必要的:它们在其自身里面有一种内在的必然性,使我们有正当理由来主张它们是直观的形式而不是直观的质料的也正是这种双重的必然性。

在处理思想时,我们从思想的不时改变的质料(或说内容)抽象出来②,而设法去找到思想的一种共同的或说普遍的形式;而在这种情况下,也应该有能在思想本身的形式里发现的一种可理解的必然性。我认为这就是康德的见解,虽然这并未很清楚地表达出来。通过反思一般知性的用途,而不涉及特殊的对象,我们据说就能发现思想的规律,而这些规律是绝对必然的;因为没有它们,我们就完全不会思想了③。

在我们考虑到毋矛盾律这条形式逻辑的最高原理时,上面所说的是十分合理的④。在我们考虑到三段论式推理与三段论式的各种格时,按形式逻辑的种种假定,这也说得通⑤。在我们谈到概念的形式时,尤其是

---

① 就康德说来,逻辑的处理思想,好像思想是没有对象似的,这是一种很通常的错误。当他小心说话,他所说的乃是,逻辑不管其对象中的差别(例如看 A52=B76),而这是真的。况且虽然形式逻辑总是假定有思想的对象,但是逻辑没有责任来说明这样的对象是什么。它单纯假定对象是所予的。

② 这里的抽象活动必须和感性论里的抽象活动分开(看本书第五章第九节),因为它并不给我们以像空间与时空的那种个别体;它又显然必须在某方式上不同于包含在思想到经验性的概念里的抽象活动,由于它所给我们的有其自己的一种可理解的必然性。

③ 《逻辑导论》Ⅰ(Ⅸ12)。思想的规律是形式的,而康德有时说话,好像思想的"规律"与"形式"是同一东西似的。如在直观的形式这种情况下,康德没有足够强调在思想的各形式里存在着的双重必然性,虽然他的学说依我看来是够清楚的。思想的各形式(1)在其自身,而(2)作为一切思维的条件,看来是必然的,如果它们没有这第一种的必然性的话,它们就不能有其第二种。比较一下本书第七章第四节。

④ A151=B190。

⑤ 然而三段论式的各格,其本身是依靠形式逻辑在三段论式里所预先假定的各判断形式的。

在我们谈到判断的各种形式时，它就不是这么合理了。康德假定必然性与普遍性是在概念与判断的逻辑说明里发现的，而且必须发现的，因为在那里讨论的题目乃是形式而不是质料；但是很清楚，这个问题是需要进一步考查的。

4.概念的质料

一个概念是一个一般的(或说普遍的)观念，与一个单一的观念或直观是对立的。作为一般的观念来说，它乃是许多不同对象所共同的东西之一个观念，而一个直观乃是一个个别对象的观念[①]。

概念的质料就是概念的对象；概念的形式就是概念的普遍性[②]。概念的普遍性是判断所必需的，因而也是思想所必需的。

当康德谈到对象是概念的"质料"时，或者更一般地当他谈到对象是思想的"质料"时，有一种引起误解的危险是我们必须防避的。思想的质料乃是我们所思想(think)的东西，而一个概念的质料乃是我们所想得到(conceive)的东西，但是把它说成是思想或概念作用的内容，而不说是它的对象，这也许会更好些[③]。康德认为，真理是思想与其对象的符合这种见解就已说明，思想的内容在他看来与其对象之间是有分别的。我们还没有讨论康德关于严格意义上的对象(即现象性的对象)这个理论，但是我们可以暂时说，严格意义上的对象必须是给予于感官的(或者至少是能

① 《逻辑》第一节(Ⅸ91)。在这里，"普遍的"与"一般的"没有区别，而在德语的"allgemein"(英语的 general，汉译"一般")和德语的"gemein"(英语的common，汉译"普通")上是有一种文字上的玩弄的。

② 有时康德似乎是说：概念是形式似的(或者说是我们知道对象的方法)：看《逻辑导论》Ⅴ(Ⅸ33)。在《逻辑》第五节注解一(Ⅸ94)里，形式逻辑据说只涉及概念的形式，即是说就它能与对象有关系的方式来考察概念；而且说这种形式是判断所必需的。

③ 我认为这是含蕴在《逻辑》第十九节(Ⅸ101)里的意思，用来指内容的词，在德语是"Inhalt"，而谈到概念这词又能译为英语的"intension"(内包)或"connotation"(含义)，我对于这点不十分清楚地知道。康德也许用"matter"(质料)这词来指我认为有时是称为思想的"objective"(目标)或"objectives"(各目标)与思想的对象相对比的。在 A598-599＝B626-627 里，他像是用德语的"Objekt"作为思想的"目标"(objective)，这不一定是实在的，而用德语的"Gegenstand"作为"对象"(Objekt)，这必须是一个实在的事物，但是康德的用词不是一致的。

被给予于感官的);而且也可能有一种任意的概念(像古希腊神话中狮头、羊身、龙尾的吐火兽这种概念),虽然它是有内容的,但是没有与之相应的对象[①]。

必须注意,康德惯用具体的词而不用抽象的词来指特别的概念。例如他所谈的不是空间性的概念(如我为了明晰起见所用的),不是"一般空间"的概念[②]。同样,他谈"物体"概念或"这个物体"的概念[③]。这必不可使我们看不见这个事实,即一个概念的内容不是一个个别的对象或一些对象[④]。一个概念乃是关于几个对象所共同的东西的一个观念;它乃是拉丁语所谓 repraesentatio per notas communes(通过共同标志的表象)[⑤];而且,如我们所曾看到,它的内容是由"部分的表象"或"部分的概念"[⑥]所组成的。

十分明显,一个概念(如果我们不去管有些是简单的概念这个可能性)[⑦]是由作为自己一部分的一些概念所构成的;但是这似乎不是康德为什么说概念包含有部分的表象或部分的概念的理由。与此相反,这种表达法的要点似乎是:我们概念的内容是包含在我们关于对象本身的个别观念或直观里的[⑧]。黄色是我们关于黄金的概念的内容之一部分,它包含在我们关于每一块个别的黄金的直观里。

根据这种见解来说,每一个概念都是一个部分的概念,因为任何概念

---

① 比较一下 A729=B757。然而甚至在这里,我们也必须把吐火兽的概念从我们想象为属于那个概念的个别吐火兽区别开来。

② 参看 A25=B39。康德又谈到范畴作为一般对象的概念(A93=B126)而又作为关于一个一般的对象的概念(B128)。

③ 参看《逻辑》第八节(Ⅸ96)"der Begriff Körper"(物体概念),而 A69=B94"der Begriff des Körpers"(物体的概念)。他又用"der Begriff von"(关于……的概念),如在"der Begriff von Hunde"(关于狗的概念);参看 A141=B180。

④ 我们关于空间性与时间性的概念的内容已经就曾看到这点了。参看本书第五章第七节。

⑤ 参看《逻辑》第一节(Ⅸ91)。德语的"Merkmal"(标志)就是拉丁语的"nota"。

⑥ "部分的表象"是德语"Teilvorstellungen"之译,"一部分的概念"是德语"Teilbegriffe"之译,参看本书第五章第七节。

⑦ 参看《逻辑导论》Ⅷ(Ⅸ59)。简单的概念不能再行分析。

⑧ 两种见解是在康德的著作里;参看《逻辑导论》Ⅷ,又第七节(Ⅸ58-59 和 95)。比较一下花亨格尔的《解义》,Ⅱ. pp. 240 和 376。

对于我们关于个别事物的直观来说都是不够的[1]。每一个概念同样也是从属于这个概念的个别事物的一个"标志"[2],而且(只要它不是简单的)它乃是由这样的种种"标志"所做成的[3]。从一种观点来看,概念的质料是包含在我们关于个别事物的直观里作为一种"部分的表象";从另一种观点来看,一个概念的质料乃是由我们借以识别[4]在直观中给予我们的个别事物的那些"标志"所构成的[5]。黄不但是包含在我们关于一块块的黄金的一些直观里的一个"部分的表象";它又是我们从而能识别一块块的黄金而且把它们和其他东西区别开来的一些标志之一[6]。作为由一些"部分的表象"所做成的来考虑,每一个概念都具有一种内容[7](即内包或说含义);作为由一些"标志"所做成的来考虑,每一个概念都具有一种外延,或更好地说,所指的范围[8]。

---

① "每一个概念,作为一个部分的概念(德语 Teilbegriff),都是包含在事物的观念里的";参看《逻辑》第七节(Ⅸ95)。比较一下《逻辑》第一节(Ⅸ91):"一个概念乃是……几个对象共同东西的一个观念,因而只要它是能被包含在不同的观念(或对象)里,也就是一个观念。"又参看 B133 注。然而一个概念永远不能完全地被确定(omnimode determinatus):能这样被确定的只是个别事物,而且显然不是直观。参看《逻辑》第十五节(Ⅸ99)。可以注意到,在定义里,一个概念可能是 complete determinatus(完全被确定)的,那就说,是"rei adaequatus in minimis terminis"(在最少的词句里够得上的东西);但是这是有一种不同的意思的。参看《逻辑》第九十九节(Ⅸ140)。

② 参看《逻辑导论》Ⅷ(Ⅸ58)。

③ 例如我们可以把实体、力、可分割性、不可入性、坚硬性、颜色、外延性和形状算入包含在"物体"这个概念的"标志"之内。参看 A20-21=B35。

④ "识别"是英语的"recognise",即德语的"erkennen"之译。

⑤ "一个标志……乃是一个'部分的表象'",只要这个部分的表象是被考虑作其整个观念的一种标准(德语的 Erkenntnisgrund);而这样也就是那事物本身的标准,看《逻辑导论》Ⅷ(Ⅸ58)。也许"Erkenntnisgrund"可以译为"causa cognoscendi"(认识的原因)。依我的意见,这整个观念不能是这里的整个概念,而必须是整个直观,虽然所用的话语不是不含糊的。

⑥ 在《逻辑导论》Ⅷ(Ⅸ58)里,康德区分开"标志"的内部使用和外部使用。

⑦ "内容"是德语的"Inhalt"之译。

⑧ "范围"是德语的"Umfang"即拉丁语的"sphaera"之译。这像是主要指所说的概念是其标准或说标志的那些个别事物;但是我认为它有时又是指种说的。我想 Kemp Smith 惯于译"Umfang"为"extension"(外延)。

特别注意,含义是包含在概念里的,而外延(种)与范围(个体)是在概念之下的。在这点上易于弄糊涂,因为康德关于种是说"概念"("低级概念"),而关于个体是说"观念"(德语的 Vorstellungen),我们必不可认为在一个概念之下的一些概念与观念是包含在它里面的部分概念或观念。

这里不是考虑这些区别所引起的一些困难问题的地方，为了简单起见，说概念是由一些“标志”所构成的，而不去管“标志”与“部分的表象”之间的分别，这是要方便些①。可是必须注意，概念的普遍性（我们曾看到，这是和概念的形式同一的），其所依据的不是这个概念是一个“部分的表象”这个事实，而是它是一种标准或标志这个事实②。我们可能更简单地这样来说明这一点，就是说一个概念是普遍的，乃是因为它是用作一个标志（或一套的标志）来识别个别事物的。这样说也就等于是说，概念的普遍性或说概念的形式在本质上乃是依靠判断的；而我们将要发觉康德的见解就是这样的③。

5. 概念的不同类型

如果我们想到平常的经验性概念，我们在现阶段上就最容易理解康德的学说，但是我们必须记住概念的质料是在不同的方式上发生的。这就引起一系列的区别，其研究应该是属于先验逻辑的。

关于它的质料，一个概念是可以在经验上给予于感官的；它或者也可以在验前从知性本身被给予出来；它又或者可以是任意构成的。在第一种情况下，我们就有一个经验性的概念④；在第二种情况下，我们就有一个知性的概念，或说想法（notion）——主要是与范畴有关的；在第三种情况下，我们就有一个任意的或说虚构的概念⑤。虚构的概念都是或者在经验上，或者是验前给予出来的要素的一种任意的结合。明显地，虚构的概念可以又按构成它们的内容的种种要素的性质而看作是经验性的或者

① 在康德自己那里，这不是没有根据的；例如参看《逻辑导论》Ⅷ（Ⅸ59-62）。

② 参看《逻辑》第七节（Ⅸ95）。这看来几乎好像概念的质料，作为“部分的表象”，仍然是一个直观或直观的一部分似的，这是一种学说，可以和贝克莱（Berkeley）的学说比较。

③ 参看 A69＝B94 并且比较一下本书第十一章第四、五两节。

④ 可是一个经验性的概念可以含有验前给予的一些标志，如物体这个概念含有或预先假定实体的标志或概念。一个经验性的概念又称为经验的一个概念（德语Erfahrungsbegriff）。

⑤ 这样就有两种所予的概念（拉丁语的 conceptus dati，即德语的 gegebene Begriffe）和虚构的概念（拉丁语的 conceptus factitii，即德语的 gemachte Begriffe）相对立。一个虚构的概念又称为任意的（德语 willkürlich）和虚构的或说想象的（德语的gedichtet和 erdichtet，即“虚构的”和“杜撰的”）。

是验前的。例如半人半马怪物①的概念可看作是一个经验性的虚构概念，而永恒在空间里却不充实空间的实体②这个概念可看作是一个验前的虚构概念。康德对于这后一种概念特别感兴趣，但是他似乎没有作出这种区别③。

可是康德还承认可称为验前的一特种任意的或说虚构的概念，那就是数学的概念④。我认为这些概念只在它们是验前在一个完全同质的空间里作出的图形的概念这个意义上，才是任意的：康德总是假定它们必须与空间的本质保持一致。它们所表示的对象乃是任意定界的个别空间，这些空间既不含有感性的质料，所以就是对象的形式，而不是严格意义上的对象⑤。

很清楚，概念的最重要类型乃是(1)经验性的概念，(2)智性的概念或说想法和(3)数学的概念。这些就是康德通常处理的三种类型，但是必须承认还有不是数学的一些虚构的概念⑥。

---

① 康德所举的一个例子乃是“一只船的钟”。参看 A729＝B757。

② 参看 A222＝B270，在那里还有别的例子，比较一下 A96 和 A84＝B117。在最后一段里，“幸运”和“命运”称为篡夺的概念(德语 usurpierte Begriffe)；拿 A228＝B280 的“casus”(偶然事件)和“fatum”(命运)来比较。

③ 在 A96 里康德说的像是“任意的而荒谬的虚构”可能是验前的知识，但是在 A222＝B269 里，他像是认为这类概念是有从感性知觉取来的某种质料的；而且可以主张这样的虚构概念不能正当地看作验前的，因为它们缺乏必然性这个性格。

④ 参看 A729＝B757 以及《逻辑》第一百〇二节(Ⅸ 141)。在这后一段里，数学的概念与一切其他的虚构概念相对立是像验前虚构的概念(拉丁语的 conceptus factitii a priori)与通过经验的综合的虚构概念(拉丁语的 conceptus factitii per synthesin empiricam)相对立那样。很奇怪，康德在这里说的好像有数学的概念才是任意作出似的，而且又好像一切经验性的概念都是为不是任意的一种经验性的综合所作出似的：可是在《逻辑》第一百〇一、一百〇四两节里(Ⅸ 141，142)他依然是说到验后被给予的概念。在这里像是有某种的混乱，也许是由于做笔记的人，除非“被给予”和“作出”是用在一种特别的意义上。

⑤ 比较一下 B147 和 A223-224＝B271。

⑥ 要知道这些区别，其主要的参考是在《逻辑》第四至五节和第一百至一百〇四节(Ⅸ 93-94 和 141-142)以及在 A727＝B755 起。这些都是为着研究康德的，例如在 A219＝B266 起的论证之为极其重要的。

康德从没有考虑空间性与时间性这两个概念，而这两个概念是我认为自成一类的。很难称它们为虚构的或数学的，因为关于它们没有什么任意之可言。如我们所曾看到的，它们是得自我们的纯粹直观而又依靠我们的纯粹直观，有点像经验性的概念是得自经验上的直观而又依靠这种直观那样。它们不是像范畴或理性的理念那样，是在我们的知性或理性里被给予的。参看本书第五章第八节。

所有这一切区别都是与概念的质料有关的，而概念被说成是有时被给予，有时是虚构的(或作出的)，是在其对于它们的质料的关系上而言的。甚至在虚构的概念那种情况下，从康德的一些例子来看，也很清楚，所说的质料(或质料从而构成的各要素)也不是制造出来的①：不管那些要素是在经验上所予或在验前所予的，我们所作的只是这些要素的特别结合②。

6. 概念的形式

概念的形式总是作成的而不是给予的。我认为这是因为一个概念要成为一个概念，就是说，要成为一个一般的或普遍性的观念，它就必须能(或者认为能)用作在直观中被给予出来的对象的标志③。

形式逻辑，正是因为它是形式的，就必须不去管一切由于其质料的起源里种种差异而在概念里面有的差异。它所与之有关的只是概念作为概念的性质，即是说，概念的形式或说普遍性；而且康德把这与概念的能指着多数对象来说的那种方式同一起来④。

就其形式来说，概念都是由知性的逻辑活动(即比较、反思和抽象)所形成的。关于这，康德举出一个简单的例子：我看见一株针枞、一株菩提树和一株柳树。我拿它们来比较一下，而观察到它们关于它们的树干，它们的枝与叶，都是相互不同的⑤。我反思到它们所共有的东西，即树干、枝与叶。而我对它们的大小、形状等等进行抽象；那就是说，我对所见的对象的互相不同的一切东西进行抽象。这一来，我就得到“树”这一个概念⑥。

---

① 那些可以是或者至少像是验前的知识的“荒谬的而又任意的虚构”，离开所予的东西，是会永远乃至不在思想里发生的。参看 A96。

② 这又反过来意味着所予的概念，无论是经验上的或验前的，其质料的结合又在某种意义上是所予的，虽然不是没有思想的合作的。比较一下 B130，B134，B161。

③ 《逻辑》第四节(Ⅸ93)。康德说：“一个概念的形式，作为一个推论的观念来说，总是作成的。”要成为一个推论性的(即一般的，因而是间接性的)观念，它必须是用作一种手段来认识直接给予在直观里的对象的；而一切人类的思想(或说判断)都在本质上而在这种意义上是推论性的或间接性的。比较一下 A19＝B33。我们暂且必须不去管那些没有在直观里被给予的对象的概念这种情况。

④ 《逻辑》第五节(Ⅸ94)。

⑤ 这个意思必须是指关于它们的树干、枝、叶的性格(大小、形状等等)的。

⑥ 《逻辑》第六节(Ⅸ94)。还有其他的细目关于反思、比较和抽象的性质，但是在这里必须省略这些。

这就是康德关于概念的形式的逻辑起源的说明。我认为这是对形成概念的每一个活动里所必然包含着的东西的一种说明[①]。形成概念乃是在抽象上想到在不同实例里所发现或者认为是发现的一种共同的成分。只有这样,一个概念才能利用各个实例的共同标志而和这些实例发生关系,因而成为一个普遍性的或说一般的观念。康德认为一切概念都是如此,不管这些概念的质料的来源是什么[②]。

康德的这种说明也可以当作是描述概念从所予的一些观念产生出来的过程,或者用他自己的话语来说,是我们借以从个别的感官知觉上升到一般观念的那样认识能力的初步努力之一种研究[③]。这样的一种研究可能是属于心理学的,或者如他所称谓,是属于生理学的[④];而就其是经验性的这点来说,它在形式逻辑里当然是没有地位的。很有可能,康德没有清楚地把逻辑的探究和心理学的探究区分开来;但是我认为,就他来说,逻辑的探究所与之有关的,只是对于任何一个概念,如果它是要成为一个概念的话,在其被形成或被思维的过程上所必需的东西。

关于心理学的问题,我认为康德所主张的乃是,一切概念都是逐渐从经验清理出来的,而我们关于它们的明确的或说"清楚的"知识乃是后来发展出来的[⑤]。这并不意味着,它们全都依靠感性的经验;因为有些概念的质料可以得自思想本身的性质,而不是得自所予的直观之性质[⑥]。

这整个学说可以看作那种通常见解的精密加工,而这种见解也不无它的含糊之处,它认为:概念之成为被人知道的,乃是从个别对象抽象出来的[⑦]。

---

① 关于概念的形式,其起源的问题提出这个问题:"知性的什么活动构成一个概念?"或者说,"什么活动属于一个概念的从所予的观念而产生?"——根据康德来说,这乃是同样的一回事,参看《逻辑》第五节(Ⅸ93)。

② 知性的这些三种逻辑的操作乃是作成任何一个概念(eines jeden Begriffes überhaupt)的本质上而且普遍的条件。参看《逻辑》第六节注释(Ⅸ94-95)。我认为甚至知性的一个纯粹的概念也得要这样弄"清楚";看 A195-196=B240-241 和本书第四十四章。

③ A86=B118-119。

④ A86-87=B119。

⑤ 参看 A85-86=B118 和 A195-196=B240-241。

⑥ 我们现时必须对于康德的这个关于范畴的学说不问证据地信任。为了遵循他的论证起见,只用经验性的概念作为例证才是适当的。

⑦ 比较一下 G. F. Meier 的 Auszug(提要)第二百五十九节。

康德缜密地注意到，抽象的活动只是作成一般性的概念的消极条件：其积极条件乃是比较和反思①。有时他把所包含的整个活动当作抽象②，甚或作为反思③；而在《纯粹理性批判》一书里，他则有这样的意思，即作成一般性的概念就是分析的活动。

在一段文字里，康德所说的好像是，逻辑本身使所予的观念(或直观)通过分析而变成概念④。这是名词的一种不严密的用法。逻辑对我们这种转变的完成所依赖的方法作出了一种说明，但是如果认为，就康德来说，一切概念的形式是逻辑这门科学本身所作成的，这便是荒谬的。在别的地方，我们能找到一种更正确的叙述。"不同的观念是通过分析而归到一个概念之下的(这是在普通逻辑里所处理的程序)。"⑤在一个难懂的段落里，又提到在一切概念活动里所包含的分析这个活动⑥，而在那里，康德说，意识的分析性统一是属于一切共同的观念的作为这种观念的，而且使一个观念成为一个共同的概念(conceptus communis)的也就是意识的这个分析性的统一⑦。

值得注意的是，这个分析的活动，虽然它似乎包含判断，但不能认为，它是和术语意义上的分析判断同一的。一个分析判断在本质上是由一个概念的分析所作成的；而在这里我们所与之有关的乃是用直观的分析来作成概念。我提到这个分别，因为我认为，不认识到这一点就是以为形式逻辑只和分析判断的形式打交道这种错误的见解的一些根据之一⑧。

还得要注意，不但作出一个概念这个活动(我认为这是和想出什么东

---

① 《逻辑》第六节注释三(Ⅸ95)。抽象活动单纯是在思维中去掉对象中的差别。

② 康德的《人类学》第三节(Ⅶ131)。

③ 《逻辑》第五节注释一(Ⅸ94)。

④ A76=B102。

⑤ A78=B104。

⑥ B133-134注。

⑦ "意识的分析性统一"这个短语是模糊不清的。然而这段的一般学说是清楚的：为要知道在不同的观念(或对象)里的共同成分而是用分析的活动，我就必然用一种综合的活动把这些观念(或对象)一起抓住在心的面前。

⑧ 这种见解是在本书第十章第五节里考虑的。我认为不能识别这种区别是存在于康蒲·斯密(Kemp Smith)的《解义》p. 172起，虽然在那里作出的种种断言的主要理由可能是他表面上把推论的思维和分析性的思维同一起来；这一点在本书第十章第六节里加以考查。

西这个活动同一的[1])像是判定一个活动[2]，而且一切判断，只要它在借助概念而进行思维[3]，其本身也就是想出什么东西的一个活动[4]。就康德说来，想出什么和判定什么是不可分开的。如他自己所说，知性的一切活动都能归结为判断[5]。如果是这样，其结论就是，一个分析的活动和他模糊地称为“意识的分析性统一”的东西，一定存在于每个判断里[6]。我们在后面还得要回到这些困难的论题上来[7]。

没有任何理由这样假定：康德在任何时候都放弃了这里所陈述的那些学说，就我所能看到的而言，也没有任何根据来主张这些学说是和批判哲学不一致的。形式逻辑所作出的关于概念的说明诚然是不去管概念可以在基本上属于不同类别这种可能性的，这是就它不去管关于概念的质料之起源的一切问题这点来说的[8]。形式逻辑又不去管这个事实，就是它所谈的分析是预先假定有综合的一个活动作为它的条件的，而在这种综合的活动里，概念而且甚至判断，就已经起了它们的作用。这些论点都是康德在他的先验逻辑里所讨论的，而且它们可能提示，一种局限于赤裸裸的形式的逻辑必然是不够的，而甚至是肤浅的。然而这并不意味着形式逻辑所作出的说明是不真实的。

还有一点必须注意。可能有人会认为，在他讨论概念的形式时，康德

---

① 康德的意思不是说，在一切的想出什么来的过程里，我们都是必须有所予的直观实际上存在于心的面前，而只是说，总是涉及某种认为是能在某种直观里被给予出来的个别对象。无疑我们是能在一个概念形成之后来用这个概念，但是思想任何概念这个活动像在某些本质上方面，是类似这个概念（即这个概念的形式）借以得到形成的那个原来的活动的。

② 康德看一个概念本质上是一个可能判断的述项。参看 A69＝B94。那就是说，一个概念的为一个概念，只是由于它能，即令模糊地，适用于多数认为是对象的。

③ “在每一个判断里都有一个适用于（gilt）许多观念的概念，而在这些观念之中把握住（begreift）一个直接有关一个对象的所予观念。”参看 A68＝B93。

④ 比较一下康德关于判断的难懂的定义。“一个判断乃是一些不同观念的意识的统一性的表象（德语的 Vorstellung），或说这些观念就其构成一个概念来说的关系的表象。”看《逻辑》第十七节（Ⅸ101）。

⑤ 看 A69＝B94 并比较一下 A126。想出什么就是作出一个还有问题的判断；推理就是作出一个不能置疑的判断（看 A75 注＝B100 注）。

⑥ 比较一下 A79＝B105。

⑦ 看本书第十二章第五节和第十四章第六节。

⑧ 康德自己的形式逻辑讨论这个和其他原是属于先验逻辑的题目。

所关心的是想出什么这个活动的形式，而不是概念的形式[①]。我并不想低估他的学说之种种困难，而且我又绝不喜欢这样的陈述，即我们是从所予的一些直观制成关于其形式方面的概念。康德的见解不像贝克莱的见解那么简单，这是十分清楚的——贝克莱的见解是说，在想出什么时，我们单纯用一个直观来代替其他同类的直观；康德的见解不是这样的；因为他所主张的乃是：在想出什么时，我们所关心的是不同的直观所共同的东西。然而我们有时是有这个不自然的感觉的，就是把那共同的东西看作其本身是一个个别的直观，这个直观之获得它的普遍性乃是由于它是涉及许多以这个普遍性作为它们的"标志"的不同的对象的[②]。康德的学说可能是和他自己的观念论理论结合在一起的，而在这个阶段上，它是不应该这样的；但是就我所能找到的任何积极的证据来说，他认为他的学说是由这个事实而来的，即他在那时所与之有关的逻辑乃是形式逻辑。他以这作为一种理由，说明形式逻辑何以必须在主观上考虑概念；那就是说，形式逻辑所必须考虑的，"不是概念怎样通过一个标志而确定一个对象，而只是它怎样能用来说到多数的对象"[③]。这似乎含有这个意思，即一种先验逻辑，只有当不完全不顾到概念的质料中的一切差别时，才能在客观上来考虑概念[④]。

---

① 我们所曾指出在"直观"这个词里的含糊性(参看本书第四章第二节)在讨论概念作用时是多少避免了的，因为我们通常是用"概念"这词作拉丁文的"conceptum"讲而用"conception"(概念作用)作想出什么这个活动讲；但是"conception"本身是能用在两种意义上的。

② 凡是受过柏拉图哲学教养的人都倾向于把概念(或说 conceptum)看作在其自身是普遍性的：我们所想出来的是实际上存在于其不同实例里的一种共同的或说普遍的"形式"。但是这整个问题是充满着种种困难的。

③ 《逻辑》第五节注释一(Ⅸ94)。

④ 我不确知我是否明白何以这是应该如此。康德的意思可能是说，为要理解概念如何通过一个标志来确定一个对象，我们就必须理解每一个对象，像在先验逻辑所证明的那样，如何必须是一个带有属性的实体；总之，我们必须理解一个对象是什么，而这种探究只属于先验逻辑。

第十章　形式逻辑(续)

1.判断的各种形式

就康德哲学来说,形式逻辑的最重要部分乃是关于判断各种形式这一节,因为范畴的形而上学演绎是以这节为其基础的。

康德归之于形式逻辑的判断形式(或说机能[1])之分类是这样的[2]:判断按量划分为全称的,特称的,单称的;按质划分为肯定的,否定的,不定的;按关系划分为断言的,假言的,选言的;按样式划分为或然的,实然的,必然的。

从形式逻辑的观点来看,这是一种好的分类。它同一于一种形式表,约瑟(Joseph)先生认为[3]:“该表长时期以来普遍为人所接受”——只有一个例外,那就是那称为不定的判断[4];即使是一个,也有其可令人尊重的由来,因为它可追溯到亚里士多德本人[5]。

我看不出什么理由,根据康德把简单的和复杂的判断放在关系的这一项之下[6],而忽略了连结的[7]判断作为复杂判断的一种,就反对康德的判断表。现代的趋势是承认连结判断可能在数理逻辑里有其功用,但是就形式逻辑来说,在严格的意义上它不是判断的一种形式,而且可以说它

---

① 在这种联系上来说,“形式”与“机能”是可以交互换用的。“机能”似乎是一种活动的“形式”,而我认为绝不用作一种被动或接受性(例如感官)的形式。

② A70＝B95。

③ 见约瑟的《逻辑导论》第八章,p. 171。

④ 即S是非P。

⑤ 这也为鲍姆嘉顿(Baumgarten)的《逻辑》所承认。

⑥ 康德在他的《逻辑》里并不提到这种简单判断与复杂判断的区别,但是他明白地拒绝接受那认为假言判断和选言判断能归结为断言判断的见解;看《逻辑》第二十四节(Ⅸ105)。又比较一下《遗著》(Nachlass)3089(ⅩⅥ652)与《逻辑》第六十节注释二(Ⅸ122)。

⑦ 即有多于一个主项或多于一个述项的断言判断。

属于语法，而不属于逻辑①。

可是，乃至就最不吹毛求疵的批评家来说，在这个表里是有种种的困难的。康德自己的讨论也暗示了这样的疑惑，他的这个表与那种声明不管内容或质料，而只关心形式的逻辑是不是严格一致的。

之所以在全称判断与特称判断之外又加上单称判断，是因为，如果我们所考虑的，不是这判断的用于三段论式，而是它的量，那么，它是值得有一种特别的地位的②。这诚然是如此，但是我们必须要问，关于量的这种考虑是否也就是关于内容的考虑呢？

再则，之所以在肯定判断与否定判断之外又加上不定判断，是因为我们考虑到它的值或内容。康德甚至把不定判断列入表内再不归之于形式逻辑，而归之于先验逻辑了；而其这样做的理由就是因为，在这种不定判断里，知性的机能可能在纯粹验前认识的范围里是重要的。就形式逻辑来说，这样的一种理由是不恰当的。

最后，康德告诉我们说，判断的样式是特别的，其理由是在于这个事实，就是样式与判断的内容不相干，而判断的量、质与关系三者在实际上已构成判断的内容了③。

过分地坚持这最后一点来反对康德是不公道的，可是他的措词是不适当的。他的意思并不是说，量、质与关系，像三角形与脊椎动物那样，在有些判断里是有，而在别的判断里是无的。他的意思是说，量、质与关系是有关于一个判断的各成分如何合成的方式的，而或然的，突然的与必然的是有关于判断作为一个整体而有的性质的，而这个性质是可以改变的，不管判断的各成分以什么方式合成④。然而他的讨论表明：在判断里，形式与质料

---

① 比较一下《逻辑》第三十一节（Ⅸ109），在那里康德说了关于有指数的判断（exponible judgements）的这种话。

② A71＝B96-97，《逻辑》第二十一节注释一（Ⅸ102）。

③ A74＝B100。

④ 《逻辑》第三十节（Ⅸ108）。如果我们把断言判断的成分作为其主项与述项，那么量与质的差别就全靠这主项与述项被结合的方式，而不是靠着主项概念与述项概念的内容之差别；但是无论主项和述项是怎样被结合的，其整个判断可以作为或然的来思维，可以作为实然的来思维，又可以作为必然的来思维，而在每一种情况下，其整个判断的内容都是一样的。在这种意义上，可以说量与质的差别——而且关系的差别——是有关于判断的内容的差别，而样式的差别就与此无关。内容里的这些差别也许可以称为形式的内容的差别，作为和质料的内容的差别相对比。

的关系这整个问题是需要有比他所作出的考查更严密的考查的。

2. 判断的各种形式是否是普遍而又必然的

关于判断的各种形式,我们碰见的困难是和我们关于直观的各种形式所碰见的困难一样的。判断的各种形式是严格上普遍的而又必然的吗? 这些形式是一切判断的形式,抑或单纯是有些判断的形式呢? 只有在前一种情况下,这些形式才能替康德进一步的论证提供一种基础。

就康德来说,每一个判断都是把各所予的认识带到统觉的统一那里去的①。更简单地说,每一个判断都是肯定在认识之间的一种客观的联系,而不是肯定在我们心里面的一种单纯主观的联系,像观念的联想所作成的那种联系②。

在这里用"认识"这个词来替代"概念"这个词,目的是要包括断言判断而同时又包括假言判断与选言判断。

判断的质料就是这样联系着的认识;其形式就是这些认识得到联系的方式,而认为是独立于所包含的特殊质料的③。

值得注意的是,康德好像经常说:存在着一种基本的判断形式,这种基本形式本身又分化为几种不同的形式。这样一来,思想的"机能"或说形式就分属于四个"项目",其中每一个项目各含有三个"契机"(moments)④,而这就给我们以思想的机能或称形式的表⑤。

就康德来说,思想的基本形式就是统觉的统一性⑥,即必然伴随着我们关于对象的一切观念的这个"我思"⑦。就我们来说,关键的问题就是,

---

① B141;《逻辑》第十七节(Ⅸ101);《逻辑》第六十节(Ⅸ121)。比较一下《遗著》(Nachlass)5923(ⅩⅧ386)。

② B142。

③ A266=B322;《逻辑》第十八节(Ⅸ101)。我们可以注意而不加以讨论,断言判断的形式说是系词,假言判断的形式说是其"后果",选言判断的形式说是其分支;《逻辑》第二十四、二十五、二十八节(Ⅸ105和106)。在三段论式里,其质料是两个前提,其形式是就其含有"后果"而言的结论;《逻辑》第五十九节(Ⅸ121)。"后果"当然是要和"后项"区别开来的。

④ A70=B95。

⑤ A79=B105。

⑥ B140。比较一下A217=B264。

⑦ B132。比较一下A129。

为什么要设想:一切思想的这个基本形式为什么不管所予的质料而分化为判断的十二种形式,不比十二种多些,又不少些。康德的理由是否是单纯接受一种传统并以验前分化为一定数目的格的这种三段论式为类比呢?

关于这个问题,康德是这么自信,以致他给我们作为指导的仅只一些暗示,而且甚至这些暗示又为这个事实使之成为复杂,就是他在他的心里面总是有着他自己的先验理论的①。在这里详细地来考查这些先验理论,就会令人讨厌,而且也许没有用:一个人通常是对他从来并不认真怀疑过的信念之真实性提出令人满意的一些理由的。可是,在这个学说中是否还有任何一般的讲得通之处,那是值得考察的,只要我们不太过细地去追究它。

康德所说的,有时像是只有判断的四种形式似的②,而又可以争论说,每一个判断必须有量,有质,有关系,而又有样式。如果我们只能到此为止,那就没有多大困难来主张康德的一些判断形式,如它们所应该的那样,都在严格意义上是普遍性的。联想到其四种主要的"形式"之中每一种之下都要有三种"契机",那么困难就发生了。

从寻常的形式逻辑的观点来看,这些契机都是在它们之中只能而且必须选择其一的;而形式逻辑所能做的,最多不过说明它们,而只有它们,才是必然要从中选择的。我们运用机巧,或者是可以在这些划分里面找到可理解的必然性的足够影子来说明,康德是如何在传统与类比的影响之下能够承认这个表是完整的;但是好像没有一单条划分的原理,像他所假定的那样,是必须从知性那里发现出来作为一个绝对的统一的③。反之,确有和形式逻辑本身的理想相背驰的现象,虽然不是没有先例的一种背驰④。

奇怪的一种事实是,康德关于他的划分原理给我们这么少的帮助,尤其是当我们看到他对于这样的题目很感兴趣,以及这种划分本身这样奇

① 参看《逻辑》第十七至三十节,又第六十节(Ⅸ101-109,121-122)。

② A406=B432。

③ A67=B92。

④ 最明显的是在单称判断和不定判断的情况下,因为单称判断估计到其主项的特殊性质,而不定判断估计到其述项的特殊性质。比较一下《逻辑》第二十一节注释一和第二十二节注释一至三(Ⅸ102 和 104)。

特地有它的四种主要的形式以及三种从属的契机时,更是如此。他毫不迟疑地假定:我们关于思想的各形式有验前的知识,而关于直观的种种形式的验前知识却引出这么多的争论来,这又是奇怪的;而更为奇怪的是,我们在逻辑里的验前知识,大家都认为是概念性的,而不是直观性的。他可能是这样想的,就是关于一种其本身是概念性的活动,而有概念性的知识,这是自然的,或者他认为,我们对于我们自己的各种活动有某种特别的洞察力,是我们关于从外界给予我们的东西所永远不能有的;但是这个问题很显然是需要讨论的,而就我所知,这个问题甚至从来没有人讨论过。

3.康德的中心论证

对于康德认为他的形式表是必然的而且是完备的这一点,不管我们是怎样怀着最好的善意,我们也不能为之辩解,虽然我们也许能够予以谅解。然而正确地理解到康德想象他自己在这个表里要发现什么东西,这是非常重要的;因为只有这样,我们才能了解他关于范畴的论证,而且看到通常拿来反对他的有些评论是怎样文不对题。

关于这个问题,他求助于形式逻辑的最主要一点就是:我们在这里是应该有**完全独立于所判断的对象的特殊性质的**那种判断的各种形式的完备而必然的表。如果确是这样的话,并且进一步来说,如果任何东西都必须是被判定的,才能成为经验的对象,那么经验的每一个对象都必须是能**在一切这些必然的判断形式之下**而被判定的。

依我看来,就康德的论证是依靠形式逻辑的这一点来说,其关键与主要点也就是这个;并且,如果他的前提都是真的①,那么他的一些结论就可能像是有他所要求的那种不可置疑的确实性,而不能把它们作为巧妙的卖弄学问而草草地处理掉的。

4.某些批评

按照这种假定,又有可能了解康德对于一些不满的意见的答复,那些

① 例如参看康德的 M. A. d. N.(《自然科学的形而上学初步》)前言(Ⅸ474 注)。

意见是说，他没有认识到现代逻辑所强调的一些区别。依他的见解来说，这些区别所与之有关的不是判断的形式，而是判断的质料。

例如拿一个明确的实例来说，有人批评康德，说他没有识别简单枚举的命题与真正全称的命题这两者之间的区别。康德实是承认（从归纳得来的）概括性命题与严格的普遍性命题这两者之间的分别[1]；但是，如他们说，这不是形式逻辑所关心的事情[2]。它不是在判断的形式里的分别，而是依靠所判断的质料的特殊性质的。

同样也很明显，数理逻辑所这么强调区分开来的各种命题——例如主谓命题，类属命题和关系命题[3]——就康德说来，其实也是就旧派的形式逻辑家说来——是依命题的质料，而不是依它们的形式区分的[4]。识别这个事实是重要的，因为虽然数理逻辑，像康德的形式逻辑一样，是要求作为纯粹形式的科学的[5]，但是数理逻辑之使用“形式”这词是在不同的虽然是类似的意义上的。

就数理逻辑来说，一个命题的形式乃是即令这个命题的一切组成部分都改变了，而它依然不变的东西[6]。依康德说来，不能有一个命题的纯粹形式，除非一个命题的**每一种可能的组成部分**都是能顺应它的。所以他就不把“A＝B”看作判断的一个形式，因为虽然许多不同的名词可以用来代替 A 与 B，但是一切这些名词必须是量；那就是说，它们必须是指某一类的对象说的，而一个纯粹的形式必须适用于每一可能类的对象的。因此，因为康德例如没有考虑关系的命题而感到不满，这是误解了他所想要做的事情。

---

① 《逻辑》第八十四节注释二（Ⅸ 133）；比较一下 A91 = B124；A300 = B356；又 Grundlegung（指康德的 Gundlegung zur Metaphysik der Sitten——《道德形而上学基础》，唐钺中译为《道德形而上学探本》）（Ⅳ 424）。

② 《逻辑》第二十一节注释二（Ⅸ 102）。我是假定他在第二十一节和第八十四节是在同样的意义上使用这些词的。虽然这种区别在一个三段论式的价值上是有很大的分别的，但是我认为从纯粹形式的观点来看，它并不影响它的有效性。

③ Stebbing 的《逻辑》，p. 45。

④ 或说依一种依靠其质料的形式的——即一种特殊的而不是普遍的形式。

⑤ Stebbing 的《逻辑》，p. 163。

⑥ Stebbing 的《逻辑》，p. 126。

我的意思不是暗指着在康德的观点与数理逻辑的观点之间有任何必然的对立。相反，康德的立场没有哪里是说，形式逻辑乃是一切推理的充分说明。他相信形式逻辑在它的范围内是真实的，但是他主张，例如说它不能说明数学推理的一些特征。我们可以把现代关于关系的研究看作是他的见解的一种发展，他的见解是认为数学思维所依靠的不是三段论式的形式，而是特种空间的与时间的关系。

可是必须承认，康德的形式逻辑和现代数理逻辑所想做的是不同的事情，而批评康德说他应该做了数理逻辑所做的事情，这是一种不合情理的批评。

5. 康德的理想

这类批评，虽然如我所相信的是错误的，但是却提出了一个更根本的问题。康德的理想，就其本身来说，是否没有可能呢？我们能完全从题材的不同类别抽象出来而发现思想的普遍的而又必然的各种形式吗？我们是否不得不在某一方式上估计到其题材，如康德自己所做的那样，不然的话，剩给我们的就不是思想的形式，而是语词的单纯形式呢？

这是一个困难问题，并且是我们在这里很难尝试来讨论的。在康德那里，种种迹象表明了一种倾向，即超出语言上的区别，并且超出形式逻辑所提供我们的判断的相互排斥的形式，而考虑那些作为毫无例外地存在于一切思维里面的“契机”的判断形式。这种解释的提示，部分是由于“契机”这词的使用①；而部分是由于那三重的划分之意味着(1)条件，(2)条件所限制的，和(3)这两者的统一而发生的东西，而部分又是由于范畴的论述，这些范畴都是得自判断的各种形式的。如果我们能把这当作是代表康德思想的最得意之处的，形式逻辑所承认的相互排斥的形式就得要看作必然存在于一切判断的思想的单纯着重方面或说“契机”了。

这并不是像它乍看起来那样的一种不可能的提议。很可以论证说，每一个判断(作为含有概念活动的)都是有关于作为一个总体看的多数的单一个体，而我相信这就是康德自己的学说。再者，又可以论证说，每一

① 参看 A67=B92 起，并比较一下本书第十二章第五节。

个判断——如果我们认为它是一个具体的活动而不是单纯作为一个抽象的命题——乃是在肯定中有否定,而在否定中有肯定的,而这样就必然是立定界限的①;在康德那里也有这种见解的一些表示。他好像总是把断言判断、假言判断和选言判断作为从中必须选择其一来看的②;但是甚至在这里也可以论证说,每一个判断,就其是关于实在的一种断言,它就是断言的;就其是因为一种理由而断言的,它就是为一种条件所支配才这样断言的,而也就是假言的;而就其是在实在的整体里边划定一个"范围"或几个"范围"的,它就是选言的。关于或然的,实然的和必然的判断,康德自己好像提示说,就其是按照毋矛盾这条原理的来说,一个判断就是或然的;就其是按照充足理由这条原理的来说,它就是实然的;就其是按照排中这条原理的来说,它就是必然的③。如果这是真的,我就认为,既然一切判断都必须和思想这些规律相符合,那么,一切判断就可说是含有样式这三个"契机"的。

即令我们是承认这种见解的话,依然还需要我们来说明何以思想必然是只清楚地分成这些"契机"而不分成别的"契机"的。据我看来,康德显然没有说明这一点,而我并不知道是否有可能在思想本身建立一个必然的而又有限的数目的"契机"。然而,如果他是相信,如我认为他是相信的那样,这个理想已经实现了,那么他的论证就变为可理解的了。如果我们能透入到他的表达方式的形式主义的背后,我们就将发现他的理论不是没有讲得通之处,而且在判断诸形式与诸范畴之间的联系是比一般认为那样更为合理的。

6. 综合判断的形式

康德从来没有改变过他的这种说法,就是形式逻辑所与之有关的乃

---

① 我们可以说不定判断是承认,虽然是在矫揉造作的方式上承认,一切判断的一种必然的特征的。

② 参看 B112,A73＝B98,《逻辑》第六十、二十三和二十七至二十九等节(Ⅸ121、104 和 106-107)。

③ 《逻辑导论》Ⅶ(Ⅸ52-53)。我觉得其细节是难懂的,但是我认为也许有可能来主张每一个判断在逻辑上必须是或然的,实然的,而又必然的。比较一下本书第四十九章和第五十章。

是一般思想形式[①]，而且给我们以知性的种种普遍的而且必然的规则[②]。就康德来说，思想的形式主要就是判断的形式，而判断的形式表给我们以一切可能的判断里[③]的各种逻辑的形式[④]。如我们所曾看到，他把这表看作是必然完备的。

虽然是这样，可是一个一个的注释家，尤其是在英国，都重复地说，形式逻辑只给我们以分析判断的各种形式，而没有给我们以综合判断的形式[⑤]。我找不到任何证据来证明康德在什么时候曾有过这样一种意见。

我们必须把三种和逻辑密切联系的思维分别开来。第一，有在逻辑科学本身里面进行的思维；第二，有单靠逻辑的规则，且无任何其他来源的帮助而进行的思维（例如经验性的直观或纯粹的直观）；第三，有逻辑家所想到的，而且是他企图去掌握其形式的思维。

这三种思维自然包含有判断，而同时也有推理与概念的作用。我们在这里之所以涉及这三种思维，仅仅是因为它们都包含有判断[⑥]。

如我们所曾看到的，在逻辑科学本身里的思维全都是验前的。我在康德的著述里没有碰到任何地方是说这些判断是分析的而不是综合的，但是——虽然有一个暗示，即认为判断形式之划分为三个"契机"乃是综合的[⑦]——我仍然准备来假定这些判断都应该看作是分析的。

单靠逻辑的规则而发生的判断和其真实性是单为逻辑的规则所保证

① A55＝B79。

② A59＝B83-84。

③ A79＝B105。

④ 康德是用"机能"这词的。

⑤ 看Mind杂志，新号第四十卷，第159号。无疑这个见解由于有一种倾向把一个主项概念的分析（正式的分析判断）和一个对象的分析混淆起来或说合为一类，而变为复杂了。我像是在Caird、Prichard和Kemp Smith这三位主要的英国注释家那里，也发现这种倾向，他们好像没有意识到这种倾向乃至需要加以辩护。要知道这种倾向在德国的概况和一种最不能说服人的辩护，可参看Kinkel的康德《逻辑》的引论（phil. Bib. 43），又比较一下英格兰（England）著的《康德关于上帝的想法》（Kant's Conception of God），p. 91。

⑥ 我以为，就康德来说，判断的各种形式是包含在概念作用本身里的（因为概念作用是判断）。

⑦ 《判断力批判》导论Ⅸ（Ⅴ197注）。比较一下B110，《逻辑》第一百一十三节（Ⅸ147-148）和《遗著》（Nachlass）3067（ⅩⅥ639）。逻辑是分析思想的各种活动的这个单纯的事实，并不单靠自己就证明逻辑的判断都是分析判断。

的判断，都一定是分析的，而不是综合的[①]。

下述假定纯粹是一种思想混乱，即认为：由于这两种判断是分析的，所以逻辑讲明其各种形式的那些判断也必须是分析的。这样自行限定的逻辑就不会是一种普通逻辑。

何以分析判断只能靠逻辑的规则而得到形成(特别是靠毋矛盾律得到形成)，其理由就是分析判断只影响我们认识的形式[②]。综合判断不单纯在形式上而且在质料上增加我们的知识[③]，而为了这个缘故，形式逻辑，就综合判断是综合的来说，就不予以说明。由此不能说，这些判断的形式不是一切判断所共同的，或者说逻辑不作出关于这样的一种共同形式的说明。我还没有看见一种逻辑拒绝承认"凡人都是有死的"这样的判断，然而毫无疑问，这是一个综合判断。

我认为，形式逻辑对综合判断作出说明，不是就它们是综合的而言，而是就它们是判断而言的[④]。判断的各种形式是一切判断所共同的，不管它们质料的来源是什么；正如概念的形式是一切概念所共同的，不管它们质料的来源是什么一样。

其相反的见解是什么意思呢？它的意思是说，综合判断既不是全称的，又不是特称的，也不是单称的；它们既不是肯定的，又不是否定的，也不是不定的；它们既不是断言的，又不是假言的，也不是选言的；它们既不是或然的，又不是实然的，也不是必然的。那就是说，它们完全不是判断，而这正是我们对于任何具有判断形式的东西所期望的。

这种见解——若要我们明白地加以表述——就是胡说，而且是胡说的一种根源[⑤]。没有最无争论余地的证据就不应以这种见解归之于康

---

① 然而这种真实性是一种甚为可疑的真实性，它是依靠有一个适应于主项概念的对象这个假定的；看 A151＝B190-191。这个段落偶尔是许多段落之一，指出一个分析判断是假定关于一个对象的，而不单纯关于一个概念的。可是，这里含蕴在单纯这个事实里的，就是一个分析判断能够是真的这事实；因为在康德来说，真实性总是和一个对象相应的。又比较一下 A736＝B764。

② 《逻辑导论》Ⅷ(Ⅸ64)。那就是说，它们使"不明晰的"变为"明晰的"。

③ 《逻辑》第三十六节注释一(Ⅸ111)。

④ 形式逻辑把一切判断同样来对待：它不应该甚至知道综合判断这名称，看 A15＝B193。

⑤ 例如，既然一切经验性的判断都是综合的，那么这种见解并意味着另一种胡说，就是没有经验性的判断是同样有判断的形式的。然而形式逻辑是处理一切判断的，不管它们的内容是经验性的或先验的，既然形式逻辑是不去问这些分别的。参看 A53＝B77；A56＝B80；A57＝B82 等处。

德，而这种证据，依我看来，是缺乏的。依我的想法，这就是一个最好的实例，它说明康德一开始是怎样被误解的，继而又因为他从未说过的东西而受到谴责。

7. 推理的思维与分析的思维

就我们能知道的而言，对于这种见解即康德的眼中或者他的同时代的任何人的眼中都认为逻辑只给我们以分析判断的形式，尽管没有任何证据，但是有一些说法，人们认为它们提供了这样的证据。在别处[①]，我已经考察过这些说法了。在这里，我只能讨论其最重要的。

就康德来说，形式逻辑乃是推理思维的逻辑，而有时人们认为推理的思维是和分析的思维同一的[②]。这是一种错误。

"推理的"这词等值于"概念性的"而对立"直观性的"[③]。"通过概念的认识可称之为思想(拉丁语的 cognitio discursiva，推理的认识)"[④]。一切人类的，其实是一切有限的思维，由于它是概念性的，因而必然是推理

---

① 见 Mind 杂志，新号第四十卷，第 159 号。又看本书第九章第六节。

② 康蒲·斯密(Kemp Smith)教授习惯于把推理的思维和分析的思维作为同一的，而与综合思维相对立。例如看他的《解义》一书原文自 p. 176 起，绰然中译本，自 p. 209 起。

③ 既然在人里面只有直观是直接的(同时又是被动的而且单个的)，这就应理解为包含着推理的思维是间接的(同时又是主动的而且一般的)。推理思维之为间接的像是在这个意义上的，就是它对于直观乃是一种手段(看 A19＝B33)；也许更好是说在这种意义上，就是它不是直接与它的对象有关系的，而是(作为最后的手段)和唯一对于一个对象有直接关系的直观发生关系的(看 A68＝B93)。更简单地说，推理思维乃是关于(英语的 about)直接给予于一个被动的直观的对象的[而直观乃是它的对象的(英语的 of)直观而不是关于这个对象的]。

我还没有找到"推理"(discursiva)这词的历史之任何一种清楚的叙述，但是这词好像是从柏拉图在其《共和国篇》(又译《理想国》)里所作出 διάνοια 与 νόησις(即"思维"与"反思")的这个分别发展出来的。"推理的"同值于"概念的"，只是就概念活动是间接的这点而言的。直观性的概念活动，如我们是具有它的话，就会在推理思维里表现出来的。

关于这个题目，可比较一下 Muirhead 的《考尔立奇的作为一个哲学家》(Coleridge as Philosopher)，p. 65。

④ 《逻辑》第一节(Ⅸ91)。比较一下 A68＝B93，在那里是说通过概念的认识"不是直观的而是推理的"；又 ⅩⅦ-ⅩⅧ(即第一版序言第 17－18 页)，在那里说，推理的"明晰性"是通过概念的，而直观的"明晰性"是通过直观的。在《逻辑导论》Ⅴ(Ⅸ36)那里，直观的认识与推理的认识之间的分别是和直观与概念之间的分别同样的。又看《逻辑导论》Ⅷ(Ⅸ58)和 A230＝B283。

的。人是离开被动的感受性不能有任何方法去获得直观的[①]，而又不具有直观性的知性或智性的直观的[②]。这就是说，我们人类只能借助一般的概念对直接给予于感性直观的个别对象进行思维；而且离开在感性直观里所给予出来的东西，人的思想与概念对于任何确定性的对象都是没有用的[③]。对于一个具有直观性的知性的存在者来说，这显然就不会是真的：对于这样的一个存在者来说，对象是会在认识活动的本身里被给予出来或者产生出来的[④]。

知识必须与单纯的思想区别开来，因为知识含有思想和直观两个方面[⑤]。在《纯粹理性批判》这部著作里，康德甚至说，一切为人类知性所提供的知识，由于是通过概念的，所以就不是直观性的，而是推理的[⑥]。更正确地说来，对于人来说，知识是同时包含着思想和感性直观的；即是说，它同时包含着一个推理的成分和一个直观的成分[⑦]。依照其推理的或直观的成分哪一个更突出，我们有时形容这整个认识为推理的，而有时形容它为直观的[⑧]。

所以我们常常把数学的知识称之为直观的，因为我们能够验前地在纯粹直观里构成与我们数学概念相应的对象；而在康德说来，这种直观性

---

① A67-68＝B92；B135。

② B68和B159。一个智性的直观会是直接的，但像思想一样，是主动的或说自发的；一个感性的直观是直接的，但被动的或说接受性的。智性的直观显然不能属于任何一种的依赖性的有限存在者，而只能属于一个自是的原始存在者(德语的Urwesen)，看B72。我认为这样一个存在者的唯一对象会是它自己的认识活动：它的知识会是理性的思维(νσησιs νοησεωs)(看B145)。

③ A51＝B75；A258＝B314。

④ B145。我不知道这是否是一种理由，何以康蒲·斯密教授把"推理的"思维和不只"综合的"思维相对立，而且又和"创作的"思维相对立(例如看他的《解义》一书原文pp. 177-178，绰然的中译本，pp. 200-221)。综合的思维本身不是创作的：它依靠给予直观的质料。综合的思维是利用范畴的——虽然人们认为它是前于逻辑的而且无意识的——它和那属于一种直观性的知性的而唯一是康德以之和推理的思维对立的创作的思维(如果能这样称它)毫不相干的；因为范畴关于一个直观性的知性"绝对没有意义"。用范畴的思维是像用经验性的概念的思维一样同是推理的，而且它总是需要一种给予于感性直观的质料的。

⑤ BXXVI注，B146等处，又比较一下本书第二章第四节。

⑥ A68＝B93。比较一下《逻辑导论》Ⅷ(Ⅸ58)。在这第一段里，可以用"知识"(德语的"Erkenntnis")不精确地作"思想"讲，但是我怀疑在那第二段里能这样用这个词。

⑦ A50＝B74。

⑧ Fortschr. d. Metaph. ，Beilag I，Abs. 2(phil. Bib. 46c. p. 156)。

的成分就是数学推理的基础。哲学则与此不同，哲学被描述为推理的知识，因为它必须通过单纯的概念来工作（虽然总是和可能的直观有关系）①。这种区别乃是程度上的区别，而不是种类上的区别。

一切分析判断都是推理的②，但是认为一切推理的判断（也就是一切在其里面推理的成分是比直观的成分更为突出的判断）都是分析的，这是一种错误。的确有些推理的判断乃是综合的。其实，据我们能发现的来说，能称作直观的综合判断的只有数学的判断③。

总之，毫无疑问，康德自己的哲学之综合原理都是推理的。甚至直观之公理的这条原理，虽然它是一条综合的验前原理，但本身不是一条公理，而是通过概念得来的，而这样也就是推理的④。而且，如康德自己明白所说的那样，一个先验的命题乃是综合的知识，通过理性的，按照单纯的概念的；而且它是推理的⑤。

这一类的一个实例就足以说明分析的和推理的并不是同一的。因此，形式逻辑所与之有关的乃是推理思维的各种形式这个事实并不给我们丝毫的理由来说这些形式单独是分析判断的形式⑥；而把推理的思维和综合的思维互相对立起来，这与康德的哲学是完全相悖的。

就我所知的而言，康德关于这个问题的学说是清楚而前后一致的，而且在批判的理论与非批判的理论之间没有混淆之处，从形式逻辑的观点来看，在一切判断里都有一个分析的成分；因为一切判断都包含有概念的活动，而用概念来思维，或者说进行判定，总是想到不同对象所共同的东西。因此思维本身可以被视之为而且当然被视之为，包含着它所想的对

① 《逻辑导论》Ⅲ（Ⅸ23）。《导论》Ⅸ ⅲ，3（Ⅸ70）；A719＝B747。

② 比较一下《遗著》(Nachlass)3140（ⅩⅥ675）。

③ 也许这是因为我们验前在纯粹直观里构成这个对象，而这样就最密切地接近于智性的直观。

④ A732＝B760-761。比较一下《逻辑》第三十六节注释二（Ⅸ 111），综合的验前原理只有它们是直观性的时候，才是公理；就是说，如果它们具有从我们能够验前地在直观里构成与在这公理里面所用的概念相应的对象这个事实而发生的那种直接的确实性。只有在数学里，这才是有其可能的。推理的和直观的两种知识之间的对比也就是哲学和数学之间的对比。

⑤ A722＝B750。

⑥ 说形式逻辑所与之有关的乃是推理思维的各种形式，单纯是说它所与之有关的乃是人类的，或说有限的，或说概念性的，思维，这实在是一种很无害的意见。

象之分析的[1]。这是和分析判断毫不相干的。分析判断的作成不是靠对象的分析,而是靠其主体概念的分析。我认为在康德的许多批评家那里是有这两种分析的混淆的:在康德那里却从来没有发现过。而且,关于认为在一切判断里都要碰到分析的这种学说,和那个我们行将介绍的关于综合的学说,这两种学说之间不存在任何的不一致之处。

8.判断就是综合

认识到判断的形式就是一切判断(分析的和综合的两者)的形式,也就使我们关于康德的范畴演绎的解释有了一种基本上的分别。诚然,除非判断的形式是分析判断的形式而同时又是综合判断的形式,范畴的演绎就是任意的而且不可理解的,如一般人所相信的那样。但是我敢于认为,苦苦地想要把康德说成是有意义的这一些努力和大力证明他没有能够把握住他自己的论证的种种含义的这种企图,同是依据康德描述为单纯幻想的那种东西[2],这是就这些努力与企图都依靠判断形式单属于分析判断这种假定而言的。

我还要更进一步,并坚持认为,在康德看来,在每一个判断里,其实在判断的每一种形式里,都有综合的一个成分。这就足以解释(对许多人来说是不可理解的东西)康德怎么可能认为判断的形式也就是范畴的来源,而范畴就是综合的原理。

在我们考察康德的论证之细节时,这个论点就将变为更清楚的。然而甚至在他把判断定义为“把所予的种种认识带到统觉的客观的统一这里来之方法”时,也就含蕴着这一点[3];因为统觉的客观统一就是通过它而所予的杂多在关于一个对象的概念里得到统一的东西[4]。在判断的逻辑机能(即形式)里,所予的种种概念的结合,因而它们的统一,就已经是被思维的了[5]。这种“结合”乃是和综合同一的,而且是界说为“所说的杂

① 推理的思维至少是密切和这种分析联系的,而这种联系可能就是我所讨论的,这个解释的来源之一。

② “幻想”是德语的“Hirngespinst”之译,即“大脑的幻影”。

③ B141。

④ B139。又比较一下《逻辑》第十七节(Ⅸ101)。

⑤ B131;B305-306。

多的综合统一的表象”的[1]。康德坚持认为，甚至在判断是分析的地方，这种综合还是存在的，而在这里，分析判断与综合判断的区别是没有关系的[2]。

在《未来一切形而上学的导言》里[3]，康德是同样清楚的。思维就是把一些观念联合[4]在一个意识里面，而这种在一个意识里的一些观念的合一就是判断。一切判断的逻辑契机(或说形式)也就是在一个意识里一些观念的合而为一的同样多的方式[5]。在这些逻辑的契机(或说形式)用作概念(即用作范畴)时，它们就是一些观念在一个意识里面的必然合一的那些概念。这种合一或者是(通过同一性)成为分析的，或者是(通过一个观念加在另一个观念之上)成为综合的。

从这些和其他的[6]段落，不难看清楚，就康德来说，每一个判断(不管它是归类为分析的或综合的)都包含有一种综合过程，而在判断的形式本身里面就想到这种综合的过程的[7]。例如每一个断言判断都包含着主项与述项的综合，而就这点来说，其述项是否能由主项概念的分析而得出来，是没有关系的。每每以康德没有能看到而受谴责的这种真理乃是他的论证的一个最重要部分，这是当时的注释家如麦林(Mellin)所熟悉的一个事实[8]，虽然今日已常为人所忘记了；而我却认为这是范畴的精制演绎、形而上学演绎与先验演绎的线索，这也就是我们行将考虑的事情。

---

① B130。

② B131注。

③ 《导言》第二十二节(Ⅳ304-305)。

④ “联合”是德语“vereinigen”之译，英译为“unify”。这词是和“综合”同义的。

⑤ 比较一下《逻辑》第十八节(Ⅸ101)。

⑥ 看Mind杂志，新号第四十卷，第159号。自p. 321起。

⑦ 我认为这又是清楚的，就是这个综合不但是概念的综合，而且是用概念来想到的一种杂多的综合。

⑧ 参看《批判哲学的百科辞典》(Encyclopädisches Wörterbuch d. Krit. Phil.)Ⅲ，p. 519：“每一个判断都是一种综合。”比较一下B138，在那里，康德说，他通过“我思”这个一般性的表达法，就能理解一些观念的作为在一个统觉里综合地结合起来。

第十一章 先验逻辑

1. 先验逻辑与形式逻辑

在先验感性论里，我们曾对感受性作过单独的考察，进而发现感受性所贡献于知识的验前要素乃是空间与时间。在先验逻辑里，我们必须与之相类似地来考察知性，并试图发现：思想贡献于知识的验前要素，如果有的话，会是什么样的验前要素。

把先验逻辑和形式逻辑区别开来，这是重要的，而其区别要在两个主要点上来发现。

其第一点乃是这样的：形式逻辑所与之有关的乃是一切思维的必然规则，或说必然的形式，不管思维是经验性的或者是纯粹的，是分析的或者是综合的。先验逻辑则与此不同；它研究综合的验前思维的规则，而且只研究这些规则①。

这就意味着先验逻辑不像形式逻辑那样，从思想的内容或质料完全抽象出来。离开纯粹直观，综合的验前思维就没有其可能性。因此，先验逻辑从它的考虑中把具体的种种认识排除出去，只是在这些认识的内容是经验性的这个范围之内；但是没有如在先验感性论里所说明的空间与时间的纯粹杂多，思想所贡献的验前成分就会是空洞的②。

先验逻辑所以不同于形式逻辑的第二点是：先验逻辑所与之有关的只是验前知道的东西，换句话说，乃是普遍的而且必然的东西。根据批判

---

① A55＝B80；A154＝B193。更确切地说，它是研究综合的验前思维的概念与原理的。

② A55＝B79-80；A76-77＝B102；A155＝B194。是“空洞”就是没有准标，没有什么有效性。这里的第一段文字依我看来是说，因为既有经验性的直观，而又有纯粹的直观，所以就可以有其可能来找到对象的纯粹思想与经验性的思想之一种分别。无疑这是批判的学说，而我不能看到任何理由来解释这段文字作为是没有能够指出关于对象的纯粹思想是依靠纯粹直观的。但是，即令我们坚持说它没有断言这样的依赖，依然没有丝毫根据来主张在康德写出这句话时，他是不知道有这种依赖的。而且其实这个说法，即先验逻辑不会从知识的一切内容抽象出来，而只从经验性的内容抽象出来，本身就像是包含着这样的依赖的意思的。

的原理来说，普遍的而且必然的东西之能为人知道，只有它是由于心的性质，而不是由于对象的性质的。因此，先验逻辑就得要探求它所研究的验前认识的起源。这样一个问题是形式逻辑从未提出过的，它接受如所给予出来那样的知识，并不去探求它的来源，单考虑这种知识的形式，并确定控制这种形式在理论中的使用之一些形式上的规律①。

所以先验逻辑不同于形式逻辑，首先是因为它所与之打交道的是一种特殊的思想（综合的验前思维）②，而形式逻辑是和一切思想打交道；其次是因为先验逻辑设法去确定它所研究的那种思想的起源，这是形式逻辑置之不理的一个问题。

2. 先验逻辑的性质

先验逻辑所与之有关的问题就是我们的综合的验前知识，除了为人类的感受性所贡献的那些成分之外，是否还有人类知性的性质所贡献于它的成分。感受性所贡献的成分就是含有直观形式的纯粹直观。从类推看来，知性所贡献的成分则是含有思想形式的纯粹思想，或说纯粹概念③。我们已经知道，纯粹概念就其质料或内容而言，是在知性本身的性质里所给予的④；而这个意思只能是说，纯粹概念的内容就是思维各种活动的形式。这样的纯粹概念会在思想本身的性质里有其起源，而不会是得自从经验性的或纯粹的直观的抽象的，虽然像一切其他概念那样，它们离开直观就会是空洞的⑤。

而现在所告诉我们的是说，纯粹概念是纯粹思想的活动⑥。这是一

---

① A56＝B80。

② 这种说法依然是真的，虽然我们将要发现综合的验前思维在我们一切经验性的判断里都是有的，正如在一切经验性的直观里都有纯粹直观一样。这是在 A55＝B79 起里面的先验逻辑的说明和在 A62＝B87 起的先验逻辑划分的说明里所指出来的。说康德没有在开头时把这点弄清楚，这种通常的埋怨，依我看来，是没有根据的。

③ A51＝B75，“关于一个一般对象的思维形式”。

④ 看本书第九章第四节并比较一下《逻辑》第三、五两节（Ⅸ92 和 93）。

⑤ 它们的内容会是判断的空洞形式。比较一下 A239＝B298。

⑥ A57＝B81，“Handlungen des reinen Denkens”（纯粹思想的一些举动）。又比较一下 A96，在那里范畴是说为含有包含在每一经验里的纯粹思想的。

种难懂的说法,而关于它的正确意思,我们所得到的帮助是很少的。我们难以把“概念”当作“设想”来讲;如果我们是可以这样做的话,那么,每一个概念就会是思想的一种活动,而每一个纯粹概念也会是纯粹思想的一种活动了。康德大概是说,纯粹概念的内容必须是纯粹思想的活动;或者更确切地说,纯粹概念的内容必须是纯粹思想的活动所共同的的东西①。我怀疑这种说法的意思是多于说一个纯粹概念乃是思维或判定的一切活动所共同的东西之一个概念,只要这些活动是形式上的,因而就是纯粹的;简言之,这就是另一方法来说,纯粹概念就是思维的形式②。可是我们必须又记得,虽然我们在哲学里能孤立纯粹概念而且“在其纯洁上”设想到它们③,但是它们在我们寻常的全部经验里都是以我们不断关于经验性的对象所作出的判断那种形式表现出来的④。作为这样的概论来说,我们可以说它们是纯粹思想的活动⑤,就是存在于每一个判断里而且无论所想的是什么特殊的对象,它们都是在同样的那些形式上的一些活动。无论所说的纯粹概念是否在哲学的反思中曾是明白地被想到,这种说法依然是真的。

还要注意到,这样的纯粹概念,单纯作为思想的活动来说,是会和对象在验前有关系的⑥。这个对于对象的关系是必不可看漏掉的。一个纯粹概念不是单纯关于思想形式的一个概念;它乃是作为与一个对象有关系而且确定着这个对象的那种思想的形式之一个概念⑦。这种说法的意思在后面将加以说明⑧。

我们还得要证明有这样的一些概念,但是在期待着这样的证明时,我

---

① 必不可忘记,康德比方描述空间性这个概念为一般空间的概念;而且活动性这个概念是可以描述为一般活动的概念的。

② 如康德自己所附加说的,它们就因之不是从经验或感性而来的。也许加上“感性”这个词是要包括空间与时间像包括经验性的种种直观那样。

③ A66=B91。

④ 例如在我们说,“这所房子是大的”时,我们就是应用着实体与偶性这个范畴。

⑤ 如果说它们是在纯粹思想的这样的活动里表现出来,或说构成这样的活动的共同性格,那就会是更为确切。

⑥ 同样的康德在 A51=B75 那里说纯粹概念含有一般对象的思想形式。

⑦ 参看 B128-129。

⑧ 比较一下本书第十二章第六节。

们暂且说,研究这样的一些概念的——或者用一个更广泛的名词来说,研究这样的一些认识的——科学就是先验逻辑。

先验逻辑研究“这样的认识的起源、范围与其客观的有效性”①。先验逻辑将要指明有一些验前的概念是不同于空间与时间的。它又将指明(1)这些验前的概念是由于思想的性质的;(2)它们只适用于给予于感官的东西;(3)它们对于一切给予于感官的对象是必然有效的。其第一点是和起源有关的,第二点是和范围有关的,而第三点是和客观有效性有关的。

知性的这些纯粹概念可称之为“范畴”。它们是在必然的而且普遍的这个意义上是验前的。如果概念称为范畴是正当的,它们就必须毫无例外地适用于一切对象②;而说范畴好像是能适用于有些对象而不适用于其他对象,这是名词的自相矛盾。

可能有人会反对说,每一个范畴只适用于特殊的一种对象,例如因果这个范畴只适用于事件。但是在严格的意义上来说,一个事件并不是一个对象;它只是一个实体的偶然里面的变动,而其本身并不是一个具体的东西。就康德来说,一个对象乃是一个具体的东西,而每一个具体的实在东西,就其能为人所经验到的来说,是必须归属于一切范畴的:它必须是一个实体,具有量与质而且是按照因果律和其他实体相互影响的。我们无疑是能够在抽象上来考虑一个对象的各种不同的确定情况与关系,但是这些东西毕竟只是一个对象的确定情况与关系,而正当地说来,它们并不是对象本身③。

---

① A57=B81。

② 这就是何以说它们含有关于一个一般对象的思维形式。其实我们将要发现它们是可以称为一个一般对象的概念的。

③ 有时有人是对我所采取的见解发生问题的,但是依我看来,这是唯一的见解能使康德的学说成为可了解的。在《纯粹理性批判》这部书里,我还没有找到任何一个关于这点的绝对不含糊的说法,但是在《遗著》(Nachlass)5932(XVIII 391)里能找到这样的说法。如果有人反对说,这就破坏了范畴与判断形式之间的联系,因为判断各形式是多中取一的,那么我只能答复说,这对于判断形式的主要划分来说,并不是真的,而且我相信在康德思想深处的理论乃是思想的一切形式都必须在每一个判断里面(而且甚至在每一个概念里面);比较一下在A239=B298里的概念形式与思想形式的作为同一看。

如果先验逻辑是要证明某一些范畴是必然适用于给予感官的一切对象的，它就得要成立一系列的必然的且普遍的综合命题。这些命题可称作“原理”；而说到先验逻辑的作为关于纯粹概念的一门科学，其意思并不是说，它只考虑概念而不去管原理。

3.先验知识

像“先验感性论”与“先验逻辑”这样的短语的用法是要对于“先验”这个词的意义加以某种解释的；而在现阶段上①，康德是要叙明他的所谓知识是“先验的”是什么意思。他的说法是过分复杂的②，而我试图更清楚地说明他的学说。

虽然一切先验知识都必然是纯粹的，但是不得认为一切纯粹知识全都是先验的。先验知识乃是一种批判的或说反思的或说哲学的这样一种知识；那就是说，它是知道知识是纯粹的或说验前的这种知识。所以先验感性论之为先验的，是由于它说明我们关于空间与时间的直观是纯粹的；而先验逻辑之为先验的，是由于它说明人类心灵具有某些纯粹概念，即范畴的。另一方面，数学知识是纯粹的，即验前的，但不是先验的：只有知道数学是一门验前的科学这种知识才能称为先验的。

到此为止，说知识是先验的就只是指出这样的知识乃是关于验前东西的一种哲学理论；但是我认为我们又必须说，它指出这样的知识乃是康德自己关于验前东西的哲学理论。按康德的见解，只有当验前知识在心灵的性质中有其起源，才是可能的；而一种先验的理论③乃是以验前知识

① A56＝B80-81。

② 例如说先验知识是说为知道某些观念“是而且如何是”(1)验前适用的或者(2)验前可能的。这就好像有四种东西是要在先验上知道似的。一个插语暗示着这些东西能归结为两种：(1)验前知识的可能性，或者它的适用性，由于可能性在这里是实在的(不是逻辑的)可能性的意思，我倒认为“可能性”和“适用性”是意味着同样的东西的，稍后，先验知识就变为这种知识，是知道(1)某些观念是纯粹的，而(2)(虽然甚至所用的语法也是难懂的)如何是可能把这些观念在验前来应用的——现在“可能性”这个词明明是指那些观念的适用性的可能性。那么上面的(1)与(2)——即“是”与“如何”——是分别指形而上学的演绎与先验演绎说的。

③ 我用“理论”这个词只是为了避免不断重复“知识”这词起见。在康德说来，理论就是知识。

的起源归之于心灵的一种理论[①]。

我们在空间与时间的场合上曾看到——而我认为这对于范畴也是适用的——我们的验前知识不但是有一种内部的必然性[②]，而且对于对象还有其一种必然的适用性。这种必然的适用性，或说客观的有效性，又必须为关于验前东西的一种先验理论所考虑[③]。

还有另外一点。康德认为，以验前知识的起源归于心灵的一种理论将不得不作出结论说，对于这样的知识是有效的那些对象不能是像它们在其自身那样的东西。因此，一种先验的理论乃是关于确定这样知识的起源与其客观有效性而同时又确定其范围与限度的验前知识的一种反思的理论[④]。

可能有人问，这许多特征之中，哪一种是最重要的，正是因为它，一种理论（或者一片段的知识）才称为“先验的”。我认为我们必须回答说，一种理论之为先验的，主要是因为它所与之有关的乃是我们认识的起源。因为我们洞见其“起源”，于是我们就能够确定其“范围”与“限度”，而且能够甚至确定其“客观有效性”。一种先验理论必须处理所有这些问题，但是其主要问题似乎是起源的问题。

我已尽力把上面的论旨尽可能简单地来加以叙述，但是我们必不可完全看漏掉它所包含着的许多复杂性。一种先验哲学所与之有关的验前知识不但是验前知识本身，如在数学以及一物理的种种预先假定里所要碰见的那样[⑤]。它还包括那单纯自认为验前知识的东西，就是理性主义

① 或说以验前知识里一个成分的起源归于心灵的。康德惯于用“知识”或“认识”(Erkenntnis)来表示严格上只是知识里的一个成分。依我看来，这是十分合理的，而对于有理解力的读者是没有实在困难的：如果康德在每一句话都加上其必要的种种限定，《纯粹理性批判》一书就会成为不可读的了。所以在这里，如一直都是那样，我们的任务就是明白他所描述的实在，而不是在一种单纯机械的方式上来解释他的词句。

② 在某些基本的方式上，范畴是不同于我们关于空间与时间的直观的，但是虽然如此，我们还是认为思想的统一性分化为判断的形式的一种必然的系统，而这样也就分化为范畴的系统。

③ 在感性论里，康德的论证乃是，只有验前知识的起源是在心灵的性质里来发现，这种知识的内部必然性与其客观有效性的结合才是可能的。在分析论里，范畴的客观有效性得要演绎出来或说明其正当理由的。在辩证论里，是主张理性的信念没有客观有效性的。

④ 我们在上面的第一、二两节里曾已看到，这些就是先验逻辑的特征。

⑤ 例如（在十八世纪）说每一个事物都必须有一个原因。

者的形而上学的一些学说。它尤其是包括只是在验前知识里的一个成分，即我们(关于空间与时间)的纯粹直观和我们的纯粹概念(包括知性的各种范畴以及理性的各种理念在内)。其实主要是我们的纯粹直观与我们的纯粹概念，其起源是先验哲学以之归于心灵的性质的；而我们关于(无论是真正的或幻想的)验前知识的整个见解是为这样的归属所确定的。

既然我们的纯粹直观与纯粹概念，连同它们在其里面有其起源的能力或力量，就康德说来，就是一切验前知识的必需条件，而且其实是一切经验的必需条件，所以先验知识又可描述为关于经验的必需条件的知识①。我们可以用另一方式来说明这一点，即是说先验知识乃是这个知识，它是关于在逻辑上先于经验的或者说“先行于一切经验的(验前的)”东西的。这种先验知识必须与“超验的”知识区别开来，后者是(或者自认为是)这样一种知识，即关于“越出一切经验范围以外”而到超感性的东西，或者说到自在之物的知识②。

问题自然随之而来了：康德为什么要用“先验的”这个词来描述这类知识。对这个问题的任何答复都会是猜测之词。在康德的时代，这个词的用法似乎是十分模糊的，而多多少少是同义于“形而上学的”③。他使这个词适用于他自己的意思，而给它以我所说明的这个意义。如果我们觉得把先验知识作为经验的条件而超出经验的东西的知识来说是有帮助的，那么我不觉得我们何以要避开这样做。

我认为我们如果看到康德用“先验的”这个词又指经验的种种必然条

① 这种说法如要包括理性的种种理念，就会有某种的限定。

② 看《未来形而上学导言》的附录(Ⅳ373注)。“先验”这个词的意思乃是……不指超出一切经验的东西，而是指先行于一切经验的东西(即验前)。更好是说，“先验”这个词，在其用于知识上，是表示不是超出一切经验的知识，而是关于在验前先行于一切经验的东西的知识。可是康德使用“先验的”这个词不但是指关于经验的必然条件的知识，而且又是指这些必然条件的本身。

③ 这个词像是得自经院哲学家。他们谈到某些概念——如 ens(实体)，res(事物)，aliquid(任何)，unum(一)，verum(真)，bonum(善)——作为是“transcendentia”(超验的东西)而又作为是“transcendentalia”(先验的东西)，其根据就是这些东西是超出范畴的范围的。这种学说的根源是在于亚里士多德；参看 Ross(罗斯)的《亚里士多德》一书，p. 156。

件本身,由于这些条件是在心灵的性质里面有其起源的[1],这并不会使我们觉得稀奇或狼狈。如果这个词又用来指“超验的”说,那就会有更大的混乱的危险了[2]。我们已曾看见一个实例[3],在其里面据说有这种情况——那就是空间与时间的先验观念性。我们现在得要考虑另一个实例,这是更为麻烦的。

4.知识的先验使用

先验知识,就其是关于一个验前观念的必然适用性的知识而言,乃是关于这样一个观念的使用的知识。所以康德认为有必要来指出这个观念的使用其本身可以是先验的[4]。“先验的”用于一个观念的使用[5],其意义是不同于它用于知识本身那种意义的;而这正好易于成为混乱的一种根源。

如果验前的观念是用于一般的东西或者用于自在之物[6],则这个观念的使用就是先验的:如果这个观念是用于感性的东西或者用于一种可能经验的对象,它的使用就是经验性的。这个先验的使用总是不合法的;它是一种错用或滥用[7],例如根据康德来说,原因这个范畴只有经验性的

---

① 例如像“统觉的先验统一性”和“想像力的先验综合”这些短语。这些虽然是内在于经验的,却可以说是超出于经验的范围的,其意义不是超出经验的范围而到达超感性的东西,而是作为一些条件,在逻辑上是先于经验的。比较一下 B151。

② “超验知识”应该是超出经验范围的知识,而任何是“超验的”东西应该是超出经验范围的东西。

③ 见本书第六章第九节。我并不认为这个实例单靠其自身是无争论余地的。

④ A56=B81。比较一下 A139=B178 和 A238=B297-298,而又看本书第五十四章。康德这样做,并没有一点预告“先验的”在这里是在不同的一种意义上使用的。

⑤ 或者用于心灵一种力量的使用。比方看 A180=B223 和 A257=B313 来看知性的先验使用,和 A131=B170 来看理性的先验使用。

⑥ A238=B298。在康德自用的一本《纯粹理性批判》里[看 Nachträge(《补充条文》)CXVII]有“一般的东西和自在之物”改为“没有在直观里给予出来的对象,因而就不是感性对象”。在 A56=B81 里,把观念说成为用于“一般的对象”的,但是在这种关联上,“一般的对象”是等于“一般的东西”而包括自在之物的。

⑦ A296=B352。可是注意,在 A94 里,康德像是说到心灵力量的合法使用,而他却描述这作为先验的。在 A131=B170 里的说法(说理性的先验使用永远不是客观有效的)不像是意味着一种客观有效的知性的先验使用。“先验使用”在这里像是确定经验的条件,因而确定经验的对象的使用。

用途:我们能说,它必须制约着一切在空间与时间里给予于感官的对象。如果把它用于自在之物,这就是这个范畴的先验的而且非法的使用①。与此相仿,如果把空间作为感受性的一种形式来处理,只用于外感官的对象,它的使用就是经验性的,虽然它本身乃是一个纯粹直观。如果抛弃了对感官的参照,而且如果把空间作为是适用于自在之物来处理,那么空间的使用就会是先验的并且是不适当的。

所以,一个观念的性格与其使用乃是完全不同的东西。虽然一个观念本身是纯粹的或说验前的,但是它的使用可以是而且事实上应该是经验上的。这样的使用,虽然是经验上的(其意义只与可能经验的对象有关),但是仍然是必然的而且普遍的,因为这个观念是必然适用于一切给予感官的那些对象的。

"先验的"这种意思好像和"先验的"在其用于知识时的意思很少有关系或者毫不相干。如果康德谈到观念的"超验的"和"内在的"使用②来替代"先验的"和"经验性的"使用③的话,他的阐明就会变得更加简明。

5.先验逻辑能替代形式逻辑吗

常常有人说,先验逻辑必须取形式逻辑而代之④,虽然康德没有能够理解他自己的学说的这种必然的后果。

对于这样的一种见解是有明显的种种反对意见的。即令先验逻辑是一般为人承认作为真的——而这远远不是事实——依然还会有一种逻辑

① 比较一下 A180=B223;又 A146=B185,A238-239=B298,A242,B406,A711=B739。

② 比较一下 A308=B365。

③ 康德可能是没有意识到他是在两种意义上使用"先验的"。当他谈到"先验的使用"时,他也许是模模糊糊地使用这个短语(例如作为一种独立于经验的使用这个意思),而且他是可能没有明确界说的观念而弄清楚这样的一种用途是"越出经验的范围的"。可是我曾找到一个地方,在那里康德是明白说,一种先验的使用是超出经验的限度的(A296=B352-353),这似乎明确地证明"先验的"在这里是和"超验的"同义的;但是甚至在这段文字里,康德也在一种不普通的方式上来界说"超验的"以避免这样地把"先验"与"超验"作为同一的。一条原理之说为是"超验的",不是在它单纯越出经验的限度,而是在它拿去了这些限度,或者命令我们超过这些限度。关于"超验的"这个词,又参看 A781=B809。

④ 例如参看 Kinkel 为康德的《逻辑》所写的导论(phil. Bib. 43,p. 16)。这种说法好像部分是依据认为形式逻辑只研究分析判断的这种见解,而部分是依据认为分析判断没有对象这种见解,我却认为这两种见解都是错误的。

只是研究一特种的思维,即综合的验前思维的。必须总是有一种逻辑是研究一般的思维的;而且,虽然我们认为这样一种逻辑,在康德的意义上,不能是纯然形式的,并且认为它必须考虑到思想的质料的,但是先验逻辑充其量也只能是这样一种普通逻辑的一部分而不是其全体。而且先验逻辑所与之有关的,主要是形而上学的问题,而虽然有一些相反的见解,我却认为忽视了逻辑的探讨和形而上学的探讨之间的区别并不能获得任何好处。证明每一个事件必须有一种原因,这不是逻辑的任务,而且在康德的先验逻辑里有许多是在普通逻辑里毫无地位的。

我们只能说,康德的那些学说要求有对于形式逻辑的性质进行一种重新的考虑,而且暗示着可能有一种更为哲学的而少些形式的,但仍然是普通的逻辑,在其里面,种种的批判理论可以找到其地位。例如,康德声称要证明在一切判断里都有一个综合的成分,而且这种综合的成分是关于对象的一切知识所必需的。如果可以接受这些理论,我们便可说,忽视这些理论的任何逻辑都会被视为肤浅而受谴责。可是这样说远不是就说《纯粹理性批判》能替代普通逻辑或者能完全并入一种普通逻辑里去。也远不是说,形式逻辑的种种学说都是应该予以抛弃的。

6.先验逻辑的划分

先验逻辑孤立知性就像先验感性论孤立感受性一样[1]。然而由于上面所说过的,这种孤立或说抽象就更少会使我们误解。我们得要记住——虽然在我们往下去的时候,这将会更为清楚——从思想得来的这种验前的一些认识之为可能,只是在这个条件之下,即对象是在直观里被给予我们的[2]。

先验逻辑像形式逻辑一样,划分为原理论与方法论。先验方法论确定纯粹理性全部**体系**形式的种种条件[3]。

---

① A62=B87;A22=B36。

② 乍看起来,这不是明显的,而康德总是认识到在纯粹思想里有一种要求是要超出感官的对象的。他却拒绝这种要求,其根据就是,在人来说,这样的思维乃是空洞的而且毫无意义的。

③ A707-708=B735-736。《纯粹理性批判》本身不得看作这样的一种体系;A14=B28,A81-82=B107。

先验原理论划分为先验分析论和先验辩证论，而在这方面又是照着形式逻辑划分的。

先验分析论把我们的全部验前知识分析出属于纯粹知性的各成分——其属于纯粹直观的各成分前面已确定了[①]。在这方面，先验分析论是和形式逻辑的分析论平行的，形式逻辑的分析论是把思维的全部事务(就其是形式的而言)分析为它的各成分[②]。

先验分析论要建立一些范畴与原理，没有这些范畴与原理就不能思想任何对象。它从积极的方面确定这样的条件，在其之下任何一个知识对象如果要成为一个对象就必然被思想到；正如先验感性论建立任何一个对象如果要成为一个对象而必须被给予出来所遵照的种种条件(即感受性的各形式)那样。

如果这种要求被证明有其正当理由，那么，任何声言为认识而却与先验分析论的各原理不一致的都会与任何对象没有关连，因而也就没有真理——因为真理总是思想与其对象的符合。因此，先验分析论就是关于真理的一种逻辑。

然而我们每每是试图把这些原理的用途扩充到感性经验的限度以外的。我们忘记从知性得来的一些形式性的原理，虽然它们是必须用于我们能思维的任何对象的，但是需要有这种对象的对感官给予出来：那些原理是不能从其自身产生出一个对象的。由于我们忘记这点，因而例如我们就把实体这个纯粹概念用于一些假定的、没有而且也许不可能对我们的五官被给予出来的对象[③]。

这样做时，我们再不是使用我们的验前原理作为一种法规，即无之则不能的一种条件，借以批评我们关于所经验的对象的经验性的判断了。我们反而使用这些验前原理作为一种工具来把我们的知识扩充到在没有

① A64＝B89。康德自己说先验分析论把我们的全部验前知识分析为属于纯粹知性的各成分；但是这像是不那么确切的说法，虽然它作出一个极好的对比。

② A60＝B84。

③ 比较一下 A96。康德在 A63＝B87-88 里说，这样做也就是利用纯粹知性的单纯形式性的一些原理作为一种质料性的使用。在这里他又是好像把思想的质料或说内容和思想的对象同一起来(参看本书第九章第四节)。可是必须记得，虽然纯粹概念有思想的形式作为它们的内容或说质料，但是，如果这些纯粹概念要有客观的有效性，它们就需要有来自直观的另一种质料。

经验里被给予出来的一些对象。纯粹知性的这种错用是辩证性的,而且是幻想的来源。

先验辩证论乃是对于这种辩证性的幻想,对于纯粹知性或理性超出给予于感性经验的限度的错用的一种批评。作为这样的批评,它也就是对理性主义者的形而上学的批评。

应当注意,在形式逻辑里面的辩证错误,就是使用逻辑的一些形式性原理,似乎它们能给我们以关于任何种类的对象的信息①。先验逻辑的辩证错误乃是使用先验逻辑的种种原理,似乎它们能给我们以关于非感性的对象的信息。

7. 康德的"建筑术"(Architectonic)

对于康德的常见的批评是:他企图把《纯粹理性批判》的种种内容都强行套上从形式逻辑借来的一种人为的而且外在的架子。这种一般的规划或说轮廓被人描写为康德的"建筑术",而且认为他对于建筑术的爱好歪曲了他的思想。

我却认为,这个争论点被过分地夸大了,无论如何,就分析论来说是这样,但是我在这里只想请大家注意到这个事实,即康德远远不是在一种被屈服的方式上使先验逻辑的划分循着形式逻辑划分的道路的。恰恰相反,在这两种逻辑的划分上有许多显著的分歧,而这些分歧是根源于这两种科学所处理的各种问题之性质上的种种分别的。

在先验分析论里有两个部分:即(1)概念的分析论与(2)原理的分析论(又称为判断的先验论)。其第一部分处理知性的纯粹概念,而其第二部分处理基于这些概念的各原理。我们已经看到,而在后文里将要更清楚地看到,这两个部分是它的题材的性质使康德不得不这样划分的。这两个部分诚然是与形式逻辑分析论处理概念和判断的那两个部分平行的,但是在先验逻辑的这两个部分所要完成的任务是极为不同的②;而且

① 康德认为,这是莱布尼茨曾经做过的事情。参看"反思概念的歧义",A260=B316 起。

② 在形式逻辑里,这两个部分所分别与之有关的乃是一切概念的形式和一切判断的形式。在先验逻辑里,这两个部分首先是给我们一个范畴表和对于它们的客观有效性的一般的证为合理;而第二,就是关于以每一个范畴为基础的分别验前判断或原理的证明。

在形式逻辑与先验逻辑分别要处理概念和判断这个事实里也没有任何矫揉造作或者使人惊奇的东西。

在这两种逻辑的划分里的分歧比其相似之处有更大的意义。

原理分析论有关于范畴的图型法一章作为它的第一部分。如康德自己所指出的①,在形式逻辑里没有与此相应的部分。我没法理解的是,怎能把它归于康德的"逻辑建筑术"的人为影响。

而且形式逻辑的分析论含有三个部分。那就是概念的分析论,判断的分析论和推理的分析论②。其第三部分所与之有关的主要是三段论式而且它给我们以一种关于推理的法规。在先验逻辑里则没有与这第三部分相应的东西。

这种差异的原因是足够清楚的。形式逻辑的分析论,既然它所与之有关的乃是思想的形式,而不是思想的质料,因此只能说明:如果推理在形式上要成为正确的,那么推理必须是什么样的。先验分析论所与之有关的不是形式上的有效性,而是真理。作为验前知识的两种来源的知性与判断力,有其客观有效的——或者如康德所称呼它的真实的——用途,而先验分析论就能对这种用途提供一种法规;也就是说,它能说明起源于知性的各范畴乃是纯粹概念,没有这些纯粹概念任何对象都不能被思维,而且说明这些纯粹概念之用于经验的对象必须是有效的。理性是没有这种客观有效的用法的③;因为其起源是在理性里,而且理性借以企图把我们的知识扩充到可能经验的限度以外的那些理念与任何能被给予出来而与之相符合的对象是没有任何关系的④。因此,关于理性的先验说明不是在作为真理逻辑的先验分析论里,而是在作为幻相的逻辑的先验辩证论里⑤。

先验逻辑的主要划分没有被歪曲以适合来自于形式逻辑的一种人为的构架⑥。反之,这些划分乃是那声明为综合的验前知识的性质所确定的。

---

① A135-136=B174-175。

② A130=B169。所与之有关的诸力量乃是(狭义的)知性,判断力与理性。

③ 这是称为先验的用法,A131=B170。比较一下本书本章上面的第四节。

④ 比较一下 A336=B393。

⑤ A131=B170。又可注意到,先验辩证论的划分为两卷,其第一卷处理纯粹理性的概念,而第二卷处理纯粹理性的各种辩证的影响,这不是形式逻辑的轮廓所确定的。

⑥ 阿迪克斯(Adickes)在他最早一书——《康德的体系》(Kants Systematik)里——把这个理论发挥到荒谬的程度。

8.先验分析论

先验分析论,如我们所曾看到的那样,是想要确定:如果有的话,在我们的验前知识里的、应该以之归于纯粹知性的是什么成分[1]。

由于知性首先就是运用概念以进行思维的能力,所以我们就可以一开始来假定知性就是概念的来源。如果我们要发现所需要的类型之概念,那么它们就必须是纯粹的而不是经验性的;而且它们必须是由于思想而不是得自直观。它们必须乃至不是得自纯粹直观,像时间性与空间性那样。而且,我们所与之有关的只是第一性的概念,而不是派生的概念。最后,如果我们要有一种真正的科学,这个概念表就必须是完整的。

如果我们要确知这个表是完整的,这表就必须是从我们的全部验前知识的一个理念[2]得出来的,只要那验前知识是由纯粹知性而来的。关于验前知识之全部这个理念必须是验前的。所谓验前的,意思是这样的,即它乃是这样的一个全部的观念,它必然明白地表现其自身为纯粹概念的一个完整的体系。

获得关于纯粹概念整个体系的一个理念,其可能性依赖于这个事实,即知性作为离开凡是经验性的和感性的东西(甚至离开纯粹直观)来考虑,乃是一个自存的而且自足的统一体[3]。

这种学说——即思想的统一体必然分化为判断的各种形式进而分化为诸范畴这种学说——随着我们论述的深入将变得更为清楚。

9.概念的分析论

分析论的第一卷乃是概念的分析论。它所与之有关的不是要使概念成为“明晰的”这样的一种概念的分析。与此相反,它乃是知性能力

---

① A64=B89。

② 一个“理念”用于专门术语的意义上是表示作为用关节联系着的一种科学的这个概念,而这个词在康德的意义上是“建筑术”的意思。参看 A832=B860。

③ A64=B89;A67=B92。

本身的一种分析，旨在使我们明白：纯粹概念是否必然包含在知性的活动里面①。在这里，我们又一次有着一种先验理论的两个特性，即先验理论(1)承认某些观念的验前性格，进而(2)说明这是由于能知的心灵的性质。

概念的分析论划分为两个主要部分，而这两个部分，在第一版里，每一部分又划分为三节②。

第一个主要部分标题为“发现知性一切纯粹概念的线索”。在第二版里③，这被认为属于“形而上学的演绎”，为了简明起见，就可以用这个标题。第二个主要部分的题目可叫做“知性纯粹概念的演绎”，而且可以称之为“先验演绎”本身，虽然不必说，从开头到结尾，这整个论证乃是一种先验的论证。

所以我们有范畴的形而上学的演绎和先验的演绎，大体上是和空间与时间的形而上学的阐明与先验的阐明相应的④。

10.形而上学的演绎与先验的演绎

在详细考察这两种演绎以前，首先必须考虑：康德自己关于这些演绎作为一个整体说了什么。

在形而上学演绎里，范畴的验前起源是为这些范畴完全和思想的普遍性的逻辑机能(即形式)相一致所证实的。在先验演绎里所说明的就是

---

① A65-66＝B90。应该特别注意在A66＝B91里说到纯粹概念只在经验的机缘上才得到“发展”的这个很清楚的说法。

② 初学的人务必单单全读第一版，而尤其是要清楚地抓住构成康德思想的轮廓的各部分与各节之间的种种分别。

③ B159。

④ 我不认为需要把概念分析论第一卷的描述和形而上学演绎看得同样重要。大概这是在感性论里形而上学阐明与先验阐明之间的区别所暗示的一种事后的思想，而这个区别本身原也是一种事后的思想，把这卷更谦慎地描述为“线索”，在某些点上，是更可取的。

要知道在这种连语上，“形而上学的”这个词的意义是作何解，可看本书第五章第二节。如我在那节里所说，我们可以说形而上学演绎是把范畴在其本身上来考虑的，而先验演绎是把范畴在其对于其他知识的关系上来考虑的。又可以说，形而上学演绎是靠判断力作为单独的来理解而通过分析以确定范畴的数目与性质的，而先验演绎是利用范畴来说明判断力也是关于对象的验前知识的一种来源的。

它所作为直观对象的验前认识之可能性[1]。更确切地说,形而上学演绎所与之有关的乃是确定范畴表,进而说明它们在知性的性质里有其起源。先验演绎,与其说是一种演绎,毋宁说是一种辩解,旨在说明:这样一种起源的范畴应用于直观里所予的对象是怎样可能的,以及是怎样必然的。简短地说,它所与之有关的乃是范畴的客观有效性,而这样也就是范畴的范围以及它们合法使用的限度。

在本《批判》的第一版序言里[2],康德特别提醒人们注意:先验演绎对认识论最为重要,而且声明它花了他的劳累比他的工作的任何其他部分都要多——关于这先验演绎的写作,这种说法是不容易和花亨格尔(Vaihinger)的理论调和的。

康德补充说:先验演绎有其两方面,即主观方面与客观方面。他甚至讲到,好像有两种演绎似的,即一种主观的演绎和一种客观的演绎[3]。其主观的演绎是极为重要的,但是不可缺少的乃是那客观的演绎。康德对他的主观的演绎表示了他自己完全的自信,但是他又意识到:读者可能以为它是一种单纯的假设或意见。即令是这样,他坚持认为:他的客观的演绎就其自身来说,是足够的,而且是无争论余地的。

有鉴于这样一个强调的陈述,我们应当做的就是专注这演绎的客观方面。如果认为这个演绎所关心的主要是主观的方面,那么这就是对康德的思想的一种歪曲的见解。

11. 主观的演绎与客观的演绎

先验演绎的主要问题乃是与纯粹知性对象有关的。它是问:不依靠经验,知性能知道什么并且能知道多少?它的目的乃是要证明范畴的客观有效性而且使之成为可理解的;而且康德相信:这一点在 A92-93＝B124-126 这一段本身就已充分地实现了[4]。这个基本的论证就是那客观

① B159。在这段文字里,康德是把先验演绎说为是和一般直观的对象有关,而后来却谈到人类直观的对象,但是这点在这里并不和我们有关。所谈的可能性乃是康德所称为“实在的”作为与“逻辑的”对立的这种可能性;参看 BXXVI注,又比较一下本书第四十九章第四节。

② AXVI。

③ AXVII。

④ AXVII。

的演绎，然而这个演绎绝不局限于所提到的这个段落。

另一方面，主观的演绎关心的乃是纯粹知性本身，亦即它的可能性，以及它所依据的各种认识能力。据说它要问的是："思维能力本身是如何可能的？"[①]我却宁可说，它是要问：思维的力量如何能成为验前知识的力量，而且它声明要说明这是如何通过想像力与感官的合作而成为可能的[②]。

我们的任务乃是在我们心里把形而上学演绎与先验演绎的主观、客观方面区分开来。这是更为必要的，因为康德自己没有把主观的演绎与客观的演绎区分开来，无论如何，在第一版里他没有这样做。甚至他要我们在哪里划出这两者之间的界线，这本身就是可疑的。凡是涉及到想像力的地方都是一种可靠的标志，表明我们正在和主观的演绎打交道。涉及人类感受性与时间的形式[③]的那些地方是否也是打算从属于主观的演绎，那就不是这么清楚了。我倒认为在第二版里，当康德已经更清楚地想透了他的立场时，上述那些地方是准备那样做的。

---

① 我不认为这种提法是正当地指出了康德的问题，与其说这问题所与之有关的是单纯的思维，毋宁说是关于对象的知识。

② 比较一下 A97。

③ 如果把涉及时间的地方从客观的演绎中删去，其客观的演绎就成为不完全的了；因为这样一来，纯粹概念就会成为空洞的。康德自己在 B144-145 里指出这种不完全性。由于那客观的演绎，在第一版里是认为在其本身来说，是完全的，大概在那里，关于时间的说明必须要算作那客观演绎的一部分的：但是，考虑时间的这个部分而不把想像力与感官带进来，那是困难的，如果不是不可能的；说成为在客观方面是足够的，A92-93＝B124-126 里面的论证并不像是以时间的性质为依据的。

第四卷

范畴的形而上学演绎

第十二章　概念作用与判断

1. 形而上学演绎的划分

形而上学演绎,如在上面所指出的,乃由三节所组成。第一节处理一般知性的逻辑性使用,第二节处理判断的各种形式,而只有第三节是处理诸范畴的。

这意思是说,唯有第三节是处理先验逻辑的特殊问题的,而且就是形而上学演绎的本身。其开头的两节是准备性的,而且严格地说来是属于形式逻辑的,或者无论如何是属于普通逻辑的,如这两节的标题本身所提示的那样。尤其是一般知性的使用只可在普通逻辑里才能加以讨论,而且这种使用已被明白无误地说成是逻辑性的①。

可是甚至在我们已讨论过其内容的第二节中②,我们看到引入的是原属于先验逻辑的种种思考,而且我认为在某种程度上,这对于第一版来说也是如此③。这第一节的模糊不清正是这一点的一种迹象,因为在康德说明一种传统的观点时,一般说来是清楚的。

2. "机能"(function)的意义

第一节的模糊不清,一方面是由于这个事实,即关于他的论证所划分成的各个阶段,康德没有给我们任何指示,另一方面是由于他在各种不同的意义上来使用"机能"这个词。稍微费一点力气,康德是能使这一节变得更容易一些的。

---

① 不得以知性的"逻辑使用"作为局限于一特种判断的特别使用来理解,而得要作为存在于一切判断里的而又为形式逻辑所研究的一般的或说形式的使用来理解。

② 见本书第十章第一节。

③ 以感受性为接受性的而以知性为自发性的(或说能动性的)这个学说乃是形而上学的,而不是逻辑性的;比较一下《逻辑导论》V(IX 36)。

例如他断言(1)统一性的各种机能是要在判断里找着的;(2)种种判断就是统一性的机能;而(3)一种机能乃是我认为是判断的这种活动的统一性。任何想要机械地解释这些说法的企图都必定产生人有望看到的严重的困惑。

任何东西的"机能"在其原始的意义上来说,乃是只有所说的东西才能做的,或者能做得最好的工作①。例如一艘船的机能就是行驶,一柄剪枝刀的机能就是修剪树枝;因为只有一艘船才能行驶,而虽然有可能用其他的东西而不用一柄剪枝刀来修剪树枝,但是一柄剪枝刀乃是把这种工作做得最好的工具。然而"机能"这个词特别适用于有生命的物体的各种器官所适合做的工作。例如,眼的机能就是看。

在这种意义上,知性的机能就是思维或说判断。

可是,"机能"这词又不用来表示一个东西所做的工作,而指工作的方式,或者,用辞典的语言来说,指"一个东西借以完成其意图的行动的样式"。因此机能就是存在于分开的动作里面的一种共通的性质,或说一种共通的形式。

不管怎样,当康德谈到知性与判断力时,他是用"机能"这个词作为与"形式"这个词同义的。知性的各种机能——无论如何,在其外延上——是和知性的各种形式相同的;而判断力的各种机能,或说在判断力里的各种机能,是和判断的各种形式相同的②。知性的一般机能,即判断力,是认为要分化为判断的各种必然的形式的,而这些形式是和知性的各种机能同一的。

康德所用的是"机能"这两种意义的哪一种,对此作出分辨是很重要的,但并非总是容易的。不幸的是,他给"机能"的唯一定义决不是清楚的。他说,"所谓'机能',我的意思是指把一些不同的观念安排在一个共

① 比较一下柏拉图关于ἔργον(工作)的说明,见《共和国篇》353a,又比较一下亚里士多德的Eth. Nic(《尼各马可伦理学》)1097b。

② 特别注意 A70＝B95,在开头时,那里"知性的形式"是等值于"判断中思想的机能"而又等值于"判断中知性的逻辑性机能"。我认为"机能"作为等于"形式"这种用法只出现于我们所与之有关的是一种活动的地方。据我所知,康德从来没有谈到直观的一种机能,而只谈到直观的一种形式,因为直观是被动的。

通的观念之下这个动作的统一性"①。他在这里所谈到的"机能"这个词是在它用于和知性联系着的上面,而所说的"动作"我认为必须是判断这个动作本身②。在那种场合中,"动作的统一性"的意思就会像是指"判断的形式"说的,而且这正好是麦林(Mellin)对它的理解③。判断的形式就是判断联合观念的方式,于是判断的形式或说机能就和它的特种统一性同一起来了④。

当康德不是把"机能"这个词用于判断的各种形式,而是用于个别的判断本身时,这是令人困惑的。"一切判断全都是在我们的一些观念里的统一性的各种机能"⑤。我理解这个说法的意思是说,判断就是动作,其最重要的任务或说机能乃是在我们的一些观念里产生统一性⑥。

康德把这个说法和另一个说法结合起来,而这另一个说法所含的意思乃是更正确地说,判断的各形式乃是"在种种判断里的统一性的一些机能"⑦。如果说一个判断,在本质上乃是一个联合我们的观念的动作,而且说判断的各形式乃是判断联合我们的观念的各种不同的方法,只要这些方法是为思想的性质所确定而不是为那些观念本身的特别性质所确定,这样说就会更好一些。

当"机能"这词的这些不同的意义都分辨开来时,康德的论证就变得

---

① A68=B93。一个"共通的观念"就是一个"共通的概念"(拉丁语的 conceptus communis)。比较一下《逻辑》第五节注释(Ⅸ94)以及 B133-134 注。这个"动作"乃是一个分析的动作,而不是综合的动作。

② 这是那对于这个动作所作出的描述和知性的一切动作都能归结为判断这个事实所提示的;参看 A69=B94。

③ 见麦林的《旁注》(Marginalien),p. 22。

④ 这种同一的为可能,只是因为判断乃是一种动作。直观是被动的,而其形式,离开综合,乃是一种单纯的杂多,因为统一性是不能在直观里被给予出来的。看 B160 注。

即令如此,我们在那动作的统一性和它在一些观念里产生统一性的方法,因而和它的形式同一起来这上面是可以感觉到某种困难的。在我们一直往下去时,这类型的困难将要常常再出现的。

⑤ A69=B94。我认为这是应该避免的不严谨的术语用法。又注意,统一性的机能显然是一种能产生统一性的机能,而知性的机能乃是知性所执行的机能。

⑥ 比较一下麦林的《百科全书辞典》(Encyclopädisches Wörterbuch)Ⅱ,p. 687。

⑦ "机能"与"统一性"在前面已同一起来这个事实乃是麻烦的另一种原因。形式或机能,现在看来,会是被看作在判断里的统一性的来源了。

更易了解了①。

3.论证的梗概

论证的主要阶段似乎是这样的：

(1)知性乃是借助概念来认识的一种能力②。

(2)用概念来认识就是判定③。

(3)判定在本质上就是联合我们的观念④。

(4)判断联合我们的观念(而和这些观念本身的性质无关)的不同方法就是形式逻辑所讲的判断的各种形式⑤。

(5)因此,判断形式的完全表就是知性用判断来联合观念的不同方法的一个完全的表;这就是说,它乃是知性的各机能的一个完全的表⑥。

这一段的兴趣与重要性,与其说是依靠它明显的结论(即令承认康德的一些预先假定),不如说是依靠含蕴在它里面的关于概念与判断的学说。

4.概　念

概念以思想的自发性为根据,正如感性的直观是以感官的接受性为根据那样⑦。这是什么意思?

依康德说来,一种能创造的智力是可想象的。这种智力是会用它自

---

① 有的时候,康德像是用"机能"作为等值于一种力量或官能。例如他谈到想像力的作为灵魂的一种"盲目的机能";A78＝B103。

② A68＝B93。"每一种知性,或者至少每一个人的知性所产生的知识都是用概念的"。这种知识毋宁说是在知识里的一种要素:可以称它为"思维"。比较一下《逻辑》第一节(Ⅸ91):"通过概念的知识称为思维(cognitio discursiva 论理的认识)"。

③ A68＝B93 和 A69＝B94。"知性使用这些概念的唯一方法就是用它们来判定。""我们能把知性的一切活动为判断。"

④ A69＝B94。"一切判断都是我们的观念当中的统一性的种种机能。"

⑤ 这不是胡说的,而是假定的。比较一下本书第九章第一至三节。

⑥ A69＝B94。"所以,如果我们能作出判断中的统一性的各种机能的一个完全的表,就能发现知性的各种机能了。"

⑦ A68＝B93。康德是说"关于印象"的,但是这就破坏了和思想的自发性的平行。比较一下 A19＝B33,又 A50＝B74。

己的活动来创造直观的;这些直观会是他称为智性直观的东西。人是被动地接受其直观的。这就是人的直观为什么被称作感性的,而且据说是以接受性为根据的理由[①]。

概念就不同,它们乃是根源于知性的能动性或自发力的。换句话说,知性产生概念[②],而概念是从知性发源的[③]。这就告诉我们没有什么东西是关于知性产生概念的方法的,但是我们已经看到[④],概念就其形式来说,是由比较、反思与抽象而形成的[⑤]。这就是形式逻辑所提供的说明。

当康德告诉我们说:直观作为感性的来说是依据刺激的,而概念是依机能的时候,他可能不打算把他自己的见解弄得更准确些;但是,如果是这样,他却马上接着就断言所谓"机能",他的意思是指把不同的一些观念安排在一个共通的观念[⑥]之下这种动作的统一性说的,这就奇怪了。这种动作乃是一种判断的动作,而且看来好像"机能"在这里是要理解为在其专门的意义上作为同值于"判断的形式"的。

我却不想太过重视这一点,但是鉴于跟在后面所说的[⑦],我们不得不考虑这样一种解释。康德似乎是说了至少这一点,即我们借以作成一个概念的[⑧]抽象动作或者分析[⑨]的动作也就是一个判断[⑩];而且,如果用概

---

① 在A51=B75里,这种接受性是和感性同一的。在康德说来,"感性的"用于直观时就是"被动被接受"的意思。

② 康德在A51=B75里说知性产生观念,而这些观念也许可能包括想像力所产生的观念,但是知性所产生的观念,在狭义上就是概念。

③ A19=B33。

④ 见本书第九章第六节。

⑤ 见《逻辑》第四、六两节(Ⅸ93,94)。

⑥ 这个共通的观念必须是一个概念。

⑦ 特别是在A79=B104-105。必须记住这全段是作为形而上学演绎的准备向我提出来的。

⑧ 如果我是对的,这也是存在于思维到任何概念里的动作。

⑨ 再看本书第九章第六节和第十章第七节(结尾上),而且注意在A76=B102和A78=B104里的analytisch这个词,非常重要的是在这里认识到所说的动作乃是存在于一切判断的作为判断那里面的分析动作(不是综合的动作)。

⑩ 这会像是一个盖然性的判断。康德自己在A75注=B100注里把知性作为用概念来思想的力量和盖然性的判断联系起来;而这种见解是为一个概念本质上是一个可能判断的述项(A69=B94)这个学说所支持的。我们会记得,知性在广义上包括(1)狭义上的知性(即用概念来思想的力量),(2)判断力(即断言判断的力量),和(3)推理的力量(或说间接推论的判断力)。看本书第九章第二节。

念来思想,本质上,就是在抽象上想到许多可能的个别实例所共通的东西,那么他的断言就像是真实的了①。

同样的学说似乎含蕴在康德的下述说法之中,即知性的一切动作都能归结为判断。对于这种说法的明显的反对意见就是认为:用概念来思想的动作是不同于判断的动作的一种动作。康德是这样反驳那反对意见的,他断言:概念是作为可能判断的述项而与一个尚没有确定的对象的某观念发生关系(而终究是和某直观发生关系)的。诚然他肯定一个概念之为概念,只是因为它在其之下含有它能借以和对象发生关系的其他观念(终究是一些直观)②。这就意味着它是只作为一个可能判断的述项才成为一个概念的③。

说概念在本质上乃是可能判断的述项就是说用概念来思维,也就是进行判断。概念并不先于判断,而反倒是从判断中抽象出来的。如果是这样,概念就必须以判断的形式为依据;这一点在后面可能是非常重要的。

5.判　断

康德关于概念的讨论是以成立知性的各种机能乃是和判断的各种形式同一的这个结论作为其直接意图的。(用那些从形式逻辑得出来的预先假定的帮助)而达到的这个结论乃是以"用概念来思维就是进行判断"为根据的;而且又是以"知性的一切动作都能归结为判断"为根据的。

还有另一个论点要提出来——知性的各种机能(或说判断的各种形式)都是知性用来联合观念的一些方式。在这里,康德又一次默认他关于判断各种形式的一般学说为当然的。他关于判断的讨论,其与之有关的,不是判断的个别形式,而是他认为整个说来的判断之一般性质。如果判

① A69=B94。

② 应该注意,述项概念是通过主项概念而和直观发生关系的。我在这里不去考查这种复杂,因为我们不久就将联系着判断来考虑它的。

③ 康德的原理,甚至对于是主项概念的那些概念来说,也是有效的。在"一切物体都是可分割的"这里面,其主项概念乃是"物体",但是"物体"也是一个可能判断的述项。看 A69=B94,和《遗著》(Nachlass)4634(XVII 616),在那里每一个判断都被认为有两个是我们拿来彼此作比较的述项的。"当我说'一个物体是可分割的'时候,其意思乃是:'我通过那些一起构成物体的一个概念的某东西 x,也是我通过可分割性这个述项来思维的。'"

断的本质乃是要联合,那就可以假定其不同的各种形式也就会是联合的不同方式了。

知性之能使用概念的唯一方法就是用概念来进行判断①,而在判定中,我们是使一个概念和一个对象有其关系的②。但是除了一个直观之外,没有任何观念是直接和一个对象有关系的。因此当我们在判断中把概念应用于一个对象时,我们乃是利用直观来这样做的。

既然判断必须使用概念,所以它就是推论性的或者说间接性的认识③,而不是直观性的认识④。

直至此为止,我所说的似乎是这样的,即在一个判断里只有一个概念,而且这个概念应用于一个感性的实在——这是一种使人想起勃拉德莱先生(Mr. Bradley)的学说。可是康德认识到主体与述项之间的区别,结果就是认识那可以称为判断里一种双重间接活动的东西。概念与一个对象有关系,不只是通过一个直观,而且又通过另一个概念。其述项概念乃是通过其主项概念和对象有关系的,而这个主项概念是假定为直接和对象有关系的⑤。

在现阶段上,我们已经接近了康德的讨论的关键之点,(按照形式逻辑)即判断联合观念是在什么意义上说的。

康德举例来说明他的意思。在"一切物体都是可分割的"这个判断里,那可以用于不是物体的其他东西⑥的可分割性这个概念,乃是特别和物体这个概念有关系的,而物体这个概念是和呈现于我们的某些直观⑦有关系

① A68=B93。

② 大概也和一些(或者一类)的对象有关系。

③ 康德表达这点又说,判断乃是关于一个对象的观念的观念,而这样一种说法可能像是不自然的。可是就它只是另一个方法来说,在判断里,我们是用另一个观念(终究是用直观)来使一个概念与一个对象有关系。比较一下在A19=B33的关于思想的说明。

④ 如我们所看到,数学的判断可仍然称为直观性的,其意义就是在这些判断里,直观是起显著作用的。看本书第十章第七节。

⑤ 这种直接性当然只是相对的。主项概念只能用直观来与对象有关系,但是它是直接与直观有关系的,而述项概念是通过其主项概念和直观有关系的。

⑥ 康德说的是"其他概念",但是可分割性这个概念,严格上,是用于在这些概念之下所思想的东西。

⑦ 原文是说"出现"(德语的 Erscheinungen),但这显然是一种笔误或印刷错误,已为康德在《补充条文》(Nachträge)XXXVI里改正,看 Raymund Schmidt 版,A69=B93 所附加的注。

的。拿这个实例作为一切判断的典型,康德就断言:每一个判断在本质上乃是在我们的观念里产生统一性的一种动作①。为着要认识所说的对象②,判断不用一个直接的观念③(例如"物体"这个主项概念),而用一个在其下涵盖着④那主项概念以及其他概念的⑤"更高级的观念"(例如"可分割性"这个述项概念);而这样就把许多可能的认识集合成为一个认识了。

对康德的论证来说,这种说法是极其重要的,可是不幸它是模糊不清的。在声明要作出一切判断的描述里,我们应该不但考虑断言的判断,而且还考虑其他的判断⑥,即令我们认为假言判断和选言判断,在某种意义上,是由一些断言判断所组成的⑦。谈到断言判断本身,有必要认识到,在它们里面,我们可以用我们自己的观念作为对象⑧,而且认识到,一个单纯的抽象可以是一个判断的主体。康德的例子乃是一个很特种的断言判断,在其里面,不只其主项概念是与具体的物理性东西有关系,而且其述项概念是作为"高于"⑨其主项概念的;而且这决不是必然的⑩。

---

① 我是用我自己的话语表达的。康德是说"一切判断都是在我们的观念中的统一性的各种机能"。

② "对象"用单数是没有什么特别的意义的。和上句比较一下:"这些对象乃是通过可分割性"这个概念间接地表象出来的。

③ 康德没有说他的意思是指一个物体的严格直接的直观或者是指"物体"这个相对直接的概念。我认为至少主要上他必须是指后者说的。"物体"这个概念是相对直接的,因为它乃是所谈的判断的主项概念。

④ "涵盖"是原德语"begreift"之译。对于一个概念"Begriff"来说,这词是适当的。

⑤ 在这里康德又是简单地说"在它之下涵盖着这个(直接观念)与其他的观念的东西"。他所说的可能不只是该主项概念与其他概念,而且又是属于"物体"这个概念的可分割的种种对象的一些直观以及同样是属于"可分割性"这个概念的其他概念。

⑥ 比较一下 B141。

⑦ 在某种意义上,康德是这样相信的,但是他认为假言判断与选言判断是包含着判断的各种不同的形式的。

⑧ 这里的对象简单就是判断的主体。

⑨ "更高级"或"更广泛"这个词最适合是用于种与属的那些场合。"动物"这个概念比"人"这个概念为更高级,而"人"这个概念又高于"黑种人"这个概念。在"东西","实体","物体","金属","铁"里,我们得到一种与此类似的系列。"可分割性"不是"物体"为其一个属的一个种,而"物体"不是包含在"可分割性"之下,如它是包含在"实体"之下那样;但是"可分割性"有其更广的外延,而这就可能是其理由何以它在这里称为更高级的。比较一下《逻辑》第九至十三节(Ⅸ96-98)。

⑩ 例如在"有些可分割的东西是物体"这个判断里。

可是必须记住：康德不是在写关于形式逻辑的一本论著，而且纵然他的举例是不适当的，而且是在一种不适合于一般情况的方式上被描述的，然而他的理论还可以是健全的。我们实在要知道的乃是当我们进行判断时，说"许多认识集合成为一个认识"是什么意思。

每一个断言判断都可说是联合其主体与述项的，但是这显然不是康德的主要意思。我们必须总是面对这个困难，即他把按一种实在论的假定描述为事物的东西描述为认识，而且甚至描述为直观。我认为他的意思是说，我们不是分别地直观到每一个物体，而是在可分割性这个概念之下把我们关于许多个别物体的不同直观集合在一起。更简单地说我们在我们的心面前用不同的个别物体的可分割性这个共通的标志来联合这些物体①。我们是用分析的一种动作来这样做的。

康德的总括性论点是说：进行判断在本质上乃是用普遍性或一般性的概念来思维多数的感性个体。正如他曾主张过用概念来思维就是进行判断那样，他现在就同样地主张进行判断（不管这又是别的东西）乃是用概念来思维。我们必须考虑的乃是这种高度一般性的学说：他关于那主项概念与述项概念所起的作用之说明是清楚地需要加以限制的，如要它适合于判断的一切不同类型的话。

甚至这个一般性的学说也决不是没有困难的。可是我并未发现这学说与承认在形式逻辑里所提出的判断之各种不同形式有不相容之处，或者甚至于承认，如我所曾提议的②，可以存在于一切判断之作为判断里的不同形式有什么不相容之处。我认为能够论证说，每一个判断都使用普遍性的概念③；而且想到一个普遍就是想到属于，至少是有可能属于，多数的个体的一个标志④，即令我们是在单个判断里使用它的⑤。认为这些

① 康德自己说，这些对象（即物体）是通过分割性这个概念间接表象出来的（A69＝B93-94）。"间接"这个词大概是指我们用物体这个概念和物体这概念指感性直观这两个事实说的。

② 看本书第十章第五节。

③ 某些类型的判断［例如"涂利就是西塞罗"（Tully is Cicero）］是能使这个论点遇到一些困难的。我认为可以回避这些困难；但是无论如何，提议说这个学说只适用于直言的判断，这是荒谬的，而更荒谬的就是提议说它只适用一独个类型的直言判断。

④ 在这里关于像"万能"这样的概念是有一些困难的。

⑤ 比较一下 B133-134 注。

个体终之必须是感性的这个假定看来可能是更难辩护的[①];但是我认为这一点也是能予以辩护的,虽然我本来应该认为对于形式逻辑来说,这是没有关联的。

虽然有一些困难,但是主张一切判断,为着要直接或间接认识一个感性的个别对象的世界而使用普遍性的或一般性的概念[②],而且甚至主张(不管判断还是可做别的什么东西)它是给许多不同的个别对象以其统一性[③],只要这些个别对象是通过一个共通的标志(或一些共通的标志)而被思维的,这并不是讲不通的。这样被给予的统一性可以称为一种"分析的统一性",一种依靠一个分析的活动的统一性[④]。这与分析判断无干,其实与任何特种的判断也无干[⑤]。无论康德是对或者是错,但是不能看到他至少是声言要描述一切的判断而毫无例外的这种过失是不得不导致——而事实上是曾常常导致——对他的论证的一种完全歪曲。

6.范　畴

到此为止,这整个论证只是形而上学演绎的一种准备:它叙述了,而且也许在某些方面修改了那演绎所根据的形式逻辑的一些学说。它特别是渐渐引到一个判断形式的表,而这个表是认为会给我们以范畴的引线的。如果在这个阶段上康德清楚地说出他所谓范畴是什么意思,并且他何以用这么多的方式来描述它们,而这些方式之间的联系,乍看起来,是绝不易看到的,那么他就会大大地帮助我们。我将力图弥补这种疏忽,纵

① 当我们说"诚实是可钦佩的"时候,其感性成分是减少到最小的限度了。也许康德还是会主张说,归根到底,我们所指的仍是我们关于它们有某种感性认识的个别动作。可是他的主要兴趣乃是在我们关于物理世界的知识。

② 比较一下 A19=B33:"一切思想必须,直接地或者间接地,经由某些标志,终究和直观有关系。"

③ 我想当康德(在 A79=B104 里)说"这同样的机能""在一个判断里给不同的观念以其统一性"时,他的意思就是说这个。

④ 参看 A79=B105 和 B133-134 注。还可比较一下本书第九章第六节,第十章第七节(在结尾处)和第十四章第六节。分析的动作就是存在于一切概念作用作为这样作用的动作。

⑤ 在不同的判断形式里,对象可以在不同的方式上得到联合,但是它们都被认为是由于共通的种种特征的一种分析而得到联合的。

然在这论证得到进一步发展以前是冒着不完全为人所了解这种危险的。

在当初亚里士多德筚路蓝褛的时代，形而上学这门学问所与之有关的乃是实在之为实在。它旨在从某一条中心原理来演绎出宇宙的详细本性①，而在这个过程中，它本身所与之有关的乃是纯粹的各形式而没有考虑到这些形式和质料的联系②。到了康德的时代，形而上学主要部分之一——我们如果可以拿鲍姆嘉顿(Baumgarten)的著作作为指导的话——是称为本体论的，而所与之有关的乃是这个东西的更一般的或说抽象的种种述项③。这些述项之中，有些是普遍性的述项，即属于一切事物的述项④。

鲍姆嘉顿不称这些普遍性的述项为范畴。"范畴"这个词是康德以亚里士多德的范畴为类比而使之再现于世或重新引进的⑤。亚里士多德的范畴乃是本质上可用来陈述各种可指名的实有东西之最广泛的述项的一览表⑥。亚里士多德用这个词的意义与康德用这个词的意义两者之间是有种种的分别的，但是在这里，我们不关心这些分别。

如果我们用"范畴"这个名词作为鲍姆嘉顿所说的普遍性述项解，我们就可以说，范畴乃是究极的述项，普遍地而又必然地适用于每一个事物，只要它是事物。作为普遍性的而又必然性的来说，范畴乃是纯粹的或说验前的，而且我们可以称它们为"一种一般的事物的纯粹概念"。

康德认为，如果我们假定事物为自在之物，则没有可能在验前知道这些事物的普遍性而且必然性的性格。我们用范畴就能有验前的知识，只有范畴如果是由于心的性质而且又是为心加在它所知道的对象之上的。所以康德的形而上学，一方面保留着过去的形而上学的一些理想，而另一方面它再不是和实在之作为实在有关的一种思辨的形而上学了。它转变

① 见罗斯(Ross)的《亚里士多德》一书，p. 155。

② 见上引书，p. 62。

③ 见鲍姆嘉顿的 Metaphysica (《形而上学》)第四节(XVII 24)。其拉丁原文是"scientia praedicatorum entis generaliorum(一般实有的东西之关于述项的知识)"。我是照着 G. F. Meier 的德文翻译解释这句话的。

④ 见同上引书的第六节(XVII 24)。

⑤ A79-86＝B105。

⑥ 参看罗斯的《亚里士多德》一书，p. 23。

为一种关于经验的形而上学，而有关于经验的对象之就其为经验的对象而言的种种普遍性的而且必然性的特征。因此，就康德来说，范畴乃是关于“一个一般的对象”的纯粹概念，而不是关于一个一般的事物的纯粹概念①。

当我们考虑一个一般的对象本质上是什么时，我们将要发现它是为一种在一个必然的综合统一里被抓在一起的质料所组成的②。构成任何每一个对象的普遍性的而且必然性的性格的就是这种必然的综合统一性；其质料是可以无限地变化的。因此，一个范畴的更确切的描述就是，范畴乃是存在于经验的每一个对象里的必然的综合统一性的一个纯粹概念③。

到此为止，这个学说没有多大困难。可是康德认为这种必然的综合统一性乃是为一种综合动作所加在所予的感性质料之上，而不管所综合的质料的特别性格是什么，这个综合动作总是同样的④；而且他又认为一个对象的概念又是——可能更好是说“包含”或“含蓄”着——这样一个对象借以能被构成的综合之概念⑤。因此，他不但把范畴当作一个一般的对象的概念，而且还当作一般综合的概念⑥，即需要来构成任何而且每一个对象，而又来加上构成任何对象的作为对象的最主要的性格的那种综合的一个概念。

康德关于这种综合的说明是复杂而难懂的。这个综合乃是一些直观的综合并且是想像力的工作，但是按照康德的说法，它必须遵照存在于判断的智性综合的诸原理。这些原理是暗含在判断的各种形式中的，而我们本认为它们是控制⑦想象性的综合的。如果一个对象要成为一个对

---

① 比较一下 A93＝B126。可是我们依然必须把一个对象在本质上作为一个具体的东西看。

② A104 起；B137。

③ 比较一下 A321＝B377 和 A326＝B383。又 A79＝B105。

④ B130。例如房屋、船只、汽车都必须被综合为带有种种偶性的实体，不管它们作为给予感官的质料是怎样大大地不同的。

⑤ 例如一个圆这个概念乃是，或说含有一个圆借以能被构成的那个综合的概念：在本质上，一个圆就是在某方式上能被构成的几何形，所说的构成乃是一种想象中的构成，但是如果我们是要有一个实在的对象在我们的面前，这个构成就必须以所予的一些直观为基础。

⑥ 更精细地我们可称它为一般直观的杂多之综合的概念；比较一下 A79＝B104-105 和本书第十四章第三节。

⑦ 比较一下 B162 注，但是参看本书第三十四章第三节。

象，它就必须被判断，而那想象性的综合就必须这样结合所与的杂多，以致它能按照判断的各种各色的形式而被判断。所以，就一个所与的直观的杂多是按照范畴[①]而被确定的这点来说[②]，范畴就可说成是判断的形式——我认为更好是说成判断形式的概念[③]。这是用许多变化的方式说出来的，而目前我们毋须去谈这些变化的方式了[④]。非常奇怪的是，在它没有说出来而只暗示到的[⑤]一个地方，正是它原来应该说出来的地方，那就是在形而上学演绎里面。

那为判断的各种形式所控制的想象中的综合，本质上，就是时空与空间的纯粹杂多的一种综合：因为它以综合的统一性加之于时间与空间的杂多，它也就以综合的统一性加之于按照时间与空间的种种形式被给予出来的杂多。其结果就是，范畴被描述为纯粹综合的概念[⑥]。

这些关于范畴的不同的叙述——作为一个一般对象的一些概念，作为必然的综合统一性的一些概念，作为判断的各种形式的一些概念，以及纯粹综合的一些概念——可能暗示着康德是在不同的而且混乱的一些意义上使用范畴这个词的。然而我们必须容纳这个可能性，就是当我们继续往前探讨时，他的意思可能变得更好理解了。目前我们只能注意到在那最后两种叙述里包含着的区别。

7. 图型化的范畴

作为判断各种形式[⑦]的概念之范畴乃是纯粹范畴。作为纯粹的范畴来说，这些范畴据说是“空洞的”，其意义就是它们的内容乃是思想的

---

① B143。

② 我认为在这里，“确定”就是给它以统一性或形式。

③ “判断的形式（转换为一些直观的综合的概念）就产生了范畴”；A321＝B378。

④ 例如看 B128；A244-245；M. A. d. N.（《自然科学的形而上学初步》）前论（Ⅳ474），和《纯粹理性批判》（Ⅴ65）。

⑤ A69＝B105。

⑥ 在 A78-79＝B104-105 里，是把这个概念看作纯粹综合的概念而又看作纯粹综合的统一性的概念，但是我不认为这是一种实质上的区别：范畴又可说是纯粹综合的规则的概念。

⑦ 在这里，像总是要那样，我们必须理解“判断的诸形式作为用于直观而且确定直观的”，每次用这个短语时都重复这个限定似乎是不方便的。

空洞形式，或说判断的形式，通过这些形式是不知道任何有确定性的对象的[1]。诚然它们是和一个一般的对象有关系的；而既然它们乃是推论的，或说概念性的，思想之一些形式，可以说它们是等候着一个对象在某种的感性直观里（康德所称的一般直观里）被给予出来的。可是，对我们来说，它们必须和人的直观有关系，而人的直观是按照时间的形式被给予的。只有在范畴改为以时间来说[2]，才能说它们是有意义的；那就是有人的经验的对象的必然的而且普遍性的特征作为它们的内容，而不单纯有判断的空洞形式作为它们的内容。在其这样改为以时间来说时，它们就再不是纯粹的范畴，而是图型化的范畴了。范畴是作为图型化的才是纯粹综合的概念[3]。

所以在判断的假言形式上被思维的根据与后果这个纯粹范畴是和时间没有关系的；而且即令我们把它想为总得是用于在直观里被给予出来的对象的，然而这种思想是这么模糊，于是就称为空洞的了。如果这个范畴改为以时间来说，它就成为原因与结果这个图型化的范畴，也就是必然在时间中继其根据而发生的一个后果这个图型化的范畴了。在经验的对象中一切变动必须是原因所确定的这个思想远远不是空洞的；并且，如果能证明它的话，如康德相信它之能被证明那样，它就会是对于形而上学的真理的一种重要的增补。

为了得到对康德这方面思想的清楚的了解，我们必须等待一种冗长而复杂的论证之进一步发展。在我们达到关于图型法那一章以前，我们是得不到其详情的，而这也就是康德的演绎作为整个来说，所有的困难的主要理由之一。可是极其重要的就是从起头就要认识到对于时间的说法不是一种后来的插补，而是康德的论证所不可缺少的。

离开时间来说，就完全没有先验逻辑可言了。与判断各种形式有关的只能有一种形式逻辑。由于既有经验性的直观，而又有纯粹的直观，才

---

① 比较一下 B150 和 A245。

② 比较凯尔德(Caird)的《康德哲学》，p. 407，和《康德的批判哲学》第一册，p. 441。

③ 可是甚至纯粹范畴，由于是一般直观的杂多之综合的概念，也必须在某种意义上是纯粹直观的杂多之综合的概念。其第一种的综合乃是种，而其第二种的综合乃是这个种的一个属。比较一下本书第十三章第六节。

能有关于对象的纯粹思想与经验性思想之间的分别[1]。由于同样的缘故，我们就能够有一种不完全抽掉认识的内容，而局限于验前知识，但排斥经验性知识的先验逻辑[2]。正是因为先验逻辑有一种纯粹感受性的杂多在它的面前，如在先验感性论里所说明的那样，它才有内容：离开这种杂多，它所与之打交道的纯粹概念、就会没有任何内容，而且会是完全空洞的了[3]。关于这一点，康德像任何一个能这样做的人一样是清楚明白的。如果我们不能认识这条真理对于他的整个论证是绝对不可或缺的，那么这部《纯粹理性批判》，对于我们来说，就等于一部无法看懂的书了。

① 比较一下 A55＝B79-80。

② 除了就其是考虑存在于一切经验性的知识里的验前知识这点而言以外。

③ A76-77＝B102。如果说它们的内容会是判断的空洞形式，那也许会是更正确些。

第十三章 概念作用与综合

1.纯粹直观与范畴

康德在他的形而上学演绎的正文一开始就让人注意到这个事实,即范畴必须是图型化的。纯粹范畴,如果要不是空洞的,就必须有一种"材料"或说质料给予它们;而这种质料又必须是纯粹的,如果范畴,当其被充实时,是要成为纯粹概念的话。这样一种纯粹的质料是在空间①与时间被给予出来的,因为空间与时间是含有纯粹验前直观的一种杂多的。但是空间与时间又是直观的形式;它们乃是关于对象的一切直观对人的心灵被给予出来所遵照的条件。因此,空间与时间是不得不影响范畴的性格的,因为范畴乃是一般对象的纯粹概念。换句话说,范畴是必须图型化的;也就是说,它们必须再不是判断的单纯空间的形式,而必须从它们对于空间与时间的关系得到一种确定的内容。何以它们能这样做,其理由就是:在判断的各种形式显示出来的思想之自发性要求空间与时间的纯粹杂多得要在一定的方式上被"流览一遍,捡起来,而得到结合"②。这样做的活动称为综合,而康德的论点乃是纯粹杂多的这种综合是有不同的各方面和判断的各种不同形式相应,而且是为这些形式所加上的。

2.综合的性质

康德认为综合乃是在一切知识里面的一种本质性的要素,而专以两个段落来解释他的所谓综合"在其最一般的意义上"是什么意思③。作出

① A77=B102。注意在第二版中为更显著的空间已经在这里被提到作为与时间同等的。又注意,正如感受性对思想呈现出空间与时间的一种纯粹杂多那样,我们可以说先验感性论对先验逻辑同样地呈现出空间与时间的一种纯粹杂多。批判哲学使那在经验中以非反思的形态发生的东西在反思里成为明显的。

② 这些短语,特别是"捡起来",乃是和康德称为"领会"联系着的;看 A120 和 A99,并且比较一下 B160 与 B162。

③ A77=B103;比较一下 A78=B103。

了这种一般的解释之后，他就要回到纯粹综合这个特殊的问题上来，而纯粹综合，如他所曾断言过的，是给纯粹范畴提供一种内容。

对综合的一般描述——并且甚至对纯粹综合的说明——就是概述将在先验演绎里①详细弄清楚的一些学说。所以要避免重复，细节的欠缺乃是自然的，而且甚至是必需的；但是所描述的太过简洁，以致不易理解，而且除非按照后文来解释，有些所说的话可能让人得到一种错误的印象。我总觉得难以说明康德的意思而不被卷入关于先验演绎的讨论里去，而在这里讨论先验演绎是不适当的；而且必须预告读者，当前的说明，在某些点上，是临时的，并不企图答复那些可以很合理地提出的反对意见。

在正在考虑的两个段落的第二个段落，我们读到的乃是"一般的综合"是单纯想像力的工作(或说结果②)，而且是和知性在其"把这个综合带到概念"这个工作(或说机能)显著地不同的。从这一点，如果单独地来看，我们可能作出结论说，想像力的综合是完全独立于知性的。这样一种见解是不为先验演绎所证实的，而且甚至在当前的一段文字里也许有一些迹象，指出心灵这两种能动的力量之间有一种更紧密的联系③。而且想像力的单纯综合好像包括偶然的联合和艺术家的创作性活动，但是康德在这里唯一关心的事情就是综合的作为在关于对象的知识中的一个因素。这后一种的综合，我们后来就会知道是"领会的综合"④，而且我们将要发现它与概念作用是紧密地结合在一起的。

综合，在其最一般的意义上，乃是"这样的活动，即把不同的观念一个一个地加到另一个上面，而且在一个认识里面抓住(或说理解⑤)它们的

---

① 比较一下 A78＝B103，"如我们后来将要看到"。

② 德语的"Wirkung"可以是"工作"，又可以是"结果"的意思。

③ 纯粹杂多的综合——这无疑是应该归入一般的情况的——乃是"我们思想的自发力"所要求的(A77＝B102)；而且在综合的定义中是用了德语"begreifen"(即"抓住"或"理解")的，而这就暗示着有一个"Begriff"(概念)，例如在 A68＝B93 那里面。又比较一下 A103。德语"Zusammenfassen"是适合于一种单纯想象性的理解的词；看《判断力批判》第二十六节(Ⅴ251)。

④ 看 A99-100，A120 和 B160 领会的综合乃是把所予的杂多在一个直观里拿起来并加以结合在一起。

⑤ 这里"理解"是原德文的"begreifen"。

杂多”。康德心目中的这种活动的一个实例就是把一系列所予的出现结合成为一个个别房屋这个复合直观[①]的活动。如果我们坚持康德后面的说法,一定要说综合乃是想像力的单纯作用,我们就必须主张“房屋”这个概念甚至不是无意识地在这个综合里起作用,而且更加要主张,“这是一所房屋”这个判断乃是完全不同的一种活动了。我个人认为他的见解是说,“房屋”这个概念是在想像力的这种综合里起作用的,纵然是无意识地这样起着作用。在康德心里的东西乃是必须在我们判定这是一所房屋时就存在的这种想像力的综合;而且也许可以理解他关于“在其最一般的意义上”的综合之描述是包括必然存在于“这是一所房屋”这个判断里的知性与想像力的整个合成物。

关于综合的较晚的见解,总而言之,乃是先验演绎的见解[②]。按这种解释,我们可能倾向于把综合的活动和上面[③]描述为“把一些不同的观念安排在一个共通的观念之下的”这个活动同一起来。这样的同一就会是一种错误。按上述的解释,这两种活动诚然同是判断;但是在描述它们时,康德乃是描述判断的两个完全不同的方面,或说两种完全不同的含义的。那较早的一段,在它的前后文里来理解,暗示着:在每一个判断里,许多个别的对象是一起被置于一个共通的标志(或一些共通的标志)之下的;其实它所与之有关的乃是包含有概念作用的、进而包含有我们从而思想到不同的个别对象的共通的一些特征的抽象的或说分析的活动的判断。目前的一段所与之有关的乃是包含有一些不同的直观(或所予的一些出现)成为能被分析的一个个别对象的综合的这种判断,无论如何,在我们用判断来认识物理的对象时,这判断是如此的[④]。这种综合可分为两种过程——我认为不应看作一个随着另一个而发生——第一个是把一些不同的观念(或出现)加在一起,进而通过一个概念把它们在一个认识

① “直观”(或者甚至“意象”)这个词在这样的前后文里的使用并不含有我们是与某主观的东西有关的意思。我之忍住不说“复杂对象”只是因为这个对象,如果它严格地要成为一个对象,是必须得到被判断,而不单纯被想象到或感觉到的。

② 比较一下 A103 和 B129-130。

③ 在 A68=B93 以及本书第十二章第二节和第四节。

④ 例如为要判定这是一所房屋,我们必须不但利用分析来认识到这所房屋与其他房屋所共有的“房屋性”的一些标志;我们还必须靠综合的一种活动来把这所房屋(而且也许其他房屋)作为一单个复杂对象一起抓住在心的面前。

里"抓住"①。

可是,我们在现阶段上可能宁可假定,康德在他对于综合的定义里是不去管后来作为"把综合带到概念上去的"而谈到的知性活动。如果是那样的话,综合"在其最一般的意义上"就是把不同的一些观念一个加到另一个之上而在一个直观里抓住它们的杂多的这个活动。在某些方面上来讲,这种解释是更适合于当下的前后文的。即令是这样,我们必须记得所说的想像力之综合乃是存在于领会一个实在对象的活动中的综合;而且我们又必须记得,离开判断,它就不给我们关于对象的知识。

当所综合的杂多是验前被给予的时,像在时间与空间的杂多那样,综合就是纯粹的;当杂多是在感性直观里被给予时,综合就是经验性的,由于感性直观的杂多总是在时间与空间被给予出来,所以每一个经验性的综合必须也含有一个纯粹综合②。

3. 综合与分析

康德现在就进而把综合和分析对比起来,而且主张综合乃是分析的条件③。我们对杂多(无论是经验性的或纯粹的杂多)的综合起动可能只为我们提供一种粗糙而不清楚(或模糊)的④认识⑤。可能需要借分析来

---

① 这一个"认识",在这种解释里,主要就是一个直观;因为这些许多的出现或直观是结合为一个复杂的直观(或对象)像一所房屋那样。可是这个复杂直观的统一性是依靠我们关于许多不同的直观借以结合为一个复杂直观的计划这个概念的。我并不怀疑这就是康德的学说,但是可怀疑的就是他在这个目前临时的阐明里是否想要使这点明朗化。

② 如果康德在现阶段把这点早就明白说出,就会使他的学说变得更清楚了;比较 A99-100 和 A102。

③ 比较 B130 和 B133。

④ 如果综合是单纯想像力的工作,这种"认识"就不是严格意义上的"知识"。

⑤ 当认识可能含有错误时,它就是"粗糙的"(德语"roh"):"粗糙的"乃是"准确的"或"正确的"(德语"genau")的反面,而正确的,其意思乃是相称于所说的对象而且完全免于错误的;看《逻辑导论》Ⅶ(Ⅸ54)。当我们有意识地觉知到一个认识有别于它可能与之结合在一起的其他认识的时候,这个认识就是"清楚的"(德语"klar"),和"模糊的"(德语"dunkel")相反。当一种认识的各部分与其结合在其整体里也是"清楚的"时,这种认识就是"明晰的"(德语"deutlich"),和"不明晰的"相反。康德不赞成那通常的用法以"混乱的"(德语"verworren")成为"不明晰的"的反面,但是他自己时常用这种名词。一种不明晰的认识靠分析就变为明晰的,而且有(直观的)感性不明晰性,而又有(概念的)智性不明晰性。看《逻辑导论》Ⅴ与Ⅷ(Ⅸ33-34 与 61-62)和《人类学》第五、六节(Ⅶ135,137-138);又看 B414-415 注,在本书第十九章第八节里有更详细的叙述。

使这样的一种认识成为明晰的,但是给我们以某东西来分析的乃是综合。离开了综合,我们所有的就会是一些单纯互无关系的成分;我们就不会有任何东西是能描述为需要加以分析的确定性的内容了。没有某确定性的内容在心的面前被抓在一起,那就不能有知识的任何可能性;而就知识是依靠心的活动的这点来说,知识的第一性起源应该在综合里而不应在分析里去寻找[①]。

康德在现阶段上提出关于分析与概念作用之间的关系的一些问题就使他的讨论变复杂了:他坚持说,概念的内容(或说质料)是绝不能由分析而发生的。

很显然,如果想像力的综合给我们以一个复杂的直观或意象,我们就能进而分析这个意象,使其各部分与其彼此的关系变得清楚起来,而这样就使其整个意象成为明晰的。这种过程可能在直观性的水平上完成[②],而且它不会产生概念的形式或概念的质料。

如果我们转到概念的起源上来,像我们已看到的那样[③],根据形式逻辑,概念的形式(或说普遍性)总是由比较、反思与抽象而形成的。这种复杂的进程通常称为"抽象",但是在本章里,康德把它称作"分析论"[④]。他的这些说法所含的意思是:概念的形式是由一般可以描述为分析的方法这种程序而发生的,而概念的质料则不能由这样一种程序而发生,必须是由综合的活动而发生的。

关于概念的形式,我并不认为康德在概念本身的形成(与思维)的过程中坚持心的分析程序是应该作为对我们已曾知道的东西有任何新东西的增加的。他曾主张用概念进行思维,在本质上,就是利用一个共通的标志或一些标志来思维多数的个别对象。他现在所主张的就是,对于这样

① 可能有人反对说,综合与分析是齐步前进的。在某种意义上,康德愿意承认这一点,但是他在这里的论点乃是,在一个不明晰的整体里,我们可能把还没有彼此分辨开来的一些不同的成分抓在一起,这显然是真的。依我看来,这又是完全和休谟的心理学原子说相对立的。

② 可能有人主张概念作用甚至在意象的觉知与分析中都总是存在的,但是我们至少能说,其概念性的成分是起一种从属的作用的。康德自己所举的例证乃是看天河,先是用肉眼看,然后用望远镜看。看《逻辑导论》V(IX 35)。

③ 见本书第九章第六节。

④ 比较 A76=B102 和 A78=B104。

的一些标志作为是共通的来识别，是包含着在这些标志之下所思维的所予对象之分析的。这显然是如此的；而反对说，单纯的分析只能给我们以当下的意象中的明晰性，而不给我们以一个一般性的概念，这是不公道的。康德述及的是大家所熟悉的一个形式逻辑的学说；如果他强调那学说的一个特别方面，或者乃至如果他是叫人注意一个通常没有为人识别的一个方面，我们也没有理由认为他把用概念思维和分析所予的直观这个活动同一起来了①。

康德的学说的另一种含义就是概念的质料主要是依靠综合的。他所主要关心的好像是复杂概念，例如“房屋”这个概念②。如果我们是要把这所房屋和其他房屋所共通的一些特征抽取出来，我们就必须把这所房屋（而且也许其他房屋）作为一个复杂的个别对象在心的面前抓在一起③。康德心目中的好像是概念关于它的质料或说内容方面的形成，或者也许更准确地说是它的发现④，但是我认为凡我们用概念来思维的时候，他的学说都是有效的。在“房屋”这个概念之下思维到个别的房屋时，我们所需要的不只是所予房屋的一种分析，而且又需要一种综合，是我们用来把所予的一些直观结合为这所或那所房屋的一个复杂直观。分析的必要性是一向为人所一般承认的，如果不是在那个名义下，总之是在“抽

① 概念的形式或说普遍性不单纯依靠我们由分析而发现它是包含在我们的直观或一些直观里作为一个部分：本质上，它是依靠我们用它作为一个共通的标志，从而使它和多数对象有关系这个活动。比较一下《逻辑》第七节的注释以及《逻辑》第五节的注释一（Ⅸ95 和 94）。康德的学说，好像是说，由分析，我们就“这种红”是在几个被直观的对象里，而用一种抽象的活动，我们就能够用它作为一个共通的标志，而这样也就作为一个普遍性的观念。我并不想隐瞒这种学说的困难，但是说在“红”这个概念里，其质料（红色）是所予的，而形式或说普遍性乃是形成的，在这里确是有点意义的。“红”这个概念是一个过分简单的例证，因为在康德的心目中的多半是复杂概念，例如“房屋”这样的概念，那里标志的构造或合成乃是像所予的标志本身同样重要的。

② 虽然如此，甚至一个像“红”这样的简单概念也是包括在这学说之内的；看 B133-134 注。当然康德并不否认这种红和那种红必须对感官被给予出来，但是他坚持，如果我们是用分析来获得红这个概念作为这些红的共通标志，我们就必须综合不同的红色对象。

③ 我们又必须把一些个体作为一堆或一个整体在心面前抓在一起，而这也是一个综合活动；但是康德所关心的主要是把所说的概念所涉及的复杂个别对象抓在一起。

④ 关于它们的质料而“被形成的”只是那些“人为的”概念；其他（不管是验前的或经验性的）概念都是关于它们的质料被“给予的”。看《逻辑》第四节（Ⅸ93）和本书第九章第四与第五两节。在一切情况下，综合——在人为的概念的情况下是任意的，在验前概念的情况下是心的性质所确定的，在经验性概念的情况下是感觉的性质所确定的——都是要有内容来分析的必要条件，而这样也就是概念关于它们的形式借以得到形成的分析或抽象的活动的必要条件。

象"的名义下的:综合的必要性乃是康德自己的特别学说。他认为在我们关于对象的一切判断里都必须同时有分析与综合。

4.知识中的两个因素

康德承认:他关于综合的说明需要有一种在后来才作出的①更充分的辩护。当下他是断言,一般的综合乃是想像力的工作而且是知识的必需条件。在知识中的另一个因素就是知性,正是知性"把综合带到概念上去"。

在这种关系上,想像力被说成是"我们几乎从来很难意识到的灵魂的一种盲目的、可是又不可缺少的机能"②。这并不意味着我们永远不能意识到想像力的综合,相反,它意味着我们有时可以意识到这种综合。"盲目的"这个词的使用也不意味着想像力本身是必然无意识的。没有人能看作必然是无意识的那些直观也被说成是离开概念就是盲目的③。一般说来,想像力乃是一种有意识的活动,但不是一种自行意识的活动;在想象之中,我们有某种觉知,但是我们几乎总不觉知到我们自己的动作的性质④。

把这些说法解释为:好像康德是在说明某种莫名其妙的形而上学玄义似的,这是一种极大的错误。他企图作出的乃是对我们在这是一所红房屋或者这房屋是红的这种认识的活动里的平凡经验的一种清楚的分析⑤。我

① A79=B103。"一般的综合,如我们后来将要看到,乃是……"。

② 严格地说,想像力乃是一种"力量":它的工作是一种"机能"。附带注意到在《补充条文》(Nachträge)XLI里,康德用"知性"替代了"灵魂",清楚地看想像力作为知性的一种低级的形式。

③ A51=B75。我在本书第四章第二节里提出直观没有概念就是盲目的,因为没有思想,虽然我们可以看见例如一种颜色,但是我们不知道它是一把椅子的颜色,或者其实不知道它是任何东西的颜色:直观离开了概念所能给我们的只是一时的出现,不是关于一个对象的知识。离开概念,想像力也是盲目的,由于它所能给我们的只是一个图画或者一个意象,不是关于一个对象的知识,在这方面,直观与想象是恰恰平行的。我们能有知识,只因直观与概念作用是结合的;我们能有知识,只因为我们把想象的综合带到概念来。可是想像力还可在另一意义上是盲目的,就是它乃是按照它不被意识到的原则工作,这些规则则只能为反思的判断力所知道的。比较一下 A88=B121 和 A10 注。

④ 我们所有的乃是关于所形成的图画或意象的直接觉知,而不是关于我们形成这图画或意象的活动的反思觉知。

⑤ 我们可以同样拿"这是一所房屋"这样的一个判断作例子,我选择上面的例子,是因为它是简单的,然而现出了判断所必需的感官成分。在《未来一切形而上学导论》的第十九节(Ⅳ 299 注)里那段提出有关于第一性的质素的判断(例如"这所房屋是正方的")会是更令人满意的,但是很难相信康德在那里所作出"知觉的判断"与"经验的判断"之间的区别是完全恰当的。

们最初所看见的东西乃是一个有色的平面，而我们如果要知道在我们面前有一所带有某些特征的房屋，我们就必须以一种想象中的结构来补足我们在任何瞬息间所看见的东西。这种想象中的结构可能是依靠从前关于这所房屋或者关于其他房屋的一些直观的；它可能依靠我们围绕着这所房屋走一转或者穿过它走一道而且观察它的不同部分①。我们几乎从来没有意识到那想象中的活动；而且除了在我们继续去观察这所房屋的其他部分时，我们可能只模糊地意识到为我们见到的东西所加在那想象中的结构之上的这些意象或直观；但是这样的想象活动总是存在于对像一所房屋这样的复杂对象的认识之中，而且必定总是存在的。想像力的盲目综合乃是知识的第一种条件。

可是它不是唯一的条件。单是想像力只能给我们一个图画或意象，而且也许甚至没有那些。如果我们要知道这所房屋与其颜色，我们就必须"把这个综合带到概念上去"②。

5. 综合与概念

这最后的叙述之主要意思看来可以是说，我们必须在概念的水平上完成在想象的水平上所完成的东西。我们必须不但把我们关于房屋与红的个别直观结合起来③；我们还必须把我们在这所房屋是红的这个判断里的与之相应的概念结合起来。这就是知性的工作，而且是知道一个实在对象的条件。

到此为止，康德的学说是比较简单的，但是按照下文，我们必须加上某些复杂的东西，它们是我们后来将要考虑的而目前必须多多少少作为是毋须加以证明的。判断不是单纯认识到我们曾在一个想象中的综合把某些直观结合起来；它断言某些特征在实在世界里结合起来了④。而且，

---

① 这个第二种情况像是康德主要在其心目中的情况。它显然含有记忆，因而大概含有想象中的再生。甚至在这种情况下，想像力也在我们曾观察到的总和上加上了许多东西，但是，如果我们单纯地把我们一些相继而起的直观结合为这个房屋的一个复杂直观，康德的论证还是会有效的。

② 附带地来说，如果这个想象中的综合果是完全无意识的，这就只能由一个奇迹才能发生的。

③ 我们关于这所房屋的直观乃是一个复杂直观，而关于红的直观是其一部分。

④ 这不能是单纯想像力的工作或感官知觉的工作。比较一下 B142。

虽然想像力的综合是为那在感觉中所给予的东西所控制(例如像我们在从各方面看这所房屋的时候),但是在这个综合里起作用的原理乃是“房屋”这个经验性的概念。这些前后相继而被给予出来的直观——甚至我们如果不去管想像力作为补充而加上的那些直观——全都是按照一单个计划结合起来的;而这个计划也就是一般在“房屋”这个概念里所思想的东西。在判定这是一所房屋或者判定这所房屋是红的这种过程中,我们是想到在想像力的综合里所显示出来的那个一般的计划或说规则,而只有这样,所综合的一些直观才能替我们形成知识的一个对象①。

就康德来说,一个复杂概念是多于发现存在于不同的对象的一些共通标志的集合:它并包含着关于这些标志结合起来的方式的某种知识。兹以一个更简单的例子来说,一个三角形的概念不是三条直线这个概念,而是三条直线在这样一种方式上结合起来以形成一个平面形的三个边的概念。如果我们要知道这是一个三角形,我们就必须认识到,在沿着给予于知觉的几何形的界线,我们也就按照这个概念把三条直线结合起来了。三角形这个概念可以说是包含着——甚至被康德说成是——三条直线的一种综合这个概念。因此,在认识到这是一个三角形的过程中,我们可以说是把综合带到概念上去,也就是,把这个综合本身这个概念带进意识中来,而这样使之成为清楚的。同样的,在认识到这是一所房屋这种更复杂的情况中,我们是把我们借以结合所予的杂多为一个复杂直观的这个综合的概念成为清楚的。

就康德来说,任何对象的概念都是(或说包含着)我们借以结合所予的杂多为一个复杂直观的这个想象中的综合的概念。更确切地说,(既然这个概念不是关于一个个体的观念②)不同的一些个别对象所共通的一

① 可以这样提出,就是想象中的综合是“红屋”这个概念而不为“房屋”这个概念所控制的,在我们判定这所房屋是红的(或判定这是一所红的房屋)的地方,这无疑是真的,但是“房屋”这个概念是根本重要的;并且如果我们是要了解康德学说,我们就必须集中注意当下情况中的最简单而最根本的一些因素。

② 如我在本书第九章第四节所指出的,虽然我们在谈到概念(例如“房屋”这个概念)时,是用单数名词的,但是这不应叫我们看不见这个事实,就是一个概念的内容不是一个个别对象。

些特征这个概念乃是(或说包含着)需要来结合所予的杂多为一个关于具有这些共通的特征的对象的想象中的综合的那条规则的概念①。因此,在我们用一个概念来知道所综合的杂多时,我们是在某种程度上把那在想像力的综合中显明出来的规则成为明确的:用康德的话语来说,我们是"把这个综合带到概念上去"。

这一切听起来可能是十分复杂的,但是一经我们看到康德所谈的是什么,这就是比较简单的了。他的说法应在一种经验性的水平上来理解,而原不是想要提出关于观念论与实在论的任何问题的。据我们对他的了解来说,他是假定我们具有一些经验性的概念并且有关于经验性的对象的知识的。他并没有问:我们最终怎样得到经验性的概念,或者我们怎能只从经验性的直观开始而过渡到关于一个对象的知识。他所问到的就是,当我们在知道经验性的对象时,我们在做什么②。他的答复就是,我们是在把所予的杂多按照一个经验性的概念结合或说综合为一个复杂直观,而且我们是在像"这是一所房屋"这样的一个判断里使这个经验性的概念成为明确的。除非同时存在着想像力的一种综合和知性的一个判断,在严格的意义上来说,我们是不能有关于一个对象的知识的。

没有必要再补充说,他乃是为我们关于一种非反思的活动提供一种反思的分析。他的意思并不是说,在知道一个对象的过程中,我们是反思

---

① 比较一下 A141=B180。"'狗'这个概念是表示一条规则,按照着这条规则,我的想像力就能一般地描写某一定的四足动物的形状而不被限制于经验所提供的某特别个别的形状,或者限制于我在具体上构成的任何可能的个别意象。"这种学说是在先验演绎和在范畴的图型法里再加以弄清楚的。

② 我认为——纵然他用了时间性的短语像"起初"那样的——他是把我们的知识分析为同时的而不是相继的一些过程的。可是,如果我们理解他是描述一种过程,是我们用来首先把所予的杂多综合为我们不知道是什么的一个复杂的直观;而终之决定在我们面前的东西是一所房屋,那末这一般的学说依然是同样的。这是一种很罕见的情况,但是甚至在这样一种情况里,"东西"或"对象"这个模糊的概念是一直存在的。这就附带地包含着一些范畴的存在,但是我们暂且不必考虑它们的存在。解释的根本错误乃是认为康德是描述着一种过程,是我们用来首先就在我们面前有了认识到是纯然主观的一种单纯直观,然后用判断力的另一种活动来认识到它是关于一个客观房屋的主观直观,并没有这样从主观的到客观的之时间性的过渡,而康德也不是描述这样的一种过渡。

地觉知到我们综合的活动，而且更没有意思来说我们认识到我们的经验性概念是在综合的活动中显现出来的那条规则的概念。虽然是这样，但是如果我们考查一下在我们关于任何像一所房屋这样的一个具体对象的知识里所包含着的是什么东西，我们将发现他的分析是正确的①。

6. 纯粹综合与范畴

在描述了一般的综合之后，康德就回到纯粹综合这个题目上来了。他是通过下述断言把这种纯粹综合与范畴联系起来的：(1)范畴乃是从时间与空间的纯粹杂多得到它们的"材料"或说内容的，而且(2)思想的自发性是要求有这种纯粹杂多的一种综合的②。他现在告诉我们说："纯粹综合，当它是普遍地被表现时，给我们提供了知性的纯粹概念。"③这个的意思只能是说，范畴就是"这个纯粹综合"的一个概念。

我们曾看到，就康德来说，"房屋"这个概念乃是所予的杂多借以结合为一所房屋的这一个复杂直观的想像力之经验性综合的一个概念④。因此，发觉范畴乃是——我宁可说"包含着"或"包括着"——纯粹综合的一个概念，这并不奇怪的。其困难乃是要知道康德的所谓"纯粹综合"是什么意思。

我独断地说明我的见解：必须在康德的论证在后面的分析里去寻找它的辩解。所说的纯粹综合乃是结合时间与空间的纯粹杂多的这个综合⑤；而这个综合是把某些必然的而且普遍性的范畴的特征加在一切感性对象之上的。拿一个明显的例子来说：在认识一所房屋的过程中，我不但是综合着一些经验性的直观；我并且综合着它所占住的空间的纯粹杂多以及它在其里面持久的时间的纯粹杂多。这种纯粹综合是必然把作为一个外

---

① 比较一下 A103-104。

② 看 A76-77＝B102。

③ A78＝B104。"普遍地被表现"乃是德语的"allgemein vorgestellt"。

④ 在这里，像总是那样，我们必须理解这个意思是说，不是它乃是发生的现实综合的一个观念，而是它乃是这个综合和其他综合所分有的共通性格这个概念，而这样也就是在这个综合以及在其他综合里显示出来的规则或计划的一个概念。

⑤ 我们在后面将要应付关于这种纯粹综合与所予的杂多的经验性综合这两者之间的关系的某些困难，但是在这里提出这些困难来，是会无益的。

延量的范畴特征加在这个对象之上，因为时间与空间乃是外延量①；而我们在任何时候知道任何感性对象，它都是存在的②。

康德在这里所关心的好像是含有通过纯粹杂多的综合而给予出来的一种"材料"的这个范畴，因而是关心于作为图型化了的范畴。虽然是这样，但是甚至那纯粹范畴，按康德的见解，也可以说是在某种意义上的纯粹综合的一个概念。例如，外延量的图型化范畴就是空间与时间的同质杂多的综合之一个概念③：纯粹范畴就是在"一切S都是P"这个判断形式里被思想到的同质的东西的综合之一个概念——因为一切S都是作为同质的而被思想到的。因此，纯粹范畴可以说为空间与时间的同质杂多的综合之一个概念，其意义是像和这个概念乃至任何属于这个种的属的一个概念一样的④。

思想的自发性要求纯粹杂多得要在某一定的方式上综合起来的；在纯粹杂多的综合中起作用的各原理与各规则必须和思想的种种必需的形式取得一致，而这样就要和诸纯粹范畴取得一致。这可能是康德何以现在把纯粹综合描述为"依据综合的验前统一性的一种根据"的一个综合的理由，而康德曾说过，当所综合的杂多是(像时间与空间的纯粹杂多那样)⑤在验前被给予出来的，综合就是纯粹的⑥。

我不认为在这两种说法之间是有任何冲突的。在我们综合一种经验性的杂多时，例如在认识一个个别房屋的活动中那样，其综合好像是为在经验上所给予出来的诸直观之性质所控制的——而我们暂且可以接受这种

① 康德认为这同样的综合还加上内包量，而且它使对象对我们出现为一个持久的而带有变动的质素的实体和其他相类似的一些实体互相作用的。

② 康德主要是想到在空间中的物理对象，虽然他的学说是应该对于在时间的形式之下被给予出来的内感官对象适用的。我所选择的例子是属于外延量的，因为它所提出的困难很小。关于其他范畴所包含着的种种困难暂且必须延到后来才谈了。

③ 或者说同质的一些空间与时间的。

④ 比较一下 A142-143=B182，B162，B202 起，以及 A242=B300。同样地，如果我们抽掉包含在因果的综合里的时间性成分，我们剩下来的就是根据与后果的纯粹范畴，而这个范畴是在判断的选言形式里被思想到的；看 B162-163。即令我们不能接受这种理论，我们也必须设法来了解它，关于别的详细节目，看本书第三十三章。

⑤ 参看 A77=B103。

⑥ A78=B104。

见解。在我们综合时间与空间的纯粹的同质的杂多时,其综合是为我们概念的性质所控制的。在数学的程序中就能看到这一点①。我们在纯粹直观中构成一个三角形或一个圆,乃是按照我们概念的性质,而不是按照碰见在经验性的直观里所对我们给予出来的东西的性质的②。在我们方面,这是一种任意的动作,而因为这种缘故,我们就说数学的概念都是任意的③。范畴不是任意的,因为它们都是在思想作为思想的性质里暗含着的;但是人的心灵必须按照范畴来把纯粹杂多结合起来,正如数学家——虽然只是用一种任意的动作④——把纯粹杂多按照数学的概念结合起来那样。

三角形的数学概念乃是我们借以在纯粹直观里构成一个三角形的纯粹综合的统一性之来源或根据⑤,这是清楚的;而康德认为,范畴同样地就是必然存在于认识任何经验性的对象的过程中的纯粹综合的一些来源或根据⑥。

7. 验前知识的种种条件

这最后一个论点是康德在先行于他关于形而上学演绎的难懂而扼要

① 当康德接着在把知性的概念定义为纯粹综合的概念之后,便进而在和数学的概念的关系上讨论纯粹综合,这是使人混乱的。我觉得难以相信"纯粹知性概念"在这里能包括数学的概念;它们应该是范畴而只是范畴。一个数学的概念,由于它是一种纯粹综合的一个概念,乃是一个纯粹概念,但是它不是知性的一个纯粹概念。

② 康德自己的例子乃是数数的更复杂的例子。他指出数数乃是按照概念的一种综合,而在比较大的数目里在我们使用十进位这个概念地方,这一点是最明显的。皮里卡(Prichard)的反对意见(见他的《康德的认识论》,p. 164 注)说我们在数小于十的数目中不用这个概念,依我看来是文不对题的。关于康德在这个论点上的见解,其详见《判断力批判》第二十六节和二十七节(V251-260)。

③ 比较一下本书第九章第五节。

④ 虽然如此,这种任意的动作本身必须符合空间与时间的性质和诸范畴的。

⑤ 这是"综合的验前统一性"的一种根据,因为这个统一性乃是一种综合的统一性而不依靠经验的。这种统一性说是必然的,而且应该注意到在这个有人认为是晚出的一段文字里,康德使一个特殊的概念,而不是一个范畴,成为必然性的根据——也就是这个学说,其在这里出现就是主要的理由之一,得要主张其后的一段(A105-106)必须是早出的。

⑥ 比较一下 A79=B104。纯粹综合的统一性的最后来源就是统觉的统一性,即必须伴随我们一切的观念的这个"我思";但是,按照康德来说,既然思想必然是在综合的一定数目的原理里面(在判断的各形式里面)显示出来,那么每一个纯粹范畴可以说是在纯粹综合里的一种特别的统一性的根据,这种学说的一些困难在现阶段上不应再耽搁我们了。

的叙述的那个段落里①提出来的;但是这个论点是以形式逻辑与先验逻辑之间的更进一步的对比为其前言的。

形式逻辑在讨论概念的形式(或说普遍性)的过程中,描述存在于作出——而我并认为在于想到——任何每一个概念的作为一个概念的这种过程中的分析程序;那就是,它描述那用分析而且用抽掉其共通的种种特征的方法来把不同的种种直观(或对象)带到一个概念之下②。这种分析的程序是与先验逻辑毫无关系的:先验逻辑的任务乃是要说明(包含在认识任何每一个对象的过程中)纯粹综合是如何"被带到概念去"的。先验逻辑总之是要给我们说明范畴乃是在关于对象的一切知识里的一种必然成分这个纯粹综合里面起作用的一些原理③;而结果就是,利用范畴,我们就有关于任何每一个对象之作为对象的验前知识。

要有一切对象的验前知识④,三个东西是必需的:第一,纯粹直观的杂多;第二,这种杂多用想像力的综合;第三,知性的纯粹概念。康德在这个学说里一直是没有变更的,而且我们将在先验演绎里发现它是弄得很精细的。

有鉴于上面的讨论,尽可不必再附加地说(1)纯粹杂多的这个综合并不多于一种经验性杂多的那个综合⑤靠它自己给我们以任何严格意义上的知识;(2)知性的纯粹概念以统一性给予纯粹综合⑥;(3)它单是在于这种必然的统一性这个思想。这最后一种陈述诚然好像可以是新奇的;但是,就康德来说,在说范畴乃是纯粹综合的一个概念⑦(或说纯粹综合的

① A78-79=B104。

② 又比较一下在A68=B93里的(一切概念说是作为其根据的)"机能"的定义。

③ 从一起头,范畴就在一切"经验"里被使用的,而远在康德的时代以前,它们已为反思的思维所早就弄明白或说"清楚的"了。先验逻辑的任务就是要说明它们乃是控制着在一切知识中所包含着的纯粹综合的那些原理,从而替它们作辩解的。

④ 注意康德所关心的乃是一切对象的验前知识——数学的概念所给我们的验前知识只是关于某些特种的对象(如三角形、圆形等等);而且数学的对象其实不是在圆满意义上的对象(因为对象本来必须是能对感官被给予出来的),而宁可是对象的形式(看B147)。

⑤ 比较一下A78=B103和上面的第四节。

⑥ 正如数学的概念以统一性在一个数学的结构里给予想象中的综合那样。我们不需要提这个问题,就是这个经验性的概念给领会的经验性综合以统一性或者只是当我们认识到这统一性时才有这个经验性的概念。

⑦ 这是我们已经知道了的(看本书上文第六节)。

规则的一个概念)和说范畴乃是纯粹综合的统一性的一个概念,这两种说法之间像是没有任何分别的。

还有一个论点得要作出的就是,范畴"依据"或说基于知性,如称它们为知性的纯粹概念就已经指出了。一切概念无疑可以说是依据知性的,由于它们是依据判定的进行这个"机能"的①。可是范畴的这样做,乃是在一种很特别而且更直接的意义上的;因为如康德所相信,构成其内容的纯粹综合的一些规则既不是所予的感觉,也不是心的任意活动所加上的,而是判断力本身的最主要性质所加上的。

这个争点乃是形而上学演绎的关键,而整个在前的论证一直也就是渐渐引到这点的。它是为康德在一个凝缩而难懂的段落里②所阐明的,而这个段落将在下章予以考查。

① 看A68=B93。一切概念作用都至少包含着一个盖然性的判断,是我们用来把一些不同的个别对象带到一个共通的标志之下的。

② A79=B104-105。

第十四章 形而上学演绎

1. 论证的一般性质

康德用来概括形而上学演绎的那几句话过于简洁，以致不太清楚，而其所用的话语，其准确的解释是怎样，是尽可以拿来争辩的。要考虑每一单个短语的一切可能的解释就会是讨厌的，而我打算只把我认为是最确实的意思说出来①。可是我认为有一桩事是不能有任何合理的怀疑的——即康德把在前两章所曾考察过的关于判断的下述两种见解对比起来，一是对于形式逻辑应有的见解，二是对于先验逻辑应有的见解②。一方面，我们知道，一切判断，而且其实一切设想，都包含有一种分析的程序，是不同的个别对象从而用一个共通的标志得到为人所思想的而且是在那共通的标志之下得到统一的。另一方面，我们又得知，一切判断，而且一切设想，只要它给我们以关于实在的个别对象的知识，都包含有一个所予的杂多的想象中的综合，经验性的杂多是如此，纯粹的杂多亦复如此，而这样也就包含着这个杂多的合一为一个个别对象的直观。这两个学说——康德同时认为是真的——在最后的论证中集合在一起而且被认为产生了形而上学演绎之结论。

这个最后的论证应该说明范畴都是从知性本身的性质出来的而且构成了相应于判断的一切必然形式的一个完整③体系④。有鉴于康德所曾说过的东西⑤，我们可以指望这个最后的论证并指明范畴怎样能从空间

① 由于这是极关重要的事情，我除了在序言里的一般的道谢之外，还想要说，我在目前的讨论里得益于巴尔卡尔(Barker)和库山(Cousin)两先生的提示很多，虽然他们对于我的见解是绝不负责的。

② 其第一种见解见 A67＝B92 起，而第二种见解见 A76＝B102 起。

③ A67＝B92。

④ B159。

⑤ 比较一下在 A76-77＝B102 里所说的，而又比较一下这种断言，说范畴乃是“纯粹综合”的概念，并且纯粹直观的杂多的综合乃是一切对象的验前知识所必需的(A78-79＝B104)。

与时间的纯粹杂多得到一种“材料”，而因之就能在验前适用于在空间与时间的各种形式下被给予出来的经验中的一切对象。

有了那论证的这种一般的计划在心里，我们就应该更有条件来解释康德所叙述的细节了。

2.判断中的统一性

“在一个判断中给一些不同观念以其统一性的同样机能也给一个直观中的一些不同观念的单纯综合以其统一性。”①

康德在这里所说的“机能”必须是知性应有的工作，即思维或说判定。其实，它必须是“思维的机能”，这机能，在我们只注意到它的形式时，是“能属于四种项目的，其每一项都含有三个子目”②。这种一般的思维机能，按康德来说是在判断的十二种形式中显示出来的，而现在据说只做两件事；第一件就是“给一个判断中的那些不同的观念以其统一性”。

以为这是这样的学说，即康德在说一切判断都是在我们的一些观念里③的统一性(即合一)机能时所并非恰当地表达的学说④。康德认为，每个判断就是把不同的观念统一起来：直言判断是把其主项概念与述项概念统一起来(或说使之发生关系)，而假言判断与选言判断是把一些不同的判断(我认为这些判断本身是直言的⑤)统一起来(或说使之发生关系)。可是，在本段里，像在前面的一段里⑥一样，我认为康德所主要关心的不是概念或判断的合一，而是思想的更初步的而更基本的方面。在一切判定或设想的过程中，我们都是在一个概念之下把一些不同的直观(即关于不

① A79＝B104-105。

② A70＝B95。

③ A69＝B94。关于这个短语的批评，可看本书第十二章第二节；关于判断把一些观念统一起来的一般意义，可看本书第十二章第五节。

④ 比较一下《逻辑》第十七节(Ⅸ101)。

⑤ 看A73＝B98和B140-141。如果我们想有一个一般的公式来包括一切的情况，我们就能说，每一个判断都把所与的一些认识带到统觉的客观统一性那里。我们还应该记得，一个判断的形式是在于“一些不同的观念，作为观念，属于”(或说在“一个意识里”被统一)“的方式的确定”；看《逻辑》第十八节(Ⅸ101)。

⑥ 看A69＝B95而又比较一下本书第十二章第五节。

同对象的直观)统一起来;或者更简单地说,我们用一个共通的标志(或一些标志)把许多个别对象聚集在我们心的面前①。在判断里统一起来的一些不同的观念就是判断所涉及的一些个别对象②;而它们是统一起来的,其意义就是:由于它们的共通的一些特征,它们于是被在一起想到。

我认为,对于我们目前的意图来说,这是足够的,而其所包含着的各种复杂与困难是不能在这里被考虑的。判定在本质上就是用概念把多数的个体一起来思想,而说这种学说只是对于普遍性的判断才有效,这个说法是完全不正确的③。要考虑的最简单的情况就是这种情况,在其里面,我们把多数的个体在一个概念之下统一起来,像在"这是一所房屋"或"有一些房屋"这种判断里那样④。虽然如此,我们还应该注意到,我们在判断中所做的是多于把我们的概念所分开涉及的一些不同的实例在一类里统一起来:我们还按照我们统一(或分开)这些概念的方式来统一(或分开)这些类本身。因此这整个判断——而不单单这个判断所从而组成的分别概念——都也说是统一了它所谈到的一些个体,而且在判断的不同形式中,所谈到的一些个体是在不同的方式上统一起来的⑤。

还应记住的是:把一些不同的观念(或对象)带到一个概念之下这个进程是曾被描述为分析的⑥。把一些不同的观念(或对象)带到一个概念之下大抵是把它们在那概念之下统一起来;如果是这样,那么在一个概念

---

① 前此所举的例子乃是用分割性这个共通的标志把一些物体聚集在心的面前;看 A69=B93-94。

② 就康德来说,每一个个别对象都是在直观里被给予出来(或者是能在直观里被给予出来的),而其本身就是为必然性所结合在一起的一个复杂直观。康德使用"直观"或"观念"这个词来代替一个真实判断的对象是易于产生误解的,可是这种用法适合于表现这个事实,就是他的哲学不是描写性的观念论而是经验实在论。

③ 我在本书第十二章第五节里已经指出想象一普遍的东西就是想到属于(至少可能地属于)多数的个体的一个标志,纵然我是把这个标志用在一单个判断里的。

④ 我们毋须考虑别的概念是否甚至在这里也被包含着。我故意选择"这所房屋是和别的房屋统一在一类里"这个单一判断作为实例之一。

⑤ 康德在处理判断的不同形式的过程中,通常处理"Umfang"(范围)或"Sphäre"(区域),即处理在判断中的种种词的外延。我并不想过于强调这一点,但是它是重要的,作为指出在判断的各种形式的种种分别对于判断所谈到的种种对象得到统一的不同方式并不是没有关系的。比较一下 A71=B96 起和《逻辑》第二十一至二十九节(Ⅸ102-107)。

⑥ A78=B104。

之下把一些观念(或对象)统一起来这种进程也必须被当作是分析的。这种分析的方面是存在于每一个判断而且存在于判断的每一个形式里的。

3.统一性与综合

思维的机能所做的第二种工作就是以统一性给予于一个直观中的一些不同观念①的"单纯综合"②。在这里康德关心的显然是:所予的杂多之综合为关于一个个别对象的一个复杂直观③。所谓"单纯综合"我们可以理解为想像力的"单纯工作"④,靠其本身并不给我们任何知识的这个综合⑤。知性给想像力的综合以其统一性,而这样也就间接地给所综合的杂多以其统一性。

在我们问到所综合的杂多其性质是什么时,种种困难就开始发生了。康德所说的可能是一般的综合⑥,而这就会等值于一般直观⑦的杂多的综合,一般的直观也就是无论是经验性的或者纯粹的任何直观以及每一个直观。否则他所说的可能是刚才所提到的"单纯综合",即时间与空间的纯粹杂多的综合。总的来说,我认为更可能的乃是他要我们回到论述"一般综合"的那早出的一段⑧。大概他是希望我们把关于"一般综合"和关

---

① 在这里"观念"是等值于"印象"或"感官材料",而从前它们是等值于"对象"的。

② "单纯综合"是原德文的"der blossen Synthesis"之译。

③ 就康德来说,复杂直观与其对象在某些点上可以看作同一的。

④ A78=103。

⑤ A78=103和A79=104。"单纯综合"的意思可能是抽掉了没有它我们就没有关于一个对象的任何知识的这种思想的那种综合。可是,它的意思可能是抽掉了所与的质料的综合;而那时它就会等值于一般的综合了。

⑥ 比较一下A77=B103和A78=103。

⑦ 在A79=B105里曾两次提到"一般的直观";又比较一下B144,它包括任何一类的感性直观——任何给予于一种被动的或接受性的感受性的直观,或从这种感受性得来的直观——无论是经验性的或者是纯粹的。所以它就包括一切人类直观,关于时间与空间的纯粹直观和在时间与空间的形式下被给予出来的经验性直观都同样包括在内。康德相信(例如参看A27=B43)别的有限存在者可能有在不同于时间与空间的一些形式之下被给予出来的不同的感性直观。这些存在者的直观也会为"一般的直观"这个短语所包括在内。作为有理性的存在者来说,它们会使用我们的纯粹范畴,但是给予于这些范畴的"材料"会是不同的,而这样它们的图型化的范畴也会是不同的。

⑧ 所用的一些短语像是反响在A77-78=B103里的那些短语的。

于“纯粹综合”所曾说的东西联系起来，而且认识到那给“一般综合”以其统一性的思维更必须给(“一般综合”的一特种综合的)纯粹综合以其统一性。

如果我们把这些复杂的东西放在一边，康德所论证的就是，思想所作的多于用分析与抽象的那些方法把一些不同的对象在它们的共通特征的概念之下统一起来；思想并且把统一性加在想像力的综合之上，正是通过这种综合，所与的一些直观才结合为其一些共通的特征能被想象的个别对象。

我们曾看到，如果我们的杂多所与直观是要构成一个复杂的关于对象的直观，它们就必须被综合起来，而这个综合就必须被带到概念里去。这就意味着，为了关于一个对象的知识所需要的不管是什么概念或者什么的一些概念，判断总是必要的。这个综合可以随着所与的特殊质料和所用的特殊概念而改变，但是有一个方面是不改变的；判断必须总是存在的；因为，除非一个对象是被判断的，它就不能是一个对象。

到此为止，这个学说是可被人接受的，可是又可以主张说，判断固然承认存在于杂多的综合的统一性，但是它并不给这个综合以其统一性。然而康德主张，综合的统一性不仅是判断所承认的，而且也是由判断所授予的。如果按其票面的价值来看经验，我们就不得不按我们各种感觉的性质来把所与的东西，时而结合为一所房屋，时而结合为一艘船；而在我们使用“房屋”与“船” 这些经验性的概念时，我们就是承认所结合的特殊质料的统一性①。我相信这是完全为康德所接受的；但是他要求我们作出更深入的探查，而且他主张有控制着这种经验性的综合的一些终究的原理，并主张这些终究的原理是为思想本身的性质所加上的②。例如我们必须把所予的东西作为一个实体与一些不同的偶性结合起来，而统一性的这种终究的原理是为思想所强加，而不是为我们所予的一些感觉的性质所加上的③。不管想像力的综合怎样随着所予的不同质料而改变，但是它必须按照存在于判断之作为判断里面的综合原理而把当下的杂多结

① 比较一下 A103 起。

② 说这综合必须或者全为所予的东西所确定，不然的话就全为心所确定这种反对意见，依我看来是完全错误的。这是我在本书第六章第八节所批评的错误的又一例。

③ 在人类的经验中，这样的强加必然包含有时间与空间的纯粹杂多的一种综合。

合起来。思想乃是我们想像力的综合之统一性的终究来源;而且,如果它不把这种统一性强加在这综合之上,就不能有知识的任何对象。

这是在先验演绎里详细阐述的学说①。这学说的意思是说,知识的每一个对象,除我们用我们经验性的概念而识别的那特殊的结构外,还必须有判断之作为判断的结构——或说形式——所强加的一种普遍性的结构或形式②。眼下的这一段没有提供什么论证来支持这种争论,而单纯在一种最一般的方式上断言思想以统一性给予,或说以统一性强加于想像力的综合(而终之就强加于想像力的纯粹综合),没有这个综合,就不能有关于对象的知识。我们应该把它当作一个后来要成立的假设;但是,如果我们是要仿效康德的企图来把范畴和判断的形式联系起来的话,我们就必须暂时接受它。

4. 知性的纯粹概念

康德在断言了思想以统一性给予一些不同观念在一个直观里的单纯综合之后,他附带地说,这种统一性,在"普遍地表达"时,就是知性的纯粹概念③。

我们曾看到④,康德把关于一个对象的概念当作是构成那个对象所需要的综合(或者这个综合的统一性)的一个概念。在这里他把那是一般对象的一个概念的概念看作是构成任何而且每一个经验对象所需要的综合之统一性的一个概念——那统一性是判断之为判断的性质所加上的⑤。

---

① 特别看 A111,A125 和 B143。

② 我所说的普遍性的结构或说形式,意思是指着一个结构或形式,是这个对象和一切对象,而不单纯和有些对象,如一些房屋或一些船,所同享的。如果我们不把所予的一些出现结合为一个恒久的实体的偶性,我们就永远不能识别一所房屋或一艘船,一所房屋与一艘船之间的种种分别是对感官给予的;但是实体与偶性的结合乃是由于心的一种验前活动的。

③ A79=B105。"普遍地表达"是德文"allgemein ausgedrückt"之译;比较一下在 A79=B104 里的"allgemein vorgestellt"(普遍地表象出来)。

④ 看本书第十三章第五节。

⑤ 如果所说的综合乃是一般直观的杂多的综合,康德就是谈到纯粹范畴;如果反之,它乃是时间与空间的纯粹杂多的综合,他就是谈到图型化的范畴,例如在 A78=B104 里。然而比较一下本书第十三章第六节。

5. 分析的统一性与综合的统一性

我们现在来到了康德用来表达他的结论的那个还更难懂的句子了。我宁可意译而不直译。

同一个知性,借助同样的一些活动,产生出两种结果。第一,它用分析的统一性在概念里使一个判断的逻辑形式产生出来。第二,它用一般的直观的杂多的综合统一性把一种先验的内容引入它的一些观念里去。因此,我们能称这些观念——大概是曾有先验的内容引入去的观念——为验前适用于对象的知性纯粹概念。这是形式逻辑所不能完成的事务。

在这个难懂的论证里,某些论点,依我看来,是十分清楚的。康德是把他关于那前一句——其实还是整个形而上学演绎——所与之有关的判断的两个不同方面的描述更扩展一步。同一个知性所产生的两种不同的结果,不是用不同的活动,而是恰好是用同样的活动[①];而这些活动就是判断的活动。不但如此,它产生这些不同的结果是用两种不同的统一性,即一种分析的统一性和一种综合的统一性。这两种统一性必须是在前一句里所指的那两种统一性。这个综合的统一性显然就是思想给与在一个直观里的不同观念[②]的综合的那个统一性。其分析的统一性必须是思想给与在一个判断里的不同观念[③]的那个统一性。

6. 分析的统一性

既然知性的活动就是判断,所以知性所产生[④]的第一个东西就是"一个判断的逻辑形式"。我们可能认为:这是说知性产生判断的一种笨拙的方法;但是鉴于范畴与判断形式之间的密切联系,我们必须理解康德的意

---

① 判断的一切活动产生一个判断的逻辑形式;有些这种活动,即给我们以关于实在对象的知识的那些活动,给范畴以一种先验的内容。要知道这个理论的一种很难明而可怀疑的发展,可看《未来形而上学导言》第十八节(Ⅸ297-298)。

② 即感觉材料或说印象。

③ 即对象。

④ 康德所说的是"产生了"(德语的"zustande brachte","使之发生了")。我把这过去时态理解为说某东西像"如我过去看到那样产生"。主要是谈到 A70＝B95 按照前面所说的来考虑。

思正如他所说的那样。在产生判断的过程中,知性也产生了判断的形式;而这种形式是在形式逻辑里研究的。

更难明白的就是,何以知性要"用这个分析的统一性在概念里"产生判断的形式。然而康德曾主张说①,知性乃是思维的能力,即用概念来认识的能力;而且还主张说,既然概念本质上是可能判断的述项,所以一切的概念作用都是判断。不但如此,而且在一切用概念所进行的思维之中,可以说我们是在思想一些不同个体对象所共通的东西,因而把它们带到一个概念之下②,于是就把它们统一起来了。由于这种进程被认为是分析的,所以知性在其使用概念之中,而且其实就是在设想这个活动之中,可以说是用分析的统一性产生这个判断——而这样就产生判断的形式③。

这个短语是含糊不清的,而且它的详细解释可能是靠不住的,但是那争论的一般路线是清楚的。我看不见什么理由来假定康德是在任何方式上违背了我们现在所熟悉的关于判断的学说。分析的统一性可能存在于一切判断里而且存在于判断的一切形式里;因为一切判断都包含着概念作用,而这样就靠那用分析与抽象的一种活动被思想到的一个共通的性格来把一些不同的对象统一起来。

7. 综合的统一性

"利用在一般的直观里的杂多的综合统一性",知性在进行判定的过程中,又把一种先验的内容引入它的一些观念里去。

谈到"先验的内容",就暗示着康德现在是在说明纯粹范畴如何能从

① A69=B94。同样的学说也存在于 A68=B93 里。

② A78=B104。

③ 在 B133-134 注里,意识的分析的统一性是说为在一切"寻常的"概念作为这样的概念里所固有的,就是说在一切概念里作为包含着一些不同的个体所共通的东西的思想。这就证实了我所作出过的解释。"分析的统一性"极其需要的解释在第二版中是在先验演绎里作出的这个事实并不意味着它对于现在一段文字没有关系。在第二版里,先验演绎在其第一部分里企图把这论证和形而上学演绎联系起来,正如它在其第二部分里企图把这论证和先验图型法联系起来一样。在《活叶》里还有别的谈到分析的与综合的统一性的地方,看 Reicke 第一卷,pp. 114-116,B12。

时间与空间的综合得到一种内容或"材料",而这样就能变成必然适用于人类经验的一切对象的图型化范畴。鉴于他开始这章的方式[①],而同时又鉴于他关于纯粹综合的讨论,这是我们可以合理地指望他会予以说明的。那先验的内容这样被引进去的一些"观念"就会是知性的纯粹概念;而看来这是为所说的那些观念被描述为它的观念,即为知性的观念这个事实所证明的[②]。因为这些观念得到一种先验的内容,所以它们就能被称作验前适用于对象的知性的纯粹概念[③]。

我认为这就是康德思想的一般方向,但是我们必须提防着不要过分地把目前所说的加以简单化,他并不像我们可能指望的那样,说知性"用时间与空间的纯粹杂多的综合统一性"引入一种先验的内容进入它的观念里去[④]。反之,知性产生这种结果是"用一般直观里的杂多的综合统一性的"。"一般直观"不能和纯粹直观同一起来:一般直观乃是一个种,而纯粹直观只是其一个属。而且要注意,在随后的那个段落里,康德说知性的纯粹概念是验前适用于一般直观的对象的。

难以断定的是,康德后来使用"一般直观"时,强调其专门意义到什么程度[⑤],但是我们的确能够把这种可能性置之不理。如果我们理解知性的"一些观念"为知性的纯粹概念,那么这样的概念的定义是刚才被作出来的[⑥]:它们乃是知性给予于在一个直观里的一些不同观念的"单纯综合"的统一性的概念[⑦]。如果"单纯综合"——如我所猜想的那样——等

---

① 看 A76-77=B102。

② 可以提出来说,"它的观念"只是指知性在进行判断的过程中所与之有关的观念说的,而且知性引入它们里面去的是实体与偶性、原因与结果等的先验内容。除了所引入的东西,我认为要描写为不是一种先验内容,而是一个先验的形式这点之外,这所说的会是关于康德学说的一种正确的叙述。但是总之下面所说的——"因此之故,它们就称为知性的纯粹概念"——就把这种解释置之不必理之数了。凯尔德(Caind)的翻译(见 The Critical Philosophy of Kant——《康德的批判哲学》,上册,p. 329)把"它们"作为是指知性的活动,这依我看来是不可能的。

③ 那么这个关系的子句就会是强调的子句。

④ 皮里卡(Prichard)(在其《康德的认识论》一书 p. 164 里)所译的好像康德曾这样说过似的。

⑤ 特殊参看 B151。一般直观的杂多的综合说是在纯粹范畴里所想的一种智力的综合。

⑥ A79=B105。

⑦ 比较一下上文的第四节。

值于“一般综合”，这个定义就可能含蕴着这种意思，即纯粹范畴就是一般直观里的杂多的综合统一性的概念了①。

借助知性的判断活动，在其给我们以关于实在对象的知识的范围内，可以说知性把一种先验的内容引入纯粹范畴里去，因为在把综合统一性加在一般直观的杂多之上的过程中，它是必然把综合统一性加在时间与空间的纯粹杂多之上的。因此，时间与空间的纯粹杂多的综合统一性就会是纯粹范畴，如果它们是在验前用于人类经验的对象，所必须得到的那些纯粹范畴的先验内容了②。在这些范畴得到了这种内容时，就可把它们看作是图型化的范畴，即一切人类经验所必需的完全范畴。

总之，这就是对康德的一般理论的一种正确的叙述，但是我必须表白，我怀疑他在这里是否有意把对于时间与空间的纯粹杂多的综合统一性所说的弄个明白。我认为我们必须介绍这个所说的，如果我们假定这个“先验内容”不同于它被认为借以得到引入的“一般直观里的杂多的综合统一性”。但是有其可能，而且特别是鉴于跟在后面的那个段落，也许甚至盖然性，康德是想要把这两个东西同一起来，而不是把它们区分开来。如果是这样，那么他所关心的就是纯粹的，而不是图型化的范畴；而且他是说，一般直观的统一性的综合（而这样，则知识的一切可能对象的统一性的综合）都是为判断或概念作用的作为概念作用的本质所要求或加上的。这个为思想所要求或加上的终究综合就是判断所引入的先验内容；而且这样的综合统一性必须按照判断本身有不同的形式或方面而有其不同的形式或方面。如果我们这样来解释康德，则不但他在接着后面所说的，而且他在先验演绎的起头所提出的一些很实在的困难，都是更易于理解的了③。

我承认，对于这种解释是有一些反对的意见的。如果我们接受这种

---

① 给予直观的杂多的综合之统一性的一个概念就是一般直观的杂多的综合统一性的一个概念。关于纯粹概念，比较一下康德在 A78-79＝B104 所说的：纯粹概念给纯粹综合以统一性而且单独是在于这种必然的综合统一性的表象。

② 在 A79＝B104 和 A78＝B104 里康德已经断言过，范畴必须是时间与空间的纯粹杂多的统一性的综合的概念。在论证的现阶段上，这可能是几乎不可理解的，但是我们将在原理里发现，一切范畴——而特别是实体与偶性和原因与结果的范畴——是由于时间与空间的统一性而被加在经验性的对象之上的。

③ A88＝B120 起。

解释，康德所说的就不能把前面的论证里的那些不同的线索集合起来；它就不建立起从前所讨论的纯粹杂多的综合与一般直观的杂多的综合之间的联系；而且它与离开纯粹直观的杂多诸范畴都是没有内容的这个断言似乎是相矛盾的[①]。我不认为这些反对意见是不可克服的。康德希望我们记住，思想为什么能把必然的综合统一性加在我们人类的直观之上，其理由就是这些直观乃是在时间与空间的形式之下对我们被给予出来的，而且时间与空间的纯粹杂多是能在验前被综合的。他已经说过，它就是这样，但是他打算在先验演绎中详细阐述这个学说。而且虽然诸范畴只在时间与空间的杂多的综合统一性里(而这样就在一切在时间与空间给予出来的对象的综合统一性里)有一种具体的先验内容，然而它们可以在一般直观的杂多的综合统一性里有一种抽象的先验内容[②]。

如果我们要在我们心里把属于普通的非反思的知性的一些工作和属于形式逻辑、先验逻辑的一些工作区分开来，就必须再附加上一点。知性在一切判断里产生判断的形式，而这种形式是为形式逻辑非反思地进行分析的。知性在一切给我们以关于对象的知识的判断里，把存在于判断里作为它的一些必需的形式的综合之原理加在想像力的综合之上，而这样就加在所综合的杂多之上；而反思地说明判断的各种形式所以就能被看作知识的任何而且每一个对象的概念的，就是先验逻辑的工作[③]。这后一种工作不能为形式逻辑所完成；但是在康德看来，先验逻辑只是把形式逻辑的研究进一步推进到判断本身的性质之中。

8. 范畴与判断的形式

康德的结论就是：知性纯粹概念的数量与判断逻辑形式的数量正好一样。这就是形而上学演绎的中心论点，而且不管我们同意与否，我们现

---

① A77＝B102。

② 例如在《逻辑》第五节的注释一至二里(Ⅸ94)，康德指出范畴都可含有从知性借来的某东西，而且指出范畴的质料的起源是知性的；而且在第三节里(Ⅸ92)，他明白地说诸范畴，按其内容来说，是起源于知性的。

③ 任何而且每一个知识的对象无非是它的必然综合统一性；比较一下 A104-105，A109，B137，A158＝B197。

在是应该有条件来了解它的意思的。

每一个判断,正如形式逻辑所正确主张的那样,是把观念统一起来。它之所以这样做,是由于它把是其质料的一些概念或认识[①]统一起来,从而就把这些概念或认识所涉及的一些不同的观念或对象统一起来。这样给予于一些观念或对象的统一性乃是一种分析的统一性:它是一种统一性,从那些不同的对象所分有的共同特征的分析与抽象得来的。然而这种分析的统一性有某些方面是独立于所分析或判定的特殊质料的;因为每一个判断必须在某些必然的方式上统一其一些概念或认识,因而统一其一些对象。判断的各种形式就是判断本身必然统一其观念或对象的一些不同的方式;而这些形式是独立于偶然被使用的概念的特殊性质以及偶然被判定的对象的特殊性质的。如果我们把康德的思想在其最好的地方来理解,我们就必须这样理解:这些形式是毫无例外地存在于一切判断的"一些契机"。形式逻辑所承认的一些从属的划分乃是二中择一的[②];但是我们必须把这些二中择一的划分看作只是强调判断的一个特殊的"契机",而不是排斥其他"契机"的[③]。

康德曾主张过,每一个判断,如果它给我们知识,也是把统一性加在想像力的综合之上的,而所与的一些直观乃是借着想像力的综合被结合为个别的对象的,而这些对象的共同特征乃是在这个判断里被思维的。他现在所争执的,乃是判断的各种形式,正如它们在一些不同的方式上统一一些观念或对象那样,也必须把一些不同类别的统一性加在想像力的综合之上;而这样就必须把不同类别的综合统一性加在所判定的对象之上。这些不同类别的综合统一性也将是独立于给予于感官而结合成为对象的那些直观的特殊性质的。

在其最一般的方面上来考虑,依我看来,康德的争执是合理的而且是

---

① 我用这个名词来包括假言判断和选言判断,而按康德来说,这两种判断所结合的是判断而不是概念。

② 如果一个判断是肯定的,它就不是否定的;等等。另一方面,一个判断可能是肯定而又直观的,而且是全称的而又是断言的:所以二者择一的只是那些再划分,而不是那些主要的划分。

③ 在《未来形而上学导言》第二十节的话里(Ⅳ302注)暗示着,为了得出范畴起见,不要把这些再划分看作相互排斥的二中择一。

正确的。判断的确把一种分析的统一性加在它所判断的对象之上；而不管所判断的对象的性格是什么，这种分析的统一性乃是，而且必须是，表现在任何判断普遍必需的形式里面的。同样，判断确是在它要分析而且判断的对象里要求有一种综合的统一性；而且这种要求必须予以满足，因为想像力的先验综合必须把所予的杂多在一个时间与空间里结合起来。我们也许可以甚至进一步说，想像力的先验综合所加在时间与空间之上，而这样就加在一切在时间与空间里的对象之上的这个必然的综合统一性，归根到底乃是由思想在其对象里而且其实在它作为一个整体的客观世界里要有综合统一性这个要求而来的。

我们还没有条件来决定，想像力的先验综合在一个时间与空间里把一切对象结合起来这种过程中，是否以符合于判断的一些不同的形式所要求的一些不同类别的综合统一性的那些特征加在这些对象之上①；而且我们更没有条件来决定，它这样做，是否服从思想的种种要求，而不单纯作为时间与空间的所予性格的后果。只有按照康德在后面关于先验图型和原理的说明，才能解决这些终究的问题。我们现在能合理地问到的只是思想的各种不同的形式是否要求在其对象里有不同类别的综合统一性②。说出纯粹思想对于它的对象所提出的各种要求，这是困难的；因为这些要求，如康德总是承认的那样，直至我们在它们对于一个有时间性的而且有空间性的世界的关系上来考虑它们，总是比较模糊的。然而甚至在现阶段上来指出它们一般的性格不是不可能的。就思想是概念性的来说，也就是就思想想要把多数的个别对象，由于它们的共通的一些特征，在一个整体(或说一个类)里统一起来这点来说，纯粹思想似乎要求其所予的对象都应该**在某方式上**是同质的。就思想是断言的来说，也就是就它是肯定和否定从而是划明界限的来说，它似乎要求其所予的对象应该**总得要**在其自身里面结合着有与无；就其是思想到实在而作出主体与述项之间的区别这点来说，它似乎要求其所予的对象应该**总得要**替我们提供一个最终的主体，如同提供一些属于那主体的一些特征一样。就其是

① 关于先验的图型与其对于范畴的关系，可比较一下本书第三十三章。

② 它是否把这些不同类别的综合统一性加在想像力的先验综合之上，而这样就加在一切对象之上这个另一问题，乃是属于后来才考虑的一个问题；看本书第三十四章第三节。

依据一些理由或根据来说，它似乎要求其所予的对象总得要替我们提供根据与后果的一种结合。就其是把不同的对象之类别在一个整体里彼此分离开来这点来说，它似乎要求其所予的对象总得要构成一个体系，其不同的各部分是相互排斥而且相互确定的。而且就思想是可能的、现实的、必然的来说，它似乎要求它的对象也应该在某方式上是可能的、现实的、必然的①。其实，如果我们接受真理的对应观(correspondence view)，这种要求不像是必然的要求吗？

无论这点是怎样模糊，它远不是无意义的，而且它是依据思想的各种必然的形式，而这些形式是在判断形式表里不完备地表达出来的。只有在我们能够指出在空间与时间里的物理对象的、思想的要求借以必然得到满足的那些特征时，它的充分意义才会得到澄清。但是如果这样设想，像今日通常所做的那样，说康德的理论不过是思想的混乱，或者说它所依据的是一种卖弄学问的企图，想要在形式逻辑与先验逻辑之间成立一切人为的平行，依我看来，这是毫无根据的。无疑，他的理论一直是时常被误解的；但是这并不是我们认为它本身不可理解的理由。

我们现在就应该能够了解：康德为什么相信判断的各种形式在思维里不但起了形式逻辑所指派它的作用，而且至少在表面上有要求确定所判断的对象的性格。就它们是确定所判断的对象的性格来说，它们就应被当作范畴；而相应于判断的各种形式而言，我们就有了以下的范畴表②。

在量的项下的范畴就是单一性、多数性和总体性③；在质的项下的范畴就是实在性、否定性和制限性；在关系项下的范畴就是存在性与依附性(substantia et accidens，实体性与偶性)，原因性与依存性(cause and effect，原因与结果)和交互性④(能动的与被动的之间的交互作用⑤)；在

① 关于纯粹范畴的详细说明，看本书第三十三章。

② 看 A80＝B106。关于判断的形式表，看 A70＝B95。

③ 虽然这次序是这样，但是我仍相信单一性是和单称判断相联系，而总体性是和全称判断相联系的；看《导言》第二十节(Ⅸ302 注)。

④ “交互性”(德语的“Gemeinschaft”)。拉丁文译为“communio”或“commercium”(看 A213＝B260)。通常英译为“community”，但依我看来，这不是那么令人满意。

⑤ “交互作用”是德语的“Wechselwirkung”，即拉丁文的“actio mutua”；看《自然科学的形而上学初步》(Ⅳ545)，其意思乃是实体的交互因果作用或说“影响”。通常译为英语的“reciprocity”(交互作用)是太模糊了。

样式项下的范畴就是可能性与不可能性，存在性与不存在性①，必然性与不必然性。

9. 发现范畴的线索

康德在形而上学演绎里的论证，如他自己所指出的，是关于知性的一切纯粹概念发现的线索的。如果我们认为它是要为诸范畴的起源、性质和客观有效性提供一个完全的证明，那么我们就不得不把它看作武断的而且肤浅的。这样一种见解没有能够正确地体会康德思维的微妙性，而且我们必须承认，我们在这里只是有了他从而想要成立他的种种结论的那个冗长而复杂的论证的起头。

我们现在已经达到的立场，如果是提出作为他原想要证明的假设，就会更清楚一些。康德没有这样做，反而选定不只是说出他从而出发的一般逻辑性的立场，而且又提示他打算要遵循的一般论证路线。在这种程序中没有什么是不合理的；但是所作出的一些指示过于简短，不免是模糊的，于是我就不得不用来自于这论证的后面各部分的材料来补充这些指示。我们依然要如康德所承认的那样②，应付这个明显的反对意见，即知性不能以综合的原理硬加在给予于感官的对象之上；而我们对于这种反对意见的答复，是要充分说明想象中的综合在其对于思想的统一性之关系上的性质，而又在于它对于一切对象必须按照着来被给予出来的时间与空间的纯粹形式之关系上的性质。我们依然得要指出时间与空间的纯粹杂多之先验综合所硬加在一切感性对象之上的那些不同的特征，而且要把这些特征和判断的种种形式联系起来。而且我们还要说明想象的先验综合，在其以统一性加在时间与空间之上这个过程中，是必然把所说的那些特征硬加在一切感性对象之上的。这乃是先验演绎和关于范畴图型法与知性的原理各章所做的工作。用别的方法来解释康德将使人对整个论证困惑无措，而且我们如果不把这论证作为一个整体来看，其分开的各部分将是不可理解的。

---

① 即德语的“Dasein”，可译为“存在”，和“Nichtsein”，可译为“不存在”。

② A89=B122。

在现阶段上，我们应该理解：康德给予我们的只是范畴的一些名称，其性质与有效性还有待证明。如果要认为纯粹范畴不同于判断的形式，那么这要成为可能，就只有假定纯粹范畴必须在某方式上确定事物的性格；但是没有什么实在的对象是靠纯粹范畴而被思想的①，而且我们又不懂得纯粹范畴是如何能适用于任何对象的。只有在范畴是图型化时，它们才有其客观的有效性。因此，康德就事前给范畴以其理应属于图型化范畴的名称。例如他谈到因果的范畴，而这显然是涉及时间的。我们必不可让这种说法使我们错误地认为康德自己以为他能够单纯从判断的假言形式就抽出因果的范畴来。只有当他的论证进行到更远的时候，他的学说才有可能要么被接受要么被摈弃。

在现阶段上，范畴的意义必然是含糊的，但是这个论点还有一点可说得过去的地方，即在范畴是表示一切可能对象的特征的这个意义上，范畴才真的是范畴②。令人惊讶的是，康德相信：除了交互性这个范畴以外，诸范畴和判断形式之联系乃是"一目了然的"③了；而且他认为：这种显然的联系——这种联系，如我已曾说过的，乃是后来还得要好好地建立起来的——就足以表明范畴的起源就在思想的本性里面④。在某些实例里，这个论点是诚然有些说得通之处的。当我们断言一所房屋是正方形的时候，我们是把所予的杂多在实体与偶性这个范畴之下统一起来；再则当我们断言：如果下雨，地面就会变湿，我们是把当下的杂多在因果这个范畴之下统一起来⑤。然而很显然，不是一切直言判断都拿实体与偶性这个范畴来应用，不是一切假言判断都拿因果这个范畴来应用⑥。只在直观的杂多是在对判断的形式之关系上得到确定这个范畴内，这些判断的形

① 比较一下B288。如果我们是，而且必须用纯粹范畴来想自在之物，这思想是空洞的。

② 当然是除开不可能，无与不必然性的情况。

③ B111-112。交互性这个范畴是和判断的析合(选言)形式联系的。我们将在本书第三十三章第四节里看到，这种联系是和其他联系一样合理的。

④ B159。

⑤ 这两种联系在当时是通常被承认的，而可能就是康德的理论之出发点。比较一下日哈里(Riehl)的《哲学批评》(Der philosophische Kriticismus) Vol. Ⅰ. p. 359，该作者提示说，康德首先是把因果作用和判断的假言形式联系起来的。

⑥ 比较一下B128-129。

式才是范畴①。

完全没有理由假定：康德一开始就是利用形而上学演绎去发现各范畴。与此相反，他一开始便有了一个范畴表，而且企图从一条共通的原理把这些范畴演绎出来。从他的所谓哥白尼式的革命的萌芽时开始，他就设法去在知性的活动里寻找各范畴的根源，但是有一段时期，他猜想：这种根源有可能是在比较、结合和分开这样的种种活动中找到②。后来他发现，知性的一切活动都能归结为判断，而且判断连同它的一些必然的形式恰恰给他以他一直追寻的东西③。如果他在这个寻找的过程中，觉得不得不修改他的范畴表，而且乃至如他所想的那样，改善其逻辑的形式表，在这一点单独以其自身来说，并没有什么理由让我们把他的方法看作是不合理的，更没有任何理由让我们摈弃范畴在人的心中有一种验前的根源这种可能性④。

几乎毋须再补充说，在康德还没有证明判断形式的验前的而且系统的性格之先，他对我们为什么应相信范畴的验前而且系统的性格这一点并没有交待任何根据。

10. 分析判断与综合判断

在我们丢下形而上学演绎的论证之先，我们还必须注意到一种在英国曾一直有过极大影响的解释⑤。这种解释认为形式逻辑只和称为分析判断的这特种类型的判断有关⑥，而且只在这种判断里才有判断的形式。

---

① 看B143。关于这一点有许多的难题，但是我在这里不去谈它们：要做的第一件事就是把康德的中心立场弄清楚。

② 见《遗著》(Nachlass) 3930(XVII 352)。然而我们不应排除这个可能性就是康德在他的心里面，是把这些动作和判断联系着的。

③ 参看《未来一切形而上学导论》，第三十九节(IV 323)。

④ 我们尽可以提出数学不是验前的这种说法，因为那些最早的数学发明都是作为试试看的一种过程之结果而作出的。

⑤ 这是在不同的形式上为凯尔德(Caird)和康蒲・斯密所说明的。

⑥ 分析判断乃是用主项概念的分析而形成的判断。把那些由一个对象的分析而形成的判断看作分析判断的一部分乃是一种混乱。把那些由主项概念的分析而形成的判断和那些由一个对象的分析而形成的判断结合起来成为一特种为形式逻辑所研究的而与综合判断相对立的判断，那就是混乱中的更加混乱了。比较一下本书第十章第六、七两节。

先验逻辑据称是与另一类型的所谓的综合判断有关，而这种判断是能产生范畴的。这两种类型的判断包含着根本不同的动作，而当康德谈到分析判断与综合判断时，乃是指这两种类型的判断而言的①。

这一来，困难便接踵而至了：康德怎能说，判断的形式和范畴的先验内容都为恰好这同样的动作所产生呢？对于这一点，康德是有所强调的。然而他的强调的说法却为一种完全不同的说法所冲淡了，即知性产生这两种结果用的是不同的可又是类似的动作。然后就坚持说在这两种动作之间毫无相类似之处；而有时对康德的一种半心半意的辩护提供给我们，其怪不相干的理由就是：分析预先假定了综合，在我们读到其所产生的下述名言说论时，如说康德盲目乖僻，竟至不能了解他自己的论证的种种含义而醉心于一种形式上的建筑术，这时我们就得要好好地记住，虽然有了连篇累牍的谈到他的综合判断与分析判断之间的使人误解的类比，然而在《纯粹理性批判》一书里从头至尾没有一句话甚至提到这种类比。

康德的意思恰恰就是他所说的，而且在这一点上，他是正确的。虽然他的理论难以理解而且还有问题，但是一经我们掌握了这一点，即分析的统一性，以及判断的形式，是必须毫无例外地存在于一切判断里面的，我们就能理解他为什么相信他的理论②。如果我们假定判断的各种形式只存在于一类判断之中，而范畴只存在于另一类判断之中，那么就是使康德的整个论证，不但是在形而上学演绎里面，而且在先验演绎和在原理的分析论里面，都成为完全不可理解的了。

---

① 在 A79＝B105 里。我必须承认，甚至在我能除去了关于分析判断的一些主要错误之后，我仍然不能脱离这个见解，就是康德在这段文字里还是说到分析判断与综合判断之间的分别的；看 Mind 杂志，Vol. XL，新编号第 159 号。

② 阿迪克斯（Adickes）在他的《纯粹理性批判》版本 p. 120 里，很清楚地认识到一切判断在具有分析统一性这种意义上都是分析的，而且又认识到这是和专业上所谓分析判断这有限的一类判断毫不相干的。

第十五章 范 畴

1. 各范畴

探索康德在形而上学演绎里的论证这种困难的工作现在已经完成,而在本章里与之有关的只是关于范畴的一些比较小的问题。

范畴作为知性的纯粹概念来说自然与经验性的概念形成了对比,但是这样的一种区分无疑没有顾及到数学的概念和虚构的概念的存在。有的时候,是应该在范畴与一切其他概念之间作出一种清楚的区别的。为了这个目的,我就把范畴描述为"普遍性的"概念,而且把它们和"特殊性的"概念作为对比。在这种特别的意义上,一个"普遍性的"概念乃是适用于任何而且每一个对象的概念;而一个"特殊性的"概念只适用于某些对象,即适用于特殊一类的对象。经验性的概念、数学的概念和虚构的概念都可称为"特殊性的":它们是适用于某些对象而不适用于其他的对象的①。

应该注意到,康德对各个范畴并没有作出定义,虽然他暗示着他也可能有条件来作出这种定义②。稍后③,他说,离开感受性的条件——即是说离开时间与空间的形式——是不能下范畴的定义的。他的意思是说,范畴不能有实在的定义,所谓实在的定义是一个定义,它不但分析一个概念使之变为明晰的,而且又说明这个概念含有一个标志是这个概念所谈到的对象④,从而的确能被识别。当然每个纯粹范畴都能被定义为那认为在某方式上毫无例外而表示一切事物的特性的判断的特殊形式之概念⑤。据

① 比较一下本书第九章第五节。

② A82=B108。

③ A241-242;A240=B300。

④ 在一个实在的定义里,所下定义的东西(术语是 definitum)乃是对象而不单纯是那个概念,而这个对象的可能性是必须使之成为可理解的;看 A241-242 注和 B300。

⑤ 或者用康德的话语来说,为事物本身的可能性的条件;看 A242。

我所知,康德始终不变地相信,纯粹范畴,在我们抽去一切关于时间与空间所说的东西时,必须被看作不是一般的对象的概念,而是一般事物的概念,即从其自身来看的事物的概念。其实在我们能想到自在之物这个范围内,我们想到它们是用纯粹范畴的,因为一切思维都包含着判断的形式;但是这样的思想离开了直观就这么模糊,以致使之成为无意义的;更确切地说,对于对象的一切关系都脱落了,意思是说,"我们不能通过任何实例使我们自己把握住用这样一个概念时所指的是哪一种事物"①。

范畴只有作为图型化才能有一个实在的定义,这仅仅是因为:它们对于时间与空间综合的关系,我们才能建立它们对于人类经验的一切对象的必然适用性。如果我们一定要的话,我们可以坚持说,只有图型化的范畴才是实在的范畴;因为只有靠这些范畴我们才有关于实在对象的普遍性性格的知识。有的时候有人主张说,康德不应该考虑纯粹范畴,而应该局限于图型化的范畴。如果我们接受盛行于英国的形而上学演绎的乖张曲解,这样的一种见解是不可避免的;而且,甚至离开这一些曲解来说,认为图型化的范畴是包含在时间与空间的本性里的②,而和人类思想的性质所加上的综合原理毫不相干,这个理论也是值得认真地来加以考虑的。可是这是一种理论,根本不同于康德的理论;而且我们如果已了解了形而上学演绎,我们就必须看到,不管康德正确与否,他的学说是一个前后一致的整体,其图型化的范畴对于纯粹范畴的关系乃是这整体的一个绝对不可缺少的部分。

考虑到图型化的范畴的重要性,而谈到它们时简单地只作为"范畴",这常常是方便的——其实这也是康德自己通常的惯例。在所讨论的单是纯粹范畴时,它们就应明白地称为"纯粹范畴"。

---

① A241=B300。当康德说,如他反复地说那样,纯粹范畴是无意思而又无意义的(德语是 ohne Sinn und Bedeutung),他并不否认纯粹概念都是有含在判断活动的形式里的综合原理为其内容的;他所断言的只是,我们无法说明它们的客观有效性,即无法说明它们能适用于任何实在的对象。他甚至断言(见 A239-240=B29)除非我们能在经验性的直观里举出与之相应的实例来,数学的概念也会是无意思而又无意义的。这一切将在本书第五十四至五十六章里更充分地进行讨论。

② 我理解这就是亚力山大(Alexander)教授的见解。

2. 范畴的三分法

在第二版所增加的一段里,康德指出:在每类里都有三个范畴。在每类里的第三个范畴都是从其第一个和第二个范畴的结合而发生的。然而要产生这第三个范畴,就需要知性的一种特别动作,所以我们就不应认为这第三个范畴是一个派生的概念而不认为它是一个原来的或说第一性的概念①。

康德在为这第三个范畴的独立性而予以辩护时,他甚至提示说,在第一、第二两个范畴适用的地方,这第三个范畴也可能是不适用的。他提示说,例如数乃是总体这个范畴的图型②,而在多数与单数是适用的情况下,数却可能不适用:数可能不适用于无限性③。我怀疑这是一个良好的论证,因为各范畴都是关于对象的概念,而本来没有范畴是适用于无限性的,因为无限性并不是一个对象;而且不适用于每一个对象的范畴就不是一个范畴。

然而当康德说这第三个范畴在每种情况下都像其他两个范畴一样是一个根本的概念时,他显然是正确的。

依我看来,在康德说第三个范畴是含有头两个范畴的结合这点上,他也是正确的。在头三类的范畴里,这是明显的,而目前我们也许得要满足于等待他对于这种难解的说法的解释,那就是他说,必然性乃是通过可能性本身而被给予出来的存在(或说有)。

康德的这个学说乃是黑格尔的辩证法的根源之一,而以为他迷信地偏爱三这个数就草草地撂掉它,这是不合理的。康德的划分不是为三这个数所支配的;例如还有四类的范畴和直观的两种形式。我们的任务乃是要了解他的划分,而不是去把这些划分作为不合理就草草撂掉。

根据康德来说,唯一按验前的原理而可能的划分乃是二分法,二分法

① B110-111。比较一下《导言》第三十九节(Ⅳ325 注)。

② 将在本书第三十三章第二节里说明这点。

③ 又比较一下康德致叔尔兹(Schulz)的信(Ⅹ344-345),为康蒲·斯密在其《康德〈纯粹理性批判〉解义》的第 199 页(绰然中译本第 232 页)译出。我认为超限数(transfinite numbers)论是使人怀疑康德的论点的。

是依靠每一个东西必须是A或非A这条原理的。多分法,这是康德所称的,是依靠直观的,可能是验前的,如在数学里(比方在圆锥曲线的情况下);又可能是经验性的,如在自然科学的情况下。然而又有一种三分法,那是依靠验前综合这条原理的。每一种验前综合都需要三个东西:(1)条件,(2)受条件限制的东西,(3)从这两者的联合而发生的东西①。在我们研究图型时,记住这层是重要的。

我们所希望的不过是:康德应曾说明过,这些划分的原理怎样在他的判断逻辑形式表里表现出来②。

3.范畴与类概念

批评康德,有这样的根据,即他把范畴和类概念混为一谈,而且他犯了似乎把范畴当作可能的述项来看这一错误,而范畴的实在功用原是要把判断作为一个整体用关节联系起来的③。

我不能看出这种批评的要领。每一个概念在某种意义上都是一个类概念——其意思就是说,每一个概念都适用于许多个别的实例④;而每一个概念又是一个可能判断的述项。这是一条规则,而范畴也不例外⑤。诚然,范畴是可以用关节而把判断作为一个整体联系起来,而且诚然范畴通常也是这样做的。在"如果勾扳机,弹药就爆炸"这个判断里,其杂多是在因果这个概念之下被综合的。然而我在勾扳机是原因,弹药爆炸是结果这种说法里,或者乃至在这两件事一起就是因果的一个特殊实例这种说法里,不能查找出丝毫不适当之处。

据我们能看到的来说,在这件事情上,康德并没有陷入混淆,而且也

---

① 《逻辑》第一百一十三节(Ⅸ147-148)。比较一下《判断力批判》(Ⅴ197注)和致叔尔兹的信(Ⅹ344),即上一脚注所引的信。

② 康德显然认为这些原理是适用的。看《遗著》(Nachlass)3067(ⅩⅥ639)。

③ 看康蒲·斯密的《解义》原文p.335等(绰然中译本第362页等)。

④ 除了只能有一个实例的概念之情况下,例如一个万能的存在者这个概念。

⑤ 范畴,像任何其他概念一样,只当它们用分析从经验中"抽取出来"时才是弄得清楚的;比较一下A196=B241,A86=B118-119和B1-2。又比较一下《逻辑》第五节(Ⅸ93-94)。这丝毫不是和范畴的逻辑的起源或客观的起源是得要在思想或判断本身的性质来发现这种理论有不一致之处的。

没有犯什么错误。

4. 副范畴(predicables)

有一些知性的纯粹的、而派生的概念,康德称之为"副范畴"①。他提示说,这些副范畴之得出,是由于范畴彼此的结合而且是和纯粹感受性的种种方式的结合。

康德认为这种派生的概念,借助于本体论的手册,例如鲍姆嘉尔顿的《形而上学》就很容易产生出来。这种工作,对于一个想要建立纯粹理性的一种完备的体系的作者来说,固然是不能不做的,但是当我们所关心的只是纯粹理性的批判时,那是不必要的。想把这个体系更详细地作成,这种企图体现在《自然科学的形而上学初步》②和《遗著》③两书之中。

在这里,关于副范畴所作出的一些指示,其主要的重要性乃是在于:康德认为因果作用含有力、主动与被动。我认为这个事实对于以为康德的所谓因果作用是指必然的前后相继说而别无其他这种见解是一个致命伤。

5. 范畴表是否完整

在第一版中,康德没有问到:有没有其他的概念也要求得到范畴的称呼。他对于形而上学演绎的信心是太大了。可是,即令只是为着证实他的论证,也应该提出并答复这样一个问题。

在第二版里④,他确实考虑到对于这种称呼的三个要求者——即传统的一、真、善(unum、verum、bonum),它们都是出自亚里士多德,盛行于经院哲学家之中,但是在康德的时代已经渐渐变为过时的了。这一节像其他许多节一样,常被归之于康德对"建筑术"的迷恋。其实不然。这正是对于一直就在传统上要求有范畴称呼的那些概念应有的讨论;如果说

---

① A81-82=B107-108;A204=B249 起;《导论》第三十九节(Ⅳ324、325 注)。

② 阿迪克斯在《康德作为一个自然科学的研究者》一书中(柏林 1924 年版)很仔细地,但不同情地考查了这部著作。

③ 看阿迪克斯:《康德遗著》,柏林 1920 年版。

④ B113-116。

他对于他的“建筑术”,即对于他的范畴体系的本源性质的信任是由于他忽略了考查其他也应加以考查的概念,那么这反倒是一种更正确的批评。

在反思概念的歧义[①]里,他讨论过其他表面上像是也可以称为范畴的一些概念——即同一性与差异性,一致性与对立性,内与外,形式与质料。可是他这样做乃是在完全另一种关联上,作为对莱布尼茨的哲学的批评的。

概括地说,他否认所有这一切概念是范畴,其理由就是,这些概念所与之有关的乃是真理的性质,而不是实在性的性质,虽然由于思想的一种混乱,它们曾被认为是给我们以关于实在性的知识的。

康德对于一、真、善的考查是高度巧妙的,但是现在最多也不过有一种历史上的兴趣罢了。甚至在这里,他的论证也不是矫揉造作,临时想出来的,而是和在他自己的逻辑演讲里并且在 G. F. 迈尔雅(Meier)的课本里所讨论的逻辑完全性这个学说有关联的。关于歧义的论证,其立足点则完全不同,而是对于莱布尼茨的形而上学学说的一种锐利的批评,并且是对于莱布尼茨所主张的思想派别的一种锐利的批评。

① A260=B316 起。

第五卷

先验演绎——导言性的阐明

第十六章 问 题

1.先验演绎的划分

必须记住,范畴的先验演绎有两方面,即客观方面和主观方面①。在第一版里,先验演绎分为三节:(1)导论,(2)临时的阐明,(3)权威的阐明。在第二版里,第二和第三节取消了而代之以一种新的更清楚的述说。

所以在第二版保留下来的只有那第一节。它之所以被保留下来,无疑是因为它易于了解,因而就不同于形而上学演绎而且又不同于第一版里先验演绎的其余部分。这第一节再分为两分节,第一分节②交待问题,而第二分节③则说明康德解答这问题的方法。在本章里我们只拟论及康德对于问题的陈述。

2. 先验演绎的诸原理

康德解释说,"演绎"这词是在其法学意义上使用的,而不是在它的逻辑意义上使用的。这里演绎所与之有关的乃是证明一种权利而不是成立一个事实。范畴的先验演绎企图去说明把范畴用于对象是合法的,而在英语上,很可以称它为范畴的"辩护",而不称为范畴的"演绎"。

用"演绎"这词容易误导初学者。初学的人很自然地指望怎样说明各个范畴是如何从判断的形式"演绎"出来,而发现并没作出处理各个范畴的尝试,他们就觉得失望了。先验演绎关心的是一般的范畴。要有关于范畴的详细讨论,我们必须耐心等待到原理的分析论那个时候。

我们必须清楚懂得,在第十三节和第十四节里,康德心目中的不只是范畴的一种先验演绎,而且还有一般的先验演绎。如我们将要看到,每一个验前的观念都需要有一种先验演绎或说一种辩护。关于时间与空间是

① 看本书第十一章第十、十一两节。

② 即第十三节,"一般先验演绎的原理"。

③ 即第十四节,"过渡到范畴的先验演绎"。

如此，而关于知性的纯粹概念亦复如此。然而，如我们所应指望的那样，康德的兴趣主要是向着范畴，而只是次要地向着直观的各种形式。

在康德关于问题的陈述里，有三个主要的论点：(1)一切验前观念的演绎必须是先验的而不是经验性的①；(2)这种演绎是不可或缺的②；(3)在范畴的演绎里，有一些困难是在我们处理时间与空间时所不发生的③。在最后一个段落里④，再次强调第一、第二两个论点，并特别谈及因果这个范畴。

3. 经验性的演绎与先验演绎

对于人类思维中所使用的许多概念，从没有提供过任何演绎或辩护，而对于有些这样的概念，也许不需要任何演绎。例如，我们有权来使用一个经验性的概念——像天鹅这样的一个概念——只要我们在我们的经验里发现与这种概念相应的对象⑤。

在通常的用语中还有其他的概念是不合法的⑥——例如“幸运”与“命运”。在有人质问它们的有效性这种不常有的场合上，这就表现出来了；因为一经检查，就发现它们在经验上或在理性上都是没有任何正当理由的。

康德假定：在人类知识里有一些概念——例如原因与结果——被确定⑦有纯粹验前的用途，也就是有独立于经验的用途⑧。这样的用途不能

① A84-87＝B116-119，比较一下本章的第三至五节。

② A87-88＝B119-121，比较一下本章的第六节。

③ A88-91＝B121-123。比较一下本章的第七至九节。“Er muss aber auch die unvermeidliche Schwierigkeit……”（然而他也必须对那不可避免的困难……）——或在康蒲·斯密的英译本里的“同时，如果他不悲叹……”——是标志着一种新讨论的开头的。

④ A91-92＝B123-124，比较一下本章的第十节。

⑤ A84＝B116-117。容易懂得我们在经验中是会发现这种现象的，因为经验性概念是由经验的抽象得来的。

⑥ A84＝B117，有 usurpierte Begriffe（篡夺的概念）；比较一下 A228＝B280。我认为这些概念必须列为“虚构的”概念；看本书第九章第五节。

⑦ 德语是“bestimmt”。康德在这里是描述范畴的乍看起来的性格——先验演绎的任务就是说明看来具有这种性格的概念实在是具有这性格的；比较一下 A95。

⑧ 注意在 A86＝B119 里，说是独立于经验的乃是它们将来的使用。无疑它们的使用总是独立于经验的，虽然只在我们在经验上曾实际用过它们以后，我们才能把它们弄清楚的；看 A196＝B241。但是一经我们弄清楚了之后而认识了它们的真正性格，我们就知道以后我们使用它们必须是独立于经验的，所以我们是不能用洛克的方法来找到它们的正当理由的。

靠诉诸经验而得到足够的辩护；因为经验绝不能给我们以普遍性和必然性，而那普遍性与必然性乃是验前东西的标准①。然而必须对这种用途作出辩护：如果我们要这样使用概念，我们就必须说明它们如何能与不能从任何经验得来的对象发生关系②。

范畴纯粹验前用途的辩护被称为先验演绎③。

先验演绎必须和经验性的演绎明确地区分开来。先验演绎在心灵本身的性质里发现概念的根源，从而建立它们的客观有效性。经验性的演绎考查我们获得概念的方法；那就是，经验性的演绎说明我们是如何使概念脱离经验的纠缠，而在我们的意识中把它们弄清楚；简短地说，它说明我们如何从经验以及对经验的反思获得概念④。我认为在经验性的概念之情况下，经验性的演绎乃是实在一种演绎或说辩护——即经验性的概念所能有的唯一辩护。在验前的概念之情况下，虽然我们能够正当地对它们的获得作出一种和上述类似的心理学上的说明⑤，但是这不会被正确地称之为一种演绎，因为它不会是这些概念验前用途的正当理由⑥。

如果我们要了解康德的论证，我们就必须清楚地把概念的起源和它们的获得区分开来；而且我们又必须认识到唯有获得才是一种属于时间

---

① 比较一下 A91-92=B123-124。

② A85=B117。我并不认为这个意思不过是说验前的概念必须用于我们还没有经验过的对象而已。这个意思也可能是说，这些概念的质料或说内容不是从经验“借来的”(或说不是依靠对感官给予出来的东西的)；比较一下 A86=B118，在那里这些概念乃是说为和它们的对象发生关系而没有从经验“借来”任何东西以表象这些对象的。我不觉得要假定在这里康德是明白地谈到自在之物的。如果我们假定——我认为是不必如此的——他是谈到自在之物，那么他在心目中是有一种“超验的”理性主义者的形而上学的要求的了；而在其关于一个为我们是具有验前的概念这种假定所提出的问题之叙说中，他是完全有权利来把这些要求作为未决的问题去处理的。而且——我们并应该永远不忘记这层——康德自己总是主张，纯粹范畴不是由于我们感性直观的条件而受限制的，而是有其不受限制的领域的(比较一下 B166 注和 B148)：我们必须用纯粹范畴来思想自在之物，虽然这种思维不是知识。

③ A85=B117。在这段里康德说话，好像先验演绎的必不可少的事情乃是验前概念的客观有效性似的，但是这又依靠对于这些概念的起源是怎样解释；看本书第十一章第三节。

④ 在这里康德可能像是想到概念关于它们的形式方面是如何获得，或如何形成的，但是由于所谈的演绎是经验性的，这种获得或形成与其说是逻辑性的，毋宁说是心理学上的；比较一下本书第九章第六节，又参看 A86=B118-119。

⑤ A86=B118；比较一下 A94=B126。

⑥ A87=B119。

的过程,其研究正当地是属于经验性的心理学的。

4. 空间与时间和范畴

到此为止,康德所思考的至少主要是范畴。他现在就指出,纯粹概念,按其发生于感受性或发生于知性,就分为明晰的两类①。空间与时间是属于其第一类的。它们乃是感受性的形式,而只在概念这词的不严谨的意义上才是概念②,因为它们乃是纯粹直观而本不是纯粹概念。范畴,作为知性的纯粹概念来说,就属于第二类。

我们必不可让这两种类型的纯粹概念之间的差别模糊了它们的共通性格。这两类都不是从经验的概括而得来的结果,而两类对于对象的关系同是完全验前的。因此,在两种的情况下,我们同是不能靠指出经验提供我们以其与之相应的对象来替它们作辩护,像我们能够替"天鹅"这种概念作辩护那样。我们得要说明一切对象必须是空间性的以及时间性的,而且必须具有范畴的面貌的。我们永远不能求援于经验而建立这种必然性的。

毋须说到,如果这些概念不是纯粹概念,那么康德的争点就完全落空了。另一方面,如果我们假定它们是纯粹概念,则康德是的确对的。谁要企图为纯粹概念作出一种经验性的辩护(或演绎),而同时承认它们是纯粹概念,那就一定说明他并不懂得一个纯粹概念是什么了③。

5. 时间上心理的发展

这并不意味着关于这些和其他概念在我们经验里的逐渐获得的一种经验性的或者说心理学的研究是不可能的或者不值得的。与此相反,如洛克的先驱工作所说明的那样,这种研究乃是极其有用的④。

---

① A85=B118。

② 康德是时常用这种不严谨的意义的。当他需要一个词来描述空间、时间连同范畴在一起,他通常是称它们为验前概念(Begriffe),反而不称它们为验前表象(Vorstellungen),而表象会是一个更确切的描述。甚至单独是空间与时间,康德也时常是把它们作为概念来提的。

③ A87=B119。

④ A86=B119。

在这一段里，如通常的那样——虽然常常不足以说服康德的批评者——康德拒绝接受这种见解，即他提出了一种关于我们经验在时间上的发展之说明①。他清楚而且正确地分开一种处理时间上发展的经验性的或说心理学的探究和不处理这种发展的先验探究。必须在经验里追求导致纯粹概念的产生的引因的乃是心理学；感官印象是给出第一个动机或说刺激来开动②我们关于这些感官印象的整套认识能力的，而这样就使经验得以发生。

我们必不可忘记，"经验"乃是一个术语，而包含着两种因素：给予感官的质料和一方面为纯粹直观而另一方面为纯粹知性所加上的形式。只有在我们接受感官印象时，纯粹直观和纯粹思想才开始起其作用，而且引起空间时间与范畴。没有质料与形式这两者，就没有任何能被称为人类经验的东西。

在先验演绎的起头就有了如此清楚而毫无限制的一种说法，而在概念分析论的起头③又有了事实上与之相类似的说法予以支持，这应该足以使下述解释完全无立足之地，这解释是假定：康德说明了我们怎样以知道空间时间与范畴为开始，然后才进而利用这些东西去构成经验。感官印象、空间与时间以及范畴都是从一开头就在经验中起作用的，但是我们只是逐渐把它们彼此分解开来。

坚持把心理学的一些解释输入康德那里去，从而根据他的如此被解释的论证是悖理的，就谴责他，说他是昏头昏脑的，这种作法既是不合法而又是不公道的④。

6.先验演绎的必要性

现在我们就来到了康德的第二个主要观点了。我们曾看到，如果是

① 比较一下 A66＝B91 和本书第三章第三节。

② A86＝B118，中译的开动是英语的"manifest"（显出），而原德文是"eröffnen"（开始）。

③ A66＝B91。

④ 可以反对说，康德的学说，就其以空间与时间的起源归之于感受性而且以范畴的起源归之于思想这点来说，乃是心理学的。如果我们选定称这为心理学，它就一定不是经验性的心理学，而说它是这样的任何提法只有引起混乱而无其他。我们只须考虑在感性论和在形而上学演绎里的论证之性质，就立刻看到是如此的。

有纯粹概念的任何辩护，它就必须是一种先验演绎，而不是一种经验性的演绎。现在康德就要说明这样一种演绎乃是不可或缺的[①]。

先验演绎的必要性，在空间与时间的情况下，是不明显的，虽然在感性论里已曾作出过这样的一个演绎[②]。空间与时间曾是作为验前的观念得到辩护或演绎的，因为我们曾在人类的感受性里追踪它们到它们的根源，从而说明它们对于一切给予于感官的对象必然有效，而且仅仅只对这样的对象才有效[③]。

虽然这样的演绎已作出了，但是康德坚持说，对这种演绎的需要是不明显的。几何学家毋须从哲学家那里得到出生证[④]，然后他的子孙才能算是合法的。与此相反，几何学完全不依靠哲学就走上它的康庄大道，而给我们以纯粹的验前知识。康德认为其有效性是有常识的人无法怀疑的。

我们已看到了几何学的确实性的理由。几何学根据于空间的纯粹直观，因而是能提供我们以直接的证据或说确实性的[⑤]。而且在几何学的知识里，其对象已经在直观里验前[⑥]被给予出来，这是就其形式来说的[⑦]。几何学并不在外感官的境界以外使用空间这个概念；而既然空间乃是外感官的纯粹形式，所以几何学的知识显然是适用于外感官的对象的。

范畴的资格完全不同。它们像空间与时间一样不是明显地和对象有关系的。就它们来说，先验演绎是绝对不可缺少的，而因为它们的缘故，我们就不得不同样要作出关于空间与时间的演绎。

在应用范畴于对象的过程中，我们不是利用从经验性的直观得来的种种述项（像经验性的概念那样）或者是利用从纯粹直观得来的种种述项（像空间性和时间性的概念以及一切数学的概念那样）。反之，我们是利

① A87＝B119。

② A87＝B119-120。比较一下本书第五章第二节。空间与时间的这种“先验演绎”必须包括感性论的全部论证并包括“结论”在内。

③ A87＝B119。我认为最后的那个句子是含蕴在德语“bestimmt”这个词里面的。

④ 比较一下 A86＝B119。

⑤ 比较一下 A160＝B200，又《逻辑导论》Ⅲ与Ⅸ（Ⅸ23 与 70）。

⑥ 它们只是因为我们构成它们才是被给予出来的；比较一下 B130 与 B137-138。

⑦ 比较一下 B147 和 A239＝B299。

用从纯粹思想得来的种种述项,而且事实上(如果我们假定形而上学演绎的真实性)是利用从判断本身的形式得来的种种述项。因此我们不能在给予于感性经验的东西里替范畴发现一个对象,就像如果范畴是经验性的概念时,我们能发现的那样;而且我们也不能通过在纯直观中验前地建构对象而为它们找到一个对象,就像它们是数学概念时我们不能做到这一点一样。它们的要求乃是要普遍地适用于一切对象,而绝不涉及感受性的条件①。

关于范畴的困难就是这样的。一方面,作为纯粹范畴而言,它们好像普遍地适用于任何一切对象(包括自在之物在内)②;而另一方面,在我们寻找它们所必须适用的对象时,我们乍看起来在(无论在经验性的直观或在纯粹直观里所给予的)对象里找不到任何为这样的使用辩护的东西③。因此就难免引起关于范畴客观有效性的猜疑——究竟它们是否适用于对象?关于它们使用的限度也引起了猜疑④——它们能否在感性世界的限度以外给我们知识?使一种先验演绎成为不可或缺的就是这两重猜疑。没有这样一种先验演绎,则哲学的整个程序都是盲目的了;它就引起许许多多的越轨现象,而只以它从而开始的无知为结束⑤,而且它只会消失于它所出自的无知之中。

在这类的一切猜疑一经被引起时,它们是难免也以空间为对象的⑥。如果我们有权把纯粹范畴用于感性经验的限度以外,那么我们为什么没有权对我们的空间观念做同样的事情呢?如果我们能知道上帝是一个实

① A88=B120。原文可能有错简,但是一般的意思是清楚的。在B148里也能找到最后一句的学说;而且在B166注,B305-306,《实践理性批判》Ⅴ54和许多别处都能找到。

② 这种要求不只是一种理性主义者的假定;它是包含在康德所发现的纯粹范畴的性质里面的。比较一下阿迪克斯的《康德与自在之物》第四章pp. 38-74——然而我不能接受他的一切结论。比较一下本书第二章第二节,在那里说明用纯粹范畴去想到自在之物的思想是空洞的。

③ 比较一下A137=B176:"知性的纯粹概念既然是和经验性的直观不同质,而且其实是和一切感性直观不同质的,所以就是永远不能在任何直观里碰见的。"还可参看梅蒙(Maimon)的问题和康德对哈尔茨(Herz)在信上的答复(Ⅺ50起)。

④ 如果康德一直相信范畴用于自在之物是不能给我们知识的,他就不可能说这种话以及跟在后面的那种话。

⑤ A88=B121。

⑥ 而且当然又是以时间为对象的,但是康德主要是谈到几何学。

体,我们可否也知道上帝是一个空间性的实体呢?这样的一种学说在几何学的发展中永远不会发生,但是它可能被一个哲学家提出来①。

一种关于空间的先验演绎在当时是必需的,正是因为这样的一些可能性,而不是因为有辩护几何学的需要。这样一种演绎的否定一面是和其肯定一面同样重要的。由于说明空间乃是感受性的形式而又是一个纯粹直观的形式,康德不只是建立起几何概念的客观有效性;而且他还规定了(外感官世界)这样的限度,它们是几何概念无权超越的。

7.演绎范畴的困难

范畴的先验演绎不只是比空间与时间的演绎更为必要,而且更为困难②。这是康德在第十三节所想要成立的第三个重点。

在空间与时间的情况下,很容易说明:空间与时间就其本身而言是能验前知道的,而且它们是必然适用于对象的③。康德补充说,这一来我们就说明了关于对象的一种综合知识是独立于经验而有其可能的④。在空间与时间里的一种综合之所以有其客观有效性,是因为空间与时间乃是纯粹直观,其内容就是直观的形式。既然一个对象只有在这些形式之下才能出现,或者说成为经验性直观的一个对象,所以空间与时间就在它们自身里验前含有对象作为出现的可能性,而且空间与时间的一种综合也就必须控制这些对象作为出现⑤。

在范畴的情况下,任何轻而易举的演绎都是不可能的,而且康德还坚持说:我们必须认识到其论证的不可避免的困难。在由其本性是如此深深地隐藏着的事情中,我们一定会碰到某种模糊性,更有甚者,如果要花

① 看B71,而且比较一下《就职论文》第二十二节附注(Ⅱ410)。这种假定不单纯是空想的,如从马尔布兰(Malebranche),斯宾诺莎(Spinoza)和(剑桥派的柏拉图主义者)亨利·摩尔(Henry More)的那些学说可以看到的那样。

② A88=B121和A89=B122。

③ 这里康德清楚地区分开空间与时间的为验前的两种意义。

④ 在感性论里,康德忽视了想象性的综合,但他确是承认数学判断是综合的验前判断。

⑤ 空间与时间含有一个对象被给予出来作为一个出现而必具的条件;但是在我们把我们的分析更进行向前一步时——比较一下A92=B125——我们就将要发现它只是作为一个出现而被给予出来的,而且发现,要知道一个对象本身,我们就需要有思想如同需要有直观一样。

太多的时间来除去障碍，我们一定不能不耐烦①。我们要么必须完成这批判的探究，要么放弃一切对处在可能经验的限度外的东西作出关于纯粹理性的判断的要求，这个事实就说明把论证进行到底是绝对必要的。

几乎没有必要再补充说：康德在这里不是想说明把范畴应用到经验以外会给我们以知识。他是对理性主义者说，一经指出了为范畴作出辩护之困难以后，他们便没有权利来把范畴用在经验以外，如他们是如此喜欢做的那样，除非而且要等到关于范畴的这个用途有了一种成功的演绎或者辩护。在问题的陈述里②，那演绎的结果就是正当地作为一个未决的问题来处理。康德没有这样来处理它，这个事实并不给人们丝毫的根据来假定他在写成这段话的时候不知道这演绎的一些后果会是怎样的。他的陈述与他的下述信念是完全相容的，他相信：在他证明范畴必然适用于感官的对象时，他也就证明了我们把这些范畴用于别的东西是不能得到知识的③。关于他的陈述的任何别的解释不只是与他在别处所说的任何东西不相容；而且与他在本节乃至在本段落关于空间与时间的先验演绎是不相容的④。

认为康德在这里插入了一段，在其里面有一种先验演绎，它为关于自在之物的知识作了辩护⑤，这种假定不只是不必要的，而且我斗胆说是不可想象的。

8. 这种困难的理由

属于范畴先验演绎的特别困难，其来源安在呢？

这个困难是十分明显的，而且是发生于这个事实，即按康德的见解，范畴都是在知性里有其起源的。这是处在康德哲学的根本上而且又是纯

---

① 我认为这是谈到第二节的临时阐明的。

② 在 B22 关于问题的更一般的叙述里是有类似的处理的："或者确然地扩张我们的理性，或者替理性规定其可靠而确定的限度，都必须是有其可能的。"

③ 比较一下本书第二章第四节。这当然不变更康德的见解，认为我们必须用纯粹范畴来想自在之物，当然我们是永远不能知道它们的。

④ 他之所以能说出空间与时间先验演绎的后果是什么，是因为这演绎已经被作出了。

⑤ 比较一下康蒲·斯密的《解义》原文 pp. 220-221（韦然中译本，pp. 252-253）。

粹范畴必须图型化的理由[1]。范畴不像空间与时间那样是对象所必须具备才在直观里被给予出来的条件或说形式[2]。因此,对象能对我们出现(或说对我们被给出)而不是必然和知性的形式有关系的[3];而结果就是,知性似乎[4]不包含有对象的验前条件。

关于空间与时间就没有这种困难的发生。既然对象除非是被给予于感官的就不能被人知道,所以它们就必须符合于感受性的形式条件。要明白对象为什么应该符合于知性关于思想的综合统一性所需要的种种条件,那就不是这么容易了[5]。在感官形式下被给予出来的一切出现[6],其构成可能是这样,以致不与思想的形式相符合;因为出现独立于这些形式还是能够被给予出来的[7]。直观作为直观来说,是完全独立于思想的形式的[8],而这样一来,出现也会把对象向我们的直观呈现出来[9],即令比方在各出现的相继而起的里面没有任何东西是相应于因果这个范畴的。

如果我们没有为"对象"这个词的模棱两可所误导,那么这就是对我

---

① 比较一下 A131=B176 起。

② A89=B122。这一直是康德的见解;比较一下 B159-160 及 B136-137。

③ 可能把这当作自然地,可是错误地,从常识得出来的推论。我认为这会是明显的说明,如果康德所说的是"对象可以出现"而不是"对象能够出现"(德文的"könnten"而不是"können")——像他在一个平行的段(A90=B123)里所说的那样,在那里他是说"出现可以是这样被构成,使得知性会发现它们不是按照它的统一性的种种条件的",而这个"如果"的假定乃是先验演绎的任务来予以驳斥的。即令如原来那样,依我看来,这也是一种可能的解释,虽然是,如果我们把重音放在"出现"这词上而且把它和"被给予"等同起来,如我所曾做的那样又如康德自己在 A93=B125 所明白地所做的那样,那句话就更好地作为是表达康德自己的见解的。无论如何,我看不见任何理由来相信,康德是在这里作为他自己的见解来断言这个学说,即断言对象在其完全的意义上是能离开思想而向我们出现的。

④ 我认为德文的"enthielte"(会包含着)这个不完全的假设语是暗示着康德不许定这种假定的后果的。知性不含有对象所被给予出来的条件,但是含有对象被思想的条件。

⑤ A90=B123。注意思想的统一性在这里是综合性的。

⑥ 如果康德在 A89=B122 里是说"出现"而不是说"对象"的话,他的陈述所有的一些困难就会消逝了。

⑦ A90=B122。比较一下 B145:"所要直观的杂多必须先于知性的综合而且独立于它被给予出来。"

⑧ A91=B123。比较一下 B132:"能在一切思想之先被给予出来的观念就称为直观。"我理解康德"先于"这词的使用是意味着逻辑的先,而不是时间的先。

⑨ A90-91=B123。然而如康德刚才说过,这些出现会是没有统一性的,这样一来,所被呈现出来的那些对象不会是在完全意义上的对象。

们必须解决的那个问题的一种清楚的陈述。我们必须记住:所说的范畴乃是纯粹的范畴。我们还必须记住,在论证的现阶段上,康德有权在常识的水平上来谈论对象,就像他在感性论里[①]那样谈的。可以把对象当作一个物体,例如一把椅子。它在感官里被给予我们,所以这样就必须是空间性的和时间性的;但是它为什么应该是为范畴所支配的,还没有明显的理由。范畴,我们曾论证过,是在知性里有其起源的[②]。在我们把我们的分析更进行一步时,我们将要发现,虽然每一个有确定性的对象必须对感官被给予出来(或者是能对感官被给予出来),然而作为离开思想而被给予出来的对象乃是只作为出现的一个对象[③]:这种对象乃是与有确定性的对象相对立的无确定性的对象[④]。如果我们是要知道一个有确定性的对象,或一个在对象这个词的完全而应有的意义上的对象,我们就需要有思想如同需要有直观一样;结果就是,知识的每一个对象必须归入思想的形式之下,而这样也就归入范畴之下[⑤]。如果没有范畴,我们可以有无思

① 比较一下本书第四章第二节。

② 范畴的起源乃是形而上学演绎的主要本旨,而先验演绎的这种前言是明白地指出形而上学演绎的一些限制性的;比较一下本书第十四章第九节。这里所发生的任何困难是由于这个事实,就是康德已经在形而上学演绎里作出过他关于对象的论证将是什么的那些指示,而在我的阐明中我又曾把这些指示弄得甚至更明白的了。除此之外,通常提出的那些困难和反对意见,依我看来,主要是发生于把这段文字离开其前后文来进行考虑。无疑的,如果康德曾早就这样说过,"读者们自然地假定在现阶段上,对象在其完全的意义上的完整说明不过是它们的对感官被给予出来;而事情并不如此,如我将要说明的那样",那么他就会使读者觉得容易些了。但是承认康德没有尽力给读者以应有的帮助是一回事,而说他使用着一些和他的实在要讲的学说干脆相矛盾的旧笔记,那就是完全另一回事。

③ A92=B125。在B125里(这段是花亨格尔认为晚出的),康德说,感受性,当其不与知性通过想象的功用相联系时,所给予我们的乃是出现,而不是经验性知识的对象,而结果就是这感受性不会给我们经验。

④ 一个经验性直观的没有确定性的对象称为"出现";看A20=B34。如果只通过范畴才可能知道任何东西作为一个对象,那么这范畴就验前确定这个对象;看A92=B125。那没有确定性的对象可以说是给予感官的质料,而它由于在范畴里所想到的结合诸形式所支配才得到确定的。一个有确定性的对象必须有思想所加上的一种(智性的)形式,如同它必须有一种在感受性的诸形式之下被给予出来的质料一样;例如看A129-130和B164。可能有人反对说,用范畴来思想的"一般对象"离开感官也是没有确定性的。康德是会同意这种说法的。离开感官性直观的条件,范畴都是和任何有确定性的对象没有关系的(A246)。没有概念的直观和没有直观的概念同样是我们不能使之和任何有确定性的对象发生关系的观念(A258-B314)。

⑤ 它怎样而且必须这样做,在先验演绎的主观方面加以说明。

想的直观，但永远不会有关于对象的知识①。

可是，这是康德对问题的解答，而不是他的问题。

9. 困难的例证

可以用一个例证把康德的困难阐述得更清楚一些。让我们假设判断的假言形式是要求作为每种所判断的内容必须落在其下面的思想纯粹形式之一。这种形式也就是因果范畴的线索，而在现阶段上，必须看到：这因果范畴对于时间是没有关系的。这个假言形式所暗示的不过是凡给予我们的对象都是我们应该能够判断为“如 A，则 B”的。那就是说，这种假言的形式要求任何所与的 A 都应是这样的，即某不同于 A 的东西，B，必须必然地而且普遍地在 A 里有其根据。

根据康德来说，这就是纯粹思想的要求，但是很显然我们没有权利不加以考查便假定：在所予的出现里，这样的一个要求是必定得到满足的。所予的出现可能在想象上是这样被构成的，以致不给我们提供任何相应于这种必然形式的东西。

如果要有一个相应于因果范畴的对象，就必须在所予的出现东西之系列中有某东西和这个范畴相应②。后来那某东西毕竟就是必然的前后相继③。没有这个前后相继，这个范畴与时间便没有关系，其实就是“空洞的，无效的，毫无意义的”了④。

证明一些出现在时间里的一种必然的前后相继作为这纯粹范畴的一个关联物这一困难乃是康德没有夸大的一个困难。许多哲学家会认为，这样一个证明不只是困难的，而且是不可能的。

10. 求援于经验是无用的

我们不能说经验不断地给我们在现象中有规则的前后相继的一些例

① “知识”与“对象”在这里是用在严格的意义上。

② A90＝B123。

③ A144＝B183；比较一下本书第三十三章第四节。

④ 其意思单纯是说，我们不能指出这个范畴所涉及的对象。

子而就避开如此困难的一种研究的必要性；而且因之我们也不能说我们能用抽象来获得因果这个概念，而同时也就说明其客观有效性，正如我们能说明任何经验性概念的客观有效性那样而避开这个问题。就康德来说，而且就我们大家来说，原因的作用是必须包含有严格的普遍性与必然性的。说结果通常是应该跟在原因的后面，这是不够的；结果必须通过原因而被设定，并且必须从原因作为其后果而发生。如果，一切其他情况不变，而原因 A 乃至一次没有能够产生结果 B 出来，那么原因 A 就并不是 B 的原因了。没有必然性，就没有原因的作用，而主张因果范畴是单纯由经验性概括而来乃是断言——如果我们清楚地思维的话——因果范畴乃是心的一种幻想，应该完全被放弃①。

11. 凑合说

我的意图不是要详细地批评这个“凑合”说——我在别处②已经这样详细地批评过。对这种学说的最好驳斥在一种说明康德的一切论证都是可理解的而又前后一致的阐述里就可发现。我认为我曾作出过关于第十三节的这样一个阐述。而且我一直小心注意到第二版中和第一版中被宣告为批判前的那些说法的一些平行之处。这些平行之处是凑合说的说明者们所忽视的，而我又一直没有看到任何试图来证明在第二版中康德又是用属于思想批判前的阶段的一些笔记来填满他的论证的。

然而我们现在已经处理的分节与先验演绎的大部分比较起来是如此直率而又清楚，因此去看看它受到谴责的某些根据乃是有启发意义的。这种谴责固然是对整体说的，但是主要集中在那些有关于范畴的一种先验演绎的特别困难的上面。

花亨格尔(Vaihinger)把这段看作是早出的，其理由之一乃是消极的，就是它没有提到想象③。然而想象是属于问题的解答，而且是属于主

① A91=B123-124。

② 见《亚里士多德学会会报》(Proceedings of the Aristotelian Society)，Vol. XXX，p. 7 (1930)。

③ 见花氏的 Die Transcendentale Deduktion 一书，p. 35=13。

观方面的解答的;而康德所陈述的乃是问题。

另一理由就是康德假定对直观的对象来说范畴是不需要的①,花亨格尔特别反对②认为范畴并不代表对象在直观里被给予出来所必具的条件那种说法③。令人诧异的是,他却看不见这个事实,即在这里所说的,其强调的是"被给予"这个词。

说范畴适用于自在之物这另一种反对意见已经得到了足够充分的讨论,而且被证明是无根据的。

还有其他一点是花亨格尔所大为强调的。范畴的客观有效性是和属于感官的直观如何能给我们关于(有确定性的)对象的知识这个问题分开来讨论的④。可是就批判哲学来说,这些问题是紧密地联系着的。

花亨格尔的论点是真实的,但其解释乃是很简单的。康德所说出的问题乃是范畴如何能对给予于感官的对象有效。问题的解答就是,范畴必须是对于给予于感官的对象有效的,因为除非所予的直观是在范畴之下被思维,它们就不会涉及一个有确定性的对象。如果论证说,康德是搞错了,因为他把他的问题与其解答清楚地区别开来,这是尤其不公道的。这是许多实例之一,在这些例子中,康德常因为没有在每一页上将他的全部哲学写出来而受到谴责。

关于整个凑合说的乖张性不能有更好的例证了。我认为再说上一句也不是不公道的,就是:如果这个凑合说的说明者们能够把这比较简单的一段弄得这样一团糟,那么在我们到了实在是难懂的一些段落时,我们对于他们的指导就不能有多大的信心了。

12. 直观与知性

康蒲·斯密教授⑤不但接受了花亨格尔的种种结论,而且用他自己的一种多少是模棱两可的学说来支持这些结论,至于他自己的这种学说,

① 花氏的 Die Transcendentale Deduktion 一书,p. 36=14。

② 同上引书 p. 53=31。

③ A89=B112。

④ 花氏的 Die Transcendentale Deduktion 一书,p. 53=31。

⑤ 看康蒲·斯密的《解义》一书原文 pp . 219-222(绰然中译本,pp. 251-254)。

我怀疑花亨格尔会予以接受①。康德断言"表象能独立于对知性能力的一切关系而有意识地被领会",而康蒲·斯密把康德的这种断言看作是批判前的②;而且他显然相信,批判哲学是主张,"除了在验前的概念里而且通过它们之外,就意识来说,没有表象是能存在的"③。

这种见解的证据据说可见于第十四分节和第二分节的头四个段落;而其证实则见于稍后的几段④,然而在那里的措词我承认不是毫不含糊的。

康蒲·斯密先生所引为证据的几段足够清楚地说明:就康德来说,没有范畴就不能有任何知识或关于对象的经验——在其严格意义上的知识或经验。可是这样说是一回事,而说没有范畴就对意识来说,没有任何表象能够存在,这是另一回事。

就康德来说,知识或关于对象的经验是同时要有直观(连同它的各形式)和思想(连同它的各范畴)的。在这种说法里,到此为止,并没有什么东西是意味着直观离开思想就不能在意识里存在,而这样离开范畴就不能这样存在。也许康蒲·斯密先生的意思是说,按康德的见解来说,在分明是人类的意识里,这样的分离是永远不会发生的;但是我不能看到他所引为证据的那几段是否认这样的一种分离之可能性的;而且我也不承认,一定要认为康德作出了这样的断言,即批判前的那些段落里存在着一种分离的可能性⑤。

依我对康德的理解来说,经验的作为关于有确定性的对象的知识,包含着对感官给予出来的一种质料以及同为感受性与知性所加上的一种形式。这质料总是在感受性的形式下被给予出来,而决不在知性的形式下被给予。这并不是说,在经验里,当我们比方说看见一个红色的弹子球

① 花亨格尔承认"概观"(synopsis)是属于动物的,而且承认康德关于动物具有知识的见解是盖然性的,见上引花氏的著作,p. 63=41。

② 参看《解义》一书原文 p. 222(绰然中译本,p. 254)。

③ 同上引书,原文 p. 223(绰然中译本,p. 255)。从上下文我理解"验前的概念"为范畴。

④ A111 和 A112。这些段落是在《解义》一书 p. 223 所引用的(参看绰然中译本,p. 255)。

⑤ 甚至在 A89=B122 里说"所以对象能对我们出现而和知性的各形式并无任何必然的关系"。这个说法的意思,可能只是说,就这些对象的出现(或说对感官的被给予)来说,这是和思想的形式毫不相干的——而我认为这总是康德所主张的一种学说。如果我们坚持要用别的方法来解释它,那么就可理解它是康德承认他必须在先验演绎里予以反驳的常识的推论了。

时，我们首先看见那红色，然后才把它归属于实体与属性这个范畴。在通常的人类经验里，是不存在这种时间前后相继的；但是虽然如此，然而我们看见那红色是由于我们的感受性，而我们看见这红色是一个东西或说对象的颜色，即看见一个弹子球，乃是由于我们的知性的。

在这种情况下，离开思想而对感官给予出来的直观，或说感觉，乃是由一种分析的动作从经验分开来的，而不是离开关于一个对象的思想单独在意识里存在的。但是，虽然在通常的经验里，我们并不是先接受一个直观，然后才想到它是关于一个对象的直观，然而不能由此说，如果没有想到它们是关于一个对象的直观，就不能得到有意识的直观。

直观能否在人类意识里存在而不涉及一个对象，依我看来，这是经验性心理学的问题；而在验前的种种根据上说例如在意识的半阴影里，或者在入寐而又醒过来里，又在一个婴儿的最早意识里，都不能碰见这些直观，这就会是一种错误。关于这个题目，康德的见解是什么，我不知道①；而我不能看出，对批判哲学的解释来说，这是有任何重要性的。它对康德的下述学说的确没有任何影响，这学说认为：范畴乃是一个对象被思维所必具的条件，而不是一个对象被给予所必具的条件。

13. 动物的意识

康蒲·斯密先生的学说表达得很含糊，但我猜想：他是主张康德认为范畴是意识本身的条件②。他把“意识”和“觉知”③同一起来，而且又断言“一切觉知，无论是怎样初步、或表面上怎样简单，总是判断的一种动作，

---

① 康德在《导言》一书第十八节（Ⅳ298）里把“知觉的判断”和“经验的判断”区分开来——比较一下B142——有力地暗示着他是相信直观能存在于意识里而并不通过范畴来涉及对象的；但是我们却可以把这作为一种事后的联想而且不是很恰当的事后联想，就再不去管它了。一种类似的见解也许是含在他对于梦的处理里面——看B278；A201-202＝B246-247；A376；A492＝B501-502；《导言》第十三节注解三（Ⅳ290）——而A123-124以及其他各段可引用来支持康蒲·斯密的争点；但我并不觉得任何一方的证据是没有争论余地的。

② 比较一下《解义》原文p. CCXXII（绰然中译本，p. 254）：“对于对象的关系是范畴所构成的，而且是谈到感性表象所必要的，因为只有这样任何意识才有其可能的。”

③ 比方p. XXXIX（绰然中译本，pp. 21-22）。

因而就包含有理性的范畴”①。如果我们接受这一点，当然就应断定动物一定是没有意识的，因为依康德说来，动物是不使用范畴或者甚至不使用概念的；而这就是康蒲·斯密先生实际上所得出的结论②。

康蒲·斯密引用两段文字来支持他的论点。在第一段里③，动物据说具有“兽性的领会(apprehensio brua)而没有意识”④。在这一段里，如通常的那样⑤，康德是用意识(德语的 Bewusstsein)来指“自我意识”或“统觉”，如我认为是本段所暗示的那样⑥。这学说是为康蒲·斯密先生所依赖的第二段文字表述得十分清楚的⑦。在那里，康德主张说，如果能说明我们的知识，或说关于事物的经验，只是在某些条件之下才有其可能的(即感受性的各种形式与知性的范畴)，那么离开这些条件，感官材料就不会代表对象，而且这些材料又不会达到关于自我的认识所必要的意识之统一性⑧。他还说：“我应该不能够知道我⑨是有这些材料的，而因之这些材料对作为一个具有知识的我来说，就是绝对的无⑩。(如果我设想我

---

① 见《解义》原文 p. XLII(绰然中译本，p. 24-25)。

② 见《解义》原文 p. XLX(绰然中译本，p. 31)：“必须否认它们[即动物]有任何类似我们用意识这个名词所指的东西”。可是康德又能谈到——看《解义》原文 p. L(绰然中译本，p. 32)——好像动物意识的区别于人类意识是由于动物意识包含有联想的思维作为与逻辑的或反思的思维相对立的。

③ 致 von Beloselsky 王子一信的大纲(XI 331)。

④ “没有意识”即英文的“without consciousness”，也即德文的“ohne Bewusstsein”。

⑤ 梅林(Mellin)在其《辞典》I. p. 687 上实际上谈到好像“Bewusstsein”(意识)，就康德来说，只是指自我意识(拉丁文的 conscientia，apperceptio)说的。这乃是当时的一种通常用法。鲍姆嘉尔顿(Baumgarten)在其《形而上学》一书第 535 节(XV 13)，把“严格说的意识”(conscientia strictius dicta)和内感官同一起来；比较一下迈尔雅(G. F. Meier)的《摘要》(Auszug)第十三节。在康德的《自然科学的形而上学初步》(M. A. d. N.)见(IV 542)里，他说，意识的力量就是统觉；在其《逻辑》V(IX 33)里，他又说，严格说来，意识乃是观念想到另一观念是在我里面；而在 B158 里，意识等同于“我思维到我自己”这个事实。

⑥ 拉丁文的“Apprehensio bruta”(兽性的领会)是和拉丁文的“apperceptio”(统觉)相对立的。

⑦ 见康德致哈尔茨(Herz)的信(XI 52)，为康蒲·斯密在其《解义》原文 pp. XLIX-L所引用(见绰然中译本，p. 32)。

⑧ 就康德来说，关于对象的知识与关于自我的知识乃是互相关联的名词——互相含蕴的。

⑨ 我认为强调是在“我”这词的。在下一子句里的“对我”两字的重点是康德加的。

⑩ 这点的意思在书信本身里已经说明过了。如果直观不符合于经验的种种条件，对我们来说，这些直观就会等于无；那就是，它们不会是知识的对象，既不是自我知识的对象，又不是关于别的东西的知识的对象。

自己是一个动物),这些材料依然还可能够在(不意识到我自己的存在的)我里面有规则地进行它们的作用,作为联想的经验性规律所结合在一起而对感情和欲望有影响的一些观念——这是假定着,我是意识到每一个别的观念,但不意识到它的对于所说的对象通过其统觉的综合统一性的那个表象的统一性的关系——但是我不应从而就能够知道任何东西,乃至不知道我自己的这种状态。"①

康蒲·斯密先生省掉了我用斜体字刊出的那个插语。他的这种省掉的理由就是,康德"没有演变出一种足以真实地说出他的意思的术语"。与此相反,这个插语对于康德来说,是绝对不可少的。他所说的乃是,如果我是一个下等动物的话,或者说,如果我的下等动物那部分是分开存在着的话,那么,我就可以意识到分开的所予各观念,但是我不会意识到这些观念或者作为我自己的一些状态,或者作为是涉及对象的。总而言之,范畴乃是关于自我以及关于对象的知识的条件,但是它们却不是意识的条件。

据我所能发现的来说,康德总没有离开这一般学说的路线。关于下等动物的意识这一层,虽然我们应该把他所说的理解为附带讲的话(obiter dicta),但是有许多段文字,在那里他是肯定地相信下等动物是有意识的,虽然不是有自我的意识的;而我不知道他在什么地方否认了这一点。例如在他的逻辑讲演里②,康德区分开在广义上可称为"认识"的各种不同的等级。其第一等就是观念或说表象③;第二等就是和意识接合的观念,也就是感官知觉④;第三等就是认识⑤,即某东西与其他东西关于同异比较上所得的表象;第四等就是知识⑥,即对某东西的认识伴随着有康德称为"意识"的东西,而我认为这里的"意识"是自我意识的意思。在此以上就有知性⑦、洞

① 我认为这意思是说,我既不从而知道任何对象,又不知道所予的观念作为我自己的一种状态。

② 《逻辑导论》Ⅷ(Ⅸ64-65);比较一下 A320=B376-377。

③ "sich etwas vorstellen"(某物自表现)。我认为这不一定是有意识的。

④ 即德文的"wahrnehmen"或拉丁文的"percipere"。

⑤ 即德文的"kennen"或拉丁文的"noscere"。

⑥ 即德文的"erkennen"或拉丁文的"cognoscere"。

⑦ 即德文的"verstehen"或拉丁文的"intelligere"。在这里这像是和抽象的概念作用同一的。

见①、理解②，但是对它们我们可以置之不理。我们在这里所关心的唯一的一点就是下等动物达到第三级的认识；它们有对对象的相识，虽然它们不知道对象③。

依我看来，虽然康德关于这个题目绝不独断，但是他相信下等动物所具有的不但是意识，而且是相对地高级的意识。而我不能看见任何足够的理由或者来主张康德是认为意识的作为意识是不可从范畴分开的，或者按这样的一种根据来判定第十三节的不对。

① 即德文的“einsehen”或拉丁文的“perspicere”。

② 即德文的“begreifen”或拉丁文的“comprehendere”。最后两段在这里是和理性相联系的；又参看康德的《形而上学》p. 29。

③ 在这里毋须把这种区别弄得精确。一只狗是知有比方肉食与面包的，因为肉食与面包使它受到不同的刺激的，它能分别这两种东西，但是不知道其分别何在。例如它在嗅觉中可以对肉食的“标志”有一种清楚的观念，但是它并不知道这就是肉食的一种标志；总之，它并不具有概念，更不具有范畴。比较一下康德的 Die falsche Spitzfindigkeit（《假的狡猾》），第六节（Ⅱ59-60），在那里康德又含有这个意思——这是他的通常学说——认为下等动物具有外感官，但不具有内感官。在这里如一直都是这样，概念与判断是含蕴着自我意识的，因为它们是含蕴着自我与对象之间的区别的。比较一下康德的《遗著》(Nachlass)411(ⅩⅤ166)：“下等动物有领会，但没有理解；因此它们不能使它们的观念成为普遍性的。”其他参考就是《判断力批判》第九十节（Ⅴ464 注）Anthr. Ergänzungen aus d. Handschrift（出自手稿的《人类学补遗》），141，7（Ⅶ395）和 Fortschritte d. Metaphysik（形而上学的进步）见 Phil. Bib.（《哲学文献》）46c，p. 95. 我所找到的最清楚的说明是在康德的形而上学讲演录里；看《形而上学》pp. 129-130，又比较一下 p. 119 下等动物又有愉快与痛苦，而这就意味着它们是主动的，不是机械地主动，而是按照观念地主动；看《形而上学》p. 100，而又比较一下 p. 102 和 p. 106。在《判断力批判》的第一导论Ⅴ(Phil. Bib.《哲学文献》39b，p. 18)里，甚至把“本能的反思”归于下等动物。

第十七章　解决问题的方法

1. 哥白尼式的革新

在陈述他的问题的过程中，康德小心地把任何有关于他的批判解答的东西都不包括在内。他只认定我们具有某些要求是必然地而普遍地适用于一切对象的验前范畴，因而就不能是在经验上经由经验的概括而得出来的东西[①]。诚然他曾在知性和判断的必然形式里发现这些范畴的起源——这乃是形而上学演绎的结果。可是，一个理性主义者可能接受这一点，而仍然可能坚持[②]理性主义者的立场，认为心在其自己的权利上具有知性或理性的力量，用来能在验前抓住事物如它们自身那样的一些必然而普遍的特性。使范畴有正当理由能适用于对象，其困难——这是康德一直很强调的一种困难——部分是在于这个事实，就是前此他故意把理性主义的学说是否可能是正确的学说这个问题作为尚未解决的问题加以看待[③]。

陈述了问题之后，康德现在就转移到解决问题的方法上来了。他论证说，理性主义者的解答是不可能的，而且说，解决这个问题的唯一方法乃是采取批判哲学的哥白尼式观点。

观念[④]能与其对象发生关系只有两种可能的方法：要么是对象使观

---

① 我们是经由经验的概括或抽象而获得关于范畴的知识，即把它们带到清楚的意识中去的；但是范畴具有一种要求要有普遍而必然的有效性，这种有效性不能得自经验，而根据康德来说，是必须由于它们的起源是在心灵的本性里的。

② 这种立场实际上是为康德的某些批评者所主张的。看《自然科学的形而上学初步》前言(Ⅳ)。

③ 比较一下B22。它主要是在于范畴与直观是异质的这个事实；看A137＝B176。

④ 康德用“综合的观念”这个奇怪的短语。如果这不是一种印错，他可能是谈到复杂的直观——像关于一把椅子的直观，对立于一种颜色的直观——和谈到概念，我们曾看到概念乃是一种综合的概念。

念成为可能,要么是观念使对象成为可能①。这第一种方法乃是实在主义的学说;其第二种,如果康德是对的话,乃是唯一能说明验前观念的可能性的学说。

2. 经验性的观念

如果对象使观念成为可能,那么这观念就必须是经验性的。对于在其里面而属于感觉的那个成分来说,上面所说的②同样也适用于出现。

这样说也许更清楚一些,即直观就其是在感觉中被给予我们的这点来说,必须是经验性的,而感觉却是为对象使之成为可能的。就概念之是由抽象,而从这样的经验性的直观得出来这点来说,概念也是经验性的;而这些概念也是为对象使之成为可能的,因为对象使这些概念所从而得出的经验性直观成为可能③。

就任何观念,无论是直观或是概念,是为对象使之成为可能的这点来说,它就是经验性的;而就任何观念都是经验性的这点来说,观念是为对象使之成为可能的④。

3. 验前的观念

如果一个观念是纯粹的或说验前的,按这种见解来说,它就不能是对

---

① A92=B124。在BⅩⅦ里可找到一种更充分的叙述;又比较一下B116和A128-129。在这里发生通常的困难,究竟所谓“对象”,康德的意思是什么,而可能争论说,这词是用在两种不同的意义上的;比较一下皮里卡(Prichard)著《康德的认识论》,p.15起。起初最好是在常识的水平上来理解“对象”。例如我们认为一把椅子给我们关于“椅子”的直观,而从这个直观我们用抽象就得出“椅子”的概念——这是对象使观念成为可能的了。康德论证说,除非我们把实体与偶性的范畴加在所予的直观之上,我们是不能有一把椅子的直观,结果就是我们也不能有“椅子”这个经验性的概念;所以这个范畴就使那个对象——即我们所知的椅子——成为可能的。如果我们接受这一点,这椅子就成为一个现象性的对象了;但是这种对象依然是我们感官材料的原因,虽然我们感官材料的最后原因,或说条件,乃是自在之物。这种立场无疑是复杂的——为康德或康德的一个阐述者每次用“对象”这个词时都要重复这种立场,确是太复杂了——但是我不能看到这立场是不可理解或者是自相矛盾的。

② A92=B125。

③ 比较一下BⅩⅥ。

④ 这个学说乃是康德自己的关于一切经验性观念的学说,就是说就这种观念的质料而言。可是,经验性概念的形式,或说普遍性,是为思维所形成的(看本书第九章第四至七节);而经验性直观的形式——空间与时间——是由于我们感受性的本性的。

象使之成为可能的。我们要么放弃相信有验前的观念,要么问问自己,因为正是我们的观念使对象成为可能,因而它们是否也许能够在验前适用于对象。

这是一种更困难的情况。我们所考虑的不是意志。在意志那里,我们是能有关于一个对象的观念,然后进行以行动来使这个对象成为实在的。我们所考虑的乃是知识,而且很显然,无论如何对康德来说是显然的,在知识里,就存在来说,我们的观念是不产生它们的对象的。即令我们能够产生一个关于一个对象的观念,这也没法使这个对象本身成为实在的。

康德所提出的思想乃是这样的。虽然一个观念不能使其对象成为实在的,但它还是可以验前确定所知道的对象的性格。如果我们只通过一个观念就有可能来知道任何东西作为一个对象,那么这种观念就毫无例外必然确定一切对象的性格了。

康德的全部哲学所依据的乃是这里所提出的见解。

4. 纯粹直观与纯粹概念

不管关于一个对象的实质(being)可能说的是什么,没有直观而同时又没有概念的作用或说思想,就没有对象能为人所知。直观是必要的,因为只有通过直观,一个对象才能被给予出来——可是(如果我们抽去了思想而只考虑直观)对象的被给予出来,就不是作为在其完全意义上的对象,而是只作为一个出现①。如果我们要在一个实在而具体的东西这个完全的意义上知道一个对象,我们就还需要概念的作用;因为只有通过一个概念②,我们才能想到一个相应于我们的直观的对象③。

---

① 不应该还需要说,这个意思并不是说,我们知道它只是一个出现:我们应该是在出现从实在性区别开来或者主观的从客观的区别开来这个水平之下。然而我们能回顾到这个水平而从一个更高的观点去描述它。应该注意,"出现"通常是用于整个现象性的对象(作为与自在之物相对立的)。在这里它像是用作现时称为所感觉的东西或感官材料的,作为与现象性的对象相对立的,虽然那最通常的意义也是可能的。

② 这里的概念可能是一个经验性概念——要知道这个红色的弹子球,我们必须不只看见这个颜色,而且我们必须想到它乃是一个弹子球的颜色。然而这是预先假定有实体与偶性这个范畴的。

③ 我们必须在其之上解释这样相应的意义,如果我们接受康德的批判学说,就是在 A104 起里所讨论的;又比较一下 A189=B234 起和 A197=B242 起。

在感性论里曾说明过，空间与时间，作为一个对象能被直观到的唯一形式，必须在心里面有其起源，而这样就必须验前限定对象①。作为所予的出现来说，对象是必然一定符合于感受性的这些形式条件的。

现在就发生这个问题：是否有一些纯粹的概念或范畴，虽然它们不是（像空间与时间那样）为任何东西能被直观到的唯一条件，然而是任何东西能作为一个一般对象被思想到的唯一条件②。如果思想同直观一样乃是关于一个对象的知识或经验所必需，又如果有某些条件或形式是这样的思想所必需的，那么我们关于对象的经验性知识就必须符合于思想的这些条件，如同符合于我们感受性所加上的条件一样；因为除非是这样，就不能有经验的对象这种东西。

5. 对　　象

在这关联上，关于康德"对象"这个词的用法又提出了一些难题。例如可以争辩说，既然离开思想，严格地说来，就没有对象，所以我们也就不应该说对象是作为一个出现被给予出来或被直观到的。

作为对这一点的反驳，我要主张的是，虽然这样的说法可能是难懂的，但是难以看到，康德的革新性学说怎能更好地说出来。如果我们要遵循他的理论，我们就必须把任何认为他描述了一种我们从而由一些所予的直观对关于一个对象的知识的时间性过程这样的见解放在一边。我们必须从这个事实出发，就是我们知道这个具体的个别对象——比方说这棵树。如果我们要知道这棵树，它就必须对直观被给予出来；树的颜色与形状必须按照时间与空间的形式对视觉被给予出来，而且这意思是说，到此为止，这棵树被给予出来了。但是如果这棵树是作为树而被知道的，那

---

① 康德加上"关于形式"（德文 der Form nach），也许这是平行于在 A93＝B126 里"关于思维的形式"（德文 der Form des Denkens nach）这个短语的。如果这样，它就像是包含着重复，而意思只是"就直观的形式而言"。也许仅仅可想象，康德是指它们的经验性形式说的——看 A127-128 和本书第六章第八节——但我不应截然地主张这点。

② A93＝B125-126。康蒲·斯密这样翻译这段：现在就发生这个问题，验前概念是否也用作一些先行的条件，只在其之下，任何东西，如果不被直观到，还能被思想到作为一个一般的对象。在他的《解义》一书 p. 222 上，他含有"如果不被直观到，还"这些字样不是真正批判的这个意思，我对于这种断言不能看见任何正当的理由。

么思想又是存在的:我们得要使用“树”这个概念,而且其实得要使用实体与偶性这个范畴。当下只有一个对象,即这棵青绿的树;而它的被知道只是通过视觉与思想的一种结合。可是,如果我们用抽象的方法把看见与思维分开,那么看见最多是给我们以颜色,而我们却不会知道这颜色是它实在所是的那样,即一棵树的颜色;思维只给我们以“树之性”(treeness)[①]这个概念而并没有什么个别的对象。只有通过直观与思想的结合,我们才能知道这具体的有确定性的对象[②]。

如果这是真的,那么,根据康德来说,思想的条件与直观的条件一样,必定验前确定了对象的如其被知道的性质。

6. 一个一般对象的概念

在这一点上,我们应该可以期盼:康德告诉我们思想的条件或形式就是判断的形式,而判断的形式作为确定所予的直观的综合也就是范畴。在他问到“可否有一些验前的概念,是任何东西能作为一个一般的对象被思维所必具的条件”的这个时候,他其实就是谈到这个学说的[③];而且他在一个插入语中还谈到了它[④]。可是读者易于为这个事实所窘惑,就是当下的论证是以“一个一般对象这个概念”为转折点的,而这个概念只在我刚引用过的问题里才是明白地和范畴联系起来的。

即使撇开这个问题,我们无疑还可得到许多这样的暗示,如范畴就是

---

① 或说“一般青绿树”这个概念。其实,如果我们把思维完全脱离对感官所给予的东西来考虑,我们所有的就会是“某东西”这个空洞的概念,即一个一般对象的概念。

② 比较一下 A258=B314:“只有在结合中,知性与感受性,在人的情况下,才能确定对象,如果我们把它们分开,我们就有无概念的直观,或无直观的概念,但是在这两种情况中都是不能涉及有确定性的对象之观念。”又看 A51=B75。

应该注意,概念与直观同是需要来确定一个对象的。康德有时谈到,似乎范畴(即一般对象的概念)是确定所予的直观(即直观的杂多)的;而他有时又谈到,似乎所予的直观是确定范畴的;例如看 B128-129,B143,A251。

③ A93=B125:“条件”通常是等同于“形式”的。

④ A93=B126:“经验(就思想的形式来说)只通过范畴才有其可能的”,可能说他是指形而上学演绎的另一个学说说的——即范畴乃是纯粹综合的概念——虽然他是很间接地又指这说,这是在他来到 A94 里先验演绎的主观方面的时候。

一般对象的概念①。尤其是形而上学演绎的结论告诉我们:范畴在验前适用于对象②,而且只通过范畴,我们才能思想直观的一个对象③。然而,如果康德曾明白地断言范畴因之就必须被看作是一般对象的概念,那么这阐述的明晰性就会大大地增加④。

7. 客观演绎的方法

在我们考虑经验时,我们发现我们总是而且到处都在所予的一些直观以外还有一个对象的概念。使我们的经验成为一种经验,不单纯是一系列的感觉,而且还有这个概念。我们所直观到的大小、形状、颜色等等总是被认作是某东西或某对象的大小、形状和颜色⑤。

康德认为一个一般的对象这个概念必然包含着各种各样的不同概念。例如,要成为一个对象,就必须要有量与质,就必须成为一个持久的实体连同一些属性,即成为一个在因果上和其他一些实体相互起作用的实体。所以一个一般的对象这个概念分化为一般对象的一些概念⑥,正如判断的形式分化为判断的各种形式一样。一般对象的这些概念,或一个一般对象的这些概念就是诸范畴。

如果一个一般对象这个概念是经验所必需的,又如果这个概念在验前分化为一些概念,那么很明显,范畴的客观有效性也就成立了;因为只

---

① 在 A55＝B80 里,康德说到一个对象(或许多对象)的纯粹思想,而在 A57＝B81 里说到完全验前地想到对象,而且又说到可以验前指对象而言的概念:又比较一下 A62＝B87,A64＝B89,A79＝B104,A85＝B117-118 等。

② A79＝B105。

③ A80＝B106。

④ 所需要的断言是在 B128 作出的。又比较一下本书第十二章第六节。

⑤ 从常识的观点来看,更自然的会是说,一般东西这个概念是存在于一切经验里的。康德的争点乃是,只有把一般的对象的概念来替代这种说法,我们才能在验前替知识找出其正当的理由。

⑥ 比较一下《道德的形而上学》导论三(Ⅵ218 注)。我不认为这是意味着每个范畴只对某些对象有效而不对其他对象有效的。康德有时说到"一个一般的对象这个概念"或"一般某东西这个概念"(Metaphysik d. sitten, Einl)作为在范畴中变为节目分明的终究概念,但是范畴本身作为是指"一些一般对象的概念"说,或指"一个一般对象的概念"说都是可以的;例如看 B128。同样地,"一般的个别空间这个概念"和"一般空间这个概念"这两者之间是没有分别的;看 A25＝B39。

有通过范畴,关于对象的经验才是可能的。每一个对象,如要成为经验的一个对象,就必须不但是靠经验性的概念被思维,而且又靠范畴被思维。

范畴使经验成为可能,只是就思想的形式而言①——而不是就直观的所予质料或其形式而言的。

按这种见解,范畴之使对象成为可能,其意思是说,范畴有可能使我们关于对象作为一个对象有其经验或说知识。如果对象要为我们所知,我们就必须用范畴来想到它。因此,我们的思维就以某些范畴性的特性加在对象之上,而这对象作为我们所知的对象也就必须有这些特性。所以我们是有可能来通过范畴而关于对象有验前的知识的;而正是因为思维以这些特性加在对象之上,所以所知的对象不是如其在其本身那样的东西,而是如它们必须对人的心灵出现②那样的东西,而人的心灵之能知道对象只是靠感官与思想的一种结合③。

8. 先验演绎的一般原理

这个论证的基本论点——即对象的必然而普遍的特性,如果要作为必然的而且普遍的为人知道,就必须是由知道的那个心灵的本性而来的这个论点——乃是全部批判哲学的基本学说而且是哥白尼式革新的根据。在讨论空间与时间时,我们就已碰见了这个论点;而这里又在先验演绎一开头就予以强调,像它在这演绎的结尾时得到反复申明那样,而且在第一版④和第二版⑤里都是如此。

---

① A93=B126。提到思想的形式时,康德就是提醒我们(可是有些太迟了而且不是太清楚地)在形而上学演绎中的论证。思想的形式又称为关于一个对象的一切知识的知性形式(看A129)。它分化为思想的各种形式或条件(看 A94=B126)。

② 我们现在是与对象有关,而这对象不是像它脱离思想而对感官出现那样(像在前章那样的),而是像它必须出现于感官与思想那样的。比较一下本书第二章第二节。

③ 到此为止,我们只是有了康德对这个问题的答复的第一部分。问题乃是:“知性的范畴怎能适用于对独立于思想的直观给予出来的对象?”他的第一个答复就是,如果任何对象是要为人所知的,那么这些范畴就必须是适用的。这些范畴是怎样能适用,而且必须是适用的,其说明见先验演绎的主观方面和关于图型法与知性的原理那几章。

④ A128-129。

⑤ B166-167。

康德对他的论证的一般性格作出了十分清楚的阐述。一切验前概念,无论是纯粹直观,如空间与时间,或者是知性的纯粹概念,如诸范畴,其先验演绎是以一条原理,而且只是以一条原理为依据的:就是这些纯粹概念必须作为经验的可能性的验前条件而被知道。如果它们是纯粹直观,它们就必须作为在经验中所要碰见的直观的条件(或说形式)而被知道;如果它们是纯粹概念,它们同样地就必须作为在经验中所要碰见的思想的条件(或说形式)而被知道。它们必须不是这些就是那些①,而在任何其他根据上都没有验前概念的正当理由。

9. 主观演绎的方法

到此为止,康德只处理了先验演绎的客观方面,而且他曾告诉我们②说,这个论证③,虽然是过分压缩的,单独也足够作为一个客观的演绎了。既然先验演绎还有主观的一方面,因此在这种一般的导论里,他谈到它当然是正当的;而且他当然要这样做④。

他在一简短的段落里⑤这样做了,而这段落是回顾 A77-79＝B103-104 而展望到 A97 和 A115-116 的,在第二版里删掉这个段落而代之以三个段落,以作为对这新的版本的更适当的导言⑥。

---

① A94＝B126。比较一下 A111。

② AⅩⅦ。

③ A92-93＝B124-126。

④ A94-95。

⑤ 花亨格尔和康蒲·斯密把这段看作晚出的,其理由无他,只是因为它是处理主观演绎的。我们应该注意康德思想的连续性作为这种见解的否定。一切验前概念(包括空间与时空)的先验演绎必须说明这种概念乃是经验可能性的条件,如我们所知道,只有靠发现这些概念的起源是在心里面和在心的种种力量里面,一种先验演绎才能这样说明的。但是有三种这样的心力,而每一种都必须加以研究。这三种力量就是感官、想像力和统觉。感官在感性论里处理过了;我们还得要处理其他两种力量。

何以必须处理想像力(像处理统觉或说知性一样),其理由就是想像力乃是这种力量,它胜过我们曾在知性的诸概念里和在我们认为这些概念所适用的直观里面注意到的异质性。

⑥ 康德是在这些段落的第三个(B128-129)里面给我们以范畴的一种定义把范畴和判断的形式清楚地联系起来的,而这定义本来是应写在形而上学演绎本身里面的。头两个段落有关于洛克与休谟的一种饶有兴趣的批评。

灵魂有三种原有的(或说非派生的)能力或说力量①,是得要看作知识的来源的②。这些能力在其本身里面含有我们所寻找的东西,即一切经验可能性的条件。这些能力的名称就是感官、想像力和统觉。这就是我们在第一版中③第一次对统觉的介绍,而我们合理地指望会有知性,如在前一段里一样④。统觉作为一种力量来说,像是同一于思维或知性的,但是在这个词的使用里总是包含着一个暗示,以为思维或知性在某种程度上就是自我意识。

这三种力量——如果力量这个词可以用来包括能力和力量的话——既有一种经验上的用法,又有一种先验的用法⑤。在其经验上的用法上,它们是和经验性观念的所予质料有关的;在其先验的用法上,它们乃是验前观念的来源,而只和知识的形式有关,而不和知识的质料有关。感官的先验用法是在感性论里考虑的,而在感性论里,我们曾发现,我们的感受性乃是空间与时间(即直观的形式)的来源⑥。我们现在就要考虑想像力与统觉的先验用法,而且要在它们里面发现图型化的范畴与纯粹范畴的一些来源,而纯粹范畴乃是思想的形式(作为确定所予的直观的)。

康德提到了这三种力量在其先验用法上所贡献于知识的是什么⑦。我们有三个东西是以这些力量为根据的:(1)验前杂多⑧通过感官的概观

---

① 严格说来,能力(德文的 Fähigkeit)是被动的,而力量(德文的 Vermögen)是主动的。感官是能力,而想像力与知性是力量。

② 在这里称它们为"来源",而在 A97 里则称之为"知识的来源"。严格地说,它们只是知识里面的一些成分的来源。说一种力量为知识里面一些成分的来源就是说知识的这些成分在这种力量里有其起源。

③ 在第二版里乃是在 B68 里提到统觉的。

④ A78=B103。可是必须记得"统觉"这个词对于康德的读者比对于我们更为熟悉。

⑤ 诸力量的先验用法在这里就是它们作为经验的条件的来源之用法——不是它们的用于经验的限度以外。看本书第十一章第四节。

⑥ 感官的经验性用法就是所予感官材料的接受。

⑦ 康德在这里没有说出这明显的事实,就是在这些力量的经验性用法上,所予的杂多和综合会是经验性的;比较一下 A77=B103。

⑧ 花亨格尔(在其《先验演绎》一书 pp. 60-61=38-39 里)像是主张在这段里感官是给我们以一种经验性杂多的一种验前概观的。他设法用这种手段来使 A94 成为与第十分节不相一致的。它是康蒲·斯密在其《解义》的 p. 222 上(参看绰然中译本 p. 254)所遵循的。依我看来,这种解释不但是多余的而且是不可能的。

(synopsis);(2)这种杂多通过想像力的综合;(3)这种综合通过原始统觉的统一性。

这个学说乃是和第十分节里的学说同样的,因为除了在那里[①]所提到的验前杂多和纯粹综合之外,还指出了纯粹综合的统一性乃是由于以知性为依据的一些概念的;或者用别的话来说,是由于在原始统觉里有其起源的概念的[②]。

"概观"这个词之用于感官,是因为无论在经验性的或纯粹的直观里,总是有一种杂多性[③]。关于感官,"综合"这个词会是不适当的,因为综合含有杂多的一种主动的统一活动,而感官乃是被动的而不统一其杂多。

康德没有耐心让他的术语前后一律[④],而这就致使他的批评者们把学说的种种前后不一致性归之于他,而且这些所谓前后不一致性却是批评者们自己的产物,因为他们过分注意康德的词句而没有能够深入到词句后面的意思[⑤]。康德除了感官、想像力和知性或统觉以外,没有在任何地方承认有知识的原始来源;而且他没有在任何地方认为纯粹综合或说先验综合除了通过一种纯粹杂多的媒介之外是能发生的[⑥]。

---

① A78-79=B104。

② 看本书第十三章第七节。

③ A97。康德用这个名词,我认为是支持他是不接受休谟的心理学元子论这个见解的;比较一下本书第六章第八节。

④ 可以注意,甚至同在雅致与风格的精确性上都优越于康德的柏拉图,在其《共和国篇》里关于线与洞穴的术语上还是前后不一致的。

⑤ 在一些情况下,花亨格尔由于不能看到甚至康德词句的浅白意义就以一些前后不一致的毛病硬加在康德身上。

⑥ 诚然,纯粹范畴乃是一般杂多综合的概念(没有涉及时间的纯粹杂多的),但是这种概念除了涉及时间的杂多而图型化外是没有有效性的。

第十八章　临时的阐明

1. 阐明的方法

康德意识到先验演绎的精微性与错综性会是对读者来说的困难之一种根源。因为这个缘故,他就首先给我们以一种临时的,或说准备性的阐明①。他指望预先弄清楚一些细节,以简化他的最后阐述。也许他认为,应该一步步地把他的理论的最有革新性的部分介绍给读者。

我认为这样一种方法在原则上是有些可取之处的,但是在其详细的实施上却吃了一些严重缺点的亏。

康德自认为:这个临时的阐明,单独来看,可能是含糊不清的,而只在我们在第三节里掌握了其最后的,或说权威的阐明之后,这临时的阐明才成为清晰的。他甚至警告我们说,这临时的阐明是要为我们作铺垫而不是教导我们;它在抽象上和孤立地处理一些问题,而系统的论述则留待后面②。

如果我们想理解这一论证,那么就必须严肃地对待这个警告。我们必不可认为,因为康德孤立地处理综合中的三个因素,所以他就引入一个新的学说,说有三种综合而不是一种。我们更不能认为,因为他首先讨论一个"对象"是什么意思,而把关于范畴的辩明保留到后面,因此关于"对象"的说明就必须写在他还不知道什么是范畴那个时候。

更难确知的是:康德的警告的意思是否是说:在这个临时的阐明里所提出的有些学说不是要作为他的真正见解,而只是要带领读者到真理去的。关于想像力的学说,在两种阐明中是不同的,而我认为康德原来可能要暗示:在这两种阐明有所不同的地方,我们应接受的乃是最后阐明的学说。

可是,这乃是实在困难的一种来源。康德指望我们从临时的阐明来

---

① A98。

② A98,A115。

充实最后阐明的细目;但是,如果临时的阐明不是在各方面都可依赖的,我们又怎能具有信心来这样去充实呢? 虽是如此,想要避免这样做是不可能的,因为在一定的方面,其早出的讨论,如康德自己所暗示的,乃是比后出的更为充分的,更为详细的。

在这件事情上,我们必须尽力来做,但是从他的阐明方法中的实在缺点来看,他在第二版里调换了一个更清楚而更好的说法,这一点也不奇怪。

2.重　　复

康德所采取的方法势必导致许多重复,而这些重复又为他的一种习惯所增加。他的习惯就是,在开始新的节段时有一个小引,而在结束时有前面所曾说过的一种回顾或摘要。从别人所说到他的讲演方法来看①,这似乎是一种说明一些难懂的题目的有用的实践,对初学者尤其有用,但渐渐与年俱增就变为有点逾于常态,而且也许变为几乎是机械性的了。

康德的重复习惯,甚至仅仅下述事实就使说明先验演绎这一工作变得特别困难,这个事实是:完全不去说那些引言与摘要,在第一版里就有两种阐明,而在第二版里又有另外一种阐明。不管其结果是好是坏,我曾着手于不但把我认为是康德的学说的东西说出来,而且在现代的批评面前,说明他的论证确是一种论证,而不是一大堆的矛盾。

在这种工作中,我不能避免重复。我只能希望把它减少到必需的最低的程度,而且我将设法把许多关于我们不得不遇见的含糊之处的讨论归之于脚注,以便尽量使论证的路线一直是清楚的②。

3. 客观演绎

忠于他的方法,康德就以一种新的引言来开始其临时的阐明。这引

① 见凯尔德(Caird)在其《康德的批判哲学》一书上册 p. 64 所引的翟哈曼(Jachmann)所作出的说明。

② 由于我现在已经指出了康德在先验演绎里的大意,凡想找出其一般的理论是怎样进行的,可能宁愿笔直就去看本书第三十章。

言总结了他前面的论证，接着描述了先验演绎，先是谈到它的客观方面，然后谈到它的主观方面。

关于客观方面，我们所得到的很少是多于我们已经知道的。范畴在验前就含有包含在每种经验里的纯粹思想①，而为了说明它们的客观有效性，我们就得要证明只通过范畴，一个对象才能被思维②。

这个论点得到了我们现在熟悉的种种考虑的支持。离开直观，概念就没有内容③，而只有靠直观，对象才能对我们被给予出来。一般直观构成可能经验的领域，或说全体的所予对象。因此，如果一个验前的概念是要成为关于一个对象的思想而不是并不想到任何东西的单纯空洞的形式，它就必须和可能的经验发生关系④。

如果范畴是验前的概念，它们就不能含有任何经验性的东西，或者换句话说，它们不能是从经验性的直观得来的。然而，如果它们有客观的有效性，它们就必须和可能的经验发生关系；而只有它们是这种可能经验的验前条件，它们才能是这样的。因此，我们得要探求(就包含在经验里的思想来说)经验所依据的验前条件是什么；而充分地而且普遍地⑤表达这些条件的⑥概念将是我们所追求的知性纯粹概念。这些知性的纯粹概念必须含有⑦同时是经验的而又是经验的对象⑧的纯粹验前条件。不然的话，不但它们会是关于无物的思想；而且它们离开经验的所予材料，乃至

---

① 康德又说是“思想的形式”；比较一下本书第十一章第二节。

② A96-97。

③ 这些概念能有思想的形式作为它们的内容，但是康德看这种形式为空洞的。这类的一个概念会是“一个概念的逻辑形式”，而不是想到任何对象的一个概念。

④ A95。

⑤ 这些条件是“形式的”，和形式有关而不和质料有关的；而且它们是“客观的”，就是说，它们是对象被知的普遍的而又必然的条件——我理解一种主观的条件会是一个个体或一种个体所特有的。这些客观的条件在一些主观能力或力量里有其起源，而这样的能力或力量因之最后也是对象被知的条件；但是康德不称这些能力或力量为“客观的”，大概是因为它们是属于心而不属于对象的。这就暗示着客观条件必须是在对象本身的性格里的要素，如它们是对象被知的条件一样。

⑥ 依我看来这就意味着范畴乃是一切经验的条件而不单纯是某些经验的条件。

⑦ A96。康德说范畴“是”或说“表达”或说“含有”经验的条件，都是可以的。

⑧ A96。比较一下 A111：“一种可能经验的验前条件也就是经验的对象之可能性的条件。”

在思想里也不会发生①。

康德还提出了一个新的论点。虽然,如果范畴要成为关于一个对象的思想,而且甚至如果它们是要在思想里发生,它们就必须和经验发生这种关系,然而一经我具有范畴,我就能想出一些概念,是关于在其本身来说是不可能的,或者是不能在任何经验里被给予出来的对象的。

例如我能想出精神或灵魂这个概念来,那就是具有理性②的一种非物质的实体这个概念;然而我这样做,乃是用丢掉了可能经验的一种必需条件的办法。康德没有告诉我们所丢掉的是什么。我认为它是那在直观里被给予出来的"持久的东西"。持久的东西,我们只能在外直观里发现,而这样就只是在物质的实体里才能发现;而且,实体这个范畴如果要有其有效性,则持久的东西是必需的。

我也能想出上帝这个概念,而我这样做乃是把一些范畴扩充到经验的限度以外。康德又是没有给我们这种过程的细目;但是当我们说上帝必须是第一个原因,或者说上帝必须是最实在的存在时,这种过程显然是发生的。

这种的可能性并不是什么论证反对下述见解的,这个见解是认为:范畴必须含有经验的条件,而且必须是有其正当理由的,因为只有通过范畴,经验的一个对象才能被思维。

4.主观演绎

主张范畴必须有其客观的有效性,因为只有通过它们,经验的一个对象才能被思维,这个论点乃是客观演绎的中心论证③。但是关于对象的这样一个思想,如果它是客观上有效的,也就是知识,而且其实是验前的知识;而在这种知识里面,起作用必须是多于单纯作为思维④的一种力量来考虑的知性的。知性,就其对于对象有一种关系这点来说,不单纯是思

① 我认为当康德谈到"一切验前条件的成分"时,他心目中是有着范畴的,而这样描述范畴是正确的。

② 看康德的《观灵者的梦》(*Träume eines Geistersehers*),第一部分,第一章(Ⅱ321),又看谬误推理。

③ A96-97。

④ A97。关于思维与认识的区别,看本书第二章第四节。

维的一种力量,而且是认识的一种力量;而我们必须说明它如何能对于对象有这种关系,或者换句话说,它如何能是验前知识的一种力量①。这种说明乃是主观演绎的任务。

知性,作为认识的一种力量来说,需要有感官与想像力的合作,而我们得要研究纯粹知性(作为验前知识的一种力量)的可能性以及它所依据的认识诸力量②。

所以我们得要考虑形成经验可能性的验前基础的认识的主观来源。我们已经知道这些来源乃是感官、想像力和知性(或说统觉)——而统觉,离开感官与想像力,便是思维的而不是认识的一种力量。既然我们关心于它们的乃是它们(共同)给我们以验前的知识,所以我们自然不是和它们的经验性的性格有关,而是和它们的先验性格有关③。

5. 三重综合

我们已经觉知到,要有知识,我们就必须有三种东西:(1)一种所予的杂多,这杂多可以是经验性的或者纯粹的;(2)想像力的一种综合;(3)知性把这个综合带到概念去的活动④。我们又知道,要有验前的知识,这个杂多必须是纯粹的,而且这种杂多的综合是从在统觉里有其起源的纯粹概念得到它的统一性的⑤。而且这些纯粹概念乃是纯粹综合的概念⑥;且它们是从空间与时间得到它们的资料的,而空间与时间含有一种纯粹的杂多,进而也是经验性的直观的形式,但是一个对象只有通过经验性的直观才能被给予出来⑦。这就意味着每一种经验性的综合都是为一种纯粹

---

① 按康德的见解,如果它不是验前知识的一种力量的话,它就并不是知识的一种力量。

② AⅩⅥ-ⅩⅦ。当康德说这种研究是有关于"思维力量本身是怎样有其可能的?"这个问题时,他反而应该说"思维的这个力量怎能给我们以验前的知识?"又看本书第十一章第十一节,又注意在A97里,在康德说认识的三种主观来源——它们必须是感官、想像力和作为思维一种力量的知性——使知性本身成为可能时,他的意思必是说,它们使知性可能作为认识的力量。

③ 比较一下A78-79=B104,A94和本书第十七章第九节,它们有一个先验的性格——在A94里称为一种先验的"用途"——作为验前观念的来源;比较一下本书第十一章第三、四节。

④ A77-78=B103。

⑤ A78-79=B104和A94;看本书第十七章第九节。

⑥ A78=B104;比较一下A79=B104。

⑦ A77=B102。

综合所限制的。

康德进而再一次叙述他的理论;但是由于他刚刚曾谈到这个事实,就是感官、想像力和知性既有一种经验性的性格而又有一种先验的性格,他就不认为需要来重复他的理论了。而且他作出了某些增加,又在术语上引入一些不需要的变动。有了这种帮助,花亨格尔就能争论说,这里的学说是完全不同于别处碰见的学说的。我却大胆主张,这些差别在词句上多于在思想上。

如果我们要得到任何能称为知识的东西,就有必要把一些观念结合起来[①]。结果就是,单独有感官,对知识来说,是不够的:感官可以说是有一种被动的概观(synopsis)的[②],因为它含有一种杂多;但是它并不统一或结合所予的杂多,因而我们就另外需要一种主动的综合以便来这样进行统一或结合[③]。

这种综合乃是必然存在于一切知识里的三重综合:(1)对于观念的领会的一种综合,它是心灵在直观中的种种后天变异;(2)在想像力中观念再生的一种综合;(3)在概念作用里对于观念认识的一种综合。

这三种综合指向知识的三种主观来源,而这些来源是使知性(作为知识的一种力量)和经验本身(作为知性的一种经验性的产物)成为可能。没有一个讲道理的人能够怀疑知识这三种主观的来源乃是感官、想像力和(作为思想一种力量的)知性[④]。

后面将会清楚地阐明:这三种综合乃是一种综合的各方面[⑤],而且每一方面都是纯粹的而又是经验性的。我表达出来的新学说就是想像力的综合,甚至在它是纯粹的或说先验的时,仍然是再生的综合(这是临时阐明所特有的一种学说);而且更麻烦的是,有四种因素在起着作用(即一种概观和三种综合)而不是先前所描述的三种因素。

---

① A97。比较一下 A77=B102。

② 比较一下 A94。

③ 所予的出现或孤立的感官材料必须结合为一个对象,例如一把椅子。这是一种常识的见解,完全不同于休谟的元子论。

④ 比较一下 A115。领会的综合虽是想像力的工作,但是它指向感官作为知识的一种来源,因为它对于给予于感官的东西是一种“拾起来”的活动。

⑤ A77-79=B103-104;A94。

虽是如此，然而只存在着知识的三种主观来源这一事实就足以说明：康德并不打算严重地离开他一贯的学说。先前描述的想像力综合在这里是分析为(1)领会的综合，(2)再生的综合。只有一个想像力综合，而在其里面，领会和再生是同时起其作用的①。

领会的综合一定不能归于感官，而必须归于想像力，因为一切综合都是能动的。其性格在 A120-121 已论述清楚了。想像力必须领会感官的种种印象，就是说，它必须把一些印象呈现出来②，收进它自己的活动里去③。然而领会乃是紧密地与直观联系着的，因为它乃是一种动作，直接地或说笔直地运用在直观或说感官知觉之上的④。

这种不必要的复杂乃是根源于关于力量或机能的话语——力量或机能乃是一种容易受指责而不易避免的说话形式。这样说可能更为简明：心灵(1)领会感官的所予杂多，(2)在想象里再生它，(3)通过概念来认识或判定它。对关于一个对象的知识来说，这三个因素都是必需的。

还应该注意到康德所另加的一点。领会乃是对于一些观念"作为心灵在直观里的种种后天变异"的领会。这就意味着领会所呈现出来的东西是属于内感官的，而这样就是为时间的形式所支配的⑤。但是关于这点的考虑必须留待下文⑥。

6. 论证的计划

这论证是在四个"子目"(numbers)下说明的，而这些子目我们可称为分节。其子目如下：

(1)直观里领会的综合。

---

① "领会的综合乃是不可分开的和再生的综合结合在一起的"；看 A102。

② "呈现出来"即德文的"aufnehmen"。比较一下 A77＝B102。

③ 又参看 A99 和 A102，而比较一下 B162 注。

④ A120。又看 A99。在别的一些地方，乃是说领会把直观变成为感官知觉，而且甚至它本身就是感官知觉。关于想像力与感觉性的联系，看 B151。

⑤ 在此以前没有强调时间与空间的对立；看 A55＝B79，A77＝B102，A78＝B104，A85＝B118 等处。在 A93＝B125 在单数用"条件"(德文的 Bedingung)看来没有任何特别的意义，而我在本书第十七章第四节里假定康德是指时间与空间两者说的。

⑥ 看本书第十九章第二节。

(2)想象里再生的综合。

(3)概念里认识的综合。

(4)范畴作为验前认识的可能性的临时说明。

我们将看到,直到我们进到第四分节时才涉及范畴。我们又将看到,头三个分节好像是与演绎的主观方面有关,而第四分节是与演绎的客观方面有关。其实演绎的客观方面是在第三分节的第二部分中出现的,如在第四分节里出现一样。这种区别照例是花亨格尔为什么把这阐明的后一半看作是在起源上早出于这阐明的开始部分的主要理由。

第十九章 三重综合

1. 时间的重要性

先验演绎之成为可能，只是因为时间乃是内感官的形式。这是康德在他的阐明一开始时所强调的①；而且他的强调之所以更为必需，是因为随着论证的进行，时间往往变成了不为人注意的东西。

如我们所曾看到的，我们的观念是属于各种各样的类别的。有些是经验性的，而有些是纯粹的；有些是由于外界事物的影响而来的②，而有的是由于我们自己的心的作用的③。无论它们怎样发生，在它们的一方面，它们都全是我们心灵的后天变异；作为这种变异来说，它们是属于内感官的，而且必然是为时间这个内感官的形式所支配的。也正只是这个事实使我们能够有关于经验一切对象的验前知识④。

如果经验的一个对象要为人所知，则它必须在感官的直观里被给予出来。康德认为，每一个直观都在其自身里含有一种杂多或说一种杂多性⑤，但是他并不认为这种杂多是能通过单纯的感官作为一种杂多被“表现出来”的。如果我们是要觉知到一种杂多作为一种杂多，我们就必须同时觉知到它的统一性和它的杂多性；而为着这种意图，心就必须是能动的，如它是被动的一样。当下的杂多必须为感官“略一过目”而“抓在一起”而不单纯被动地接受过来⑥。

---

① A99。

② 这些事物可理解或作自在之物或作物体。

③ 由于我们的心灵的作用而来的观念可能是关于自我的状态的观念；比较一下 B156。概念(就其形式来说)和想象中的观念尽可描述为由于心灵的作用而来的；而一切验前的观念也可以这样描述，如果“作用”是能包括被动的感官而又包括能动的思维的。

④ 比较一下 A55＝B79-80，A76-77＝B102，A138-139＝B77-78；又看本书第七章第二节。

⑤ A97。比较一下 B140。

⑥ 康德说：“so ist erstlich das Durchlaufen der Mannigfaltigkeit und dann die Zusammennehmung desselben notwendig”(所以先是需要有杂多性的走过一遍，然后需要有这些同样的杂多集合起来)。用多数的“同样”而不用单数的“同样”大概是由于句头的“aus diesem Mannigfaltigen”(从这些杂多的东西)这些词的影响。

这种必要性的主要理由之一就是：要花时间才能领会一种杂多作为一种杂多。康德模糊地叙述了这一点，说：心必须在前后相继的一些印象里分辨出时间[①]，因为每一个观念，作为包含在一个瞬间之内的东西，不能是任何别的东西，而必须是绝对的统一性[②]。

如果康德的意思是说，在每一个刹那上，给予我们的乃是一单个未分化的感官印象，而且我们进而把一些未分化的元子式的感官印象结合成为一个含有一种杂多的直观，那么他显然是错误的[③]。如果我们把他的见解作为表示分析所达到的限度，那么这种见解就是更为合理的。我们姑且假定他的意思是说，如果我们在我们的意识中抽去时间的成分，而且不管我们从而把那在不同时间与在不同地方所给予出来的东西抓在一起的不断相继起的综合，那么我们剩下来的就会是某东西，完全没有彼此外在或互相前后的各部分[④]。

目前我们必须略过这个学说的种种困难。然而很明显，如果我们不把在不同时间里给予出来的东西在心的面前抓在一起，我们就不能觉知到一个直观是在时间里持续的——而凡是直观都是在某段时间里持续的。这毋须我们承认这样的观点，即在任何一个单独来看的刹那里，我们都能觉知到一个作为未分化的统一体的感官印象[⑤]。在一个孤立时间点上不能有任何观念是正像在一个孤立空间点上不能有一种颜色一样。我们不能讨论这些东西作为抽象的东西这个事实并不意味着它们是所予的要素，是我们的经验从而得到构成的，充其量，它们乃是我们的经验能被分析成的要素。

2. 领会的综合

我们借以把这杂多快看一遍而又在统一性里来把它抓在一起的这个

---

① 我不知这是什么意思，除非它是说，心必须知道一些印象在其里面被给予的不同时间作为一个前后相继的系列之各部。比较一下 A167＝B209。

② A99。比较一下 B154，B202，A167＝B209，B18，A192＝B237。又看本书第三十八章第一节。

③ 按这种见解来说，把“概观”归于感官就会是无意义的，而综合的起初的一些结果就不会是所谓“混乱的”；看 A94，A97 和 A77＝B103。

④ 特别见 A167＝B209 而且注意甚至在那时，根据 A168＝B210，还是有一种多的。又比较一下本书第六章第八节和第四十二章第一节。

⑤ 比较一下 A191-192＝B236-237。

综合就称为领会的综合。

领会的综合,不像再生的综合那样,是笔直地[①]运用于感官印象或说感官材料[②]之上的。这种活动包含的是:把所予的[③]一些感官印象"拾起来"[④],让其进入经验性的意识里去。通过关于所予感官印象的领会,我们就获得感官知觉[⑤]。

领会的综合所包含的多于感官印象的单纯瞬时被拾起来这种活动。它还在统一性里把直观的杂多抓在一起[⑥]。被动的感受性,虽然我们能说它提供或呈现一种杂多[⑦],却不能产生[⑧]它作为一种杂多,那就是作为包含在一个观念里的,除非有一种能动的综合的帮助。

康德补充说,领会的这种综合又必须在验前运用,就是说,它必须运用于空间与时间的纯粹杂多,而这杂多是在我们的感受性里有其起源的[⑨]。他的意思可能是说,不只领会的一种纯粹综合是关于空间与时间的知识所需要的,而且又是说,这样的领会的一种纯粹综合是存在于领会的每一个经验性的综合里作为它的条件的。总之下面会把后一点阐述清楚的[⑩];而且根据上面已经说过的,即我们一切观念作为内感官的形式都

① A99,是用德文的"geradezu"(直接了当地)。这词相应于 A120 里的"直接地"(德文的 unmittelbar),而是应该相应地译出的。

② 康德在 A99 里是说"于直观之上",而在 A120 里是说"在感官知觉之上",但是他的意思是指所予的杂多,即感官材料或感官印象说的。

③ 看 A201=B246。

④ "拾起来"是德文的"aufnehmen"之译。看 A120,B153,B202 和 A190=B235。

⑤ "感官知觉"是德文"Wahrnehmung"之译。看 B162。像莱布尼茨那样,康德认为感觉不必是有意识的,但是领会和感官知觉总是有意识的。比较一下 A120,B160,B207,和《人类学》第五、第九节(Ⅶ135 和 144);又比较一下在《判断力批判》第十四和第五十一节(Ⅴ224 和 324)里的关于声音与颜色的奇怪的学说。

⑥ 在《判断力批判》第二十六节(Ⅴ251)里,康德把"拾起来"(德文的Auffassung或拉丁文的 apprehensio)从"抓在一起"(德文的 Zusammenfassung 或拉丁文的 comprehensio)分别开来;但是领会的综合,而且甚至领会本身,通常是用来包括这二者的。

⑦ 提供或呈现是德文"darbietet"之译(作者用英文的 offer or present)。

⑧ 这里"产生"是英文"produce"这词之译,德文是用"bewirken"(促致,引出)。

⑨ 根据 B160-161 注,正是通过这种综合,空间(与时间)的杂多得到其统一性,如果我们是要有一种纯粹直观,而不单纯有直观的一种形式,那统一性是必需的。

⑩ 领会的综合乃是一切知识,不只是经验性的知识,而且是纯粹的知识的可能性的先验根据;A102,又比较一下 B160-161。

存在于时间之中，这后一点也是很明显的。

在第二版里[①]，如事实上甚至在第一版里[②]，康德对领会综合的规定似乎是：领会的综合只是经验性的。这是他的术语中许多变异的一种，并不表示在学说中一种实在的分别。康德一直是主张，领会的经验性综合乃是为时间的杂多的一种纯粹综合所限制的[③]。

对领会综合的完全描述[④]乃是："对一些观念的领会的综合，作为心灵在直观里的后天变异。"这就说明领会之作为领会是有关于在内感官里对我们出现的一些观念的[⑤]。这些观念可称为主观的，所谓主观的是在这种意义上说的，即就单纯的领会（即就领会的从思想抽出来而进行考虑）来说，这些观念不是关于一个对象的观念。如果说它们乃是既非主观的又非客观的，这就会更确切地描述它们，因为就单纯的领会来说，它们的确不是从对象区别开来的一个主体的变更[⑥]。它们之被识别为关于一个对象的观念乃是通过思想，而不是通过单纯的领会；而只在它们被识别为关于一个对象的观念时，它们才是被识别为本身是心灵的变更。就康德来说，关于一个对象的知识和关于一个主体的知识乃是相关联的名词，所以一个总是含蕴着另一个。

康德不是主张，首先有一些观念的被领会，然后再通过思想让它们与一个对象发生关系。反之，他在这里是分析我们关于对象的通常经验；而他的学说是说，在我们看见，比方一个红箱时，我们必须用想象来把所予的感官材料拾起来而加以综合。这种活动乃是在我们经验里的一种必需的要素，而必须把它从在同样的经验里也是一种必需的要素的思想区别开来。

领会的综合与感官知觉[⑦]是密切联系着[⑧]的，或者甚至是同一的[⑨]，

① B160。

② A120。比较一下 A108。

③ 例如看 B160-161，又 A165-166＝B206。

④ A97。

⑤ 这是为 A98-99 而又为 A101，而且我认为又为 A115 里谈到经验性的领会所证实的。

⑥ 在被领会时，观念乃是心灵的后天变异或说在一个心理历史的事件。然而除了用内感官和反思以外，我们不知道它们是这样的。

⑦ "感官知觉"是英文的"sense-perception"即德文的"Wahrnehmung"之译。

⑧ B162。

⑨ A192＝B237。比较一下 A119-120。

因而就包含有感觉[①](而感觉是预先假定有对象[②]的现实存在的)。然而领会的综合所给我们的似乎多于一个单纯的感官材料[③]。在上面的例子中,它不只统一了那红的颜色,而且在想象中把它和别的一些感官材料结合起来,而这样就给我们以一个箱的直观或说意象[④]。如果这种解释是正确的,则领会的综合乃是我们从而把所予的一些感官材料拾起来并且把它们结合为空间与时间里的对象的想像力之整个综合的名称[⑤]。如我们将要看到,这种综合是包含有一种再生的综合的;而就我们知道所结合的一些感官材料所构成的乃是一个实在的对象,而不是单纯幻想的一种

---

① B207,"感觉"是英文的"sensation"即德文的"Empfindung"之译。

② A50=B74。可以把这里的对象在一种常识的水平上来理解;但是我认为康德会(按照他的双重刺激的学说)关于现象性的对象以及关于自在之物同是替这种说法作辩护的。以之归于自在之物的"存在"并不意味着它是在一个时间点上存在于一个空间点上,而只意味着它乃是所出现的未知实在想像力在其还没有在领会中表现出来时,并不牵连到一个现象性对象的存在,也不牵连到一个自在之物的存在;比较一下 B151 和 A100。

在梦和在幻想中也必有类似于领会的某东西,但是康德在术语上用"领会"像是当作一个实在对象的领会说的。这样一来,领会在本质上乃是经验里的一种成分,虽然它必须为思想所补足才给我们关于对象的知识的。

③ 我在这里理解一种感官材料为比方一种颜色或一种声音而不单纯是一些非空间性的而且是非时间性的成分,而且按照某些解释来说,康德是相信一种颜色或一种声音是能分析为这种成分的。

④ 比较一下 B162。在那段里是说我们领会到一所房屋,而又领会到水的冻结。

⑤ 且莫说,要确知康德的意思是什么还是有困难的,即使要替他的意思的表达找到一种毫不含糊的术语也是远非容易的。领会的综合所给我们的像是不只颜色、声音,等等,作为个别的整体,而且又给我们在三向量的空间里的完整的视觉和触觉的"意象"——比较一下 A120 注。这样的一个意象,离开思想,就会和幻想中或梦中的类似意象或幻影分辨不出来,而且是不能作为一个实在的对象被知道的。然而所领会的复杂意象在感官知觉里不是一个实在对象的意象(除了它是就其为一个不知的自在之物的出现而言的);它实是实在的(现象性的)对象,然而这个对象的被知为这样的,只是因为在经验有感官与想像力而又有思想。我们只靠那把领会从思想分开的反思抽象活动才有权来称它为一个"意象"。实在主义者会简单地称它为一个"东西"。

康德的学说会是更清楚,如果他是用比方,"感官材料"作为一种颜色或者一种声音,用"印象"作为感官材料所能分析为的杂多成分,而用"出现"或"直观"或"意象"作为那结合的感官材料的整体,而那整体也就是我们靠思想而识别为构成经验的一个对象的,也是我们在抽掉思想之后可称为一个没有确定性的对象的。我们应该有别的词来表示一个想象性的对象(或说"幻影")并且表示在这种对象里所要发现的同类成分。也许我们又应该有非此亦非彼的词来表示没有区别开实在对象与想象性对象的这种例子,康德让我们从其上下文来猜测他的正确意思,而这不是容易的。

产物的这点来说，所存在的又必须有一种再生的综合[①]。

还必须加上另一点。有时有人认为康德把感官看作是被动的这层，他是错误了。我不相信能正当地称这为一种错误。只有主张在感官里完全没有什么被动的成分的那些人才称这为一种错误。如果我们把感官知觉在其抽掉了思想上来考虑，康德就认为在分析上是发现感官知觉同时含有一个被动的成分和一个能动的成分。要觉知到甚至一种颜色，我们所需要的也不只是被动的感官，而且还需要把被动地接受过来的东西主动地拾起来，快看一遍，而且抓在一起。想像力的这种活动，如康德所说，乃是在感官知觉里的一种必须的成分[②]；而我不能看到，我们在感官知觉中应该承认活动的任何另外的成分——无论如何，在常识的水平上，乃至在科学的水平上，是毋须这种做的。

3. 再生的综合

领会所包含的不止是把所给予出来的东西在其被给予的那个瞬间"拾起来"。既然我们觉知到一种颜色，尤其是觉知到一个具体的对象，这种觉知乃是占用时间的一种过程[③]，那么如果我们是要有关于对象的经验，我们就必须能够把所曾给予出来而再不是还在被给予的东西保留在我们心的面前。这是记忆的工作，没有它就不能有知识。然而记忆是包含有思想或说判断的。这留待第三分节再讨论。首先需要的东西——而这仍然是通常认为是在记忆里的一种必需的成分——就是在想象中再生过去的观念这一种力量，而康德把这种力量主要理解为：甚至当对象在直观里未显现给我们的时候表现那对象的一种能力[④]。

如果我们要觉知到在时间里持续的直观（尤其是对象），我们就必须有过去观念的再生。领会的综合乃是和再生的综合不可分开地联系

---

① 我们靠识别的综合来判断所结合的颜色与声音等等为在一个共通的空间与时间里的一个常住的实体的偶性。

② A120 注。

③ 比较一下康德的《形而上学》pp. 55-56；又 A103。

④ B151。比较一下 A100。省去关于那含糊的"对象"，也许能把这点叙述得更清楚。想像力把那些再不是在感觉中被给予出来的直观再生出来。

着的[①]。如果我们不说有两种不可分开的综合，而说领会的综合包括再生作为它里面的一种必要的成分，我认为那样就会是康德学说的更清楚的叙述。

可是，对纯粹直观（即时间与空间）的觉知也是要费时间的一种过程。如果我是要觉知到一些单位[②]，我就必须不但觉知到每一个单位；我必须当我进行到其他单位时，把所曾觉知到的单位都存留在心里，或说再生它们。没有这样的再生，我就永远不能觉知到我已经数过的总数；其实我永远也不可能觉知到空间与时间，因为它们也是由我必须一个跟着一个而知道的各部分所形成的。

对时间的领会的纯粹综合乃是所有知识（无论是经验性的知识或者是纯粹的知识）的必要条件，因为凡是观念都是在时间里给予我们的。因此，时间再生的纯粹[③]综合（作为和领会的综合不可分开地联系着的）也是一切知识的一种必要条件。再生的纯粹综合和领会的纯粹综合同样是属于心的先验动作[④]的；而我们有权来谈到想像力的先验力量，因为想像力乃是实行这些动作的力量。想像力的先验综合乃是每一种经验性的综合的一种必要条件。

就其各要素来说，这个学说是存在于这部《批判》的各处的，可是有一个重要的限制。在别处，第一版和第二版都是一样的，想像力的先验综合不是再生的而是产生的[⑤]。

正是这种显著的事实（和某些不这么重要的其他事实一道）使我倾向于相信这临时的阐明可能是代表一个较为早期[⑥]的反思水平，而且也许给我们一条思想路线，康德正是沿着它前进到了他的种种结论。他自己告诉我们说，通常是把想像力看作再生的[⑦]，而依我看来，这个演绎的这

---

① A102。

② 康德所举的其他实例乃是一条线的各部分和一个中午到另一个中午之间的时段。

③ 康德在这里并不明白地说这个综合是纯粹的（虽然从其上下文来看，这应该是明显的）；但是他在 A101 里确是说到这个综合作为一种纯粹的先验综合的。

④ 先验动作是那些动作，它们是验前知识来源和一切经验的条件。

⑤ A118；A123；B152。

⑥ 花亨格尔的见解（说康德先是看想像力的先验综合为产生的，然后看它为再生的，而最后又看它为产生的），依我看来是没有可取之处的。

⑦ A120 注。

一部分是从鲍姆嘉尔顿的《形而上学》出发的[1]。虽然仅仅可以设想，康德把这种见解引入临时的阐明里面去是为了更密切地符合于他的读者的一些可能的见解，但是更有可能的是，他利用这种见解，是因为这是他在过去曾经主张过的一种见解，而且也许是他已经在这种形式上写出来了的一种见解[2]。

可是关于想像力的这两种学说（作为再生的与作为产生的）不是像乍看起来那样的彼此不同。在两种情况下，时间的纯粹杂多的一种先验综合都是一切知识的必要条件。

康德认为，一种纯粹的再生综合对于知道时间是必不可少的，这是完全正确的。必须有这样的一种再生的综合，而且它必须是纯粹的，其意思是说，所综合的杂多乃是一种纯粹的杂多。然而这个再生并不依靠时间的杂多是纯粹的这个事实；它像任何其他再生那样，是依靠这个事实，就是我们倾向于在想像里把新近曾是在一种特殊的前后关系呈现于我们心面前的东西再生出来[3]。只需再进一步便看到时间的纯粹综合是从这个事实得来它的先验重要性的，就是时间，像空间那样，是能**在验前被构成的**[4]，而且所包含的这再生乃是第二性的。从再生的想象过渡到产生的（或说构成的）想象并不含有什么变革，而那第二种的学说不过是对第一种学说所未完全表达出来的东西的一种更适当的表达而已。

我认为康德关于这个问题的论证基本上是健全的。照所称为“假现在”（specious present）的这个难懂的现代理论来看，康德的论证可能需要某种修正，但是我不认为这种理论影响了他的论点的健全性[5]。

---

① 参看《亚里士多德学会会报》，Vol. XXX，p. 174（1930）。

H. J. de Veeschauwer 在法文的《先验演绎》一书中最近曾说明它乃至更密切地和 Tetens 的心理学联系着。我并认为他又曾证明康德关于想像力的整个学说是直接前于这部《批判》的出版的几年中发展出来的。

② 这还有另一种优点，就是如果有任何理由来把这论证的其余部分看作早出的——它一定不是批判前的——就能把临时的阐明作为是天衣无缝的，而依我的意思，它无疑是如此的。

③ 为着这个缘故，甚至可看它（到此为止）是经验性的。比较一下 A118“这个再生的综合是以经验的条件为依据的”。

④ 因此，纯粹综合就能依据一种综合验前统一性的根据——看 A78＝B104——而至最后就依据范畴和统觉的统一性。比较一下本书第十三章第六节。

⑤ 看 Mind 杂志，新号第三十八卷，第 151 号，自 p. 318 起。

4.三种想像力

到此为止,康德的论证是简单的,而且甚至是明显的。他所说的无非是这样:如果我们要觉知到一些在时间里前后相继的出现(或说观念),我们就必须能够把那些过去的出现以及它们在其中出现的过去时间同时保留在心的面前①。

最初,这是再生的想像力的工作。但是,根据康德来说②,想像力是有三种的。第一,有造型的想像力,这是与在空间作成意象或形象有关的③;第二,有联合的想像力,正是它把一些观念在时间里联系起来;第三,有把一些观念由于它们性质的类似性或相近性④,即由于它们是从一个共通的根据得出来的,而联系起来的这种想像力⑤。这后一种想像力帮助我们无论是在沉默的反思中或在会话中来处理一单个论题。

可能有人认为,再生的综合乃是联合想像力的工作,因为这种想像力是把一些观念在时间里联系起来。但是造型的想像力好像也是与之有关的,因为所包含的既有时间又有空间,而想像力的任务(在领会中和在再生中)都是要作出一个图画或意象的⑥。我认为,虽然康德远非把这点弄清楚,但是他的心目中是全有三种的想像力的;而这三种之中,最重要的乃是为相近性所确定的那种想像力,因为使我们能够把一些观念联合起来的乃是这种想像力,由于这些观念都是属于一个对象的观念⑦。如康

① 这是需要判断力(或记忆)如需要再生一样的,但我们目前只关心于再生。

② 康德的《人类学》,第三十一节(Ⅶ174)。

③ 当这种想像力是没有拘束时,它就是"幻想"(如在梦里);当它是有约束时,它就是"构造"(如在艺术家的想象里)。看《人类学》,第三十一节 A(Ⅶ75)。

④ 这里"相近性"是英文的"affinity"即德文的"Verwandtschaft"之译。

⑤ 见《人类学》第三十一节和第三十一节 C(Ⅶ174 和 176)。

⑥ A120-121。

⑦ 由于相近性的联合当然不局限于一个具体物理对象的一些质素的联合。它也是存在于比方在我们把我们刚才数过的一些单位和计数所产生的总数联合起来那个时候。依我看来,这种联合是不同于由接近或类似的联合,而且明明是在我们关于对象的经验里的一个因素。应该注意,这样的联合是预先假定有一个一般对象的概念的,而且在大多数的情况下,甚至是预先假定有所知的特种对象的概念的。所以它不能在从主观感觉到对象知识的过程中划定一个阶段,但是康德是不关心于这样一种过程的。后来我们将要发现领会的整个综合是为思想(如同为所与的东西)所约束的。

德自己说[1]，"观念，就其是处在对象里来说，其联合的可能性的根据就称为杂多的相近性"[2]。

如果我们记住这个事实，那么在康德的学说里，许多似乎模糊或独断的东西都将成为可理解的了。

5. 先验的相近性

由于康德引入了一种我们可称为"先验的相近性"[3]的这个学说，从而使他关于再生的综合的阐明复杂起来。这个学说通过解释想像力的纯粹综合怎样限制着或者说确定了经验性的综合，进而表明这种纯粹综合的重要性。

每一个哲学家都在某种形式上承认观念联合的这条经验性的规律。习惯于相互跟着或伴随的[4]一些观念就变为联合着的，以致在这些观念之一出现时，心就通常过渡到或再生另一个[5]。这样一来，我们就有了一种按照定例而动作的再生力量[6]。

除非一些出现是按一种有规则的秩序对我们给予出来，再生的这种力量是不会有机会来被运用的。经验性的再生综合预先假定有所予的一

---

① A113。

② 可能有人反对说，在这段里，康德主要是处理由于因果层次而来的联合，而且"相近性"这词在这里是用在一种广泛于这里所考虑的限制意义上的。即令如此，我仍认为这定义的名词是饶有兴趣的，因为它们指出《人类学》的学说和这部《批判》的学说的某种联系。而且还必须记得，就康德来说，因果关系本身乃是包含在对象作为对象的本性里的。

③ A114；A112；A766＝B794。这学说的名称在 A100 起，在 A105-106 和 A108 里都没有提到，而在后两段里它像是被含蕴的。

④ 康德可能只想到习惯于在时间里前后相继或同时的观念，但他又可能想到一些观念互相伴随着作为一个对象的观念（或出现）。这是"朱砂"这个例子所暗示的。

⑤ A100。比较一下《人类学》，31B（Ⅶ176）。注意想像力在这里（而这是想像力的主要特性）在没有所说的对象存在时，还能起作用的，而直观——例如看《导论》第八节（Ⅳ281）——就总是包含有那对象的存在的。又比较一下 B151 和《人类学》第二十八节（Ⅶ167），有时康德不严谨地谈到直观，像在《人类学》引来的那段里，他说"想像力乃是直观的一种力量，即令没有对象的存在，还是这样的。"很不幸，他没有一个特别的词来把想像力的观念或意象与含有直接感觉的直观区别开来。

⑥ "按照定例"是德文的"nach einer beständigen Regel"之译。很难确知这例是实在规定到什么程度。通常公式是，所谓联想律好像只表示一种倾向。

些出现,其本身是从属于一条规则或规律,是它们按照着来互相继起或互相伴随的。

康德用来论证这点的一些实例是很有趣的,因为它们暗示:他想到的主要是通过相似性的那种再生。例如如果朱砂是时而红时而黑,时而轻时而重的,那么再生的综合就会是不可能的了。在那种情况下,再生似乎会发生(如它通常发生那样),因为我们相信某些一定的质素或出现是属于一个对象的。这种联合是不同于思维的,而且不必包含有关于它所符合的规则的意识①。

这一切都是十分合理的,但是当康德接着说:不但某东西②必须使这种再生成为可能,而且它必然这样做,"因为它乃是一些出现的一种必然的综合统一性的验前根据"③,这便是一个巨大的跳跃。

除非是在所予的一些出现里有某种规则性,就不能有任何通过在直接前后相继的次序里的相类似的一些观念时常再发生的这种观念的联合,这是明显的④。任何想要从这推论出一条控制一切出现的必然性因果律来的企图会是再不合理没有的一种论证,这也是同样明显的。在一系列的出现中的极有限的规则性也会使联合成为可能;而即令规则性在我们的经验里是毫无例外的,这也远远不会证明这规则性是必然的。

如果康德特别想到的是观念通过相近性的联合,即通过它们和一个对象相联系的这种联合,那么除非是有一些对象,其所予的一些特性是有某种不变性和结合性的,则这样的一种联合也不能发生。但是在这里我们又没有权来推论说,这些特性在这个对象里的结合乃是一种必然的

① 《人类学》第三十节(Ⅶ177)。虽然它不是从知性得来,但是它乃是按照知性的一条规则发生的;因为除非知性是想,这些出现就是一个对象的出现,就不会有任何对象。

② A101。我认为这个"某东西"先是把必然的综合统一性加在出现之上的想像力的先验综合。其终究的根据乃是统觉的统一性。看 A101-102,A105 和 A122-123。

③ 这个必然的综合统一性,至少部分地是显明在这个事实里,就是一些出现按照规则来互相伴随或互相继起;看 A100。

④ 这里"直接前后相继"就是"同时"的意思。然而康德是兴趣于直接前后相继的是由于它和因果作用的联系,而在他公式化联合律时(这里的联合是在其与联合的想象相联系的这种窄狭的意义上的),他并不提到同时性,看《人类学》第三十一节 B(Ⅶ176)。

结合。

如果我们假定实在论的学说,那么这些批评就没有争论性的余地。在一种实在论的基础上,所观察的观念联合最多不过是将引导我们来问,我们是否能够证明这样的联合以之为先决条件的出现①所有的必然综合统一性②有其一种验前的根据。这样的一种根据,其证明,无论如何,不能依靠这个论点,说没有出现的必然综合统一性就不会有如我们在经验中所发现的这种观念的联合。如果我们是要证明实有出现的一种必然综合统一性,我们就必须——如在任何种类的必然性的证明里那样——说明它的起源,或说验前根据,乃是在心的本性里的。发现这样一种根据的可能性是依据康德所以为他自己曾经建立起来的那学说的,那学说是说,所予的出现,或说现象,都不是自在之物,而只是我们自己的一些观念的活动,而且是能归结为内感官的确定的③。这就意味着它们必须必然地符合于作为内感官的形式的时间。

如果我们能够说明想像力的一种纯粹先验综合是关于时间(和空间)的知识所必需的④,那么按照康德来说,这就含蕴着,不但必须有时间(与空间)的一种必然综合统一性,而且又必须有在时间(与空间)里的一些出现的一种综合统一性,或说先验相近性⑤。由于我已经说明过必须有想像力的这样一种纯粹先验综合⑥,论证现在就是完整了⑦;但是我们还须更细致地来考虑康德自己的阐述。

---

① 我们可以描述这为"先验相近性",而且理解它为包括着必然的规则性和我上面所谈到的必然结合性。

② 就实在论者来说,"出现"就会是"出现的事物"。

③ A101。

④ 虽然康德是坚持时间的特别重要性的,但是在这个论证里是有空间的存在的,如有时间一样,这是康德的论证一直特别表现出来的。

⑤ 这是康德自以为在原理里而特别是在类比里所证明的,但是在这里他像是假定它的。

⑥ 见上文第三节。不管我们看这先验综合是产生的或再生的,如我曾说过,都是次要的,正当地应看它为产生的,但在这段里康德把它作为再生的来描述。这可能是他在 A105-106 里关于"必然再生"的含糊说法的来源。

⑦ 在《判断力批判》导论Ⅴ(Ⅴ181-186)里——尤其是在"第一种导论"Ⅳ(哲学文献 39c, pp. 15-18)里——康德像是认识到在纯粹理性批判里所证明的,必然综合统一性单独是不保证我们全都假定的在本质上存在的相近性与规则性。我怀疑在他写目前的论证时,他是否觉知到这一点。

6.再生的纯粹先验综合

不幸的是,康德用来表达他的论证的关键阶段的一句话[1]是复杂难解的,而且留下许多要填满的空隙。我试试用我自己的方法来处理这论证由之所构成的各要素。当读者掌握了这些要素的相互关系时,他就能够理解康德的一般意思,虽然他的表达方式是麻烦的。

他假定经验预设了各出现的再生性[2]。他对此的解释是:经验预设了再生的"彻底"综合的可能性,而所谓"彻底"综合就是不以所予的东西的偶然结合为依据,而以必然的而且普遍的结合为依据;或者换句话说,是以必然的综合统一性(或说先验相近性)为依据。如果在所予的各出现里有这样的一种必然的综合统一性,它就必定是在心的本性里有一种验前的根据的。姑且假定这种验前的根据乃是结合时间(与空间)的纯粹杂多的想像力的一种纯粹先验综合罢[3]。

到此为止,我们有了一种临时的分析,企图用一种后溯的论证来找出我们在哪里可能寻到经验的种种条件。如果我们是要说明我们关于这些条件的见解的正当理由,我们就必须用一种前追的论证来进行[4]。这就是我们现在能够做的了。

康德认为他曾证明时间(而在某程度上空间)乃是经验的条件,而且证明出现不是自在之物,而是单纯的观念,而这些观念作为观念来说,是必定符合于内感官的形式这个时间的。因此,在论证的现阶段上,他所得要说明的不过是想像力的一种纯粹先验综合乃是关于时间(与空间)的知识所必需的;或者用别的话来说,没有这样一种先验综合,我们就不能把时间(与空间)的纯粹杂多表现为一种杂多,或者有关于具有必然综合统一性的时间与空间的一个完整的观念。他假定这种先验综合将要把必然

① 这是A101的最后一句;康蒲·斯密的翻译可中译为:"因为如果我们能说明经验的可再生性。"

② 我是从这句话的末尾开始的,而这里它是和A102部分重叠的。

③ 这反而又根据于统觉的统一性。

④ 看本书第六章第二节。

的综合统一性[1]加在时间(与空间)里被给予出来的经验性的杂多之上，而这样就将使经验性的再生的一种彻底的综合(因而也就使经验本身)成为可能。

接着，康德根据我们要领会一种纯粹杂多作为一个整体，或者作为在一个观念里结合起来就得占用时间这一点，就说明想像力的一种纯粹再生的综合是必要的，如果我们是要知道一条线，或者知道从一个中午到另一个中午的时间，或者知道一个确定的数，乃至我们如果是要知道时间与空间本身的话[2]。所以想像力的纯粹再生的综合乃是一切经验和一切知识的条件，而且可恰当地描述为先验的[3]。

康德的阐述是麻烦的，而为着这种缘故，我不但是在这个关键性的阶段上，而且在这分节里作为一个整体自始至终都是把他的论证在一种不同的次序上来考虑的。然而不得把这论证的任何部分看作是一种离题的话[4]。坚持再生的一种纯粹综合是必需的，这会是没有多大意义的，除非又说明这种综合乃是必然综合统一性的一种来源；而有鉴于休谟的学说，康德把再生的一种经验性的综合与作为它的条件的先验综合清楚地区别开来了，这是十分重要的[5]。

在这个复杂的阐述中，我所遵循的乃是我认为是大家公认的翻译与解释。可是，依我看来，另一种翻译与解释也是可能的；因为在原德文的“die eine dunchgängige Synthesis der Reproduktion möglich macht”这个

---

① 在 A79＝B104 里已经这样断言过。康德所说的不是关于“必然的综合统一性”，而是关于“这样的杂多的一种结合，就是使再生的一种彻底的综合成为可能的”，于是就使他的论证变为更难理解的了。我在这里理解“结合”作为等于“必然的综合统一性”的。还有一种困难是在这个事实里的，就是他让我们来作出这种的“结合”与想像力的纯粹先验综合这两者之间的联系，而想像力的这种综合是后来在这句里提到的。

② 康德又假定再生的彻底综合，既是它的根据是在想像力的先验综合所加上的必然综合统一性里面的，就将是根据于和这个必然综合统一性结合在一起的验前原理的，这些原理主要是经验的类比。比较一下在 A110 里的综合统一性的验前规则。

③ 比较一下上文的第三节。

④ 我也不认为有必要来和阿迪克斯(Adickes)一道主张在这个以及在其他情况下的麻烦是必须由于一种后来插入文字的。何以我们应该假定一个论证的初稿会是最清楚的呢?

⑤ 比较一下 A115-116 以及 A766＝B794。在康德自己描述这先验综合为再生的时，这就是更为重要的了。

子句里的"die"可能是宾词,而不是其主词。根据这种翻译,康德的论证就是这样的:如果我们能说明甚至我们最纯粹的验前直观都不给我们以任何知识,只有除了在这些直观是含有一种结合的时候,而这种结合是为再生的一种彻底综合使之成为可能的,那么这种再生的综合(由于它是一种纯粹的综合)就是独立于经验而根据于验前的诸原理的,而且必须假定是经验的可能性的一种纯粹先验综合和一种条件。

这种翻译是更加简单的,因为成为问题的只有一种综合(即再生的纯粹先验综合);而且它似乎把康德接着证明的东西表述得更好。康德接着证明的乃是,离开再生的一种纯粹综合,我们就不能有关于一条线或一段时间,其实关于作为经验的一种条件的唯一时间(与空间)的一个整个观念——这里"整个观念"就是"含有结合的一个直观"。如果我们反对说,康德是没有论证就假定一种时间与空间的纯粹综合会把必然的综合统一性,而这样也就把可再生性,加在一些出现之上,那么这种反对的意见是同样适用于正统的见解的。

我认为这种解释在A123里可找到某种支持,而整个说来,我倾向于认为它是正确的解释。

7.认识的综合

我们已经知道,我们想像力的综合必须由知性带到概念上去[①]。康德在处理这里所说的概念里的认识的综合的过程中所要做的事情就是使这个学说更加明确。

康德用来想把他的意思弄清楚的实例乃是计算的动作。这种动作大概是一种纯粹的综合[②],就是说,计算所与之有关的乃是抽象的单位,而不是具体的东西,如绵羊或山羊之类。然而他的论证既适用于纯粹的综合,又适用于经验性的综合;再者,如我们所曾看到的,一个经验性的综合总是也包含有一种纯粹的综合。

---

① A78=B103;比较一下A78=B104。又看本书第十三章第五节。

② 如在A102里。甚至在A99里,他关于领会的综合所举的例子乃是空间这个观念。他的主要兴趣是指向着纯粹综合的,因为范畴的加在对象之上乃是通过时间(与空间)的纯粹综合的。

如果我们计算比方到二十，我们就必须记住(或认得)我们最后作为二十个而想到的一些单位乃是我们一直数到这个总数的同样的一些单位。不管正确与否，康德认为这涉及这些单位在想象中的再生；但是实在重要的观点乃是他的这样的论点，即认为为了数到二十个单位，我们就必须认得，不只这二十个单位就是我们所曾数过的单位，而且其总数乃是由计算的一个动作即相继地把一个单位加在另一个单位上所产生的。

这样的认知是包含有一些概念的存在的①。它特别是包含有“数”这个概念，而康德把这个数的概念看作相继地把同质的单位一个一个地加在另一个之上的这个概念②。要认识这就是二十这个数，我们就必须有那是数所从而产生的综合的一般性格的概念。那就是说，我们必须意识到这个综合的性格或规则，进而也意识到它的统一性不管怎样模糊③。康德似乎认为，这些短语的意义是相同的④；而且他在这里还断言：“数”这个概念在意识里⑤乃是由综合的统一性所组成的⑥。

现在我们就能更一般地来叙述康德的见解。为要认识任何对象作为一个对象，我们就必须把我们曾(1)在前后相继的刹那里所直观到，而且(2)在想象中所再生的杂多统一在一个观念里面⑦；这个意思乃是说，我们必须在意识的一个动作里觉知到那杂多从而结合为一个对象的综合的统一性。康德把这样的觉知描述为“在概念里的认得”⑧。如果不是因为

① 它包含有“单位”这个概念，而一切单位都是被看作彼此同质的；参看 A142＝B182，它又包含着十这个概念——我们知道我们曾把所加成的单位在两个十里抓住了；看 A78＝B104。我认为“二十”这个概念也包含在那里，虽然表示其结果的命题是一个单称命题；参看 A104-105＝B205-206。

② 比较一下 A142＝B182。在这里康德照例把综合所产生的东西之概念和综合本身这个概念同一起来。

③ 这个修饰语将在下文第八节予以解释。

④ 比较一下本书第十三章第七节。

⑤ 我认为这是包含着某种程度的自我意识的。

⑥ 应该注意到，利用“数”这个概念的判断力在某种程度上是使那在想象的综合里起作用的而又给那综合以其统一性的规则变为明显的；看本书第十三章第五节。又应该注意到，数就是量这个纯粹范畴的图型；看 A142＝B182。在应用特殊的概念的过程中，我们有意或无意地也在应用着范畴。

⑦ 参看 A103。

⑧ “认得”这词大概是包含着再生与记忆的意思的。

有这种认得的力量，单纯再生就会是无用的。我们尽可在任何时候有各种各样的直观“徘徊着”在我们面前，而我们毕竟不能把它们和任何过去了的东西同一起来①，或者在它们里面找到那统一性，而没有这个统一性，则这些直观就不会构成一个个别的整体。

很显然，康德的下述主张是正确的，即意识中的统一性和对象里的统一性乃是有互相关系的，而且除非意识把所予的一些要素抓在一起，这些要素就不会替我们形成一个对象。他的学说令人觉得有兴趣的部分就是：这样的“抓住”所包含的不只是想像力的一个综合，而且还有虽然是初级的，但却是关于这种综合的性格的意识，进而有关于在这综合里起作用的而且是这综合的统一性的来源的那规则的意识。这样说也就是等于说，要有关于一个对象的知识，我们就必须要有杂多借以结合为一个观念或一个直观的那种综合的概念②。这样一个概念——而且这分明是康德的学说——是含有某种程度的自我意识的意思的③。

康德自己对于他的理论的总结④十分清楚地说明，我们所处理的仅仅只是一种综合，而不是三种。如果撇开想像力是再生性的这一补充的话，这个理论与形而上学演绎的学说就是同一的⑤。它是为统觉的统一性和下述学说铺平了道路，这学说主张：没有概念或者没有判断，就没有（区别于所予的种种印象的）对象⑥。

在这个论证里，有三个主要问题需要进一步弄清楚，然后我们才能继续考虑范畴所起的作用。这些问题就是：(1)“对象”的性质，(2)“概念”的性质，(3)“意识的统一性”的性质。康德现在进行处理的就是这些问题⑦。

---

① 我认为在现代的种种讨论中有时是忘记这个事实的。比较一下我在 Mind 杂志的一篇论文，见该刊的新号第三十八卷，第 151 号，自 p. 320 起。

② 康德甚至断言德文“Begriff”（概念）这词，其本身是暗示着关于综合统一性的意识的——大概是因为德文的动词“begreifen”（“设想”或“了解”）就是“抓在一起”或“包括”的意思。

③ 下等动物不能有概念，乃是因为它们没有自我意识；比较一下 Nachlass（《遗著》）411（XV 160）。

④ 在 A103 里的。

⑤ A77-79＝B103-104。

⑥ A104。

⑦ 虽是这样，花亨格尔却断定康德在这点上（A104）把一些属于批判前的时期的笔记引入来，而这些笔记是和这论证完全无关的。

在我们考虑这些问题之前，还有几点得要讨论清楚。

8. 清楚的与模糊的观念

认为在知道对象的过程中，我们总是在心里面弄清楚所用的概念，这是荒谬的，而尤其荒谬的乃是，认为我们有意识地认识到这些概念是包含着我们的综合动作的统一性的①。康德用他认定观念可以是清楚的而又可以是含糊的这个学说来对付这种困难。

当一个观念向我们的心呈现出来不同于其他观念时，它便是一个清楚的观念。当构成这个观念的种种成分也都是清楚的时，这个观念就是一个明晰的观念。“清楚”的反面就是“含糊”，而“明晰”的反面应该是“不明晰”，虽然在通常哲学的用法上它是“混乱”。我们可用分析法来使我们清楚的观念变为明晰的②。

既然一个含糊的观念不是作为不同于其他的观念存在于我们心里的，那就可以说它是一个不带有意识的观念③。这是一种似是而非的话，而洛克在其攻击先天观念时就摈弃了不带意识的观念之存在。可是有可能间接地意识到一个观念，而并没有直接地意识到它。含糊的观念就是我们间接地意识到的那些观念④。我们不是直接地觉知到它们，但是它们是包含在我们直接觉知到的观念里面的。

这就是说(而我觉得这是真的)，在我们的意识中，可能暗含着一些我们还没有弄明显的观念，而且我们把我们的观念弄得明显是有种种不同的程度的。例如关于思维的规律，很明显我们的思维远在我们自己的心里面把它们弄清楚以前就早已预先假定它们了；但是关于在认识里起作

---

① 例如在数到二十的过程中，我们并不需要在心中弄清楚我们是在那里使用“数”这个概念，更毋须弄清楚数这个概念乃是或包含着我们借以相继地把一个同质的单位加在另一个之上的那种综合的统一性这个概念。然而我们必须模模糊糊地觉知到我们所做的其性格是什么，因为不然的话，我们就不会知道有二十个单位在我们的面前。关于概念的含糊性又参看 A106。

② 康德的《人类学》第五第六两节(Ⅶ135，137-138)；《逻辑导论》Ⅴ和Ⅷ(Ⅸ33-34，61-62)；B414-415 注，A77＝B103；又莱布尼茨《论认识、真理与观念》(J. E. Erdmann 版的Ⅸ)。又比较一下本书第十三章第三节(上册 p. 266 注四)。

③ 《逻辑导论》，Ⅴ(Ⅸ33)。

④ 《人类学》，第五节(Ⅶ135)。

用的这种概念和这些概念所含蕴的意识统一性同样都是如此的。

在康德看来,关于一个对象的概念含蕴着对这样的综合统一性的意识,没有它,这个对象就不能被人知道;而且这个意识必须本身是一整个(one)意识①。这样的意识可能在各种程度上是模糊的(或说含糊的)。我们只可在其效果上,而不在综合的动作本身上,即不②直接地③把它和关于这对象的观念的产生联系起来。换句话说,在综合化一个对象这个动作里,我们可能不是直接地觉知到必然所包含的意识(甚或这概念)④的统一性。然而这样的意识的统一性必须是被包含着的这个事实是能由考虑我们综合化的动作的效果,即一个对象被知道了而发现的。如果我们知道一个对象,那么如康德所说,一整个意识(或说意识的统一性)必须总是存在的,虽然它可能缺少清楚性⑤而且可能不在我们所觉知到的一些观念当中站出来⑥;而没有这种一整个意识(不管是清楚的或含糊的)就既不能有概念又不能有关于一个对象的任何知识。

更简单地说,这种综合统一性的意识可能在各种不同的程度上是含糊的。它对我们的心可能不是直接存在的。但是对这些直接呈现于我们心中的观念的一种反思性的分析就会表明它必须是存在的⑦。

必须承认,这一切都是充满着种种困难的。然而对于得到其各部分是前后相继地被领会的复杂对象的知识来说,意识的统一性显然是必需的。我们觉知意识的这种统一性到什么程度,我们自我意识到什么程度,

① 这清楚地是一种自我意识。

② 康德漏掉了含蕴在“即”后面的“不”这个词。这像是一种康德的惯用语法;参看B72原德文是“weil sie nicht ursprünglich, d. i. eine solche ist…”。康蒲·斯密英译插入英语所需要的“not”而成为:“it is not original, that is, is not such…”(“它不是原始的,即不是这样……”)。

③ 依我看来,阿迪克斯(Adickes)的校订弄含糊了,反而没有弄清楚康德的意思。参看Raymund Schmidt的译文和康蒲·斯密的译文。

④ 比较一下A106。

⑤ 不单纯是“明晰性”如康蒲·斯密教授的英译所暗示的那样。它乃是在经验里和其他成分分开。

⑥ A104。原德文的字样乃是“die hervorstechende Klarheit mangelt”(缺少凸出的清楚性)。

⑦ 这个学说在A117注里说得更充分。比较一下B132-133和B134。关于“清楚性”又看A196=B241。

可能是各有不同的,但是我们总是能够由反思性的分析而变为觉知到这种统一性。概念与意识的统一性之间的关系不是这么明显的,但是关于任何对象的概念,离开意识的统一性,就一定是不可能的:甚至在关于我们借以把当下的杂多结合成为一个对象的综合里所显出的意识统一性,没有无论怎样模糊的一点觉知,所说的概念也许是不可能的;而这意思是说,离开关于我们借以把当下的杂多结合成为一个对象的那种综合的性格(或说规则)的某些觉知,所说的概念也是不可能的①。我们平常并不把在我们关于对象的经验里的这些不同的成分区分开来,或者弄清楚,这个事实,无论如何,对于康德的分析的正确性或不正确性,乃是毫不相干的。

9.经验性的与先验的统觉

如果康德的思想是十分仔细的话,他就会指出(一种十分明显的事情):在概念里的认识包含有知性或统觉。他也许会问:除认识的一种经验性的综合之外是否还有认识的一种纯粹的先验综合;因为只有这样,那三重综合的平行才能是完全的。他不能处理这些论点以及他很迟才作出经验性的统觉与先验的统觉之间的分别②,就致使花亨格尔主张:第三分节的其余部分和其上文是毫无联系的。可是承认康德的论证是拖泥带水的,这是一回事,而主张它完全不是一种论证,这又是另一回事。

没有理由怀疑的是,除用经验性的概念的这种经验性的认识之外还有用纯粹概念的纯粹认识——计算的例证本身就是这种纯粹认识的一个实例③。然而认识的先验重要性并不依靠这个事实,即在某些判断里我们所用的乃是和经验性的概念相对立的纯粹数学概念。它所依靠的乃是这个事实,即在一切认识里以及在一切判断里,必须有(清楚的或含糊的)思想与觉知的统一性,而这种思想与觉知乃是关于这种统一性的④。给

① 我推测在计算到二十这种过程中通常是有相当高程度的自我意识的:我们知道我们所做的是什么,即令我们的注意力不是指向我们的动作,而是指向着其结果。

② 参看A107。

③ 比较一下上面的第六节。每一个数学的判断都是纯粹认识的一个实例。

④ 康德认为这是概念作用与判断本身所需要的。

予于感官的经验性杂多乃是为时间(与空间)的形式所限制的;经验性的所予杂多综合是为时间(与空间)的先验综合所限制的;而对于经验性的对象与其借以被结合的复杂综合的认识又为思想的或自我意识的统一性所限制的。因此,康德不去管经验性的认识与纯粹认识的分别,反而讨论经验性的统觉与先验统觉的分别——先验统觉乃是一切认识的终究条件和思想形式的来源①。

我们在适当的时候将谈到经验性的统觉与先验统觉之间的区别。可是我们必不能忘记,先验统觉虽是一切认识(包括经验性认识)的条件,但它却不是经验性杂多被给予出来所服从的一种条件。经验性的杂多之所以必须符合于统觉的统一性,只是因为想像力的经验性综合必须符合于想像力的先验综合;而想像力的先验综合之能符合于统觉的统一性,而这样就符合于思想的形式,只是因为它乃是一种纯粹的综合②。

---

① 在这一段里所采取的见解是为康德自己在A115里的临时阐明的总结所证实的。知识的三个主观来源在那里是说为感官、想像力和统觉——这就是康德从来提到的唯一三种,如果(如甚至花亨格尔也承认的那样)统觉的作为一种力量能同一于知性的话。这一段暴露了康德一贯在术语上的不小心,但应该注意,经验性的统觉是在认识里显出来的,而认识是同一于"关于所说的观念的同一性的意识的,但是这个意识是和出现一道产生的,而这些观念乃是通过出现才原来被给予出来的。"我认为这样的认识包括着所产生的杂多本身原是纯粹的这种情况的。

② 作为一种纯粹的综合,它依据综合验前统一性的根据——看A79=B104;作为一种纯粹先验综合,它在统觉的统一性(和范畴)里有其根据,而且它把必然的综合统一性加在时间(与空间)的纯粹杂多之上,因而也加在那在时间(与空间)的形式之下被给予出来的经验性杂多之上——比较一下A118,Ap3,B151-152,又看本书第十三章第六节与本章第三节,如果我们把先验综合看为在本质上是产生的,则这种见解还至少有点像是说得过去的。

第二十章 对象与概念

1.康德阐明的方法

康德并不径直从经验性的认识(或经验性的统觉)过渡到先验统觉(和统觉的先验统一性),也不从先验统觉过渡到对象与范畴,他反而打断了他的论证,首先处理在认识里知道的对象的性质。在这点上,他所做的正是他关于先验相近性所曾做的。他是用一种临时的而且后溯的(或说分析的)论证来引我们到我们能够了解他的学说以之为根据的前进的(或说综合的)论证这种地位①。这种阐明的方法曾受到了许多注释家的严厉批评。这种方法确是麻烦的,但我并不觉得它是不合理的。

康德的阐明之受到批评,可能更一般地是因为关于对象的说明在前面就应该给出。缺乏这样一种说明,的确导致了解释的一些困难,但是他可能是想,在我们还不了解综合这个理论之前,我们是不能掌握他的意思的;而且他又可能是打算逐渐地从常识的一些假定引我们到批判哲学的中心学说里去。

康德在其阐明里所用的一些方法是如此麻烦,因此使得我们更加需要来了解他的论证的各部分之间的联系,如果我们是能够的话。我认为,没有任何理由与花亨格尔、康蒲·斯密一样主张:目前这个关于对象的性质的说明在其对于统觉的统一性的关系上是和范畴的先验演绎毫不相干的②。

2.对 象

康德的关于对象的说明③是从他称为"出现"的东西出发的。出现被

① 参看本书第六章第二节和第十九章第六节。

② 应该注意,在第二版先验演绎的正文里,康德又是先讨论对象的性质和统觉的统一性,然后才在B143里谈到范畴的。他完全有权利来保留他关于范畴的考虑,等到他已经充分地处理过前面的一些题目,而没有人能说,他太过于注意这些题目了:说他不够注意还更合理些。

③ A104起,应该把这说明和A189-191=B234-236,A197=B242-243,又和B137比较一下。

描述为“感官的观念”，而且也许还能被描述为“直观”①。他心中所想到的似乎不是单纯的感官材料，如颜色或声音之类，而像是这种感官材料在其里面结合起来的“意象”。换句话说，他所关心的乃是个别的观念，而如我们刚才所弄清楚的那样②，意识乃是在个别的观念里把所曾直观到而再生的杂多统一起来。例如，他关心的是这所白色房屋的出现或说直观或说观念③。

到此为止，康德的分析使他达到了这样的见解，即认为(我通过领会，再生和认知知道的)这所白色的房屋这个出现乃是一个观念，这观念作为我的心的一种改变是实在的，但其本身则不是独立于我的心的一个实在的对象(或说东西)④。可是这样的一个说明是不完全的。我们相信我们的观念乃是关于一个实在对象的一个观念；而且这似乎含蕴着：有一个相应于我的观念的实在对象，因而这个对象必须是不同于我的观念的。所以这个问题就发生了：如果我们像康德那样认为凡给予我们的只是观念⑤，而且没有别的东西被给予我们是能相应于我们的观念而为这些观念的对象的，那么我们能否把任何意义隶属于这个论点呢？

康德的第一个提议就是，必须把这个对象看作是我们的观念在某种方式上与之相应的一种未知的“某东西”。这个“某东西”被描述为“一般的某东西”⑥。既然它没有被知的特性，所以我们以一个复杂观念来谈到的“某东西”就不能与以另一个复杂观念来谈到的“某东西”区别开来；或者说，无论如何，它之能被区分，只是靠这个事实，即我们以它来谈到一个复杂观念，而不是谈到另一个复杂观念。如果是这样，一个对象的概念就

① 看A105与B162。

② A103。

③ 如果我们问，说我们看见而作为我们心的改变的乃是一个观念的这个白，就是一个实在对象的颜色，究竟又有什么正当的理由，那就引起同样类型的问题了。

④ 这样的一些观念乃是自在之物的一些出现，而它们的要素不是为我的心作出的，而是通过自在之物的影响被给予于我们的。可是，没有某人类的心，它们就不能存在，而且不要看它们作为自在之物。

⑤ 严格地说来，给予我们的东西乃是一种像“这所白色房屋”这样的复杂现象的要素。

⑥ “一般的某东西”是英文的“something in general”即德文的“etwas überhaupt”之译。

必须是“一般某东西＝x”这个概念[1]。

康德认为，这种表面上的分析是不够的。他极力把它推进一步。如果我们如实地来理解我们的经验，我们就发现，我们关于我们的观念与其对象之间的关系包含着某种的必然性。这种对象——我们目前看作我们的观念所涉及的一种未知的某东西——被认为可防止我们的观念成为偶然的或任意的；或者从正面来说这同样的论点，这种未知的某东西是被认作我们观念中的必然一致所由来的根源的。一些谈到一个对象的观念必须是互相一致的，那就是说，它们必须具有统一性。由此出发我们有望推论说：关于一个对象的概念，在本质上，就是我们的一些观念的必然综合统一性的概念[2]。

我们所说的似乎是：对象必须具有的性格就在于它是必然综合统一性的来源，而不是在于这个必然综合统一性的本身。这样一种见解乃是引入的一种过渡性的阶段，旨在把我们引向关于对象的性格的真正见解，而且扫清我们心中的种种错误理论。我们只与我们的观念有关，而与相应于我们的观念的那个未知的某东西无关，而那个未知的某东西，就其是不同于我们一切的观念的这点来说，对于我们来说，乃是完全的空无[3]。根据康德的见解，在我们判定关于这所白色房屋的观念(或说出现)乃是一个实在对象的观念(或说出现)时，我们是判定组成这个对象的各成分是在一种必然统一性里结合在一起的[4]。知道一个对象就是在我们的一

① 我几乎不必说，这里的“x”乃是代表未知的东西的，但是也许值得来想起，范畴乃是一个一般对象的概念——所谓一般对象的概念，就是如果一个对象要成为一个对象，它就必须是这样的东西，这一种概念。

② 我在“统一性”上加了“必然综合的”这个修饰词；比较一下 A101。这种统一性，作为一种综合的或说质的统一性，乃是不同成分的统一性，而不是在单一性这个范畴之下所想的量的而且同质的统一性；看 B131 和 B114。康德把这种必然综合的统一性的概念和一个对象的概念同一起来，因为它乃是一切对象的不可缺少的特性或必需的形式的概念，不管在这些对象的所予的质料里有什么种种的分别。把一个实在的对象从一个想象性的对象区别开来的东西就是一个实在对象的成分必然是联系在一起的(而且归根到底一个实在对象乃是一个客观世界的一部分，而这个世界的种种成分也必然是联系在一起的)。

③ 康德不是在这里不承认自在之物：他只否认我们能知道它，而且否认我们能知道它为我们观念中统一性的来源。比较一下本书第四十五章与第四十六章。

④ 比较一下 A109。

些观念里认得这种必然综合统一性的存在①。

这一切都必须认为是在已经成立的一些学说的光亮下的一种表面上关于经验的分析。其目的乃是要把我们引向康德相信他能够证明的那个学说。必不可把它本身当作一个证明②。

3. 意识的形式统一性

根据康德的见解来说,构成经验的一个对象的不可缺少的性格的必然综合统一性,如果要正当地把它当作必然的,就必须在心的本性里有其起源。因此,他断言这种统一性仅仅是在观念的杂多的综合里那种意识的形式统一性③。这个断言是为进一步的叙述所说明的,这叙述是说,在我们在直观的杂多里产生了综合的统一性时,我们就知道对象。

康德似乎把对象的统一性和意识的形式统一性④同一起来了,而这并不是一种单纯的偶然错误,它已为这种见解的屡次重述所说明⑤。这样的同一也许能在哥白尼式的原理上被证明为正当的,但是我个人觉得它是不易这样证明的,甚至不易清楚地了解的。如果说,对象的统一性乃是起源于意识的统一性,而且为意识的统一性所产生的,这好像是更好理解的;而且为意识的统一性只是在杂多借以得到统一为一个对象的综合

① 到什么程度这样的知识是又包含着谈到一个未知的"某东西"或说自在之物,这是一个困难的问题。康德总是认为我们所知的对象,虽不是东西的如其在其本身那样,但是东西之如其对人类的心出现的,而且必须出现的那样。可是实在重要的一点乃是对象的必然综合统一性不是从自在之物而来,而是从心而来的。

② 可是康德已经说明统一性在其主观方面的必然性;看 A103。

③ A105。我认为这种意识的形式统一性乃是和统觉的统一性同样的;但是也许可能把想像力的先验综合的统一性用类似的话语来描述。比较一下 A118 和 A125;又比较一下本书第二十一章第一节(在末尾处)。

④ 这种统一性,作为形式的来说,是不受所综合的质料里的种种分别的影响的;而且我认为(正如在时间与空间的形式这种情况里那样)我们应该能够了解其内部的必然性而同时又了解它的必然性作为经验的一种条件。这种必然性的性格是在 A106(第二个段落)以及后面的几页里讨论的。

⑤ 例如比较一下 A109,在那里对于一个对象的关系是说成为仅仅是意识的必然统一性的。当康德把对象的统一性和杂多借以得到结合的综合的那统一性同一起来时,也像是包含着这种见解的意思的;而当他把对象的概念和综合的概念(或者和综合的统一性或规则的概念)同一起来时,也是这样的。

的统一性里被显示出来，这又像是更好理解的。总而言之，如果我们把意识的统一性和对象的统一性看作是互相关联的而且相互依赖的，比看它们是同一的好像容易一些。康德自己有时谈到意识的统一性和对象的统一性，仿佛它们是互相关联而又相互依赖似的①；如果我们觉得按这种假定就更容易来理解康德的论证，那么我就认为我们有权利来采取这种假定。可是，我们还必须承认有这个可能性，即含蕴着同一的这类话语乃是康德的意思的更确切的表达②。

无论如何，我们在这里没有任何批判前的学说，这是明显的。在第二版里③，同样的理论表达得更为简短。在那里，一个对象被定义为"那东西，在其概念里一个所予的直观的杂多是得到统一的"。那么，观念的统一据说要求有在这些观念的综合里的意识之统一性。最后就得出这个推断，恰恰如在目前的一段里那样，唯一构成④观念对一个对象的关系的就是意识的统一性。

4. 综合与概念

其次，康德进而把他关于综合与概念作用的学说⑤和他曾以之与对象的统一性同一起来的意识的形式统一性（或说统觉的统一性）联系起来。既然在认知这种综合里最明显地起作用的概念乃是特殊的概念，他就不得不说明这种概念在经验里所起的作用。为了例证起见，他用"三角形"的概念与"物体"的概念。这些乃是特殊概念，而不是普遍概念或说范畴——范畴是为分节四保留着的。"三角形"这个概念大体是一个纯粹概念，而"物体"这个概念是一个经验性概念。

在这里，阐明的次序又是麻烦的：如果他接着马上去说明他的所谓意识的形式统一性是什么意思，我们就可能更容易地了解他。还有一些困难来自这个事实，即他所用的话语在许多方面上是含糊的。我认为，如果

---

① 例如看 A250，B134 和 B143。

② 我相信这种类型的学说是要在黑格尔和甚至在 T. H. Green（格林）那里找着的。

③ B137。

④ "构成"是英文的"constitutes"即德文的"ausmacht"之译。

⑤ 这个学说在形而上学演绎（A77-79＝B103-104）里略说出来而在三重综合的说明里进一步细心精作出来的。

我们想得到甚至他的意思是什么的一种大概的了解,我们就必须记住他仍然是在那里给我们关于经验的一种临时的分析,而不是给我们以他的“前进的”和权威性的证明①。

5.概念与规则

我们已经得知②,我们知道当下的对象,是在我们曾产生了在直观的杂多里的综合统一性,即必然综合统一性那个时候。这种工作乃是必须被带到概念去的想像力之综合的工作;而且在把这个综合带到概念上去时,我们也就或多或少使在这综合里起作用的规则变为明确的。在这里,康德为了复述这个学说,用了下述断言:(1)除非这整个复杂的直观能为一种综合的作用③按照一条规则产生出来,综合的统一性便是不可能的;(2)这样一种综合的作用使那所予的杂多在其里面得到统一的一个概念成为可能。这个概念之所以通过这个综合而成为可能,是因为它乃是这个综合的规则的一个概念:如果在这个综合中没有规则的话,那就不可能有概念了。

到此为止,我们没有什么新的东西,但是康德进一步说,综合的功用使那杂多的再生成为验前必然的。稍后④,一个类似的短语又出现了,而关于它的意思的讨论,我们可延至下文。

康德用“三角形”⑤这个概念来例证他的学说。当我们把一个三角形想作一个对象时,我们意识到⑥三条直线按照一条规则⑦的结合(或说综合),而一个三角形的直观总是能为这样一种综合所产生⑧的⑨。

---

① 诚然我们必须记住整个第二节都是临时性的;看 A98。

② A105。

③ 也许这样来假定是稳当些:这里的“作用”不是用在一种专门的意义上,但它可以表示这个综合必须是一个动作;比较一下 A68＝B93。我英译为“produced”(产生)的乃是德文的“hervorgebracht”(产生出来)。

④ 在 A106 里。要有关于这点的讨论,可看下文第七节。

⑤ 我们必须记得“三角形”这个概念不是一个单称观念,不是关于“这个三角形”的一个观念。它乃是存在于这个与其他三角形里面的“三角形性”这个普遍的性格;看本书第九章第四节。

⑥ 我认为这含蕴着这个综合(或综合的规则)的一个概念。

⑦ 注意在 A141＝B180 里这规则是同一于三角形的“图型”的。

⑧ “所产生”是英文的“be produced”即德文的“dargestellt”之译。

⑨ 这例证按反过来的次序来说明刚才作出的两个一般的断言:这并不说明“必然的再生”。

“三角形”这个概念，在假定上，是一个纯粹的数学概念，而其综合乃是空间的纯粹杂多的一种综合；但是我们是否要把重要性附属于这一点，那还是可疑的，因为这个例证为着它而作出的那种断言似乎完全是一般性的。如果我们不注意到关于必然再生所引起的困难，我们所有的纯粹就是康德寻常的学说，它认为要知道一个对象，当下的杂多就必须按照在这个对象的概念里变为明显的那个综合的规则而得到统一①。他在这里通过说规则的这种统一性确定全部的杂多，而表达这一点②；而且他还补充说，这就把这个杂多限制于使统觉的统一性成为可能的那些条件。这个进一步的叙述，在现阶段上是含糊的；但是就统觉的统一性对于规则的统一性是必需的这点来说，如果我们是要知道一个对象，则这个杂多是必须符合于没有它们也就不能有统觉的统一性的那些条件的③。

然后康德又告诉我们：“这种统一性”这个概念就是这个＝x 的对象的观念(或说概念)。不幸的是，康德的话语是不确定的，他用“这种统一性”一词究竟是指“这规则的统一性”还是指“统觉的统一性”，尚不清楚④。然而他的一般立场是十分清楚的。在我们思考如一个三角形这样的对象时，我们不是单纯利用包含在“三角形”这个概念里的一些特殊述项来思想的；我们还想到它作为一个对象，因而就把它带到“一个一般的对象”这个概念的底下来。这个概念(它乃是一切对象的特征的那种必然综合统一性的一个概念)是康德使之和统觉的统一性同一起来的，而在目前的一段里，又是和在其里面统觉的统一性得到显示出来的规则的那个统一性这个概念同一起来的⑤。

① 比较一下本书第十三章第五节。

② 我们可以加上“就其构成一个对象这点来说”。

③ 这些条件乃是思想的各种形式或说范畴；比较一下 A111。说统觉的统一性是范畴的条件和说范畴是统觉的统一性的条件，这两样的说法会是同一样真的。

④ 我们毋须把这个概念对我们自己弄“清楚”；更毋须在分析上发现它是和统觉的统一性这个概念同一的来把它变为“明晰的”。

⑤ 如果“三角形”这个概念乃是数学的一个纯粹概念，则康德的例证就不是完全令人满意的了；因为严格地说来，一个数学上的三角形不是一个对象，而只是一个对象的形式(看 B147)，而且它不是自在之物的出现。只有具体的物理三角形才是正式的一个对象；它不是一个如其在其自身那样的东西，而是如它必须对人的心出现那样的一个东西。康德选择他的例子，大概是因为这概念与综合的规则的联系是明显的，如果他的说法想要包括具体的物理三角形，那么所提出的问题就类似在 A106 里有关于“物体”的那些问题了。

6. 经验性的概念

一切知识，无论是经验性的知识或者是纯粹的知识，都需要有一个概念，不管这个概念是怎样不完全的[①]或者怎样含糊的[②]；而就其形式来说，这个概念又必须总是普遍性的[③]。

无论我们是处理纯粹的概念如"三角形"或经验性的概念如"物体"，这都是真的。康德所作出的说明原是打算它成为一般的，而既然纯粹的数学概念在许多方面不同于经验性的概念，所以就需要弄清楚这说明如何能适用于经验性的概念。

一个经验性的概念又是、或说含有一条规则[④]。例如"物体"这个概念作为我们关于空间里面的出现的知识的一条规则来使用，如我们所指望的那样，它所与之有关的乃是通过它而想到或设想的杂多的统一性[⑤]。

"物体"这个概念能当作一条规则来综合一些直观，只是如果"它在一些所予的出现里代表它们杂多的必然再生，因而代表在我们关于它们的意识里的综合统一性"。

"物体"这个概念乃是物体作为一个对象的一个概念，因而它自然就代表那是，而且必须是在一些出现里所存在的必然综合统一性[⑥]，如果这些出现是要构成一个对象的话。按康德来说，这就含蕴着："物体"这个概念又必须代表我们关于这样的出现的意识的必然综合统一性。

当康德说，"物体"这个概念必须代表一些所予的出现的杂多的必然

① 为要具有逻辑的"完全性"，一个知识就应该是(1)普遍的，(2)明晰的，(3)真的，(4)确定的；参看《逻辑导论》Ⅴ(Ⅸ38)。这里所说的"不完全的"，我想康德主要是指"质的不完全"，即"不明晰的"。

② "含糊的"乃是"清楚的"之反面，我们毋须直接意识到这个概念，更毋须分析它而这样来使它变为"明晰的"。

③ 比较一下《逻辑》第二节(Ⅸ91)："概念的形式就是概念的普遍性，而其质料就是它们的对象。"

④ 或者说"图型"(Schema)，比较一下 A141＝B180。

⑤ A106，德文"nach der Einheit des Mannigfaltigen"(关于杂多的统一性)。把"关于这统一性"来替代康蒲·斯密的译文里的"作为这统一性"。比较一下 A140＝B179。

⑥ 这种统一性乃是出现的必然再生性的条件；比较一下 A101。

再生时，那就更难了解他的意思了。

“必然再生”这个短语也用来谈到“三角形”这个概念，但是这两种情况是很不相同的。我们不是想到一个能在纯粹直观里验前构成的数学立体。我们是想到一个具体的物理物体，如康德自己阐述得完全清楚的那样。物体这个概念，在我们知觉到[①]空间里任何东西的时候，是使扩延(因而就使不可入性，形状，等等[②])的观念成为必需的。

纵然有了某些注释家所提出的种种困难，但是我在这样一种说法里还不能看出任何批判前的东西。这个说法只是稍微地多于把康德在对象的分析里所已经说过的话弄得精细一点。当我们知觉到任何对象时，我们是认为关于它的一切观念都必须是相互一致的。当我们知觉到一个物体时，我们认为它必须有扩延，不可入性，形状，等等。这是我们在我们的经验中所一致认识到的一种必然性[③]。

康德给予我们的仍然是他关于经验的初步的分析。他不是用这种必然性作为他的论证的前提，而是把我们的注意力指向在经验里需要说明与辩护的某东西。通过这种方式，他试图把我们引向统觉的统一性和范畴；但是统觉的统一性的学说是独自建立起来的，而只有这样，它才能对我们在经验里发现的这个表面上的必然性作出辩护与说明。

这必然性，如康德接着要说明的那样，不是由于独自来理解的物体这个概念。它乃是由于这个事实，即当我们在任何概念之下想到杂多时，我们是把这个杂多带到统觉的统一性之下的。为什么要假定：当康德写出这段时，他对范畴一无所知，这是我所不能理解的。他有权利，而且甚至还有责任，先去说明统觉的统一性和它对于概念的关系，特别是对于一个一般的对象这个概念的关系，然后才进而说明范畴乃是包含在统觉的统

① “知觉到”而不是“想象到”。

② “扩延，不可入性，形状，等等乃是全在物体这个概念里想到的，而以这些归于物体的判断乃是分析判断”；看B12。在《一切形而上学的导论》(Ⅳ289)里，康德断言这一些都是物体的第一性的质，而且是依靠空间的。在A21＝B35里，他暗示着不可入性(像坚韧性与颜色)是属于感觉的，而只有扩延与形状是属于空间的纯粹直观的。在A284＝B340里，实体本身和“不可入的扩延”同一起来，而“不可入的扩延”又在A398里和物质同一起来。

③ 我们又必须记得，当我们判定这是一个物体时，我们又在不言中判定它是一个对象，而这样就是有必然综合统一性的。

一性里的①。他作出这种说明所用的短短四页，依我看来，并不是太长的。

7.必然的再生

我在这段里所看到的主要困难乃是“必然的再生”这个短语。我们有两个需要考察的陈述。首先有这样一个一般的断言——为“三角形”这个例子所例证的——“综合的作用按照一条规则”就使杂多的再生在验前成为必然的②。其次有这个断言，即“物体”这个概念能用作直观的一条规则，只是如果它“代表所予的出现的杂多的必然再生”③。虽然在术语上有种种的不同，而且虽然有纯粹概念与经验性概念之间的种种不同，依我看来，康德的学说在这两处所说的里面可能原是一样的④。

可能有人认为，康德的意思是比较简单的。即对象这个概念控制着再生的综合，不管那综合是经验性的还是纯粹的。例如，在知道一个三角形的过程中，“三角形”这个概念就会强迫我，在领会已去到 BC 那边时，来再生 AB 这边；再则，在知道一个物体的过程中，“物体”这个概念就会强迫我，在领会已去到不可入性时，来再生扩延⑤。

我实在不能勉强接受这种简单的解释⑥，而我反认为康德所想要说的乃是更难明白而且更含糊的东西。我认为他所与之有关的乃是对象的

① 我们已经知道，一个一般对象这个概念分化为种种的范畴(A93＝B126)；而且我们从形而上学演绎知道，当我们用任何概念来统一杂多时，我们是判定，而且这样的判断，通过它的形式，把范畴加在对象之上；特别参看 A79＝B104-105。

② A105。

③ A106。

④ 这个概念“代表”必然的再生，因为它乃是使再生在验前成为必然的这样一种综合的规则的一个概念。

这两段应该和其他几段相比较：和在 A108 里的说法，说“综合的规则使出现成为必然再生的”，而这样就确定一个对象比较；和在 A101 的两种说法比较，是关于使“出现的再生”成为可能的，与关于使“再生的一种彻底的综合”成为可能的；又和在 A121 起一段里的相近性的学说相比较。

⑤ 这些会是由于相近性的联合之实例；比较一下本书第十九章第四节以及 A122。

⑥ 这个说明只与主观再生的规律有关，而这规律乃是经验性的，不是验前的；看 A100，A121 与 B152。我怀疑，甚至康德在 A102 里看纯粹先验综合为再生的这个根据上，能为这说明加以辩护的。

那种必然综合统一性，而这统一性是一切出现应该在其自身里就是"可联合的"这种可能性所依据的，而且其实是必然性之所依据的[①]。依我看来，他是暗示着，这综合，按照一条规则(或说按照一个概念)把必然综合统一性加在杂多之上[②]。这样做就使再生的一种彻底的综合成为可能[③]，或者必然使出现成为可再生的[④]。这种学说在纯粹概念如"三角形"的情况下，并不提出任何困难[⑤]。在经验性的概念的情况下，我们只能接受这个说法作为一种我们经验的临时分析，其正当的意义是在后面的一个段落里[⑥]谈到统觉的统一性时予以说明的[⑦]。

康德这里所说的，就其本身来说，确是不清楚的[⑧]。而且有可能，他的思维是紊乱的[⑨]。然而他曾预告我们要准备有种种含糊之处，只有在后文里[⑩]才会得到澄清。这就使对这一段的下述解释比通常的更不合情理，这解释认为这一段似乎是完全独立的；而且，虽然我不很有把握地说，但是我认为我们是有正当理由来在这里找到在康德后来的阐明里[⑪]表达得更清楚的先验相近性的学说。

---

① 比较一下 A122。

② 严格地说，它这样做，只是因为它包含着想像力的一种先验综合而又为这综合所限制。

③ 比较一下 A101 以及本书第十九章第六节。

④ 比较一下 A108 和 A122。

⑤ 比较一下 A78-79＝B104 以及本书第十三章第六节。

⑥ 即 A106 的第二个段落。

⑦ 这综合按照"物体"的经验性概念把必然综合统一性加在所予的杂多之上，只是因为它也是基于统觉的一种纯粹先验综合(比较一下 A101，A108，以及 A122-123)因而是根据范畴的。

⑧ 如果他先是说到"必然的可再生性"而不说"必然的再生"，我就不会觉得有多大困难了。

⑨ 紊乱可能是由这个事实发生的，就是他所曾说过的，好像想像力的纯粹先验综合本身就是再生的似的。他所谈到的那个"必然再生"在那种情况下可能是按照范畴综合所予的杂多的先验综合。这就不应描述为什么"再生"。这个经验性的概念"代表"这综合只是因为它预先假定了范畴。

⑩ A98。

⑪ 在 A121 起那里，这段又应和 B142 比较。

第二十一章 统觉与自然的统一性

1. 必然的综合统一性与统觉

一个对象本质上的特征，按康德的临时分析来说，乃是必然的综合统一性，而且这种统一性曾被同一于观念的杂多的综合中的意识的形式统一性①。但是一切必然性必须有一种先验的根据或条件——它永远不可能来自于经验性的概念②。要有一种先验根据就应是来自能知的心的本性。因此，如果我们是要为我们对于对象的必然的综合统一性的信念作辩解——而且为我们对于存在于一切③我们的直观的杂多的综合的信念作辩解——我们就必须寻找它的先验根据；而这种先验根据同时也将是我们关于一般的对象的概念的先验根据④，因而也就是经验的一切对象⑤的先验根据——因为没有这些概念（或说范畴），我们就不能想到我们直观的任何对象。

这种先验根据或条件就是先验统觉，而且这先验统觉不是派生的，而是终究的或说"原始的"。

正是在这一点上，我们实在要认真对付康德的一切学说的最中心的、最重要的⑥、然而在某些方面上又是最无从捉摸的学说。他的思想无疑

---

① 看A105而又看A106。

② A106。比较一下A111。

③ 在这里康德可能是从存在于每个分开的对象的综合里的意识的统一性过渡到存在于一切对象的综合里的意识的统一性，这两种统一性一起就构成经验的世界；比较一下下面的第七节。

④ 也许可以想象，这可能在这里是谈到像"三角形"与"物体"这样的概念的：但是我认为它是谈到范畴的。严格说来，只有范畴才是一般对象的概念。既然范畴是一切对象本质上特征的必然的综合统一性的概念，那么，必然的综合统一性的先验根据也就是范畴的先验根据了；而且其实必然的综合统一性只是利用范畴而把必然的综合统一性加在杂多之上的。

⑤ 一个对象在这段里为康德下定义为"其概念表达综合的必然性的某东西"。这里，对象的概念又是包括——而且也许同一于——必然综合这个概念。

⑥ 把它的强调看作是由于康德私人的坚信，依我看来，是错误的。比较一下康蒲·斯密的《解义》一书，原文pp. 212，261（绰然中译本pp. 243-244，292）。

在其本身是十足困难的，但是这困难又由于他在用语上的不小心而大大地增加了。这种用语的不小心在什么程度上代表思想的一种实在的紊乱，依我看来，还是一种不能确定的事情；但是要澄清，而且若有可能的话，要调解，每每至少在字面上是不能相容的不同说法，那却是不容易的工作。

这样，就把统觉说成是一种力量或能力①，而我曾把统觉与知性当作同一的。但是又把它说成是一种动作②——一种和伴随着一切我的观念的"我思"这个观念③同一的自发性的动作。统觉的力量无疑是在统觉的动作里显示出来的，但是我们在考虑康德的其他断言时，必须记住这两种不同的意思；例如，他把统觉和"我"这个简单的观念同一起来④，又和"彻底的自我同一"同一起来⑤。

依我看来，种种困难主要涉及的是统觉的动作，而不是统觉的力量。尤其是存在着这样一个困难，即这种动作能在什么程度上与想像力的综合，特别是与想像力的先验综合，甚至在思想里区分开来⑥。

---

① 比较一下 A94，A114 和 A117 注。这种力量在 B134 注里是明明和知性同一起来的。十分奇怪，统觉的统一性（在其对于想像力的综合的关系上）在 A119 里是和知性同一的。又比较一下《自然科学的形而上学初步》（Ⅳ554）。

② B132。这种动作尽可描述为一种形式上的动作，而且有时它像是同值于判断动作的形式（或统一性）的。

③ 这个观念乃是一个概念，或者说一个判断更好；看 A398，又比较一下 A342＝B400 和 A348＝B406。

④ 看 B68。

⑤ A116。

⑥ 这种困难已经存在于紧接在前面的几段里。在 A105 里的"在观念的杂多的综合里的意识的形式统一性（和构成对象的概念并且使这对象成为必要的统一性同一的）像是统觉的统一性。如果这样，那么在 A106 里的"在杂多的意识里的综合统一性（为规则所代表的）就应该大概是统觉的统一性。紧接在这后面，我们又读到我们必须为我们一切直观的杂多的综合里的意识的统一性"寻找一种先验的根据，而这个先验的根据就是先验统觉。康德的意思可能是说，先验统觉就是统觉的统一性的根据，虽然，如果这样，我们要想知道"先验统觉"在这里是用作动作讲还是用作力量讲。但是也许他的意思是说，先验统觉乃是在想像力的综合里显示出来的统一性的根据。

注意：在 A117 里把纯粹统觉说为在一切可能的直观里给出杂多的综合统一性的一条原理的，而在 A118 里把这种综合统一性说为预先假定，或包括着，一种纯粹综合，即想像力的先验综合的。

2. 经验性的与先验的统觉

康德似乎认为,统觉当然是和自我意识同一的[①]——"自我意识"这词又可模棱两可地来使用,或者作为一种力量,或者作为一种动作(或一种状态)——而且他进而把经验性的统觉与先验的统觉区别开来[②]。

应该注意,康德有时好像是说:纯粹的或先验的统觉是同值于自我同一性的[③],而且这就导致某些注释家强调自我同一性而牺牲了自我意识[④]。这样一种见解的合乎情理是达到这样的程度——即康德并不主张关于自我的意识必然是一个"清楚的"观念[⑤]。然而,虽然有时把统觉——或者更好是把统觉的统一性——作为等值于能思维的自我的统一性或同一性可能是方便的,但是依我看来,康德的确是把自我意识(不单纯是自我同一)看作关于对象的一切知识所必需的[⑥],而且认为统觉是等值于自我意识的。无视或尽量低估这个学说就是否认康德不厌其烦的断言,而且故意省去了他的理论的最重要部分。

经验性的统觉与先验的或说纯粹的统觉之间的分别,其最清楚的说明可见于康德的《人类学》,而且我认为在本《批判》中,同样的学说就隐藏在康德的各种简短的陈述的后面。能知的心是能动而又是被动的,而要意识到自己,我们就必须同时意识到心所作的(即心的思维)和它所受的(即它的状态)[⑦]。其第一种的自我意识属于知性而且就是纯粹统觉;第二种的自我意识乃是经验性的统觉或说内感官[⑧]。内感官的形式就是时

---

① 我想这是莱布尼茨的通常用法。在笛卡尔里相应的词乃是"conscientia"。

② A107。

③ 看 A116。

④ 特别是 Ewing,在他的《康德对于因果作用的探讨》一书,pp. 49-50。

⑤ 看 A117 注。

⑥ 要知道一个对象作为一个对象,就意味着这个对象为一方与自我以及自我的种种状态为另一方这两者之间的区别。

⑦ 《人类学》第二十四节(Ⅶ161)。比较一下谬误推理一段的整个论证;又比较一下《遗著》(Nachlass)4723(ⅩⅦ688)。

⑧ 《人类学》第四节结尾处(Ⅶ134 注)。可以注意,在心理学里,我们是按照内感官的观念来研究我们自己的,而在逻辑里,我们是按照智性的意识,即知性的自我意识所给予的东西来研究我们自己的;比较一下 B134 注。逻辑研究作为思想主体的这个"我";心理学研究这个"我"作为知觉的一个对象。然而我之能通过内感官意识到在我的内部状态中的种种变动,只是因为我把我自己,通过纯粹的统觉,表现为在这些不同的状态里的同一个主体。

间,而内感官只在时间里知觉到各种心理状态的种种关系,因而是在一种连续的流动中知觉到的①。

这个学说关于经验性的统觉得到了我们正在考察的这一段的证实②。经验性的统觉意识到自我,涉及的是我们状态的种种确定,而且通常被称之为内感官。它总是变动着③,而在种种内部出现的流动中不能有任何持续的或常住的自我。

3. 内感官与经验性的统觉

难以判定的是,康德承认内感官与经验性的统觉之同一到了什么程度。经验性的统觉在这里是和通常称为内感官的东西同一起来的,但是在后面又含有两者之间的一种区别的意思④。在第二版里⑤,康德说,他小心地把内感官与统觉区别开来,但是在那里的"统觉"似乎是指"纯粹的或说先验的统觉"而言的。在《人类学》这部他的最晚出的著作之一里⑥,内感官与经验性的统觉,如我们所曾看到的,又一次同一起来了。

内感官的全部学说充满着种种困难,因而留待后面再讨论⑦。然而可以注意到,如果内感官正当地被称为"感官",它就必须是不同于知性的,即令它能属于只是具有理性的存在者⑧而且离开了知性的活动就成为不可能的⑨。另一方面,经验性的统觉应该是知性的力量,在经验上显

① 《人类学》第四节(Ⅶ134)。比较一下 B275 和 B133。根据康德来说,持续的东西只在空间里才有。

② A107。

③ 这大概是总在变动着的经验性的统觉的动作(而不是它的力量)。可是这些动作的变动只是就其质料说的:它们终究的形式,这个"我思",伴随着我们一切观念的,总是不变的。

④ A115-116。

⑤ B153。

⑥ 可是这本著作是属于一种半通俗的性格的。

⑦ 参看本书第五十二和五十三章。在第四章第四节里曾作出过一种临时的叙述。

⑧ 见康德的 Die falsche Spitzfindigkeit(三段论式回格的诡辩性)一文(Ⅱ60)。在这段文字里,我认为理性不是和知性对立的。

⑨ 看 B153-154 和 B68。何以是这样,就必须暂且不去管它,但是还可以暗示,如果内感官是依靠时间的,那么离开记忆与判断力就不能有关于时间的觉知。照现代关于假的一些理论来看,诚然是可以否定这种见解的,但是我拿不稳这种否定会有其正当理由。

示于关于我们心的种种状态的认识之中。这种认识无疑是包含有内感官的,但是经验性的统觉和内感官应该是不同的力量①。

如果三重综合的学说要成为可理解的,则这种解释就是必需的,而且它在康德那里②是有其确定的支持的。有三种是一切知识所依赖的知识主观来源。它们就是感官、想像力和统觉,其中每一种都能在经验上来考虑,那就是,在其应用于所予的出现这点上来考虑。出现都是为感官在感官知觉里从经验上所"表现"③的,而感官知觉当然是包含着统觉的,而且一切感官知觉,作为观念来说,是受时间作为内直观的形式的支配的。出现又都是为认识里的统觉在经验上所"表现",而认识里的统觉被描述为"所再生的④观念和通过它们这些观念才被给予出来的出现的同一这种意识"的⑤。这种认识明明是包含着概念的而且必须是知性的工作,而不是内感官的工作。

康德的见解似乎是这样的:在一切关于对象的知识里,我们必须能够不只是再生一系列的所予出现,而且又能够记得它们。这种记忆乃是记得诸出现被给予出来或说被知觉的次序,即它们变为我们的心的改变或状态的次序。离开这样的一种记忆,我们就不能知道任何对象;而康德好像认为,在把出现看作一个对象的出现的过程中,我们必须同时记得它们是给予于能知的主体,而这样就是这主体的改变⑥。这是经验性统觉的工作。

按这种见解来说,经验性的统觉不是被动的感受性,而是记忆力与判

① 我们靠内感官就应觉知到直接在心面前的东西。靠经验性的统觉我们就应觉知到我们思维的性质,只要我们的思维是经验性的(或者特殊的):这明明是需要有内感官的。靠先验统觉我们就应觉知到我们思维的性质,只要它是形式性的。

② 参看 A115-116 而且比较一下本书第十九章第九节。

③ 我们可译这个词为"认识"(英文的"cognised"),如果我们记住这样的"认识"只是在我们关于对象的知识里的一种成分。

④ 再生乃是想像力的工作,但是在这里我们毋须去考虑那层。

⑤ "我们现在思想的东西也就是我们前一刹那所曾想的东西的这意识"——参看 A103——这种意识必须是通过经验性的统觉的认识的。没有它,则一切再生都是无用的。

⑥ 这些出现作为心的改变的时序当然是可能不同于这些出现在对象里的时序的。一所房屋的种种出现是相继地对我被给予出来,而在对象里却是并存的。比较一下 A190-191=B235-236 以及类比的一般。

断力的能动力量，而作出主体与对象的区别是通过这个力量的①。康德强调这个事实，就是在其里面显示出经验性统觉的那些判断动作就是关于过去的观念，或说心的过去状态的一种认识或说记忆，而且是关于对象的知识所必需的②。可是，判断力的这些动作似乎包括关于对象的知识，如同它们包括关于我们心的种种状态的知识一样。认识乃是“在概念里”的认识；而这个概念既是关于当下的对象的概念，而同时又是关于一种特殊的综合的概念，而且通过这种特殊的综合，所相继被给予出来的一些观念才被结合在这对象里。

然而这又引出了另一种困难。经验性的统觉据说与心的种种状态有关，但是同时它们与之有关的不只是这些状态在我们心理历程里发生所由的次序，而且又是有关于这些状态（作为出现）在这个对象里被结合的那种特殊的方式。这一点的意思是说，经验性的统觉必须是有关于综合的动作的，这是就那动作是经验性的（或者也许更好是说“特殊性的”）来说的③。这似乎是康德自己的见解，因为他含有这个意思，即经验性的统觉（或说我们现在所思想的也就是我们从前所曾想过的这种经验性的意识）是包含着一种含糊或清楚的知识的，而这种知识是关于相继被给予出来的出现从而被结合在一个观念里的那个**动作**的④。

在其里面显示出经验性的统觉的那些认识的动作乃是思想的动作，而且作为这样的动作来说，它们是为思想的各种形式而又为思想（或说统觉）的统一性所限制的。

---

① 不要认为我们先是认识一些出现作为心的状态，然后才把它们归于对象的。我们之能认识心的状态只是在其不同于对象，而能认识对象也只是在其不同于心的状态——虽然这种不同是可能有不同程度的清楚性的。就感官与想像力单独来说，这种不同是不存在的：它是以类比中提出的那些原理为先决条件的。

② 看 A103-104。

③ 经验性的统觉必须是和综合的动作有关的，这是就那动作是和特殊各种的杂多以及特殊各种的对象，像三角形或物体这样的对象，结合起来而言的——无论所说的杂多是纯粹的或者是经验性的，这都是无关重要的事情。只要这动作是普遍性的，就是说，包含在关于任何以及每一个对象的作为对象的里面的，它就是先验统觉与之有关的事情了。

④ 看 A103。例如这动作就是存在于计算如此多的单位的活动中的加法的特殊动作；作为不只在计算中而且在一切任何知识中的一个成分的综合之普遍性动作，必须是通过先验统觉而被知道的。

4. 先验统觉

我们主要关心的乃是先验统觉。不幸的是，这个词的意思在这里只是偶尔被指出的，而且并不是清楚地指出的。

作为一种力量来说，先验统觉必须与纯粹知性是同一的，但是“统觉”这个词表明：这种力量包含着某种自我意识。它作为验前认识的来源来说就是纯粹的或说先验的。这些认识首先是纯粹统觉的动作，其次就是范畴。纯粹统觉的动作和范畴同是在我们寻常经验性的判断里的成分，而且是这种判断的条件①。

主要困难是关于先验统觉在其里面显示出来的纯粹统觉的动作的；而且当康德在这里②谈到先验统觉作为“这个纯粹的、原始的、而且不变的意识”时，而又③作为“自我的同一性这个原始的而且必然的意识”时，他一定不是把它作为一种力量，而是作为一种动作来看待的。这种动作好像同时既是一种思维的动作又是一种思维的意识④——一切思维在某程度上都是自觉的，即令我们不把其里面的这种成分分开来或者明白地把它带到我们心的面前来⑤。而且这种动作乃是一种意识关于思维的统一性或说同一性的⑥，而不是关于为思维的质料里的种种差别所确定在其内部的那些差别的⑦。我们也许可以把它描述为关于思想的终究的而

---

① 注意在 A115 里，感官、想像力和统觉——在这里大概是能力或力量——都是描述为使这些力量的经验性使用成为可能的“验前成分或说基础”（即条件）的。作为经验性的判断里的一种成分与作为其一种条件，这两者之间是没有对立的。这条件并不先行于那种判断，而是那判断里的一种必然的成分，没有这种成分就不能有那种判断的。

② A107。

③ A108。

④ 因此，它就被描述为“我思”这个判断；看 A399。它乃是纯然智性的（B423 注），而且它并不给我们关于一个对象的任何知识（B406，B429）——除了就思维的活动是确定对感官给予出来的一种杂多的这点来说。

⑤ 纯粹统觉的动作不要看作内省，而它又不是“我想我是想着”这个判断。

⑥ 这种统一性被认为必然在判断的各种形式里，而这样就在范畴里把自己清楚地表现出来的。

⑦ 这些差别，由于是经验性的，必须通过经验性的统觉，才被知道的。

且必然的形式的意识①，或者也许更好作为知识的终究的而且必然的形式的意识②。作为这样的意识来说，它就是在一切知识里面的一种验前成分，而且它只作为这样的一种成分才能在具体上存在的。

这个学说在康德哲学别的部分里有其与之平行的东西。感受性给我们纯粹直观(即时间与空间)，其内容就是直观的形式。知性给我们纯粹概念(即范畴)，其内容就是思想的形式(只就所予的直观是在其对于这些形式的关系上被确定的这点来说)；而且这些纯粹概念被描述为纯粹思想的动作③。我们现在就来到其内容乃是思想本身的终究形式或说统一性的纯粹思想的终究(或说根本)的动作④。

如果说，在知道任何一个对象的过程中必须有一个我们可以用"S是P"这个形式来表示的判断，这似乎不是不合理的。但是这样一个判断不但是觉知到S是P，它还模糊地或清楚地包含着"我想⑤ S是P"这个判断。我用不着直接地觉知到"我想"这个观念；但是它包含在我们直接觉知到的那些观念里，而且是这些观念所预先假定的。知道一个对象就是把那个对象，不管是怎样模糊地，从通过它这个对象才被知道的那个自我的种种状态与种种动作区别开来。

康德学说的特性就是他从"我想S是P"这总的判断，分出那纯然是

---

① 比较一下在A105里的"意识的形式统一性"。康德是惯于把思维的形式与统一性同一起来的；例如他在A68=B93里的"机能"的定义。

② 在A129里关于对象的一切知识的形式说是在于可能意识的统一性。比较一下同段里的"关于对象的一切知识的智力形式"。在A118里所谈到的"一切可能知识的纯粹形式"和在A125里所谈到的"一种一般经验的形式"——又比较一下A110——也可能是与之有关系的，虽然包含有某些复杂性是这里不必去考虑的。在B169里统觉的原始综合统一性是描述为"知性的形式在其对于空间与时间的关系上作为感受性的原始形式"。

③ 看A57=B81和本书第十一章第二节。

④ 我理解德文的"Aktus"和"Handlung"为同义的；比较一下B130。

⑤ 一种现代的见解，特别是在英文"Cook Wilson"和"Prichard"那里碰见的，如果我没有错解了它，乃是主张说，思维和认识基本上是不同的动作，其第一种必然含有易错性或说不确实性的，而第二种是含有不错性的。如果是这样，康德的分析就有缺陷了，虽然不因此就是毫无价值的。我个人却不相信这种现代的区别——虽然在某限度内是为柏拉图所支持的——是会受得起哲学考查的一种区别；而且我觉得有正当理由来沿用康德的术语，而按照他的术语来说，凡是使用概念就是进行思维，而在这些概念是正确地应用于现实的——或者最少是可能的——经验的对象时，这样的思维就是知识了。比较一下本书第二章第四节。

形式性的成分来(而这成分无论所判断的对象是什么总是同样的),而且把它描述为纯粹统觉的一种动作。这种动作,在我们抽掉了一切经验性的成分时,不能是别的东西,而只能是思维本身的必然统一性(或说形式)这个思想①。

5.统觉的统一性

自始至终,康德在这里试图分析的是经验,而靠抽掉经验里的一些经验性成分②来确定它的必然条件或说成分③。就这些成分是思维里的成分来说,把它们说成为动作是有某种困难的;因为自然被看作一种动作的乃是整个思想而不是它里面的任何成分④。有的时候,康德自己倾向于谈到经验的终究条件好像是意识的或说统觉的统一性,而不是统觉的动作似的,然而统觉的这种动作却有统一性作为它的内容的。在我们目前与之有关的一段里⑤,他的注意力集中于统觉的统一性,而因此就忽略了这个动作,而且他说的似乎是:统觉的这个动作与统觉的统一性就是一回事⑥。

如果这样的一种同一能得到辩护的话,乍看起来,好像我们就不得不说,统觉的这个动作,严格地说,就完全不是一种动作,而单纯是存在于一切思维里的统一性的一个名称而已。在那种情况下,纯粹统觉就等值于自我同一性而不是自我意识了⑦。然而这样的一种见解略去了康德学说中的一个本质性的部分,如我们在后文将要更清楚地看到的那样。其他一种方法就是说,存在于一切思维里或一切知识里的统一性本身乃是一

① 康德至少有的时候把这思想和就是一个对象的本质特征的必然统一性同一起来。

② 比较一下 A96。

③ 这些条件并不先行于经验;它们乃是经验里的必需成分,没有它们,经验就是不可能的。

④ 比较一下在本书第十一章第二节所提出的一些困难。

⑤ A107。

⑥ 我们可以把这和他谈到纯粹直观与直观的形式几乎像两者是同一似的那个方式来比较一下;而且又比较一下他的那种习惯,把综合的概念和综合统一性的概念——甚至把对象的概念与对象统一性的概念——作为同样东西来处理。当然在这些对比里是有差别的,但是扩大这些差别却会没有好处的。

⑦ 比较一下 A116。

种形式的动作——如果这样的一种东西是可能的话——而且是意识到其自身的一种动作①。

在这些事情上，要避免胡说是困难的，而且坚持要清楚地给每一个名词先下定义然后才使用它的那些人在康德那里是得不到满足的。另一方面，我看不出有什么理由来主张一种极明确下了定义的简单见解，因其是这样的，就可能是正确的；而我认为，如果我们能够找出康德所谈的是什么，比去追求每一个词的定义之完全准确性则显得更为重要。所以我认为我们能够了解，在他谈到对象的必然统一性时，他说的究竟是什么，而且尽可不必去写上连篇累牍来谈必然统一性那词是应理解为含有什么一些细微差别的精确意义。思维的统一性，或者意识的统一性，或者乃至统觉的统一性，对于有些人来说，与对象的统一性一样可能是容易理解的；但是我必须承认，依我看来，很难确知康德在这些名词中谈了些什么，而且想象他所指的是完全不同于他心目中实在所有的东西，这未免太容易了。

“统觉的统一性”这个短语，就其是含有某种的自我意识的意思来说，是比像“思想的统一性”，“意识的统一性”，或者乃至“自然的统一性”和“自我同一性”这些短语更难懂的，尽管这些短语已是难懂的；而且我们如果记住这后一些可采用的方式作为至少表达康德部分的意思，也许会有点帮助。我们必须一方面存有希望来更清楚地看到他所谈的是什么，而同时另一方面找出他关于这东西说了什么。我目前只提出一种警告来防止两种可能的误解。

我们也许可以暂时这样说，为了知道一个世界，在其中的种种出现是

① 统觉的纯粹动作乃是经验性统觉的一切动作里的一种成分而又是这些动作的一种条件——正如纯粹直观乃是一切经验性直观里一种成分而又是它的一种条件那样。统觉的纯粹动作的特性乃是它就是经验性统觉的一切动作的必然统一性（而在经验性的统觉的不同动作里的差别乃是由于所认识的质料里的差别的）；而且它又（含糊地或清楚地）是这种统一性的意识。比较一下 A79＝B104（在那里，给纯粹综合以统一性的诸概念只是在于这种必然综合统一性的表象）。

康德有时好像把统一性的意识和意识的统一性同一起来；比方说在 A103 里，一个概念是描述为“统一性的意识”而紧接在后面就描述为“这种整个意识”。因此，如果他像是把统觉的动作和统觉的统一性同一起来，这不完全是令人觉得奇怪的。

在时间里前后相继地被给予出来的,这些前后相继地被给予出来的出现是必须为同一个自觉的自我所知道的,而这个自我是记得过去而把这些出现想作在一个变化无常的客观世界里必然结合着的。这并不是说,灵魂必须是一个恒久的实体,与我们一切的思维是同时存在的。诸谬误推理的整个目的就是要证明我们关于灵魂作为一个恒久的实体是一无所知的。关于这一点是毫不含糊的。

第二点是这样的。康德关于统觉的统一性的学说坚持思想或思维过程的必然统一性,坚持一种动作的必然统一性而不是一个实体的必然统一性;但是我们一定不要以为,他所坚持的只是我们在我们思想分开为一个一个的而前后相继的一些动作里所能发现的一种共通的要素。这样一种共通的要素之能被发现,只是靠思想这样一种动作,它把这些分开为一个一个的而前后相继的动作放在这动作的面前,加以比较而又予以区别;因为只有当我们的心能够在一个单一的、(康德相信)在某限度内是自觉的动作里把不同的动作与对象放在它自己的面前,我们才能在思想的一些不同的动作里,而又在经验的一些不同的对象里,发现种种的类似之处——而且其实发现一些差别之处。纯粹统觉的动作不单纯是这样一种动作,即我们在分析中发现它在经验性思想的每一个继起的动作里被重复着、而且又是这样前后相继的动作之每一个动作的统一性的源泉。在本质上,它乃是一种综合的动作,而这动作就是一切分析和一切用分析而发现的统一性的条件[①];而且康德认为它不是作为一系列在质上同一而在数目上不同的动作,而是作为同一个动作[②]。作为这样的一种动作来说,它就不单纯是每个人前后相继的经验性动作的统一性的源泉,而且还是这些动作相互统一性的源泉。无论他的见解的种种困难是什么,而且甚至无论这种见解的错误是什么,我几乎不怀疑康德在这里极力表达的是一种重要的哲学真理。

---

① 比较一下 B133,在那里统觉的综合统一性乃是统觉的分析统一性的条件。

② 纯粹统觉的同样一个动作是我们思维的一切经验性动作所预先假定的,像同样一个空间与时间为我们一切经验性的直观所预先假定的一样。主要的困难就是能否正当地认为它是一种动作,因为它是从一切它原与之结合着的经验性差别抽象出来而被考虑的。

6. 统觉作为经验的条件

我们现在必须转回到康德自己的阐明上去[1]。他试图在那里替他的临时分析所曾在经验中发现的那种必然性寻找一种先验的根据——那种必然性，我认为，如果我们把它看作对象的必然综合统一性，我们就将得到最好的理解[2]。他假定他所寻找的东西必须一定具有数目上的同一性或说统一性[3]；而且他还假定——虽然这确实需要进一步的论证——这样的必然数目上的同一性意味着没有变动。经验性统觉不能提供我们**必然的**数目上的同一性，因为必然性不能得自经验性的材料，而且经验性统觉无论如何是不得不有不断的变动的。我们所寻找的先验根据必须是不依靠经验[4]而且必须是使经验成为可能的。反过来，经验必须使这种先验根据(或说预先假定)成为有效的。

这种见解和康德关于经验的形式条件的一般说明是一致的：我们应能在这些形式条件里找到不依靠经验的一种内部的必然性，而且同时我们应能看到，这些形式条件作为经验的条件乃是必需的[5]。如果我们不能看到后一种必然性的话，那些形式条件就可能是心的单纯幻影了。

按照这些区别，我们有理由希望康德坚持(1)在思维的过程里有一种统一性，其必然性是可理解的[6]；而且(2)思维过程的这种必然统一性乃是，而且知其乃是关于对象的一切知识或说经验的一种必需条件[7]。康德未能足够清楚地作出这种区别，但是我认为这区别存在于他的阐明

---

① A107。

② 也许可以描述它为“必然的再生”，或者甚至为“在一切直观的杂多的综合里的意识的必然统一性”；但是我现在想避免这些说法的种种困难(看本书第二十章第七节和第二十一章第一节)。

③ 这包含着“关于”它在其里面存在的不同时间的同一性或说统一性；看A344＝B402，又比较一下 A263＝B319。“关于”的意思像是“整个”。

④ 康德说必须“先行于”经验，但我不认为这是——它一定不应该是——指时间说的。它是“客观上”(或说逻辑上)不是“主观上”(或说心理学上)先行于经验；比较一下 A452 注＝B480 注。

⑤ 关于空间与时间，比较一下本书第七章第四节，而关于范畴，比较一下第十一章第三节。

⑥ 我暂且省去康德在 A108 里弄得很精确的关于自我意识的那些问题。

⑦ 如果思维是在知识或经验里的一种必然成分，就必须是这样的。

之中。

他从知识出发，而且坚持认为，我们如果没有先于一切直观材料的那种意识统一性，我们就不能有任何知识①，而且不能有任何知识的联合或统一②。这后一种统一性必须是纯粹思维的统一性，康德大概认为它是自明的，除非他认为他在概念作用的说明里已经证明了它③。一切关于对象的表象（即一切知识）只在其对于这种统一性的关系上才是可能的④。

如我已经说过的那样，康德所说的似乎是：这种统一性与他称为先验统觉的"纯粹的、原始的、不变的意识"是同一的。如果我们不去管这种复杂性，我们就可称该统一性为"统觉的先验统一性"。如果这种统一性可正当地被称作"先验的"，那就必须是因为其他验前条件是依靠它的。从下述事实就可看出：这些验前条件是依靠它的，那事实是，"甚至最纯粹的统一性，即验前概念（空间与时间）的统一性"也只有通过我们的纯粹直观对于统觉的统一性的关系才是可能的⑤。

这样说会更简单一些，即如果没有统觉的统一性，那么我们关于空间与时间的纯粹直观甚至也不能有这样的统一性，即空间与时间要成为对

---

① 原德文是"Erkenntnisse"，这里是"知识"在其最高度的意义上，如果我们可以用"知识"这词的话。

② 比较一下在 A97 关于知识的描述。

③ 比较一下 A103，虽然必须承认康德始终没有能够明确地区分思维与认识。又参看在 A69＝B94 里关于判断力的说明。

④ 如说这种统一性乃是一切知识的一种条件而又是在一切知识里的一种成分，那就不会那么模糊不清。

⑤ "最纯粹的客观统一性"就是在纯粹直观被给予出来的对象的统一性，由于要成为客观的，这统一性就必须是一些直观的一种统一性，而要成为纯粹的，它就必须是纯粹直观的一种统一性。所谈的对象只能是空间与时间。常常描述这些为概念，虽然严格地说，应该描述它们为直观。康德前面说过，统觉的统一性先行于直观的一切材料（即所予）；他现在却断言乃至最纯粹的直观的统一性，即空间与时间的统一性，也依靠统觉的统一性。这是从纯粹思想到纯粹知识的过渡。

我看不到任何根据来说，像花亨格尔所说——见他的《先验演绎》一书，p. 52＝p. 30——康德不能这样表达他的意思，除非在他写这段时，他所感兴趣的验前概念只是空间与时间。空间与时间的引入对于他的论证是不可缺少的，而没有一种直观性的成分的概念（像纯粹范畴这样的）是不适合于他的意图的。

象而且成为是被知的对象时所必需的对象①。

所以统觉的统一性就是我们关于对象的一切知识的必需条件；因为它乃是我们关于空间与时间的验前知识的条件，而离开关于空间与时间的验前知识，就不能有任何知识。然而统觉的统一性乃是在这样的知识里的概念性成分的条件②，正如空间与时间乃是在这样的知识里的直观性成分的条件一样。这是全部批判哲学的最根本学说之一③。

7. 自然的统一性

到此为止，我们逐渐攀登到了统觉的先验统一性。现在我们就必须下降了。在我们的下降中，我们再不去考虑一些孤立的对象：我们所关心的乃是自然作为整体的体系④。

从那一切能在一个经验里结合着的可能出现中，统觉的先验统一性就按规律⑤作成⑥而且必须作成出现的一个体系。一切出现的这种体系就是通常大家知道的"自然"⑦。康德的学说可以用下述说法来表达，即

---

① 比较一下 A103，A101-102，以及 B160 注。这里所说的附带地清楚说明概念思维如直观一样乃是我们关于空间与时间的知识所必需的；比较一下本书第五章第八节。要知道空间（或时间）我们必须能够认得不同空间（或时间）的共同性格，而离开思想或统觉的统一性，这是不可能的。

② 康德只说它是一切概念的验前条件，但是其前后文说明这些概念是作为知识里的成分处理的。由于这个事实，这论证就附带着某种含糊性，就是刚才曾把空间与时间作为"概念"来谈到——这就使得这个论证好像是说，空间与时间的概念是如此，何况其他的概念呢，另一方面，我在这种说法里并不觉得有任何困难，就是统觉的统一性（不单纯是范畴的条件，这是康德留待后面才处理的）而是一切概念的条件。

③ 看 A110，A117 注，A123-124，B136 和 B144。又比较一下 B150-151 和 B160-161。

④ 可能前此已曾谈到过这点，但不清楚在如同 A106 里的"一切对象"这等短语中的"一切"这词是康德用在整体的意义上或在个别的意义上的。

⑤ A108，有原德文的"Zusammenhang nach Gesetzen"（按照规律）这个短语。这里所说的规律大概是在原理（特别是诸类比）里所提出的自然的普遍性规律，而不是我们靠试验与观察所发现的特殊性规律；看 A127-128。

⑥ 这词也许又一次暗示着"统觉的先验统一性"是等值于"统觉的纯粹动作"的。

⑦ 比较一下 A114 的末尾处。这个体系也许可能是"natura materialiter spectata"（从物质看的自然），即现象的总体（德文的"Inbegriff aller Erscheinungen"直译应为"一切出现的全体"）为普遍性规律所控制的；但是德文"Zusammenhang"（联系）这词更容易暗示着"natura formaliter spectata"（从形式看的自然），即上述的总体的一律性或说守法性（即德文的"Ordnung"（秩序），"Regelmässigkeit"（合规则性），"Gesetzmässigkeit"（规律性）。比较一下 B164-165，A125，又关于"Zusammenhang"比较一下 A2。

统觉的统一性乃是自然的一律性的来源。

康德自己认识到:这个论点有不合理的特征[①];但是一经我们把任何而且每一个个别对象的必然综合统一性归之于统觉的先验统一性,那么把全部客观世界的必然综合统一性归之于同样的来源就几乎是不可能的了。实在引起人们的兴趣的就是康德达到这种结论的理由;因为它毫无疑惑地说明,他承认统觉的先验统一性包含着自我意识。

康德至少两次重复他的论证。他首先说,意识的这种统一性会是不可能的,除非我们的心,在其关于杂多的知识里,能够[②]意识到心所借以把这个杂多在一个认识里综合地结合起来的那种作用的同一性。这一点后来在下述说法中详细地说出来了,这说法是:心不可能在其各观念的杂多中想到而且验前想到它自己的同一性,除非在它的眼前有它自己的动作[③]的同一性,这动作是把原是经验性的[④]统觉的一切综合从属于一种先验的统一性,因而就使一些出现按照验前的规则[⑤]的相互联系[⑥]有其可能。

这些论断的主要困难与要隶属于"作用"这词与"动作"这词的正确意义有关。康德所谈的一定是综合的作用[⑦]或动作;但是,既然他曾谈到综合有三重,而且主张那些在这种综合里的三个因素,其每一个都是既先验而又经验性的,那么就不容易确知现在所谈的综合是要和那三重综合的全体还是只和它的某方面(或某些方面)同一。从整体上说,最简单的就

---

① 看 A114。

② 这也许包含着这个意思,就是意识可能在某些情况下是"模糊的"。

③ 这个动作碰巧就是花亨格尔和几乎在更高的程度上是康蒲·斯密所主张就康德而言是无意识的而且在意识之前的。

④ 康德以前曾说过,领会的综合可以又是验前的;看 A99。目前的说法好像是由于他特别关心经验性的对象。这种不小心是可惜的,但是确然不得认为是否认了这个学说,就是主张领会的每一个经验性综合都是为时间(与空间)的一种纯粹综合所限制的。

⑤ 这些规则就是范畴。要有关于这点的更充分的说明,如康德所曾告诉我们(看 A98),我们必须等待后面的解释。依我看来,花亨格尔(Vaihinger)是个古希腊语所谓 θέσω διαφυλάττων(得要防备的转用名词者)。在他提议——在其 Die transcendentale Deduktion 一书,p. 50 上 p. 28,——说"验前"应理解为德文的"möglich macht"(使成为可能的)的时候。比较一下在 A110 里综合统一性的验前规则。

⑥ 这里"相互联系"是英语的"interconnexion"即德语的"Zusammenhang"之译。

⑦ "作用"在这里像是等值于"动作"的;因为"作用的同一性"像是等值于"动作的同一性"——看本书第二十三章第六节。

是认为:他心里想着的主要是想像力的先验综合①——而且附有这个条件,即既然想像力的先验综合同时是每一个经验性综合里的一个成分,而又是这种综合的一种条件,所以想像力的先验综合的统一性又是每一个经验性综合的统一性的意识②。

也许我们最好是这样来叙述康德的学说。即统觉的纯粹动作就是思想的必然统一性的意识。这样的意识,离开那空间与时间借以被抓在一起作为个别客观整体的想像力的先验综合的必然统一性这个意识,就是不可能的③。这种先验综合乃是一切经验性综合里的一种成分,而且又是这种综合的一种条件;而它的必然统一性的意识又是一切经验性综合的必然统一性的意识,而且这样它也就是整个客观世界的必然综合统一性(或说一律性)的意识了。

康德的最后结论就是,"自我同一性的原始的而且必然的意识④同时也是一切出现按照概念,即是说按照规则的综合的一种同等必然的统一性的意识"⑤。这里,统觉的纯粹动作清楚地包含着不但想像力的先验综

① 所说的综合的这个"动作"是明白与领会的经验性综合相对立,因而大概是与它所与之结合在一起的再生的经验性综合相对立的。这后一点有着它的支持——虽然在这里是有种种的复杂的——其支持就是在于这种说法,即所说的综合乃是符合于那些使种种出现成为必然可再生的规则的。

看来像是很明显,统觉的纯粹动作不能包含有任何经验性综合的意识的。果是这样。但是,就每一个经验性综合的同一性也就是先验综合的同一性这点来说,统觉的纯粹动作是能够——而且终之实是——包含每一个经验性综合的同一性的意识的。其实这恰恰就是康德的论点。按他说来,先验统觉包含有关于存在于任何而且每一个对象之作为对象里,结果就是存在于种种三角形,种种物体,等等里的这种必然综合统一性的知识。在这种统一性的条件下被综合的质料就把一种对象从另一种对象区分开来,而且必须不是为纯粹统觉所知道,而是为经验性统觉所知道的。经验性统觉必须知道这综合,是就其是特殊的而言,而结束就是就其是经验性的而言的。先验统觉必须知道它,是就其是普遍的而且必然的而言的,而每一个经验性综合的统一性乃是必然的。

② 注意在康德两种所说的里面都涉及杂多。如果杂多是经验性的,综合也就是经验性的,虽然在它里面必然是有一种纯粹的先验成分的。关于我所采取的见解,比较一下 A119——"关于一切可能出现之想像力的纯粹综合的必然统一性"。

③ 比较一下 A107。

④ 这必须就是统觉的纯粹动作,而康德又一次像是暗中把它和统觉的先验统一性,即在前一句里谈到的"意识的统一性"同一起来。

⑤ 和这比较一下在 A107 的所说,统觉的统一性乃是一切概念的验前条件。几乎不必说,这样的一种综合的必然统一性是包含着客观世界的必然统一性的。

合的统一性的意识，而且又包含着为这个先验综合所限制的种种经验性综合的统一性的意识。如我所说，它之所以这样做，只是因为先验综合乃是每一个经验性综合里的一种成分，而且是这种综合的一种条件①。

康德急于要说明：凡是知识，尤其是通过经验性概念的知识，都是预先假定有统觉的必然统一性的，结果就是包含着必然综合统一性，通过想像力的先验综合，加在一切对象之上的。这种必然综合统一性使一切出现成为“必然是可再生的”；因而康德就能说，概念(或说规则)——即使它们是经验性的——使出现成为必然是可再生的；因为他曾说明一切概念都是以统觉的必然统一性为其先决条件的。他还能说，这些概念替直观确定一个对象，因为如我们曾看到的那样，表示出现为有对象的特性的只有在这些出现里所存在着的必然综合统一性。这个论点是他自己作出的——虽然不太清楚；因为他把一个对象的确定过程和“一些出现必然在其里面结合着的某东西这个概念”的确定过程等同起来了②。

---

① 可能有人反对说，特殊一种的综合(和特殊一种的对象)是不同于先验综合的统一性的，而且每特殊一种的综合(和每特殊一种的对象)是有其自己特别一种的统一性的。譬如说一个三角形的统一性是不同于一个物体的统一性的；或者以一种更方便的情况为例，一棵植物的统一性是不同于一个动物的统一性的。

依我所了解康德的来说，他不会反对这样的一种说法的；我认为这样的一些统一性可以描述为特殊的或说经验性的形式，只通过经验性的统觉才为人所知的——比较一下本书第六章第八节。康德是主张每一个对象必须还有一种普遍性的而且必然的综合统一性(例如它必须是一个实体带有偶性的)；而且他主张这后一种统一性是为想像力的先验综合所加上而通过纯粹统觉的一种动作被知道的。对象如此，综合亦复如此，毋庸重述了。

② 这句里的“结合”乃英文“cohere”即德文“zusammenhängen”之译。注意：这个概念乃是“一个一般对象”的概念为这种与那种的对象的经验性概念所预先假定的。必然性属于经验性概念，只是就这种终究的概念是预先假定的来说的。

第二十二章　先验的对象

1. 统觉与先验的对象

这里①，康德对现阶段的论证为我们作出了一种概述，这种概述旨在澄清，而且也许是要改正他以前所说的。如他自己所说，我们现在已是能够更正确地确定一个一般对象这个概念②，这是一个概念得自我们关于一个对象的性质的临时分析的③。

一切观念作为观念来说都有其对象④，而这些对象是又能作为其他观念的对象的⑤。只有出现才是能够直接给予我们的对象⑥，而且在一个出现里直接相关于一个对象的那个东西就被称作"直观"⑦。直接给予我们的出现，在某种意义上是对象⑧，不是自在之物。它们乃是本身有着它们自己的对象的；这些出现是其观念（或说出现）的那个对象，其本身不能是同一类的另一个出现；也就是说，它不能是一种经验性的直观或者说是

① 即 A108 接近结尾处。

② 原文是复数的"概念"，但这像是一种一时的错误，一般对象的概念乃是范畴。

③ 特别看 A104-105。

④ 看来这不至于是正确的，因为想象的意象可以没有对象的（比较一下 A198＝B243）；而且一种先验演绎的所以是必需的也就是为这事实所引起的，就是有些概念是没有对象的。在 A189＝B234 里，康德更像有理地说，每一个观念，就它为人所意识到来说，都能称为一个对象。

⑤ 这大概是指康德的判断学说说的。每一个判断都是关于一个对象的一种观念的观念（看 A68＝B93 而且看本书第十二章第五节）；或者更简单地说，每一个观念都能归属于一个概念。

⑥ 比较一下 A190＝B236："出现不是自在之物，然而是唯一能给予我们来知道的东西。"

⑦ 在这里（比较一下本书第二十章第二节），"出现"像是整个复杂的意象，例如这所白屋；而直观像是我们在每个刹那间得到的而是整个出现之一部分的那种感官材质，关于直观对于对象的直接关系，看本书第四章第二节的结尾处。

⑧ 抽掉了思想所加上的必然统一性来考虑的出现就是一种无确定性的对象或说"单纯的出现"；看 A92＝B125 和 A20＝B34。作为具有必然综合统一性的来考虑，它乃是，如康德正要来坚持的那样，现象性对象。也许最简单的是说，就我们意识到一个出现来说，出现就是对象，或说就是一个对象的出现——这是康德正要将说明的一个事实。

通过经验性的直观而被知道的。康德推断说,如他前面推断的那样[①],这些观念(或说出现)的对象必须是一个未知的"某东西",他在这里称之为非经验性的或说先验的对象＝x,而且他从前是称之为一般＝x的某东西的。这个我们以之为一个出现的标准的"某东西"绝不是不同于我们以之为另一个出现的标准的"某东西",如果我们是把它从出现所以之为标准的东西抽象出来的话。既然如所假设的那样,它是不能用直观来被知的,那么它就完全不能为人所知道,而只能被设想到或思想到;而一般的某东西这个概念[②],既然它不含有任何从经验性的直观得来的成分,那么就必须是一个纯粹的概念了。

一般的某东西这种概念或先验对象这种概念乃是存在于我们一切经验性的概念里,或说为我们的一切经验性概念所预先假定的[③]——当我们判定这是一个动物时,我们是判定当下所予的出现乃是不依靠我们的心而是实在的"某东西"的出现的。单是这种纯粹概念在我们一切经验性概念里的存在才能赋予我们的种种观念[④]以其对于一个对象的关系,换句话说,以其客观的实在性。

既然"一般的某东西"这个纯粹概念不含有任何有确定性的直观[⑤];而且像康德从前曾论证过的那样,既然一个单纯是不同于一切我们的观念的某东西的"某东西",就我们来说是空无的[⑥];那么这里所说的纯粹概念只能是关于那必然综合统一性的概念,它必须在出现的所予杂多里被发现,而且(按康德的见解来说),实际上构成了其客观实在性。我们称为一种出现对于一个对象的关系,分析起来,结果仍是这出现本身的必然综

① 参看A104,可是在那里没有用"先验对象"这个短语。

② 不得忘记,这就是"某东西"的一般性格,或说它的"事物性"或说"客观性"的概念。

③ 这就是何以虽然它们是经验性的,但仍然包含有必然性的理由。

④ Erdmann的校订——把"was allen"(一切的东西)作为"was in allen"(在一切里的东西)——是康蒲 · 斯密所接受的,而且暗示着对于一个对象的关系乃是赋予于经验性的概念的。可是康德是设法说明这种对于一个对象的关系是能赋予于观念或出现的,而这是前后文所说明的。所以依我看来,原文是健全的,而我就依照它,但是应该注意,我曾从前后文补充了"于我们的观念"这些字样。

⑤ 它不像经验性的概念用抽象从有确定性的直观得出来的。

⑥ A105。

合统一性;而这又和意识或说统觉的必然统一性同一①。鉴于前面的论证②,它结果又与通过心的一种共通的作用的当下杂多的综合的必然统一性同一。我的理解是:这个综合就是想像力的先验综合,而这个共通的作用就是先验想像力的力量③。这种作用之是"共通的",乃是在这种意义上的,就是它在想像力的先验综合里显示出来的,而这个想像力的先验综合必须是在我们把杂多结合成为一个观念(或一个对象)的任何时候普遍地存在的④。

康德现在就给我们以他最后的概述了。统觉的先验统一性——而结果是想像力的先验综合的统一性⑤——必须看作验前必然的;因为不然的话,这认识(推论上这个观念或说出现)就会是没有一个对象的⑥。因此,康德就能用公式来表示观念或者说出现的客观实在性⑦所依靠的,而离开它,这种观念或出现就不能是一个对象的观念或出现的一条先验的规律。这条规律的最简单的说法就是:一切出现,就其是一个对象的出现来说,必须符合统觉的必然统一性和它所含蕴的一切条件——正如一切出现,就其是直观而言,必须符合时间与空间的形式一样⑧。

康德自己的说法是有点过于复杂的,而且他指出,统觉的统一性所含蕴的那些条件也就是综合统一性的验前规则。我们必须把这些条件或规

① 康德说对于一个对象的关系乃是意识的必然统一性,而等到用插入中间名词来说明这点以前,如我曾说明它那样,这点是别别扭扭的。

② 看本书第二十一章第七节。

③ 这是"作用"这词的一种不规则的用法——看本书第十二章第二节——但是比较在A123里而又在A78=B103里"想像力的先验作用"这个短语。也许可能在这里的"作用"的意思是指"一种形式的动作"(或"动作的形式")说的,而这样它就是普遍性的或说"共通的"。

④ 康德在心里的不是任何任意的结合,而是成为一个现象性的对象的这种结合——这总是需要有想像力的先验综合的。

⑤ 康德所说的"这个统一性",可能只指后一种统一性说,但从其后文看,它主要是指统觉的统一性说的。

⑥ 我相信,严格地说,我们应该看到统觉的统一性在其本身是必然的,而又为关于一个对象的知识是必然的;否则康德的论证就变为循环的了。这同样的原理对于空间、时间与范畴都是有效的,但是康德每每没有能够把它提出来。在本段里所提出的理由弄坏了论证,由于它使之像是循环似的。

⑦ 这里所描述的不只是"对于一个对象的关系",而且是"对于一个先验对象的关系"。

⑧ 比较一下B136和B144。

则理解为他正打算要给我们介绍的范畴①。离开它们就不能有关于对象的任何知识,而且其实完全不能有严格意义上②的对象。

2.先验的对象与自在之物

我之所以极详细地讨论这第三分节,既是因为它本身极为困难,又因为它曾引起了种种误解。它远不是一个模范的阐明,但是它却给我们提供——如它的标题所指出的那样——一种对包含在概念里的认识的综合里的东西之分析③。单只这样的一种综合才能给我们关于对象的知识,而康德发现这些对象是由这样的一种必然综合统一性表示其特性的,且他正是以这种必然综合统一性的起源归之于统觉的统一性,正如按批判的原理他必须这样做的那样。他还得要说明统觉的这个统一性是包含着范畴的,但是如我在前面已说过的,他是完全有权利来保留这点作为另一种讨论的。有了从前作出的明白预告④,他又有权来指望我们会按照论证的整体去解释他关于细目的分析。

依我的意见来看,正是由于不能把论证作为整体来看,才致使花亨格尔教授主张我们面前的一段与范畴的演绎毫无关系而且和有范畴这种信念不一致⑤。这种理论,依我看来,是明显错误的;而且我并不打算重复我在别处⑥已经提出过的一些批评。然而我们必须注意,接受花亨格尔的种种论证和种种结论的这位康蒲·斯密教授,正是极力利用下述论点来加强这些论证和结论的,这论点是:"先验对象"这个短语本身是批判前的或者半批判的残余。康蒲·斯密教授这个论点的主要根据就是先验对象也就是"被设想为我们表象的对象的自在之物"⑦。

康蒲·斯密教授自己指出⑧,即使是花亨格尔也没有看出先验对象

① 过早非正式地介绍范畴与其说帮助读者,毋宁说会使他感到窘惑。

② 就是说没有现象性的对象。

③ 在认识里使用的概念通常是经验性的,至少是特殊的概念,这是明显的。

④ A98。

⑤ 可以注意,这种非常的见解在阿迪克斯里找不到任何支持。

⑥ 见《亚里士多德学会会报》,Vol. XXXⅦ,自 p. 167 起(1930)。

⑦ 见康蒲·斯密的《解义》一书,原文 p. 204(绰然中译本,p. 236)。

⑧ 康蒲·斯密的《解义》,原文 p. 205(绰然中译本,p. 237)。

的非批判性格。十分奇怪,他没有观察到花亨格尔明白否认先验对象是等值于自在之物的:反之,它乃是我们由于我们的心的本性而把它想进去出现里面的对象;所以它是在经验里的,而且要清楚地与超经验的对象,即自在之物区分开来[①]。一种类似的见解,虽然不是没有条件的,是阿迪克斯(Adickes)所采取的[②]。如果这些见解是健全的话,那么先验对象就会是——顾名思义它应该是——由于能思想的那个心的本性,在验前想进杂多里去的一个对象。

康蒲·斯密教授竟无视这种可能性,这是令人觉得诧异的,因为目前关于先验对象的说明常常被理解为是把自在之物巧辩过去的[③]。至于谈到我的话,我却不相信康德在任何地方丢弃自在之物这个学说;而既然先验对象在别处[④]像是和自在之物同一的,那么就有理由来假定在这里是如此的,至少是在一种开始的状态。另一方面,就我们能看到的来说,康德的种种说法是完全没有什么批判前之可言的。

康德始终主张我们所知道的现象性对象只是未知的自在之物的出现[⑤]。按他的见解说来,并没有两个对象,而只一个从不同的观点来考虑的对象:(1)事物如在其自身的那样,和(2)同样的事物,却如它对我们出现的那样[⑥]。自在之物乃是对我们出现的对象,虽然它永远不像它在其自身的那样对我们出现,而只作为被我们的知性与感受性的本性改造过的样子对我们出现。所以像它在其自身的那样的事物乃是未知的对象,而为我们所知的对象[⑦]乃是这个未知对象的出现。我们说这种未知对象

---

① 见花亨格尔的《先验演绎》一书,p. 33 注=55 注。

② 见阿迪克斯的《康德与自在之物》一书,pp. 99 起。这书出版于 1924 年,所以是后于康蒲·斯密的《解义》的。

③ 这似乎是凯尔德(Caird)的见解,见他的《康德的批判哲学》一书,Vol Ⅰ,pp. 365-366;比较一下可亨(Cohen)的《解义》(Kommentar),pp. 65-66。

④ 特别是看 A366,而比较一下 A277-278=B333-334 以及 A288=B344。

⑤ 严格说来,作为未知自在之物的出现的乃是这些现象性对象的质料;它们的普遍性形式——可是不是其经验性的种种形式,这些乃是部分为那质料所确定的——是心所贡献的。比较一下本书第六章第八节。

⑥ 比较一下 BXXVI-XXVIII。

⑦ 这些所知的对象可以称为“经验性的”或“现象性的”对象;它们就是我们平常称为“东西”的——屋宇,树木,等等。

是影响心的，而这样就引起种种出现的。

我们可以反对这种学说，尤其反对在不含有时间的前后相继性的意义上使用“原因”这词；但是这些反对的意见并不改变这个事实，即这个学说而唯有这个学说是康德始终坚持的。

批判的学说可以这样来表述：先验对象——作为与经验性的或说现象性的对象相对立的——就是自在之物。然而这并不是说我们或者用经验性的概念或者用范畴就知道自在之物作为先验对象[①]——这样的一种学说就诚然会是非批判的了！这又不是说，自在之物乃是就我们来说是一切我们的现象性的对象的本质的而且普遍性的特征的那种必然综合统一性的来源[②]。与此相反，康德的论点乃是，既然自在之物是未知的，所说的必然综合统一性就不能以之归于看作自在之物的先验对象了[③]。当我们说出现都是一个对象的出现时，我们关于这些出现所知道的其实不过是它们具有必然的综合统一性，而这种必然的综合统一性必须被解释为由于心的本性。因此，我们关于这先验对象的概念，就我们在知道[④]诸

---

① 我不认为康蒲·斯密想要断言这是这样说的，但我不能了解他究竟是什么意思，除非是按某种这样的解释去了解——除非他把这个见解主张为非批判的，就是出现乃是未知对象或说自在之物的出现，而这种主张，依我看来，是同等不可能的。他的主要论点就是，在范畴从经验性的概念区别开来时——在现阶段上是假定康德不知所谓范畴的——先验对象的学说就“把范畴应用于自在之物了”（见《解义》原文 p. 206，绰然中译本，p. 238）。我们可以这样推论，既然在现阶段上把经验性概念说成是代替范畴的，那么这些概念也必须为康德用于自在之物的；但是在这点上康蒲·斯密的解释又仍然是模糊的。他说，这学说“把范畴用于自在之物”这对我来说甚至不清楚他是何所指，如我在上面所曾说过，康德时常把原因这范畴用于未知的自在之物与其出现两者之间的关系，如果康蒲·斯密的意思是多于这个，他的意思就应该是说我们用范畴能知道自在之物了——这个见解是完全不可能从目前一段，其实从任何另一段，抽出来。

康蒲·斯密乃至用斜体字尽力强调着来主张，在晚出的先验对象这学说里，“所以，诸范畴不但是被看作对于物自身有其效力，而且是被认定为不可能适用于现象的（见《解义》原文 p. 218，绰然中译本，p. 249）”。这么不可相信的一个结论是应提出重新考虑其所根据的那些前提的。

② 在一个含糊的段里，康蒲·斯密像是含有这种意思，即按目前这段来说：我们的种种表象是基于而且统一于自在之物的（见《解义》，p. 206，绰然中译本，p. 238）。

③ 按康德的见解来说，我们不能知道由于自在之物的一种统一性是必然的，即令自在之物是所知。

④ 我们可以，而且也许必须，仍然相信，现象性的对象就是一个先验的（或超验的）对象看作自在之物的出现。这样，先验对象，在某种意义上，仍是对象的像在其自身那样（对我们是未知的）：经验性的或说现象性的对象乃是相同于如其对我们出现而为我们所知的对象。

出现乃是一个对象的出现的过程中所在实际上使用它这点来说，必须归结为在出现中发现的必然的综合统一性的一个概念①；而这种统一性，如我们曾经看到的，是基于而且甚至同一于意识的必然统一性的。根据这种见解来说，作为被知道的对象，或说现象性的对象，乃是一些出现（就其结合成为一种必然的综合统一性而言）所组成的②。

在康德的阐述里是有某些麻烦之处的；因为在"先验对象"这个名词的意义改变，甚至在它的种种理由都被说明了的时候，还必须导致混乱的。如果我们认为他是在那里分析客观性这个概念，那么他的见解就更清楚了③。他首先提出，客观性这个概念，在应用于出现的时候，乃是关系到一个不依赖心灵的未知的"某东西"的概念。然后他附加地说，它的是关系到一个未知的"某东西"的概念，只是由于一种必然的综合统一性，而这种必然的综合统一性必须是心所外加的④。一种为心所外加的必然综合统一性乃是在客观性的概念里，在其用于出现时，能给我们知识的⑤唯一成分。我们能容易地了解，对于一个未知的"某东西"的关系是怎样落到背后里的：终之它就诚然不但为康德所丢弃，而且为他的继承人所丢弃了。

我们不应让康德的麻烦阐述弄模糊了他的学说的本质上的批判性格；而且我相信他的见解在第二版里⑥是未改变的，虽然所插入的一些新

---

① 比较一下 A250-251 以及本书第五十四章第三节。在这种被归结了的形式里，花亨格尔和阿迪克斯正确地否认先验对象是等值于自在之物。这个争点在 A108-109 里所作出的更"精确的"分析里面是很清楚的，但是它是已经存在于 A105 里的；可是康蒲·斯密的解释像是完全无视这点的。

② 作为自在之物或超验的对象的这个对象，就康德来说，依然是这样结合起来的一些出现的未知原因（或条件）；或者更确切地说，它是从而出现的未知东西。

③ 当我们谈到概念时，用具体的字样而不用抽象的字样是易于使人误解的。比较一下本书第九章第四节。

④ 这点的困难乃是要说明何以我们因为出现有一种必然的综合统一性为心外加于它们就应把它们看作一个未知的"某东西"的出现。但是这种困难乃是批判哲学作为整体的困难，而不是这特殊一段的困难；而且出现之为一个未知的某东西的出现不单纯因为它们有一种必然的综合统一性外加于它们，而是因为这样统一起来的质料是被给予于感官的。

⑤ 我们不但设想必然的综合统一性，而且我们知道它必须在我们的直观里碰到的。我们也可以设想到自在之物，但我们不能知道它，由于我们不能直观到它（如它在其自身里那样）；比较一下 BXXVI。

⑥ 比较一下 B130-131，B137，以及 B142。

段并未运用"先验对象"这个短语[①]。康德远不是在我们面前的一段里不承认现象性的(或说经验性的)对象[②],他乃至比较详细地给我们以他关于现象性的对象的通常说明,即现象性的对象乃是由必然在统觉的统一性里结合起来的一些出现所组成的。

① 有些在第二版删去的段含有"先验对象"这个短语;但是即令我们假定——这是一种可疑的假定——康德这样删去,其理由之一乃是不满意于这个短语,这还不能是说,如康蒲·斯密所断定的那样,康德是承认包含有这些段里的学说乃是"完全站不住脚的"(见《解义》一书原文 p. 219,绰然中译本,p. 250),康德在 BXXXVII 起一段里明白地否认这点,而我认为他说他只是想要在一种更清楚的方式上说明这同样的学说,那他就是对的了。

② 比较一下康蒲·斯密的《解义》,原文 p. 206(绰然中译本,p. 238)。

第二十三章 统觉和范畴

1. 阐明的次序

在康德完成了他关于在那三重综合里的各种不同的因素的分析时，他就进而引导我们注意范畴①。在这样做时，他又一次提醒我们说，他现在的说明应被当作初步的或临时的②。

前此的论证曾达到这样的结论③，即在人类的经验里，一切出现，就其为一个对象的出现而言，必须符合于统觉的必然统一性的种种条件。康德进一步的论证的最简单的叙述是说，范畴即是④这些条件，因为范畴乃是在经验里必然存在的思想的条件(或说形式)。从根本上说，这就是康德的论点，但是他在两点上把论证弄复杂了：首先，在他还没有谈到范畴⑤作为“自我意识的彻底统一性的条件”以前，他就把它们描述为思想的条件；其次，他在这分节的起头就重新开始，而在他来到论证本身之前，就叙述“经验”的性质。

我认为对“经验”的描述最好是作为简短的绪论之一，而这些绪论是康德倾向于当然并不总是适当地安放在他的论证的一些不同阶段的前面的。我们毋须为着这种叙述的麻烦而争论，但是我们不应该漏掉这个事实，即它有助于弄清楚而且在某些方式上扩充前面所曾说过的东西⑥。

整个论证的后边伴有常见的附录⑦。

---

① 在分节 4 里(A110 起)。

② “临时的”是英文的“provisional”，即德文的“vorläufig”之译。

③ A110；比较一下 A105。

④ 康德同样可说“表达”或“含有”。

⑤ 在 A111 里。

⑥ 可以注意到，阿迪克斯看分节 4 的头一部分(A110-111)为一种更早的而且自行足够的演绎。我却不认为这段的那些困难是使这样一种论断有其正当理由的。

⑦ A112 起。

2. 经验的统一性

康德的绪论似乎是从前一段出发的①，而前一段所说的不过是，"统觉的先验统一性用一切可能在一个经验里能够结合起来的种种出现作为材料而按照规律形成所有这些观念的一个体系②（或联系）"。康德现在就告诉我们，只有一个经验，在其里面一切感官知觉都作为在一个规律控制着的③彻底的体系（或联系）里被表现出来④。这样所说的有一种平行的说法，就是只有一个空间与时间，在其里面，出现的一切形式⑤以及有与无的一切关系都可呈现出来。

当康德这样谈到在其里面表现着一切感官知觉（或说出现）的唯一经验时，我们必不可理解他是肯定一个无所不包的神圣经验的实在性，或者是暗示着人类经验乃是这样一个神圣经验的一部分：神圣的经验，如能称它为经验的话，会和人类的范畴或时间与空间的形式毫不相干。另一方面，任何个别的人类经验，而且其实这样的经验的任何总数，都不能提供关于在现象界里一切可能的出现的足够知识。我们有信心断言：这种类型的学说在批判哲学里不起任何作用。

要确定康德的话语试图表达的正面学说的准确特征，这是不那么容易的。如果我们省去"经验"这个含糊的词，我们就可以这样说：就康德来说，一切可能的出现（以其是对象的出现而言）乃是充塞空间与时间的，而且是彻底为因果律所控制的唯一现象界的各部分。关于这样一个世界，我作为一个人来说，只能知觉到其微不足道的一部分；而且虽然有思想的帮助，我关于这个世界所知道的是比我能直接知觉到的多得多，但是即令如此，我的详细知识仍然只限于其全体的一极小部分。可是，（根据康德

① A108。

② 这里"体系"是英文的"system"即德文的"Zusammenhang"之译。比较一下这词的其他两种用法（一次作为动词用），见同一页。

③ A110；比较一下 A123，B139-140，A230＝B282，A231-232＝B284。

④ "表现出来"是英文的"represented"即德文的"vorgestellt"之译。

⑤ 这些"形式"必须是我在本书第六章第八节所谈到的经验性形式，所予的形状、大小等等。

所说)我确实知道这个全体必为因果律所支配,而且凡是按因果律与实际上知觉到的出现相联系的东西,如这些出现本身一样,都是真实的,而且必须能够适应于一种和我自己的经验相连续的经验。

只要我们把任何带有一点神秘主义或者所谓狂热的东西放在一边,我们也许就可这样来解释他的见解:即肯定着一种理想的无所不包的经验,然而这种经验只是可望而不可即的:实际的经验乃是个人的个别经验。那唯一的无所不包的经验可以当作是这实际经验的一种扩张或完成;而种种个别的实际经验也许可以说是这唯一经验的有限制的部分。

当我们研究了经验性思想的设定之后,康德的见解在某些方面就会变得清楚一些①。现在可能有人反对说,按康德的前提而谈到独一的经验,这是毫无正当的理由的,而且甚至谈到一个独一的现象界,如我所曾谈到的那样,也是毫无正当的理由的。我将在后文里回头来谈这些反对的意见②。

十分奇怪,康德甚至没有问到:不同个别人的种种经验是怎样和这独一无二包容一切的经验有关系的。他提到这个事实,就是我们谈到种种不同的个别经验;但是他用这个说法指的是不同的感官知觉,而不是指这个人和那个人的经验。看来,他的论点似乎是,当我谈到我关于这所房屋或那条道路的经验时,这些都被称作经验,但不是在其自身而言,而是作为一个全体的经验的部分说的,而这全体的经验被他描述为"独一而同样的遍在经验"。

我在这里愿意再一次所谈到的,不是独一的经验,而是独一的现象性的而且客观性的世界,虽然按哥白尼式的原理来说,康德的术语可能是正确的术语。依我看来,康德见解的一般大意是健全的。诚然,可能有人极力主张,说我关于这所房屋的经验,由于把这所房屋的种种不同成分结合起来的必然性,而且由于这所房屋所归属的种种范畴,乃是关于一个对象的一种经验;总而言之,可能有人极力主张,我关于这所房屋的经验在其本身就是一种完全的经验。依我看来,这种见解是错误的。我关于这所

① 看本书第五十章第四节。

② 看本书第二十四章第四节。

房屋的经验是关于一个对象的经验，只是就我不管怎样不清楚地意识到这所房屋乃是独一的客观世界的部分而言的。我借以想到这所房屋作为一个对象的那些范畴包括因果这个范畴，而且其实还包括相互作用这个范畴；而这些范畴含有这种意思，即这个对象，像其他每一个对象一样，是在作为我的经验的总对象这独一世界里有其必然的地位的。当康德断言我的一些不同的经验都是唯一遍在的经验的部分时，我理解这就是他的一般的意思①；而他使用这种话语的理由无疑就是这个事实，即他把客观世界，不是作为一种自在之物，而是作为某东西，只在对于思想与感受性的人类形式的关系上才存在的。

3. 统一性是按照概念的

当康德说，感官知觉——我理解他在这里是指一切可能的感官知觉而言的——彻底而综合的统一性乃是经验的形式的这个时候，他是用更专门的话语来再次申明他的立场的。这种统一性（或说这种形式②）与出现按照概念的综合统一性是同一的③；那就是说，它同一于我们发现必须在我们用概念来判断对象时要存在着的那种必然的综合统一性④。

当康德说到出现“按照概念”的综合统一性时，我们必须理解他的意思是说——如在第三分节里那样——按照我们在我们平常的判断里所应用的经验性的（或说特殊性的）概念的⑤。他接着明白地说⑥——前此所暗指而没有明言的⑦——如果这种综合统一性单纯依赖经验性的概念的话，它就不会具有这样的必然性，按他的见解它是经验所不可缺少的。他又一次告诉我们，如果这样的综合统一性是要成为必然的，它就必须有一

① 或者他还排除个别人的经验里特别的东西，尤其是第二性的性质。

② 阿迪克斯认为这句的主词是“经验”，但是依我看来，这像是更不通；因为我们不能把经验与构成它的形式的那统一性同一起来。

③ 比较一下 A108。

④ 比较一下 A79＝B104-105，A101，A104-105，A108，A109-110。

⑤ 比较一下 A142＝B182，“在对于一般概念的关系上的统一性的规则”。

⑥ A111。

⑦ 我认为这是十分清楚地包含在 A106 里的，而在那里看来像是包含在经验性概念的使用里的必然性是说为具有一种先验的根据的。

种先验的根据。若不是在一些出现里面有一种必然的综合统一性——这种统一性作为是必然的,按康德的原理,就必须在心的本性里有其起源——我们尽可有一堆的出现蜂拥到我们的灵魂,而没有任何经验,而且没有任何关于对象的知识。对象的知识依靠出现按照必然而普遍规律的联系——尤其依靠这个事实,即一些出现必须是恒久的、空间性的、按照因果的规律相互作用的一些实体的出现。离开这样在出现里的必然联系,我们得到的将不是知识,而是脱离思想的直观,这种直观,对我们来说,无异于空无①。

4.范畴与思想的各种形式

紧接着,康德用一个简短的段落交待了可以看作客观演绎的本质的内容。

一种可能的一般经验的验前条件也就是经验对象的可能性的条件②。这就是批判哲学的一条中心原理,而且康德的整个论证都是建立在它之上的。

对经验来说,或者对关于对象的知识来说,两种东西是必要的:(1)直观,(2)思想。空间与时间乃是纯粹直观,其内容就是经验所需要的直观的条件(或说形式);而这样一来,一切对象就必须符合于空间与时间。与这相类似,范畴乃是纯粹概念,其内容就是经验所需要的思想的条件(或说形式)③;而这样一来,一切对象就必须符合于范畴。任何对象而且每一个对象之作为经验的一个对象,其本质性格就是和范畴的这种相符合:它作为一特种对象(例如一所房屋或一张桌子),其性格是由在空间与时间里被给予出来的直观的性质所决定的。所以范畴乃是一般对象的概念

① 这段,依我看来,像是暗示着离开思想,直观性的意识还是有其可能的:在我们断言一个东西是“无异于空无”时,我们的意思是暗含着它不是无。可是康德还是能够说这样的直观“对我们来说就是无”——比较一下 A120——虽然这也许可能是说,这种直观不是对象。比较一下本书第十六章第十三节。

② A111;比较一下 A96,A158=B197,B234,A202=B247,A213=B259-260。

③ 注意康德说空间与时间含有直观的条件,而他说范畴就是思想的条件。对他来说,“含有”(或“表达”)和“就是”乃是在这点上可相互调换的。

(不是一特种对象的概念),而且它们必须适用于一切对象,或者换句话说,它们必须有客观的实在性;因为离开与范畴的相符合,就完全不能有严格意义上的对象①。

这个论证似乎容易受到这样的反对,就是虽然按康德的种种假定来说,每一个出现是必须作为有空间性的和有时间性的被给予出来,然而所给予出来的出现是否符合于范畴而这样就具有这种性格,没有这性格出现就不会构成一个对象,这是一种单纯偶然的事情②。康德的见解却不是这样的。他是预先假定着,想像力的先验综合必然依照统觉的统一性,因而依照那统一性必然在其里面显示出来的思想形式,把所给予出来的一些出现结合起来③。他的阐明的缺点是在这个事实里面,就是他留待我们来把思想的条件(或说形式)和前面提到的统觉的统一性的条件联系起来。他在紧接着的后面的一个段落里弥补这个缺点;而我们必须记住,他已经把统觉的统一性和想像力的先验综合联系起来了,即使不太清楚。在他来到论图型法这章以前,他是没有足够地提出思想的各种形式与想像力的先验综合这两者之间的联系的。

5.统觉与范畴

在康德看来,范畴应该适用于对象这种可能性或者更正确地说这种必然性,是依据一种关系,而且他认为这种关系是他已经证明是在我们整个感受性④(而这样就在一切可能的出现)与原始统觉之间的。一切出现必然要符合统觉的统一性的⑤条件——即必须和范畴同一的条件。这种说法的意思是说:一切出现必须从属于统觉的统一性必然显现于其中的"综合的普遍性作用"⑥。可以认为,这些"综合的作用"可等值于纯

---

① 比较一下 A93=B121 起。

② 这是康德自己在 A88=B121 起那里提出的困难。

③ 比较一下 A108,那里把先验综合说成是使领会的每种综合(是经验性的)隶属于一种先验统一性的。

④ A111。这个奇怪的短语也许是指空间,而特别是指时间,作为一切感受性的必然形式说的,在 B151-152 里,想像力说是验前确定感受性的,而这就等值于关于形式验前确定感官。

⑤ 这个所有格大概是一个客观的所有格;看 A105(在那里说条件是使统觉的统一性成为可能的),这短语也出现于 A110 里。

⑥ 我理解这为"Identität a priori beweisen kann"("能验前证明其同一性")的一般意思。

粹范畴[①]，即等值于判断的作用(或说形式)，这是就所给予出来的杂多是按照这些判断作用或形式被确定，或者说被综合这点而言的[②]。从整体说来，我宁可这样理解，即这些作用是符合于纯粹范畴而且是在每一个经验性的综合里作为一个有确定力的成分的那种想像力的先验综合的作用(或说形式)的[③]。

跟在这个一般叙述之后的是一个说得太含糊因此没有多大帮助的例证。康德选择原因这个概念作为他的一个范畴的例子；而且他说，这就是按照概念的一种综合，即跟着时序而有别的——而且大概是先行的——一些出现的这种综合[④]。如果他是说，它是按照概念的综合的一种作用[⑤]的话，那就会令人更满意。所说的概念必须是经验性的(或说是特殊的)概念，例如在"如果起了火，那么跟着必定有烟"这个判断里的"火"和"烟"。这里相继被给予出来的两种杂多，在"火"和"烟"的概念之下分别综合起来，也是按照判断的假言形式作为原因与结果综合起来的[⑥]。

如果没有这样一种靠范畴加之于出现的必然的综合统一性[⑦]，那么，如我们所曾看到的，统觉就不能显示出它的必然的而且普遍的统一性。

---

① 比较一下A349，那里范畴描述为"综合统一性的作用"，又A356，那里"实体"这个概念说是"只作为综合的一种作用"用的。

② 比较一下B128。这可能由这个事实予以支持，就是所谈的综合说是"按照概念的"；因为我们可理解为等值于"在概念里认识的综合"，即等值于判断本身。但是每一个是在经验中的一个因素的综合都是"按照概念的"，所以这论证是没有结论的。"按照概念"这个短语也出现于A108里；比较一下在A116里的"按照概念的出现的综合统一性"，而又比较一下在A142＝B181里的"按照一般概念的统一性的规则"。

③ 这样理解这些作用就是理解它们为图型化的范畴(或作为在图型化的范畴里设想的先验综合的"规则")。

④ A112，我仅认为所说的概念更好是描述为结果(或因果)的概念，在A90＝B122里，原因这个概念说是指一特种的综合说的。

⑤ 或说它是这样一个作用的概念；但是康德惯于把这个范畴作为在知识里起作用的综合的一种作用或形式来处理而又作为这种作用的一个概念来处理(正如他把空间既作为外直观的一种形式来处理而又作为这种形式的一种纯粹直观来处理一样)。

⑥ 判断的假言形式给我们的只是根据与后果的关系；但是它在这里是用于在时间里直接先行于其后果的一种根据，而这就包含有想像力的一种先验综合，也许康德又想指出因果关系的适用是由于在"火"与"烟"这些概念里所想到的共同性格的。如果任何有在"火"这个概念里所想到的性格的东西，这就在它后面必须有某东西带有在"烟"这个概念里所想到的共同性格的。

⑦ 或者用康德的话语来说，是有其验前规则的。

这一来，出现（或说感官知觉）就会不属于任何经验；因为构成经验的本质或说形式的正是这样的必然综合统一性。我们可用别的话来说明这点，就是说，一些出现（或说感官知觉）就不会是一个对象的出现（或说感官知觉）[①]；它们就会是一些观念的盲目[②]活动，比梦还不如[③]。

6."作用"(function)的意义

读者可能觉得，如康德自己所暗示的那样[④]，这个冗长的论证做了一些为他作铺垫的事情，但几乎没有做可指导他的事情：这论证介绍了许多理论、但是却不足以产生说服力。康德的许多说法容许有各种不同的解释，而且研究他的人必须在证据不足的情况下在这些解释之中进行取舍。可是，大多数的含糊是由于想像力与思想之间没有一种清楚的区别。难以确定的是，思想的工作究竟在哪里终止，想像力的工作究竟在哪里开始；进而也就不好确定：一种工作如何影响另一种工作。我们只能说：没有想像力的综合，思想就不能给我们关于对象的任何知识；而且另一方面，思想连同它的各种形式乃是控制想像力的综合的终究原理的源泉。

这一论证的含糊可以用康德"作用"这词的用法来作例证，这种用法从起头就一直是我们的困难的一种来源[⑤]。我怕我不能除去这种含糊，而读者最好是把这种讨论以及在下面第七节关于"综合的种种作用"的讨论作为初读可以省去的一种附录来处理。这论证包含着某些重复，但是我认为作出关于这个困难的题目的明白之处之一种概述可能是有用的。

---

① 必然的综合统一性是经验的一个对象的本质性性格或说形式，正如它是经验本身的这种性格或说形式一样。

② 我认为"盲目"这词并不表示没有意识，而表示没有一种自我意识以及没有对象；比较一下本书第四章第三节以及第十三章第四节。

③ 它们会比梦还不如，因为甚至我们的梦也是我们经验的反映。虽然在梦中显出的不实在的对象不是实体，而且虽然在梦中事件里面没有实在的因果联系，但是梦里的意象像是物体的出现，而有时并像是有因果联系的。心理学家在梦里发现的实在因果联系只是当梦本身作为一个对象时才被发现的，而通常并不存在于梦者的心中的。

④ A98。

⑤ 比较一下本书第十二章第二节。

判断的各种形式曾被描述为作用，如知性的作用[1]，判断的作用[2]，判断里统一性的作用[3]。然而“作用”这词不总是在这种专门意义上使用的[4]，而且有时还可以怀疑它是要有这种专门的意义或者不要有这种专门的意义的[5]。另外，康德不把这词限于思想或知性的范围，而且还说到先验想像力的作用[6]。这里仍不清楚的是，这种用法是否表示先验想像力的工作与判断的各种形式之间的某种关系；而且在“作用”这词单独使用时，我们毫无根据来决定在康德心目中是指思想的作用还是指想像力的作用而言的[7]。

我们可能还记得：“作用”曾被定义[8]为“在一个共同的观念(或说概念)之下把一些不相同的观念安排好这种动作的统一性”。虽然这个定义声明是一般的[9]，然而康德的心目中似乎想到了判断的统一性；因为只有判断才把一些不相同的个别直观(或对象)归属于一个一般的概念或一些一般的概念[10]。要把这个定义与康德使用这词的各种意义联系起来是困难的。如果我们理解“作用”原来就是任何东西应有的工作或任务，那它就十分自然地用作一种像知性这样的力量所应有的工作。我们能够明白，它怎么可能变为是指那力量特有的工作的方式说的，或者是指那力量的一切不相同的动作所共同的工作方式说的[11]。例如知性的作用就是判断；但是“知性的作用”这个短语似乎用作判断的各种不同动作所共通的

① A69＝B94。

② A79＝B105；比较一下 B128 以及 B131。

③ A69＝B94。

④ 在 A75 注＝B100 注里，“作用”像是一定用作一种“工作”或“任务”的。

⑤ 例如在 A70＝B95 里，“思想的作用”(这是能归属于四个纲而每纲又含有三个目的)可以是思想的“工作”或“任务”，但是这可能带着“形式”这种暗示的。

⑥ 参看 A123-124，在那里这词用了四次。

⑦ 例如看 A108 里的“作用”。

⑧ A68＝B93。

⑨ 当康德在 A68＝B93 里说概念是基于作用时，他的意思可能是说，它们是基于我们思想动作的统一性，而且甚至是说它们基于判断的形式。

⑩ 没有概念作用，就没有判断；而且没有判断，也没有概念作用，因为一个概念之为一个概念，只是因为我们是假定它适用于种种不同的个别实例的。

⑪ 一些不同的动作所共通的东西大概是由于这力量起作用的方式，而在这些动作里的种种差别是由于这力量对其起作用的材料的。

东西，即它们的形式。因此，知性的作用就与判断的各种形式同一了①。由于康德也用“作用”作为一种活动的“形式”讲②，所以判断的各形式就被称作“判断的各种作用”；而这样，知性的各种作用就和判断的各种作用同一了③。

怎样把这和一种作用就是一种动作的统一性④，尤其是判断的动作的统一性这种见解联系起来？大概是因为：凡是判断的不同动作所共通的东西都是在能统一的认识里显示出来的一种统一性⑤，而且特别是在把不同的一些观念在一个概念之下安排好，或统一起来，这种活动里显示出来的一种统一性⑥。

当康德谈到在一个判断里给一些不同的观念以其统一性的一种作用时，他关心的就是判断的这种本质性的方面⑦。每一个判断不但统一一些不同的概念（或说认识⑧），它还用抽象与分析的一种动作来想一些不同个别对象的共同特征⑨，而这样就用一种分析的统一性把这些对象统一起来了⑩。

可是，判断还有另一种本质的方面，而且先验演绎所与之有关的乃是这个方面。给在一个判断里所述及的一些不同的个别对象以其分析性的统一性的同样作用也给一个直观里的不同观念的单纯综合以其统一性⑪。

---

① 严格地说，判断的形式乃是应该在一切判断里的。

② 我认为他不用作用作为直观的形式讲，因为直观是被动的。

③ 我认为这里的“判断”不是一种力量，而是一种活动。

④ 我们必须牢记这个可能性，就是“作用”在一种更一般的用法上指其本质的性格乃是要作为整个动作的任何动作的统一性；例如在“综合的作用”这个短语里，（见 A105）康德可能是想指出每一个综合动作都在本质上是整个动作。

⑤ 一切判断都是统一性（或合一性）的作用，而知性的作用都是在判断里的统一性的作用；看 A69＝B94 而且比较一下 B141，我在本书第十二章第二节里曾经讨论过这些叙述法的种种困难。

⑥ A68＝B93。

⑦ A79＝B104，这里很难确知“作用”是不是用在一种专门的意义上，总之它是否指判断的形式（或统一性）说的。

⑧ 按康德来说，假言判断与选言判断所统一的不是概念而是判断；看 B141。

⑨ 这些对象可能被康德描述为“观念”或“直观”。

⑩ 比较一下本书第十三章第二节以及第十四章第二、五、六节。判断的各种不同的形式，或说逻辑的作用，就是这动作实行的各种不同的方式。

⑪ A79＝B104。

这样,就它以统一性外加于所予的一些感官印象借以结合为整个直观或整个对象的想像力的那个综合这点而言,所说的作用乃是综合性的统一性的一个来源①。

按康德的见解来说,必不能用分析的一种动作在判断里确定一些不同个别对象所共同的那些特征,除非它能够用一种综合的动作把至少这样的一个复杂的个别对象抓在它自己的面前。依我看来,以上所述显然是真实的。然而康德还主张,心以必然的综合统一性外加于感官印象,而没有必然的综合统一性就不得有对象:我们不单纯认识对象的综合统一性,因为这样的综合统一性不能给予感官,而且即令它是被给予出来,它也会是不必然的而不是必然的。借着想像力的先验综合,心便能以必然的综合统一性加于仅在我们感受性中有其起源的时间与空间的纯粹杂多;而结果就是,它能以必然的综合统一性外加于那些必须与时间、空间的性质相符合的感官印象的杂多。如果时间与空间以及感官印象是自在之物的话,这样来加上统一性就会是不可能的;而且这样的加上不是由任何在纯粹的或经验性的直观的性质里的东西所确定的②,而是为判断的性质所确定的(而判断本身必须是一种统一性,而且必须在所判断的对象里有其统一性)。

我们可以忽略这样一些复杂性,它们根源于康德的下述信念,即必须按照判断的各种不同的形式或说作用而加上各种不同的必然综合统一性:这点可能依他看来是明显的,而对我们来说是不可能的,但是他关于这点的证明必须在后面的原理分析论中才可看到。在我看来,似乎非常清楚,如果我们严格地说,那么就可以说判断的作用本身不能综合当下的杂多——它仅仅是能够以统一性给予想象中的综合。

这一来问题便发生了:当康德谈到"综合的作用"时,他究竟是说到判

---

① 比较一下本书第十四章第三节。在《遗著》(Nachlass)4629、4631、4635和4638(XVII 614起)里,康德区别开逻辑的作用与实在的作用,但是这种区别与现在在考虑中的区别之间的关系不是完全清楚的。

② 从这种统一性的加上作为结果所得的整体的性格,部分是为所综合的诸直观的性格所确定的。例如一个个别的空间是不同于一个个别的时间的;而且虽然每一个对象,要成为一个对象,就必须,比方,是一个实体连同一些偶性,但是经验性的一些直观却确定所讲的实体是一把椅子或者是一张桌子;比较一下本书第六章第八节。

断的作用抑或是说到想像力的作用。如果他是说到想像力的作用,他用这个短语所想暗示的是否是想像力的作用必须与判断的作用一致呢?在这前后文里,他赋予“作用”的确切意义是什么呢?

7.综合的作用

我想这些问题是难答复的。阅读时自以为是康德的意思,而实际上多于他的原意,这是有危险的,但是当康德原想他的理论是明确的,而我们反把它弄成像是模糊的,这也是一种危险。

康德告诉我们①,在我们在直观的杂多里产生了综合统一性时,我们就知道了当下的对象;而且他还说,这是不可能的,除非当下的直观能为综合的作用按照一条规则所产生出来。看来,这条规则就是这种规则,它是包含在像“三角形”或“物体”这样的特殊概念的里面,而整个说来,最自然的似乎是把“综合的作用”理解为想像力的作用。离开康德从前和在后面对这个名词的用法,就会有很少的根据来假定他的意思是说这个综合乃是一种先验的综合②或者是符合于判断的性质的综合的;但是至少有可能认为:他想把统一性归之于所说的综合这个动作③,而且主张:对象的统一性之所以可能,只是因为有这个综合的统一性。

“作用”这个词下一次的出现是在这一段里④,在那里的论证似乎大概沿着同样的路线,虽然康德不再是关心于一个个别对象的统一性,而是关心于整个客观界的统一性。统觉的先验统一性据说是用一切可能的出

---

① A105;比较一下本书第二十章第五节。

② 唯一的根据就是这个事实,说这个作用是使这杂多的再生验前为必然的;但是这个短语太过含糊,不能使我们具有信心来说什么的。

③ 直观是通过综合的动作的统一性产生的——只能有一个直观,因为它是为综合的一个动作所结合的;使一个概念成为可能的乃是综合的这种动作的统一性,这种解释又和康德所说的一致,他说“规则的这种统一性确定全个杂多”。当他加上说,它“把杂多限制于那些使统觉的统一性成为可能的这样的条件”,这时他是暗示着所说的统一性是和判断的统一性(也许甚至和判断的形式)联系着的,而不单纯和特殊的规则或所用的概念的统一性联系着的。

也许一种勉勉强强的可能性,就是“综合的作用”是要和直接在前面的“观念的杂多的综合里的意识的形式统一性”相同一的。

④ A108;比较一下本书第二十一章第七节。

现构成一个规律所控制的体系。所予的理由就是，统觉的统一性会是不可能的，除非心在其知道杂多的过程中，能意识到它借以在一个认识里综合地把杂多结合起来的作用之同一性。后来，这个作用的同一性的意识是等同于心的动作的同一性的意识的；而且它也许还等同于一切出现按照概念[①]或说规则的综合的必然统一性的意识[②]。

这段的解释是困难的。既然康德把“作用的同一性”与“动作的同一性”等同起来，就好像作用不是在专门的意义上用作“动作的统一性”似的[③]。然而应该注意到“作用”与“综合的必然统一性”的联合：这经常出现，所以就不能把它作为偶然的而就算数。更重要的是“作用”似乎与之等同的那综合动作的性质。这种动作是明确地与统觉的综合相对立的[④]，但是它本身必须是综合的一种动作，而且我认为，它本身必须是纯粹综合的一种动作。除非把它当作判断的一种纯粹的或说形式的动作[⑤]，它就必须是想像力的先验综合了[⑥]；而想像力的先验综合的统一性就是统觉或思想的统一性的必然相关物[⑦]。

在下一段里[⑧]，康德把意识的必然统一性和杂多通过心的一种共通的作用的综合的必然统一性联系起来，这里的作用乃是把杂多在一个观

---

① 这些概念像是“三角形”或“物体”这样的特殊概念。

② 这种必然的统一性可能是要作为平行于一切可能的出现或观念按照规律的体系（德文的 Zusammenhang）的；但是这种体系可能仅是这种必然的统一性的结果，如事实上为康德接着说到对象的话所暗示。

③ “作用的同一性”几乎不能理解为等值于“这动作的统一性的同一性”。如果能这样理解的话，康德就会坚持存在于前后相继的动作里的统一性乃是一个而且同样的统一性了，比较一下在 A107 里的纯粹统觉的数目上的同一性。

④ 除非事实上它是这样与之对立的动作的同一性。

⑤ 康德说到统觉作为一种纯粹的动作（B142）而说到范畴作为“纯粹思想的动作”（A57＝B81）；而且可以争论说，当他说到“一切出现按照概念的综合的必然统一性”时，他就极其自然地被解释为是谈到认识的综合的——诚然这是本分节的题目。在后面一段（A111-112）里，我们碰见同样的可能性是在下文考虑的。我不想立即把这种可能性搁置一旁；但是整体说来，我认为它所给我们的解释不如我们采取的解释那么令人满意。

⑥ 尽可不必重述，想像力的先验综合乃是在每一个经验性综合里的一种成分而且是确定经验性综合的本质的。

⑦ 同样地，想像力的先验综合所外加的统一性，其种类乃是在判断的各种形式里的思想到的统一性的种类的必然相关连物。

⑧ A109。

念里结合起来的作用。在这里,"作用"可能单纯指"工作"或"任务"说的①;但是它又是能产生统一性的,因而本身必须是一种统一性的。说这作用是"共通的"这个事实是至关重要的:无论所综合的杂多的特别性格是什么,综合的作用总是同样的。

这种共通的性格在后来的一段里②得到进一步的强调。康德断言,一切出现必然一定要符合于自我意识的彻底统一性的一些条件,即它们必须为综合的普遍性的一些作用所支配,即为按照概念的综合的普遍性的一些作用所支配。因此,综合的作用就分化为综合的各种作用,正如知性的作用分化为知性的各种作用(或说判断的各种形式)一样。这些作用照例是统觉的统一性的必然条件与相关物,而且它们是普遍地存在于关于对象的知识里的。它们的专门性的性格是难以怀疑的,而唯一的问题就是,它们是否要和判断的各种作用或说各种形式同一起来(这是就这些作用或说形式是包含有杂多的综合这点而言的),或者它们是要和想像力的先验综合的相应作用或说形式同一起来的。

也许可以这样说,既然这些普遍性作用是"按照概念的"各种综合作用,因此就可很自然地把这个综合当作"在概念里认识的综合"而把"普遍性作用"当作判断的形式。但是必须记住,想像力的每一个综合(就其是关于对象的经验里的一个因素而言)乃是"按照概念的"一个综合;而且又必须记住,确定想像力的先验综合的纯粹概念也从而确定想像力的经验性综合,而这种经验性综合乃是按照经验性概念的。康德所举关于按照概念的一种综合的例子乃是遵照时序而常有其他——大概是先行的——出现的东西这个综合③。这里的时间形式被明确考虑到了,因而我们所关心的不是一般的杂多的抽象综合(即可能在判断的形式里想到的):我们是关心于想像力的先验综合,或者至少是关心于这先验综合同时是其

① 它甚至不严格地用作"力量"讲。德文是"durch gemeinschaftliche Funktion des Gemüts, es in einer Vorstellung zu verbinden"(直译为"通过心的共通的作用把它在一个观念[表象]里结合起来")。可是注意"Funktionen zu urteilen"(例如在 B143 里)是用作判断的各种作用或形式讲的,而原德文的直译是"去进行判断的作用"。

② A111-112。

③ A112。

一种成分而又是一个条件的想像力的整个综合。整个说来，最令人满意的似乎是把"综合的普遍性作用"当作想像力的先验综合①。

基于对康德的用法的回顾，看来"综合的各种作用"这个短语在论证中起着重要作用，但是可惜它的确切意义依然是不确定的：我们甚至不能确知它是否有一个确切的意义，而且我们又不能清楚地看到它是如何在一种我们能了解的方式上演变出一些相互有关系的不同意义。我倾向于认为："作用"这词是带有统一性这个含义的。康德的一般学说乃是，判断而且其实是概念作用，离开具有统一性的一种想象性的综合，是没有其可能的，而且这种综合的统一性乃是思想或统觉的统一性的关连物。想象性的综合不是从所予杂多的统一性得到它的统一性的：它反而按照思想的需要把统一性外加于所予的杂多。它之所以能这样做，只是因为存在着作为每一个经验性的综合里的一种成分的、以及作为这种综合的一个条件的有时间(并也许空间)的纯粹杂多的先验综合；但是"综合的各种作用"这个短语是否暗指想像力的先验综合，尤其是它是否想暗示先验综合的一些不同的作用和判断的种种作用(或说形式)这两者之间的任何关系——这一切，依我看来，乃是没有可能来达到任何结论的一种事情。

---

① 在判断的形式里(而且在判断的各形式里)所想到的一般杂多的综合乃是一种智性的综合(比较一下 B151，B143 和 B131)。作为这样的综合，它就比想像力的先验综合从经验性的杂多更远离一步了。可是就康德来说，这两种的综合是紧密联系着的；因为如果我们完全抽掉时间与空间的纯粹杂多来考虑这先验综合，它就变为和在判断的形式里所想到的智性综合同一了(比较一下 B161 起)。这两种综合之间的差别是平行于纯粹范畴与图型化范畴之间的差别的。

第二十四章　出现的亲合性

1.出现的亲合性

按照他的通常惯例，康德是以一个附录来结束他的论证的①。在这个附录里，他论证，只有利用他的哥白尼式的变革，我们才能为我们对于知性纯粹概念的信念找到正当的理由。附带地，他说明他的所谓出现的“亲合性”②是什么意思。

如果存在着必然而普遍地适用于一切可能的对象的知性纯粹概念的话，这样的概念就不能是从经验得来的单纯概括。经验是不能给我们以必然性与普遍性的：它可能告诉我们，譬如说，A 通常有 B 跟在它的后面，但是它不能告诉我们，A 是原因，B 必然跟在它的后面作为它的结果。到此为止，我们有了寻常的康德学说：但是我们必须考虑的特种问题乃是出现的守法性或说亲合性，而根据康德来说，这种守法性或说亲合性就是联想的客观条件，而且不能来自联想③。

康德的话语不是十分清楚的，而我们几乎可以这样理解，即他把自然的因果律和联想的经验性规则同一起来了④。可是他的目的是要把这两种东西区分开来。他认为，除非一切出现都由必然规律所支配，尤其是由因果作用的规律所支配，在我们的心里就不能有任何经验性的联想⑤。出现的这种守法性(这可以和出现的必然综合统一性同一起来)可称之为

---

① A112 起。

② 即德文的“Affinität”或“Verwandtschaft”之译。

③ 比较一下康德在 A766-767＝B794-795 对休谟的种种批评。

④ 这种同一为康蒲·斯密在 A113 的译文“这规则，作为自然律”所强调。我却比较喜欢把德文原文的“dieses”(中性的“这个”)作为不是指 jene empirische Regel der Assoziation——联想的那经验性规则(隐性的)说，而是指紧接在前面的因果律的公式表示说的。然而康德的话语是奇特的而使得康蒲·斯密的见解有点令人动听的。如果说联想的经验性规则以因果律为先决条件——比较一下 A100——这是比像康德所说的那样，说因果律以联想的经验性规则为先决条件像是更自然些。可是，我们关于因果律的知识是以联想的经验性规律为先决条件的，由于它是以再生的综合为先决条件的。

⑤ 比较一下本书第十九章第五节。因果作用的规律只是康德所称为“亲合性”的东西之一个相。

"亲合性"(affinity);而亲合性就是所予杂多的联想的可能性的根据,这是就这样的根据是处在对象里面的而言的[1]。另外,还必须有一种主观的根据:那就是说,我们必须又有一种再生的力量而且一种倾向把常常彼此跟着或相互伴随的观念联合起来[2]。

出现的亲合性可以用更现代的话语描述为自然的一律性;而康德认为,这不但是经验性的联想的先决条件,而且还是一切科学而且其实是一切经验的先决条件。他主张这只按照批判的原理来看才是可理解的。对象的一切可能的出现,像观念一样,都是属于整个可能的自我意识的。这样的自我意识据说是一种先验的观念[3],而作为这样的观念是包含着一种验前[4]确实的数目上的同一性的[5]。这种同一性必须进入出现的全部杂多的综合里去,这是就综合是给我们以经验性的知识而言的[6]。因此,统觉的经验性综合,它是我们借以把所予的感官印象拾起来而予以结合的,就必须符合于统觉的统一性而且符合于在那里含蕴着的综合的必然条件,或说原理。这就意味着出现,或说现象性的对象,必须符合于这些必然条件。换句话说,这些出现必须是为必然规律所支配的;因为所谓规律不过是对象所必须与之符合的必然的而且普遍的条件的公式化[7]。这

---

① 比较一下本书第十九章第四节。

② A100。在第三节(即 115 起)里,康德区别开再生与联想,但是我怀疑这种区别在第二节里是否可找着。

③ 比较一下 A107,作为综合的验前知识来说,它大概是先验的。

④ 所举出最后所说的理由乃是"除了通过原始统觉之外,没有东西能到知识里来"。在 A109 里这点是这样表达的,意识的统一性必须看作验前必然的,"因为否则知识就会没有一个对象了"。我认为统觉的统一性应是必然的(1)在其自身是如此而(2)作为知识的一种条件亦如此。

⑤ 比较一下 A107。

⑥ 比较一下 A108,A109,A110 以及 A112。

⑦ 康德用含糊的话语来把规律和规则作对比,大概规则缺乏严格的普遍性与必然性:它适用于某些对象而不适用于其他对象而且是经验所得的概括。可是我认为一切规则都预先假定有我们在这里所牵涉到的这些更高级的规律而且是这些规律的特殊确定。比较一下 A126。这段有点帮助来说明本段,而又附带以例来说明这事实,就是康德不始终坚持"规则"与"规律"之间的区别。

注意康德把"规律"(德文的 Gesetz)和按照着它某一定的杂多必须被断定(gesetzt)的一种普遍性条件的表象联系起来——这是好像是把"规律"这德文字的字根和康德自己的批判理论联系起来的一种说法。作为一条"规则"的定义讲,我们必须以"能够"替代"必须"。我自认"断定"(英文的"posited")总是叫我感到窘惑的:它像是暗含着在一个共通的空间与时间里而这样就在自然的一个共通的世界里有一定地位的指定,而这里只有按照类比才能作的,而类比乃是控制客观存在的终究原理或说规律。插语(mithin auf einerlei Art)的确切意义,依我看来,是含糊的:它也许暗示着一种杂多作为"某的"或有确定性的乃是属于某类而归属于一个经验性概念的。比较一下本书第二十七章第三节。

样也就是说，一切出现必须具有一种先验亲合性，一种来自统觉的统一性而且又作为经验的条件的必然亲合性。

2.先验的与经验性的亲合性

显而易见，如果不引入"亲合性"这个词，我们在这里只有前面已经详细说明的论证的一种概述。康德没有为我们提供关于因果作用的特别证明，如在第二类比里所有的那样。他只是重述了他关于范畴的"先验演绎"；而且在这样做时，他竭力指明，用他的方法，就有可能来证实像含蕴在一切范畴里，特别是含蕴在因果作用的范畴里的那样的普遍性规律。他的阐明有前面论证的一切困难①。但我认为它有益于把一个论点弄得更清楚——统觉的综合之符合于统觉的统一性与范畴并非是单纯偶然的②。确定着统觉的综合的那些终究原理不是在所予的东西里面，而是在人类知性本身的性质里面找到的③。

康德还提出了关于亲合性的另一个证点：他区分开"先验的"亲合性和"经验性的"亲合性，而且断言后者单纯是前者的后果④。

如果我们把"亲合性"和综合统一性同一起来，先验的亲合性就是以特征来表示每一个对象之作为一个对象的而且是验前知道的那种必然的综合统一性——即其种种偶性具有量与质而且是通过和其他实体的因果性交互作用而得到确定的一种实体的统一性。经验性的亲合性乃是那综合统一性，它如我们从经验里得知的那样，是属于一个对象或一个特殊种类的一些对象的——即经验上知觉到的某些成分的统一性。例如一块糖，像每一个其他对象一样，必须有一个实体和一些偶性的统一性，而这样就具有先验的亲合性了；但是我们根据经验得知，在一块糖这个实体里统一起来的种种偶性乃是硬的、白的和甜的这样的质⑤，而构成它的经验性的亲合性的乃是这些被知觉到的成分的统一性。这两种类型的亲合性

---

① 特别是在A113里谈到"整个可能的自我意识"与其数目上的同一性。

② 又比较一下A108以及A121。

③ 几乎毋须重复，这成为可能，只是按时间与空间乃是人类感受性的形式这种假定。

④ A114。

⑤ 如果我们想要避免去提到第二性的质，我们可以代以物理家与化学家在一块糖所会发现的那样的一些第二性的质。

必须存在于每一个对象之中。一块糖,除非它是一个实体,其种种偶性是因果律所确定的,就不能在其自身里面把硬的、白的和甜的这些质统一起来①;而另一方面,除非这些偶性被给予于感官,至少能被给予于感官,这块糖也不能是一个实体,其种种偶性是为因果律所确定的。

先验的亲合性一般是在一个一般对象的验前概念里被思想到的(这种验前概念又被分化为种种范畴);它是想像力的先验综合②所外加的,而这种先验综合是依靠空间与时间的纯粹杂多但不依靠任何特殊经验的。经验性的亲合性是用经验性的概念例如用"块糖"这个概念被思想到的;而块糖这个概念是得自经验的。然而经验性的概念预先假定有一个一般的对象的概念以及整个范畴体系——正如任何一个特殊对象的经验性的亲合性预先假定有属于任何每一个对象的先验亲合性一样。

一个对象的经验性的亲合性不能从它的先验亲合性推论出来;因为假定是那样的话,它就不会是经验性的了。在我们知觉到一块糖之前,我们不知道它是硬的、白的和甜的。虽然如此,但是经验性的亲合性却是先验的亲合性的一种后果;因为一切经验性的质,以及它们在一个特殊对象里的结合,都是按照范畴,而且特别是按照原因与结果这个范畴③被确定的。

如果我们假定,如康德似乎假定的那样,对象的亲合性含有它们的相对恒久性和因果联系的重复④,那么亲合性的学说就说明了我们联想的客观根据。我们一定永远不能因为一些观念是同一个对象的一些质的观念而就如我们惯于做的那样,把它们联合起来,除非我们已经觉知到有对象;而且我们关于对象的知识是不能单纯得自这种的联想的⑤。然而好

① 因此甚至经验性的亲合性也是必然的,其必然的意义是说它必须按照必然的规律被确定的。

② 在 A115-116 里,康德描述想像力的纯粹综合为联想的验前条件,其理由可能是想像力的纯粹先验综合乃是亲合性的终究来源,而亲合性乃是联想的客观根据。

③ 或者交互作用这个范畴,而交互作用又是交互为因果。我们可以注意到,康德一直坚持,虽然我们验前知道因果律,但是我们只从经验才知道 A 是 B 的原因。

④ 看来,康德在心里所想的是基于狭义上的亲合性的联想,而且同时也有基于重复联系的联想。

⑤ 同样,我们永远不能因为有一种客观的接近性而就如我们惯于做的那样把一些观念联合起来,除非我们是已经觉知到这种客观的接近性的;而按康德来说,这种觉知是已经预先假定有因果律的。因此我们关于原因与结果的知识不能单纯从由接近性的联合得出来。

像在理论上还有可能，一个彻底为范畴所确定的世界也许是完全缺乏恒久性与重复性的①。也许还有可能，具有单纯经验性的一些规则性也会替联想提供一种充足的基础②。可是这样的一些反对意见必不可使我们无视这个事实，即康德所企图成立的先验亲合性不是作为从联想这个事实推论出来的结论，而是依靠一种独立的证明。

3. 自然的统一性

康德认识到了使自然的一律性与统一性依靠人类统觉的性格的一种学说的似乎不合理的性格③。一经我们理解了如我们所知道的自然不是自在之物，而是一切出现的集合，这种困难就消逝了。按这样的一种见解来说，自然的统一性能得自统觉的统一性，或者甚至与之同一，而且自然的统一性是能不依靠经验而被知为必然的。另一方面，如果自然是如其在其自身那样的事物的一个集合的话，那么我们在个别的对象里就可认识到事实上的统一性而且认为在别的对象里也可以碰见一种与之类似的统一性；但是我们永远不能知道自然必须是一个统一体而且必须全都为规律所控制④。许多哲学家今日会接受我们关于自然与其规律是不具有这样验前知识的这种见解。康德认为接受这种见解就是切去科学的基础而使经验的世界成为与梦幻世界不可区别的了。

4. 独一的无所不包容的经验

康德主张自然在本质上乃是一切可能经验的对象⑤，而且又主张一切可能的出现作为观念都属于总的可能的自我意识⑥，这种坚定的态度

① 康德自己像是认识到这种可能性，虽然是在一种不同的联系上，见 A653＝B681。关于在他的著作里这部分的亲合性学说的讨论——特别看 A657＝B685 起——会太过脱离我们目前的题目了。又看本书第四十五章第七节。

② 参看本书第十九章第五节。

③ A114；比较一下 A127。

④ 比较一下 A128 起，B166 起。

⑤ A114。

⑥ A113。

再一次引起了我已经提到过的[1]问题，即康德是否有权根据他的前提来谈论独一的经验甚或谈论独一的现象性世界。

姑且假定，有一个世界，它不依赖我们的认识而是实在的，而且我们认识这个世界只是作为它必须对我们出现的那样，而不是作为它在其自身那样的。关于这个世界之在其原来的内部性质，我们一无所知，而且不能知道什么；但是我们知道，在其对于人类心灵的关系上，它必须出现为一些在时间与空间里交互作用的实体的世界。交互作用的实体有空间性和有时间性的世界就是我们作为“自然”而知道的现象性世界。它作为有空间性的和有时间性的这个性格乃是由于人类感受性的本性；而它为其所控制的那些终究规律乃是由于人类思想的本性，因为思想将综合的普遍性原理加之于我们用来拾起和结合在时间与空间里被给予出来的东西的想像力动作之上。事物的经验性的种种差别根源于自在之物的性质；但是这些经验性的差别甚至都必须符合于心所加上去的普遍性的特征，而这样就为这些特征所改变。所以，一个物体在现象性的世界里出现为一个立方体而另一个出现为球状体，都是由于东西如其在其自身那样的性质里面的某东西；但是，如果空间乃是由于我们感受性的本性的，那么这里所谈的某东西就不能有正当理由被看作如其在其自身那样的东西的形状了[2]。同样的，A 出现为 B 而不是 C 的原因必须是由于在如其在其自身里那样的东西的性质里的某东西；但是，既然因果性乃是心的本性所外加的，我们就不能以任何正当理由来把这里所谈的某东西看作在如其在其自身里面那样的事物之间有效的一种因果性关系了。

即令我们承认这一切，而且承认个别不同的人具有在形式方面同一的感受性和思想的力量，然而仍然可以反对说，存在的将不是独一的经验，而是好几个相类似的经验；而且甚至不会有独一个现象性的世界，而有好些相类似的现象性世界。这一些个别经验和这一些的世界至少在数目上会是不相同的；因为具有这些个别经验而觉知到这些世界的各个人在数目上是不同的。

---

① 参看本书第二十三章第二节。

② 比较一下本书第六章第八节。

在康德那里,我没有发现任何想要答复这种类型的反对意见的尝试,在谈到空间与时间时,我已经触及到了这一点①。那时我曾试探性地提出,当两人之中,每一个都觉知到独一的无限而同质的空间(或时间),其一个人所觉知的空间(或时间)是不同于另一个人所觉知的空间(或时间)的,所以这样假定是有某种困难的。当我们考察在空间与时间里的现象性世界时,同样的困难又发生了。如果我所经验的现象性世界在性格上恰恰相同于你所经验的现象性世界,我们有无正当理由来说,必须有两个数目上不相同的现象性世界,仅仅因为你我是数目上不同的人呢?如果所经验的世界被看作自在之物的话,我们就绝不会梦想提出这样的主张。如果所经验的世界只在其对于人类的心的关系上才作为独一个而存在的话,我们是否不得不这样主张呢?

依我看来,对这个问题作出一个有自信的答复是困难的。如果我们想到一些不同的个别经验,所依据的是一系列的镜子类比,而这些镜子反映一个独立的物理世界,而且又因反映恰恰以同样的方式歪曲了这个世界,那么就不能怀疑,即令所有这些反映都能在性格上恰恰相同②,然而它们在数目上仍然会是不同的。这些反映毕竟会占不同的空间与时间,而且这个事实也许就是它们数目上差别的来源③。

无疑有人会说,不同的人类经验也占时间的不同时段,而且甚至会说,这些经验是从空间的不同各点来反映世界的。但是康德所想到的现象性世界主要是如科学所知的物理世界;而且对于那个世界来说,人类知觉的时间与地位中的种种差异是与问题无关的④。康德是一个经验实在主义者,而且他认为科学从它自己的观点看是有正当的理由来把物理世界作为自在之物看待的⑤。但是他又是一个先验观念主义者,而且他认

① 参看本书第八章第七节。

② 其实这是不可能的,因为这些镜子要就会从不同的一个观点反映实在,要就如果它们从相同的观点反映实在,会在不同的时间反映的。

③ 比较一下康德在 A263-264=B319-320,A272=B328,A281=B337-338 里对于不可分辨的东西之同一性的处理。

④ 比较一下本书第二章第一节。

⑤ 比较一下 A45-46=B62-63。

为，甚至当我们从物理世界除去那些依靠我们个人的感觉器官和我们身体在空间所占的地位的种种差别，物理世界也只在其对于人类感受性和人类一般的思想的关系上才存在的。

正是为着这个缘故，康德才能谈到“独一而且同样的普遍经验”①，而且甚至谈到所有出现所从属的“总的可能的自我意识”②。科学的整个现象性世界不过是独一的理性的人类经验的内容而已；因为它之为实在的世界不是如它在其自身那样，而是如它必须对一切同是有着感受性与思想的同样形式的心而出现的那样。

当然有多少人就有多少种经验；而且这些人所有的经验不但在数目上不相同，而且在质上也彼此有别。但是每个经验在它里面都包含有那独一的理想的经验的一些要素，因为每个人都能把如它必须对一切人类的心出现的实在世界与那如它必须对一个具有其特殊感觉器官和在空间与时间中的地位的个人出现的实在世界区别开来。而且，这个理想的经验是有可能越来越多地变为我个人经验的一部分的；因为，既然现象性的世界全都是为那些同样的终究规律所控制，我就有可能无限定地扩张我关于时间与空间里的现象性世界的知识。因此之故，也许我们可以说，这个独一理想经验“模模糊糊地”存在于我们经验里面，因为我们关于现象性世界有意识的知识意味着还有关于我们未意识到的东西的知识。

我不明白：关于世界的这种见解从一开头就是一种不可能的见解，许多通常提出来反对这种见解的意见都是预设了这样一些假定，它们正好是康德努力要推翻的那些实在主义假定。依我看来，既有可能，而且甚至像是确实的，在科学里，我们所知的世界不是如它在其自身那样的，而是如它必须对人的心出现那样的。如果我们所知的世界只是如它必须对人的心出现那样的，是否只有独一个现象性世界为我们去知道呢？而且可否把这个现象性世界描述为本质上是我们在其里面不完全地分有的独一理想的经验的对象呢？

---

① A110。

② A113。

在这样的先验观念论里，确实使人不可理解的就是，当我们一开始考虑到我们个人的经验里的第二性的质和种种差别时，就有这种先验观念论所引起的一些复杂性；因为这些第二性的质和差别显然也为因果作用的种种规律所支配，而且归根到底，它们在独一理想经验并且在独一个现象性的世界里一定有其地位。但是我们必须暂且把这些困难搁在一旁。

第六卷

范畴的先验演绎

第二十五章 顺行的阐明

1.有权威的阐明

在花了这么多的时间以弄清楚一些细节之后，自然可以指望先验演绎的最后的或说有权威的阐明变得容易一些。但是这种希望注定要破灭。没有临时阐明的帮助，有权威的阐明就会是不可理解的；但是甚至有了所给我们的一切帮助，这最后的阐明仍然是全部《纯粹理性批判》最困难的几章之一。

临时阐明曾给我们说明：先验演绎的正当出发点乃是统觉的统一性。只有这样，我们才能得到一种从条件到受条件限制的东西的顺行或说综合的论证，而这部批判声明要作出的也就是这种类型的论证①。但是在其原来的方法上，这临时的阐明大都是分析的或说退行的；如在预备性的叙述里自然所是的那样，它是从受条件限制的东西过渡到条件。

正如我们所指望的那样，权威的阐明是以统觉的统一性为开始的，而且为我们提供了一种顺行的或说综合的论证②。它以一种比较冗长的阐明来完成这种论证③，而这冗长的阐明是相当紧密地沿着临时阐明的路线的，而这样就帮助我们按照康德的准备性讨论来了解他的最后叙述。

也许用另一方法，康德就能把他的立场阐述得更清楚一些，但是不难了解：他的最后阐明为什么分为两部分，第一部分从统觉的统一性开始，第二部分则从感官知觉开始。

照例有一个引论④和一个附录⑤。附录后面有整个先验演绎的一种

① 康德的《未来形而上学导言》提供我们一种分析的或说退行的论证。参看该书的绪论和本文的第四节（Ⅳ263和274-275）又本书第六章第二节。

② A116-119。

③ A119-126。

④ A115-116。这引论概述了临时阐明而一直引到统觉的统一性去。其主要的兴趣所在乃是关于经验性统觉的描述；比较一下本书第二十章第三节。

⑤ A126-128。

概述①。

2. 统觉的统一性

"我们在验前就意识到:我们自己的自我同一性相关于凡能属于我们知识的一切观念。"②

就康德来说,知识乃是关于在直观里被给予出来的对象的知识。他似乎如莱布尼茨那样认为:直观可能是无意识的;但是如果直观是要成为对我们有意义的,它们就必须"被收拾"进入意识里去,或者换句话说,它们就必须被"领会"。

有时,康德好像说:直观指的是直接的感官知觉;而在别的时候又好像说:直观所指的是广泛得多的某东西。他在这里说,直观可以直接或间接"流进"③意识里去。如果我们看见有火,这直观就直接流进意识里去。如果我们看见某些火熄灭了,而判定曾经有过火,这直观④就间接流进意识里去了。

为了要有知识,一个直观被收入一个意识里,而另一个直观被收入另一个意识里,这是不够的。如果一个直观要成为"某东西"的一个观念,它就必须属于一个意识,并与一切其他的观念在一起⑤;总而言之,它必须能够在一个意识里和一切其他观念结合起来。

一连串的孤立的稍纵即逝的意识永远不能给我们甚至关于这一连串的观念的知识,更不必谈到关于对象的知识了。如果我们的一些观念要成为关于一个对象的观念,它们就必须存在于同一个意识里。这就意味着,如果我们的一些观念要成为在一个对象的世界里的一个对象的观念⑥,

① A128-130。

② A116。

③ 康蒲·斯密译这个短语为"参加在"(英文的"participate in"),但是原德文的"einfliessen"(兹中译为"流进去")可能是和"influence"(原德文的"Einfluss"中译为影响)这个专门名词有联系的。一个实体"影响"或"流进"另一个实体里去,是当这个实体在因果上确定另一个实体的属性时。用类比来说,这词是用来指自在之物在其对我们给予种种出现的那种动作说的。

④ 这样一个"直观"是在想象里构成的。

⑤ 即和一切其他是关于对象的观念的那些观念一起。

⑥ 要成为一个对象就是要在自然的守法体系里有一个必然的地位。由于缺乏这点,梦里的对象就不是严格意义上的对象。

它们就必须和一切其他观念一起属于同一个觉知到一个客观世界的意识。

不必说，我们在任何时候都不是有意识地觉知到一切对象[①]的一切出现，而且我们又不能有意识地把所予的顷刻即逝的出现和一切其他出现结合起来。这绝不会改变下述事实，即每一个所予的出现必须能够和一切其他出现一道在一个意识里结合起来。当我们把它看作一个对象的出现时，我们的意思是暗含着它是能够这样被结合的[②]。

3. 杂多的统一性

我们意识到与一切观念有关的自我同一性，而且意识到一切观念必须是属于一个意识的。就康德来说，这两种说法乃是表达同样真理的不同方法。离开所知的杂多的统一性，统觉的统一性就没有可能，而离开统觉的统一性，所知的杂多的统一性也没有可能。

如果我把这两种统一性区别开来——康德自己常常说的，像是只有一个统一性似的——我们就必须说，统觉的统一性乃是一切统一性的来源，因为作为所予的杂多原是没有它自己的统一性的。统觉的统一性是原始的而不是派生的；无论被给予于思想的质料是什么，它总是必需的。但是它不是自定的；因为一切思维[③]，归根到底，都是关于给予思想的一种质料的，而它必须把这种质料在概念之下结合起来。因此，纯粹统觉给我们以我们的第一条原理——即在我们一切观念里的而结果是在一切可能的直观里的杂多的必然的综合统一性这条先验原理[④]。

这样一种的统一性乃是直观的统一性，这是就直观是关于在一个对象的世界里的一个对象的直观而言的。它显然是一种综合的统一性，一些不同直观的统一性，不是一种空洞的或说空虚的统一性，像在以统一性

---

① 甚或任何单个对象。

② 康德也可能是谈到不是实际上给予于意识的出现，而是谈到有一种存在如与一种可能的意识有关系的那种出现，看 A120 以及本书第二十六章第二节。

③ 即一般有限的存在者的，而特别是人的思维。

④ A116-117。“先验的”这个词说明这综合统一性乃是(1)经验的一种必需条件，而(2)由于心的本性的，而且在这种情况下是由于思维的性质的；比较一下本书第十一章第三节。

来称呼的那个范畴里所想到的这样的统一性[①]。

绝对必须认识到：在所有这些说法中，康德所说的是一种客观的统一性，或者说为思想而存在的统一性。他不单纯说，一个观念必须是某个心的观念，或者甚至说，一些观念，要构成任何种的整体，就必须是同一个心的观念。任何意象或幻相或虚构都是如此，而且从这里，我们不能推断出所包含的那类的统一性；我们只能说，必须有某种统一性。康德所论证的就是这样：如果一个观念要属于知识，或者说成为一个对象的观念，它就必须符合于思维的（而不单纯是想象的或感觉的）心的统一性[②]。没有思想，对我们来说，就不能有任何对象；而思想必须有统一性在其自身里而又在其对象里。正因为思想或判断断定了所予的东西中的联系，而且它这样做是按照一定的必然形式，所以我们就能在验前肯定对象的必然统一性，而且指定那必然统一性所必须采取的形式。

4. 经验性的与先验的意识

必然综合统一性这条先验原理是在一个很重要的脚注里详细推敲的[③]。

康德在这里并没有陈述这个明显的事实，即观念只存在于意识之中，或者用他的话语来说，观念与一个可能的经验性意识有一种必然的关系。他所叙述的乃是，一切经验性的意识（就其是关于对象的意识来说[④]）对那独立于任何特殊的经验的一种先验的意识是有一种必然的关系的。这个先验的意识就是原始统觉，就是作为能思维的自我的意识。

我们一切思维[⑤]的绝对第一条原理——而这乃是一条综合原理——就是这样的：我们一切变化的经验意识必须结合在一个单一的自我意识

---

① 参看 B131 和 B114，而且比较一下本书第二十八章第四节接近末尾一段。所谈的统一性乃是一种质的统一性，像一个剧本的主题的统一性一样。

② 这论点是以 A105 起与 A108 起里的“对象”的分析为依据的。

③ A117 注。康德每每在脚注里作出他最重要的叙述。

④ 我引入了这个插语，因为它是为主要正文里的几个短语，而又为下一句的脚注所暗含着的：这脚注就是“在我的知识里一切意识必须属于一单个意识”。

⑤ 这描述为“一般思维”就说明它是包括一切无论是分析或综合的思维的，比较一下 B131 注。

里面[1]。

经验性的意识在这种意义上是变化的，即它乃是由一个观念跟着另一个观念所构成的，但是我必须能够把一切我的前后相继起的一些观念作为我的观念来思想，而且这种思维必须是一个综合的而且潜在上是自觉的动作。离开这样的思维，我就不能觉知到我的一连串观念，而且不能觉知到它们是关于一个客观世界的观念。在我的知识里，一切意识必须属于（我自己的）唯一意识[2]。

在这个地方，康德又把关联于杂多的意识统一性与意识里杂多的统一性同一起来了。意识的必然综合统一性和杂多的必然综合统一性总是被作为同样的东西看待的，这是常见的作法。

5. 知性的各原理

杂多的这种必然的综合统一性乃是验前被知的，而且乃是综合的验前命题的来源或根据[3]。这些命题乃是"纯粹知性的原理"，例如每一个事件必有一种原因这条原理。它们是与纯粹思想有关的，因为它们告诉我们纯粹思维关于经验的一切对象在验前能肯定的是什么[4]。

因此，这种必然的综合统一性——也许可以最好描述为统觉的统一性，虽然它又是，或说包含着，杂多的统一性——对思想来说，乃是空间与时间对直观来说的东西。统觉的统一性可以称为思想的终究形式，像空间与时间乃是直观的终究形式那样。它引起有关于包含在经验里的纯粹思想的综合的验前命题正如空间与时间引起有关于包含在经验里的纯粹

① 康德像是把这看作叙述"在我们一切观念里杂多的必然综合统一性"这条原理的另一方式。看上文第三节。

② "关于我自己的意识"不是关于我自己作为一个经验个别人的意识，而是我自己作为原始统觉的意识。康德的话语可能暗示他是叙述我的经验的条件，但我认为他是企图叙述经验本身的条件。他所说的自我意识乃是关于如其必须在任何每个经验里的思维的性质的意识。

③ 因此，必然的综合统一性原理乃是一条先验的原理。

④ 这是先验逻辑的任务。先验逻辑只含有关于一个对象的纯粹思想的规则。看 A55＝B80。这些原理之能得自纯粹思想，只是因为纯粹直观的一种杂多限定了关于对象的我们的一切直观。

直观[①]的综合的验前命题一样[②]。

6.清楚的与模糊的观念

纯粹统觉,或说先验意识,是和自觉的思维,或和暗含在一切我们的判断里的"我思"同一的。它甚至与"我"这个单纯观念同一;但是"我"这个观念也就是作为能思的自我这个观念。即"在其对于一切其他观念的关系上"的自我这个观念。据说正是这个观念使一切其他观念的集合统一性成为可能;它乃是在其里面那些观念都必然得到结合的先验意识。

康德还指出,这种观念可能是"清楚的";即是说,它可以与我们的其他观念区分开来,而且明白地带到我们经验性意识的面前。在别的时候,它又可能是"模糊的";那就是,它不可能被明白地带到经验性意识的面前来[③]。无论我正在思维着的这个经验性意识是否正在考虑中,都是不要紧的[④];我并没有时时刻刻把我的注意力指向我在思维着这个事实,而且康德也无意于主张:我在注意这个事实。尽管如此,事实在于:每当我有关于对象的知识时,我总在思想着,而且一定总在思想着。一切知识都有一种逻辑的形式为思想所外加,正如它有一种直观性的形式为我们的感受性所外加一样;而这种逻辑的形式之可能性是依靠知识对于作为一种能力的统觉的关系的[⑤]。

我们的一切经验和我们的一切知识都是基于这个预先假定,即我们的思想是一个统一体。我们不一定是直接地觉知到这一点,但是如果这

---

① 康德是说"它涉及单纯直观的形式"。我却不相信德文的"blossen Anschauung"的意思能够是"纯粹直观",如康蒲·斯密所翻译的那样:它的意思必须是抽掉了思想的直观。康德照例是不小心于确切的平行的。纯粹思想应与纯粹直观平行,而思想的形式应与直观的形式平行,但是在这里把纯粹思想与直观的形式反平行了。

② 我认为一套的综合验前命题乃是先验逻辑所成立的那些命题,而另一套是先验感性论所成立的那些命题,虽然有可能后一套命题包括数学命题。无论我们是说这些命题是有关于包含在经验里的纯粹思想和纯粹直观,或者说它们是有关于包含有经验里的思想形式和直观形式,都是无关重要的。

③ 看本书第十九章第八节。

④ 注意:康德说是不要紧的事情乃是经验性意识的实在性——如德文"desselben"这个词的性别的说明——而不是这个观念的实在性。康蒲·斯密的翻译未能把这点弄清楚。

⑤ 我毋宁说它是由于潜伏为自觉的思维。

是暗含在我们的一切知识里面的，我们就是间接地觉知到它的。使这种觉知在任何程度上成为明白的，就这点来说，也就变为自觉的了。当我们说“我想A是B”这个时候，我们显然是自觉的；但是，甚至当我们说“A是B”时，自我意识也是模糊地存在着的；因为这样说就是断言有一种客观的联系，而客观的联系则不同于我们心里的主观联系（不管怎样含糊地）。

7. 想像力的纯粹综合

我们前此所关心的一直是统觉的先验统一性①。现在康德向前跨进一步，而处理想像力的综合。

在一切经验里所想的杂多的综合统一性预先假定了（或说包含了②）一种综合；而这种归之于想像力的综合必须是纯粹的或说验前的，由于它所加上的综合统一性乃是一种必然的统一性。

这样的一种纯粹的综合必须是一种能生产的③综合；因为一种再生的综合是依靠经验的一些条件的④。

我们现在是熟悉这个学说的。杂多乃是在感官里一个跟着一个地给予我们的；而离开了超出当下一个顷刻的思想，这杂多就没有甚至一连串的观念的统一性，更不必说一个有秩序而客观的世界之统一性了。然而，除了有想像力的帮助之外，思想是不能给杂多以其统一性的；除非我们把一簇直观在想象中集合在一起，进而按照我们所谓“房屋”的概念把它们综合起来，否则我们就不能设想这一系列特殊的直观为一所房屋的直观。关于像“房屋”的经验性概念是如此，而关于像“三角形”的数学概念亦复

---

① 它是先验的，因为它乃是综合验前命题的一种根据（看上文第四节）以及在直观里给予我们的杂多的必然综合统一性的终究来源（看上文第三节；而又比较一下A107）。

② A118，加上“包含”这个词就暗示要把思想的工作从想像力的工作区分开来的困难，比较一下A108。

③ 一个能生产的综合乃是不依靠经验而且和时间与空间有关的综合。参看《人类学》第二十八节（Ⅶ167）。我认为我尽可不去管这个事实，就是艺术家的想像力有与是描写为能生产的——看《判断力批判》第二十二节和第四十九节（Ⅴ240和314）；而又不管这个事实，即在领会里的想像力是描写为能生产的而且经验性的（作为与再生对立——看《康德活叶遗著》B12（Reicke版，Vol，Ⅰ，p. 114）。

④ 已经讨论过这点了。看本书第十九章第三节。

如此。总之,在我们判断中起作用的概念都预先假定了(或说包含了)想像力的一种综合。康德在这里坚持说,同样的原理对于一切直观的必然综合统一性这个概念也是有效的,这个概念也是一个必然包含在一切知识里和在一切经验里的概念。正如每个特殊的概念①预先假定一特种的想象性综合和一特种所给予的杂多那样,统觉的统一性照样预先假定每一个为想像力所给予的杂多的一种普遍性的综合②;而且这种综合必须是一种纯粹的综合③,如果它是要能加上一种必然的统一性的话。

当康德说,统觉的先验统一性是作为杂多在一个知识里的一切结合的可能性的一种验前条件,而与想像力的纯粹综合有关系④,这时他的意思就是这样的。

因此我们就有了第二条⑤先验原理,它乃是一切知识和一切经验的可能性的一种条件。这条原理也就是想像力的纯粹(能生产)的综合的必然统一性原理⑥。

这里,像往常一样,产生统一性的综合其自身必须具有统一性⑦。

8.纯粹综合与经验

想像力的一种纯粹综合必须和一种纯粹杂多一起工作,而我们在这里却有一种纯粹综合,其统一性乃是经验的条件。在上述事实中,似乎存在着一种困难。一种纯粹综合怎能确定给予感官的经验性杂多呢⑧?

---

① 我用"特殊的"概念来包括经验性的概念和数学的概念;它们是和严格的普遍性概念或说范畴对立的,而只适用于某些对象,但不适用于一切对象的。比较一下本书第十五章第一节。

② 这种普遍的综合有各种不同的方面,是在各个范畴里想到的。

③ 它是这样,因为每一个经验性综合同时也是一种纯粹综合;也许又因为一切经验性的联合都预先假定为纯粹综合所外加的先验亲合性。

④ 纯粹思想离开想像力的先验综合,单靠其自身不能给我们以关于对象的验前知识。

⑤ 要知道第一条原理,可看上文第三节。

⑥ 这说是"先于统觉的"。这短语作为一例而说明康德是如何准备称一个整体里的任何必然的因素为"先于"那整体的任何其他必然的因素的。

⑦ 康德可能又把综合的统一性和综合所产生的统一性同一起来,而我们照例必须自问按哥白尼式的原理这样的同一是否有其正当理由。

⑧ 如果它是经验的一种条件,而且是杂多在一个知识里的一切结合的一种条件,这是不言而喻的。

在现阶段上，没有必要指出，之所以这样做，是因为空间与时间不但是含有一种纯粹杂多的纯粹直观，而且又是一切经验性直观的形式①。时间与空间的杂多的纯粹综合②限定了而且确定了在时间与空间里给予出来的杂多的每一个经验性综合③。这是形而上学演绎的学说，而且在临时阐明里已经详细加以作出为要避免在这里的行文过分散漫④。在图型法与知性的原理的各章里将要反复重新予以强调。经验性杂多必须符合于想像力所外加于时间与空间的纯粹杂多的综合统一性；因而它就必须符合于统觉的统一性以及符合于各范畴⑤。

9. 想像力的先验综合

有各种各样的纯粹综合，而且这些综合有其不同的统一性。例如数学家用来在纯粹直观里构成一个三角形的综合乃是一种纯粹的综合，而其统一性是依靠“三角形”这个特殊概念的⑥。在所有这些纯粹综合当中，我们必须把先验的而且有一种先验统一性的纯粹综合区分出来。

当一种综合，不管在直观里的种种差别，是指向杂多的验前结合之时，它便是先验的⑦。

换句话说，一个先验综合不是要依靠所予的直观的特别差异而产生一个特殊种类的统一性⑧。它旨在产生这样的统一性⑨，或说验前的结合，即任何对象不管它借以被表示出来的那些经验性直观的性格是什么，要成为一个对象就必需的那种统一性。

---

① 康德在B150-155里清楚地指出了这一点。

② 纯粹综合乃是按照各范畴，而且把范畴外加于杂多的。

③ 经验性综合乃是按照经验性概念的。

④ 看A98，而又比较一下A115-116。

⑤ 如我们是要把杂多在一个时间与空间里结合起来，我们就必须，譬如说把（这样一个对象如一所房屋的）所给予出来的种种出现作为一个恒久的实体的一些偶性结合起来。

⑥ 比较一下A78＝B104。综合一种纯粹杂多的（A77＝B103），而验前依据综合统一性的根据的（A78＝B104）综合就是纯粹的。

⑦ A118。比较一下A123，在那里想像力的先验作用说是只肯在杂多的综合里的“必然统一性”的。在B151里有同样的学说。

⑧ 数学的纯粹综合只产生一特种的统一性，例如属于三角形之作为三角形的统一性。

⑨ 这样一种统一性就是统觉的统一性的符合物或相关连物。

想像力的先验综合并不使一个对象成为一所房屋而另一个对象成为一艘船①。我们依靠直观里的差别才有这些差异。它确实使每一个对象成为(不管它是一所房屋或者是一艘船)一种具有一些偶性、一种外延量等等的实体。这些是统一性的必然形式,或说结合的必然形式,而这些形式是必须属于作为一个对象在一个共通的空间与时间里而被知道的每个东西的。

10. 想像力的综合的先验统一性

我们有理由希望康德补充说:想像力的这种综合之为先验的是因为它乃是一切经验的必需条件。我们还有理由希望他说,空间与时间的先验综合所外加于所予的杂多的那些结合的形式是相应于必然包含在统觉的统一性里的综合形式的;或者换句话说,它们相应于判断的各种形式,而这样就相应于各范畴。

这正是他接着要说的,但是为了某种缘故,他却决定不仅仅在谈到先验综合时来这样说,而且在谈到先验综合的先验统一性时就这样说。我不明白:从这种复杂性中他得到了什么好处②,而且他的叙述并不像我们所希望的那样清楚。

想像力的先验综合的统一性,当它在其对于统觉的原始统一性的关系上表现为验前必然时,就称为先验的③。

康德的学说是这样的:想像力的先验综合把在时间与空间中给予出来的一切杂多按照统觉的统一性以及范畴综合起来,像想像力的经验性综合按照经验性概念把所予的杂多综合起来一样④。

这样一来,想像力的综合的先验统一性是从属于统觉的原始统一性,而且是含蕴在统觉的原始统一性里面的⑤。既然后一种统一性是先验

① 比较一下本书第六章第八节。

② 在 B151 里想像力的先验综合本身说是指向统觉的原始综合统一性,即指向在范畴里所想到的先验统一性的。我认为这是康德在本段里所说的东西的一种更清楚而更简单的说法,比较一下 A145=B185,这也是清楚的。

③ A118。

④ 要知道这两种综合的种种差异可参看下文第十四节。

⑤ 虽然是“先予”它的。统觉的统一性如其总是那样,是“原始的”这事实就说明与它联系着的一种统一性乃是派生的。

的,由于它乃是一切知识的可能性的条件,所以,前一种统一性也必须是知识的条件,而这样就必须是先验的。换句话说,无论所给予于感官的质料是什么,想像力的综合的先验统一性总是一切可能经验的纯粹形式,或说条件①。

对于我们来说,在现阶段上,包含在统觉的统一性里的各范畴与由空间、时间的先验综合所外加于杂多之上的必然结合的各种形式;这两者之间的联系乃是一种有待进一步予以论证的事情②。如果建立了这样的一种联系的话,我们显然就能得到关于可能经验的一切对象的验前知识③。

11. 统觉与知性

康德现在所要做的只是说明:范畴必然包含在统觉的统一性里,而且给我们关于对象的验前知识是因为想像力的先验综合乃是按照范畴的。他这样做了,但是所用的方法过于精细④。与此同时,他又企图把统觉与知性联系起来——这是一种联系,自从引入了术语上这种区别以来一直是等待着有一种说明的。即使是现在,他的说明对我们几乎是没有帮助的。

"统觉的统一性在其对于想像力的综合的关系上来说就是知性。"⑤

统觉的统一性,就其综合是按照一个概念来说,就是对于想像力有关系的⑥;因为离开统觉的统一性就不能有概念,而且每一个概念⑦都含有

① 如我们曾常常看到,知识的一种"形式"是等值于知识的一种"条件"的。

② 也许如果我们接受康德关于判断各形式的见解,我们就能说,它现在在原则上是有其正当理由的,而只在细节上还有待于辩护。

③ 这会是一种"形式的"知识——关于形式的知识,而不是关于质料的知识。看 A129-130。

④ 当康德的说法像是不必要地精细时,我认为我们必须总要自问更深入地看到他的意思是否可以使我们能够了解何以他这样精细地来表达。另一方面,我们不能不顾到这种可能性,就是他的说法是不必要地精细,因为他不能看到达到目标的捷径。看《自然科学的形而上学初步》一书,前言(Ⅳ476 注)。

⑤ A119。比较一下 B134 注。我不知道何以康德把知性和统觉的统一性而不和统觉本身同一起来。在 A127 里他说统觉的统一性乃是规则,而这些规则的能力就是知性。

⑥ "对……关系"(英文"in relation to")是不必要地含糊的。

⑦ 比较一下 A106。高度抽象的概念,如"美德"等,在哲学的完整体系里须有特别的处理。

想像力的一条规则。

所谓"知性"我理解康德是指知性作为知识的能力而言,而不单纯指思想的能力而言的[①]。知性作为知识的能力之成为可能,是因为思想的能力与想像力以及感官发生关系[②]。在我们用任何一个概念,在思想的活动里,想象到想像力按照那个概念所综合起来的杂多时,我们就知道一个对象。这是知性的工作,而离开统觉的统一性,这样的工作是没有可能的。

"统觉同样的统一性,在其对于想像力的先验综合的关系上来说,就是纯粹知性。"

统觉的统一性,如我们所曾看到[③],是在其对于想像力的先验综合的关系上说的,因为想像力的先验综合把在时间与空间里所给予出来的一切杂多按照统觉的统一性综合起来了[④]。

当我们在思想的一个动作里把杂多想象为必然是想像力的先验综合[⑤]按照统觉的统一性所结合时,我们就在验前知道对象。我们这样借以在验前知道对象的那些概念[⑥]乃是必然包含在统觉本身的统一性里的。因此,纯粹知性,作为在其自身里具有一般对象的这样概念的,乃是要和统觉的统一性同一的;而在其对于想像力的先验综合的关系上来说,它就是验前知识的一种能力了[⑦]。

12. 知性与范畴

所以知性(就其是和统觉的统一性在其对于想像力的先验综合的关系上同一这点而言)在其自身里面就含有纯粹的验前认识。这些认识乃是关于想像力的纯粹先验综合的必然统一性的认识[⑧],这是把一切可能

① A97。

② A97-98。

③ 上文第七、第十两节。

④ 而且按照统觉的统一性所包含的各范畴。

⑤ 即在一个共同的空间与时间里所结合的。

⑥ 这些概念当然就是范畴。

⑦ 离开想像力的先验综合,纯粹知性就不是验前知识的一种能力。可是我不喜欢听统觉的一种能力和它的统一性的同一,虽然这也许在B134注里重复的。

⑧ 而结果是想像力的先验综合外加于杂多的必然统一性。

出现在一个时间与空间里结合起来的。如我们所知道的，这样的认识乃是范畴，或说知性的纯粹概念①，而想像力的先验综合是按照这些知性的纯粹概念得到完成的②。

可见人类知识的经验性力量含③有一种知性，而这知性是和感官的一切对象有关系的。这种关系乃是一种间接的关系，而不是一种直接的关系，因为知性总是用直观以及通过想像力用直观的综合和它的对象有关系的④。

康德坚持认为，虽然不太清楚，经验性的知性是为纯粹知性所限制的⑤，而且每一个判断，无论它是用什么经验性的概念，都必须把范畴应用于在直观里被给予出来的对象。

13. 知性与出现

当康德说知性和感官的一切对象都有关系时，他的意思是说，知性与对象是处在一种必然的相互关系之中。这种关系能从两方面来看。

从知性这边看，康德的意思是说，知性在其自身里含有纯粹概念或说范畴，而知性是靠这些范畴而有关于感性对象的验前知识的。从对象这边看，康德的意思是说，感官的一切所予的质料必须符合于范畴，如果它是要成为经验里的一种成分的话。

康德的整个论证以经验的可能性为关键⑥，而经验总是直观与思想的混合物。除非所予的直观或说出现能被思维，对我们来说，它们就不能

① 在这里我们又可指望康德谈到范畴与判断的各形式之间的联系，但是他不考虑人性的弱点，而满足于在形而上学演绎里已经说明过的这种联系。

② 正是因为先验综合是按照范畴完成的，范畴(或说知性的纯粹验前认识)才说是含有纯粹综合的必然统一性的。

③ 比较一下 A124-125，在那里康德坚持经验在经验性的认识(或知性)里“含有”使经验的形式统一性有具可能的那些概念。

④ 比较一下 A19＝B33 以及 A67-69＝B92-94。

⑤ 统觉的统一性，在它和想像力的一种经验性综合有关系时，总是也和想像力的一种纯粹先验综合有关系的。当我们在想象里构成一所房屋时，而从一个所予的感官材料出发，显然我们也构成时间与空间。

⑥ 甚至在 A93-94 里也弄清楚了这一点的，而且它控制着全部分析论。

是对象的直观，而这样也就不能给我们以知识或经验。但是如果它们是要被思维或被判断的，它们就必须符合于判断的条件或说形式，因而就必须符合于范畴。离开范畴，就不能有任何关于对象的经验。

所以纯粹知性，通过它在其自身里面所含有而独立于任何所予的质料之范畴，就是一切出现的形式和综合的原理。出现，如果要被给予出来，必须符合于作为直观形式的空间与时间。如果出现要成为对象的出现，它们就必须符合于作为思想形式的范畴，或说作为包含在知性本身的性质里的综合之形式原理的范畴①。

这就是客观演绎的本质，而主张必须有按照范畴的想像力的先验综合这一学说乃是主观演绎的本质。

14. 知性与想像力

如果我们再看一下知性或说思想的工作是在什么不同的方式上和想像力的综合有关系的，可能对弄清楚康德的学说有帮助。

在一个经验性的概念里②，思想构想出了所予的杂多借以结合为如同一所房屋那样的一个对象的想像力的经验性综合的规则；而这种综合部分为被给予出来的那些直观所确定，而部分为属于心自身的综合的终究原理所确定。

在一个数学的概念里，思想构想出了空间的纯粹杂多借以"任意地"结合为如同一个三角形那样的一个对象的想像力的经验性综合的规则。在这种情况下，这个综合就不为所予的经验性直观所确定，虽然它必须与空间的纯粹直观相一致③，而且又必须与那些属于心自身的综合终究原理相一致④。然而这综合的性格主要是由于心的一种选择，而"任意地"

① 比较一下 B164。

② 要知道概念里的种种差异，可看本书第九章第五节。

③ 例如我们不能用两条直线来构成一个包围住空间的形。

④ 这种说法需要某些限定，由于一个数学的三角形只是一个对象的形式而严格地说，不是一个对象本身(看 B147)。也许我们能说，不是综合的一切终究原理都在起作用，除非既有空间的纯粹同质杂多的一种综合而又有所予的经验性杂多的一种综合。一个数学的三角形有量，而只是一个实在的三角形才是一个实体。

按照它关于“三角形”的概念来构成一个形，而不是按照它关于“圆”的概念来构成一个形。

在纯粹知性概念里①，思想构想出了纯粹杂多借以结合为具有一切经验性杂多所必须按照着来被结合的一种必然综合统一性的一个时间与空间的那种想像力先验综合的规则②。在这里，知性的纯粹概念与想像力的先验综合之间的关系近乎数学概念与一个数学形借以被构成的纯粹综合之间的关系：在确定这个综合之中，概念乃是主要的因素。这两种情况之间的差别乃是在于这个事实，就是数学的概念是任意的，而纯粹概念是必然包含在思想本身的性质里的③。

如果我们不去管范畴之间的差异——如康德自己在先验演绎中大都是这样做的——则思想作为思想，概念作用作为概念作用，是必然需要在其对象里有综合的统一性的；而结果，它就需要有那具有一条规则而这样也就能够作为一个统一体而被设想的想像力的综合④。如果我们只有一些经验性的直观，如果这些经验性的直观又是自在之物的话，思想的这种要求就可能不为实在所满足。但是，既然时间与空间是为一种纯粹的同质的杂多所组成的，想像力就必须能够完成满足统一性的需要的这种纯粹先验综合；而且既然时间与空间又是一切经验性直观所必须与之符合的我们感受性的形式，所以想像力的先验综合就必须能够把必然的综合统一性按照思想的要求而加在这个经验性的杂多之上。

康德所相信的就是，判断的各种不同的形式预先假定有综合的不同原理，而结果就须先假定有在所判断的杂多里的不同类别的综合统一性；而且他还相信，想像力的先验综合是按照这些原理起作用的，并且是把所

① 我不去管关于纯粹范畴与图型化范畴之间的差别的种种复杂。这些复杂已经在本书第十三章第六节里指出而且在后文里还将更充分地加以说明；看本书第三十三章。

② 把一种经验性的杂多结合为一个对象乃是在一个共同的空间与时间里确定它的地位。我们将要在后面看到要确定个别空间与个别时间的相互关系，又需要有在这些空间与时间里的经验性杂多的一种结合。

③ 我们不用数学的概念也能想到对象，但是不能没有范畴。

④ 概念作用作为概念作用不但需要我们用分析的一种动作来抓住一些不同对象的共通特性(不管这些特性是什么)：它还需要我们能够用综合的一个动作来把我们想要分析的对象或者一些对象抓在一起。这就是形而上学演绎所要证明的整个主旨。

需要的不同类别的必然综合统一性外加于这杂多的。范畴作为综合的原理与判断的各种形式这两者之间的相应是"一目了然的"[①];但是康德一直没有给我们那些详情,而只有这些详情才能说明那看作确实的相应而辨明他关于想像力的先验综合所相信的。先验演绎只成立他的见解的一般可能性。其细节要留待原理分析论来讨论。

据我们能看到的来说,这学说并不实在依靠心是有知性与想像力的分别能力这种见解的。其本质乃是在这个论点里,就是说,同样一个心所作的乃是两种不同、但彼此有关系的活动[②]——即想象性综合的活动和想出在想象性综合里起作用的原理这个活动。十分容易看到,这第二种活动可以正当地描述为自我意识或说统觉的一种活动。

---

① 看 B111-112。

② 或者说本质上是一个活动的东西的两个不同方面。我们一定不得认为有两种活动,在时间里的一个是先行于其他一个的。

第二十六章　退行的阐明

1. 退行的阐明

既然我们已曾成立了这样的事实，即出现[①]通过范畴必然与知性有关系或联系，先验演绎在现在也就完成了。

然而我们的证明还没有取得人们容易信服的那种明了的性格，而康德打算把这种关系或联系弄得更清楚一些，把它摆在我们的眼前。他将从经验里的最低成分，即感官知觉开始，而逐渐上升到统觉的统一性去[②]。这样，我们就能够更容易按照遵循同样次序的临时阐明来解释他所说的。我们又将能够更公平地处理在经验里的那些经验性成分，这些成分在他的综合的或说顺行的证明中曾起过很小的作用，因为顺行的证明主要与之有关的乃是想像力与统觉的先验使用[③]。

2. 所予的出现

对我们首先给予出来的东西就是出现，而当这些出现和意识结合起来时，它就叫做感官知觉[④]。

最初，出现好像是现在称为感官材料的东西，而感官知觉就是感官材

① 就是出现作为一种可能经验的材料。看 A119。

② 不应还需要重复这个警告，就是康德乃是给我们提供经验里一些不同因素和成分的分析，而不是给我们提供经验从不是经验的某东西发展出来的方法的一种说明。

③ 比较一下 A94-95。我认为这一段又说明康德何以在权威的阐明里这么少谈到时间与空间——他认为时间与空间已曾充分地在感性论里处理过了。

④ A120，即德文的“Wahrnehmung”或拉丁文的“perceptio”；比较一下 A320＝B376。感官知觉说是有感觉伴随着的一个观念(B147)；而又说是经验性的意识，即在其里面有感觉的意识(B207)；又说是作为出现的直观的经验性意识(B160)。又看 A115，在那里感官说是在感官知觉里在经验上表现出现的。

料为其内容的整个心理状态①。康德还在极其广泛的意义上使用出现这词,以之包括“意象”,例如一所房屋这样的一个意象②;而且他似乎用“印象”这个词③(虽然不十分常见)来表示我们称为一种感官材料的东西,或者甚至表示一个感官材料能被分析为的种种成分。

康德并不相信,离开意识,出现是有其存在的④。可是,出现不是心所做成而是对心被给予出来的,而且如果我们是要意识到那些出现,心就必须把它们纳入它自己的活动里去。出现在其自身是没有客观实在性的。它们只在知识里存在,而离开心来讲,它们就完全等于无⑤。

康德是这样叙明这个论点的:他说,出现必须和至少是可能的意识有关系。说出现只对现实的意识才存在,这是否会是简单些?

我想康德的说法,其理由乃是这样的:任何时候对我们被给予出来的出现乃是很贫乏、很稀薄的东西,包含着其自身以外的其他种种出现。我们看见一所房屋前部的出现,但是我们想到:这所房屋的两旁与后部也能对我们出现。这些出现,离开人类的心,全都是没有任何实在性的,但是就人类的心来说,它们都同样是实在的。我们用类比,而特别是用原因与结果的规律,能从我们实际的感官知觉过渡到其他可能的感官知觉,而这些和我们直接的感官知觉这样联系着的可能感官知觉也是实在的。这一来,种种出现可能有一种作为和可能意识有关系的存在⑥。

---

① 康德的术语不总是前后一致的,而“感官知觉”有时就等值于“感官材料”。我们可注意到,一种感官知觉在其对于主体的关系上来考虑,作为心的状态的一种改变,就是感觉(即德文的 Empfindung);作为直接和一个对象有关系的来考虑,它就是一种直观(德文的 Anschauung)。看 A320=B376-377,在那里,十分奇怪,一种客观的知觉等于“cognitio”(认识)而且说是或者一种直观或者一种概念。

② 这样的一个“意象”不是和一个对象对立的:它可是而且每每是一个对象——但不是与思想分开。

③ 即德文的“Eindruck”(印象)。关于这种术语,看本书第十九章第二节,特别是 p.362 的脚注。

④ 康德像莱布尼茨一样,相信有微弱的知觉,在某种意义上是不自觉的,但是乃至这些的知觉,离开意识,也不存在的。

⑤ 康德的话语是含糊的,但是我不认为他在这里的意思单纯是说,离开心,出现就不是对象的出现。

⑥ 参看经验性思维的第二条公准,A225-226=B272-274,感官知觉说是人们意识到的感觉,但是一个东西,虽然没有立刻被知觉到,还可以是现实的,比较一下 A493=B521。

3. 领会的综合

种种感官材料或说印象都必须被"纳入"想像力的活动里去，或者换句话说，它们必须被"领会"。领会乃是立刻或直接①应用于这样的感官材料或说印象的②。

领会的确是想像力的工作，但是康德并没有把它弄清楚，究竟领会乃是在那可以描述为再生的一整个综合的里面之一种成分，还是领会就是这整个综合，在其里面再生乃是一种成分。后一种解释似乎更有可能③。无论如何，只有一个想像力的综合，在其里面领会与再生同是起其作用的，而我们用来描述这种综合的名称是没有多大关系的。

对我们被给予出来的东西总是一种杂多，但是它得要为想像力的活动所结合，而表现为一个杂多。对感官被给予出来的杂多在其本身是没有统一性或结合的，而它必须被结合为一个整体，而在现阶段上，康德描述这整体为一幅图画或一个意象④。

所谓"意象"，康德所指的似乎不是什么简单的东西，如一种红的颜色(这，我认为现在会叫做一种感官材料)，而像是更精细的东西，如一所房屋的意象⑤。

如果这个意象是一种红的颜色的话，康德的论点明显地就会更成问题了；虽然甚至去看见一个颜色也得花时间这个事实可以硬说来支持他。如果这个意象是更精细的，像一所房屋的意象，依我看来，一种想象性的

---

① A120。比较一下 A99 以及本书第十九章第二节。

② 康德自己是说"感官知觉"，但是接着在后面的一句说明这些是打算和"感官材料"或说"印象"等值的。在 A99 里，领会的综合是直接运用于"直观"的。这种语言的不严谨的使用使康德变为很难懂的，但是改正他的术语会是一种几乎不可能的工作，而我们必须满足于掌握他的大意。

③ 比较一下本书第十九章第二节。

④ 比较一下 A99。这里有德文"Bild"(图章)与"Einbildungskraft"(想像力)的双关意思。

⑤ 比较一下在 A120 注里的"对象的意象"。当康德说，每一个"出现"都含有一种杂多，因而一些不同的"感官感知"在心里孤立地发生，这时"出现"就像不是一种单纯的感官材料；而是像一所房屋那样的一个出现，而这就是它的更通常的意思。又好像"感官知觉"是感官材料或印象似的(或是只含有感官材料或说印象的心理状态似的)。

综合之存在是无可否认的①。

4.再生的综合

一个印象或感官材料跟在另一个的后面的单纯“拾起来”靠它本身不会产生一个意象或一些印象的联系②的,因此就需要有再生③。所以我们必须有想像力的一种再生力量能够把早出的感官知觉在迟出的感官知觉旁边恢复起来,而这样来显出一整个系列的感官知觉④。在那种情况下,想像力的这个再生力量就可以说是经验性的。

很明显,这种想像力的再生力量,如果它能帮助我们来认识对象,就按规则起作用⑤,而且其实必须如此。我们并不随便地再生过去的观念,而任何所予的观念是按规则恢复某一些其他观念的,例如按接近性或按类似性来这样做。这些规则是主观的,它们是属于心的本性的,虽然,除非所予的一些观念原是邻近的和类似的,这些规则是没有可能的。所以,按照这样的规则的再生的主观的而且经验性的根据就称为观念的联想⑥。

不幸的是,康德并没有说出联想的规律是什么,而且他又没有给我们举出实例来说明他的意思是什么⑦。联想的一切规律无疑有助于我们的思维(虽然它们有时也扰乱我们的思维)。譬如说,接近律帮助我们想到

---

① 在一个脚注里,康德附加地说,想像力是感官知觉里面的一种要素(虽然事实上它是运用于感官知觉之上的);但是感官知觉在这里包含有关于一个意象的觉知。例如一所房屋的觉知。比较一下B162,在那里康德说一所房屋的经验性直观为统觉做成一个感官知觉。

② 这里“联系”是德文“Zusammenhang”之译,这词暗示着一个“意象”多于一个简单的颜色。

③ 比较一下A102。十分奇怪,康德在这里不用“统觉的综合”或“再生的综合”这类短语;但是在A120里他说到想像力作为一种“综合的力量”(比较一下A120注),而且这个学说是同临时阐明的学说一样的。

④ 我说“感官知觉”而不说“印象”,因为康德是这样说的,但是我怀疑在这里是否打算有任何实在的区别,除非康德是要说意识的整个状态是再生的。

⑤ 康德所说的是“按规则”(单数),可是有几条的联想规则或规律,而在下一句里,他自己便说到“规则”(复数)。

⑥ 观念的联想通常是给控制再生的那些规律的名称,但是这里它像是用来指在这些规律里面所描述的心之自然倾向说的。

⑦ 在A102里所举出的一些例子都太过特别,因为它们都是与一种纯粹综合有关的。

原因与结果，而大概这是康德心目中的规律之一①。我不禁觉得可疑的是，他的心目中想到的，而且也许主要想到的是靠亲合性而再生的规律②，其突出实例是我们因为一些观念都是同一对象的观念而联想到它们时所不难看到的。总之，我认为他确实关心的不止是像红色这样的简单意象。

5.先验的亲合性

为要有再生，我们所需要的不只是一种主观的根据，或说心里面的一种自然倾向；我们还需要有一种客观的根据，或说在对象里的根据③。这种客观的根据可称之为出现的"亲合性"④。

很明显，如果要有任何靠接近性的联想，就必须在一连串所予的印象里有某种规则性或者重复性⑤。又很明显，如果要有靠亲合性的联想(就是说，因为一些观念是得自一个共通的根据，而且更特别地是得自一个共通的对象的联想)，那么就必须在对象的一些所予的质素里有某种结合和相互一致⑥。没有这样的规则性和结合，我们的联想力量就永远不能被运用⑦，而离开这种力量的运用，就一定永远不能有知识。我们甚至永远

① 看《人类学》第二十一节B(Ⅶ176)并且比较一下本书第十九章第四节。

② 看《人类学》第三十一节C(Ⅶ176)并且比较一下本书第十九章第五节。亲合性本身乃是联想的客观依据，但是我们倾向于因为观念的接近而联想到它们，这种倾向是主观的而且是经验性的。然而应该注意，当我们说到由于亲合性而有联想这时，其"亲合性"是用在一种狭义上的；因为它是指由于一些质在一个对象里面的结合的这种联想的。而作为联想的客观根据的亲合性大概是一切联想的客观根据。

③ A121。

④ A122。又比较一下A113，那里亲合性说是联想的可能性，就其是处于对象里而言的根据。

⑤ 这是联想性的想像力的工作，这种想像力是在时间里把观念联系起来的。看本书第十九章第四节。

⑥ 比较一下，在A100里朱砂的例子。

⑦ 与此相类似，如果没有所予的感官材料是彼此相同的，那就不能有靠类似性的联想。看来，康德不那么多地兴趣于这种联想，但是，如果要在许多连串的所予印象里有重复，就必须在对象里有类似性。我有点怀疑，先验亲合性，甚至按康德自己的前提，能够必然包含着在对象里的不变性以及因果性次序的重复这种意思，而这同样的怀疑对于对象里的类似性也有效；看本书第二十四章第二节(结尾处)和第十九章第五节。

不能觉知到这一连串的感官印象，因为这种觉知离开了再生与认识(或说记忆)；其本身是没有可能的。

从我们的观念是按照一定的经验性规律[①]得到联合的这个事实，我们只能推断：在所予的一些印象里必须有某种规则性和某种的结合[②]。我们永远不能推断这种规则性和结合必须是一种必然的规则性与结合[③]。

康德相信，在所予的印象里的规则性和结合是普遍的而且必然的。种种出现是在这种方式上被给予出来的，以致能适合于人类知识的一个体系，这并不是偶然的。他不是谬误地根据联想的经验性事实来论证并建立这一点，而是从统觉的统一性来论证的，这统觉的统一性乃是人类知识的终究条件[④]。离开出现的必然综合统一性，统觉的统一性就没有可能了[⑤]。出现的这种必然综合统一性是和康德称作出现的先验亲合性[⑥]同一的[⑦]；而且他假定：出现的这种必然的综合统一性意味着出现在重复的因果性前后相继里和在对象的相对不变性里的一种必然的规则性与结合。

如果所予的出现是自在之物的话，或者甚至如果这些出现的前后相继是由于自在之物在一种实在时间里的变动的话，这种论证，如康德自己所承认的，就会是完全没有正当理由可言的[⑧]。根据他来说，这论证之为有效，只是因为出现在本质上乃是依赖于人类感受性的，而且因为在其里面这些出现彼此相继的时间乃是人必须按照着来直观实在的一种形式。

根据这些假定来说，一些出现的亲合性，或说使观念的联想成为可能

---

① 其中最重要的是靠类似性，靠接近性和靠亲合性的那些联想规律。

② 这个推断像是几乎不必要的，因为我们从经验便知道这种事实，然而若不是有联想的事实，这一种经验就会是没有可能的。

③ 看本书第十九章第五节。

④ 在临时的阐明里，康德起初是从想像力的先验综合来论证的(A101-102)，而只是后来才从统觉的统一性来论证，特别看 A113。

⑤ A116-117。比较一下 A105 以及 A106-107。

⑥ A114。它是先验的，因为它是验前必然的，而且是一切经验的条件。

⑦ 包含在统觉的统一性里的必然综合统一性诚然是可以抽掉了时间来理解的，但是当它作为在时间里被实现的来理解时，那时它就是和先验亲合性同一的。

⑧ A101 和 A113-114。

的那个客观根据，就是以统觉的统一性这条原理为依据的。一切出现，如果它们是要成为在我的知识里的成分，就必须这样进入心里来。或说被领会，使得它们和统觉的统一性相一致。而没有在它们的结合的综合统一性，这是不能发生的，所以在它们结合里的综合统一性乃是客观上必需的，那就是，如果我们是要有关于对象的任何经验，这是必需的①。

无论如何，康德的论证是十分难懂的，但是，如果我们带着一些实在论的预先假定来和它打交道，它就必定像是悖理的，甚至是无稽之谈②。

6. 想像力的先验综合

一切经验性的意识，如果它是要成为关于对象的意识，必须在一个先验的意识里，即必须在原始统觉里，被统一起来③。这条原理乃是一切可能的感官知觉作为在经验里的一种成分的必须条件。

康德的学说是依据这种学说的，即除非是这样，就不能有任何关于对象的经验，不能有任何知识，而又不能有任何思想。只能有一连串的互无关系的感官知觉，而我们乃至不能知道它们是一连串的。

他进而用这种必然统一性借以被外加在感官知觉之上的那主观机构之一种说明来加强上述的论证④。

一切出现的先验亲合性，不管这些出现在我们的共通空间与时间里的位置是什么，康德主张，总是想像力的一种先验综合的必然后果。这是空间与时间的先验综合，其验前根据的就是规则，即根据范畴⑤。想像力的先验综合不但把外延量，而且还把必然的规则性与结合外加于一切出现⑥。

---

① A122。因为离开统觉的统一性就不能有关于对象的任何经验。

② A114。

③ 看A123和A117注。

④ 从这我们就过渡到演绎的主观那边去。这是完成其论证所必需的。从统觉的统一性出发，我们就能论证，如果我们要有关于对象的知识，全个杂多就必须符合纯粹范畴；但是单从这，我们也不能理解何以杂多的这种符合是应该多于一种单纯的偶然。

⑤ A123；比较一下A125。

⑥ 我几乎毋须又重复，何以想像力的先验综合能够(1)根据于范畴，而(2)把综合的属于范畴的原理外加于所予的杂多，其理由就是它乃是一种纯粹杂多的综合，在我们感受性的性质里被给予出来而限制着一切经验性的感觉的。

"必然的规则性与结合"或"先验亲合性"看来仍是太广泛的名词，因此是无法清楚予以了解的。我想它们包括在原理，尤其是在类比里所讨论的出现之一切必然的规律。为了清楚起见，我们可以从因果律举出一个特殊的实例来。康德认为把一个重球放在一个软的垫子上面，总会跟着就有垫子的一个凹洼的（如果其他情况不改变的话）①；而且他还认为这种必然的前后相继，或说因果性联系，不是由于自在之物里面的改变而是由于想像力的先验综合的，而这个先验综合是把因果律外加于出现的一切前后相继之上的。这先验综合并不使这凹洼成为那球的结果，而是使每一事件成为某原因的结果，而又使每一事件成为某结果的原因，这都是按照规则的。不管我们喜欢与否，我认为无可怀疑，这就是康德的学说。

7. 先验的想像力与经验

按这种见解说来，想像力有一种先验的用途，而又有一种经验性的用途②。它乃是验前综合的力量，而又是经验性综合的力量，而作为这样的力量来说，它可以称为能产生的③想像力。可是，能产生的想像力可在数学的纯粹综合里有一种特别的用途，而我们就必须把这先验综合从这些纯粹综合区别开来④。想像力的综合是先验的，只要它的目的不是在于按照一个特殊概念的一个特殊的构造，而是在于在一切出现之杂多里的那个必然综合统一性，没有这种统一性则这些出现就不能成为对象的出现⑤。

---

① A203＝B248。

② A94；比较一下本书第十七章第九节和第十一章第四节。

③ A123。注意"能产生的"这个词在这里是限于在一种验前综合里，即在一种独立于经验的综合里所显现出来的想像力的；比较一下本书第二十五章第七节。

④ 这先验综合当然是存在于这些纯粹综合里，如它存在于每个经验性的综合里一样。比较一下本书第二十五章第十四节。

⑤ A123。比较一下 A118 以及本书第二十五章第九节。康德在这里所说像是想像力本身（就其是指向于必然统一性的验前综合的力量来说）就是想像力的先验作用似的；比较一下 A78＝B103。我认为这是由于言语的不小心；但是也许德文"diese"（这个）能理解为不严谨地不是指想像力说的，而是指验前综合本身说的，而验前综合是能正当地描述为想像力的一种先验作用的。

无论看来是怎样不合乎常理,康德却相信想像力的先验综合[①]乃是出现之亲合性的来源,因而就是出现按照规律的联合与再生的来源[②],又是经验本身的可能性的来源。没有这样一种先验综合,就没有任何关于对象的概念会汇集成为一个经验了[③]。

8.先验的想像力与统觉

先验亲合性的证明依据于这个论点,即先验亲合性乃是统觉的统一性所需要而且是蕴含在统觉的统一性里面的,并且先验亲合性所借以得到实现的主观活动也就是想像力的先验综合。统觉的统一性与想像力的先验综合之间的联系显然是需要有进一步的说明的。而康德现在就给我们提供这种说明,虽然其方式不是足够的。与此同时,他又强调统觉的统一性的基本重要性以及它与时间之间的平行[④]。在我们关心到想像力时,我们必不可忘记,统觉的统一性乃是我们一切知识的终究根据。

统觉的统一性,这个继续不断而绝不改变的"我"[⑤],乃是我们一切观念的关连物,这是就我们有可能[⑥]觉知到这些观念,就是说,觉知到它们

① 康德是说"作用",但是我看不出用这个术语增加了什么意思,除非也许是要它暗示这先验综合乃是形式的,而与判断的各形式或说各种作用有关系的;看本书第二十三章第六、七两节。

② 康德像是把"按照规律的再生"从亲合性而又从联想区别开来。也许这里"联想"是严格地指再生所依据的主观依据,即我们心里的倾向说的(A121)。然而这不是十分令人满意的,因为亲合性不是我们主观倾向的根据,而是它的成功运用的根据。"按照规律的再生"有点像是在A105-106里的这么令人窘惑的"心理再生"(看本书第二十章第七节)。也许"规律"在这里是等值于只是"经验性规则",但是比较一下在A122里的"在再生里的一种彻底联系的普遍规则"。

③ 一切特殊概念(包括一切经验性概念)都依靠包含在相应于这特殊概念的特殊综合里的普遍先验综合。因此康德可能是指范畴说的,而又是指特殊概念说的,但是他心目中可能只有范畴。

④ A123-124。这像是论证的一种暂时的中断,而使花亨格尔(Vaihinger)能够主张我们在这里就有了他武断地分这论证为几层的一层的开始,鉴于我关于他的主要各层所作出的种种结论,我不认为这些所谓各层还需要有任何另外的讨论。阿迪克斯(Adickes)的提议——说这个段落和A123的第一段落比和关于想像力的夹在中间的段落的联系更为容易,因而关于想像力的段落乃是后来插入的——更说得过去。即使是如此,关于想像力的段落对于论证来说,还是必要的。

⑤ 这并不含有灵魂是一种永恒的实体的这个意思。

⑥ 这可能是指这个事实说的,就是观念只在其对于一种可能的意识的关系上而存在。看A120以及本章第二节。

作为某东西的观念[①]这点来说的。一切经验性的意识全属于一个无所不包容的纯粹统觉，像一切感官性的直观(作为一个观念来考虑)全属于时间[②]的纯粹直观[③]一样。许多地方都强调过这一点[④]。

我们曾看到，想像力的先验综合是与统觉的统一性一致而起作用的，进而就按照范畴在杂多里产生必然的综合统一性。我们现在就得要附加地说，纯粹统觉必须把这先验综合带到概念那里来[⑤]，而这样使想像力的先验综合借以得到指导与控制的一些原理成为明显的[⑥]。换句话说，它必须把在其本身是感官性的东西变为知性的[⑦]；因为想像力的综合，乃至当它是一种纯粹的综合如在一个数学形的构造里那样时，总是属于感官的[⑧]。

这个学说，关于范畴以及关于特殊的概念，现在对我们来说，都是熟悉的了[⑨]。单独想像力只能给我们以一些图画或说意象，但是因为同一个知性能够构想出想像力借以综合所予的杂多的各种各样的原理，所以知性就能够给我们以关于对象的知识[⑩]。这学说可以和康德从前称为认

---

① 我是从 A116 引来这最后一个子句的。在 A116 里康德在下面所说的加上必要的插语：统觉的统一性乃是一切观念的可能性的条件(因为这些观念乃是某东西的观念，只是通过这个事实，就是它们和一切其他观念一起都属于一个意识)。

② 在这里，如每每是那样，康德使时间与统觉的统一性平行而没有说(1)只有通过统觉的统一性，时间才是一整个；(2)只有通过时间，以及通过时间的先验综合，统觉的统一性才是在意识里的杂多之统一性的终究原理。比较一下 A98-99，A107，B151，以及 A138-139＝B177-178。

③ 康德称它为一种纯粹的内直观；通常它乃是内直观的形式。

④ 看 A107，A110 和 A117 注，并且比较一下 A127-128，B136 和 B144。

⑤ 比较一下 A78＝B104。

⑥ 可能有人反对说，这是先验逻辑的任务；但是，就康德来说，先验逻辑乃是更系统地完成寻常思想的工作的。例如我们任何时候使用因果这个范畴时，我们就是使一条原理变为明白的，而即令我们不觉知到它，想像力的先验综合却为这原理所控制的。比较一下本书第十三章第五节。

⑦ A124。比较一下 B151。

⑧ 想像力所与之有关的乃是进行综合的直观，而不是想出它自己为其指导的原理。

⑨ 参看本书第十三章第五、六两节，第二十章第五节和第二十五章第十四节。

⑩ 在这里，如常是那样，不能绝对知道康德只是谈到范畴或者谈到一切概念(包括范畴在内)。它们"属于知性"这个事实是暗示着范畴的(虽然在某种意义上一切概念都是属于知性的)；而我认为整个说来，这是为一段前后文所支持的。前面(在 A123 的末尾)提到概念又是含糊的，而在 A125 里又有同样的含糊，不幸，在康德指范畴作为与特殊的概念相对立时，他不用一个特别的词如"总念"(英文的"notion")。看 A320＝B377。

识的综合的东西比较一下。

我们必须等到关于图型法那一章时才有关于空间与时间的先验综合怎样为范畴所控制的说明。目前康德只处理统觉的统一性与想像力的先验综合之间的关系的最一般的性格。想像力乃是知性与感受性之间连接的一环，而用它的先验综合，想像力就把直观的杂多和统觉的统一性连接起来；因为它把必然的综合统一性外加于杂多，而没有这种统一性，统觉的统一性就是没有可能的。单独感受性只能给我们出现，但永远不能给我们经验性知识的对象，因而它就永远不能给我们任何经验①。

9. 范　　畴

在这种“从下到上”②的全部阐明里，康德故意把范畴留在后面，正如他在临时的阐明里所做的那样。这里他对该论证作出了一种概括的回顾，明显地提到关于三重综合的说明，而且突然向我们提出范畴来③。

经验就在于对出现的领会、联想或说再生④以及认识。这些都是经验性的，虽然领会由时间所限制，再生由想像力的先验综合所限制，而认识，或说经验性的统觉由纯粹统觉所限制⑤。其中最后而最高的，即经验性的认识，含有概念，而概念是经验的形式统一性成为可能的，而这样就使我们能够有关于对象的经验性的经验而得到真理⑥。

这些概念是什么？它们使经验的形式统一性成为可能的这个事实暗示着它们乃是范畴，但是一切概念在某种意义上都是统一性的来源⑦。

---

① A124。这是本质上批判学说的一个极其清楚叙述，而在 A89＝B122 和在 A90＝B123 里比较含糊地说出的。看本书第十六章第八节。

② A119。

③ 在第一版里，范畴总是出现于演绎里，好像是想要作为一种生动的意外事情似的，是必然地，但想不到地从上文得出来的。（看 A111，A119 和本段）康德有时用同样的方法来处理统觉的统一性（譬如在 B132 里，即第十三节的起头）。这种方法产生一种奇怪的实然性，而有人曾误认它前后不连贯。

④ 这里像是把联想与再生等同起来，与本章第七节和 B485 注④对比一下。

⑤ 看 A115-116。

⑥ 经验性知识的客观有效性是等同于真理的，由于要有关于对象的有效的知识就是要有真理。

⑦ 比较一下 A78-79＝B104 以及 A105-106。

人们可能希望康德说得更明白一些，但是既然我们绝不在经验性的认识里（或者在判定直观里）使用概念而又不使用范畴，所以怎样解释它是不十分重要的，作为对杂多的认识的根据的[①]这些概念，就它们是只和一般的经验的形式有关来说，也就是范畴[②]。

在这里人们又想要对于形而上学演绎与判断的各形式有所说及，但是按照一切所曾说过的来看，了解康德的意思是没有困难的[③]。范畴乃是凡是要有经验以及要有对象所需要的必然综合统一性的概念[④]。它们乃是包含在经验里的思想的验前条件，而就思想的形式来说，它们是使经验成为可能的[⑤]。经验的统一性和经验的智性形式乃是同样的东西[⑥]。

"所以在想像力的综合里，一切形式统一性都是根据于范畴的。"康德在这里所谈及的想像力的综合大概就是想像力的先验综合；但是，如果他是指想像力的每一个综合，结果是一样的，因为先验综合是存在于每一个综合里，而且又是每一个综合的条件。先验综合乃是按照范畴的综合，而这综合的形式统一性乃是外加于一切出现之上的，而且是它们与统觉的统一性相一致的条件。结果，它就是出现之为对象的出现的条件[⑦]。

---

① 它的意思可能只是说一切认识都依靠概念。

② A125。"就……来说"这个字样或者是限制性的，说明所提到的概念只有些是范畴——也许这是最自然的解释——或者这个字样的意思是说，所说的概念就是范畴，因为它们使经验的形式统一性成为可能的。

③ 花亨格尔（在其《先验演绎》一书的 pp. 59-60＝37-38 上）关于含糊性的埋怨乃是由于这个事实，就是他没有了解前面所说的是什么，这从他的理论来看是足够明显的。

④ A79＝B105。

⑤ A93＝B126。

⑥ 比较一下 A129-130。毋须说，范畴是存在于经验性的认识里，因为统觉的统一性存在于每个判断里。何以康蒲·斯密（见其《解义》原文 p. 225，绰然中译本，p. 256）要在这段里怀疑在全部批判哲学的根基上的一个学说是我不能理解的。鉴于他的几乎过分地坚持范畴是把作为整个的每一个判断弄成眉目清楚的这点，他的这样怀疑就更令人觉得稀奇了。看本书第十五章第三节。

⑦ A125 里这个段落的最后一句，其原文是这么讹误，以致很难确定它的确切意思，甚至有了阿迪克斯的校订说想像力的经验性使用是存在于认识里的，而这像是康德难于作出的一种可能的叙述——无论如何是不能的，如果它所含的意思是有，如它好像是有的那样，一种不同于再生、联想和统觉的使用的。"成分"这个词可能如康蒲·斯密所提出，是指范畴说的，因它在 A96 里是这样用的；但是我们自然会指望它的意义是和它在紧接前句里的意义同样的，在那句里它是指领会、联想、再生和认识说的。

整个事情的结论就是这样的：正如出现的空间的与时间的性格①为人类感受性所确定，同样地，我们在出现里所发觉的，而给以“自然”②这个名称的统一性或说一律性；秩序与规则性，乃是人类思想的性格所外加的。如果它不是这样外加的话，我们就永远不能说在出现的世界里有必然的统一性或一律性了。因为自然的统一性是必然的而且普遍的，所以它的根据必须不是在事物里，而是在于是验前知识的原始来源的心的一些力量里。自然的统一性乃是由于人类思维的主观条件或说形式；而这些条件之对于对象有效，是因为它们乃是经验到或者认识到任何无论怎样的对象的可能性的条件。

① 即一般性格，不是特殊性格，因为特殊性格是自在之物所确定的。我们验前知道每一东西必须是空间性或时间性的，但是我们验前不知道它将有什么形状或将经过多久。

② 即从形式看的自然(Natura formaliter spectata)。比较一下 A419 注＝B446 注。在这里为思想所外加的乃只是一般的统一性或一律性(不是特殊的统一性或一律性)。我们验前知道凡事必有原因，但我们验前不知道其原因是什么。

第二十七章　知性与自然

1.知性的作为规则的力量

我们现在已达到了先验演绎的结论，但康德又补充了几点说明。其第一点是有关于知性的性质的。

知性曾被描述为知识的一种自发性①，思想的一种力量②，概念的③或判断的一种力量④。现在它便被描述为规则的一种力量⑤，而且是在两种意义上说的：第一，因为知性力求发现经验性的规则或说自然的规律；第二，因为它把某些必然的而且普遍的规律外加在自然之上。

我们将会记得，统觉的统一性在其对于想像力的综合的关系上原说是知性的⑥。现在统觉的统一性复说是这规则，而这些规则的力量或说能力就是知性⑦。

我不知道怎样使这些描述完全一致起来⑧。康德好像把统觉的统一性时而当作一种力量或说能力，时而当作存在于判断的一切动作里的形

① 比较一下 A51＝B75。

② 比较一下 A15＝B29，A51＝B75 以及 A97。在 A97 里，知性又说成是知识的一种力量。

③ 比较一下 A68＝B93，又 A159-160＝B199。

④ 比较一下 A69＝B94。

⑤ A126。

⑥ 看 A119 和本书第二十五章第十一节，比较一下 B134 注，那里的统觉的综合统一性作为一种能力可能和知性同一，虽然在那里所说的是含糊的。

⑦ A127。“统觉的统一性在其对于观念的杂多的关系上（即作为用一个观念而确定杂多的）就是规则。”这里的意义是模糊的，而康蒲·斯密却翻译不同。我理解“一个观念”为一个概念；德文原是“aus einer einzigen”（从一单个），而“Vorstellung”（观念）是省掉的。我不了解何以阿迪克斯理解这“一个观念”为统觉的统一性。如果康德是说“含有这规则”而不是说“是这规则”——而他每每把“是”和“含有”用作是等值的——那么这里所说的就会更容易了解。

⑧ 康德的阐明变得更为复杂，由于他说（1）知性本身就是自然律的来源（A127），而又说（2）纯粹知性在范畴里乃是一切出现的综合统一性的规律（A128）；但是第二种说法大概是要来表示和第一种说法的同样意思的。

式统一性(或者甚至形式的动作)①。作为一种力量或说能力来说,它与知性似乎是同一的。

真正重要的是经验性规律与必然性规律之间的差别,而不幸的是康德并未前后一致地使用"规则"与"规律"这两个词以表示这种差别。

2.规则与规律

各种不同类别的规律(如果"规律"可用作一个一般的名词包括着"规律"与"规则")就应该大约地,如果不确切地,相应于各种不同类别的概念。

相应于范畴的,应该有严格的普遍的而且必然的原始的(或说非派生的)规律。这些规律就是知性的原理,可简称为"原理"。它们适用于一般的对象。

相应于"旜"(predicables)②的,至少在某意义上应该有普遍的而且必然的派生规律。然而旜不同于范畴,不适用于一般对象,而适用于外感官的对象。如果这样③,与之相应的规律,虽然是必然的,但是却不完全是普遍性的。它们适用于某些对象,而不适用于其他对象,并且可称为特殊的必然规律④。

还应该有一些规律相应于数学的纯粹概念,其本身是特殊概念而不是普遍概念。如果这样,就应该有第二类的特殊的必然规律,其性格比前面的规律更有限制。

目前只说有一些特殊的必然规律,而不考虑它们之中可能有任何种种的差别,那也足够了⑤。

又有一些特殊的经验性规律相应于经验性的概念。在各门自然科学里最突出地碰到它们。

---

① 关于统觉的类似的含糊,可比较一下本书第二十章第一、四两节。我曾在本书第二十章第五节里注意到,康德有时像是把统觉的统一性和统觉的动作等同起来;当他把统觉的统一性和统觉的力量或知性等同时,那就甚至更加令人觉得窘惑了。

② 看 A82=B108。就康德来说,这些"旜"乃是纯粹而派生性的概念。

③ 甚至范畴应用于内感官的整个问题是一个困难问题,关于这个问题必须小心。

④ 这些特殊的必然规律是在《自然科学的形而上学初步》一书里陈述的,而不属于先验哲学,但属于自然的形而上学的。看上引书的导论(Ⅳ470)。

⑤ 我不能一定说所提出的差别是能维持得住的,由于(1)纯粹数学所与之有关的不是严格意义上的对象(看 B147),而且(2)科学的特殊必然规律是依靠数学的。看上引书的导论(Ⅳ470)。

因此,至少有三种不同的规律,即(1)原理,(2)特殊的必然规律,(3)特殊的经验性规律。最后一种可以简称为"经验性规律",因为我们永远不能知道:一条经验性的规律严格说来是普遍性的。

我们需要有三个名词来表达这三种规律①,但是康德只用两个。"规律"这个词像是包括"原理"与"特殊必然规律"这两者,而"规则"是用作"经验性规律"讲的。那就是说,规律的本质特性乃是它的必然性,虽然完全普遍的规律在其完全意义上就是规律,而且原理有时只描述为"规律"而与"特殊规律"相对立②。

3.康德自己的定义

康德自己所下的"规则"与"规律"的定义不是完全清楚的。"规则,就其表示存在的东西为必然的③(因而就必然包含④在关于对象的知识里面的)这点而言,就称为规律。"⑤

不幸的是,这是含糊的,因为如果所谓"对象",康德是指"一般对象"而言的,那么这种种"规律"就是原理了。然而他的意思可能单纯是说,哪里有必然性,哪里就有规律。

他的另一个定义是同样难懂的⑥。"一定的"⑦杂多据以(所以在同样的方法上⑧)被断定的一个普遍的⑨条件,其观念称为"规则",而且,如果

---

① 譬如说,原理,规律和规则。

② B165。在那里,特殊规律并不划分为必然规律与经验性的规则。

③ 这是引自 Raymund Schmidt 所引康德的改正(见《补遗》Nachträge, L11)。原文是说"规则就其是客观性的而言",但是这显然是一种错误。

④ 这个词原德文是"anhängen"(依附)。康蒲·斯密译为"因而必然依靠关于对象的知识"。我不认为原德文能是这个意思,而且这就使这种区别变为无意义的了。至少有些规律,即原理,并不依靠关于对象的知识,而一切(作为与规律相对立的)规则确是这样的。

⑤ A126。

⑥ A113。在这里是玩弄德文"gesetzt"(断定,安排)和"Gesetz"(规律)这两个词。

⑦ "一定的"是英文"a certain"即德文"gewisses"之译。

⑧ "在同样的方法上"是英文"in the same kind of way"译德文的("mithin auf einerlei Art")之重译。我不明白这个的确切意思,因而照字面译出。也许康德的意思是说,在我们有类似的杂多被给予出来的地方,我们就能在同样的条件下断定它们或在同样的方法上安排它们。

⑨ 这里"普遍的"包括"一般的"(或"特殊的")正如包括"严格普遍的"一样;就是说,它既包括"绝对一切"而又包括"某种一切"。

它必须这样被断定，其观念就称为“规律”①。

无论这定义的种种困难是什么，一条规律是清楚地为必然性所标志的，而一条规则就不是这样的，而且说到“一定的杂多”是暗示着特殊的必然规律，而不单纯是原理，是要包括在规律的定义之下的。

不幸的是，康德甚至在我们正在考虑的这段文字里，并未前后一致地使用他对规则与规律之间所作的区别，而且如我们已曾看到的②，他还大谈其“验前规则”。他也大谈其“经验性的规律”③。虽然如此，如果我们要理解他的论证，关于这些区别的了解是不可缺少的。

4. 作为立法者的知性

康德相信有规则与规律上下有序的系统，但是一切经验性的规则以及一切特殊的规律都只是普遍性规律，或说原理的特殊限定，而普遍性规律或说原理乃是验前发生于知性自身里面的。这些原理不是从经验借来，像经验性规则那样。它们是知性外加于出现之上的，而且从而使经验本身成为可能。这样一来，知性就是自然世界的立法者，而它之所以能够这样，只是因为自然世界乃是对人类心灵的一种出现④。

如康德小心地说明的那样，知性只是把一些终究的而且普遍性的规律外加于自然之上。自然的详细经验性规律之不能在验前得自纯粹知性，正如无限多种多样的经验性直观之不能在验前得自空间与时间的形式那样。虽然如此，正如一切直观必须是空间性的以及时间性的，不管它们的经验性形式是怎样的那样，对象的一切出现也必须为原因与结果的普遍性规律（而且为一切其他原理）所控制，不管我们根据经验所弄清楚而且唯有根据经验才能弄清楚的详细差别是怎样的⑤。

康德并不是一个观念论者，如果观念论者被理解为相信纯粹思想能

---

① 比较一下本书第二十四章第一节 p. 446 的脚注。

② 例如 A108 与 A110。

③ 譬如 A127。

④ A126 起。比较一下 A114，B165，以及 A159＝B198。

⑤ 比较一下本书第六章第八节。

创造实在性的人[1]。经验性的实在一定是由不同于有限的心的某东西给予于那有限的心的。但是有限的那些心并不被动地从外面单纯接受所予;它们也在某一些终究的而且普遍的方式上确定所予的东西的形式。它们只在那些依靠人类感受性的性质的时间与空间的普遍形式之下才能接受所予,而且必须接受它。此外,作为能动的这个心把它自己的必然而普遍的规律外加于在时间与空间被给予出来的杂多,使得我们所知的自然必须有其统一性与一律性。那统一性与一律性是验前所知的,而不是一种经验的概括。那一律性之被实现的一些特殊的方式只靠科学的耐心研究才能知道,而科学的研究部分是依靠纯粹数学,但是在或高或低的程度上总是依靠经验性的观察,也就是依靠经验。

5.最后的概述

这最后的概述[2]着重重述的是康德的中心学说,即如果我们知识的对象是自在之物的话,关于它们的验前知识就会没有可能。如果我们的一切概念是借抽象得自自在之物的话,那么,即使承认自在之物是可知的,我们的一切概念就会是经验性的[3]。另一方面,如果有些概念得自我们的心的话,那么就会没有任何根据来假定自在之物必须相应于这些概念。无论在这两种情况的哪一种之下,我们都不能具有给我们关于实在东西的知识的验前概念。只有我们的知识所与之有关的仅仅是出现,我们具有这样的验前概念才是可能且必然的;因为那时,那构成对象的本质的性质的出现之必然的联系与统一性才必须为心自身所外加,而能独立于对感官被给予出来的时常变迁的质料而被知道的。

关于统觉的统一性和想像力的先验综合所附加的一些细目单纯是从前的论证的一种概述,而并未提出任何新的困难;但是康德似乎是强调这个见解,就是一切我们关于对象的知识的知性形式——即在统觉的统一性和范畴里所碰见的一种形式——是构成关于一切对象的一种形式的验

① 我不相信有任何重要的哲学家在这种意义上是一个观念论者。

② A128-130。

③ 这就是康德在 A92=B124-125 里所从出发的论点。

前知识，当然不是就其为对感官被给予出来而言，而是就其是被思想而言的，而且这些对象，如果它们要成为对象的话，是必须被思想的。

6. 凑合说

在第一版里提出的先验演绎的详细分析现在已完成了。我并不自认为已曾证实它的种种结论的健全性，而且更没有说明它是安排得好或者表达得好的。但我认为我已说明：它远不是一堆互不联系的随笔①，或者乱七八糟的矛盾阐述②，而是一个论证，一个首尾一贯的论证，一个规模宏大的论证。其临时阐明可能是写成于比其权威的阐明稍为更早的一个时期；但是它在实质上却含有同样的学说，而且如康德所主张的，是为着充分了解其权威阐明所必需的。如果我们能超出康德思想的语法而深入到他所试图要描述的实在，我们就将看到，在那权威阐明里所作出的更改，当它们不是局限于术语的问题时，乃是这样一些修改，即在临时阐明的学说经过一番更清楚的思考之后，为我们意料之中的修改。

① 比较一下花亨格尔（Vaihinger）的《先验演绎》一书，p. 24＝p. 2，"一系列的"《话叶》"……只在一种不紧密的联系上放在一起，毫无内部的贯通与融合"。

② 比较一下同上引书，p. 46＝p. 24，一种从不同时期而来的不同的，互相矛盾的说法的并列与混杂。我还可加上说，这些词句并不夸大花亨格尔所把先验演绎归结为的混乱。

第二十八章 客观演绎

1.第二版中的演绎

在第二版中,康德对先验演绎换了一种完全新的说法,可是保留着原来的引言①。其主要目的并不是要在我们所已经知道的之上另加什么东西,而是要澄清乃至在康德的时候已曾引起误解的一些含糊的地方和困难的地方②。

毋庸讳言,确实是有许多这样的含糊与困难之处的。其中可以提到的就是康德没有能够清楚地说明所谓范畴是什么意思,统觉与内感官之间的区别是什么,统觉与想像力之间的关系又是什么。这些问题都是基本的,而且要与由于术语与表达的不小心而来的那些困难区分开来。

早期的说法还有更大的一个缺点,即它没有弄明白范畴与判断诸形式的联系,以及范畴对于判断的需要,如果我们是要有关于对象的知识的话。对第一点,康德曾经在形而上学演绎里阐述清楚了,而第二点是包含在概念与其对象之间的联系里面的③——称知性为概念的力量和称之为判断的力量,在正当理解时,是同一回事④。虽然如此,这些论点还应该在先验演绎的本文里得到强调。

更不利于了解康德的论证的就是:他没有能够在第一版里充分地强调时间作为统觉与感官的杂多这两者之间的联系环节的重要性。他诚然一起头便断言他的整个论证是依据这个事实的,就是一切认识都受时间作为内感官的形式所支配⑤,在他的临时阐明之前面几部分里,这是十分清楚的⑥;但是

① 第一节的一三至一四。这节的最后段落删去而代以三个新的段落。
② BXXXVII-XXXVIII。
③ A103起。
④ A126。
⑤ A99。
⑥ 第二节的分节一与二。

在他进行时，这么少强调到时间，它就可能像是统觉的统一性的一种单纯的平行[①]，而不是范畴所必须通过而适用于感性世界的中介了。

康德一开头就清楚地说明：离开纯粹直观，就不能有任何先验逻辑[②]；想像力的一种先验综合，作为纯粹的来说，必须是时间与空间的一种综合[③]；而且范畴只有靠一种纯粹的先验综合，才能适用于对象[④]。这一切都毫无置疑地为后面关于图型法与原理的各章所证实。然而，如果他曾在先验演绎的本文里说明范畴是如何必须关于时间被图型化，而且——同样事实的另一方面——想像力的先验综合如何必须通过时间的媒介而起作用，他就会把事情弄得更清楚一些。

康德企图在第二版里对这一切各点作出更清楚的阐述。这个新的说明把论证汇合起来，后顾到形而上学演绎而前盼到图型法一章。依我的意见来说，即使它有各种缺点，它仍是康德所曾作出的最坚定而且可理解的说明。但我觉得难于了解的是，一些有资格的批评家为什么还有另一种想法[⑤]。我认为康德这样说是对的，他说，第二版并未增加第一版所未包含的东西，而认为他在第二版里取消了在第一版里所表达的一些见解，这种提法，依我看来，是毫无根据的。两版之间的差别主要是侧重点不同，虽然那新的说明显出一种加强的倾向，把空间几乎与时间同等地对待，而且更倾向于把想像力描述为在更低水平上起作用的知性。

2. 客观演绎与主观演绎

虽然有这个事实，就是康德在第一版里没有掌握住证明的捷径[⑥]，但是在第二版里，证明也并未显著地缩短。

这论证分为两个分离开的部分，其第一部分处理纯粹范畴而第二部

---

① A110，A123-124。比较一下 B136，B144。时间对于直观犹如统觉的统一性对于思想。

② A55＝B79，A76-77＝B102，A78＝B104。

③ A77＝B103，A101。

④ A118-119，A123。

⑤ 比较一下譬如 Prichard 的《康德的认识论》一书，p. 161。我当然不否认第一版关于许多论点说得更详细，而这样就大大地有助于了解其第二版。

⑥ 《自然科学形而上学初步》前言（Ⅳ476 注）。

分则处理图型化的范畴。换句话说，第一部分说明范畴乃是综合的原理，为推论思想本身的性质所外加的，而且是任何只能知道在直观里给予于某种的感受性的对象的有理智的存在者所需要的；第二部分说明范畴作为控制想像力的先验综合的原理，乃是具有人类感受性，即具有包含着时间的形式的一种感受性的有理智的存在者所需要的。

更简单地说，第一部分证实纯粹范畴的客观有效性，而第二部分说明使知性有可能作为人类知识的一种能力的主观机构。

认为这演绎的两半之间的区别在这新版里乃是这演绎的客观与主观两方面之间的区别，这至少是一种说得过去的假设①。如果是这样，在这点上，康德又替我们弄清楚了一向是混乱的东西。因此，我就一直称本章为“客观演绎”，而称下章为“主观演绎”②。

这两半之间的差别是在这演绎的第二十分节说明的③，而把第二半作为在第二十二分节开始是方便的④。

3.客观演绎概述

在第二版里，整个论证分为若干分节⑤。即使有了康德自己的标题⑥的帮助，还是不容易确知每一分节的主要论点是什么，但是客观演绎的轮廓大概如下。

直观的杂多的综合是关于对象的知识所必需的，而且是由于知性的(第十五分节)。

统觉的统一性是直观的杂多的综合所必需的，而离开这样的一种综合，统觉的统一性本身也是没有可能的(第十六分节)。

---

① 看 A XXI-XXII 和本书第十一章第十一节。

② 我不自以为在第一版里，康德恰恰是这样区分客观的与主观的演绎，由于有可能，他起初还没有把这种区别想清楚。

③ 在下两章里，这样的节数是指这演绎在第二版里的分节说的，除非是明说，就不是指这两章里的分节说的。

④ 第二十二和第二十三节可看作第一版的附录。

⑤ 第十五至二十七分节。在本章里我尽力使我自己的划分照着康德的划分，甚至不得不使之过分冗长。

⑥ 这些标题有时是有启发性的，而不应忽略的。

所以关于对象的知识是依靠统觉的统一性的(第十七分节)。

统觉的统一性乃是一种客观的统一性,就是说,它包含着所知的对象的统一性。它必须与一种单纯主观的统一性,即与一些观念碰巧在我们心里被联想而才有的那种统一性区别开来(第十八分节)。

在统觉的统一性之下的杂多的综合乃是通过判断而发生的(第十九分节)。

因此,所予的杂多,如果它是要在统觉的统一性之下被综合起来,而这样就成为知识的一个对象,就必须在其对于判断的形式的关系上被确定。所以它就必须符合于一个范畴,而且事实上必须符合于一切范畴①,由于范畴乃是判断的形式,这是就这些形式是确定直观的杂多而言的(第二十分节)。

第二十分节乃是客观演绎的本质。

这整个论证乃是对思想贡献于我们关于对象的知识,而这样也是贡献于所知的对象的那种形式成分的一种分析。我们必不可忘记,康德是抽象地处理知识或经验里面的一个成分,正如他在感性论里所做的那样。如果我们不铭记这一点,在那两种情况下,我们都将不能了解他的学说。

4.结合或说综合

一切综合(这里是和结合同一的②)据说是知性的工作。它乃是心的一种动作,而不能以之归于感官的,感官是被动的。观念的杂多能在一个感官性直观里被给予出来,但是它永远不能为感官所统一③。它诚然必须在某一些形式下(空间与时间)被给予出来,而这些形式是由于我们感受性的性质的而不是我们思想的产物。然而空间与时间作为单为感官而存在来考虑,在其自身来说,是没有统一性或结合的④,而且不能是在经

① 其理由就是判断的一般形式分化为一些不同的形式,而一个为判断的一般形式所确定的对象必定是为判断的一切形式所能确定的。

② B129。德文的“Verbindung”或拉丁文的“conjunctio”。比较一下 B201 注。

③ 比较一下 A99,在那里康德说它永远不能“表现为一种杂多”。然而我认为他在这里的意思是说,它永远不能为感官统一为一个对象(或一个具体的东西)。

④ 比较一下 B160-161 注以及 A107。

验性杂多里的统一性或结合的来源的。

在这段里[①]，康德显然认为知性是心的一切活动或自发性的来源，而唯一提到的反对乃是在于被动的感官与能动的知性之间[②]。这就暗示着他是把想像力看作知性在一个较低的水平上活动的东西[③]；可是，虽然他谈到一般的结合，而我却认为他只是想到一个对象所需要的那种结合[④]。一种客观的结合(或说客观的统一性)既需要有想像力，又需要有思想，而且得要区别于在我们心里通过单纯想像力的观念之主观结合[⑤]。

综合也许是多种多样的。它可能是经验性的或者是纯粹的直观的综合[⑥]，它又可能是概念的综合[⑦]。不得把这些综合看成是相互排斥的；因为它们一起可包含在判断的同一个动作里。而且我们可能意识到综合的动作，也可能意识不到[⑧]。总之，综合据说是知性的一种动作，而且这意思似乎是说它是判断的一种动作[⑨]。

这样来把直观的综合归于判断力，或者乃至归之于知性，可能被认为有一些困难。在形而上学演绎里，康德描述判断力的(或说知性的)作用为给在一个直观里的一些不同观念(或说感官材料)的想象性综合以其统一性的[⑩]；而且，如果我们区别开知性与想像力，我们就必须说，知性只通过想像力的活动，才以综合的统一性外加于所予的杂多之上。目前，康德

---

① B129-130。

② 比较一下 A15=B29，A19=B33，A51=B75。自发性在这里称为“知性”以别于感受性。

③ 比较一下 B162 注。

④ B130。“我们不能表现任何东西为在对象里被结合的，除非我们自己已把它结合起来，而且一切观念之中，结合乃是唯一的观念，不能通过对象被给予的。”在 B129 里他谈到一般杂多的结合，这可能含有这种意思，就是他是想到那种(客观的)结合，不管所予的特殊杂多是什么，它总是一样的：如果他是指客观的结合说，他确是说对了，这种结合不能通过感官而来的。

⑤ 比较一下 B141。关于想像力的详细讨论留待主观的演绎；看第二十四分节。

⑥ 康德是说“感官的或非感官的”，但看来这是要说“经验性的或非经验性的”之误。

⑦ 例如主项概念与述项概念的综合，这些名词是用在其最广泛的意义上的。甚至一个假言判断或选言判断也是概念的综合，由于它是判断的综合，而判断又是概念的综合。

⑧ 比较一下 A103，A117 注，和本书第十九章第八节与第二十五章第六节。

⑨ 比较一下第十九分节，又 A69=B94：“知性的一切动作都能归结为判断。”

⑩ 看 A79=B104-105。“单纯综合”这个短语含有这综合是想象的这个意思。看本书第十四章第三节。

似乎不大想作出这种区别来①。他只关心于所需要的而他相信是思想本身所外加的那种直观综合(或说统一性)。只须说,如果我们具体考虑判断,它所包含的是直观的一种所与的杂多的综合②,而不单纯是概念的综合③。事实上,康德似乎更加强调的乃是直观的杂多的综合,即只有通过它我们才能有关于对象的知识的这一种综合。

如果综合的动作是要统一一种所予的杂多,它就必须是一整个动作;而且它无论在所统一的杂多里的种种差异是什么,总是同样的动作④。认为是它的反面的分析,总是以它为先决条件的;因为除非我们把一个东西在心的面前抓在一起,我们是不能分析它的⑤。只是因为知性已经把杂多结合起来了,我们才认为原需要有分析的⑥杂多是作为一个整体被给予出来的⑦。

对于康德来说始终一贯的是,综合所包含的不但是综合动作的统一性,而且是所综合的杂多的统一性。他所说的好像是他正从事的是"结

---

① 他像是避免谈到在论证现阶段的认识之主观机构。无疑知性与感受性如想像力一样都可看为属于那主观机构的;但是虽然通常是承认它们和知识所必需的概念与直观的联系,然而想像力所起的作用乃是康德自己特有的一种学说。而且想像力是和时间结合在一起的,由于它是一种力量能表现一个不存在于直观的对象的(看 B151);而在这里我们是考虑综合而没有特别谈及时间。也许他心目中又有他后来明明说出的那种见解——看 B162 注——就是想像力乃是在一较低水平上起作用的知性。

② 这是形而上学演绎的中心学说而毋须在这里再事推敲的。如果我们把概念的作用从判断分别开来,它是适用于概念作用的,如适用于判断一样。

③ 我认为康德的意思是要断言在一切判断(包括分析判断)的里面,都有一种概念的综合;看 B131 注。在判断的逻辑的作用里,所予的概念的结合,因而它们的统一性,同说是思想;看 B131。其上下文大体是说,这种统一性乃是一种综合的统一性。

④ B130:"它原来就是一整个,而对一切结合来说,都是同样的(德文gleichgeltend——发生同等效力的)。"康德所想到的乃是综合这个动作就其是包含在判断之所为判断而言的;比较一下从 A107 起里他关于统觉的统一性的学说。

⑤ 比较一下 A77=B103 以及 B133 注。

⑥ 我是假定康德心目中的主要是直观的杂多(作为统一为一个或一些对象)的综合与分析;但是一个概念的分析预先假定那个概念所含有的种种成分的一种综合,这也是同等是真的,综合所给我们的可能是一种"粗糙而模糊"的而需要有分析的认识;看 A77=B103。

⑦ 注意"被给予"乃是一个相对的名词,我们能把一切我们过去的知识看作给予出来为后来的分析的,而且我们并能把整个世界看作被给予于我们的,如果我不去管这事实,即它必须被理解或思想如被给予一样。看这章的第十一分节。

合"这个概念的分析;他发现这个概念所连带着的不只这杂多的概念①和它的综合的概念②,而还有这个杂多的统一性的概念。"结合乃是杂多的综合统一性的表象。"

这里,康德又不区分起作用的各种不同的因素——(1)想像力的综合和(2)把综合带到概念去的活动③。确切解释他的见解是难的;因为所谓"表象"是含糊的④。整个说来,我理解:他的意思仅仅是说,综合包含着杂多的综合统一性这个想法⑤。

可能有人提出反对的意见说,结合或说综合乃是不依靠想法的,而且想法,无论是看作关于控制着综合的原理之想法或者是看作杂多的综合统一性的想法,其本身是不同于综合的。然而我们必须记住,就康德来说,在构思或判定里的知性不单纯承认控制着综合以及从而产生的杂多的统一性的原理:它加上控制着综合的终究原理,而这样就把某些别的综合统一性外加于所综合的杂多之上⑥。当康德说这种综合统一性的表象——我理解为想法——所以就不能出自结合,这时他心目中想到的可能就是有这点⑦。反之,加在杂多的表象⑧之上,它就使结合这个概念成

① 这暗示着在一切结合里——乃至在概念的结合里——直观的杂多都必须结合。

② 这第二个概念像是多余的。我不能看出康德是在"综合"与"结合"之间作出任何区别;它们两者在B130里同是描述为"动作"。

③ 比较一下A77=B103。靠把综合带到概念去,我们便设想到杂多的综合统一性,而这样就达到关于一个对象的知识。

④ 它本身可用作或是直观或是想法或是在知识里的直观与想法的统一。

⑤ 我认为康德用"就是"这词来代替"包含着"这个事实对于这种解释仍是不致大有妨碍的;因为他用"就是"这词不是很严谨的。他很难是打算要把结合与综合统一性这个想法同一起来而排斥直观的想象性综合。我还怀疑他能打算要在这句话里把结合与在知识里显出来的知性与想像力的全部工作同一起来——如果他这样做,就会更自然地说结合乃是对象的表象了。依我的见解来说,他单纯地重述他在前句所曾说过的东西;而且前一句和后一句都像是含有这个意思,就是结合不得与综合统一性这个想法同一起来,综合统一性这个想法只是在那结合里面的一些成分之一。

⑥ 比较一下本书第十四章第三节。

⑦ B131。我自认为用"所以"的理由对我来说是不清楚的。就我所能看到的而言,康德的意思是说,综合统一性这个表象(或说想法)的不能出自结合,是因为它存在于结合里而为结合所预先假定的。

⑧ 我认为这里的"表象"是"直观"的意思。"加在"这是一个很令人满意的名词来表达综合统一性这个概念与那些在其之下统一起来的直观这两者之间的关系。

为不可能的了[①]。

其中许多是含糊不清的，但是康德的中心学说是十分清楚的：知性的动作——因而大概判断——乃是综合的动作，它包含着，或说预先假定了，对感官给予出来的一种杂多的综合统一性的想法[②]。对这一点，可能有人反对说，即按他自己的说法来说，有些判断是分析的。康德的答复是：分析判断与综合判断之间的区别在这里与本题无涉[③]。诚然，在判断里，所使用的两个概念[④]在下述意义上可能是同一的，即一个概念可能在分析上通过其他一个概念能被想到。虽然如此，我们还必须把一个意识与另一个意识区别开来；而且这里有关系的观点就是必须有这样（可能的）意识的一种综合。

我认为康德是主张：甚至在分析判断里还是有概念的一种综合的[⑤]。可是他在这里的主要论点乃是，就两个概念所谈到的杂多是在问题中的这点来说，其一个概念的意识是不同于另一个概念的意识的。我们可以说，在"一切物体都是可分割的"这一判断里，"可分割性"这个概念是已经在"物体"这个概念里被想到的。虽然如此，这两个概念不是指同样的杂多说的，因为可分割性这个概念比"物体"概念更"广泛"或者说更"高级"[⑥]；而且，假使我们一个概念的意识包含着它所指的杂多的意识，那么一个概念的意识就必须不同于其他一个概念的意识了[⑦]。康德心里所想到的似乎是：甚至在分析判断里，其杂多也必须按照概念而且按照它们在

---

① 也许他的意思是说，只是因为我们想象到杂多是在一个对象里被统一的，我们才以分析来获得"结合"这个概念；但是这个说法是含糊不清的。

② 在 B129 里，这种杂多被描述为一个"一般的杂多"。这短语警告我们所说的杂多不一定要看作在时间与空间的形式上对人类五官所给予出来的；看本书第二十九章第二节。

③ B131 注。

④ 康德是说"观念"；而可以提出，由于这乃是结合杂多的综合统一性的表象这个说法的一个附注，康德心目中的必是直观的而不是概念的分析。如果这样，这附注就会与分析判断毫无关系。可是如果康德是指直观说的，我就认为他很难是说，一个是通过其他一个被想到的，而且必须记得，就康德来说，杂多的综合包含有概念，而概念包含有杂多的综合。

⑤ 在判断的逻辑作用（或说形式）里，结合，因而概念的统一性，是已经被想到的；看 B131。如我在上面所指出过，这种统一性乃是一种综合的统一性。

⑥ 看 A68-69＝B93-94。

⑦ 当康德说，就两个概念所谈到的杂多是在问题中的这点来说，其一个概念的意识是必须区别于其他一个概念的意识的，这时他心目中可能还有这一点，就是，就思想的形式而言，从始至终，必须有同样一个的先验意识。

判断里的统一被综合①。

每一个判断不但是概念(例如主项概念与述项概念)的一种综合,而且又是按着这些概念被想到的杂多的一种综合。在每一个判断里,我们都想到了按照所使用的概念而统一起来或结合起来的这个杂多②。所以这个杂多的统一性在每一个判断里,就其给我们以关于对象的知识这点来说,都是被想到的。

包含在我们的一切思维里(而这样就包含在一切客观的结合里)的那个杂多的统一性并不是一种空白的数目上的统一性,譬如在单一性这个范畴里所想到的那样③。它乃是一种综合的统一性,乃是不同成分的一种统一性。我们可以拿它来和在一部剧本、一篇演说或一个故事里所发现的那种有质的统一性相比较④。它是包含在判断的每一个形式里的⑤,而不单纯是包含在被称作判断的"量"里的;因为在判断的每一个形式里,我们都想到一些不同的概念的统一性,而结果就想到按着这些概念所想象的杂多的统一性。这杂多得要按照一切范畴被统一起来,而其综合的统一性不是单纯要在一个范畴或者在判断的一个形式里来找寻,而是要在一切判断以及一切思想的终究根据里来找寻⑥。

---

① 我认为,这就说明何以这个附注是附于结合作为杂多的综合统一性的陈述。它又说明何以谈到可能的意识。在分析判断里,每个概念的意识都是现实的,不单纯是可能的。单只那些概念所指的杂多的意识才正当地说是可能的;而分析判断的特征就是在它们里面,我们是不诉诸现实的直观的。

② 当我们说"一切物体都是有重量的"时是如此,而当我们说"一切物体都是外延的"时亦是如此。康德心目中的不是由于不同物体的共通特征的分析统一性,如外延性与重量,而是外延性与重量从而是每个物体结合起来的,譬如,一个实体的一些偶性。

③ 单一性这个范畴乃是一个单位和其他单位同质这个概念。在数数中,我们不去管我们所数的东西的内部种种差别。

④ 看 B114。注意在 B131 里康德像是描述这种统一性为杂多的统一性或为概念的统一性都是无可无不可的。

⑤ 要注意,"结合"或说"概念的统一性"是在判断的逻辑形式里被想到的。可是有人说康德没有承认在每一个判断里的有综合,而把判断的各形式限于分析判断。

⑥ 注意:综合统一性的根据也就是知性在其甚至逻辑用途上的可能性的根据。这里的逻辑用途像是和判断里不同概念的统一性相联系着;但是它必须包括在形式逻辑里所叙述的整个用途而且是显出于一切判断里的,只要判断是把多数的不同个别对象按着由抽象与分析而得来的一些普遍性概念统一起来的;看 A67=B92 起而且又看本书第十二章第五节和第十四章,特别是第二与第八节。如果没有杂多的综合,就不能有任何对象以及任何客观世界;而结果,我们就永远不能用分析来获得关于这些对象的概念而又不能在这样分析的基础上在判断里把这些不同的概念统一起来。

5. 统觉的综合统一性

一切判断以及一切思想的终究根据，无论那思想是分析的或综合的，就是纯粹的或说原始的统觉。这个统觉被描述为自发性的一种动作，而且是和那必须能够①伴随一切我的观念的“我思”这个观念同一的②；但是它又被描述为产生“我思”这个观念的那个自我意识③。

“我思”这个观念为什么一定能伴随一切我的观念，其理由就是，不然的话，它们就不会是任何东西的观念，或者换句话说，它们就不会是关于任何对象的观念④。在现阶段上，康德显然避开谈论对象⑤，而稍后一点，他却极力主张纯粹统觉的必然性，其根据乃是，没有它，我的观念就不会是我的观念了⑥。但是这似乎只是以另一种方式断言同样的论点；因为我的观念为什么必须是我的观念（或者说属于同样一个的自我意识的观念），其理由就是，除非它们是这样的，它们就不能具有统一性，而且这样也就不能是关于在一个客观世界里的对象的观念了⑦。

---

① 何以康德说“必须能够伴随”而不说“必须伴随”，其理由，我猜想是这个“我思”是毋须在意识里成为明显的；看 A117 注，又 B134。他也可能在心目中有这个事实，即如果一些观念和一个可能的意识有关系，它们就可能有某种的存在；看 A120。

② B131-132。这就证实这个见解，即康德一直所描述的综合乃是包含在判断一个对象的综合，而不是单纯一个想象性的综合，我们可称之为认识的综合。为了某种缘故，康德像是总要把判断（和它与对象的联系）保持在幕后，一直到了第十九分节，但是这自始至终是清楚地在他的思想里的。

③ 这里统觉可理解为一种力量而不为一种动作；比较一下本书第二十一章第四节。

④ B132；比较一下 A116。康德说“否则在我里面就会有一个不能被思想的某东西的观念”；而且他附加地说，这样一个观念会是不可能的，或者至少会对我来说是等于无的。这话的意思不太清楚，但是照 B137 来看，我认为康德是重申第一版的学说，又看 B144 注，康德的整个证明依据。

⑤ 虽然在 B130 里附带地提到“对象”。

⑥ B132-133。注意康德心里的是在一个确定的直观里（德文的 in einer gewissen Anschauung）所给予出来的杂多观念——大概是指关于对象的直观。又注意，作为我的观念，它们必须符合于那只有遵照它，它们才能在一个普遍性的自我意识里站在一起的条件。如果康德曾说清楚这个普遍性的自我意识是否要看作既存在于我的其他直观里而又存在于别人的直观里，而且它是否延长到超出人的现实直观一直至可能的直观，我们就会感激了。比较一下本书第二十四章第四节。

⑦ 康德明白否认我必然意识到它们作为我的观念这种见解；比较一下 A103-104 和 A117 注。

正是这个事实使我们能够说，虽然直观是能在一切思想之先被给予出来的观念①，可是直观对于纯粹统觉是有一种必然的关系的②。

在这里，像康德通常所说的一样，纯粹统觉包含着自我意识，至少是潜在的：纯粹统觉乃是关于思维这个动作的意识，而进行思维也就是潜在地意识到思维。作为纯粹的来说，它乃是抽掉了思想质料的思维动作③的意识，而这样就区别于经验性的统觉。它又是“原始的”而不是派生的；那就是说，它产生——或说就是——“我思”这个观念，这个“我思”在一切意识里都是同一个，而且必须能够伴随一切我的观念，但不是从任何这些观念得出来的④。

统觉的统一性作为知识的终究条件，而又作为进一步验前知识的来源，乃是先验的⑤。

到此为止，我们已经看到，如果观念要成为关于一个对象的观念，它们就必须在一个潜在上是自觉的思维里被统一起来，或者换句话说，必须对于统觉的统一性有关系。我们现在必须从另一方面来考察它，离开所予的杂多的综合，而且离开这个综合的意识，统觉的统一性本身是没有可能的⑥。如总是在康德那里就是那样，统觉的统一性和杂多的统一性是互为条件的，如果事实上它们不是要看作彼此同一的⑦。

为支持这个论点，康德能够更清楚地说明他的所谓自我意识是什么意思，并且说明他为什么把统觉的统一性不和单纯的自我同一，而和自我同一的意识同一起来。

---

① 这里的意思可能只是说“不依靠思想”而已。这是所谓在A89=B122里非批判性的学说。

② 或者说对于知性；比较一下A119。

③ 大概是关于它的形式的。

④ B132。依我看来，原德文的“begleitet”（被伴随着）显然是“abgeleitet”的错印，“abgeleitet”（得出的）才是“ursprünglich”（原始的）的正确反面。如果一个观念A必须是能够伴随观念B，C，D，……的，那么观念A一定能为观念B，C，D，……所伴随。康蒲·斯密保留原来的读法。

⑤ 康德在这里只提到这后一个论点。比较一下A106-107以及A116。又注意“统觉的统一性”这个短语像是想要来含有“我思”这个观念在一切意识里必须是同样一个的。没有看见这个短语的任何别的解释。

⑥ 我认为这就是花亨格尔以为是不自觉的综合。

⑦ 比较一下A105，A109，B137以及本书第二十章第三节。

很明显，一个观念，如果它要成为一个“清楚的”观念，就总得要有意识伴随着。但是康德所谈的不是这一种的经验性的意识。他不仅仅是说，在关于这的觉知之后总跟着关于那的觉知①。这样说就是照着某些现代哲学家的方法，把我们的经验打散为一连串的瞬息即逝的觉知，或者说瞬息即逝的自我，其个别不同与变幻无常。正如它们所觉知的那些观念一样。这样一种见解就毁灭了知识的可能性本身。

另一方面，统觉的统一性乃是知识的可能性的条件。它的被发现，不是在每一个观念都有意识伴随着这个事实里。它是要在这个事实里被发现的，就是我把一个观念加在另一个观念之上，或者把一个观念和另一个观念连接起来，而我是意识到综合这个动作的②。正因为我能把一些观念的杂多在一个意识里面结合起来，我才能想象在这些观念里的意识的同一性③。

康德用了更专门性的话语来表述这一点，即统觉的分析统一性是以其综合统一性为先决条件的。

统觉的分析统一性似乎是用分析的方法，在一个共通的概念之下把一些不同的观念（或对象）统一起来这种活动里所显示出来的思想的统一性④。统觉的综合统一性乃是用综合的方法把一些不同的直观统一起来成为一个对象这种活动里所显示出来的思想的统一性⑤。这个分析统一性总是以综合统一性为先决的条件，因为我们只能分析是在心的面前抓

---

① 比较一下 A117 注以及本书第二十五章第四节。

② 如果我是对了——看本书第二十章第三、四两节——这个动作的意识，就这个动作是所与的质料的性质所确定的这点而言，就必须是经验性的统觉了。先验统觉乃是存在于一切这样综合的动作里的普遍性质（或说形式）的意识，而康德像是把这看作在一切综合里都是一样的综合之一个纯粹形式动作的意识——或者用他的言语来说，就是“原来一个，而对一切结合来说，乃是发生同等效力的（德文的 gleichgeltend）”；看 B130。

③ B133。

④ 我不认为统觉的分析统一性和“我是我”这个分析判断有什么关系，如凯尔德（Caird）像是暗指的那样；看凯尔德的《康德的批判哲学》一书，Vol. Ⅰ，p. 399 起。按 B133 的注来说，统觉的分析统一性主要是和用分析的方法来形成或想到关于对象的所予直观的概念相联系的，也许康德可能是曾把它看为存在于分析判断里的，而分析判断的形成是由概念的分析，而不是由直观的分析的；但是我还没有看见这点所需要的证据。

⑤ 在每一个我们借以得到关于对象的知识的判断里都有分析的统一性而又有综合的统一性；看 A79＝B104-105。

在一起的东西①。在康德所考虑的实例里，统觉的分析统一性是显示于发现在一切我的观念里都有是“属于我的”这个共通的特征，或者说是显示于发现一切这些观念都是属于同样一个的自我②。这是没有可能的，除非我是把这些观念在心的面前，用意识的一个动作，抓起来，这样，统觉的分析统一性于是就以其综合统一性为先决条件③。

应该强调，在这里如在第一版里那样，康德并不自以为综合必然是在完全清清楚楚的意识里进行的。我可能觉知到综合的动作，又可能不觉知到④。我可能意识到我的观念是我的，又可能不这样意识⑤。如果我意识到我的观念是我的观念，这就意味着⑥我把这些观念在一个自我意识里统一起来(或说能统一起来)。然而这并不含有关于这个综合的意识的意思，虽然是含有综合的可能性(即那个综合的意识之终究可能性)这个意思。

如果说康德把那包含在统觉里的综合看作或者是必然有意识的或者必然无意识的，这都是不真实的⑦。

---

① 综合统一性不同样以分析统一性为先决条件，由于我们能在一个“不明晰的”或“模糊的”观念里把杂多抓在一起，而这种观念是还没有受到它所需要的分析的。

② 这就是康德所谓“用意识的同一性在这些观念里的来想象”。

③ 试举一个更现代的例子——参看勃鲁更特(Broad)的《心与其在自然里面的地位》一书，p. 606——如果我能用分析的方法觉知自我是“一切我们前后相继起的整个状态所共通的一种数目上同一的实体性组成部分”的话，这就会是依靠这个事实的，就是我能把这些状态在一个综合的动作里保持在我的面前。我不认为今日是充分认识到这条真理的。

应该注意，统觉的分析统一性是包含在(而德文是用“anhängt” 这词，应译“依附”)一切概念的作为概念的。譬如说在想到“红色”时——以最简单的概念为例——我用分析的一个动作就认识到红色乃是一些不同直观或对象所共通的一种特性，但是这个意思是说，我必须用综合的一个动作把在这个红苹果(而又在其他红的对象)里所发现的一些不同的直观抓在一起。一经我已曾获得这个概念，我当然就毋须在实际上看见一个红色的苹果，然后才能想到红色：我把一切可能的表象结合起来便够了。然而综合乃是包含在概念作用本身，而这样就包含在判断里的那种分析的所需条件。意思是说，统觉的综合统一性乃是一切知识(包括逻辑与先验哲学)的终究条件。

我必须略过在这个学说里的一些复杂情况，而康德的有些短语是令人难解的，例如这种说法，我在“红的”这个观念里必须想到意识的分析统一性，它是使红的成为一种共通的概念的；但是在广泛的意义上，康德的学说是十分清楚的，而且我并提议它又是真的。

④ B130。

⑤ B132。

⑥ 康德所说的两个思想的“意思”是同样的，但是我们必不可认为它们真是同样的。论证所含的意思是说，我们能有其中一个思想而没有其他一个。

⑦ 比较一下 A117 注。

这整个问题的结论就是，统觉的综合统一性乃是杂多的必然的综合统一性的根据，而且反过来也是一样。这就是康德的说法，任何一个离开其他一个都是没有可能的①；但是统觉的综合统一性是终究的或说“原始的”②，因为杂多的综合统一性不是在对象里面或者通过对象被给予出来的③。就我们能说它是“被给予的”④这点而言，我们之能这样说，只是因为杂多是曾为知性所综合的⑤。

统觉作为一种力量或能力来说，是和知性同一的⑥。知性乃是验前综合的一种力量，是所予的一些观念的杂多所借以被带到统觉的统一性之下的⑦。这就是说，知性乃是判断的一种力量⑧，而这就包含着这个意思，就是说，在一切判断里面都有一种验前的综合⑨。

康德还坚持说，应得到人类知性综合的杂多必须给予感官⑩。不是这样的知性之可能性毋须在这里来考虑⑪。

6. 统觉与知识对象

我们现在必须作出下述明确的结论，即统觉的综合统一性（既然它是

---

① B134。比较一下 A105，A106-107。

② 统一性单从统觉来说，虽然这种统一性只能在一种所予的杂多的综合里显示出来。

③ B134。比较一下 B130。

④ 我不觉得需要改变 B134 里的读法，在那里是说验前“被给予”。比较一下 B143 以及本书本章的第十一节。译者按：查本章只有十节，而且按本注的内容“十一”当是“十”之误。

⑤ B130 的结尾。所予的观念可能是概念或者是直观，而这杂多就其是在一个直观里被给予出来而言，是已经在其对于判断的关系上被确定了；比较一下 B143。这一个直观必是一个对象。

⑥ B134 注。康德可能意谓统觉的统一性是和知性同一的，因为 A119 是支持这种见解的。我在上面避开这样说，因为它显然会和后一句冲突。

⑦ B135。知性乃是验前综合的一种力量，因为在一判断的作为判断里，都有一种综合。不管所结合的质料是什么，这种综合都同样一个的；比较一下 B130。一切经验性的综合（其中的差别是以所予的质料里的差别为转移的）都必须符合于那验前的综合，没有这个综合就完全不能有任何判断了。比较一下本书第二十七章第一节。

⑧ B141。比较一下 A126。

⑨ 这一切都支持花亨格尔与康蒲·斯密认为在 A104 里是没有可能的那个学说，而又在 A125 里的学说。

⑩ B135。

⑪ 看本书第二十九章第一与第四两节。

在直观的杂多里必然综合统一性的条件)就是关于对象的知识(或说经验)的条件。如果是这样,那么它也必须是对象本身的条件①。

康德从他的例常引言出发②。他重申空间与时间为杂多被给予所要服从的条件,而统觉的综合统一性为杂多被思想或被知道的条件③。没有东西能被思想或被知道,除非它是能在一个意识里被结合起来的。

知性乃是认识的力量④,而知识总是包含有我们的观念⑤对于一个对象的一种有确定性的⑥关系。一个对象就是那个东西,在其概念里面,一个所予的直观的杂多是被统一起来的⑦。如果我们的一些直观是要成为关于一个对象的直观,它们就必须被统一起来或说结合起来或说综合起来,而离开统觉的统一性,这样的结合或说综合是没有可能的。因此,统觉的综合统一性乃是一种条件,只有在它之下,一些观念才能对于一个对象有关系。它构成观念的客观有效性:那就是说,只有通过它,观念才是关于一个对象的认识。

所以统觉的综合统一性乃是一切知识的条件,而且知性本身的可能性是依靠它的⑧。因此,统觉的综合统一性这条原理乃是知性的一切使用的最高原理⑨。

---

① 比较一下 A111 以及 A158=B197。

② B134。

③ 就是说作为一个对象而被思想或被知道。比较一下 A93=B125-126。

④ 康德是说它是各种认识(德文的 Erkenntnisse 复数)的力量。不幸在英语里我们不能说"多数知识",乃至说"多数知道"也是难的。关于知性的其他定义,看 A124 与本书第二十七章第一节。

⑤ 在这里是所予的直观或说出现。

⑥ 英文的"determinate"这词(中译为"有确定性的")是困难的。比较一下在 B128-129 里所说的。确定我们的观念就是给它们以一种知性的形式,而这样来使它们从属于范畴而成为关于一个对象的观念。又看 A266=B322 起,确定可用任何概念来进行——例如看左 B137-8 里的"线"这个概念,而又比较一下 A105——但是总是预先假定有各范畴的。

⑦ B137。"统一起来"等于说,"必然统一起来"。比较一下 A106,一个对象乃是"某东西",其概念表达这样一种综合的必然性;又 A105,"那统一性,它构成一个对象这个概念。"这是 A109 所证实的。在本段里,康德并不用"先验对象"这个名词,但是他的学说没有改变。

⑧ B137,在这里统觉的统一性从知性区别开来,不与之同一,如在 A119 里而且可能甚至在 B134 注里那样。从上下文看,知性可以理解为认识活动的力量——比较一下 A97——但是统觉的统一性是思想作为思想所必需的;看 B138。

⑨ "知性的一切使用"必须包括思维——如包括认识活动一样;比较一下 B138 与 B134 注。关于这种区别,看 B146 而又比较一下本书第二章第四节。

康德强调这个事实,即他的论证适用于一切直观、纯粹的和经验性的直观都是一样。每一个直观都必须受统觉的综合统一性的支配,才能成为对我的一个对象①。

这个学说是我们所熟悉的,而且是和第一版的学说同一的。

不幸,我们没有得到统觉的综合统一性这条终究的原理的一个权威的而又确切的系统讲述②。其最简单的说法就是,"直观的全部杂多是从属于统觉的原始综合③统一性的各种条件④的"⑤。

像这样以公式来表示,这原理不像是一个分析的命题,但是康德两次重复地断言他的终究原理乃是一个分析的命题⑥。为了突出它的分析的性格,他把这原理用公式表示如下:"在任何所予的直观里一切我的观念⑦,都必须受那条件的支配,只有在那条件之下,我才能以我的观念作我的观念归之于同样一个的自我,因而我就能在那条件之下,通过'我思'这个一般的表示法,来抓住它们或说理解它们作为在一个统觉里综合地结合起来。"⑧

这个断言,就它是肯定一切我的观念必须是我的观念来说,显然是分析的。然而这使综合统一性成为一切思想的条件⑨。这条原理的一些含义似乎远远超出任何单纯分析命题的范围,而且预先假定有可能对人类知识作为一个整体作出一些断言⑩。只有命题是由人类知识这个概念的分析而形成,它才能是分析性的⑪。

---

① B138。这是等于说"说到一个对象或与之有关系",如在上面的 B137 那样。

② 它是在 B134-135,在 B136,在 B137,而又在 B138 里(在最后一段里两次)系统地讲述过。

③ 德文是"ursprünglich synthetischen"(原始地综合的)。

④ "条件"在原文里复数,照例必是指范畴说的。比较一下 A111。

⑤ B136。

⑥ B135,B138。

⑦ 就康德来说,有时直观结合为观念,而这里观念却像是结合为(关于一个对象)的一个直观。

⑧ B138。

⑨ B138。在 B135 里,康德说他的分析命题说明杂多的综合是必然的,因为没有它,自我意识的同一性是不能被想到的。

⑩ 这一定是含蕴在康德的这个说法里的,就是这原理不会适用于具有知性直观的知性的。这个说法在两种情况下都是加在这原理是分析的这个断言之上的。看 B135 与 B138-139。

⑪ 我们可能宁可把"人类思想"或者甚至"人类知性"来代替"人类知识"。在 B135 里,所说的命题像是知性的一种定义而在 B138 里又像是意识的综合统一性的定义。

7.统觉的客观统一性

如在第一版那样,康德一直是论证说,统觉的先验统一性乃是在所予的杂多里的必然综合统一性的根据;或者换句话来说,通过统觉的统一性,杂多就在一个对象这个概念之下被统一起来①。

这样一个论点的困难就是:即令我们承认一个对象不过是在一种必然的统一性里结合起来的特殊一簇的观念,然而这个统一性不能是由统觉的统一性而来的;因为当我们没有这样的必然统一性时,因而当我们没有严格意义上的对象时,统觉的统一性一定还是存在的,而且也许必须是存在的。许多观念是在我们的心里面联系着的,而且除非我们的心是一个,它们是不能这样联系着的,可是我们并不认为它们是在对象里面联系着的;当我们把黑猫和幸运联想起来时,或者当我们在听一个管弦乐队时害牙痛病,那是没有任何客观联系的。

康德试图在艰涩的一段里②来答复这种明显的反对意见。在那段里,他指出,统觉的先验统一性乃是一种客观的统一性,而必须与意识的主观的统一性,又描述为统觉的经验统一性,区别开来的。

意识的主观统一性不可能在必须伴随着我们关于一个对象的一切观念的这个"我思"里被发现。反之,它乃是内感官的一种确定。内感官给我一系列的直观,而这些直观来到我这里的次序是依靠一些情况或说依靠经验性的一些条件的③。譬如说,一些观念可能在我的心里偶然被联想到的;一个人把一个词和一个东西联合起来,而另一个人把它和某个完全不同的东西联合起来④。这种在我心里偶然的或说不必然的⑤观念联

① B139。康德是说"成为这对象的一个概念"。

② B139-140。

③ 不清楚,"一些情况"与"经验性的一些条件"的意思是一样的或不同的。康德所提到的只是某些观念借以碰见在我们心里汇合一起的"联合",但是我认为他也想到时而给我们一个直观,时而给我另一个直观的物理刺激。看B142结尾处。

④ B140。比较一下A101。

⑤ "偶然的东西"或"不必然(zufällig)的东西"不排斥必然性。不必然的东西乃是在一种条件下是必然的东西。每一个不必然的东西必须有一个原因。看B289-290。

系就被康德称之为意识的主观统一性①。

另一方面，统觉的先验统一性所包含的不止于单纯碰巧把一些不同的观念在想象里结合起来②。它还包含着一个“我思”，而思维乃是思维到不依靠我的主观状态的一种客观联系③。这就是统觉的先验统一性为什么被说成是客观的④，而且是客观上有效的理由⑤。

统觉的先验统一性乃是“原始的”，而统觉的经验性统一性却是“派生的”；经验性统一性是在所予的条件下具体地从先验统一性得出来的。

这最后所说的，其意思没有清楚地说明。我认为康德学说大概是这样的：通过时间（以及一切在时间里面的东西）对统觉的先验统一性的必然关系，我们的观念来到我们这里的次序——无论是由于外来的刺激或者由于主观的联想——总是为因果律所确定的。在这种意义上，在我们心中的观念的主观联系才是从统觉的原始综合统一性得来的，或者说为统觉原始综合统一性所限制的⑥。

应该附加地说——虽然康德关于他的学说这方面不太清楚⑦——我是能够判定我自己的主观状态的。在我这样判定时，我是把那些状态作为一个对象的，而且是肯定一种客观联系的。我把一个词和一个特殊的东西联合在一起这个事实乃是在时间里的一个客观事件，而且这事件是

① 他又称之为“统觉的经验性统一性”这个事实是支持这个学说的，即经验性的统觉乃是我们遭受的东西的意识，即我的心里状态的意识，而纯粹的统觉乃是我的思维动作的意思，看本书第二十章第二节。

② 我用“想象”来包括不止再生的想象（这明显是康德心目中所有的），而且那是存在于“领会”或“感官知觉”里的想象。如果我们同时听见音乐而又觉得牙痛，这是一种主观的而且偶然的联系，如同我们碰巧看见一所房屋的前面是在我们看见其后面之先这个事实一样，虽然房屋的前面与后面是同时并存于对象里面的。

③ B142。

④ B139。

⑤ B140。

⑥ 我认为这个困难的学说在类比里也有，而康德在其遗著（Opus Postumum）中曾设法把它详细地弄清楚。它是和阿迪克斯（Adickes）所称为康德的“双重影响”学说相联系的。总之应该是清楚的，如果我们以我们自己的心理历程成为对我们自己的一个对象，则它的统一性，像任何其他一个对象的统一性那样，必须是依靠统觉的先验统一性的。

⑦ 康德在其《未来一切形而上学导论》一书里第十八节的知觉的判断的学说（Ⅳ298）像是和这见解不相容的。

在因果的关系上为别的一些事件所确定的，这些事件之中有些乃是物理性的。然而按照康德的观点来说，这些因果性的联系全都是依靠统觉的先验统一性的。

第十八分节的最重要之点就是：统觉的先验统一性乃是一种客观的统一性，由于它乃是在对象里的统一性的来源。其理由就是，它乃是思维的必然统一性[①]，而不单纯是我们可以，也许不合法地，称为想象的东西之统一性[②]。

8.统觉与判断的形式

康德所采取的下一步骤是明显的。杂多在统觉的统一性之下的综合，即如果我们是要有关于对象的知识所需要的一种综合，乃是用判断来进行的。这样说仅仅是对我们所说的综合不过是根源于知性这一陈述的扩展。

证实这个论点的分节[③]按照康德自己的标题乃是与一切[④]判断的逻辑形式有关的。作为这样的一个分节来说，它是属于形式逻辑的，而且企图把这个先验演绎和形而上学演绎第一节里所已经说过的东西联系起来[⑤]。这应该与康德自己的形式逻辑的讲演录关于判断的讨论[⑥]相比较。

康德不肯把判断定义为两个概念之间的一种关系的表现[⑦]。那样的一种定义有两种错误。它只谈到直言判断，而且不能指出那个关系的性

---

① 即在思维中离开在思想的或认识的东西里的统一性就是不可能的一种统一性。在思维中的这种统一性不是受条件限制的，而是终究的或说原始的。

② 康德自己在B141里支持这样的一种用法。在那段里他谈到再生的想像力，但是我认为他的见解又包括“领会”，而领会乃是想像力的工作。比较一下B142。我们又可以把这个区别叙述为思想或经验作为思想或经验的统一性和属于个人的思想或经验单纯作为这个个人的思想或经验这两者之间的区别。

③ 即第十九分节。

④ 不只是分析判断。

⑤ A67-69＝B92-94。

⑥ 即《逻辑》一书第十七至四十节(Ⅳ101起)。

⑦ 这是G. F. Meier和Baumgarten的见解，除了Meier所谈的是一种“逻辑性的”关系，而Baumgarten所谈的是“概念作为相互一致或不一致的关系”。这些附加语是有点答复了对康德的反对意见的。

质。一些观念可能在我的心里面为单纯的联想使之发生关系，而这确然不是判断。

康德用“认识”或“知识”[1]替代“概念”来改正第一种错误。“认识”或“知识”乃是一个一般的词，包括概念和判断。根据康德来说，假言判断与选言判断所断言的乃是判断的关系，不是概念的关系。

康德改正第二种错误是靠坚持说，在判断里所断言的关系乃是一种客观的关系。判断乃是把所予的一些认识带到统觉的客观统一性的方式[2][3]。

当我说“这物体是重的”时，我不单纯是说这两个观念是在我的心里面联合着的，或者一直是常常在直观里一起被给予出来的[4]。我乃是说，它们在那对象里是联系着的，不管我心里面的状态是怎样的。“是”这个联系词是要求把观念的客观统一性与观念的主观统一性区别开来的[5]。

观念的客观统一性也就是在一个对象里的观念的统一性。这种统一性包含有必然性，但是必不可认为这必然性是要在观念本身如它们是对经验性直观所给予出来的那样的里面发现的。这必然性乃是思想的本性所外加于那些观念之上的。这样的观念之彼此相属，不是在其本身如此，而是“由于在一些直观的综合里的统觉的必然统一性的”[6]。

这进而含蕴的意思是，这样的一些观念是按照对于关于对象的知识是必需的某些原理而彼此相属的，或说相互结合起来的。这些原理得自统觉的统一性。既然统觉就是知性，而知性就是判断的力量或说能力，所

① “认识”与“知识”同是德文“Erkenntnisse”(复数)之译。我认识到找出这词英译的困难，但是康蒲·斯密的“知识方式”(modes of knowledge)，依我看来，在目前的联系上，其易产生误解甚至过于寻常。

② 这里“方式”是德文的“Art”之译。我认为更好是说“动作”(act)。比较一下 B143。

③ B141。比较一下《自然科学形而上学初步》的前言(Ⅳ475 注)：“判断乃是一种动作，通过它，所予的观念第一次成为关于一个对象的认识。”又比较一下《逻辑》第十七节(Ⅸ101)。

④ 这就清楚地说明，在意识的经验性统一性之下康德是包括着一起对感官给予出来的观念以及为联想所接合在一起的观念的。

⑤ 这只适用于其形式是联系词的那些直言判断。看《逻辑》第二十四节(Ⅸ105)。假言判断的形式乃是接着发生的事或后果(德文的 Konsequenz)；选言判断的形式乃是析合本身。看《逻辑》第二十五、二十八两节(Ⅸ105 与 106)。

⑥ 应该注意，正如在第一版里那样，这种必然性存在于使用经验性概念的经验性判断里。

以这些原理是基于判断的各形式，即所予的一些观念必然为思想所结合的各种方式。这是下一分节要论述的。

应该注意，康德自始至终假定：判断把客观统一性不只外加于在判断里被结合的认识(即概念或判断)，而且又外加于这些认识所涉及的那些直观[1]。

9.客观演绎

康德接下来要做的事情就是把前面论证的诸要点集合起来，说明那些从统觉的统一性得来的原理[2]是怎样和判断的各形式以及各范畴结合在一起，而且得出结论说，范畴是有客观有效性的。

康德在他自己称作[3]先验演绎的一段中做了这一工作[4]。我曾称之为"客观演绎"，因为它乃是在其客观方面的先验演绎[5]。

我们在这部《批判》原文的第十七分节[6]曾看到：每一个直观的杂多必须受到统觉的综合统一性的支配，因为只有这样，直观才有它成为关于一个对象的直观所需要的那种统一性。我们在原文的第十九分节[7]里曾看到：判断乃是一切所予的观念(无论是直观或者是概念)的杂多借以被带到统觉统一性之下的那个动作[8][9]。因此，一切杂多，就其是在一个直观里面被给予出来的来说[10]，是为判断所确定的[11]，因而就是在其对于判

① 比较一下B143，在那里明明是这样说的。康德心目中的必须是按照形而上学演绎外加于直观之上的综合统一性，而不单纯是为形式逻辑在其说明概念作用里所认识到的分析统一性。

② B142。

③ B159。

④ 见第二十分节，康德并且把第二十一分节也包括在先验演绎之内，但是第二十分节乃是结论的重述和整个论证的回顾。

⑤ 先验演绎在其主观方面是在第二十六分节碰见的，而康德把这分节标题为"先验演绎"。

⑥ 看本书这一章的第六节。

⑦ 看本书这一章的第八节。

⑧ 康德说这动作乃是判断的作用。这是名词的不严谨用法，因为判断的作用(或说形式)不是判断力的动作，而是判断力的动作的统一性。看A68=B93。

⑨ 即在统觉的统一性之下，而统觉是描述为综合的，客观的，原始的和先验的。

⑩ 康德是说经验性的直观，但是他的论证，在某种意义上，包括一切直观(经验性的和纯粹的在一起)。看B137-138。

⑪ 或者说为判断的一般作用或说形式所确定。康德一惯是从判断的作用过渡到判断的各种作用，而又从判断的形式过渡到判断的各种形式。看A70=B95。

断的形式之一种的关系上被确定的。

范畴乃是判断的形式，这是就杂多在其对于这种形式的关系上被确定而言的①。所以所予的直观的杂多，如果这直观是要有它成为关于一个对象的直观所需要的那种统一性，就必须受到范畴的支配②。

换句话说，范畴必然适用于一切对感官性的直观所被给予出来的对象。简言之，范畴是客观有效的。这就是先验演绎有必要予以证明的东西③。

10."所予"一词的不明确性

下述说法似乎有前后不一致之处，这说法是：就杂多是在一个直观里被给予出来而言，它是在其对于判断的形式的关系上被确定的。无论在哪里④，直观都被说成是不依靠于思想及其各种形式而被给予出来的。

我认为所谓"前后不一致之处"单纯是字句上的。"所予"这个词能用作一个相对的名词。任何观念，无论是直观或者是概念，都能在对于更远的思想过程的关系上作为"所予"的⑤。这样，从形式逻辑的观点来看，在判断里结合起来的一些认识(概念或判断)是被当作所予看的⑥。形式逻辑总是把认识作为所予的，因为它并不探求它们的起源⑦。

一个独立于思想而被给予出来的直观就是在严格意义上被给予的，而且就是没有统一性的单纯杂多⑧。作为一种统一而被给予出来的直观，只在一种相对的意义上是被给予的，而像康德明明所说的那样，它之

① B143。比较一下 B128 和《自然科学形而上学初步》的前言(Ⅳ474 注)。

② 这是假定在其对判断的一种形式的关系上被确定的东西必然是能够在其对判断的一切形式的关系上被确定的。

③ AⅩⅪ，A85=B117；A89=B122，注意康德在 B144 和脚注关于这演绎的清楚概述。

④ 例如 A89=B122，B132，B145。

⑤ A56=B80；《逻辑》第四节(Ⅸ93)。

⑥ 看 B141 里的判断的定义。

⑦ A56=B80。在《逻辑》第四节里康德谈到经验性概念，并且甚至意念(范畴)都作为所予的，前者是验后的，而后者是验前的。

⑧ 如果我们更进一步进行抽象，而把它作为被包含在一瞬息的时间里的来考虑，它就会像是没有杂多的绝对统一了，看 A99 而且比较一下本书第十九章第一节。

所以这样被给予，只是因为它已经为思想统一起来了[1]。

这并不等于说，直观先是被给予出来然后才被思想的。它意思是说，如果我们抽掉了思想的成分，我们就发现没有统一性的一种单纯杂多。无论直观是经验性的还是纯粹的，对于直观的统一性来说，综合总是必需的[2]。

---

[1] B130。比较一下 B161 注，而且特别是在 B144 注里的很清楚的叙述。在 B161 里，综合的统一性说是和直观一道（虽然不是在直观里面）被给予出来的。

[2] B136 注，B137-138。

第二十九章 主观演绎

1.范畴与人类经验

康德认为客观演绎已经为每一个有理智的有限存在者证实了纯粹范畴的客观有效性了。但是有理智的有限存在者只是更辽阔的宇宙的部分，而且他们的思维并不形成他们得要认识的世界，一切有限的思维，就它是关于和其自身不同的某东西的这一点来说，必须有其对象从外边对它被给予出来；而在对象乃是单纯被给予的这个范围内，它们是被给予于一种接受印象的被动容量的。康德称这样的一种被动的容量为感受性，而我们人类感受性就是这样的感受性的一个实例，也是我们所熟悉的唯一实例。其他类别的感受性尽可接受完全不同的印象，而且尽可不是为空间与时间的形式所支配的。纯粹范畴却是适用于依靠任何类别的感受性之经验的，由于(1)给予于被动的感受性的直观①，离开了思维，就绝不能具有统一性②，而这样就绝不能是关于一个对象的直观了，而(2)思维必须总是有同样的形式③，因而就必须使用同样的范畴。

根据这种见解来说，纯粹范畴是不局限于人类经验的，像时间与空间的形式那样④。因此，就思想来说，这些范畴是不局限于在时间与空间的形式之下被给予出来的人类直观的，而是有一种无限制的范围的⑤。然而对于我们来说，这些更广泛的可能性是毫无意义的。对我们来说，范畴是完全空洞的，除非它们是用于在时间与空间被给予出来的一种杂多，它

---

① 很重要的是注意康德到处(不单纯在第二版里)把一般的直观与人类直观对立起来，与我们感官的直观，我们的感官的对象，等等，对立起来。

② 在感受性相继地接受一些直观时，这里所说的就更说得通。

③ 康德因为这样假定就受到批评，但是难于了解一种有完全不同形式的活动，怎能称为思维。然而为了完备起见，康德至少是应该提出能否带有不同形式的思维这个问题。

④ 甚至时间与空间也毋须这样被限制，但是我们不能说它们必须是一切感受性的形式。

⑤ B166注。比较一下B148。这是在A88＝B120里的学说为花亨格尔判定为批判前的。

们乃是思想的单纯形式。

康德小心地说明，对于一个在其自身以外没有实在可言的无限的智力来说，范畴是不会起任何作用的。它们只是对于一种智力，其对象是从外边被给予于感受性的，才是需要的。在一个无限的智力里就不会有这种思想与直观之间的脱离。它的直观会是知性的，不是感官性的；而且它的知性会是直观性的，不是推理的。

康德引进这些推测，主要是为着他的道德哲学打算的①。在第二版里②，这些推测则更为突出，当然它们也出现于第一版之中了③。就我们目前的意图来说，这样的一些学说的重要性乃是这个——只要范畴通过空间与时间的形式和直观的杂多发生关系，它们就能给我们知识了。换句话说，除了在范畴是图型化的范围内，它们并不给我们关于对象的任何验前知识。

如果我们要说明包含在一切思维之作为思维④里的纯粹范畴是如何给我们以关于对象的验前知识的，我们就必须说清楚它们对于时间的形式以及对于想像力的先验综合的关系。这是属于主观演绎的问题，而且离开这个问题，客观演绎显然就是不完全的⑤。

2. 客观演绎与主观演绎

在非常清楚的一段中，康德说明了先验演绎这两半之间的区别⑥。

---

① 看 B166 注。

② 例如 B72，B135，B138-139，B145，B149，B153，B157，B159，B308。

③ 例如 A35＝B52，A252，A256＝B311-312。

④ 一种直观性的知性不会是思维的，它会是认识的；因为在它里面概念作用与直观是不分开的。

⑤ B144。这暗示着我所叫做第二版里的客观演绎与主观演绎是不同于在第一版里所描述的客观演绎与主观演绎的，因为那里的客观演绎曾说是单只它乃是康德的意图所不可缺少的；看 AⅩⅥ-ⅩⅦ。我们可以认为在第一版里，时间是属于客观演绎的，而想像力是属于主观演绎的。然而这不是在 A92-93＝B124-126 里那段所证实的(这段在AⅩⅦ里是提到，关于这演绎的客观方面，单独它自身便是足够了的)；因为在那里的论证并不依靠时间。依我看来，在第一版里有点不确定的划分在第二版里便变为清楚而确定的了。

虽然像康德那样来谈到一种主观演绎和一种客观演绎是方便的，但是我们必不可忘记，这不过是一种谈到先验演绎的主观与客观两方面的方法。

⑥ 就是在第二十分节里。又比较一下 B160-161。

他指出，在客观演绎里只是假定：有限的思维在思想之先而且不依赖于思想就一定有一种杂多在直观里被给予于它①。如果要有关于一个对象的直观，这种杂多(即一般直观的杂多②)就必须有统一性③；它就必须是知性所综合的，而这样也就必须被带到统觉的统一性和纯粹范畴之下④。

在这一切里面，并没有估计到杂多在其里面所必须被给予出来的方式⑤；那就是说，没有估计到人类直观的形式⑥。我们还得要说明，一种一般的直观，其杂多的统一性，即在纯粹范畴里被想到的统一性，是如何能和在时间形式之下被给予出来的我们那些经验性直观的统一性同一的⑦。康德将要论证说，因为我们的经验性直观都是在时间的形式之下对我们被给予出来的，所以它们就必须受到想像力的一种先验综合的支配，正是这种先验综合按照范畴把统一性外加在它们之上⑧。

只有用这个方法，我们才能说明，范畴如何在验前适用于我们人类五官的对象，而且这是完成先验演绎所必需的。我们证明范畴必须适用于一般直观的对象只是先验演绎的开端，或说其第一个阶段⑨。我们知道，我们的一切直观，如果它们要成为关于对象的直观，就必须像其他一切直观一样符合于范畴；但是我们还得要了解它们是如何这样符合于范畴的⑩。

---

① B145。比较一下 A91＝B124，在那里有同样学说曾为花亨格尔断定为批判前的。

② 我认为这称为一个所予的一般直观的杂多是为了说明它不包括知性的直观的。

③ B144 注。

④ B144。

⑤ "方式"是德文"Ant"之译。康蒲·斯密英译为"mode"(样式)。

⑥ 即时间而且也许又是空间。

⑦ 这第二个统一性不过是第一个统一性应用于我们感官的直观而已；看 B161。既然我们的直观都是独立于思想与其范畴而被给予出来的，我们就得要说明那些必然包含在判断之作为判断里面的综合的原理如何能确定我们的直观的结合：我们只知道，如果我们是要有关于对象的知识，事实上那些原理是必须这样做的。

⑧ 这演绎的这种主观方面乃是范畴的图型法的一种必需的准备。

⑨ 鉴于这演绎的主观方面是曾在第二版里完全被忽略的这个事实，有些注释家对于这种说法的惊讶是有点难于理解的；例如看 Ewing 的《康德的对因果作用的处理》一书，p. 61，和康蒲·斯密的《解义》，原书 p. 289，绰然中译本，p. 319。

⑩ 我们了解这点，只是因为它们是在时间里被给予出来的。在《自然科学形而上学初步》一书的前言里(Ⅳ474 注起)，在"那样"与"怎样"之间作出类似的区别，但是(十分奇怪)时间是从属于"那样"，而"怎样"并不甚至带进想像力，而直接从判断的性质来进行论证。这就暗示着"那样"与"怎样"的区别当时在康德的心里面还是不清楚的。

3. 主观演绎的构架

在主观演绎里，其最重要的几段乃是第二十四分节的开头和第二十六分节的全部。

两个导言性的分节说明，对我们来说，范畴只适用于经验的对象——即适用于在时间与空间的形式下在经验性的直观里被给予出来的对象——而不适用于自在之物（第二十二，二十三分节）。

接着，康德就进到了这演绎的主观方面。因为时间与空间乃是人类直观的纯粹形式，所以就可能有想像力的一种先验综合，它根据统觉的统一性和范畴去确定所予的杂多（第二十四分节）①。

跟在这后面就是关于统觉的统一性在其对于内感官以及时间的形式的关系上的一种说明（第二十四、二十五分节）②。

主观演绎的本质存在于第二十六分节之中。在那里，康德试图说明，我们人类的直观是怎样必须归属于范畴，如果我们要在一个共通的空间与时间里知道对象。他用属于量的范畴与因果作用的范畴的实例来例证他的论点。最后，他讨论自然全部的那些验前规律或说原理与我们由观察、实验所发现的那些特殊的（或特别的）经验性规律这两种规律之间的关系。

最后一个分节③给我们关于全部论证的一个一般的回顾。

4. 知识通过范畴而有的限制

要有（作为与思想对立的）知识，我们就需要（1）直观与（2）一个概念或范畴④。如果没有直观被给予出来和我们的概念相应，剩下来给我们的只是不能想到任何实在东西的思想形式。

---

① B150-152。

② B152-159。我打算把这留待后面来讨论，因为它对于论证像是不最重要的。看本书第五十二、五十三章。

③ 第二十七分节。

④ B146。我们是可以也用别的概念的，但是无论我们用与不用，如果我们要知道一个对象，我们就必须总是用一个范畴。

既然人所有的不是知性的直观，而只是感官性的直观，所以，只是在范畴应用于感官性的直观时，人才能有知识。

人类的直观要么是经验性的，要么是纯粹的，而看来，一个对象的被给予出来，既可以是在经验性的直观里，又可以是在纯粹的直观里的。在某种意义上，这是千真万确的。在数学里，我们能把范畴应用于纯粹的直观①，而这样就得到关于对象②的验前知识。然而这样的数学知识乃是关于对象的形式的知识，而不是关于对象本身的知识。只有我们假定对象是在空间与时间里被给予于我们的五官的，因而就必须具有我们在数学里所研究的属于空间与属于时间的一些特性，我们才能认为数学的知识是关于对象的知识③。

所以，严格地说来，只有当范畴应用于经验性的直观时，它们才给我们以知识。因此，虽然通过范畴，我们具有验前的知识，但是这种知识所告诉我们的只是：如果一个对象是可能经验的对象，它就必须是怎样的。经验本身乃是经验性的知识，即关于被给予于经验性直观的对象的知识④。

根据这个原理，对于范畴的应用就要加上一个限制，正如在感性论里对于空间与时间的应用要加上一个限制一样⑤。

5. 范畴与非人类的智力

从理论上来说，纯粹范畴应用的限度是宽于空间与时间的限度的；因为纯粹范畴在依靠任何一种感受性的有限智力的经验里都起着作用，而空间与时间是毋须扩延到人类经验范围以外的⑥。

---

① 这像是康德的意思，虽然我们在纯粹数学里所应用的唯一范畴乃是量这个范畴（和也许可能性这个范畴）。康德稍后一点在B147里提到复数的范畴。

② 这些只是勉强上才算是对象：严格上，对象乃是具体的东西，而康德在这里用“东西”这个词来把实在对象从数学的假的对象区别开来。

③ 又比较一下A239-240＝B299。

④ 比较一下B218：经验乃是经验性的知识，即通过感官知觉确定一个对象的知识。

⑤ B148。

⑥ 在B148里康德假定空间与时间不会这样做，但是在B72里他认识到这不必然是真的。

这是一种纯然推测的可能性，我们完全可以不去管它。对我们来说，只在对象是按着空间与时间的形式被给予于我们的诸感官这个限度内，范畴才有其意思[①]与意义。我们不能以任何实在的意义赋予按着感受性的另一种形式给予于另一种感官的对象的观念，而且我们又不能理解——除了是用类比——纯粹范畴如何能适用于这样的对象。

如果我们考虑一种具有知性的直观的智力这种更遥远的可能性，我们就能说，没有空间性的或时间性的述项适用于它的知识的对象[②]。这种消极的性格描写并不能为我们提供关于这些对象任何积极的知识。再则，范畴本身，乃至在它们的纯粹形式上，也不能适用于这样的对象；因为即令我们用范畴来思想这样一个对象，我们缺乏经验性的直观，还是不能知道有任何东西是能相应于我们的思想的[③]。

6. 范畴与时间的形式

我们现在就接近[④]主观演绎的特别问题了。

其客观有效性已经得到证实的范畴乃是纯粹范畴，亦即必然包含在知性本身的性质里的思想（或者说判断）的单纯形式，而且因为这个缘故就被称作知性的纯粹概念。它们只在下面一点上不同于思想的形式，即在形式逻辑里所讨论的思想形式是被认为只是思想的形式而已，而范畴

---

① 也许有一种玩弄字眼，用德文"Sinn"的这种双重用法，康蒲·斯密英译这个词为"body"就不能表达其意义。又比较一下 A155＝B194 以及 A240＝B299。

② 其理由就是空间与时间在本质上是和感官结合在一起的。

③ 我认为康德相信知性直观的对象会是自在之物，他的见解总是，既然我们只用范畴才能思想，所以我们就只用范畴才能想到自在之物，但是缺乏直观，这样的思维就不是知识。譬如我们必须按着实体这个范畴来想到自在之物，因而就把它想作是能作为一个主体而永远不能作为一个单纯述项而存在的某东西，但是一经我们把一切谈到时间与空间的东西从这个范畴排除出去，这范畴就变为毫无意义的了——意思是说，我们完全不能知道能否有一个对象是相应于这种思想的。实体这个范畴之给我们关于对象的知识，只是，当它是应用于空间与时间里的恒久的东西，即用于一些东西如它们必须对我们出现的那样，而不是像它们在其自身里那样。又看本书第二章第四节及第五十四至五十六章。

④ 第二十四分节。康德这分节的标题乃是"范畴对于一般感官对象的应用"。这是易使人误解的，除非"一般感官"能理解为"人类感官"。

之为思想的形式,是因为它能确定一个被给予于某种感官性直观的一个对象[1]。作为这样的纯粹范畴,乃是关于一般对象的概念,而且通过它们,任何有确定性的对象都不能被思维[2]。

根据康德的观点,这样说就等于说,它们乃是必然包含在知道任何而且每一个给予于任何一种感官性直观的对象这种活动里的综合的概念。这种综合乃是存在于判断的形式(或说各形式)里的综合。作为这样的综合来说,它是纯然知性的,而且完全不依靠所判断的质料的性质。它是先验的,因为(1)它渊源于知性本身的性质,而且(2)它乃是验前知识,即由知性而来的验前知识所自出的[3]。

康德现在得要说明的就是,对人类直观给予出来的杂多是如何必须符合于包含在思想本性里的这些知性综合的。这演绎的困难是由于思想与直观的相对独立,以致直观不依靠思想便对我们被给予出来,而思想自己的形式是和在直观里给予我们的东西的性质毫不相干的[4]。

我们已经看到,直观事实上不能是关于一个对象的直观,除非它们符合于纯粹的范畴。我们现在就得要说明,它们如何由于人类经验的特别性格就必须符合于范畴。

康德的说明,其关键是在于这个事实,即直观的杂多在人类经验里必须是在时间的形式之下被给予出来的。时间的形式之普遍性与必然性将使我们能够了解心的活动如何按照统觉的综合统一性确定在内感官里被给予出来的杂多[5]。

当我们掌握了时间作为一切人类直观的形式所起的作用时,我们就

---

① Riehl(在他的《哲学的批评》里,Vol. Ⅰ,p. 358)正确地说,范畴与判断形式之间的区别不是本质的区别,而是应用的区别。

② 要有一个有确定性的对象,我们需要思想和直观两者,而思想离开直观或者直观离开思想,都不能给我们一个有确定性的对象;看 A258=B314。关于直观的无确定性的对象,看 A20=B34。在 A251 里,一般对象这个概念说是可通过杂多的出现来确定的。

③ 感受性的纯粹形式也是验前知识所自出,然而感受性与知性这两者缺少其一就不是知识的来源了;它们乃是验前知识里不同成分的来源。

④ 比较一下 A88=B121 起。

⑤ B150。康德是说,"能通过所予直观的杂多而确定内感官"。我认为他必是意指内感官关于它的形式;比较一下 B152 以及 B155。这个说法是难懂的;看来它像是暗示着为了按照范畴来确定时间,我们就必须按照范畴把时间里的经验性杂多结合起来,而我相信这是康德的见解。

将能了解一般直观杂多的必然综合统一性[①](这是我们验前在纯粹范畴里所想到的)如何能是人类直观的一切对象所必然要符合的条件;我们又将能了解纯粹范畴(它们在其自身来说乃是思想的单纯形式)如何能够获得客观的实在性,就是说,它们如何必须适用于人类直观的对象。顺着来,这个意思又是说,范畴只能适用于作为出现的(不是作为自在之物的)对象;因为,如我们在感性论里曾看到的那样,我们有关于时间的验前直观这个事实是含有时间不是由于事物而来而是由于我们的感受性而来的意思的,而结果就是它含有这个意思,在时间的形式之下被给予出来的出现不是事物如其在它们的自身那样的,而只是如其对我们出现那样的[②]。

7.想像力的先验综合

起初,康德好像是说:知性本身[③]按照统觉的统一性和范畴确定(或说综合)内感官的杂多。他现在就说明杂多在时间形式之下的[④]这种综合乃是由于想像力[⑤]。它是一种形象的综合(synthesis speciosa),与纯然知性的综合(synthesis intellectualis)是对立的,后者存在于判断的形式里,而思想则存在于纯粹范畴里[⑥]。

这种形象的综合,像它与之符合的知性综合一样,乃是一种先验综合[⑦];

① B150。康德自己的话语更麻烦。我们验前想到的东西说是“感官直观的杂多的统觉之综合统一性”。在这短语里,如每每是的那样,统觉的综合统一性和杂多的综合统一性是同一的,而且其实这个短语乃是两个短语结合而成的,即把那两个短语结合为一个。我理解“感官直观”为一般的感官直观。

康蒲·斯密以“验前”连于“感官直观”,而不是连于“思维”。按这种解释,康德是说,知性能把范畴化的范畴想作人类直观一切对象的条件。这并不严重地改变其论证,但是我相信,康德乃是说明知性怎样能把纯粹范畴想作人类直观一切对象的条件。

② B151。康德关于这一点所肯定的是太简短,所以不是完全清楚的。他说“我们能有验前直观的只是关于出现”。

③ B150。这必须是作为知识的一种力量的而不单纯作为思想的一种力量的知性。看 A97。

④ 知性本身与时间无涉。比较一下 A152-153=B191-193。

⑤ 然而想像力可能是较低水平的知性。看 B162 注。

⑥ 比较一下 A118。杂多的综合统一性在统觉的统一性之下“预先假定或说包括”想像力的一种纯粹的先验综合。至于“形象的”(即德文 figürlich 或拉丁文 speciosa)这个词我不见得对“想象性的”这个词增加了任何东西。

⑦ B151。

不但它本身是验前的[①],而且验前知识的可能性的条件也是验前的[②]。就其是先验的来说,它是不与在所予的杂多里的种种差别有关的,而只直接指向着[③]在范畴里所想到而在这里和统觉的原始综合统一性同一的统一性的。

康德把我看来是绝不可争论的东西弄得完全清楚了,那就是想像力的先验综合是通过时间的媒介起其作用的。它按照其形式,那就是说,按照时间,确定感官[④]。它是照着统觉的统一性,因而是照着范畴这样做的[⑤]。

想像力本身被给予的乃是感官与知性之间的一种中间地位。即使在对象不存在时也是如此。它是在直观里表现对象的一种力量,这样它就和感受性相关连[⑥],因为人类的直观是感官性的[⑦]。虽然如此,想像力的综合总是自发力的一种运用[⑧]。它是能确定的东西,不是被确定的东西(像感官之为被确定的那样);或者换句话来说,它乃是形式的来源,而感官乃是质料的来源[⑨]。

想像力,当它按照范畴综合杂多时,是为知性服务的;而想像力的先验综合,当它按照范畴在时间里综合杂多时,是为纯粹知性服务的。因此,这种先验综合[⑩]乃是知性对感受性的第一种作用[⑪],而且是知性对于

---

① 就是说,当我们知道时间里的任何对象时,必然地而且普遍性地存在的。作为这样看的,按哥白尼式的原理说来,它是由于心本身的性质的。

② 离开时间的先验综合,原理就不能被证实。

③ B151,德文的"geht"这里译为"指向"。在A118里,如果综合是"指向着"只是杂多的验前综合的,它就说是先验的。这个学说更清楚地在A123里表达出来。先验综合不"指向着"任何东西,除非是在杂多的综合里的必然统一性。比较一下A125以及本书第二十五章第九节。甚至在A101里想像力的先验综合(说是再生的)还是出现的一种必然综合统一性的根据。

④ B152。同样地在B150里,知性的确定内感官是因为内感官有一种验前的形式。

⑤ 先验综合说是能产生的,而不是再生的。想像力的先验综合乃是范畴所控制的,而再生的想像力的综合是联想的种种经验性规律所控制的。比较一下A123和本书第十九章第三节。

⑥ 康德是说"属于"(德文的gehört)。

⑦ 比较一下A120注,在那里说想像力乃是感官知觉中的一种成分。在本段里,康德说,唯有想像力能给知性的概念以其相应的直观。比较一下A99。

⑧ 感官单纯是被动的。

⑨ 看A266=B322。

⑩ 我与康蒲·斯密的翻译同意,虽然原文的"welches"依我看来是奇怪的,如果它是不错的。

⑪ B152,"作用"是"Wirkung"之译。比较一下B164。在其知性综合的统一性方面,想像力依靠知性,而在其统觉的杂多方面则依靠感受性。

人类经验的对象①的第一种应用②。可是作为一种形象的综合来说，它得要区别于纯然知性的综合，而后者独立于想像力，必须在判断的形式里(或说在纯粹的范畴里)才能被发现，而且仅仅是属于知性的③。

这样，想像力几乎就成了知性本身的、直接作用于在时间的形式之下被给予出来的直观的一种低级的表示。这一点在后面得到了清楚的表述④。统觉的经验性综合(它是想像力的工作)必须符合于统觉的综合，也就是符合于包含在纯粹范畴里的纯然知性综合⑤。它就是那里在想像力的名义下，而这里在知性的名义下，把结合引进直观的杂多里去的同一个自发力⑥。

8. 主观演绎的目的

在第二十六分节里，我们看到了主观演绎的本质⑦。

康德从他一贯的引言开始，概述上面所曾说过的⑧。我们已经证明，其验前的起源是在形而上学演绎里曾说明过的范畴，给我们以关于一般直观的对象的验前知识。我们现在就得要说明它们给我们以关于人类直观的对象的验前知识⑨。

---

① 即“对于我们的可能直观的对象的”。

② 比较一下 A77-78＝B103。

③ 在纯粹范畴里想到的知性综合只和一般直观的杂多有关：在其本身里，它是不涉及时间的；比较一下 B151。

④ B162 注。

⑤ 比较一下 A108，A114 以及 B164。

⑥ 在 A97 里，自发力说是那三重综合的来源。

⑦ 康德自己的标题乃是“知性的纯粹概念在经验中普遍可能使用的先验演绎”。这个标题不是十分恰当，除非能够假定“经验”的意思是指“人类经验”说的。

⑧ B159。虽然第二十六分节标题为“先验演绎”，但是康德说先验演绎是要在第二十、二十一分节里找到的。两者同是先验演绎，但是前者有关于这演绎的客观方面，而目前的有关于其主观方面。我想这是康德使用“形而上学演绎”这个短语的唯一地方。附带地说，甚至在第二版里，有一些小小的引言的存在，暗示着这是康德的风格的一种自然的特征，而毋须像凑合说所企图提出的那种进一步的说明。

⑨ 这就是对于“思维的力量怎能给我们验前知识？”这个问题的答复：看本书第十三章第四节；因为严格地说，关于一般直观的对象的验前知识，在我们能指出这样描写的直观的性质以前，还不是知识。

在这样做时,我们将与之有关的不是对象按照着来被给予出来的直观形式,而是如果对象要作为对象而被思想就得外加在它们之上的结合规律。我们得要说明,知性怎样给自然规定它的规律,而这样就使自然成为可能[①]。除非我们能这样做,我们永远不能了解对我们的感官提出的每一东西怎样必须遵守在人类知性里有其起源的规律。

9.领会的综合

该论证是从领会的综合出发的。它被定义为杂多在一个经验性的直观里的结合,而感官知觉——即直观(作为出现)的经验性意识——是借着这种结合才成为可能的[②]。

感官知觉靠其自身所给我们的乃是出现的意识,而不是对象的意识[③]。虽然是这样,感官知觉还是和对象处在一种特殊密切的关系上的,因为它是包含有感觉的[④];也因为感觉(虽然它只是心的一种主观的改变[⑤]而不是关于一个对象的观念[⑥])预先假定有对象的现实存在[⑦]。再则,领会的综合把统一性给予我们的直观,它为时间的先验综合所限制,而且在它被带到概念那里去时,或说被判断时,我们是有关于对象的知识的[⑧]。

感官知觉或说领会的确切意义照例[⑨]是不太一定的,但是由于我们发现康德后面谈到知觉到一所房屋[⑩],那么我们就必不可认为感官知觉

---

① 关于自然的两种意义,看 B163 和 B165 以及下文第十五节。

② B160。我认为这是相同于 A99 与 A120 里的领会的经验性综合。它在它自身里面必须包括着再生的经验性综合。比较一下 A102 及 A121。

③ 比较一下 B134-135,B234;又 A92=B125,A103 以及 A120-121。

④ B207,"Empfindung",兹译"感觉"。

⑤ B207。比较一下 A320=B376。

⑥ B208。

⑦ A50=B74。感觉是空间中一个对象使之发生的,这可能是 A19=B34 的意思。看《自然科学形而上学初步》一书的前言(Ⅳ476),在那里,外感官都说只是运动所刺激的。

⑧ A78=B103。

⑨ 看本书第十九章第二节和第二十六章第二节。

⑩ B162。在同一段里我们说是知觉到水的冰冻。在这些情况下,很明显,领会与感官知觉是包含有再生的。

或领会是要限制于关于一种单纯感官材料的意识的①。

10. 领会包含有空间与时间

康德下一个论点是这样的。空间与时间乃是一切直观的形式,因而领会的综合,既然它是在一个直观里把所予的杂多结合起来的,就必须符合于空间与时间来这样做②。

我理解这个意思单只是说领会的综合是在时间与空间里结合杂多的,或者换句话说,所予的杂多之作为在时间与空间里结合着而对我们出现,是因为(而且只因为)有了我们的综合行动。

康德用来支持他的论点的理由引起了某种困难。他说这一定是真的,"因为这综合自身只是按照这种形式才能发生"③。"这种形式"似乎一般用来为着要包括空间与时间这两种形式④。如果是这样,康德就只是在说,领会的综合必须符合于空间与时间,因为除非它这样做,它就简直不能发生⑤。

11. 空间与时间包含有统一性

如果领会的综合在时间与空间里结合杂多,它就预先假定有在其里面杂多得到结合的一个时间与空间的一种综合 ——一种先验的综合。这种综合是已经讨论过了的⑥,但是康德照着他的阐述的稀奇方法⑦,就

① 比较一下本书第十九章第二节。我们会想知道在梦里是否也有领会的一种综合。我倾向于不这样想,因为在梦里没有预先假定对象的现实存在。然而甚至在梦里和在艺术家的想象里必须至少有某东西类似于领会的综合的。

② B160。

③ 康蒲·斯密英译"nur nach dieser Form"为"in no other way"(不在别的方式上)。

④ 在 A93=B125 里感受性的形式"条件"(德文的 Bedingung)是用单数来包括空间与时间两者的,但在其上下文里是有种种理由要这样的。"这种形式"很难是打算要只是指时间说的,或者指领会的综合本身是前后相继的这个事实说的。

⑤ 我们也许可以说,因为空间与时间乃是直观的形式,我们就不能综合一种所予的杂多而又不综合这杂多在其里面被给予的空间与时间,我认为康德在这里只关心于诸出现在其里面被给予出来的特殊个别时间与空间;在下一个段落里他就过渡到只有一个时间与空间,而特殊个别的一些时间与空间乃是这一个时间与空间的各部分。

⑥ B150 起。

⑦ 在论证的关键点上,康德总是常常让我们靠回忆到前面所说的来填上某些步骤。比较一下 A93=B126,A111,A124-125。

进而作出他的论点而没有怎样明白提到想像力的先验综合。

空间与时间作为直观的形式来说是一种没有统一性的单纯杂多。只作为纯粹直观来说,它们才具有统一性①。在感性论里,这种必然的统一性曾被这样对待,好像它应该属于空间与时间似的②,但是空间与时间作为纯粹直观之具有统一性,只是因为它们预先假定有一种完全不属于感官的综合③。

所以统一性乃是和空间与时间的纯粹直观一道④被给予出来,而不是在这些直观的里面被给予出来的⑤。这种时间与空间的统一性乃是领会的综合的一种验前条件。那就是说,凡是要在时间与空间里确定地⑥被表现出来的东西必须符合于包含在时间与空间本身的性质里的这种必然的统一性(或说必然的结合)。

如果我们不用这么专门的话语来陈述这一点,我们就可以说,因为只有一个时间与一个空间,所予的杂多就必须在这样的一种方式上被综合起来使得它能出现于一个时间与一个空间里。诸类比的整个论证是以这个论点为转移的。

这一点的完全含义要等到我们来到原理那里才能予以澄清。在上面所说的里面,"确定地",这个词是重要的。甚至在梦里的一些出现也是有空间性和时间性的,但是它们在一个共通的空间与时间里没有一种确定的地位。实在对象的标志,而且只有实在对象的标志,才具有这种确定的地位⑦。

12. 主观演绎

我们现在来到整个论证以之为关键的论点。如经常在康德那里可以看到的,它被压缩为一句话。

---

① B160。

② 因为在那里康德是抽掉思想来处理感官的。

③ B160-161 注。这种综合大概是想像力的先验综合,但是康德不认为有必要来这样说。在纯粹范畴里所想到的知性综合归根到底也是预先假定的。

④ B161,"一道"是德文的"zugleich mit"即英文的"simultaneously with"之译。也许意思是说"与之同时",但我宁可保持一个中性的,即不定的短语。

⑤ 它不是在直观里被给予出来,因为它是为先验综合所外加于直观之上的。

⑥ "确定地"是德文"bestimmt"即英文的"determinately"之译。

⑦ "确定地"这个词也许暗示着杂多乃是按照范畴被"确定"的。比较一下B128-129。

那必须属于人类直观一切杂多的必然综合统一性，如果这个杂多是要在一个空间与时间里被结合起来，是和包含在统觉的先验统一性里，而且在纯粹范畴被思想的一种一般所予的直观的杂多之必然综合统一性，同一的[①]。唯一的差别就是，一般的一个直观的统一性现在是应用于或者说出现于照着时间与空间的形式被给予出来的我们人类的直观。

对这种学说，我们已经很熟悉了。它乃是这个论点的另一种形式，而这论点是说，那作为在一个空间与时间综合所予的杂多的条件的想像力之先验综合就是按照统觉的统一性与范畴的一种综合。

如果这是真的，感官知觉所必需的领会的综合就必须符合于范畴[②]。而且既然人类经验乃是通过联系着的感官知觉的知识[③]，那么范畴也就是这样经验的可能性的验前条件。结果，它们对于人类经验的一切对象都是验前有效的。

问题就是，这个基本论点是否是真的。康德的判断形式理论使他相信这论点必须是真的，但是我们难于分担这种信赖的根据。可是他的论证还没有结束。他打算说明：有一个图型，或者时间的一种先验确定，相应于每个范畴[④]。他又相信，他能证明这些图型必然包含在一个共通的空间与时间里的对象的一切经验里。暂时，他给我们关于他的意思的两个例证，而这是他在第一版里没有作出的一种让步。

13.量的范畴

他的第一个例证是关于量的范畴的[⑤]。当我知觉到一所房屋时[⑥]，是

① B161。它是在纯粹范畴里被思想的，因为它是在判断的形式里被思想的。又比较一下B144-145。

② 康德是假定，虽然感官知觉只给我们以一些出现，但是所给我们的出现是在空间与时间里统一了的，而这样就是能被思想作为对象的。感官知觉不止于是单纯的联想。

③ 比较一下 A97。

④ A139=B178。

⑤ B162。

⑥ 康德是假定所知觉的乃是一个实在对象。要有这样一个对象的知识，思想与领会的综合都是必需的，但是康德所作出的特别论点乃是感官知觉（或说领会的综合）本身必须符合于知性的范畴。

预先假定有空间的必然统一性，因而就预先假定有空间里的杂多的[1]。更简单地说，我预先假定这所房屋所占住的乃是在其里面有一切对象的一个共通的[2]空间之一部分。在把前后相继地被给予出来的[3]一些出现结合成为一所房屋的一个直观的过程中，我好像是按照空间里杂多的必然[4]综合统一性划出这房屋的形状[5]。领会的综合所必须与之相符合的这种必然综合统一性——当我抽掉了空间的形式来考虑它时——是和在量的范畴里，或更严格地说，在总体性这个范畴里所思想的必然综合统一性同一的。

在论证的现阶段上，应该没有什么大的困难来看到这个论点是说得过去的。其理由就是，在总体性这个范畴里[6]，我们是在一个**一般的**直观里想到同质的东西的综合的[7][8]。在综合空间的过程里，我们是把同质的东西综合起来的；因为空间在本质上是同质的，而每一个特殊的空间都在一些个别的空间中所构成。空间的纯粹杂多的综合是包含在我们借以知觉到一所房屋的领会综合里面的。结果就是，在知觉到一所房屋的过程中，我们是照着量的范畴来综合当下的杂多的。

不管这房屋还会是别的什么，它必须是由在空间里互相外在的一些部分所组成的，而这些部分，就其是有空间性的来说，必然是同质的。它们都是能分开为几多尺或几多寸的[9]。这一来，这房屋就必须是一个外

① 我理解这种杂多为一切外直观的经验性杂多。康德描述它为“一般外感官的直观”。也许仅仅有可能康德是指纯粹杂多说的。

② 一个客观空间是假定为一切人所共通而同时又包含着一对物体的。

③ 我可能，而大概是，以想像力所附加的其他出现来补足所予的出现，但是为着这论证并不必估计到这些情况。

④ 我加入“必然”这词，因为在这里所提到的“综合统一性”是和上面提到的“必然统一性”相同的。

⑤ 那就是说，我划出它的形状作为一个共通的空间的一部分而这样就必然有了属于那一个共通的空间的这样部分的一些特征。

⑥ 从“一切S是P”这个判断形式得出来的。单一性(统一性)与多数性同是包含在总体性这个范畴里面。看B111。

⑦ 或综合统一性。

⑧ 如我曾提出过那样——看本书第十四章第八节——这不单纯是全称判断的形式所含蕴着，而且是一切概念作用本身所含蕴着的。

⑨ 因此之故，它们就必须不但在互相的关系上，而且又在其对于一切在空间里的其他对象的关系上是可测量的。

延量了。

所以我们就能理解,不但事实上量的范畴必须适用于一切对象——这对康德来说是如此的,是由于他关于判断形式的理论——而且又了解量的范畴怎样是必然适用于一切照着空间与时间的形式在人类直观里被给予出来的对象①。

14.因果性的范畴

当我们过渡到他的第二个例证时,康德的论点更加难懂了。这第二个例证乃是因果性的一个实例②。

当我知觉到水的冰冻时,我领会到两种状态(流动性与固体性③)彼此处在一种时间性的关系上。如果这两种状态是要(关于它们的时序)在客观上被确定④,它们就必须在一个共通的时间里有一个彼此相对的确定的地位⑤。康德认为它们能有这种地位,只要它们是在因果关系上被确定的,而在一种比这更简单的情况下,其意思就会是:那第一个事件就是第二个事件的原因⑥。因此,无论我们在什么地方知觉到时间里有相继而起的事件,那里就必须有一种必然的综合统一性,或说一种因果性的联系。在我们抽掉时间的成分时,这种必然的综合统一性就是和那在纯粹范畴里所想到的必然综合统一性同一的,而这种综合统一性康德称之为原因与结果,严格地说,它应该被称作根据与后果的纯粹范畴,因为它不涉及时间⑦。

---

① 对于时间的论证是恰恰同类于对空间的论证的。康德以空间而不以时间来例实他的意思这个事实是第二版所特有的,虽然并不在第一版里完全看不见。

② B162。

③ 康德如他常常那样,总是避免两个相继的事件,其一是原因,其二是结果的这种简单的因果性的实例。

④ 注意德文"bestimmt"(被确定)这个词。比较一下 B161 及本书本章的第十一节。康德把事件的客观前后相继和一种主观的前后相继区别开来,而所谓主观的前后相继,就是我看见一所房屋的各部分是一个跟着一个的,虽然在房屋里并没有与之相应的改变或说相继,看 A190-191=B235-236。

⑤ 对于一切人和一切事件来说,客观时间必须是同一个的。

⑥ 在原来举出的实例里,情况不是这样,但是水的冻结是某种未详细说明的原因所确定的。

⑦ 它是从"如 A,则 B"这个判断形式得出来的。

我们要等到我们考查过第二类比时，我们才有条件来估量这个论点①。如果它确是真的，康德就说明了根据与后果这个纯粹范畴怎样必然适用于照着时间的形式在人类直观里被给予出来的一切对象。

我们能举出一切其他范畴的同样的例证来。

15. 作为立法者的知性

康德最后的一些结论对他在第一版的相应一段所曾说的几乎没有什么增补②，而我们应该对本段③和第一版里与之相应的那段作一番比较④。

出现之存在只是在其与人类心灵的关系上，而这是就人类心灵具有感受性而言的，而控制出现之一切规律的存在，只是在其与人类心灵的关系上而且是就人类心灵具有知性而言的。自然的规律是心灵所外加于现象世界的，但是这样外加的只是普遍性的规律或说原理。特殊性的规律不能从这些普遍性的原理推演出来，而必须通过经验才为人所知道⑤。

在这一切之中，对象对人类心灵的依赖性是和我们关于对象的必然性的知识结合在一起的。在康德的最后概述里，这一点是同样明显的⑥。在那概述里，康德重申了他的哥白尼式的原理⑦，而且以应有的鄙视态度摈弃了前定和谐的理论⑧。

---

① 何以康德的论证不是像在第一个例证里那么明显，其理由就是，在量的情况下我们有直观性的确实性，但是在因果作用的情况下，我们只有推论的确实性；看 A161-162＝B201 和 A180＝B223。然而我们能看到因果的综合乃是在时间里先于其后果的一个根据与后果的综合，而在我们把它和时间抽掉开来时而去考虑它，它就和根据与后果的综合同一了。剩下来要证明的，就是因果作用是需要来维持时间的统一性的。

② A126-128。比较一下本书第二十七章第四节。

③ B163-165。

④ 应该注意康德关于从质料看的自然（B163）与从形式看的自然（B165）这两者之间的分别的说明，并且把这说明和《未来形而上学导言》的第十四至十七节（Ⅳ294 起）而又和《自然科学形而上学初步》的前言（Ⅳ467）进行比较，又注意这种清楚的说法，即经验性综合依靠先验综合，因而也就依靠范畴。看 B164。

⑤ 然而，它们必须"在这些原理之下"（或说为其特殊的确定）。我们从经验知道一个特殊事件的原因是什么，但是我们验前知道凡事必有其原因。

⑥ 第二十七分节，B165-168。

⑦ 比较一下 BXVII，A92＝B124-125，A128-129。

⑧ 比较一下本书第八章第八节。

第三十章 演绎的论证

1.经验的分析

横过大亚拉伯沙漠不会比想要理解先验演绎的种种迂回曲折更令人劳累。然而,在我们回顾一下我们在康德的指导之下所曾经过的程途时,我们也许可作出结论说,有些困难只是像阅读一种我们从没有玩过的游戏的说明书那样而已。当我们已经掌握了这种游戏时,想要正确地描述它,可能还是有些麻烦的;但是一经了解了这种游戏,要描述它,就变得比较容易了,而且还会觉得这游戏本身是简单的。

康德煞费苦心的论证乃是对人类经验在其认识方面作出一种哲学的分析,一经我们清楚地看到他所描述的是什么,那种描述的本身就将成为比较容易的。反之,如果我们不能明白他所描述的是什么,而想象着他是描述某完全不同的东西——譬如说,如果我们以为他是想要说明我们是怎样得到关于对象的知识的,或者经验是怎样在时间里发展的——那么,凡他所说的都将像是几乎怪没有意义的,而且如他自己所提到的那样,是写得极其糊涂难懂的①。

康德设法让我们看到:包含在一切人类经验里的,即包含在一切我们关于对象的知识里的,究竟是什么,而且必须是什么;同时他所想到的对象主要是物理的对象,虽然不是百分之百的是物理的对象。

如果我们要知道对象,我们就必须有某东西在感觉里对我们被给予出来,而那某东西必须照着空间与时间的形式对我们被给予出来。在任何一刹那间给予我们的东西,在其本身来说,乃是顷刻即逝的,而且在内容上是比我们通常所以为的远远没有那么丰富。我们总是在解释它而且在思想上与想象上给它加以补充。它的被给予出来是在此时此地,而它必须与从前曾被给予出来的东西结合起来或者联系起来。并且它又必须

① 看《未来形而上学导言》的前言(Ⅳ262)。

在一个时间与空间里被指定一个相对于其他种种出现的东西的确定地位。为了这样去做,我们必须填满,或者说构成,在其里面这样的一些地位必须被指定的那个恒久不变的空间和那个不断改变的时间。只有这样,我们才能在我们面前有着在一单个空间与时间对我们来说是存在的一个世界之一个特殊部分。

在这一切里面起作用的不止于想像力的综合,还有判断在起作用。各种的不相干的一些意象可能同时通过我们的心,但是我们却把这些意象与我们在我们所予的而川流不息的一些感官材料的基础上在想象中所构成的那一个客观世界区别开来。有一些观念或意象一起在我们的心里,或者它们是由被给予出来的东西向我们所暗示的,这还是不够的。我们在判断里断定一种客观的联系,而且就我们力之所逮,把主观的出现与客观的实在区分开来。草的绿色可能对我暗示着乐园的山陵,但是我却知道昆屯(Quainton)山是什么,而且我判定昆屯山是青绿的。

所以判断就是在主体与对象之间作出分别,在我的思维与我所思维的东西之间作出分别;而离开思维,对我来说,在那在时间与空间里的客观世界与我自己的一些观念的主观的一连串这两者之间,就不能有任何区别了。思维包含有某程度的自我意识,因为它是肯定一个作为与主观世界相对立的客观世界。而且凡是我的思维必须在某种意义上是一个思维,由于我把一个客观世界的各种不同部分和我自己对立起来。

经验性的直观与纯粹的直观,想像力的一种经验性的综合与其一种先验的综合,关于对象的思想与关于自我的思想,这一些,虽然在哲学分析中是困难的,然而当我们经验到任何对象时,都必须是存在的。它们全都是包含在我的这山是青的的简单判断里。它们不是经验的历程上的各阶段,而是经验中的各种成分;而且康德所争论的就是,当我们了解这些成分时,我们就能对经验的每一个对象一定是什么作出种种验前的断言。

2. 思想的要求

我认为,如果我们从康德关于思想的性质出发,我们就将最能了解他的论证。在考虑这点的过程中,我们最好是把关于物理的对象的思想保持在我们心的面前。其实我准备集中考察的正是这一点。

人类思想本身并不是直接知道实在的。它总得要通过概念，而且我们是把这些概念应用于给予于感官或者认为是能被给予于感官的实在的，换言之，我们是用概念来想到实在的；或者用康德的语言来说，思想不是直观性的，而是推论性的。思想也就是判断；而在判断里，我们结合概念，而且把概念用于实在，或者说以概念来断言实在。

按这种见解来说，真理就在于我们的判断与我们判断的特殊实在之间的相应。例如在“房屋”这个概念里，我们想到在许多感性对象里认为要发现的一些“标志”的结合；而在“红”这个概念里，我们想到在许多感性对象里认为要和其他一些标志一起被发现的一个“标志”。当我们判定这所房屋是红的的时候，我们不但把我们的一些概念在判断里结合起来；我们还断言在这些概念里所想到的那些标志的结合是要在这个别的感性对象里发现的。如果我们的五官给我们以一种复合的直观，在其里面一所房屋的一些标志是和红这个直观相结合的，那么我们的判断就是真的了①。

我们可以说，我们的判断与实在之间的这种相应——或者说，在我们的判断里所想的一些标志的结合与在感性实在里所碰到的一些直观的结合这两者之间的相应——是容易了解的。实在是给予于我们的五官的，而我们用分析与抽象的动作来形成我们的种种概念与判断。如果我们正确地完成这些分析与抽象的动作，我们就有相应与真理。在所举的特殊实例里，我们有关于一所房屋的一种复合的直观，而红这一个直观乃是这个复合直观的一部分。“这所房屋是红的”这个判断单纯在概念性的名词上肯定是在直观里所给予出来的一种结合，同时承认在关于房屋的其他直观里可能有与之类似的一些结合，而在关于红的对象的其他直观里也有类似的红色。

据我对康德的了解，他会同意这样一种说法，但还会加上某些条件。

他会否认，感官自身能给我们称为一所房屋的那种实在，还不必说它能给我们这所房屋是其一部分的一个井井有条的客观世界，我们必须在

① 即令一个分析判断——例如“一切物体都是外延的”——对实在来说乃是真的，同样的一条原理也是有效的。我略过了一切困难是关于在概念里所想到的种种标志与直观不同的方式的；而为了简单起见，我又略过了康德在“标志”与“部分观念”之间的区别；看本书第九章第四节。

想象里把目前给予出来的一些出现和过去的种种出现，而且也许和完全没有对感官给予出来的种种出现，统统结合起来①。尤其是我们必须把在不同的时间而且通过不同的感官被给予出来的种种出现看作同一个对象，即一所房屋的出现；我们又必须把这些出现的总和看作不是我们想像力的幻象，而是在一个有条理的世界里构成一个实在对象。离开思想，这是没有可能的。

所以我们在作出这所房屋是红的这一判断时所分析的实在乃是被给予出来的实在，其被给予不是单纯对于感官，而是对于感官与思想的；而且离开思想，它就不会是我们的一个对象了。再则——而这乃是康德的先验哲学开始其作用的一点——思想有其自己必须得到满足的一些要求，如果我们是要有任何对象在我们面前以待分析，并且如果我们的思维是要有一个与之相应的对象，因而是真实的。

思想的根本要求就是实在应该是可思维的。在概念作用和在判断里，我们思想到一些标志的结合，而为着这，就必须有同一个心——或者(如果我们想要避免种种形而上学的含义)就说同一个思维——是应该能够把这些标志在结合里抓在它自己的面前。我们可以说，思想是必然表现在概念的综合里的；而且若要真理成为有其可能，在被假定为对感官给予出来的杂多里就必须有一种与之相应的综合或说结合。

这并不等于说，在实在里必须有杂多的一种结合，相应于在任何特殊概念如“房屋”或“椅”或“怪物”里所想到的一些标志的结合。它确等于说，在实在里必须有杂多的一种结合，相应于包含在一切概念作用之为概念作用或者一切判断之为判断里的种种标志的结合。没有在杂多里的这样的结合，就简直不能有任何真实性，任何关于对象的知识，而且对我们来说的任何对象了。

我们也许可以这样更专门地来表述这一点，即思想的综合统一性——或说统觉的综合统一性，如果思想被认为无论怎么模糊不清地意识到它自己的本质性——要求在所予的杂多里有一种相应的综合统一

① 我们认为譬如说这房屋的内部当然不是整整一个而是隔成一些房间。我们又认为我们所看见而没有摸到的墙壁当然是硬的而且是固体性的。

性。这就意味着，每一个个别对象必须具有综合统一性，如果它要成为我们的一对象的话；而且整个实在，就其能作为是我们的一个对象而言，也必须具有综合的统一性。

这样说，在某些方面就几乎等于没有说，虽然这么少还是为某些哲学家否认了，而我认为他们是错误的。我暂且不去管这个事实，就是离开在领会与再生里所显出来的想像力的综合，杂多对我们来说是永远不能具有综合统一性的。我们提出的不过是说，思想要求有杂多的综合统一性，而且假使这种要求不能得到满足，对我来说，就不能有任何真理，而且不能有任何关于对象的知识①。

总括地说——康德主张，为着思想打算，杂多必须有其综合的统一性。他否认我们单纯靠关于所予实在的沉思就能知道这种统一性是必然的。

3.思想的各种形式

杂多的综合统一性对经验是必需的这个论点，依然是极端模糊的，除非我们能够详细地叙述这种综合统一性的性质。指出这一点可能是重要的，即离开综合的诸原理，就不能有关于对象的任何经验；但是，除非我们能够详细说明这些原理，我们所说的乃是最低限度的真理。

先验演绎不涉及各个分散的范畴：它的唯一目的乃是要证实一般范畴的客观有效性。然而必须在其上下文中来了解先验演绎，而且它的价值必须从先于它的形而上学演绎和后于它的原理来估计。等到我们已经考查过知性的各别原理的时候，我们才有条件估定这批判学说的价值；但是不认识到这个论证似乎是在一个极关重要的点上，即在康德自己看作最确定而最安稳的一点上失败的，那将是愚蠢的。

康德相信这部《批判》的体系，对于接受两条原理的那些人来说是带有不可置疑的确实性的。这两条原理就是：(1)凡是我们的直观都是感官性的，而且(2)全部范畴表都是从判断的各种形式得出来的②。这样说就

① 我认为康德称为知性综合的东西所包括的不但是一些标志的综合，而且又是一般杂多的综合；因为思想的目的所在不单纯是结合标志，而且断言在实在本身里这种结合就有其一个实例或一些实例。

② 《自然科学形而上学初步》的前言(Ⅳ474注)。

等于说这论证依据的是形而上学演绎。

在这方面，如在别的方面一样，依我看来，康德自己关于他的论证的见解是正确的。形而上学演绎以判断的形式表为依据。而先验演绎——在其主要的或说客观的方面，因而某程度上也在它的次要的或说主观的方面——同是以形而上学演绎为依据的。可见，如果我们不承认：判断的形式表为我们提供了验前的确实性，那么先验演绎的全部结构，因而这部《批判》的全部结构，就在其基础上受到威胁了。

我们必须坦白地承认就是这个样子，如康德自己会承认的那样。这演绎的弱点，整个说来，不是它的前后不一致，而是这个事实，即它一如既往地建筑在现在已经被废除的一套逻辑之上。

我们今日可能会讥笑康德醉心于形式逻辑；而且他在这桩事情上的种种缺点已曾这么多次为人所谴责，其实为人所夸大，我就毋须再来详论这个题目了。可是，我越研究这部《批判》，我就越发没有那么大的信心来认为：他关于判断性质的见解是单纯矫揉造作的；因此问题也就发生了：他的学说能否脱离它和形式表的联系，而用一种比较不是那么矫揉造作的方式叙说出来。

康德的要求，其本质乃是，除非既有直观而又有判断，就不能有关于对象的任何经验，而且判断本身对于直观是有某些要求的。判断所要求的，不但我们的直观必须有综合的统一性，而且这种综合的统一性必须有某些明确的特征，或者换句话来说，所予的杂多，无论它的性质怎样，都必须在某些明确的方式上得到结合。我要试试把这些要求用一种更说得通的方法来叙述，而不涉及判断形式的逻辑表①。

首先，判断要求有多数的同质单位是能思想为一个总体的，这种要求似乎包含在概念作用之作为概念作用之中；因为一个概念必须有一些不同的实例是能被抓在一起来形成一个类的②。

其次，判断要求它应该能够既能肯定，又能否定，从而就限定。肯定与否定同是判断所不能缺少的；而且我们不能清楚地了解一个肯定的判断，非得要等到我们知道：打算要它否定的是什么，而且我们也不能清楚

① 比较一下本书第十章第五节与第十四章第八节。

② 我略过了关于只能有一个实例的概念的种种困难。

地了解一个否定的判断，非得要等到我们知道：打算要它肯定的是什么。

再次，判断要求有可想的某东西，那就是说，它要求有一个不同于种种述项的主体。它又要求有一种理由或说根据；因为它的职能原不是单纯作出任意的叙述的。最后，它要求对象要有一种性格使得叫我们能够把在一个体系里相互排斥而又相互确定的概念应用在它们之上①，而按康德的见解，这就等于说，对象自身也得要在一个体系里相互排斥而又相互确定。

复次，根据康德来说，判断必须是可能的、实然的和必然的这个事实就要求判断的对象也必须有一种相应的可能性、实然性和必然性。

如果我们这样来叙述康德的学说，它就开始有一种更为合理的面目，而且关于可能合理地称为思想的必然形式（或说各形式），它也就为我们提供一种更令人满意的说明。关于某些这样的断言，我们是可能怀疑其真实性的②；但是假定判断之为判断确是对于所予的杂多有一定的种种要求，而且若要有关于对象的知识或经验，就必须满足这些要求，看来这是十分合理的。从本质上看，这些要求是等于这样的——杂多必须按照包含在判断之为判断里面的某些一定的原理被结合起来（或者说能够被结合起来）。为着先验演绎的各种意图，承认这种一般的可能性就够了。

4.演绎的主观的和客观的两方面

纯粹范畴乃是综合的原理③，这些原理存在于判断作为判断之中，而

① 这不单纯是在选言判断里而且在一切肯定与否定里的概念都是如此的。凡是说“这所房屋是红的”都含有它不是别的颜色的意思。

② 在现阶段上还不清楚，当这些思想的要求是对感官的一种所予的杂多提出的时候，它们是要怎样加以解释的。

③ 康德把纯粹范畴又看作存在于判断作为判断里面的综合之纯粹动作而且替我们确定杂多的结合。这样的纯粹动作是按照综合的原理发生的；而在我们意想到这些动作的共通性质时，我们是意想到那些动作按照着来发生的那些综合的原理的。康德描述范畴为纯粹的动作也就弄清楚范畴是在一切经验里起其作用的，不管我们是否清楚地意想到它们，但是综合的原理，甚至当我们不意想到它们时，还是能够在经验里起其作用的，而描述范畴作为纯粹的动作，依我看来是不令人满意的；因为它们实是在判断里所显示出来的综合之原理，这是就判断是一种纯粹的动作而言的，也就是一种动作，其各作原理不是得自所判断的杂多的性质的。

还有另一种模糊不清之处，由于有时把范畴说成是综合的原理，而有时又说成是这些原理的概念，据我的看法来说，这种用法乃是自然的用法，而且我并不认为必须要用两个词来指出这个区别。

且若要有关于对象的知识,所予的杂多就必须按照这些原理被结合起来。如果我们脱离范畴对于感官的所予杂多的关系来考虑范畴,它们就是判断的单纯形式;只是作为不知怎样确定着一种所予的杂多的性质,它们才能被看作范畴的。虽然如此,它们还不失其为纯粹的范畴;因为它们的发生只是从判断的性质而来,而且它们决不是得自说是照着它们的样子而被结合的所予杂多的性质的。

到此为止,这论证只是主张,综合的某些确定原理必然包含在判断作为判断之中,而且所予杂多的结合必须是符合于这些原理的,如果要有经验的任何对象的话;因为离开判断,就不能有任何经验。这个论证可以称为先验演绎的客观方面;而且我们若要正当地估计它,我们就必须完全明白它的种种限制。

因此,我们必不可认为康德以为他已清楚地阐述了:如果对象要符合于纯粹范畴,它们所必须具有的种种特征是什么[①];其实他并没有说明对象如何能够而且必须符合于纯粹范畴。他所说明的仅仅只是:除非杂多是按照纯粹范畴被结合起来,对我们来说,就不能有任何经验的对象。他总是坚持说,离开空间与时间的形式,范畴就是空洞的;我们既不能说明作为应用于对象,它们有什么意义,又不能说明必须有它们所适用的对象。为要详细地这样做,我们就必须了解在原理分析论里的整个论证;但是我们能够一般地说明对象如何能够而且必须符合于包含在纯粹范畴里面的综合原理,如果我们考查一下想像力的先验综合的话。这种工作属于先验演绎的主观方面,而依我看来,它是了解康德的论证所必需的[②]。

用另一方式来说明这个问题——出现是否符合于范畴,固然可能是一件纯粹偶然的事情。无疑,如果出现不符合于范畴,我们就不再有经验;但是假使那样,情况对我们更是不利。据论证到目前为止,出现符合于范畴,必定确有其事;因为一直都是有所谓人类的经验的。可是那种符合可能是由于上帝大发慈悲老早安排好的预定和谐;而任何这种类型的

---

① 目前我们还没有权利来说譬如永恒的实体与偶性或者原因与结果。

② 这像是康德自己在第二版里的见解,虽然在第一版里不是如此的。

见解都是断然为康德所否认的。

只有在我们记得给予我们五官的种种出现都不是事物的如其在它们自身里面那样，而是事物的如其对我们的五官出现的那样，我们才能了解杂多怎样必须符合于范畴。尤其是，出现必须照着时间与空间的形式被给予于我们；而时间与空间乃是单独由于我们感受性的性质的。我觉得康德关于这点并不足够明显，但是我认为他是主张时间与空间的杂多，由于它是纯粹的，同质的而又是依靠我们的感受性的，所以就不对于我们思想的性质所要求的综合原理表示顽抗[①]。时间与空间必须符合于要有综合统一性的要求，这是思想的最终极而最一般的要求；而且除非它们符合于这个要求，思想的统一性（或说统觉的统一性）就会是不可能的了。只可有一个时间与一个空间，而所予杂多的结合必须符合于这个终极的必然性。

按康德的见解来说，这是格外确实的，因为他相信，离开想像力的综合，在杂多里就没有结合（至少没有客观的结合）[②]，而且经验性杂多的综合也必定是时间与空间的纯粹杂多的一种综合。所以这经验性的杂多必须具有这样的综合统一性，就是它所必需要来在一个时间与空间里有其一个明确的地位的。

这种很一般的结论就是先验在其主观方面的结果。我们现在便能了解不但是经验性的杂多必须具有思想所要求的综合统一性，如果我们是要有关于对象的经验的话：我们又了解它怎样在人类经验的实际条件之下必须这样做，就是说，它怎样在空间与时间的形式与想像力的先验综合之下必须这样做。

如果这就是康德学说的全部的话，那么它似乎是相对不太重要的。这个论证的价值是依靠他的思想的整个背景的。如我们将在下文里所看到的那样，康德论证说，不管是成功与否，维持时间与空间的统一性的想

---

① 至少他是主张，因为时间与空间的杂多是纯粹的，所以我们就能够验前了解那些控制想像力的先验综合的原理如何必然符合于存在于判断作为判断这里面的综合的原理。比较一下本书第三十四章第三节。

② 我又要坚持说，这并不等于说，心凭它自身就是经验性的种种差异，例如桌与椅之间的差异的所自来。它只是桌椅与一切其他对象所共通的东西的来源。

像力的先验综合必然把和那些存在于判断作为判断的里面的综合原理一致的某些结合原理外加在经验性杂多之上。只有在我们已经理解这全部论证时，我们才能详细地了解所予的杂多怎样必须符合于纯粹范畴。当我们了解这一点时，我们又将了解纯粹范畴怎样靠关于时间与空间被图型化而获得一种明确的内容。例如我们将要了解所予的杂多怎样必须为因果所控制，而这样就必须符合于思想要有根据与后果这种要求；因为所谓原因单纯是在时间里先行于它的后果的一种根据。

在先验演绎里，康德只是处理他的冗长而缜密的证明的一般原理。如果把先验演绎当作在其自身就是完整的，而更坏的就是把它当作一系列的各别论证，其中每一个都是独自完整的，那就是失掉整个批判立场的那种全面的看法，而没有这种全面的看法，康德的论证就必然不可避免地像是反乎常态而且不可理解的了。

5. 康德的论证之性质

有一种实在的危险，就是在康德的错综复杂的阐述之中，我们可能没法看清他的论证的一般性格。如他不断坚持着的那样，他始终是企图来确定经验作为经验的一些必然条件，进而根据这些条件论证对象的必然特征。

我们必不可由此就认为：他的种种论证都单纯是循环式的。例如，他并不是论证说，因为在经验里到处假定有原因与结果，所以因果作用就是经验的一种条件，因而一切对象就必须符合于因果律。对他的学说的这样一种简单化就将是一种最拙劣的歪曲。

康德像我们都必须的那样，在我们实际上具有的人类经验里找到他的出发点。他主张——而确是正当地主张——经验包含有感官直观与推论思想的合作。在感性论里，他曾论证过，空间与时间乃是我们直观的形式而且是由于我们感受性的性质的。在分析论里，他论证说，思想也有它自己的形式；而这些形式就是综合的各种原理，其性质与数目是能详细说明的；并且在一个时间与空间里结合起来的一种杂多必须是按照综合的这些原理被结合的。思想的各形式可以看作纯粹的范畴，由于我们相信它们是含有这种意思的，即如果我们要有关于对象的知识，所予的杂多就必须按照纯粹范畴被结合起来。

于是，问题就发生了：在什么意义上我们能把我们关于纯粹范畴的知识当作验前的知识。

毫无疑问，康德是否认过去替验前知识所曾提出过的各种要求的。他不相信在一种神的经验里范畴是起任何作用的；而且他承认在别的有限的种种经验里，时间与空间不一定起任何作用。但是这样主张并不就是取消了经验性的东西与验前的东西之间的一切区别。毋宁是说，它使这个区别本身显得更为合理，而且人类思想的种种自负则显得不那么狂妄。

在人类经验自身里，至少在经验性的东西与验前的东西之间有一种相对的分别；而据我看来，如果任何知识在任何意义上是验前的，那么我们就验前知道(1)没有感官与思想的合作，就不能有任何人类经验；(2)人类思想必须利用概念，必须肯定与否定，而且从而就限定，必须有它的种种述项的一个主体，等等①；(3)如果感官的杂多不符合于这些条件的话，那么对我们来说，不能有任何思想，而且不能有任何经验了。

在这个论证里，康德首先确立他相信为经验所必需的思想这个因素；然后他在思想里发现综合的某些必然的原理；最后他又得出结论说，如果经验要成为可能，所予的杂多必须符合于综合的这些原理的方式来结合起来。

依我看来，这种进程是完全合理的，而且我决不赞同这样的评论，它意味着：康德企图脱离经验里的其他成分来考虑思想是错误的②。当知使他的论证说得通的正是这种分离。我们必须单独抓住思想的综合的内部必然性，而只有这样，我们才能了解纯粹范畴必须是经验的必然条件。同样，只是因为我们单在时间与空间里发现了一种内部的必然性，我们才

① 比较一下上文的第三节。我们在这里不必坚持这些细节的正确性。如果我们能够接受这个一般的可能性而后来才继续去看康德怎样详定其细节，那就够了。

② 这种见解在凯尔德(Caird)里尤其突出，而且是和这种意见结合在一起的，就是认为康德以为抽象的思想乃是纯然分析性的——这种错误是如此深重，以致无法理解这个演绎。当凯尔德的阐明是服从这部批判里实际所说的话语之效力而暂时离开这种奇怪的学说时，它是有价值的；但是不幸的是，正正在他的公允而具有同情的心思将要看出真理这个时候，他不断缩回到他的中心错误那里去。

有正当理由来把时间与空间看作是感官直观的形式或说条件①。

不幸康德太过相信形式逻辑，以致不能说清楚在其判断形式与范畴的说明的基础上的理念或者说系统的原理。如果说判断形式与范畴是由判断之作为判断的那种性质的分析而发现的，据我看来是不够的。我几乎不必附加地说，如果我们设法，如我曾作过的那样，把康德的论证从它与形式逻辑的联合解放出来，我们就应该不但说明思想的这些形式或者说综合的种种原理之中，每一个都是包含在判断的作为判断里面的；我们还应该说明这些形式或原理都是得自一条原理，而且它们构成这样的一个系统，以致它不能有所增加而又不能有所减少。

6. 哥白尼式的革新

到此为止，我曾假定我们对包含在判断之所为判断里面的某些综合的原理能得到验前的知识。依我看来，不管在其细节上我们的精确理论是什么，这种假定是有其正当理由的。然而下述问题就不可避免地要发生：为什么能假定我们关于人类思想的性质有验前的知识，而关于物理的世界的性质就没有验前的知识呢？康德似乎一直认为是当然的，前一种验前知识毋须说明，而对后一种验前知识，只要说明它是来自于心的性质的验前知识，就能证明其有正当的理由。事实上，这就是他的哥白尼式的革新的真谛。

所以我们关于物体好像有验前知识；例如我们知道物体必须有其形状，有其外延性，也许又有其不可入性②。如果是这样，我们就可以合理地问问：这样的知识的资格为什么不同于我们关于思想的验前知识的资格。我认为康德会主张，我们关于物体固然有这样的验前知识，但是他还会把这种知识当作是分析性的③；而且他还主张，只有空间与时间是感受性的形式，并且范畴是起源于我们的知性，关于物体的综合验前知识——

① 看本书第七章第四节。

② 我们不能草草地撇开这样的知识，把它作为单纯是从我们不能称任何东西为一个物体除非它是具有这些特征的这种惯例而得来的后果；因为我们认识到在形状与外延性之间有一种必然的联系，而很难看到任何东西怎能够是不可入的，除非它既有外延性而又有形状。

③ 比较一下 A106。B11-12 暗示着这样的知识就是分析判断。

如我们在原理里所有的那样的知识[①]——才是可能的[②]。我们能够有综合验前的知识。(而为着目前的用途,我们所必须考虑的只是这样的验前知识)——我们只是关于心灵自身所贡献的物体的那些特质我们才能有综合的验前知识。

康德似乎认为这个学说是明显的。与英国的经验论者相比,它也许有一定的明显性。如果我们认为心灵单纯是被动的,单纯是所谓没有文字在其上面的白板,可以在它上面从外面相继地加上一些印象,那么一切验前知识似乎都是不可能的。我们也许能够说,前此曾经验过的一切东西都具有某些共通的特征[③],但是我们决不能说它们必须具有这些特征。这种学说在莱布尼茨那里已经出现了[④],而且在某种程度上也出现在柏拉图的思想之中。

如果能说的只这么多,那么康德的理论就会碰见这个反对意见,即还有一些其他的可能性得要加以考虑。而且康德并不像莱布尼茨那样,主张关于必然真理的知识只依靠于心的主动性。诚然他是主张,在思维里心的主动性乃是所予的杂多必须按照着来被结合的某些综合的原理的终究来源;而结果就是,我们关于心灵的主动性的知识就使我们能够有关于对象的验前知识了。我认为可以说,康德是和莱布尼茨共有着这种一般的见解的;但是他又有一种他自己特有的见解——即我们关于空间与时间作为感受性的形式,就是说,作为心灵在其被动方面所贡献的[⑤],是能有验前知识的。

所以整个说来,康德的学说依据的似乎不是心灵只关于它自己的活

① 这种综合验前知识乃是我们在经验上知道物体的条件,而这样也就是这些经验性的概念(例如"物体")的条件,靠着它们的分析我们就能进行作出分析判断来。

② 我们能够知道形状,外延性,以及物体里面的任何其他特征的必然联系就是根据这种假定的。

③ 甚至这,我们也不能做,除非是把过去的和现在的在一个动作里一起抓住在我们的面前,此外,我们关于"东西"不可能有任何知识。

④ 我并不关心于康德学说的起源,但是先验演绎的在其萌芽状态上有那么多是能在莱布尼茨的《新论》(Nouveaux Essais)里发现,这是令人诧异的。

⑤ 可是必须记得空间与时间只有通过主动的综合才能是纯粹的直观;离开心的活动,就没有任何验前知识。

动能有验前知识这个假定[1]，而是另一个假定，就是心灵所能有的验前知识只是关于它自己的性质以及关于它从它自己的性质贡献于不同于它自己的任何所知的实在。

康德认为心灵关于它自己的性质有验前知识这种主张是严格有限制的。他决不主张，当我们考虑我们自己的感受性时，我们能验前看到它必须有时间与空间这两种形式，不多于此而又不少于此的；但是他确是主张，当我们考虑我们的知性时，我们就能验前看到它必须有某一些的形式或说作用，不多于此而又不少于此的[2]。这样，在分析论里，他从关于我们自己思想的各种形式的验前知识开始，而从这就论证到对象的种种范畴性的特征。在感性论里，他从我们关于空间与时间的验前知识开始，而论证说，只有空间与时间乃是感受性的形式时，这样的知识才能是验前的。

因此，虽然康德相信，理性从它的自身产生出来的东西是不能隐藏的[3]，但是这并不像是哥白尼式的革新之唯一的根据，或者甚至主要的根据；而且我们应该永远不要忘记，他达到他的哥白尼式革新乃是由于考虑到时间与空间，而不是由于考虑到范畴[4]。康德的主要论证似乎是循着下面的几种路线。我们之能够知道验前观念，像知道其他一切的观念一样，只是通过经验，可是当我们一经有意识地觉知到这样的观念时，我们就能在它们里面发现一种必然性的成分，而借此就能增加我们的验前知识。我们能够完全不依靠经验而增加我们的验前知识[5]，然而这种验前知识又必须适用于经验的对象，这个事实他相信就是一种清楚的证明，说

---

[1] 比较一下克罗齐(Croce)的见解，认为心只能知道它所作的。

[2] 诚然在 B145-146 里，康德把范畴放在正正和时间与空间同样的水平上，而且以范畴归之于我们知性的一种“特质”(德文 Eigentümlichkeit)。依我看来，这并不表达他寻常的见解，他一贯是假定一切有限思维必须是用我们人类的范畴的，虽然不是一切有限的感受性一定要包含有时间与空间的形式的。

[3] A20，又比较一下 B23。

[4] 这对我总像是可惊异的；因为莱布尼茨的学说导致康德的范畴论，而不导致他的时空论。另外，即使承认了康德的种种假定，这个论证像是关于范畴比关于时空更说得通。

[5] 在纯数学和在康德自己的批判哲学里都是如此，虽然在后一种情况下只涉及经验的形式(或可能性)。

明我们所与之打交道的必须不是由于独立的事物的性质，而是由于我们自己心灵的性质的。

验前知识具有双重性格：(1)不依靠经验而能扩张；(2)必然适用于经验的对象——康德认为只要我们接受哥白尼式的革新，这双重性格就变为可理解的①；而且就康德来说，这样一种革新的必然性是为这个事实所证实的，即如果我们拿一个用单纯抽象从经验得出来的经验性概念，我们既不能靠任何种类的思维扩张我们关于这个概念的知识，也不能获得关于这个概念所适用的对象的进一步的知识②。

我们关于思想的各种形式的验前知识，或者关于必然存在于思维里的综合的各种原理的验前知识，在这方面是与我们关于空间与时间的知识平行的。我们关于思想的各种形式的知识使我们能够不依靠经验而就扩张我们的知识；因为它使我们能够说，不但一切判断的共通性格必须是怎样，而且经验的任何可能的对象所必须与之相符合的综合终究原理又是怎样。诚然，当这样的验前知识是指向经验的对象时，它是模糊暗淡的；但是当我们弄清了把综合的这些原理应用于空间与时间的纯粹杂多所有的一些含义时，这种验前知识就将变为正确而一定的了。

7. 康德的见解所含的种种困难

依我看来，康德的进程是前后一致的，但是并不真的能对付我所曾提出的下述困难，即我们关于出现的东西的各种形式的被承认是验前的知识为什么需要说明，而关于思想的各种形式的被承认是验前知识为什么不需要任何说明。

首先考虑空间与时间作为出现的东西或直观的形式，而在一种不叫我们许定哥白尼式革新的中立意义上使用“出现”与“直观”这两个词。

即使承认我们在所予的东西里面知觉到一些空间的与时间的关系，我们为什么不能从所予的东西抽掉空间与时间的一切关系的体系；我们

① 比较一下本书第七章第四节以及第八章第四节。我相信莱布尼茨也接受这些原理，虽然他不能得出结论说，我们能够知道的事物只作为出现而不作为自在之物。

② 我们能分析概念而使之更为明晰，但是这并不扩张我们的知识。

为什么又不能既承认自始至终控制着那关系的体系的必然性而又了解这种关系的必然体系乃是一切所予的出现的一种条件呢？或者更正确地说——既然康德主张我们能作这些事情——我们又为何主张，只有如果这个体系本身是我们感受性的性质所外加于所予的杂多之上的，我们关于这个体系的验前知识才是可理解的呢①？

在思想的情况下，我们通过反思才觉知到存在于判断里面的综合的某些原理；我们抽掉综合的这些原理；而我们要求认识到它们的必然性作为判断的形式或说条件而且作为经验的一切对象所必须与之符合的综合的一些原理。我们为什么应该承认我们关于判断的各种形式的知识是自行说明的，而在空间与时间的情况下，我们又需要去到我们知识的后面而替它提出一种说明呢②？

康德似乎相信，如果有限的心灵要得到关于不依靠它们自己的一种实在的知识，它们就必须从外面被动地受到刺激。假定实在是不依靠人类心灵的，单纯这个事实是意指，如果这种实在是要如它在其自身那样为人所知，它就必须对一个心灵显示出来，因为这个心灵在这样知识上是完全被动的而且可描写为一块没有什么写在上面的白板的；而这对康德来说，意思又是所说的知识必须是经验性的③。

在这种见解里，开始时是有点说得过去的，但是它不能应付这个反对的意见，就是心灵还可以是主动地抽去或孤立关系的体系而理解这个体系的必然性的。这样的一种活动不一定是对于孤立而了解的体系之性格有所外加或改变的。

当我们转过来考虑到我们关于思想的验前知识时，我认为在认为思维在某些方式上对其自身来说是特别可理解的这种见解里，是有真理的一种成分的。无疑，在思想到我们的思想的过程中，我们所思想到的思想是不同于思想到它的那个思想的。虽然如此，我们当下的思想活动本身

① 比较一下本书第八章第四至第六节。

② 对于康德关于空间与时间的这种见解之最可怕的一些批评见于皮里卡（Prichard）的《康德的认识论》一书。

③ 我认为康德实在又是相信这并意味着一种描写式的观念论（representative idealism），就是我们固然可以并相信我们的观念是自在之物的正确模仿，但是我们却不能知道自在之物。

还是我们所思想到的东西的一个例子。甚至当我们思想到我们过去的思想活动时，我们对于它能有一种内部的见解，正如我们能有一种外部的见解一样；我们既能思想到它，而又能再思想到它。在物理的对象之情况下，我们的见解乃是完全外部的：我们能够思想到它们，但是我们不能"欣赏"①或者再造它们的经验——其实我们通常相信它们没有我们可欣赏或再造的经验②。

在我们所曾考虑过的两种情况里确是有种种重要的差别——特别是这个事实，就是我曾叫做空间的(或时间的)关系的体系的东西非常像是一个个别的东西，而思想形式的体系则丝毫不像是一个个别的东西。这就是理由之一，何以康德把我们关于空间与时间的知识归之于直观，而不归之于思想，可是虽然有了两者的种种差别，我仍然不能确实感觉到我们曾找到任何无争论余地的理由来主张我们关于空间与时间的验前知识要求有一种说明，而我们关于思想的形式的验前知识就不需要这种说明③。

8.哥白尼式的革新与范畴

另一方面，哥白尼式的革新对于范畴来说，则比对于空间与时间来说，在某些方面，有其更可说得通之处。思想的活动部分是为所予的东西的性质所确定的，但是它却像是有它自己的一种性质，使得它必须采取一定的一些形式，不管所予的东西的性质是怎样。在这个提法里没有什么是不合理的——其全部意义我们还得要研究——就是说，所予的杂多必须符合于思想所要求的综合原理；因为没有这种符合，显然就不能有任何关于对象的知识。

让我们假定哥白尼式的原理——康德曾认为根据空间与时间的考查

① 译者按：英语"enjoy"这词在这里比较难有确切的中译，与其译为"欣赏"，毋宁译为"体会"。

② 我在美国《加利福尼亚大学学报》，1926年第8卷，自p.73起的《自我观念》(The idea of the self)一文里曾讨论过这一点。

③ 我认为康德关于空间与时间的见解，其根本理由就是，只有这样，我们才能公平对待空间与时间的个性——除非我们愿意照牛顿那样把空间与时间看作自在之物，因而就看作装对象的一种容器。

就已证实了这一原理——就是,凡已知为普遍的而又必然的东西必须是由于能知的心的性质的。如果范畴是普遍的而又必然的——否则它们就不是范畴——我们就必须在心里面追索它们的起源。根据这种假设,不在感官里,而在知性里去找它们的起源是自然的:我们在时间与空间中感觉到事物,但是我们能够知道它们是为因果律所控制,依靠的是思想,如果要依靠什么东西的话。如果我们在知性的能动力量里寻找范畴的起源,我们就必定在判断的性质里发现它;因为知性所作的就是判定。不止于此,我们还必定在判断的普遍的性质里发现它,因为无论所判断的质料的性格如何,这种普遍的性质总是存在于判断之中。这种普遍的性质可正当地被称之为判断的形式,或说判断的作用,而且应在必然存在于判断作为判断里的综合之某些原理里发现它。康德的唯一错误——而我并不想把它的严重性估到最低——就存在于下述事实之中,即他认为:正是他的形式逻辑观里所提出的判断形式表为我们提供了这些综合原理的全部清单;而且即使在这里,还可以主张说,这些判断形式,以一种不充分的方式显示了思想的一些真正的必然性。

在所有这些论述中,康德的进程本质上是合理的。我们不再接受判断形式的传统见解这个事实并不能作为正当的理由来断言:范畴从判断形式之得出是单纯任意的,或者说它是来自要在先验逻辑与形式逻辑之间建立种种联系的,一种不应有的欲望,不管是怎样矫揉造作的。

我们还得要考虑,在把思想的各种形式与图型化的范畴联系起来的过程中,有没有任何合理之处;但是我认为我们将要发现,这种联系不是像寻常所认为的那样,是完全矫揉造作的。有些哲学家可能靠考查变动的性质就验前断定每一种变动都是在一个永恒的实体里的变动,而且断定,凡事都必有原因。如果他们是正确的,显然就毋须有康德的哥白尼式的革新了;但是我必须承认,到现在为止,还没有人向我提供这种见识。在实体与偶性这些范畴的情况下,如果不把它们完全作为废物搁置在一边,我就敢于提出下述值得严肃考虑的一个假设,即这些范畴部分是由于思想对述项的主体的要求,以及对断言的根据的要求。

总之,康德清楚地认识到,判断的各种形式乃是综合的一些原理;而且难怪当他能够借助于一点机巧,把所承认的范畴和判断的形式联系起来时,他就满意地认为他的范畴表是完备的了。范畴与判断形式的一致不但是范畴验前起源于心灵的一种证明:它又是下述哥白尼式学说的一种惊人的确证,即普遍而又必然的东西的起源必须在心灵本身的性质里去寻找。

那种确证一去不重返了,除非我们能用某种更好的,然而又类似的东西来代替康德的判断形式。总之,他的论证的完备与优美受到了永久性的损伤;但是我们不必因为那个缘故就忽视他的思想的巧妙与机敏。

第三十一章　经验中的因素

1. 统觉的统一性

无论我们怎样看待康德的整个论证，我想要指出的是，他关于在经验里起作用的一些不同因素的说明是有永恒的价值的。即令我们有种种根据来埋怨他的阐述之不足以及含糊不清，然而我们所说的还是真实的；而且我相信他关于统觉的统一性的说明亦复如此。

如果我们能知道什么的话，那么我们知道：自我同一性乃是一切知识的条件，而且这个自我同一性体现在综合的动作之中，而这动作又一定存在于一切思维活动以及一切判断之中。如果认为自我同一性或者是在于所认识到的心理状态里的一种共通成分，或者是在于这些心理状态之间的相互关系，那么这都是对知识的可能性本身的摧毁。知识所需要的乃是进行思维的主体之统一性，而不单纯是所思想的对象的一种特殊的统一性①。

依我看来，这就是康德所建立的学说。进一步来分析它，如他自己所承认的，乃是极困难的一件事情②。我们没有权利来假定：能知的自我是一个永恒的实体——这是他明白否认的一种见解。“统觉的统一性”这个短语本身就像是警告我们，他所描述的乃是一种活动的统一性，或者甚至一种动作的统一性，而不是一个实体的统一性。

另一方面，我们又有权利来假定：思维活动是包含有某种自我意识的。思维总是含有出现与实在、真理与错误两者之间的区别这种意思的；而这些区别是无意义的，除非我们预先假定一种在能知的自我与所知的世界之间的区别。所以自我意识是含蕴在每一个判断里的；因为每一个

---

① 我在 Mind 杂志，新号第三十八卷第 151 号里曾以更长的篇幅来论证这一点，又看本书第二十一章，特别是第四、第五两节和第二十八章第五节。

② 我们后来将要考虑统觉的统一性与内感官之间的关系这个极端困难的问题。看本书第五十二章。

判断都要求知道实在而且断定真理。这已得到了下述事实的证实，这事实是：我们总是能够回头来反思一下我们的思维，因为反思思维也就是自我意识。

康德这样主张又是对的，他说判断就是肯定客观性，而且至少肯定所知世界的部分独立性。他的双重原理基本上是健康的：离开能思想与能综合的自我，就没有所知的世界；而离开一个所知与所综合的世界，也没有能思维的自我和自我意识。

2. 对象的统一性

统觉的必然统一性在对象的必然统一性、而且归根到底在整个客观世界的必然统一性里找到了它的相对物。

康德关于对象的必然统一性所断言的似乎是一种纯粹的独断，而且他的全部论证规避了曾为休谟所提出的种种困难。我不认为这种批评是正确的。他的出发点不是这个假定，认为事物都是而且必须是必然相互关系着的一些部分的整体。甚至在第一版里，他也是从如对我们出现的对象之一种分析出发的，而且他确是正确地说，我们关于一个对象的种种观念必须是彼此相容的[①]；如果它们不是这样相容的话，我们就不会把它们看作是关于同一个对象的观念。此外，虽然康德是引导我们从对象的统一性到统觉的统一性，但是基本的，或者用康德的话语来说，“原始的”，乃是统觉的统一性：对象的统一性乃是派生的。在第二版里，这一点阐述得更加清楚[②]。

3. 想像力的综合

康德曾受到批评，因为他没有充分地认识到思想与直观的相互依赖

① A104。

② 在第一版里，康德特别注意到这个事实，就是一切我们的认识过程都需要时间，而且为要觉知到任何对象（甚至一系列的数目），这也是需要时间才能知道的，我们需要有想像力、记忆以及判断。在第二版里，他从在抽象上考虑的思想开始而坚持没有思想，我们就不能有那个如果我们是要有一个对象就必须存在的一般直观的杂多的统一性：时间与时间中的对象是后来才考虑的。在两版里，思想的统一性是“原始的”而我们所思想的对象的统一性是“派生的”。

性,而且因为他认为想像力必须看作是思想与直观之间的中介。我反倒认为:对康德设法解决的种种困难采取轻率或规避态度的恰恰是他的批评者。

思想与感官,如康德充分地认识到的那样,同是包含在一切知识里,这个事实并不是把它们混淆起来的任何理由;与此相反,如果我们想要避免错误,这正是一个好的理由,我们为什么要小心把它们彼此区分开来①。而且康德关于想像力作为在思想与感官之间有一种中间地位的这种说明是有永久价值的,没有想像力,我们就不能超出瞬间的感官材料的范围以外,而且如我们所知道的那样,人类知性就会是没有其可能的了。

而且,康德关于既作为经验性的而又作为先验的想像力的综合所作出的说明,依我看来,显然是真实的。在我们(按照我们关于对象的一些经验性的概念)把我们的一些感官材料结合起来时,我们又在想象里填满一切对象所存的一个空间与时间。还等待着有答案的一个问题就是:怎能说空间与时间的先验综合是按照范畴的?

4. 综合是有意识的还是无意识的

依我看来,康德的综合学说是直率的而且甚至是简单的,但是它曾遭受过许多破坏性的批评。曾有人硬说它要求在两者之中必择其一。康德所谈到的一些综合②被描述为我们经验的必然条件。但是有人对我们说,如果它们是在我们的经验里发生的事件,它们就不能是经验的条件。另一方面,如果它们不发生在我们的经验里,它们就不能被知道。因此,要么是它们是不可知的,要么是它们不是经验的条件。无论如何,康德的整个理论垮台了③。

---

① 比较一下 A51-52=B75-76。

② 不管我们称这为领会、再生和认识的三重综合,或者称之为一种形象的综合和一种知性的综合,都是没有分别的——只有一个综合连带一些不同在它里面起作用的因素,但是这种批评的支持者们却倾向于把它看作一系列的综合。

③ 这些反对的意见曾很清楚地为伊文(Ewing)博士在他的《康德之处理因果性》一书自 p. 65 起上面叙说出来,但是他不看到所说的各种学说是起于对康德的一种错误的解释的,这个解释本是起源于花亨格尔而为康蒲·斯密所精制的。

我认为这种批评并不像听起来那样是可怕的。依我看来，它依据的是一种误解，而且毫无疑问，康德会同时否定那两种选择。

按第一种见解来说——就是认为一切所说的综合都是经验中的事件的这种见解——演绎就会是经验性的。它们处理的就会是心从不完全的知识到完全的知识的征途中所通过的各个阶段。它可能证实这个事实，即我们利用范畴，但是决不能是这样一种使用的正当理由①。至于这种解释，康德曾用极其清楚的话语反复地否定过它；而且无论如何，它使康德的全部理论成为悖理的这个事实就无疑是它的充分反驳。说我们先有一些直观然后按照范畴来把它们综合起来，或者说我们先是觉知到范畴然后才把它们用于一种未确定的杂多，都几乎是虚妄可笑的。

第二种见解暗示着：这些综合都是无意识的或者说先行于意识的先于逻辑的综合，而且可以说是为人类意识准备着现象性的世界的。它们显然必须对未成熟的印象加工，而且在经验能开始以前把这些印象在空间与时间里变为有秩序的出现。康德发现在经验里起作用的全部精细的机构(而且必须在经验里起作用的机构)被认为也在经验的外边做同样的工作②。这一层的结果只能是预定的和谐，而在它更合理地被归之于上帝的一种动作时，是康德始终拒绝接受的；而且很清楚，康德所详细描述为在时间里发生的综合的全部精细的体系就会是非时间性的，而且按所假设的来说，又是没有被知道而且是不可知的了。可是花亨格尔教授却断言：这种异想天开的自相矛盾的捏造是先验演绎的伟大"发现"(古希腊语的"ευρημα")③。

在康德那里有什么东西鼓励这样一种解释呢？几乎没有什么。我曾常常谈到，"在前"这个词有一种不严谨的使用。还有这种说法：想像力是盲目的，而且它是我们甚少意识到的灵魂的一种作用④。康德坚持过知

① A86-87＝B119，等处。

② 显然先验综合发生在经验的外边而经验性的综合则发生在经验的里面；但是我不能明白怎样因为各种的先验综合在经验的外边发生，于是就变为在经验里面不需要的，而且又不能明白，经验外边的一些综合，如果它们是要确定经验性的对象的，怎能是先验的而不又是经验性的。

③ 见花氏的《先验演绎》一书 p. 66＝44，又比较一下 p. 55＝33。

④ A78＝B103。

性的图型法乃是隐藏在人类灵魂深处的一种技术;而且又坚持过,我们很难从自然中猜度出这种图型法的一些真正方法,进而让我熟视它们①。这样的一些论点固然是真的,但是远不是断定有一种必然是无意识的综合,而更远不是断定有一种本体性的综合。与此相反,康德的论证乃是说,想像力的综合必须由知性带到概念那里去,而只有当它是这样被带到概念那里去时,我们才能有知识②。

主张想像力的先验综合(或者任何其他的综合或综合的体系)必然是无意识的就是和康德论证的本质相矛盾。就康德来说,统觉的统一性必然含蕴着至少有潜在的自我意识,而这种自我意识和那为人硬说是必然无意识的综合的意识是不可分开的③。

5.这个两难的种种错误的假定

认为我们必须在两者之间选择其一的那两种互不相容的东西,其主要依据的不是康德言语的证据,而是这个假定,即认为康德所要做的乃是说明经验的原由。康德自己的见解乃是,他并不关心经验是怎样成为现在这样的这个问题,而是关心包含在经验里的是什么这个问题④;而这正是使他的论证成为可理解的唯一见解。

康德所作的乃是把经验分析为质料与形式⑤。质料是给予心的,而形式是外加于心的:没有任何理由来假定任何一个是在其他一个之先的⑥。在我们知道任何对象的时候,感官、想像力和知性是一起在工作的。感官照着时间的形式来接受质料,想像力按照一些经验性的概念与范畴在空间与时间里进行组织它,而知性则用同样的概念与范畴来判断它。我看不到任何根据来说:这些过程是在时间里一个跟着一个的;它们

① A141=B180-181。比较一下本书第十三章第四节和 p.170 的注 2。

② 康德实际上在 B154 说我们总是知觉到我们里面那确定杂多的想像力的先验综合。然而他的一般见解乃是我们关于它的觉知可能是或者“模糊”或者“清楚”的。

③ A103-104,A108,A116,A122,B133,B154,等等。

④ 《未来形而上学导言》,第二十一节 a(Ⅳ304)。

⑤ 比较一下 A96、A129-130,B169 等处。

⑥ 它们不是不可辨别,而是不可分开。

都是作为经验的那一个时间性的过程的各种成分，而认为在经验里的一个成分不能又是经验的一种条件，这是一种单纯的推理谬误。

我们所遭遇的那种假定的两难似乎假定：(1)我们只能把经验分析为在时间里前后相继的一些事件，和(2)条件必须在时间里先于它所限制的东西。这两个假定同是无根据的。想像力的先验综合不是一个分开的事件，而是在每一个认识到或经验到一个对象的动作里的一种必需的成分；而且虽然它既不是在时间里的一种更早的事件，又不是一种意识以前的而又非时间性的本体性的动作，但是它乃是所说的知识或经验的一种必然条件①。

6.先验综合的实例

如果我们考虑一下先验综合的最简单而又最可理解的形式，即量的综合，显然就毋须假定：它要么是在经验里的一个分开的事件，它要么是必然无意识的。当我们细心地顺着一所房屋的轮廓看，以便确定它的正确形状或者它的大小等，我们在反思上毋须觉知到我们是在做什么，但是要变为觉知到也没有多大的困难。而且当我们分析我们所做的那时，我们就发现我们不但是(按照我们房屋这个概念)在综合直观里相继被给予出来的一种杂多：我们还在综合空间的纯粹的而且同质的那个杂多②。

---

① 为了简单起见，我局限于想像力的先验综合；但是我所说的，对于同时是经验里的一种成分而又是经验的一种条件的那思想来说也同样是真的。思维显然乃是一种时间性的过程。康德自己谈到关于一个数学形时说，“思维本身，虽然是在时间里发生，可是不估计到时间的”；看 Acht Kleine Aufsätze(八篇短文)，Ⅰ.如果思维不是在时间里的话，我们对于我们自己的思维的觉知如何能是依靠内感官的呢？比较一下 A357 以及许多其他地方。

就康德来说，认识过程越发必须是在时间里的。认识过程乃是我们称为“经验”的思想与直观，验前的与经验性的因素的那个整体；而经验，如他正确地坚持的那样，总是一种在时间里的前进；比较一下 A210＝B255。可是太通常地作为一种为人们接受的教条说，就康德来说，认识过程乃是无时间的，牛津大学园里阿尔学院院长的新近刊出关于康德一书的许多优点之一，就是它离开了这么毫无根据的一种传统。

我并不否认，在如它在其自身里面那样的自我里面，必须有某东西相应于那构成经验的前后相继的综合；正如在自在之物的里面必须有某东西相应于物体的运动那样。但是称那第一种的未知的某东西为一种无时间的而且本体性的综合，而称那第二种的未知的某东西为一种无时间的而且本体性的运动，同是没有多大理由的；而在康德那里，对于一种的称法和对于其他一种的称法，也同是没有多大根据的。

② 比较一下 B154 以及 B162。

我们不是先综合当下的空间,然后去认识那所房屋,但是空间的综合却是我们认识那所房屋的条件①。

我的意思不是说,包含在因果性里面的综合是有其同样迷人的简单性的,而且无疑地,正是这种综合的困难才引起我们正在考虑的那些理论。然而应该注意到,康德所作出的说明是打算应用于综合的一切必然的形式的,而且他没有在任何地方暗示:这一些形式在下述方面有所不同,即有些是有意识的而有些是无意识的。其实只有一个综合,虽然在它里面我们能分辨出一些不同方面。

认为先验综合必然是一种意识前的而且本体性的综合这种理论与康德明白所说简直是风马牛不相及的。在其本身来说,它是异想天开的而且自相矛盾的,并且依我看来是与批判哲学的整个精神格格不入的。要说它仍是批判哲学的逻辑后果,这是依据一些依我看来在康德里或者在实在里都是毫无根据的假定的。

7. 经验的发展

康德并无责任来作出经验是如何发展或者我们如何觉知到对象的这种说明,而且他没有在任何地方对我们提出这样的一种说明。我们如何认识对象的这个缘起和必然包含在认识过程里的东西的那种分析乃是两种不相同的事情。

关于我们如何知道范畴这个问题,康德谈得比较少。他认识到这是要心理学来处理的一件事情,而且他从不否认,它在我们的发展中是比较迟的,只是在后来我们才开始意识到始终确定经验的那些验前原理。

经验性的见解是说,我们的一切概念都是得自经验的简单概括:而且这也就是概念的唯一正当理由。如果这是真的,那么我们的概念都必然是经验性的了。如果我们认为我们的概念之中有些是验前的,我们就必须另外说明它们的起源了②。康德把他自己的见解比之于"新生论"(epigenesis)

① 如果我以实体与偶性的综合来替代,同样的原理也是有效的。

② 我要提醒读者,概念的起源得要区别于概念的获得。看本书第十六章第三节。

的一种体系①。

现代的新生论,如卡斯帕·乌尔夫(Casper Wolff)所指出的,原是说,“成年的复杂有机组织体乃是一种比较简单的胚胎在一种适当环境里的一种累进分化的结果”②。康德相信,人同样是生有一种能思维的力量,当五官被刺激时,它就活动起来,累进地自行分化。就其是经验性的来说,思维是为所予的杂多的性质所确定的;但是一切思维,姑毋论它是怎样经验性的,都必须符合于知性的种种规律,其中毋矛盾律乃是最明显的。只有在经验发展中的晚期,知性才变为在反思上意识到这些规律,而且能够照它们本身那样来考虑它们,并且掌握它们的必然性。按康德的见解,思想的这些规律或说形式早就为亚里士多德说出了。直到康德自己才说明:它们如何必须把范畴性的一些特征外加在知识的一切对象之上,而且说明:它们怎样才成为人们早就曾经接受而没有能够说出其正当理由的验前认识的来源③。

无论康德在一些细节上正确与否,但这种说明乃是关于验前知识的一般发展的唯一可能的说明:只有心理学才能提出其各种细节。如果我们认为我们关于自在之物有验前知识,这种说明就会要在某些方面加以修改;但是没有严肃的思想家是主张我们在经验开始以前就具有有意识的、与生俱来的,而且验前的观念的。

8.综合的必然性

先验演绎的乃至全部《批判》的中心学说,乃是这个见解,即综合乃是经验里的一个必然因素。不管现时这种学说是怎样不受欢迎④,我却认

① B167。关于康德对新生说的种种见解,看《判断力批判》一书第八十一节(V423-424)。

② 看华尔德(Ward)《康德研究》一书,p. 55,依我看来,华氏关于这一点如关于别的各点的批评一样是没有同情心的。

③ 比较一下 A66=B91 和 A184=B227。

④ 至少依我看来,这些反对的意见之中有些是基于单纯的误解的。太过通常假定看,就康德来说,综合乃是任意的。我希望我曾弄清楚不是这样的。一切综合是依靠所予的东西的,而心对于它的对象所贡献的(在空间与时间以外)乃是必然的统一性与必然的秩序。当无视这点时,关于康德的见解之种种说明都成为单纯的滑稽而已。

为,如果我们完全无视综合,就不能有任何充分的经验说明。

有可能,而且其实有必要,把我们整个人类经验当作它好像单纯是被给予出来的某东西似的,然后我们才能用各种各样的方法来分析它。我们能够说:哪些东西是我们知道的以及哪些知识是我们具有的。严格地说,整个自然科学只管我们所知道的各种东西,而且努力于知道得更多。甚至我们所具有的各种知识都完全适当地可当作是单纯被给予的,而且在这种基础上能使之受到心理学的和哲学的分析的。在现时,这些方法也许是研究的最有效果的方法;而康德从来没有怀疑过这样的一些方法的价值,也没有暗示:用这些方法的人在其把对象看为自在之物上是做得不合法的①。

这种研究并未触及康德的问题。它们既没有说明综合验前判断是如何成为可能的,又未立定这种判断的限度。要么它们必须满足于说我们知道,而且知道我们是知道;要么它们必须把关于必然性的知识归结为同义反复;最后,再不然的话,它们必须对这样的知识一律加以怀疑,而且通过把经验分析为它的所予的各个部分,就发现完全没有什么统一性来把这些部分联系起来。在现代哲学里,所有这些倾向都是显著的。

如果我们不满足于单纯考虑人类知识的种类或者阶段是什么,依我看来,我们就不得不尽力弄清楚心的综合活动在知识里所起的作用。

明白的事实就是:我们能把整个物质世界以及整个人类经验,都当作被给予我们的东西,这仅仅是因为它乃是通过我们自己的思想与想像力的综合才被给予出来的。在任何顷刻间给予我们的东西,离开了心的活动来说,可能很难用分析来确定,而康德可能太过分地把它限制住了,但是它乃是贫乏的而又稀薄的,并且永远在变动着的。从本质上说,它是瞬息即逝的。然而我们知道它是瞬息即逝的,只是因为我们把过去与现在综合起来。它是在时间里的,但是它所在的时间不是给予于单纯的感官的;因为那能被看作给予于感官的时间只是目前的一个顷刻②,而甚至那个时间被知道为一个顷刻的时间,只是因为我们把它和过去的时间综合

① 比较一下 A45=B63。

② 或者,如果我们喜欢的话,就说像真的目前。

起来,而过去的时间已再不是所予的。我们是在这种狭窄的而不断变动的基础上在思想与想象里建筑起不但我们自己的过去的历史,而且一个在空间与时间里的世界的历史,其时序是我们从我们一切种种的认识活动的时序分辨开来的。阿基米德(Archimedes)自称,如果给他一个点,能把一个杠杆安放在其上面,那么他就能移动地球。我们有了一点,而且是一个不断变动的一点,把我们的思维安放在它的上面,就能有方法来构成一个宇宙。只要我们忽略了这种基本的事实,无论我们的种种哲学如何有价值,总必然一定是不完全的。

在这种程序里,我们在想象中构成在其里面必须有一切事物的一个时间与空间这个事实乃是根本重要的。它使我们能够检查我们所曾作出的种种构造,而且把无控制的想像力的工作和思想所指导的想像力的工作区别开来。想像力的先验综合并不是单纯的虚构:它在一切我们的知识里都在起其作用,而且它的重要性是不能加以夸大的。无论康德在他从想像力的先验综合的存在而得出的种种后果上是正确与否,他的使人注意到这个问题,而且又相信这个问题的解决是了解我们人类经验所不可缺少的,他这样做确是正确的。

9.心与实在性的合作

康德断言,经验的质料是一种独立的实在性给予于心的,而经验的形式是心自己所外加的。可能有人反对说,心与实在性的这种合作是没有可能的:思想要么自始至终确定其对象,要么必须不做什么而只领会所给予的东西①。

我不明白为什么应是这样。想要得到康德的见解的一种确切的类比是不可能的,但是如果我戴上蓝色眼镜来看世界,把世界看成是蓝的乃在于眼镜;可是眼镜并不靠其自身就确定属于不同的对象的深浅蓝色②。再则,

① 概括地说,前一种见解是凯尔德(Caird)的见解,而后一种见解是皮里卡(Prichard)的见解,虽然在两种情况下都无疑会加上某些修饰。

② 比较一下本书第八章第三节。

确定物体要对我们出现为有颜色的乃是我们眼睛与脑子的结构;但是我们眼睛与脑子的结构并不靠其自身就确定我们将看见的是哪些特殊的颜色。

同样,根据康德来说,使事物必须对我们出现作为在空间与时间里的外延量与内涵量的乃是人类心灵的结构;然而它并不在人类心灵力量的范围内验前确定任何特殊的量,这种量是任何特殊事物对我们显现为具有的。尤为重要的是,根据康德来说,自然的守法性乃是心灵所外加的;但是氢与氧的一定的结合将形成为水,能验前确定这一点的并不是心灵自身。

毫无疑问,这样一种理论含有这个意思,即我们之能知道事物,只是如它们必须对我们出现的那样,而不是如它们在其自身里那样①。然而那正是康德的学说;而且他还相信,这是与必须在实验上为科学所探究的经验的一个共通世界的存在相容的,虽然我们关于它的范畴性的种种特征是有验前的知识的。

康德的理论确实充满着一些困难,但是与他的理论相对立的其他一些理论也是这样。我们极力主张的只是:他的见解乃是一种严肃的可选择的理论,和其他的理论一样值得加以考查,而不得作为显然是自相矛盾的就马上予以定罪。

10. 经验性的实在论与先验的观念论

康德的学说不止于对现象世界的验前知识作出解释和辩护:它还把我们的验前知识,而且其实把我们的一切知识,局限于那个现象世界。按

① 皮里卡像是要论证这是不可能的,因为"知道"这词是意味着我们所知道的乃是如其在它的自身里那样的;看皮氏的《康德的认识论》一书自 p. 188 起,而又比较一下 p. 20 起。如果我正当地了解它,这种论证是不能说服人的。十分自然,通常的言语是会带有实在论的假定,而且乃至带有朴素的实在论的假定的。问题是:进一步的反思会不会找出这种假定的正当理由来,此外,如果我们认为世界实在是有颜色的,我们能否就用寻常的话语来说,色盲的人之知道世界只如世界的必须对色盲人所出现的那样呢?

如果康德是认为关于事物与心灵的共同产物的这种知识是要描述为关于自在之物的知识的话,皮氏的反对意见无疑就是有效的;但是这绝不是康德所认为的。他所认为的乃是我们知道这个共同产物,即现象世界,如其是而且必须如其是对于任何人类心灵那样;而我不能了解何以这不应该被描述为知识。

照康德来说,人类心灵只对那在感官里被给予于它的东西才能有知识;而感官知觉必须照着感受性的形式(即时间与空间)被给予出来,而且必须按照含蕴在思想里的综合原理被结合起来。如果这样,那就很清楚:虽然我们关于事物如它们必须对人类心灵出现那样才能有知识,而且有验前的知识,但是我们毫无理由来把这样的知识看作关于事物如其在其自身那样的知识;而且我们除我们所具有的知识以外,不能希望得到任何别的类型的知识。

康德的先验观念论的结果实际上就是这样的。我们必不可忘记,这同时又使他能够对于现象世界采取一种经验性的实在论态度。他相信:虽然或者更正确的说因为现象世界是事物与人类心灵的共同产物,因此它必须是由一些在空间里并在因果关系上相互起作用的持久的实体所构成的;而且他又相信,这些持久的实体的种种偶性是直接向人类心灵呈现出来的。那就是说,他认为他避免了描写性的观念论的种种错误,而且能找到对于科学与对于常识是很自然的经验性的实在论的正当理由。

把康德的先验观念论和他的经验性的实在论都作为他的学说的最重要部分,只能说是公道的;而且,如果我们想要了解他,我们就必须承认,按他的见解来说,这两种理论乃是相互依存的①。

① 在这方面,它们是不同于康蒲·斯密所归之于康德的主观主义与现象主义的;例如看《解义》原文自 p. 270 起,绰然中译本,自 p. 300 起以及许多别的地方,主观主义与现象主义说是康德所从来没有想透而为它模模糊糊觉得的两种倾向。其相互不调和性是他从来没有体会到的,而且盲目地摇摆于其间的(见《解义》原文 p. 227 与 p. 272,绰然中译本,p. 259 与自 pp. 302 起)。不幸康蒲·斯密把现象主义看为包含有这种见解,即"综合的过程是属于本体的性格的"(见《解义》原文 p. 275,绰然中译本,p. 305),而且这些过程"之发生与完成必须在意识能发生之前(见《解义》原文 p. 227,绰然中译本,p. 307)。他认为主观主义包含有这个见解,即"综合的活动是个别的心的各种认识过程"(见《解义》原文 p. 274,绰然中译本,p. 305)。我不能接受这些见解的随便一种作为是对于康德的令人满意的解释,而谈到现象主义包含有本体性的综合,我不认为这是康德的思想。我认为想要调和康德以为现象世界只在其对于人类心灵的关系上才存在这个见解和他以为现象世界乃是空间里一些持久的物理实体所组成的一个共同世界这个见解,那是有一种实在的困难的。前一种见解可合理地叫做"主观主义",而后一种见解叫做"现象主义",而且我并相信康蒲·斯密部分是企图去处理这种对立的。但是,如果这样,依我看来,他就错述了在这种对立里面的那两个因素;而且当康德的主观主义与现象主义是作为在这种意义上来理解时,那就绝对必须承认康德是相信它们为相互依存的了。

11. 当前的论证之种种限制

在这个阐明的全部，我自始至终主要是想详述康德在经验里所发现的各因素的实在性以及他关于这些因素的种种理论的合理性；但是我并不想给人以这种印象，以为他的理论提供了关于这些因素的唯一可能的解释，尤其不要以为他的理论是毫无困难的。

例如我曾坚持说，综合乃是经验里的一个实在的因素，如果忽略了它，就没有关于经验的说明是能成为完备的。这样一个论点原不是想要含有这个意思的，即在经验里有综合的存在，靠其自身就算是实在论的种种哲学的充分驳斥。可以有可能来主张，综合乃是单纯把独立于人心的而在一种实在里已经结合起来而存在着的那种东西捡起来而且抓在一起[1]。即令是如此[2]，还必须记住：所说的综合乃是一些个别时间与个别空间的一种综合，而且从这个事实可能有一些重要的后果发生出来。然而我们所主要关心的乃是康德的这种见解，即各个别时间与空间的综合必须符合于含蕴在判断里面的综合原理。在论证的现阶段，应该看到，那种见解既非任意的而又非不合理的。我们的任务乃是要了解它，使得我们能体会康德后来想把它仔细作出的种种企图。

同样，我们不必在现阶段上企图对付康德的学说作为一个整体所引起的一些困难；而且其实在我们还没有更深入到种种的细节以前，我们是没有条件来这样做的。据我所看到的，其中心的困难乃是，现象世界的质料是由我们个人的一些感官印象所组成的，而其形式是由于人类的感受性与人类的思想的性质的，我们又如何能有一个共通的现象世界，或说经验的共通世界[3]。

---

① 综合这个事实是完全被承认的，例如在帕拉斯(Price)的《知觉》一书里，而作者虽然在一种实在论的基础上工作，但是，如果我没有看错，他是从康德那里学到了许多的。

② 我不能明白，如果我们承认，如我认为帕拉斯是承认的那样，我们的综合的形式是验前的，那么它如何能是这样而并不使我们陷入一种预定和谐的学说里去；而且我觉得难于相信任何预定和谐的学说是能使人满意的。

③ 我在本书第二十四章第四节里曾触及这种困难，在这里我单纯要提醒读者，这个共同的客观世界乃是如它必须对人类意识作为人类意识出现的世界，或说对于一般意识出现的世界，而不是如它必须单纯对一个个别的心灵出现的世界。康德始终所处理的不是个别的心灵作为带有它的种种特性的这种心灵的个别的动作，而是在一切个别心理动作里为经验所必需的那些成分；而且其性格是他想要证实的那个世界乃是对于科学必须是这样的这个世界。

还有其他不可胜数的困难，显著的是关于第二性的质在这个共同世界里的地位以及个别心灵的历史和在物理世界里前后相继的一些变动，这两者之间的关系。至于对这些困难，康德提出的解决办法，或者能够提出的解决办法，到了什么程度，这是一个问题，各种意见是莫衷一是的。我们应该已经觉知到了这些困难，而且，如果我们认为它们是已经得到解决的话，我们对于当下的论证就会有一种完全错误的见解了；可是我们了解康德的唯一希望不是要过早地提出这些问题，而是尽我们的力量来跟着他的论证的发展而前进。

第七卷

范畴的图型法

第三十二章　范畴与图型

1.康德的论证之一种概述

康德相信自己曾一般地证明了：经验的一切对象都必须符合于纯粹范畴；那就是说，所予的杂多必须按照存在于判断之为判断里的综合原理被结合起来。他相信自己又曾说明，虽然仍在极其一般的方式上，那所需要的结合乃是由想像力的先验综合、通过时间的纯粹杂多这个媒介，加之于所予的杂多之上的。我们现在就指望他来说明，想像力的先验综合，如果它是要把所予的杂多在一个时间里抓在一起，就必须把那个杂多在某些明确的方式上结合起来，而且说明，这些方式的每一种乃是符合于在纯粹范畴之一里所意想的综合原理的，或者说乃是这种综合原理之一个实例。只有这些细目才能使康德的一般学说成为完全可理解的，而在他还没有说明上述情况以前，我们关于这些细目是没有得到任何说明的。

在某种意义上，这就是在原理分析论里所要完成的任务，而我们现在就得要讨论这原理分析论。可是，康德讨论这整个问题，主要是从对象这个方面，而且他告诉我们，如果所说的杂多是在一个时间里被结合起来，对象所必须具有的一些特征是什么；他关于认识的主观机构，而且特别是关于想像力的先验综合，所说的只是附带性的。他的复杂说明，在术语上确实不够细心，而且在思想上可能是混乱的。要理解他的说明，困难是很大的；因而，如果我首先在特别谈到一个特殊的范畴上，设法作出关于他所做的东西之一种扼要且很粗糙的说明，也许可能对于读者是有帮助的。

我们应该知道，经验的每一个对象都必须符合于根据与后果这个纯粹范畴；那就是说，所予的杂多必须作为一些根据与后果被结合起来。我们显然不靠感官来领会种种根据与后果；但是康德相信，如果我们认为一切对象必须在一个时间里被结合起来，我们在我们经验的一些对象里就能发现相应于根据与后果的某东西了。他所发现的乃是“必然的前后相继”;那就是按照规则的一定的前后相继——例如,如果在时间里有 A,则 B 必须跟在后面。

这种见解的种种困难以及它的真或假这个问题目前与我们还不相干。“必然的前后相继”被认为是结合的特征或方式,就其各种的质在一个客观时间里变动而言,这种特征或方式只能在所有的对象中才能被发现。这种特征可称之为“先验图型”①,而且是想像力的先验综合②所外加在当下的杂多之上的。由于有了这个先验图型,我们就能把根据与后果这个纯粹范畴应用于经验的对象;因为如果 A 总是必然有 B 跟在它的后面,我们就能把 A 作为根据而把 B 作为后果了。

如果是这样,我们就能了解纯粹范畴是如何必须有它所适用的对象的;因为一切对象都必须在一个时间里。按其自身来说,根据与后果这个纯粹范畴是空洞的;靠单纯对于范畴的检查,我们不能懂得有没有给予出来的任何对象是这个范畴所必须适用的。只有当我们按照这个事实来考虑它,即一切对象必须是在一个时间里,我们才能懂得这些对象,就其各种的质在时间里变动而言,是必须适合于它的。在这样做的过程中,我们发现这应用于在时间中的对象的范畴是有一种更有限制的而又更确切的意义的;因为那时,它就变为总是在时间里先行于它的后果的一种根据这个概念了。换言之,它变为原因与结果这个图型化的范畴了③。

康德将在第二种类比里论证说,在对象里的一切变动都是必然的变动,或说必然的前后相继,而这样就必须归入原因与结果这个范畴④。在标题为“知性纯粹概念的图型法”这章里,康德并不想说明必然的前后相

① 应该注意,亚里士多德也谈到范畴的图型,而这可能曾暗示使康德使用这个词;但我不认为亚氏的用法对康德的用法有什么帮助。

② 看 A142=B81:“先验图型乃是想像力的先验产物。”在这种初步的叙述里,我不去管这个困难,就是康德有时说的好像一个图型是想像力的一条规则而不是想像力所外加的一种特征似的。我所描述作为这先验综合所外加的种种“特征”乃是属于如果时间是要具有统一性所需要的某些方式上结合起来的杂多的那些特征。

③ 我后来才讨论是否需要把图型化的范畴——这是康德自己一直没有使用的一个短语——与先验的图型区别开来。看本书第三十四章第二节。

④ 如果这样,它就又必须归入根据与后果这个纯粹范畴——这是一个类,而原因与结果乃是它的一个种。

继或者任何别的先验图型是对象的一种必然的特征。他的目的单纯是要告诉我们与每个纯粹范畴相应的先验图型是什么;而且他指望我们认识到,所描述的先验图型实是归入所说的纯粹范畴的。这样的认识乃是判断的事情。

所以,就康德来说,各先验图型①都是他指望后来说明必须是属于一切对象作为在时间里的对象的普遍性的一些特征的。这些普遍性的特征所属于的对象不像是被给予于感觉的,而是如其被想像力的先验综合在一个时间里结合起来②那样的。我们目前所得要做的乃是弄清楚这些先验图型是什么,而且如果我们能够的话,再看看每个先验图型是否可归入与之相应的范畴。

2. 论图型法这一章的重要性

在考察康德对各先验图型的说明时,我们必不可因为他的阐明的含糊不清而失去信心。无论他的见解看来是怎样矫揉造作的,它还是他的证明的一个主要部分③。如果我们暂时假定各纯粹范畴都实在是从思想的形式得出来的,那就绝对要设法弄明白:为想像力按照时间的形式所结合的对象是否必须具有归属于各范畴的一些特征。如果我们从起头就不承认纯粹范畴是这样得出来的。我们还须探讨,在他关于时间中的对象的必然特征与纯粹范畴之间的关系的见解里有什么可说得通之处;不然的话,我们就不能了解:康德不但特别在这一章里,而且自始至终在这部《批判》里为什么要那样去思维。

甚至从最坏的来着想,论图型法的那章,其价值也不止于说明康德的

① 诸图型之为先验的(1)是作为心所外加的,而(2)又作为时间里的一切对象的普遍的而且必然的条件的。应该懂得,如总是要懂得的那样,这样一种条件不是在时间上先于所说的对象的任何东西;毋宁说它乃是那对象里的一种成分或者说那对象的一种特征,没有它,那对象就会不是我们的对象的。

② 这种结合不只是每个对象的杂多的结合,它又是自然系统中一些不相同的对象的相互结合。

③ 康德自己公道地说,它是一种重要的而且事实上绝对不可或缺的,虽然极其枯燥无味的研究;而且他在这部《批判》里把它和现象与本体的说明联系起来,如我在本书第三十三章里所作的那样。看《未来形而上学导言》第三十四节(Ⅳ316)。

一些错误。如果我们否认了他所说的范畴由来,这一章就获得一种新的而且特别的重要性:它暗示着重新起头的一种可能性,而从时间的性质来为范畴作辩解,并不涉及判断的各种形式。如果我们能够说明范畴是暗含在我们关于时间的知识里的,而且是综合的各种原理,没有这种原理,就没有对象能被认为是在时间里的一个对象,也许康德的这个学说可能得到改革而重新建立起来。

无论我们关于范畴的由来所持的见解是什么,论图型法这一章乃是对于理解批判哲学所不可缺少的①。

3. 判断的先验学说

形式逻辑在处理概念、判断与推论的过程中,只考虑它们的形式,而且与形式有效性的各种条件有关。它没有,而且它不能,给我们指示:我们怎样才能作出真实的判断,而且更不能告诉我们:我们能作出什么样的真实判断②。如果所谓判断的力量③,我们是意指决定特殊的一些对象是否归属于我们所具有的概念,那么这种力量就是不能传授的一种特定的天资,虽然它能够靠练习而得到改善,而且从实例得到帮助④。

先验逻辑所处的地位就不同了。它所处理的概念或说范畴乃是验前的,因而不但一般范畴的客观有效性,而且每一个别范畴的客观有效性,都必须在验前予以成立。我们必须能够说明不但各纯粹范畴是什么,而

---

① 由于远非容易了解康德关于先验图型的一般说明,凡是想要在细目上赶上这个论证的读者可能觉得在第一次读时,略过这章的其余部分是便利的。

② 如果认为概念是给予出来的,形式逻辑就能告诉我们怎样去作出分析判断,但是只有在有一个对象相应于所予的概念的这种情况之下,这些分析判断才是真实的。

③ 不幸在英语里我们只有一个词来表达德语的"Urteil"(判断)和"Urteilskraft"(判断的能力)。

④ 康蒲·斯密在其《解义》里(原文 p. 333,绰然中译本,p. 360 上)断言康德是利用判断这名词的通俗意义。然而不管这种意义是怎样通俗,我却认为它有其哲学的缘起,追溯到亚里士多德 ὅροι(名词)的学说的(亚氏的《尼各马可伦理学》p. 110,有ἐν τῇ αἰσθήσει ἡ κρίσις……在知觉与判断里)。总之它乃是批判哲学的最普及而又最主要的学说之一种。例如比较一下康德的《人类学》第四十至四十四节(Ⅶ196-201),《判断力批判》Ⅲ、Ⅳ,第三十五节,第七十七节等(Ⅴ177,179,286-287,407,等);《纯粹理性批判》(Ⅴ67);《道德的形而上学,道德论》第十三节(Ⅵ438);《逻辑》第八十一节(Ⅸ131);《致 Belozelsky 王子的信》(Ⅺ331)。

且又说明每个纯粹范畴所适用的"实例"[①](德文的 Fall,直译为"情况")是什么。这个意思是说,我们必须能够用普遍性的、但又是充分的标志[②]来表示那些是对象在其之下能按照范畴被给予出来[③]的各种条件。

这些"条件"可被描述为必须属于一切通过我们的各感官所知道的对象的普遍性的特征[④]。这些特征据假定是要在如其对感官被给予出来那样的对象里被发现的,而且因为这个缘故,它们就被称作"感官性的条件"[⑤]或"感受性的条件"[⑥]。严格地说,这些特性不是发现于单纯按着时间的形式被给予于感官的杂多的。它们是属于按着时间的形式给予于感官而又为想像力的先验综合在一个时间里结合起来的杂多的[⑦]。在他的问题的叙述里,康德只坚持说,某些必然的特征必须属于如所感觉到的对象,如果纯粹范畴要在验前适用于感性的对象的话。

这些感性对象的普遍性的而又必然的特征就是先验图型。离开这些图型,纯粹范畴就会没有内容[⑧]或说意义了[⑨];这就是说,它们就不会涉及

---

① A135=B174。"实例"(英文的 case,原德文的 Fall)像是含有涉及个别对象的意思;但是,既然这实例是要在验前指出的,它就必须不求助于经验性的感官知觉而被指出,而是求助于对象必须被给予出来的一些条件来被指出的。

② 这里"标志"是德文的 Kennzeichen 之译;看 A136=B175。我不认为这些"标志"是要看作和在这些标志里显示出来的"条件"分开的。

③ A136=B175。这是"被给予"这词的一种相对用法。对象是绝对按照时间的形式或说条件被给予出来的,就所予的杂多在一个时间里通过想像力的先验综合被结合起来而言,对象乃是相对于知性被给予出来的。比较一下本书第二十八章第十一节。

④ 比较一下 A147=B186,在那里"永恒性的感官确定"是作为这样的一种"感官的条件"之一个实例被举出来的。对象的这些必然的而且普遍性的特征又是对象的条件,因为没有它们,对我们来说,就完全不能有任何对象了。

⑤ A136=B175。

⑥ A139=B179;又比较一下 A140=B179 和 A146=B186。它们之为感受性的条件,是因为它们是时间(与空间)的统一性所必需的,而时间(与空间)就是感受性的更终究条件。

⑦ 康德是把抽象地在纯粹范畴里所想到的对象和被给予出来的具体个别对象作对比;而在这个时候,他搁置一切关于想像力的先验综合所谈到的东西,而专注意这个事实,即那对象必须被感觉到。

⑧ A136=B175。

⑨ A147=B186。概念的内容或说意义,对康德来说,包含着一种和现实对象,或者至少可能的对象的关系,而在验前的概念之情况下,是包含着和这样的对象一种必然的关系的。离开这点,纯粹范畴单纯是一种逻辑的形式,判断的形式或者在判断里的观念的统一性。如果我们把纯粹范畴看作不知怎样用于对象的话,我们并不能指出认为这个范畴所适用的东西的种种确定。比较一下 A88=B120,A247=B304,以及许多其他的地方。

任何可指定的对象。

所以先验逻辑必须能够给我们以康德所说的判断的先验学说①。它必须告诉我们先验图型是什么，即告诉我们感性对象的那些必然的而又普遍性的特征是什么，正是由于它们，纯粹范畴才能被应用②。它又必须告诉我们，当我们由于那些先验图型而把这些纯粹范畴应用于感性的对象时，所发生的综合验前判断是什么。这些综合验前判断被称作“纯粹知性的原理”——而它们也就是一切别的验前知识的条件。为了使这些判断有其正当的理由，我们必须说明各先验图型实是对我们的各感官被给予出来的一切对象的普遍性的而又必然的特征。

判断的全部先验学说又可被称为原理分析论，因为它主要与之有关的判断乃是纯粹知性的诸原理。它被分为两部分。第一部分是和各先验图型有关的，标题为“知性的纯粹概念的图型法”。第二部分给我们以这些原理的证明，其标题是“纯粹知性的一切原理的体系”③④。

4. 在范畴下的统摄

判断的力量乃是一种在规则下进行统摄的力量，即是说是决定任何东西是否从属于所予的一条规则的力量⑤。在康德看来，一切概念都是

---

① 这里“学说”是康德的“Doktrin”之译；看 A136＝B175。它又可称为“法规”(“canon”)——看 A132＝B171——或一种判断的“批判”(“Kritik”)——看 A135＝B174。“学说”像是旨在我们各种认识的扩张(“Erweiterung”)，而批判是旨在各种认识的纠正(“Berichtigung”)的；看 A12＝B26 和 A135＝B174。我认为康德在这里用“学说”这词，是因为我们所能指出的不单纯是我们综合验前判断的种种条件，而且我们所能作出的真实的综合验前判断；他的意思不是说我们能推广知性的用途到可能经验的限度以外。也许这词是更不严谨地用作一种“证实的理论”讲的，在这种理论里凡事都是验前确实的；看《逻辑》导论Ⅰ(Ⅸ14-15)以及 A54＝B78。在 A796＝B824 里“法规”定义为“知识的某些力量的正确使用的诸验前原理的总和”；比较一下《逻辑》导论Ⅰ(Ⅸ13)。

② 康德说的是，单在其之下范畴才能被使用的“这个感官性的条件”。跟在后面的子句说明他心目中有着一切这样的条件。

③ “体系”这词含有一个有机整体的意思，而不单纯是一种堆砌；比较一下 A832＝B860。

④ 原理的证明主要是旨在说明先验图型必须是被认识为在一个时间里的一切对象的一些特征。

⑤ A132＝B171 和 A133＝B172。康德括弧内的引证——“casus datae legis”——暗示着他心里有着法庭的手续。

作为规则使用的①,而且我们还能说,在统摄里我们决定任何东西是否从属于一个所予的概念;其实这就是统摄的寻常意义②。形式逻辑显然不能教我们怎样做,由于它是不管给予思想的质料的。可是先验逻辑能够说明对象是必须归属于范畴的,由于它估计到时间的纯粹杂多以及这个所予的杂多必须借以在一个时间得到结合的想像力的先验综合③。

承认了康德的种种预先假定,依我看来,或者说把范畴应用于对象,或者说把对象统摄在范畴之下,同是正确的。对于这种用法的主要的反对意见似乎以这个见解为依据,就是认为一个范畴不能作为一个述项来使用而且不能有其实例④。但是,如果范畴不能是可能判断的述项,而又不能适用于实例⑤,那么它们就完全不会是概念了。依我看来,这样的一种见解与康德的学说相去甚远。

我几乎不必再补充说,如果康德用"统摄"这个词表示:在按照纯粹范畴里所想到的综合的原理结合所予的杂多这一过程中先验想像力活动,他就诚然是犯了滥用一个专门术语的错误。我在论图型法那章里看不见这种用法的任何踪迹。康德在这里所关心的乃是在先验演绎里所描述的感性对象,即在一个时间(与空间)里被结合起来的感性对象⑥。

---

① A106。

② 康德在他的形式逻辑里把统摄这词的意义扩张到包括假言推理与选言推理的小前提正如直言推理的小前提一样。小前提说是把一种认识统摄于在大前提所断言的普遍性规则的条件之下;看《逻辑》第五十八节(Ⅸ120-121)和 A304=B360。康蒲·斯密(《解义》原文 p. 336,绰然中译本,pp. 362-363)像是以这为基础而主张这个见解,认为康德实是所与之有关的乃是在规则下的统摄而与概念下的统摄相对立,我并不认为是如此的。在"凡人皆会死,张三是一个人,所以张三必会死"这个直言推理里,我们在小前提里把所知的统摄于人这个概念之下,而人就是会死的条件。比较一下 A322=B378。可是这段文字是模糊不清的。康蒲·斯密的翻译,好像我们是把那述项(会死)统摄于其条件(人)之下。依我看来,这是不可能的;而我同意于 Erdmann 所说的,就是,我们把张三统摄在"人"这个条件之下,而"人"是在"凡人皆会死"这个判断里在其整个范围上被理解的。在下面还要碰见关于三段论式推理的别的所说的话;看本书第三十四章第一节。

③ 比较一下 A55=B79-80 以及 A76-77=B102。

④ 看本书第十五章第三节而又比较一下康蒲·斯密的《解义》原文 p. 335 等,绰然中译本,p. 362 等。

⑤ 判断的各形式这些概念当然在显示出这些形式的判断里有其实例;比较一下 A239=B298。但是纯粹范畴乃是概念,其实例必须是对象——即其杂多是按照存在于判断各形式里的综合之原理而结合起来的对象;比较一下 B128。

⑥ 后面将要处理关于统摄的别的种种困难。看本书第三十四章第一节。

5. 在范畴下的统摄之困难

每当我们把一个对象统摄于一个概念之下,即判定这个对象为一种普遍的一个实例时,这个对象与这个概念之间必定存在着某种同质性。在由于从所予的一些直观的抽象而来的经验性的概念的情况下,这是十分明显的;在这些概念里,我们想到属于在直观里被给予出来的这个或其他对象的共通的一些标志。甚至在数学的纯粹概念里,这也是明显的:例如圆这个数学概念能有一个在纯粹直观里构成的实例;而且,既然这种纯粹直观(关于它的圆形)是与我们由之抽出盘这个概念来的那些经验性直观是同质的,所以可以毫无困难地说,一个盘乃是一个数学的圆的一个不完善的实例①。

至于这个例子的正确解释,是可能有点疑问的;但是康德的主要论点就是,无论一个特殊的概念是经验性的或者是纯粹的,无论它是从经验性的直观用抽象得出来,或者纯粹的直观是按照着它而构成的,总是有一个与之相应的直观是使我们有权利来把这个概念应用于感官经验的对象的。在范畴的情况下,就没有与之相应的直观,无论是经验性的或者是纯粹的②。因此,由于对象所通过而被给予出来的直观之中没有一个是在任何方式上与范畴相应的,所以范畴似乎就不是与统摄在其底下的感性对象同质的③。

---

① A137=B176。按照下文,我曾在这里把一段话扩张了,因为它说得太简短以致成为不清楚的。康德是说,在盘子这个经验性的概念里所想的圆形是能在圆这个纯粹概念里被直观到的,而他就把这作为这两个概念之为同质的理由。他所说的是不够清楚地表达出他的意思,而像是使"一个对象"与"关于一个对象的观念(或者乃至其概念)"这两者之间成为毫无分别似的;但是我理解他的论点是说,甚至一个纯粹的数学概念也有其与之相应的直观:范畴,如他接着便说明那样,却没有这种与之相应的直观。因此,纯粹数学概念就能与对经验性直观给予出来的对象有某一定的同质性,而且又与这些对象的经验性概念有某一定的同质性;看 A138=B177。

花亨格尔把"所想的"和"被直观到的"互换地位而这样就修改了康德关于圆形所说的。这并不消除其模糊不清之处,而反使盘这个经验性概念与圆这个纯粹数学概念之间的区别在这里变为离题万丈的了;但是总之康德的主要论点乃是,在概念与统摄在其下面的对象(或者这个对象的概念)之间必须有同质性的。

② 比较一下本书第十六章第八、第九两节。

③ 为了避免误想,我们可以立刻就说,虽然直观作为所予的直观来考虑不是和范畴同质的,然而作为结合起来以形成在一个时间里的对象的直观,乃是和范畴同质的。

对于这个学说虽然提出了这些反对意见①,然而依我看来,康德的论点是健康的。显然是如此,只要我们记住,对康德来说,纯粹范畴乃是应用于直观的判断形式;但是,即令我们不去谈这一点,而考虑范畴只作为图型化的,也几乎同样地明显,无论如何,关于关系与样式的范畴,总得是如此的。我们能在经验性的直观里看见盘子,而在纯粹直观里验前构成圆,但是我们不能看见原因之作为原因②,也不能在验前构成原因③。

这是一种实在的分别,如果否认它,依我看来,就是愚蠢的。而说范畴乃是形式,直观乃是质料,彼此分开就没有其存在,这也解决不了问题。直观的形式乃是空间与时间,而范畴却是思想的形式,而不是直观的形式。假如说,我们首先是觉知到互不关联的一些感觉,然后才把它们统摄在范畴之下,这无疑也是悖理的;但是把康德的学说解释为断言有这样的一种时间上的前后相继,依我看来,是没有正当理由可言的。每当我们觉知到一个对象(作为与一个单纯感觉相对立的)时,范畴都是在场的;但是这个事实并未取消康德的问题。其实正是这个事实提出了这问题,即范畴作为思想的形式怎能,而且必须,确定对感官直观给予出来的一切对象。

如果我们要了解康德,我们就必须让他用他自己的方法说出他的问题来,而且我们还必须设法弄明白这问题是什么。我们又必须记住:康德倾向于尖锐地说出他的种种问题,而并不对于他所提议的解答作出任何指示④。在当下的情况下,我们已经知道他的解答所采取的一般路线;因为我们从先验演绎便知道范畴是必须适用于一切对象的,因为想像力的先验综合是把杂多在一个时间里结合起来。这并不意味着,论图型法这章乃是多余的。我们还得要说明——这是当下的论证所迫切要求的——

① 这些反对意见有些是依据这个见解的,即认为康德是以为我们在觉知到纯粹范畴和感官直观联结起来以前就已是分开地觉知到它们的。虽然这种见解为许多甚至最好的注释家——例如凯尔德(Caird)而乃至有时里尔(Riehl)——所支持,可是我并不相信康德从未曾怀抱过这样的一种观念的。

② 比较一下 A137=B176。

③ 在外延量与内涵量的范畴情况下,其分别不是这么尖锐,在那些范畴的情况下,康德自己坚持说我们是有"直观的证据"的;看 A160-161=B200,A162=B201,A180=B223。

④ 比较一下本书第十七章第一节。

在一个时间里的杂多之结合是把某些与各别的范畴相应的普遍性特征外加于一切对象之上的。

6. 先验的图型

康德表达了这样的想法，即必有第三种东西把范畴与直观联系起来。这个中介的观念必须是纯粹的，因为不然的话，其联系就会是经验性的；而且它又必须和范畴与直观都是同质的，要和范畴同质，它就必须是知性的；那就是，它必须是自发性或综合的产物（自发性或综合就是知性的一般特征）①。要和直观同质，它就必须是感官性的；而且要同时既是感官性的而又是纯粹的，它就必须与直观的形式相联系。这种中介的观念就是先验图型②。

在他寻找先验图型的过程中，康德如我们所指望的那样，转到作为直观形式的时间那里去了③。纯粹范畴乃是一般的杂多的纯粹综合统一性的概念④；而结果就是：时间的杂多的纯粹综合统一性就必须归属于它⑤，如种之必须归属于类的概念那样⑥。可是，时间不但在其自身里面包含着纯粹直观的一种杂多；而且它还是内感官的形式，而这样也就是任

① 康德的短语是模糊的，而其意思，依我看来，是不确定的。他在下一个段落里所说的暗示着，要和范畴同质，它就必须是普遍性的而且必须依据一条验前规则的。它之能是这样，只有如果它是想像力的先验综合的产物。

② A138＝B177。这种描述就把它和想像力的先验综合联系起来。特别比较一下 B151 以及 B162 注。

③ 何以康德在这章里不去管空间，其理由无疑是，对他来说，空间只是外部直观的形式，而时间虽然是内部直观的直接条件（或说形式），然而它又是外部直观的间接条件，而这样就能被描述为“一般的一切出现的形式上验前条件”；看 A34＝B50 而且比较一下本书第七章第二节。但是空间如时间一样，必须在范畴的图型化里起其作用，而康德在其处理原理时，是得要估计到空间的。

④ A138＝B177。在其自身来说，它和人类直观作为人类直观的杂多没有关系，甚至和空间与时间的纯粹杂多没有关系，但是空间与时间的综合统一性必须是一般直观的综合统一性的一种特殊实例；比较一下 B144-145。

⑤ 康德在 A138＝B177 里说范畴“构成”（原德文的 ausmacht 转义为“构成”）时间的统一性（或先验的时间确定——而我理解这是可以说等于同样的东西的）。在 B144 里，这个统一性说是通过知性用范畴而进入直观里来的——这里的直观就是一般的直观。又看 B160-161。

⑥ 比较一下本书第十三章第六节。

何一切观念的结合的形式条件[①]。我理解康德的意思是说，不管这种经验性的杂多还是别的什么东西，它总必须是有时间性的，而且必须有这种被结合的一般特征，即其结合必须是这样使得它和时间的统一性相符合[②]。

这就是康德对他所谓的“先验的时间确定”[③]所阐发的学说。不幸他没有说明“先验的时间确定”这个短语的意思；我认为其意思所指的必定不是时间本身的一种确定或特征，而是就对象之为有时间性的而且在一个时间里被结合起来的而言，必须属于这种对象的一种特征。

一种先验的时间确定据说是和范畴同质的，只要它是普遍性的而且以一条验前规则为依据的。它的普遍性大概就是范畴的完全普遍性，由于它必须是属于一切对象的；因为人类经验的一切对象都是在时间里的[④]。一种先验的时间确定又是和出现即对象的经验性直观[⑤]同质的，由于每一个经验性直观都是在时间里发生而且在时间里持续的[⑥]。

因此，先验的时间确定乃是这个中介的观念，它使我们能够把出现(或对象)统摄[⑦]在范畴之下。作为这样的东西来说，它是同一于我们一直在寻找的先验图型的。

这一切是难懂的，而且离开跟在后面的一些实例，几乎是不可理解的；但是我认为我们能够了解，如果时间——而我还加上空间——要作为一种统一而被人知道，结合的某些方式就必须在这样的对象里去寻找，即它们的杂多是在一个时间(与空间)里被结合起来的[⑧]。我们还能了解，

① 比较一下 A99。

② 这种情况的最明显例子就是如果时间有外延量，则时间里的杂多亦必须有外延量。

③ “先验的时间确定”是德文的 Zeitbestimmung 之译；A138＝B177。

④ 它依据一条验前的规则，这种说法的意思是什么，这是更难懂的；也许康德的意思是说，它乃是想像力先验综合的产物，而这样的综合是为一条验前规则所控制的。应该注意到，范畴本身不能说是依据验前规则的；反之，范畴可描述为验前规则，而想像力的先验综合是按着这些规则起其作用的。

⑤ 我想康德心中有的不是孤立的出现如“这个红色”，而是例如一所房屋的整个出现，或说直观。

⑥ 康德说时间是“包含”在每一个经验性的观念里的。

⑦ 这暗示着统摄就是直言三段论式的中名词；但是参看本书第三十四章第一节。

⑧ 我们可以这样说：领会的经验性统一性必须从属于一种先验的统一性——即时间的统一性——而归根到底就从属于统觉的统一性；比较一下 A108。

这样一种结合的方式可能就是在纯粹范畴里所想到的一种更一般的结合方式或说综合原理的一个实例。我们之能发现与范畴同质的某东西，并不是在直观的自身里，而是在直观的必须被结合起来使得形成在一个时间(与空间)里的对象的种种方式里，或者在直观在这些方式上被结合起来，对象所必须具有的种种特征里。

7. 范畴通过图型所受的限定

先验图型使我们能够把范畴应用于按照时间的形式所被给予出来的感性对象，但是先验图型又把范畴的应用限制于这样的对象。先验演绎已经替我们说明，范畴只能有一种经验性的用途，而不能有一种先验的用途①；那就是说，范畴只适用于可能经验的对象，而不适用于事物之像其在其自身里那样。康德提醒我们②，概念是不能有任何意义的③，除非是有它们的对象被给予出来，或者无论如何，有它们从而构成的要素的对象被给予出来；因此，我们不能合法地把概念用于事物的如其在其自身那样，而不考虑到这种事物是否对我们被给予出来并且是如何被给予出来的。就人来说，事物的被给予出来，只是在它们改变或说刺激我们的感受性时，那就是说，在它们是有时间性与空间性的时候。如果范畴要适用于所予的对象，它们就必须在其自身里面含有多于存在于思想形式本身里的综合原理；因为思想形式，就其自身来说，和对象被给予出来的方式是毫不相干的。范畴在其自身里又必须含有康德以之同一于内感官的形式条件的感受性的形式条件。只有这样，范畴才能含有那种普遍性的条件，即只按照着它，范畴才能被应用于对象的条件。这正好就是先验演绎的一般教训；而我们现在必须指明的是，康德所命名为先验图型的这些验前的或说形式的感受性条件是什么。

如我们已曾指出的④，这些条件乃是所予的杂多由以在时间中为想

① 比较一下本书第十一章第四节又第五十四章。

② A139=B178。

③ 所谓“意义”照例是可以等同于“客观的标准”的。关于“要素”所说的——又比较一下A96——暗示着一个虚构的概念，例如“吐火兽”这个概念，可以有某种的意义，由于它从而被构成的各要素是有客观的标准的。

④ 比较一下上面的第三节与第六节的结尾。

像力的先验综合所结合起来的种种方式，或者说是对象由于所予杂多这样被结合起来而就必须具有的种种特征。其主要困难在于：要知道所谓范畴“含有”这些条件究竟是什么意思。每一个纯粹范畴都含有从判断的形式得来的一种综合的原理；而按康德的见解，杂多在一个时间里得到结合所按照的方式乃是一个种归属于在纯粹范畴里所想象到的那个类。如果所说的范畴含有在一种更详细意义上的感受性条件，如果它是关于杂多在一个时间里结合这种特殊方式的特种概念，那么康德心中所有的就不是纯粹范畴，而是图型化的范畴了①。图型化的范畴确是在其自身里含有先验的图型，其意思是说，它就是那图型的概念。例如——拿已经举出过的例子来说②——原因与结果这个图型化的范畴可以描述为在时间里先行于其各自后果的一些必然前后相继的根据这个概念③。

然而这就引起关于图型化的范畴与先验图型之间的关系的一些困难问题，而这些问题是在我们研究康德学说的种种细目时，才能更好地加以考查的。

8. 一般的图型

康德接下来便说：图型乃是想像力的产物④。可是这所谓产物，必不可与也是想像力的产物的一种图画或意象相混淆。一个图画或意象乃是一个个别的直观。图型得要区别于一个个别的直观，由于想像力的综合，在产生图型时，是只以“感受性的确定之统一性”为目的的⑤。这种说法符合于下述见解，即图型乃是结合的一种方式或者说使结合产生出来的一种特征⑥。

---

① 比较一下本书第十二章第七节以及第十三章第六节。

② 看上面的第一节。

③ 当康德——在 A132＝B171 里——说范畴含有验前规则的条件时，而又——在 A135＝B174 里——说规则的普遍性条件是在范畴里被给予出来的时，他有可能是指范畴包含图型的方式说的，又比较一下在 A159＝B198 里所说唯有原理才提供一个概念（大概就是范畴）是包含有一条一般规则的条件的，而且好像是其“指数”的。我对于康德在这些段落里的确切意思，抱有太大的疑问，所以不能肯定任何解释。

④ A140＝B179。康德所说的“图型在其自身”，我认为是和图型为知性的进程带到纯粹范畴底下的那样相对立的。

⑤ 又比较一下 A118，A123。

⑥ 也许人们可称之为结合的特征，它又可称为一种综合统一性。

到此为止,大概康德所关心的乃是先验图型,而他却进而以实例来证明的图型与意象的分别不是指范畴而言,而是指特殊的概念说的。在这里就有一种困难了;因为先验图型原是引入来作为范畴与直观之间的一种中介的观念的,而那里却是说在特殊概念与直观之间不需要有这样的一个中介的观念[①]。虽然如此,一切概念仍然可能有其图型,是为着别的缘故而不是为着这样的中介而需要的。如果这样,关于可称为一般图型的描述,可能更足以说明先验图型的性质:它可能替我们说明先验图型与别的图型所共通的是什么[②]。

不幸的是,康德关于一般图型的说明,虽然在其本身来说是饶有兴趣的,可是所引起的困难多于它所消除的困难。他照例先处理数学的纯粹概念,其次才处理寻常的经验性概念。

如果我们拿"三角形性"作为我们一个数学概念的例子来说,根据康德,我们就必须仔细区分开三种东西:(1)三角形性本身这个概念,(2)一个个别三角形的意象,与(3)其图型。三角形性这个概念乃是关于一切三角形所共通的一些标志的一个概念:其图型乃是在直观里验前构成其意象所需的规则,或者换句话说,乃是想象性的综合的规则。所以,在某方式上,图型确是中介于概念与个别意象之间的。当我们知道怎样在想象里验前构成一个三角形时,我们就知道三角形性是什么。当我们的想像力,在领会所予的出现作为一个三角形的过程中,完成了而且被知[③]为完成了与在想象里验前构成一个三角形相同的综合时,我们就知道画在纸上的这个图形乃是三角形性的一种不完善的实例[④]。

在像三角形的这些简单对象的情况下,我们也许可以假定:我们只

---

① 比较一下《判断力批判》第五十九节(V 351),在那里的实例是经验性概念的实例,如图型之为范畴的实例那样。

② 除非它是和这些图型有其共通之处,这些图型的引入,其唯一理由就是作为对比用。但是康德的说明很难说是证明这点的,虽然后来他确是作出了一种对比。总之,除非实在是有其共通之处,这两种东西有同样的称谓是不幸的。

③ 这样的知识可能有不同程度的"明了性"。

④ 比较一下 A224=B271。"我们借以在想象中构成一个三角形的形象综合乃是和我们在对于一个出现,为要关于它而在心中形成一个经验性的概念,在领会中所运用的形象综合,是完全同一的"。又看本书第六章第八节。

是根据对象的共通标志，即它们被观察到的彼此相似之处而识别它们的。即令在这种情况下，除非我们知道它们据以被构成的原理，我们还是不知所见的对象就是三角形；但是，在我们考虑更加复杂的对象时，康德的学说就更是显而易见了。例如，我们关于一千这个数是没有任何意象的，但是，如果我们知道如何去构成这样一个意象时，我们便知道一千是什么了。如果在计算当前的一些点点的过程中，我们所完成的综合，正是验前构成一千所必需的综合，那么我们也就知道在我们面前的点点是一千之数①。

关于经验性的概念，同样的原理也是有效的，虽然在这种情况下，我们在想象中构成一个意象的力量是依靠从前对于对象的经验的。在我们从经验知道了如何在想象中构成狗的一个意象时，我们也就知道了狗是什么了。构成意象的图型，即其构造的规则，在细节上是容许有很大的变化的，因而是能与概念相称的，可是我们构成的任何个别的意象，或我们眼见的任何现实的狗②，是远远达不到其概念的普遍性的。甚至在一个简单的数学概念的情况下，亦复如此。三角形的概念（和构成三角形的规则）包含着等边或两边等或三边不等的可能性，然而一个三角形的任何个别意象所实现的只是这三种可能性之一。

这一切都是十分正确的，而且和我们关于概念所曾听过的是相符合的③。但是问题必定要发生：在这些方面上，我们是否实在能把概念与图型分别开来。康德总是把一个概念不仅仅看作关于一些对象所共有的种种标志的一个概念，而且看作这些标志的综合之概念④，其意思就是，每一个概念都是关于综合的规则的概念。我们诚然可以把图型看作在想象中非反思地起着作用的综合的规则，而且用康德的短语来说，当综合被带到概念去时⑤，还可把概念当作是关于那规则的概念。依我看来，这可能

① 例如我们把十的十个组十次结合起来。

② 我认为康德在这里是把意象从对象区别开来，而不像皮里卡(Prichard)所提议的那样，把意象与对象作为随便说到哪种都是可以的来对待的。

③ 比较一下本书第十三章第五节以及第二十章第四至六节。

④ 我略过关于像“红”这种简单概念的种种困难，虽然我猜想康德是把红这个概念看作含有它和一切可能红的对象综合起来这个概念的，看 B133-134 注。

⑤ A78＝B103。那么规则或说图型乃是包含在概念里面或者在概念里面所意想到的东西。

是一种分别,而它可能就是康德一直在内心里所想到的。可是他的话语使我们不能认为这就是他所表示的理论;因为他说,图型只能在思想中存在①,而且他把图型说成是关于想像力的一种方法的观念,是关于普遍性的进程的观念(或说表象)②。如果把这点照字面上来理解,那就摧毁了我所提出的分别了。

可能有另一种解释——不管康德说了什么,其实他是把图型当作一种图型式的意象。这一点也体现在下述说法之中,他说,感官上的概念③,其图型,有似空间中的形状,乃是纯验前想象的产物,而且像是一个拼合字似的,而意象本身是通过它,并且按照着它,才成为可能的④。可是一般是把一个拼合字看作一系列的字,交织起来以构成一个整体的:它有时,虽然不总是这样,乃是由一个姓名的当头字母所组成的,而这样一来,它就意味着从而拼出那姓名的方法或说规则。但是按照一种更古老的用法,所谓"拼合字"(Monogram),其意思乃是指草图或略图说的,而康德自己像是在这个意义上使用这词的⑤。在令人觉得有意思的一段文字中,康德把某些想象的创作在这方面比之拼合字,他说这种创作提供给我们的只是一些个别的笔画⑥,并非由一定的规则所确定,而且所构成的不是一个有确定性的图画⑦,而似乎是一种拿不定主意的草图或一种模糊不清的轮廓⑧。这里所提出的论点,有些可能是由于其前后文所致

---

① A141=B180。

② A140=B179。这里的"观念"大概就是概念。

③ 他所意指的必是"纯感官上的概念",除非一个经验性概念的图型是局限于在那概念里所想到的数学属性。一个"感官上的概念"乃是有其相应的直观的一个概念。如果它是经验性的,那概念就是用分析法与抽象法从直观得出来的。如果它是纯粹的,其直观就是验前按照那概念被构成的。范畴则不同,它是从思想的本性得出来的一个纯然知性的概念。

④ A141-142=B181。康德附加地说,这些意象是通过图型和概念联系着的——意思是说,一般图型,像先验图型那样,乃是一个中介作用的观念。在这里有中介的必要,因为没有任何意象是能完全和概念相一致的。

⑤ 看 A833=B861。

⑥ 这里的"笔画"是英文的"strokes",即德文的"Züge"之译,这词的意思可能是"相貌"(英文的"features"),但我认为它总比康蒲·斯密所译的"性质""qualities"要精确些。

⑦ A570=B598。

⑧ 中译这两词是原德文的"Schattenbild"之意译,按英译直译的。原词的意思可能是英文的"Silhouette"(原法文),剪影,除非它是意在暗示某种常变而不定的东西。

的，但是这段文字却主张，如果图型是像一个拼合字，它就是某种犹豫不决而且图型式的意象。这样一种犹豫不决的意象可能就是想像力综合所按照着来进行工作的规则在想象中的体现。

这一些考虑，其本身是毫无结果的，而且我觉得它们对于先验图型的性质几乎没有说明什么。它们有可能说明：先验图型与一般的图型一样，有其共同的特性，不过是想像力的一种规则，而不是想像力的产物①。在康德详细说明先验图型的过程中，在某些地方，他所说的，好像先验图型就是一些规则，乃至就是一些综合似的；但是我认为，如果要真正令人满意地来解释他的意思，我们必须把先验图型理解为想像力的先验综合所产生的结合方法，或说结合的一种特性。

9. 先验图型的种种特征

无论如何，先验图型必定在某些方面不同于其他图型；而且康德用他在一个论证的最关键阶段上惯于提出的一种极具简约的词句，试图把这种分别弄个明白。

他的第一个论点是显而易见的。设使一个特殊的图型——如可用这词来表达某一特殊概念的图型(而与普遍性的概念或范畴相对立)——这特殊图型便是想像力在按照一个特殊概念而构成一个意象或一个对象②的过程中的规则。既然没有直观或意象是能和一个范畴相应的，所以先验图型就不能是构成一个意象的规则，或者用康德的短语来说，它是不能被带进意象里去的③。

和范畴相应的一个意象必须要在纯粹直观里被构成，而与这样一个意象最接近的就会是时间本身。康德自己指出，一般感官的一切对象，其纯粹意象就是时间④。但是，说时间乃是和范畴相应的意象，那就会是不

① 我还不否认，如果想像力是按照规则起其作用的，那规则便可看作想像力的产物；但是它乃是一种产物，一方面不同于画图，而另一方面又不同于结构。

② 不管我们是在单纯的幻想中构成一个意象，或者是从一个所予的感觉或一些感觉出发而构成一个知觉的现实时，同样的过程是在进行着的。

③ A142＝B181。

④ A142＝B182。时间与空间是想像力的先验综合所构成的。空间乃是外感官的一切觉知到的性质的纯粹意象。

大自然的了。最好是说,并没有和范畴相应的意象之可言。

我们现在来看康德的第二个论点。鉴于康德关于一般图型所说的,我们可能指望他说,先验图型就是想像力先验综合的规则,然而他并不这样说,而只是说:先验图型就是先验综合本身。先验图型"简直就是按照一般概念[①]并与统一性的规则相符合的纯粹综合,这[②]是那范畴所表达的"[③]。

术语的这样的一种用法,乍看起来,估计会使读者完全失望的。我们可能会断定——而可能这是解释康德的最好方法——如果他所说的是有意义的话,他必定是说,先验图型就是纯粹综合的规则。图型一定不得被看作纯粹综合的一种动作[④];但是我认为,可以想象到,康德在这里的意思是说,图型乃是那特别一种的验前结合,它由想像力的纯粹综合所产生,而且与在范畴里所想到的综合原理(或说统一规则)相符合。如果这是一种可能的解释,它也就和上面一直所作出的解释相一致了[⑤]。

康德的第三个论点也表述得模模糊糊。他的所说是如此复杂,以致我们可以把它分为三个部分。先验图型(1)乃是想像力的一种先验产物;(2)它和一般内感官的确定有关[⑥],是涉及内感官的形式(即时间)的各种条件之关于一切观念的;(3)它这样与一切观念有关,乃是就一切观念的必须验前在一个概念里按照统觉的统一性被联系起来这点而言的。

第一部分正是我们所期待的。第三部分乃是详细地说明:所说的一些观念必须是关于一个对象的观念[⑦]。第二部分,也就是最重要的部分,

---

① "一般概念"必是和范畴相对立的。统一性的规则乃是包含在概念思维或判断里的综合的原理。

② 这里的"这"所指是什么乃是不确定的。纯粹范畴可说是表达纯粹综合(比较一下 A78=B104)或者表达纯粹综合的统一性(比较一下 A79=B105)。我认为它又可说是表达那规则。不管我们采取哪种解释,其一般学说都是一样的。

③ A142=B181。

④ 虽然如此,康德在 A143=B183 里却把实在性的图型说成是"实在性在时间里的不间断的而且一律性的产生",而那里的"产生"(德文的"Erzeugung")看来确是像一种动作。

⑤ 我在这里假定所说的验前结合是可以为康德把它和这样的结合所产生的特性或者和在这样的结合里所表示的特性,同一起来的。

⑥ 这里"有关"是英文"is concerned with"即原德文的"betrifft"之译。这里康德学说的表达是很似他在 B150 和 B152 里关于想像力的先验综合的那种说明的。

⑦ "和统觉的统一性相符合的概念"必须是关于一个对象的概念,而且可能就是一个范畴。我认为关于对象的观念,在这里可能是同一于对象本身的,只要对象是已知的。

我理解它的意思：不是说先验图型本身就是内感官(或说时间)的一种确定性或特性，而是说先验图型乃是我们关于对象的一切观念的一种确定性或特性——或者更简单地说，一切对象的一种确定性或特性——而这只是就对象的被知道是在一个时间里结合起来的这点而言的①。

10. 各种结论的概述

康德阐述的模糊不清使解释者遇到一些很大的困难。他的学说所着重要说明的主题就是，先验图型是想像力先验综合的一种产物；可是关于一般图型所作出的说明好像是说，先验图型可能是那先验综合的规则②；而且先验图型在某一个地方甚至被描述为就是先验综合本身似的。

虽是有了这些困难，我还不大怀疑这样的论断：先验图型最好被当作是想像力先验综合的一种产物。这产物乃是感性对象所必须具有的一种必需的特性，因为所予的杂多必须为先验综合在一个时间里所结合起来。

用一种简单的方法来叙述康德的学说不是容易的事情；然而我认为，只要我们愿意集中思考他的学说，而不是咬文嚼字地去理解它，康德本人所述说的，其本身是比较易于了解的。

想像力的先验综合应该是把时间的纯粹杂多结合成为一个统一体，而这个统一体又应是统觉的统一性所必需的，并且似乎是这统一性所要求的。这就包含着这种意思，即经验性的杂多必须在一个时间里被结合起来，而且既是这样结合起来的，它就必须表现出一切时间性的对象所必具的某些特征性的结合方式。

这样的一种见解至少是可理解的，但是如果要它为人所重视，我们就必须把它阐述得更明确一些：我们就必须指出属于一切时间性的对象的那些特征性的结合方式是什么。康德认为统觉的统一性表现于作为综合之原理的判断或思想的形式之中；而且他还认为：属于一切时间性的对

① 这里谈到内感官，如一贯那样，是困难的一种来源，而我认为康德忽略了空间而不去谈到它，是不幸的；但是我们必不可忘记，据康德看来，一切观念全都是内感官的观念，因而是属于时间形式的。原文的“确定性”可能是“确定作用”的意思。

② 先验综合的规则可看为在某意义上的先验综合产物。

象而且有其特征的结合方式都必须相应于在判断各形式里的综合原理——换句话说，这些结合方式必须归属于纯粹范畴，就是说，纯粹范畴作为种，而那些结合方式则是其属。依我对他的了解来说，他认为在先验演绎里已曾一般地证明这必须是如此的；可是显然他的证明不能真正说服我们，除非他能为我们指出：在一切时间性的对象里确有着他断定为必须从属于纯粹范畴的那些特征性的结合方式。这些特征性的结合方式就是先验图型而且是想像力先验综合的产物。它们又可被描述为对象的必需时间性特征，没有这些特征，对象就不会是在时间里的感性对象①；而且，如果我们承认想像力是感官知觉里的一种必需的成分，那些结合方式在某种意义上就必须对感官知觉显示出来②。

在我们详细考查过每一种先验图型之前，我们对于先验图型不会有更清楚的了解，但是我们还必须再指出一种复杂情况。在纯粹范畴应用于与其相应的图型而且局限于它时，纯粹范畴便变为图型化的范畴了：例如根据与后果这个纯粹范畴，在其应用于而且局限于必然前后相继这个先验图型时，它就变为原因与结果这个图型化的范畴了。无疑这便引出了下述问题：图型化的范畴是否真的不同于先验图型。虽然康德并不用“图型化范畴”这个名词，可是他给图型化范畴的名称③是不同于给先验图型的名称的。因此，从一开始就应该把纯粹范畴与图型化的范畴与先验图型区别开来，这是十分重要的。

---

① 因此这些结合方式又描述为“感受性的形式条件”。

② 比较一下 A120 注以及 B151。

③ 康德一般是用我所称为图型化范畴的名称的，乃至在他谈到纯粹范畴时也是这样，例如在形而上学演绎里，在那里，从判断的假言形式得来的范畴，预先就被称作原因结果范畴，而不是被称作根据与结果范畴。

第三十三章　先验图型

1.范畴与图型

我们现在就必须考查一下与纯粹范畴相应的各个先验图型。我打算在每种情况下说出(1)纯粹范畴是什么,(2)图型化的范畴是什么,(3)先验图型是什么。用从这部《批判》别的部分得来的信息来补充康德自己所说的,而且再引入某种简洁的办法,将是有必要的;因为在我们最需要确切的地方,康德的叙述不幸是不完善的,并且是草率的。

每一个纯粹范畴都可被描述[①]为对 x 的综合[②]的概念,而这里 x 是用来指综合的特别性质说的。综合的原理应该是暗含在判断的形式里面的[③]。所综合的杂多乃是一般直观的杂多,而纯粹范畴,就其本身来说,是不涉及空间与时间的。除非所予的杂多是按照范畴被综合起来,就没有关于对象的知识可言。这些一般性的考虑总是适用的,因而就不必在每种情况下加以重述。

图型化的范畴可以被描述为时间里 x 的综合[④]的概念。其综合的原理是和纯粹范畴的原理同样的,但它的应用局限在时间与空间的形式下被给予出来的直观的一种杂多[⑤]。

---

① 康德说范畴是不能有定义的——看 A241 与 A245 并且比较一下 B300——可是这意思是说,范畴的定义不是"真实定义";也就是它并不指出纯粹范畴所适用的任何实在对象。

② 或说"综合统一性"。就范畴是一个对象的概念而言,必须把那综合不是看作结合的动作,而是看作动作所作出的结合而且应该存在于对象的。就对象的杂多是在某一定的方式上被结合而言,其范畴可描述为一个一般对象的概念。虽然如此,一切结合都是综合的一种动作的结果,而康德每每把那动作的概念和那动作所产生的结合的概念作为好像它们是相同的概念似的来处理。

③ 详见本书第十四章第四节。

④ 或说"综合统一性"。就对象的杂多是在某一定的方式上被结合起来的而言,图型化的范畴可描述为在时间与空间的一个对象的概念。在康德处理时间里的综合时,他倾向于把综合动作这个概念和那综合动作所产生的结合这个概念同一起来是特别显著的。

⑤ 有鉴于原理一段所说,我认为不得不把空间和时间一样来考虑,以便了解康德的见解,在他说明图型法时,他自己是避免谈到空间的。

先验图型乃是在图型化范畴里所想到的综合所得出的产物①。这样看来,它就是一切时间性对象的一种必需的特性,而且依我所想,是通过感官性的直观对我们显示出来的(至少部分是这样的)②,只要我们理解直观既包含着感官又包含着想像力。

这种一般的轮廓可能难以从一切细节上加以阐述,而且也许不能完全表现康德思想的微妙之处;但是有一种甚至与实际不完全相称的轮廓,而随时加以必要的修改,总比面临一堆杂乱无章互不关连的片断说法好得多。

我要再一次强调说:只有当我们解释说,康德对在认识一个对象的一切实例中所存在的东西作出了分析,我们才会了解他。每一个对象③必定显示出一切先验图型,而且必定在它的各种不同方面从属于一切的范畴。我们必不可误以为:康德所叙说的是在不同时间上发生的一系列的种种综合。结合所予杂多的只是在一个时间与空间里的一种综合,无论它的经验性性格是什么,虽然那综合有各种不同的方面,而且是以各种不同的特性外加于所结合的对象之上的。而与此相仿,也只有一个判断的形式,或说一种在判断里的综合原理,虽然这也有其不同的方面,而康德在其发现这些方面在判断的不同形式里体现出来,如传统逻辑所描述的,就用一种过分的形式主义来处理它。

在本章里,我自始至终设法把康德的立场弄清楚,而不是批评它。即令如此,有某些细目依然必定是模糊不清的。一直要等到我在原理中加以进一步的阐述。

2. 量的图型

在量的项目下,纯粹范畴是从“一切 S 都是 P”这个判断的普遍性形

---

① 如果是这样,在纯粹范畴里还想到了先验图型,由于纯粹范畴是图型化范畴所从属的“更高概念”。

应该注意到,先验图型是综合动作的产物,但它也可看为是从那动作所产生的结合而得来的并且是在那里表现出来的。在范畴的定义里,最自然的是把“综合”理解为“综合动作所作出的结合”:在图型的定义里,最自然的是把“综合”理解为“产生这种结合的动作”。我没有认为在分别的定义里有必要来关于这点加以说明,而且我并不认为康德是严格予以区别的。

② 关系的诸图型也许是感官性直观所确定,而不是它显示的。

③ 我认为我们应把我们的注意力局限于物理对象——即康德主要留心的对象。

式得出来的①。这个范畴的名称是“总体性”,虽然一贯把它称作“量”;而且它是可以描述为同质物的综合之概念的②。其所以能如此描述的理由就是：在普遍性(即全称)的判断里,其主体概念所谈到的各对象是被认为彼此同质的。

这项目下的图型化范畴乃是时间与空间中同质物的综合之概念,而可描述为外延量范畴。这种综合的产物的先验图型就是数(拉丁文的 numerus),又称作一个现象的量(quantitas phaenomenon)③。

想像力的综合,从所予的感觉出发而企图确定在时间与空间中的一个对象,它就确定那对象所占住的同质空间与其在其里面继续持久的同质时间。这就给那对象以形状(像是包括大小)与持续④。可是我们在这里所与之有关的乃是更一般的东西,大小与持续所共通的东西。康德把这东西描述为数。

我们也许指望这东西被描述为外延量,因为外延量看来像是比数更明显地是属于感官的⑤。可是康德自问,产生不同类别的外延量的每一个综合,其共通的特性是什么。他的答案是：产生外延量的⑥(无论是在

---

① 在 A80＝B106 里列举范畴的秩序暗示着总体性这个范畴是得自单称判断的。虽然在《未来形而上学导言》一书(Ⅳ302 注)里有同样的平行排列,我还是认为这是一种错误,而且是由于这个事实,就是在判断形式表里,康德是沿袭(全称、特称、单称)这个传统的秩序的,而在范畴表里他所遵照的秩序乃是每项的第三个范畴是由其头两个范畴混合而成的,即单一性、多数性、总体性,因为(B111)总体性是多数性之作为单一性考虑的,从单称判断得出单一性只是自然的,如康德自己所暗指说他在 A71＝B96,在《导言》一书第二十节(Ⅳ302 注),而又在 A245-246 里是那样做的,在那几处他都是谈到共通判断(拉丁文的 judicium commune)的。他的论证会成为更说得通的,如果他从每一个判断都利用共通的概念这个事实得出单一性、多数性与总体性这三个范畴;比较一下本书第十章第五节以及第十四章第八节。

② 这可描述为“一般同质直观的杂多的综合统一性”之概念;看 A142-143＝B182 并且比较一下 B162,B203,A242＝B300,以及 A245-246。

③ A146＝B186。在这里的综合是当作综合的一种动作看,而且是前后相继的。

④ 比较一下 A724＝B752,德文的“Gestalt”(形状)与“Dauer”(持续)。

⑤ 比较一下 A162＝B203 起。也许康德的想要把图型特别和时间中的前后相继综合联系起来就是他何以描述图型为数的理由：感官性的外延量离开测量是无确定性的。

⑥ 我认为我们必须理解“外延量”始终是确定的外延量,即测量过或者数学上可详细说明的一种量。康德并不否认我们能觉知到一种无确定性的量或限量而毋须有其前后相继的综合;看 A426＝B454 的重要脚注。

时间或在空间里的)每一个综合必须是一种同质物的前后相继的综合[①]。在这样主张时，他是假定，为了确定任何一条线段，无论它是多么短，我们必须一个部分跟着一个部分来领会它，而且必须把各部分加起来，或说把它们综合为一个整体[②]；而且他主张，关于乃至最短的一段时间，亦复同样如是[③]。要确定任何东西的量，也就是确定它含有多少单位，而且这些单位(不管它们是什么)总得要一个一个地加起来，如果是要测量这个东西的话[④]。

一个一个地把同质的单位加起来也就是计算，而所产生的就是数。既然空间与时间同是同质的，而且既然一切对象都是在一个共通的空间与时间里的，所以一切对象(就其是有空间性和时间性的而言)都是通过想像力的先验综合而被知的，而先验综合是前后相继地把空间与时间的同质部分综合起来的。因此，每一个对象必须有数，或者也许更好是说，每一个对象都是可数的。

康德自己的说明[⑤]，只是按照他的直观的公理所说的，才是可理解的，而这又为这个事实弄模糊了，就是他并没有涉及空间。这样一来，他就无法说明，因为直观都是有空间性与时间性的，所以就必须是同质的。他关于数的描述是易滋误会的；因为他说，数乃是一个观念，包含着同质单位的连续相加[⑥]。这就会把"数"与"计算"同一起来(除非他的意思是说，数是这个观念，它在一个总数里，包含着前后相加的同质单位)。他得出结论说：因此，数就是一般同质直观的杂多的综合统一体，由于[⑦]我

① A163＝B204 以及 A242＝B300。综合的前后相继性(意思是说我们必须分别来拿一个一个的单位)乃是外延量的标志。

② 看 A162-163＝B203。凡线段都是各部分所组成的，而不是点组成的，而数学的测量可任意以选择任何部分作为测量的单位；看《判断力批判》第二十六节(Ⅴ254)。

③ A163＝B203。

④ A242＝B300。

⑤ A142-143＝B182。

⑥ 比较一下他在 A140＝B179 里关于数所说的。

⑦ 这里"由于"是英译"in that"即原德文"dadurch dass"之译。这句的前一半乃是量这个纯粹范畴的定义，而使它成为数的定义的只是所加上的东西——除非"一般直观"(如在 A724＝B752 里以及也许在 B203 里)事实上只是表示时间与空间之间的分别可以不去管的；看本书第三十六章第三节。

在那直观的领会中产生出[1]时间本身[2]。这种说法是这么难懂，以致几乎无法加上任何评语；而且康德是否把数看作计算的动作，依然是成问题的[3]。数也许可以是同质单位连续相加起来所产生的一个综合统一性(或说结合起来的杂多)[4]；但是它既不能是计算的动作，又不能是计算动作的统一体[5]。

如果我们把空间也带进来，以重新解释康德的学说，像我所做的以及像他自己后来所做的那样，那么他关于图型的说明就像是健康的了。看来尽可毋须去问，图型是否也和判断的普遍形式有联系；但是，在康德似乎是矫揉造作的一些说法的背后，总有可能藏着的不仅仅是单纯的形式主义的东西。一切判断的要求，其实一切概念思维的要求，都是多数的同质单位应该想作一个总体的：这并不局限于“一切S都是P”这个形式。我们可以解释康德的学说为肯定，因为感性对象都是在空间与时间里的，因而是能加以测量的，所以一定有一些对象是有足够的同质性可以想到的(或者说可以用“一切S都是P”这个形式来判断的)，而且甚至完全的同质性也不会使这些对象变为彼此不可分辨开来的[6]。更简单地说，在

---

① 离开想像力的先验综合就不会有时间又不会有前后相继；比较一下 A99-100，A101-102，A107，B154-155 和 B160 注，必须记得，就康德来说，只在对于人类的心的关系上，时间才有其实在性的。

② 如果这含蕴着直观的同质性是得自对于直观的领会是前后相继的这个事实，那么这样的一种蕴含就会是错误的了。在直观的公理中并没有这样的含义，而我不认为我们应该以这种含义在这里归之于康德。对象的同质性之属于对象，是由于对象在其里面持续的时间以及它们所占住的空间，而不是由于我们所需要来领会它们的时间。虽然如此，但是就康德来说，只有由于在时间与空间里的对象是(直接或间接)被领会的，我们才(直接或间接)领会到时间与空间，否则就不会有时间，也不会有空间的。而且，我们若要确定任何过去的时间或任何不是知觉到的空间，我们只能把它们借以得到测量的单位一个一个地拿起来而予以结合才能做得到。

③ 比较一下 A103(而又比较一下 A78＝B104 以及 A724＝B752)。

④ 比较一下康德自己在就职论文里——第十五节系论(Ⅱ406)——关于数的描述——作为“计算的量，就是说，清楚地认识到在时间里前后相继一个单位一个单位加起来的”。

⑤ 数的这种描述也许是一个实例，说明康德倾向于把一个对象的概念和那对象借以得到构成的综合之概念同一起来。

⑥ 应该注意到，按照康德来说，完全同质的一些对象仍然是能彼此区别开来的，而这样就是能被计算的，因为作为是感性的(而不单纯是可想象的)来说，它们会是在空间里有其不同的位置的。看 A263＝B319，A272＝B328，A281＝B337-338。据我所知，康德谈到时间时，并不讨论这个问题。

认识感性对象的过程中,而且其实在认识任何个别感性对象的过程中,都一定有同质的东西之综合。因此就说明量这个纯粹范畴是有其客观有效性的;而又同时说明,它再不是一种单纯空洞的判断形式,而作为外延量这个图型化的范畴才获得其“意义与重要性”。即令我们不能接受康德关于范畴是怎样得出来的见解,我们也不必否认他的见解,其合理之处比通常所承认的要多得多。

3. 质的图型

既然感性对象所通过而被知道的综合也就是时间与空间的一种综合,所以每一个感性对象都必须有其外延量;也就是它必须有其同质的各部分,是彼此外在而能一个一个地紧接着来计算的。但是,每一个感性对象,如果它要成为一个实在的对象(而不是单纯一个对象的形式),所包含的就必须多于时间与空间的一种综合。它的质料必须是和时间与空间的形式综合起来的,而且只有这样,它才能是实在的。因此,下面接着要谈到的图型就是作为实在性这个图型谈的。

虽然如此,从康德的说明可以清楚看出,必须予以图型化的纯粹范畴,最好被称作限制性的范畴,就是说,实在性和否定性相结合的范畴①。就我们目前的需要来说,可以把它描述为有与无(being and not-being)的综合这个概念。康德把这个范畴与“S 是非 P”这个不定的判断联系起来。这种形式的人为性不应妨碍我们看清这个事实——如我认为它是事实那样——就是每一个判断都是既肯定而又否定的②,而且这样做时,它就限定了或确定了实在。因此,它就要求它的对象,在某种方式上,是应以有与无的结合来表示其特征的。

这里图型化的范畴乃是有与无在时间与空间的综合这个概念,而且

---

① 看 B111。它又可称为质的范畴;看 A145=B184。

② 可以说一个肯定判断含有一个否定判断,反过来亦复如是,但那否定判断乃是另一个而且是不同的判断。把判断抽象地作为一个命题来理解,固然是如此,但我却认为,具体地来理解,肯定判断是肯定而又否定的,而否定判断是否定而又肯定的;而这并不意味着,在肯定判断与否定判断之间是毫无分别的。

可描述为时间与空间的实在性(或限制性)的范畴[1]。作为这种综合的产物的先验图型就是应该称之为等级的那个图型[2]。

康德关于这个图型的说明[3]是含糊而且不正确的,只按照感官知觉的预测来看,它才是可理解的[4]。他认为时间与空间的单纯形式不是什么实在的东西,而且他认为,如果我们要有一个实在的经验对象,就必须用一种所予的质料把这些空洞的形式填满,而这种质料最初就是感觉[5]。在时间与空间里的有(being),只有在感觉(或说是感官材料)中才能被发现,而与其相互关联的无,就是空洞的时间与空间。只有感觉与时间、空间的形式综合起来,或者说,只有有与无综合起来,才给我们以一种有确定性的对象。而按康德来说,用感觉来填满时间与空间的这种综合,必须在不同的等级上来这样做[6]。无论我们喜欢拿任何感觉来说(例如一种红色的感觉)[7],不管它是如何微弱的,它总不是最微弱的一种感觉:总是可能有更微弱的一种感觉,是介乎任何所予的感觉与完全无感觉之间的。其意思是说,在填满时间与空间的东西里面,总是有其或多或少的东西,而这或多或少是要与被填满的时间与空间的或多或少区别开来的。一种颜色可能比另一种颜色鲜明些。虽然它所占的时间是短些而所占的空间又小些。所以,每一个感性对象,其被感觉到的种种性质必有其等级,而且这样的等级乃是时间与空间里的实在之一种必然的特性。

---

① 它又可描述为质的范畴。如果我们能称它为内涵量的范畴的话,我们就会有外延量的一种平行了(比较一下 B202);但是康德像是把内涵量作为同值于等级来处理的。如一般在本章那样,他是不去谈空间的。

② 康德称之为感觉(sensatio)或现象的实在性(A146=B186)。我认为这是令人易于误会的。他的意思不是指感觉,而是指感觉的等级说的,即指有等级的感觉说的。他的意思又不但指感觉本身的等级而且是指与感觉相应的东西之等级的。

“等级”像是和“内涵量”同一的。内涵量是在一个刹那间被给予出来的:我们并不分别地而且相继地领会它的每一部分,然后把它们结合起来(看 A168=B210)。

③ A143=B182-183。

④ B207 起。

⑤ 我们可以暂且不去谈到“与感觉相应的东西”。

⑥ 康德像是从这里便推论说,当我们知道一个对象时,时间与空间不是完全填满,也不是完全空洞的,所以一个对象必然总是在其里面显出有与无的一种确定性的结合的。

⑦ 看 A169=B211。

后面还将要详细地考察这很难懂的学说①。在这里只须讲到，这种图型和判断的质之联系似乎是康德的一切联系中最不自然的；因为肯定与否定的区别据说确定了判断的质，这纯是一件偶然的事情。虽然如此，如果承认这种联系并不仅仅依赖于“质”这个词在两种互不相同的事情中的偶然使用，那便是对康德的一种公道的看法。每一个判断都对客观实在有所肯定或否定。这件事本身原与时间空间无涉，但是用凯尔德的一个短语②来说，当我们用时间的话语来说它时，那所肯定或否定的东西也就是时间与空间里的客观存在或说实在。在时间与空间中存在的东西就是感性对象，其实在性，以其起头来说，是通过感觉而被知道的。而且，感觉给我们的乃是对象的质，而这(是对象借以填满时间与空间的)质总是有其等级或说内涵量的。在这种情况下，如果我们确信某种图型必须相应于当前的判断形式的话，那么把这图型看作在感觉里面所予的各种质的等级，这不会是不合理的③。我们知道，必有可能来用结合着的肯定与

---

① 看本书第三十八章。康德替这个图型所下的定义乃是“在我们在时间里从有一定的等级的感性渐减到这种感觉的完全消失，或从无而追升至这种等级的那种实在在时间里的不断的而一律的产生”。在这里，这种图型是描述为好像是那所说的综合本身，虽然我们所预期的乃是那综合的产物。

康德说明的是，“与一个感觉相应的东西”就是其概念是表示(在时间里)的有的那东西。他断言这就是在知性的纯粹概念里所被想到的；但是纯粹范畴所想到的是对时间毫无任何关系的有，而谈到在时间里的有的乃是图型化的范畴。就图型化的范畴来说，有是填满时间的东西，而无就是空洞的时间。

如果我们没有读错的话，康德又说，因为时间是只作为出现东西的对象的形式，所以与感觉相应的东西就是作为自在之物的对象的先验质料！这是和它是“在时间里的有”这种说法相矛盾的，除非他是在物理的意义上，而不是在形而上学的意义上使用“自在之物”这个短语(看 A45＝B63)；但是假使那样，他就很难会称那质料为“先验的”了。在这里是有表达的不严谨之处的。自在之物的质料是未知的；比较一下 A366。在现象性的对象里，与我们的感觉相应的乃是现象性对象的质料；这种(其内部性质是未知的)质料，我们归因于在心以外的一种来源；构成现象性对象之作为一个经验性实在的，也就正是这种资料(比较一下 A720＝B748)。

康蒲·密斯从威里(Wille)接受过来的办法，插入“不”这词来修改康德的说法，不是十分能说服人的。

② 比较一下凯尔德(Caird)，《康德哲学》一书，p. 467，又《康德的批判哲学》一书，上册，p. 441。

③ 可能有人反对说，外延量本身就是事物的质。康德自己承认外延是物体的一种主要的质；看《导言》第十三节，《解释》二(Ⅳ289)。他又描写空间限量为有形状的质的(A720＝B748)，而描写量本身为有连续性的质的(A176＝B218)。但是和这图型联系着，他使用“质”这词，其意义是与外延量相对应的。在这种意义上的质是在感觉里被给予出来的，而外延量乃是那质所填满的时间与空间所确定的。

否定，以确定实在的对象的，因为，如果只要是能有经验，在感觉里必须有某东西是被给予[1]的，而且是在时间与空间里被综合起来的[2]。因此，每一个对象必须在其自身里面显出那通称为等级的有与无的结合。就判断用肯定与否定来限定对象来说，这种结合乃是一切判断所要求的。

4. 关系的图型

一个现实的经验对象所具有的必须多于量与质。它必须在一个共通的时间与空间里占有一个确定的位置[3]，而这种位置是为其对于别的对象的关系所确定的。康德给我们以三种关系图型和从判断的直言、假言与选言的形式得来的三个纯粹范畴相应；而这些图型所与之有关的乃是感性对象在一个共通的时间与空间里相互间的必然关系[4]。在这里并没有暗示一个图型是一种综合或者综合的一条规则。每个图型都被定义为作为综合之产物的特性[5]。

其第一个纯粹范畴就是主体与述项的综合这个概念。就形式逻辑而言，判断的直言形式里的主体与述项是可互相交换的；但是，就先验逻辑而言，既然纯粹范畴是用来确定感性对象的判断形式，所以把主体看作绝不能成为一个述项的主体[6]。离开经验性的感觉，我们无从知道是否有

---

① 我们用肯定与否定，既限定或说确定在时间与空间里的东西，而同时也限定或说确定时间与空间。但是时间与空间不是实在之物，而我们确定实在之物只是当我们确定在时间与空间里被给予出来的东西的时候，乃至时间与空间，只当它们是填满时，才是实在的。

有兴趣的是看到柏拉图和康德一样把空间和 τὸ μὴ ὄν（那非无）同一起来，虽然就柏拉图来说，空间是质料（ὕλη），而不是形式。

② 关于时间与空间里的实在之不同等级的这种必然性这个很困难的问题，必须后来才予以处理；看本书第三十八章。

③ 这就是德语的“Dasein”，意思是在那里（或那时）而同值于存在，即在时间与空间里的存在。一个想象中的对象可能在某种意义上有量与质，但是只一个现实的对象才在我们共通的空间与时间里有其存在。

④ 如一贯在本章里那样，康德是不去谈空间的，但是离开空间，他所说的是不可理解的，而就必须从经验类比这个学说加以补充。

⑤ A143-144＝B183-184。

⑥ B129；A147＝B186；A242-243＝B300-301。我认为康德是主张，除非这是如此，就没有主体与述项之间的区别了。如果他单纯坚持说，思想要求有某东西是可用它的概念来想到它的，那么他的论证就可能更令人满意了。

任何东西与这样一个主体这个思想相应[①]。

其图型化的范畴就是在时间里的永恒的与变化的两者之综合这个概念,而所谓永恒的就是变化的各述项(或称谓性)所隶属的不变主体(或称实体);总而言之,永恒的是一切变化的不变基体,而其图型化范畴就是实体与偶性(或说存在性与依附性)这个范畴。作为这个综合的产物的先验图型就是永恒性。康德忽视了这个事实,即范畴大概还有图型包含着两个互相关联的项[②],而且他满足于把那图型无差别地当作"永恒性"或作为"永恒的东西"[③]。

第二个纯粹范畴就是根据与后果的综合这个概念。康德往往把它描述为原因与结果这个范畴,可是它是与时间无关的。他自己说,如果我们完全不谈到时间上的前后相继,那么原因这个范畴单纯就是我们能够从而推论到某一东西之存在的某东西这个概念[④]。这就不会使我们能够分辨原因与结果[⑤],而我们也没有权利来假定有任何对象是和这个概念相应的了。

这里的图型化范畴就是根据与后果的综合这样的概念,其后果在时间上跟在根据的后边,而且它是要被描述为因果的范畴的。作为这个综合的产物的先验图型乃是必然的前后相继,或说按规则的前后相继[⑥]。

---

① B149;A243=B301。

② 看B110。也许康德无视变化的作为永恒性的一个相关联的东西,是因为变化乃是和关系的第二个图型联系着来处理的,而三个图型都必须在一起来考虑的。

③ 康德在说明实体之中是不小心的。他说(1)实体就是永恒性,即时间里实在东西的永恒性,(2)实体是一切都变而它却持久作为一种基体的实在这个观念;而(3)实体就是永恒的或说不变的东西。其拉丁的名称乃是 constans et perdurabile rerum(永恒而持久的物),或 substantia phaenomenon(现象的实体)(A146=B186)。

④ A243=B301。我认为"之存在"这几个词应该从所说的删掉,而且即令删去这几个词之后,所下的定义还会是不令人满意的。

⑤ 也许康德心里是想到这个事实,就是这样的一种推论,在特别的情况下,两头都可通的;例如,我们可以从一个三角形的三边推论到它的三个角,而反过来也是可以的。或者康德的意思也许是说,有时推论是从结果到其原因的——有足迹,就是有人走过。

⑥ 康德又说,原因的图型就是"那实在的杂,只要你关于它断定什么,总是有另一某东西随之而发生的"。"断定"(即英文的 posited,德文的 gesetzt)这词总是使人费解的。这里它的意思像是说"在时间里有位置","发生"。那么结果的图型就大概会是"那实在,它总是随着所予的事件而发生的"。因果作用所适用的不是时间的前后而是时间里出现的前后。

这个意思，不是说一个事件 A 必定总是为某别的事件跟在它的后边，而是说（如果其他条件不变）它必定为事件 B 跟在它的后边①。

第三个纯粹范畴更加难懂。在选言判断里，我们想到一个整体，其各部分在整体中相互排斥，而这样也就相互确定②。因此，交互性这个纯粹范畴就是关于一个整体的综合的概念，它的各部分相互排斥且相互确定。当然它与时间无涉。

可是，这个说法对于完全理解康德的见解来说就显得太过简单了。他自己曾作出过一种描述，原是对这个纯粹范畴说的，但是（像在因果作用的情况下一样），他没有把这个纯粹范畴和其图型化的范畴分别开来。他说，这纯粹范畴乃是“一些实体在其彼此的关系上的交互因果作用”③。这样说可能更确切，即它是“一些实体关于它们的偶性方面的交互因果作用”④。如果我们排斥掉一切对于时间有关的和暗含着时间的名词，我们就必须说，交互性⑤这个纯粹范畴乃是“一些终究的主体的综合这个概念，而那综合使得其一个主体的各种述项都是在其他的主体里有其根据的，并且反之亦然”⑥。

这里的图型化范畴就是一些永恒的实体的综合这个概念，其综合是

---

① 不管他是正确与否，康德总是假定因果作用是含有规则性的前后相继意思的；而我所称为“必然的前后相继”得要理解为“规则性的前后相继”这个意思。必然的前后相继，像永恒性一样，乃是某东西，其存在是能为观察所证实的，虽然它不能为观察所成立。

② 比较一下 A73-74＝B98-99 和 B112-113。我们可以认为这是含蕴在“A 或是 B 或是 C 或是 D”这种判断形式里的。在“一个三角形或是等边的或是二等边的或是不等边的”这个判断里，我们把康德称为三角形性的“范围”划分成构成其整个范围的相互排斥的几个部分，以这对于同时性的类比无关作为反对的意见乃是与本题无涉的，固然一个三角形不能同时既是等边而又是二等边的；因为一切对于时间有关的都已排斥于这个纯粹范畴之外的。

③ 看 A244＝B302。

④ 比较一下 A144＝B183。

⑤ 用“交互性”（德文的 Gemeinschaft 或拉丁文的 communio）来表示这个纯粹范畴，而用“相互作用”（德文的 Wechselwirkung 或拉丁文的 commercium）来表示那图型化的范畴会是合适的。比较一下 A213＝B260（虽然在这段里 communio 是局限于空间的交互性（communio spatii）的）以及 A214＝B261。

⑥ 比较一下 B257-258。这是含蕴在“或 A 是 B 或 C 是 D”这种判断形式里的。这第二种说法并不和第一种说法相矛盾，但它附加地说，整体的各部分本身也是在其述项方面彼此确定的主体。看下页注③便知这点的重要性。

这样，以致其一个实体的常变偶性是在其他实体里有其原因的，而且反之亦然[①]：它可称为相互作用范畴。作为这个综合的产物的先验范畴乃是一个实体的诸偶性与另一个实体的诸偶性的必然同时性，或者如康德所说，按照普遍规则的同时性[②]。

可以补充说，康德发现只在空间中才有永恒的实体，而且他认为一个实体的不同空间部分本身都是实体[③]。

关系的各图型(除了相互作用这图型)与其相应的判断形式之间的联系，比量与质的图型(在这方面的联系)更为合理。另一方面，关系的综合所外加的各特性不是这么清楚必须是在一切感性对象看得出来的。想像力的先验综合显然是把外延量外加于对象的，而且我认为我们可以同意它并包含着一种质的综合的，并且质一定有其等级。但是先验综合为什么要加上必然的永恒性、必然的前后相继，以及必然的同时性，那就确实是不明显的。

这事实是康德所明白承认的。在原理章里他将试图指出：感性对象必定具有被具体说明的一切范畴的特性，但是在量与质的情况下，我们据说有其直观性的确实性或说证据，而在其他的情况下，我们只有推论的确实性。然而在一切情况下，我们都是有确实性的[④]。

5. 样式的图型

我们现在已看到，就康德来说，我们借以构成时间与空间的对象的想像力之一种综合具有三个必然的方面：(1) 它是时间与空间(即直观两种形式)的综合，而这样就包含着外延量或数；(2) 它是在时间与空间里给予于感觉(即直观的质料)的诸出现之综合，而这样就包含着内涵量或说等级；(3) 它是在同一个共通的时间与空间里把不同的出现结合起来的

---

① 比较一下 B257-258。

② A144＝B183-184。我提议用“必然的同时性”作为与“必然的前后相继”平行的。

③ 《自然科学的形而上学初步》(Ⅳ503 与 542)。因此一个整个实体的各部分本身就是在其偶性方面彼此确定的实体。比较一下上页注⑤。

④ 看 A161-162＝B200-201 和 A180＝B223；并且比较一下本书第三十六章第三节，在那里将讨论这点。

一种综合，而这样（康德将证明）就包含着永恒性、必然的前后相继和必然的同时性，或说一些永恒的实体在其常变的偶性方面的交互因果作用①。

这些综合，或说同一个综合的这些方面，确定经验对象的不同范畴性特征。其头两种综合确定对象本身，而第三种则确定处在与其他对象的关系中的对象。在我们谈到样式的诸图型时，我们所与之有关的就不是属于对象的特性，而反倒是对象对于认识它的心的关系②。因此，我们就再不必去寻找在时间（与空间）里确定对象的那同一个综合的新方面：我们得要观察到（如我们可以暂且把事情来简单化的话）：我们所曾叙述的综合的第一个方面就是我们知道一个对象为可能所需的条件③；其第二个方面是我们知道一个对象为现实所需的条件；而第三个方面是我们知道一个对象为必然所需的条件。可能性、现实性与必然性对于对象的内容无所增益；但是每一个对象，按照它对于时间的关系的不同方面，据说可被知是可能的、现实的与必然的④。

康德把样式的纯粹范畴和盖然的、实然的与必然的判断之间的区别联系起来。这种区别与各种不同认识在判断中统一起来的方式并不相涉。它所与之有关的只是判断（不管它的内容是什么）被思想到的方式⑤。如果我们把当下的判断作为一种逻辑上的可能性来看待，这判断就是盖然的⑥。如果我们肯定它是真实的，它就是实然的。如果我们因为思维的规律而必须那样思想它，那么它就是必然的⑦。

---

① 我们可把(1)说是单纯直观的综合，(2)说是感官知觉的综合，而(3)说是经验的综合；看 A180＝B223。我认为经验的综合包括头两种综合的。应把这和康德在 A145＝B184 里的概述比较一下。在那里我们有(1)时间本身的综合或说时间的生出，(2)感觉或感官知觉与时间观念的综合，或说时间的填满，(3)不同的感官知觉在时间的整体里彼此关系上的综合。

② 比较一下 A233-235＝B286-287。

③ 比较一下 A180＝B223。必须把这种说法作为暂时的而且作为过分简单化康德的立场的。对象可能性的条件乃是和空间与时间的形式相一致而又和各范畴相一致；看 A218＝B265。又看本书第四十九章第二节。

④ 比较一下 A145＝B184。样式的图型是关于“当下对象是否，并如何，属于时间”。

⑤ A74＝B100。比较一下本书第十章第一节。

⑥ 我们只是想到它、可假定它。

⑦ A75-76＝B101。康德在用概念思维的知性，肯定归属于概念作用的现实例子之判断力和推断逻辑必然性的理念里找到这点的平行（A130＝B169）。可是逻辑必然性像是会包括着不只三段论式的结论，而且又有直接推论，乃至分析判断。比较一下 A304＝B361。

暗含在这些判断形式里面的纯粹范畴就是可能性、现实性和必然性①。康德似乎是主张，这些范畴，甚至比之其他的纯粹范畴更是这样，只能用一种同语反复来说明②。如果我们略去一切涉及时间与空间的东西，剩下来的只是逻辑的可能性，其意思是说我们观念里的矛盾的单纯的缺失；逻辑的现实性或说真实性③，它意指的像是心的肯定；而逻辑的必然性，它似乎存在于这种情况下，即当我们所肯定的是按照思想的形式规律从所予的概念或判断推论出来的时④。在这一切里面，我们所与之有关的只是我们自己思维的特征，而不是对象的性质。

所以样式的各纯粹范畴单纯是存在于每一个判断里的各种综合的概念。可能性这个纯粹范畴就是按照思想的形式规律而自行一致的那种综合的概念。现实性这个纯粹范畴就是宣言确定一个实在对象的同一个综合的概念⑤。必然性这个纯粹范畴乃是同一个综合的概念，这综合是按照思想的形式规律逻辑地从其他概念或判断派生而来的⑥。然而，这些纯粹范畴作为范畴来说，据假定是在某种方式上确定处在与心灵的关系中的一切对象。

可能性的图型化范畴就是想像力的先验综合就其包含有直观的诸形式而言的这个概念。作为这个综合的产物的先验图型可以说是一些不同观念的综合与一般时间条件的一致⑦。一个对象⑧，作为一个观念之对立，

① 为着简单起见，我们可以不去管其相关联物，即不可能性、不存在和不必然性。康德好像不区分存在（德文的 Dasein 或 Existenz）与现实性（德文的 Wirklichkeit）。我们在 A80＝B106 有 Dasein，在 B111 有 Existenz，而在 A145＝B184 则有 Wirklichkeit。用现实性来表达范畴，而用存在来表达其图型（因是涉及时间的），可能是恰好的。

② A244＝B302。

③ 这像是自以为是真实而不是真实本身。康德自己以充足理由原理为实然判断的根据，以毋矛盾原理为盖然判断的根据，而以排中原理为必然判断的根据；看《逻辑》导论Ⅶ（Ⅸ 52-53）。我自认我觉得康德这里的见解是十分难以了解的。

④ A75-76＝B101。

⑤ 这像是包含在它自认为是真实的这种主张之内的。

⑥ 比较一下 A75-76＝B101。

⑦ A144＝B184。我们可以加上“与一般的空间的”。我们得要附加地说，在 A218＝B265 里，康德断言，如果一个对象要成为可能的，又需要有与思想的形式条件相一致，这就完成了这里所说的，因为时间与空间的综合乃是按照范畴或说思想形式的一种综合。

⑧ 康德所举的实例乃是这个事实，就是一个对象可能前后接连着有互相矛盾的特性。同一事物能有互相矛盾的特性这种可能性，对于忽略时间的思想来说是不可理解的。

是可能的，如果它与时间的性质相容，或者能被设想为在某一时间上存在①。

现实性这个图型化范畴乃是想像力的综合就其包含着在确定时间上被给予出来的直观质料而言的这个概念。作为这种综合的产物的先验图型就是在确定时间上的存在②。如果一个对象与经验的质料条件，即与感觉结合在一起，那它就是现实的③。

必然性这图型化范畴乃是关于整个时间而确定所予的杂多的想像力先验综合这个概念。作为这种综合的产物的先验图型就是在其对于整个时间的关系上的存在④。当一个对象与之结合在一起的质料条件，是按照时间统一性所必需的普遍性规律或说形式条件而被确定的时，那对象便是必然的⑤。

这一切都是难懂的，而且必须把它当作一种对于经验思维的公准的一个概述和临时性准备；只有参考那些公准，它才能被理解。

6. 康德的概述

详细叙述了各图型之后，康德就进而总结那些认为是从这种叙述产生出来的结果。每个图型据说都"包含着某些东西，而且又使之成为可表象的"⑥。我不知道康德所谓"使之可表象"⑦是什么意思。我倒希望它的

---

① 康德说这个图型乃是"一个东西的观念在某时间上的确定"。这可以理解为，如果我们能想象那东西是在时间与空间里存在的，那么它就是可能的了。但是这个问题是复杂而又难懂的，因为康德主张可能性的范围不大于现实性的范围；看 A230＝B282 起。

② A145＝B184。在确定时间上的存在总是包含着和感觉的一种联系的。

③ A218＝B266。

④ A145＝B184。这个图型说是永恒的或必然的现象；看 A146＝B186。在我们知道产生一个对象的一连串的原因时，我们也就知道它的必然性了。

⑤ 比较一下 A218＝B266。

⑥ A145＝B184，德文是"enthalte und vorstellig mache"。这个短语每次都应重复，而我怀疑以"就是"这词来替代它，如康蒲·斯密的英译那样，是令人满意的。我又怀疑加上"nur eine Zeitbestimmung"（只一种时间的确定），如阿德凯斯所做而为康蒲·斯密所接受的那样，是适当的。原文本是不令人满意的，但是使康德说这图型（原是一个先验的时间确定）不但包含着一种时间确定，而又使之可表象，我不知道这是否改善了原文。康德常常是把"是"与"包含"等同起来的，但是如果这图型是使其自身成为可表象的，那就会是奇特的了。

⑦ 在 A143＝B183 里也用了这个短语；但是在那里它是用于一种从实在到无的"过渡"（Übergang）的，而这是使每一种实在作为一种限量可表象的——这样其意义像是有些不同的。

意思是说,图型乃是事物因而能被认识到的一种感官性的特征或标志。

量的范畴,其图型包含着时间本身在对于一个对象的相继被领会中的生出(或说综合),而且又使这时间的生出能被表象①。

质的范畴,其图型包含着感觉(或感官知觉)和时间的观念之综合,而且又使这综合成为可表象的;那就是说,它包含着时间的填满,而且使之成为可表象的②。

关系的范畴,其图型包含着感官知觉在整个时间里③即按照时间确定的规则的相互关系,而且使之成为可表象的④。

样式的范畴,其图型包含着作为确定一个对象的关联物的时间本身,而且使之成为可表象的⑤;就是说,它指出那对象是否而且怎样属于时间⑥。

必须承认,这些说法都是模糊不清的,而且与其说它们是澄清已述的内容,不如说是对它们的重复。例如在量与质的项目下,有同样的倾向把其图型与想像力的综合联系起来,而在关系的项目下(并且也许又在样式的项目下)其图型反而与综合的产物联系起来⑦。无论康德的阐述,其所有一切困难是什么,除了按所已经采取的假定之外——即假定一切图型都是感性的特征,在对象的杂多是在同一个时间(与空间)里被结合起来这个限度内,

① 数(或者也许更好是说外延量)乃是在领会一个对象中同质的时间(与空间)的这样一种综合的产物。如果我们不把这产物看作从那综合可分开的,它也许又可是这种综合的一个标志。

② 感觉(或相应于感觉的东西)的等级就是填满时间(与空间)的东西。它就是把感觉与时间结合起来的综合的产物,而且也许是其标志。

③ "在整个时间"乃"zu aller Zeit"之译。

④ 感官知觉或出现的永恒性,前后相继,以及同时性,按康德的说法,乃是在同一时间(与空间)里把一切感官知觉结合起来的综合的一种产物(而且也许是一种标志)。这些永恒性等使我们能够分别出实体与偶性、原因与结果以及交互作用的种种关系。

⑤ 可以注意到,我们只有由经验上知道在各时间(与空间)里的对象才能知道这些时间(与空间);看 A216=B264。

⑥ 如果对象与时间的形式相容而这样就能在某时间上存在,这个对象才是可能的。如果对象的质料是在某确定的时间上被给予出来的,那对象才是现实的。如果对象的存在是按照经验的类比在其对于整个时间的关系上被确定的,那对象才是必然的。这些就是对象能属于时间的种种方式,或说时间是一个对象的确定之相关联物的方式。

⑦ 这种分别可以和在头两个项目下我们有"直观性的证据"这个事实联系起来,所以康德可能更倾向于看重综合,因为其产物是在各情况下都是明显的,而综合就不是的。

都必须属于这一切对象——我无法找到理解康德学说的其他方法。

我认为这种见解是为康德的结论所证明的①。各图型乃是验前按照规则的时间确定②;而这些时间确定(循着范畴的次序)是关于(1)时间系列的,(2)时间内容的,(3)时间秩序的(或在时间的东西之秩序的),(4)时间总体在其对于一切可能对象的关系上的。一切对象,就其扩张到整个同质时间的系列而言,都必须具有外延量。就其填满着时间而言,都必须具有内涵量。就时间中有一种事件的客观秩序而言,一切对象都必须是在因果作用上彼此相互作用的实体。由于对象对于整个时间的各种不同的关系,一切对象就必须是可能的、现实的与必然的。康德把头两种断定看作直观上确实的;第三种需要有可称为证明的某东西;而在头三种既已成立之后,第四种就只需要有说明或阐明便够了。

康德的讨论之最后几个段落③很清楚地说明了他的见解:各图型既给范畴以其"意义"或说客观的参照,而同时又把范畴的应用限制于只是感官的对象④。我们也许倾向于认为,在我们抽去把范畴的应用限制于事物的如其对我们感官出现那样的一切图型时,我们就将有这样的纯粹范畴,它们能适用于如其在其自身那样的事物⑤。康德并不否认我们必须用纯粹范畴来思想自在之物——其实我们没有其他思维的方法可用。但是他否认这样的思维能给我们知识;因为知识总是要求有直观,如它要求有概念思维一样。抽掉图型的纯粹范畴仍然有他称为"逻辑上"意义的东西:这些纯粹范畴乃是暗藏在判断各形式里的观念统一(或说综合)的概念。但是它们是没有对象被给予出来的,而且它们是毫无"意义"的——其意思是说,我们不能指出它们所适用的任何对象的性质,而结果就是,它们不是知识的一种来源⑥。

---

① A145=B184-185。

② 现在应是清楚的,这些时间确定不是时间本身的确定,而是对象的时间性确定。

③ A145-147=B185-186。这些段落所用来开始的模糊句子是在本书第三十四章第四节讨论的。

④ 比较一下本书第三十二章第七节,又第五十四章。

⑤ A147=B186。

⑥ 在正文里康德说它们没有能提供出来关于对象的概念的"意义"。在 Nachträge(《补充条文》)第六十一章里他改"概念"为"知识"。

7. 图型的数目

如果我们认为范畴不能从判断的形式得出来，那就很清楚，康德学说的大部分必定是武断的而且矫揉造作的，在某些方面可以和许多曾想要把圆变成方的企图相媲美。然而不承认康德用心之巧妙与合理性，就是不明智的，虽然它的优点为他的一些不简洁的表达方式掩盖起来了。整个来说，我自己必须承认，最使我觉得稀奇的就是他的种种努力的方式像是接近于成功的。

可能有人认为，存在一种非常显著的失败，因为关于量与质的三个范畴，只有一个图型提供给我们，而相应于关系与样式的每个范畴却都有各自的图型。然而在这里，我们还应注意到，康德可能说的似乎是：对于关系的三个范畴只有一个图型，而样式的三个范畴却各有一个图型①。他并不把一个图型与三个图型之间的分别看作乍看起来像是严格的区别。我们应怎样说明这一点呢?

我们必须记住，每一个范畴都包含在认识任何一个对象的过程里面。因此，包含在一切知识里的只有一个终究的综合，虽然这个综合是复杂的，而且有不同的各方面与量、质、关系和样式有关。如果我们分别地来处理这些方面，而且谈到一种量的综合，一种质的综合等，那么这些综合的每一种也许可以认为有三个不同的方面。在这些方面是十分复杂的地方，如在关系与样式的情况下那样，康德对它们作了特殊的处理；在它们是不那么复杂的地方，如在量与质的情况下，他就把它们一起来处理。他的表达之不小心之处②不应使我们看不清楚在每种情况下都是有着三个不同的方面。

例如应该是很清楚的，在确定任何对象的存在的过程中，我们确定它，必须不但是作为一个带有常变的一些偶性的永恒实体，而且又是作为具有这些在因果作用上被确定的偶性之前后继起，而且作为是同时和一切其他实体起着作用和反作用的。除非三种关系都一起存在，康德认为

① A145=B184；比较一下上面的第六节。

② 例如暗示着量只和总体性这个范畴有关，而质只和实在性这个范畴有关。

我们就不能确定任何对象在时间与空间的存在。

在量的情况下也是如此。我们只有一个图型被给予出来，即数这个图型，但是在计算或测量任何对象的过程中，三个范畴都是一起存在的。每一个数都是被当作一个总数的多数单位，而数又据说是属于总体性这个范畴的，只是因为总体性是作为单一性的总体性①。在类似的方式上，质的图型包含着实在性、否定性和限制性。其实只在这种情况下，康德才试图指明各范畴的相互联系，虽然当我们开始考虑纯粹知性原理作为一个整体时，这才变得更清楚一些。

一个图型与三个图型的分别单纯是一种迹象，它表明包含在综合的一个方面里的东西要弄清楚是多少有点困难的；而且，除非我们体会到在经验的类比和在经验思维的公准中，我们所讨论的综合在本质上就是一个综合，我们就将永远不能了解那些类比和公准了。

① B111。可以附加地说，一个多数总是单位的多数。

第三十四章　图型的重要意义

1. 统摄与三段论式

按照我们对各图型所知的来看,我们可能要认为:康德在原理分析论里的论证采取的是一系列的三段论式这种形式,其中先验图型就是三段论式的中名词。在大前提中,我们把图型统摄于相应的范畴之下;在小前提中,我们就把对象统摄于图型之下;而在结论中,我们就把对象统摄于范畴之下①。

即令是如此,原理分析论仍可被正当地称作关于判断的学说;因为先验逻辑所要成立的只是那两个前提,而就康德来说,在技术的意义上,这两个前提同是判断的事情②。结论是按形式逻辑的寻常规则得出来的这个事实并不使这一章变为谈三段论式的一种论著。

在当下的情况下,这种三段论式看起来还是一种奇怪的三段论式。这是一种三段论式,其结论在我们一开始便已知道③;因为我们在先验演绎里应该已经证明了各范畴一般是必须适用于对象的④。我们不是靠除

① 例如"一切必然的前后相继都表示根据与后果这种关系。

一切客观的前后相继都是必然的前后相继。

∴ 一切客观的前后相继都表示根据与后果这种关系。"

这里的大前提是见于论图型法的那章,而小前提是见于第二种类比的。这两个前提在技术的意义上应该同是判断的事情。

② 看本书第三十二章第三节。附带地说,阿迪克斯的见解认为康德之所以武断地作出图型法的整个学说,是为着要有一章与形式逻辑里关于判断的一章相应的,而这种见解更显得是不必要的,因为康德为了他的原理总得需要有这样一章的。我对于阿迪克斯的后期著作是具有很大的尊敬的,但是他的这种提议,像在他所编的《纯粹理性批判》的第一版里所作出的其他提议一样,依我看来,是不值得驳斥的。其可原谅之处只是在其时作者还年轻,而我认为很不幸,康蒲·斯密却信奉了他而夸大了所谓康德的"建筑术"的影响。

③ 比较一下在 A322＝B378 里所说的。

④ 也许我们甚至应该已经一般地证明图型就是从而得出这种结论的中名词。例如康德(在 A139＝B178-179 里)明白地说,"我们在先验演绎里曾看到……纯粹验前概念所包含着的,在范畴里知性的机能(即思想形式)之外,还有感受性的形式条件",或者换句话来说,还有图型。他又说,范畴含有规则的一般条件(看 A135＝B174 和 A159＝B198);而这种条件可能就是图型。

掉中名词而达到一个结论的；我们反而靠找出结论所依据的中名词的正确性质来使那结论成为可理解的①。

康德述说他的学说所用的方式，使认为他从事于三段论式的论证这种见解看起来是有点真实性的，但是我怀疑这是正确的解释。首先，这样一个三段论式的结论不是我们想要得到的真正的结论。康德的真正目的不是要说明对象是归属于纯粹范畴，而是要说明它归属于图型化的范畴；而我们不能靠除掉三段论式中的中名词来说明这一点。这个事实也许证实了我们的见解，即在本章里，其实别处也是一样的，康德似乎一以贯之地认为：范畴好像就是图型化范畴。

康德真正关心的范畴乃是图型化的范畴。在《图型法》那章里，他详细地讨论了在范畴里一向是模模糊糊的那个要素，即每个范畴所含着的感受性的条件。抽去了这样的一个条件，即图型，纯粹范畴就毫无“意思与重要意义”了②。作为局限于它们的唯一合法用途来说，也就是在它们由于先验图型而用在对象之上的时候，范畴也都是图型化的。图型化的范畴是“含有”先验图型的；而就对象的杂多是为想像力在同一个时间与空间里所结合起来的这一点来说，先验图型都是在一切对象里显示出来的。

如果这是正确的解释，则康德的论证就被错看为三段论式，而且是由两个判断所组成的。在其第一个判断里，我们认出图型包含在一个特殊的范畴里——例如我们认出原因与结果这个范畴所包含的不但是一些根据与一些后果，而且还有那些根据与后果的*必然前后相继*；而只有这样，它才能被看作原因与结果的范畴。在第二个判断里，我们认识到一切对象，就其是一些偶性在时间里一个跟着一个的实体这点来说，是属于原因与结果的范畴的；或者换句话说，一切变动的发生是按照因果律的③。

在根据与后果的概念和原因与结果的概念这两者之间作出一种区

---

① 我们又指出归属于范畴的对象的那个方面。知道一个对象在某方式上必须显示根据与后果这个关系，这是一回事，而知道显示这种关系的乃是那对象里面的前后相继的一些变化，这完全是另一回事。

② 比较一下 A246，在那里是说它们对于任何确定的对象是绝对没有关系的。

③ 我们后来将要考虑这是否正当地可描述为在技术上的一个判断；看本书第三十六章第四节。

别，显然是没有什么矫揉造作之处的。详细说明包含在每个范畴里的先验图型，从而把那个范畴区别于认为是**在某种方式上**确定对象的一种空洞的判断形式这个概念，这对于康德的论证来说是不可缺少的。

2. 范畴与图型

按这种见解来说，纯粹范畴乃是一种抽象：我们能合法地用于对象之上的唯一范畴乃是图型化的范畴。我认为这是康德自己的学说[1]，而他惯于坚持说，尤其是在第二版里，当我们把包含在图型化的范畴里一切有关于时间与空间的地方都抽掉时，我们就得到了纯粹范畴[2]。

也许可以主张说：如果是这样，康德的一些纯粹范畴，一些图型化的范畴，还有一些先验图型，这一套行头都是不必要的精心结构。我们只需要图型化范畴，而图型化范畴是能和先验图型同一起来的[3]。

如果我们不能接受康德所认为的范畴来自于判断形式，那么上面的建议是有某种价值的，因为它指出了改造康德学说的一种可能的方式[4]。作为康德自己思想的一种解释来说，这种提议是毫无价值的。

我们诚然可以正当地说，按康德的见解，先验图型具体地显现于感官和想像力面前[5]，而且是在图型化的范畴里被设想到或说"包含着的"。甚至在这种说法里还有一种次要的困难；因为图型化的范畴可以说是杂多在时间里的结合的概念，而先验图型反而是从这种结合里产生出来的一种感官性的特征[6]。如果我们把这层作为不必要的复杂而置在一旁，

① 比较一下 A145-146＝B185。

② 例如参看 B162 和 B163。

③ 比较一下康蒲·斯密的《康德〈纯粹理性批判〉解义》，原文 pp. 339-340，绰然中译本，pp. 366-367；康蒲·斯密甚至于说到这种程度，"当康德谈到范畴时，他是指图型说的"；但是应该注意到康德说到各个不同的图型时所用的名称是不同于他说到图型化的范畴时所用的名称的。

④ 看下面第六节。

⑤ 康德自己所说有时先验图型像是一个概念似的；看 A146＝B186。当然，先验图型像任何感官性的特征一样，是能被想到的；但是先验图型这个概念所"包含"的是少于图型化范畴的。

⑥ 例如美可以说是在对象里的和谐或首尾一贯的结果。我自己却认为这种语言太过外表化了。美既不是和谐或首尾一贯的逻辑后果，又不是它的实践所得的结果；更切实的是说，美是在这样的和谐或首尾一贯里所表现或体现的。

我们还必不可忘记，就康德来说，包含在图型化的范畴里的是多于在先验图型里所给予出来的；因为范畴为它与判断形式的联系所丰富了。总之关于实体与原因这两个范畴是如此的——我们并可以合理地猜测这两个范畴乃是康德的思想的出发点。

所以，在康德所继承的传统学说里，实体被看作(1) 一切述项的终究主体，(2) 变化的永恒基质。这两层同是在图型化范畴里被想到的。其第一层是康德从判断形式得来的。第二层是在先验图型里被给予的，而且得自杂多在时间与空间里的综合。如果图型化的范畴无非是先验图型的一个概念，那么实体这个范畴，就康德来说，就会是无聊的了。

在我们考虑原因与结果这个范畴时，这种考虑就更重要了。就康德来说，因果作用的意思是说(1)在后的事件是在在前的事件里有其根据的，而(2)在后的事件之随着在前的事件而来，是按照必然前后相继的规则的。这里又是(1)是得自判断的形式，而(2)是得自杂多在同一个时间与空间的综合的。图型化的范畴，如果它所含有的只是先验图型而没有存在于判断形式以及在纯粹范畴里所设想的综合原理，就康德来说，就会是无聊的了。

无疑今日可以认为，如果还要承认有因果作用，它就必须降低到必然的即不变的前后相继；但是平常人，而就这点来说，康德也是一个平常人，认为结果真正是在原因里有其根据的，所以这样对于康德的学说之修改，以他来说，会是一种确定的损失①。

3. 想像力的先验综合

到此为止，我们是从范畴与图型的角度考察康德的学说的。而现在我们必须在其对于知识所必需的主动综合的关系上来考虑它。

不难看出，一切判断都含有观念的联合或综合②，而想像力的先验综合是含有观念在时间与空间里的联合的。即使第二种(或说具体的)综合

① 同样的考虑也适用于交互作用这个范畴。我关于量、质和样式这几种范畴却觉得有更多的怀疑。

② 比较一下康德所说，各范畴，乃至在抽掉了一切的感性条件时，还是有一种逻辑上的意义的——它们是观念的抽象统一性(德文的 der blossen Einheit)的概念；看 A147＝B186。

可能是第一种(或说抽象的)综合的一种,我们仍然要问:它们之间的关系是什么。存在于判断里的综合是否控制并且确定所予的杂多借以在同一个时间与空间里得到结合的那个综合呢?康德清楚地主张,想像力的先验综合在回应思想对象里的统一性的一般要求时,维持着时间与空间的统一性:统觉的统一性是“原始的”,而对象的统一性是“派生的”。但是这里依然还有这个问题:想像力的先验综合的不同各方面是否为存在于判断的形式之作为这种形式里的综合的不同各方面所确定而控制的。

我不觉得康德在这一点上是完全清楚的,而也许我们应该把他相信存在于判断里的综合的不同各形式遵从想像力的先验综合,而不是控制它的这种可能性作为未决的问题①。可是理解他的见解似乎是困难的,除非按这个假定去理解,即判断的各形式确定而且控制着想像力的先验综合的不同各方面。

在某些实例里,这也许不像它乍看起来那样的不可能。即使想像力的先验综合必须把某种永恒性外加在杂多的上面,以便维持时间的统一性,这还可以是因为思想要求我们把那永恒的看作变动的基体和一切述项的终究主体。即使想像力的先验综合还必须把必然的或说规则性的前后相继外加于所予的杂多,这也许是因为思想要求有根据,要我们把一个规则性的前后相继里的第一个事件看作原因,而把其第二个事件看作结果。即令是如此,我还是不明白,思想的要求怎能控制或确定想像力的先验综合如何外加上永恒性与规则性的前后相继。我更不明白,想像力所结合的各具体时间与空间的同质性怎能是由于思想的要求有同质的对象所致——除非事实上康德认为:在关于有时间性与空间性的对象的知觉所给予我们的时间与空间里,离开思想的要求就没有任何提示同质性的东西②。我尤其不能明白有什么理由去相信:在感觉里给予我们的内涵量的等级是由于想像力的先验综合在回应思想要我们能够肯定与否定从

① 这大半是康德的随意笔记里某些模糊的叙述所提示的,例如他把观念的实在功能从它们的逻辑功能区别开来;看《遗著》4631(ⅩⅧ615)。他甚至说,感性的功能乃是知性的功能;看《遗著》4629(ⅩⅧ614),而又比较一下《遗著》4635(ⅩⅦ619)。然而他所说的是如此令人费解,使得我不确知它是否与现问题有关。

② 例如时间有时像是飞快而有时又像是拖延的;然而我们还是认为其各部分是同质的。

而就能够限定的这种要求时所作出的结合。

很不幸，康德关于这些困难问题没有给我们更多的帮助，但我认为，这些问题是应该提出的，即令我们不能答复它们。我们自信能说出来的只是这样：按他的见解来说，想像力先验综合的每个方面都属于存在于判断的作为判断里的综合的一方面：后者是种，而前者所提供的是属。

4. 知性的图型法

康德可能认为，我所提出的这类问题是难以答复的。所以他就断言，我们知性的图型法，在其对于种种出现以及这些出现的单纯形式的关系上，乃是人类灵魂深处隐藏着的一种艺术：我们很难根据自然猜测到它的真实操作而使之大白于我们的眼前①。

这是种种说法中的一种，曾有人用它支持下述见解，即作为经验的条件的那些综合是必然无意识的，而且甚至是属于本体的。我不认为它能以这种方式得到恰当的解释②，但是在这里，我只想要问，康德用"纯粹知性的图型法"这个短语是什么意思。

这种图型法据说是具有先验图型的纯粹知性所采取的步骤③。这种步骤乃是一种"展示"④——即展示纯粹范畴所适用的对象。当我们提供概念所适用的直观时，我们就说是"展示出"一个概念的对象，或者更寻常地说，"展示"那概念。当我们展示一个经验性的概念时，我们就提供与之相应的经验性对象，或说直观。当我们展示一个数学概念时，我们就是在纯粹直观里构成与之相应的对象。当我们展示一个纯粹范畴时，我们就是提供只在其底下那纯粹范畴才能被使用的感官条件或说图型⑤。纯粹

① A141＝B180-181。比较一下 A78＝B103。

② 我们得要从自然来猜测这图型法就暗示着它不是属于本体的了。

③ A140＝B179。

④ "展示"是拉丁文的"Exhibitio"或德文的"Darstellung"之译；看 Fortschritte der Metaphysik(phil. Bib. 46C，pp. 106-107，157 与 165)。比较一下 A713＝B741 而又 A727＝B755(或者要看一种有些不同的用法)。

⑤ 比较一下 A136＝B175。

范畴的这种展示就是康德所谓纯粹知性的图型法。我们就是这样给纯粹范畴以其客观实在性或意思与重要意义的①。

我认为，所谓“图型法”，康德的意思主要不是指那在《纯粹理性批判》本身里所发生的纯粹范畴的反思性展示，而是指发生在寻常经验里的非反思性展示。“在人类灵魂深处隐藏着的一种艺术”也就是这种非反思性的方法。

必须提到的还有另一个有点模糊的段落②。通过想像力的先验综合的知性图型法据说终归是③在内感官里的一切直观杂多的统一性，而且间接地说终归是作为相应于内感官的一种功能(即一种接受性)的统觉的统一性④。我认为，康德的意思一定是说，知性的图型法所提供给我们的，不是相应于纯粹范畴的一些直观⑤，而是在直观里的各种统一性(或结合)；而与纯粹范畴相应的就是时间性与空间性杂多的统一性(或结合)的这些种类。我们可以把统一性的这些不同种类看作在内感官里的一切杂多的同一个必然综合统一性的各方面；而在内感官里的一切杂多的同一个必然综合统一性则相应于统觉的必然综合统一性。其实，统觉的必然综合统一性只在给予于时间与空间里的杂多的必然综合统一性里才有它的具体体现⑥。

看来，知性的图型法必须“通过想像力的先验综合”而进行工作。就其是不同于这种综合来说，它这样做，必须是由于这个事实，就是它含有(无论怎么“模糊的”)一种判断，因此这先验综合的产物乃是纯粹范畴所

---

① 在理性的理念的情况下没有图型法，而只有一种类比的符号法(有时称为类比的或符号的图型法)，即概念的间接的(与直接的相对立的)展示；比较一下上面所引在 Fortschritte der Metaphysik 的而又在《判断力批判》里第五十九节(Ⅴ351)的几段。

② A145=B185。

③ “终归是”是德文“hinauslaufe”之译，英译是“result in”。这词在现段落里像是模糊不清的：它很难有其“是等值于”这个更常见的意义。

④ 比较一下在 A118、A123 和 B151 里，又在 A199 里关于想像力的先验综合的一些说法，特别要看本书第三十六章第七节。

⑤ 别种的展示提供给我们以相应于概念的直观。

⑥ 因此，图型法就可说是“间接地”“终归为”统觉的统一性。比较一下康德所说，图型法就是“当知性按照统觉的统一性确定内感官时的知性综合”；看Nachträge LⅦ. 又比较一下这种说法：图型法有关各出现与其单纯的形式；看 A141=B180。

适用的一种例证，或说"实例"。每当我们判断A是B的原因时，而且其实当我们每次作出任何一个经验的判断时，知性的图型法都必定是存在的。毋须说，它没有在寻常的经验中得到澄清。康德企图作的乃是对那些必须存在于经验本身中的要素之分析，而不是像经验出现于非反思性的心灵之中那样去描述经验，更不是对先行于经验或在经验里所发现的经验的前后相继的阶段的描述。

5. 康德学说的价值

如果我们把它作为一个整体来看，康德的学说很少，或者完全没有他的批评家一般归之于他的那种乖僻性。他的基本论点就是：判断本身要有所予杂多的综合，这是完全正确的，而认为判断本身要有某确定类别的综合，这又不是不合理的，认为形式逻辑的判断形式能给我们以绝对可靠的线索来找出这些确定类别的综合，那就确是有点天真了。然而甚至在这里，还可能主张，康德用这种方法所发现的综合原理都实在是包含在一切判断本身里面的；而我倾向于认为我们有正当理由把这作为康德自己的见解的正确表达。认定判断的形式只是分析判断的形式，然而却是综合原理的来源，这无疑是不正当的；可是这种不正当完全是注释家所造成的东西，而与康德本人毫不相干。把范畴之从判断形式得出来这种说法作为思想错误，作为不可原谅的卖弄学问来对待。依我的想法，只表示批评家们不能体会到康德的见解而已。

总之，如果我们从范畴的这种源头出发，那么先验图型的一种说明是这个理论的前后一致发展所绝对不可少的。如果康德关于图型的说明和他的范畴的源头毫无关系，而且无论那种源头的说法是怎样不正当，他只暴露自己之不是一个有能力的思想家而已。既谴责了一个人，因他犯了某种错误，而因同样的错误又进而责备他一番，这是不合情理的；而判定一个人的罪过，是因为他的论证和他的前提相一致，这完全没有一点正当的理由。

图型说不是形式主义或所谓"建筑术"的结果：它乃是康德的论证之一个必需的部分。其实，即令我们把他的范畴的源头归咎于糟糕意义上的形式主义，我们还是应该承认，在康德说明图型与原理时，他脱离了单纯的形式主义。他是从一切对象必有时间性这个事实得出对象的范畴性特征的；而在这点上，的确是有相当程度的真理的。范畴和想像力的综合以及和时间形式的联系乃是批判哲学的最重要而且是最轻矫揉造作的部分。我们必不可让一种不熟悉而过时的术语导致的一些困难模糊了论证的实在意义。

我自己对于这一章感到头痛，不是因为它太过遵循经院派的学究方法，而反之是因为它太过简短，而且缺乏清晰性与确切性。关于图型的描述是模糊不清的，而图型与相应的范畴之联系也没有得到明白的解释。

如果我们能够忍耐康德的不厌其烦的术语——这是当时的术语而不是我们通行的术语——如果我们体谅他的一种不小心之处，部分由于他写作时的情况而可以原谅的，我认为我们就将看到，正是判断形式与范畴、范畴与图型的这种联系，使他的整个论证紧紧联系在一起，成为它原想成为的、牢固结合在一起的结构。那结构的一部分——即形式逻辑关于判断形式所作出的说明——已经垮台了，因而整个建筑像是破烂不堪了，除非我们承认有可能在我所提议的那些路线上予以重建。但是乃至从最坏的来着想，我们也应该承认，那种破坏的原由，不是建筑物的结构不够紧密，而是其各部分的太过紧密而牢固地接合在一起。这种失败，如果它是失败的话，不是由于建筑师的不称职，而是由于材料的使用，而且这些材料一直被认为是健全的，可是事实证明它们是经不起时代前进的考验的。

6. 重建的可能性

康德的学说所依据的是两种主要的基础，第一是判断的形式，而第二是空间与时间的先验综合。即令其第一种基础已经被损坏，其第二种还有可能站得住脚。先验图型不是从判断的形式引申出来的，而是从时间的性质引申出来的。

如果我们再不去强调判断的各种不同的形式，而拒绝承认这些形式可能是包含在判断本身里面的，我们确是会失去某东西，是康德认为重要的，特别如我曾指出的①，是关于因果这个范畴。然而在另一方面，还可

① 看前面的第二节。

以有许多是我们能够保存的。我们还可以保存这个见解，认为判断之为必要是使得我们可以有其对象，而且判断是预先假定统觉的统一性，并且要求在经验性的杂多里有一种与之相应的统一性的。如果我们接受这一点，我们依然可以主张，所需要的统一性是想像力的先验综合所外加的，而想像力的先验综合是把所予的杂多按照思想的要求，在一个时间里结合起来，依我看来，很明显，这就含蕴着在一切对象里某些范畴性特征的必要性：我们只需等待有关于这些特征的进一步的说明以及一种令人满意的证明，说明如果没有这些特征，则我们所知道的世界就会和时间的统一性不相容。因此，我们还是可以仔细地来看看康德的原理分析论，希望发现一种证明，而且知道某些范畴性特征之必然性；因为他的种种证明所依据的不是判断的形式，而是时间的统一性。其所以诉之于判断的形式，不过是借以充实某些范畴的意义而且保证康德范畴表的完整性；而这后一点十分确定是一种错误。

然而必须补充说，康德始终受到了他的下述企图的妨碍，这企图是把图型局限于时间的形式。而这种企图又是以这样的见解为基础的，即空间只是外感官的形式，而时间作为内感官的形式，不但是内直观的终究条件，而且又是外直观的终究条件。如果我们要作出一种令人满意的学说，我们就将要从空间与时间（或者也许时空）着手，而很清楚，康德自己的心思是一贯在这个方向进行的：即使在第一版中，也没有完全忽略空间，而在第二版中，空间就更为突出了。康德的见解的这样一种发展一定会引起一些新的困难；因为它可能引诱我们去把心本身看作有空间性的，而这就会有康德至少不准备接受的一些后果。但是甚至在康德自己的学说里还是有许多关于心的难题，很难说是他所能解答的①。

① 亚力山大教授在他的《空间、时间与神》一书里关于范畴的得出，我认为部分是一种企图，是想在《纯粹理性批判》第二版所提示的路线上来改善与发展康德的学说。他接受心是有空间性正如它是有时间性一样的这个理论，但我认为这就导致一些关于自由与灵魂不灭的见解，根本上是和康德的见解相对立的。

第八卷

知性的原理

第三十五章　综合判断的最高原理

1.康德的论证之性质

知性的原理陈述康德经验形而上学的主要积极结论；那就是说，这些结论乃是我们有权对经验对象所作出的、终究的、综合验前判断。要估量它们的价值，我们所必须了解的，不但是它们借以得到成立的那个证明的性质，而且还是它们在康德整个论证中的地位。

按康德来说，形而上学演绎曾说明范畴是从判断的形式得出来的。先验演绎，在其客观方面，曾证实这样得出的范畴之客观有效性。先验演绎，在其主观方面，一般地说明，想像力的先验综合以那些在纯粹范畴里所想到的综合原理外加于在时间形式下被给予出来的出现；可是并不企图处理各别的范畴。或者确定把每个范畴与对象联系起来的连结物的性质。这连结物曾在图型法那章里讨论过了，而在那章里，康德所主张的乃是，有一种感官条件相应于每个范畴，这条件又称图型，它使我们有权利来把范畴在一个综合验前判断里应用于对象①。我们现在的任务就是要为每个范畴建立这样一个综合验前判断。每一个这样的综合验前判断都可被称作知性的原理。

纯粹范畴与图型化范畴之间的分别把论证弄得很复杂。如果我们考察一下康德的原理，我们就会看到，这些原理关于对象所谈的乃是图型化的范畴②。康德自己说③，各出现不是必须直接④统摄在范畴之下，而是

① A148＝B187。

② 这个事实为康德的使用“实体”以及“原因与结果”作为纯粹范畴的名称而变模糊了；但是纯粹范畴严格上是与时间无涉的，而在类比里所证明的范畴，如在一切其他原理里所证明的范畴一样，都必须和时间有关系。

③ A181＝B223；比较一下本书第四十章第三节。

④ “直接”是德文“schlechthin”之译。

必须统摄在范畴的图型之下①;而在出现与范畴之间缺乏同质性就表示出现的统摄——即直接统摄——在范畴之下是不可能的②。原理是范畴的经验性使用的原理,这个事实也就包含着这种意思,就是它们所与之有关的乃是图型化的范畴,而不是纯粹范畴③。

基于已述的各种理由,我并不认为,通过图型而作出的在范畴下的统摄是含有三段论式的④。康德的阐述是不够清楚的,可是最容易的解释似乎是:关于图型法的那一章说明范畴必须怎样被图型化,而知性原理则说明,图型化的范畴必须怎样适用于经验的一切对象⑤。

在知性的原理都得要予以"证明"这个事实里,显然存在着一种困难。原理的断言不是理性的工作而是判断力的工作;而且虽然原理是其他判断的根据,但是本身却不是根据于更高或更一般的判断⑥。因此,原理的"证明"必须有一种很特别的性格。原理不能从我们关于对象所知道的别的东西推论出来:它本身乃是我们一切关于对象的知识的基础。它的证明依赖于我们的下述认识:没有它,一切关于对象的知识就会是不可能的⑦;而康德很正当地觉得他自己不得不说明他的证明的性质,而且提出他称之为"一切综合判断的最高原理"的东西。

2. 分析判断的原理

为了避免误会⑧,康德首先说明分析判断的最高原理。这就是毋矛

① 这适用于一切知性原理,但显著地是适用于经验的类比。康德附加地说,在原理里我们固然使用范畴,但是在其应用于出现的过程中,我们就以图型来替代它,或者更好地说,是把图型和范畴并排作为一种限制的条件(A181=B224)。换言之,知性原理使用范畴只在其图型化的形式之上。

② A137=B176。

③ 比较一下 A180-181=B223。范畴的经验性用途就是它们关于经验对象的用途;看本书第十一章第四节。在 A161=B200 里,知性原理说是范畴客观用途的规则。范畴的唯一合法客观用途就是它们的经验性用途。

④ 看本书第三十四章第一节。

⑤ 因此原理分析论和在感性论里关于空间与时间所规定的各原理是无关的;它和数学的原理更少有关。看 A149=B188-189 以及 A159-160=B198-199,又比较一下本书第三十六章第一节。

⑥ A148=B188。表达原理的德文词(Grundsätze)本身就是"更一般判断"的表示。

⑦ A149=B188。"客观上"这证明不能再进一步,而必须得自"关于一个一般对象的知识之可能性的主观来源"。这样说,也就是说它必须是一种先验的证明。

⑧ A150=B189。

盾律，他把它表述为："没有东西能有一个与之相矛盾的述项。"①

这个公式的意图是要避免提及时间，例如像在"一个东西不能同时是而又不是"②或"A 不能同时是 B 而又是非 B"③这样的陈述那样。这种说法是有缺陷的；因为一条逻辑原理不得局限于时间的关系。一个涉及时间的公式之形成，其理由乃是变动这个事实。变动的意思是说，同样一个东西能有互相矛盾的述项，却不是同时，而是前后相继着。然而在这样的一种情况之下，两个述项固然互不相容，但是却不与其所适用的主体的概念不相容。只是因为两个述项都和其主体概念分开，我们才说它们不能同时归之于这个主体。如果第一个述项实在是主体概念的一部分，那么第二个述项就完全不能属于这个主体了④。

一切判断，无论是分析的或综合的，必须符合于毋矛盾的原则，这原则乃是真理的一个普遍性的条件，虽然它是消极的⑤。如果一个判断不与这条原理相符合，它便是错误的；但是，如果它与这条原理相符合，它却不一定是正确的⑥。

在分析判断的特别情况下，判断与这条毋矛盾的原理相符合乃是真理的一种保证⑦。设有一个主体概念，我们单用毋矛盾这条原则就能作出一些分析判断。因此，毋矛盾原则乃是一切分析判断的充足原则。它是分析判断的最高原理，因为我们不需要别的原理⑧。

---

① A151＝B190。

② A152＝B191。

③ A152＝B192。

④ 所以我们能说"没有不学无术的人是有学问的"，而我们只能说"没有任何一个人能够同时是有学术的而又是不学无术的"。看 A153＝B192。

⑤ A151＝B190。比较一下 A152＝B191 来看综合判断是怎样的。

⑥ 比较一下本书第九章第二节。

⑦ A151＝B190-191，应该注意到，康德是假定主体概念和一个对象有关系的。又比较一下 A736＝B764。

⑧ 这个学说，并不提供丝毫的正当理由来假定思维规律或判断形式，就康德来说，是只属于分析判断的。与此相反，毋矛盾律，如他在 A150＝B189 和 A152＝B191 里所指出的，是适用于一切判断（包括综合判断）的；而他关于判断形式的说明亦复如是。应该注意，康德在 A154＝B193 里断言，形式逻辑与说明综合判断的可能性这个问题毫不相干，而且应该甚至不知道这种判断的名称。这就含有这种意思，而我认为是应该这样的，就是分析判断与综合判断的区别对于形式逻辑来说是不发生的。康蒲·斯密把那"名称"作为问题的名称讲，但是一般的结果大体是一样的。

3. 综合判断的不同类别

先验逻辑主要关心的，像全部批判哲学主要关心的一样，乃是综合验前判断，其起源、客观有效性、范围与限度就是先验逻辑所想要确定的①。可是康德企图以公式表述一切综合判断的最高原理，而且我们必须认定这条原理是意在包括验后的综合判断，就像包含验前的综合判断一样。可是，他对于验后的综合判断的兴趣比较小，而对于验前的综合判断的兴趣比较大，而且这就使之难于辨明他的阐述。他讲的究竟是一切综合判断，还是只谈到综合验前判断，这并非总是确定的；而且他关于综合验前判断的见解是没有阐述清楚的。

我们自然指望会有一条共通的原理在一切综合判断里起作用，其原因正是因为它们是综合的；但是康德认为，综合判断的各种不同的类别是由某种不止是同一种的不同的属的某东西联系起来的。

我们会记得，在其关于综合判断的第一次的说明里，他曾提出，综合的验后判断的问题是能有一种简单的解答的②。这样的判断乃是依靠关于在其主体概念里所涉及的对象进一步的直观的，因而它们是以我们关于那对象的完整经验为其正当理由的。这种信念是正当的，而且我看不出任何迹象，足以表明康德在什么时候改变了这信念；但是我们在他的第一次说明之后又曾听说，离开范畴应用于所予的直观，这种关于对象的经验就是不可能的③。这样的应用的正当理由只在知性的原理里来发现，而知性的原理本身是综合的验前判断；而且康德相信：综合的验后判断是预先假定了知性的原理，结果就是它们预先假定了在它们里所体现的终究原理。

知性的原理却不是综合的验前判断，而且在这里，又不好确定的是，康德所说的究竟是一切综合的验前判断，还只是知性的原理。我认为我们既能够说：知性的原理是为一切别的综合的验前判断所预先假定的，

---

① 比较一下 A7，A10，B23，A57＝B81，A154＝B193。

② A8，B12，比较一下本书第三章第八节。

③ 当我们判断这种白糖又是甜的时，我们是假定在我们面前有一个对象是带有一些偶性的实体，等等的。

又能够说：在这些原理以及在别的综合的验前判断例如数学的判断里，同样的一条一般的原理是在起作用的。

总结起来，我们可以说，康德的说明主要是但不完全是[①]处理综合的验前判断的原理；而且他所关心的首先是这条原理在那些他称之为知性的原理的综合的验前判断里表示出来的方式，虽是这样，我还认为，他的说明原是要提出不但是一切综合的验前判断的最高原理，而且是毫无例外的一切综合判断的最高原理。

4．所谓“第三物”

康德通过一条适用于每一种综合判断的一般陈述来开始他的说明。在一切综合判断里，其述项概念是在主体概念范围之外的，而我们必须超出主体概念的范围，假定这主体概念是所予的[②]。为要这样超出，我们就需要有“某一个另外的东西”，或说一个“第三物”，来使我们主体与述项的综合有其正当的理由[③]。所以我们就得要问：作为一切综合判断的“媒介”的“第三物”是什么。

这个问题的线索得要在先验演绎里去发现。所以康德以概述他以前的一些结论来开始他的探究[④]。只有一个整体[⑤]是我们一切的观念都包含在其里面的。这个整体就是内感官与其形式，即时间。我们的观念在时间里的综合是依靠想像力的，而这种综合的统一性[⑥]（要有判断，就要有这个统一性的）是依靠统觉的统一性的。因此，我们必须谈到内感官、想像力和统觉这三种力量来设法说明一切综合判断的可能性。而且既然

---

① 在A155＝B194里，他断言综合判断的可能性得要在感官、想像力与统觉里来发现，在那里他显然是谈到一切综合判断，而不只是综合的验前判断；因为他又说，纯粹综合判断的可能性也是要在感官、想像力与统觉里来发现的，因为这些乃是验前观念的来源。还有别的段落谈到一切综合判断的，但是并没有任何企图想要处理单独综合的验后判断的。

② 比较一下A6＝B10以及本书第三章第五节。

③ A155＝B194。这里我们是有一个显然不包含着三段论式的“第三物”。

④ A155＝B194。

⑤ “只有一个整体”是德文“Es ist nur ein Inbegriff”之译。Mellin的“Es gibt nur einen Inbegriff”这种订正，依我看来，是不必要的。

⑥ 我认为原德文的“derselben”是指“观念的综合”说而不是像康蒲·斯密的英译那样作为指“观念”说的。比较一下A158＝B197。

所有这三种力量是验前观念的来源[1],所以我们就必须谈到这些力量来设法说明综合的验前判断的可能性。其实,根据这些来源的综合的验前判断[2]不但是可能的,而且如果我们是要有一种单独依据观念的综合的关于对象的知识,这种综合的验前判断又是必需的。这样一种关于对象的知识乃是综合的验前知识[3]:它不能考虑到经验的经验性质料,而只考虑到它的形式,即考虑到它的综合统一性[4]。

这些说法的含意不过是:要作出综合判断,我们所需要的,除主体概念外,还有关于这主体概念所涉及的那个对象的一种知识[5]。这样的知识,如康德所曾指出的,是依靠内感官、想像力和统觉这三种力量的。他现在就进而从这对象方面来考查这种知识。

如果任何认识要有康德称之为"客观实在性"[6]的东西,就是如果它是要成为关于一个对象的知识,那么这个对象必须能在某方式上被**给予出来**。离开所予的对象,我们的概念就是空洞的;而且,虽然我们能用这样的概念来**思维**,可是这一种思维不是知识,而是观念的单纯游戏。这里的困难是对对象之被"给予"的确切意义作出说明。

康德的说明太过浓缩,以致是不清楚的。要成为被给予的,一个对象必须是直接在直观里展示出来的:间接被给予是不够的[7]。离开直接的

---

① 内感官是时间这个纯粹直观的来源,想像力是先验图型的来源,而统觉是纯粹范畴的来源;比较一下 A94。一切这三种力量都包含在每一个综合的验前判断里,而且其实是包含在每一个综合判断里。

② 注意,必要的是综合的验前判断(而不是那三种力量,像康蒲·斯密的翻译那样)。德文的"aus diesen Gründen"是费解的。我倒想理解"Gründen"不是"理由"而是验前观念的"根据"或"来源"(德文 Quellen),如果我们解释这短语为表示"因为这些理由",那么它的意思必是"因为这三种力量是验前观念的来源"。

③ 依据观念的综合的知识就是综合的知识。单纯依据观念的综合的知识就是综合的验前知识:它不是部分依据所予的感觉,而所包含的,"除一般经验的综合统一性以外,并无别的"(A158=B197)。这样的综合统一性包含着说是验前观念的来源的那三种力量。

④ 比较一下 A156-157=B196。

⑤ 比较一下 A157=B196。

⑥ A155=B194。

⑦ 康德没有说明他所说的"间接被给予"是什么意思。我认为一个对象可以说是在一个概念里间接被给予出来的;例如,妖怪这个概念是谈到一个可描述的对象的。可是除非这个对象能够直接被给予于直观,这个概念就不谈到一个实在的对象,而在单纯思维里使用这个概念是不能给我们知识的。

直观，就没有对象能被给予出来；但是康德所寻求的一个一般性的公式，是要包括当我们作出综合的验后判断时和当我们作出综合的验前判断时对象被给予出来的方式。所以他就说，要把一个对象给予出来，就要使这个对象的观念①和经验发生关系，或者和现实的经验发生关系，或者和可能的经验发生关系。

我们可以理解对象的“观念”为对象的“概念”。在这个概念是经验性的地方，它必须是和现实的经验有关系的。在这概念是验前的地方，它必须是和可能的经验有关系的。只有这样，我们才能说明一个概念是一个所予的或者能是所予的对象的概念。

在什么意义上概念是和经验“有关系”的呢？当一个经验性的概念是从经验借来或者从经验得出来时②，总之当我们能够指出一个经验的对象是含有在这个概念里所想到的一些标志的结合时③，那个经验性的概念就是和经验有关系的。当一个验前概念是经验的条件（或形式）时，它就是和经验有关系的。在这种情况下，那对象就是和可能的经验有关系的；因为如果经验符合于这样的条件，它就是可能的④。虽然这样的条件的概念是验前的，它仍然“属于”经验，因为它的对象仅在经验中就能找到⑤。

康德的主要论点乃是：验前的概念能有客观的实在性，或说有效性，只是如果我们能证明它们必定适用于一切的经验对象⑥；而我们之能证明这一点，只有靠说明它们含有或表达一切经验对象所必须与之符合的经验的必需条件。他用空间与时间的例子来说明他的论点，但严格说来，

① 这里“观念”是英文的“idea”即德文的“Vorstellung”之译（应译“表象”）。康德的心目中必定主要是想到概念，但是还可用“观念”这个更广泛的词，因为他又想到空间与时间的观念，而这些观念乃是直观，虽然他描述它们为概念。

② 比较一下 A220＝B267。

③ 我们毋须自己实际上经验到这个对象：如果它通过经验的类比和我们实际上曾经验过的对象相联系，那就够了。

④ 比较一下本书第四十九章第六节。

⑤ 看 A220＝B267。它的对象，就其符合于经验的条件这点来说，乃是一个“一般的对象”。

⑥ 可是数学概念只必然适用于某些经验对象；但是它们也表示包含在经验的条件里的一种可能性。

空间与时间不是纯粹概念,而是纯粹直观①。甚至在空间与时间的情况下,他的原理还是有效的。我们关于空间与时间的观念有客观有效性,是因为我们能说明对象必须是有空间性与时间性的②;由于空间与时间作为直观的条件(或形式)也就是经验的条件。他补充说,我们关于空间与时间的观念,就其本身来说,乃是一种单纯的图型:它是依靠唤起经验对象的再生想像力的,而没有这些经验的对象,它就会是毫无意义的③。

我们可以暂且作出结论说:使综合判断成为可能的"第三物"就是经验——如果判断是经验性的④,那第三物便是现实的经验,如果判断是验前的,那第三物便是可能的经验。

5. 经验的可能性

虽然康德表面上是讨论一切综合判断,但是他的主要兴趣指向的却是综合的验前判断。他在总结他的主张时说:给我们一切验前知识以其客观实在性的乃是经验的可能性⑤。

这样一来,康德是把"可能的经验"和"经验的可能性"这两个短语作为同义语来对待的,但是他指出,表达他的意思最好的乃是那第二个短语⑥。这"第三物"并不只是随便某种我们可能有的经验:毋宁说它是那种经验本身的形式或说那些必要的条件,没有它们,就没有经验是可能的。如果我们把经验的可能性和经验的形式(或说条件)同一起来,我们诚然就会陷入种种逻辑的难题之中⑦;但是我们能说,就经验是有经验的形式的来说,它就是可能的,而就它是可能的来说,它就是有经验的形式的。

---

① A156=B195。

② 比较一下 B147。

③ 应该把这个说法看作是修饰在 A24=B38-39 和 A31=B46 里所临时说出的学说的。虽然我们关于空间与时间的直观是完全验前的,但是我们能够只由一种抽象的动作就把它们从经验分开,而离开它们对于经验的关系,它们就会是"幻影"了。

④ 比较一下 A8 以及 B12。甚至这,如我们在后面所将要看到那样,也是预先假定只有依照它们的经验才是可能的那些形式或条件的。

⑤ A156=B195。关于经验的可能性这点,参看本书第四十九章第六节。

⑥ A157=B196。

⑦ 比较一下这样的问题:美能否与首尾一贯(或和谐)同一起来。

这一来,经验的可能性所依靠的形式是什么呢? 经验的形式就是出现的综合统一性,而经验是可能的,唯有它"依据"与范畴①、统觉的统一性相符合的综合。没有这,就会没有经验,也没有知识,而只是一些感官知觉的一种单纯混乱状态。

因此,经验有某些原理作为它的形式的验前基础②。这些原理就是知性的原理,而它们乃是在诸出现的综合里的统一性的普遍性规则,即指定出现必须在一切经验里被结合起来的那些方式的规则。由于这些规则指定经验的必需条件,所以它们的客观实在性总能在经验里表现出来,而且其实是在经验的可能性里表现出来③。

同样的学说不但对知性的原理有效,而且对一切综合的验前判断都有效。这些原理与判断,除非它们是和可能的经验有关系(也就是说描述经验的条件的意思),它们就会是不可能的;因为它们就会没有"第三物",就是说没有对象④。而正是在与这对象的关系中,概念的综合统一性(它是在判断里被肯定的)才能展示客观的实在性⑤。

康德用数学判断的实例来说明他的论点⑥。我们关于一般空间⑦或

---

① 这些范畴在这里称为"一般出现的对象的概念"。这种描述可是要来指出所说的范畴乃是图型化的范畴的。与此类似,出现的综合统一性乃是空间与时间的一种综合统一性。

② A156=B196。我认为"形式"不与"原理"相属,如康蒲·斯密的译文里那样,而倒与德文的"a priori zum Grunde liegen"(作者英译为 are the a prior basis,兹中译为"作为验前基础")相合。这些原理是经验的形式的验前基础,因为它们表示经验的与其对象的条件。

③ 康蒲·斯密的译文误把"经验的可能性"与"条件"联属起来。关于这个惯用语,比较一下更后几行的"auf dieser ihre Möglichkeit"。

④ 经验的条件亦即经验对象的条件。

⑤ 这句的原德文是"an dem die synthetische Einheit ihrer Begriffe objektive Realität dartun könnte"。花亨格尔(且为康蒲·斯密所接受)的订正,在 Einheit 之后代以"die objektive Realität ihrer Begriffe"。这就是没抓着论证的整个论点了,我们在这里所关心的不是在判断里所用的各个概念的客观实在性,而是在判断里所肯定的这些概念的联合之客观实在性。比较一下下面的"它们综合的客观有效性",即存在于纯粹综合判断的综合的客观有效性。

⑥ A157=B196;比较一下 A159-160=B198-199。

⑦ 我理解这些判断为像"空间有三个向度"这样的判断。康德的心目中可能又有感性论的那些判断,但是没有明白地说出来,这样主张是靠不住的。感性论里的判断是综合的验前判断;但是我并不确知康德关于这些判断,像他关于数学的判断那样,会说它们是间接和经验有关系的,除非他的意思是说,它们是直接和外部直观有关系的(而外部直观只是在经验里的一种要素)。如果他的心目中有着感性论,我们就会指望也对于时间有所谈及。

者关于产生力的想像力在一般空间画的图形,并不需要有经验才作出综合的验前判断。除非我们把空间看作出现东西的条件,因而作为外部经验的条件,我们就会与幻影打交道。因此这些综合的验前判断也和可能的经验或者更恰当地说和经验的可能性有关系①,而且它们只以这为它们的综合的客观有效性的根据;但是这种关系是间接的,因为数学家是在抽象上和空间打交道的,而并毋须判定空间是外部直观的条件,因而是一切外部经验的条件②。在知性原理的情况下,这种关系是直接的,因为这些原理是直接肯定经验的必需条件是什么。

现在就可把这种讨论的结论用公式来表示。"经验,作为经验性的综合来说,在其可能性上,是唯一一种能把实在性给予别的每一种综合的知识。"③其意思必是说,只有经验性的经验之可能性才能把客观有效性给予别的每一种综合。我们可以理解"别的每一种综合"的意思为"每一验前的综合"④;而鉴于后文⑤,我却倾向于认为它的意思是指"判断里的各概念的综合"而言的⑥。当这种综合是一种验前的认识时,就是说,当它是一个综合的验前判断时,它之有真实性⑦(或说和对象的一致),只是在它所含的除是一般经验的综合统一性所需的东西以外,并无别物这个限度之内的⑧。换句话说,综合的验前判断之有客观有效性,只在它们表达经验的必需条件(或说形式)而这样就和经验的可能性有关系这个限度

---

① 注意康德是情愿用后一个短语的。

② 康德并不说明他这里的"间接"是什么意思。他后来说明数学主要是依靠纯粹直观的;但是它的应用于经验,因而它的客观有效性,是依靠纯粹知性的;看 A160=B199。如果是这样,它是依靠知性的原理,而不单纯依靠感性论的。又比较一下 A149=B189,那里,数学判断的可能性说是为知性的原理使之成为可理解的。

③ A157=B196。

④ 这就是康蒲·斯密在他译文中的见解。

⑤ 即一切综合判断的原理之公式表示。

⑥ 比较一下上文的"概念的综合统一性"和"概念综合的客观有效性"。每一个综合判断都是一种概念的综合;而且康德是说,经验在其可能性上是给一切综合判断以实在性的。

⑦ 这是同值于"客观实在性"或"客观有效性"的。

⑧ 比较一下 A118,A123,B151 和 A145=B185;又本书第二十九章第七节。可能有人反对说,数学判断所包含的比这更多;因为它们是说明一种特殊经验,即三角形、圆,等等的经验的条件的。然而就康德来说,它们的客观有效性只依靠这个事实,就是它们所与之打交道的特殊确定的空间就是一般经验的一种条件。

之内。

我的理解是:“每个别的综合”这短语包括验后的综合判断和验前的综合判断,如果这一理解是正确的,那么康德就是主张说,对于一切综合的判断毫无例外地来说,经验的可能性就是给这些判断以其客观有效性的“第三物”。使我们的综合的验后判断有其正当理由的现实经验之这样做,不是由于单纯的感觉,而是由于没有它们就没有经验是可能的那些综合统一性的条件①。

不幸的是,康德没有更明白地处理综合的验后判断。依然不幸的是,他没有分别讨论对知性的原理与感性论的判断②以及数学的判断。在感性论的判断那里,我们也是有依赖于经验的可能性的综合的验前判断的。综合的验前判断如此依赖于经验的可能性,明显是在下述意义上的,即它们肯定空间与时间为感受性的形式与直观的必需条件,因而也就是经验的形式与必需条件,但是我认为它们是如此,还在一种更深刻的意义上;因为它们是依赖于在知性原理里所表达的经验必然综合统一性的③。这是不能在感性论里弄清楚的④,因为康德那时是脱离经验的其余部分而考虑纯粹直观的,而且因为一个复杂的哲学体系是不能在几页书里予以说明的。然而甚至感性论的判断,由于它们依赖于经验的可能性,也依赖于知性的原理,而知性的原理是说明一般经验的形式,或说必需的综合统一性的⑤。我们最好是记住,知性的原理是根据上面所述而予以具体阐述的。在说明经验的必需形式时,它们所涉及的不但是纯粹范畴,而且还是想像力的先验综合和空间与时间的形式⑥。它们说明经验可能性的种种条件,因而它们本身是有客观有效性的。而且,由于其种种条件是单独在知性原理里充分而明白地表示出来的那个经验的可能性,一切别的综合判断,毫无例外,都是有客观有效性的。

---

① 比较一下 B142。

② 感性论的判断是在 A149=B189 里提到,但是只为了把它们从知性的原理区分开来的。

③ 比较一下 A149=B188-189。

④ 比较一下 B160-161 注。

⑤ A156-157=B195-196。因为这个原故,我认为可能,但不确定康德在他谈到间接与经验的可能性有关系的判断时,心目中所有的是感性论的判断和数学的判断一样。

⑥ 比较一下 A158=B197 而又 A155=B194。

6. 一切综合判断的原理

基于这些考虑，康德系统阐述一切综合判断的最高原理如下：每一个对象都要服从在一种可能的经验里的直观之杂多的综合统一性的种种必需条件①。

这个公式是从对象方面表示康德的最高原理的。它是下述说法的又一种表达方式，即综合判断只从它们对经验的可能性的关系才能有其客观有效性。

现在应该很清楚，这个公式是适用于综合的验后判断的。如康德总是主张的那样，综合的验后判断的作出是由于关于一个对象的现实经验；但是在这些判断里，我们预先假定它们的对象是服从在知性的原理里所立定的一种可能的经验的必需条件的。没有这样的一种预先假定，在我们面前的最多不过是一连串的暂时出现，而且我们完全不能作出任何综合判断。

康德自己没有特别谈到综合的验后判断。他的注意力主要集中在综合的验前判断之上。既然每一个对象都必须服从可能经验的种种条件，所以我们就能看到，综合的验前判断之能有客观有效性②，是在其表示一种可能经验的必需条件这个限度之内的。

在这里并不企图去分别开数学的综合验前判断，感性论的综合验前判断和分析论的综合验前判断；而且我毋须再次提出已经讨论过的那些问题。虽然康德心目中主要的是分析论的判断，但是我还是认为，他谈的无一例外地是一切综合的验前判断。如果我们要了解任何一种综合的验前判断的客观有效性，我们就必须"使验前直观的形式条件、想像力的综

① A158=B197。我们也许想要缩短这个公式说得更简单些：每一个对象必须服从一种可能经验的种种必需条件，然而康德想要指出，这些条件都是包含在直观的杂多的必然综合统一性之内的，这种必然综合统一性是构成一切经验对象的本质性格的；比较一下 A105，A109，B137，等等。关于综合的验前判断而跟在后面的那个段落说明这些条件是不得彼此脱离来理解的。

② 在这段里——A158=B197——当康德说综合验前判断"是可能的"时，他明明只是谈到它们的逻辑可能性，而不是谈到它们的实在可能性，即谈到它们的客观有效性的。

合和这种综合在一种先验统觉里的必然统一性以及一种一般可能的经验性知识[①]发生关系”；那就是说，我们就必须完成经验的条件之分析那个任务，那是康德在《纯粹理性批判》一书里，尤其是在分析论里所曾提出来的。更简单地来说，我们必须承认一般经验的可能性的条件也就是经验对象的可能性的条件。这就是全部先验哲学所依据的原理。它是先验演绎的根据[②]，如它是知性原理所有的各个证明的根据那样。其实，它无一例外地是一切综合验前判断的根据；因为，如我们所曾看到的那样，这样的判断之能有客观有效性，仅仅是在其表示可能经验的种种必需条件这个限度之内[③]。

① “经验性的知识”是英文的“experiential knowledge”，即德文的“Erfahrungserkenntnis”之译。

② 这是明白地在 A111 里所说的（又比较一下 A93＝B125-126 以及 A125-126），而且它是同等适用于第一和第二两版的各种论证的。

③ 分析论的判断是直接这样做的。感性论的判断也许亦是直接这样做的；但是它们的含义只在分析论里才成为可理解的；而且它们的这样做是间接的，由于（如果我们严格地说）虽然它们说明空间与时间是直观的条件，但是只在分析论里，我们才了解空间与时间是一般经验的条件，数学的判断是间接这样做的：它们处理空间与时间的确定，但是要等待哲学来说明空间与时间，以及空间与时间里所予的杂多之综合，是经验的条件。

第三十六章 知性的原理

1.原理的不同类别

关于综合判断原理的讨论,主要是想说明那必须为知性原理提供的证明的性质。这些原理的证明原是"判断力"的事情,但是康德不肯把它们看作是自明的①。在它们被说明是表达经验的条件时,它们就是被证明了的;只在我们了解感官、想像力和知性作为知识的来源而起的作用时,我们也就能判定知性的原理确是表达这些条件的②。

所要证明的原理是有关于范畴的应用的,而这就缩小了我们当前的探究之范围了。毋须说,这是排斥一切经验性的原理的。所谓"经验性的原理"乃是名词自身的矛盾,因为这种原理乃是借概括从经验中抽引出来的;而这些经验的概括,不管它们是怎样普遍,都是完全缺乏必然性的,而知性原理的标志特别就在于那"按照概念的必然性"③。感性论的原理也在被排斥之列,因为它们所与之有关的,不是范畴的应用,而是直观的条件或形式④。而且,最后,数学的原理必须被排斥,因为它们是从直观到概念,而不是从概念到直观⑤。然而数学原理的可能性与客观有效性是依靠知性的原理的⑥。

---

① 比较一下 A149=B188。一般是把自明的看为毋须涉及它自身以外的任何东西而便是可理解的,但是知性原理只在其对于经验的关系上才是可理解的。如果我们不能靠说明它们对于经验的关系而"证明"知性的原理,它们就会使人怀疑是偷偷引进来的了。

② 其证明乃是"从关于一般对象的一种知识的可能性的各种主观来源"。看 A149=B188。

③ A159=B198。作为ἀρχή(开始)或 Grundsätz(基本原理)的原理是不能从另一东西得出来的。

④ A149=B188。

⑤ A149=B188-189,A159-160=B198-199 和 A712=B740 起。比较一下本书第五章第八节。

⑥ A149=B189 和 A160=B199。与之有关的知性原理主要是直观的公理与感官知觉的预测。

在这一切里，康德都是假定范畴来自于判断的形式，因而就是纯粹知性的产物[1]。即令我们不承认范畴是这样得出来的，不同类别原理的区别仍是不变的。关于知性原理的证明不能是直观性的，像数学的证明那样[2]，而必须如我们在下文里将会看到的那样[3]，是概念性的，或说是推论的。

2. 知性的各原理

康德把知性的原理分为(1)直观的公理，(2)感官知觉的预测，(3)经验的类比，与(4)经验思维的公准[4]。这就相应于范畴在其之下得到安排的量、质、关系与样式这些项目[5]。

量与质的范畴所与之有关的乃是直观(纯粹的和经验性的直观)的对象，而关系与样式的范畴所与之有关的乃是处在互相关系或对于知性的关系之中的这些对象的存在的[6]。量与质的范畴被称作数学的范畴，而与之相应的原理(即公理与预测)则被称作数学的原理。关系与样式的范畴被称作力学的范畴，而与之相应的原理(类比与公准)则被称作力学的原理[7]。

必不可认为，数学的原理就是关于数学的原理，或者力学的原理就是

---

① 注意康德重复着知性作为立法者与知性作为规律发现者之间的区别。看 A126-127 而且比较一下 A114 和 B165；又比较一下本书第二十七章第四节。平常称为自然律之东西都是受知性原理的支配的，而这就是何以自然律带有必然性的意味之所在。

② 特别看 A719＝B747-748。知性原理之中有些是有直接的或直观性的确实性(或说“证据”)的这个困难——看 A160＝B199-200 和 A180＝B223——是在下面第三节里讨论的。

③ 见第三节；比较一下本书第三十二章第五节。现在只说我们不能在验前的直观里替范畴构成一个对象，如我们的能替数学的概念所做那样，那就够了。

④ 必不可认为这些名目是描述知性的原理的。我们有公理的原理、有预测的原理，而又有类比的原理，但这不是就是说，一条原理是公理，另一条是预测而又另一条是类比；比较一下本书第三十七章第七节。

⑤ A161＝B200。几乎不必说，在范畴与原理的相应之中并没有什么东西是矫揉造作的。如果没有这样的一种相应的话，整个康德的论证就会是悖理的了。公理与预测各只有一条原理，而类比与公准则各有三条原理，这个事实乃是由于另一事实而来的，就是知性原理主要乃是与图型化的范畴有关的。何以只有一个量的，一个质的图型化范畴，其理由我已经在本书第三十三章第七节里说明过了。

⑥ B110。在 A160＝B199 里康德断言数学的原理是有关于单纯直观的，而力学的原理是有关于一个一般出现的存在的。我认为这样表示其区别的方法不是那么令人满意的，其理由见后。看本书第三十七章第五节。

⑦ 看 B110 和 A162＝B201。

关于力学的原理。一切知性原理都应该是一般性的，不是像几何学与力学里面的原理那样，局限于外部感官的对象①。它们之称为数学的与力学的，是因为它们分别说明数学与（物理的）力学的可能性②。

康德在第二版里③增加了一个脚注，它作为他的术语的述说是很重要的。数学原理处理的是同质的东西的综合，这种综合不一定是对彼此相属的同质成分的一种综合。这样的一种综合分为集合（外延量的综合）与结合（内涵量的综合）。力学原理是处理不同质的东西的综合的，它是对彼此必然相属的不同成分的一种综合，如实体与偶性，或原因与结果这样的综合。

当我们研究那些原理本身时，这一切都将更为清楚明白。

3. 直观的确实性与推理的确实性

康德断言数学原理具有直观的确实性，而力学原理则具有推理的确实性④。

---

① 这就是康德当他在 A162＝B202 里说知性原理是纯粹知性在其对于内感官的关系上的原理（而并不去管在内感官里所予的观念中的分别的）这个时候的意思。知性原理并不排斥外感官的对象，因为一切我们的观念，乃至关于物理对象的观念，都是作为心的改变属于内感官的；例如看 A98-99。在第一版里过分着重时间与内感官而空间与外感官就吃亏了，但是甚至在第一版里，知性的原理所与之有关的主要也是空间的对象。

② A162＝B202。它们是数学与力学的预先假定，而不是这两门科学的原理，而且它们是在这些科学里有其主要的应用的。在 Nachträge（《补充条文》）第六十四至第六十五章，按 Benno Erdmann 的编订，康德像是对于这种划分表示不满意的。数学原理分为形式的（即公理）与实在的（即预测）。形式的原理是和纯粹数学与应用数学相联系的，而按 Erdmann 来说，并与力学相联系的；但是依我看来，这必是对于康德的笔记的一种误解，而且康德的原意必须是把那些实在的原理（即预测）和力学联系起来的，如他在《补充条文》第六十五章而又在《自然科学的形而上学初步》一书里所做的那样。类比与公准称为物理的（physiological 的原文），而是分为物理的（即类比）与形而上学的（即公准），如在《纯粹理性批判》的第二版里所增加的脚注里那样（见 B201-202 注）。理性的"物理学"乃是关于自然（无论是物质的或精神的自然）的哲学科学；看 A846＝B874，又《形而上学》一书，p. 12。

③ B201-202 注。康德的拉丁名词每每说明平常的德语说法。

④ A162＝B201；比较一下 A160＝B199-200 和 A180＝B223。直观的确实性或说数学的确实性（德文的 intuitive Gewissheit 或 anschauende Gewissheit）称为"证据"（德文的 Evidenz）。看《逻辑导论》Ⅸ（Ⅸ 70）和 A734＝B762。"Evidenz"在 A180＝B223 里像是用于一种更一般的意义上，但"evident"在 A733＝B761 里则用于专门术语的意义上。这里的"确实性"乃是"客观的确实性"（对每个人而言的确实性）：那就是说，这些知性原理的根据（德文的 Erkenntnisgrund）是客观上（而不单纯是主观上）足够的。看 A822＝B850，A820＝B848 以及《逻辑导论》Ⅸ（Ⅸ 70）。

虽然有这样的断言，但是康德一直认为直观的确实性只属于数学，而哲学的确实性总是推理的①。哲学的知识乃是从概念而来的理性知识；数学的知识乃是从概念的构成而来的理性知识②。哲学的证明总是用概念的一种证明，因而就是推理的；数学的证明乃是靠概念的构成的证明，而且是直观的③。康德甚至说，公理乃是具有直接确实性的综合验前原理，而哲学没有任何原理是配得公理的称号的④。换句话说，哲学的综合验前原理绝不能具有直观的或直接的确实性⑤。

除非我看漏了康德的一种微妙的区别，在这里我们至少在词句上有一种矛盾。在数学的原理的证明与力学的原理的证明之间同时有一种实在的分别，而其实康德想要表达的就是这种实在的分别。如果我们记得范畴与图型之间的分别，这个矛盾也许能至少部分得到解决。外延量这个图型（即数⑥），也许甚至内涵量这个图型（即等级⑦），是能验前在直观里被构成的，而这可能就是康德为什么说数学的原理是有直观的确实性的理由⑧。我认为量与质这两个范畴是不能这样被构成的，而且就这些范畴包含在数学的原理之中这一点来说，数学的原理，像知性的其他原理一样，只能是有推理的确实性的。在力学的原理的情况下，是没有可能来

---

① 《逻辑导论》Ⅲ与Ⅸ（Ⅸ23与70-71）。比较一下A734-735＝B762-763。

② A713＝B741。比较一下《逻辑导论》Ⅲ（Ⅸ23）。理性的知识是和经验性的知识对立的：它是根据理性，而不是根据经验的。“构成一个概念”就是验前展示与这概念相应的直观。我们不能在纯粹直观里替范畴构成一个对象：我们只能指出，虽然范畴不是得自经验的，但是它们是表示一种可能经验的必需条件的。

③ A734-735＝B762-763。比较一下《逻辑导论》Ⅲ与Ⅸ（Ⅸ23与70-71）。哲学的证明又说是“口述的”（acroamatic），因为它是用话语而不是用直观的。只有数学证明才能称为“证实”；因为“证实”（demonstration）是含有使用直观的意思的。这个学说极似柏拉图在他的《理想国》那篇对话里所说明的数理学科与辩证术。

又比较一下A714＝B742：“哲学的知识只在普遍里来考虑特殊；数学知识在特殊里，或者更好是说在个别里，来考虑普遍，可是总是在验前而且是用理性的。”应参考这全段引文。

④ A732＝B760。

⑤ 康德在A733＝B761里明白地说，甚至直观公理的原理本身也不是公理，而是得自概念的原理。

⑥ 关于数的构成，看A724＝B752。

⑦ 至少这样是康德自己在A179＝B221里的见解。

⑧ 如我在本书第十章第七节里所指出的那样，这并不意味着没有推理或概念性的成分。

构成乃至先验图型的,更不必说其范畴了。

康德自己说,我们还没有条件来了解他关于这一点的学说①。他是以下述见解为其论点的根据的,即力学的原理只在一种经验里的经验性的思维的条件下才显出一种验前的必然性;而数学的原理却无条件地是必然的②。这个说法里的重点好像是落在(我用斜体表出的)"思维"这词之上的;但是困难依然是:即使数学的原理只有对于经验来说才一定是必然的。康德好像认识到了这一点,而且主张:与经验有关的必然性可能是绝对的,或说无条件的;因为他断言(数学的原理所与之打交道,而且从而得出其性格的)直观之验前条件,在其对于一种可能的经验的关系上,乃是绝对(德文的 decrchaus)必然的。力学的原理(在其对于经验性思维的关系上)有其有条件的必然性,因为它们是和一种可能的经验性的直观的对象之存在的条件打交道的,而这些条件,在其本身来说,是不必然的③。这点是模糊的,而且我又不能断定它的确切意义;但是我们目前也许能够说,数学的原理的无条件的必然性是由于这个事实,即这些原理所与之有关的,乃是主要作为出现而给予于直观的对象,而力学的原理的无条件的必然性是由于这个事实,即它们所与之有关的,乃是主要被判定为在时间与空间里存在着的对象。在第一种情况下,直观的成分占优势,而在第二种情况下,则思想的成分占优势;但是在两种情况下,其必然性都是来自原理对于一种可能的经验的关系,而经验总是直观与思想的一种结合④。

4. 这些原理的证明

这一来,关于这些原理的证明我们要说些什么呢?不管包含在某些情况下的直观成分是什么,其证明总是一种推理的证明,一种从概念而来

---

① A161=B200。

② A160=B199。

③ "不必然"(contingent)的意思不是"由于单纯的机会",而是"在一种条件下的必然"。看 A766=B794。

④ 关于这种学说后来的发展,看 A178=B220 起,而又看 A216-217=B263-264 并可附加地说,由于它们和直观的紧密联系,数与等级的图型是能被构成的数,而且也许等级像为着关于时间与空间的知识像是必需的:关系的各范畴离开变动是毫无意义的,而变动简单就是一个经验。

的证明，像哲学的一切其他证明一样[①]；但是不因此而就是不合法的或不确定的。

知性的原理都是综合的验前判断，不能从单纯的概念分析得出来[②]。它们不能靠数学的构成方法得到证明，也不能直接从概念来证明，因为那样一来，它们就会是单纯的教条了[③]。只要它们是能被证明的，它们就必须间接地从概念来证明。

一个间接的证明依赖于概念对于某完全不必然的东西的关系，即依赖于与可能经验的关系。只有当可能的经验（或说“某东西”的作为可能经验的一个对象）是预先假定的，知性的原理才能是不容置疑地确实的[④]。然而它们之被正当地称作“原理”（德文的 Grundsätze），是因为它们具有这个特别的属性，即它们使作为它们自己的证明的根据的那种经验成为可能，而且它们总是在经验本身里预先假定着的[⑤]。

在康德那里，这就是关于已提出的学说的最清楚的表达。这样一个学说一定会引起这样的问题：康德的证明方法是不是循环。拿那最重要的例子即因果作用的例子来说。如果康德论证说，因为我们一般假定日常经验中有因果作用，所以因果作用就是经验的一个必需的条件；而因为因果作用是经验的一个必需条件，所以我们在我们一般的假定里是有正

---

① 特别比较一下 A719-720＝B747-748 以及 A722＝B750。

② 我在本书第十章第七节里曾说明推理的判断不一定是分析的，比较一下 A733＝B761。

③ A736＝B764。康德谴责为教条的哲学所提供我们的综合验前判断是认为直接从概念发生出来而且适用于自在之物的。我认为我们能有正当理由来证明是直接从概念而来的判断只有分析判断。

④ A736-737＝B745-746。这样说无非是重复已经说过的。我们的成立这些原理，不是直接从它们所用的概念，而是靠证明这些概念是表示可能经验的种种条件，因而必须适用于一切经验的对象的。

可以注意到，当康德说一个命题是不容置疑地确定的时，他的意思是说，这命题是普遍地而且在客观上必然的（即对一切有效的）。它之能是如此，只有其根据（德语所谓 Erkenntnisgrund）是客观上充足的，不容置疑的确实性是和理性的确实性，即数学的或哲学的确实性相联系的，但是确实性能同时是理性的而又是经验性的，那就是当我们从验前的原理认识到一个经验上是确实的命题这个时候。所以可能有不容置疑的确实性甚至和经验性的真理相联系。看《逻辑导论》Ⅸ（Ⅸ66 与 71）。

⑤ A737＝B765。

当理由的：这就会（如我所已经指出的那样[①]）是一个恶性循环了。

康德的论证，不管它正确与否，不是单纯接受我们的常识的一些假定，然后论证说，因为这些假定是存在于经验里，所以它们就必须是经验的条件。他在这些原理的证明里所假定的乃是：为着要有关于对象的经验，(1) 必须有在时间与空间的形式下被给予出来的一些感官性的直观；(2) 必须在一个时间与空间里有这样的感官性的直观的一种想象性的综合；(3) 必须有判断力[②]。我主张，这些假定全都是正确的，正如下述假定是正确的一样，即如果一些不同的对象被判定为属于同样一个客观世界，它们就必然是为同一个自我所判定的[③]。他所作出的唯一可疑的假定就是认为：一切判断的形式，包括假言的形式，都是判断之作为判断所不可或缺的；但是这个假定——虽然无疑是增加了他对于那第二种类比的论证的信心，而且，如我在上文里所曾提出的[④]，也许可认为丰富了他的结论——可是在他的论证的下述部分中并不起作用，这一部分试图说明的是：一切客观的前后相继都是必然的或说规则性的前后相继。

如果因果性（在必然前后相继的意义上）这条原理是能在我曾断言是正确的那些假定的基础上得到成立的，我就不认为能够正确地评述其论证是一种恶性循环了[⑤]。他的比较可疑的假定是否能如此来解释而使我们有正当的理由来把因果性看作是多于必然的前后相继，这在目前可留作尚未解决的问题。

对于必定包含在每种人类经验里的东西，康德已为我们作出了他的一般分析，而且还说明了范畴是什么，并且是如何被图型化的。他现在要

---

① 本书第三十章第五节。

② 比较一下 A158＝B197。因此在 A149＝B188 里，我们的证明就说是从一般对象的一种知识的主观来源而来的一种证明。

③ 这是声明统觉的统一性的必然性的最简单的方法，而且得要按照康德的自我学说来了解的。

④ 看本书第三十四章第二节。

⑤ 这些假定本身的论证可能还是一种恶性循环，但是我不认为它是如此的。我们必须总要记得，就康德来说，经验的种种条件不单纯是在其对于经验的关系上是必要的，而且当我们孤立地来考虑它们时，它们是在其本身里有一种知性的必然性的；看本书第七章第四节与第三十章第五节。

求我们来判定那些肯定图型化的范畴必然适用于对象的原理，是否说出了他所曾分析的那种经验所必需的种种条件。他的“证明”，如他所说，乃是按照他前面的分析所作出的一个判断，而不是从他认为曾经成立的一些真理用三段论式推论出来的结论。

5. 现代科学与知性的原理

应该清楚地懂得，康德在原理分析论中，其主要的目的，虽然不是唯一的目的，乃是建立数学与自然科学的最终哲学基础①。他试图为验前的数学思维应用于物理对象的现实世界提供辩护，而且建立自然一律性这条原理。我认为，他所企图解决的一些问题，其重要性之在现时并不亚于在 18 世纪，而且他的种种解答必须按照他的时代的科学来加以判定②。

近年有人告诉我们说，科学毋须用实体这个范畴，甚至更惊人的是竟然毋须使用因果这个范畴。如果真是这样，那还有什么话可说的呢：康德关于实体与因果性的证明——而且实体与因果性在某些方面是他的范畴中最重要的范畴——可能不过是一场白日梦。然而我必须承认，对于认为不应轻易放弃这些范畴尤其是因果范畴这种见解，我是表示同情的。现代物理学的哲学之中，有些杰出的代表人物，似乎乐于强调近代理论的标新立异而不去证明理论发展的连续性，这固然是人之常情，而也许是有其用途的。平常的人，而且甚至一个平常的哲学家，如果我可以用这样的一种称谓的话，企图在物理学家自己的领域内来批评他，那简直是愚蠢的事；可是不能以物理学等同于整个人类经验，而且物理学在一个特殊时候所用的一些实际的方法也不能要求别人不加任何检查便接受为永恒的哲学真理。依我看来，尽有可能，在历史家回顾现在的一个时代时，他将看到，我们的一些现代理论是不断地从旧时的理论发展出来的，而且将会惊奇地发现，那些旧时的理论，看来也是如此新奇而具有革命性的。现在已

① 康德设法在《自然科学的形而上学初步》里成立这些科学的更特别的原理。

② 我必须自认我在这种事情上是处在不利的地位的，因为我对过去与现在的科学来说，几乎是个外行。

十分清楚了——其实何尝有人实在怀疑过？——关于空间与时间的传统理论是有待于修订的；并且，如果康德的下述主张是正确的，它认为关于一个在空间与时间的世界的经验，离开实体与因果作用，就是没有可能的，那么我们就应该说，关于实体与因果作用的传统理论有必要予以修订。然而修订与纯然彻底的抛弃是极不相同的两回事①，而我怀疑，我们目前是否不得不说，实体这个范畴，尤其是因果性这个范畴，必须从人类思想的范围内永远排除出去。

在我看来，讨论康德的范畴学说必须何以得到修订的方法，这是无益的。他假定了欧几里得几何的空间。如果我们要了解他的论证，我们就必须作出同样的假定。我们的任务乃是如实地估价他的论证；如果我们作出结论说：在其种种假定的基础上，他的论证是正确的，那么我们就没有任何理由来假定，这个论证在现时是毫无价值的，或者他的证明方法(不是谈到其证明的细节)对于现代的科学理论是不能有任何益处的。

① 对于康德的学说曾有过如此大的贡献的亚力山大(Alexander)教授在他的《空间、时间与神》一书的第一册 p. 191 上说："我不能认为康德学说的这一部分是如常常为人所相信的那样简直是不充分的。"

第九卷

数学的原理

第三十七章　直观的公理

1. 公理的原则

直观公理的原则就是：一切直观都是外延量。

这是第二版的公式①。在这里和在预测与类比那里，康德对于他原来关于该原理的表述似乎感到不满意。在第二版里，他在每个项目上都为我们提供一个新的公式，而这种改变的理由不总是容易看到的。在第二版里，他在每个问题上又为我们提供一种新的证明，而且把这个新的证明紧接地放在第一种证明的前面。原来证明的模糊不清，即从《纯粹理性批判》一书出版一直到现在人们所抱怨的那种模糊不清，就是他为什么要提出他认为比较好的说法的理由②。

在第一版里，康德十分恰当地从他的名词之定义来开始他的证明。在第二版里，这些定义依然保持它们原来的地位；而把第二种证明放在第一种证明的前面，其不幸的结果就是，如果我们所读的是第二版，我们就得要在弄清楚所用的名词的确切意义以前，去面对康德最重要的论证③。

2. 第一版中的证明

公理的原则，其论证是以外延量的性质为其关键的。外延量被定义为这样的量，其各部分的表象是使其整体的表象成为可能(因而是必然在

---

① B202。在A162里，原理乃是：一切出现，就其直观来说，乃是外延量。很难说，何以康德在第二版里改了这个公式，尤其是在第二版里的论证结果符合于第一版的公式是比符合于第二版的公式更为密切的。麦林(Mellin)认为在第二版的公式里，康德实在想要断言的乃是一切出现(不是一切直观)是外延量。这是第二版里的论证结论所支持的。而康德所谈的不是直观的作为直观，而是直观的作为一个对象的出现。

② 比较一下B38。

③ 因此，读者，或者无论如何初学的人，最好是先考虑第一版的证明连同它的一些定义，然后才去考查第二版的证明。

其之先)的[①]。这个定义决不是清楚的，而且除了借助推论从他的论证抽出的细节之外，康德并没有给我们任何关于细节的其他说明。他的主要论点好像是说，一个外延量——而且我认为他用这词指的一定是一个有确定性的外延量[②]——乃是一个量，它只能由其各部分的一种相继的综合才能被知道[③]。

既然空间与时间都是外延量，康德的定义就把一种贯穿着他的整个论证的预先假定明白地表示出来[④]——这个预先假定就是，空间的各部分，像时间的各部分一样，只能一个跟着一个地被认识的。他首先着手研究的是纯粹空间与时间，即我们抽出了感性对象而在数学里研究的空间与时间[⑤]；而且他主张，我们所思想到的任何空间与时间都一定是由作为各部分的一种相继综合的一种动作所构成的。在几何的思维里，我们必须在纯粹的直观里构成一个与我们的概念相应的图型，而这种构成必须

---

① A162＝B203。我在这里用英文的"representation"(兹中译"表象")来译原德文的"Vorstellung"(而不是用"idea"即中文的"观念"这词)，因为康德的意思可能是说"表现"(The representing)——由于这个英文的词是极其含糊的，或者说"认识"(The knowing)。在这里，像总是那样，我们用英语是处在不利的地位的，因为我们没有一个令人满意的词来概括"感觉到"和"设想到"或说"思想到"的。我认为英文的"precedes"(兹中译为"在……之先")是必须用在一种时间性的意义上的；因为康德的论点好像是说，所说的各部分的综合必须是前后继起的。

② 如果一个无确定性的限量是为限度所包住的，我们能够把它作为一个整体而直观到它，并不需要通过测量来构成它的整体，那就是说，毋须通过它的各部分的相继综合；看 A426 注＝B454 注。而且，从它的本身，而不用和其他东西的比较(就是以其他东西作为单位进行比较)，也就是在许多同质的东西构成一个整体时，我们是能认识到这东西为一个限量的——我在这里理解它为一个无确定性的限量。要决定它是怎么大，我们就总得要有也是一个限量的某别的东西作为它的尺码的；看《判断力批判》第二十五节(Ⅳ248)。当我们进行测量时，我们就必须有一种前后相继的综合，而且只有这样，我们才能有一个有确定性的外延量。

③ 比较一下 A163＝B204 和 A167＝B209。可能有人反对说，这种说法(如果是真的的话)与其说是外延量的性质的定义，毋宁说是它的一种后果——这个综合必须是相继的，因为一个外延量的各部分是彼此外在的；但是依我的想象来说，康德认为一个外延量的正当定义乃是说出它的能被构成的方法的，而且他并认为一个有确定性的外延量只通过前后继起的综合才能被认识得到(因而才能是一个对象的)。第二版的论证提出，一个外延量是一种量，它只有由一些同质的部分的一种(前后相继起的)综合才能被认识的；而这是暗含在量的范畴的意思里面的。可是同质性并非外延量的从而得到辨别出来的标志；因为按照 B201 注，它也是属于内涵量的。

④ 这种预先假定乃是在那全部先验演绎里始终存在的。

⑤ 这对于 B154 来说也是真的。在那里是说，我们必须用一种相继的空间构成或说综合来思想一条线段，一个圆，甚而时间本身。

是一种前后相继的综合。当我们想到任何有确定性的[①]一段继续的时间时,同样的原理也是有效的。

从这条一般性的原理,康德就进而作出关于一切作为出现的对象的必然性格[②]。他一般把经验性的出现当作是直观,但是在这里,他在出现之中又分辨出他称之为"单纯的直观"来[③],那就是脱离感觉的直观。这样的"单纯的直观"就是关于出现所占住的空间与时间的直观,即与其质料相对立的出现形式[④]。即然每一个出现都含有这种单纯直观的成分,所以它必须通过其各部分的前后继起的综合而在领会里被认识到[⑤];那就是说,它必须是一种外延量。换句话说,每一个出现都是作为一种集合体而被直观到的,就是说,作为以前被给予的部分之多数的。如我们将要在下一章所看到的那样,还有另一种的量是这样的描述所不适用的。

应该注意到,我们必须综合出现里的空间成分,像综合其时间成分一样,而到此为止,空间是和时间一样重要的[⑥]。时间的特别重要性是从这个事实而来的,即它的综合必须是一种相继续的综合。其综合的这种必然的相继性就是(与内涵量相对立的)外延量的特别标志。它又使我们能够通过抽象而发现一种共通的成分,即数,而数乃是存在的,无论外延量是空间性的还是时间性的;因为数是为同质的单位的相继续的综合(或说递加)所产生的,不管这些单位是什么[⑦]。

在第一版里所作出的证明是有点不完全的。虽然事实上曾说过数乃是量的图型,但是没有明确地谈到数,甚或没有谈到数曾与之联系的那同

① "有确定性的"这词我认为在两版的论证里同是重要的。

② A163=B203;比较一下 A167=B208-209。

③ "单纯的直观"是英文的"mere intuition"即原德文的"blosse Anschauung"之译。

④ 这"单纯的直观"大概就是出现的经验性形式,即空间与时间(或两者)的确定性而属于出现的:出现的质料就是在感觉里被给予出来的东西。比较一下 A128,B207 以及本书第六章第八节。

⑤ 比较一下 A224=B271:"我们用来在想象中构成一个三角形的形象综合是完全同一于我们为要替自己作成关于(一个出现)的一个经验性的概念而在关于它的领会里所运用的综合。"

⑥ 和时间一样,空间也可以是其各部分的同质性的来源。

⑦ 所综合的单位的内部性格,对算术来说,是一种无关重要的事;比较一下 A720=B748 以及 A724=B752。

质东西的相继性的综合[1]。康德的证明,在第二版里是更为精确的;虽然它也没有谈到数,但是它确实谈到了同质东西的综合[2]。

3. 第二版中的证明

在第二版里,康德再一次把出现看作是"含有"形式与质料的东西,其形式就是关于空间与时间的直观,而质料就是在感觉里被给予出来的东西。因此[3],如果我们要领会出现[4],就必须有杂多[5]的一种综合,是一个有确定性的空间或时间(即该出现所占住的有确定性的空间或时间)所从而被产生的[6]。其意思是说,有空间或时间的同质杂多的一种结合,以及这同质杂多的综合统一性之(清楚或模糊的)意识。

可是一般直观的同质杂多的综合统一性之意识就是量(或说总体性)这个纯粹范畴之意识。空间或时间的同质杂多的综合统一性之意识就是

---

① A142=B182。

② 十分奇怪,康德在第二版里不断言这种综合是相继性的,但是这个遗漏看来是单纯的失察。

③ B202;比较一下 B207。康德说:"一切出现按其形式来说,都是含有空间与时间里的一个直观的。"我理解这为紧接在后面所谈到的有确定性的空间或时间的直观,即该出现所占住的空间或时间。如果这样,则它是同一于第一种论证的"单纯直观"的了。很难于说一个出现是含有一切空间与时间的直观的;直观说是在空间与时间里这个事实,就暗示着它乃是关于一部分的空间与时间的直观。"空间与时间"这个短语可能是含有康德主要是想到物理对象的这个意思;但是也许可能是由于第二版里附属于空间的更大的重要性——我们总是需要外直观来指示范畴的客观实在性的(B291)。

康德附加地说,在空间与时间里的一个直观乃是一切出现的验前条件。我认为这不一定含有这个意思,即他是直接和作为无限整体的空间与时间的直观有关的;但是它必含有这个意思,就是在认识到一个对象的有确定性的空间与时间的过程中,我们是认识到这些空间与时间之作为一个无限空间与时间之一些部分的

④ "领会"在这里如康德一般地那样,是用来指"纳入经验性的意识里"说的;比较一下 A99 起和 A120。在这里,如通常那样,领会乃是一种相继性的综合(在其里面,再生是必然起着作用的)。

⑤ 我理解这种杂多为空间与时间的纯粹的同质杂多;这种杂多的综合限定着那在空间与时间里的经验性杂多的在进行着的综合。

⑥ 先验演绎的各种异文无论它们在所用的术语上有什么不同,其学说总是这样的。注意康德在这里是说"空间或时间"而不是"空间与时间",大概是因为这个综合是不必涉及空间性的出现的。

外延量这个图型化范畴之意识①。

不完全清楚的是,康德关心的主要是纯粹范畴还是图型化的范畴。如果我们认为他关心图型化的范畴②,其论证是相对简单的。我们只有把感官知觉所占住的有确定性的空间或时间的纯粹的而且同质的杂多综合起来,才能有关于作为一个出现的对象的感官知觉。因此,关于一个对象的感官知觉的一个条件就是一个有确定性的空间或时间的纯粹的而且同质的杂多的综合统一性③。但是空间或时间的纯粹的而且同质的杂多的综合统一性正是在外延量这个范畴里所思想到的东西。所以一切作为出现的对象必须归属于这个范畴,或者换句话说,这些对象必须是外延量④。

4. 综合的前后相继性

在了解康德的论证的过程中是有许多不太重要的困难的。这些困难主要根源于他没能说清楚:他是否要别人把"直观"理解为"纯粹直观",

---

① 看本书第三十三章第二节。康德自己说,这个意识就是那范畴。他所给于这个范畴的名称——量的概念——暗示着他心里是有图型化的范畴的,正如我们会预料的那样;可是所谈到的一般直观也可能暗示着他是想到纯粹的范畴。也许"一般的直观"原不打算会有其寻常的专门意义(和纯粹范畴相联合的):它可能只表示空间与时间的分别是可以不去管的。这样的一种用法像是在谈到数时,见于A724=B752(并且也许见于A142-143=B182);但是在那些地方,它是表示我们所与之有关的乃是量(quantitas——看下面的第八节),而不是限量(quantum)。并且这个范畴之同一于一般直观的同质杂多的综合统一性之意识,只是就从而一个对象的观念第一次成为可能的而言的;而且这也许暗示着所谈的范畴乃是图型化的。

应该注意,在这段里康德并不用花亨格尔所引入(而为康蒲·斯密所接受)的"综合统一性"这个短语。插入这个短语是加强清晰性,但我不确知它是必需的与否。

② 如果我们认为他是关心于纯粹范畴的,那就没有实在的困难了;但是,如果是那样,只在他到了末尾,着手来处理外延量时,才开始谈到图型化的范畴的。

③ 康德自己谈到"所予的感官性直观的杂多的综合统一性"。为着简单起见,我理解"所予的感官性直观"为与感觉相对立的"单纯直观"。如果我们把"直观"当作是用在寻常的意义上的,我们就必须加上说,它的综合统一性,如我们所曾说明的那样,也就是一种纯粹而同质的杂多的综合统一性。

④ 注意,在空间或时间里的出现或说直观"其被表现出来,必须是通过一种综合和一般的空间与时间所借以得到确定的综合同样的"。我认为这就暗示着,在确定一个对象的空间或时间的过程中,我们也就确定了一个更广阔的整体之一部分,而这个整体也是必须同样来被确定的。

并且他的"一个限量的概念"指的究竟是纯粹的范畴还是图型化的范畴。这样的一些困难就在于表达法多于思想;而且虽然他在第二版的论证中,没有说出外延量的综合必然是一种相继性的综合,可是我认为我们不必认真地来想这种遗漏。

更多的哲学上的困难主要集中在先验综合的前后相继性这一点上。如果我们承认这种前后相继性是数学结构所必需的,那么它在一切经验性的领会里的存在就要有比康德所曾作出的更详细的辩护。当我们知道如何构成一个三角形或一个圆时,我们就能一见而认识在纸上所画的图形就是我们所想到的东西之一个实例;而且这种认识虽然要花时间,但是看来不可能相信,(例如)我们画出所看见的三角形之每一边,是由前后相继地通过它的各部分而来的[①]。然而,可以公道地说,如果在这个问题上是有任何怀疑的话,我们可通过考查这图形是否能用这种方法来构成来考查这个图形;并且可以公道地说,前后相继性的综合乃是我们这种认识所依据的基础。诚然,如果康德是对的:那么认识这种图形为一个三角形也就是认识到,不管怎样"模糊地"认识到,它乃是这样一种结构的产物。

如果康德不止于此,而主张:当我们看见一个三角形时,我们总是前后相继地沿着三边略一过目,进而构成我们所看见的,那么我认为我们就要说他错了。当我看天花板上的一些角椽时,我看见一系列的平行线,而我毫无理由去相信,我是必须前后相继地了解每条线的外形,然后才能看出这样的一个系列。

康德的语言在某些地方可能暗示着:他坚持的是更为极端的见解,虽然我觉得很难相信,他能不加以任何论证,就提出一种表面上看来在经验上毫无根据的学说。在熟悉的图形的情况下,我们是否一看就能认识其整体这个心理学的问题,无论如何是与目前的问题无关的。康德主张,我们必须把任何空间与时间,不管它怎么小,当作是用各部分前后相继的综合构成的一个整体。他并且主张,在任何空间性的或时间性的

---

① 这样主张就是像主张当我们判定三个人走近来时,我们必须一个跟着一个地来计算他们那样。关于这点的进一步的讨论,可看本书第四十二章第一节。

直观之情况下,如果我们要使这直观有确定性,就必须前后相继地经过其各部分[①]。如果我们认为他只关心有确定性的外延量,依我看来,他所论证的是正当的——当我们所从事的是用测量来确定什么时,他所论证的确实是正当的——而对于他的论证来说,这也就够了。

如果我们承认结构在一切数学思维里是必要的,那么就不能把康德对于综合的前后相继性的坚持作为显然是与题无关而予以否弃。在我们的思维之中和在我们的看见之中,也是有一种前后相继性的,但是这种前后相继性并不构成思想之作为思想或者感觉之作为感觉的本质[②]。从批判的观点来看(这种观点绝不会承认现象世界独立于思想而根据它自己的权利存在着这种见解),综合的前后相继性是有确定性的(虽不是无确定性的)外延量之存在所不可或缺的;而保证外延的数学之能适用于现象世界的也就是领会(就其是有关于空间与时间而言)的综合的前后相继性。我并不想在这些困难的问题上有所独断,但是不得单纯地假定康德所否定的先验实在论来驳斥他的见解。还得要注意到,拒绝承认康德的空间观的直观派数学家,企图把数学的整个结构奠基于一种学说,而这种学说,据我所了解,紧紧遵循的似乎正好是康德的见解[③]。

外延量的前后相继性综合,就其涉及的是时间或空间的纯粹杂多来说,乃是一种连续的综合[④]。我们必须把一切部分都略一过目以便知道其整体这个事实,并不意味着这个整体是有其有限数目的部分的。在测量的过程中,我们任意选择一个单位(例如一尺),接着每当我们经过这单位的长度时,便中断我们的综合[⑤]。在一种连续的综合之中,这样中断的

---

① 我觉得有点困难来了解康德把形状或图形作为量的一种来看是到什么程度。概括地说,他在这一章里是关心于有确定性的量的,即用测量来确定的量,而为着这种量,我们确是要有一种前后相继性的综合的。

② 比较一下 A143=B183,B208,A168=B210 来了解感觉的逐渐改变。在下一章将要考虑这一点。

③ 参看 Black 的《数学的性质》(The Nature of Mathematics)一书,特别是 p. 186 起。可是我必得附加地说,Black 先生关于康德的学说的说明是如此令人惊奇地不正确,因而妨碍了我对于他在处理他无疑是更有充分知识的其他问题时的信心。

④ A169-170=B211-212。

⑤ 关于康德对于测量的见解,看《判断力批判》第二十六节(Ⅴ 251 起)。单位必须理解为一种连续性的综合的产物。我认为当康德在 A171=B212 里说出现作为一种统一体(或单位)乃是一个限量,而这样也就是一种连续的那时,他的意思是断言这点的。

可能性并不使所测量的对象成为一个不连续的量；而且当康德得知：有人说他的见解与空间、时间的连续性不相容时，他一定会大为诧异①。

5. 直观与对象

可能有人认为，康德曾为之提供证明的原理是适用于直观之作为直观的，而对于只就其是关于一个对象的直观来说是不适用的。在康德说数学的原理只与直观有关的时候，他自己的话语是支持这种见解的②。如果这些话是照它们的字面来理解的话，公理的原理在这里便是不适当的——如许多注释家所曾认为的那样——而且应该被归之于感性论。

依我看来，虽然有康德的某些不严谨的说法予以支持，可是这种见解是和第二版的论证不相容的；而且它没有能够认识到知性的各个不同的原理的相互联系，而这一切原理，毫无例外，都是旨在成立经验的每一个对象的一些必然的特性的。在数学的原理里，我们抽掉了一个对象的对于其他对象的关系，才去考虑这个对象，而我们发现这个对象在这样的抽象上，是必须有外延的与内涵的量的；但是这些范畴性的特性乃是那同一的先验综合的产物，而那先验综合又以关系与样式的各范畴外加于对象之上。我们必不可想象，因为我们抽象地考虑在本质上原是一个综合的一些方面，我们因之与之有关的就不同于经验的对象的某东西。

不错，每一个直观，而且甚至我们幻想和梦中的每一个意象，都是有空间性和有时间性的，因而是可以在一种不严谨的意义上被描述为一种外延量；但是，如果它是要在严格的意义上成为一个外延量，它就必须占住一个有确定性的③空间与时间。我认为康德的意思是说，这空间与时

① 参看 Sidgwick 的《康德哲学》(The Philosophy of Kant)一书 p. 92。当然是不错，我们用数就能把任何限量表现为不连续的，但是我们必须把本身是不连续的一个限量，从在其自身来说是连续的，而为我们表现为不连续的一个限量区别开来，看康德的《形而上学》p. 31。

② A160＝B199。康德在 B110 里说，而且说得更正确，数学的范畴是和直观的对象（作为与这些对象的存在相对应的）有关的。甚至在 A160＝B199 里他附加地说，直观的验前条件在其对于一种可能的经验的关系上是绝对必需的。在分析论里，我们与之有关的不是抽象的直观的条件，而是作为一种可能的经验与其对象的条件的那些直观的条件；而这些条件之一就是我们共通的时间与空间的纯粹而同质的杂多的前后相继性的综合。

③ B202；比较一下在 A163＝B203 里的“时间的一个有确定性的量”。时间的无限性说是指这个说的，就是时间的每一个有确定性的量之可能性，只是通过那唯一一个个体性的时间整体的限定；看 A32＝B47-48。

间必须用测量来确定，而这样就必须是一切对象所在的同一个空间与时间的一个有确定性的部分。当我们知觉到一个对象时，在直观里所予的出现是占住这样一个有确定性的空间与时间的，而且是能正确地被测量的。我们想象和梦的意象或说假对象，是不能这样加以测量的①，因为它们不占住这样一个有确定性的空间与时间。康德所想要说明的就是，感官的一切对象必须是准确可测量的，或者可数的——而这个意思就是说(虽然那一时的抽象没有能够现出这点来)在其对于一切其他的经验对象的关系上来说，是可测量的。我们的直观之作为外延量是可测量只是作为对象的直观(或说出现)才是如此的；而且只作为对象的出现，它们才必须为与那确定时间与空间的同样的综合所表现的②，而又必须受到量这个范畴的支配，因为没有这个范畴，则没有对象是能为人所思想的③。

6．感性论的学说

因为这些缘故，我认为，下述说法是错误的，它硬说康德不必要地重复了感性论的学说，而且说他这样做是受到了有些注释家所说的“建筑术”的一种人为的计划的影响。感性论的学说显然有待于这里所提供的种种增补，而且极为重要的是认识到：当我们确定一个对象时，必须有如同一般空间与时间的确定所必需的那种同质的空间与时间的综合。这不

① 这些东西乃是无确定性的限量。

② B203。一般时间与空间就是一切对象所在的唯一时间与空间。

③ 我在这里不能去谈到这个争论的更精细的各方面。为了确定任何东西的大小，我们总得要既有感官而又有思维，而且我们总是预先假定这东西是占住我们的共通空间的一个有确实性的部分的。当我们确定天体的大小时，这是明显的，但是当我们确定一张桌的大小时，也同样是这样，虽然不是那么一见而知。一个意象是没有可测量的大小的，除非我们不管是怎么任意地在与我们有一定距离的空间里指定它的位置；而这样做，也就是使它成为一种假对象了。当我们想象到西班牙那里的城郭，或者梦见一些大理石的大堂时，这些建筑物是没有准确的大小的；如果我们觉得它们是有指定的梦中长宽度的，我们也就同样可以觉得它们乃是梦里的实体和梦中原因的成果。在这方面，数学的原理与类比之间是没有分别的。两者同是与一个共通的时间与空间里的对象有关的，而且两者同在梦幻的世界里找到其自己的一种模仿。

我们当然是能测量一个意象或一个梦所经过的时间，但是这样做也就是测量我们的领会的时间，而且是使我们的领会本身成为一个对象，与此相类，我们也能说明我们的梦的种种原因，但是那时我们便是做完了梦了；我们是在那里把我们做梦的行为变成了思想的对象。

是单纯直观的事情，而是利用范畴来进行思维的事情。

有人批评康德，说他远不是重复感性论的学说；而实际上是在反驳它。这种批评具有更为合理的外观。只有当我们意识到，康德在感性论里如他常说的那样，抽掉了思想的成分，我们才能驳斥主张他陷入了矛盾这一责难。因而感性论的学说是临时的，必须有后来的东西予以补充和更正①。

在感性论里所论证的乃是个别的时间与空间只作为一个无限的时间与空间的一些限定才为人所认识；而结果就是，无限空间与时间这个“原始的”观念必须是一种纯粹直观，而时间性与空间性这些概念则由之派生出来。康德对于空间甚至说，空间是表现为一个无限所予的量②。总而言之，感性论认为：是整体的观念使其各部分的观念成为可能；而现在反而有人告诉我们说，外延量的本质乃是各部分的观念使整体的观念成为可能③。

所谓的矛盾是根源于这个事实：就是在感性论里，由于康德抽掉了思想的成分，他就不得不无视综合的存在④。因此，他必须说的似乎就是：空间与时间的统一性是单纯依靠直观的，而且空间与时间这些纯粹直观似乎是作为一个而且甚至作为无限被给予出来的(或者至少是“表现”为一个无限所予的量的)。他现在已经说明了，虽然空间与时间这些观念必须是直观，由于它们乃是一个无限整体的观念，但是这些直观的统一性，像一个对象的每一个直观的统一性一样，乃是依靠想像力按照范畴与统觉的统一性之一种综合的⑤。当有人告诉我们说，空间是表现为一个无限的所予量时，我们就必须加上说，空间之能这样被表现，只是因为其杂多是为知性所结合或综合的⑥，虽然康德在感性论里没有提到综合⑦。

---

① 比较一下本书第五章，特别是第八节。

② B39。比较一下 A24 并且参看本书第五章第八节。

③ A162＝B203。然而应该注意到，如果在逻辑(或客观上)整体先行于各部分，而在时间上(或主观上)其各部分先行于整体，是没有矛盾的。整体使部分成为可能与部分使整体成为可能，是在不同的意义上的。

④ 除了就其为综合判断的先决条件而言。

⑤ 比较一下 B160-161 以及 A107。

⑥ 看 B130，B134，B101，而又比较一下 A105。

⑦ 在 A24 里，空间说是表现为一种无限的所予量，因为在直观的前进里并没有限制。这种前进显然是需要有综合的，但是康德没有试图来强调这一点，他在第二版里删去这段。比较一下本书第五章第七节。

这一来，至少矛盾的某个方面可以得到说明了，但是在感性论里还留有一种真理的成分，是康德没有能够在分析论里予以表达的。一部分加上另一部分来构成空间与时间的这个综合是为其整体的一种观念所支配的，而在这里康德无视这一点，除了在这种限度内，就是他的意思是含有量的综合，像每种别的综合一样，必须是符合于统觉的统一性的。要充分地了解他关于空间与时间的见解，我们必须用辩证论的学说来补充感性论与分析论的学说①。这样的研究超出本书的范围。但是我相信，康德的理论比他的许多批评家所愿意承认的更为首尾一贯。

7.几何的公理

虽然康德的主要目的乃是要成立范畴对于经验对象的适用性，但是他把公理的原理当作是纯粹数学的客观有效性的基础，即数学对于物理对象的适用性的基础。他简短地讨论(1)几何，(2)算术，与(3)这两门科学，而特别是几何，对于经验对象的适用性。这种讨论并不自以为超出了初步的范围，而且必须在那种水平上来判定它②。关于外延的数学(即几何)是依据在作图里生产的想像力的前后相继性的综合的。特别对于几何的公理来说，也是如此的，因而这条原理就被称为公理的原理③。我们

① 特别是在各二律背反那里，康德的学说进一步在《自然科学的形而上学初步》(Ⅳ 481-482)加以精作。在那里，他承认有一种相对的或物质的空间，这种空间是能移动的而且能被知觉到或感觉到的，就是说，能通过能被感觉到的东西得到符号化(德文的 bezeichnet)这样的一种相对的或能移动的空间。如果它的运动是要被知觉到，就预先假定一个它在其里面移动的更广阔的相对空间，而以此类推，至于无穷。绝对的空间则不同：它不是物质的而且不能被知觉得到的；意思是指只一种更广阔的空间，相对于每一个别的空间，一个我总能想作在别的空间之外而无限制地伸展的一种空间。这样的一种更广阔的空间仍然在某种意义上是物质的，但是我关于以符号表示它的物质一无所知，我就抽去这物质而把它表现为一种纯粹而绝对的空间，一种是别的空间在其中运动的不动的空间。把它看作一个现实的东西是错误的，而且是在理性的理念里误解了理性，关于康德标记(德文 Bezeichnung，拉丁文 signatio)的学说，看他的《人类学》第三十八节(Ⅶ 191)。

② 关于论及这点别的话，看本书每七章第五节至第八节。在本章里我不去谈那许多为现代数学的发展所引起的困难。

③ 比较一下 A733=B761。既然有著名的批评家曾反对说，这条原理不是一条公理，所以就必须指出，虽然康德在 A161=B200 里不慎重地谈到这条原理像它是公理似的，但是当他开始以公式来表示它时，他描述它不是作为一条公理，而是作为公理的原理。

必须记住,公理乃是直接确实的验前综合原理,而这种直接确实性是由于有可能来“构成”概念,即验前在直观里“展示”相应于其概念的对象[①]。作为原理来说,几何的公理表示或以公式来表示空间以及有空间性的图形的验前直观之条件,那就是说,我们作出几何形的规则之条件[②]。这样的公理就是两点之间只能有一条直线和两条直线不能围住一个空间。

在感性论里,康德已经假定:这样的公理是直观上确实的[③]。他现在又补充说,这种直观性的确实性是依靠一种按照所包含的特殊概念而又符合于量这个范畴的想象中的结构。他没有涉及他在感性论里所提到的有关于时间的那些公理,但是同样的种种考虑,在这种情况下,也是会适用的[④]。所有这些公理都是与康德称为限量(quanta)的外延量有关的,而我们在这里可理解这些限量为空间里的形状与时间里的持续[⑤]。

8. 量(quantitas)与限量(quantum)

在这一点上[⑥],康德在“限量”(“quanta”)与“量”(“quantitas”)之间作出了一种区别。这种区别引出了关于康德术语的种种问题,由此是难找到一条出路来的。在英文里我们能分辨“quantum”(定量)与“quantity”(量),虽然这两个词每每是含糊地被使用而没有确切的意义的。在德文里,同一 个词[⑦]作两样使用,那就更加模糊了。

---

① 看A732=B760以及《逻辑导论》Ⅲ(Ⅸ23)。

② A163=B204。康德说,它们规定那些条件,只有在这些条件之下,外部出现的一个纯粹概念的图型才能发生。这图型会是一条规则照着来作出一个三角形,一个方形,等等的;看A141=B180。它有可能是空间本身(看A156=B195),虽然空间也被 谈到作为外感官的限量的纯粹意象(德文的Bild)——看A142=B182。

③ 看B41。那里所举的例是空间只能有三个向度。有直观性的确实性并不意味着没有思维;比较一下本书第十章第七节与第三十六章第三节。

④ 看A31=B47。其公理是:时间只有一个向度而且不同的时间不是同时前后相继的。

⑤ 可注意到,时间有时是描述为“伸出的”(“protensive”),不是“外延的”(看《形而上学》p. 37),而且康德在这里把关于外延的数学局限于几何。

⑥ A163=B204。

⑦ 即“Grösse”。严格地说,量就是德文的“单纯重大”(die blosse Grösse)或“一般的重大”(Grösse überhaupt);比较一下A717=B945和A242=B300。

量这个纯粹范畴(又称总体性[①])——我曾下定义为同质东西[②]的综合这个概念——可称为“量”(“quantitas”)[③]。其图型化的范畴我曾称为外延量范畴,而下定义为在时间与空间里的同质东西的综合这个概念[④]。虽然,据我所知,康德并不用这个短语,但是其图型化的范畴是可称为“外延量”(拉丁文的“quantitas extensiva”)的[⑤]。

在其里面有量(quantitas)显现出来的具体例子自然就被称为限量(quanta),而“限量”这词是康德用于空间与时间这两者的(只有这两者是原始的限量[⑥]),而且又用于经验性的对象,就它们是在空间与时间里扩张的来说的。其实我们可以这样来表达公理的原理本身:一切出现都是外延量[⑦]。

如我们已曾指出的[⑧]那样,康德惯于用具体的词以表达概念;而这个范畴可以没有任何区别地被当作量(quantitas)这个概念,或作为一般限量(quanta)这个概念,或者乃至被当作一个限量这个概念[⑨]。

到此为止,并没有实在的困难。但是 quantitas 又可以用作一特种的实例,其中是有 quantitas(这个范畴)的,而且我们是能谈到复数的

---

① 总体性在其本身包括着多数性与单一性这两个契机,而确定说是数(作为图型)所属的范畴;看 B111。十分奇怪,在《一切未来形而上学的导论》第二十一节(Ⅳ 303)里,当康德作出量(Quantität)的三个契机时,他谈单一性作为尺码或单位(das Mass),多数性作为大小量(die Grösse),而总体性作为整体(das Ganze)。同样在《形而上学》p31-32 里,他把“限量”(quantum)主要是和多数(multitudo)联系起来。也许这就是他的“无限是限量而不成为一个整体”这个学说的一部分;看本书第十五章第二节。也许(像“实在性”的用作质这个范畴一样)它是没有特别的意义的。

② 看本书第三十三章第二节。

③ 看 A142=B182。同样的用法是含在 A146=B186 里的。

④ 康德不够确切地把图型化范畴与纯粹范畴分开,但是在当前这段里,他所与之有关的显然是图型化的范畴。这里的“在时间与空间里的同质东西”就是时间与空间的纯粹同质的杂多。

⑤ 在《形而上学》p. 32 里,他谈到量(quantitates)作为外延的和内涵的,但是那里的用法是具体的,不是抽象的。

⑥ A725=B753。

⑦ “外延量”这词有时译为“大小量”(magnitude)。这就易于把它和量这个范畴的联系弄模糊了,而康德是用“magnitudo”在一个不同的意义上的;看《判断力批判》第二十五节(Ⅴ 248)。

⑧ 本书第九章第四节。

⑨ 最后的用法是在 B203 所用的。我们可加上“外延”这词来弄清楚我们是谈到图型化的范畴。

quantitas 而成 quantitates 的。我们必须把这样的 quantitates 和 quanta 区分开来[①],虽然它们有这个共通的特性,就是它们都能验前在数学里被构成。quanta 的实例就是几何的有空间性的图形[②]和种种持续[③]。这些都是既有单纯的量而又有一种质的——在有空间性的图形的情况下,那种质就是形状或模形[④]。当我们全把质[⑤]抽去时,那时我们就有了 quantitates,而康德把它与数同一起来[⑥]。我理解这些是包括代数的常数与变数以及算术的数的[⑦]。

这里的困难的唯一来源就是"quantitas"(量)这词既表示共相,而又表示这个共相的某些特别的实例,即数;但是我担心还有另一种复杂性。我用我自己的方法来说,虽然康德并不用这个短语,说是我们能把任何一个限量(quantum)、乃至一个经验性的对象,作为本身是一个量(quantitas)来对待。我们这样做依靠的是抽去它的一切质,而且当我们测量它时,即当我们问它是多么大时,就是这样的[⑧]。答复这个问题的方法,只能说这个限量含有多少个单位,而这个答案必须是用数的[⑨]。这样一个量,虽然不是一个数,总是包含着数和它与测量的一种标准或单位的比较的:我认为它更好是被称为一个有确定性的限量。一个限量一看便能识别,而毋须和任何东西相比较[⑩],但是我认为那时它乃是一个无确定

---

① 我们可以不去管那些情况,是不分皂白地使用这些词的。例如《形而上学》p. 32,quantitates 明白是包括 quanta 的。

② A717=B745。

③ A720=B748,A724=B752。

④ "模形"是德文"Gestalt"之译;看 A720=B748。康德没有说持续的相应的质是什么,因他对这是不那么感兴趣的;但我认为凡是持续都有一向度这种质的。

⑤ "质"是德文的"Qualität"或"Beschaffenheit"之译;看 A720=B948 和 A717=B745。

⑥ A717=B745 和 A720=B748。比较一下本书第七章第六节。

⑦ 在《判断力批判》第二十六节(V251)里康德说,如果量的估定是用数的概念或代数里的数的概念之符号的,那就是数学的估定。在 A146=B186 里,数是量的现象(quantitas phaenomenon)。

⑧ A163=B204。在《形而上学》p. 32 上,康德说东西是量。

⑨ 我们当然可能要满足于用无了期前进的级数得来的近真值;看《判断力批判》第二十节(V251)。

⑩ 《判断力批判》第二十五、二十六节(V248 与 251),而又比较一下 A426 注=B454 注。一切量的估量都是相对于我们所采用的单位的,而最后它总是一个限量,本身不是在数学上估量为一个量的,而只是在感觉上用眼(或者我认为用触觉)在单纯直观里估定的。又比较一下 A240=B299。

性的限量。

每一个有确定性的限量，既然它是一个连续而前后相继的综合的成果，都是能(如我已曾指出①)这样来测量的，即在测量的过程中，每当我们经过了选定为我们测量的标准的那个单位的长度时，中断其综合的进程②。我们暂且可以不管连续的限量与不连续的限量之间的分别③，而且我们又可以不管有些限量不是外延的这个事实④。承认了康德的种种预先假定，我们就可认为他已经证明了每一个对象(在其一方面上)都必须是一个有确定性的连续外延量；我们总是能够用数或测量来确定它的客观量。

依我看来，这就是康德学说的本质。如果我们理解图型化的范畴只是和有确定性的外延量有关⑤，我们就能了解他为什么坚持要有综合的前后相继性，而且要有数的存在。只有靠计算或测量——这必然是一种前后相继的行动——我们才能确定任何对象的外延量。在这种情况之下，如在一切别的情况之下一样(虽然康德没有把他的见解阐述得十分清楚)，如果我们要为我们应用纯粹范畴提供正当的理由，就必须建立那个图型。图型化的范畴是在其本身里面把纯粹范畴与其图型结合起来的：它不但是关于同质东西的综合的一个概念，而且是关于时间与空间的同质杂多之前后相继综合的一个概念⑥，正是借助这个时间与空间，一个对象才能在量上相对于它的广袤而得到确定。

不必说，我们并不需要测量一个对象才能把它当作一个对象；但是在把它当作一个对象的过程中，我们是预先假定它是可测量的。我们验前知道一个对象是必须有外延量的，但是我们并不是验前知道一个

---

① 看上面的第四节。

② 任何东西的量可描写为我在空间与时间里进行的量；看康德的《形而上学》，p. 39。

③ 看 A526-527＝B554－555。

④ 看 A143＝B183 和 A170＝B212。

⑤ 我认为康德是有权利来随意下他的专门术语的定义的；而且依我看来，说我们只在我们有准确的测量这个限度内才能有外延量，这不是太不合理的。我自认我到了最后才发现这点——部分是从读林赛(Lindsay)院长论康德的书而得来的——但它好像替我解决了许多困难。

⑥ 我关于图型化的范畴与图型之间的区别仍然是有一些困难的，但是我不想白花时间在一些细微的区别上面。

对象所必须有的是什么外延量。只有靠经验性的方法才能确定它实际上的度量①。

9.算术的公式

算术(可把代数包括在内)乃是比几何更为抽象的一门科学,而所与之有关的,不是限量,而是量,这些量可一般地被描述为数②。

算术的命题都是有直观性的确实性的③,而且是依靠一种结构的;它们是综合的,而不是分析的。在7+5=12这个判断里,等式的左边给我们7这个观念,5这个观念以及一种操作(即加法)这个观念;但是我们得要用一种结构来完成那操作,然后才能得出那等式的右边来④。康德称这样的结构为符号,而且认为没有直观,它就是不可能的⑤。

依康德说来,在算术里不能有公理,而只能有公式⑥。算术,像几何一样,确是预先假定有一种纯粹分析性性格的某些一般性的原理——如果我们可以这样称呼它们的话⑦,例如等数加于或减于等数,所得出的数是相等的⑧;但是严格地说来,公理都是综合的。可是,算术的命题——

① 这些一般的考虑关于一切的范畴都是对的。很有兴趣的来注意到,在《补遗》LXX里,康德说明同质的杂多必须按照量这个概念来抓在一起,因为我们不能直观到空间与时间的作为空间与时间的本身看。我们不能直观到空洞的或绝对的空间与时间乃是一种理由是他反复举出,说明何以必须使用一切范畴的。

② 看A163=B204,A717=B745,A724=B752,并比较一下《判断力批判》第二十五、二十六节(V248起),又比较一下A146=B186。

③ A164=B205。它们在专门意义上是"明显的"。看本书第三十六章第三节。

④ 这里又一次,像在识得一个三角形一样,我们毋须做完7+1+1+1+1+1这个加法的过程,但是我们7+5的加法终究是依据这种过程的。在《补遗》LXXI里,康德鉴于在B16里所引入的讨论,提议删去坚持这判断的综合性格的说法。

⑤ 比较一下本书第七章第六、七两节。

⑥ A164=B204-205。

⑦ 康德自己在B16里称它们为原理(德文的Grundsätze),但马上就否定它们的作原则(Prinzipien)用。

⑧ 在B17所举的几何例子是:整体等于其自身,或a=a;或整体大于其部分或(a+b)>a。这些"原理"说是甚至在单纯概念里(nach blossen Begriffen),也是有效的;在数学里承认它们,因为它们是能在直观里"显示出来"的。这是又一例,说明分析判断不是"关于"概念——如Kinkel与Hermann Cohen所主张的那样——而是"关于"对象的。

像 7+5=12 这样的命题——虽然是综合的,但不是普遍性的,而一条公理必是普遍性的。所以康德称这样的命题为“数公式”①。

康德把 7+5=12 这个命题称之为一个单一的综合验前命题。他的意思一定是说,这个命题所原来与之有关的乃是这个 7 和这个 5,虽然他承认这些数的用法后来变成了普遍性的。我理解他的见解是说,当我们看到了这个 7 和这个 5 的和是等于 12 时,我们就能肯定任何 7 与任何 5 的和是等于 12 的②:我们毋须每一次都重复加法的操作。

另一方面,我们必须记住,几何的公理,虽然是作为普遍性的命题来表示的,而根据康德的理论,它们也是依赖于对个别实例的构造,如一切数学的命题那样,是无一例外的。数学之为数学是在个别中或者更确切地说是在个体中讨论普遍性③;而康德在这里所坚持的几何与算术之间的分别似乎仅仅是表达上的分别而已④。按他的见解来说,这两门科学同是处理个别的实例的;这两门科学同是按照原理来在验前构成这些实例的;而且这两门科学同是把它们的一些结论扩充到按同样的原理所构成的一切其他个别的实例之上。这之所以是可能的,乃是因为我们能够在个别的实例里看到:结论之所以产生,只是因为所用的构造原理⑤。

---

① “数公式”是德文的“Zahlformeln”之译。Schulz(在其《康德的批判之检查》即 Prüfung der kantischen Kritik, Vol. Ⅰ. p. 219 里)在 1789 年主张在算术里有两条公理,即 a+b=b+a 和 c+(a+b)=(c+a)+b。

② 可以反对说,只有一个 7(即 7 这个数),虽然是有许多组七个东西。依我看来,这是一种错误,因为我们每次说 7+7=14 就反驳了它的。只有一个七,但它有许多实例,我认为这也就是柏拉图在《理想国》所曾主张的学说。这确是亚里士多德认为是柏拉图的;看亚氏的《形而上学》A6,p. 9876,14 行起。但是这些问题是极其议论纷纷的,而关于我,不认为我有专门的知识的问题,我不想武断地说什么。

③ 看 A714=B742,又 A734=B762。

④ 我们能用不同的方法作成一个三角形,而作为一个数只有一个方法,这个事实一定和公理与数公式之间(或普遍命题与单一命题之间)的分别没有直接联系的。三角形的变化是依据三角形是两向度的形这个事实的;而我们在几何里需要有公理,可能是因为空间乃是多于一个向度的连续。

康德的另一种反对的意见——即如果我们称数公式为公理,在算术里就将有无量数的公理——是有效的,只要我们假定不能有无量数的公理的。

⑤ 比较一下 A715-716=B743-744 以及本书第七章第七节。

10. 数学对于经验的对象之应用

知觉公理的原理旨在说明纯粹数学的客观有效性：它是我们把纯粹数学用之于经验的正当理由。康德所争持的乃是一般性的，但是他的论证则局限于几何学①。他首先是用感性论的话语来陈述他自己的主张：经验性的直观只通过时间与空间的纯粹直观才是可能的，而几何关于纯粹直观所断言的东西必然无疑是适用于经验性的直观的②。为着充分了解他的学说起见，我们必须加上说，关于经验性的对象的知识所必需的综合一定包含有时间与空间的一种综合，而且康德及时提出了这一点。原是一切直观的必不可少的形式的各个空间与时间，其综合就是使领会成为可能，因而使外部经验成为可能，进而又使关于物理对象的一切知识成为可能；而纯粹数学关于空间（用它的验前结构）所证明的东西对于空间里的对象一定是有效的③。他认为：下述主张不过是诡辩，即数学上的线虽是无穷尽地可分割的，但是自然中的线都是由简单的部分或物理的点所组成的④。

所有这一切诡辩学说都依据这个假定，即认为物理对象乃是自在之物，因而不能验前知道是符合于不依靠经验而得到证明的那些理论的。承认了这种假定，康德就认为这学说是真的，而且补充说，按这种假定，几何本身就会是不可能的⑤——大概是根据这个理由，就是几何所处理的只会是我们自己幻想所创造出来的东西⑥。

对于主张数学的确只处理一个幻想的世界，而且主张对它有时为什么适用于现实事物没有任何已知的理由的那些人来说，康德这样的一种论证显然是不重要的。对于主张这样一种见解的人来说，康德的论证乃

---

① 他的没有处理算术是很值得注意的，因为量的图型就是数。

② A165＝B206。

③ A165-166＝B206。

④ 比较一下《未来形而上学导论》第十三节注一（Ⅳ288）。

⑤ A166＝B207。然而康德承认数学按牛顿的见解是可能的。

⑥ 《未来形而上学导言》第十三节注一（Ⅳ287）。在A165＝B206里，康德说，我们应该不承认空间的客观有效性，因而不承认一切数学的客观有效性，而且我们不应知道何以或者到什么程度，数学是能用之于出现的。

是一种以未证明的原理作为论据的论证①,而且无论如何,它太过朴素,不能对付现时的种种难题。然而我不相信,几何——无论是欧氏几何或任何其他几何——的能在验前发展出来,可是又是适用于现实世界,这是一种单纯偶然的事情。在纯粹数学的发展与其对于物理世界的应用,这两者之间必有一种可理解的联系,而那种联系的种种理由似乎应该在康德所曾提供的那种经验的分析里去发现。我们无法抹煞这个事实,就是我们的经验在本质上依靠以感觉为基础而为思想所控制的一种想象中的结构,而这种想象中的结构总是空间与时间或说空时的一种综合。不管康德的学说如何有待于修改,可是绝不能仅仅把它搁置一边就完事。

① 康德假定我们只能构成欧氏的空间,结果就是现实世界的空间和物理的空间必须是欧氏式的。

第三十八章　感官知觉的预测

1. 预测的原则

预测的原则是:在一切出现里,实在的东西即感觉的对象,是有内涵量即等级的。

这是第二版对这条原则的规定①,在第一版里,它是这样被规定的:在一切出现里,感觉,以及在其对象里与之相应的实在东西(拉丁文的 realitas phaenomenon),是有内涵量即等级的②。既然在第二版里所增加的论证是符合于第一版里的这条原则的规定的,表达上的变动似乎没有包含思想上的变动,而且我也看不出有什么理由要变动,除非是为着简洁起见③。

关于康德所用的名词,其意义是有某种不确定之处的,因而必须先考虑这些名词,然后我们才能估量他的证明。

"预测"这词可以用于一切知性原理④(其实可用于一切综合的验前判断):它们全都预测经验,而且在任何特殊的经验之前让我们知道那种经验的对象所必有的是一些什么样的必然特性。然而这词是特别适合于我们行将考虑的那条原则的。最值得注意的是,我们能够在其经验性的一边预测经验,而关于它的质料又有验前的知识,这种质料却必须是通过经验性的感觉被给予出来的⑤。

既然所有这些原理都是和范畴(或说图型化的范畴)对于对象的应用有关的,因此我认为我们可以这样理解"出现",即作为有确定性的对象之

---

① B207。

② A166。

③ 在这里和在知觉的公理那里,都是牺牲了没有变为不是康德学说一部分的细节而得到简洁的。

④ A166-167=B208。关于"类比"这词的类似说法,看 A180-181=B223。

⑤ A167=B208-209。公理的原则只处理与其质料相对立的出现的形式。预测的原则可说是处理出现的质料的形式的,这是一种本质上的特性属于质料之为质料的(而且属于感觉之为感觉的);而离开它所填满的时间与空间的;比较一下 A170=B218。凡是原则都必是形式性的,而目前的原则不是例外。在 A161=B201 里,康德自己指出各种预测都只是和质的形式有关的。

出现。在预测里①，我们考虑一种必须属于每一个有确定性的对象的特性——这里康德指的主要是物理的对象——而虽然我们抽去了每一个对象必然具有的其他特性来考虑这种特性，但是我们必须按照其他的特性来了解这条原理，而且我们确实不是考察感觉的性质自身，毫不顾及它是关于一个对象的感觉这个事实②。

康德把“内涵量”同一于“等级”③。它被定义为“只作为单一性来领会的那种量，而且在其里面的多数性只通过接近于否定＝0 才能被表现”④。一个外延量是空间或时间中彼此外在的一些部分(量)所构成的，而一个内涵量是一次作为一个整体被给予出来的。一尺由这么多的寸所构成，而一小时由这么多的分所构成，因为我们有各部分分开的观念，才能有整体的观念⑤；但是当我们经验到一度的热时，我们便有其整个的观念，而没有关于其各部分的分别的观念⑥。

---

① 我用这作为说“预测的原则”的较简短的方式。

② 关于这一般见解的进一步的发展，比较一下本书第三十七章第五节。

③ 看 A168＝B210。等级乃是一种质的等级(或说内涵量)，而所谓质——在这里没有下定义的——康德是指例如颜色、味道、热、重和抗拒这样的东西说的。看 A176＝B211，A174＝B216，又看《未来形而上学导言》第二十四节(Ⅳ306)。在 A173＝B215 里，不可入性又像是看作一种质，可与重相比较的；大概这是和抗拒相同的质。没有弄清楚，一切这些质是否在同样的水平上。在 A175＝B217 里颜色与味道说是感觉的质，而是和那与感觉相应的实在对比的；在 A176＝B218 里，质是同一于“出现的实在”(realitas phaenomenon)的；在 A173＝B215 里，不可入性与重(即拒力与引力的结果)含义上是和空间的实在同一的。为着力学的用途，康德把外感官的对象的“实在”或说“质料”和“动力”(德文的 bewegende Kräfte)，即拒力与引力的结合同一起来。看《自然科学形而上学初步》第二章(Ⅳ523)，而又比较一下 A265＝B320-321。我们必须记得，就康德来说，第一性的质在特别意义上是客观的，而不可入性——看《未来形而上学导言》第十三节注二(Ⅳ289)——与重大概是属于第一性的质的。比较一下本书第二章第一节。

④ A168＝B210。我认为这就说明康德在 A99 所说——每个观念，作为包含在一瞬息间的(即抽去各空间与各时间的综合的)，不能是别的而只是绝对的单一性。比较一下本书第十九章第一节。外延量也是一个单一体，但它的多数性是为彼此外在的部分所表现的。内涵量的多数性不是为彼此外在的部分所表现的，而每个等级都含有一种多数性，因为它含有一切更小的等级直降至零。康德说它的多数性是通过走近于零而得到表现，就是这个意思。

⑤ 看 A162＝B203。

⑥ 康德认为在经验到一度的热时，我们相继地而不断地从我们的出发点经过一切中间的等级过渡到最后的等级；但是在每个阶段上，我们面前都有一个等级是一整个而不可分割的。皮里卡(Prichard)在他的《康德的认识论》一书 p. 262 上指出，这对于速力来说是对的。“一英里能说是两半英里所构成的，但是每秒钟一尺这个速力虽然可比于每秒半尺的速力，但不能说是两个这样的速力构成的；它本质上是一个而不可分割的。”康德不用速力作为一种例证——我认为是因为速力不是直接可感觉得到的——但他在别处认识到它是一种内涵量，并指出它的各部分不是像空间的各部分那样相互外在的。看《自然科学的形而上学初步》第一章(Ⅳ493-494)。

康德的说明之中主要的困难是在于“实在”与“感觉”这两个词里。它们是指同样的东西,抑或是指不同的东西呢?在第一版里①的公式把这两者明白地区别开来了,而两版的论证也是这样做②。实在就是相应于感觉的,而相应于感觉的东西必不同于感觉本身。可是因为康德语言的粗心大意,连同下述事实,即他一直把他某些不适合于先验哲学的学说放在背后③,就使之难以确定“感觉”与“实在”的确切意义以及在什么确切意义上那实在是“相应于”感觉的。

看来会有三种可能:(1)感觉是我们感觉的活动而实在是感觉的材料(sensum)④;(2)感觉乃是作为心的变状看待的感觉材料,而实在乃是在感觉材料里启示出来或说被给予出来的对象的质⑤;(3)感觉乃是作为启示其对象的一种质来看待的感觉材料,而实在乃是填满空间并构成常识的固形物体与物理科学的实体的拒力与引力的能动力量(德文的bewegende Kräfte)⑥。

在这些可能性之中,第一种是不重要而可以置之不理的;第三种乃是

---

① 在第二版的公式只说作为感觉对象的实在有内涵量,但是没有说感觉有内涵量;然而甚至在这个公式里,其实也像是不同于感觉的,如果它是感觉的对象的话。感觉在本质上是主观的,虽然我们把它用作关于对象的知识讲——看《判断力批判》导言七(Ⅴ189)。

② 在第二版的论证里,康德没有说到相应于感觉的实在;但他却谈到“感觉的实在”;而且他说,我们必须与感觉的等级相应,把一种等级归于感官知觉的对象,这是就那感官知觉含有感觉而言的。他把对感官影响的一个等级归于对象也就是支持这个区别的。

③ 先验哲学是和“理性生理学”对立的,理性生理学就是关于身体与精神的验前科学,比较一下A171=B213;A846-847=B874-875;又下面的第七节。

④ 这从A172=B214得到某种支持。在那段里,每种在感官知觉的实在性都有一种等级,而每个感官(德文的Sinn)又有感觉的接受性的一种有确定性的等级。

⑤ 当我们实际上知觉到一个对象时,其感觉材料与质像是同样东西的从不同的观点来看;但是感觉材料只在感觉那瞬息间才被认为是存在的,而质是有一种我们用思想来确定(在空间与时间里)的半独立存在的。当我们看见白糖时,乃至不是在尝它,我们也是想它是甜的。这就是康德见解的简单叙述。它得要用另一种学说来加以修饰,就是第二性的质只在其对于个人的关系上才存在的,而第一性的质是对一切人都是一样的。一切这些说法都是预先谈到了类比的学说的。

⑥ 比较一下A265=B320-321,A273=B329,A277=B333,A284=B340。特别注意,在A265=B320-321里,出现里的实在(realitas phaenomenon)是与运力同一的,而在A273=B329里,它是与由于这种运力而来的自然中的阻碍及反动(德文的Hindernisse及Gegenwirkungen)同一的。

康德关于物质的力学理论的表述,而且严格地说来,在《纯粹理性批判》里是没有地位的;只有第二种可能是必须用来解释康德的论证的[①]。观察的预测所能告诉我们的,只是对象的质必有与我们感觉的等级相应的一种等级[②]。这就是那条普遍性的原理,而物质的力学理论乃是它的一种特殊的应用[③]。

观察的预测的原则所与之有关的是对立于对象的形式的质料,而在这里又有一种含糊之处。感觉本身被说成为质料,但通常被说成是直观的(或感官知觉的或经验的)质料[④];对象的质料乃是相应于感觉的东西[⑤]。康德心中所想的,至少部分如此,乃是物理科学所知道的物质——或者说物质的种种质[⑥];但是从整体来看,在预测里所讨论的对象的质料乃是所感觉到的对象之各种质,这些质是不同于对象的外延量,即不同于它的大小与持续也许还有形状的[⑦]。

总之,康德打算要论证的是:一个对象是多于它所占住的空间和所经过的时间的。作为充满着一定的空间与时间的来说,对象乃是实在的,而

① 如果我们采取这个解释,我们就能了解何以康德在"感觉"与"实在"之间不主张有一种判然的区别;说在感觉中有种种的等级,也就是说在感觉里所显示出来的对象的各种质里有种种的等级。

② 这是符合于上面所提出的第二种可能的;但是我们必须附加地说,有些质是直接在感觉里显示出来,而其他的质是由感觉推论而间接知道的。

③ 在《自然科学的形而上学初步》一书(Ⅳ523)里,力学的普遍原理说是如下——不单纯是空间的确定(位置,广袤与形状)的外感官对象的一切实在都可看作只是能运的力。这就取消固体这个想法,或者绝对不可入性的想法,而代之以物质这个观念所必需的拒力与引力。

④ 在 A42=B60 和 A167=B209 里,感觉乃是感官知觉的质料;在 A50=B74 里,感觉乃是感官性知识的质料;在 A267=B323 里,感觉乃是直观的质料;而又在 A167=B209 里,感觉乃是经验的质料。我们将会记得,在 A146=B186 里 realitas phaenomenon(出现中的实在)是本身和 sensatio(感觉)同一的。

⑤ A20=B34,A143=B182。我在这里只关心于现象性对象的质料。那质料的内部性质,如在自在之物里面那样的,对我们来说,是未知的。

⑥ 康德是把物质同一于实体的,而也许应把实在看作物质的各种质。在 A176=B218 里,质是同一于出现里的实在(realitas phaenomenon)的,而有等级的乃是质。在 A186-187=B229-230 里,康德指出,一种实体的种种确定或偶性(因而大概是质)都总是实在的;但是他警告我们要避免把偶性从实体分开这种危险,而且提醒我们,偶性只是实体存在的方式。

⑦ 形状不是一种外延量,但是(像广袤而又像位置一样),它是空间的一种确定,而反不是在抽掉了它所充满的空间上所考虑的实在;看《自然科学的形而上学初步》(Ⅳ523)。

充满空间与时间的东西必然是有内涵量或说等级的。

2.第一版中的证明

我们已经看到,"领会"包含有在感觉所予的东西的一种前后相继性的综合,因而也就包含有所予的东西所占住的各空间与时间的一种综合;结果就是,每一个对象必有其外延量。但是领会不止于就是各空间与时间的前后相继性的综合;而且我们能够抽掉这前后相继性的综合而把领会考虑为所予的东西的单纯瞬息间的"拾起"。所以我们就能说,在出现或说对象里,有领会的某东西,它没有一种以一部分加上一部分来产生一个整体的前后相继性的综合的。以这种方式上所领会的东西不能有外延量。

至少到此为止,康德似乎是正确的。他的意思并不是说,我们能够在一个单纯的时间与空间的点上,不涉及任何别的东西,就感觉到某东西①;那是完全和第二种类比的学说相反的。他的意思乃是说,当我们觉知到在空间与时间里的任何东西时,这东西必须有一种质,是不同于空间性与时间性的。我们觉知到颜色、味道或抗力;而且不管我们把它们当作感觉的材料(即我们心的变状)还是当作对象的质,它们总是填满时间与空间的,而它们的完全不存在就意味着时间与空间是空洞的②。当时间(与空间)是填满时,我们就有实在(即 realitas phaenomenon 出现中的实在);当它是空洞时,我们就会有虚无,即=0。

可是,康德断言,每一个感觉都能减少,以致它能削弱而逐渐消失。所以在实在(即出现中的实在③)与虚无之间,或者在任何所予的感觉与感觉的完全不存在之间,存在着许多可能的中间感觉④的连续的系列⑤。

---

① 我不认为康德主张我们不相继地经过红的颜色之各部分就不能觉知到这色是展开的:他所主张的是说,我们除了相继地经过它的各部分,是不能确定它的范围的;看 A426 注=B454 注。

② 当然康德并非暗示说我们能知觉到空洞的空间与时间;自始至终在原理里,他的整个论证是依据我们不能这样做这种见解的。空洞的时间与空间最多不过是一种单纯的限度。

③ 康德称为"出现中的实在"(德文的 Realität in der Erscheinung)等值于"realitas phaenomenon"(出现的实在)。

④ 这连续的联系或等级既存在于感觉里而又存在于对象的质里的。

⑤ A168=B210。这里的"联系"是英文的"sequence"按原德文的"Zusammenhang"之译。

这就是说，在任何所予的感觉与这样一个中间感觉之间的差别总是少于所予的感觉与零之间的差别的①。因此，就有填满时间与空间的东西的或多或少，而这是不同于被填满的时间与空间的或多或少的。那就是说，感觉(和相应于感觉的实在)是有其内涵量或说等级的②。

在这个证明里没有涉及综合，但是我们已经知道，质的图型用时间这个观念，就“包含有”感觉(或感官知觉)的综合，而且使之“成为可表现的”③。这个论点是后来提出的④。不必说，除非所包含的是有综合的一种动作，按康德的原理来说，就不可能有关于感觉的任何验前知识。

3.第二版中的证明

感官知觉乃是经验性的意识，而且必须包含着感觉⑤。出现既然是感官知觉的对象⑥，所以就不单纯是纯粹直观，像空间与时间那样。其实在严格意义上，空间与时间是永远不能被知觉到的⑦。出现的空间与时间形式，离开纯粹直观，是不能被知道的，但是出现本身既含有形式，而又含有质料，即某一般对象的质料⑧。这种质料被描述为我们通过它来表

① 例如，如果我们看见一种红色，总是可能有一种较浅的色，而还是红的。看 A169＝B211。

② 这应与在 A143＝B182-183 里的论证相比较。在那里康德指出一种感觉能充满或多或少，同样长的时间一直到它完全停止，所以从实在到无有一种联系(Zusammenhang)，或更确切地说一种连续的过渡(Übergang)；而这就是说，实在必须认识为离开时间的限量(或空间的限量)的一种限量。

③ A145＝B184。

④ A175-176＝B217-218。它也在 B207-208 里所加的证明里提出来。

⑤ B207。严格地说，一个对象的经验性意识不必含有那对象的现实感觉，但感官知觉就必是如此。

⑥ 要成为这样的对象，它们就必须为思想所知道，如它们为感官知觉所知一样。

⑦ 这里“知觉到”是英文“perceived”即德文“wahrgenommen”之译，这德文的动词是与感官知觉，即德文的“Wahrnehmung”相应的，关于空间与时间的这个论点是没有在第一个证明里提出的；它在全部原理里是一再重复的。

⑧ 康德所说的是“一些质料”(德文的 Materien)。我猜想他是指对象的各种不同的质说的，他又是涉及他的这个见解，就是每一个个别对象都是在一个一般的对象这个概念之下而被思想的。

现某东西为存在于空间与时间[①],而且说是感觉的实在的[②];它像是在感觉里给予我们的一种质[③],而且为我们归之于对象的。

可是,从经验性的意识(或说感官知觉)到纯粹意识(或说纯粹直观)的一种连续的变动是可能的;实在(即时间与空间里所感觉到质)可以减少,而最后就从我们的意识绝迹的,而这样,剩下来的没有别的而只有关于时间与空间的纯粹杂多的一种形式的或说验前的意识了。因此,可能有一种综合是感觉的一种量(一种或多或少)的产物,从纯粹直观(=0 或说这种感觉的完全不存在)开始而达到任何特殊的量[④]。

所以感觉有其特有的一种量,而这种量不是外延的,而且由于[⑤]在感觉的作为感觉里[⑥]没有关于时间与空间的直观,而这样也就没有互相

---

① 一个东西的现实性的存在是依靠它和经验的物质条件,即感觉联系的;看 A218=B266。

② 康德在这里说明,虽是说得很模糊,他的所谓物质就是感觉的实在是什么意思。他谈到它(1)作为一个主观的观念,它给我们的只是主体是受到刺激这种意识,而(2)作为我们对于一个一般对象发生关系的。如果我们是要有感觉的实在,这两种东西同是必需的;比较一下 Benno Erdmann 的康德的纯粹理性批判的正文的沿革与修改的资料(Beiträge zur Geschichte und Revision des Textes von Kants Kritik der reinen Vernunft),p. 56。按这种见解,感觉,或者更确切地说,感觉材料,可在抽象上看作心的单纯改变;但是在其关系于一个对象而被带到范畴之下时,它就是感觉的实在,就是一个现象性对象的一种实在的质。当我们看见一种红色时,我们是看见它作为在空间的一个对象的颜色的;这不是单纯由于感官,而是由于我们借以按照范畴来完成那对象的想像力的先验综合的。

③ 种种的质都是在感觉里直接给予我们的,但是物理学能推论出其他不是在感觉里直接给予出来的一些质;比较一下 A226=B273。

④ 康德所述说的只是一种可能性。时间与空间就其本身来说,是不能被知觉到的,而只作为被填满的才能被知觉,而且我们不是从空洞的空间与时间开始,然后进而填满它们的。另一方面,我却认为康德确是相信,当我们睁开眼来看一个红色时,我们是从完全没有颜色,通过各种的等级,一直到特殊浓淡的一种红的;而且,若果我们在一个阴暗的日子看那红色,而忽然放晴,阳光照在那红色上,我们是不断地通过不同的等级,从暗淡到鲜明的颜色的。应该注意,能有从实在到无的过渡而又有从无到实在的过渡,但是康德所描写作为综合的过渡乃是从无到实在的过渡。如果这是一种综合,那么从实在到无的过渡,看来就像是从综合省去一些成分,可是它仍然是留下来的各成分的综合。

⑤ 康德举出另一理由说"感觉的为感觉不是一个客观的观念"。我不懂何以感觉的主观性是一种理由来说感觉不含有空间或时间的直观或说它必是一种内涵量——除非康德的意思其实是说作为主观的感觉只能是被"刺激"这种意识;比较一下 B207。

⑥ B208 有"在其本身"(德文的"an sich")一词。在这里我们又是和感觉在抽象上打交道。

外在的部分。所以它乃是一种内涵量,而它的发生是因为在领会里,意识能①在一定的时间内②从没有感觉过渡到所予量的感觉。既然关于对象的感官知觉总是包含有感觉(加在关于时间与空间的直观之上),所以我们就必须以一种相应的内涵量归之于这样的对象③。

我们希望康德所说的意思是:关于对象所感觉到的各种质——颜色,声音,味道等等,特别是阻力与重量,如果这两者能被称之为所感觉的质的话——必有其内涵量。我相信这是他的意思,但是他却忽然断言④这种内涵量乃是对感官的影响⑤的一种等级。这种说法可能暗示着康德的内心是有物理的物质乃是感觉的原因这个学说的⑥。但是这个学说在这里是与题无关的,而整个地说来,更好是假定这几个字用在这里是没有十分确切或明确的意义的⑦。

4.内 涵 量

我们暂且把我们的感觉是物理对象所引起的这个见解搁置在一边吧。即令如此,康德的知性原理还有待于详细加以阐述⑧,而且他的论证

① 康德又是谈到一种可能性。

② 从感觉的无过渡到一个所予的等级是花时间的,不管这时间是如何短促,这个事实就说明我们只由抽象才把内涵量从外延量分开。在过渡之中,每一瞬息间我们都有一个不同等级的感觉在我们面前。

③ “这样的对象”像是“这样对象的各种质”的省略,但这是应有的省略,避免它便是学究气。

④ 这可以和他在B225里的同样忽然的说法比较一下。他在那里说自然中实体的限量不增也不减。

⑤ “影响”(Einfluss,influxus,或actio transiens)是一个实体对另一个实体的作用之术语,因而是表示特殊一种因果作用的。比较一下鲍姆嘉顿(Baumgarten)的《形而上学》第二百一十一节(XVII 71)。

⑥ 同样的学说在第一种证明里也有,如果把这证明看作一直到B211的第一段的话,然而在那里只是顺便地提到它,因为(如康德在A169=B210里所指出)这原则与因果作用毫不相干。

⑦ 如果我们认为对象的质是在感觉里直接被给予出来的,那么就不是不自然地不严谨地说,质是感觉的原因,而且说对象对于感官是有不同程度的影响的。

⑧ 例如声音有大小、高低与音色。这一些都全有等级吗? 或只是其第一种? 类此的区别也能在颜色里,或者可能在其他的质里分辨出来。最好像是认为康德在这里所关心的只是声音大小的等级和颜色深浅的等级;但是还有别的连续的等级——如音调的高低——其对于内涵量的各等级是应考虑的。

的意义并不总是确定的。然而我们可以说，他注意到了经验中的一种重要成分，这个成分至少有点像是验前被知的①。

毋须说，我们不能验前知道，任何特殊的色调是必须在自然中发现的。我们所能在验前说的，最多不过是从浅过渡到深的色调，我们必须经过一切中间的色调。如果一位心理学家告诉我们说，并没有这样的过渡，而且我们的感觉是不相连续的，那么我一定会认为我没有条件反驳他②。可是我很难相信，我对于可感觉到的各种质的等级的信念是单纯由于经验的概括。无疑我离开经验，就不能有这样的一个信念；但是正如我所知道的，当我看见一条线时，有更短的一个条件是可能的，同样我像是知道，当我看见一种色调时，一种更浅的色调是可能的③，而且知道那浅色是能填满同样的面积，并经过同样的时间的。而且这样说似乎也是合理的，即在任何所予的色调与无色调之间，有无限的种种可能的浅色调，正如说在任何所予的线与零之间是有无限的种种可能更短的线的。时逢今日，我们尽可慢点断定我们是验前知道任何东西的，但是，是否有任何根据来说，这两种说法之中，一种是验前知道的，而另一种则不是呢？而且我们真的能这样说吗，这两种说法的任何一种的根据与勿忘我草的颜色是蓝色的这一陈述的根据一样明显？

康德相信预测的原则，像公理的原则一样，是有直接的或直观性的确实性的④，而我认为，如果它只要有确实性，我们就必须同意这确实性必

---

① 十分奇怪，这是部分为休谟所承认的，休谟说——违反了他的哲学的中心原理——如果一个人从没见过某一特种的蓝色的深浅，而一切别的色调如果都是摆在他的面前，“从最深的递降至最浅的”，他会能够有漏掉一种色调的“观念”，即令那是绝没有为他的各感官传达给他的。看休谟的《人性论》第一卷第一部分第一节。

② 物理的刺激能逐渐加强，过了某一定的时间然后我们才认识到可感觉到的质有任何的变动，但是我怀疑那是否证明感觉的变动是不连续的。即令变更不是知觉得到的，而感觉还可能是随着刺激不断在变化的，我们能注视一个动的物体到某个时间——例如注视着太阳或表的针——而没有识别到其位置有一种变动，这种事实并不证明其变动是不连续的；而我认为关于所知觉到的对象的质的变化，同样的原理也是有效的。

③ 即令康德自己认为他不能更有所说，但是这像是所需要来辩护的他所争执的了。他相信一切变动的连续性——包括等级的变动——是能证明的；但是他不包括这样一种证明在先验哲学之内(看 A171＝B213)，这个事实暗示着变动的连续性可能不是他目前的论证所必需的。

④ A160-162＝B199-201。

须是直观性的。但是就康德来说,这样的直观性的确实性是含有在直观里构成一个与概念相应的对象这种可能性的意思的,而这就立刻引起一些困难了。他自己的学说乃是,质都是不能验前被构成的①,可是他又断言,我能验前确定,即构成太阳光的感觉的等级,其方法是把月亮的大约200000 照度结合起来②。

我们也许可和休谟一样承认,我们能在想象中,把一种颜色的各种色调之中的间隙填满;但是,如果我们只熟悉什么是一个月亮所产生的光明,我们就显然不能在想象中造出 200000 个月亮所会产生的光明,也不能验前知道这种程度的光明不会让人什么都看不见。可是这样的一些考虑是与题无关的。康德所关心的不是我们在想象中所能造成的意象到什么限度,这是经验性的心理学所要决定的一个问题。如他所说,他关心的是一种数学综合的规则③。如果我们有一尺,我们就知道如何构成200000 尺长的一条线,但是我们不能没有现实的经验而就知道这样的一条线像什么样子④。与此相类比,我们可以主张,不能说我们能在验前构成太阳的实际上的样子,而只能说我们知道这样一种结构的原理(或说图型—Schema)⑤。康德的意思必然只是说,我们能在抽象上构成那个等级,即在等级的尺度上定出它的地位,而这样来使之成为可计算的——不是说我们对一个所予的质,能想象到每一个可能的等级⑥。

我们也许会欢迎这样的更充分的说明,它是关于要求得到这原则证

---

① 看 A714-715=B742-743,并比较一下康德的《逻辑导论》Ⅲ(Ⅸ23)。

② A179=B221。这像是包含着这个意思,即设有特殊一种质,我就能验前构成它的不同等级。

③ A178=B221;比较一下《判断力批判》第二十六节(Ⅴ251 起)里的量的数学评量与审美评量之间的分别。

④ 比较一下 A140=B179。

⑤ 这是为康德在 A175-176=B217 里的断言所支持的。康德在那里是说,实在的意思所指的单纯是一般经验性的意识里的综合;而又在 A723=B751 里他说,(就各个可能的感觉是属于统觉的统一性来说)我们关于它们的综合,在验前只能有一些不确定性的概念。比较一下 A143=B183,在那里,实在的图型,作为就其是填满时间的某东西的量来说,乃是时间里的实在之不断而一律的产生;又看 A720=B748。

⑥ 又比较一下康德在 A161=B201 里所说的:在出现的验前确定里,我们只关心于一种质(或一种量)的形式。在 A176=B218 里,他说,关于出现的各种质,我们验前所知道的只是它们有一种等级——一切其他都是留待经验的。

明的直观性的确实性的，而且也欢迎关于它的细节上的更精密的讨论。我们特别要知道更多的关于想象中的具体构造与数学的各种抽象的构造这两者之间的关系①。可是，如果我们知道从任何所予的强度的等级到零，是有一种不断过渡之可能的(正如从任何所予的线或面积或体积到零有一种不断的过渡之可能一样)，我们就知道有可能来测量这样的一种等级(正如有可能来测量一条线，或一个面积或体积一样)，而且这样的测量却是能用数来表达的。康德的企图要成立的只是这个论点——即数学可应用于出现②。他没有充分地阐发这两种情况的差别③，但是，据我所能看到的来说，他的学说是正确的④。

5.质的综合

可能有人认为，康德关于领会的等级，没有权利来用“综合”这个词，而且他没有能够把这类的综合和时间与空间的性质联系起来。

第一种反对意见，依我看来，乃是关于术语的意见，而且，如果综合的意思是指把一种多数在统一里抓在一起说的，那么既有外延的综合，就一定也有等级的综合；每一个等级都是统一中的多数，由于虽然它是一个不可分割的整体，但是它含有在它与零之间的一切更小的等级。

第二种反对意见是更严重的。我们最多只能说，如果我们要觉知到实在的对象，或者乃至要觉知到空间或时间的一个实际上有确定性的部分，那么时间与空间必须有对感官给予出来的实在来充实⑤。我们很难验前断定，如果这种实在要充实空间与时间，它就必须是有等级的⑥。

---

① 我们不能知道如何构成一条200 000尺长的线，除非我们是能够在想象中实际上构成一些短的线，而我认为关于等级，同样的原理必是有效的。

② 看A178=B221。

③ 最重要的差别之一就是，在测量例如热或重的强度等级之中，我们是把它改为用外延量的名词来表现的；我们在一种情况下使用温度计而在另一种情况下使用天秤。

④ 关于这个学说的辩护，看Cassirer的《康德的生平与学说》，pp. 191-194。

⑤ 这就是何以康德能谈到质的图型是一种时间确定。我们只通过时间里的感觉(或说实在)的综合才确定实际的各个空间与时间的。然而(作为把等级外加于实在的) 这种综合的性格像是不依靠时间(或空间)的性质而得到证明的。

⑥ 康德绝不自以为在验前的根据上反证了的原子与真空的理论像是提供一种可采取的另一见解——除非我们主张那种见解，由于它预先假定空间的一些部分是空洞的，它就不是关于空间是如何充实的一种理论。

我们借以构成我们在空间与时间的现象世界的想像力的先验综合，不单纯是空洞时间与空间的一种综合，而且是以在感觉里给予我们的东西来充实时间与空间，或者是感觉与时间、空间的一种综合。对像各种质的实际强度，像它的实在大小或持续一样，只有通过经验才为我们所知的[①]。然而，既然经验总是包含着一种先验综合，所以每一个对象就必有某种外延量与内涵量这两者，而且我们知道它必是如此的这种知识不是经验的概括，随时可以被推翻，但毋宁说它是一种综合的验前判断，而这判断肯定了这样一些必然的条件，没有它们，人类的经验就会是不可能的。这就是康德的学说，而且我认为不能把它作为显然站不住脚的而草草予以抛弃。

关于等级与实在性、否定性与限制性这些范畴之间的联系[②]，我已经尽可能提供了辩护——看本书第三十三章第三节——可是还有一两点值得注意。图型化了的实在性就是充满时间（与空间）的所予的质，而否定性就是所充满的空洞时间（与空间）。要有一个有确定性的对象，我们就需要这两者的结合。我认为康德是主张说，对象既充满时间（与空间）而又不充满时间（与空间），由于它的各种质有一种等级，而所有的不是更高的等级；所以为了在限制性这个范畴之下要有一个有确定性的对象，就有结合实在性与否定性（或说结合质与时间）的种种不同的等级。

然而只有当我们理解了康德关于物质的力学理论时，他的学说的全部意义才是明白的。他相信存在着两种动力的一种实在的对抗，这种对抗似乎是用时间与空间的名词所表示的逻辑的对抗，正如原因与结果的关系是用这些术语所表示的根据与后果的逻辑关系一样。充实空间的乃是物质，而康德却把它与能动的东西[③]同一起来；而物质是通过抗拒与吸引的动力之结合来充实空间的[④]。正是这些对

① 比较一下 A176＝B218。像对象的实际大小与持续一样，它是依靠自在之物的。我们心的性格只确定自在之物的对我们出现，是有某种的大小与持续而且有某等级的种种质的。

② 值得注意的是，预测的证明主要是指图型而言的，即不是指图型化范畴说的。

③ “能动的东西”是英文的“the movable”即原德文的“das Bewegliche”之译。

④ 因此，康德格外重视他所称为阻力或不可入性的这种质，而又重视他所称为重量的这种质。前者是显示物体中的抗拒力的，而后者是显示吸引力的。我们之觉知到常识所认为是硬性的，主要乃是通过物体（对于我们自己的身体和对于其他物体的）阻力。

立力量的真实的对抗说明了空间是如何被充实的，以及怎样在不同的等级上被充实。这就是对康德下述原则即一个实在的对象必须在限制性这个范畴之下来被思想而限制性是包含着实在性与否定性的结合的一种[1]经验性的说明——当然这说明不是在纯粹哲学里有其可能的一种演绎。

6. 对象的因果作用

当康德主张说，因为我们的感觉必须有一个等级，所以对象的各种质就必须有等级时，他在一定程度预先说到了他的实体与偶性的学说；当他论证说：因为我们的观念是按照统觉的必然统一性而综合或统一起来的，因此我们的观念（包括感觉材料）便涉及一个对象或一个对象的出现，上面所说的至少得到了他对对象的分析的辩护。说我们的感觉材料显示出实体的各种质或说偶性，只是这个学说的一种精细的说法以及用时间的名词所作的翻译；而且康德也许有权在他目前的论证里把第一种类比的学说留在后面[2]。

另一方面，以物理的实体为我们的感觉的原因的这种学说之与预测无关，正如以物理的实体为彼此中的变动的原因的这种学说一样[3]。如果我们猜想康德是论证说，我们首先是有一种感觉，然后才推论那感觉必为一个对象里面的某种质所产生[4]，我们就是完全误解他了。他并不是

① 只有考察康德的《自然科学的形而上学初步》一书，我们才能了解这整个学说，但是在力学那章里有一种的概述，即在一般的附录（Ⅳ523起）那里。在那里，空间的实在（一般称为固体）通过抗拒力来充实空间；吸引力对于实在来说是消极的（实在就是外感官的应有对象），因为它透入空间里从而取消了或说否定了固体（或者不可入的东西）；第一种力的为第二种的限制性就确定空间被充实的等级，康德相信这两种力的单独一种都会致使空间成为空洞。他会欢迎关于阳电与阴电的现代理论作为一种例证。

② 这又一次说明一切这些原理，虽然是要一条一条地来说明，却是结合在一起，而不得孤立地来考虑的。

③ A169＝B210。皮里士（Price）教授称第一种因果作用为“纵的因果作用”，第二种因果作用为“横的因果作用”，看皮氏的《知觉论》（Perception）一书，p. 86。

④ 在这里，如总是那样，任何企图想解释康德作为想要说明经验在时间上的发展都会导致错误。

主张有等级的东西(即感觉),其原因必须本身也是有等级的①。他所主张的乃是,在感觉里对我们给予或显示出来的对象的各种质必须是有等级的。没有在感觉里直接对我们显示出来的别的质,科学的思想是否能推论出来,我们在这里不必去讨论②。

可是康德确实相信,人类的感觉都是由一种物理的刺激所引起的③,虽然按他的见解来说,这种刺激是不能验前知道的:我们只验前知道,凡事必有其原因。任何特殊事件的原因只能由经验发现;正是借助经验,我们才发现一定的物理刺激是我们感觉的原因。

这种发现的正确方法不是康德要解释的事情,他也不企图去这样做;但是就算我们具有因果性这个概念而且觉知到一个物理对象的世界,然而当我们摔跤时,我们总是受伤,当我们走近火时,我们总是觉得暖,这个事实本身就足以暗示物理物体与内部状态之间的一种因果性的联系。康德为什么不接受任何说明引起我们感觉的刺激的性质或确定这些刺激的性质的方法的经验性的解释(如生理学或心理学所提供的),这是毫无道理的④。

7.连续性的学说

康德阐明的其余部分⑤详细阐述了他的一般性理论,而且指出了它

① 在B208里关于"对感官影响的等级"的说法不应在这种意义上来解释。康德固然主张——看A168=B210——在时间与空间的实在可以看作一个原因,而且他说,实在作为原因,其等级称为"契机"(moment),是前后相继的,不是即时被领会的,例如在地心吸力的"契机"里。这样说,不等于说一个对象的外延量无关于因果作用,或者乃至无关于感觉的等级的因果作用。一个灿烂照明面可能引起同样等级的感觉如许多不那么灿烂照明到同一程度的面所引起的感觉;看A176=B219并比较一下A179=B221。在这个例证里,我们当然不应该是看光的直接来源,而是例如看一道墙,时而为一盏灯所照耀,时而为六支蜡烛所照耀,这样互相交替着。

② 比较一下他的见解,认为遍布一切物体的有一种磁性的物质,如果我们的感官是更精细些,就能知觉到它的(A226=B273)。

③ 例如比较一下A213=B260,其最后的原因或根据就是自在之物;看本书第二章第二、三两节。

④ 在皮里士的《知觉论》里第十章有关于这个问题的一种有价值的讨论。我们必不可想象所指出的这种说明是说明我们如何能知道物理的物体的:那种说明是预先假定我们是已经具有这种知识的。

⑤ A169-176=B211-218。

的种种应用。在解释上是没有多大困难的。

如果量没有任何部分是尽可能最小的,那就是说,如果没有任何部分是单纯的,那种量就说是连续的①。无论一个量是如何的小,在它与零之间总是有一个更小的量。康德认为他已证明内涵量是以这样的连续性为其特征的,因为在任何所予的内涵量(或说等级)与零之间是有一种连续的累进的。他现在就主张,既然时间或空间没有任何部分是尽可能最小的,所以空间与时间就是连续的(或说外延的)量。可见点与刹那都不是空间与时间的部分,而只是限度或说界线。空间的每一部分本身也是空间,时间的每一部分本身也是时间,所以空间与时间是由个别的空间与时间所组成,而不是由点或刹那所组成的②。例如我们不能说,一条线上的任何两点是彼此贴近的;它们要么是同一个点,要么这两点之间有一线,能在其中有一个中间点的。

这样描述的连续量,无论是外延量或者是内涵量,都是一种连续的、没有中断的综合的产物,因此它们就可被称为"流动的"③。当综合被打断时,就是当它停止了,然后重做,所产生的乃是一种集合。例如,如果"十三元"是指纯银的一种特殊重量(一个马克)说的,它就构成一个连续量,或说定量④,因为它没有一个部分是尽可能最小的⑤。如果它是指十三块银圆说的,它就是一种银币的集合,或一个数;因为它是由如此多的分离单位所组成,而每一个单位都是十三元这个总数的尽可能最小的一部分⑥。

康德主张,一切出现或说对象都必然是连续的量,这既是就它们的

① A169=B211。

② 我相信甚至这个学说,像许多其他的那样,是现代数学所对之提出异议的。

③ A170=B211-212。译文的"流动的"是根据英文的"flowing",即原德文的"fliessend"之译。

④ 康德在这里的意思像是含有——如又在A171=B212里那样——一个限量必然是一个连续的量,但是在A526-527=B554-555里,他谈到连续的限量(quanta continua)与分离的限量(quanta discreta)。

⑤ 康德相信物质像空间那样,是无穷可分割的。

⑥ 康德附加说,每个单位都是一个限量,因为单位是在每个数的基础上的。我认为他的意思是说,在计算对象之中,我们不去管它们的内部分别,而把它们作为同质的或说连续的来处理。数与集合的同一像是把数作为分离的来处理,而且像是处理数像它们只是整数似的。

(为它们所占住的空间或时间的综合所确定的)外延量而言的,又是就它们(为感觉的综合直接或间接确定的各种质的等级)的内涵量而言的①。他又主张——这是更为困难的一个命题——容易用数学的证据来证明一切变动(一个东西从一个状态到另一个状态的一切过渡)的必然连续性②。他在这里没有提供这样的一个证明——其理由就是这种证明是以经验性的原理为其先决条件的,而这样就是在先验哲学的范围以外,而属于他所谓的"自然的普遍性科学"③。可是在第二种类比里,他却陈述了那声称是这样一个证明的东西④。

8. 空洞的空间与空洞的时间

如果承认,在我们的感觉材料里和在我们的感觉材料所显示的对象的各种质里,同是有无穷无尽的种种等级,那么感官知觉、因而经验(经验就是通过所结合的感官知觉的知识⑤)就不能提供关于空洞的空间或空洞的时间的任何证明了。既然感官知觉总是包含有感觉,我们就不能知觉到空洞的空间或空洞的时间;而且康德认为,我们不能从我们知觉到的对象,或者从所知觉的对象的各种质是有各种不同的等级的这个事实,来

---

① A170=B212;A171=B212。

② A171=B212-213。

③ A171=B213。所谈到的科学,既然它是与先验的哲学对立的,大概就是理性的生理学(即拉丁文的所谓 physiologia rationalis),就其是内在的而不是超验的而言的。这两种科学同是思辨形而上学的部分;但是(包括纯粹理性批判的)先验哲学只处理适用于一般对象的概念与原理,而理性的生理学(或说理性的自然科学)是处理自然的;而既然自然分为形体的自然与精神的自然,所以这门科学就划分为理性的物理学与理性的心理学(拉丁文所谓 physica rationalis 与 psychologia rationalis)。理性的物理学比理性的心理学是这么大大地更为重要,因之它有时被看作自然的唯一形而上学的科学——虽然康德认为既有在谬误推理里反驳过的先验理性心理学,但又有一种内在的理性心理学。理性物理学说是体现,即以"意思与意义"给予先验哲学的。看 A845-846=B873-874;B17-18;B20 注;又比较一下《自然科学的形而上学初步》前言(Ⅳ467)以及《处理力学》的第三主要部分的最后评语(Ⅳ552-553)。

一切这点的困难乃是理性的物理学与理性的心理学所特殊的,而不是普遍的科学,而关于一般变动的讨论不能局限于这两者的任何之一。因此康德不承认它在他关于理性的物理学的讨论中有地位;看《自然科学的形而上学初步》(Ⅳ553)。

④ A206=B252 起。又看康德的《形而上学》,pp. 54 起。

⑤ B161。比较一下 B219。

推论出空洞的空间或空洞的时间——他甚至竟然说,我们不应为着说明一些现象的缘故而假定有空洞的空间或空洞的时间。他这样说,其意思只是说,我们不应假定空洞的空间与空洞的时间作为为着说明一些现象所必需的。

我们从经验中发现,当两个物体有同样的体积时,比如说,一个就可能比另一个重一些。我们从而就论证说,一个比另一个所含的物质要多些,而且我们易于假定那轻些的物体因之就必定包含有更空洞的空间。这原是原子论者的学说,而原子论者主张每个东西都是由原子与真空所组成的。这样的一个学说据假定是以经验为依据的,但是它实在是依据一个未经过考查的形而上学假定——就是充实空间的东西只能在外延量上有分别,所以如果一个物体轻些,它就必定含有少些的原子,因而就含有更多的空洞空间。我们一经承认同样的实在,能在或大或小的等级上充实空间,那么一个低等级的实在,就可完全充实一个高等级所充实的同样容积。因此,从同样容积的物体的各种质里的种种分别论证到空洞空间的这种推论是不合法的。

康德的论点,如他所说,必须当作是他的更一般性的学说的一个例证。他的那更一般性的学说是认为:充实有确定性的个别时间与空间的实在,不但在外延上,而且在等级上有分别。在我们讨论重量或阻力或热的性质时,我们就超出纯粹哲学的范围,而处理必须为经验所解决的问题了。原子论者的理论原是物质的一种机械论,莱布尼茨与康德均用一种力学理论来与之对抗。康德所论证的,不是说纯粹哲学能在这两种理论之间做出决定,而只是说,不应根据其实是一种形而上学假定的东西来排斥这个力学理论。在这点上,他无疑是正确的。

9.康德的结论

康德照例以一种简短的概述来结束他的论证。他再一次强调这个令人诧异的事实,就是我们能预测作为感官知觉的经验性成分的感觉,虽然我们之能这样做,只是关于它的等级的。他指出——这是由于他惯常的不小心而在第一版的论证里没有弄明白的——等级包含有所予的东西之综合，即我们能抽去外延量的综合而看作在每刹那间完成的一个综合①。最后他谈到一般的量，说我们验前只知道这些量所必具有的一种质，即连续性②；关于质，我们验前知道的只是它必有内涵量或说一个等级。

① 这和我们在时间里逐渐从小些的等级过渡到大些的等级（反之亦然）这个见解是一致的；看 B208。一切从前所经验过的小些的等级都是在任何刹那间在一个不可分的统一体里抓在一起的。

② 我不明白康德如何把它和他对于集合体的承认调和起来，因为集合体是分离量，虽然它们所从而组成的单位乃是连续量；看 A170-171＝B212。

第十卷

经验的类比

第三十九章　类比的原则

1. 这原则的系统表述

正如有一条公理的原则，一条预测的原则，所以又有一条类比的原则；但是由于在类比的原则里所叙述的综合比在其他两种原则里所叙述的综合更为复杂，所以康德觉得有必要首先述说各类比的一般[①]原理，然后才详细处理在其里面表明那一般原理的三条规则或说规律或说原则。必不可忘记，在目前的情况下，同在其他的情况之下一样，只有一个综合（或说普遍性综合的一个方面），而且这样的一个综合是包含着三个范畴的[②]。

在第二版里，这条原则是这样表述的：只通过一些感官知觉[③]的一种必然联系的表现[④]，经验才是可能的。

这种必然的联系[⑤]，或说关系（nexus），乃是想像力的先验综合所外加于所予的杂多之上的，而且是相关的，但异质的各种成分的一种联系；其所包含的一些关系乃是实体之间的实体与偶性、原因与结果和交互因果作用（或说交互作用）的关系[⑥]。所以各类比所与之有关的乃是必然互相联属的异质的一些成分的种种关系，而各公理与各预测所与之有关的

---

① 这里"一般"是英文的"general"，即原德文的"allgemeine"之译。看 A176 与 A177＝B220。

② 比较一下本书第三十三章第七节。

③ B218。这里"感官知觉"（德文的"Wahrnehmungen"）同值于"出现"（德文的"Erscheinungen"）。比较一下 B160。

④ "表现"是德文的"Vorstellung"之译，指"表现"或"想象"或"思维"说的。

⑤ "联系"即德文的"Verknüpfung"，英译为"connexion"，在 B201 注里和nexus（关系）同一，它是结合（德文 Verbindung）的一种特别情况，杂多关于其时间关系的一种结合。"联系"的必然性不应与在先验演绎里所证明的"结合"的一般必然性混淆。比较一下 Baumgarten 的《形而上学》第十四节（Ⅻ27）。

⑥ 这头两种关系是康德在 B201 注里所举出的例子。交互作用（即交互因果作用或说影响）这种关系把头两种关系结合起来。比较一下 B111。

不是必然互相联系的同质的一些成分①。

知性的原理是通过说明它们表达经验的条件而予以证明的，而只有通过这些条件，经验才成为可能的②。第二版所规定的类比的一般原则明言是要讲出这样一个条件的，但是它说漏了——也许是为了简洁起见——作为经验的条件的那"必然的联系"乃是在时间里的一种必然的联系，而且是与关于在时间里的出现的存在③有关的。这一点是在第一版的公式里强调的。其公式如下："一切出现，关于它们的存在，都是受着一些验前规则所支配的，而其相互在时间里的关系是按照这些规则确定的。"④

这些公式的主要论点是简单的。康德相信，经验的每一个对象必须在一个共通的客观时间里有其一个一定的或说有确定性的位置⑤；而且他相信，它之能有这样的一个一定的位置，仅仅是当它受到在那三种类比里所规定的时间中的必然联系的规则所支配。他的公式照例是不去管空间，虽然在类比中的主要事情是关于物理的对象。理论上强调时间（而牺牲了空间）结合着实践上关心于空间中的对象（而忽视了时间中的心理事件）乃是康德的论证的困难的一种来源。

2. 第一版中的论证

第一版中的论证表达得很模糊。首先是有一个简短的引论⑥，说明

① 看 B201 注。两个外延量或两个等级是同质的，而我们不能说有一个是的，其他一个就必是的。偶性不与实体同质，结果也不与原因同质，而我们就能说，有一个是的，其他一个就必是的。

② 比较一下本书第三十五章第五至六节。必然的"联系"乃是只有通过它，经验才成为可能的那个出现的综合统一性里的一特种成分，或为其条件；特别看 A156＝B195 和 A158＝B197。

③ "存在"是德文的"Dasein"。看 A178＝B221；又 A179＝B221-222，A160＝B199 和 B201-202 注。存在就是"在那里"，在时间或时间与空间里有一定的位置。

④ A176-177。康德是说"关于它们在一个时间里的相互关系的确定之验前规则"，这些规则也就是类比。

⑤ 相对论要求"一定"这词的重新解释；因为一个事件的时间可为不同的观察者用不同的方法来测量的。然而，如果这些测量都能相互调用其名词，而且如果我们知道了一种测量，就能验前说出其他的测量必须是什么，那么我就认为我们依然有权来说，每一事件都在一个共通的时间（或说一个共通的空间）里有其一定的位置。

⑥ A177＝B219。这是在本分节的末尾那里处理的。

为什么必须有三条规则来确定时间中种种出现的一切关系。这些规定也就是三种类比；而这些类比的一般原理，如一切其他原则的原理那样，是依据统觉在其各种不同表示或说方面之一里的必然统一性的。它依据这个事实，就是统觉的统一性，关于一切可能的经验性意识或说感官知觉，在每一个时间里都是必然的①。因此，它是依据一切出现关于它们在时间里的关系的必然统一性的②。除非一切出现（或说对象）在一个共通的客观时间里有关系，统觉的统一性因而经验就会是没有可能的。

如果我们承认它的一些预先假定——就是统觉的统一性乃是经验所必需的思想条件，而且时间乃是经验所必需的直观条件——在这个论点里，困难似乎就不大了；但是康德用一种简短的辩护来支持他的论点。原始统觉是和内感官（即一切观念的总和）有关系的，而且其实是和内感官的形式验前有关系的。我们应当指望这个形式就是时间，但是康德把它描述为“在时间里杂多的经验性意识的关系”。

时间作为内感官的形式来看，乃是由一些关系所构成的③，而且在这里好像是与我们的种种观念的时间上的各种关系同一的，虽然它通常被看作这些关系的条件④。无论如何，原始统觉是和时间作为内感官的形式有关系这个事实，也就含有这个意思，即我们的一切观念，关于它们的时间关系，必须在原始统觉里统一起来⑤。我认为我们可以补充说，康德的意思是说“关于它们的客观时间关系”的；因为他是使他的论点依靠这

---

① A177＝B220。统觉的统一性不限制于特殊一个时间，而是适用于一切时间的。比较一下本书第二十一章第五节。

② 这种推论的主要困难乃是康德模糊地加上的那个理由：“因为统觉的统一性乃是一切可能的经验性意识的验前条件”（原德文是 da jene a priori zum Grunde liegt）。依据某东西作为一种条件的东西毋须依据那某东西所限制的东西。然而统觉的统一性与出现东西的统一性可以说是相互为条件的；而且其实康德每每说成好像它们是同样的东西似的；例如比较一下 B134 以及 A108。如果引文的“jene”能向前指出现的综合统一性说的，论证就会容易懂些，但我怀疑这是可能的。

③ 比较一下 B67，在那里时间说是“含有”相继与同时而又（十分奇怪）永恒的这些关系，而且所“含有”的只是关系而无其他。

④ 看 A30＝B46。然而应该记得，康德在各公理与各预测里曾考虑过时间系列与时间内容；而现在他只明白地关心于时间秩序或时间关系；看 A145＝B184。

⑤ 比较一下 A99，B150-151，B152 和 B160-161，这一切都是准备我们为有目前的论证的。又比较一下 A142＝B181。

个事实,就是每个东西,如果它要属于我的知识而成为我的一个对象,就必须受到统觉的先验统一性的支配①。

这一来,在一切再现或说感官的知觉里②,必须有综合的统一性,即验前确定而是经验的一种必然条件的综合统一性,这种综合统一性表现于③这条规律之中:一切经验性的时间确定都必须从属于一般时间确定的验前规则,而这些规则也就是那三种类比④。

有三种类比的理由是在引论中交待的⑤。时间只有三种样式——即永恒性、前后相继性与同时性。因此,我们就需要为出现的一切时间关系提供三条规则;而按照它们,我们就能相对于一切时间的统一性去确定每个出现的存在⑥。这些规则是先于经验的,而且表达了经验仅在其之下才有可能的那些必然的条件。

应该注意,时间的三种样式似乎与关系范畴的三种先验图型相同一⑦:它们是有关于时序,即出现在时间里的秩序的验前确定的⑧。

3.时间的样式

在现代哲学里所用的"样式"这个词是没有任何确切的意义的,而且

---

① 这是先验演绎应用于时间关系的一般论证;比较一下B139-140。它所有的种种困难都是那一般论证的困难。

② 就康德来说,"出现的时间关系里的综合统一性"和"出现关于它们时间关系的综合统一性"是同样的东西。最简单的说法就是各出现必须在一个共通的客观时间里相互有关系。

③ 康德是说,它就是那规律。这条规律比那些是其体现的验前规则更为一般,更为终究——那些验前规则就是各类比。

④ A177-178=B220;比较一下A217=B264。又比较一下在A176-177里的第一版的公式;他在这里声言要证明的就是这个公式。如果我们是要确定任何特殊出现存在的时间,我们这样做时,必须符合于那些验前规则,离开那些规则,就康德来说,就不能有任何统一性在时间里或在时间的关系里的。

⑤ A177=B219。

⑥ 我宁愿说"在一个共通的客观时间里"。看来康德,总的来说,避免这样一种用法,也许因为它暗示着时间在其本身是一个东西而且是完整的某东西。

⑦ 看A143-144=B183-184,又看本书第三十三章第七节。康蒲·斯密英译A143=B183里的原德文的"Beharrlichkeit"为英文的"Permanence"(永恒性),而在A177=B219里则译为英文的"duration"(持续)。这就未能表示时间的这个样式与其图型的同一。

⑧ 看A145=B184-185。

常常是混乱的一种来源。在康德的时代，任何东西的一个样式是清楚地区别于这东西的本质、属性与关系的。本质由某些原本的而又是组织性的标志所构成，可严格地被称之为本质(拉丁文的 essentialia)。属性不是本质的部分，但是它们在本质里有其充分的根据而且是得自本质的。样式是这样的内部规定，它们在本质中没有其充分的根据，而且不是由本质派生而来的①。各种关系作为外在的来看，它们同样不在本质里有任何充分的根据，而且不是由本质派生出来的。例如一个人可能是有理性的(一种本质属性)，但既不是有学问的(一种样式)又不是一个主人(一种关系)②。

按照这种用法来说，一种样式显然是它是其样式的那个东西的一种特性或说一种确定。有一种更古老的用法，照着它来说，一种样式不是这样的一种特性或确定，而是依赖于它是其样式的东西③。例如笛卡尔谈到静止与运动作为空间的样式。

我们已经看到④，当康德谈到先验图型作为时间确定时，他的意思不是说它们是时间本身的确定或特性⑤，而反倒是说，它们是必须属于对象的确定或特性，这是就这些对象是有时间性的而且在一个时间里被结合起来而言的。当他谈到永恒性、前后相继性与同时性之作为时间的样式时，同样的一些考虑也必是适用的。他这样说，其意思不可能是说时间的本质是永恒的、前后相继的、同时的；而且同样不可能是说，时间可以是，但不必是，永恒的、前后相继的、同时的。反之，他的意思必然是说，只有在时间里，出现才能被设想为永恒的、前后相继的与同时的⑥。

---

① 因此，德文"样式"乃是"zufällige Beschaffenheit"(一种不必然的特性)。一个样式是"不必然的"(contingent)，因为我们能有本质而没有样式，虽然我们不能有样式而没有本质。

② 又比较一下本书第三章第六节。

③ 比较一下斯宾诺莎样式的定义：Per modum intelligo substantiae affectiones, sive id, quod in alio est, per quod etiam concipitur(所谓样式，我理解为受影响的实体，或说在别的东西而存在的东西，由这东西而被设想的)。时间不是一种实体，但是每一个对象的有时间性的特性都是依靠时间的：只通过它们是其样式的东西，即时间，它们才能是，或被设想，然而它们却不是时间本身的特性。

④ 看本书第三十二章第六节。

⑤ 无论如何，先验图型的定义就是这种争点的充分证明。

⑥ 这种用法接近于笛卡尔的用法。比较一下 A30＝B46，在那里时间的观念说是同时性与前后相继性的条件。

这样，康德就能够说，变动（或说前后相继）并不影响时间本身①，而只影响时间里的出现②；而且甚至于说，同时性不是时间本身的一种样式③，因为时间的各部分不是同时的而是前后相继的④。正是在前后相继性与同时性被说成是时间的样式时，它们才被说成是永恒的东西存在的方式⑤。

某些特性据说既是时间的样式，又不是时间本身的样式，这是混乱不堪的。康德应该清楚地说明，他的所谓“时间的样式”和“时间本身的样式”是什么意思；但是我在他的思想里看不出任何实在的不一致，在了解他的意思时有太大的困难⑥。

从第一次提到时间的样式⑦起，康德似乎就认为：这些样式同值于“出现的时间关系”⑧。他在提到前后相继性与同时性作为时间的样式之后，便明白地说到它们是时间的唯一关系⑨。后来他又把时间的三种样式等同于时间关系：（1）对时间本身的关系作为一种量（存在的量，即持续）⑩；（2）在时间里的关系作为一种系列（即前后相继）；而（3）在时间中

---

① 时间本身（德文的 Zeit selbst，Zeit für sich，Zeit an sich selbst）一贯是作为同值于绝对的或空洞的时间来处理的，特别是在说它是不能被知觉的这种说法里，比较一下 B207，A172＝B214，B219，B225，A183＝B226，A188＝B231，B233，A192＝B237，A200＝B245，B257，A215＝B262。

② A183＝B226。

③ 康德要就是在这里把“样式”不严谨地用作一种“特性”讲，不然的话，他的意思就是（这会是更前后一致的）时间的各样式不是空洞的或绝对的时间的样式，而是充实了的时间的样式。

④ A185＝B226。应该注意，康德在这之上马上附加地说，在时间本身里不能有任何前后相继；所以我们必不可认为这是说前后相继乃是时间本身的一种样式。可是相继和时间有一种特别密切的联系，因为时间的各部分本身是相继的。

⑤ A182＝B226。这看来是同值于作为永恒东西的存在的样式的（A183＝B227）。

⑥ 阿迪克斯（Adickes），康蒲·斯密沿着他的说法，在这里发现一种直截了当的矛盾，其解释只得按这种见解，就是康德把一些不同时代所写的笔记汇集起来而没有看到它们的不一致。

⑦ 然而应该注意到在 A81＝B107 里 quando（时间），ubi（地点），situs（地位），而又 prius（在前），与 simul（同时）都说是纯粹感受性的样式，康德以之作为是说时间与空间的样式的。在这里他又像是在一种接近笛卡尔的意义上使用“样式”这个词。

⑧ A177＝B219。

⑨ A182＝B226。又比较一下 A179＝B222，那里“时间关系”与“时间样式”像是等同的。

⑩ 这里持续像是同值于永恒性。

的关系作为存在的总和或总体①(即同时性)②。这些说法说明时间的样式不是时间本身的样式。

我认为，从这一切我们就可得出结论说，当康德断言永恒性、前后相继性和同时性为时间的样式时，他的意思不是说，严格地说，时间本身是永恒的或前后相继的或同时的——而他表达这个意思是说：永恒性、前后相继性与同时性不是时间本身的样式。他确是意指对象的永恒性、前后相继性与同时性只在时间里才是可能的，而且离开时间是不可想象的。康德认为，永恒性、前后相继性与同时性乃是必然在一切对象里(就其是在时间里的对象而言)所发现的三种基本的时间上的关系。

永恒性与前后相继性、同时性并不处在完全相同的地位，因为前后相继性与同时性可以被描述为永恒东西存在的样式，或说永恒东西存在的方式③。但是这个学说必须保留到我们考虑康德关于实体的说明的那个时候。在这里我们只关心康德在三种类比里的论证的一般性格。他打算要主张的大概是这样的——既然经验的一切对象都必须在时间里存在，它们就必须有永恒性、前后相继性与同时性为其特征；而且对象的这些时间性的特征，如果它们是客观特征的话，就必须是必然的，即必须按照一条验前规则而被确定的。无论我们是接受或拒绝他的见解，我们至少必须承认他企图应用先验演绎的一般性原理：就是说，把一个对象与一连串的主观出现的区别开来的东西，正是我们思想的性质以及通过时间的媒介而起作用的想像力的先验综合所外加于这些出现的必然结合。在各类比中应用那条一般性原理，这是他的学说的最重要部分；而且虽然康德认

---

① 这里“总体”是英文的“totality”，即德文的“Inbegriff”之译。

② A215=B262。这段说明何以康德说前后相继性与同时性是时间中的唯一关系，因为永恒性乃是对于时间的关系。在最后两个括号里的词原是德文的“nacheinander”与“zugleich”，而我们翻译为“succession”(前后相继性)与“simultaneity”(同时性)。康蒲·斯密取消了括号。

③ A183=B227；A182=B226。又一次，如我们在上面所曾看到，永恒性是描述为对时间的关系，而不是在时间里的关系。如果严格地来理解这点，永恒性就会是一种关系，而不是一种样式了；但是永恒性显然不单纯是时间与某种非时间性的东西之间的一种关系，因为永恒的东西必须在时间里持续而且通过时间而持续的。并且实体这个范畴说是归于关系的项目的，它是关系的一种条件，而不是本身含有一种关系的(A187=B230)，甚至没有这些说法，在其本身看来也是明显的，就是永恒性是不同于前后相继性与同时性的。

为：他的论证为关系的各范畴与判断的直言、假言、选言的形式这两者之间的联系所加强而丰富，但是论证本身依据的则是时间的三种样式以及客观性包含有按照统觉的先验统一性的必然结合[①]或说必然的综合统一性这条一般性的原理。

4.第二版中的论证

如我们已看到的，康德在第一版中格外强调统觉的统一性，虽然他阐述得十分清楚：出现按照统觉的统一性的时间关系的必然综合统一性，乃是经验一切对象的条件[②]。在第二版所增加的证明里，他集中注意在作为对象的条件的必然综合统一性，而且让我们记住一切综合统一性都是以统觉的统一性为根据的[③]。再则，他一般地处理这个论证，并没有重复关于时间各种不同样式的细目。

经验乃是经验性的知识：它是通过经验性的感官知觉来确定一个对象的。然而，既然它确定一个对象，在经验里所有的就必须多于经验性的感官知觉；还必须有感官知觉的一种综合。如我们从先验演绎所知道的，经验作为关于对象的知识（即不是单纯直观或感觉）所不可缺少的，乃是在一个意识里所予的杂多的综合统一性[④]。这种综合统一性乃是奠基于统觉的统一性而且是要有一个对象所需的条件的那种必然的综合统一性。

康德坚持说，不能在感官知觉里去寻找综合，我们更是不能在感官知觉里找到必然的综合统一性。在这条一般性的原理里，康德是和休谟意见一致的；但是在这里，他想到的主要（如果不是唯一的）是：要在异质的然而相互隶属的各种成分的联系或说关系里找到的那种必然的综合统一性，例如原因与结果。在其自身来考虑的感官知觉，是按照一种在其中我

① 如我曾说过，“必然联系”乃是这样的必然“结合”的一种特别情况。

② A177=B220。

③ B218-219。把这种强调的改变看作一种前后的不一致会是荒谬的。在第二版所增加的一些改变中，康德一般更强调对象，其理由我认为是因为统觉的统一性易于为人误解为单纯主观的。比较一下B139-140和B142。

④ 这是清楚地谈到统觉的统一性。

们不能发现任何必然性的次序来到我们面前的。领会——在这里总是和感官知觉密切联系着，如果不是与之同一的——乃是把所予的杂多单纯地拾起来并且放在一起；它本身并不包含任何观念，因为所予的一些出现是在空间与时间里必然联系着的①。

到此为止，康德只是总结先验演绎的学说。他现在就进而用两句话来发挥他的理论。其中的第一句以通常在他的论证的关键地方可以看到的那种奇怪的表达式与复杂性表现出来。

首先他把他的一般性的原理应用于他称为“在杂多的存在里的关系”之上。他的所谓存在②，意思是在时间里，而为了简单起见，我们可以说，“在存在里的种种关系”就是前后相继与同时的关系③。一个对象或是在另一对象之前，或在其后，或与之一块儿存在。既然经验是关于对象的经验，所以关于对象的时间关系的经验就是客观时间关系的一种经验。**在经验里，我们知道对象或事件的客观次序**，不单纯是我们得知道这些对象或事件的次序，或者我们靠没有制约的想象力的运用而能安排它们的那种次序④。

有鉴于先验演绎的学说——即客观性含有必然性的意思，而且客观

① 领会——如果我们可以用康德对于它的一般见解来判断——所包含的，就不止于在出现被给予出来的次序上把它们拾起来而且抓在一起。它把所予的出现在空间与时间里安排好，使得我们所能领会的不单纯是一连串的所予出现，而是一个经验性的对象，像一座房屋那样的。领会所不能给我们的，乃是这些安排或结合的必然性，而没有必然性，按康德来说，就没有一个客观的结合与一个单纯主观的或想象的结合之间的分别。而且这种必然的联系（那就是客观性或说在空间与时间里存在的标志）不单纯是在所领会的对象里边的必然联系，而是和这对象在空间与时间里与之有关系的其他对象的必然联系。

② 这里“存在”是英译的“existence”，即原德文的“Dasein”之译，意即“在那里”。

③ 永恒性，如我曾说过，是微有不同的地位的。

④ 康德说，我们在经验里知道“在杂多的存在里的关系必须是不像它在时间里被放在一起那样，而是像它客观上在时间里那样”。“它”这词大概在语法上是指杂多说的；而“放在一起”（德文的 zusammengestellt）这些词暗示着和“领会”的一种联系，在上面领会说是杂多的一种“放在一起的活动”（德文的 Zusammenstellung）。我认为一般的意思乃是，虽然在领会里我们把所予的杂多在某些一定的时间性的关系上“放在一起”——无论是在那杂多对我们被给予的次序上或者在我们在想象中所造出的一种次序上——但是在经验里我们却知道那杂多是在这些关系上，而不单纯是我们把它放在这些关系上的；比较一下 A191＝B236。康蒲·斯密把“Zusammenstellung”译为“放在一起的活动”，而把“zusammengestellt”译为“构成”。

的统一性(或结合)就是必然的统一性(或结合)——我们可能会希望康德马上断言:一种客观的时间性次序就是一种必然的时间性的次序(或按照规则的一种时间性的次序)。他宁愿采取一条更长的迂回道路来达到这个结论,而且指出,如果我们能知觉到时间本身——即空洞的或说绝对的,离开在它里面的一切事件的时间——那么这种结论就不会产生出来。可是,没有可能通过一种是客观的而又绝对的时间的直接知觉以确定事件的客观次序,因为时间本身是不能用感官来知觉到的[①]。

这样,康德就作出两种假定:(1)我们在经验里觉知到事件的客观次序;(2)我们不能知觉到时间本身。他论证说,所以我们之能确定存在,或说对象在时间上的位置,只是通过这些对象在一般时间里的结合,因而只是通过验前联系它们的一些概念。既然这样的概念总是包含着必然性的,所以经验只是通过感官知觉或说出现[②]的这种必然的联系[③]或说关系才是可能的。

5. 论证的种种假定

康德阐述的乃是在关于实体、因果作用与交互作用的详细证明里起作用的一般原理的一种概括的陈述。我们很难评判它,除非等到我们已经了解了各类比的那些论证之后;但是既然它声明是一个证明,它就值得受到考查,好像它是相对自足的。

首先关于它的假定——我们有权这样假定吗——(1)我们觉知到时间里事件的客观次序,(2)时间本身是不能被知觉的。

这第二种假定无疑是正确的;在康德的论证里,自始至终,它是一再

① 诚然有一种经验性的或说相对的空间,是经验的对象,而且能称为感性的,即可感觉得到的,由于它是用能被感觉的东西来表示(德文 bezeichnet)的;而且关于时间大概同样也必须如此。但是在那种情况下,我们所考虑的乃是个别的充实的空间与时间(而且我认为是没有确定性的),不是我们在思想里构成而作为一个整体对待,并且在其里面一切相对的空间与时间却有其有确定性的位置的那个唯一的绝对的而无限的空间与时间。看《自然科学的形而上学初步》第一章(Ⅳ481-482)。

② 那必然联系的各种不同形式是(1)永恒实体与常变偶性的联系,(2)原因与结果的联系,与(3)相互因果作用的实体的联系。

③ 我理解感官知觉在这里是同值于出现的。

被重复的[1]。我们所知觉得到的不是时间本身，而是时间里的变动，而且我们测量时间，不是就它的本身来说，而是靠那些发生在其里面的变动。我们是否有权来假定我们觉知到时间里的事件的一种客观次序呢？

我认为，几乎不能否认：我们似乎至少把事件的次序与我们最终在其中知道这些事件的次序区别开来了；而且即令康德所说的不过是我们经验的一种分析，那还是正确的。谈到我自己，我甚至不能看到我们怎样觉知到——如休谟承认我们是觉知到的那样——时间里一连串的出现，除非我们把我们知道了这件事的时间与我们所知道的东西的时间分辨开来。觉知到任何事件的前后相继性乃是现在觉知到已经过去的东西。

甚至在我们能想象的最简单一种的经验里——即一种经验，在其里面的对象只是时间里一连串的出现——我们还是能把出现的客观次序与我们的知道活动的主观次序区分开来。在这样的一种情况之下，出现的次序是和我们的知觉活动的次序同样的，但是不同于我们记忆活动的次序；因为我们能够先记起一件较晚的事，然后再记起一件较早的事。记忆不是单纯回想到一种过去的事，而是把它作为过去的来想起，即想起它在过去时间里有一个或多或少确定的位置，因而（由于我们不能知觉到时间本身）想起它发生于某些事件之先而在其他事件之后。有记忆就好像是能在过去的时间里随意向前或向后移动。

可能有人责难说，我们记忆的活动或认识的活动，其次序之为客观的次序是正像所予的出现的次序一样的。这是不错的，但意思只是说，我们能够把我们自己认识的活动变成我们认识的对象；而康德能够，而且事实上把这个真理作为他的学说的一部分来主张。然而还得要把我们认识活动的次序与我们所认识的东西的次序分辨开来，因而为着这种分辨的缘故而用“主观的”与“客观的”这两个词不是不合宜的。

康德在他的心里可能也有这个事实，即我们能够把一些事件想象为[2]，

---

① B225，A183＝B226，A188＝B231，B233，A192＝B237，A200＝B245，B257，A215＝B263。在各预测里也有同样的假定，看 B207 而且比较一下 A172＝B214。这假定不发现于公理里面，但是康德在栏外的一些随笔暗示着这个假定在那里也是可用的；看 Erdmann 版《补遗》LXX。我们必须使用量这个范畴，因为我们是不能直观到空间与时间的从它们本身来看那样的。

② 比较一下 B233，又 B140。我认为这第二种的区别，即实在的与想象的之间的区别，可以是关于或者发生在主体里面的事件的次序，或者是关于发生在对象里面的事件的次序。我们既能构成对象所经过的想象中的故事，又能构成我们自己心理的经过的想象中的故事。

而且甚至思想为在一种次序里而不同于它们实际上发生的次序的。在这里我们也是有一种与客观的次序相对立的主观次序,而不承认这种区别就是想把人类经验搞乱。然而大体上,就康德来说,主观的次序乃是事件在主体里面发生的次序,而客观的次序乃是事件在对象里面发生的次序。

所以我提出,康德所作的假定是合法的而且是必需的,因为没有这种假定,就不能有任何经验,乃至最初步的经验①。至于康德认为包含在这个假定里的一些细节,其考察必须留待下文。

6.论证的结论

康德的结论是在三个阶段上作出来的。其第一阶段上的结论大概不会被人们否认。承认了我们觉知到时间里的一种客观的次序,而又承认了我们不能知觉到时间本身,那就只有"通过对象在一般时间里的结合",我们才能确定这些对象在时间里的位置②。对象存在于其中的时间是由这些对象对于其他对象的关系而确定的,而这其他的对象在对一切对象所共通的唯一而同样的时间里,是按在先、继起和伴随的方式存在的。

康德第二个论点就是这样的:"通过对象在一般时间里的结合"来确定它们在时间里的位置,就是通过验前联系着③一些对象的概念来确定那位置。

这是这个问题的批判解答,而且康德认为是剩下来的唯一可能的解答;因为我们已经否认了单凭感官知觉就能确定对象的时间位置这个见解④,而且否认了我们关于绝对时间本身有一种直接的知觉这个见解。经验性的直观和纯粹直观都不能说明我们关于时间是客观关系的经验,所以我们就必须在别处来寻找一种说明。如果我们要通过在一般时间里

---

① 在先验演绎里也作出同样的假定(特别看 A139-140=B141-142)。

② B219。康德是说"对象的存在",但是存在就是在时间里的位置。

③ 注意从更一般的"结合"(德文 Verbindung)这词过渡到"联系"或"关系"(nexus)(德文 Verknüpfung)这个更特定的词。我认为虽然有这种术语的分歧,康德在两种情况里都是想到"联系"的。这个"联系"乃是在时间里的一种联系,而且同样可描述为时间里杂多的一种客观的联系;比较一下早见一点的在 B219 里的"在杂多的存在里的关系"。

④ 即使完全没有康德关于综合的一些特别见解,也应该很明显,我们感官知觉的次序不是我们平常认为是时间里的客观事件的东西的次序。

的对象的结合来确定客观的时间位置，那么我们之能这样做，只有通过不是得自经验性的直观或者纯粹直观的概念；而且这些概念必是验前即不依靠经验把对象联系起来的。

这些概念怎样在验前联系对象（或对象的杂多），其意思在这里是没有得到说明的。我认为我们不但按照这些概念来思想（更确切地说是直观）①对象的这个联系：实际上这个联系是思想的心所外加于那杂多的。

康德的见解乃是，我们都自认为经验到的客观的时间联系在经验里被发现，只是因为它们都是知性所外加的。更确切地说，这些联系都是那按照知性的范畴在同一个时间与空间里把一些出现结合起来的想像力的先验综合所外加的②。例如在一切经验里，我们把所予的可感觉的种种的质③作为时间与空间里的永恒实体的偶性综合起来。我们这样做，乃是按照思想的要求，而不是按照感官的传达；而且，如果我们不这样做的话，就不能有像经验这样的东西，而"客观的时间位置"也不能有对我们来说的任何意义了。

要等到经验高度发展时，我们才能弄清像"实体"和"偶性"这样的概念的性质的；而更没有把它们的起源归之于思想的要求。这些事实（康德既没有忽视它们，也没有否认它们）作为对他的学说的批评是不适当的。甚至当我作出像"这原是青的苹果现在是红的了"这样一个简单的判断时，我不但是用想像力的一种先验综合，按照实体与偶性这个范畴把所予的杂多结合起来：我在我的判断本身里又预先假定了这个范畴。

康德的第三个论点乃是，这样验前联系对象（或对象的杂多）的概念都是包含有必然性的；因而经验（作为关于时间里的一种客观次序的经验）只是通过这必然的出现联系，或说关系（nexus）的表象④才是可能的。

---

① 比较一下本书第三十二章第五节；关于概念与直观的关系，又比较一下本书第九章第五节。

② 不难看到，统觉的统一性包含有时间的统一性以及时间里的一切对象，而且除非这些对象是为想像力的先验综合在某些一定的方式上所结合起来的，这种统一性可能是不可能的。主要的困难乃是要看到这些不同的结合方式是怎能由于反应思想的要求而被外加上的。关于在关系项目下的思想这些要求，看本书第十四章第八节和第三十四章第三节。

③ 或者无论如何是给予于外感官的可感觉的种种质。

④ B219。"表象"（德文的 Vorstellung）在这里是概念作用。

这第三个论点不过是所已曾说过的东西的一种扩大而已。一种验前的联系必须是普遍的而且是必然的:这样的联系,其概念也就包含着必然性的①。康德没有考虑这联系可能纯是任意的这种可能性。如果是这样的,那就不能有任何时间里的客观联系,而这样也就没有经验了。而且事实上,康德已经在先验演绎里曾自认为一般地说明过客观性是包含有必然性的。在后文里,他将论证时间里客观联系的各种不同的形式是必须包含着必然性的②。

可以观察到,在这种情况下,第二版的论证,由于是更一般性的,是正确地放在第一版的论证之前的。它只是主张,时间里的各种出现的必然联系乃是经验的一种条件。这样的必然联系有三种形式,而且这些形式的每一种都有不同的规定,这个事实乃是一般的论证的进一步的发展。

7. 这论证的一般性格

永远不得忘记,各类比的证明,像其他原则的证明一样,是依据经验的可能性的,而经验被当作"知识,在其里面一切对象终之③必须是能被给予出来的,如果关于它们的观念是要对我们有客观实在性的话"④。康德明白地说,关于是自在之物的那些对象,各类比是永远不能被证明的⑤。他又说,企图有一种独断的类比的证明,即直接从概念来证明,这会是完全无用的⑥。我们尽管分析我们关于对象的概念,但是永远不能靠单纯的概念从一个对象与其存在过渡到任何别的东西的存在,或存在的样式⑦;例如我们永远不能由"事件"这个概念的分析,来证明每一个事件必须有一种原因。就康德的意见来说,各类比的证明与实在论以及理

---

① 比较一下 A2 以及 B3-4。

② 特别看 B233-234,在那里有目前的论证的一种平行。

③ 这里"终之"是英译的"in the last resort",原德文的"zuletzt"之译。这个修饰语是对于有些对象,如电子,是太微小所以不能直接对我们的感官给予出来这个事实说的吗?看 A226=B273 而且比较一下 Price 的《知觉论》,p. 297。

④ A217=B264。

⑤ A181=B223。

⑥ A216-217=B263-264。比较一下 A736=B764。

⑦ A217=B264。

性论都是不相容的;而且他相信,其实,实在论和理性论关于实在或因果作用或交互作用都无法提出证明。

正因为康德的证明是依据经验的可能性,所以无论他是从统觉的统一性,还是从客观的时间关系的统一性来进行论证,都是无关重要的事情;因为任何一种客观性所必需的综合统一性都是以统觉的统一性为根据,而统觉的统一性只在对象的综合统一性里表明出来,而尤其是在对象的时间关系的综合统一性里表明出来。康德求援于经验与其可能性作为"第三物",是唯一能说明综合验前判断的正当理由的①;而且因为经验的本质形式都是在于一切出现的统觉的综合统一性②,所以他就能发现现象界中一切存在的必然时间确定的验前条件,而离开这些条件,一切经验性的时间就会是不可能的③了。这些条件都是验前④在综合统一性的规则里表达出来的,而只有通过这些规则,各种出现的存在才能关于它们的时间关系获得其综合统一性⑤。

总之,如果出现是要成为对象在同样一个客观时间里的出现,诸类比就是必须控制一切出现的规则。在其里面一切对象存在的那个时间的统一性乃是以统觉的统一性为根据的,而统觉的统一性只有按照规则在综合里被表现出来⑥。然而关于时间的存在的综合的种种规则,其特殊性格至少部分为绝对时间不能被知觉得到这个事实所确定。如果绝对时间能被这样知觉,我们大概就能以这个时间为标准而立刻确定⑦,而且"好像在经验上似地"⑧确定对象的时间位置了。由于绝对时间是不能被知觉的,我们的确定对象的时间位置,只能靠它们在时间里的相

---

① 同上引的 A217=B264。比较一下 A155=B194 以及 A259=B315。

② 我认为康德在这里应该另谈到时间乃是一切我们直观的最终形式。时间与统觉的统一性乃是那些最终的条件,只有通过它的经验才是可能的。

③ A217=B264。又比较一下 A177-178=B220。

④ A217=B264。

⑤ A215=B262。这个意思是说,比方没有因果律就不能有客观的前后相继。我认为"规则"在一切这些段落里都是指类比说的,而不是指我们按照类比而发现的自然经验性规律说的。

⑥ 比较一下 A216=B263。

⑦ A215=B262。

⑧ B233。我以为在某方式上这个意思是指类似于经验上的观察说的。

互关系,而我们按照着来这样做的规则乃是任何时候而且每一个时候都是有效的[①]。

当我们考查过这些证明的详情的时候,我们就将有更好的条件来估定这个学说的价值。在这里我只是说,康德至少是有一个真实的而且重要的问题;因为即令我们不接受实体与因果作用这种概念,我们也应该有所说明,我们所谓既不同于我们认识活动的次序而又不同于单纯想象所引起的次序的那种称为事件的客观次序是指什么说的。

① A216=B263。在这全段里,我都把"规则"当作也是指类比说的。

第四十章　类比的特别性格

1. 类比是制约性的

康德关于类比的特别性格所进一步说明的[①]几乎就等于我们所已经知道的一种更精密的叙述而已[②]。

数学的原理是和出现有关的，或者更确切地说，是和时间与空间的综合以及出现作为对象[③]的出现的知识所必需的感觉之综合有关的。类比所与之有关的乃是出现作为对象的存在，也就是，出现对于它们存在的彼此的关系[④]。康德断言，我们能验前不但构成出现的外延量，而且又构成其等级[⑤]。我们不能构成没有对我们给予出来的出现的存在，虽然我们能从所给予出来的东西推论出某种存在；例如，我们能知道所予的事件必有某原因，但是离开了经验，我们是不能说那原因必须是什么东西[⑥]。

因此之故，数学的原理就说是“组织性的”；就康德来说，组织性的总

---

① A178＝B220起。

② 看A160＝B199起和本书第三十六章第二节。

③ 关于谈到对象，看B111和本书第三十六章第二节和第三十七章第五节。

④ A178＝B220。这像是和它们在时间里相互的相对位置同样的。

⑤ A178-179＝B220-221；比较一下本书第三十八章第四节。康德在A178＝B220-221里所说的特别是模糊的。“某东西在出现里被领会的方式能够这样被确定，使得综合的规则能在来到我们面前的每一个经验性的实例里立刻在验前作出这种直观，就是能够从那实例使它存在。”“验前”这两字我认为是和“作出”相连而不是(如康蒲·斯密所认为的那样)和“直观”相连的。我译德文“daraus”这词为“从那实例”：这是康蒲·斯密的译文所遗漏的。康德在这里是涉及验前构成一个经验性的直观的外延量与内涵量这两者的可能性的。我不了解他关于经验性的实例所说的种种；但是我认为他所必定想要说的，不是我们能在验前构成那经验性的直观，而是我们能在验前构成包含在那直观里的量和等级(因而构成其数目)。比较一下A714-715＝B742-743。

⑥ 这种说法是在A766＝B794里说得更详尽的。我们验前不能知道太阳光是使蜡熔化而使泥土硬化的；但是我们能在验前知道，如果蜡熔化，必有某东西在这之前，遇见到它，熔化就按照一定的规律而发生的——我认为所说的规律就是凡事必有原因。

是含有构造的可能性这个意思的[①]。类比都单纯是“制约性的”;它们告诉我们必须在经验里去寻找什么,但是它们并不使我们能够在验前构成它。

2.“类比”的第一种意义

因此,在一种数学的类比(或称比例)与康德的经验的类比之间是有分别的,虽然两者都是和他在别处称为在关系上的一致的东西有关的[②]。数学的类比乃是公式,表达两种量的关系(或说比率)的相等;而正因为我们能构成量,所以我们就能在有了比例中的三个项时,确定其第四个项[③]。经验的类比却与两个质的关系有关;而既然质是不能构成的,所以我们就不能在有了三个项时构成其第四个项[④]。我们所有的只是一条规则,它可用来在经验中寻找其第四项,以及它由以被分辨出的标志[⑤]。例如我

---

① “构造”又含有直接的确实性或说“证据”的可能性的意思。看本书第三十六章第三节。

② 德文的“Analogia”是和德文的“eine Übereinstimmung des Verhältnisses”(关系的一种一致)等同的;看康德的《形而上学》,p. 90。

③ 如 $2:4=3:x$,我们就能说 x 必须是什么。

④ 类比无疑是和质的关系有关的,但是量这个因素也不能忽视,如康德坚持说实体的量既不能增加又不得减少所说明的那样(B224)。很奇怪,他不讨论原因与结果在量上的等值:也许他认为这在他关于实体的说明里已充分指出了。联系到因果作用的谈到外延量与内涵量两者的地方见于 A168-169=B210,A176=B217 和 A179=B222。在这最后的一段里,他像是含有这个意思:就是,比方,设有结果于此,我们能说在它之前必有一种原因,但是在验前我们既不能说那原因是什么,又不能说它的量是什么。我不知道他会怎样对付这个反对的意见,就是我们是能知道原因在量上是等值于结果的。几乎是可以说,我们能够构成原因的存在与其量,但不能构成它的经验性的质。康德当然是正确地主张虽然我们也许能够验前推论出某这种或那种的存在物,但是我们不能确定地知道它;那就是说,我们不能预测在它与其他存在物之间的分别,因为这种分别只对经验性的直观才显示出来的。看 A178=B221。

⑤ 我认为所说的“标志”就是永恒性、规律性的前后相继和规律性的同时性——即三种的先验图型。比较一下 A136=B175。康德后来——在 A203=B249 里——暗示着在时间里的次序乃是我们借以分辨原因与结果的唯一经验性的标准。假使那样的话,他所关心的乃是已知是在因果上有联系的两件事,而唯一的问题只是哪是原因,哪是结果。然而我们可以认为原因的标志就是它总在其结果之先。毋须说,单靠这点是不足以确定任何东西的原因的;例如夜不是日的原因。如果康德是写一本论归纳法的专著的话,他就不得不详细讨论那些条件,是我们必须在其底下才有权来说 A 是 B 的原因的。可是他所关心的乃是十分更一般性的某东西,即正当的理由来相信世界是因果作用所控制的。把类比作为一篇关于归纳逻辑的论文来处理,其结果不能是别的而只能是误解。

们知道结果对于原因就像蜡的熔化之对于 x[①]:我们不能在验前说 x 必须是什么,但是我们知道它必须有总是先行于这种熔化的这个标志。

3."类比"的第二种意义

还有另一种意义是"类比"这词适用于我们目前与之有关的原理的。康德用一句话逐渐引导我们到这个意义上来,而他声明这句话是适用于一切原理的,而尤其适用于类比[②]。类比只在其经验性的用途上,而不是在其先验的用途上,才有其意义与有效性的;那就是说,只在其用于可能经验的对象上才有其意义与有效性,而不是在其用于自在之物的[③]。因此,我们关于它们的证明只能是涉及它们的经验性的用途,而且出现一定不是直接[④]统摄于范畴之下,而是统摄于范畴的图型之下。

从对先验图型的讨论中,我们已熟悉了这个学说[⑤],但是康德在这里是用一种极其详尽而复杂的方式讨论它的[⑥]。然而他的主要论点是比较清楚的。例如,当我们说,结果对于原因正如蜡的熔化对于 x,我们这样说,只是由于必然前后相继这个图型;而在这样做的过程中,我们是把必

① 蜡的熔化当作"结果"的一例,而 x 作为"原因"的一例,这个事实的意思就是说,两者的关系就是因果关系的一例。也许更好的是说,蜡的熔化比 x 正如其他事件比它们的原因。

② A180=B223。康德在 A166-167=B208-209 里关于"预测"作出一种类似的述说。

③ 看 A139=B178 和 A146=B185;要有更充分的说法可比较一下本书第十一章第四节,又第五十四章第三节。

④ "直接"是原德文的"schlechthin"即英文的"directly"之译(A181=B223);比较一下 A138-139=B177-178。

⑤ 特别比较一下本书第三十四章第一至第二节,又第三十五章第一节。

⑥ 看 A181=B223。康德所说的非常多用关系代名词,是可指许多不同的名词说的。注释家关于这些所指的是什么,采取不同的见解,而且甚至觉得不得不加以订正(也许不无理由的)。也许没有可能来确定康德的词的正确意思,但康蒲·斯密的翻译除了两句外,依我看来,是充分说出了康德的思想的。以"但这样的统一性能被思想……"开始的两句之中,其第一句我认为是可怀疑的,而第二句我认为是不可能的。我不确知其正确的翻译,但我认为康德的意思是要说像这样的某东西的:只有在图型里才能思想出现的综合;纯粹范畴所含的这种综合的形式(即统一性的作用)是抽去了一切限制性的感性条件的;那就是,它含着这种综合的形式作为一般的杂多的一种综合(不是作为时间里的出现之综合)。比较一下本书第三十二章第六、七节。我把"一般的综合"理解为同值于"一般的杂多的综合";比较一下 B129-130,B144-145 与 B150-151。关于纯粹范畴所包含的东西,看 A138=B177;关于图型化范畴所包含的东西,看 A139-140=B178-179。

然跟在后面的对于必然在其之先的关系作为类似于在纯粹范畴里所想过的后果与根据的关系来对待的①。我们按照经验的类比来结合时间里的出现,其方法是类似一般杂多在判断的直言、假言与选言的形式上,而这样就是在关系的纯粹范畴上所得到结合的方法②。

我认为这样说就等于说,图型是纯粹范畴的类似物:在时间里的出现的杂多的综合统一性(这是在图型里思想的)则类似于一般直观的杂多的综合统一性(这是在纯粹范畴里思想的)③。在这个学说里,没有东西是实在新的,而只是一种表达康德一直所教导的东西的新方式④。既然这些原理只能在其经验性的用途上被证明,而且既然出现之能被统摄只是直接在图型之下,所以我们在应用这些原理于出现时,就必须用图型来代替范畴,作为它的用途的锁匙,或者更确切地说,我们必须把图型与范畴放在一起作为它的限制条件⑤。

我认为这个学说对于一切原理都有效,虽然它尤其是对于类比来说是如此⑥。它是否乃是表达康德的一般学说的一种特别有价值的方法,这是另一个问题。这样假定也许是合理的。"经验的类比"这个标题之为康德所选定,主要是由于他在这种联系上归之于"类比"这词的第一种意义。

① 我们可以扩大我们上面的"类比"为这个形式:蜡的熔化∶x=必然在后∶必然在先=后果∶根据。

② "靠这些原理,我们就有正当理由来只按照一种与概念的逻辑性的和普遍性的统一性的类比把出现结合起来";A181=B224。又比较一下 A147=B186 以及 A142=B181。

③ 例如终究的主体比它的述项如不变的或说永恒的比时间里的常变的;后果比根据如必然在先的比在时间里的必然在后的;诸如等等。

④ 康蒲·斯密(《解义》,原文 p. 358,绰然中译本,p. 382)说"它含有这个意思,即实体性的存在与真正力学的活动只在本体的范围内,而不又是在现象的范围内发现",依我看来,这种说法是由于误解而来的。这已充分为康德在 A146-147=B186 里所反驳了。

⑤ A181=B224。这里康德的正文里有一些我毋需去讨论的困难,但他显然是说,只有图型化的范畴才能用于对象。

⑥ 比较一下康德在(A180=B223)这段的起头所说的。这个说法毋须包括这段的全部,但是在那论证里没有任何东西是暗示着局限于诸类比的。如果范畴,按其本身来说,是必须具有相关联物——看 B110——俾得能进入一个类比里,那么康德的学说就不会是适用于数学的原理的了;但是我在他的论证里没有看见任何这种征兆。我认为范畴与图型之间的类比在关系的范畴里更为明显,部分是因为范畴与图型都有相关联物,而部分是因为我们不是那么会把范畴与图型在那里同一起来。

第四十一章　第一种类比

1.永恒性的原理

“在出现的一切变动中,实体是永恒的,而且它在自然中的量既不增加也不减少。”

这是康德在第二版中的公式。实体的量这样的说法在今日一般被认为是不适当的;但是它至少是想把康德的学说阐述清楚,因而值得按其原有的优点加以考虑。

第一版的公式并不涉及实体的量。“一切出现都含有永恒的东西(实体)作为对象本身,而又含有无常的东西作为它的单纯确定,也就是作为对象存在的一种方式。”

两种传统的实体观就是(1)实体是一切述项的终究主体,和(2)实体是变动的永恒基体。康德认为第一种看法正好包含在实体观念本身里面,而且是以判断的直言形式所暗示的。在我们把它改用时间的名词来说时,实体就变为常变的述项的永恒主体,或说变动的永恒基体。康德现在要证明的就是:变动实有一种永恒的基体,而且只有这样,实体这个概念才能有其客观的有效性。

康德认为实体(作为一种永恒的基体)是只属于外感官的对象的;而且虽然康德声言是讨论一切常变的出现,但是他证明的实在与之有关的却是外感官的对象。既然实体本质上是空间性的,而且空间的各部分既然是相互外在的,所以康德就主张,必有许多的实体,而且每一个实体都是由一些实体所构成的。因此,他不接受关于实体的第三种传统的见解,因为它把实体定义为自定的①。

---

① 这是明白地在康德的《形而上学》p. 34 上所说的。他不接受笛卡尔的定义:“per substantiam nihil aliud intelligere possumus quam rem quae ita existit ut nulla alia re indigeat ad existendum.”所谓实体,我可能理解的,只是这种东西,它的存在是无需别的东西而就存在的(见笛卡尔的《哲学原理》,第一部分,第五十条)。康德又说,斯宾诺莎主张同样的见解,而这也就是他的错误的来源。康德自己,谈到自我时,在 B407,B413 和 B417 注里,谈到实体作为一种自存的本质说的(原德文是 ein für sich bestehendes Wesen 一种自为而存在的本质)。但是就康德来说,“自存”不同值于“自足”:它的意思只是指不作为一种偶性而“依附”别的东西的一种东西,而是与以别的东西为“根据”相容的。

不得忘记——康德自己是一再这样重复的——他所关心的只是作为出现的实体(即拉丁文短语的 substantia phaenomenon 现象性的实体)。我们毫无理由来把终究的实在,或说自在之物,看作或是有空间性的或是有时间性的,或是永恒的或者常变的,虽然依人看来,它似乎是一些在空间里相互起着因果交互作用的实体的现象性世界。在我们的现象世界里,我们认识到,而且必须认识到:一些永恒的、有空间性的实体,其变动不得与在我们的感觉里的变动同一起来的,这是一个事实;而且甚至还有一个事实,即我们能够在物体的,尤其在我们自己的身体里,发现我们感觉的种种原因——这一切都未提供任何根据来认为:康德有时动摇了他的下述信念,即物理的世界和我们自己的心理经历都不过是对于人的心之一种出现而已。在这里,如总是的那样,他的经验性的实在论与先验的观念论不是冲突的倾向,其性质是他没有能够懂得的;反之,它们乃是他的哲学体系的本质的而相互依靠的部分①。按他的见解来说,只在整个物理世界是依靠人类的感受性与思想这个限度内,我们关于永恒的有空间性的种种实体才能有验前的知识。即令我们不能接受他的见解,即令我们否认这种见解是能在细节上前后一致地弄明白的,但我们也必须承认它至少在开始时是一致的。

2. 第一版的论证

Ⅰ. **我们对于出现的杂多的领会过程总是前后相继的,因而总是常变的**②。

按康德的观点,从这里,就可推定(1)我们单纯靠领会是永远不能把客观的前后相继性与客观同时性分辨开来的;(2)如果我们要作出这种区别来,而且其实如果我们只要确定时间里的种种客观关系③,**我们的经验**④就

① 比较一下本书第二章第二节以及第三十一章第十节。

② A182=B225。

③ 只有前后相继性与同时性才是时间里的关系。看 A182=B226。

④ Erdmann 所提议的订正(以"an ihm"代"an ihr"),其意思是我们必须把"杂多作为经验的对象"来替代"我们的经验"。我不认为这个订正是必要的,而且Erdmann自己把它只作为一种有问题的可能性来提出。"我们的经验"是等于说"我们的经验就其是关于客观的时间关系的经验来说"。

必须总是存在的，即常住而永恒的某东西作为它的根据或条件；而(3)一切客观的变动和同时性必须完全是这种永恒的东西存在的如此多的方式(即时间的样式[①])[②]。

Ⅱ. 既然同时性与前后相继性乃是时间里的唯一关系，而且既然我们只能把客观的同时性与前后相继性确定为永恒东西存在的方式，那么我们就能说，只有在永恒里[③]时间关系才是可能的了。

到此为止，康德的论证显然是——按他的原则，它也应该如此——从经验的条件论证到经验对象的条件。我们离开永恒的东西就不能经验到任何客观的时间关系，因而离开永恒的东西也就不能有任何客观的时间关系。

接下来，这个结论就用别的名词来予以重述。永恒的东西乃是时间本身的经验性观念的基体[④]，而只有谈到这个基体，时间关系才是可能的。

Ⅲ. 如我曾说过的，康德的结论前此一直是依据他认为是经验到客观时间关系的条件的。他现在就企图用一种依据时间的性质的论证来加强那个结论。

永恒性在一种特别的意义上是时间的性质的一种表达[⑤]，因为时间

---

① 关于时间的样式，看本书第三十九章第三节。

② 有关于这个结论的某种说明会是有利的。即令永恒的东西是我们经验到变动(或说前后相继)与同时性的根据或说条件，而这样也就是变动与同时性的根据或条件，是否就可推定变动与同时性就是那永恒东西存在的方式呢？这个子句在德文里的结构是不严谨的："……某常住而永恒的东西，其一切变动与并存只是永恒东西存在的如此多的方式(即时间的样式)"，这是康蒲·斯密的翻译，紧密地按照着原德文的。句中的"其"是和那整个子句不能紧密联系的，除非康德的意思是说"一切变动与并存的"；但这就会单纯地假定变动与并存就是永恒东西的变动与并存了。

③ "在永恒里"这个短语的意思像是不过指"在其对于永恒东西的关系上"说的。下面(在A183＝B226里)的同值的说法乃是"没有这种永恒的东西，就没有时间关系"。

④ 这个子句是难懂的，虽然它本来只是要重述已曾说过的话。"基体"没有下定义——意思像是指我们以它为标准便分辨出客观的前后相继性与同时性，因而，依康德说来，就是那东西前后相继性与同时性是它的存在的样式；比较一下A183＝B227。康德无疑心中是有着从亚里士多德而来的传统学说。依亚氏的说法，变动含有基体里一连串的状态。这种基体有时称为ούσια(质)，而且好像是实体的学说里的一个要素。"时间本身"不是经验性的，而"时间本身的经验性观念"意思像是指对象的经验性时间确定说的，我认为这是跟在后面的那个子句证实的。比较一下《自然科学的形而上学初步》(Ⅳ481)，在那里康德把"经验性空间"和外部对象的总体等同起来。

⑤ A183＝B226的"ausdrückt"兹中译为"表达"。在B225里，永恒的基体说是"表现"(vorstellt)一般时间的。

乃是出现的一切存在、一切变动的存在以及一切并存[1]的存在的不变的关联物[2]。

永恒性与时间之间的这种特别的联系，其种种理由似乎是这样的：

(1)变动不是时间本身的变动，而是时间里出现的变动。

(2)同时性不是时间本身的同时性[3]，因为时间的各部分乃是前后相继的，不是同时的[4]。

(3)虽然时间的各部分是一个跟着一个的，但是这并不使我们有权来把前后相继性归之于时间本身；因为如果我们这样做，我们就得想到另一个时间，是这种相继在其里面发生的。

所有这一切论证都像是要暗示，如果不是暗示着时间本身是永恒的，无论如何是暗示着：永恒性与时间的联系比前后相继性、同时性与时间的联系更加紧密[5]。康德加上了第四种论证，是和时间里的持续[6]相联系的。这个论证的性格是多少有点不同的。它并未主张时间本身是永恒的，反倒是主张离开永恒的东西，就不能有时间里的持续，正如不能有前后相继性或同时性一样。

(4)只有通过永恒的东西，在时间系列[7]的不同部分里的存在才获得被称为"持续"的那种量。如果我们考虑单纯的前后相继之在其本身，那么存在就在不断生生灭灭之中，而简直绝对没有量之可言了[8]。

---

① "并存"是原德文"Begleitung"(英译"concomitance")之译。这是与并存或同时性同值的。

② 德文的"das beständige Korrelatum"兹中译为"不变的相关联物"。"beständig"这个词暗示着永恒性。在B224-225里，时间说是内感官的永恒形式，而且甚至说时间是常住而不变的。

③ 康德说同时性不是时间本身的一种样式。看本书第三十九章第三节。

④ 康德尽可为了平行起见附加地说，同时的不是时间，而是时间里的一些出现。

⑤ 康德没有问，如果时间是持续的或说永恒的，我们是否应该要想到另一个时间，在其里面或通过它，时间才能持续的。

⑥ 这里"持续"是英文"duration"，即原德文"Dauer"之译。

⑦ 时间系列乃是一些时间(或时间的各部分)的系列，而时间次序乃是在时间里的东西的次序。看A145＝B184。

⑧ 它有——或说就是——在一个原子的"现在"里的单纯位置。过去与未来都不存在。严格意义上，永恒性包含着一直在时间里存在，而持续是在某时间里继续存在(A185＝B228-229)。如果一种持续是客观的，它就是在对于一切其他客观的持续的一种有确定性的关系上的，而这样也就预先假定有永恒性的。在抽象的片刻里，不能有任何持续(或说存在的量)，因为片刻不是时间的一部分而是时间的限界(看A169＝B211和A208＝B253)。然而在抽象的片刻里能有实在性的量或等级；看A168＝B210。

四个论证全都是要加强康德原来从经验的条件得出来的结论[①]的——即没有永恒的东西，就没有任何客观的时间关系是可能的。

Ⅳ.就其本身来说，时间是不能被知觉到的。

Ⅴ.所以永恒的东西必须存在于出现里[②]，而且必须是一切时间确定的基体[③]。

由此可以推定(1)在出现里的永恒乃是在同一个客观的时间次序里的种种出现的综合统一性的可能性的一种条件[④]；而因之(2)它乃是经验的一种条件，而这样就可证实为必然的。

Ⅵ.所以，在一切出现里，永恒的东西就是对象本身[⑤]，也就是，现象性的实体，终究的而不变的主体，一切常变的偶性都作为述项而归之于它。

凡是变动的或能变的东西都属于这个实体或这些实体[⑥]存在的方式；那就是说，它属于实体的确定性。

3.第二版的论证

Ⅰ.一切出现都是在时间里的，而且只在时间里作为一个基体[⑦](或

---

① 在上面Ⅱ里，在"只有在永恒里时间关系才是可能的"这个形式说出来的结论。

② 注意这个结论是从这个事实而得出来的，那就是时间是不能被知觉到的。在论证的更早阶段上——看上面的Ⅰ——所需要的永恒的东西是否可在时间本身里发现，大概还是一个未决问题。

③ 这又像是多于"条件"或"根据"的意思的。

④ 康德说它乃是一切感官知觉的综合统一性之可能性的唯一条件(这里"感官知觉"等值于"出现")；但是还有别的综合统一性和别的条件(外延量的统一性，等级的统一性，等等)。在出现里的永恒东西不是乃至一种客观时间次序的唯一条件，因为因果作用与交互作用也是这样的条件。所加的子句——谈到这种永恒的东西，时间里的一切存在与变动都能看作常住而永恒的东西的存在的一种样式——并不对于所已曾说过的加了什么，而且表达得不严谨。在那里(德文的 Dasein)不能是存在(德文的Existenz)的一个样式。(当然 Dasein 是 Existenz 的一个样式——中译者。)也许康德原是想写"同时性"(或"持续")的。

⑤ 对象先是看作一组的出现的必然综合统一体的。在这里，它是看作这些出现的永恒基体。在第二版所加的证明里没有重述这个学说。严格地说，对象乃是实体连同其偶性，不是实体抽去其偶性。实体与偶性的综合统一体也许是作为对象的特征的最重要的统一性。

⑥ 康德应该说明过怎样必须有许多的实体。其理由是实体充实空间，而且一个实体的每一部分也是一个实体，正如空间的每一部分都是一个空间一样。看本书第四十二章第七节。

⑦ 在这里我们又一次想要知道"基体"的意思是否指多于"条件"或"根据"。比较一下 A30＝B46。说一些出现是同时的就等于说它们是在同样时间(或时间的一部分)里；而说它们是前后相继的就等于说它们是在不同的时间(或时间的不同部分)里。

说作为内直观的一种永恒的形式)出现的客观①的前后相继性与同时性才能被知道②。

Ⅱ.所以(在其里面我们必定想到出现的一切客观前后相继性与同时性)时间是常住的且不变动的;因为我们能认识到:客观的前后相继性与同时性不过是时间的确定③。

Ⅲ.时间本身是不能被知觉到的。

Ⅳ.所以在感官知觉的对象里(即在出现的作为一个对象的出现里)必须发现有作为表现④时间的一种基体的这种永恒的东西⑤。一切变动与同时性必须只通过出现对于这种永恒东西的关系⑥而能被知觉到或领会到⑦。

Ⅴ.出现的(或说实在东西的⑧)永恒基体就是实体,而出现(作为对象的出现)只能被想作实体的确定。换句话说,只以之为标准才能确定出现的客观时间关系的那种永恒东西就是现象性的实体(substantia phaenomenon,即出现中的实体)。它总是同样的,而且是一切变动的

① 我引入了"客观的"这个词。

② B224。我译"表现"(德文的"vorgestellt")为"known"(兹中译为"被知")。

③ 康德的特色就是用"所以"来开始一种说法而继之以"因为",过多理由,使人迷茫。其"因为"像是只要重述上面Ⅰ项里的理由,但是又加上说同时性与前后相继性乃是时间的确定,其根据与其意义大概就是离开时间(作为基体或条件或根据)就不能有它们。说"时间是常住的而并不变动的"这种大胆的说法像是有甚于第一版的把永恒性归之于时间。

④ "表现"(德文的"vorstellt")相应于 A183=B226 里的"表达"(德文的"ausdrückt")。

⑤ 康德遗漏了说这种基体就是永恒的东西,一直等到过了两句话——他认为我们是足够聪明来从前面所说推论出这点的。

⑥ 这个子句大致是相应于第一版的论证里的Ⅰ。

⑦ "领会"照例是在专门的意义上来理解的,而照这意义来说,它是和感官知觉相联系而且包含有前后相继被给予出来的东西的一种综合的。

⑧ 实在的东西就是充实时间的东西或说时间内容(即 realitas phaenomenon,现象性的实在);看 A143=B183,A145=B184,A168=B209。在这里它是描述为"属于存在的东西",因为存在就是要在时间里或说在时间里有其确定性的位置。它的持续乃是它的存在的量,得要从它的内涵量(或说实在性的等级)分辨开来。我认为它是能与实体是其基体的常变出现同一起来的,如上面所说的所含的意思那样,虽然康德在跟在后面的那句话里谈到实体本身作为出现的实在东西,因而就把 oubstantia phaenomenon(现象性的实体)与 realitas phaenomenon(现象性的实在)同一起来。实在的东西可以包括实体以及实体的偶性,但是它不能是与其偶性相对立的实体。

基体。

Ⅵ.既然现象性的实体不能在其存在上变动，所以它在自然中的量既不增加亦不减少①。

① 应该注意到，虽然在第一版与第二版的论证里都是有六个阶段，但是这两种六个阶段不是正正相应的；因为在第一种论证的Ⅰ不在第二种论证里有其相应的阶段，而在第二种论证的Ⅵ不在第一种论证里有其相应的阶段。第一种论证的Ⅱ、Ⅲ、Ⅳ、Ⅴ和Ⅵ这一系列大致是相应于第二种论证的Ⅰ、Ⅱ、Ⅲ、Ⅳ和Ⅴ这个系列的。在这两个系列里，其后面的三项是比其前面的两项的相应更密切的。

第四十二章 实 体

1.在什么意义上领会是前后相继的

康德关于实体的两种证明,其主要的差异应在其较早的阶段上去发现。第二版的论证从时间的永恒性作为确定前后相继性与同时性的条件出发;第一版的论证首先主张永恒东西乃是确定前后相继性与同时性的条件,然后才把永恒性和时间的性质联系起来。两种论证都主张,因为时间(连带它可能具有的永恒性)是不能被知觉的,所以为了确定时间关系所需要的永恒东西就必须被发现于对象或说出现里作为它们的基体或称实体。

第一版的主要特点[①]就是康德肯定领会总是前后相继的这种断言;而他是从这点推定一种永恒东西的必要性(作为确定客观前后相继性与同时性的条件),然后才把这种永恒的东西和时间的性质或和出现的基体联系起来。

我们的领会——即把在感觉里给予出来的东西捡起来而抓在一起这个活动——在它要抢时间这个意义上显然是前后相继的;但是有人却认为康德的意思是说[②],我们的领会单纯是前后相继的,或者说我们绝不能在同一时间里领会到一些不同的事物。我很不愿意接受这样一种见解,不但是因为它显然与常识相矛盾,而且又因为它像是与康德的最中心的学说不一致。领会是杂多的一种综合这个事实,其意思是说,它乃是把一些不同的要素在同一片刻里在心的面前抓在一起,而且康德自己把它阐述得很清楚,一切分析都是预先假定有这样一种综合的。可是他认为,作

---

① 在第二版XXXⅦ页里,康德明白说他不觉得在他的各种证明里有什么是需要修改的;但是任何在第二版不用的证明很难看作是证明所必不可缺少的。

② 这种见解最清楚是表达于 Ewing 的 Kant's Treatment of Causality 一书里,可看尤其是 p. 82 起与 p. 105 起。Ewing 认为康德把我们的经验总是前后相继的这个正确的说法和我们的经验单纯是前后相继的这个错误的说法混淆起来。

为包含在一个瞬间里面的——当然这是就一种单纯的抽象来说的——一个观念不能是别的，而只是绝对的统一体，而且这个意思就是说，至少它在时间里或在空间里都是没有外延的①。他还主张，我们不在思想里划一条线，就不能知道它，无论这线多么短。而且他认为划一条线一定是一种前后相继的过程，不管它所需要的时间多么短②。所以他是可以相信，虽然我们能够在一个片刻里把一些不同的要素在我们心的面前抓在一起，可是就领会在理论上乃是归结为所予的东西的一种单纯的捡起来(作为与抓在一起对立的)来说，它乃是把那是一个而且不可分割的东西的一种捡起来的过程；例如在一个抽象的片刻的时间里，我们只能“捡起”空间里的一个抽象的点罢了。

要确知这样一种学说我们原想传达的确切意思是困难的，但是康德确确实实讨论了作为分析的产物的抽象。他不相信一个出现东西的任何部分是能在一个片刻的时间里对我们被给予出来的。与此相反，他却主张，一个出现东西的每一个部分都是在时间的一部分里，而不是在时间的一个片刻里被领会的③；而且他论证说，一个出现东西的每一部分必须是无限可分割的，因为在其里面被领会的时间的部分必须是无限可分割的。因为要领会一个出现东西的任何部分是处在某些时间里，所以就一定有可能前后相继地“透过”或说“揭露”④一个出现东西的任何部分，不管它是怎么小的；而且一种出现不能是由一些不可分解的部分所组成的，正如时间不能由一些刹那所组成，空间不能为一些点所组成一样⑤。

我们必不可认为康德的意思是说，我们在每个刹那里领会到一种单一而不可分割的出现，然后再把这些单一而不可分割的出现结合在一起成为一个复杂的出现或说感觉材料⑥。他所考虑的只是理想的限度，而

① A99。甚至在这种情况下，他也承认，所领会的东西是有一个等级的，而在这个等级里，多数性是为渐渐接近于零所表现的，看 A168＝B210。

② A162＝B203。比较一下 B154 以及本书第三十七章第四节。

③ 刹那或说一个片刻不是时间的一部分，而是时间的一种界限。

④ “透过”(德文的“durchgehen”)在这里是等值于“揭露”或“陈列”(德文的“exponieren”)。关于出现的“陈列”的最广意义，看 A416＝B443。

⑤ 关于整个论证，看康德的《形而上学》，pp. 55-56。

⑥ 要这样主张，康德就会得要主张时间是一些刹那所组成的——这是他一贯否认的学说。

我几乎看不见什么理由来相信他是在这种意义上看领会是单纯前后相继的。这样的一种见解没有能够认识到,就康德来说,一个没有确定性的限量或整体可以不通过前后相继的综合而被直观到①。在实体的情况下,我不确知康德的意思所指的是否多于这一点,即一个实体的各个不同的偶性必须是前后相继地被领会的②;而这一点显然是真的。我们不能同时把一个实体的一切偶性都“捡起来”。

如果我们认为他所说的那些话,其意思是说,领会是单纯前后相继的,那就难于否认他的学说是错误的。甚至且莫说到瞬息间的感觉所占住的空间量,我还是能够同时感觉到一阵的痛,听见四分之一英里远的狗吠声,而又看见一百万年前已消灭的一颗星的光亮。所有这些过程无疑是要花时间的,但是它们是一起发生的;而它们的一个横断面,如存在于一个不可再分的当下那样,会包含着同时三者的成分。把这样一个横断面看作一个绝对的统一体是不可能的,如果所谓绝对的统一体的意思是指不含有任何分别的统一体。

然而我们想要强调的一点就是,这种错误——即令我们有正当理由把它归之于康德——也不致影响到他的论证:第一,因为不能有疑问,我们前后相继地领会的许多东西(例如一所房屋的各边)被认为是同时并存的,而康德所需要的不过就是这种承认;而其次,因为我们绝不能单纯从我们感觉的同时性来确定客观的同时性。在上面的例子里,虽然各感觉是同时的,但是客观事件却不是的;因为狗可能在我疼痛之前狂吠,而那颗星在狗出生的老早以前就是发光的。甚至在一些知觉到的事件是同时的时候,我们也不能离开思维而靠单纯的感觉来确定事件是同时的。康德说得十分不错,靠单纯的感觉或单纯的领会,我们既不能确定客观同时性,又不能确定客观的前后相继性。

确定客观的前后相继性所需要的特别条件,或预先假定,是在第二种类比里讨论的;确定客观同时性所需要的特别条件,或预先假定,是在第三种类比里讨论的。目前康德所关心的乃是更一般性的某东西,即确定

---

① 看 A426 注=B454 注。

② 可以加上说,在任何东西是一个有确定性的限量之限度内,其各部分必须是前后相继地被领会的。

任何种的客观时间关系(不管是前后相继性的或同时性的客观时间关系)的最终条件。他断言这种一般性的条件就是永恒的东西。

2. 永恒的东西与时间的确定

很明显,任何出现在时间里的位置是不能单靠永恒的东西为标准来确定的;其理由就是,正因为永恒的东西是永恒的,因为它总是不变的[①],所以在它里面没有任何东西来表示时间位置里的任何分别。康德自己主张,在时间位置里的种种分别是靠出现的互相关系(在前,在后,与一起)而得到确定的,而这些关系,当它们是必然的时候,即为因果律所确定的时候,就是客观的。他目前所论证的乃是,离开永恒的东西,我们就绝不能经验到这样的关系。似乎永恒的东西就是我们觉知到时间关系的背景。

在日常经验里,我们是以相对永恒的东西为背景而觉知到变动的。试举最简单的(而按照康德来说是最基本的)实例,即运动的实例来说,我们是在对于地上的对象的关系上觉知到太阳是在运动着的[②]。因此可以提出那明显的反对意见说,为了得到关于运动的知觉,我们就需要有某东西是相对地,而不是绝对地永恒的;而有些注释家[③],以为康德是关心于测量持续这个问题的,就指出:我们的测量所依靠的,不是永恒或不变的东西,而是天体的、被设想为一律的运动。

我们怎样测量持续这个问题,依我看来,是与题无关的。康德是问,怎能有任何持续让我们去测量,我们怎能觉知到包含有客观的前后相继性与同时性的变动;而且我看不到任何理由来把变动是靠不变的而不是靠变动的相互关系得到测量这种见解归之于他。根据变动与不变的东西的关系来测量变动,这肯定是不可能的。问题简直就是,我们怎能知觉到变动?

康德完全知道:地上的对象本身是在运动着的[④];而他关于太阳运动

---

① 我们在后面(看后文的第八节)将发现有一种意义,而单在这种意义上永恒的才能变动的。我不认为这影响到我的论点;而且可以注意到康德谈到实体作为不变的东西;看 A143=B183。

② 看 B227-228。

③ 例如 Paulsen 的《康德》一书,p. 182。

④ 在类似一个前后文里,康德明白地指出,我们关于绝对静止或绝对运动是不能经验得到的。看《自然科学的形而上学初步》第一章(Ⅳ 487-488),在那里这个论点是详细弄清楚的,而又比较一下第四章现象论的一般评语(Ⅳ 559)。

的说法[①]只是要作为他的学说的一种象形的通俗例证而已,他是要根据这种例证得出下述断言:他所说的永恒的东西只能在物质里才能被发现。在他的形而上学讲演录里[②],又列举了另一种例证;他在那里说,如果海和船一起运动着,海员就永远不可能觉知到船的运动,除非是有某永恒的东西,比方一个岛,从船与它的关系而观察到船的运动。他在这里明明是说,这只能被当作一种粗糙的比拟。

可是要确知他的意思不是什么比确知它是什么要容易得多。他所谈的永恒东西乃是物质的量,而他的确相信——如我猜测在其对一般都相信的那样——离开物质不灭,物理学是不可能的[③]。但是只说永恒东西在这种意义上是物理学的一种必需的预先假定是不够的。康德所论证的乃是,它是我们关于变动的那种经验的一种必需的预先假定;然而没有人能主张,我们是直接觉知到在我们一切关于变动的知觉中是有物质的一个恒量的。康德所主张的好像是:我们关于变动的知觉是预先假定有某永恒的东西的,虽然只靠经验我们才找出那永恒的某东西是什么[④]。我们以之为背景而知觉到变动的那种相对的永恒东西,起初被认为是绝对永恒的东西,但这经不起科学的批评。随着知识的进展,我们不得不代之以更令人满意的某东西,如质量或能量。但是,除非我们预先假定某绝对永恒的东西,经验的统一性是不可能的[⑤]。

至少关于这点,康德是完全清楚的,姑且不论他的正当理由是什么。某些实体的生和其他某些实体的灭就会毁灭了时间在经验上统一性的唯一条件[⑥]。这就等于说,种种出现都是对于两个不同而不相联系的时间

① B277-278。

② 见 p. 37。

③ 看康德的《形而上学》,p. 34。

④ 正如我们对于一件事的知觉预先假定一种原因一样,虽然只靠经验,我们才能确定那原因是什么。

⑤ 与此相仿,经验总是预先假定因果作用,虽然我们对于实际原因在经验上的确定可能是不完善的。

⑥ A188=B231-232。我认为这是世界在其里面实际上被经验到的时间统一性。在 A186=B229 里又提出同样的论点,甚至更强调些。如果新的实体生出——而且如果现存的实体消灭,同样的原理也是有效的——经验的统一性,时间的统一性和变动的统一性就都会没有了。康德的学说基本上是和笛卡尔的学说对立的,笛卡尔的学说认为一切恒存都是创造,世界每刹那都是在重新创造中。

有关系，而在这两个时间里，存在像是在两条平行的河流里流动着似的[①]——这是无稽之谈。但是只有一个时间，在其里面一切不同的时间必须不是作为并存的，而是作为前后相继的被安置的[②]。这个论证是在第二版中才成为主要的论证的，而我认为我们有权来把它看作康德理论的主要根据。其实，既然一切原理都认为是依据时间的性质的，永恒东西的证明就必须在时间的性质里找到它的基础。

另一方面，在这里和在全部类比里，明确这一点是重要的，即如果康德始终一致地遵循着他的理论，他就不能直接从时间(或空间)的性质论证出在时间(或空间)里的东西的性质。反之，他必须间接地论证，就是说，他必须从时间(或空间)的关系论证到可能的经验[③]，而这样就必须极力确立经验的各种条件[④]。

我们可以用一种不同的方式来说明这一点。康德所关心的时间，既然是经验的一种条件，也就是在其里面有一切客观时间确定的唯一时间。一切客观的时间确定，无论前后相继性的或同时性的，必须在一个对象里被发现，就是说，必须由把出现归因于那些出现在其里面有关系的一个对象而得到构成；而只有这样，这些客观的时间确定才能与单纯主观的或说想像的时间关系分别开来。既然时间本身是不能被知觉的，所以为了整个客观的、现象性的世界，经验就需要有一个永恒的对象，而且从根本上说需要有一个永恒的基体[⑤]。

3. 时间的永恒性

当我们企图从时间的永恒性来论证时，我们就陷入了种种新的困难

① 这里"在两条平行的河流里"原是德文的"neben einander"，兹照英文的"in parallel streams"译出——中译者。

② A188-189＝B231-232。我认为康德是假定，既然绝对时间是不能被知觉的，那么对我们来说，如果在时间里，只有一个永恒实体(或一套的实体)，就只能有一个时间。

③ 比较一下 A184＝B227-228 和 A736-737＝B764-765。如果他不能这样做，他的证明就是"独断的"而且被拒绝的了。

④ 十分自然地，康德不是在每句里都把这点弄明白的，但是当他让我们来填入所必需的修饰语时，我们必不可能把一种简单的或独断的论证归之于他。

⑤ 在这里以概述的方式说出的这个论证是要从一个独断的论证分辨开来的，因为独断的论证是简单断言变动乃是在一种基体的各种状态中的前后相继的。

了。看时间为永恒的并不比看时间为前后相继的更容易一些——如果我们认为时间是持续的,是否必须有另一个时间是那时间在其里面持续着的呢?然而康德主张,说事件在其里面发生的时间乃是一个统一体,这是正确的。我们必须能够在同样一个时间里确定一切事件在其相互关系上的位置,而这就等于说,我们必须能够把时间的前后相继起的各部分在一个时间抓在我们面前。康德的把永恒性归之于时间,其意思似乎不过如此。而且,我们不能把存在看作一个不存在的过去与一个不存在的未来之间的一个不可分割的点①。如果经验要成为可能,它就必须有量或说时间里的持续;但是一经我们承认了任何的持续,要否认一种不断而永恒的持续,看来像是困难的②。

如我所曾指出的,康德相信永恒的实体只有在空间里才能找到③。在内感官里,没有任何永恒的对象是给予我们的,而为着这个缘故,他就不接受一切想要证明灵魂是一种实体的企图。所以,看来像是更令人满意的,乃是把实体的证明立基于空间的性质。在一切时间里的变动之中,空间是永恒的;而按康德的见解来说,永恒的实体可能看作是需要来"表现"或说"表达"像时间一样不能被知觉得到的一种空间的永恒性的④。在《自然科学的形而上学初步》一书里所表示的有像这种见解的某东西⑤;而康德在他自己的《纯粹理性批判》第一版的自用本里⑥,一些笔记说明:曾有一个时候,他打算用空间的(或空间与时间的)名词来重写这个论证。这样的重写不能限于这第一种类比——它显然是要有比方关于范畴图型法的那一章的重写。也许为了这个缘故,康德改变了主意,而把第

① Broad博士甚至于主张过去是"实在的"。看他的《科学思想》,p. 66。

② 我认为现代学说把事件看作终究的来避免这种困难,但是我想康德会要把一个事件的分析更深入一步。

③ 这种见解已经是在第一版里的,例如A349-350。

④ 不能被知觉的空间与时间乃是在其里面有一切东西的绝对空间与时间,而不是我们通过感觉而直接觉知到的相对空间与时间。比较一下《自然科学的形而上学初步》(Ⅳ481)。

⑤ 例如比较一下(Ⅳ503)以及下面第七节。

⑥ 看Erdmann编订的《补遗》(Nachträge)LXXVII-LXXXIV,特别是LXXX。"在这里,证明必须这样表达,就是它只适用于实体作为外感官的现象的。因此它必须得自任何时间都有的空间(连带它的种种确定)。"

二版的证明依据时间的永恒性甚至比第一版的证明还要多些。然而他表示那证明是应该带进来作为在时间里的永恒东西的空间的;因为他后来所说的让我们大吃一惊。他说,只有空间是永恒地被确定下来的,而时间以及在内感官里的一切东西却是处在永恒流转之中的①。

把空间带进来就会使实体的证明变为更加复杂,但是我认为这又使它更为合理。如果我们要觉知到空间是永恒始终在时间里的②,我们就必须能够把时间作为一个统一体抓在一起——这样说也就是说出了人类经验的一种必需的条件。而且康德的论证尽可是这样:既然我们既不能知觉到绝对的空间,又不能知觉到绝对的时间,所以就在经验的有空间性的对象里有一种永恒东西来“呈现”或“表现”时间里的空间的永恒性。

可能有人会想,按观念论的原理来说,康德的目的只需要有一个永恒的能知的自我。但是这也许可说明我们关于我们自己观念的前后相继的这种知识,即使我怀疑:它能说明我们关于经过一个无限时间而持续着的有空间性的对象这种世界的知识。可是,就康德来说,个别心灵的历史只是出现在其他已知的一些相继之中的一种相继,而我们乃至不能觉知到我们自己的心理经历,除非是有空间里的永恒东西为其背景③。在通过内感官所知道的经验性的自我里面是没有永恒东西的;而以为我们能够从统觉的统一性过渡到灵魂是一种永恒的实体这种知识——按照康德来说,这只是理性的一种谬误推理而已。作为我们经验的条件的永恒东西应该在外感官的对象里,而且单是在这种对象里去寻找④。

4. 基体(substratum)与实体(substance)

康德的论证等于这样:既然时间(或空间)是永恒的,在经验里就必须有某永恒的东西被给予出来以便表象或说表现一种不可知觉的时间(或空间)。单靠从时间的论证有这样的不利之处,即我们只能从经验上来决定所予的永恒东西是否在内感官或外感官的对象里去找到。如我所曾提

① B291;把 A143=B183 与 B224-225 对比一下。

② 或者是要经验到必须在一切时间里总是同样的在空间里的对象。

③ 看 B275 起。

④ 看纯粹理性的谬误推理,A34=B399 起,以及观念论的驳斥。

出的那样,如果我们根据时间里的空间的永恒性进行论证①,那么我们也许就可合理地推定,这种永恒的东西只是在外感官的对象里才能被找到,而这种对象是占住空间并始终在时间里持续的。

即令我们承认关于永恒东西这种论证的有效性,还是可以这样说,这永恒的东西不必是出现的基体:我们所需要的只是常变的出现之中的一种永恒的出现而已。如果康德的意思是不止于此——而的确他的意思是不止于此的——他又有什么正当的理由来说,这永恒东西必须是在对象或说出现里作为它们的基体呢?

依我看来,这就是康德的整个论证里的最困难的一点。在第一版里,他直截了当地断言,如果我们只靠对于这永恒东西的关系而就能确定客观的前后相继性与同时性,那么前后相继性与同时性就必须是那永恒东西存在的方式,而且这永恒东西必须是时间的经验性观念的基体②。在第二版里,他认为时间是前后相继性与同时性的基体③,而且他像是含有这个意思,就是这永恒东西,既然是表象或说表现时间的,所以就必须是前后相继的与同时的出现的基体④。为了这个缘故,他就称它为实体,而且断言实在的东西(即所予的出现)只作为它的确定才能被思想。

在这一切之中,至少有一件事情是清楚的。康德不是从纯粹范畴(或说直言判断的形式)而论证说,这永恒东西必须是一切述项的主体,因而就是一切变动的基体。反之,他是论证说,因为这永恒的东西是一切变动的基体,所以它(在现象界里)就是一切述项的最终主体⑤。如果这种解释是正确的,他关于变动的一个永恒基体的论证不依赖于范畴从判断的形式而来这种说法,虽然他确实认为,当实体被描述为种种述项的最终主体时,对于它是变动的永恒基体这种见解是有所增补的。

---

① 依我看来这是康德的论证的正确预先假定。诉诸空间的永恒性,我们并不忘掉谈到时间,也不消除这种需要,就是要把前后相继的个别时间在一个时间的统一体里抓在一起。

② A182-183=B225-226。

③ B224。基体在这种意义上是等同于内直观的永恒形式(或条件)的;又比较一下A30=B46。

④ 可是应该看到同时性与前后相继性的对于时间的关系不是像偶性对于一个实体的关系的;因它们不是时间的样式。

⑤ 那就是说,他是如我们会指望的那样,从图型论证到范畴的。

关于这个问题，是很容易陷入错谬的，但是康德似乎相信，为了表现时间的统一性(或说时间里空间的永恒性)，我们所需要的就不止是一个在质上同一的出现的不断的生生灭灭。我们所需要的乃是不生不灭的某东西。生灭或者换句话说，变动，不是别的，而只是永恒东西存在的方式，而且那永恒的东西不单纯是许多出现之中的一个，而且还是一切出现的基体。

这个见解得到了关于实体所作出的一般性说明的证实。康德严格地把一个实体与它的种种偶性分别开来。偶性只是实体存在的方式[①]，或说实体的存在被积极确定的方式[②]。我们诚然把偶性的存在当作依存的，而与(是继续存在的—subsistence)实体的存在区分开来[③]；但是这只是一种方法——而且是有些令人误解的方法——可用来断言偶性乃是实体存在的方式。康德说，如果我们把依存(inherence)与常存(subsistence)分别开来，那么我们最终就会想到实体是离开它的一切偶性而存在的，而且偶性也是离开实体而存在的。实体学说的整个历史已证明这种断言的真实性，而且康德正确地拒绝这样把一种逻辑性的区别变为一种实在的分离的见解[④]。他始终清楚地认识到，我们只是通过其偶性才知道一种实体的，正如人类知识的条件乃是我们只通过其述项才知道一个主体的[⑤]。

如果一个实体只是通过其偶性才被知道的，那么实体就不能单纯只是其他出现中的一个出现，而且仅仅只是根据它是不变的或永恒的这个

---

① A186＝B229。

② A187＝B230。甚至否定也是实体的确定——否定表示实体里某东西的无，而不表示实体本身的无，看 A186＝B229。

③ A186＝B230。

④ 康德像是不承认我们能正当地谈到实体与偶性之间的关系；而为了这个缘故，他主张实体与偶性这个范畴放在关系的项下，不是因为它本身乃是关系的一个概念，而是因为它乃是关系的条件——就是说时间关系的条件，即前后相继性与同时性的条件。

⑤ 看康德的《形而上学》，p. 33。在这个地方，他赞成这个见解，而把它归之于洛克，就是认为实体是偶性的负荷者(德文的 Träger)，并且断言，当我们想到一个实体作为是离开它的一切偶性而存在的，我们就是想到完全不知的某东西。他称这为“实体的东西”(德文的 das Substanziale)而把它和“一般的某东西”(德文的 etwas überhaupt)同一起来，或者换句话说，和先验对象同一起来(当先验对象是看作不同于其出现的统一性的时候)。在 A414＝B441 里也有同样的见解。

事实而与其他的出现区别开来的。这样的永恒性，我认为对康德来说，无论如何，总会只是一个在质上同一的出现的不断生灭；而对于他的理论来说，这就会是不够的。不管“基体”的确切意义是什么，而又不管这批判性的证明是怎样足够与否，实体乃是一切出现东西的永恒基体这种见解必须看作康德学说的一种不可缺少的部分。

5. 实体能被知觉吗

如果实体是出现的永恒基体，而且只通过它的偶性才能被知觉，那么我们就面临着另一种困难了。我们怎能知道实体具有它的偶性所不具有的一种永恒性呢？虽然实体的永恒性必须被预先假定为我们关于客观变动的经验的一种条件，它是否是不能被知觉到的某东西呢？这样的一种学说会是很奇特的；因为为什么要预先假定这永恒东西作为出现的基体，其理由原是时间本身不能被知觉。如果这永恒的东西同样是不能被知觉的，我们又如何理解康德的论证呢？

看来十分清楚，按康德的见解来说，我们必须在某种意义上能够不但知觉到实体，而且知觉到实体的永恒性；问题是确切地确定那意义是什么。实体的永恒性是经验的先决条件，而这样就是验前被知的；但是我们必须能够在实际的经验里找到这永恒的东西，而且靠寻常的观察来发现它的实例①。

永恒的东西在某种意义上是能被知觉到的，这是康德在好几段文字中说过的或暗示过的。例如他明白地断言，物质的永恒性作为出现，是能被观察到的②。我们显然是能用感官知觉的比较来寻找永恒性，虽然这不是确定实体之有无的平常方法，而且这方法是不能进行到充分圆满的程度的：无论观察多少，总不能成立属于一个验前概念的严格普遍性的③。

---

① 谈到因果作用，同样的学说也是有效的。

② A366。在 A350 里也含有这个意思，康德也含有这个意思，认为我们能靠外感官在空间里找到一种永恒的出现（或说直观）：看 A364 和 B412。可是我们必不可以为这个意思是说实体只是许多其他（常变的）出现之中的一个（永恒的）出现。

③ 比较一下 A205＝B250-251。A185＝B228 里的烟的重量这个例子，至少暗示着我们是能替我们的验前预先假定找到经验性的证实的。

关于怎样详细地弄清楚这个问题，我们几乎得不到什么帮助，但是它显然必须既从哲学的观点来考虑，又要从常识的观点和科学的观点来考虑。

描写常识或寻常经验的观念总是困难的；因为平凡的人本身都没有搞清楚他的种种预先假定，而只是简单地把某些东西认为是当然的。我们都是根据不动的地球来观察太阳的运动，按照不动的岛来观察船的行动，等等。更基本地，我们都认为一个东西总是那样，其种种的质是当然常变的，而且甚至认为这个物理世界是永恒不变的或常驻于其种种变化之中的。

当作是永恒的东西可能在不同的时候而且为着不同的目的而发生变化，虽然永恒性总是为人所假定而又在某限度内为人所观察得到的。但是下述假定似乎不是不合理的，即当作是永恒的东西，一般说来是充实空间的东西①，尤其是可以描写为固体的东西②。所观察得到的各种质都被认为是充实空间的一种固体的质，而且甚至被认为占住与那个固体的表面同一的面积③。固体的永恒性部分被认为当然的，而部分是在其被观察到的各种质里显示出来的。我们都假定，当我们不在房间里，一把椅子是会一直不变的，而在我们回到房里来的时候，我们会看见同样的椅子，它不是有正好同样的质的另一把椅子。即令我们发现那椅子已经发生了改变，我们也还是这样假定的；例如，如果那椅子是在不同的地方或被打垮了。

只当我们问到永恒的东西是什么时，我们才陷入种种的困难；因为所观察到的如此多的质显然不是永恒的。例如我们发现位置的永恒性是没有的：我们天文学的地球中心说必须予以放弃以拥护地动说，而且最后是拥护相对论。我们还发现我们的固体物是没有我们最初以之归于它们的永恒性的：甚至它们最基本的性质都变了，而且我们设法在某更终究的东

---

① “充实空间”就是德文的“einen Raum erfüllen”。一个数学的三角形可被认为是占住（德文的 einnehmen）空间，但不是充实空间的。看《自然科学的形而上学初步》第二章（Ⅳ497）。

② 我自然不是想暗示，就常识来说，在水，火，或空气里没有永恒的东西；但固体是最典型的实例。

③ 比较一下皮里士（Price）的《知觉论》，p. 143。在反思时是不能主张这种见解的。

西之中，在构成固体物的元素之中，在原子之中，在质量或能量等之中去寻找永恒性。这是科学的任务，但是起作用的原理好像依然是在我们平常经验里起作用的原理。永恒的东西总像是被预先假定着的，而且它的存在至少部分是为观察所证实的。进一步的知识产生新的不满意，进而我们关于什么是永恒东西的见解必须予以改变。我们甚至总想把永恒性归之于"一种假设的我不知是什么的东西"，正是它成了偶性的"支撑"①；而这离完全放弃永恒实体这个观念就不十分远了。

按康德的见解来说，我们必然要使用空间里永恒实体这个概念，不管是有意识地还是无意识地；因为不然的话，我们将毁灭时间的统一性与经验的统一性，而且我们将是不能在客观变化与主观上一连串的观念之间作出任何区别来。康德似乎把空间里永恒实体和质量同一起来——即和时间的实质同一起来；但是我们必须把他的一般性的哲学原理与这原理在科学发展的特殊一个阶段上的特别应用区别开来。如果质量结果变为不能令人满意的，并且如果我们不得不用某东西，比方说能量，来替代它，就会没有什么是与他的一般性原理不一致的了。

按这种解释来说，同样存在于常识、科学和批判哲学里的东西就是下述预先假定，它认为必须有一种空间里的永恒东西，而且这种永恒东西本质上是充实空间的东西：它在空间里的存在被认为是由一切不同水平上的实际经验性的经验所证实的。

我们怎样知道充实空间的这种永恒的东西呢？我们知道它，像我们知道任何别的东西一样，是靠思想与直观的合作。在一切经验里，我们都是按照一定的验前概念，把在时间与空间所予的一些出现结合起来，或说综合起来，而我们把这样必然结合起来的这些出现看作一种永恒的有空间性的对象的出现②。充实空间的东西的永恒性总是被预先假定的；但是充实空间的东西，其性格的显出与其永恒性的证实，最显著地是在我们观察到不可入性或阻力——不但是对于我们自己的身体的不可入性，而且还是对于其他物体的不可入性。这些观察为我们提供了关于固体性的

① 比较一下洛克的《人类知性论》，第二卷第二十三章第十五节。

② 因果性和实体一样是预先假定的，但是这点必须在后面来考虑。

原本不科学的想法。特别是当它们与关于重量的一些观察结合起来时，又给了我们关于物质是由其抗力与引力而充实空间这一看法(这是康德自己接受的)，而且这种物质在特别一种意义上是和“实在的东西”同一的。

6. 实体的限量

在《纯粹理性批判》一书里，康德无权考虑来自于观察的经验性原理①。他所能指望证明的只是在充实空间②与时间的实在东西里必须有变动的一种永恒的基体。想要发现这种永恒基体的经验性的性格，或者想把它和物质或质量或能量如物理学所知的同一起来这样的企图是属于可称为理性的自然科学的这另一种研究的③。

另一方面，我们如果把一切论及物理的物质的东西都排除掉，康德的学说可能就像是空洞而不重要的了。我们是否有可能来在验前确定是变动的基体的那个永恒东西的任何可指定的特性呢?

康德似乎认为有可能这样做，而且这样做就可避免表面的模糊性；因为他在第二版里提出关于他的意思的一种更确切而一定的说法④。他断言自然中实体的限量既不能增加又不能减少；而且他把这看作是直接从这个事实得出来的，即实体作为一切变动的永恒基体来说，其自身在存在里是不能变动的⑤。

估定这样一个论点的价值是远非容易的。在承认对于验前知识的一些轻易的要求时，最好是慎重一点，而且这样的慎重与康德自己的精神是完全相合的⑥。大多数的注释家都倾向于把这种更具体的断言作为是对于康德的一般性的学说的一种不适当的增加而草草予以抛弃；他们这样

① 比较一下在 A171＝B213 里的“先验哲学”与“自然的普遍性科学”之间的对立。

② 如康德所述说的论证不能说是使我们有正当理由来把这种重要性归之于空间的，但是我看不到其他的方法来作出关于他的学说的一种令人满意的说明。

③ 比较一下 A845-846＝B873-874 以及 A848＝B876。

④ B225。在 B224 里这个类比本身的公式也就表示了这点。

⑤ 很难确知在这种关系上得要附加于“存在”的重要意义，实体必须在一切时间里都存在的——看 A185＝B228——而这样，无论它的偶性是如何多变，它大概是必须总是有一种不变而常住的性格的。这种不变的性格，在其是能验前被知的限度内，只能是它的限量。

⑥ 比较一下 A175＝B217。

做时可能是对的。他的说法的确是太过简略了，而且在没有任何别的说明或扩充的情况下，就提出任何说明或辩护，这也许是冒险的。

可是关于通常解释这段文字的方法，我一直觉得有点困惑不解，而且我也不再敢肯定：康德是慌忙地而且毫无正当理由地，一跃而到了他当时的科学所接受的质量不灭的学说。他无疑在这种学说里找到了他以为是验前知识的东西的经验性的体现①；但是他的所谓验前知识却应该有一种一般性的性格，使得科学用它自己的种种经验性的方法，在继续它的进展时，就可替这种验前知识找到一些不同的体现。

我在康德所说的里面，看不见什么是使我们有正当的理由来拒绝用尽其可能的一般方式去解释它，使得它可以适用于科学可能发现为空间里永恒的任何经验性的实在，不管它是质量或能量或任何别的东西。他所要求的就是，必有一种永恒的东西是充实空间的，而且关于它的量必须是永恒的。我对于这个问题并不想独断；但是我却倾向于认为，如果我们能在验前知道空间里的实在是永恒的，那么我们能够知道这一点，只是关于实在里面的那东西，只是对于它，我们才有验前的知识，而且除实在的量以外②，在实在里面没有别的东西是我们有其验前的知识的。如果这就是康德论证的预先假定的话，我就不说他的论证是正确的；因为在论证的过程中有太多的陷阱。但是我却认为我们能肯定，不应该立刻把他的论证草草地予以抛弃，而且甚至认为可以肯定，没有这种补充，他的一般性的学说就会是很模糊而成为几乎无用的了。

7. 物质性的实体

如果我们要理解康德的理论，我们就必须按其具体的形式来看看它，即令这包含有其经验性的一面，而这一面，严格说来，在《纯粹理性批判》里是没有地位的。他把实体与当时科学所知的物质同一起来，而且在当时的物质不灭论里去寻找他的自然中的实体的限量不能增减这种更一般性的原理的经验性的证实。

---

① 甚至在第一版里，这也是明显的；看 A185＝B228。

② 比较一下 A176＝B218。实在的量本身是内涵的。

他关于一个哲学家的故事[①]就说明了这一点。有人拿烟的重量来问那哲学家。哲学家的答案就是：从所烧过的燃料原有的重量，减去火灰的重量，就能确定烟的重量了[②]。可是，如果我们想要详细地懂得康德的理论，我们就必须参考《自然科学的形而上学初步》[③]，这部著作是企图把批判哲学的原理和从经验性的观察得来的仅仅最少数的材料结合起来。这部著作只和外感官的对象有关，而且特别是和那些对象所从而构成的物质有关。

在这部著作里，物质性的实体被描述为空间里就本身能运动的东西——就是说，与在空间中在它的外边存在的任何别的东西分开的东西[④]。

必须记住，康德关于物质的说明是预先假定有知性的一切原理，尤其是三种类比的真实性。在他证明物质是实体时，他是从实体出发的，不是实体的作为永恒的东西讲[⑤]，而是实体的作为存在的最后主体讲的——这里加上“存在的”这几个字是奇怪的[⑥]——因为存在绝不是一个述项。“物质乃是凡能算作空间里事物的存在的每一个东西的主体；因为离开了物质，除空间本身外，就没有任何主体是能被思想的。然而空间这个概念不是任何存在的东西的概念，而单纯是外感官可能对象的外在关系的必然条件这个概念。所以物质，作为空间里能运动的东西来说，就是空间里的实体。”[⑦]

---

① A185＝B228。这个故事起源于公元二世纪 Lucian 的《德谟拿斯传》(Δημώνακτοςβιος)第二卷，p. 203，Teubner 版。

② 康德在他的《纯粹理性批判》自用本栏外加上“他怎知道？不是从经验来的”。看《补遗》LXXXV。

③ 这书出版于1786年，正在《纯粹理性批判》第二版之前。在那书里，康德在量，质，关系和样式的项目下讨论物质——这四个项目分别给我们(1)动学(运动的纯粹理论)，(2)力学，(3)机械学，与(4)现象学。他是从这个经验性的事实出发的，就是外感官的任何对象的基本确定必须是运动；因为单独由于运动，外感官才能受到刺激的(见Ⅳ476)。物质是在以下的四个项目之下描写的：(1)物质乃是空间里能运动的东西；(2)就其充实空间来说，物质是能运动的东西；(3)就其作为能运动的东西而具有动力的来说，物质是能运动的东西；而(4)就其作为能运动的东西而能成为经验的一种对象来说，物质是能运动的东西。看《自然科学的形而上学初步》(Ⅳ480，496，536，554)。

④ 见《自然科学的形而上学初步》(Ⅳ502)。

⑤ 也许其理由是物质不灭论乃是后来才予以证明的。

⑥ 康德所想要谈到的是实在的主体，而不单纯是逻辑的主体。

⑦ 《自然科学的形而上学初步》第二章(Ⅳ503)。比较一下我在上面第三节里所提出的论证。

然后康德论证说，物质性的实体的所有各部分，就其本身是主体来说，而且就其不单纯是别的种种物质的述项来说，必须本身就是实体。然而这一些部分是主体，如果它们本身是能运动的①，因而就不依靠它们和其他物质性的实体的邻近部分的结合②而是在空间里存在着的某东西。所以物质的可运动性，或它的任何部分的可运动性，就证明那可运动的东西，以及它的每一个可运动的部分，就是实体了③。

更一般地来说——康德的见解乃是，既然物质性的实体是在空间里展开的，它的各部分必须是相互外在的。这些部分，既然是能被移动的，或者从它们所属的整体分开的，其本身也就必须是实体④。

康德清楚地指出：物质这个科学的观念是从感官对我们显示出来的固体性或说不可入性这个常识的观念发展出来的⑤。物质乃是充实空间的能运动的东西，而它是如此，不是在一个数学的三角形可被认为占住⑥空间这种意义上，而是由于它抗拒其他能运动的东西的侵入⑦。侵入空间就是一种运动——在其开始时，它可称为侵入的倾向——而抗拒这种运动就是使它减少或归结为静止。所以抗拒力——其种种理由是我不必讨论的——必须被看作是本身在运动的一种原因，而运动的原因就称为动力⑧。因此，物质是通过动力来充实空间的⑨，而其借以充实空间的基本动力就是抗力与引力⑩。

物质的量就是在一个有确定性的空间里的能运动的东西的总量⑪。

---

① 这子句是德文的“wenn sie für sich beweglich … sind”之译。

② 这短语是德文的“ausser ihrer Verbindung mit anderen Nebenteilen”之译。

③ 见《自然科学的形而上学初步》第二章(Ⅳ503)。

④ 见《自然科学的形而上学初步》第三章(Ⅳ542)。这说明康德如何能在A184＝B227里从“实体”过渡到“各种实体”。

⑤ 见《自然科学的形而上学初步》第二章(Ⅳ510)。

⑥ “占住”是德文的“einnehmen”之译。充实空间就是德文的“einen Raum erfüllen”。看《自然科学的形而上学初步》第二章(Ⅳ497)。

⑦ 《自然科学的形而上学初步》第二章，说明一(Ⅳ496)。

⑧ “动力”是德文“bewegende Kraft”即英文“moving force”之译。

⑨ 这是预先假定第二种类比的学说的。

⑩ 《自然科学的形而上学初步》第二章(Ⅳ497起)。这简直就是一个经验性的事实。

⑪ “总量”是德文“die Menge”之译，英译为“aggregate”。这是一个整体其各部分是彼此外在的。看A163＝B202，并比较一下《自然科学的形而上学初步》第三章(Ⅳ539)。

就其所有的部分都被认为是一起在同一个方向上起着作用(运动着)的来说,它就被称之为“质量”(mass)。有确定形状的质量被称之为“物体”(在机械的意义上说的)①。物质的量是由在所予的速率上运动的量来测量的②。同样速率上一个物体的动量(一点的动量只是在于速率的程度)是通过被运动的物质的量而测量的。这两种说法并不构成一种恶性循环;一种是对一个概念的意思的说明,而另一种是对经验的应用。空间里能运动东西的量就是物质的量;但是物质的量(即能运动东西的集合体)只通过在同样速率的运动的量(例如通过平衡)才在经验里表现出来③。

我提及这些细目——我并不自以为了解它们,而且它们离开从而摘录出来的全部论证,也许本身不是完全可理解的——为的是说明康德下述见解的背景,它认为:实体的必然永恒性实现于物质的不灭性之中。按照康德来说,物质的量乃是在能运动的东西里的实体的量,而不是实体的一种质(例如抗拒或吸引)的量(或说等级)④。实体的量乃是能运动的东西的单纯总量,而能运动的东西就是构成物质的东西;因为那以同样的速率而能在运动的量里有差别的也就是被动的东西的总量。基于我还是不打算深入予以讨论的种种理由,物质里实体的量只能从机械方面(即通过属于物质的运动的量)予以估计,而不能从力学上(即通过原本运动的力之量)加以估计⑤。

8.物质不灭

从这一点,康德进而建立了机械学的三条规律,其第一条是和第一种类比有特别密切的关系⑥。“在有形的自然里,物质的量在整体里一直是

① 《自然科学的形而上学初步》第三章,说明二(Ⅳ537)。

② 《自然科学的形而上学初步》第三章定理一(Ⅳ537),我删去其证明。

③ 《自然科学的形而上学初步》第三章(Ⅳ540)。

④ 《自然科学的形而上学初步》第三章(Ⅳ540)。(这就清楚说明永恒的东西,就康德来说,不是别的出现中之一,虽然它是“在经验中表现出来的”。)

⑤ 《自然科学的形而上学初步》第三章(Ⅳ541)。原本运动的力,其量就是等级。

⑥ 第二条规律就是,物质的一切变化都有一种外因——每一个物体持续在其静止或运动的状态上,如果它不是通过外因而被迫去放弃这种状态,它就持续其同样的运动方向与同样的速率。看《自然科学的形而上学初步》(Ⅳ543)。第三条规律就是,在一切运动的给出的过程中,作用与反作用总是相等的。看同上引书(Ⅳ544)。第二条与第三条规律原是要支持第二与第三种类比的,正如第一条规律是支持第一种类比一样。

同样的，既不增加，也不减少。”①

康德的证明预先假定：在《纯粹理性批判》里已经被证明了，这就是：在现象界的一切变化里，实体是永恒的。在这里，他是就实体不能有生有灭来讲的。如他所说，他在这里只须说明在物质里的实体是什么。其证明可见下文。

在一切物质里，空间中能运动的东西就是依存于物质的一切偶性的最后主体②；而其各部分是互相外在的这种能运动的东西的总量就是实体的量。所以物质关于它的实体，其量简直就是构成它的诸实体的总量。所以物质的量就是不能增加或减少的，除非有一种新的实体产生出来或者消灭了。但是在物质的一切变化之中，实体是不生不灭的。所以物质的量既不能增加，又不能减少，而总是在其整体里不变的；就是说，它在世界某地方在同样的量里持续着，虽然这种或那种物质，通过它的某些部分的加或减而能被增加或减少③。

这个证明（它只有关于作为外感官的对象的实体）是依据这种见解的，就是空间里一个对象的量必须是由相互外在的一些部分所组成的；这些部分，就其是实在的（即能运动的）来说，一定必然是实体；而且结果就是，空间性实体的量不能增加或减少，除非是有实体的创造或消逝，而这是不可能的④。

9. 实体的经验性标准

我把这证明摆出来，并不是为了替它的有效性作辩护，而是要说明康

---

① 《自然科学的形而上学初步》第三章，定理二（Ⅳ 541）。

② 我认为康德应说“实体”。

③ 《自然科学的形而上学初步》第二章，定理二，证明（Ⅳ 541-542）。皮里卡紧随 Cook Wilson，主张（见皮氏的《康德认识论》，p. 273）康德的学说含有可能有种种实体的创作与消逝的意思。我不能看到这种见解的正当理由，如果一个实体是一些实体所构成，而其各部分是能独立运动的话。就康德来说，常量乃是各实体的永恒性的后果，而不是它的同值说法。

④ 康德认为，如果我们是假定内感官的对象这个灵魂是一个实体，这种论证就是无效的，因为这样一种实体不能有一种量（即内涵量），不是互相外在的部分所构成的，而且既然因之它的各部分不会是实体，它就能增减而不违反实体永恒性的原理了。康德用这个学说是为要驳斥以灵魂是一个不可分的实体为根据来证明灵魂不死的那些企图。比较一下 B413 起。

德在经验的什么地方去找寻其必然性是他认为已得到他证明的那永恒的东西。实体的学说,像因果作用的学说一样,是为经验性的观察所证实的,而且只在经验中得到其具体意义。它的必然性永远不能为经验所证明,但是如果它能被证明的话,必须参照可能经验的各种条件(特别是时间与空间的统一性)予以证明。

康德自己指出,用比较我们各种不同的感官知觉的方法来证实任何实体的永恒性会是一种很不够的方法①。我们并不是用所观察到的永恒性作为我们实体的经验性标准。实体更好而更容易的经验性标准乃是动作②。康德不在第一种类比里提到这一点,而在第二种类比里提到它,这是因为它预先假定了因果作用的真理。

因果作用导致动作这个概念,而动作导致力这个概念,从而导致实体这个概念③。康德没有详细地阐述这一点,其借口是它对于纯粹理性的单纯批判是不适宜的,但是他却自问,我们怎能从动作而推论到动作的东西的永恒性呢④?

康德认为,用他的批判方法是容易答复这个问题的。动作是指⑤因果作用的主体对其结果的关系⑥说的。每一个结果都是存在于一个事件里,因而就存在于无常里⑦;因此事件或说结果的最终主体就是作为变动的一切东西的基体这个永恒的东西。作为这种说法的理由就是——按照

① A205=B251。

② "动作"是德文"Handlung"之译。A204=B249;A205=B250。

③ A204=B249。就实体看作偶性的原因而言,因果作用乃是实体的质。只能以之归于各实体的动作乃是一个实体作为某一个偶性的原因的力的确定,而且它是必须有一种实在的结果的(不像能力或德文的所谓 Vermögen,是我们用来表示力的可能性的)。就实体含有偶性的根据来说,"力"(德文的"Kraft")是用来指实体对种种偶性的存在的关系(即拉丁文的 respectus)说的。我们只通过变动的观察才知道力,而科学的任务就是使一切力归类为尽可能少数的基本力(德文所谓 Grundkräfte)。这些定义是我从康德的《形而上学讲演录》pp. 34-35 取来的,但必须记住,这些纪录是从学生的笔记刊出的,而其正确性(从内部证据来看)不是总是可靠的。

④ A205=B250。

⑤ 这里"指……说"是德文"bedeutet"之译。

⑥ 如果这个关系和力同一起来(《形而上学》,p. 34),动作(作为力的确定)就应该是那关系的确定,而不是那关系本身。

⑦ 无常"表示"(德文 bezeichnet)作为相继的来考虑的时间,正如永恒的东西在出现里是"表出"或"表现"作为永恒的来考虑的时间一样。

因果作用的原理来说——所有动作都总是出现的一切变动[①](或转变)的第一根据,而且因此就不能是处在像出现那样变动的一个自身是变动的[②]主体里面的;因为那时就会需要有确定这个变动[③]的其他动作与另一个主体了。

没有关于所谓"因果作用的主体"与其对于变动的永恒基体的关系的一种说明,这个论证就是不清楚的。然而作为他的结论,康德断言说:在出现范围里,一切生灭的因果作用的第一个主体,其自身是不能有生灭的[④]。因此,有了动作就是有了一种可靠的根据来断言存在中的经验性的必然性[⑤]与永恒性的存在,因而就可断言实体的作为一种出现(substantia phaenomenon)的存在[⑥]。

10.变动的概念

变动的概念必须按照前后相继性只在其对于永恒东西[⑦]的关系上才能被确定这一学说来予以解释[⑧]。生灭不得当作生灭的东西的变动来

---

① "变动"这个词在这里是德文的"Wechsel",含有实体的状态的一种转变的意思。看下面第十节。

② "变动"在这里是德文"wechselt"之译。

③ "变动"作为名词是德文名词"Wechsel"之译。康德的论证在某些方面近似运动预先假定有其本身不是被动的一种第一动因这个论证的。这个论证是托马斯·阿奎那用作上帝存在的证明的(看托氏的《神学大全》Ⅰ,Ⅱ,Ⅲ,而且比较一下托氏的《反异教论》ⅩⅢ),而像是属于康德在二律背反里所否认的类型的,这两种情况之间无疑是有一些分别的,但是我对于目前的论证感觉到这么不能断定,我宁可不作出任何评语。

④ A205=B251。这个说法是等于说因果作用的第一个主体不容有转变(Wechsel)这个意义上的变动。

⑤ "经验性的必然性"好像是在经验中现象界里发现的必然性。

⑥ A206=B251。

⑦ 永恒东西只是确定前后相继性的条件之一,但是它乃是一种必然的条件。

⑧ A187=B230。变动这个概念的改正或更正(德文的 Berechtigung)——不是皮里卡所译的"justification"(根据,即德文的 Berechtigung)是依据永恒性这个学说的。皮里卡主张(见他的《康德认识论》,p. 274)康德的方法在这里是一种独断的论证,用变动的性质的一种分析来证明一种永恒基体的必然性的。我看不到这段文字如何能从它的上下文这样来解释,因为康德在这里是说明变动如何是要按照所曾成立的学说来理解的。他前面的论证不是依据变动的定义,而是依据这个争点的,就是除非把客观相继性认为在永恒东西里或者是永恒东西的一种变动,就不能有关于客观相继性的经验的。如果那论证是依据变动的定义的话,那它就会受到鲍尔夫尔爵士(Lord Balfour)的反对,说我们满足于用"更迭"来替代"变动"好了;看 A Defence of Philosophic Doubt(《哲学怀疑的辩护》),p. 114。

看。一种变动乃是存在的一种方式①,跟在同样东西存在的另一种方式之后的。那就是说,有一个东西的一个状态②是那东西的另一状态的变换,或说替代③,但是那东西本身必须一直总是同样的东西。我们不能说一个东西变动了,除非它依然还是同样的东西;而且我们可以有点悖理地说,变动的只是永恒的东西或实体,而无常或偶性是不变的,而反倒是交换的,因为一个消灭了,另一个就会产生④。

由此看来⑤,我们可以说,当我们看见一种变动时,我们是在一个永恒实体里看见一种变动,而永恒不是一种绝对的生灭。在我们经验性的知识里,总是永恒东西使从一个状态过渡到另一个状态,或者从无过渡到有这样的观念成为可能;而这些状态总是被认为在永恒东西里互相交换的。我认为在经验上这是如此的;我们所看见的——或说像是看见的——乃是变颜色的东西,不是一个颜色,然后另一个颜色。康德强调这种说法,坚持说:既然我们不能看见一个空洞的时间,所以我们就不能看见有生,除非参照在前的东西;而且他论证说,如果我们把生出的东西归之于在前的东西,如我们必须这样做的那样,我们就不得不认为在前的东西一直持续到有新生的时候,而新生的东西只能看作在前时的东西的一种确定,即永恒东西的一种确定。关于消灭,同样也是如此,因为我们不能在消灭之后看见一个空洞的时间⑥。

11. 科学与经验

康德认为——如果我想对这个困难的讨论的种种结果作一概述的

---

① “存在的一种方式”是德文的“eine Art zu existieren”之译。

② 这里“状态”是德文“Zustand”之译。这词是一种时间意味。看康德的《形而上学》pp. 34-35。无时间的对象是没有状态的。

③ “替代”是德文“Wechsel”之译。

④ 由于用词的含糊,很难把这点说清楚。康蒲·斯密所用的“更迭”就是我所谓的“变动”,而所用的“变动”就是我所谓的“交换”。德文的词是“Veränderung”与“Wechsel”。华特生英译为“change”与“alteration”,依我看来比康蒲·斯密的用词要好些。

⑤ A188=B231。

⑥ 这一切都证实了这个见解,就是康德的论证不是从一个意义出发,或从“变动”这个概念的分析出发,而是从我们经验到一种客观的时间次序或前后相继的各种条件出发的。

话——他关于永恒实体的学说,不但是牛顿的物理学的一种必需的预先假定,而且是普通日常经验的一种必需的预先假定。乍看起来,这似乎是难于接受的,但是关于实体的科学想法,也许和关于因果作用的科学想法一样,是把常识假定为当然的概念加以澄清的结果。在经验里向我们显示出来的世界,的确像是十分不同于休谟的分析所归结于一连串的互无关系的印象与观念。我们看见的似乎不是一个颜色,而是一个有颜色的平面或一个有颜色的物体;而当我们觉知到颜色的一种变动时,我们觉知到的似乎不单纯是一个颜色,然后另一个颜色,而是变动颜色的一个永恒物体①。

这样的物体无疑被常识视为仅仅相对永恒的,而且常识关于物体的概念与科学的概念比较起来,是极其粗糙的。然而,就常识说来,具有对我们的感官显得常变的质的固体,在本质上,是充实空间的②;而科学在更正确地确定充实空间东西的性格的过程中,不但提炼了——而且也许甚至提炼掉了——物体这个概念,而给了物体据说具有的永恒性以一种新的而且确切的意义。

如果能说康德曾证明了充实空间的东西的永恒性是我们关于时间是前后相继的经验之一种必需的条件,那么他就会对休谟作出一个解答;再则,如果他有正当理由来推论出一种后果,肯定自然中实体的限量既不能增加又不能减少,那么他的原理的重要性也就会大大地增加。过此,如康德所承认的,就不可能更进一步,而不求援于经验性的事实;确定实体的偶性,单是属于科学的,正如确定任何所予的结果的原因是单属于科学的一样。

康德的科学现在已被取代了,而且我们无须赋予他所接受的详细理论以重大的意义。我们所应该考虑的乃是他的中心学说——即如果科学

① 空间性的世界里大半的变动是我们看作物体的变动的,而且这也许可能扩充到一切的变动的,虽然关于这样的变动像在一闪电或一个鸟的歌里所观察到的,是要有另外的讨论的。

② 在一切经验里,正如我们把所予的一些出现用想像力的先验综合在一个空间里结合起来那样,我们是把我们所予的感官材料作为被认为是充实空间的东西的偶性或质素结合起来;至于认为这样的结合活动是验前的,即它们不是依靠所予的感官材料的特殊性格的这种见解,不无可取之处。

要成为科学，如果经验要成为经验，它就必须使用实体与偶性这个概念，正如要使用原因与结果这个概念一样[①]。我承认在科学的现状里，对于一个不是科学家的人来说是难于同情康德的种种信念的，而且也许对于一个是科学家的人来说，这是不可能的；但是我认为这样提出问题来不是不合理的：所说的这些概念是要干脆地放弃，来让位于别的概念，还是要随着知识的进展而予以修改或改正呢？康德的一些结论还没有全部被取代，这一点已得到了爱弥儿·梅也逊(Emile Meyerson)的陈述的说明，而梅氏并非科学哲学的现代代表人物之中最不出色的。在他的话里，他断言最先进的物理学家的态度是“完全肯定这个假定，即是科学，以及科学的理性从根本上说就是要设想实体中的一种实在，作为对基体和常变的现象的说明。这一切不都是在反乎对于有学问的人像是牺牲，像是拖弃的方向上完成的。”[②]如果这样的康德式的语言能用于现代科学的基本概念，那么就仍值得探究批判哲学企图以此证实这些概念的必然性的种种理由。

① 我认为我们必须理解这个含意不但是实体的永恒性，而且是它关于量的永恒性；而这就意味着充实空间的实在，其限量是不能增减的。如果我们不接受这种增加，康德的学说就大大失去其重要性了。

② 见1932年7月Mind杂志，新号第四十一卷，第163号，p. 382上的引文。

第四十三章　第二种类比

1.因果性原理

在第二版里，第二种类比所成立的原理称为“按照因果律的时间性前后相继的原理”。在第一版中，它被称作“生产的原理”[1]，这里的生产与“因果作用”像是同值的。

第二版的公式如下：一切变动[2]都是遵照因果联系[3]的规律而发生的[4]。

因果律很久以来似乎一直是科学与一般经验所承认的一切预先假定中最基本的一个假定，即使事实上不是最基本的假定；而且，虽然它在物理的世界中的普遍性今日似乎受到了物理学家的怀疑，有如它在过去为神学家所怀疑那样，可是完全把它搁置起来而不用什么东西来替代它[5]，就会使我们失去我们一直企图借以得到了解世界的性质的主要线索。因此就难以夸大因果性的一种有效证明的重要性，而完全可以肯定，我们是永远不能用寻常的归纳法来得到这种证明的，因为在种种的归纳法里，因果性（或类似于因果性的东西）是已经预先假定了的。要夸大康德的证明在批判哲学体系中的重要性这也是很困难的；因为正是在这里，多于在别

① 这里“生产”是原德文的“Erzeugung”之译。我认为这个词，像英语的“production”（生产）一样，是含有力或说活动这个意思的。

② “变动”是德文的“Veränderungen”之译。在 A187＝B230 曾说明过这是包含有一种永恒实体的一些确定的交换（或说相继）的意思的。

③ “联系”是德文的“Verknüpfung”之译。联系，或说关系（nexus）包含着必然互相隶属的一些异质成分的一种综合。看 B201 注。

④ B232。在第一版里的公式乃是：凡是发生的东西（即开始是的东西）都预先假定有某东西是它按照规则而随之发生的。看 A189。“发生”就是成为一个客观的事件。

⑤ 在一种更令人满意的方式上来解释一个旧的概念和用一个新的概念来替代它，将这两者之间清楚地区别开来，不是总是容易的。无论如何，我们今日必须主张，因果性这个概念是有待于重新解释的，或者说，至少这个概念的意义不能看成明显的而毋须再有分析的。

处，我们必须找到对休谟的答复，而且正是在这里，先验演绎的学说得到它的最能表示其特性的而且是最基本的应用①。

在这种情况下，我们有权来要求：提供给我们的论证应该是无懈可击的。关于它的解释不应有任何疑问，而且它应该能够经得起一种冷静而带着怀疑态度的审查，像休谟对于凡是被认为验前知识的东西那样。不幸的是，在了解康德的有些说法的过程中，确实存在着困难，尤其是在了解他的一些说法的相互关系时，困难更大。对于不同情的批评家来说，他很可能就是这样的哲学家之一，他们用一大堆的话语来掩饰他们论证的弱点。但是我却认为他的模糊不清之处是由于这个事实，就是他踌躇于新的而困难的思想。我并且认为，即令他是错了，然而在他的见解里，还有许多是值得我们严肃地来考虑的。

有一点是完全清楚的。康德论证的是，如果我们想把现象性世界里事件的客观前后相继与我们观念的主观前后相继区别开来，我们就必须把前者看作是必然确定的，那就是说，是因果律所控制的。他并不自认为这个论点是自明的。它依赖的是已经成立的批判学说；而我们所要知道的乃是所预先假定的那些批判学说的确切性质与其对于我们现在得要考虑的论点的确切关系。

可能有人认为，客观性已被证明是包含着必然性的，因而客观的前后相继必须是必然的前后相继。但是那样一来，康德的精密证明就会是多余的了。康德认为被说明了的不过是出现的要成为一个对象的出现，就必须在统觉的综合统一性里得到统一，或者说，必须有那种必然的综合统一性，没有它，出现就是不能为一个心所想到的②。就康德来说，这种必然的综合统一性诚然必须是能在判断的一切形式里想到的那样；因为判断的形式乃是这样的综合的形式，即没有它们，思想就是不可能的，而没有思想，就没有对象。但是康德所论证的，不是因为我们必须能够在“如

① 这种要求也可以对于第三种类比来说（这第三种类比是结合着第一和第二种类比在其里面的），但是这第三种类比，在某些方面，像是不太多于已经成立的原理的应用或说扩张，而在第二种类比里所提出的一些论证说明就康德来说，他的学说的关键实在就在这里。

② 我在本书第三十章第三节里已曾指出这争点一直是极端模糊的，除非我们能详细述明这种综合统一性。

A,则 B"这种形式之下来判断任何对象,所以每一个对象就都必须为因果律所控制①。反之,就他来说,判断的假言形式乃是一个等待着一个对象的空洞的形式。而我们现在所要证明的乃是,一切在空间与时间的形式下给予我们的对象都必须有一种特性,它使它们能由判断的假言形式来予以判定。那特性就是必然的前后相继,而必然的前后相继的证明必须是一种不依靠判断形式的证明。

康德的确预先假定了空间与时间是感受性的形式,而且在空间与时间的形式下被给予出来的出现因之就不是自在之物,而是自在之物对人类心灵的出现。他把这个预先假定作为他的论证的不可或缺的东西,这是不能有任何合理的疑问的。他又相信,出现的一切客观的结合与联系都是由想像力的一种先验综合通过时间的中介而起作用所确定的②。他要说明的就是,如果我们要在一个共通的同质的时间里,其各部分是彼此前后相继的,来经验到一些客观的变动,就必须有出现的相继是必然的,而这样就是为因果律所控制的。

2. 因果性的六种证明

康德用了使人想起先验演绎方法的多种证明,就表明他对于目前这种论证的重要性的感觉。我们照例有一种证明是在第二版里所增加的,而在第一版里,我们已经有了一般被当作五种连续的证明③。这样一来,我们就有:

证明一　B232-234(两段)。

证明二　A189-194=B234-239(四段)。

证明三　A194-195=B239-240(两段)。跟着就有一个更一般性的第

① 这样一个论证显然是无效的,因为判断的假言形式不包含有对于时间的关系。

② 无疑他又是相信想像力的这种先验综合本身是为纯粹范畴所控制,而且特别是为根据与后果这个纯粹范畴所控制;但是我不认为,这是他的论证的前提之一。反之,只当一切客观的前后相继已经证明是必然的前后相继时,这种学说关于根据与后果的方面,才是完全得到成立的。

③ 这种划分是我从阿迪克斯(Adickes)的《纯粹理性批判》的第一版拿来的。它是康蒲·斯密所接受的。

三段(A195-196=B240-241),是不能认为特别属于证明三的。

证明四　A196-199=B241-244(三段)。

证明五　A199-201=B244-246(三段)。

证明六　A201-203=B246-247(一段)。

证明的这种多样性曾引起这样的理论,它认为这些证明是在不同的时候撰述的,而且代表康德思想的不同水平。因为这样一些关于起源的理论,依我的意见,对于理解那个论证是没有任何帮助的,所以我就打算不去管它们。可是应该注意,这些证明不得仅仅看作是同一证明的不同说法,是任意地一个一个地加上的。如果我们单独考虑第一版,我们就至少有了发展的某种模样。证明二(第一版里的第一种证明)把论证作为整个来发展;证明三乃是一种间接证明,说明:如果不承认因果性的原理,就有一些不可能的后果;证明四至少是宣称——如果它没有完全贯彻它的宣称的话——要诉诸实际上的经验来得到证实;证明五提出而且详述论证对于时间性质的依靠;而证明六原是要作为论证的各要点或说"环节"(moments)的一种概述,而且是一种极需的概述。康德为什么——他的写作方法是很不同于摩尔(Moore)教授或皮里卡(Prichard)教授的写作方法的——不按照刊出的次序撰述这一系列的论证,我看不出任何理由,而且只有证明六,依我的意见,才能合理地看作多余的①。

3.第一种证明

在第二版里所增加的证明②是用一个引言开始的,而这引言显然是想暗示:第二种类比依据的是作为一种必需的预先假定第一种类比。在各证明的本身里没有把这点弄明白;但是康德大体上是主张:只有相信充实空间的永恒实体才使他有权来认定,如他所认定的那样,在一所房屋的

① 可以看到证明的这种多样性不但是我们所知道的康德的教训的一种特色:它又明明是存在于像 Nova Dilucidatio(《新解》)这样的早期著述里,虽然不到同样的程度;看第三节(Ⅰ410-411)。

② B232-234。在第二种类比的情况下,我先处理在第二版里所作出的证明,因为如果它是认为六种证明的最后一种,它的重要性可能不为人所体会。因为所使用的名词都是曾有定义的,这种进程并不受到通常的种种不利。比较一下本书第三十七章第一节。

同时特性与一只行驶的船的前后相继特性之间存在着一种对比。

这引言乃是我们已经学习过的东西①的一种"提示"②——即一些出现的前后相继(或说交换)只是永恒实体的一种"变动",即一个实体的各种确定的前后相继的有与无,这实体本是不生不灭的,而且它的存在是在不同的时间上用不同的方式积极地被确定下来的③。

康德的一些证明如下:

Ⅰ.我看见种种出现是一个跟着一个的;而这意味着,在不同的时间上,我看见同样东西或同样一些东西的不同状态④。因此在这种感官知觉里,我是把两种不同的感官知觉或说时间里的出现⑤联系起来⑥。

Ⅱ.联系(或说关系——nexus)乃是关于对象的知识所必需的结合或说综合的一种。它绝不是单纯感官或直观的工作,而是想像力⑦的综合力量的产物,而这种力量是确定内感官的关于它的时间关系的⑧。

Ⅲ.想像力不为思想所控制,是能在不同方式上结合出现的,或者B在A之后,或者A在B之后。就单纯的想像力来说,虽然我们觉知到我们在想象里把一些出现安排在一个时间的特殊次序上,但是我们却不能觉知到这些出现是一个对象的状态,而且是不依靠我们的想像力而在那

① 就是在A187-188=B230-231里。看本书第四十二章第十节。

② 这里"提示"是英文的"reminder",即原德文的"Vorerinnerung"之译。

③ 康德在这段里的论证可能像是"独断的",因为他说变动这个概念预先假定同样一个主体是存在着而带有两种相反的确定的,因而是持续的。可是我认为变动这个概念的这种分析,就康德来说,乃是成立了永恒实体的必然性的一种后果,而不是这种必然性所从而得到证明的一个前提。

④ B233。谈到"东西"就说明康德认为他自己现在是有权来假定多于休谟所承认的。休谟只承认关于一连串的出现的意识。康德认为他自己已经证明我们有正当理由来把前后相继的一些状态归之于一个永恒实体或一些实体。归之于同样东西的各种状态的"对立",我认为是在分别中显出来的。

⑤ 我在这里把"感官知觉"作为同值于"出现"的。

⑥ "联系起来"是德文"verknüpfe"之译。这词用在专门的意义上来表示"联系"或"关系"。看B201注。

⑦ 这里如每每是那样,感官知觉是和统觉的综合联系着(如果不与之同一)的,而这乃是想像力的工作。

⑧ 这最后一个子句可能像是含有这个意思,就是到此为止,这联系是主观的。内感官就想像力相继地把不同的出现带到心的面前这点来说,是被确定的。然而康德可能在心里有一种客观的联系。如果那样,他就接着说明它是包含有多于想像力的。

次序上发生的。因此,感官知觉,在它利用单纯的想像力而成为所予的东西的一种综合的限度内,并不确定前后相继的一些出现的客观时间关系①。

无论这种说法里的种种困难是什么,康德显然是对的,只要他说的是:或者靠单纯的感官,或者靠单纯的想像力,或者靠这两者的任何结合,我们都不能确定事件的客观次序。

康德这样说的理由就是处在一切类比的根本上的学说——即时间本身是不能被知觉到的。如果时间本身是能被知觉到的话,他就相信我们能够在对于时间本身的关系上确定对象本身里的各种出现的次序,而这种确定的过程就会近似于经验性的知觉。我想恺撒的死就会在实际上对知觉被给予出来,在它上面带有公元前四十四年三月十五日特殊一片刻的标志,而且一切后来在想象中想起他的死亡的努力都必然会想起那特殊的标志作为所想起的整个事件的一个不可分开的部分②。因为事情不是这样,所以我们就不得不靠事件的彼此必然的联系来在经验中确定事件的客观时间次序。

Ⅳ.这最后一点就是康德进而及时提出的一个观点。如果我们要知

---

① 有一整个系列的主观次序是不同于我们相信是客观的次序的。例如我们一些感觉活动的主观次序是不同于客观次序的;因为我们相继地感觉到的东西我们可能相信是同时的。我们想象活动的主观次序也可能是不同于客观次序的,那就是当我们所想象的是实在的一些事件的时候——我能想象恺撒的死在想象嘎提谟战役之后。再则我能想象到虚构事件的一种次序,而甚至这种次序(当它依然是单独依靠我的想像力的一种主观次序时)也可能不同于我的想象活动的次序的;因为我可能愿意先想象到一种虚构的事情,然后再想象到一些导致它的别的虚构的事。甚至在想象到实在的事件的过程中,我也能想象它们的发生是在一种不同于它们实际上的次序的那种次序的,而我能这样做,并没有断言那想象性的次序是实在的。例如我能想象美国在路斯坦尼亚号邮船被德国的潜水艇击沉时,曾对德国宣战,而且能够试图去估计其种种或然性的后果。当然,如果我想象当该号邮船被击沉时,美国实际上是对德国宣战,那就不是单纯的想象,而是错误的思维。乃至在当我想象实在的事情时,还是有一种思想的成分存在于认识到事情是实在的这个活动里面的;而且我如果认识到这些事情的被想象是那样的次序不是它们实际上的次序或说客观的次序,也是有一种思想的成分存乎其中的。

② 我以为我们应该知道一所房屋的一些前后相继出现在客观上是同时的,因为每个出现都带上它所经过的整个时间的标志。但是,把一种大家认为是不可能的或许有机会发生的事情当得太准确,这也许是一种错误。

道一些出现的客观上的关系在时间中是相互的[1]，我们就不但必须想象到，而且必须思想到这些出现（即实体的前后相继的一些状态）的时间关系，进而我们必须在特别一种方式上这样做，就是说，我们关于这种关系的思想必须是这样的，“因之[2]这些出现之中，哪些必须放在[3]前面，而哪些必须放在后面，就作为必然的确定下来了”[4]。

康德的全部论证是以这种说法为其关键的。我提出这个意见，在这说法之前的东西显然是正确的。在那之后的，单纯是使这种断言的一些后果变为明白的而已；因为被确定为必然的一种时间的前后相继乃是按照因果律而确定的一种相继。

Ⅴ.所以，所包含的思想或说概念乃是必然的综合统一性的概念[5]，因而就是知性的纯粹概念[6]，而不是用平常抽象的方法从感官知觉得出来的概念。所说的纯粹概念，被非常煞费苦心地称作因果关系的概念[7]，而这关系乃是其原因把其结果确定为其后果或说时间上的前后相继的[8]

---

① B234。康德是说，“如果我们是要知道出现的客观关系如确定的那样”，但是这像是等于说知道它，或知道它是客观的。没有思想，这种的客观关系，对感官知觉来说，（作为客观的）是没有确定的或说未知的；对思想来说，它是已知（作为客观）的。“确定的”在这里的意思不能是“必然确定的”。在他的《形而上学》里（p. 23），康德说，“确定”就是断定（德文的 setzen）两个对立面之一，而这可能就是切合的，因为所谓“断定”我们是一定要了解思想的绝对断定，而不是想像力的任意和主观的断定。

② 这里“因之”是德文“dadurch”之译。

③ “放在”是德文的“gesetzt”，英文的“placed”或“posited”之译。这词在第二版里特别显眼。现实性乃是绝对的位置，所以这种对象在其自身是安放好的（德文的 gesetzt），而不是相对于我的知性的（《形而上学》，pp. 27-28；比较一下 A598＝B626，又 B142）。存在也说是绝对的位置即拉丁文的“positio absoluta”（见《形而上学》，p. 25）。

④ 更简单地说——如果我们是要知道 AB 乃是一种客观的前后相继，我们就必须不但感觉到 A，然后感觉到 B，再把它们在想象里照着那样的次序结合起来；我们又必须想到 B 是必然跟在 A 的后面的。这样的思维当然可以是“模糊的”；也许我们应该是说，我们（有意识地或无意识地）“假定”或“预先假定”B 是必然跟在 A 的后面的。

⑤ 它乃是必然综合统一性的一种特殊的概念，即其前后相继性是一种客观的前后相继性的一些出现的必然统一性（或说因果的关联）。

⑥ 将会记得——看本书第三十九章第六节——在 B219 里康德是从这个概念外加于必然性的验前联系进行论证的。在这里他是从这联系的必然性论证到这概念的验前性格的。

⑦ 康德所相信的乃是一切必然的前后相继性，而且其实一切客观的前后相继性都是因果确定的；而不是早出的事件必然是后出事件的原因。例如夜不是日的原因。

⑧ 以时间的次第为标准就把原因与结果这个图型化的范畴从根据与后果这个纯粹范畴区别开来。

这样一种关系。这个意思就是说,后出的事件不能先于早出的事件①,如它对于不为思想所制约的想象来说所能做的那样。其意思还说,如果有早出的事件发生,则必有可能马上知觉到后一事件跟在它的后面;如果两个事件只在想象中是前后相继的,那么看见第一个事件并不意味着后一个事件也能立刻看见是在其后面——或者真是看见的②。

Ⅵ.因此,只是因为我们使一些出现的前后相继(因而一切"变动"③)受到因果律的限制④,经验(作为关于出现与其客观的前后相继那种经验性知识)才是可能的。既然经验的可能性的条件必然就是现象性对象⑤的可能性的条件,所以现象性对象,或说经验的对象⑥,必然是受到因果律的限制的。

4.对象与其时间上的关系

第一版中的第一种证明⑦也是以一种引言开始的。这引言重申康德关于一个对象的性质的一般性说明,并且为客观前后相继这种特别情况准备道路⑧。

---

① 这自然是受着这种条件的限制的,就是 B_1(即 A_1 的结果)能先于 A_2(B_2 的原因)。

② 我认为这是康德的意思——不是说,如果两个事件只是想象为前后相继的,其第二个事件可以不必是可看到的(如当我想象希腊神话中的女魔的一个特别叫声可以使人变为猪那样)。但是所说的是模糊的。

③ 必须记得,"变动"乃是一种实体的一些状态的前后相继(或说交换)。康德在这里是谈到客观的变动或前后相继。

④ "受到限制"是德文"unterwerfen"之译。我不认为康德的意思是说,我们先有一些出现的主观前后相继,然后再使之服从因果律而成为客观的。毋宁说,在觉到一种客观的前后相继的过程中,我们必然认为它是因果律所确定的。可是康德可能是从领会的次序里的必然性论证到在对象里的事件的次序中的必然性的。看下面的第五节Ⅳ。

⑤ 如果我们所知的对象是自在之物的话,按康德来说,我们就永远不能知道它们是因果律所控制的。

⑥ 康德是说"出现本身作为经验的对象"。他的意思可能是说,"出现就我们知道它们对象的前后相继的状态来说"。

⑦ A189-194=B234-239。

⑧ 关于那一般性说明,看 A104 起和 B137,而又比较一下 A197=B242 起。康德在 A191=B236 里用"先验对象"这个短语,这短语是在第二版的增加里不用的,但是我认为关于对象的一般学说在两版里是同样的。看本书第二十章第二节,第二十二章第一、二两节和第五十五章第三节。

在理解康德的论证的过程中,一个很大的困难就是他的名词的含糊不清。例如在第二版的论证里,"出现"主要是用来表示一种实体的一些不同的状态的,即在对象里彼此相继的状态[①]。在现在的论证里,"出现"却用来表示整个对象,如一所房屋[②]。不容易确知:这种用法是否始终一致地坚持着:在有些地方,理解"出现"为对象的一部分或一种状态可能像是更自然的。然而让我们概括地说,出现乃是整个对象,而其各部分或状态乃是"出现的杂多"。那么我们就能说,关于出现的杂多的领会总是前后相继的;而这就等于说,我们关于各部分的观念是一个跟着一个的[③]。

我毋须再来考虑康德在什么意义上把领会理解为总是前后相继的[④]。如果康德的见解是:我们永远不会直接领会到甚至那主观上是并存的或说同时的东西,那他就会是错的,而且他的论证就会在这个程度上被削弱。然而毫无疑问,我们一般是把前后相继地领会的东西,例如一所房屋的各部分,看作并存的;而这就是这个论证的一种充足基础了。我们必须记住,整个出现与其各部分可以同样地描述为"观念":它们并不是自在之物。整个出现可以说是前后相继地被领会的各部分所构成的;而这样,它就是一些观念的总和或说集合体[⑤],并且这一些观念,就我们的领会来说,可以描写为一个跟着另一个。

那么这个问题就发生了:这些观念(或说部分)是否在那对象(或说整个出现)里一个跟着一个。为了答复这个问题,我们就必须考虑一下我们所谓"对象"是指什么说的。

每一个观念,就其是我们所觉知到的来说,可以称为一个对象;但是这显然不是这里所需要的意义。我们要知道,当我们说到我们的观念,不是作为对象,而是作为"指出"或"象征"[⑥]一个对象时,这种"对象"的意思

① B233。

② A190=B236。在 A192=B237 里,它是用来表示一艘行驶的船。

③ A189=B234。

④ 看本书第四十二章第一节。如果所谓出现的(或在其里面的)杂多,康德是指像一所房屋这样一个对象的各部分说的——而这就是康德在 A190=B235 和 A192=B237-238 里所举的例——他所说的是真的,就是在我们永远不能同时看见一所房屋的一切部分这个意义上。

⑤ 比较一下 A191=B236。

⑥ 这里"象征"是德文"bezeichnen"之译,亦即"指出"之译;A190=B235。康德在这里的意思像是说,我们的观念(例如所见的颜色)是理解为象征整个对象(例如一所房屋)的。

是什么①。

如果我们仅仅在我们觉知到观念这个意义上把观念理解为对象，那么康德就说，观念并非不同于领会（领会就是把所予的东西"拾起来"，放进想像力的综合里面）②。我认为他这里所讲的意思乃是：就它们的时间关系来说，它们是没有分别的③。一个观念作为存在于意识的观念来说，其时间就是它被领会那个时间；而既然我们一些领会的活动是前后相继的，所以我们就能说，我们的观念总是前后相继地产生在心里的。这意思是说，在种种出现的杂多为我们的领会活动拾起来的时候，出现的杂多④总是前后相继地在心里产生出来的。

康德断言，如果出现是自在之物的话，我们就永远不能根据我们观念的前后相继来决定这些出现的杂多（即各部分）是怎样在对象里被结合起来的。他举出的理由就是，我们所要与之打交道的只是我们的观念，而自在之物的性格是完全在我们知识的范围之外的⑤。但是很明显，如果出现是自在之物——而他所考虑的假设乃是这样的——事情就不会如此。

这一论证表述很拙劣；但是我理解康德的意思是说，如果我们把一个出现⑥，比方一所房屋当作一个自在之物的话，那么我们就永远不能从我们观念的前后相继（在其里面房屋的各部分是一个一个地被给予出来的）过渡到关于这些部分是怎样在那房屋里结合起来的这种知识⑦。对我们给予出来的只是我们观念的前后相继。如果用想像力，我们把这些观念（或在它们里被给予出来的东西）在同样一个时间里结合起来而把它们看

---

① 在这段（A189-190＝B234-235）里，康德像是用"出现"不是来指整个对象，而是来指它从而构成的一些部分或观念。对这也许可以质问的；因为在 A190-191＝B236 里，整个出现是描写为一个观念，其先验对象是未知的。为看清楚起见，我在这里避免用"出现"这个词。

② 这是"领会"的通常专门意义。

③ 比较一下 A194＝B239。我不能相信康德的意思是把所领会的杂多和领会它的这个活动同一起来；而他在第二种类比里所谈到的"一些分别"得要理解为在时间位置上的种种分别。

④ 我认为康德的意思是说，例如一所房屋的各部分是前后相继地在心里产生的。

⑤ A190＝B235。

⑥ 如果我在这里理解"出现"为整个对象的各部分，论证仍然是照样进行的。我们永远不能从这些前后相继地被给予出来的各部分知道它们在对象里实在是如何结合起来的。

⑦ 严格地说，我们不应知道有任何能称为一个"房屋"的东西：只应知道某些所予的观念是互相继续的。

作并存的,我们还是永远不能知道这种结合是在自在之物里表象什么东西的。因为我们关于自在之物,除了它们被认为通过我们的观念“刺激”我们这一点之外,是毫无所知的①。

如果我们承认这一点,我们就面临着批判的问题了。我们假定一切出现例如房屋②都不是自在之物。我们又假定除了我们的观念之外,没有其他东西是给予我们的:说全座房屋乃是所予的一个观念是从这种意义上说的,即它的被给予于我们是在总是前后相继的一些部分(或观念)里的③。这一来,我们能否说明:那出现的各部分(或说杂多)是怎样在那出现的本身里有一种时间性的结合——例如作为并存——的?按批判的原理来说,一所房屋是一个出现,或说对象,而这对象既不是一个自在之物,也不是在我们里面的一连串的观念。在这样的一个基础上,我们怎样能使我们有正当理由来相信,虽然那房屋的各部分是前后相继地被领会,然而它们在对象里是并存的?如康德所说,当出现在其自身来说是“无”时,其杂多怎能在出现的自身里被结合起来④?

康德本人强调了这个问题对于批判哲学的困难⑤。从普通经验的观点来看,或从科学的观点来看,一所房屋是完全应该看作一个自在之物的⑥。从先验的观点来看,它只是一个出现,就是说一个观念,其先验对象(这里显然是等于自在之物的)是未知的⑦。可是我们仍然设法在一连串的观念(在其里面对象的各部分被给予出来)与作为一个整体的所予的

---

① 如果我们理解这是康德论证的正当解释,我们就可怀疑是否打算自行站得住脚的:所用的话语像是含有批判原理已是预先假定的这个意思的。如果时间乃是我们感受性的形式,我们就永远不能有正当理由来把时间关系归之于事物的如其在其自身里那样。康德指望后来去说明客观的相继性与并存性是除了作为必然的相继性与并存性以外永远不能被知道的,而且他相信,如果对象是自在之物的话,我们关于必然性是不能有任何知识的。

② A190=B235。这里又是容易重述这个问题的,如果我们是把出现作为整个对象的前后相继地被给予出来的各部分,而不作为整个对象本身的话;但我宁可假定康德是在后一种意义上使用“出现”这个词,像他在紧接着的后文所使用的那样。

③ 注意在A191=B236里(一所房屋的)整个出现说是被给予出来而且是一些观念的一个集合体。

④ A191=B236。那就是当出现并不是自在之物的时候。

⑤ 皮里卡(看他的《康德的认识论》,自p. 280起)论证说,这个困难是不可克服的。

⑥ 比较一下A45-46=B63。

⑦ A190-191=B236。

出现之间划清界限。我们是把那整个所予的出现看作这些观念的对象——即现象性的对象——虽然是有这个事实，就是它只是这些观念的一个总和或说集合体。而且我们认为我们的“房屋”的概念，这假定上乃是用分析的方法从我们领会的前后相继的一些观念那里抽取出来的①，必须是和这个对象相一致的，如果我们是想得到真实性的话。这是如何可能的呢？

在这个阶段上，康德为我们提供了对于这个问题的一般性的解答。他强调这个事实，就是我们的概念和对象的一致乃是经验性的真实②；而且他暗示说：如果我们能说出那些条件，只有在这些条件之下，一个概念才能与其对象一致，那就是，如果我们能够说出经验性的真实的一切形式条件③，那么我们就能解答“杂多怎能在出现自身里被结合起来”这个问题。

经验性真实之形式条件必须是经验的形式条件（而这样也就是对象的形式条件）④。可是，康德心目中想到的不是和直观作为直观有关的数学原理，而是力学原理，特别是诸类比；因为这些是和对象的存在有关的，而且只在一种经验里的经验性思维的条件下才是必然的⑤。当我们谈到作为在出现本身（或说在对象本身）结合起来的“杂多”时，我们所指的乃是作为按照诸类比结合起来的杂多，而不是作为它在想象中任意结合起来那样，或者是作为它在领会里前后相继地给予我们的那样。对象能区别于在领会里前后相继地被给予出来的一些观念，乃是因为（虽然那对象本身只是一个出现，而且事实上是一些观念的一个集合体）“它服从一条规则，

① 它的能这样被抽取出来，只是因为我们的一些观念已经是按照范畴被结合起来的；尤其是因为它们是看作一个实体的状态，即其在时间里的相对位置是因果律所确定的状态。

② 比较一下 A58＝B82 起，A157-158＝B196-197，A237＝B296，A451＝B479，和《逻辑导论》Ⅶ（Ⅸ50-51）。

③ 我们不是问，“房屋这个概念在什么条件下和这所房屋相一致？”——那是要看在那个概念里所想到的和在感觉里所给予出来的细节的。我们是问，“在什么条件下任何概念才有可能和任何对象相一致？”——或者宁可更好的是，“按批判的预先假定，怎有可能有任何对象是我们的概念可以与之相一致的？”

④ 比较一下 A202＝B247 以及 A62-63＝B87。

⑤ A160＝B199。

而这规则是使它从每一个别的领会区别开来，而且使杂多里特殊一种的结合成为必然的"[①]。那对象所服从的"规则"很自然被理解为类比的一种[②]。康德补充说，"在出现里那含有这种领会的必然规则的东西就是所说的对象"。

在这段文字中，有许多解释的困难。康德的论证是十分一般性的；而且如果他所谓"规则"的意思是指"经验性真实的形式条件"而言的（如我认为他必须是那样的），那么那规则就不能局限于第二种类比[③]。那"规则"同样尽可是第三种类比：其实到此为止，康德所曾考虑的唯一情况就是客观并存性的情况，而这种情况乃是由第三种类比所控制的[④]。虽然如此，为着简单起见，我们只需考虑一下客观前后相继性的情况，而在这种情况里，那规则就会是第二种类比了[⑤]。

第二种类比的确可以被描述为使一种特殊的结合在杂多里成为必然的这样一条规则。但是我们能说"它把一个出现与每一个别的领会区分开来了"吗[⑥]？尤其是我们能描述它为"领会的规则"吗？在后文里，我们将要发现与这相类似的一些难题[⑦]。我认为目前我们只须说，不管康德的术语是什么，按他的见解来说，因果律的应用确实把一种客观的前后相继性与一种单纯是主观的前后相继性区分开来了，而且使我们的领会必

① A191＝B236。

② 康德所谈到的是"规则"而不是"规律"或"原理"这个事实并不排斥诸类比；例如看A177-178＝B220以及A180＝B222。

③ 更不能是特殊一条因果律，除了在这种意义之上以外，即服从一般因果律总是服从特殊的一条因果律。

④ 诚然，第三种类比的证明没有使用"规则"这个名词，但是我们必须记得交互性的图型乃是不同实体的各种确定"按照一条普遍性规则的"并存；看A144＝B183-184。比较一下A217＝B264。

⑤ 比较一下在A202＝B247里与这平行的那段。不可回想到因果作用的图型乃是杂多就其是受规则支配的前后相继的一种前后相继性；看A144＝B183。

⑥ 我们指望他所说的或者（1）它把作为对象的一个出现区别于每一个别的所领会的观念，或者（2）它把作为对象的一个出现的领会区别于每一个别种的领会。难以确知康德的话语，当他这样像是把领会与其对象（或说内容）等同起来时，是否由于不小心；在它里面像是有一种方法，但是没有进一步的辩解或说明，它是混乱的一种来源。比较一下已经注意到在A190＝B235里的困难说法，断言我们作为意识对象的观念不是不同于领会的。

⑦ 特别看A193-194＝B238-239。

须遵循一定的次序①。

最后的陈述即"在出现里那含有这种领会的必然规则的东西就是所说的对象",包含有一些特别的困难②。我们可以把这种说法和说到这对象被看作"免得我们的种种认识成为偶然的或任意的事情的那种东西"③,这一说法比较一下;还可把它与下述说法相比较,即"一切出现,就其通过它们,对象才对我们被给予出来的这点来说,必须是服从综合统一性的种种验前规则的"④。我已论证过⑤,康德在这几段文字中,并没有暗示说:必然的综合统一性(这是一个现象性对象的不可或缺的特征)是根源于作为自在之物的先验对象的。与此相仿,在这里毫无根据来认为:他谈的是先验对象⑥。我认为在这一段中,像在别处一样,他是把对象和杂多的必然综合统一性同一起来了⑦。这种必然的综合统一性特别含有时间确定的一种必然综合统一性⑧,或者更简单地说,一种必然的时间次序⑨;而正是在出现里这种必然的时间次序才是领会的必然规则的条件⑩,特别是在客观的相继性情况下⑪。

如果我们把康德所谈到的"规则"理解为诸类比,那么他似乎把它们当作是这样的规则,它们既控制对象,又从而使我们的领会必须

---

① 到此为止,不严谨地可称它为"领会的规则"。

② A191=B236。

③ 看A104。

④ 看A110。比较一下B137,"对象就是在其概念里面一个所予的直观的杂多得到统一";而又比较一下A158=B197。

⑤ 看本书第二十二章第二节。

⑥ 如果先验对象是指自在之物说的,那么说先验对象是"在出现里,这诚然是奇怪的"。

⑦ 严格地说,就杂多具有必然的综合统一性来说,对象才是其杂多。

⑧ 比较一下A177-178=B220,在这里那在时间关系(或时间确定)里的必然综合统一性明明就是时间次序的统一性。

⑨ 在A145=B184-185里,关系的各图型是有关于时间次序的关于一切可能对象的。

⑩ 在这里康德是关心于这规则的作为领会的规则的,而他在对象里找到它的条件,这是就它(而不是那领会)是服从那规则而言的。从这事实又引起困难,就是控制出现的规则和领会的规则像是既有区别而又是同一起来的。

⑪ 客观并存的情况是更复杂的。如果我们只考虑客观的前后相继性,康德的学说更清楚地在A193=B238里表达出来,在那里他说,客观的前后相继性是存于出现的杂多的次序,这是一个领会照着一条规则跟在另一个领会的后面的一种次序。

有次序①。每当“规则的条件”这个短语出现时，它总是令人费解的，但是按这种解释来看，把它的意思作为是指一个先验图型说的，这可能不是不合理的②。谈到一个对象作为“含有”一些先验的图型，这是十分自然的③；而关系的各图型，整个来说，是和必然的时间次序有关的④，而我曾假定必然的时间次序就是康德在这里描写为规则的条件的东西⑤。如果康德是要证明诸类比的真实性，康德所必须说明的是存在于对象里的，无论如何就是关系的各先验图型⑥。其实他得要说明一个对象作为一个对象而存在，是就其在它里面存在着关系的先验图型而言的。他目前的任务就是要说明在对象里的前后相继必须是必然的前后相继。

5. 第二种证明

Ⅰ. 我们现在有条件来继续进行我们的工作，并且考查一下客观前后相继性这种特别的情况⑦。康德坚持认为：我们如果没有直接看见在一个客观的事件或变动的前面的另一个东西，那么就不能看见这个客观的事件或变动；因为我们不能看见在一个空洞的时间的后面所发生的东西，正像我们不能看见空洞的时间本身一样。但是在看见一所房屋的前面与后面时，其领会正如我们看见一种客观的变动时一样，是前后相继的，所以我们领会的单纯前后相继性并不证明所领会的东西的前后相继性⑧。

---

① 在后一种意义上他像是描写它们为领会的规则。

② 应注意到，康德是谈到范畴作为含有验前规则的条件或各种条件的；看A132＝B171，A135＝B174，又 A140＝B179。在这些上下文里“规则的条件”像是先验图型；而这就暗示我们至少自己应问问这个短语在这里能否有这同样的意思。

③ 这像是包含在 A139＝B178 的意思里的，在那里康德是说时间是包含在杂多的每一个经验性的表象里的。应该参考这整段文字。

④ 看 A145＝B184。这“时间次序”乃是时间里杂多的客观的与必然的次序。在第二种类比是规则的地方，那条件就是“必然的相继性”这个图型；而在对象里的必然相继性就是在我们的领会里的必然相继性的条件。

⑤ 这个短语也出现在 A193＝B238-239 里面，而在那里它乃是一些新困难的来源。

⑥ 比较一下 A181＝B223-224。

⑦ A191-194＝B236-239。

⑧ 康德在这段里谈到把领会（或感官知觉）的一个综合从别的综合区别开来，如我认为他应该在上面已是这样做的那样，而不是谈到把一个对象从其他的领会区别开来的。

Ⅱ.然而还有另一点是要注意到的。假设使我们觉知到一种客观的前后相继,就是一个事件 α 有一个事件 β 跟在它的后面。假设使我们对于 α 的感官知觉是称为 a,而我们对于 β 的感官知觉是称为 b。那么,如果这前后相继是客观的,就是说,如果 α 是在客观世界里为 β 跟在它的后面,a 就必须在 b 的前面而不能在它的后面,而 b 就必须随在 a 的后面而不能在它的前面。如果一艘船是驶向下游[①],我们就不能先在下游看见它,然后在上游看见它。然而在一所房屋的情况下(那里是没有这样的一种客观的前后相继的),我们是能先看见其前面,然后看见其后面,或者倒转过来[②]。

不误解这个关键性的说法是绝对重要的。康德不是从所观察到的我们感官知觉的不能倒置性论证到一种客观的前后相继。反之,他是从一个假定的客观前后相继论证到我们的感官知觉的不能倒置性。他不是说,我发现我不能倒转我的感官知觉的次序,然后才得出结论说我必须与一种客观的前后相继打交道。这样的一种说法,即令它是真的——而我认为它是假的[③]——永不能使我们有正当的理由来肯定任何一种必然性;我们只能说,我们至今总是发现:我们的感官知觉是在一个特殊次序上发生而不在任何其他的次序上发生。康德从这种假定出发,认定我们觉知到了一种客观的前后相继,而且他断言,如果是这样,那么我们的感官知觉就必须在特殊一种次序上发生。在这种情况下,感官知觉的前后相继起的次序就是为事件的次序所确定的了[④]。有一条控制着我们领会

① 应该注意到,船的更早的位置不是其更迟的位置的原因。康德的学说乃是每一个客观的前后相继必定在因果上确定,不是说它必须是一种因果的次序。

② 无疑,这房屋对我的种种出现的次序是我的身体的运动所确定的,但它不是在对象里,即在那房屋里的任何变动所确定的。如果我拿我的心理经过作为我自己的对象,那房屋的前后相继出现就实际上是客观的事件,而作为这样的事件,它们的被确定是和任何其他客观事件一样的。

③ 除非我们已经假定我们是看见对象,而且事实上所看见的对象是实体。我认为皮里卡教授这样说是对的(见皮氏的《康德的认识论》,p. 294):我们不是开始就知道一种主观的前后相继,然后或者由于发现这主观的前后相继是不能倒置的或者在任何别的方式上过渡到关于客观前后相继的一种知识。其实,除非我们是预先假定时间里一个客观世界的存在,谈到一种主观前后相继的不能倒置性(或者关于那一点谈到它的可倒置性)又有什么意义呢?在一种单从其本身来考虑的主观前后相继里,我们只能说我们的一些观念是在这所发生的次序里发生的罢了。

④ 比较一下 A192=B237:"一些感官知觉在领会中彼此相继起的次序在这种实例里是确定的,而领会是受制于这种次序的。"

的规则,即在我们看见客观事件时总是碰见的规则,而正是这规则使我们前后相继起的一些感官知觉(在对于这些前后相继起的事件的领会里)的次序变成一种必然的次序①。

Ⅲ.所以在这种情况下②——即在我们由于假定是看见一种客观的前后相继的这种情况下——我们必须从出现的客观前后相继得出在我们领会里的主观前后相继③。如果这主观的前后相继不是从一种客观的前后相继得出来的④,它便是任意的,而且未曾确定的,而就不能使我们能够把一个出现关于它在客观世界里发生的时间从另一个出现区别开来。简短地说,它关于对象里的杂多的时间联系不证明什么。

Ⅳ.因此出现的客观前后相继据说是——而且这像是前面所曾说过的东西的一种单纯的扩张——在于出现的杂多的那种次序,而按照这种次序,后起⑤的事件的领会就照着规则跟在先行的事件的领会的后面⑥。在这里,这条规则明明就是康德所称为领会的规则的东西——就是由于αβ这个客观前后相继,感官知觉a就必须有感官知觉b跟在它的后面。而且康德接着说,只是因为有这条规则⑦,我才有权就出现本身,或说对象本身(而不单纯是关于我的领会)说到在它里面有一种前后的相继。他

① A193=B238。在上一段里,我不是否认,按康德的见解来说,我们感官知觉的不能倒置性是可以使我们有权来断定客观的前后相继的,如果我们已经假定我们是看见一些对象,其状态必须是前后相继的或者是并存的:我只否认这样一种被观察到的不能倒置性单靠它自己就给我们以必然性。康德之所以归于我们感官知觉的主观次序的必然性不是靠观察知道的,而是从一个客观次序把它"得出来"的一种后果。而且其实就康德来说,永远不能靠单纯的观察而知道必然性的。

② 这里"在这种情况下"是英译的"in this case"即原德文的"in unserem Fall"之译。

③ 所说的出现乃是在现象性世界里的事件或变动。在这个常为人引用的一个句子里,像经常所是的那样,康德用一个"所以"来起头,而接着又有一个"因为",就把他的读者弄糊涂了。

④ 康德自己的词句是十分省略的,但是我理解原德文的"jene sonst"的意思为"主观的前后相继,当它不是从一种客观的前后相继得出来的时候"而理解"jene allein"的意思为大体是同样的。

⑤ 这里原文似把"后起"(succeeding)与"先行"(preceeding)这两个词颠倒了。——译者

⑥ 就康德来说,这是与"必然跟在后面"相同的。

⑦ 这里"因为有"是英译"because of"即原德文"dadurch"之译。我认为后面的一句是支持这种解释的,但是可能"dadurch"应更广义地译为"像这样",那是说,"凡是在杂多里有一种次序按照规则使之必须有一连串的领会"。

乃至补充说，在对象里断定有一种前后相继就是等于说[①]我不能在别的方式上而只能在这种前后相继的方式上安排我的领会。

解释这一点乃是最困难的事情。我认为康德不是单纯重述他已经说过的东西——就是当我觉知一个事件 α 有一个事件 β 在它的后面时，感官知觉 a 必有感官知觉 b 在它的后面，而且任何时候有对于一种客观的前后相继，就总是有这样一种感官知觉的必然前后相继的。表面上看来，康德超出了关于常识的一种肯定而到了它的按批判原理的解释。如果事件 α 与事件 β 是自在之物的话，显然我们就绝不能从常识所断定的在看见客观前后相继 αβ 时，感官知觉 a 必须是有感官知觉 b 在它的后面，而过渡到这种完全不同的断定，认为那客观前后相继 αβ 的本身是在因果上被确定的。康德似乎是论证说，既然事件 α 与事件 β，按批判原理来说，只是这两个感官知觉 a 与 b 的内容，所以必然前后相继归之于 a 与 b（即根据前后相继 αβ 的客观性）事实上就是以必然前后相继归之于 α 与 β；而在这两种情况下，必然的前后相继同是同一于按照规则的前后相继的。

这个论点依我看来乃是康德的论证的关键。

V. 我的解释似乎可得到后文的证实。按照这样一条规则（这规则此前一向被说成是领会的规则），所以就必须在先行于一个事件的东西里有一条规则的条件[②]，按照它[③]，这事件总是必然跟在后面的，所以，有了那第一个事件时，我就必须总是能够接着而领会或说看见这第二个事件[④]。

---

① 这里"等于说"是英译的"is the same thing as to say"即原德文的"so viel bedeutet als"之译。我想是在这句里我们得到客观次序与必然主观次序的同一，这是皮里卡教授主张已经作出了的同一。看本书原页码第 241 页上注⑤。

② 康德在这里的意思像是说，在先行于这个事件的整个形势里必须有某东西是这个事件所必须跟在它的后面的。他的意思并不是说，船的下游位置的原因乃是它的上游早先的位置。这种"某东西"的存在乃是"规则的条件"。在 A191＝B236 里，"规则的条件"像是先验图型，而看来这个短语的目前的用法可能是完全不同的；但是应该注意到，因果作用的先验图型的描写，不但是作为按照规则的前后相继，而且又作为"那实在，当它任何时候被断定时，就总是有另某东西跟在它的后面的"（A144＝B183）。这就是因果范畴或因果律或因果规则的应用的条件。因而它也自然又是一条特殊因果律的应用的条件——一般的规律只是在特殊规律里显示出来的。

③ 我认为这里的"它"是指"规则"说的。

④ 我引入了这最后一个子句，因为它的引入像是后面一句所假定的，这句是说，我不能"倒过来"从这事件回转去而（靠领会）来确定先行于它的东西。

这种过程是不能颠倒的，因为在有了这第二个事件时，我就不能回转来领会那第一个事件了[①]。因此，由于一个事件本质上是跟在另一东西的后面的某东西[②]，所以当它被看见时，我就必定使它和另一个一般的东西[③]发生关系，这另一个一般的东西是先行于它，而且是它按照规则即必然地跟在它的后面的。这一来，这个事件作为在时间里被限定的东西来说，就必定指出有某种先行于它的条件，或说原因。这先行的条件或原因不单纯表示有某事件是必须作为结果跟在后面的；它实际上确定[④]这事件（我认为是在这意义上，就是它必须一定为一个结果跟在后面，如果我们知道去寻找什么，我们就能在实际上看见它）[⑤]。

康德坚持认为，我们不能在任何时间觉知到一个客观事件时，都能进而看见我们所预先假定的原因——这几乎是太明显而不必说出的一点——这大概是由于这个事实，就是对他来说，一切事件，归根到底，都是观念，或说对人类心灵的出现。然而他不得不坚持说：我们能够而且实际上把未看见的（而现在是不能看见的）一些事件在过去的时间里安排好，或说“肯定”下来。

---

① 这里所说的像是十分明显的，但是康德认为必须用一种理由来支持它。“因为没有出现是从后起的时间点回到先行的时间点那里去的，虽然它必须和某先行的时间点有关系；另一方面，（大概是说种种出现）从一个所予的时间前进到有确定性的后起时间是必然的。”有确定性的后起时间与无确定性的先行时间的对比像是依据这个事实的，就是后起的时间是在知觉里连同它的内容被给予出来，而（除非我们记得在它里面所曾发生的东西）先行的时间只是在抽象上被想象到的，因为我们不能靠我们关于一般因果律的知识来“构成”它的内容。

这一切在外表上有些像我曾称为因果作用的第五种证明。看本书下面第四十四章第四节。

② 照字面解释就是“既然确实有跟在后面的某东西”。

③ 我不知道它的原因是什么，但是我却知道它必定有某种原因。因此就有“一般另某东西”这个短语，而这个短语也许又表示先行于它的东西乃是一个对象。

④ 关于“确定”这个词（即德文的 bestimmt），又看 A199＝B244 以及本书第四十四章第四节。

⑤ 如果我们的诸感官是适应于它的。看 A226＝B273。

第四十四章 第二种类比(续)

1. 第三种证明

这第三种证明[①]一般被描述为间接的[②]证明，但是它可以看作前一种证明的一种单纯的附录。

康德从这个假设出发，就是前面论证所证明的东西是不真实的。假使一个所看见的事件没有某东西在它的前面是它所必须按照规则跟在后面的。在那种情况下，感官知觉的一切前后相继就单纯是主观的——通过在领会里的一些感官知觉的主观前后相继，它不能“从客观上确定”：在这些感官知觉之中，哪些必须是在前的，哪些必须是在后的[③]。这样说就等于说，我们就会有一些与任何对象毫无关系的观念的一种单纯的游戏而已[④]。更确切地说，我们的感官知觉不能把一个出现的客观时间关系与另一个出现的客观时间关系区别开来——每一个出现的时间就会简单是关于它的领会的时间了。

为这些断言提出的理由就是康德的基本学说，它认为不管我们所领会的是前后相继的还是同时并存的，我们的领会，在其本身来考虑，总是前后相继的：用康德自己的短语来说，“在领会里的前后相继总是同一个

---

① A194＝B239 起(两段)。

② 必须记得，每一个批判的证明都在某种意义上是间接的。知性的原理不是直接从概念得到成立，而是从这些概念对于可能经验的关系得到成立的。看 A737＝B765，又比较一下康德的《逻辑导论》Ⅸ(Ⅸ71)。第三种证明的方法，如果这证明是一个独立的证明的话，乃是归谬法(reductio ad absurdum)。

③ A194＝B239。注意，它像是我们一些感官知觉的前后相继，而只要事件是因果律所控制的，这些感官知觉就是客观上被确定的了。比较一下在 A193＝B238 里的这个说法：我们的领会的主观前后相继是未确定的，除非它是从出现的客观前后相继得出来的。又比较一下我认为是在 A201＝B246 里所说的：“在领会里有对象确定的前后相继的综合的一种次序”；又(在 A191＝B236 里)：“在出现里含有领会的这种必然规则的条件的东西就是对象”。

④ 比较一下 A101，A201＝B247，而又比较一下下面的第五节。

种类的"①。我理解这含有这种意思,即就单纯的领会来说,给予我们的出现只是一连串的观念而不是别的。如果是这样,那么"在出现里就没有什么是这样确定领会中的前后相继②而因之就使作为客观的某一定的前后相继成为必然的了"③。

这最后的陈述在康德提出下述看法时似乎表达得更为清楚,康德说:"在我的领会里的单纯前后相继,如果它不是通过一条规则,在对于某先行于它的东西的关系上被确定下来,就使我们有权来断定在对象里的任何前后相继的。"④不管这里所说的有什么模糊不清的地方,康德明明不是断定说,靠检查我们领会的主观前后相继,我们有时就能在这里面发现不可倒置性,从而就推论出一种客观的前后相继。反之,他是主张单从我们领会的主观前后相继,我们是永远不能过渡到客观的前后相继的。

要确知所断定的积极学说,那就更困难了。康德像是主张,除非我们相信在出现里有某东西使我们的一些领会活动的前后相继成为一种必然的前后相继,我们就不能谈到一种客观的前后相继。依我看来,这显然是真的。他的学说的特点就是这个见解,认为在出现里的(或说在对象里的)前后相继因之本身就必须是必然的前后相继。我认为,就他来说,这是从这个事实而来的,就是对象只是一种出现,而不是自在之物⑤。

康德这样总结他的结论:"当我们经验到一个客观的事件时⑥,我们

① A194=B239。这样叙述这个学说又是现出这个问题来,就是在一个有限的范围里可否有同时并存的东西的领会。如果是有的话,这就可帮助来说明我们是怎样会把前后相继地领会的东西看作同时并存的:因为我们前后相继的一些领会,其内容可以部分重叠的。

② 原德文简单是一个"它"字(sie),而我理解为"在领会中的前后相继"。在语法上来说,"它"可以是指"出现"说的。

③ A194=B239-240。我是照字面译出的,但是大多数的注释家看这正文是有错误的。如果"作为客观的"的意思能是"作为在客观上确定的",那就会容易了解了;因为如果主观的前后相继是在客观上确定的,它就是必然的了。再不然的话,如果康德是把出现(或说对象)里的前后相继和领会里的前后相继同一起来,那么客观的前后相继就是在我们领会里的一种必然的前后相继。另一方面,跟在后面的解释一段示意着康德原来是想要说,"因之就使某一定的前后相继成为必然的而也就是客观的了"。

④ A195=B240。注意在这里支配事件的前后相继的规则是假定为确定我的领会里的前后相继的。

⑤ 比较一下本书第四十三章第五节Ⅳ。

⑥ 照字面是"当我们经验到有某东西发生时"。

总是预先假定在它之先有某东西是它按照规则跟在这东西的后面的。"[①] 没有这种的预先假定，我们就不能谈到在客观世界里的前后相继，而只能谈到在我们的领会里的前后相继。

因为康德是一个经验实在论者，所以他相信一个客观的前后相继是可以直接呈现于我的前后相继起的领会的。因为他是一个先验观念论者，所以他也就相信，这样的一种客观的前后相继，虽不局限于我的领会，但是离开了可能的人类经验，就什么也不是[②]。当我们看见一种客观的前后相继时，出现的客观前后相继是同一于我的观念的主观前后相继的；而在这样的情况下，标志这主观前后相继的必然性也必须标志那客观的前后相继。如果我们把这两种前后相继区别开来，则在客观的前后相继里的必然性可说是主观的前后相继里的必然性的来源。如果我们认为只有一个前后相继，我们就认为客观的前后相继是必然的前后相继，而只有这样，我们才看它是客观的[③]。

主要的困难，像在整个第二种类比中一样，乃是康德有时好像认为只有一个前后相继，有时又好像说有两个。事件的前后相继比我的感官知觉的前后相继是更为广大的系列，而且在没有事件的前后相继时，也可能有我的感官知觉的一种前后相继[④]。只有在我看见一个客观的前后相继时，这两种系列才是一致的。

可能有人问，我为什么在某些情况下决定，而不在别的情况下决定在我的领会里的前后相继是必然的，因而就是客观的。我们绝无正当的理由来这样做，如果我们单纯是在其自身来考虑在我的领会里的前后相继的话。康德假定我们把颜色、形状、大小等等（都是我们看见的，因而称为我们的观念或说我们的感官知觉的）看作空间里永恒实体的状态[⑤]。一经假定了，那就容易发现我们的一些感官知觉是否在一种前后相继里，例如我们能否在颠倒过来的次序上看见一只船的各种位置。只有这样，我

---

① A195＝B240。

② 在自在之物里有某东西是其根据，但是那根据是在我们知识的范围以外的。

③ 康德说，但不太适当，"我使我（在领会里的）主观前后相继成为客观的"是由于支配事件的规则；看 A195＝B240。

④ 就是当我前后相继地看见同时并存的东西时。

⑤ 比较一下 B232-233。

们才能决定那前后相继是否在于船如同在我的领会里一样。康德不是从在作为单纯是主观的感官知觉里的前后相继之中观察到的必然性推论到一般的客观性——这样的一种过渡，如他自己所断言的，会是完全不可能的。他从一开始就如我们都必须做的那样，就假定了有客观性。只有根据客观性(或说空间里永恒实体)的预先假定，我们才能发现使我们有权来断定那前后相继里的客观性，或者来把前后相继归之于那对象的在我们感官知觉的前后相继里的必然性。

2. 因果性这个概念的起源

在这个阶段上，康德插入了一个答复，旨在答复这些人，他们主张，因果性这个概念的获得是靠观察到类似事件各系列的重复①。他的答复首先就是：这样获得的一个概念永远不能有普遍性与必然性；其次就是：这种见解犯了一般的错误，认为一个概念借以变为对我们的意识弄"清楚"的②过程就是那概念本身的来源(或说起源)。除了作为经验的一种后果以外，因果性这个概念是不能获得逻辑上的清晰性的，但是这个概念从一开始就在经验里起着作用③。

3. 第四种证明

第四种证明④声明是诉诸经验以求证实。我们的任务是要说明⑤，我

① A195＝B240-241。这种见解和康德的理论相矛盾，不但是因为它从经验得出因果性这个概念来，而且主要是因为它认为我们没有因果性这个概念就能觉知到客观的事件，不管那概念是怎样模糊的。康德在这里所涉及的，与其说是休谟(他是从对于一连串的观念或印象的觉知得出这个概念的)，毋宁是说"一直总是"人所主张的通俗见解。当康德说到一个"事件"(德文的 Begebenheit)或"所发生的东西"(德文的 was da geschieht)时，他的意思是指一个客观的事件或际遇说的。特别看 A198＝B243。

② 关于"清楚的"与"明晰的"观念，看本书第十九章第八节。

③ 与此相仿，一切思维都是从起头就预先假定有无矛盾律的，但是只在我们开始想到思维的过程时，就是在我们研究逻辑时，那规律才获得"逻辑上的清晰性"。

④ A196＝B241 起(三段)。

⑤ 康德是说"在举例"(德文的 im Beispiele)说明，而康蒲 · 斯密译为"在所考虑的情况下"(英译的 in the case under consideration)。我理解这是说"我们经验到一种客观的前后相继的情况"；因为康德在这里没有提出我们所考察的东西的任何具体的例子。比较一下在 A193＝B238 里的"在我们的情况"；但是这个短语像是奇特的，而也许示意着在一个时候提供了一个例子而随后便收回了。

们甚至在经验里也永远不能把前后相继归之于一个对象，除非是这个时候，有一条规则迫使我们遵守感官知觉——在这里同值于出现——的这种次序，而不是遵守另一种次序①。但是虽然康德试图局限于事实的分析，然而论证的一般路线很难说是在任何重要方式上不同于第一种证明的论证的。

他甚至一开始便重述他关于什么叫做“对象”的那种引言式的说明②。他坚持说，我们的观念只是发生于一种特殊时间次序里的心灵的改变或确定，而且这些观念单纯靠它们和在一种特别意义上被看作是关于对象的一个观念的这样另一个观念有关系，是不能有对于一个对象的关系的(或说是具有客观的意义的)③；因为这另一个观念与参照它的那些观念一样是主观的。康德然后就叙明批判的学说。一些观念对于一个对象的关系单纯是把一种特殊的必然结合外加于它们，而这样就使它们受到一条规则或规律的控制④。而反过来说，只有在我们观念的时间次序里的必然性才给这些观念以对于一个对象的关系⑤。

接着，康德进一步清楚地讨论了客观前后相继这种情况。既然我们

---

① 康德附加地说，恰恰就是这种不得已才“首先”使对象里的前后相继这个观念成为可能的。如果我们在一种时间的意义上来解释这个“首先”，我们就必须认为康德是主张我们首先觉知到一种单纯主观的前后相继，然后——天晓得怎样——我们就变为觉知到它的必然性，而最后才推论到一种客观的前后相继。这种学说的荒谬已充分为皮里卡教授所揭露，但我不相信，如果有任何别的解释是可能的，我们应该以这种学说归之于康德。在这一段里，我理解这“规则”为第二种类比，考察为确定我们领会的次序的，因为它是确定所领会的事件的次序的。

② 看 A189-191＝B234-236 和本书第四十三章第四节。

③ 这正文是不清楚的而且也许是有错误的，但是康德像是肯定，当我们说观念是关于一个对象的观念时，我们的意思不是说这些观念所指的对象只是特殊一个“对象”这观念在其他观念之中去找的。当我们说“这个对象是硬的、白色的，而且甜的”时，我们不是使这些观念和“对象”这个观念发生关系，而是使它们和那对象本身发生关系。

④ 康德在这里大概是想到因果律，虽然他所说的对于一切类比都是真的，而类比是有关于对象的存在而不单纯有关于对象所通过而被给予出来的直观的性格的。比较一下 A160＝B199 又 A179＝B222。

⑤ 这两处所说的一起就应该弄清楚，当康德谈到客观性作成必然性，而必然性给出客观性时，他不打算含有这个意思，就是我们是先有必然性，然后有客观性的，或反过来说。这种结合，依我看来是很重要的，因为否则第二句像许多其他句一样，是能当作含有这个意思的，就是有一种过程是从主观的观念到对象的世界的。这就鼓励了我来否认同样的含义，当它像是存在于类似的单独理解的句里。

的领会总是前后相继的，所以在我们领会里的前后相继本身是无法建立所领会的对象里的前后相继的[①]。但是我一经[②]看见，或者毋宁说一经预先假定[③]，在我的一些领会活动的前后相继里有一个观念是按照规则从先行于它的状态[④]出来，我就觉知到一个事件或客观的事情了；那就是说，如果我不得不把一个对象安排在或说“断定”在时间里的一个有确定性的位置之上，就是由于看到那先行的状态[⑤]必须给予于这对象的位置，那么我就知道[⑥]这个对象了。这种表达法是不适当的，因为它好像是说：有一种心理的过程是我们借以从主观东西的觉知过渡到关于客观东西的知识的。但是我反而相信，康德实在是想把知觉的动作分析为它的各种成分，如在后文里变为更清楚的那样。

当我看见一个事件时，我的知觉含有或包含着某东西先行于这事件的一个判断[⑦]（因为，除非我们知道有一在先的时间是这事件还未存在的，我们就不能知道任何东西是一个事件，而且我们又不能看见在先的一个时间，除非它是被充实的）。我认为这是一般会被承认的；但是康德更进一步，而且断言这事件能获得[⑧]在时间里的一个有确定性的或说客观的位置，只是我们预先假定在这个在先的状态[⑨]里有某东西是这事件总

① A198＝B243。

② 一定不得理解这是含有这个意思的，即我先是觉知到在主观东西里的一种必然的前后相继，然后才推论出一种客观的前后相继。

③ 第二种说法好像是第一种说法的一种更正。

④ 我用康德的“状态”（德文的 Zustand）这词。这种“状态”在某种意义上必是一个观念，像跟后面的观念一样，但是康德相信它又可能是一种形势。“按照规则”总是含有必然性的意思的。

⑤ 这里我们再次有同样“状态”这词，它可是心的一种状态又可是一种形势——依我看来康德是让它有一种模糊的性格的——但是现在归于后面的那客观性必须同样属于前面的。

⑥ 这里“知道”是德文的“erkenne”之译。康蒲 · 斯密英译为“apprehend”（领会），但我认为把“领会”和“知识”区别开来是好些，因为领会只是知识里的一个因素。

⑦ 康德简直是说“在这个观念里含有在先的某东西”（原德文是 so ist in dieser Vorstellung erstlich enthalten：dass etwas vorhergehe）。从这来看，就好像他的意思是说，这知觉不但含有一个事实，而又包含着一个判断，虽然这个判断可能是“模糊的”，无论如何关于所判断的细节是如此的。在 A201＝B246 里，这知觉说是含有关于一个事件的知识（德文的 Erkenntnis）的。但我也许是把太多的意思读进“观念”这词里去了。

⑧ 康德所用的词是“获得”（德文的 bekommen），但我不认为他的意思是说，这事件先是没有这样的位置的，随后才获得它的。

⑨ 这里“状态”又是显然用来包括整个形势，而原因是它的一部分。

是按照规则跟在它的后面的[①]。在这里我们再次有了康德的中心论点，认为客观的前后相继必须是必然的前后相继，或说按照规则的前后相继。

这个论点是由康德看作结果[②]的断言所详细阐明的。第一我不能颠倒其系列，就是说，我不能在相反的次序上安放或说“断定”这些事件[③]；第二，如果在先的状态被断定了[④]，这个有确定性的事件就必然地而且不可避免地跟在后面。

最后，康德概述了他的立场[⑤]。在我们的一些观念里[⑥]有一种次序，在其里面，现在[⑦]（就其是一个事件来说[⑧]）涉及某在先的一个状态作为它的无确定性的关联物，而这个关联物对于这事件是处在一种能确定的关系上的（即原因与结果的关系），而且必然把这事件与它本身在时间系列里联系[⑨]起来[⑩]。

我不能认为这个证明对已说出来的东西有什么增加。所用的话语在有些地方示意着：康德描写的是一种从觉知到主观的东西过渡到认识客观的东西的过程，就此而言，其用语是不恰当的。我认为，关于其中心论点——即客观的前后相继必是必然的前后相继——的种种根据的陈述没有第二种证明清楚。依我看来，明显的东西——而且我把这看作是批判哲学的最重要部分的——是，就康德来说，客观的事件只是对人类心灵的

---

① 我认为这已经含有必然性的意思；而当康德说必然的前后相继是从这来的时，他不是在推论着，而是用别的话语来重述他的论点。

② 这里“结果”是英文的“consequences”，即原德文的“woraus sich denn ergibt”之译。

③ 注意在这种情况下，不能倒置性很明确地是从客观性而来，而不是客观性从不能倒置性来的。

④ 这里的“断定”这词清楚地是含有存在的意思的——存在就是在时间里有一个位置。

⑤ A198-199＝B244。

⑥ 这里的因果次序是明白说为在我们观念里的一种次序，即它们在其里面被“断定”的次序。

⑦ “现在”是德文的“das Gegenwärtige”之译。这必是一个出现，而也就是一个观念。

⑧ 我认为这就是德文的“sofern es geworden”（就其是已发生了来说）的意思。

⑨ 这是“联系”（德文的“verknüpft”）的通常的专业意义。

⑩ 结果对原因的关系和原因对结果的关系，这两者之间的分别在 A193-194＝B238-239 已经精确地弄清楚了。比较一下本书第四十三章第五节Ⅴ，原因确定结果，但结果不确定原因，就康德来说，这就有这个意思，就是当我们看见原因时，我们就能进而看见结果，但不能反转过来。我不能找到任何证据说“确定”这词的用法也要表示这种常识的见解（很难分析的），认为原因是“产生”结果的，而不单纯在它之先的。康德所列举他称为“五公”——看 A82＝B108——与其他各段都示意着他是把因果性看作多于单纯的必然前后相继的。

出现,而且甚至可描写为观念。他的阐述的困难乃是在于这个事实,即就这些观念是前后相继地被领会的来说,它们就被看作是在一种主观的前后相继里的,而就它们在一个同质的时间里被断定或被思想给予了一个位置来说,它们就被看作是在一个客观的前后相继里的。当我们实际上看见一些事件时,这两个前后相继就被断定是一致的,而且康德心目中所想的究竟是这两种前后相继之中的哪一种,并不总是确定的。

4.第五种证明

一般认为,第五种证明①是完全不同于其他一切证明的②。它是从时间的性质而作出的一种论证,而且它是可以在这个形式里来说明的,就是为了在经验里描述时间的各部分的必然前后相继,在出现里就必须有必然的前后相继③——正如为了描述或表示一切个别时间都是其部分的那个唯一时间的统一性,就必须有出现的永恒基体一样④。这个论证十分像关于永恒实体的论证,而且它所依据的,像康德的一切证明所依据的一样,乃是时间本身不能被知觉这个假定。

在先的时间必然确定在后的时间——这意思是说,我不能达到在后的时间,除非是通过那在先的时间⑤。康德把这看作我们感受性的一条必然的规律,因为时间只是我们感受性的一个形式。康德主张,为了这个缘故,这又是我们关于时间系列的经验性知识⑥的一条不可缺少的规律,

---

① A199-201=B244-246(三段)。

② 依我看来,仅仅有这种可能,就是康德可能是把这第五种证明看作是在A194=B239里第二种证明的结束处模糊地暗示着的东西的一种精细说明。在那里他指出,一些出现在时间里的经过总是在一个方向的,而这是处在结果对原因的关系和原因对结果的关系这两种关系之间的分别之后的。目前的证明是直接在那同样的分别的后面的,但是它明白地是处理时间的经过的方向的,而同时又是处理出现在时间里经过的方向的。

③ 比较一下 A205=B250,在那里片刻消逝的东西说是表示或象征(德文的bezeichnet)时间的关于它的前后相继的。

④ 看 B225 和 A183=B226。

⑤ 这又像是原因“确定”结果那种意义。比较一下康德在 A209=B254 里对于连续性的定义。

⑥ 所用的词是德文的 Vorstellung(观念),但在这里它必是知识的意思。这种知识是经验性的,因为我们只靠各时间里的事件才区别开不同的时间。

即在过去时间里的出现确定在后时间里的一切存在，而且后来的种种出现，作为事件[①]来说，只在其存在是为前面的事件所确定的[②]这个限度内，才发生的。这个论点的最后根据就是，只有涉及出现，我们才能在经验上知道[③]在时间的连联[④]里的这种连续性[⑤⑥]。

康德接着又一次坚持在这样的经验性的知识里是有知性的。使经验成为可能的乃是知性，因为没有知性，我们就完全不能知道对象；而且借以使我们关于对象的种种观念成为“明晰的”[⑦]那种分析是预先假定先验综合的——至少部分又预先假定知性的作用——只有靠这，我们才能有这样的观念来加以分析[⑧]。在我们所考虑的特殊情况下——即客观前后相继这种情况——知性据说把时间次序转移[⑨]到出现与其存在之中去了[⑩]。知性这样做乃是靠把验前在对于前面各出现的关系上所确定的一个时间位置判与每个出现，而这样做也就是判定每个出现为一种结果。

---

① “作为事件”这个短语像是含有这个意思，就是我们可能有主观的出现（即想象的意象），它们并不是客观世界里的事件。作为在我们心理的经历里的事件来说，它们也是为过去的事件所确定的。

② 种种事件的存在，其确定的过程是看作同值于按照规则来指定（德文festsetzen）它。德文的“festsetzen”这词一般是用来指指定时间说的——英国人“定日子”这短语——而且暗示着“确定”就是在时间里“断定”或“给以一定的位置”。

③ 在这里我再次认为不可不注意到康德是谈到（包含着知性的）知识，而不是谈到（不包含知性的）领会。

④ 这里“连联”是英文的“sequence”，德文的“Zusammenhang”。

⑤ 重要的是注意到康德用“连续性”这词来说后来的时间为早出的时间所“确定”。这个“连续性”是“转移”到出现去，因为康德是谈到“在一系列的可能感官知觉里的连续的”连联（A200＝B245）。连续性是后来在 A207＝B253 起里讨论的，而在这讨论的末尾（A210-211＝B256），康德像是重申有点像第五种证明的东西。

⑥ 伊温（Ewing）博士（在其《康德关于因果性的论述》一书，pp. 74-76 上），依我看来是忽视了这点的，而且是把康德的论证这样来处理，好像它是一种独断的论证，从时间的性质到在时间里的东西似的。他又提出，一段的时间作为纯粹时间来考虑，一样是为其在后的一段时间所确定，如为其在先一段时间所确定那样的。康德会否认这是他用“确定”这词的意义的情况。比较一下 A412＝B439。

⑦ 看本书第十九章第八节。

⑧ 比较一下 A103-104 以及 A77-78＝B103。

⑨ 这里“转移”是英文的“transfer”即原德文的“überträgt”之译。

⑩ 我理解这是说，知性的这样做是在这种意义上，就是它把在唯一的同质的时间里彼此相对的一个位置归之于出现的作为事件。这像是跟在前面的那个子句所含着的意思。

除非出现有这样验前所确定的一个时间位置,它们就不符合于时间本身,因为时间的一切部分都是有这样验前确定的一个位置的①。知性的这种活动的必然性——这是包含有出现的验前综合的一种活动——乃是由于这个事实的,就是我们不能以绝对时间为准标(因为绝对时间是不能看见的),而只凭各出现的互相关系来确定出现的时间位置。

这个论证是难懂的,而且易生误解②。如果我们不管现代物理,而仍旧假定时间必须有一个方向,我们就有权来说,如果我们是要在经验上觉知到各个别时间的一种前后相继,我们就必须觉知到在时间的各事件的一种前后相继;而且一个在对于另一个事件的关系上是过去的事件,不能又在那对于同样事件的关系上是现在的或未来的③。康德可能是把必须有事件的一种前后相继这种断定和必须有事件的一种必然的前后相继,即为因果律所确定的前后相继这完全不同的断定混淆起来了。虽然如此,我还怀疑他真是犯了这么基本的一种谬误的。他所论证的似乎不单纯从这个事实出发,即我们必须在经验上觉知到时间的各部分的前后相继,而且是从那种前后相继的某种特别特性出发的。他在描写这种特性时说,我们只能靠通过时间的前面各部分才能达到其一部分,而他就把这和连续性同一起来。时间的这种连续性的意思是说,时间没有任何部分是最小可能的部分,而且是说,为了从时间的任何一点达到随后的任何一点,我们就必须经过无限可分割的一部分时间④。康德主张,如果我们要

---

① 这像是从时间的性质到在时间里的东西的性质的一种独断的论证,但是按照其上下文来看,我们必须认为康德的意思是说,在所说的种种条件下它们不会在我们的经验里和时间相符合的。

② 这论证的其余部分(A200-201=B245-246)只是用难懂的话语来详说已经说过的东西。应该注意,康德明白地说,把一个出现看作在时间里有一个有确定性的位置,也就是把它看作一个对象:只有这样它才能说是“存在”。他又说到因果性原理是“充足理由的原理”。依我看来,这是单纯不小心的地方,而且我不能相信在他写出这个论证时,他是把因果性原理和充足理由的原理同一起来的。

③ 这就是伊温博士(在其《康德关于因果性的论述》一书,p. 74上)会承认是一种合法的推论,而无其他。我认为这只是另一方式来说必须有事件的一种前后相继。而且又应加上说,伊温博士又承认从时间的连续性论证到经验的对象里的一种因果联系的必然性的这个可能性,但是他不承认,如我认为他应该承认的那样,这个争点是康德的论证的一个不可缺少的部分。

④ 看A209=B254。

经验到时间作为连续的，我们就必须经验到变动作为连续的，而且他像是把变动的这种连续性看作含有因果作用的意思的，如果不是和因果作用同一的话①。如果是这样，就不能把他的论证离开他关于变动的连续性的说明来考查了②。

这整个题目是充满着陷阱的，但是依我看来，我们太易于把时间与时间的连续性看作是当然的，而无视这关于我们对事件的知觉必须有什么含义这个问题③。如果我们无视这个问题，我们是否就假定我们能够看见绝对的时间，而如康德所说这是不可能的呢？他的阐述的简短以及我所感觉到的关于阐述的确切意思的不明确性，就是关于这个论证的有效性暂不作出判断的两种理由；但是我远不是接受这种见解，即认为我们在这里有了一种基本的谬误，而不是有了一个亟待解决的严重问题。

5. 第六种证明

这第六种证明④只是一种概述。它所叙述的乃是康德看作确是需要简单化的一个论证的“种种环节”。我将试图把这些“环节”彼此分开，虽然这不是完全容易做的事情。

Ⅰ. 在一切经验性的知识里都有通过想像力的杂多的综合，而这种综合总是前后相继的；那就是说，我们的观念（不管它们的内容是判定为前后相继或同时并存的）总是前后相继的。

Ⅱ. 观念的前后相继在想象里是没有任何确定的次序的——一个观念不必在前而另一个在后。

我们也许期望康德仍然像一般在经验性的知识里那样谈论想象。假使是那样，观念的前后相继，如果我们只在其主观方面来考察它，就完全有它所有的次序，而我们也就在它里面看不见任何必然性⑤。但是康德

---

① 比较一下亚力山大的《空间、时间与神性》一书（第一册，自 p. 279 起）。

② 看 A207＝B253 起。

③ 比较一下赖尔特著《休谟的人性哲学》，p. 109。

④ A201＝B246（一段）。

⑤ 比较一下主观的前后相继单凭其自身来说，是任意的而且没有确定性的（A193＝B238）这个说法。关于这个说法的一些含糊之处，看本书第四十三章第五节Ⅲ。

接着说，一系列前后相继的观念既能向前看，又能向后看。当我们领会到客观同时并存的东西时，他一向断言会发生的就是这一点①。既然在这里这似乎与题无关，因此他可能谈到的是想像力的一种自由的作用，这种作用能把一些观念随意放在任何的次序上。如果是这样，这就是在第一版中的一个新的论点，虽然它好像是第二版增加的论证里提出来的②。

幸而康德的叙述所有的一些含糊之处在这里并不严重影响其论证的性质③。当我们碰见下一个“环节”的一些含糊之处时，事情便不同了。

Ⅲ.如果前后相继是领会的一个综合(就是说，是一个所予的出现的杂多的一个综合)，那么次序就是在对象里确定了的。

在这里，虽然康德没有把他的意思弄清楚④，但是他只是考虑这种情况，即所领会的乃是一种“事件”。当这是这样时，对象就确定观念在其里面被捡起或被领会的次序⑤。康德自己在说“在领会里⑥有一个是一个对象所确定的前后相继的综合的次序”时，就把这说得更为明确⑦。他还补充说，按照这个次序，某东西必须一定在先，而当这“某东西”被断定时⑧，另一个(即那事件)就必定跟在后面⑨。

在这里我只能再次假定说：康德的论证是，当我们领会一种客观的前后相继时，在我们领会里的观念的前后相继乃是必然的；而既然我们所与

---

① 例如看 A192-193＝B237-238。这样的不能倒置性不是普遍的，而是局限于一种特别情况的。

② B233。关于这点的含糊之处，看本书第四十三章第三节Ⅲ。

③ 想像力(无论是考虑为前后相继地“捡起”杂多或者考虑为在想象性的前后相继里结合杂多)单凭它自身，是不确定事件的客观次序的。

④ 除非“所予的出现”其实是要来表示所说的出现乃是一种“事件”(德文的Begebenheit)。

⑤ 比较一下 A193＝B238，在那里主观的前后相继说是从客观得来的。又比较一下在 A191＝B236 里关于对象所说的。

⑥ 这里“在领会里”是原德文的“darin”之译。这可以想象是指“对象”说的。

⑦ 在语法上这句又可译为“确定一个对象的东西”。康蒲·斯密是这样翻译的，而且我们能在 B218 里找到一个与之平行的，当经验说是通过感官知觉确定一个对象的。我认为这两种的说法随便哪一种都适合这论证。比较一下在 A194＝B239 里的“客观地被确定”以及本章第一节里与之相应的脚注。要确知康德是把主观与客观的前后相继同一起来或区别开来照例是困难的。

⑧ “断定”照例是含有在时间里的位置而这样就是存在的意思。

⑨ 比较一下 A193＝B238-239，A195＝B240，A198＝B243。

之有关的不是自在之物，而是出现的作为可能的感官知觉，那么我们观念的必然的前后相继就在事实上是在对象里的一种必然的前后相继了①。如果这样，客观的前后相继就是必然的前后相继，而这就是康德所要证明的。

如果我是对的话，这个“环节”就含有康德的论证的关键。后面都只是解释性的：它提出他的见解，认为领会或说知觉——如果它是要成为一个事件的知觉或说一种客观的前后相继——就是包含有判断的。

Ⅳ．如果我的知觉②是要含有关于一个客观事件的知识③，它④就必须是一个经验性的判断。我们必须认为：这前后相继⑤是确定了的⑥；那就是说，那事件预先假定有时间里的另一个出现，基于此，它必然地或者说按照规则跟在它后面。

Ⅴ．另一方面，如果我断定有⑦在先的事件的话，而随后的事件却不跟着来⑧，我就不得不把我前此一直认为是客观世界里的一种事件的东西看作我的想像力的一种单纯的主观作用了⑨。如果我认为，不知什么原因它是客观的，那么我就应称它为一个梦，那就是，在我的心理经历里的一个事件。

这种说法显然需要限定——例如我尽可反而得到这个结论，说我对

---

① 比较一下本书第四十三章第五节Ⅳ。

② 这里“知觉”就是德文的“Wahrnehmung”或说“感官知觉”。如我们所曾常常看到那样，感官知觉与领会是为康德总是紧密联系的，而且有时乃至同一起来的。

③ 这是康德在上面应该说过的，那就是当他说“如果这综合是领会的综合”时。

④ 在语法上，这必须是用于“知觉”的。如果它能用于“知识”的话，我们就应避免感官知觉是判断的这个不严谨的说法。

⑤ 这里“前后相继”是德文的“die Folge”之译。这也许是指“在后的事件”说的，而不是指“前后相继”说的。这个更好适合于康德的语法结构。如果我们理解康德是指“前后相继”说的，他这时就必须是指客观的前后相继说的。

⑥ 关于类似的坚持对思想的必然性，比较一下 B234。

⑦ 这里“断定”再次很清楚地含有在一个有确定性的时间上的存在的思想或所“断定”的东西的发生这种意思。

⑧ 康德是说“不是必然地跟着来”，但是“必然地”对于所说的不增加什么。在这个地方像在 A193＝B239 里一样，康德清楚地含有这意思，就是如果那事件跟着来，它是能看见的。

⑨ 这个说法应和第三种证明（A194＝B239）比较一下。它示意着那第三种证明原只打算作为在第二种证明中的一个“环节”的。

于原因搞错了。虽然如此,依我看来,康德这样说还是正确的,就是我们靠梦与幻想中的出现不符合于始终为因果律所支配的世界这个事实来把梦与幻想中的出现与客观世界里的事件区别开来①。

Ⅵ.这样,因果的关系②就是我们经验性的判断③,在其对于一系列的感官知觉的关系上的客观有效性的条件,因而也就是这些判断的经验上真实性的条件,而且所以就是经验的条件。

这也许是对下述说法的一种不必要的阐释方法,这说法是:因果原理就是我们关于客观前后相继的知识或经验的条件。然而对经验性的真实的提法充分说明:他正提醒我们回到他对于客观性问题的一般性解答(或说对象存在的问题的一般性解答)④。

Ⅶ.因此在经验的对象里的一切前后相继或变动就必定是由因果律所支配的⑤。

十分明显,整个论证是以我曾指定为"环节"Ⅲ作为其关键的。又很明显,康德在写出他的概述的过程中是不小心的;因为他像是引入了一个他以前没有提及过的观点,而且他忽略了另一重要的观点,即这个学说,它认为绝对时间是不能被看见的。对于证明五的论证没有提及。

---

① 比较一下 A451=B479,又赖尔特的《休谟的人性哲学》一书,p. 115。

② 这麻烦地描述为"出现(作为可能的感官知觉)的关系,按照它,跟在后面的东西(即事件)有其存在为在先的某东西必然地而且按照规则地所确定"。重要的是注意,出现明白描述为"可能的感官知觉"。康德清楚地把一切事件看作可能的感官知觉,不是作为自在之物,又不作为实际上的感官知觉:总而言之,他乃是一个先验观念论者。毋须加上说,他并不是说,在每一个知道是客观的前后相继里,其早出的事件就是后出的事件的原因;他也不是说,在我们知道它的原因以前,我们就不能知道一种前后相继是客观的。他所说的乃是,当我们知道或假定任何前后相继为客观的时,我们就预先假定每个客观事件,在先行于它的整个形势里,有确定它或它的原因的"某东西"。由于这种预先假定不必对于我们自己是"清楚的",所以我们就可以简单地说,客观的前后相继含有必然的前后相继的意思。

③ 这是回顾到"环节"Ⅴ的。

④ 看 A191=B236,而又比较一下本书第四十三章第四节。又看 A160=B199 的末尾处。

⑤ 论到经验的必然条件都是经验的对象的必然条件,看 A111 和 A158=B197。

第四十五章　因果性的论证

1.康德的种种预先假定

如果我们要了解康德的论证，我们就必须首先弄清楚他相信是必要的一些预先假定。这些预先假定像是如下：(1)一个对象就是一系列(而出现又可称为观念或可能的感官知觉)为必然性结合在一起或具有必然的综合统一性的出现；(2)我们一些领会活动的前后相继性，靠它自身，是不足使在对象里有这种的前后相继的断言有其正当理由的①；(3)绝对时间是不能被看见的；和(4)我们具有对客观的种种前后相继是有知识的。

这些预先假定的第一个乃是康德在感性论和在先验演绎里的讨论的结果；而且为着论证的缘故，我们必须假定它。其他三个预先假定像是在任何哲学理论里都是合理的②。

康德自己在第二版中③还强调另一个预先假定——就是一前后相继(而他主要是想到客观的前后相继的)都是永恒的一些实体的种种确定的有与无的前后相继④。我认为这个预先假定对于第一版的各种论证之为不可缺少是像它对于第二版所增加的论证一样的。其实只是因为我们把所予的出现(或说观念)当作永恒实体的状态，我们才能谈到它们在我们的领会里的次序是必然的或者说是可颠倒的与不可颠倒的。如果我们不能认识到这一点是论证之不可少的，我们就几乎要陷入这种错误，即认为康德试图说明的是：我们怎能从我们领会的主观次序里的必然性这种知

① 我采用这种叙述的形式，为了康德的论证是足够的。

② 柏克莱与休谟学派的哲学家可能是否认这第四种假定的，但是乃至他们也不能否认我们像是具有关于客观前后相继的知识的。和经验像是显示出来的东西相容的分析，就这来说，是比不这样相容的分析，更为可取的。

③ 即B232-233。

④ 可能有人反对说，这是和上面提出的第一个预先假定不一致的；但是我们得要记住，就康德来说，如果所予的一些出现或说观念是要构成一个对象，它们必然要被结合在一起的种种方式之一，就是作为空间里一个永恒实体的状态。

识过渡到关于对象的知识。与此相反,康德的见解乃是,我们能在这种主观次序里发现必然性,只是如果我们已经假定有那些所予的出现是其状态的永恒对象或说实体。而这个见解,依我看来,显然是正确的。

在这些基本的假定之外,好像还有两个次要的假定:(1)当我们任意在特殊一种次序上想象到一些事件时,我们无权来肯定这些事件是在那种次序上的;(2)当我们知道一种前后相继是客观的时,所包含的必有思想,如包含有感性与想像力一样。我以为关于这些论点,康德的学说是绝对正确的。

2.康德的论证

康德的主要论证似乎可归结为这种断言,即使有了这些假定,关于客观前后相继的经验也必须是必然前后相继的经验;而且反之,如果我们所经验的一些前后相继不是为必然性所支配的话,那就不会有关于客观前后相继的经验,而只有一些观念的盲目活动,我们完全不能认为这活动是经验。

这也许只是断言,而且不配用论证这种称呼。不耐烦的读者可能就要回答说,如果接受了批判学说的话,就诚然无法理解,我们怎能有关于客观前后相继的知识;而且这读者还要说,康德丝毫没有装出论证的样子来,而就单纯地断言:客观的前后相继是必然的,因为根据他的一些预先假定来说,他不能想到任何别的东西是合理地能被提出来作为一种根据把一种前后相继看作是客观的。可以说,他的处境的困难是显然的,但是我们没有任何理由认为:他对于必然性的没有根据的断言是避开它的唯一可能的道路。更简单的一种解答就是否认他的那种基本的预先假定,即一个对象就是对于人类心灵的一组出现,而不是自在之物。

这种直截爽快的方法用来解决康德唤起人们的注意实在困难,其效力不会是很大的。那困难就是:当我们前后相继地领会到一些出现时,我们时而肯定是客观的前后相继,时而肯定是客观的同时并存;它不会帮助我们得到关于因果性的证明,如果这样的证明是有可能的话。而且虽然我认为康德的论证诚然简直是一种断言,意思是说,它乃是对于他称为"判断"的一种求援,但是我却不相信,作出这个断言的理由只是因为无法找到任何别的解答。

照我对于康德的论证所了解的来说，他为我们提供的是对必然包含在经验里的东西的一种分析，而特别是包含在客观前后相继的经验里的东西的一种分析。每当我们看见事件β跟在事件α之后的这一种客观的前后相继时，我们的知觉b是必须跟在我们的知觉a之后的。但是，按批判的原理来说，那两个事件α与β都只是对我们的出现，而那样，也就是和知觉a与b同一的了。这个意思就是说，凡我们的经验是关于客观前后相继的地方，事件β就必须跟在事件α之后[①]。在这种情况下，知觉的前后相继和事件的前后相继就不是两种前后相继，而只是一种。我看不到解释这论证的任何其他的方法。

现在，这样说就像是正确的：当我们看见一个客观的前后相继时，我们的一些知觉必须在一种的次序上出现而不是在任何别的次序上出现。其中心的问题乃是：按康德关于对象的见解来说，对于这一点的承认是否合法，或者说，它是否依据对象是自在之物这种假定。如果我们采取第二种选择，我们就必须把他的整个论证看作一种基本的谬误——我们必须说，他首先根据我们的知觉都是不同于客观的事件，而且为这些事件所确定，于是肯定在我们知觉的前后相继里的必然性；然后他就接着推论出在客观事件的前后相继里的必然性，其根据就是，当我们看见一种客观的前后相继时，在我们的知觉与客观事件之间是毫无区别的。如果另一方面，他果是有权来主张，当我们看见一些事件时，这些事件是和我们的知觉同一的，**而同时又**有权来主张，当我们看见一些事件时，我们的一些知觉必须是在一定的次序上发生的，那么，依我看来，他就有权来作出他的结论。

应该注意到，康德在这里的论证是和先验演绎的更一般性的论证相似的：其实，这个论证乃是那更一般性的论证的一种特别的应用。在那个论证里，他断言[②]，当我们关于一个对象有其知识时，总是含有必然性的意义的——对象是看作防止我们的种种认识变为任意的东西，或说把一

① 这不一定是说α乃是β的原因，而只是说β必须按照因果律跟在α之后。

② 特别要看 A104-105。

种必然的综合统一性外加于我们的种种认识的那个东西。他然后就论证说，我们只和我们自己的观念有关，而且关于对象的概念简直就是观念的必然综合统一性这个概念，这实在是心灵的性质所外加的一种统一性。我认为先验演绎的研究将证实我关于目前的论证的解释。

3. 客观的与主观的前后相继

这样的一种论证是不应该轻率地或轻易地被接受的；但是我们应该问一问，依我看来，这种论证所必然引起的疑惑是以理性为根据，还是由于人类心灵难以适应于一种革命性的假设。即令这学说像是接近于疯狂，而在这疯狂里也至少有一种方式。如果是接受了我所提出的解释的话，我们就能理解这整个论证是怎样天衣无缝的——例如，康德为什么认为必须坚持一个对象只是一些观念的复合物；他为什么断言在对象里有前后相继只**意味着**我不能用别的方式来安排我的领会，而只能在这种前后相继的方式上来安排它[①]；他为什么把它称为“领会的规则”和客观前后相继的因果律同一起来；而且他为什么一经达到目的，便满足于断言，好像是完全明显似的，一个客观的前后相继必须是一个必然的前后相继[②]。

总之，依我看来，似乎不容怀疑的是，就康德来说，当我们看见一个客观的前后相继时，这客观的前后相继是同一于我们观念的主观前后相继的，而且这些同样的观念或说出现作为在我心里的观念，同时又作为所知的对象的状态，都是前后相继的[③]。对于有些人来说，这似乎是拒绝他的理论的充足理由，但是我们必须反问，这样的一种理论是否自相矛盾或者不可能。

这对于任何一个相信描写式的观念论的人来说是明显没有可能的；而描写式的观念论虽然是哲学的派别之中最难予以辩护的，但它还像是人类心灵的很自然的一种假定。然而康德并不是一个描写式的观念论

① A193＝B238。

② 他甚至在第二版中增加的论证里还是这样做，虽然这是放在他更详细的阐述之先的。

③ 在这点上我同意皮里卡教授在其《康德的认识论》一书，p. 281 上所说的。

者，除了就其是相信现象性的世界只是没有人知道的自在之物对于我们的一种出现这点来说。关于现象性的世界，他却是一个经验实在论者，而他的全部哲学乃是描写式的观念论的否定。如果现象性的世界只是对人类心灵的一种出现，在一个现象性的对象里的状态的前后相继[①]为什么又是在我的心里的观念的前后相继是不可能的呢?

甚至在那情况下，我领会的东西无疑也不能和我的领会动作同一起来，但我并不认为康德主张这两者是同一的[②]。如果一个观念乃是所领会的内容，它确能同时是在我的心理经历中的一个事件，而且是在客观世界里的一个事件。梦中的一个观念，作为一种内容来说，可能并没有什么地方是不同于醒时所领会的一种内容的。我们把它看作一种心理历程中的事件，但是我们不肯把它看作客观世界里的一个事件;而我们之所以不肯这样做，其理由就是，它不符合于内容的必然前后相继，而对我们来说，正是这些内容构成了客观世界。醒时所领会的内容符合于我们看作客观的必然前后相继这个事实并不意味着:这样的一种内容也不是在我们心理历程中的一个事件。康德的理论可能是错误的，但我看不到它是自相矛盾的。其实，如果我们主张在醒时我们所觉知的东西是客观的实在，而不单纯是表现客观实在的一个观念，这样的某种理论就像是必需的。

我不认为，我们只说在我的心理历程中的一些事件乃是单纯的领会活动就能回避这种理论的。在我的心理历程里，事件乃是一个整体，领会的活动和被领会的东西是在其里面结合起来的。而且我不认为这个学说的意思是指主观的东西和客观的东西的绝对同一而言的。我们从醒时前后相继地领会到的一些内容出发，在想象里，而且按照各范畴、构成可能内容或说出现的一整个世界(即康德称为可能的感官知觉的整个世界)，而我们就把这些出现看作充实时间与空间的永恒实体的状态或说确定。我们把这样构成的世界里的事件的次序，与我们实际上的知觉和我们实

① 必不得忘记，康德相信自己已曾证明一个现象性的对象乃是带有常变的属性的一个永恒实体，虽然它只是一个终究的实在东西的对人类心灵的一种出现，而我们却毫无理由来把这终究的实在东西看作或者是永恒的或者是常变的。

② 在 A190＝B235 里，康德确是说一个观念并不是不同于我的领会活动的;但是我从其上下文来看，却相信他的意思是说，只关于它的时间关系才是并非不同于我的领会活动的。

际上的思维的次序区别开来；而且我们把这个世界与其事件从在梦里对我们出现的事件或者我们幻想所任意虚构的事件区别开来。只有在我们是直接看见一些事件的地方这种情况下，事件的次序和知觉的次序才是同一的。

康德关于因果性的主要论证是依据在这种的特殊情况下的那两种前后相继的同一的。认为事件是自在之物，而且论证说，因为当我们看见事件时，我们知觉的前后相继是必然的，所以事件的前后相继是因果律所确定的，这会是可笑的。而且无论康德是对是错，他的论证，如他所说，“乃是一个批判性的证明，想要成立我们客观前后相继的经验的条件，而它并不是从事件这个概念的一种分析得出的一种独断的证明”①。

4. 经验的各种条件

关于经验条件的分析应当与一种关于归纳方法的论著严格区别开来。康德认为，经验在本质上总是关于客观前后相继的经验②，而且他论证说，所以它必须是关于必然的前后相继的一种经验。他的论证乃是属于纯然一般性的，旨在成立因果性这条原理。他的任务决不是要详细叙述我们用来决定一种前后相继是否客观性的这种方法，更不是要叙述我们用来确定一个特殊事件的正确原因的那些方法③。抨击他，说他没有能这样做，这些批评依我看来是文不对题的。因果性的证明，在其本身来说，会是对哲学的一种重要的贡献，而责备任何一个人，因为他处理他自

① 皮里卡(在《康德的认识论》一书，p. 300上)主张这样的一种独断的证明是有其可能的，而且不能有别的任何证明。

② 甚至在我们看见一种客观的同时并存的地方(如在看见一所房屋的各种不同部分那样)，我认为我们所看见的东西是认识为一个对象，其种种特征是在变动中一直是不变的。康德诚然像是主张变动单纯是一种经验性的事实，其必然性是不能从世界是在时间里这个事实推论出来的；但是难以看到，没有某种的变动，我们怎能觉知到时间，而且康德自己也谈到转瞬即逝的东西是“象征”时间的前后相继性的。没有这样的“象征活动”我不认为我们能觉知到时间或它的前后相继性。看A205＝B250而又比较一下A452注＝B480注。

③ 当康德在A203＝B249里说时间的前后相继乃是结果的唯一经验性的标准时，他的意思显然是说，当我们已经知道两个现象是在因果上联系着时，时间的前后相继乃是我们能够用来把结果从原因区别开来的唯一经验性标准。把这里所说的从它的上下文分开，然后责备康德的归纳理论的不完备，这是极其不合理的。

己的问题而不处理我们的问题，这是荒谬的。

康德是说，当我们看见一些客观的事件时，我们知觉的次序是不能颠倒过来的，而现代对于归纳方法的兴趣却导致对于康德的这种说法的一种完全不相称的兴趣①。人们太过一般地认为康德是想从我们感官知觉的不可倒置性推论到客观性，或者甚至因果性的。然而确是明显，我们不能知道我们的知觉的前后相继是不可倒置的，除非我们原知道我们是看见一个对象，而且事实上是看见一个实体；我们只能知道我们的一些知觉是在它们来到的次序上来到我们这里的。康德自己所主张的乃是，当我们看见一个客观的事件时，我们的一些感官知觉必须是不可倒置的——不是当我们发现我们的一些感官知觉是不可倒置时，才推论到我们是看见客观的事件。康德自己甚至没有用"不可倒置性"这词。"不可倒置性"这词只是我们用速写的方法来叙述当我们觉知到客观事件时它在我们一些知觉的前后相继里所发现的那种必然性。

应该注意，当我们假定我们所看见的东西是一个实在的对象时，我们能够用实验②来发现是否可能在颠倒过来的次序上得到感官知觉（或说出现）；而且根据这一点，我们就能确定前后相继地被给予出来的一些出现在对象里是同时并存的或者是前后相继的。比方，如果我们发现我们不能在颠倒过来的次序上得到某些感官知觉（或说出现），我们就得出结论说，在我们领会里的特殊一种前后相继也就是在对象里的一种前后相继。但是这显然从一开始就预先假定我们是看见一个对象的；而且其实我们无权来断定我们感官知觉的次序是一种必然的次序，除非我们是假定我们所看见的东西是在对象里的一种前后相继③。我们永远不能靠观察来达到必然性，尤其是靠对于我们自己的观念作为观念的次序的观察；而且即令我们是可能的话，我们也永远不能有正当理由来从一种单纯主观的必然性推论到客观性。

---

① A192＝B237。例如卢温堡教授（见《加利科尼亚大学哲学专刊》，第十五卷，p. 9）理解康德的因果性公式为"不可倒置的前后相继"，虽然他附加地说，而且是很对的，康德的因果性的充分意义不能用这个公式来表达。

② 例如在一所房屋和行驶的一艘船的情况下。

③ 比较一下皮里卡的《康德的认识论》，pp. 288-289。

我不明白，为什么要指望康德详细地叙述这样一些经验的方法，正是借助它们，我们才知道把一种客观的前后相继与一种想象性的前后相继或者与一套前后相继地领会到的同时并存的出现区别开来。这样的一种研究大抵是处在经验性的心理学的领域里，而康德是有自由来接受心理学可能提供的任何合理的说明的。例如他为什么应该否认在断言实在对象的存在的过程中，我们大都是依靠休谟描述为我们观念的坚固性或固体性或力或活泼性或稳定性的东西，这是没有任何理由的。他所主张的不过是凡断定有客观性的地方，那里就预先假定有必然性；而且凡是我们确信对我们的一些出现不会适合于作为一个为因果律所支配的体系的世界的地方，那里我们就否认那些出现的客观性。在错觉、幻觉而且乃至在梦中的情况下，这是明显的，虽然这些东西并不缺乏活泼性或力或稳定性的①。

再则，有人说，按康德的理论来说，夜就必是日的原因，其实这并不是对他的学说的真正的驳难②。他没有在任何地方断言过，当我们经验到前后相继的事件时，其第一个事件必是第二个事件的原因。他只曾断言过，这样的一种前后相继必须是在因果上被确定的，而且在先于任何事件的整个形势里，得要发现某东西，“某种还没有确定性的关联物”③，是那事件的原因。他也没有断言过，为要知道一个事件是客观的，我们就必须首先知道它的原因。反之，他的学说乃是，当我们判断一个事件为客观的时，我们的判断是预先假定这事件为因果性的一般性规律所支配，因而它的原因是要在某在先的事件里发现的。这原因的确定单是科学的事情，而对于科学用来确定这原因的种种方法的讨论乃是归纳逻辑的事情，而不是先验逻辑的事情。康德的学说，在所有这些问题上，依我看来是正确的。唯一的问题就是，他是否成功地证明了必然的前后相继乃是经验的一种条件。

---

① 比较一下 A451＝B479。

② 这种反对意见的否定是舒力克博士(Dr. Moritz Schlick 在《加利科尼亚大学哲学专刊》，第十五卷，p. 102 上)所说明的。他指出，“日”与“夜”实在不是“事件”的名称如在科学里这词所用的意义上那样。而且一经我们把日与夜分析为这些名称所代表的一系列的自然事件时，我们就发现这些事件的次序就必须看作“因果联系”的一个很好的实例了。

③ A199＝B244。

5. 进行到经验的过程

可能有人认为，反对意见之中，有些太轻率地被抛弃了；因为，如果康德是叙述我们借以从一些观念的前后相继的觉知过渡到关于客观前后相继的东西和客观同时并存的东西的知识的这个过程，他就的确不得不对于我们用来这样做的种种方法以及这些方法能借以得到其正当理由的那些理由有所论述。

这种批评引出了对于《纯粹理性批判》的解释有根本重要性的一个问题，而我对于它的答复就是，康德无意于叙述这类过程。他所作的乃是要叙述一切经验的必需条件或说预先假定；而这种任务，如他自己所说出的那样[①]，是完全不同于叙述经验的如何发展或如何发生的这个任务的。我并不否认，有时所用的话语，是可能像是叙述一种发展的过程的，但是必须体谅到在一种抽象的分析里避免这样的话语的困难。而且我不肯相信康德是企图叙述经验是怎样发展的，其理由不但是他自己在任何时候提出这问题时，都否认这一点，而其更基本的理由就是，这样的一种解释使康德的论证这么软弱，以致描写它为胡说很难是太过的，而我想我的解释是使它有意义的[②]。

首先，不可能相信从主观东西的觉知到关于客观东西的知识有一种发展[③]。我们只当我们把主观的东西与客观的东西区别开来时，才能认识到那主观的东西(这是康德自己的见解)；因为"主观的"与"客观的"乃是相互关联的名词，除了在相互的关系上是毫无意义的。而且，如果我从

---

① 特别要看《未来形而上学导言》，第二十节 a(Ⅳ 304)："在这里不是谈到经验的发生，而是谈到处在它里面的东西。"比较一下本书第三章第三节，第六章第七节和第十六章第五节。

② 这就是那中心的问题，在其上面我的解释是始终和皮里卡教授在其《康德的认识论》一书里有眼光的分析不同的。他解释康德为说明关于客观东西的经验是怎样发生的，而我关于他以之归于康德的见解是完全接受他的种种批评的，但是我不相信他在这里抨击的是康德的见解。

③ 我们当然是拿不稳一个特殊出现是主观的或是客观的，而我们是可以解决那疑惑的；但是这种过程是当我们已经把客观的世界从我们观念的主观前后相继区别开来的时候才发生的。又必须有朦胧状态的一种过程(也许每当我们从睡中醒来时都重复着的)是我们借以从一种在其里面主观的东西和客观的东西分不清的觉知过渡到一种知识，在其里面主观的东西和客观的东西是分清楚的。可能心理学说得清楚这样的一种过程，但是这是与先验逻辑无涉的。

关于单纯是主观的某东西的觉知出发的话，就我们能看到的来说，就会不可能过渡到关于客观东西的知识。

无论如何——而这就是我的第二个论点——康德关于因果性的论证并不提供我们甚至关于这样一种过渡的说得通的说明。首先，按照这种解释来说，我们觉知到一种主观的前后相继，我们正是在某种不可说明的方式上把它看作是主观的。然后我们就在一种还更不可说明的方式上觉知到：(因为我们关于必然性是不能有经验性的知识的)一种特殊的主观的前后相继是必然的或说不可倒置的。最后，我们就断定——根据什么理由而且靠什么权利？——我们觉知到一种客观的前后相继[①]。如果这是康德的论证的正当解释的话，对于他的学说的最难忍受的一些批评就会是太过温情了；但是这样的一种解释，依我看来，是不攻自败的(而且我看不到一种更为合理的解释，如果康德所叙述的是从主观到客观的一种过程的话)。

6. 因果性与时间

我企图澄清的是：我看作是康德的论证的内部核心的东西——就是，如果我们接受那些批判的预先假定，客观的前后相继就必须是必然的前后相继这个论点。可是有一种危险，就是这样做时，我们可能认识不到在这论证里时间所起的重要作用。康德的时间学说形成一股绳子，穿透他的整个讨论，虽然它的最清楚，而且在某些方面上是其最困难的表达，乃是存在于这样一个特殊的论证里，它讨论的是时间的连续性与不可倒置性[②]。

我们必须记住，对康德来说，一个对象，只有当它在唯一共通的同质时间(与空间)里有一个有确定性的位置，才可说是存在的，而这样就可说是一个实在的或现实的对象。同样的学说适用于对象里的前后相继，或说变动，这种特别情况，即在第二种类比里要考虑的情况。如果一个前后相继是客观的，那么在对象里发生的种种变动(即可以简直称为“事件”的

① 认为客观的前后相继因此就必须是一种必然的前后相继的这个另一个结论单纯是一系列的荒谬的透顶荒谬了。

② A199＝B244起，看本书第四十四章第四节。

变动)就必须在唯一共通的同质时间(与空间)里有一个有确定性的位置。康德的论证始终是说时间本身(或说绝对时间)是不能被看见的,因而种种事件只从它们的互相关系才能在时间里有一个有确定性的位置的。这种有确定性的位置不能以之给予单纯的领会,因为领会在没有任何事件的前后相继的地方,也可能是前后相继的。他的学说是以这一点为根据的,就是当我们经验到事件的前后相继为客观的时,我们假定这个前后相继是必然的——事件彼此相对的位置,只有预先假定它们是按照一条普遍性的规则一个跟在一个之后的,才能在唯一共通的同质时间里被确定下来。除非是这样,客观的前后相继与一种单纯是主观的或者想象性的前后相继这两者之间的整个区别就必须消逝了。我们就不再有条件来上诉于自在之物作为避免这种结论的方法,而且即令我们是能够的话,自在之物对我们会有任何帮助,这是有问题的。

这种论证的路线——无论它正确与否——对于康德来说,的确是基本的,而他关于诸类比的一般性说明就证实了这一点①。三种类比全都是关于时间里的必然联系的;第二种类比是关于谈到前后相继作为时间的三种样式之一的必然联系的那条规则的②。

我们甚至可以说,诸类比,特别是第二种类比,表述的是在一般时间里的必然联系的规则③。这些规则不是得自所予的感觉,而是得自时间的作为时间的性质与统觉的必然统一性。我们诚然必不得猜想康德是把时间作为自在之物看待,作为一种容器,在某些方式上确定其里面的每一个东西的。这样一种见解不会在任何方式上帮助我们,且莫说它的固有的荒谬;因为时间本身是不能被看见的④。与此相反,康德的见解乃是,如果我们要觉知到在唯一的时间里的对象,而这样就对于时间本身有经验性的知识,所予的出现就必须符合于某些规则。

从这种学说到依据时间的连续性与不可倒置性的特别论证只是一步之遥⑤:这个特别的论证所做的几乎只是把以前没有弄明白的一些细节

① 看 B218-219 和 A176-177 起。

② A177-178=B219-220。

③ 比较一下 B219。

④ 比较一下 A452 注=B480 注。

⑤ A199=B244 起。比较一下本书第四十四章第四节。

提出来。我毋须再来讨论它的种种困难了;但是要认识到康德所关心的乃是在唯一共通的同质时间里经验到事件的条件,这是最重要的,而在这里,像在别处一样,这时间被看作连续的而且不得颠倒过来的。按照康德来说,除非出现都是符合于因果律的,我们就不能经验到在这样一个时间里的事件①,我们甚至不能对于时间的连续性有经验性的知识②。

我们从先验演绎那里已经熟悉了这个论点的一般性原理。因果律为什么在我们所知的整个客观世界居于支配地位,其理由就是这个世界只是由一些出现所组成的,而这个世界单独为其存在的人类心灵必须在唯一共通的同质时间里"安置"所有出现:这样做就是使出现受到因果性的普遍规律的支配;因为没有这,那么时间的统一性,而这样统觉的统一性也一样会消逝,而且就不能有任何经验,而又不能有任何客观的世界了③。

不管我们多么不喜欢康德的学说,依我看来,没有任何理由怀疑这就是他的学说。

7.特殊的因果律

我不得不屡屡重复地说,就康德来说,心这样外加于对象的乃是必然的前后相继或说因果作用这条普遍性的规律。特殊的因果律都只能作为经验的结果而被知道的④。一切这样的规律都只是人类心灵所外加的唯一普遍性规律的一些特殊的确定;但是它们本身不是心所外加的,也不能在验前被知道。它们的特殊性是属于经验的质料,而不是属于经验的形式。作为这样的东西,它必须是由于自在之物而来,而不是由于能知的心而来的⑤。

在其最广的范围来说,这个学说——一切对象的普遍形式是心外加于由自在之物给予的一种质料的这个学说——似乎是一种不包含有内部矛盾的可能的假设。可能有关于因果作用的一些特别的困难⑥,但是这

---

① A199-200=B244-245。

② A199=B244。

③ 注意看两版中先验演绎的结论,在一切类比里都是用这种类型的论证。

④ 比较一下 A126,A127-128,B165,A159=B198 和 A216=B263。

⑤ 比较一下本书第六章第八节。

⑥ 看下面的第八节。

些困难并不影响这一般性的原理。

虽然特殊的因果律不能在验前被知道，但是康德如我们都是的那样，假定我们可能发现特殊的因果律。那就是说，他假定我们能够分出原因与结果的一些特殊的联系来，而且它们将被发现是重复发生的。这一点在他一直坚持的下述观点中得到了充分的体现，他说有了原因，跟着就必须总是而且必然有结果。我认为在他经常性的断言如说结果必须“按照规则”跟在后面中甚至也可看出这一点；因为“规则”像是含有规则性与重复的意思的。我认为康德认识到先行于任何事件的整个形势就是那事件发生的条件；但是他好像假定总是有一个事件，或者一系列的事件，能在一种特别的意义上被描述为任何所予的结果的原因①。

就我所能看到的来说，这样的一些假定并不是因果性原理的一种后果，也没有任何论证使它们有其正当的理由②。在理论上有可能在一个彻底为因果律所支配的宇宙里，是可以没有任何重复的。康德自己在另一种关系上认识到，纵然是有自然为其所支配的那些形式的而且普遍性的规律，所予的事情可能是这样的，因此在自然里不能找到和它类似的东西③；而且很清楚，如果我们在自然里不能找得任何类似的东西，那么我们就一样找不到任何重复④。

这里不是考查康德对于这个问题的解答的地方，因为这问题所与之有关的不是范畴，而是理念⑤。我的疑惑是：他关于因果性是否面对过这个问题的种种含义；但是如果我们循着他的思想的一般路线，那么我认为我们可以说，人类理性的本性是要就其所能，来孤立因果的相对分开的连

---

① 康德在《形而上学》p. 42 里明白地说，一个事件有许多同时起作用的原因（拉丁文的 concausae），但是这许多同位的同时起作用的原因之中，有一个是主要原因，而其他是次要的。这个学说清楚地包含在他关于变动的连续性与因果作用的说明里；例如看 A210-211＝B256。

② 关于一种不同的见解，可看伊温的《康德关于因果性的论述》，p. 102。如果特殊的因果系列的可分开性有任何证明，我就认为它是处在这个事实里，就是因果性的事件，像实体那样，是在空间里展开的，而且从原因到结果的过渡乃是连续的。

③ 看 A653-654＝B681-682。

④ 我不认为康德在写《判断力批判》之前是足够面对这个问题的；特别看《判断力批判》的第一种导论Ⅴ。

⑤ 特别看 A657-658＝B685-686。

锁的，而且总是在已曾找到的最近原因以外，还去寻求另一原因。其这样做的可能性，依赖的是自然中相类似的因果系列的重复性；而这种重复所依靠的不是人类心灵的性质，而是自在之物的性质，或者如果我们愿意这样说的话，是依靠上帝的恩赐。我猜想，在这种情况下，如在目的论的情况下一样，我们的理性嘱咐我们这样去考察自然，像它是一位无所不知的精神所创造似的，而且像是适应于人类知性的需要似的[①]。

可以这样说，除非在自然中是有相类似的系列的重复，我们就永远不能把因果这个概念对我们自己弄"清楚"[②]；而且其实，如果康德的论证是正确的，我们就会永远不能有任何能够说是人类经验的东西。难道不能把这样的重复当作经验的一种必需的条件吗？这样的重复因之岂不恰恰是康德用来建立因果性本身的普遍性规律的论证的方法吗？

可以毫不含糊地说，对这个问题的答复是否定的。我们诚然能够在经验上确定经验所必需的某些条件，而且我认为在这些条件之中，有自然中一定分量的规则性或重复，也许甚至也有因果连锁的重复。但是我们不能在验前说，这些条件必须是完成的。就我所理解康德的来说，在因果性的普遍性规律的情况下(像在知性的一切原理的情况下一样)，如果我们承认了统觉的统一性和时间作为我们感受性的形式，那么这条规律对现象性的世界里一切无论什么样子的事件的应用就会作为一种不可避免的后果而发生[③]。康德不是说，除非现象性的世界符合因果性的规律，我们就不能有关于这个世界的经验。他乃是说，除非这个世界是符合因果性的规律，那就不能有任何这样的世界。

我要补充的是，在这个讨论里，康德并没有提到其他种类的因果性，例如自由动作或最后原因的可能性：这些问题是后来才予以处理的。但是就我所能看到的，后来承认这样的一些可能性，并不要求有他现在只与机械性的(或说有力的)因果作用的学说的任何修改或限制。如果一种前后相继要成为客观的，它就必须符合于如这里所说明的因果的普遍性规律，虽然在特殊的一些情况下，它又可能符合于我们在这里与之无关的另

① 比较一下 A686＝B714 起。

② 看 A196＝B241。

③ 比较一下 A216＝B263 以及 A217＝B264。

外一些规律①。

8. 想像力的先验综合

我所企图提出的乃是康德学说的合理性，但是我必须自认为，在下述事实里，我仍然觉得有很大的困难，这事实是，就康德来说，因果律是想像力的先验综合外加于出现的。

这种学说的一个方面是十分易于了解的。因果作用这个概念，虽然要等到经验已发展之后，我们才开始有意识地觉知到它的，但是像毋矛盾律那样，它却像是在很早的阶段上就被预先假定的；而且事实上，如果康德是正确的话，一到我们能说觉知到物理对象里的变动时，它就被预先假定了。人类心灵的本性乃是很早在它有意识地觉知到它是这样做以前，就是用因果的话语进行思维的。在我们日常的经验里，除非是可能有意志的努力，我们是不能自行局限于所予的出现的领会的，而是从这种薄弱的基础出发，在每一个顷刻间都在我们面前有一个世界，是我们在记忆里和在思想所控制着的想象里所构成的。在这个结构里，因果性这个概念，有意识地或无意识地起着指导的作用，而且只有靠它的帮助，我们才知道一个客观世界扩张到空间与时间里去作为一个有秩序的而且系统的整体。

到此为止，康德的学说是没有发生多大困难的，而且似乎显然是真实的，至少作为事实的初次的描述。但是还有它的另一方面是很难相信的。我们在我们的感官知觉的基础上所构成的有秩序的世界，在每片刻里都为这些不断变动的感官知觉本身所证实。我们的感官知觉必须发生在和客观世界的因果次序相容的一种秩序之上②；而康德的学说乃是，归根到

---

① 当我们不能找着一种目的论的联系而得要满足于一种单纯机械性的联系时，我们就说是只失了一种“附加的统一性”（德文的“eine Einheit mehr”）；看 A687-688＝B715-716。

② 我的意思是说，当我们看见一个客观的前后相继时，我们的感官知觉作为其内容，就康德来说，乃是在现象性世界里的事件，而且它们的前后相继是在因果上确定的。相信这先验综合确定实际上的感官知觉（或说所予的出现）的次序，比相信它确定可能的感官知觉的次序是更为难些。还有一种困难在这个事实里，就是我们的感觉是物理对象所致的，而且对象的第一性的质对一切人都是一样的，而其第二性的质是因个别的人而异的。这第一种困难是关于皮里士（Price）在其《论知觉》一书里称为“横的因果性”的，而第二种困难是关于他称为“直的因果性”的。

底,这个因果次序是想像力的先验综合外加于我们的感官知觉的。

我在这里不打算充分地讨论这个困难[①]。这个困难也许部分是由于我们往往没有认真地去理解那哥白尼式的变革,而且没有认识到时间只是我们感受性的一种形式,而这种形式是与自在之物毫不相干的。我不觉得有困难来假定,我们的心是这样的,就是实在必须对它表现为在不得不符合于几何规律的空间中的物体;但是为着某种缘故,我实是觉得难以假定——而且我猜想许多人是同有此感的——我们的心是这样,就是实在之对它出现,不但是作为时间里的变动的一种前后相继,而且是作为在那必须符合于因果律的时间里的变动的一种前后相继。

避免这种困难有两个方法[②]。其一就是断言:康德所谈到的先验综合乃是一种在意识之先的而且是本体性的综合,它不知怎样在我们还没开始认识物理世界以前就替我们构成了整个物理世界。在康德那里,我不能找到这种见解的任何基础,而且依我看来,它作为一个形而上学的理论来说,是毫无合理之处的。另一个方法就是简单地断言:康德的先验综合这个学说乃是一种错误的心理学说,我们毋须当真去理解它。我觉得这种见解一定是错的;因为依我看来,十分清楚的是,有而且必须有我们用来构成一个时间与一个空间的一种先验综合,而且这种结构必然把某些特征外加于我们所经验的世界之上。困难就是要了解它如何能够把一种因果性的次序,外加于我们实际上的感官知觉的前后相继[③]。

····

① 这是和双重影响的学说联系的,而且是康德企图在《遗著》里解决的一些问题之一。

② 比较一下本书第三十一章第四、五节。

③ 我不认为康德会自认为:我们在这种事情上有"洞见"(德文的 Einsicht)——就是说理性的洞见;看 A171=B213。

第四十六章　因果性与连续性

1. 康德关于因果性的概念

康德没有给我们提供我们今日在科学的种种哲学研究里所熟悉的那种关于因果性概念的任何详细的分析①。他所企图证明的东西无非是必然的前后相继，而且他把它解释为按照一条规则的前后相继。如果事件α发生，那么在其他种种条件不变的情况下，事件β就必须总是跟在后面来的。

我认为由此就可推论说，康德的所谓因果性无非就是必然前后相继的意思，这是一种错误。他的任务是要证明他称之为必然的前后相继这个图型的东西；但是在这样做的过程中，他认为他自己是说明了现象性的世界是必须符合于根据与后果这个纯粹范畴，而且同时又说明了这个纯粹范畴当它改说为时间的名词而这样就改变为原因与结果时所得到的“意思与意义”。他把原因当作结果的一种根据，可是这是作为必须先行于其结果的一种根据②，而一个单纯逻辑上的根据不是先行于它的后果的。更确切地说，原因乃是（或说含有）其结果的存在的根据，它乃是一种能发生的原理（拉丁文的 principium fiendi）③。

康德所说的原因乃是动因或说有效因。他把它定义为通过起作用的力量的一种原因④。因果性的“述项”（predicables）是力量、主动与被动⑤。

---

① 在《形而上学》里作出了分析的有种轻微的尝试，见该书的 p. 41 起。

② 比较一下 A91＝B124，B234，A202＝B247——以及许多别的地方。

③ 看《形而上学》，p. 41。在那里，逻辑上的根据（即拉丁文所谓 ratio）说是可能性的根据或者说存在的原理（拉丁文的 principium essendi）。三角形里的三条直线是它的根据，但不是它的原因。知识的根据则不同：它乃是认识的原理（拉丁文的 principium cognoscendi）。比较一下 de Vleeschauwer《先验演绎》一书，Ⅰ，p. 106。

④ “通过起作用的力量的一种原因”是原德文的“eine Ursache durch einwirkende Kraft”之译。《形而上学》，p. 42。康德把单独诉诸于最后（或目的）因看作“懒惰哲学的椅垫”（德文的 ein Polster der faulen Philosophie）；比较一下 A689＝B717。

⑤ A82＝B108。

因果性导致动作或活动这个概念，而动作这个概念导致力量这个概念，而这样就导致实体这个概念①。在诸类比所处理的一些关系从本质上说就是力学的关系②。就我所能看到的来说，康德在这个关系上，简单地接受了牛顿派物理的种种概念，而并没有试图来改变或者限制因果性这个概念。我想不会有人否认，对牛顿来说，原因被认为是"产生"其结果的③。

诚然，人们每每是主张说④，就康德来说，因果性不能是别的东西，而只是有规则的前后相继而已，因为对他来说，对象与事件都只是出现或说观念，而在观念里是不能有任何活动或者因果性的效力的⑤。依我看来，这样的一种论点是不能说服人的。世界只是对人类心灵的一种出现这个事实，并不是它为什么不应对人类心灵出现为一些互相在因果上起作用的而又显示出来实在效力或说力学的因果性的实体所构成的理由。其唯一的困难就是要知道所谓"实在效力"能有的意思是什么；但是这种困难不是局限于批判哲学的。康德一定十分相信他的学说是和其当时的物理学相容的，而且其实是当时实际上通用的科学概念的唯一可能的辩护。

又可以说，就康德来说，因果性含有预知的可能性。我们能够用"如果A，那么A"或"如果断定有A，B就必须跟在后面"这种形式来述说因果的关系。然而这种和判断形式的类比并不意味着原因与结果的关系在任何具体的例子里是验前对我们可了解的。在这方面上，康德与休谟一样同意说：我们只通过经验性的经验才能找出一个所予的结果的原因，或一个所予的原因的结果⑥。我们验前的知识只能是说，每一个事件必有

---

① A204＝B249。在A648＝B676里力量是与实体的因果性同一的。

② A215＝B262。在A213-214＝B260-261里的交互作用（communio）与交换作用（commercium）之间的区别又是用来强调这同样一个论点的。

③ 比较一下Lenzen的《加利科尼亚大学哲学丛刊》，第十五卷，p. 72。康德自己在因果性的关联上用"产生"（德文erzeugen）这个词；例如看A208＝B254和A474＝B502；又在A189里的标题。

④ 比方Paulsen在《康德》一书，第六版，p. 189上所主张。

⑤ 康蒲·斯密（见他的《康德〈纯粹理性批判〉解义》，原文本p. 373，绰然的中译本，p. 396）也接受这种争点，但主张按康德的现象论（与他的主观论对立的）见解，他真正能认识到的乃是力学的活动。然而康蒲·斯密得要承认康德的现象论见解的关于因果关系"在这节里或者在这部批判的其他地方，并没有得到任何十分确定的规定"。

⑥ A206-207＝B252。比较一下A171＝B213，又A41＝B58。

一个原因。

2.原因与结果的前后相继性

康德在照例附录于他的各证明的观察意见里所讨论的关于因果性的三个主要问题就是:(1)原因与结果的前后相继性;(2)实体与因果活动之间的联系;(3)变动的连续性。这些问题的第二个已经讨论过了①。我们现在就必须考查其他两个问题。

康德在第一版里②是用这个公式来表达因果性这条原理的:"每一个发生的(即开始有的)东西都预先假定有某东西是它按照一条规则跟在其后面的。"用更简单的话语来说,每一个事件都有一个原因是它必然跟在其后面的。康德认为必须应付这种反对的意见,就是在某些情况下,结果不是跟在其原因的后面,而是与之同时的③。例如屋子里的热是与作为它的原因的烧热的火炉同时的。甚至可以极力主张说④,对于大多数的原因与结果来说,也是如此的⑤。我们没有能够注意到这一点,因为要原因有其充分的结果是要花一定的时间的,但是结果的开始总是和其原因同时的。

康德的答复是十分明显的。在我们说结果跟在其原因的后面时,我们的意思不是说,原因到了尽头了,而那时就有一个时间的空隙,在那之后才是结果开始。我们所处理的东西乃是原因与结果在时间里的次序,而这个意思不是说,在两者之间有时间的一种经过或说空隙的。与此相反,虽然在原因的因果性⑥与其结果之间的时间是一个成零量,而且原因与结果之为同时,是在这种意义上,就是在它们两者之间是没有任何空隙

① 看本书第四十二章第九节。

② A189。

③ A202=B247-248。

④ 我认为康德仍然是详细说明他得要处理的反对意见。康德的答复是后来从"现在我们必不得不注意到……"这些字开始的。

⑤ 如果康德是在他自己的人称上说的,我想他会说"一切"。他的说"大多数"是示意他乃是依然想到一种有点粗鲁的反对意见。他在下一句说,结果的开始总是与其原因同时的。

⑥ 用这个短语是因为在一种意义上,一个原因可存在而不产生结果,如果有某种障碍阻止了它这样做的话。比较一下《形而上学》,p. 43。

的,但是这并不改变这个事实,即原因与结果是在一种时间的前后相继里面的。它的意思只是说,这时间的前后相继乃是不断的[①]。

我认为,这种讨论是想为第三种类比的学说作方法上的准备的。

3.变动的连续性

康德关于变动的连续性的说明是更难懂而同时又是更重要的[②]。在其本身来说,它是困难的,而它又像是和在诸预测里所陈述的学说相矛盾的[③]。它之所以是重要的,是因为它所具有的与从时间的性质作出的对因果性的特别证明(即证明Ⅴ)的关系,而且还因为它有助于说明诸预测的学说。

关于变化是如何可能的,我们没有丝毫的想法,而只能完全依靠经验[④]。可是这适用于作为某具体的东西的变动,即一种实体的所予的一些状态的前后相继(或说交换)。我们能够抽掉这些状态的内容而在验前考虑一般变动的形式或条件,而且我们关于因果性的规律和时间的各种

---

① 康德举出两个例证来说明在像是同时性的情况下,我们用时间的次序来区别结果与原因。这两个例证就是(1)通俗的例证,如果我们把一颗子弹放在一个椅垫上,跟着就在这椅垫上有一个洼洞,但是如果在椅垫里有一个洼洞,并不就是有子弹的结果;(2)第一次为 Segner 在1751年所做的面能力试验,从而就引导他去发现毛细管吸引力。如果我们把一个窄的玻璃管插入一大个容器的水里来盛满这个玻璃管,那玻璃管里的水平面是变为凹形的。

② A206=B252起。

③ A171-172=B212-213;比较一下本书第三十八章第七节。这个矛盾是处在这个事实里;在那里变动的连续性是断言属于普遍的自然科学的(我理解这就是理性的自然学或理性的物理学),而不属于先验哲学的;在这里它的讨论是没有任何的辩解或说明的,是因为康德关于这个题目已改变了他的想法,或者是因为虽然他认识到这个问题应该是在别的地方处理的,但是他不能避开它。诚然在目前的一段里,他重申他的更早的学说,认为我们关于任何东西能被改变的方法是在验前丝毫没有任何着想的;但是我不能看出在他现在进而去做的处理变动的形式与他在那里从先验哲学排除出来的处理一般的变动的因果性,这两者之间的任何实在的分别。这与因果性的关系并不含有任何区别的意思,因为在这里,变动的形式是"按照因果性的规律"来考虑的。如果在诸预测里所说的是只有关于运动,而现在所说的是只关于变动的话,矛盾就会消逝了。

④ 应该看到(1)康德把关于远力的知识和关于"表示"这些力的前后相继的出现的知识同一起来;(2)出现是作为远动才表示动力的;(3)康德所关心的只是变动的作为状态的变动(不是相对位置的变动)。这样,速度的变动乃是状态的变动,但是远动(地位的变动)在一种一律的速度上不是状态的变动而简单是(远动的)一种状态。

条件是这样做的。变动的形式或条件似乎是同一于变动的纯粹前后相继性的[①];而且康德问:"关于变动,在它是时间里的一种前后相继(在完全抽掉了它是其一种前后相继的各状态的经验性的性格上)的这个单独的根据上,能验前说的是什么呢?"

在一个实体从状态 α 过渡到状态 β 时,t_2(即 β 发生的顷刻)不同于 t_1(即 α 发生的顷刻)而且是后于 t_1 的。在这两个顷刻之间总是有一个无论如何短促的时间,可以用 t_2-t_1 来表示的。

状态 β 不同于而且是后于状态 α 的。这个区别必须看作只在量上的一种区别,那就是在等级上的区别[②],因为我们是不去管所交换的那些状态的质的种种区别或说经验性的内容的[③]。因此在其对于 β 的关系上,α 就可作为零来对待,而其变动就是 β−α 的发生[④]。

因此,正如在两个顷刻之间总是有一个时间那样,在这两个顷刻里的两个状态之间也总是有一种量的差别的[⑤]。从一个状态过渡到或说推移到另一个状态,是在包含在两个顷刻(即 α 发生的顷刻与 β 发生的顷刻)之间的一个时间里进行的。这两个顷刻就是那变动所需的时间的限度,因而就是在状态 α 与状态 β 之间的中间状态[⑥]的限度。作为这样的限度来说,它们是属于那整个变动的;它们划定那变动的起点与终点。

康德认为这就证明了:他在诸预测里以直观性的证据为根据[⑦]而断

① 变动的形式,或说条件,是等同于状态的前后相继(或说发生)的。

② 提到等级,在这里像是有必要的,虽然康德要等到 A208=B254 那里才把这弄明白。康德所举出作为断言量的差别的理由(在 A208=B253 里)乃是这个事实,就是一个出现的各部分都是量;但是他大概不是谈到彼此外在的部分,而且所说的,像是预先假定诸预测的学说的。这点为这个事实所证实,就是他谈到那些状态是"在出现里的实在"(realitas phaenomenon)。

③ 这会像是含有这个意思,就是当石蕊试纸从红变为蓝时,其变动是能作为色的等级的变动对待的;但是也许康德心里只有第一性的质。

④ 这个量可以是正的,也可以是负的。如果变动是从 70℉. 到 80℉.,所发生的就是加了 10℉.(80℉. −70℉. =10℉.)。如果变动是从 70℉. 到 60℉.,所发生的就是减了 10℉.(60℉. −70℉. =−10℉.)。

⑤ 当然只在那两个状态是假定为不同的状态时,这才是适用的。

⑥ 我认为假定有一种中间状态的存在,其根据就是时间必须是充实的。

⑦ A162=B201,A180=B223。

定是有可能的变动的连续性①必然存在于一切实际上的变动之中②。

到此为止,康德讨论了变动的连续性。他现在就进而兼及因果作用了。每一个变动都有一个原因,它在变动的进行的整个时间里都显出它的因果性来。因此,原因并不是全在一个顷刻里,忽然使变动发生的,而是在一段时间里这样做的,以致正在时间的从起点的顷刻 t_1 递增至最后的顷刻 t_2 时,实在的量(等于 β—α)是随着通过 α 与 β 之间的一切中间的等级而产生出来的。

康德对"关于变动,在验前能说的是什么?"这个问题——或者用他自己的言语来说"一个东西怎能从状态 α 过渡到状态 β?"这个问题的答复就是(1)那种变动必须是连续的,而(2)这种连续性必须是由于因果性的活动的连续性的③。

---

① B208,A168=B210。比较一下 A143=B182-183。

② 康德在《形而上学》,pp. 54、56 里作出这个证明的两个别的说法:(1)没有什么东西是从一个状态即刻过渡到另一个状态里去的,就是说跳跃式的,而从一个状态到另一个状态的过渡是这样进行的,就是这东西必须经过一切的中间状态。这样,我们就能一般地说"一切变动都是连续的"(拉丁文的"Omnis mutatio est continua")每一个状态(变动?)都有两端(termini):起点(a quo)与终点(ad quem)。这两个状态的每一个是区别出来作为是在一个不同的顷刻里的。在每一个过渡里,过渡的东西是在两个不同的顷刻里的。那东西在一个状态上的顷刻是不同于它进入其他的状态的顷刻的。但是在两个顷刻之间有一个时间,正如在两点之间有一段空间那样。因此过渡是在时间里发生的;因为在它从 A 过渡到 B 的两个顷刻里有一个时间是它即非 A 又非 B 的,而是在二者之间的转变或说过渡中的。上述的结论那么就说是自然得出的。(2)没有任何状态是立刻跟在另一个状态的后面的。因为如果一个物体从一个状态过渡到另一个状态,必定有一个顷刻是它从第一个状态出来,而又有一个顷刻是它进入第二个状态那里去。在这两个顷刻之间有一个时间是它既不在一个状态里而又不在其他一个状态里的。所以它是在一种中间的状态里,这就是一个根据何以它是过渡到第二个状态的。必须记住,康德的《形而上学讲演录》——其风格是这么多不同于《纯粹理性批判》的,特别是在短句的使用上——是从学生的笔记刊出的,而是当然不免有一些不正确的地方的。在某些地方,我曾修改过其文字。例如,我不能相信康德是说"一切变动都是连续的"(拉丁文的"Alle mutatio ist continua"——因为这里错综地用拉丁文与德文——译者)。

③ 康德附加地说,一种因果性的活动,就它是一律的来说,就称为一个"契机",而变动不是一些"契机"所组成而是这些契机所产生作为它们的结果的。将会记得,在 A168-169=B210 里,他称实在的等级为一个原因,一个"契机",比方重量的"契机",而且暗示着它的称为一个契机,是因为对于等级的领会不是前后相继的而是片刻的。根据阿迪克斯(Adickes,见其《康德的作为自然研究者》一书,第一卷,p. 25),康德用"契机"(moment)这个词有七种不同的意义,但是关于这点,我不提出任何意见。

4. 连续性的定律

我们将会看到，在刚才作出的证明里并没有从时间的连续性推出因果作用这样的企图，像在证明V那里那样，而且康德是直接从时间的连续性论证到变动的连续性的。他不是论证说（或者无论如何他不是明白地论证说），如果我们在一个连续的时间里看见变动，那变动就必须是连续的。

紧跟在这个论证的后面的就是一般被看作是一个第二种论证的东西①。我认为，它原是想作为对已经说明的东西的一种概述或解释。像康德的一般概述那样，它忽视前面曾作出的各论点（它并不提到因果作用），而把前面只是暗含的东西阐述清楚。

变动里的连续性的定律，其根据就是这样的：时间与时间里的出现都不是由最小的可能部分所构成的②；而且在变动中，一个东西是通过一切在两个状态之间的无限中间部分（或说等级），而从一个状态过渡到另一个状态去的③。这像是连续性定律的声明，而不是它的根据，而且很难称为证明的一种尝试④。

这个学说在科学里的功用，如康德所说，乃是在《纯粹理性批判》范围以外的一个问题。但是关于运动，他相信，不通过所有中间的位置，没有任何东西能从一个地方移动到另一个地方；不通过中间的无限等级的运动，没有任何东西能从静止过渡到某一等级的运动，或者从某一等级的运动过渡到静止；不经过变为静止、重新开始，或不通过连续地经过一条曲线（而不是转个角），没有任何东西能改变其方向⑤。

---

① A209＝B254。

② 就是说，它不是不能再分割的单纯部分所构成的；或者，如康德在紧接着的下一句所说，没有状态的任何（在等级上的）差别，而且没有在各段时间的量里的差别是可能最小的差别的。

③ 康德用通俗的语言来说，是谈到东西的状态作为通过各部分到达第二种状态的，而又谈到第二种状态是从第一种状态成长出来的；但是一个状态并不过渡或成长，它只是交换为另一个状态。顺便可以注意到，当康德谈到在等级上的各种差别总是小于 α 与零之间的差别时，他是指绝对的零说的（而不是指 α 作为变动所从而出发的相对零说的）。

④ 它可能是要使在前面的论证里所预先假定的一条原理弄明白的。

⑤ 《形而上学》，pp. 56-57。速度或方向的变动乃是状态的变动，虽然在一个方向上的一律运动不是状态的一种变动。

5.连续性作为领会的形式条件

康德警告我们:太过轻易地接受这样的证明是危险的,这种危险是我们在科学的目前情况下尖锐地意识到的危险。他似乎觉得,上面提出的证明特别是不要相信的,因为它乃是一种独断的证明,就是如我所曾说过的那样,是从时间的性质到时间里的变动的性质的一种直接的证明。为了这个缘故,他用一种批判的说明来补充那独断的证明①。他企图说明对于前面的论证的不相信,不是实在有其正当的理由的,因为虽然是有种种的出现,我们只是预测着我们自己的领会的。他像他经常所是的那样,假定我们对于我们自己的领会或我们自己的经验的种种条件一定有一种验前的知识。他的论证之所以使人觉得有趣,是因为它有助于说明下述不断被重复的学说,它认为知性所确定的东西就是内部感官。

一切在经验知识里的增长,以及凡是感官知觉的增进,不是别的,而只是内部感官的确定的一种扩张,在时间里的一种前进②。不管所知的对象的性格是什么,不管我们所与之有关的是经验性的对象或者是纯粹直观,都是如此的。时间里的这种前进——我们经验的增进——是确定一切的,而除它自身外,不为别物所确定的。它乃至确定它自己在其里面发生的那个时间③。

---

① A210=B255。一般不是看这为一个分开的而独立的证明,而认为是同样的证明之重复"带有一些非本质性的改变"的,就说是意味着这些段落的一种合成的起源的。看康蒲·斯密的《解义》,原文本 p.380,绰然中译本,p.403。我认为了解这些段落之间的关系就减少这种争论的力量的。

② 可是许多注释家却坚持说,就康德来说,知识是无时间的而且甚至是本体性的。

③ 如果我们可以从下一句来判断,这就像是那很模糊的说法的一般意思:"die Teile desselben sind nur in der Zeit, und durch die Synthesis derselben, sie aber nicht vor ihr gegeben"(直译为"同样的各部分只是在时间里,而且通过同样的综合,它们却不走在这综合的前面的")。原德文的最后六个字是特别模糊的,而花亨格尔订正"sie"为"sind"(那就易解些,因为就可中译为"却不是走"——译者),而 Wille 订正"ihr"为"ihnen"(即改综合为指各部分的"它们",也较通些——译者)。要讨论一切这些可能性——其中没有一种是确实的——就会花太多时间了。我要这句话有这种意思,就是虽然经验的各部分是只在时间里而且通过时间的综合被给予出来的,然而时间不是先于(或说独立于)这个综合被给予的;比较一下 A452 注=B480 注。虽然经验的增进乃是在时间里的一种增进,但是时间本身是为经验的增进所确定,而事实上是为这种增进所产生的(看 A143=B182),而这种增进在本质上是一种综合的动作。比较一下在 B155 里关于前后相继这个概念的说法。

因此，康德接着说，在感官知觉里的每一种向时间里跟在后面的某东西的过渡，都是通过这种感官知觉产生的时间的确定；而且，既然时间在任何时候并且在其一切部分里[1]都是一个量，所以一种感官知觉的产生，作为一个内涵量来考虑，就必须从零[2]到所谈的感官知觉的有确定性的等级而通过一切的等级的(而其中没有一个等级是可能最小的)。

康德从这里就得出结论说，就变动的形式来说，是有可能来了解我们是怎样能够关于变动的规律有验前的知识的。这样的知识所做的不过是预测我们自己的领会，其形式条件，作为先于而且独立于所予的出现而存在于我们里面的来说，必须是验前可理解的。

依我看来，康德显然是想让这个论证来补充他原来的论点，而且又使之得到补充。他原来的论点是认为：作为占住不同顷刻的不同状态(或说感官知觉)是必须有一种充实的时间在它们之间的。单就它本身来看，这是难以理解的；而且，如果否定了那原来的论证，那么这个论证就完全没有力量了。

这个学说是和诸预测紧密地联系着的。它像是要说明，不但在一个感觉与零之间有同样感觉的无限多的不同等级——据说它已被证明了——而且我们又一定必然通过这些等级来达到所要的感觉。而且，它是以时间的性质为基础的，而对于诸原理的证明来说，这样一种基础乃是绝对不能缺少的，虽然在诸预测里，时间与等级之间的联系完全是没有足够地弄清楚的。

康德的论证，就我所了解它的来说，是认为已经证明没有时间的任何部分是时间的最小的可能部分，而没有任何等级是最小的可能等级的；或者换句话说，无论我们拿出的两点时间是什么，总是有另一点在这两点之间的，无论我们拿出的两个等级是什么，总是有另一个等级在它们之间的。然后他就主张说，既然任何两个等级都是占住两个不同的时间点的，所以任何居中的时间点就必须为一个居中的等级所占住，如此类推，以至

---

① 这个短语像是要含着这个意思的，就是时间没有任何部分是可能最小的，因为时间的每一部分都是时间的量，而不是时间的一点。

② 照 A208＝B253 来判断，零在这里乃是过渡的起点而可以用 α 来表示，即过渡所从出发的感官知觉。

无穷。时间的连续性就含着变动的连续性的意思。

他认为这个学说是值得接受的,因为具有这些等级的一些状态乃是可能的或者实际上的感官知觉,而且因为时间乃是我们感受性的形式。如果时间是一个自在之物的话,而且如果状态是属于自在之物的话,那么这样的证明就不会是可接受的了①。我认为康德是应当不肯把时间认为当然的,而(坚持着时间的被确定,只是通过在我们感官知觉里利用原是经验的那个综合的这样的进展)他就像是论证说(虽然他所说的是不够明白的),除非时间借以得到充实的感官知觉的前后相继本身是在内涵量上或说等级上的一种不断的变动,时间的这种经验性的确定作为一种不断的外延量是没有可能的。

这个论证和关于因果性的第五种证明相似,这是显然的,虽然在目前的一段里不是关于因果性,而是关于变动的连续性的,而变动的连续性是直接从时间的连续性推论出来的,而因果性的连续性(因果性是认为已经证明的)又是从变动的连续性推论出来的。

这后一种推论是在构成康德的最后一个段落的那个又冗长又复杂的句子里摆出来的。正如时间含有当下存在的东西的一种不断前进到跟在它的后面的东西这种可能性的验前条件那样,知性(由于统觉的统一性)②也同样地含有一切出现(在其时间位置方面)通过因果律而不断被确定的这种可能性的验前条件。只是由于这种可能性,只是由于因因果果的必然连续,我们关于时间关系的经验性知识才是在任何时候都是有效的,因而就是普遍地或说客观地有效的。

在这里我们再次来到了康德的中心论点——客观的前后相继就是本质上的必然前后相继。如果我们所要知道的不单纯是出现在前后相继里为我们所领会,而且这些出现是在一个共通的客观世界里一个跟在一个

① 这会是和康德认为我们不能有关于自在之物的知识这个中心原理相矛盾的。但是可以提出这个反对的意见,说牛顿的时间(且莫说它的不可思议性)会给我们的理由来作出一种类似的证明的,而我就觉得确知康德对这样的一种反对的意见,其答复是什么;比较一下本书第八章第六节。也许在这里他的答复会是说,绝对时间是不能看见的。

② A210-211=B256。注意,我们在这里有了很少的几段之一,在其里面像是诉诸纯粹范畴的。

后面的,那么它们的在一个同质的而不断的时间里的相对位置必须是知性按照因果律所确定的。

我相信,康德的整个论证是依据这种假定的,就是绝对时间是不能被看见的,而且在物理世界里的一切事件只是一种实在的(可能的或现实的)出现,而这种实在,在其自身来说,是我们毫无理由来看作或者是变动着的或者是不变的或者是有任何一种的时间属性的。这个从时间出发的特别的证明(即证明Ⅴ)与其他的一些证明之间的区别不是像一般认为的那样大的。在他的一切论证里,康德都是主张,除非前后相继是必然的,我们就不能经验到在一个同质的而且连续的时间里变动的世界,并且不是关于这样一个世界的经验的经验就完全不能称为人类的经验。不管在他的阐述里种种模糊之处是什么,而且无论在他的进程里各个不同的步骤,其有效性,而且甚至在某些情况下其意义,是如何有问题,可是我不得不认为他至少是让人注意到一个问题,甚至其存在都是太过一般为人所忽视的,而他所提出的解答仍然还没有为任何其他解答所替代。

第四十七章　第三种类比

1.相互作用的原理

第三种类比所表述的原理，在第一版里，被称为“交互性①的原理”。在第二版里，它就更精密地被叙述为“按照相互作用②或说交互性的规律的同时并存的原理”。

这原理的两种公式可表述如下：

Ⅰ.第一版——一切实体，就其是同时并存的来说，都是处在彻底交互性(或说相互作用)之中的③。

Ⅱ.第二版——一切实体，在其能被知觉为在空间中同时并存的限度内，都是处在彻底相互作用之中的④。

这第二个公式有两种优点胜于第一个公式。由于涉及知觉，它就表现出这原理的批判性格；而由于涉及空间，它就使康德认为他谈到它们的相互作用的那些实体乃是有空间性的实体。

所谓“交互性”或“相互作用”，康德是指一些实体在其种种偶性方面的交互的或相互的因果性说的。这是为康德明白地在第一版和第二版里

---

① “交互性”是德文的“Gemeinschaft”之译。拉丁文的翻译是“communio”或“commercium”。康德是谈到一种实在的或说力学的交互性(即commercium)。看A213＝B260和A214＝B261。

② “相互作用”是德文的“Wechselwirkung”之译。拉丁文的翻译是“actio mutua”。看《自然科学的形而上学初步》第二章(Ⅳ545)。“相互作用”和“交互性”在这里是同义词，但更方便的是用“交互性”来指其纯粹范畴，用“相互作用”来指图型化的范畴；比较一下本书第三十三章第四节。

③ A211，可能认为“相互的交互作用”是多余的反复语，但是康德的话是“Wechselwirkung untereinander”(应中译为“彼此间的交互作用”，但我们的中译只是“相互作用”——译者)。

④ 见B256。

同样说出来的①。关系的第三个范畴(像其他各项的第三个范畴一样)是从头两个范畴的结合而发生的;但它却不是一个派生的概念②。即令我们能说明实体与因果性是经验的必需条件,但也不能由此就说,诸实体是互相"影响"的。例如莱布尼茨主张:它们是不能相互影响的。

康德关于相互作用所举出的经验上的例证就是这个事实,即在一个物体里,不同的各部分(这些当然是实体)是彼此互相吸引或抗拒的;而他的意思的突出例子就是引力定律。康德又明白说,力学的第三定律——在运动的一切传达中,作用与反作用总是相等的——就是相互作用这个范畴对物质的一种应用③。这些例证都适用于证实这个见解,就是,就康

---

① 看 B111,B112,A144=B183,A221=B269,A244=B302,以及到处都是。这甚至是包含在 A80=B106 里对于这个范畴所作出的描述里面。在那里交互性是等同于作用者与被作用者之间的相互作用的。比较一下康德 1784 年致叔尔茨(Schulz)的信(Ⅹ344),为康蒲·斯密在他的《解义》里,原文本 p. 199 上,绰然中译本,p. 232 上翻译出来的。康蒲·斯密(见《解义》,原文本,p. 387 起,绰然中译本,p. 410 起)否认交互性这个范畴是能归结为"因果性的双重应用"的。就这种否认是反对叔本华的误解来说,它是合法的,但是康蒲·斯密好像不肯接受认为交互性是要等同于各实体的相互的或说交互的因果性这种见解;因为他的话语像是含有这个意思,就是说,"原因"与"因果性"这两个名词应该是排出于关于这个范畴的叙述以外的,他并没有提出关于这个学说的任何证据是从康德那里来的,只有这个事实,就是在第二版里"康德仔细用根据与后果这两个词来替代原因与因果性这两个词"。

对此可以这样答复:(1)康德在第二版里明白地描写交互性为相互因果性(B111-112);(2)如伊温所曾指出,在所谓是康德的最早的一些证明里(A214=B261),"根据"与"影响"这两个名词是已经用过的;而(3)康德总是把一个原因看作一个实在的(而不是逻辑的)根据,而"影响"(拉丁文的"influxus")乃是用作及物的因果性动作的一个专门名词,而这种动作就是一个实体对它外边的另一个实体的动作,比较一下 B111,又鲍姆嘉顿(Baumgarten)的《形而上学》一书第二百一十一节(全集ⅩⅧ71):influxus (actio transiens) est actio substantiae in substantiam extrase: Actio, quae non est influens, est immanens(影响,即及物的动作,乃是实体的动作对在它以外的实体的动作。不是影响的动作乃是内在的)。可能有种种的根据兼主张,康德把各实体的相互作用看作等值于它们的交互因果性,这是错误的,但我不能看到任何根据来否认这是他的学说;我也不能了解康蒲·斯密关于这个范畴的另一种说明是什么。

② 见 B111。

③ 《自然科学的形而上学初步》,第二章(Ⅳ544-545 和 551)。所用的词是德文的"Wirkung"与"Gegenwirkung",而康德把这后者等同于拉丁文的"reactio"(像鲍姆嘉顿在其《形而上学》第 213 节里也是的那样)。康德在他的《形而上学》,p. 61 上,把"Rückwirkung"(反作用)作为"reactio"讲,从"Gegenwirkung"(反对作用)区别开来,而反对作用乃是拉丁文的所谓"resistentia"或"reacfio resistens";但是这像是一种细微的区别,在目前的情况下是不适用的。

康德特别兴趣于运动;而对他来说,吸力与抗力同是动力。他在这关系上不讨论第二性的质的地位,如我认为他应该讨论的那样,但是这些质都是运动所引起的。

德来说，交互性或说相互作用就是他断言它所是的东西——一些实体的交互因果性。

皮里卡教授举出康德的意思的另一个鲜明的例证。“设有两个物体，A，即一块冰，和B，即一把火，是相近的，可是其距离是这样的，即它们能前后相继地被观察到。设使A在一定的时间里经过温度的一些变动$a_1a_2a_3$……而这些变动终止在状态$\alpha_1\alpha_2\alpha_3$……上面，并且在同样的一些时间里，B经过温度的一些变动$b_1b_2b_3$……而这些变动终止在状态$\beta_1\beta_2\beta_3$……上面。又设使，如我们必须设使的那样，A与B相互作用，就是A在经过它的种种变动之中，限制着①B所经过的种种变动，因而又限制着B所以终止的那些状态，并且颠倒过来亦复如是，所以a_2与α_2就会不是单独a_1与α_1的结局，而是a_1与α_1和b_1与β_1一起的结局。那时，我们就能说A与B是在影响的关系上，而又在相互作用或说交互影响的关系上，意思是说，它们相互地(不是交替地)确定彼此的状态②。

依我看来，康德所想要成立的学说，其一般的性格是足够清楚的。而且，如果他能够证明现象性的实在必须是由在相互作用中的一些实体所组成的，而不能是由其状态完全独立于一切其他的实体以及其他一切与之相类似的因果性的前后相继的而按照因果律彼此前后相继的一些实体所组成的——那么很显然，他的学说是重要的，而且大大地增加了他前此一直曾声明要证明的东西③。问题就在于他能否证明这一点。

2. 同时并存的意义

相互作用乃是我们关于客观同时并存的知识的条件——这样就是康

① 我会宁可说“引起”或“影响”，但是我认为皮里卡说的“限制”，不是要否认A的因果性，而是要含着这个意思，就是A不是唯一的原因。

② 引文见皮里卡的《康德的认识论》一书，p. 303。应该要详细研究这个例证，但是在这里全文引出就太冗长了。我只想从同段加引这点：“(4)如果我们交替地看见A和B，而这样就只各个地在这些状态之中即a_1a_3……$\beta_2\beta_4$……看见它们，我们就只能填满其空白处，就是分别找出和$\beta_2\beta_4$……与a_1a_3并存的a_2a_4……$\beta_1\beta_3$的状态，如果我们是预先假定了相互作用的思想的话。”

③ 比较一下林赛(Lindsay)的《康德》一书，pp. 128-129。如他所说，离开了相互作用的原理，我们就将贬低到“关于因果作用的一种不均匀的见解”了——世界就可能是“一大些完全独立的因果作用链条所构成的了”。

德必须证明的主题。但是他所作出的这样一些同时并存的定义又引起了一些困难。在第一版里，康德的定义如下："就一些东西是存在于同样一个时间里的来说，它们就是同时并存的。"[1]在这个定义里——既然一切东西存在于同样一个时间——康德的所谓"时间"，要么是指一片刻的时间说的，要么是指一部分的时间说的[2]。这后一种意思好像是他主要关心的意思；而且"同时性"这个词也许是专门用来表示同样一个片刻里的存在的。

在这个定义里，还有关于"东西"这词的意义的困难。像地球或月球这样的"东西"（在第二版里所举的例子）是有生有灭的；而这样，这种东西就可看作只是永恒实体的一种暂时的确定（或者作为只就其是在某一定的时期内在特别一种方式上被确定而言的一个实体）[3]。在那种情况之下，我们就能谈到一些东西是同时并存的，正如我们能够谈到实体的一些状态或一些确定或一些偶性是同时并存的那样。然而康德像是把东西与实体同一起来了；因为他接着谈到一些实体的同时并存，好像是同一于东西的同时并存似的[4]。但是，既然一切实体都是永恒的，由此就可立刻推出一切实体都总是在每一顷刻的时间里，在每一部分的时间里，而又在时间的作为整个看的里面，同时并存的。当我们知道任何实体是存在的时，我们就知道它是和一切其他的实体同时并存的，如果事实上把时间的一些述项归之于实体是适当的话[5]。

在"存在"这词的专门用法里大概能够找到解决这个困难的出路。我们谈到偶性的存在是"依存"的，而谈到实体的存在是"潜在"的；但是这种区别是易滋误会的，因为我们易于想象到实体在一种方式上存在，而偶性在另一种方式上存在[6]。如果我不肯作出这个分别，并且如果我们说偶然就是实体存在的方法，那么康德的所谓实体的同时并存，意思就可能是

---

① A211＝B258

② 我猜想，同时就是在同样一片刻的时间里存在，而同时并存是或者在同样一片刻里或者在整个同样部分的时间里（或整段时间里）存在。同时并存的意义比同时广些。

③ 这样的实体是一些部分所构成的，而这些部分本身也是实体。

④ B258。

⑤ 皮里卡（在他的《康德的认识论》，p. 306）否认我们能正当这样做。

⑥ A186-187＝B230。

指关于某些偶性的同时并存说的。我想这就是我们必须理解是他所指的东西。

在第二版里,康德把同时并存定义为杂多在同样时间的存在①。涉及杂多就像含有同时并存的乃是实体的各种偶性这个意思②,而这样也许就可认为是支持我们的解释的。无论如何,我看不到任何还有意义的其他解释。

3.第二版中的证明

我们可以首先考虑在第二版里增加的证明③。这个证明清楚地是要和在第二版增加的关于因果性的证明(即证明Ⅰ)④平行的。

Ⅰ.康德是从这个断言出发的:当一个东西的感官知觉能交互地跟在其他一个东西的感官知觉的后面时,这些东西便是同时并存的。他的所谓"交互地"的意思是说,我们随意或者先看见A,然后看见B,或者先看见B,然后看见A。我们能先看见月球,然后看见地球,或者掉转过来(正如我们能先看见房屋的屋顶,然后看见其屋底,或者掉转过去那样⑤)。而且是因为我们对于这些对象的感官知觉能这样交互地一个跟在另一个的后面的,我们才说它们是同时并存的。

在这种断言里,康德考虑的似乎是"东西",其各种状态被认为是不变的;或者至少他未关注这种可能性,就是所说的东西可能一直在改变其各种状态。他已在第二种类比里指出,凡是有一种客观的前后相继的地方(像在船驶往下游的情况里那样),这种交互的前后相继是不能发生的。我们能先看见船在上游,然后看见它在下游,但是我们不能先看见它在下游,然后才看见它在上游⑥。

① B257。

② 构成一个"东西"的生命或历史的一个实体的(或译一系列实体)的这样一系列的偶性也可认为是和同类的另一个系列同时并存的,地球与月球是在这种意义上同时并存的。

③ B256-258。

④ B233-234。比较一下本书第四十三章第三节。

⑤ A190=B253和A192=B237-238。在皮里卡的例子里,我们能先看见冰,然后看见火,或掉转过来。一种交互的前后相继又能描述为(也许更清楚地)是可掉转的前后相继。

⑥ A192=B237。

这样一种学说像是十分平淡而又明显的，但是在一点上，可能有某些模糊之处。康德是否主张说，当东西是同时并存时，感官知觉的一种交互前后相继必须是可能的呢？或者他所主张的乃是，当感官知觉的一种交互前后相继实是发生时，那么那些东西就必须是同时并存的？

在这里，我也许把很小的一个细节太过夸大了，但是应当注意，在谈到客观的前后相继之中（这应该是一个恰好的平行），其推论是从这客观的前后相继到感官知觉中的交互前后相继（或说倒置性）的不可能性，而不是相反[①]。而且在紧接在后面的那段里，“从一些东西被断定为在同一时间里这个事实”，我们就得出结论说[②]，“对于它们的知觉是能交互地一个跟在另一个之后的”。在这里，推论是从客观的同时并存到感官知觉的交互前后相继（或说可倒置性），而不是反过来的过程。

我们显然有权从对象的同时并存论证到我们关于这些对象的感官知觉的可颠倒性。如果我们想要在相反的方向来论证，我们之能这样做，只是在某些一定的假定下的；因为除非我们假定这些感官知觉对我们显示（或说同一于）是永恒实体的实在对象的状态，我们就没有权利来把我们的感官知觉描写为可倒置的（或不可倒置的）[③]。没有这种假定，我们只能说，我们的感官知觉来到我们这里是在它们实是来到的次序上的：毫无理由说，这个次序是可以颠倒过来的，而更无理由说，它是必须可颠倒过来的。第三种类比的论证（像第二种类比的论证一样）显然是依据第一种类比作为它的预先假定的[④]。一经我们假定我们的感官知觉是关于对象（或说实体）的感官知觉，那么如康德所断言的，我们就有权来说，因为关于这些对象的感官知觉是能交互地一个跟着一个的，所以这些对象就是同时并存的。我们能用试验来找出我们感官知觉的可颠倒性——但是只在这种假定上，就是我们感官知觉的对象是永恒的实体。

---

① B234。又比较一下 A192＝B237，在那里的推论是在相同的方向的。

② B257 的“abzunehmen”兹译为“得出结论说”。康德说我们没有关于绝对时间的知觉，从而断定这点的，但是他含有我们利用知性的一种纯粹概念就能断定的这个意思。

③ 比较一下本书第四十五章第四节。

④ 比较一下 B232-233。

如果我们不能看到这一点，我们就可能错误地以为：康德是想要指定我们由之而从对于一种单纯主观的前后相继的知觉过渡到关于客观的同时并存的标准。这样从单纯主观的过渡到客观的这一种过程并未发生，而且又不能发生：在这一点上，我和皮里卡教授的看法是一致的。可是我不相信康德企图描写的是这样一种过程；而且如果他有这种企图的话，那么他显然是没有成功的。

康德在这里，像他总是的那样，是把经验认为当然的，而所企图作出的分析，不是关于经验的成长，而是关于经验的必须预先假定。在这里，他认为是事实的，就是他在第一种类比里自以为已曾证明了的东西，即我们所经验的实在的对象是永恒实体；而这就意味着（即我们全都凭常识而接受的）我们能够经验到同时并存的对象①。如果我们假定我们是经验到同时并存的对象，那时（而且仅仅在那时）我们才能说我们关于这些对象的感官知觉必须是可颠倒的。而且我们又能说，如果我们用试验找出我们的感官知觉是可颠倒的（假定我们看见了实在的对象），那么这些对象就必须是同时并存的。因此我们感官知觉的可倒置性就是一种标准，我们正是通过它把客观的同时并存与客观的前后相继区别开来。它不是而且不能是一个标志，我们凭着它就有权来越出一种单纯主观的前后相继的范围而肯定一种客观的同时并存。

还有另一点是要注意的。甚至在我们看见一种客观的前后相继的情况下，想像力还是有可能来把一些感官知觉放在一个不同于它们被“捡起”的次序上的②。因此，靠着想像力与感官知觉的一种结合，我们能够，虽然无疑是困难的，作出如康德所描写的那样的出现的一种交互的前后相继③。这种可能性邻近于空想的东西，而康德并不讨论它；但是它是值得提到的，因为它暗示着，在通常的情况下，我们没有任何困难，靠简单的检查，就能把对感官知觉的一种出现与对单纯想像力的一种出现区别

① 这并不是说，我们能在同一个时间的片刻里看见两个同时并存的对象，而是说，当我们先看见月球，然后看见地球，或把这过程颠倒过来时，我们就假定我们是经验到两个同时并存的对象。

② B233。比较一下 A201＝B246。

③ 我们不能看见船是在下游，然后想象着它在上游，而看见它又在下游，然后想象它是在上游，如此等等。这并不使我们有正当理由来假定这船同时是占有一切这些位置的。

开来①。

Ⅱ. 我们不能看见时间本身，以至于(从一些东西是安放在或说断定在同样的时间里这个事实)就断定关于它们的知觉是能交互地一个跟在一个之后的。

我们不能看见时间本身(或说绝对的或空无一物的时间)这个说法乃是通常的学说，而该学说处在一切类比的根基之上。可是应该注意到，我们不能借助对绝对时间的知觉而作出的结论，仍然就是我们所作出的结论，而且是康德的论证所依据的结论。

不清楚的是，关于绝对时间的知觉，如果那是可能的话，怎么可能帮助我们达到这种特殊的结论，既然没有这样的知觉，我们就必须利用交互作用这个概念来作出这种结论。即令 A 与 B 的出现是对我们被给予出来，好像是带上它们在绝对时间里发生的顷刻的烙印的，而我们还是在我们的面前只会有 $\alpha_1\beta_2\alpha_3\beta_4\alpha_5\beta_6$……这个系列(或者无论这系列是什么)，而且我们在我们面前不会有我们实在需要的东西，即 $\alpha_1\beta_1\alpha_2\beta_2\alpha_3\beta_3$……这个系列。也许康德的意思是说，如果我们能够看见 $\alpha_1\alpha_3\alpha_5$……这个系列在对于绝对时间的关系上，我们就能按照连续性的定律来填满这些空白；而在 $\beta_2\beta_4\beta_6$……这个系列的情况下也是一样的②。

Ⅲ. 既然我们不能看见空无一物的时间，所以领会的综合，单拿它来说，只能使我们说，在没有任何感官知觉 b 时，在主体里有一个感官知觉 a，而反之亦然③。靠单纯的领会，我们不能说对象 A 与 B 是同时并存

① 这个可能性是康蒲·斯密教授所提到的(见《解义》一书，原文版，p. 386，绰然中译本，p. 409)。他在同页上所作出的另一提议就不是那么恰当的。他断言我们可能有“一种可颠倒的不断的系列”是不使我们有正当理由来推论到同时并存的。他所举的例子就是弹一系列的音，然后倒转来弹这个系列。可是这并不是一个可颠倒的系列，而是一个倒转过来的系列，这是很不相同的东西。一个可颠倒的系列是一个系列，在任何时候我们都能在任何次序上把它捡起来或者看见它，而所说的系列只在一个次序上把它捡起来，即弹它的那个次序(无论是倒过来弹它或顺着弹它都是没有关系的)。尽可以同样地反对说，一艘船能掉转它的机器而向上游行驶。

② 毋须更详细地来讨论康德的意思，因为这整个假定是提出来使之被否定的。

③ B257。依我的意见，而且我相信依康德的意见，(在抽去了思想的感官知觉的基础上)我们甚至不能说这系列是可颠倒的。我们只能说，它发生在它实是发生的次序上，而且甚至这也需要思想的某种成分的。

的,也不能说,它们必须同时并存,使得那些感官知觉可以能够交互地一个跟在一个之后①。

这种说法,依我看来,显然是真的。单纯领会而没有思想的成分,不能给我们对象,更不能给我们同时并存的对象:它至多给我们以单纯的观念②。

可是还有一点,康德像是含有这个意思——而他的确是对的——就是凡我们认为是感官知觉的一个可颠倒的系列的地方,我们就假定,不但我们是看见同时并存的对象,而且,如果我们的一系列的感官知觉是要成为可颠倒的,这些对象就必须是同时并存的。我们不能从单纯的领会得出这样的一种假定来;但是这乃是我们全都作出的一个假定。而且它是一个必然性的假定;而且我认为在这里,像一直总是的那样,康德是努力于发现包含在客观性里的必然性这个成分。事实上,他是想要确定包含在我们关于客观同时并存的经验里的必然性这个成分;而单独是这个必然性成分的存在才使他有权来断言知性的一个纯粹概念的存在③。

如果这是正确的,这个论证就是和第二种类比的论证平行的。在第二种类比里,要发现在客观里包含着的或预先假定的必然性这个成分是容易的;因为如果我们看见的前后相继是客观的,那么我们感官知觉的前后相继就必须是必然的。在这里,就不是那么容易了;但是,如康德所含的意思那样④,当我们认为我们是有了关于同时并存的对象时,我们就假定这些对象必是同时并存,为要我们的感官知觉的前后相继可以是有其可能的。我理解这个意思只是说,我们假定我们感官知觉的交互的

① 在这里,这正是又一次我们能够说,而且必须说的,如果我们是预先假定在感官知觉里有对象的状态对我们给予出来的话。可是这乃是一种思想的预先假定,单是对它才能归之以一般对象的这个概念的。

② 当我们把所予的观念作为一个对象的出现时,我们就是在使用实体与偶性这个范畴,而这个范畴是不能在单纯的领会里被给予出来的。

③ 这像是为这个事实所证明,就是康德在他下面一句里开头就说,结果就是要有知性的一个纯粹概念;但是他复杂了这点,如他每每是的那样,因为他另加上一个理由说明何以要有这样的一个纯粹概念,以便能说感官的知觉的交互前后相继是在对象里有其根据的。

④ 我认为这是不言而喻;因为领会的不能说明对象必是同时并存(使得我们感官知觉的交互前后相继可以是可能的),就像是他的正当理由来肯定在经验里有交互作用这个范畴。

前后相继是必然在对象的同时并存里有其根据,或说为这种同时并存所含有的①。

这样一种假定不能以单纯感官知觉为基础(感官知觉永远不能给我们以必然性);它也不能以关于绝对时间的一种知觉为基础(因为我们不能有任何这样的知觉)。

Ⅳ. 康德进而断言:我们结果就需要知性的一定的概念,使得能够说感官知觉的交互前后相继是在对象里有其根据的②,而且这样就知道那同时并存是客观的③。

让我们暂且不去问这个概念的性质,而只考虑需要这个概念的意义。这个意义似乎只是已经所说过的东西的一种变化:我们必须证明我们的下述假定(这样的假定是不能得自单纯的领会的),即如果我们关于对象的感官知觉的交互前后相继是要有其可能,这些对象就必须必然是同时并存的。我们现在是从我们感官知觉的交互前后相继这个方面来考虑这个问题;而且我们是断言,凡是我们感官知觉的次序是认为可颠倒的地方,我们就说,或者假定这种可颠倒性必须在所看见的对象的同时并存里有其根据。依我看来,这是真的;按照康德来说,它只是由于知性的一定

---

① 康德的意思在论证的这个阶段上不能是说对象本身必然同时并存,或者说对象(或它们的一些状态)的同时并存是一条必然规律所确定的。我这样解释康德所说的,因为这像是下一句所含的意思,而同时又因为,如果解释为断言多过这点,那么他所说的,在常识水平上来理解,就会明显是不真的了。如果我们把对象想作自在之物,这是十分清楚的。首先按着那种假设来考虑客观前后相继的情况。我们能说,如果我们是看见一些事件,或者如果我们感官知觉的前后相继是必然的,那么就必须在对象里有前后相继;但是从这点就推论说,我们知道在对象里实际上的前后相继是一种必然的前后相继,就是说,因果律所确定的前后相继,这就会是可笑的。必然的不过就是在对象里的一种事实上的前后相继,而并不是别的。与此相仿(按同样的假设)我们能说,如果在我们的感官知觉里能够有一种交互的前后相继,那么在对象里就必须有同时并存;但是在这样的一些根据上就自以为我们知道这种同时并存是在它为一条必然的规律所确定的这种意义上是必然的,这是无聊的。

② 我们会指望他说"对象"(或者"对象的同时并存"),除非他是单纯指"在客观上有根据的"说的。比较一下 A214=B261,在那里一种主观的前后相继说是依据一种客观的根据。而这种根据又是等同于"和出现的作为实体有关系的"。

③ 中译的"而这样就知道那同时并存是客观的"是英文的"and in this way to know the coexistence is objective",亦即德文的"und das Zugleichsein dadurch als objektiv vorzustellen"之译。

的概念,才能有其正当的理由[①]。

Ⅴ.我们现在就来到康德论证的关键了。如果我们是要使我们全都作出的那种常识的假定有其正当的理由,我们就需要有知性的一个纯粹概念,就是关于在空间里那些相互外在而同时并存的东西的一些确定的交互前后相继的一个概念[②]。

我们将注意到,我们从前所关心的乃是感官知觉的一种交互的前后相继,而康德现在谈到的前后相继却是东西本身的"确定"或说"状态"的一种交互的前后相继[③]。按皮里卡教授的见解,这种从感官知觉到一个东西的状态的转移乃是一种单纯的混乱。我却与此相反,认为这是一种故意的同一,而且认为(无论这同一是可能的与否),按批判的原理来说,存在于感官知觉的东西就是对象的状态。如果我们认真来理解批判哲学,而且把我们一切的自然偏见都放在一边,我们就必须认识到,对批判哲学来说,感官知觉并不是处在我们与对象之间的某东西[④],而是直接呈现于我们心灵的对象的一种状态。如康德到处所坚持的那样,对象乃是由在一种必然的综合统一体里结合起来的这种可能的或实际上的感官知觉所构成的[⑤]。

---

① 在第二种类比里,康德主张如果看见的有一种客观的前后相继,我们感官知觉的主观的前后相继就必须是不可颠倒的;而且如果我们感官知觉的主观的前后相继是不可颠倒的,就必须有看得见的一种客观的前后相继。在第三种类比里,他主张,如果看见的对象是同时并存的,其主观的前后相继就必须是可颠倒的;而且如果主观的前后相继是可颠倒的,那么所看见的对象就必定是同时并存的。这些说法无一是有任何意义的,除了在这种假定上。就是我们看见的东西乃是一个对象或说永恒的实体;但是,如果我们接受这个假定,连同一个永恒实体不是一个自在之物这个见解,我们在第二种类比里就需要有因果性这个范畴来使我们的一些假定有其正当的理由,而在第三种类比里就需要有相互作用这个范畴来使我们的一些假定有其正当的理由。我认为康德的见解扼要的就是这样。

② B257。我加上了"在空间里",这像是含蕴着的。在稍后的几行里,康德自己把空间带进来。不能不常常重复到,需要有一个纯粹概念,其原因是因为我们不能通过单纯的领会或者靠对于绝对时间的一种知觉来知道客观的同时并存。

③ 也许是有可能,康德认为这种转移是已经在上面的Ⅳ里作出或含蕴着的,但是我不认为是这样的。

④ 就是说,它并不是所谓介乎中间的东西(德文的"Zwischending")。

⑤ 这种必然的综合统一体含蕴着(在其他东西之中)感官知觉是被看作一个永恒实体的状态的。

这个论证的方法相同于第二种类比的方法，虽然没有那么清楚地表达出来。康德首先断言：有一种必定支配着我们感官知觉的一种必然性，如果我们的知识是要成为客观上有效的话；然后他又提醒我们，既然我们的感官知觉是同一于对象的状态的，如果我们的知识是要成为客观有效的，那必然性就必须支配这些状态。我在这里毋须重述我从前所曾作出的那些评论[①]。可是我要再次坚持说，这一切都毫无意义，除非我们按照第一种类比，预先假定在真正的知觉里，我们是直接觉知到空间里的永恒实体的状态。康德在第二种和第三种类比里的问题乃是要确定我们关于在永恒实体的状态里的前后相继以及同时并存的经验能够成为有效而必须履行的各种条件，同时始终假定这样的永恒实体并不是自在之物。

在相互作用的情况下，当我们再不把出现看作感官知觉，反而把它们看作对象的状态时，要说出所包含着的必然性的性质来，是更困难的[②]。我们所曾看到的乃是，我们在关于客观的同时并存的经验里，我们是假定我们感官知觉的交互前后相继是以同时并存的对象作为其根据的，而且只有这样，我们对于这样的对象才能有知识的。我们现在得到提醒说，感官知觉（无论是实际上的或是可能的）本身就是永恒实体的状态，而且结果就是，如果我们的常识假定是有其正当理由的，这些状态的交互前后相继就必须以同时并存的对象为其根据的了。

那么就发生这个问题：我们怎样来解释“交互前后相继”这个短语呢？我不认为康德用这个短语的意思只是说实际上看见的前后相继。当我们说能够有感官知觉的一种交互的前后相继时，我们的意思是说，既有$a_1b_2a_3b_4$……这个前后相继的一种可能性，而且同时也有$b_1a_2b_3a_4$这个前后相继的可能性[③]。我们能有这两种感官知觉的前后相继之一，虽然不能同时有两种。如果我们现在记得，按批判的原理来说，实际上的感官知觉和可能的感官知觉同是要看作永恒对象（或说实体）的状态，那么我们

① 看本书第四十三章第五节和第四十五章第二节。

② 上面引用的康德自己所说的是太模糊不清了，而是必须按照后面所说的来予以补充的。

③ 我们是有可能随意把一些a和一些b在任何次序上来看的，例如$a_1b_2b_3a_4$……，但是我们可以不去管这点。在这个表示法里，a_1与b_1是假定为同时的。

就能说,既有看见 $\alpha_1\beta_2\alpha_3\beta_4$……①这个系列的状态的可能性,而且又有看见$\beta_1\alpha_2\beta_3\alpha_4$……这个系列的状态的可能性。我们能够看见任何一种系列,但不能一起看见两种。

我认为,当康德断言感官知觉的交互前后相继是在同时并存的对象里有其根据时,他在心目中的乃是感官知觉的这两种可能的前后相继。与此相类似地,当他谈到空间里的彼此外在而同时并存的东西的状态的交互前后相继时,他在心目中必有 $\alpha_1\beta_2\alpha_3\beta_4$……和 $\beta_1\alpha_2\beta_3\alpha_4$……这两个系列。这两个系列都必须同在东西 A 与 B 里有其根据。

推论出如康德好像是推论的那样,说 $\alpha_1\beta_1\alpha_2\beta_2\alpha_3\beta_3\alpha_4\beta_4$……这一整个系列必须是在东西 A 与 B 里有其根据的,这是十分合情合理的。在其说这整个系列乃是 A 与 B 一起所确定的;而且说 $\alpha_1\alpha_2\alpha_3\alpha_4$……这个系列不是分别地为 A 所确定,$\beta_1\beta_2\beta_3\beta_4$……这个系列也不是分别地为 B 所确定,这种推论之中就有更多的困难了②。我假定它是从这个事实推论出来的,这事实是感官知觉的交互前后相继(而状态的交互前后相继也是这样)必定在同时并存的对象里(或说在对象的同时并存里)有其根据。

我自认为我想要看到这个推论的更充分的辩护。显然,如果对象是自在之物的话,(按一种常识的见解)就会从我们感官知觉的同时并存而自然地推论出它们的次序必须是可颠倒的;但是却不能得出这两个同时并存的对象的一些状态都必须为这两个对象一起所确定。康德的推论,如果是合法的,就是依靠对象不是自在之物这个学说的。

不管我们怎样看待这个推论,康德显然是主张,同时并存的对象必定相互确定彼此的状态,而且主张,除非是预先假定这一层,我们就不能知道我们感官知觉的次序必定是可颠倒的,而且我们不能知道那些对象是同时并存的。所说的学说乃是我们对于客观同时并存的经验的一种必要的预先假定,其条件就是我们要接受这个见解,就是一切对象都是在必然

---

① 我们必须记住,可能的和实际上的感官知觉同是要看作对象的状态的。我认为状态 $\alpha_1\alpha_2\alpha_3\alpha_4$ 是有质 α 的同样等级或不同的等级,状态 $\beta_1\beta_2\beta_3\beta_4$ 是有质 β 的同样等级或不同的等级,这都是无关重要的事情。在同等级时,对象就连续在同样的状态之中——如地球与月球的情况就是。在其等级是不同的地方,对象的状态就有所变动——火与冰的情况就是。

② 这点的确切意义必须在后面来考虑;看本书第四十八章第四节。

的综合统一性里结合起来的可能的与实际上的感官知觉(或说观念)。如果我们认为对象是自在之物,我们就永远不能从它们的同时并存而推论出它们一定相互起作用。

康德的论证就是这样。它的困难是明显的,但是在我们摈弃它之先,我们必须确知我们不是以一种不自觉的先验实在论为基础而摈弃它。康德有权要求在他自己的一些预先假定的基础上来估定他的论证的价值。

Ⅵ. 这个论证的其余部分是没有困难的。康德所断言是必需的概念乃是实体之间的关系的一个概念,而在这个关系里,一个实体[①]含有一些确定或说状态,其根据是包含在其他一个实体里的。这种关系乃是“影响”的关系,或说一个实体对另一个实体的因果性作用的关系。当这种影响的关系是相互的或交互的时[②],如康德曾论证它所是的那样,这个关系的概念就是交互性或相互作用的概念。

Ⅶ. 所以相互作用这个概念乃是我们关于客观同时并存的经验的一种必需的条件。

Ⅷ. 所以就其是同时并存的而言,它就是经验的一切对象的一种必需的条件。

---

① 对象在第一种类比的基础上是假定为一个实体的,如我们曾看到,这是始终假定的。

② B258。这点在其里面说出的那句话看来是有错简的,但是一般的意思是清楚的。

第四十八章　第三种类比(续)

1.第一版中的证明

康德在第一版里的论证[①],其组织是不够严密的。十分奇怪的是,空间比在第二版的论证中起着更突出的作用。如我们所曾看到的[②]在两版刊出的中间阶段,康德认识到空间对于实体的证明是非常重要的;但是显然在新版行将刊出时,他决定他必须让他的问题主要依据时间的性格。

Ⅰ.康德问,人们识别事物的同时并存所依据[③]的标准或标志是什么?他的答复就是"靠这样的事实,即领会的综合中的次序是可颠倒的,或者(如他在这里所说)是不重要的"。如果A、B、C、D与E是同时并存的,我们就能在任何一种次序上看见它们[④],而它们如果是前后相继地发生,我们就只能在它们发生的次序上看见它们[⑤]。

在这里,A、B、C、D与E虽然可以是"东西",但不能是实体,因为实体不能有生有灭。

Ⅱ.在这个阶段上,康德采取在第二种类比的所谓间接证明(即证明Ⅲ)里所用的方法——他假定他所想要证明的结论是假的。他所作出的假定乃是:一些实体同时并存而不相互起作用,而且他断言在那种情况下,它们的同时并存就是不能被看见的。他仍然把这些实体看作有空间性的实体,而他提出(但没有提供任何理由),如果这些实体不相互起作用

① A211=B258起(三段)。

② 看本书第四十二章第三节。

③ "所依据"乃是德文的"Woran"(何从)不是"wie"(如何),比较一下寻常的德语习惯语"Woran erkennen Sie ihn?"(您何所据而识别他?)

④ 如果我们能在任何一种次序上看见A、B、C、D与E,它们就必是同时并存的,这也是真的。

⑤ 注意,在这种情况下,推论乃是从前后相继是客观的这个事实到领会的次序里的必然性,而不是相反的,又应注意,属于过去时间的东西不能在"领会"的专门意义上被"领会"。

的话，它们就会为完全空洞的空间所分开[①]。如果它们是这样被分开的话，那么——大概按我们关于它们的一些领会活动必须总是前后相继的这个假定——我们固然能认识到所看见的一些出现是在我们看见它们的时候存在着，但是不能决定这些出现[②]（考虑为对象的出现）其本身是前后相继的还是同时并存的[③]。

康德没有说明，何以按这样一个假设来说，我们不能把客观的同时并存与客观的前后相继区别开来；他又没有说明这一点通常在经验（或当时的科学）的基础上是否是明显的，或者说在批判的一些预先假定上是否是明显的。然而他的结论，无论如何，像是直接从我们现在所熟悉的关于领会的一般性的说明得出来的。

Ⅲ. 然而既然我们实是把客观的同时并存与客观的前后相继区别开来[④]，所以在经验里必定有多于单纯的领会的东西，而领会（虽然没有指出所领会的东西的存在）不能靠其自己就作出这种区别来[⑤]。在A与B的仅仅存在之上（这是我们通过领会而知道的[⑥]），必定还有某东西，通过它，A就确定B在时间里的位置，而且B也交互地确定A在时间里的位置[⑦]。只

① 也许他是假定它们是在空间里分开的（因为如果它们是在空间里结合的，它们就会是一个实体了）。如果这样分开的实体是相互作用的，那么显然其中介的空间就是充实的——我们会想知道是用什么来充实它的（比较一下下面第二节）。如果它们不相互作用，其中介的空间就是空的了。

② 这里康德像是想到构成一个东西或说一个对象这样的实体的一系列的状态，这样一个系列是质上不同的或质上相同的状态所构成，这像是与题无关。

③ 康德的结论会从这个事实得出来，就是我们不能看见绝对时间而且领会的综合靠它自己（作为总是前后相继的来说）不能给我们以或者客观的前后相继或者客观的同时并存。而且，没有可能来知道我们感官知觉的前后相继是可颠倒的（或不可颠倒的），除非我们认为这些感官知觉乃是永恒实体的状态；而永恒实体的充实空间是靠它们的物质（即它们的拒力与吸力）；但是目前的论证的特性就是康德好像把他的结论单独放在这个假定之上，就是没有相互作用，一些实体就会为空洞空间所分开。我认为这个结论是假定为从这个假定得出来的，因为空洞的空间是不能被看见的，而我们一连串的感官知觉就会被打断了；比较一下 A213-214＝B260-261。

④ 这清楚是康德的论证所依据的假定。

⑤ 这是依靠这个假定的，就是领会总是前后相继的。看本书第四十二章第一节。

⑥ 这是包含在前后的意思里的，虽然严格地说，如果我们是要知道一个对象的存在（作为与单纯一个观念相对立的），我们就需要有多于领会的东西。

⑦ 这个“某东西”不是绝对时间，因为绝对时间是不能被看见的；比较一下 A200＝B245。这个重要的条件是康德在这里漏掉的，无疑是因为，既然重复了它这么多次，他就指望它成为不言而喻的了。

有这样,我们才能有关于A与B同时并存这种经验性的知识①。

这里的困难就是要知道在什么意义上A与B"确定"彼此在时间的位置。如果我们要知道A和B同时并存,A的位置就必须相对于B确定下来,而B的位置也相对于A确定下来。结果,我认为按康德的见解,它们相对的位置乃是必然确定的②——意思是说,这个位置既不是想象的,也不是任意的;我们就只能把A与B看作是同时并存的。这又一次含着它们是必然同时并存的意思,因为它们不是自在之物,而只是对我们的出现。就康德说来,客观的同时并存乃是必然的同时并存;但是不容易确定的是,在目前的一段里,他说的是这,还是别的某东西。我们必须记住,在客观前后相继的情况下,虽然那前后相继一定是必然确定的,但是确定结果的乃是原因,而不是确定原因的是结果③。在客观同时并存的情况下,他是否是要断言:不但那同时并存是必然确定的,而且在另一种意义上,同时并存的对象确定彼此在时间里的位置,并且在某些方式上,这种确定类似于由原因确定结果?在这个阶段上,他几乎不想把这样的时间性的确定和因果作用同一起来;因为他接着就在下面一句说明,这样时间性的确定只有通过因果作用才能发生。如果我们要把在时间里的位置的确定和因果性的作用区别开来,哪怕是暂时的,那么我们就不可能明白:A与B相互确定在时间里的位置,除非是这样的意思,即它们的同时并存被理解为必然的④。

Ⅳ.可是,当一个东西确定另一个东西在时间里的位置时,它的能这样做只是由于它是那个东西的原因,或说是那个东西的一些确定的原因⑤。

---

① 在这点上,康德谈到A与B作为实体,但是当他谈到它们作为同时并存时,他的意思清楚地是不作为实体而同时并存(因为一切实体都是同时并存着),而作为是具有某些一定的可看见的确定的实体而同时并存,如地球与月球就是。

② 比较一下B234。

③ B234,A194=B239,A199=B244。甚至关于时间的各部分,也是较早的时间确定较迟的时间(在我们只通过较早的时间才能达到较迟的时间这个意义上);看A199=B244。

④ 如果康德实是想把"在时间里确定位置"和"引起"同一起来,那么说同时并存的对象必须彼此在因果上起作用,其根据是什么呢?无疑,如果A影响B而又为B所影响,那么A与B必是同时并存的。但是说如果它们是同时并存的,每一个就必须影响其他一个,而且又为那其他一个所影响,这是完全另一回事。

⑤ 康德自己所说的乃是这样的:"可是只有是另一个东西的或者它的一些确定的原因的东西,才确定那其他东西在时间里的位置的。"

第一版的整个论证是以这个断言为关键的。至少它值得有比它所得到的更充分的一种讨论。

这条原理似乎是十分一般地叙述出来的:它并不局限于同时并存这种情况。像从前那样,困难涉及的是赋予“确定另一个东西在时间里的位置”的意义。如果我们理解这为“引起”或“在因果上对某东西起作用”的意思,那原来的说法就是同语反复了。如果康德用它的意思单纯是说,一个东西的时间性位置是相对于另一个东西的位置而被确定的,那么推论到因果性就像是无效的。如果我们考虑两个前后相继的事件 x 与 y,它们彼此相对的位置可以得到确定,而其实是必然得到确定,并没有 x 是 y 的原因。如果 xy 这个前后相继是客观的,因而是必然的,那么按照康德来说,它就是在因果上被确定的;但是它是在因果上被确定的这个事实的意思,并不是说 x 就是 y 的原因,因为 y 可能是由别的东西所引起的。相仿地,我们会想象到,我们可以主张,A 与 B 之能同时并存,只是如果它们的同时并存是必然的,而这样就是在因果上被确定的;但是,它是在因果上被确定的这个事实不必意味着 A 与 B 必须在因果上相互起作用。

如果康德的论证以在第二种类比里所曾证明的东西为依据,那么他的结论就不能得出来。即令我们能够克服这个困难,仍然还有另一个困难。第二种类比是处理客观的前后相继的,而在这里我们是和客观的同时并存有关的,而同时并存,无论如何乍看起来,像是和因果作用不相容的;因为结果必须随在原因之后。也许我们主张原因与结果之间的过渡是连续的而且两者之间是没有时间的空隙的,这样就能避免这种困难[①];但是这个问题至少是应该在那时提出的,特别是由于我们在这里与之有关的因果性乃是交互的因果性。

也许康德不打算一般地说明他的原理,而只关心于同时并存的东西,因而其在时间里的位置必须是彼此相对地被确定的。他好像是主张,我们关于这样的同时并存的经验是预先假定这同时并存是必然的[②],或者预先假定这种相对的确定是必然的确定。如果是这样,我们就已经成立

① A203=B248。比较一下下面的第四节。

② 这应该只在这种假定上才有效的(1)对象不是自在之物,(2)经验是多于任意的想象或直接的感官知觉,而且(3)我们关于绝对时间没有任何直接的知觉。

了使我们有权来应用交互因果性或说相互作用这个范畴的图型了①。但是这个论点比那关于原因与结果的与之相类似的论点复杂得多，而关于它的种种根据与含义的一种更充分的讨论会是极其有益的。

Ⅴ.一个实体不能是另一个实体的原因；因为没有任何实体是发生的，但又是永恒的。因此，如果一个实体对另一个实体在因果上起作用，它只能是它对之起作用的那个实体的一些确定或说状态的原因②。

Ⅵ.所以(1)如果A与B是两个已知是同时并存的实体(即在其中每个都是在同样一段时间里处在一定的状态上或一系列的状态上这种意义上)，(2)如果关于这种同时并存的知识，只在A确定B在时间里的位置而B确定A在时间里的位置的这种预先假定上才是可能的，而(3)如果这样的确定必须是因果性的确定——那么，每个实体必须在其自身里面含有在其他一个实体里面的某些确定的因果性，而又含有那其他一个实体的因果性的某些结果③。

这就概述了第一版的论证的全部。我们可以这样更简单地叙述这个结论：这两个实体，如果它们的同时并存要在任何可能的经验里被知道，就必须处在力学的相互作用上(无论是直接地还是间接地)④。

Ⅶ.这论证的其余部分只是康德的一切批判论证能以之结束的共通形式。经验的条件必然是经验对象的条件，因而只有当一些实体相互作用时，才能同时并存。

2.相互作用与感官知觉

按照他通常的方法，康德为这个证明增加了另外两个段落。一般把这两个段落看作两个外加的而独立的证明。依我看来，这第一个段落⑤

---

① 这个图型是描写为一个实体的一些确定和其他一个实体的一些确定按照一条普遍性的规则的同时并存；看A144=B183-184。

② 它当然不是这些确定的唯一原因，但它可能是其主要的原因，如在火使冰熔化的时候那样。

③ 我认为我们能够更简单地说，每个实体必须在其他一个实体里引起某些一定的状态，而且每个实体又必须有某些自己的状态为其他一个实体所引起。

④ 康德后来对于括弧里的子句作出其意思的某种表示，这子句单独来看是模糊不清的。比较一下下面的第四节。

⑤ A213-214=B260-261。

单纯是一个附录,目的是在感官知觉的寻常事实里找到相互作用理论的证实。第二个段落①配得上被称为一个独立的证明,但是康德自己说,它是要说明他已经说过了的东西②。最多应该把它看作原来证明的一种补充的说法,旨在弄清楚一些不足够明白的论点。

康德开始说明:他使用德语"Gemeinschaft"这个词是在拉丁文的"commercium"(即力学的交互性或相互作用)的意义上用的,而不是在拉丁文"communio"(单纯在空间里一起)的意义上用的;而且他断言,空间中在一起而又没有相互作用,这在经验上是不能被知的③。

康德求助于经验性心理学所显示出来的感官知觉的事实来证实这种断言。在他的一个冗长而复杂的句子中,他提出了各种各样的理论,其意思与相互联系不是完全清楚的。(1)只有在空间各部分里的连续不断的"影响"才能引导我们的感官从一个物体到另一个物体那里去;(2)光,闪耀于我们的眼帘与诸天体之间,引起在我们与天体之间的一种作为中介的相互作用④,从而建立它们的同时并存;(3)我们不能在经验上改变我们的位置,或者更确切地说,我们不能在经验上觉知到我们位置的改变,除非物质到处使关于我们的位置的知觉成为可能;而(4)只有通过它们的交互影响(或说相互作用)在一些不同地方的物质的各部分才能显出它们的同时并存⑤,而且这样就显出(虽是间接地)最遥远的对象的

---

① A214-215=B261-262。

② "要求说明他已经说过的东西"是原德文的"zur Erläuterung kann folgendes dienen",亦即英译的"meant to elucidate what he has already said"之重译。

③ 当皮里卡教授(在他的《康德的认识论》一书,p. 307)说:"对于空间里一个物体的领会,在其本身里是包含着它是和空间里一切别的物体存在在一起的这种领会的",那时他是(1)在非康德思想的意义上使用"领会"这词的,因为不管康德对于"领会"这词的使用是怎么不严谨,这词从没有像在这里那样用来指关于不是直接呈现于感官的东西的验前知识说的;(2)皮里卡氏用"物体"这词作为同义于"实体"(在严格的言语里这是应该避免的);而(3)他把空间里的"在一起"作为完全一般的某东西来对待,而康德却想到它的作为包含着一个物体在空间里相对于其他物体的一种明确的位置的。康德的主张我们没有相互作用就对于空间里的在一起(或在时间里的同时并存)不能有经验性的知识乃是在后一种意义上的。

④ 德文的"Gemeinschaft"鉴于前面一句所说的必是解释为同义于"commercium"或"相互作用"。

⑤ 德文的"Zugleichsein"兹译"同时并存"(康蒲·斯密英译为"simultaneous existeuce"同时存在)。

同时并存来①。

这一切都是难懂的。康德所暗示或所含的意思乃是，如果各实体不相互起作用的话，它们当中的空间就会是完全空洞的②。我们现在就有了某些暗示，告诉我们什么是充实空间的东西，而这东西好像是同一于(1)连续的一些“影响”，(2)光，而(3)物质。一种可能的结论似乎是这样的，当空间为一些“连续的影响”所充实时，它是用“在相互作用中的物质”充实着的，其一个例子就是光。这是符合于“充实空间的东西”乃是物质这个理论的。

而且，我们有(以经验性的证据为基础的)这个学说，就是感官知觉包含着我们的身体和所看见的物体的中间的相互作用③，而且遥远的物体和我们的身体的相互作用是间接地通过它们和中间的物质的相互作用的④。因此，感官知觉之成为可能，只是因为物质的各部分(因而一切实体)都是在相互作用之中的。

依我看来，所说的这些东西像是不想作为相互作用这个学说的一种证明，而是作为它的一种例证，或者也许是作为一种证实。

康德接着就主张，没有相互作用，每一个关于有空间性的对象的感官知觉都会和每别的一个感官知觉断缘，而构成经验的一连串的观念就会得要随着每一个新的对象重新开始⑤。事实上，它就再不是一连串了；因

---

① 这里的“同时并存”是德文的“Koexistenz”(康蒲·斯密英译为“coexistence”)。我认为“Zugleichsein”(康德一惯所用的词)与“Koexistenz”(只是拉丁文译词)，两者之间在意义上是毫无分别的。这句是意思不清楚的；但我不认为康德暗示着物质的各部分是由相互作用来建立它们的“同时存在”而且从而建立它们的“同时并存”，好像这两件事是不同的似的。我也不能看到我的意思实是指什么说的，除非他是说，实际上所看见的物质的各部分通过彼此间的相互作用以及和我们身体的相互作用就建立起它们的同时并存，从而也建立起我们看不见的遥远对象的同时并存，虽然只是间接地通过它们和我们实在看见的物体的相互作用的。

② 看 A212＝B259 和上面第一节的Ⅱ。

③ 这个学说在这里是丝毫不含糊地说出来的——特别是在他关于光与眼睛所说的——而我和阿迪克斯(Adickes)一道认为这是批判哲学的一个不可或缺的部分。比较一下康德的《形而上学》p. 111，又 p. 77。

④ 我们能说中间的空间是为连续的一些影响所充实的，如果一个物体的因果性作用是从物质的一个部分传递到另一部分，一直等到它影响我们的感觉器官。我认为以太是会被看作这种见解的物质的。

⑤ 我认为这是依据这个见解的，就是如果各实体不相互作用的话，它们就会为一种我们不能看见的空洞空间所分开；比较一下 A212＝B258-259。

为其中的每一个环节都会与前面的各环节缺乏联系，而这样他就会不能处在任何的时间关系上了①。康德补充说，他并不是声明用这种学说来驳斥空洞空间的可能性，而只说明空洞的空间是不能成为经验的对象的②。

3. 相互作用与统觉的统一性

康德对他的立场的最终“说明”③就引进了统觉这个学说，而一切批判的证明都必然是依据这个学说的④。

一切作为包含在同一个可能的经验里的出现都必须是在统觉的统一性之下被结合起来的。这——即先验演绎的中心学说——在这里是以一种非常的形式表达出来的，因为康德说，一切出现都必须处在统觉的交互性⑤之中。也许这一点的意思是说，一切出现都是一个整体的各部分，它们是相互排斥而又彼此确定的，而这样就从属于交互性这个纯粹范畴(对立于其图型化的范畴)。但是它的意思更像是说，它们必须具有那含蕴在统觉的统一性里面而在各范畴的整个表里明白表现出来的必然综合统一性。

前此康德一直谈的是一切出现(就其是为思想结合成为对象的而言)。他现在就进而处理为思想在特别一种方式上所结合起来的对

---

① 我认为我们必须理解这是指客观的时间关系说的。按康德的理论来说，这是明显的，因为没有相交作用，我们就不能把客观的同时并存从客观的前后相继区别开来。

② 比较一下本书第三十八章第八节。康德在其对于“原子与真空”这个机械的理论的态度上总是显出一种应有的小心的。他所主张的不过是说这种理论不能靠经验的证据来成立，而是极其有问题的一种形而上学的假定。

③ A214-215＝B261-262。

④ 在处理第二种类比的那节的结尾处又同样涉及统觉的统一性。看 A210＝B256 而又比较一下 A216＝B263 以及 A217＝B264。

⑤ 所用的词是在拉丁文的“communio”(交互性)的意义上的德文“Gemeinschaft”，如我们曾看到是不包含着力学的联系的一种统觉的 communio 像是只指在统觉里的“在一起”说的，像 communio spatii 是指空间里的“在一起”说的那样。“Gemeinschaft”这词可能在这里是谈到交互性这个纯粹范畴的，而这个范畴乃是其各部分相互排斥而又彼此确定的一个整体的(综合)这个概念；看本书第三十三章第四节。但是我认为，如果我们在一种大大地更一般的意义上来解释它，我们就将更有把握些。

象——即相互处在同时并存的一种关系上的对象。当思想把一些对象在这种方式上结合起来时(或者更简单地说,当我们是想到对象作为同时并存的时候),这些对象必须在一个时间里交互地或相互地确定①其位置,使之构成一个整体。这是一种特殊的主观交互性②,意思是说,它的存在是就思想而言的。

如果这种主观的交互性(或说就思想来说的一些出现一起在一个时间里作为一个整体)是以一种客观的根据为依据的,换句话说,如果所想到作为一起在一个时间里的那些出现是要被看作在空间里同时并存的对象③(而不单纯作为由于心的一种任意的动作而在一个时间里被结合在一起的)④,就必然有一定的条件,这是康德接着就要说出来的。关于同时并存的对象之一⑤的感官知觉必是作为一种根据使其他的对象⑥的感官知觉成为可能的,而反之亦然。只有按这个条件,我们才能避免把总是存在于我们感官知觉里的那种前后相继归之于对象(那些感官知觉是作为在我们前后相继的领会里的一些成分来考虑,而不是作为一个对象里的一些状态来考虑的);而只有按这种条件,我们才能说一些对象是同时

① 这里“确定”不至于是指“因果上确定”说的;但是难以明白它究何所指,除非是说一个空间性的整体的相互排斥的各部分,而其时间的位置或时期的确定,不是由于它们对绝对时间的关系,而是由于它们的相互关系。在A212=B259里也碰到同样的困难——看上面第一节的Ⅲ。

② “交互性”是德文“Gemeinschaft”之译。对思想的一切“在一起”曾称为交互性,这交互性就其对思想来说才是存在的这点而言,就是主观的。这里我们与之打交道的乃是在一部分时间里在一起的对思想而言的在一起。康德这样说,其意思不单纯是说我们想到它们是一起在一个时间里,而是我们想到它们一起在一个时间里的这回事。大概他又有这个意思——虽没这样说——我们想到它们作为一起在一个空间而又在一个时间里的这回事。

③ 康德自己的说法乃是“如果这种主观的交互性是要依据一种客观根据或者和现象性的一些实体有关系”。他在这里又一次像是想到实体作为同时并存的,但是所谓“同时并存”他的意思是说“在同一段时间或同一部分时间里在某一定的状态上”。我们可以说:“如果想到作为一起的那些对象是要被看作同时并存的一些实体”,只要我们在我所说明的意义上来理解“同时并存着”。

④ 这样的一种动作与其说是思想的动作,毋宁说是想像力的动作,因为思想总是包含着断言有一个对象的;但是到此为止,康德一直是忽视了思想的这个方面。

⑤ 或者同时并存的实体在上两个脚注里所提出的意义上。

⑥ 用复数像是德文的“der anderen”的最自然的解释,但是它又可能如康蒲·斯密所理解为单数的。这确是有了简单些的情况。

并存的。

这整个论证以我曾用斜体写出(即在译稿中加上着重点)的那个“条件”为关键,但是不幸的是,对康德所说的解释也许甚至比通常的更难。我的理解是康德称为“根据”的东西同义于“原因”。一个感官知觉作为在我们领会中的一种成分来考虑,很难能是另一种成分的原因,所以我们就必须假定所说的感官知觉得要看作一个对象的状态。即令如此,还是有不确定的一个成分。如果我们拿两个对象 A 与 B 带有一些状态 $\alpha_1\alpha_2\alpha_3\alpha_4$……与 $\beta_1\beta_2\beta_3\beta_4$……康德的意思是否说,$\alpha_1$ 必是 β_2 的部分原因,β_2 必是 α_3 的部分原因,α_3 必是 β_4 的部分原因,等等? 或者他的意思是说,α_1 与 β_1 这两个同时的状态既部分作为原因又部分作为结果而相互有关系①?

这两种解释最后可能不像它们初看时那么不同,但是其第二种解释似乎是理解康德的话的最自然的方法。在任何一种情况下,我们在每一瞬息间都有同时并存的实体的交互因果性②;而且在任何情况下,我们也得要对付这论证里的一些很大的困难。

在第一种情况下,当对象是同时并存时,在因果上联系着的一些状态是前后相继的③;而这些状态的因果性是交互的,只是在 β_2 部分是 α_1 所引起,而 α_2 部分是 β_1 所引起这个意义上的。甚至这也不能在第二种类比的基础上得到成立;因为第二种类比声明只要证明 $\alpha_1\beta_2$ 这个前后相继必是在因果上确定,而不是要证明 α_1 必定是 β_2 的原因。我们必须有一个新的论证不是依据前后相继,而是依据同时性的,而且除非我们有这样的一个论证,康德的结论就像是没有正当的理由的。

这就暗示我们必须接受第二种解释。无论如何这第二种解释像是更为自然的。如果是这样,这交互因果性的关系就不但在同时并存的实体之间有效,而且又在这些实体的同时的状态之间有效。我们**实际上**的感

---

① $\alpha_1\beta_1$ 不能是同时被看见的这个事实并不排斥这种解释,因为就康德说来,一个对象的状态不但是实际上的感官知觉,而又是可能的感官知觉。

② 在第一种情况下,不但 β_2 是 α_1 与 β_1 的共同产物,而且 α_2 又是 β_1 与 α_1 的共同产物;我们局限于我们实际上看见的那些状态,而且也和假设上我们是能与曾看见过的状态有关的,我是假定一个实体由于它的状态而作为一种原因“起作用”的。

③ 甚至这是真的只是在对象是变动的地方,如在火与冰的情况下那样。当对象不再变动时,在状态里就没有任何客观的前后相继了。

官知觉总是在一种前后相继之中,而且即令我们把它们看作一个对象的状态,它们也不能是在因果的交互关系之中。康德心中所想的必须是既有实际上的感官知觉,而又有可能的感官知觉;而且他好像是说,如果我们要看见两个对象 A 与 B 是在空间里同时并存着的,我们就必须预先假定同时的状态 α_1 与 β_1 是在一种交互因果性的关系之中,而且关于 α_2 与 β_2 也是这样,而关于 α_3 与 β_3 也是这样。只有这样,我们前后相继地在领会里捡起来的可颠倒的一系列状态①才能被看作表现了同时并存的对象。

康德的断言,其理由是什么呢?我们必须假定同时的一些状态是不能同在一起被看见的②,而且又假定,我们不能看见一个绝对的时间,每个被看见的状态正是参照它才有其时间的③。如果是这样,这些状态的同时性能在客观上被确定,只有当它是必然确定的;或者换句话来说,只有在这些状态认为是必然同时的这个预先假定上,我们才可要求知道:它们在对象里是同时的。这像是康德的更一般性的原理的一个特殊的实例。那原理是说,一些状态相互的时间位置能在客观上被相对地确定,只是当它是必然确定的;但是康德好像是假定,因为我们在这里是与必然的同时性有关(而不是与必然的前后相继有关)的,所以这必然性就必须比方说同样在两个方向上(而不但在一个方向上)起作用。无论如何,正如客观的前后相继必须是必然的前后相继,所以客观的同时性也同样必须是必然的同时性;而且正如我们在我们发现必然的前后相继的地方,就有权来应用原因与结果这个图型化的范畴,所以康德好像是主张,凡是我们发现必然的同时性的地方,我们就有权来应用相互作用这个图型化的范畴。没有这个预先假定,在经验里就不能碰见同时并存④这个经验性的关系。

---

① 例如我们捡起 $\alpha_1\beta_2\alpha_3\beta_4$……但是如果这系列是可颠倒的,我们就能同样捡起 $\beta_1\alpha_2\beta_3\alpha_4$……如果这样,认为 α_1 与 β_1 是同时的就是好像合法的了。比较一下在本书第四十七章第三节Ⅴ里的交互前后相继。

② 即令它们能够,我认为依然会有问题,这些状态是否在对象里是同时的。

③ 如果能这样做,我们大概就有权来填满那些空白,即在连续性的根据上,假定我们没看见的那些状态的存在与性格。

④ A214-215=B261。我在这里认为"同时并存"就是实体或说东西的同时并存,当然这就含有它们有同时状态这种意思的。

这个论证，如果解释得正确的话，是充满着困难的，而且甚至它的结论也引起一些严重的问题。它暗示着，不但同时并存的东西必须互相确定彼此的同时的状态，而且又暗示着这些同时的状态本身又必须在交互作为原因与结果这种意义上互相彼此确定——这是从叔本华以来许多哲学家曾主张是不可能的一种关系。很显然，如果在同时的一些状态之间有着相互作用，就在同时并存的一些实体之间有着相互作用，如康德马上接着就断言的那样[①]。同时并存的一些实体之间的相互作用是否就含有它们的同时的一些状态之间的相互作用的一种关系（或说交互因果性）这个意思，那就不那么清楚了。

在这个结论里，还有一个明显的困难。即令我们在火熔化冰的例子里[②]接受这个学说，似乎还有别的例子是它不适用的。当我看看地球，然后看看月球的时候，我并不假定我在一个东西里看见的颜色或光亮或形状或大小就是我在另一个里所看见的颜色或光亮或形状或大小的原因。不可能把一个实体的所看见的每一个状态看作引起另一个实体的一切同时的状态的而又为这些状态所引起的——无论如何，如果我们所关心的乃是主要的原因。康德所关心的状态好像是运动的状态，或者是动力的状态，即由于它们，物质，而这样也就是实体，可以说是充实空间的状态。如果这样，这学说就需要有比它所得到的更详细的一种阐述了。

4. 相互作用与同时并存

相互作用乃是科学的最基本的概念，我认为没有任何理由去怀疑它。科学的定律不是在"A 是 B 的原因"这种形式上表达出来的，而是在等式

---

① A214-215＝B261。康德谈到一些实体的一种交互影响或说实在的交换性。他附加地说，这种交互性（commencium）使出现成为一种实在的组织（compositum reale），一个组织乃是只通过其各部分才成为可能的一个整体；它是和总体（totum）对立的，在总体里，其各部分只在整体里才是可能的（A438＝B466）。这是符合于世界整体乃是不言中假定的相互作用原理的一种单纯后果这种说法的（A218 注＝B265 注）。一个实在的组织是和一个理想的组织相对立的，例如空间会是一个总体，如果严格说来，它不是的话；看 A438＝B466。在 B201 注里"compositio"是用在一种不同的意义上；因为它是只和同质杂多的综合有关的。

② 甚至这也许是间接相互作用的一个实例，如果火的热要花时间来达到熔化那冰的话，引力大概就是直接相互作用的一个实例。

的形式上表达出来的[①];而且科学所知的世界不是一系列的因果性的前后相继、相互平行而且彼此独立的,而倒是可测量的一些量之间的一些函数关系的一个体系[②]。康德用"实体"与"原因"的名词描述相互作用这个概念,可能是过时了;但是我想象到,它是能用更现代的名词来重述的,或者未来的科学史家将认为:那必须代替它的概念遵循的是源自于康德所描述的这个概念的发展方向的。

如果我们从康德当时的观点来看这个问题,就像是十分清楚的,实体和因果作用这两个孤立的概念是需要结合成为实体之间的相互作用这个概念的,而且由于这样的结合,我们就有一个崭新而独立的概念了。其实,如果这个论证不是这么复杂的话,就只会有诸类比的一条原则——即相互作用的原则——正如只有知觉公理的一条原则和观察预测的一条原则那样。

我认为,关于18世纪科学的知识有助于弄清楚康德阐述之中的许多模糊之处的——特别是他在第一版里的论证的结论处所举出的那些经验性的实例[③]。缺乏这样的知识,我就迫不得已在一种可能是天真的方式上来作出我的一些批评。我只能希望,正是由于这个缘故,我的种种批评可能对于在这些问题上和我一样无知的那些人是有点用处的。

如我们所曾看到的那样,康德一般认为,相互作用发生于同时并存的实体之间;但是他所关心的,主要是我们关于它们有经验知识的那些实体,其偶性一直是相对不变的实体,使得它们能被说成是"东西"(像地球与月球那样的)。在这种意义上,同时并存的实体据说是这样同位的,以致其每个都同时地而又交互地,对于另一个的种种确定或说状态成为一种原因[④]。在皮里卡教授的火与冰这个实例里,或者再一次在康德自己的一个物体交互彼此吸引与抗拒的各部分的实例里,这样的一种描述像是有其正当理由的[⑤]。我们知道,就康德来说,实体乃是一切因果性的

① 例如康德所思想的引力定律是用这个等式表达的:$F=k\frac{m_1m_2}{d^2}$。

② 比较一下 Schlick 在《加利科尼亚大学学报》,Vol. 15,p. 111。

③ A213=B260。

④ 看 B112。

⑤ 看 B112。应该记住一个物体的一切部分本身也是实体。

“第一主体”[1]，而“作用”乃是实体性的一种充足的经验性标准[2]。每一个实体都必须在其自身里含有在另一个实体里的一定确定的“因果性”，而与此同时，又含有那另一个实体的因果性的一些结果[3]。同时并存的一些实体的交互因果性，在其确定的方面，清楚地是包含在像这样的短语里，如“力学的交互性”，“相互作用”，“交换性”和“交互影响”。关于这一点，我是完全没有疑问的。

我认为，即使没有仔细地研讨过实体所运用的因果性的性质，我们也可以说：一个实体由于它的偶性或说状态而运用因果性[4]。我认为我们必须在经验上发现一个实体由之而对另一个实体的状态运用因果性的状态。这始终是康德对于因果性这条原则的一些特殊应用的见解；而显然地(如果我们关心于主要的原因)不能随便拿一个实体的一个状态，就说，这实体是由于这个状态而对其他各种同时并存的实体的一切状态运用其因果性的。例如火不是由于它的形状或颜色而降低冰的温度的[5]。

如果我们拿这个简单的实例，就是当两个实体 A 与 B 由于它们的状态 α 与 β 而相互起作用时，我们就可以提出，按康德的见解来说，α_2 是由 β_1 与 α_1 共同引起的，而与此相类似，β_2 乃是为 α_1 与 β_1 共同引起的[6]。

这好像就是康德的学说的一种说得通的解释。虽是这样，还会产生这样的问题，即他是不是有比这更多的意思。按这种见解，我们就可以说，在同时并存的实体 A 与 B 里，同时的[7]状态并不是在因果的关系上

① A205=B251。

② A205=B250。

③ A212=B259。

④ 我认为康德主要是关心于物质由于它而充实空间的那些“动力”——特别是引力与拒力。

⑤ 我的意思并不是否认一个实体关于同时并存的实体的一切状态可能运用因果性——也许康德是主张这是可以的。但是清楚地有所谓因果作用的主线。火的热致使冰的熔化，从而它又可使冰改变其颜色与形状；但是虽然火的颜色与形状可能和它的热有联系，但是火的颜色并不使冰改变其颜色，火的形状也并不使冰改变其形状；而且火的颜色更是不能使冰改变其形状，或者火的形状使冰改变其颜色。我猜想，就康德来说，实体的一切相互作用都是由于动力，但是这些动力对实体的其他的质的关系，还有待于说明。

⑥ 我几乎不必说，我是把 α_1 与 β_1 当作 A 与 B 的同时的状态，直接先行于 α_2 与 β_2 这两个阶段的。

⑦ 所谓“同时的”我是指“发生于时间的同一个顷刻的”说的。

的；而且另一方面，在因果的关系上的状态不是同时的，而是前后相继的。很显然，在每一个顷刻间，同时并存的实体是在相互作用或说交互因果性的关系上的；因为在每一个顷刻间，每个实体都在其自身里面含有部分是为其他一个实体的作用所引起的一种状态。但是康德是否又有这个意思，即那些同时的状态本身也是在交互因果性的关系上，以致每个状态既是另一个状态的原因又是它的结果①。

如果康德主张后一种学说，就必定是因为因果性的作用是连续的②。在原因的因果性与其直接结果之间的时间能够是一种消逝量，这样原因与结果，在某种意义上，能够被看作是同时的③。康德前面的讨论④已曾对这种见解替我们作了准备；但是必须记住，虽然在原因与结果之间没有什么时间的空隙或经过，然而时间的关系或次序仍然是在那里的⑤；而且难于使这点和同时的状态的交互因果性彼此调和⑥。我并不准备说这是不可能的。

据我所能看到的来说，第三种类比的正文在这一点上是没有结论的。不能有任何疑问，康德主要关心的乃是同时并存的实体的交互因果性，而

---

① 用符号，我们能否说 α_2 部分是 β_2 的结果，而 β_2 部分是 α_2 的结果呢？

② A208＝B254。

③ A203＝B248。让我们把两个东西 A 与 B 的相互作用这样来表现：

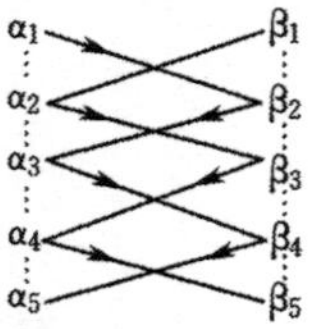

如果我们记得 $\alpha_1\alpha_2\alpha_3\alpha_4\alpha_5$……这个系列和 $\beta_1\beta_2\beta_3\beta_4\beta_5$……这个系列实在是连续的系列，而且如果我们又记得在原因与结果的当中并没有时间的经过，那么我们就可以比方说把上面的线图闭起来像一个手风琴的样子，而在极限的情况下，我们就像是有类似这样的某东西：

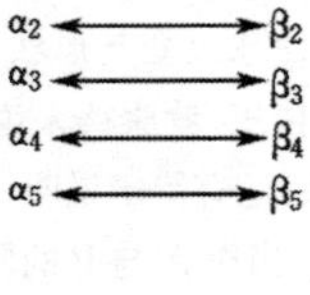

④ A202-204＝B247-249。

⑤ A203＝B248。

⑥ 我不认为关于同时并存的实体的交互因果性是有任何困难的。

不是同时的状态的交互因果性。我认为只有一段[1]像是清楚地指向那后一种见解的。康德说，对于一个实体的看见必须作为根据而使对于另一个实体的看见成为可能的，反之亦复如是。如果我们把"看见"当作是同值于一个实体的状态，如我曾这样做的那样，这就好像表示在同时的状态之间有一种交互因果性的关系。但是甚至在这里，也许仅仅可能是他只有这个意思，就是 α_1 是 β_2 的根据，而 β_2 是 α_3 的根据，虽然在那种情况下，是难明白这个断言是怎样能有其正当的理由的[2]。

我猜想，这个问题，按照18世纪的科学，而且也许按照康德自己的科学著述，是能比较容易解决的[3]。我必须只限于提出这个问题，而且不认为解答它会是实在困难的。

和这个问题联系着的就是直接相互作用与间接相互作用之间的分别。我猜想，就康德来说，拒力与吸力就是直接相互作用的例子，而且他在这里可能认为在同时并存的实体的同时的状态之间有交互的因果性。在间接相互作用的情况下，好像包含着时间的经过。他的确是把光看作在诸天体与人类眼睛之间产生着一种间接的交互性或相互作用[4]；而且虽然这是一种很特别的情况，但是它却像是含有这个意思，就是间接相互作用的发生是可能需要有一段的时间的。

在这样的一种情况下，虽然相互作用的物体是同时并存的；但是一个物体起确定作用的状态不一定是和另一个物体的被确定的状态同时并存的。在我看见星光以前，那星可能已再不发光了。其实可以说，乃至这些物体也不一定同时并存；因为我现在看见的星光可能在我生出之前就已

---

① A214＝B261。必须记住德文的"Erscheinung"不一定是指一种看见的状态说的，而可能是一个东西或一个实体。我认为德文的"Wahrnehmung"(感官知觉)可以用作在这种意义上同义于"Erscheinung"，但我觉得有困难，或者甚至不可能，认为它在这段里是这样用的。

② 比较一下上面第三节。

③ 关于运动的第三定律特别是看《自然科学的形而上学初步》第三章，定理4(Ⅳ544起)。

④ 我自认我不懂得人类眼睛对于诸天体的作用是什么；但是也许从布鲁德(Bnoad)教授(《科学思想》一书，p. 172)引用下面的一段有康德的意思的某种表示。"当一条光线从太阳打击到地球上的任何平面时，它就在那平面上产生一种压力。如果从地球是有任何反作用，它就会主要是运用在最近于地球的以太的面上，而传递到太阳，其所花的时间不会少至光在两者之间的传递所占的时间的。"

经散掉了。如果是这样,同时并存的只有实体,而因此就可以认为康德的原则并没有告诉我们什么;因为我们在验前就知道了一切实体是同时并存的,因为它们都显必然永恒的。我认为这种批评是没有效力的。康德的原则告诉我们,一个曾经有过一颗星的一些经验性的特征的特殊实体,在一种形式上与另一个实体即我的身体同时并存,而这个形式,如果我们是有充分的知识的话,是我们现在能够描写的。即令这颗星已被打碎成现在分散到整个空间里的各别的一些实体,上面所说的依然还是真的。

5.康德对于相互作用的证明

关于康德的证明方法,在我已经说过的之外,毋须再多述了。第一版中的各种论证,单独来说,是不够清楚的,而乃至第二版的论证也有许多是不令人满意的。虽然如此,这里所用的方法是和第二种类比的方法一样的。康德认为(如果承认我们经验到客观的同时并存),存在着关于我们的感官知觉里的必然性的一种预先假定,而这种必然性必须是属于我们所看见的对象的状态的,只要我们接受据说已经成立的批判学说——即一个对象是由在一种必然的综合统一性里结合起来的可能的或实际上的一些感官知觉所构成的。他十分正确地主张,这样的一种证明,如果是有其可能的话,只是根据一些判断的预先假定才是可能的。在关于相互作用的证明里,更有陷入附带发生的一些谬误的危险,因为相互作用这个概念比因果这个概念包含着更大的复杂性;但是所使用的基本方法要么是在两种情况下都像是有效的,要么是在两种情况下都像是无效的。虽然我在细节上觉得十分踌躇,但是依我看来,整个论证在本质上却是批判性的;而且它与之有关的,不是一种认为是我们借以从主观过渡到客观的过程,而是我们的经验所预先假定的种种条件。我希望我至少已说服了读者:康德提出了一个带有一种明确意义的新论证,而不单纯是用词句来欺骗自己。

关于细节的一些问题,我只要加上两点。首先,我不认为康德的论证所必须以之为依据的是我们不能直接看见一些物体同时并存的状态这个学说,而是这个事实,就是他似乎抱有关于知觉的这种见解,就易于引起他的读者的怀疑。这样他甚至就不提出下述问题,即我们实际上是不是不能同时看见地球与月球，像似乎很明显的那样，至少在月升或月落的时候是这样。其次，康德在他的论证里可能是给了空间一种更显著的作用而没有离开他的批判方法。他自认识到，无论如何是在第一版刊出之后，使相互作用有其可能的乃是空间[①]；而且，若果实体与因果作用是需要在经验上表现时间的统一性与前后相继性的，看来相互作用就是需要在经验上表现空间的统一性的。康德如还在世的话，我想他就会以为(结合着实体与因果性这两个概念的)相互作用乃是需要表现时空的统一性的。

这整个论证还引起一些不能在这里讨论的问题——特别是心灵或观念的同时并存和世界整体的统一性。这些问题是属于辩证论的，而现在只需说(1)既然就康德来说，灵魂不是永恒的实体，我们的观念，看来就像是必须在经验上看作我们身体的状态似的(而身体却是实体)，而且它们的同时并存的被确定就是和实体的任何其他状态一样的[②]；(2)世界整体的统一性乃是相互作用这条原则的后果而不是它的先决条件[③]。

---

① 看 Erdmann 的 Nachtäge(《补充条文》)LXXXVI。

② 这是可质问的，但是依我看来，它是康德的学说的不可避免的结果。

③ 看 A218 注＝B256 注，又比较一下 A215＝B261-262。

第十一卷

经验性思想的公准

第四十九章　可　能　性

1.可能性、现实性与必然性的原理

康德关于经验性思想的公准的说明[1]比关于诸类比的证明较为简单而且较为容易。他所做的不过是用系统的形式表述前此的整个论证所根据的种种预先假定。因此它可被称之为一种"解释"或"说明"[2]而不能被称作一种"证明";而它的任务就是说明在批判哲学里样式的三个范畴,即可能性、现实性与必然性的意义是什么。康德觉得没有必要在第二版里重述他的说明,如同他重述他对于其他原则的证明那样。然而他增加了对观念论驳斥的新的一节,这将留待后面分开予以考虑[3]。

三条公准的公式表述如下:

(1)凡是(关于直观与概念)与经验的形式条件一致的都是可能的[4]。

(2)凡是和经验的质料条件(即感觉)相联系的[5]就是现实的。

(3)在其与现实的联系[6]中,凡是按照经验的普遍条件而确定下来的,就是必然的(即必然存在的)。

这三种陈述是打算作为对可能的、现实的和必然的东西的定义,进而我们就有权把它们简单加以换位。它们所谈到的乃是实在的(不是单纯

---

① A218=B265起。又比较一下本书第三十六章第二节。

② "说明"是原德文的"Erläuterung"之译。

③ 看本书第五十一章。

④ 我们可以这样说来更清楚地叙述它,就是凡是与经验的形式条件,即与直观的条件(空间与时间)而且与思想的条件(统觉的统一性与范畴)一致的都是可能的。

⑤ 这里的"联系的"是原德文的"zusammenhängt"之译。

⑥ 这里"联系"是原德文的"Zusammenhang"之译。"Zusammenhang"在这里(而且在现实性的定义里作为动词用)是同义于德文的"Verknüpfung"(联系)或"nexus"(关系),即"联系"的专门名词;看B201-202注。"Verknüpfung"这词是用在A227=B279里的。所谈到的联系是通过诸类比的,而依我看来,责备康德,如康蒲·斯密那样(见其《解义》,p. 397),说他下现实性的定义而没有涉及诸类比,这是一种错误。比较一下在A397里的公式形成:"凡是按照经验性的规律和一种感官知觉联系的就是现实的",经验性规律预先假定了诸类比。

逻辑上的)可能性、现实性与必然性。那就是说,它们所谈的,如第三条公准括弧内的插语所表示的,乃是可能的、现实的与必然的存在,或者说,不是思想的,而是对象的可能性、现实性与必然性①。

我们前此一直是企图证明,如果一个对象要成为一种人类的有空间与时间性的经验的一个对象,它就必须在其自身里有某些必要的特征或说确定;它就必须有其外延量与内涵量,而且必须是(带有常变的一些偶性的)一个处在与一切其他同类的实体因果性的相互作用之中的实体。可能性、现实性与必然性不是在相同的意义上作为对象的特征,而且它们也不是包含在对象只就其自身来考虑的概念里的。我们关于一个对象的概念可能是完全详尽的②,然而我们还是可以问,那对象本身是否只是可能的,抑或是否也是现实的;而且,如果它是现实的,我们可以问,它是否又是必然的。康德认为这些问题不是和对象的内容有关,而是和它对我们的心的关系或者和我们认识它的方式有关的。

正如康德把逻辑的可能性、现实性与必然性和知性、判断力与理性在其逻辑的用途上联系起来③;他在这里同样地把我们可称为实在的或说质料的可能性、现实性与必然性④和知性、判断力与理性在其经验性的用途上联系起来,就是作为应用于经验上的联系起来⑤。在他的最后概

---

① 比较一下《形而上学》,p. 28。实在的可能性是和一种可能经验的条件相一致。一个东西和经验的联系就是现实性。这种联系,就其是能在验前知道的来说,就是必然性。

② 康德在 A727＝B755 起里关于定义的讨论暗示着详尽性是永远不在经验性的概念里找着,而只在虚拟的概念与数学的概念里才找着的。在他关于逻辑的讲演录里,内部的详尽性又是归之于理性的纯粹概念的;《逻辑导论》Ⅷ(Ⅸ 62-63)。外部的详尽性(德文的"Ausführlichkeit")却不认为是理性的纯粹概念所有的(看 A728-729＝B756-757);而如果这样,大概也不承认内部的详尽性了。外部的(或说外延的)详尽性包含在一个概念里的同位标志的清楚性;内部的(或说内涵的)详尽性包含在一个概念里的从属标志的清楚性。

③ 看 A75 注＝B100 注,又看 A130-131＝B169 和 A304＝B360-361,而且比较一下本书第九章第二节以及第三十三章第五节。逻辑的用途就是一般的(或说形式的)用途,为形式逻辑在抽去了对象里一切分别后所研究的。

④ 即对象的,不是思想的可能性、现实性与必然性。

⑤ 如果一个对象要成为可能性,它就必须为知性按照经验的形式条件所设想的;如果它要成为现实性,它就必须为判断力在感官知觉的基础上所断定;如果它要成为必然的,它就必须是理性按照经验的普遍规律,即按照知性的原理,特别是类比,推论为被确定的。应该注意到,判断力(它是把现实的实例统摄在一个概念之下的)要就是以纯粹的直观为依据,要就是以经验性的直观为依据。康德在目前一段里明白谈到经验性的判断能力来说明我们是和经验性的直观即感官知觉有关的。

述里[1]，他表达了同样的见解，而没有用这些技术名词。这些公准对于对象这个概念只加上它在其里面起源而且有其所在处的认识能力。如果概念仅在知性中[2]，而且和经验的形式条件相一致[3]，那么它的对象就是可能的；如果它是和感官知觉即感觉（也就是和感官的质料）相联系而且是利用知性[4]并通过各感官确定下来的，那么它的对象就是现实的；如果它是按照范畴而通过感官知觉的联系被确定的[5]，那么它的对象就是必然的[6]。在所有这些情况下，概念的内容都是一样的，但是它对于心的关系是不同的。

我们将会看到，康德参照经验去说明可能性、现实性与必然性。可能性依靠经验的形式，现实性主要是依靠经验的质料，而必然性则依靠这两者的结合。所以他的学说是明显不同于主张我们靠纯粹理性而没有经验就能知道事物的可能性、现实性乃至必然性的这样的唯理论学说的[7]。他尤其是在这些定义里，把一切范畴局限于一种单纯是经验性的用途而排斥它们单独利用纯粹理性的这种先验的用途[8]。如我们所常看到的，范畴在其纯然逻辑的意义上，乃是同一于判断的空洞形式的。如果它们是作为一个一般性的对象的概念，那么它们只作为可能的经验的一个对

---

① A234＝B286。

② 这里是在狭义上（即与判断力和理性这两者对立的意义上）来理解知性的。

③ 康德是说“和……相联系”（德文的 Verknüpfung），但是这不是“Verknüpfung”的专门意义。

④ 我认为“知性”在这里乃是知性的（在广义的）形式，称为判断能力的。谈到知性就说明就康德来说，存在不是感官离开思想所找到的。

⑤ 这是理性在其经验性用途上的作用——我认为这是在寻求被条件限制的东西的更高条件的过程中的（A309＝B365），虽然这工作是永不能完成的。康德所谈到的概念乃是范畴。

⑥ 我在谈到现实的东西与必然的东西里关于“确定”这词的用法觉得有点困难。一个概念，如果和所予的直观有关系，就是确定了，而直观，如果从属于一个概念，也就确定了。这些意思的第一个像是关于现实的东西所用的；但是关于必然的东西，除概念的确定以外，还必须有对象的通过范畴的一种确定（或它和感官知觉的联系）。

⑦ 这样的可能性、现实性与必然性可称为绝对的，与康德的可能性、现实性与必然性对立的，康德的可能性等是假设的，相对于经验的；比较一下 A232＝B285。

⑧ 看本书第十一章第四节和第五十四章。如果我们只由涉及经验才能看对象为可能的、现实的与必然的，这就必须适用于用这些范畴所想到的对象。

象的概念来说，才有“意思与意义”①。它们并不给我们关于自在之物的绝对知识；其实作为用于自在之物的来说，它们是空洞的。

讨论公准的必要性，这应该是明显的。知性原理自始至终，一直是求援于经验的可能性，而这样也就求援于经验对象的可能性。在诸类比中，康德曾论证说，作为与主观的东西或说想象的东西相对立来说，客观的东西或说现实的东西，必须为必然性所支配。没有对于这些名词的用法的某种说明，这个论证就会是不完全的。说这些公准仅仅是由于阿迪克斯教授的所谓康德的“系统法”，而且由于康蒲 · 斯密教授的所谓“建筑术”，依我看来，这是错误的②。康德曾说明，如果对象是对直观被给予出来，又如果它们是在一个共通的空间与时间在互相的关系上存在的，那么它们就必须是什么。他还得要说明它们对于知道它们的心必须有什么样的关系。

2. 样式各范畴的相互依赖

样式的各个范畴，像一切其他的范畴一样，都是必然适用于经验的一切对象的，所以经验的每一个对象同时是可能的、现实的和必然的。可能性的范围并不广于现实性的范围③，而现实性的范围并不广于必然性的范围。必然性这个范畴，像每类的第三个范畴一样，是在其自身里把其他

① 如我们曾在本书第三十三章第五节里所看到，量的各范畴是有关于直观的形式的综合的；质的各范畴是有关于直观的质料的综合的；关系的各范畴是有关于直观的质料的形式的综合的。可是我必不得认为有三种综合；因为只有一种综合而带有可分辨的各方面。由于认为有三种分开的综合，我们就太认真地看只是为着分析的缘故才是必要的种种抽象而以各种是依我看来远离他的实际上的学说的错误与歪曲都归之于康德。也许应该附加地说，一个范畴与之有关的综合，其本身也总是一种形式上的综合。无论综合是和直观的形式（即和直观的纯粹杂多）打交道，或者是和直观的质料（即和直观的经验性的杂多）打交道，或者和形式与质料两者打交道，这个范畴都是一般综合的概念而不去管以所予的质料的各种分别为转移的那些分别的。

② 阿迪克斯在其注释里乃是断言这些公准不是原理，因为它们不使经验成为可能的。这些公准像其他原理一样，叙明一些条件，离开这些条件，经验是没有可能的；因为经验的对象必是可能的、现实的和必然的，不是绝对如此，而是在对我们的心的关系上而言的。阿迪克斯的一个反对的意见是说，人们有经验而毫无任何观念关于可能的东西与必然的东西是怎样依赖心的各种力量的，这就说明一种奇怪的事，即不明白康德所谓经验的验前条件是什么意思。

③ 看 A231＝B284。

两个范畴结合起来的；总之，它是结合着可能性与现实性的①。

样式的三个范畴必须适用于任何一个而且适用于每一个对象，这个事实并不使把这些范畴相互区分开来成为多余的事；（如果是的话）我们尽可同样地提出要把任何一个范畴与任何另一个范畴分别开来是多余的事，因为它们都是适用于任何一个而且适用于每一个对象的（如果它们只要成为范畴的话）。然而可以这样想：其他的范畴适用于对象是由于在这些对象里的可分辨的各方面，而在样式的各范畴的情况下，这却不能是这样的，因为它们所与之有关的只是那整个对象对于能知的心灵的各种不同的关系②。

我不认为这种批评是正确的。我们无疑要在对象与心灵的关系中考察对象；但是康德的整个论点必定是对象由于我们曾经讨论过的在其里面的各种不同的方面而对于心灵就有各种不同的关系。每一个对象都有心灵所外加的一种形式，而由于那种形式，对象就成为可能的。每一个对象都有对心灵给予的一种质料而在形式之下被综合起来；而且由于这样被给予出来而综合起来的质料，对象就成为现实的③。最后，每一个对象都是形式与质料结合起来的一个整体，这就意味着它乃是一个实体，其各种偶性是在因果上被确定的；而由于这种确定，对象就是必然的了。

有理由设想④，量的综合给我们以对象的可能性，质的综合给我们以对象的现实性，而关系的综合给我们以对象的必然性。这是有简单性的优点的；而且它使一个对象由于它符合于时间与空间的性质而成为可能的，这是不无合理性的一种学说。虽然如此，这些公准的教条是比这更复杂的；因为可能性据说包含的不是与直观的形式条件的一致，而是与一般

---

① 比较一下 B111。我必须自认我还觉得康德在这段里所说的是模糊的。他说必然性乃简单是通过可能性本身被给予出来的存在。当我们从原因推出其结果的必然存在时，存在是通过经验的形式条件被给予的，但是我们必须总是从现实的东西出发。

② 我想这就是当康蒲·斯密教授（在其《解义》的 p. 393 上）说“同一个定义充分地包括同样三个名词”时所必须有的意思。

③ 这质量不必是直接被给予出来的，它可能是由于已知的因果律而被推论出来的。

④ 我在本书第三十三章第五节里是临时这样做过。在 A180＝B223 里有一点是支持这种说法的，如果所谓“单纯直观（即出现的形式）的综合”能同一于（我在上面曾称为量的综合的）纯粹直观的综合。

经验的形式条件的一致；而且这些形式的条件（即一般经验的客观形式）据说含有关于对象的知识所要求的一切综合①。这指的显然是范畴，而且符合在第一条公准里的可能性的定义。

我认为我们必须理解康德的意思是说，就一个对象不但符合于空间与时间，而又符合于各范畴——即符合于经验的一切形式条件来说，它就是可能的。就一个对象是和经验的质料条件即和感觉相联系来说，它就是现实的。这个"联系"必须是按照各范畴，而且特别是按照关系的各范畴，这个事实就明显地不是这个意思，即一个对象的现实性也就是和它的可能性同是一回事：可能性与现实性依然是彼此不同的。然而可以主张，在现实性与必然性之间没有任何实在的分别；因为当我们说一个对象是必然的，或说必然存在的，是就其和现实的联系是按照经验的普遍性条件而言的这个时候，我们不过是说在我们现实的东西的定义里所已经说过的而已。

参照经验的普遍性条件（以别于其形式的条件以及质料的条件）是很难构想现实性与必然性之间的分别的；因为这些普遍性条件似乎只是结合起来看的形式条件与质料条件；而且，如我们所曾看到的，形式条件和质料条件同是现实性所必需的②。参照普遍性条件充其量只能表现一种强调上的分别；当我们考虑一个对象是现实的时，我们强调经验的质料条件，而当我们考虑它作为必然的时，我们就强调形式条件与质料条件的结合。一种强调上的分别几乎不足以确立范畴之间的区别。

这个批评，就它到此为止而言，对我来说，似乎是正确的，但是它没有能注意到"确定"这个词。一个对象是具有现实性的，如果比方说，它作为一个原因与作为结果而被给予出来的东西联系着。然而它不具有必然性，除非是就其被确定为一个所予的原因的结果来说③。康德的区分没有太清楚地说出来，但是它却仍然在那里，而且在关于第三条公准的讨论里得到了发挥。

样式的各范畴（像量的、质的和关系的各范畴一样）都是相互依赖的；

---

① A220=B267。

② 我认为涉及质料的条件（不单纯是质料），本身就表示某另种东西，而形式的存在。

③ 比较一下 A194=B230 以及许多在第二种类比里的其他各段。

但是这并不是我们为什么应该把它们看作是不可分辨开来的东西的理由①。

3. 思想与其对象

如果康德限于说明样式各范畴的意思的话，他的阐述会简单一些。那就会很清楚，每一个对象必须是可能的，现实的，而又必然的，而且这三个范畴是必须用于经验的每一个对象的。然而康德又关心于一个更广的问题——即样式的各范畴（而结果，就是一切范畴）是否适用于经验以外的对象。

如我所曾每每坚持的那样，甚至按康德的见解来说，一切纯粹范畴，表面上看来，是要求适用于经验以外的对象的；因为按其本质（作为从知性的性质得出来的）来说，它们是不涉及感官性的直观的。按通常理性论的见解说来，还有更广的一种要求，就是我们利用概念就能知道没有给予于感官性经验的对象。这样的种种要求引起了思想对其对象的关系这整个问题。它们又引起了这样的问题：我们是否有权来把对象看成可能的，而其意义是不同于康德以之归于实在可能性的意义的。

如果没有感官性的直观而用概念就可知道对象这一主张应予坚持的话，那么这样的知识显然就必是验前的知识了。按康德的见解来说，验前的知识只能依赖经验的各种形式或说条件，而特别是依赖感官性的直观的各种形式或说条件，才能有其正当的理由的；但是在与第一条公准的关系上，他却毅然负起责任来考查概念的各个主要类型，并且考虑这各类型的概念单独能否给我们关于可能的对象的知识，而这样就具有客观的有效性。这也就是他的阐述里的复杂性的一种来源。

在适当的时候我们将会讨论这些复杂性，目前我们必须在我们心里一直保持清醒。就康德来说，如我所曾说过的那样，可能性的范围不广于现实性的范围，而现实性的范围又不广于必然性的范围。依我看来，这后

① 关于样式的各图型的难懂的说明（在 A144-145＝B184 里）暗示着，要知道一个东西的可能性，我们就必须知道它是在某时间上的；要知道它的现实性，我们就必须知道它是在一定的时间上的；要知道它的必然性，我们就必须知道它对于时间的整体的关系（大概是靠知道它从而被产生的一连串的原因）。

一个论点无疑是为诸类比的学说所成立的,只这个学说是和存在有关的。也许可以说,前面的那个论点是更有疑问的;因为如果我们能想到一个对象而不知道它——而康德在习惯上是把想到与知道区别开来的——那么,按他的理论来说,可能的对象的范围似乎必须广于现实性的对象的范围。

这样一种主张可能是错误的:我们不能靠单纯的思维就使一个对象成为可能。我能随意去想,只要我不自相矛盾;但是在这样的一种情况下,虽然思想是一种(逻辑上)可能的思想,但一个与之相应的对象就不见得是(实在上)可能的①。这样的一个思想,或说想法,乃是一个盖然的判断;而就康德来说,一个盖然性的判断乃是一个判断,在其里面,肯定或否定是作为可能的(即随意的)②:它是为判断的单纯可能性这意识所伴随着的③。要有对象的实在可能性(或思想的客观有效性)所需要的是多于前后一致的思维的④。我们能想到我们所不知道的东西这个事实,并不扩大可能的对象的幅度到现实对象的幅度以外。

可能有人反对说,这样与对实在性的肯定相脱离的一种思维或说设想只是靠一种抽去我们关于现实的东西或说实在的东西的整个经验才存在的。我不懂康德为什么要否定这一点:我们的概念离开涉及直观的质料就是空洞的,这是他的中心学说。可是在概念的作用里,对感官给予出来的质料是在我并不知道为可能的一些方式上结合起来的,而我们就必须还要问:这样的一个概念是否涉及一个可能的对象。我们能持有一个概念而并没有肯定其客观的实在性——这是包含在所谓"假定"里而且甚至在假设的形成里的。这种假定的活动无疑是不能独立于关于现实东西的经验而发生的,但是康德在任何地方都没有断言这是可能的。

康德这样说的确是对的:虽然我们能设想上帝的存在与灵魂的不死,

① B26注。

② A74=B100。

③ 康德的《逻辑》第三十节(Ⅸ108-109)。又比较一下A286-287=B343,在那里是说,关于一个本体(作为一种非感官性的直观的对象)的概念乃是盖然性的,就是说,它乃是一个我们既不能说它是可能又不能说它是不可能的东西的观念。

④ A220=B268。

但是我们不因之而就有权立刻来断言：上帝的存在或是可能的，或是现实的，或是必然的，而且断言灵魂在可能上，或在现实上，或在必然上是不死的。可能有人主张，这些都不是真正的设想或思维的实例；但是一经我们开始把真正的思维与只貌似思维的东西分别开来，我们就得要对付一系列的困难，而这些困难，据我所知，是从来没有得到令人满意的解决的。康德是否使用着最适宜的术语，这是次要的事情。他是想让人注意到一个实在的问题，而且我并不认为，我们仅仅根据：如果我们知道一个东西是可能的，我们也就知道它是现实的而且必然的，就能竟然不顾他的学说。

4.第一条公准

第一条公准坚持说，如果东西(things)是要成为可能的，这些东西的概念就必须和一个一般的经验的形式条件相一致[1]；换句话说，这概念就必须和直观的形式(即空间与时间)以及统觉的统一性相一致。

应该注意，康德在这里是和东西的可能性打交道的。在这里，这东西据说是，如果它的概念和经验的形式条件相一致，就是可能的，而在原来的公式里所含的意思是说，这东西本身是必须和经验的形式条件相一致的。在这里面毫无矛盾可言；因为，如果一个东西的概念和经验的形式条件相一致，则所想的东西就必是和经验的形式条件相一致。当康德把这种相一致归之于这概念时，他的意思是说，所想的东西(即概念的内容)是必须和经验的形式条件相一致的；但是他的话语指出，离开这样的相一致，所想的就可能不是一个东西，而是心中的一种单纯的幻影而已。

严格地说，东西是可能的，乃是当一个可能的东西的概念据说是有其客观的实在性的，或者(在验前概念的情况下)有其先验的真实性的[2]。

① A220＝B267。比较一下 A234＝B286。

② A220＝B268 和 A221-222＝B269。如果一个概念是和经验的一个可能的对象有关系，它就有客观的实在性(或说有效性)的。如果它是和一个单纯的幻想(德文的“Hirngespinst”)或心中的幻影有关系，它就没有客观的实在性。当康德说它有先验的真实性时，他只想到一些概念，其对象是验前知道为可能的，如从前后文便是明显的那样。一个经验性的概念能有客观的实在性，但不能有先验的真实性：一个验前的概念能有两者，而且如果它有了一个，它就有其他一个的。

这就是康德的确切术语，而他在小心时，是坚持这种术语的；但是有时[1]他在讲一个概念的可能性时，意指的却是：关于一个可能对象的概念本身也是一个可能的概念。

这种不小心的用法是有一种实在的不利之处的，因为就康德来说，一个概念的可能性乃是单纯逻辑上的可能性，而一个概念之在逻辑上是可能的，是因为它是自相一致的（而不管它的对象是否不是一个可能的对象）[2]。然而这个用法是十分自然的。它并不表示学说的任何改变或者思想的任何混乱；而且聪明的读者，如果他没有仔细地去考查康德，可能就注意不到他的术语的差异，而且无意中可能作了必要的调整[3]。

5. 可能性对不同类型概念的关系

康德承认有四种类型的概念[4]。有经验性的概念，有纯粹概念[5]，有虚构的概念，又有数学概念[6]。关于所有这些类型的概念，都要考虑到康德关于可能性的理论。我们必须记住，就康德来说，构思一个对象就是把一些不同的成分抓在一起或说综合起来，而且既然构思是包含着清楚的或者模糊的一种意识，认为我们是在构思，所以一个概念不但是关于那对

---

① 比方在 A222＝B269 里。在 B26 的注里，把一个概念的实在的（对立于逻辑的）可能性与其客观的有效性等同起来。

② 比较一下 B26 的注。

③ 由于这种用术语的不小心，阿迪克斯教授在他所校订的版本里责备康德前后不一致，而只有用凑合说才能说明它的。他在这种薄弱的基础上所建筑起来的精心结构——甚至康蒲·斯密教授（见其《解义》原英文版，p. 397）也像是为之觉得有点不安的——乃是一种极好的例证，说明那凑合说是达到怎样的异想天开的程度的。阿迪克斯对于康德研究曾作过如此大的贡献，使得人们常常避开他时常对别人所作出的那种类型的粗暴判断。我认为可以说，他的智慧与年俱增，虽然他确是总没有丢去他的品质的一些缺点。但是人们却总想起关于他的《纯粹理性批判》的校订版（以及他的其他早年著作）说他自己关于 Simmel 的《论康德的物理单子论》（在《康德作为自然研究者》一书，p. 165 注里）所说的："他一再责备康德的模糊不清，但是所谓模糊首先是他自己所引入的。"

④ 看 A727＝B755 起以及康德逻辑第三节至第五节，又比较一下本书第九章第五节。

⑤ 在严格的意义上，纯粹概念乃是知性的概念（即范畴）——我们为着目前的缘故可以不管理性的理念。

⑥ 数学概念乃是一种虚构的概念，但是它们的对象是能验前在纯粹直观里构成的，而且它们每每是看作纯粹概念的，虽不是看作严格意义上的知性纯粹概念。

象的一个概念，而且又是关于那些不同的成分借以在对象里被抓在一起的这个综合的概念①。

Ⅰ.康德其实并不关心于经验性的概念的对象的可能性②。经验性的概念乃是从经验得来的概括，而我们知道它们的一些对象是可能的，只是因为我们知道这些对象是现实的③。作为从经验得来的概括来说，经验性的概念免不了必是符合于它们所从而得出来的经验的形式条件的；但是如果我们知道世上有现实的狗，我们也就知道狗是可能的，而并没有研究到狗这个概念与经验的形式条件之间的关系；而且除了知道狗是现实的以外，我们就无法知道狗是可能的④。

康德所关心的乃是不依靠经验，因而是通过验前的概念而知道的对象的可能性；而且他的学说是说，我们不能单纯靠考查这些概念而知道这样的对象是可能的。我们必须总要考虑概念是否和经验的形式条件相一致，或说表达这种条件⑤。

康德在这里所归属于验前概念的，不但是各范畴(即严格意义上的纯粹概念)和数学概念(即不严谨的意义上的纯粹概念)，而且又有虚构的概念。无论如何，他考虑到了可能性对于一切这三种概念的关系这个问题。

---

① 比较一下 A220＝B267。在一个非虚构的概念里想到的综合是属于经验的，或者作为从经验借来的(经验性概念)或者作为根据于经验的形式的(纯粹概念)。经验形式说是含有知道一个对象所必需的每一个综合。

② 然而我认为，当我们说它们是可能的时候，我们是说它们是在第一条公准所说明的意义上是可能的。

③ A223＝B270。比较一下 A220＝B267。这两段都说明康德所关心的乃是通过验前概念而知道的东西的可能性。

④ 比较一下 A451＝B479。在那里康德断言，如果我们不由经验而知道变动是现实的，我们就永远不能在验前知道它是可能的。可能有人反对说，我们知道一只狗在第一条公准的意义上是可能的，因为狗是作为一个实体等等而设想的。依我看来，康德是否定这点的，而且他的否定是对的。如果一个实体是一个可能的对象，一只狗，简单地就其是一个实体而言，就必是一个可能的对象；但是我们所关心的不是一般的实体的可能性，而是通称为一只狗的这特别一种的实体的可能性。没有关于狗的(或狗的原因或结果的)经验，我们就永远不能知道一只狗是一个可能的对象。

⑤ A223＝B270-271。我保留原来的公式而增上“或说表达”，因为康德是把各范畴看作本身就是一般经验的形式的而又是客观的条件，各范畴都可说是表达这样的一些条件，正如说它们是和这些条件相一致那样。

Ⅱ.关于各范畴,他指出,单纯具有实体、因果性与相互作用这些概念,本身还不能证明有这些概念所适用的可能的东西[①]。我们知道这样一些概念的客观实在性或先验真实性,或者换句话说,我们知道它们的对象是可能的,只是因为我们知道:它们验前表现了每一个经验里的感官知觉的一些必然关系。我们知道这个,是不依靠经验的(虽然当然不是在有经验之前的);但是我们知道它,不是不依靠对一般经验的形式的一切关系以及对于只在其里面对象才能在经验上被知道的综合统一性的一切关系的[②]。这就是说,我们知道,只要是有任何经验,它就必须是关于这样的对象的经验;因为,如果我们承认经验总是关于在一个时间与空间里的而且又必须为同样一个心所想象到的对象的经验,那么我们就已经证明(或者康德是这样相信),对象必须具有常变的偶性而且在因果上彼此相互起作用的永恒实体。没有对经验的形式,即对时间与空间以及统觉的统一性的关系,我们就不能有任何这样的知识。关于量与质的各范畴,这同样的原则当然是有效的[③]。

Ⅲ.关于虚构的概念,好像是有两大类型——如果我们不考虑数学概念的话——虽然康德自己并没有这样说。一切虚构的概念在某种意义上都是不依靠经验的;因为在它们里面所想到的各成分的结合乃是心的一种任意的产物,而且在经验本身中是找不着的。但是在有些虚构的概念里,所结合的成分主要是经验性的,如当我们谈到船上的时钟(康德自己列举的有点令人奇怪的例子[④])或吐火兽与半人半马的怪物的时候。康德在这里心中所想的,主要是那些虚构的概念,它们是我们把那些主要是验前的一些成分结合起来而形成的,因而有点像验前概念本身[⑤]。

一经我们有了纯粹概念,如实体、力[⑥]与相互作用这样的概念,我们

---

① A221=B268-269。

② A222=B269。

③ 又注意到,我们离开直观,或者甚至离开外部的直观,就不能知道在各范畴里所想到的对象是可能的。

④ A729=B757。

⑤ 我的意思不是要断言这种区别是能在哲学上维持得住的,而只断言这像是在康德心的背后的。在A96里有同样的倾向。在那里所举的例子乃是“精神”与“上帝”。

⑥ 这是被因果性(作为一种“公”——“predicable”)联系着的。看A82=B108。

就能用在感官知觉里对我们给予的材料来形成新的概念了；但是这样想出来的对象乃是单纯的幻想①，除非它们的成分结合是在实际上的经验里碰到的②。所举的各个例子都是关于一个在空间里永恒的而又不充实空间的实体③的概念，如同有先见之明（而不单纯靠推理而预测未来）的一种力量④这个概念，和精神的相互作用（或者某种形式的精神感应术）这个概念。这样的一些概念，虽有它们各成分的验前性格，却不能像范畴那样，根据它们是表达经验的必需条件而说明它们是有可能的对象的。这种对象的可能性的说明必须是靠这些对象在经验里的现实存在，否则这可能性就是不能被说明的。康德相信，在这些特殊的情况下，它是完全不能被说明的，而这些概念乃是单纯思想中的任意结合，没有资格得到客观的实在性⑤。

我们可以这样来总结康德关于虚构概念的立场：无论在虚构的概念里所任意结合起来的各种成分的性格是什么，这些概念也必须作为经验性的概念来对待，而其对象的可能性的证明，只能靠说明这样的对象乃是直接或间接经验到的。在这样的一些情况下，可能性只作为从现实性的一种推论而被知道的。

Ⅳ. 剩下来的情况就是数学概念的情况，而数学概念有时被当作一类特殊的虚构概念。数学概念乃是心的任意结构而且是不依靠经验的，但

---

① 这里的“幻想”乃是原德文的“Hirngespinste”之译。

② A222＝B269。又比较一下 A729＝B757；因为如果这概念是依靠经验性的条件的（例如一个船上的时钟），那么对象与其可能性就还没有通过这种任意的概念被给予出来。

③ 显然这是心里想出来的某东西作为介于物质与心灵之间的。

④ 康德称它为“基本力量”（德文的“Grundkraft”），这是多于一种单纯的“能力”，虽少于一种“作用”。

⑤ 康德附加地，而有点模糊地说：“谈到实在性，显然完全不可能在具体上想它而又求援于经验：因为实在性只和感觉，即经验的质料有关，而不和关系的形式有关的……”（A223＝B270）他的意思可能是说，他所曾处理的虚构的概念是和关系的形式——实体、能力和相互作用——有关的。由于它们是和实在性或感觉有关因而就是比较具体的虚构概念——如吐火兽与半人半马的怪物这样的概念——是毋须讨论的；因为在它们的情况下，显然只是具有这样的概念是不说明这东西离掉现实的经验是有其可能的。或者他的意思可能是说，如我认为他的意思是这样的那样，乃至在所讨论的那些概念的情况下，既然它们的可能性必须在验后说明的，那就包含有对实在性的求援的，而这就必须包含着感觉，而不是包含着一种单纯的想出来的一些概念的自由活动。

是它们有这个特别的特征，就是它们——用康德的术语来说——是能在验前被构成的，或者换句话说，相应于它们的直观是能在验前“显示出来的”①。因此之故，它们也被描述为一种纯粹概念。

这种见解有某种合理之处，即我们靠简单地检查一个数学概念，就能知道它的对象是有其可能的②。然而甚至在这里，我们也必须区别开概念的逻辑可能性与对象的实在可能性，前者（由于它只依靠全无自相矛盾）所以就能从那概念本身而被知道，后者是不能这样被知道的。所以，一个为两条直线包住的形这个概念，在逻辑上是可能的；因为在一个形这个概念与两条直线与其相结合这个概念之间并没有任何的逻辑矛盾③。但是没有与之相应的任何对象是可能的，因为在空间里是不能构成这样一个形的④。

即令我们注意像三角形概念这样的概念，我们也不是仅仅从它能在空间里被验前构成这个事实而知道它的对象是可能的。这样一种结构所给我们的，不是严格意义上的一个对象（因为那必须总是有一种经验性的质料的），而单纯是一个对象的形式⑤。这样一个假对象可能是想像力的一种纯粹的产物，而我们必须有其他的一些根据才能在验前说，像一个三角形的那些对象是经验的可能对象。我们在验前断言三角形的可能性，其实在的根据就是空间乃是外部经验的一种形式的、验前的条件，而且我们借以在想象里验前构成一个三角形的同样的描绘式的⑥综合，所以就是同一于在出现的一些东西的领会里所运用的综合⑦。后一种综合不是为了形成三角形的一个数学概念，而是为了形成三角形的一个经验性的概念。

---

① A713＝B741。比较一下 A719＝B747。又《逻辑导论》Ⅲ与第 102 节（Ⅸ23 与Ⅸ141）。我们又能说，它们的对象是能被“显示出来的”，或说验前在直观里“被构成的”。

② A223＝B271。

③ A220＝B268。

④ 这是按空间是欧几里得式的这个假定的。

⑤ A223＝B271。在 B147 里也表达同样的学说；比较一下 A156＝B195。

⑥ “描绘”是原德文“bildende”即英译的“figurative”之译。这就是 B151 里概念或判断的象形综合（拉丁文的 synthsis speciosa）与理智的综合（拉丁文的 synthesis intelleetualis）对立的。

⑦ 这就是康德的中心学说的简单叙述，就是领会的每一种经验性的综合（这是结合直观的质料的）也就是想像力的一种验前的综合（这是结合直观的形式的）。我想说验前综合是存在于经验性的综合里比说它们是同一的要更确切些。

对于连续量的可能性来说，而且其实对于一般的量来说，这同样的原则也是有效的。这样的一些量的概念，其被知为有客观实在性，不是从这些概念在其本身来看的性格所致，而是因为这些概念表达在时间与空间里所发现的经验的种种形式条件。

康德这样说确实是对的：如果我们认为欧几里得几何的空间是人类经验的一种必需的条件，我们就验前知道三角形、方、圆和双曲面都是经验的可能对象。这种知识不依靠我们曾在实际上见过或摸过的这类几何形，它只依据我们关于空间的知识以及我们知道空间乃是经验的一种条件①。

如果在这种事情上有任何疑问，那么这疑问就必须以这个见解为基础，即要知道乃至一个数学形的可能性，我们所必须知道的，不但是它与空间的性质相容，而且它遵循的是经验的因果律。这些因果律可能是这样，就是自然永远不能产出双曲面(或与之近似之物)来；而且我们知道自然能这样做，唯一的条件是我们实际上曾经验过双曲面，或者我们曾经验过对象是我们知道要么作为结果、要么作为原因而与双曲面联系着的。在这样一种情况下，我们就会知道双曲面不但是可能的，而且又是现实的，并且乃至(在最后的情况下)是必然的了。

我认为，对于这种见解不无可说的，而且它有这个优点，就是它使可能性的范围并不广于现实性与必然性的范围。也许康德会主张，如果我们知道一个双曲面是和空间的性质相容的，我们也就知道我们自己能构成一个实际上的双曲面，因而也就知道它是经验的一个可能的对象②。然而整个批评暗示着，我们所应从事于研究的，不是纯粹数学图型的可能性(数学图型只是假对象)，而是自然中不完善的与之相近似物的可能性；而在那种情况下，所谈的概念就是经验性的了③。

---

① 如果欧几里得几何的空间不是经验的一种必需的条件，康德的学说就必须加以修改；但是甚至是这样，如果空间乃是经验的一种必需的条件，我们仍然能在验前说，有些概念是和经验的可能对象有关系，而别的不是的。可能反对说，在这种意义上，我们同样能在验前知道吐火兽是可能的对象。然而这是真的，只有如果我们理解“吐火兽”是指某一定形状的物体说的。如果我们理解“吐火兽”为一个有生之物，那就不是真的了。

② 困难就是，在那种情况下，可能性的范围就像是广于现实性的范围的。

③ 比较一下 A239-240＝B299。

康德的学说是相对简单的,而且我认为是正确的。他并不是要为我们提供一种对于实在可能性的意思的精细分析,而只是问:关于对象的可能性在什么程度上我们才有验前的知识。他声明说下述推测是徒劳无功的,即因为我们能够想出一些不是自相矛盾的概念,所以与之相应的对象就必是可能的。只有当一个概念表达经验的一切必需的条件,或者作为一个范畴,或者作为一个数学概念时,我们才能说这个概念必须有其可能的对象;在一切别的概念的情况下,只有当我们知道它们的对象是现实的时,我们才能知道这些对象是可能的。既然范畴只靠其对空间与时间的关系才有其意思与意义,而且既然数学概念是依靠空间与时间的纯粹直观的,所以我们关于对象的可能性的验前知识依赖于空间与时间乃是经验的条件这个事实,而关于不同于我们所知道的世界的种种可能世界的莱布尼茨派的一些讨论不过是白费口舌而已。

时间与空间只靠一种抽象的动作,或说排除的动作,才是能与经验性的直观分开的;而康德在第二版所增加的一个一般的意见里①坚持说,不但我们不能离开谈到经验的各种条件而用单纯的范畴来理解一个东西的可能性,而且我们还需要在手边有一个直观,其实是一个外部的直观,才能这样理解。我认为这种直观是经验性的②。为了驳斥观念论,参照外部直观是重要的。

6. 经验的可能性

我承认:我一直期盼康德在这个关系上还进一步说明,"可能的经验"这个短语是如何与目前关于可能性的说明有关系的。我们是否能够说,经验(像一个对象一样)是可能的,是因为它和经验的形式条件相一致呢?归之于经验的可能性是否和归之于对象的可能性性质相同呢?

也许可以认为:经验的可能性必是不同于以之归于经验内的对象的可能性的某东西。这个问题是一个难题,但是我提出,经验与其对象之间

---

① B288 起。

② 比较一下 A156=B195,在那里空间与时间的观念说是不会有任何意义的一种单纯图型,除非再生的想像力唤起经验的对象。

的密切联系使之几乎不可能倡导这种关于康德学说的见解。只有当一种经验符合我们的论证声言是已经成立的经验一切形式条件时，我们才能知道这种经验是可能的。

其中的困难就是它好像使我们陷入一种恶性循环。我们是否要主张范畴必须适用于对象，因为范畴是表达一种可能的经验的一切条件的，然后又主张经验是可能的，因为它(或它的概念)是符合于范畴的呢?

如果康德真是单纯地断言，事实上在经验里假定有范畴，因而范畴就是经验的条件，并且经验所以是可能的，只是通过与范畴的相符，那么这个论证就会是一种恶性循环了。但是，如我已曾指出的①，这完全不是他的论证。康德所曾主张的乃是，如果我们把经验分析成它的成分，我们就能了解它是必须包含着直观与思想这两者的。我们也就能了解空间与时间是直观的必需形式(或说条件)，不但是因为我们没有它们就不能有任何直观，而且又是因为当我们除去了经验性直观的成分时，我们就有了关于空间与时间原来的性质的验前知识了。我们又能了解，包含在经验里的思想是必须有统一性的(即统觉的统一性)，而且这种统一性必须以某些必然形式(即思想的形式)表现出来。从这些终究的原理出发，他就自认为已经证明:范畴表达了经验的一切必需条件，而且必定适用于任何一个以及每一个经验的对象②。

康德所主张的，归根到底就是，经验之为可能的，唯一的条件是，它是一个能思维的心灵关于在一个时间与空间里对直观给予出来的对象的经验;他的学说的一切其余部分都应该是从这一点引申出来的。这样一种关于经验的见解，无论它怎样为对于空间与时间以及推理思维的必然性格的识见所支持，只能当作一种最后的事实，过此以外，我们就无法再说什么了③。谈论其他种种的可能经验乃是空洞而毫无意义的推测。我们不能想象到其他种种的直观与思想;而且即令它们能被想象到，它们也不

① 比较一下本书第三十章第五节，又第三十六章第四节与第四十五章第七节。

② 纯粹范畴是从思想的各种形式得出来的，而它们的图型是从在一个空间与时间里综合所予的杂多这个必然性得出来的。

③ B145-146。

能属于我们作为在其里面的对象是对我们被给予出来的唯一一种知识的经验①。我们只和人类的思维与想像力关于在空间与时间的形式之下对我们被给予出来的这种质料的综合有关。按康德的见解来说,我们具有的验前知识没有任何应有的权利来成为关于最后的实在性的知识。通过对那种经验的分析,我们就发现了一些条件,它们在其自身里有一种可理解的必然性,而且是与一般的经验有关的。为了这种缘故,我们就把它们当作经验的条件,而我们自认为,我们知道经验就是可能的,如果它是符合这些条件的。我们完全不能想象一种不符合这些条件的经验,而且我们更不能知道这种经验是可能的。范畴应该就是从这些最终的条件得出来的;断言范畴因此就作为表达一种可能经验的必需条件而在客观上有效,而且经验本身只有在符合这些条件时才是可能的,这并不是一种恶性的论证。

① A230=B283,比较一下 B139。

第五十章 现实性与必然性

1. 第二条公准

第二条公准肯定：与经验的质料条件（即感觉）相联系的东西就是现实的。其意思是说，要有关于东西的现实性①的知识，我们就必须有感官知觉，而这里是说明感官知觉为人们意识到的感觉②。这样说并不等于说：我们必须有，甚至说我们必须已曾有过，关于我们肯定为现实的东西的一种直接的感官知觉。如果一个东西是按照诸类而与任何现实的感官知觉相联系的，我们就能说它是现实的。我们看不到的房屋的背后是和我们看见的房屋的前面一样现实的，而房屋所从而构成的那些看不见的原子亦复如是。康德自己所举的例子③乃是一种透入一切物体的磁性物质；而如果现代科学这样断言是对的，就是认为：质子与电子对说明在试验室里所看见的现象是必要的，那么我们就可以说，按康德的原理说来，这样的质子与电子是存在的。它们的存在正如我们看见的房屋树木的存在一样，而且如果我们的感官更精细的话，它们是能被看见的。我们五官的粗糙性不得用来确定一般可能经验的形式④。

康德并不把存在局限于现时，而且他相信原因的存在正如其结果的存在一样。因此，从化石的现时存在，我们就有权来肯定现在已绝种的各

---

① “现实性”是原德文的“Wirklichkeit”之译，“存在”乃是一个名词用作实体与其偶性在时间里的有的，而“实在性”是一个名词用作在感觉里给予出来的有质的物质的。我不认为在存在与现实性之间有任何本质上的分别——康德甚至在本段里还是用这两个名词作为同义词——但是虽然实在性是存在所需要的，然而却不是和它同一的。实在性有等级，而存在则没有等级；因为一个东西要就存在，要就不存在。

② A225＝B272。比较一下 A120，B147，以及 B160；又 A116，B207，以及 A374。为了要成为感官知觉，感觉就必须“捡进”意识里，或说“被领会”。

③ 看 A226＝B273，又比较一下 A492-493＝B521。

④ 这是符合于康德关于可能的东西的描述的，而在这种描述里并没有提到我们感觉器官的种种限制。

种生物在过去的存在。康德是否相信我们能知道未来的存在，这也许是更有疑问的。他说，我们能在看见东西之前就知道它们，因而我们就能比较验前地知道它们①。可以把这句话同另一种说法②来比较一下：如果我们挖掉我们房屋的墙脚，我们就能在验前（虽然不是完全在验前）知道那房屋是要塌陷的。然而在目前的一段里，他可能只谈到我们还没有看见而现在却存在着的东西。

一定不要忘记，这种学说只适用于形形色色的世界，而不适用于自在之物。谈到自在之物时，在时间里的"存在"是毫无意义的。依靠感官知觉和思想，我们就在我们的面前有一个形形色色的世界展开在无穷的时间与空间里，而且为相互作用这条规律所联系在一起。但是这个世界还只是一个（现实的与可能的）形形色色的世界，如康德小心地提醒我们的那样。有了诸类比的线索，我们就能从我们现实的感官知觉过渡到一系列的可能感官知觉里的东西那里去③。

康德的中心论点就是，除非我们在感官知觉里有一个出发点，否则我们就不能对东西的存在说什么。一个东西这个概念绝对不含有它的存在的任何标志④。无论这个概念是如何详尽，无论我们是怎样充分地能够想到一个东西连同它的一切内部确定，我们永远不能有正当理由来从这个概念过渡到关于所设想的东西的存在的肯定。我们曾看到，在某些情况下，由于考虑经验的种种条件，我们能从这个概念过渡到认为所设想的东西是可能的这种肯定⑤；但是，除了感官知觉以外，没有什么东西能让我们有权来肯定所设想的东西的现实存在。

这个学说是为康德批判关于上帝存在的本体论证明作准备的⑥。我们对这个问题并没有任何偏见，也没有考虑到它所引起的一些最后的争端，但是却可以说，至少是关于有限东西的存在来说，康德的主张基本上

---

① A225＝B273。

② 即 B2。

③ A226＝B273。又比较一下 A493＝B521。

④ A225＝B272。

⑤ 甚至这，我们也不能没有直观便行的，而且乃至没有外部直观也不行。

⑥ A592＝B620 起。

是健全的。

康德不是断言存在只属于物质而完全和经验的形式分开；而且主张他作出了这样的断言这种提法，就其参照了诸类比的学说①来说，依我的意见，乃是站不住脚的。当康德说感官知觉是现实性的唯一标志时，我们没有任何权利把这个说法与它的上下文分开，而认为就康德来说，离开了思想而单靠感官知觉就能给我们关于存在的知识②。我们最多只能够说，这是用一种有点不严谨的方式来断言我们的一切范畴和我们的一切概念都永远不会给我们以只有感官知觉才能提供的那种现实性的标志③。康德的学说不是那么容易了解的，所以我们毋须画蛇添足，去增加它的困难。

从已经说过的，应该可以看清楚，而且其实从整个《纯粹理性批判》里的康德学说来看，也是这样，虽然现实东西的本质性的标志乃是和感官知觉的一种联系，但是作为按照诸类比的一种必然联系的这种联系，对于关于现实的东西的知识来说，是和感官知觉本身同样是不可或缺的④。其实康德的公式正是说明这一点；因为他并不是说，现实的东西要么是在感觉里被给予出来的东西，要么是和感觉相联系着的东西。与此相反，他是

① 比较一下本书 p. 336 的注①。

② 又比较一下 A234＝B286，在那里对象说是现实的，如果它是和知觉（即感觉的作为诸感官的质料）相联系的，而且是从而通过知性得到确定的。康德的关于梦与醒时的经验之间的分别的说明又证明这种见解，就是现实性或说存在是通过感官知觉与思想的一种结合才被知道的：其实否定这点就是放弃了整个批判学说。比较一下 B233-234，A201-202＝B246-247，A376，A451＝B479，A492＝B520-521，A493＝B521，以及《未来形而上学导言》，第十三节，《解释》三（Ⅳ290）。

③ 康蒲·斯密（见《解义》，原英文版 p. 398）也把这与之相应的学说归之于康德，就是说和不必然地给予出来的东西毫无关联的“单纯概念”有三个。这是奠基于康德所说的，“在一个东西这种单纯的概念里，是不能找出它的存在的任何标志的”（A225＝B272）。康德所说的是绝对真的，如果我们在任何方式上能够（而我们一定是能够的）考虑，或持有一个概念，而完全不知道有一个与之相应的对象是存在的；而且我不能看到任何根据来认为它包含有一种关于概念的理论是和批判哲学的见解不相容的，或者其实和任何别的哲学见解不相容的。我尤其不能看到在它里面有任何理由来断言康德的思想是为莱布尼茨派的理性论的影响所“带坏”的。

④ 可能有人反对说，我们关于现实东西的知识主要是利用知觉的，而且当我们由于联系而知道现实的东西时，我们的知识是间接的。在某种意义上，这是真的；但是甚至在直接的知觉里，我们也必须把所给予的东西和一个实体联系起来，如果我们是要觉知到一个对象的话；而且我们必须（无论是如何“模糊地”）把所予的一些偶性看成在一个有秩序的世界里有其地位的，因而是为因果作用与相互作用所确定的（虽然我们不必在经验上知道其实际上的原因）。

说，现实的东西是和感觉相联系的[①]。单纯在感觉里被给予的乃是一切东西之中最主观的，除非它是和一个实体相联系作为它的偶性之一；而在专门意义上，存在的东西不是一个单纯的感觉，而是一些偶性和感觉相联系着的实体。偶性乃是实体存在的方式；而认识到它们是一个存在着的实体的偶性也就是认识到（无论多么“模糊地”）它们乃是在因果上完全被确定的一个体系的各部分。

可见现实的也就是必然的。这并未使我免去这样的责任，即把现实性与必然性区别开来，虽然这两个东西如此密切地连结在一起，使得我们只由抽象才能区别它们。而且，我们必须记住，认识到每一个对象必须是可能的、现实的与必然的，这是一回事，而认识到任何一个特殊对象的可能性、现实性与必然性，这又是另一回事。范畴的一般性学说并不使我们不负责去在我们想要把范畴，乃至样式的范畴，用于特殊的对象时，寻找经验性的证据。例如，虽然我们验前知道，如果一个对象存在，它就必须是必然的（在其是在因果上被确定的这个意义上），但是我们不能了解这个特殊对象的必然性，这要等到我们曾在经验上发现这个特殊对象所从而被确定的一连串的原因。

为了详尽起见，必须还加上另外一点。康德在这里并没有把逻辑的现实性与实在的现实性区别开来[②]，如他把逻辑的可能性、必然性与实在的可能性、必然性区别开来那样。逻辑的现实性乃是断然判断的一种特征，而且康德把它和（逻辑的）真实性同一起来了[③]。在这种意义上，真实性似乎包含着（1）断言（或说述及一个对象），（2）与知性的形式规律相一致[④]；因此

① 这种联系，如我在上面所指出，乃是通过诸类比的联系。又比较一下 A374 以及 A376。

② 或者说把形式的现实性从质料的现实性区别开来。

③ 看 A75-76＝B101；比较一下康德的《逻辑》第三十节（Ⅸ108）以及《逻辑导论》Ⅱ（Ⅸ16 与 20）。我认为这个真实性乃是逻辑的真实性，或者真实性的一般形式，形式逻辑就单独和这种形式有关的（看 A59＝B84 而又比较一下 A151-152＝B191 以及 A191＝B236）；我们可称为质料的真实性的东西包含着和一个特殊对象的相应；但是形式逻辑并不去管对象之间的种种分别，而且不能够告诉我们一条命题的真是否在与其对象相应的这种意义上。

④ 我从 A59＝B84 拿来这第二点。依我看来，这点作出关于在 A76＝B101 里所说的模模糊糊的东西有一个更清楚的叙述。康德的例证是从假言三段论推理拿来的，而在这种推理里，其前项（它在大前提里只是盖然的）是在小前提里为断言的。当它是断言的时，它是说为表示其命题是按照知性的规律与知性连结在一起的。我自认为这种说法的确切意思对我来说不是完全清楚的：在康德的逻辑讲演录里没有重述它。

它可以描述为对真实性的一种要求而不是真实性本身。要有实在的现实性，我们就还得要有某东西：我们要求所断言的对象要按照诸类比和感官知觉相联系着。虽然就康德来说，这样的实在现实性或说在时间里的存在，没有人类的心灵与人类的判断力，是没有可能的，然而它却不是单纯思维所制造的，而是依靠着感官以及依靠着思想的。这就是凯尔德(Caird)从他的黑格尔派观点出发所一贯反抗的学说①；但是我认为关于这个题目，现代哲学整个来说，倾向于与康德的一致，胜过与黑格尔的一致②。

2. 第三条公准

第三条公准③断言：必然的东西乃是那种东西，其与现实的东西的联系是按照经验的普遍条件而确定的。这些条件就是诸类比。现实的东西，即构成物理世界的各物体，其本身只是在它们通过诸类比和它们对我们在感官知觉里显示出来的那些出现联系着的限度内，才是现实的，所以就不得认为现实的东西离开诸类比是能被我们所知道的。可是我们现在把现实的东西视为当然的，而且考虑我们关于必然性的知识所含蕴着的东西。我们所关心的不是在概念与判断按照思想规律的联系里所要找到的逻辑的或说形式的必然性④，而是对象的存在按照诸类比所要的实在的或说质料的必然性。

我们曾看到，对象的现实存在永远不能离开感官知觉而靠单纯的概念在验前被知道，正如它不能离开概念，特别是离开诸类比，靠单纯的感官知觉而被知道一样。关于对象的必然存在亦复如是。我们不能单纯从概念而知道这样的必然存在。对象是必然地存在的这种知识依赖于它们和那在实际上看见的东西的联系，而这种联系必须是按照经验的普遍规律的。

我们按照这些规律能知道其为必然的唯一一种存在就是给予我们并

① 例如看凯尔德的《康德的批判哲学》一书，第一册，p. 596(如果我正确地了解了它)。

② 例如 Meyerson 似乎接受了康德的这个反题。

③ A226=B279 起。

④ 比较一下 A76=B101。

被认为是现实的那些原因的结果的存在。有人可能会觉得奇怪，康德只断言，有了原因，我们就知道其结果是必然的，而并不断言，有了结果，我们就知道其原因是必然的。我认为康德的理由就是，原因使其结果成为必然的，但是反之就不然[①]。虽然原因无疑是必然的（因为凡现实的东西都是必然的），但它作为原因却不是必然的，而只是作为某别的东西的结果才是必然的[②]。

既然实体，作为永恒的，不能是任何东西的结果，所以我们对于实体存在的必然性不能有任何洞见[③]。我们只知道它们的种种状态是必须存在的；而我们之所以能按照科学所发现的经验性因果律而知道这一点，只是从先行的状态（即在感官知觉给予我们的状态）的知识而来的，而这些状态就是现在状态的存在的原因。

所以必然性的标准乃是在第二种类比里所叙述的因果律[④]，而这条规律乃是经验的规律，而且仅仅只是经验的规律。它只适用于现象界，而且在现象界里，它只适用于实体的状态而不适用于各实体本身。所以实在的必然性不是绝对的必然性，而是假设的必然性[⑤]。那就是说，我们不能靠单纯的概念，甚至不能靠所谓的“上帝”这个概念，在验前知道这种对象是必须存在的；但是借助于经验，我们能够说，承认了原因是现实的，其结果就必定存在。所以我们靠思想而无须关于对象的现实经验，就能肯定这些对象的必然存在，但是只有当我们有了关于它们的原因的经验时，

---

① 我们知道，如果结果是现实的，其原因也就是现实的，但这并不使我们能了解这原因的存在的根据。对原因来说，结果只是一种认识的原因，而对结果来说，原因却是一种存在的原因或说发生的原因（causa fiendi）。

② 比较一下屡次所断言（比方在 A194＝B239 里）说事件（或说结果），作为被条件限制的来说，是的确表示有某种的条件，但是条件是确定事件的。依我看来，这一切是含有这个意思的，就是就康德来说，因果作用不只是一律性的前后相继；因为如果是的话，原因对于结果就会是像结果对于原因同样是必然的了。

③ 我们验前就知道实体都必是可能的（A220-221＝B268-269）；因为如果是要有关于在一个时间与空间的种种对象的经验，这种经验就必须是关于永恒实体的状态的一种经验。我们又可说是在验前就知道一切实体都必须是永恒的。这样说并不是等于说我们知道何以特殊的一些实体存在的根据或原因，而这样就知道何以这些特殊的实体是必然的根据或原因：我们关于必然性的知识是限于实体的偶性的。

④ 这里康德尽可同样地，或者也许更好地，说第三种类比。

⑤ A228＝B280。比较一下康德的《形而上学》，p. 27。

我们才能这样做。

在这方面,康德的学说似乎是健全的。我不认为我们应该理解他的意思是说,只有在我们实际上经验到原因时,我们才能说其结果的存在是必然的。按这样一条原理来说,必然的存在就会是限于未来的。我理解这条原理为更一般性的,其意思是说,凡是我们知道一种原因是现实的地方,无论那原因是现在的或过去的,我们在那里就能够说其结果是必然的。我们之所以能这样做,当然不是由于我们有关于那一般性的因果原理的验前知识,而是由于科学按照那原理所发现的一些经验性的因果律。没有这样的经验性规律,我们虽然能知道原因必有结果,但是我们不能知道它的结果是什么。

3.某些传统的想法

在其主要的任务完成之后,康德按通常的方式加上了一些一般的观察意见。

其第一点只有历史性的价值。四种传统的原则(即拉丁文的所谓 in mundo non datur hiatus, non datur saltus, non datur casus, non datur fatum 即世上没有空隙,没有突然的事,没有偶然的事,没有无缘无故的必然,一般认为就是命运)[①],其中第三条是康德断言为第二种类比的后果,因为肯定普遍的因果性原则就是否定盲目的意外事件。他声称第四条传统原则是属于样式的原理的,因为第三条公准的学说——即必然的乃是有条件地必然的或说假设地必然的——就是否定盲目的命运或无条件的必然性。他还暗示说,否定不连续(拉丁文的 saltus 即突然)是和各种预测里所断言的相联系(虽然其证明是在第二种类比里[②]才作出的);而否定真空(拉丁文的 hiatus 或 vacuum 即空隙或真空)是和各公理里的量的说明相联系的(虽然康德自己是在各预测里与在第三种类比里讨论

① A229=B282。我想拉丁文的"Casus"同义于德文的"Glück"(幸运),而拉丁文的"fatum"同义于德文的"Schicksal"(天命),这两者都说是"usurpierte Begriffe"(应译僭取的概念,但本书作者译为"假概念"——中译者),见 A84=B117。在 A74=B99 里,"casus"这词是"Zufall"(不必然的事)。

② A207=B253 起。

它的[①])。我想他有点乐于肯定空洞空间的问题乃是“理想的理性”的事情,理想的理性是越出可能经验的范围以外的。他始终是急着坚持说,相信原子与真空的那些唯物论者不是作为科学家说话,而是作为形而上学家说话的[②]。

当我们看见康德对于在我们的传统中再不起实际作用的那些短语这么有成见时,看见他总想把这些短语塞入范畴的框架里去时,看见(至少依我的想法)他在这样做时表现出的那种巧妙与貌似有理时,我们能做的就是付之一笑。但是认为他的这种企图乃是学究的一种可笑的例子,依我看来,这种提法比那企图本身还可笑得多。我们必须看看康德在一个形式主义时代的环境里的工作,而在那个环境里,他是作为一个巨人用力摆脱压迫着人们的锁链的。他要让他的学说适合于传统的种种想法,是自然的;而且很明显,如果他关于范畴全表的发现是正确的话,那么一切真实的传统学说就必须适合于那个范畴表,并且应该说明它是如此的。我们今日看到,他当时是错了;但是我们也应该看到,他不是不合情理的,而且被看作单纯是卖弄学问的东西乃是这样一种正当的企图,即想把他的种种结论推向它们的逻辑尽头。

4.莱布尼茨式的可能性

当我们转到他对莱布尼茨的可能性学说的评论时,我们就面临着更重要的一些事情[③]所提出的问题是:可能的东西的领域是否宽于现实的东西的领域,而且现实的东西的领域是否宽于必然的东西的领域[④]。

康德把这些问题看作不是知性的问题,而是理性的问题,不是分析论要解答的,而是辩证论要解答的。他认为这些问题是问:现象是否只能适

---

① A172=B214起和A214=B261。说不连续主要是在直观的有质的物质里的不连续,这是有某一定可说得通之处的(如在各预测里所讨论的那样);而说真空是空间的性质的一个问题,这是在各公理里所处理的直观的量的形式。

② 比较一下A173=B215。

③ A230=B282。

④ 这里又一次责备康德忽然在一种不同的意义上用“可能的”这词。但是这个问题对于他替它们写作的读者们来说是完全熟悉的,而他得要讨论这问题,是为了提出来这问题是预先假定“可能性”的一种虚假的意义这个事实的。我想他的阐述方法在这里不会使当时的读者有任何困难。它一定不表示在康德方面是有任何混乱的。

合于经验的一个系统[1]，或者说它们是否适合于经验的几个不同的系统。知性对于这样的一个问题是不能作出任何答复的，因为它所与之有关的只是支配我们所有的一个经验和我们所知道的一个世界的那些规则。它只和所予的东西的综合有关系，而不和这个世界被断定为其中最好的那些别的可能的世界有关系。我们不能设想到直观或思想的其他形式；而且即使我们是可能的话，直观与思想的这样的形式在人类的经验里也会没有任何地位，而单在人类的经验里知性才起其作用。

可是康德觉得没有可能在这个阶段上对莱布尼茨的学说再不提出某些意见。他指出，无论如何，在一种认为是扩张到我们所知的世界以外的可能性的辽阔区域这个基础上，其得到的结论的贫乏，在其本身来说，就是十分明显的。他提出，因为我们能说"一切现实的东西都是可能的"，而且能把这个命题换位为"有些可能的东西是现实的"，因此我们就猜想，必定有许多不是现实的东西是可能的。最后他就转到一个更严肃的论证上来。因为，如果可能的东西要变为现实的东西，在可能的东西之上就必须再增加某东西，所以可能的东西好像一定比现实的东西更广。

可是，这正是康德所否定的[2]。现实性不是加在已经是可能的东西之上的另一种质。如果任何东西要加在可能的东西之上，它本身就会是不可能的。所加上的不是一种在对象里外加的质，而是一种对能知的心的关系。按康德的学说来说，如果一个东西和经验的一切可能的条件相一致，这东西就是可能的了。对我的知性来说[3]，能被加上的东西就是与某种感官知觉的联系[4]；但是，如果任何可能的对象有这样一种联系，它

---

① 从他在这里和稍后一点所说的来看，很清楚，他是把现象性的世界看作一个经验，这不是在这个世界是存在于一个无所不包含的心灵里面这种意义上的，而是在这种意义上的，就是这个世界形成一切现实的和可能的感官知觉的一个系统，而我的所有现实的感官知觉乃是这个系统的一个必然的部分。他在 A231-232＝B284 里称它为一"系列"的出现而把它和一单个无不包容的经验同一起来。比较一下 A110。

② A231＝B284。

③ 康德说这被加上了"zu meinem Verstande"。意思是"于我的知性"或"为我的知性"。

④ 康蒲·斯密(见《解义》p. 402)断言康德在这里是"把头两条公准结合起来而作出可能的东西的正确的批判定义"。如果是如此，那就真奇怪了，但是(如康德自己所指出)当作出加上时，我们所下定义的不是可能的东西，而是现实的东西。这段所说明的——如果它需要任何说明——就是就康德来说，现实的东西不是经验的质料离开它的形式。

就不但是可能的,而且是现实的了(不管我是否直接看见它)。

在给予感官知觉的东西的基础上,我通过知性而且借助于类比,就能达到关于那一个现象性世界里或说人类经验的无所不包含的系统里的现实对象的更广阔的知识。然而在这个所予的东西的基础上,我无法来决定我的一些感官知觉能否适合于一个完全不同的现象性世界和一个完全不同的经验系统;而且如果我要这样做而又没有这所予的东西的这种基础,我更是无法来决定这样一个问题,因为没有这所予的质料,思维就是完全不可能的①。

在其本身只是可能的条件下才是可能的东西②——而这是康德所承认的可能的东西的唯一意义——不是绝对可能的或说在各方面都是可能的。"在可能经验的各条件下,什么是可能的"这个问题,我们既能提出而又能解答。如果我们是问,东西的可能性是否扩张到经验以外,我们就是提出一个关于绝对可能性的问题,是我们无法解答的。在这里提出这个问题来,只是因为一般相信绝对可能性这个概念是知性的概念之一③。既然关于这个问题的讨论实在是属于辩证论的,所以目前就得让它模模糊糊留在那里。

5."公准"这词的意义

康德最后说明:他说到样式的诸原则为什么要用"公准"这个词。

他不是用"公准"这个词(像显然在当时所用的那样)指立刻就是确实的或自明的命题。他认为这样的命题,虽然是不能在"推论的"通常的意义上"被演绎"出来——而原则,如我们所曾看到的,乃是判断能力的事情,而不是理性的事情——但是这些命题,在康德的意义上,是能"被演绎"出来的,就是说,由于说明它们对可能经验的关系而"有其正当理由"

---

① 比较一下 A96。

② 我想所谓"其本身只是可能的条件",康德是指"可能经验的条件"说的;只有如果条件是可能经验的条件,我们才能说明它们是实在可能的(或在客观上是有效的);但是这个短语是模糊的。在 A374 里,空间(即外直观的条件或说形式)说是在一起这状态(德文的 Beisammenseins)的一种单纯可能性的观念。

③ A232=B284-285。

的。单纯按其表面上的价值来接受自明的东西，基本上是和批判主义的整个精神相对立的；康德认为它在科学里是合法的，但是在哲学里就不是合法的。一旦我们承认自明是根本的东西，我们就面临着一大堆自以为是这种自明的大胆的借口；而没有什么东西是比在其本身来说毫无真实性的保证的常识或传统的主张错认作公理，即错认为是有某种真正程度的自明性的命题更为常见的。一切综合的验前命题所要求的，如果不是一个证明，至少是一种演绎或辩护。用康德的语言来说，在我们承认这些命题配得上哲学的接纳以前，我们必须解答它们是怎样成为可能的这个问题①。

然而康德所称为经验思维公准的东西是处在一种特别的地位上的。虽然它们像其他的知性原理一样是综合的，但是它们，如我们所曾看到的，对于对象的必然特性是没有增加什么的。它们所加于这东西的概念不是这东西本身的一种必需的质，而是知道它的心的一种必然的关系；或者用别的话来说，它们是涉及这概念所从而得到产生出来的心的动作的②。

正是由于这样涉及心的动作，康德才选定“公准”这个词来表达样式的原则。在数学里，公准乃是一个实践的命题。它只有关于我们用来构成一个对象以及产生一个对象的概念的那种综合的。比方它告诉我们用一条所予的线从一个所予的点作出一个圆来。这样一个命题是不能证明的，因为它所吩咐的进程正是那个动作，通过它我们就首先产生出一个圆的概念③。

同样，样式的各公准涉及的是这样的综合（或综合的各方面），仅仅通过它，可能性、现实性与必然性等这些概念才能发生；而且这些公准对于那东西的概念所增加的，除了它对于知道它的心的关系外，并无别的什么。

---

① 比较一下 A148-149＝B188。

② A234＝B287。这个动作就是心的综合，它是把形式或说统一性外加于所予的质料之上而且是关于对象的知识所必需的。它的产生这个概念是在这种意义上，就是这概念在那综合里起作用的原则，而意识到这综合的原则也就是知道这概念。比较一下 A220＝B267。

③ 这个概念是在前注所说明的意义上通过那动作而被产生出来的。

我想我们关于康德的术语,或关于他用术语的种种理由,毋须和他争论。诚然,他的各公准,像数学的公准一样(如果他关于数学公准的说明是正确的话),是有关于通过它,一个对象得到构成而一个概念得到产生出来的那个心的各种活动的。这种在这些公准与数学的公准之间的相似,不致由于在这两种情况下有种种的分别而被毁灭,而这些分别是十分明显的,因为数学的公准是彻底确定其对象的性格的,而康德的各公准完全不确定对象的内部性格。可是,甚至这种分别也绝不是像乍看起来的那么意味深刻;因为康德在其各种不同的主观方面发现可能性、现实性与必然性的起源的形式与质料的综合,在从另一个角度来看时,也是把量、质与关系这些范畴外加于对感官给予出来的质料的这个综合,而这样也就彻底地确定"一个一般对象"的性格。"公准"这个词,在康德的意义上,可说是——如他自己关于"预测"①这个名词和关于"类比"②这个名词同样说到的那样——在某种程度上用于知性的一切原理,但是在一种突出的程度上用于特殊一组的原理,而在这种情况下,用于样式的原则。

6.康德的阐明之有效性(competence)

我曾提出过,康德关于各公准的阐明是比较简单而直率的。我并不是说,这阐明是写得很雅致,布置得很好,或者它是正确而仔细的表达法的一种模范——这些优点在康德晚年的著作里是找不着的。我又承认,在其学说里是能碰见一些困难的,而且这些困难是实在的——我从没有这种好运气,能看到任何哲学著作不适用于这种说法。但是我敢说,任何怀有善意而具有理解力的读者,掌握了前面各原理的论证而且准备去临时假定这些原理是已经证明了的,都能了解康德的阐明。

当我转到康蒲·斯密教授的《〈纯粹理性批判〉解义》一书时,我就在这里,如在别处一样,几乎在每一页上都发现他对于康德的阐述用上了如"不明确"、"片面"、"令人误会"、"模糊"、"混乱"、"曲解"和"乖僻"之类的词;根据康蒲·斯密教授的见解,这些"所谓"原理,实在完全不是原

---

① A166-167=B208-209。比较一下 A210=B256。

② A180-181=B223-224。

理——尽管事实上是承认了这些原理说出了必然属于经验的每一个对象在其对于心的关系上的一些特征;而且甚至阿迪克斯(Adickes)的“复杂而冒险的”凑合说也受到至少一种有限制的承认。依我看来,这样一种评价,像康蒲·斯密先生的那么多的著述一样,对于康德的能力没有予以公平的评判,而且更惊人的是,由于所谈的这一段文字比较清楚:这一切远不是帮助学习康德哲学的人,反而在其道路上增加了一些困难。我自始至终所得的印象——不知是不是康蒲·斯密先生要人得到的印象——就是康德实是滥竽充数;他完全没有充分掌握他想要说的东西;而且批判哲学在《纯粹理性批判》中,部分被硬嵌进了一大堆的非批判的学说,而部分又完全没有表达批判哲学,它只对于少数几个精选的人才是可知的,而且康德的确不是其中之一。对于一个黑格尔流派的人如凯尔德(Caird)来说——虽然依我看来,凯尔德对于这部《批判》的种种优点是有更好的公平评判的——在上面所说的那种态度里不无其正当理由;因为一个黑格尔流派的人是处在一种幸运的地方上的:他知道一切其他的哲学都是表达黑格尔哲学的一些不完善的尝试,尤其是康德只是标志着走向最后目的的一个重要的阶段而已。可是康蒲·斯密先生不是一个黑格尔流派的人;而他关于康德想要阐明而没有如愿的那种哲学的解释,至少对我来说,是不能说服人的,而且不会引起什么反响。抱着一种优越感来对待康德这一近代的倾向,依我看来,是没有理性的根据为其基础的;而且,虽然对于现代来说可能像是不合理的,我却敢于表示这种意见——这是一种意见,我越研究这部《批判》就越觉得坚定——康德对于批判哲学的理解远胜于世上前此任何时候的任何注释家。

第十二卷

先验观念论

第五十一章 经验实在论

1. 批判哲学的诸问题

我们现在——借用康德的辞句来说——已经勘探过而且测量过纯粹知性的或说真理的地域①，而我目前不打算和康德一道到幻想的波涛汹涌的海洋上去航行。可是，照他的暗示②，我们看看我们离开了的那个区域的地图时，我们不禁意识到某些地带的性格，可惜还是模模糊糊的，或者说，无论如何，我们比较多的是把注意力集中在这个地方的自然形势而忽略了它的精神生活。简单地说，我们曾比较详细地处理了外感官的对象，而关于内感官与其对象的研究是比较不足的。康德自己显然意识到了这个弱点，因为在第二版里，他企图更充分地——虽然还不十分充分——处理内感官的问题以及与之同性质的内感官与外感官之间的关系这类问题。

在我们的任务完成以前，还得要触及这两个问题，连同第三个问题，即现象与本体之间的区别的意义。所有这些问题都引起了关于康德的先验观念论的性质以及它和他称为经验实在论的结合这些基本问题。在第二版里，对于经验实在论的强调变得更加有力，因为与他同时代的人十分自然地倾向于把他的观念论同化于他们已经知道的一些学说，例如贝克莱的观念论。在答复这样一种倾向时，康德不得不坚持说，就他来说，空间里的对象是和我们观念的前后相继同样实在的；这些对象之被知道，不是靠一种从我们在内感官里的一些观念的前后相继得来的靠不住的推论；因为没有关于空间里的种种物体的知识，我们是不能觉知到我们观念的前后相继的。这种学说乃是在驳斥观念论的过程中说明的，而在我们

① A235＝B294。

② A236＝B295。

考查内感官本身以前，我们必须首先考查这种驳斥[①]。

2.笛卡尔与贝克莱

康德想要驳斥的观念论乃是他所说的唯物的观念论，它与他自己的形式观念论或称批判观念论是相对立的[②]。这种观念论又可称为经验观念论[③]，与先验观念论相对立。这种唯物的或说经验性的观念论分为两个类型——笛卡尔的疑问观念论与贝克莱的独断观念论。前一种见解把空间里物体的存在看作可疑而且不能证明的；它在本质上乃是一种描写式的观念论，承认自我知识的确实性，但是只靠一种信念来接受物体的存在。后一种见解公开地否定物体的存在，而且（根据康德来说）是断言空间中的东西只是想像力的虚构或说产物[④]而已。

由于康德显然是一个不相信描写式的观念论的人，所以当时就很自然地认为他的学说是应该看作近似于贝克莱的观念论的。康德急于否认这一点，也许就说明他对那位哲学家所表现出的某种愤慨，康德把这位哲学家称为"可敬的贝克莱"[⑤]，而说别的思想家"如此著名"[⑥]。康德对于贝克莱的哲学是否有一种很确切的知识，这是可以怀疑的；因为他好像是暗示着，贝克莱的观念论依据的是空间的被断定为不可能性，因而依据的是空间里的东西的被断定的不可能性。康德主张这是把空间作为自在之物的一种质的不可避免的结果；这样对待空间就是把它变为一种非存在物或说"无物"了[⑦]，其各种矛盾就以不实在性感染了一切有空间性的东西。

---

① B274起。这个驳斥是替代第一版的第四种谬误推理的，这种谬误推理在处理空间里物体的存在之中（由于它坚持说我们的知道存在的东西是同样通过外感官与内感官的），就遭受一些关于主观观念论的错误谴责。这个驳斥，是引入康德关于第二条公准的讨论里的，由于观念论是和这条公准的学说相对立的——这学说是说，在感官知觉的基础上，我们的思想就能知道实际上在空间里存在的对象。

② B274。

③ A369，A371。在BXXXIX里它被称为心理学的观念论。

④ 这里"想像力的虚构"是原德文的"Einbildungen"之译。这种说法暗示着康德对于贝克莱的知识是很不完全的。

⑤ 看B71。

⑥ 例如有B127里的"有名望的洛克"。

⑦ 这里"无物"是原德文的"Unding"即英译的"unthing"。这样一个对象的概念是自相矛盾的；看A291＝B348。

所以他认为这种类型的观念论是为先验感性论的学说所驳斥的。这学说曾说明空间既不是自在之物,又不是自在之物的一种质,而只是直观的一个形式。这是否真的与对贝克莱的驳斥有关系,我们在这里毋须去考虑①。

康德对于笛卡尔的见解却有更高的尊重。他认为笛卡尔的见解乃是先验实在论的不可避免的后果,就是由认为我们的知识乃是关于不依靠我们的感官的自在之物而出发的这种见解的不可避免的后果②;因为按这样一种理论来说,我们是不能从我们的感官性的观念过渡到它们被认为是与之相应,但又是不依靠它们的对象的。笛卡尔的立场的巨大优点就是它不肯在得到了充足的根据以前就断定对象的存在。一直还没有作出这样的一种证明实是哲学的耻辱③,而康德现在就打算提供这种证明。他要说明笛卡尔看作不可怀疑的内部经验,其本身只有在预先假定有外部经验这种条件下才有其可能。

3.观念论的驳斥

康德想要证明的定理④是这样陈述的:

关于我自己存在的单纯的但在经验上确定的意识证明了在我外边的空间里对象的存在。

关于这条定理的意义有两点是要注意的。关于我自己的存在的意识,既然据说是在经验上被确定的,因此就不是纯粹统觉,而包含着关于存在于内感官的思想、观念、感情、欲望与意志决定的前后相继这种意识⑤。在我外边的空间里的对象的存在指的只能是现象性的对象,而不能指自在之物。“在我外边”等字样其实是含糊不清的⑥——可能是指不同于而又不依靠知者的自在之物,也可能是指空间里的现象性的对

① 在B71里是用同类型的论证来反对贝克莱的。

② A371。

③ BⅩⅩⅩⅨ注。

④ 这里“定理”是原德文的“Lehrsatz”之译,英译为“theorem”。

⑤ 比较一下A357-359以及BⅩⅬ注。

⑥ A373。

象——但是在这里无疑是指空间里的现象性的东西[①]。

Ⅰ.康德的论证是从两个前提出发的:(1)我觉知到我自己的存在是在时间里被确定的;(2)一切时间确定都预先假定在感官知觉里有永恒的某东西。这两个前提之中,其第一个是笛卡尔和观念论者一般承认为当然的[②];我们必须假定其第二个是第一与第三种类比所已经证明的。

Ⅱ.可是,这种"永恒的某东西"不能是在我里面的一种直观[③]。在我里面的一个直观简直就是作为根据来确定我在时间里的存在的一些观念之一,在我的常变的心理历史里的一些事件之一。如果只能以永恒的东西为参照才能确定我的观念的前后相继——如我们的第二个前提所含的意思那样——那么很明显,这个永恒东西就不能是其地位要在那前后相继里被确定的一些观念中的一个。

康德假定:在内感官里我们只有观念的一种前后相继,而没有任何永恒的东西是那前后相继对于它而能被确定的。这是他前后一贯主张的学说——其实它恰恰处在他的谬误推理里的论证的根基之上。我认为这个学说是真的,但是主张它的各种根据是应该叙明的[④]。应该告诉我们,内感官没有这个永恒东西是不是只是一种经验事实,或者说它是否依据验前的根据。如果康德把他关于实体的证明奠基于空间的性质的话,他的观点就会更有力量。

Ⅲ.他的结论就是:关于这永恒东西的感官知觉[⑤](如果我们要觉知

① 这就是几个论点之一,像是现代注释家当中意见一致的。皮里卡教授(在他的《康德的认识论》一书 p.321 上)其实是极力主张说这个论证含有空间性的对象是自在之物这种意思的,但是他认识到康德自己是不觉知到这种含义的。

② 这也是贝克莱认为是当然的。这个学说不能以之归于休谟,但是我认为康德的论证同样会适用于任何见解,如果它是像休谟那样认为我们是觉知到时间里的一些观念的一种前后相继的。

③ 我是遵照康德在 BXXXIX 注里的改正的。

④ 康德所叙明的这样的一些根据是在脚注二(B277-278)里的。他坚持说一切时间确定都依靠对于空间里的永恒东西的运动(比较一下 B291);又坚持说在直观里给予我们的唯一永恒的东西就是物质;又坚持说物质的永恒性不是靠单纯的概括而被知道的,而是时间确定的一种验前条件;而且又坚持说,在内感官没有永恒的我是通过直观被知道,像物质的通过我们关于不可入性的直观被知道的那样。

⑤ 应该注意到,那说是在前提里"预先假定的"在感官知觉里的永恒东西在这里却说是"被看见的"。永恒东西的被看见,其意义是有一些困难的。看本书第四十二章第五节。

到一种前后相继,这就是必需的)只有通过空间里在我外边的一个东西才是可能的,而不是通过在我外边的一个东西这个单纯观念[①]。康德所谓一个"东西"是指在空间里的一个永恒现象性的实体(拉丁文的 substantia phaenomenon)说的。这样一个"东西"不得看作在别的一些观念当中的一个观念,而且像别的观念一样时而在我们的心里时而不在。它乃是在空间里的永恒基体,正是参照它,我们才在前后相继中知觉到一切常变的状态,而且作为这样的东西来说,它就是我们关于在同一个空间与时间里的种种对象的经验的一种必需的条件;但是它仍然是现象性的。

在这里所碰到的困难无论是什么,但它确实不是新的困难:它简直就是第一种类比的困难;而这又只是那一般性的困难的一个特殊例子。那一般性的困难就是:就康德来说,一个对象——虽然它不是别的观念当中的一个观念——然而却是我们的一些观念在一种必然综合统一性里的结合。如果我们不能承认这种可能性,就必须和皮里卡先生一道,说康德的论证实在是含有自在之物的存在这个意义的;而且我们之能在那时接受这个论证(皮里卡先生自己是接受的),当且仅当我们认为:我们自己是有权来主张空间里的永恒实体作为自在之物的存在乃是我们对于变动的觉知的一种条件。可是,按康德的见解来说,空间里的永恒实体的存在是永远不能被证明的,除非这些永恒实体像时间与空间一样是依靠人类心灵构造的现象性实体。因此,他丝毫没有离开他自己的学说;而且我认为我们必须认识到这一点,即令我们和皮里卡先生一道,主张康德的学说是站不住脚的,而且主张一个永恒的现象性的实体(或说一个能与我们的观念区别开来的现象性对象)是一种语词的矛盾。

Ⅳ.这个论证的其余部分没有任何困难。立刻就可得出结论说,我自己在时间里的存在的确定(或说关于我的观念的前后相继的知识)只有通过我在空间里看见的现实东西[②]的存在才是有其可能的。

Ⅴ.我的意识(或说我的存在——因为我是作为意识而存在的)本质上乃是在时间里的意识(或说存在),而这样,关于我的存在的知识就必须

① 在 A197=B242 里也叙明这同样的学说。康德说,一个观念不能单纯靠它和另一个观念,即"对象"这个观念发生关系而有其客观的意义。

② 这些现实的东西在这里必须是永恒实体。

包含着在时间里确定存在①的可能性。

Ⅵ. 因此,关于我的存在的知识就必然是和永恒的空间性的东西的存在结合在一起的;或者换句话说,关于我自己存在的知识同时就是关于永恒的空间性的东西的存在的直接②知识。

4. 转向对观念论的进攻

康德坚持说,观念论的通常论证在这里就以更大的正当理由反过来反对其自身③。成问题的观念论是把它的立场奠基于直接经验的确实性,而且假定唯一的直接经验乃是内部的经验④。按这种见解来说,我们关于空间里的东西的知识是推论性的:它依靠的是从我们作为结果的观念到作为它们的所谓原因的推论。这样一种从所予的结果到有确定性的原因的推论总是不一定的,虽然我们能验前知道每一个结果必有某种原因。在这种特殊的情况下,有这样的可能,即当我们知觉时,我们自己无意识地成了我们的观念的原因⑤,正如当我们放任于任意的想象时,我们有意识地成了我们的观念的原因。因此,关于空间里物体的存在不是知识的事情,而是信念的事情。

康德对这种论证转而发起了进攻,其方式是证明(如他相信的那样)外部经验其实就是直接的经验,而且只是当我们对空间里的物体有直接的经验时,内部经验才成为可能。这个证明依靠这个假定,就是内部经验多于纯粹的领会,多于必须伴随着我们关于对象的一切观念的"我思"。康德认为这个"我思"——在这里同一于"我有"——直接在其自身里包含着一个主体的存在,其意义在这里是不能加以讨论的⑥。关于我在时间

---

① 在这里我们又一次可注意到一种清楚的叙述,就是就康德来说,认识的活动不是无时间的或说本体性的。

② 我关于"直接"这词的用法觉得有点困难。看下面第四节。

③ 见 B276 的注二。

④ 内部经验乃是关于自我与其各种状态的经验,而这些状态就是思想、感情和意志的决定。

⑤ 这种可能性是笛卡尔自己所承认的,如贝克莱的假设也是这样——就是上帝,不是物体或物质,乃是我们的观念的原因;看笛卡尔的《沉思》Ⅲ与《沉思》Ⅵ。

⑥ 它所包含着的意识,不是关于我怎样对我自己出现,或我怎样是在我自己里,而只是我是有的这个事实。这种意识乃是想法而不是直观,一种关于一个能思的主体的活动的单纯知性的观念。看 B278,而且比较一下 B157 以及 BXL-XLI 注而又各谬误推理。又比较一下本书第五十二、五十三两章。

里的存在的知识所需要的是多于纯粹的领会的，多于某东西或某主体存在着这个单纯的思想或概念的。如果我们要有关于在时间里的主体的存在的有确定性的经验性的知识，我们就必须有直观，而且其实必须有在时间的形式下的内部直观①。简短地说，内部经验乃是关于我在时间里的一些观念或说状态的前后相继的经验性的知识，而且我们已证明过，没有关于空间里的永恒对象的直接经验，这样的知识是没有可能的。

康德在一个脚注里坚持说，他曾证明了，而不仅仅预先假定，关于有空间性的东西的存在的直接意识。无论我们对于这种意识的可能性是否有洞见，这个证明都是有效的②。康德关于这种可能性的讨论可能暗示着他是相信我们有这样的洞见的③，但是情况好像不是这样④。

我自认为：我总是在证明关于某种特殊种类的知识是直接的在这样的证明中找到困难的；因为如果那知识是直接的，那么有什么需要，而且其实有什么可能，来说明它的直接性呢？我还承认我有这样的想法：当康德作出下述断言时，他为他的热情冲晕了头脑：他所断言的，不但是没有外部经验就没有内部经验的可能性，而且内部经验本身只是间接有其可能的——他是不是想否定内部经验像外部经验一样是直接的呢？如果是这样，我想他必定是把“直接的”当作“自足的”的同义词。他好像是主张：

---

① 又比较一下 B135。在 BXL 的注里，我们读到，如果统觉本身是知性的直观的话，这个论证就会无效了。

② 比较一下 A171=B213，在那里“洞见”说是在验前知识的许多情况下使我们失望的。“洞见”（即德文的“einsehen”或拉丁文的“perspicere”）是属于理性，而不属于知性的，而且我们关于很少的东西是具有洞见的。看康德的《逻辑导论》Ⅷ（Ⅸ65）。

③ B276-277 注。关于这样直接的外部经验的可能性这个问题，康德以之同一于我们是否能有一种内部感官而没有任何外部感官，即外部感官的对象能否就是单纯想像力的产物这个问题。他答复说，除非我们已经是有了一种外部感官，我们关于外部感官的对象的想象是没有可能的，而且我们不能在直观里想象地来“显出”这样的对象。他甚至提出，我们必须立刻把外部感官的接受性与想像力的自发性区别开来；因为单纯想象一个外部感官就会毁坏我们要用想象来确定的这种直观的力量。我不懂得这种区别的直接性是怎样为这种模糊的理由所成立的，也不懂得它怎样能与康德的一般学说得到调和。比较一下下面的第六节，以及《未来形而上学导言》第十三节，注释Ⅲ（Ⅳ290），在那里康德处理真与梦之间的区分这个同类的问题。

④ 在 BXLI 注里，我们读到，要说明一个永恒的有空间性的东西是如何不同于一切我的观念是必然包含在我的存在这种确定里（原德文是“in der Bestimmung meines eigenen Daseins notwendig mit eingeschlossen wird”）是和我们如何想到时间里的永恒东西同样不可能的。

没有内感官，外感官是可能的，而反之则不然，因为他把外感官归之于下等动物，而不把内感官归之于它们①；但是动物的意识（德文的Erlebnis——经历）严格上不是经验（德文的Erfahrung）。关于空间里的物体的经验的确包含着思想与想象；而且即令关于思维（或纯粹统觉）的意识不是我们在时间里的存在的经验，但我觉得：难于相信纯粹统觉（这是外部经验的一种条件）是能按康德的见解离开关于我们在时间里的存在以及我们观念的前后相继而被发现的。而且，关于空间里的物体的经验就是关于运动的物体的经验；而既然这种运动的物体，离开时间便是不可能的，那么内部经验就像是外部经验的条件，正如外部经验是内部经验的条件一样，除非我们放弃下述感性论的学说，即时间是内部出现的直接条件和外部出现的间接条件②。

我以为（承认了在第一种类比里的论证的有效性），康德已说明了内部经验是为外部经验所限制的，但是没有说明外部经验能不依靠内部经验。这两种类型的经验是不能彼此分开的；而且虽然就两种经验都包含着直接的直观来说，必须承认两者都有一种直接性这个成分，但是任何一种在自足的意义上都不能看作是直接的。

我还主张：康德这样说是对的：他说，驳斥观念论对于他的学说并不增加任何新的东西，而只加强了他的证明方法③。他已经证明过，一切关于变动的觉知都预先假定空间里的永恒实体的存在。他现在增加的东西只是关于**主观**变动的觉知是预先假定有空间里永恒实体的存在的。而且，他一向坚持说，关于客观东西的意识是和关于主观东西的意识不可分开的，而反过来说亦复如是；并且虽然关于主观东西的意识，在先验演绎里，主要是关于自我的综合统一性的一种意识，反而不是关于它的一些常变的状态的意识，然而我却不认为自我意识的这两个方面是能彼此分离而存在的，而且我看不出有任何理由去相信：康德一直认为它们是能这样做的。

① 看康德的《形而上学》，p. 129。

② 看A34＝B50。我认为放弃这个学说就会和诸类比的学说不一致。

③ BXXXIX注。

5. 经验实在论与先验观念论

康德在把他的先验观念论、经验实在论的学说与成问题的观念论区别开来的过程中，所用的词句的力度必不可引我们得出这样的错误结论：他遗弃了他的这种学说，即我们所知道的世界，虽然是自在之物的一种出现，然而在本质上却是相对于人类心灵的。当他明显是正确地说，关于永恒的某东西的观念不也就是一个永恒的观念①，而可以像一切其他的观念(包括关于物质的观念)一样，是变化无常的，这个时候，我认为我们没有必要感到有什么困难②。当他断言这种永恒东西必是不同于一切我们的观念的一种外面的东西时，我们可以感觉到有更多的疑惑，但是我认为在我们反思之后，就将看到，这只是康德关于对象的性质所一贯宣传的学说的一种特殊的应用而已③。

关于我自己的经验性的存在的意识是多于关于我的存在的一个观念的意识的；它不是关于一个现在的观念的意识，而是关于时间中的一些思想、感情和意志决定的那种前后相继的意识，而正是这种前后相继构成了作为思维存在的我的存在④；而且我能确定或知道这样的存在，只是在其对于一个永恒的有空间性的世界的关系上的。因此，康德就主张——而他的确是对的——关于我的存在的意识，离开一些在变动当中而是永恒的实体的一个有空间性的世界，就是没有可能的；而这样的意识却又不是一个现在的观念的意识，而是一个在空间与时间里扩张开的世界的意识。我们知道的自我和我们知道的这个世界必须与我们关于它们的一时的观

---

① 康德在B412里所说的像是我们需要有“关于实体的知识的一种永恒的直观”似的，但是这像是一种不严谨的短语指“关于永恒东西的直观”说的。对于A364里的“一种永恒的出现”这个短语却没有同样的一些反对意见。我在本书第四十二章第五节里曾讨论过康德屡次所说我们不但预先假定有永恒的东西，而且又观察到或看见它而引起的困难。

② BⅩLⅠ注。

③ 其实对象只是(可能的和现实的)一些观念的总体——比较一下A191＝B236——但是它却具有一种必然的综合统一性，而这种必然的综合统一性的一个条件(或说表现)就是这些观念必须是看作空间里的一个永恒实体的状态或说偶性。我们又必须记住这对象的内部性质乃是自在之物，但对我们来说是不知的。

④ 比较一下BⅩL注。

念区别开来的这个事实,其意思并不是说:要么是这个自我,要么是这个世界,不再是现象性的了——康德仍然是一个先验观念论者。但是他又是一个经验实在论者;而他所相信的,不是我们有这个世界与这个自我所与之相应的一些观念[①],而是这个现象性的世界与自我是通过思想与感官直接在我们的心里的。它们这样存在这个事实是与它们为思想与直观的各种形式所确定这个学说相容的(而且其实按康德的理论来说是不可分开的)。

6.感官与想象

我们必不可认为康德的学说包含有下述荒谬的后果,就是凡带有直观性格的每一个空间性对象的观念都包含着这些对象的存在[②]。像比方在梦中或在疯狂中的一个观念可能是想像力的产物。然而它之成为可能,只是通过过去关于空间性的对象的一些知觉的再生与结合;而且已被说明的东西乃是:这些过去的知觉是可能的,只是通过现实的空间性的对象的存在。康德的论证是完全一般性的;它只断言一般的内部经验预先假定有一般的外部经验。一个特殊的被设想的经验究竟是经验还是单纯的想象,这必须按照通常的标准,或者换句话说,利用诸类比来加以决定。这些类比(尤其是第二种类比)乃是我们借以把一般的经验(包括关于自我的经验)与单纯想象区别开来的东西[③]。

康德好像是假定,而且是公正地假定,我们在把我们醒时想像力的产物与空间里的现实对象区别开来,通常是没有任何困难的。对于精神健全的人来说,其主要困难只存在于梦的情况之下。关于这种人,康德说得

① 虽然康德有时有点不严谨地使用"相应"这个词,它只是这个概念,从抽掉与在直观与思想里对我们呈现出来的那个对象相应的这个它的对象来考虑的。

② B278-279,注三。

③ BⅩLⅠ注。比较一下 A201-202=B246-247。在 A376 里康德把同样的原理用于"感官的幻觉"(德文的 Betrug der Sinne)。他在那里作出的规则就是第二条公准——"凡是按照经验性的规律和一种感官知觉相联系的就是现实的"。在《未来一切形而上学导论》里,第十三节,注释Ⅲ(Ⅳ290-291),康德再次讨论感官的幻觉,而主张说,严格说来,幻觉不是由于感官,而是由于在所予的各种出现的基础上作出错误判断来的知性。

最清楚的地方是他的《未来一切形而上学导论》一书①。真与梦之间的分别不是处在这两种情况下的观念的性格或说构造②,因为在两者之中,观念具有同样的性格。我们否认梦中的对象是实在的,因为它们不符合确定一个对象所需要的一些规则,而且还因为它们不能和别的对象在一个彻底依据因果律的一个经验里结合在一起。

① 见该书第十三节,注释Ⅲ(Ⅳ290)。

② "构造"是英译的"constitution",原德文的"Beschaffenheit"之译。

第五十二章　内感官与自我知识

1. 内感官的似是而非

过了比较轻松愉快的一段时期之后，我们不幸又必须转到批判哲学的最困难的一些方面——即内感官的性质。我一直是有意把这个题目留到最后[①]。康德在《纯粹理性批判》里，自始至终，主要关心的乃是物理对象；而且如果我们首先就了解他关于我们对物理世界的知识的说明，我们就至少可以希望我们将有更好的条件来了解他关于自我知识的说明。可是，我们不得不尽量坚持说，这部《批判》是声言作出关于一切知识与一切经验的说明，而不单纯关于对物理对象的知识与经验的说明；而且其实关于时间作为内感官的形式的说明乃是整个批判哲学的一个主要的而又是本质的部分。

这个问题的充分论述要有各谬误推理的一种详细的讨论，而这是在本书范围以外的。在这里，我们必须满足于只考查康德所称为内感官的"似是而非"的东西，如它是在第二版里的先验演绎里所说明的那样[②]。我远不觉得自信我已经掌握了这个学说，而且我不敢肯定，我的种种困难究竟是由于我自己没有本事来了解康德的一些复杂的说法，抑或是部分由于在他的思想里面的一种实在的模糊不清；但是至少有可能弄清楚的是他的教训的某几方面，隐含在我们已经知道的东西里面。

康德认为，这种似是而非的东西就是，我们靠内感官所知道的我们自己，不是像我们本身所是的那样，而是像我们只是对我们自己出现的那样。鉴于他的时间像空间一样只是我们感受性的一种形式这个学说，这种似是而非可能不像是这么很显著的。康德自己在他的第一版里，曾有点敷敷衍衍地——也许太过敷衍——了结了一个类似的反对意见[③]。他

① 在本书的第二章第三节和第四章第四节以及第七章第二节里已经简短地讨论过内感官了。关于统觉的讨论，可参看本书关于先验演绎的各章，特别是第二十一至三十一章。

② B152起。

③ A36＝B53起。比较一下本书第八章、第九章，而又B155-156。

的理论的特别困难在于像是处在它背后的那些理由里面的——即我们能直观到我们自己只是像我们内部受到刺激那样。这好像是自相矛盾的，因为它的意思是说，我们对我们自己是处在一种被动的关系上的①。我认为这个困难可以这样清楚地加以表述，即自我同时是刺激其自身而又为其自身所刺激。既然内感官是感官，它就必须是被动的——那就是感官的种差。可是，要我们有关于自我的知识，内感官就必须为自我所刺激②。更确切地说，内感官作为自我的一种被动的能量，必须为统觉所刺激，而统觉乃是同一个自我的一种能动的力量③。

为了这个缘故，康德小心地把内感官与统觉区别开来，虽然他一般是把它们同一起来的④。

自我竟会有自我意识的两种力量，一种是主动的，而另一种是被动的，这确实是有点似是而非；而且它又竟会要对它的被动性起作用，或说刺激它，为着要产生一种自我知识，而这种自我知识终之将是关于自我的知识，但是这个自我只是像它必须出现的那样，而不是像它实在所是的那样。

我认为这个困难的一部分是在于这个事实，就是当康德谈到自我"刺激"内感官时，他用"刺激"这词是不同于他谈到物理对象或自在之物刺激外部感官的那样。自我是通过想像力的先验综合而刺激其自身的，而这种刺激很显然是我们关于外界的知识所必需的。外感官与内感官之间的分别好像是处在这里的——没有想像力的先验综合和统觉的统一性，外感官还可以接受外来的种种印象(虽然它永远不能给我们以关于一个外界的知识)；但是没有想像力的先验综合与统觉的统一性，内感官就完全不能接受任何东西，而且又不能有关于在时间的形式下我们观念流的任何意识。康德在论及动物的意识时似乎含有这个意思：动物说是有外感

① B153。

② B156注。

③ 我认为这就是康德的内感官与统觉的主动机能或说力量(德文的 vermögen)之间的区别的含义。我想这是这个事实所证实的，就是他接着就谈到知性的作为确定内感官。当然这种确定是通过想像力的先验综合而发生的。

④ 比较一下 A107，一般称为内感官的东西是和经验性的统觉等同起来的。又比较一下 B139-140。

官,但是没有内感官,有直观,但是没有概念[1]。然而又可主张,外感官实在是和内感官处在同样的地位的,如果我们这样理解康德的见解:为了直观到任何不管是怎么短的一条线,就必须有其各部分的一种前后相继,因而就要有把过去和现在抓在一起的一种先验综合[2]。

无论如何,如果内感官包含着我的一些观念作为是在时间里一个跟着一个的一种直接的觉知,而且如果一种把过去与现在抓在一起的先验综合是这样的觉知所必需的,那么很明显,心就必须用这种先验综合来"影响"其自身,而这样,才能有任何的内感官。这样的"影响"并不提供内感官以任何一种质料,如对象(无论是现象性的或先验的对象)的影响替外感官提供质料的那样;因为外感官的观念据说构成了内感官的应有材料或质料[3]。与此相反,自我本身的影响所与之有关的只是确定作为其形式的内感官,而内感官的形式就是时间。

一经我们掌握了这条原理,康德学说的似是而非就会减少,而且他关于自我知识的说明也就会接近于他关于物理对象知识的说明,纵然两者之间是有一些实在的分别的。我认为理所当然的事情是:无论"内"与"外"这两个名词如何不令人满意,然而康德企图要描述的东西实在是我们经验里的一种成分:我们关于任何一个顷刻呈现于我们心面前的东西是有一种直接而立刻的觉知,所以这种觉知必是直观性的而不是概念性的[4];而且我们的立现的(immediate)觉知总是关于一种感官材料或观念被给予出来的那个时候的觉知,而不是关于对象存在与变化的那个时候的觉知[5]。康德(无论适当与否)称这样的立现的觉知为内直观,而且将之归于内感官,而内感官的形式就是时间。另一方面,纯粹统觉乃是关于

① 看康德的《形而上学》,p. 129,并比较一下本书第十六章第十三节。

② 这是一般人接受的见解,但是我认为康德的主张它只是为着经验或测量用的,而不是为着单纯的直观。比较一下 A426 注=B454 注。

③ B39 注与 B67。比较一下本书第四章第四节。

④ 看本书第四章第四节。

⑤ 看本书第七章第二节。一个对象可能如我们的种种感官材料那样变化(当我们看见一种客观的前后相继时是这样的),但是对象也可能不变化;因为我们可能是前后相继地看见那对象的同时并存的一些状态。我们必须用思想而不是靠直观来确定对象的种种状态的时间;但是我们自己的观念的时间是立刻地就被知道的。

我们思想的必然统一性以及关于这种统一性在其里面表现出来的种种必然形式的意识。在抽象上来说,这是含有某种直观(即一般的直观)的必然统一性这个意思的;因为没有直观,思想就是空洞的。它并不含有任何一种特殊的直观的意思,而且在其自身里面并不涉及任何时间[①]。

2.知性、想像力与内感官

知性据说是确定内感官的[②]。"确定内感官"的意思在这里似乎是指"在必然的综合统一性里把内感官的杂多抓在一起";因为知性是由于它的原有[③]的把直观的杂多结合起来的力量而完成这种任务的,而结合也就是带到一种统觉的底下去[④]。统觉总是含有必然综合统一性这个意思的。

于是,下述问题就照例发生了:作为一种用概念来进行思维的力量的这个知性,怎么能说把直观的杂多结合起来了。知性就其本身来说,不是一种直观的力量;乃至如果有一些直观被给予出来,它也不能直接把它们收进自己里面来(像一种设想的力量那样)而好像使它们成为它自己的直观似的。

如果我们完全抽掉所综合的东西而考虑知性的综合,剩下来给我们的只是思想动作的统一性。据说,知性即使没有感受性,还是能意识到这种动作的,但是这只是由于抽象才如此的;因为没有感官材料,就不能有任何像思想的东西[⑤]。还可以补充说,思想动作的统一性是在判断的各种形式里表现出来的,而不管所思想的实质是什么,这些判断形式是一样

---

① 比较一下 B150-151。

② B153。

③ "原有"是在完全不依靠任何别的东西,特别是不依靠直觉这个意义上说的。

④ 统觉在这里好像是动作而不是力量;看本书第二十一章第一节。作为一种力量来说,统觉与知性好像是同一的(虽然"统觉"所表示的不仅是指一种思维的力量,而且是在某程度上自觉的一种思维的力量),在 B154 里统觉是一切结合的来源,而在 B130 里(而且其实在目前的一段里)一切结合都是归之于知性的。知性的可能性说是依据统觉的。我不知道这个意思是否指多于知性只表现于统觉的动作。在 A97-98 里有三种知识的来源说是使知性成为可能的(即知性的作为认识的力量来说),但是我不确知这是否与本题有关。

⑤ 比较一下 A96 以及 A86=B118。

的。思想的动作(连同它的必然统一性与它的各种必然形式)虽是有一种性质绝不是由感受性所确定的①,可是能够在内部确定感受性的可能是给予于知性的杂多;但是这种确定是与那杂多有关,只是就那杂多是按照直观的形式,即时间,被给予出来而言的②。知性能以其自身本有的综合原理外加于时间的纯粹杂多,而这样就外加于对内感官的一切出现③。

知性怎能这样做?它之所以能这样做,只是通过想像力的一种先验综合,而这种先验综合,如康德一直坚持的那样,是把时间的纯粹杂多,和在时间里被给予出来的经验性的杂多,按照统觉的统一性结合起来④。其实康德在这里所说的好像是,想像力的先验综合是知性在较低水平上的工作(或者说,好像是知性不作为纯粹思维的一种力量,而作为验前知识的一种力量来考虑的工作)。

这样,知性就能说是运用其活动于被动的或说有接受力的自我,而知性本是自我的一种能动的机能;而这样一来,这种能动的机能就可说是影响内感官的了。

所以,在统觉与内感官之间有一种完全的对比。

统觉与其综合统一性乃是一切结合的来源⑤。作为包含有判断的形式的而言,它是适用于一般的杂多的;因为无论什么杂多都是被给予出来的,如果它是要得到判断而被知道,它就必须按照判断的各种形式或说各范畴被结合起来。而这就等于说,范畴是作为包含在知性的性质本身里的综合原理来说的,是不依靠感官性的直观里的一切分别的,而且验前适用于一切一般的对象。

另一方面,如果我们把那些作为内感官的质料的所予的印象排除掉,

---

① 在它总是一样,无论所予的直观的性质是什么这个意义上——在思想动作里的种种分别在这里是与题无关的。

② 比较一下 B150 以及 A99。空间也可能是包含在其中——也许必是如此;看 B155。

③ 比较一下 A76-77=B102 以及 A79=B104-105。

④ 我们必须记住,概念作用总是对于在想像力的一种综合里起作用的一般原理的意识,而且范畴就是一切概念作用所必需而为知性本身所外加于想像力的综合的最后原理。

⑤ 我想要再次提醒读者,康德是谈到那些制约经验性结合的结合最后原理。我们必须总是把所予的结合比方为一个实体的一些偶性,但是糖的偶性是要成为硬的又白的而又甜的,这是经验性观察的一件事情。

内感官就只含有时间的形式，这种时间的形式就是一切内直观的形式，而这样也就是一切直观的形式，并且是毫无例外的①。然而这样一种形式——这是第二版特别强调的一种学说②——在其自身里不含有任何杂多的结合，而这样也就不含有任何有确定性的直观。如果这个结合是由于通过想像力的先验综合而起作用的知性，那么这是明显的；但是离开这样的结合，时间的形式便是一种单纯的抽象了。

为了时间可以不但是直观的一个形式，而且又是一种纯粹的而有确定性的直观，就必须有通过想像力的先验综合（康德称这为形象的综合——synthesis speciosa③ 和知性的综合——synthesis intellectualis 相对立）的纯粹杂多的一种确定或说结合。还必须有这种确定的一种意识（或者这种确定的原理的意识），而这样的意识乃是知性的一种概念性的意识。其实这种确定的最后原理不单纯是知性在想像力的先验综合所发现的最后原理，而且是它验前外加于想像力的先验综合的最后原理④。因此，我们就有权来谈到知性对于内感官的综合影响⑤。

3. 康德学说的例证

康德竟然说，我们总是在我们自己里面知觉到这的⑥。这样的一种断言是言过其实的；因为我们关于自我的这种综合的活动的知识可能是他所说的"模模糊糊"的知识⑦。可是它正好鲜明地表明：康德多么不愿把这种先验综合看作必然是无意识的。他后来又说到综合的这个动作是前后相继地确定内感官的，也说明了他多么不愿把这种先验综合看作是无时间性的。花亨格尔（Vaihinger）在现时这么广泛为人接受的异想天开的、而且依我的意见又是毫无根据的解释中，其明显的矛盾不能再有更

---

① 每一个"被捡起"进入意识里去的直观就从而成为一种内直观（不管它又是什么别的东西）。

② 比较一下 B160 注。

③ 看 B151。

④ 比较一下本书第十四章第三节以及第三十四章第三节。

⑤ 这就是内感官是为知性的综合活动所影响的另一种说法。

⑥ B154。

⑦ 比较一下 A103，A117 注，以及 B414-415 注。

甚的了。

康德的一些例证是饶有兴趣的,而且它们证明了内感官的质料是从外感官得来的这种见解。我们不在思想里把一条线划出来,就不能想到这条线①。我们不把一个圆画出来,就不能想到它。我们不能表现空间的三个向度,除非是把三条线从同一个点彼此在正角上排好。这些例证和那无意识的、无时间性的或那本体的东西又有多大关系呢!我们其实在这里是和知性利用数学概念的综合影响有关的,虽然至少量这个范畴是必然包含在内的。如果我们忘记了内感官的质料是从外感官得来,这些例证是有关于外感官的对象的,这可能像是奇怪的;但是康德接着便说明:外感官的确定如何也就是内感官的一种确定,而且其实,按照第二版的学说,内感官的确定必须也是外感官的一种确定。

为了想到时间——而且在这里,如在前面的各种情况下一样——思维活动显然就是一种认识活动,而且包含着直观如同包含着概念一样——为了思想时间,我们必须划一条直线(这是要用作时间的空间性的意象的)②。可是康德的主要论点乃是:我们必须只注意我们以之前后相继地确定内感官(或者说前后相继地把杂多在内感官里结合起来)这种综合动作。换句话说,我们必须注意我们结合杂多进而确定内感官的各种动作的前后相继③。

结合或综合这种动作在这里是被看作杂多在空间里的一种综合。它再次被看作是前后相继的;因为它也许有点令人误会地被描写为"运

---

① 在这里思想显然是同值于想象的。

② 比较一下B156。我认为别的空间性的表现是可以有其可能的,但是它们不会这么适合;因为单独一条直线是只有一个向度的。我不像康德那样拿得稳,我们不能用一个调子来充分地在具体上表现时间;但是如果一切变化都是相对于空间里的永恒东西,他的学说就不是毫无根据的了。

③ 康德说我们必须注意"在内感官里这种确定的前后相继"而不是说"内感官的"(这是我们所应视为当然的)。我认为确定的这种动作,就其是一种动作在我们所已有的东西之上另加一种新的杂多而言,可以说是在内感官里的。严格地说,我认为它乃是通过我们的动作而存在于内感官的新的杂多或说结合起来的杂多。要有在充分意义上的对于这动作的觉知,我会猜想我们所需要的不但是内感官,而且还有经验性的统觉以及纯粹统觉(对于我们活动的特别的以及普遍性的性质的意识);除非事实上,依我看来这是不大可能的,想像力的各种动作(作为与思想的动作相对立的)本身是通过内感官而被知道的。比较一下本书第二十一章第三节。

动”——作为主体的一种动作,而不是作为一个对象的性格的运动。这主体可以说是“运动”,这只是在它前后相继地在想象里作出一种有空间性的图形这种意义上:这是在一般的外部直观里杂多的前后相继的综合的一种纯粹动作,即再生想像力的一种动作。在我们抽去了所包含的有空间性的各种成分时,简言之,在我们把它只作为按照时间的形式确定内感官的来考虑时,大概只在这个时候,我们才有前后相继这个概念。应该注意,这个概念乃是关于时间的一种样式的概念①:它应该严格地与变动这个概念区别开来;变动这个概念是经验性的②。

按康德的见解来说,前后相继这个概念乃是在想像力的综合里起作用的一条原理这个概念。在这方面,它是类似于别的概念的;因为在概念里,我们设想到一个对象借以得到产生出来的在想像力的综合里起作用的一条原理③。康德企图把我们的时间概念和空间概念联系起来,不管成功与否;而且我想,仅仅这个企图对于他的时代所接受的见解来说,也是一种进步。可是这个题目是充满着困难的。仍然不完全清楚的是,因为有我们关于前后相继的概念,而且甚至因为时间的概念④,我们为什么必须在心里有对一条直线上的一种空间性杂多的综合,是因为我们必须立刻就抽去所包含的那些空间性的成分来考虑这个综合。毫无疑问,它部分是为着有一个我们借以表示时间是一个向度这样的意象⑤;但是这是否是由于多于视觉在我们的经验里的那种偶然的优势呢? 也许它部分是:我们大概能够懂得时间的前后相继性与空间的非前后相继性是相反的⑥。

而且我们综合的动作,其前后相继性似乎已经预先假定了这一点。另一方面,没有借以把过去与现在在心的面前抓在一起的那种综合的动作,就没有时间。因此康德就能说:在领会中产生出了时间本身⑦,而且

---

① 看本书第三十九章第三节。

② B3,A171=B213,A206-207=B252。

③ 这条规则的例外,如有的话,不必在这里考虑。

④ B156。

⑤ B156。

⑥ 这是为我们只以空间里的一种永恒的东西为背景才能意识到内部的种种变动这个说法所暗示的;看 B292。

⑦ A143=B182。

能说，一个有确定性的时间（或空间）的观念是通过一种同质的杂多的综合或说结合被产生出来的①。他在这里并未提到时间本身的纯粹杂多的综合，这是有点令人奇怪的；但是他也许认为，毋须这样做，因为在前一个段落里，他曾说过，没有想像力的先验综合，就没有时间的任何有确定性的直观②。在一条直线的想象性构成之中，空间的杂多的前后相继的综合必定也是时间的杂多的一种前后相继的综合，在这种时间中，那条线的各部分是前后相继地呈现于内感官的③。否则我们就不能觉知到那条线（作为一个有确定性的量）④。

当康德补充说，知性在内感官里不是找到杂多的这样一种结合⑤，而是把它产生出来，由于它影响了那感官，在这时，康德在心中也许想到了这一点。

必须记住，在对于空间与时间里的出现的一切领会里，必须存在着这些出现在其里面的空间与时间的一种先验综合。虽是这样，我还是想在这里考察几个经验性的例证，它们是康德本人严厉加以否定的⑥。然而十分清楚——暂且不去管也存在于内感官的一些欲求与意志决定这个问题——对内感官给予出来的出现都是和对外感官给予出来的出现一样的。一切出现，就我们是意识到它们的来说，或者至少就我们是意识到它们作为呈现于我们的心的来说，都是对内感官的出现——乃至我们验前在想象中作的一条线或一个圆也是这样的。知性是靠把这些出现前后相继地带到心的面前来，而且靠把它们在一个时间里在心的面前抓在一起，通过想像力而影响内感官⑦。我认为这是真的，不管我们是想到了像数学的圆这种对象，还是我们实际上知觉到了物理的物体。

我不认为，康德在他的学说的这一方面像一般所断定的那么混乱或

① B202，又比较一下 A210＝B255。

② B154。

③ 这里没有关于一些点或顷刻的综合的问题。这种综合是连续的。

④ 虽是有种种的分别，但比较一下 A99-100，A102 以及 A103，读者又可再一次参考在 A426 注＝B454 注里的一种有确定性的量（或说限量）与一种无确定性的量（或说限量）之间的分别。

⑤ 也许有可能所提到的杂多的结合就是空间里杂多的结合。

⑥ 看 AⅧ。

⑦ 比较一下 B156 注。

者那么模糊。以之归于他的许多混乱之处，如依我看来的那样，其发生是由于把一些是他的词句不可能有的意思曲解为他的词句所原有的。而且我相信，不管他的说明是要有什么样的扩大与修饰，他至少是在那里处理着一个很实在的问题，而且在他说到一切我们的观念，无论它们的起源是什么，都可以看作是心的改变，而这样就是属于内感官的①，这时他是对的。康德总是把我们自己的心理经历与我们所知道的世界历史区别开来。其实我们能够把我们自己的心理经历——而我认为康德的确是这样看它的——看作只是我们所知道的世界历史的一部分。但是从另一个观点来看，我们能把我们所知的整个世界看作在时间的形式之下在内感官里向我们显示出来的形形色色的一种前后相继②。

可是康德的学说需要有比它所曾得到的更充分的阐释。我们关于时间的知识，像关于空间的知识一样，主要是直观性的，而不是概念性的③。我们不是或者靠知性或者靠想像力从无做出时间来。时间，像空间一样而且乃至像感觉一样，乃是所予的某东西，不管有多少是可以通过我们自己的感受性的性质被给予的。我们关于时间的概念，作为和我们的直观相对立的来说，是像经验性的概念那样，是由抽象得来的，虽然像这些概念一样，它是预先假定有一种按照范畴的综合的。它不像纯粹范畴那样在知性里有其起源；而且它的内容是一种所予的杂多，虽然那杂多是纯粹的而在这方面上是不同于经验性概念的内容。依我看来，这是暗示着，康德的理论必须由像现代的貌似有理的学说之类的东西来补充，虽然我不认为那种学说，甚至如最能干的现代哲学家所阐明的那样，是完全不会受到批评的④。

4. 内感官与现象性的自我

在尝试着说明心在内部为自身所影响的方式之后，康德就转到这种

---

① A98-99。

② 这样看所费的努力，依我看来，有点像在一个平面上看一幅画（或镜里的内容）的努力一样。在我仍这样看时，我们所看的并不是任何不同于我们从前所看的东西。

③ 看本书第五章第八节。

④ 比较一下我刊在 Mind 杂志，新号第三十八卷第 151 号上的一篇论文。

似是而非的说法上来了。他说,我们这样所能知道的心,只是像它对它自己出现时那样,而不是像它在其自身中那样①。

问题是这样的。如果我们把思维的我②(知觉)与直观其自己的我(内感官)区别开来,怎能有同样一个自我或说主体呢③?如果我是一个智慧而且是一个思维的主体,我怎能就我(除了是一个思维的主体之外)是在直观里对我自己被给予出来的而言,知道我自己作为一个被思维的对象呢④?而且这样的知识怎能是关于我自己只是作为我在直观里对我自己出现那样,而不是像我就知性来说在我自己实在是的那样的这种知识呢⑤?

康德答复说,这种问题——在他心中特别是那最后的一个问题——其困难并不多于也不少于下述问题,这问题是:我怎么可能是我自己的一个对象,而且其实是直观的以及内部知觉的一个对象⑥。他主张,我只能知道我自己如我对我自己在直观里出现的那样,这是能清楚地说明的,只要我们接受这种见解,就是空间单纯是对我们外感官的种种出现的一种纯粹的形式。他的论证主要是依据这个论点,就是时间乃是和空间同在一样的立足点。他用一个很冗长的句子来阐发这个学说。

康德坚持说,虽则时间不是外直观的任何对象⑦,然而除了在我们作出一条线的限度内而在这条线的意象下,就不能表现时间;因为不是这

① B155。

② 依我看来,毋须像花亨格尔那样把原德文的“das Ich,der ich denke”(我所思维的我)改为“das Ich,das denkt”(那思维的我)。原来的说法乃是康德通常的惯用语法;看B407与B429。在别的著作里也能找到别的例子。

③ 康德在插语上加上“因为我能想到另一类的直观至少是可能的”。严格地说,按康德的见解,我们无法决定是否另一类的直观还是可能的,而且至少可以怀疑我们能否乃至设想到还有另一类的直观;比较一下A230=B283。姑且不去问这种在术语上的困难,我还觉得困难来自看到那观察的一点,除非康德的意思是说,思维的自我可以和在某其他方式上直观到其自身的一种自我同一的(例如用知性的直观的),而这样就会是不同于一个在时间的形式下在感官上直观其自己的一种自我;比较一下B68。

④ 我想康德所指的必是这样的,虽然其用语是模糊的。我在这里不同意康蒲·斯密的译法。

⑤ 知性包含有一种自我意识或说统觉,但是这(如康德在各种谬误推理中所说明的),除了就我们的思维的形式从内感官的直观得到一种内容这点来说,并不给我们以关于自我的任何有确定性的知识的。

⑥ 比较一下B68。

⑦ B156;比较一下A23=B37。

样，我们就不能认识到时间是只有一个向度的。与此相类似，我们只在对于有空间性的对象里的改变的关系上才能确定我们内部直观的时段，而且甚至确定其片刻。结果就是，我们必须整理或说安排内感官的一些确定作为在时间里的一些出现，正如我们整理或说安排外感官的一些确定作为在空间里的一些出现那样。现在我们已经承认，我们知道对象是通过外感官的种种确定，只就我们是从外部（大概是由于自在之物）受到刺激而言的，我们又必须承认，我们能通过内感官的种种确定而认识到我们自己，只是就我们是在内部为我们自己所影响而言的。而且正如我们能知道对象，不是像它们在其自身那样，而只是像它们在空间即我们外直观的形式里对我们出现的那样；我们同样是知道我们自己，不是像我们在我们自己里面那样，而只是像我们在时间即我们内直观的形式里对我们自己出现的那样。

我在上面①曾指出，在这两种情况之间有一种分别，因为外面对象的刺激给我们以直观的质料，而我们自己的影响并不给我们以一种新的质料，而单纯把所予的质料在时间的形式下结合起来。康德自己在一个脚注里②似乎支持这个论点；因为他提到注意力作为他心目中的那种刺激或影响的一个例子。这会是十分简单的，如果他所说的单纯就是，我们用注意力来把一些新的对象，或说出现，带到心的面前来，而这样就增加了内感官的内容，诚然不是由于给予出来某种新的东西（如在感觉里所作的那样），而只是把已经在感觉里给予出来的东西带进意识里去。康德自己却作出了一种远为复杂的关于注意力的说明。他提出，在注意力里，知性总是对内直观确定了内感官。那就是说，在注意力里，知性通过想像力的先验综合，在时间的形式之下把一种所予的质料结合起来，而且是按照思想的范畴这样做的③。在这样做的过程之中，我引起一种内直观④；而这种直观相应于在知性的综合里所想到⑤的杂多（或者如我宁愿

① 看上面的第一节。

② B156 注。

③ 康德是说，按照它所想的结合。

④ 在这里直观乃是形式与质料的结合。

⑤ 我引入了“所想到”这词。

说的那样，关于它的结合，相应于在知性的纯粹范畴里所想到的一般直观的杂多的综合）[①]。

我不禁要说，康德用这种高度抽象而且一般的名词来描写它，就削弱了他的例证的效力；但是我推测，提到平常一个人所熟悉的一种活动也许可能帮助这样的一个人来了解所谈的，即令他不能了解关于它所说的东西是什么。

5. 统觉与自我知识

康德现在已说明了：作为统觉所影响的内感官给我们提供了关于自我的知识，不是如它实是那样，而只是如它出现的那样。他进而说明，统觉单靠它自己来说，既不给我们关于自我如其实是那样的知识，又不给我们关于自我如它出现那样的知识[②]。在统觉里，我们只意识到思想的必然综合统一性[③]。康德——也许回忆到笛卡尔——把这种意识描写为我有[④]这个意识。可是，这不是我是什么（或者就我自己来说，或者作为一种出现来说）。它乃是一种单纯的思维活动而不是一种直观活动；它并不给我们任何对象。要有关于自我作为一个对象的知识，我们所需要的是多于思想的动作，把每一种可能的直观（或说一般直观）的杂多带到统觉的统一性——即令这种动作在某种方式上是对自己明朗的或说自觉的。我们需要一种确定的直观，在一种可指定的如时间这样的形式下被给予出来的直观；而这种直观就必须替代一般的直观的杂多，因为我们在纯粹思想里所能结合起来的只是一般的直观而已。

因此作为通过思维而被知道的我自己的存在就不是出现，而更不是幻觉。我们可能想要推测，康德这样说，其意思是指思想的意识预先假定我作为一个自在之物，正如一个出现预先假定有它是其出现的这种自在

① 也许康德有可能心中是想到经验性的概念以及（或说替代）范畴。

② B157。

③ 我在这里曾简单化了这个说法。我所意识到的说是我自己在一般观念的杂多的先验综合里的（即在知性的综合里，而不是在形象的综合里的）。

④ 一般是中译英文的“I am”或笛卡尔原用的拉丁文的“sum”为“我是”，但似应译为“我有”较确切其原意——中译者。

之物一样①。我却倾向于相信他的意思是说:由于思维,我自己的存在只是作为思维的一种动作而被知道的②,或者也许甚至是说它只作为一种思想的形式而被知道的③。总之,作为通过思维而被知道的我的存在乃是完全无确定性的:为要确定我的存在,我所必须知道的,不但是我思,而且是我所思的东西,而离开内感官,这是不可能的④。"我的存在的确定之能发生,只是按照内感官的形式,照着我所结合的杂多⑤在内直观里被给予出来的那种特别的方式。"我能够知道我自己的存在,不是作为在抽象中的一个思维的主体,而只是作为具体上在一种时间性的前后相继里思维到这个和那个的。如果是这样的话,那么(承认了时间是我的感受性的一种形式),我能够知道我的存在为有确定性的,只像我在时间里对我自己出现的那样,而不是像我在我自己里面的那样。

思想的这种自我意识,在抽象上来考虑,远未给我们以关于自我的知识。它其实是包含着关于范畴的思想的;因为范畴乃是思想的必然形式,而统觉的统一性正是在这之中表现出来的。如康德所说,范畴是构成关于一个一般对象的思想的;它们其实是一般的直观的一种杂多在统觉的一个动作里的结合的概念,而构成一个对象作为对象的本质性质的正是这种结合。但是范畴,就其自身而言,并不给我们关于任何对象的知识。要知道一个不同于我自己的对象,我所需要的是多于(我在范畴里所想到的)一般对象这个概念:我还需要一种外部有空间性的直观来给予我的概念以内容与确定。仿此,要有关于我自己的知识,在自我意识或说关于我自己(作为一个按照范畴而思维的主体)的这个单纯思想之外,我还需要

---

① 比较一下 BXXVIII,以及 A251-252。

② 他在 B422 注里是说,"我有"不能像笛卡尔所主张从"我思"这个命题推论出来,而是与之同一的。

③ 比较一下 B133 以及 B138。在 B423 注里,在这个意义上的"存在"说为不是一个范畴:它的与之有关系的,不像范畴那样,是一个未确定地给予出来的对象,而只是这样一个对象,关于它我们有一个概念,而还不知道这样一个对象,如果没有这个概念,是否也是"被断定"的。没有已知可能有一个与之相应的直观的这种可能性,思想的形式是没有任何客观的有效性的。

④ 我认为,就康德来说,我们除了靠纯粹抽象外,没有所想的东西就不能意识到我们思维的性质;而且没有内感官也没有关于所想的东西的任何觉知。

⑤ 在纯粹的思想里我可说是把一般的直观的杂多结合起来;但是为要确定我的存在,一种与之相应的在时间里的杂多的结合必须通过想像力的先验综合对内感官被给予出来。

一种内部有时间性的直观来给予关于我自己的思想以其内容与确定。我诚然是作为智慧而存在,而这智慧只意识到它自己(按照范畴)的综合的力量;但是要有我必须从而结合起来而得到自我知识的那种杂多,我是受制于一种限定性的条件的,就是这种杂多必须是在时间的形式下被给予于内感官。因此,所说的结合或说综合之能成为一些直观的结合,唯一的条件就是它是按照完全处在知性的纯粹概念的范围以外的时间里的种种关系的①。这样一种智慧能知道其自身,只是在其对一种不是知性的(或者说不能通过知性本身而被给予出来的)直观。结果就是,它的能知道其自己,只像它在时间的形式下在所予的直观里出现的那样。它不能知道其自己像它实是的那样,或者像它如果是具有知性的直观而会知道自己那样。

① 原文似有错误,我只表达大意。

第五十三章　自我知识与对象知识

1. 自我的存在

我们现在已看到：自我知识是多于对思想的普遍性质的意识的。要知道我们自己，我们必须不但思维而且要意识到思维：我们的思想必须通过想像力的先验综合而“影响”内感官在其形式方面，那就是时间。只有这样，我们的思维才能得到一种内容，或说杂多，没有这杂多就不能有任何有确定性的存在或者关于有确定性的存在的知识。但是这样的存在乃是在时间里的存在，因而就是现象性的。结果，我们之能确定地知道我们的存在，只是像我们对自己在时间里出现的那样，而不是像我们在我们自身里那样。

这就是康德学说的本质，但是我们还得要考虑它的另一些含义。这些含义所与之有关的，不但是自我的存在与知识，而且还是关于对象的存在与知识；因为离开对象，自我就不能作为一个思维者而存在，也不能觉知到它自己的存在。

我们必须首先考查一下那难懂的脚注①。康德正是在那脚注中总结他关于自我存在的一般学说。

“我思”这个判断是我借以表示我的存在的一个动作。所以康德主张说：存在在这个判断里是给予出来的②。但是这样的存在是没有确定性的，而我要如何确定它的方式是没有给予出来的；因为我要如何确定它的方式不单纯是我思维的方式，而是我得要在我自己里断定或安排一种属于我的存在的杂多③的方式。这种杂多不是在抽象上对思想被给予出来

① B157-158注。

② 可以注意，“我思”表示任何存在借以被确定的动作；但是虽然只有我的存在才是在这个动作里被给予出来的。这就是因为我能思维而没有认识。

③ 康德是假定存在不能靠单纯的概念作用而被确定，而只通过和一种杂多的联系才能被确定的；比较一下A218＝B266。

的，而是对内感官或说自我直观给予出来的；自我直观预先假定有时间，作为在验前被给予出来的一种形式；而这种形式乃是感官的形式，而不是知性的形式，不是能确定的主动思想的形式，而是接受那要被确定的杂多的被动的感受性的形式。

要有自我的知识（如要有任何别的东西的知识一样），我们需要有思想的一种能确定的活动和一种可确定的杂多。我们关于我们抽掉了所确定的东西的能确定的活动有一种知性的概念性意识，但是我们却必不可推测我们关于它有一种知性的直观。只有如果在主体的性质里的杂多是为思想这单纯活动所给予出来，我们才会有这样一种知性的直观的[①]。康德在这里甚至暗指着，知性的直观会给我们的，不是一种关于我们的活动的一般性格的单纯意识——无论如何我们是有那种意识的——而是实际能确定的那个因素本身；而且它会在确定的动作以前给我们以这种能确定的因素[②]，正如时间在它实际的接受以前[③]给我们以可确定的杂多一样。这种知性的直观的性格恰好是什么，这是模糊不清的，但是康德的主要论点是十分清楚的：在人类的经验里是没有任何这样的知性直观的。那就是说，我对于我的思想的意识（或说对于我的确定这个活动的意识）乃是纯然概念性的；它不是知性的直观；它不给我们任何杂多，而结果就是，它不给我们任何有确定性的存在。靠这样对于我的思想的概念性的意识，我不能确定我自己作为一个自发的能动者的存在。我只有靠涉及一种所予的杂多才能确定我的存在作为一个能思想者：简短地说，只在我的思想在时间的形式下确定一种被动地对感官被给予出来的杂多这个限度内，我才能确定我自己的存在。因此，除了在感官的方式以外，我的存在是不能被确定的；而这个意思就是说，它只能是作为在时间里的一个出现的存在才是可确定的。我由于对我自己的活动的概念性的意识而能称

① 比较一下 B68。

② 我不确知康德这样说是什么意思，除非他的意思是说，它会给我们以了解是在其作为一个自在之物的实在性质上说而不依靠它在确定或说思想的前后相继的一些动作里的表现的。

③ 我加上了“在实际的接受以前”。我理解康德是说，并不是时间给我们以一种要被确定的纯粹杂多，而是时间由于含有一种纯粹直观的杂多就使我们能够验前知道（在其必然的时间关系上的）而时间是其形式的那种经验性的杂多。

我自己为智慧这个事实，其意思并不是说，我就从而能够确定我的存在如它单独对知性而言在其自身的那样。

如康德所说明它的那样，一切这样的都是复杂而难懂的；但是我倒以为他是想要说明某简单而又真实的东西。如果我们要知道自我的存在，我们就必须超出思想的形式性质这种单纯概念作用的范围。自我被认识为存在的，只是作为在时间里被给予于它的能思维的某东西；而且我们离开关于我们作为在时间里一些有一定的对象的一定的思想的一种前后相继，就不能有关于我们自己存在的知识。但是如果时间是我们感受性的形式，自然就可推定，我们能知道我们自己，只是作为时间里的一个出现，而不是作为一个自在之物①。

2. 对象的存在

在这一切里，我们所有的很少是多于我们已经知道了的东西。关于我自己的存在的确定，靠一种只意识到思想的性质的单纯思维活动，是不能发生的：它必须和一种在时间的形式下对内感官被给予出来的杂多有关系。但是这个杂多，虽然是由于想像力的综合活动，作为内感官的一种杂多在时间里被给予出来，但不是本身通过那活动被给予出来的。想像力的活动单纯把所予的东西在时间里捡起来而加以结合，而且按照康德来说，是从外边这样做的②。这样被捡起来而被结合的所予的东西，至少主要是在空间的形式下对外感官被给予出来的；而且甚至它借以得到在时间里被结合起来作为内感官的一种改变的那个综合也是（或者无论如何是为其伴随着的）在空间里的杂多的一种前后相继的综合。

无论我是在观察物理的对象，还是在作出空间里的数学图形，或者是借助于现在的证据，加以因果律的补助，而确定物理世界的或人类的过去历史，我都总是不但前后相继地综合空间里的一种杂多，而且又确定着内感官；因为我前后相继地把一种杂多带到心的面前来，而且我是直接觉知

① 比较一下 A37＝B54。

② 关于情感与欲望，这种说法可能需要有某种的修饰。

到这杂多是对心呈现出来的①。因此,在觉知到物理对象与其种种的变化之中,我又——从另一个观点——觉知到在我心里的一些观念的前后相继,这些观念的这种前后相继(如我们从诸类比所曾看到的)决不是必然和我们所知道的对象里的那些变动的前后相继同一的②。康德又认为,我们只靠在想象上把时间表现为一条线,而且通过画出一条线来表现内部的变动,才能使在内感官里的这样的一种观念的前后相继成为可理解的:事实上,我们只通过外直观才能使自我在种种不同的状态中的前后相继的存在成为在想象上可理解的。其理由就是,我们只是以某永恒的东西为背景才能觉知到一些变动,因而觉知到在我们的观念里的变动;而且这种永恒的东西只在空间里对我们被给予出来③。

如我们在观念论的驳斥里所曾看到的那样④,这种永恒的东西不能是在我里面的一个直观。我只有靠和一种不同于我的观念的永恒东西的关系,才能确定在我的观念里的变动,因而才能确定这些观念在其中一个跟在一个后面的那个时间里我的存在⑤。

对于这种理论有一个明显的反对意见。我所应该直接觉知到的只是在我里面的东西,即我关于外部事物的观念。所以必须就是仍然不确定是否能有任何与我的观念相应的东西,尤其是不确定是否在空间里能有一些永恒的实体是能与我的一些常变的观念区别开来。康德尽力去应付这个反对的意见⑥。

他说,通过内部的经验,我所觉知的是多于我的一些观念的。我觉知到我自己在时间里的存在,而结果就是我觉知到我自己的存在是能在时间里被确定的——我理解他这样说,其意思是说,我的存在之能被知道,不单纯是在某一个时间,而是在一个一定的时间的⑦。我在时间里的存

① 比较一下 A210=B255。

② 只在我们是直接观察到一种客观的变动时,才发生我们观念的前后相继与对象里的一些变动的前后相继这两者之间的同一的。

③ 看 B292;比较一下本书第五十二章第四节。

④ 比较一下本书第五十一章第三节的Ⅱ。

⑤ BXXXIX注。

⑥ BXL注。

⑦ 比较一下 A145=B184 关于现实性的图型。

在的这样的确定之成为可能，只是在其对某东西的关系上，而这某东西虽是和我的存在结合在一起，然而却外在于我自己。意识到我在时间里的存在也就是意识到一种对外在于我自己的某东西的关系；而只有这样，它才是经验而不是虚构，是感官而不是想象。其含义就是，外在于我自己的东西是不可分开地和内感官结合在一起的。

如我们所曾看到的[①]，"内"与"外"，"在内里的"与"在外边的"这些词在这样的前后文里决不是清楚的。如果我是谈到一个经验性的或说现象性的对象，说它是一个外部的或外在的对象，就等于说它是在空间里的。说它是一个内部的或在里面的对象，就等于说它只是在时间里或只具有时间性的关系的[②]。可是"外的"这词有时是用来指某东西作为一个自在之物而不同于我们而存在的。既然这样一个自在之物是完全不能被知道的，而且更不能被知道是永恒的，在目前的前后文里就不能有这样用法的任何问题。康德在这里诚然是谈到永恒东西作为"外在于我自己的"；但是他这样说，其意思好像只是说，作为永恒的来说，它必须是不同于它是一时在那里面显现出来的前后相继的而且转瞬即逝的观念的：简言之，它是永恒的、有空间性的实体，我们正是把常变的作为状态或偶性看的观念归之于它。康德无疑相信这样一种实体的内部性质就是不同于我而完全不依赖我的认识的自在之物；但是这种内部的性质，对我来说是不知道的，而且我毫无根据来把它看作是有空间性的或者看作是永恒的。

外在于我自己的那种永恒实体的现象性的性格，不但是为它是不可分离地和内感官结合起来的这种说法所说明，而且又为它是显示于外感官的这进一步的含义所说明。不幸，康德在这种联系上关于外感官所说的东西是模糊不清的。对于外在于我自己的东西为什么是不可分离地和内感官结合在一起，他好像还提出了另一种理由[③]。这个理由就是外在于我自己的东西是对外感官显示出来的，而外感官要有其实在性(大概是说它的客观实在性或说有效性)是依靠它(作为外感官而言而不是作为单

① 比较一下本书第四章第四节。

② A372-373。比较一下本书第七章第一节关于空间。

③ BXL注。如常常在康德那里的那样，这好像同时既是从前面的东西得出来的一个结论，而又是从后面的东西得到支持的。

纯的外部想象而言)乃是内部经验的一种条件这个事实。

我曾简化而缩省的这个论证在细节上引出了相当大的困难。康德说,外感官乃是——我宁可说"包含着"——在其里面有直观对于我外边的某现实的东西的一种关系。我认为他的意思必是说,一个有空间性的直观是为它被看作空间里的一种永恒实体的一种状态,或说偶然,这个事实与一种单纯的空间性意象(如我们能在想象里创制的意象那样的)区别开来[①]。像这样,对外感官所给予出来的有空间性的直观就有一种实在性,或说一种客观的有效性,是单纯的意象所没有的。在诸类比里,康德自以为曾说明过,凡有空间性的直观必须是和空间里的永恒实体有关系,如果我们是要对在一个时间里的一些对象有经验的话。在这里,他是断言,凡有空间性的直观必须和空间里的永恒实体有关系,而这样就有其客观的实在性,因为这乃是内部经验作为关于我们观念里的变动或说前后相继的一种经验的可能性的一个条件。换句话说——如果是要完全没有内部的经验,外感官就必须是真正的外感官(而不是单纯的想像力):那就是说,它必须对我们显示在空间里的永恒实体,而这样就具有实在性或说客观有效性了。

无论康德的论证在细节上的种种困难是什么,他的一般立场是清楚的。只有当我们把我们的一些观念的前后相继以空间里的某永恒的东西为背景,我们才能觉知到在内感官里的这种前后相继。永恒的有空间性的实体同样被预先假定为外部经验和内部经验的一种条件。所以我们就在验前知道必须有这样的永恒的有空间性的一些实体;但是它们的性质必须在经验上对外感官显示出来,而且我认为甚至它们的永恒性也必须在经验上对外感官显示出来的东西里找到某种证实[②]。

3. 内外感官的实在性

康德还加上了另一些考虑。这些考虑是比较简单的[③]。

---

① 我认为这又是自在之物对我们的出现这个事实在这里是与题无关的。

② 比较一下本书第四十二章第五节。

③ BXL-XLⅠ注。

如果在“我有”(或“我思”)这个思想里,关于我的存在的知性意思是我的存在从而能得到确定的一种知性的直观的话,那么对于那对外在于我自己的一种关系的意识就会是不必要的了①。在人类的经验里,这样的知性意识,虽然不依靠内部直观,但是却还要为内部直观来加以补充,而这样我的存在才能得到确定。内部直观是感官性的(或说被动的),而且受制于时间的形式。所以我的存在之确定,而结果内部经验本身之确定,同是时间里的一种确定;而既然在时间里的确定,除了参照与我自己相反的某永恒的东西以外,是没有可能的,所以内部经验就依靠这样一个永恒的某东西或说实体的存在。如果不考虑这样的说法,即因为永恒的某东西不在我里面,它就必须在我的外边的某东西里边,那么上面所说的对于我们已经认为是知道的东西就没有添加什么内容。

康德的结论就是,要有一般经验的可能性,外感官的实在性是必然和内感官的实在性结合在一起的。换句话说,只有当我知道在空间里有一些永恒的实体是对外感官显示出来的,我才能知道我在时间里确定地存在着。这两种知识——即关于自我作为是在时间里思维着而且认识着的(而又感觉着以及决定着意志的)这种知识,和关于在空间里永恒存在着的物理对象的知识——对我们所称为经验的东西同是同等地需要的。依我看来,这是真的;而且它就是对通常称为观念论的一种驳斥——观念论就是这种见解,认为我们有一种关于我们自己的观念或说我们自己的状态的直接知识,但是认为我们关于有空间性的对象的知识充其量是推论性的。可是它不是对先验观念论的驳斥。先验观念论认为,物理对象的存在与自我同是现象性的,而且只是处在彼岸的一种更湛深的实在对有限的心灵的出现。

另外,还增加了两个次要的论点。我们还得要把想像力的一些意象和幻想与关于对象的(不但物理对象而且又是我们自己的)真正直观区别开来:我们是利用诸类比来这样做的②。而且我们必不可把我们关于存

① 毋须引入内感官与时间以及永恒的东西。比较一下本书第五十二章第五节。

② 比较一下本书第五十一章第六节。

在中的永恒的某东西和一个永恒的观念混淆起来。我们并没有任何永恒的观念[①]。我们关于永恒东西的而且甚至关于物质的观念是易于变动的;但是它总是和空间里某永恒的东西有关系,而这东西的存在是必然包含在我自己的存在的确定里面的。内部经验与外部经验构成一个经验;而且不能有任何内部的经验,除非它同时部分又是一种外部经验,即关于空间里永恒对象的一种经验。

4.内外感官的观念性

我们刚才曾考查过的学说可描述为康德的经验实在论。它确立了他称为内外感官的"实在性"[②]。我们所具有的一个经验不止是由单纯的观念所组成的:它所对我们显示出来的既有一些在时间里一个跟在一个后面的观念的那一个现象性的自我,而又有空间里的永恒的现象性的实体的世界。我们现在就必须转到他的学说的那方面去,它可以被称为先验观念论。该学说主张:自我和这样显示出来的世界都只是现象性的,我们不能深入到它们的内部性质如它们在它们自己里面的那样。我们对于这个学说与其种种的根据是熟悉的;但是我们还得要考虑某些外加的论证,它们是他在第二版里增加的,其目的是要证实内外感官同有的"观念性"这个理论[③]。

如果我们把苦乐感以及意志都搁在一边,而且只考虑知识,那么属于外部直观的一切东西据说包含的就只是关系。这些关系同一于外延(地位的关系)、运动(地位的变动)以及各种动力(有点奇怪地被描写为地位变动按照着而得到确定的那些规律)。在这里所包含的显然是多于单纯的直观。康德心里想的东西乃是通过外部直观显示出来的第一性的种种质,而且他正好把这些第一性的质归结为单纯的关系。

虽然我们知道这些关系,但是我们却不知道在一个地方里面存在着的是什么[④],或者(除了地位的变动外)在如其在其自身里那样的东西里

① 比较一下B292。

② 比较一下XLI注。

③ B66起。

④ 严格地说,一个自在之物不是存在于一个地方,虽然它对我们好像是存在于一个地方。

实在起作用的是什么。位置、运动与力,就它们是和作为我们感受性的一种形式的空间结合在一起来说,所能显示出来的实在性只是如它对我们出现的那样,而不是如它在其自身里那样;但是康德用另一种论点来加强他所成立的学说,这论点说:这些东西都是关系性的,而通过单纯的关系,我们不能知道一个东西如它在它自身里那样。要这样知道,我们就需要知道在那关系上的是什么:我们就要知道对象本身的内部性格。

如果康德的前提都是正确的,其结论就像是当然的结果了。我认为,他即使这样说还可以是正确的:如果外感官给我们的只是一些关系(而不是出现在这些关系里的东西的内部性质),它给我们的只是对象对主体的关系;因为这像是有这种意思,即它给予那对象只是如它对主体出现那样,或说如它在其对主体的关系上那样,而不是如它在其自身里那样。

如果对于外感官是如此,对于内感官就必须同样是如此;因为首先,外感官的观念是构成内感官的正当材料;其次,我们可以假定,如果外感官所给我们的只是在某方式上是空间性的关系,那么内感官将给予我们的就只是时间性的关系,而且同样的一般性的论证也将是适用的。

康德用一种很麻烦的形式表达这第二个论点,而且他提到关系的话语没有像关于空间那样以一种直接的方式发挥出来。它倒是用来支持这个见解,就是时间只是直观的一种形式,而且从这一点就得出了所需要的结论。但是我们必须更详细地来考查这个论证。

5. 时间与内感官

按康德的说法,我们是在时间里“断定”外感官的一切观念的。我不敢肯定,他的意思是否只是说,我们必须把这些观念前后相继地捡起来而且结合起来,而又在我们心里觉知到这种前后相继,或者他的意思又是说(如“断定”这词所暗示的)我们必须在我们认为是物理世界的发展里指定这些观念的一种位置。无论如何,他坚持说,时间乃是我们关于经验里的有空间性的观念的意识的一种在前的条件——虽然在一种纯然的动物经历(德文的Erlebnis)里它不是这样的。作为这样的一种在先的而又形式的条件来说,时间制约着我们在心里断定空间性观念的方式[1];而且它在

---

[1] B67。“在心里”这几个词也许是支持前面所提及的前一种选择的。

其自身里面含有前后相继、同时性与永恒性这些关系——永恒的东西就是和一种前后相继同时并存的[①]。这些关系是和他在别处称为时间的“样式”同一的[②]。

康德接着做的不是立即断言：内感官作为只和时间性的关系有关的，所以就不能给我们以实在性，如它在其自身里面那样，而是对(我认为是)时间作出描写。凡是作为一种观念而能先于一切思维对象的活动[③]的，就是直观；如果它只含有关系，它就是直观的形式[④]。这样的一种形式是和它作为其形式的那种质料是不可分开的，而这种不可分开性是为康德的下述说法所说明的：这种形式并不表现任何东西，除了在某东西——大概是外部直观——是在心里被断定的这个限度以内[⑤]。

从最后这个断言，康德就作出一种表达得很奇怪的推论。这种直观或者直观的这种形式(我认为这只能是时间)无非是心的通过其自己的活动，即通过它的观念的这种断定[⑥]，因而就是通过它自身而被刺激的方式。他还把心通过其自身而被刺激的那种“方式”描述为“一种内感官关于那感官的形式方面”[⑦]。这像是用一种不必要的麻烦方法来说我们已经知道的东西——即时间乃是内感官的形式。

康德的主要论点好像就是，内感官或说至少时间作为内感官的形式，只是因为心是为那在心里断定观念的活动所刺激，才发生的[⑧]。但是如果他对于我们已经弄清楚的东西有所增加的话，我就必须自认为我不知

---

① 提到永恒的东西(这不是在心里的)支持前面提及的第二种选择。

② A177＝B219。比较一下 A182-183＝B225-226 以及本书第三十九章第三节。

③ 这样的在先性不必是，而且大概不是，时间上的在先性；但是把时间上的在先性归于直观却比以之归于思想(或归于直观在其对直观本身的关系上的形式)不那么引起反感。就康德说来，直观是不依靠思想而被给予出来的(A90＝B122)。

④ 比较一下 B160-161 注。在那里这形式说是只含有一种杂多而无统一性。这段附带并暗示着，如果统一性是直观所必需的，那么直观没有思想就不能被给予出来。这不意味着直观的杂多没有思想就不能被给予出来。又看 A107。

⑤ 比较一下 A452 注＝B480 注。

⑥ B67-68。我是要指望“观念”用在复数上的。

⑦ 这像是意味着心是被动地从里面被刺激的，而且这样的刺激必然是在时间的形式下的：它必然产生一连串的观念。稍后一点，康德便说，杂多在心里而没有自发性被给予出来的方式必须称为感受性。

⑧ 比较一下 A210＝B255。

道所增加的是什么。我甚至不能确知他的所谓“断定”是什么意思，除非他指的是“捡起来”与“结合起来”。

6. 内感官与现象性的自我

康德坚持说，凡是通过感官而被知道的东西，就此来说，总是出现①。我认为其理由就是，感官总是为感受性的一种形式所制约的。无论如何，如果我们接受了前提，我们就必须或者否定内感官，或者就得要承认通过内感官而被知道的主体只能是作为一种出现或现象的主体——不是像它实在所是的主体，而且如它若果具有一种知性的或说能动的（与一种感官性的或说被动的相对立的）直观而会对其自己被知道的那样的主体。假定我们并不具有任何一种知性的直观，康德就坚持说，唯一的困难就是要了解一个思维的主体如何能有对其自己的一种内部感官性的直观。这是我们不能说明的②；但是它完全是一个事实，因而是一切理论所共有的一种困难。

根据康德的见解说来，我们公认是在统觉里具有关于自我的一种能动的知性意识，而在这里他把这种知性的意识和“我”这个简单的观念（同值于“我有”或“我思”的）同一起来了。如果单独通过这个观念，在这主体里的所有杂多都依它自己的活动而被给予出来的话，我们就会有一种内部的知性直观，而且所需要的就无其他了。在人里面，而且其实在凡是有限的存在者里面，关于自我的有确定性的知识（这总是包含着一种杂多的），除了统觉以外，还要有关于一种杂多的内部知觉，是不依靠思想而在这个主体里被给予出来的③。所以这样一种内部的知觉必须是属于感官，而且是被动的；或者（用康德的麻烦的术语来说）杂多不靠自发性而在心里被给予出来的方式（因为这种杂多是没有自发性而被给予出来的）就必须被称为感受性。

这一切都是一般的形式，而且没有提出任何困难。他阐明他的结论

① B68。

② 比较一下BXLI注。

③ 我认为这是已经含在这杂多不是在思想里被给予出来的这个事实里的。

的方法就不是这么简单了。如果自我意识的这种能动的知性的机能(在这里显然包括着想像力以及思想)是要找出,即领会或说捡起处在心里的东西,它在这限度内就必须刺激心,而且只有这样它才能产生对其自身的一种直观。可是,这种直观的形式(或说验前的条件)作为被动的东西在心里面有其起源,而且在时间的观念里它确定那杂多何以一道处在心里面的方式①。因此心的直观到自己,不是这样的,即如果它靠一种能动的知性的直观,便知道自己,而是按照心的为其自己的活动从内面被刺激的那种方式。换句话说,心直观到自己,不是像它在其自己里面那样,而是像它对自己出现的那样。

按其前提来说,康德的结论是十分明显的;但是不幸的是,我还是把握不住心刺激自己的方式的种种细节,虽然我一点也不怀疑他在这里是想说出实在重要的某东西。他的思想的一般方向是十分清楚的。

7.出现与幻相

我们必须防止对这一切的一种可能的误解②。我们曾看到,靠外部直观,我们就知道有空间性的对象只如它们刺激着心那样,而靠内部直观,我们就知道自我只如它刺激着自我那样。那就是说,既然这样的刺激是为空间与时间所制约的,而空间与时间只是我们感受性的形式,所以我们知道对象和我们知道自我,只如它们出现的那样,而不是如它们在其自身里面那样。不得认为,这就意味着所知的对象与自我同是幻相③。在与幻相或单纯外表的东西相对立的出现里,对象被看作是实在给予出来的某东西;乃至关于我们以之归于对象的种种特征亦复如是,但是有这种限制——就是在所予的对象对那知道的主体的关系上,所说的特征(关于它们的普遍性形式)是依靠那主体所具有的一类直观的。那就是说,那对象的种种特征,就其必须为一个主体所直观而言,便变成了这样的形式,

---

① 我认为杂多的在心里是一起的必是这种活动的结果,而不是(像杂多与时间的形式那样)作为被动的在心里被给予出来的;但是(作为时间性的)在一起的种类是为时间的性质依靠心的被动性或说感受性这个事实所制约的。

② B69。

③ 比较一下 BXL 注以及 A396。

其感受性就是空间与时间。因为这个缘故，我们就必须把对象作为出现与同样的对象作为在其自身里那样区别开来。

很难有关于康德的见解比这更清楚的述说，就是一个出现不是作为一种实在的我们自己的心灵的一种纯粹的产物；如果它是这样的，它就会是一种幻相了①。一个出现总是一个完全不依靠我们的心而在其自己的权利上存在着的东西的出现。甚至它所具有的有空间性与时间性的种种特征也都是那东西如其在其自己里面那样的实在特征的一些出现。由于我们的心的性质，所以东西就必须对我们出现为有空间性的与有时间性的；但是我们之所以看见一个对象是圆的而看见另一个对象是方的，乃是由于自在之物的性格②。我们不知道这种性格是什么，但我们却不能把它看作圆性或方性，因为我们绝对不能把它看作是有空间性的。其实我们知道这东西只是如它对我们出现的那样，或说如它在其对于我们的心的关系上那样③；而结果就是，我们不知道我们是否适当地谈到它是“存在着的”或者具有“种种特征”的，因为就我们来说，这些名词隐含着对时间与空间的指涉。

因此，康德就不说物体单纯像是在我们的外边，或者灵魂单纯像是在我的自我意识里被给予出来。这就意味着一个物体和一个灵魂可能是一个单纯的幻相，而不是一种独立的实在性的出现。就康德来说，这样一种学说是不可想象的。他所主张的乃是这样的：分别为物体与灵魂的空间性与时间性特征，即空间与时间的“质”，我必须按照它，把它作为它们对我存在的条件而断定一个以及另一个——这完全在我的直观的性质里面，而不在自在之物里面。如果我以那应该算作出现的东西而作出了一种单纯的幻相，那么它就是我自己的过失了。

这样的一种错误不是承认空间与时间的观念性进而承认一切我们的感官性的直观的观念性的结果。与此相反，这种错误起因于把空间与时间看作自在之物的特征——这是一种学说，产生了这么多的谬误与矛盾，以致空间与时间的整个世界变成一个单纯的幻相，如康德所想象在那“可

① 比较一下 A396。

② 比较一下本书第六章第八节。

③ 比较一下 B67 以及 B70 注。

敬的"贝克莱的哲学里所产生的那样,而对于贝克莱的哲学,他几乎没有正确的认识。

8.内感官的种种困难

我们将会看到,我们关于内感官的考查主要是依据在第二版里所增加的几段。这种做法,部分是由于这个事实,就是在第一版里,这个问题主要是在各谬误推理里处理的,而谬误推理则在本书的范围以外。部分又是由于这个事实,就是在第二版里,康德企图消除关于他的理论的种种误解,而且他就觉得不能不把他关于内感官与其对空间里的种种永恒实体的关系的学说更充分、仔细而清晰地予以陈述出来。这两种学说是紧密地结合在一起的。对它们的一种更充分的讨论,不触及到辩证论的论证是不可能的。我在这里只记录我的意见,就是这两种学说同是批判哲学所不可或缺的①,而且在第二版里所增加的并不是对康德一向所主张的东西的改正,而是一种发展。

当我这样说时,我没有要否认康德的整个理论是难懂的,而且在其某些细节上是很难懂的意思。但是我在它里面并未发现任何为他的批评者如此一般地以之归于他的种种矛盾与混乱的痕迹。康德所吃的亏就是由于所有思维所共通的弱点,特别是在那种思维不满足于宁可肤浅而想达到清楚的这个地方。在他的思想中,有的困难是由于他处理一个难题这个事实,而我远不是提出说,他曾作出了一个最后的解答。我认为这样说是对的,就是急切地需要有他的学说的一种更充分的阐述。但是那所谓混乱,依我看来,多半是批评家的虚构,而且这些批评家每每继续重复着一些甚少证据或者毫无证据而且有时是依据完全误解的责难。

如果我们要知道我们自己的思维活动,而且借以确定我们作为思维的存在者而存在,那么我们这样设想就是不够的,即思想的必然统一性或者甚至那种统一性在其里面表现出来的判断的种种必需的形式。我们思维的普遍性质,如果我们把它与我们所想的东西分开,本身并未为我们提

① 我很高兴在这点上至少有 Balliol 学院院长的部分支持;看林赛(Lindsay,即该院长)著的《康德》一书,p. 53。

供描写我们作为思维的存在者所具有的那种存在的根据：只有由于理性的一些谬误推理，我们才在这种基础上自以为是非物质性的，不能朽坏的，有人格性的，因而就是属于精神的实体①。只是在我们对于我们所想的和所知的东西有了一种直接的觉知——一种直接觉知到如此等等是呈现于我们的心中——的时候，我们才能确定我们思想的存在，而且确定我们自己作为思维者的存在。这样的一种直接的觉知就是内感官，而且呈现于我们心中的东西是在时间的形式下作为一连串的观念对我们显示出来的。

按康德的见解来说，我们的一切思维，至少是到了最后，是包含着感官被动地所接受的一种杂多的想象性综合的②。在这种思维的能自认为是认识的活动而且有一个对象是多于它自己的创作的这个限度内，必须有那把所予的杂多在一个空间与时间里结合起来的想像力的一种先验综合。按康德的理论来说，这种结合必须始终依据知性的范畴；但是为着我们目前的目的，其关键性的论点特别是与实体这个范畴有关的。如果我们要知道一个在同一时间与空间的世界，我们所有的外部直观都必须和一些永恒的有空间性的实体有关系而作为这些实体的偶性。这是我们每一顷刻都这样做的：康德坚持说，我们关于我们自己的思维与认识的觉知总是关于我们自己是思想到而且认识到一个永恒的有空间性的世界的一种觉知；而且其实它必须是这样的；因为如果它不是这样的话，我们就乃至不能觉知到我们自己的一些观念的前后相继。这与观念论是恰好对立的，后者主张：我们只知道我们自己的观念的前后相继，而且对空间物体里的世界作出种种可疑的推理。

这样来理解的话，依我看来，康德的学说就是真的。他这样说也一定是正确的，就是直接对我们显示出来的东西是像在我们的心面前的那样的，而这样也就像我们的观念在时间里前后相继地被显示出来而且必须被显示出来的那样(正如我们把它们与我们自己区别开来的那些对象，对我们作为在空间里相互外在地被显示出来而且必须被显示出来那样的)。

① 比较一下 A345＝B403。

② 比较一下 A19＝B33，A51＝B75，A77-78＝B103。我们在这里毋须考虑像康德自己在《纯粹理性批判》里那样的高度抽象思维中所包含着的种种复杂。

我们直接知道的只是对象对我们出现或说作为我们的观念的那个时间：我们以之归于对象之作为对象的那个时间，我们不是直接知道的，而是作为思想的结果知道的。对于我现在正在思考批判哲学这个事实，我是有直接的知识的。关于批判哲学是在我出生以前就已产生出来的这个事实，我是没有这样的直接知识的①。

如果康德的下述主张是正确的，即他认为：因为时间是必然而普遍的，所以它就必须只是我们感受性的一种形式，那么他的结论就马上产生出来了：对我们显示出来作为有时间性的自我(而且其实任何对象)不能作为像其在本身那样对我们被显示出来②。

康德学说的最难懂的部分乃是他关于自我如何为其自身从里边受到刺激的方式的说明。自我在其直接觉知到它自己的一些思维活动与认识活动的过程中——这里不是考虑它的种种感情活动与决意活动的地方——必定是被动的，虽然它在思维到其自身的这个动作之中，也必须有一种对思想的必然统一性与形式的能动的概念性的觉知，不管它多么模糊。我们思想的杂多或内容必须是对于一个被动地接受它而且直接地知觉到它的心被给予出来的：我们对于我们思想与认识的东西的觉知并不是对于我们思想与认识的东西的一种创造活动。种种的复杂性正是在这里开始的；因为杂多必须原来就是对外感官被给予出来的。如果这种杂多是对外感官被给予出来的，它岂不是就含有我们觉知到它的这个意思吗？而且，如果我们觉知到它，我们岂不是就觉知到它如在我们的心面前那样的吗？如果是这样，它岂不又是对内感官被给予出来的吗？

据我所知，康德关于这一点没有给我们任何清楚的陈述；但是他关于动物的经历(严格地说，这不能叫做经验)的说明暗示着关于有空间性的直观的觉知没有内感官还是有其可能的。我认为，这样的一种觉知会是

---

① 当我注意着一个运动中的物体时，其种种的运动之发生是和我看见它们同时的，这个事实并不是这条原则的一个例外。我只能靠思想才知道我所经验的东西乃是一种客观的前后相继；因为我的一些知觉的前后相继是同样与客观的同时并存相容的。

② 或者更严格地说，我们不能知道它的在其自身里面是像它的对我们被显示出来的那样的；但是时间会同时是感受性的一种形式而又是自在之物的一种性格这种可能性是不值得去考虑的，如果我们并不能知道有任何理由何以会是这样的。比较一下本书第八章第八节。

转瞬即逝的：它不会是关于一种前后相继的觉知，而且更不是关于一个不同于自我的对象的觉知。要觉知到一种前后相继，我就必须把杂多捡起来，匆匆看过一遍，再生，而且抓在一起，一句话，把它综合起来。这种综合必须又是空间与时间的一种综合，而且就其是这样的来说，它乃是一种想像力的先验综合。没有这种综合的话，就我们来说，就不能有任何的前后相继，而且不能有任何时间，也许还没有任何空间（虽然这是更可怀疑的）①。

按照康德的观点，当心为自己所刺激时，内感官就为这种想像力的先验综合所刺激，而这样最后就为知性所刺激；因为想像力的先验综合是按照包含在思维本身里的种种综合原理把杂多结合起来的。

依我看来，康德的思想，其总的方向是健康的，他的问题没有什么是任意的或不自然的，但是困难却是很多的。时间不是先验综合的产物，而是内感官的形式。它像空间一样，乃是起源于心的性质，但是起源于作为被动的心的性质的：它在这方面说来是对思想与想像力被给予出来的，而不是它们所创造的。可是，没有思想与想像力的综合性活动，它就不能有统一性，而且不能是一种直观（或说直观的对象）。而且，既然思想与想像力的综合性活动本身是前后相继的，所以它显然是预先假定有时间的；而这也许是时间为什么必须属于内感官的另一种理由。康德一定不会让我们以这为根据而主张时间必是实在的某东西②。另一方面，如果我们提出我们的综合性活动是无时间的、不自觉的，而且是本体性的，我们就不但和康德所明白陈述的相矛盾③，而且我们就是自相矛盾了；因为我们自以为详细地描写了我们断言是未知而且是不可知的东西；而我们实在描写的乃是作为无时间的一种综合，它只因为是而且必须是前后相继的，才对我们是可理解的④。

---

① 确定是不能有任何物理的可测量的空间的。

② 看本书第八章第九节。

③ 我们的思想都说是内感官的对象——比较一下 A342＝B400 以及 A357——这个事实就说明康德是如何远非把我们的思维看作是无时间的或者不自觉的了。又比较一下 B154 以及 B156。看本书第三十一章第四至第六节。

④ 比较一下 B292。

不管关于时间的种种困难是什么——而这些困难并不是康德所特有的——他的下述主张肯定是正确的：时间，像空间一样，必须是被给予出来的，然而我们只靠一种把过去与现在抓在一起的综合动作才能觉知到时间，并且觉知到在时间里的前后相继①。我认为我们又能了解对一种所予的杂多起其作用的那个心的综合性活动如何不但构成我们所知道的现象性世界(这是一个在空间里展开而在时间里一直持续的世界)，而且又把那个世界作为在我们里面的一连串的观念对我们的内感官给予出来；因为凡是对于那个世界的觉知也就是对于它作为呈现于我们自己的心的一种直接的觉知。

在这一点上，还有一些康德没有作出详细讨论的困难。在认识世界的过程中，我们好比是创造了我们自己的心理历史；而在我们知道的或曾知道的事物之中，没有什么是在那历史里没有它的地位的。而且，既然知道这个活动是有意识的，所以在知道我们的世界这种过程中，我们是觉知到我们的心理历史的。可是，我们能够转过来而反思到我们的心理历史，而且把它当作只是我们所知道的世界的一部分，而且是很小的一部分。这是康德所认识到的，而且其实是为他看作一切经验里的一个不可或缺的成分的；因为他认为，一切关于我们观念的前后相继的意识，尤其是关于我们的种种观念在其中发生的那个时间的一切确定②，只在其对永恒实体的一个世界的关系上才是可能的，而这些实体的各种偶性是在一个客观的时间里变动的，并且我们必须把这客观的时间与我们在其里面知觉到那些偶性的时间区别开来。

在诸类比里，康德曾作出了关于我们按照着来确定客观事件的时间的一些原则的说明。他曾遗漏了作出关于我们确定我们自己的种种思维活动与种种知觉活动的时间的一种类似的说明。无疑他是认为，在那里，同样的原则也是起作用的③；但是由于没有更多的细说，有些批评家就曾认为，范畴是不能适用于自我的。依我看来，这是一种错误，除非是关于

① 这一定对任何有确定的可测量的时间是有效的，而且我又倾向于认为它甚至对假的现在(specious present)也是有效的。

② 看 B156 和本书第五十二章第四节。

③ 看本书第五十一章第六节以及本章第三节。

实体这个范畴则例外;而在这里,虽然这个问题是充满着困难的,而我却倾向于认为,从一个观点来看,康德必定把我们的思想当作是我们身体的偶性;但是这是一种结论,不知什么原因,康德未能把它阐述清楚①。

我们得要应对的这种种困难理所当然地引起了这样的问题,即是否有可能来前后一致地想透康德的体系。要去解决这些困难,需要有一本书才行;而且如果我曾把他的问题究竟是怎么一回事搞得比较清楚,我就必须满足了。我应该认为我曾说明了它是一个实在的问题,而且在他的学说里面的种种困难至少部分是由人类经验本身的性质引出来的。

9.一种粗糙的类比

哲学家的任务绝不是要用意象或比喻来替代思维的。这样的意象和比喻是注定为不足够的,而且易于引起误会的。然而,如果我把我已曾利用过的类比②简短地加以发挥,也许可能对初学的人至少有一小点的帮助。

我曾提出③,康德大概把实在看为是单子所形成的。然而人的心不是一个没有窗户的单子,而是从它的一些窗户观看实在的。我们可以考虑这些窗户的玻璃里的颜色或各种的歪曲是把某些普遍性的特性外加于我们看见的对象之上的;而这是和一种有空间性的性格之为我们感受性的性质所外加的东西平行的。

我们现在还得要加上说,就经验来说,只说我们的窗户是会从外边受到影响,这是不够的:这些窗户必须又从里边受到影响。好像有一薄层的水蒸气不断在我们窗户之上形成着;而只是在我们把这种薄层,时而从一部分,时而从另一部分除去时,我们才能看见外面实在的各个部分。使我们能看见那外面的实在作为一种前后相继的,乃是这种在我们方面的内部动作;而且使我们能够看见我们自己的内部性质,并且把外界的形形色

① 关于范畴的应用于自我的最好的讨论在伊温(Ewing)的《康德的因果性理论》一书的第六章里可看到。这也许是一本太过为人所忽略的书的最有价值的一部分,由于它是最别有见地的,而且这书的很大的优点,就是甚至在其(依我的意见)是错误的地方,还是清楚易读的。

② 看本书第八章第三、八、十节。

③ 本书第八章第十节。

色看成是从一个观点的在我们自己心的窗户平面上的各种变动的也是这种内部的动作。

我们也许又可以,而且在某些方面看是更好,把我们心的窗户看作照相的感光板。如果要在这种感光板上看见什么,它们就必须是从外边受到影响的。但是它们又必须从里边受到化学的处理;而从里边的这种前后相继的影响就前后相继地现出从外边影响的各种结果来。以这个意象来描写康德所用的"影响"这词也许是更公道些;但是它仍然不能现出我认为是康德的学说的心脏部分的东西——就是我们在直观里所觉知的东西不是一种什么外面的实在之单纯结果,而是那实在本身通过我们自己的感受性这个中介的一种对我们的直接出现。

第五十四章　概念的先验使用

1. 经验性的实在论与先验的观念论

康德的哲学一直被认为是经验性的实在论与先验的观念论。他的学说的这两个主要方面是这么密切地相互关联着，以致随便哪一方面与其另一方面分开，都是不可理解的；但是在上面的三章里我们所考虑的主要是他的经验性的实在论——就是这种理论，认为我们关于在时间里进行思维、感觉以及作出决定的一个自我以及关于在空间里相互作用的永恒物理物体，同是一样有直接的知识的。这两种知识就构成一个人的经验。我们必不可猜测我们关于物体的知识单纯是推理性的：如果我们关于空间里永恒的物理实体没有直接的知识的话，我们关于我们自己的前后相继的那些心理的状态就不能有任何知识。

我们现在必须考察康德学说的另一方面——即他的先验的观念论。我们所知道的自我与物体在其自身来说都是实在，不是我们的知识所制造的：康德绝没有怀疑过它们就是如实的那样，不管我们知道它们与否。另一方面，我们却不知道而且不能知道它们如它们是在其自身里面那样。我们知道它们只是如它们在其对我们的关系上那样，或者说像它们显现于有限的心那样，而有限的心的知识或经验是由两种成分——即思想与直观——所构成的。我们知道的一切对象都必须在时间与空间的形式下被给予直观，而且必须通过从思想本身的性质出来的范畴被想到。所以作为对象，或说作为对我们来说是被知的一切事物都有一个外加于它们上面的普遍形式[①]，是在人类的感受性里和人类的知性里有其起源的。因此，康德的学说可以称为形式的观念论——我们知道的一切对象的普遍形式乃是由于人类的心，而不是由于事物。所以作为是我们知道的自

① 所外加的只是那普遍的形式。对象之间的一切差别是由于质料里的各种差别，而这质料不是外加的而是被给予的。

我与世界只是现象性的:没有人类经验,就不会有空间与时间,而且也不会有有空间性与时间性的世界。所剩下来的东西就会是事物的如它在其自身那样的,但是我们就没有任何理由来把这种事物看作是有空间性的或有时间性的,而结果就是,我们毫无理由来描写它或者作为常变的或者作为永恒的了。

我们的知识局限于现象和我们对于自在之物一无所知就是仍值得讨论的一个问题。康德自以为他在分析论的过程中[①]已经解决了这个问题。我们现在所要做的不过是我们的解答的一种概述,一种可能加强我们确信的鸟瞰。我们将看到,我们能够而且必须满足于我们关于现象性世界的知识,因为我们无法得到别的知识;而且我们将更清楚地了解我们借以拥有我们所有的知识的权利。

对于任何一个懂得康德的论证的人来说,目前的阐述,如果我们除开在第二版里所删去的那段,是容易懂的,几乎毋须有什么注释。特别是第一部分[②],如他所说,是很少多于他前面论证的一种概述的;但是他在那里面给出了关于他用纯粹范畴意指什么的一种比他至少在第一版里所曾作出的更清楚的表示,而且他又分别地处理各纯粹范畴的性质。在第二部分里[③],虽然他仍旧是在弄清楚他的学说的各种含义,但是在关于现象与本体的讨论中,他在某种程度上也作出了新的探讨,虽然在这里是为这种讨论在第二版里比在第一版里有更多的准备。

2. 概念的经验使用

我们已经明白,知性从它自身得出了某些纯粹概念或范畴[④]。这些纯粹概念或范畴,不是像经验性的概念那样,单纯由抽象而从经验假借而来。然而它们只在经验里才能被应用。那就是说,它们只是属于经验上的使用或应用;它们拥有的作为对象的东西,只是对直观而且在空间与时间的形式下被给予出来的东西。

① A236=B295 起。

② A235-248=B294-305。

③ A248-260=B305-315。

④ A236=B295。

范畴对经验的一切对象的普遍适用是在知性的各原理里面规定的。这些原理,不管是数学的抑或是力学的,所包含的据说只是可能经验的一些纯粹图型(schema)。它们陈述的是,如果经验要成为一个经验的话,所予的杂多必须与之适合的一般的轮廓(或者用一点比喻来说,必须适合于杂多所必须与之符合的结合原理)。经验的统一性就是知性从其自己的性质,就想像力的综合是为统觉而不为所予的杂多所确定的来说,对于这种综合所贡献的是那种必然的综合统一性①。没有它就不能有任何经验的那种思想之统一性要求所予的杂多,无论它是什么,必须为想像力的先验综合在一个空间与时间里结合起来;而康德自认为曾证明过,杂多在一个空间与时间里的这样一种结合是必须符合于知性的各纯粹范畴的。因此,种种出现,作为一种可能经验的材料,必须具有在范畴里所想到而在知性原理里所清楚说出的必然综合统一性。

也许可以说,这一切都是比较不大重要的。无疑,这些原理表达了知性借以在实际上得到指导的那些规则。它们不但是验前真理本身,而且是一切真理的根源。没有它们,就不能有任何真理,也就是说不能有任何在知识与其对象之间的符合,因为没有它们,就不能有任何对象;用康德的话语来说,它们含有经验的可能性的根据(而经验就是一切知识的总和),在其里面对象是能对我们被给予出来的②。可是归根到底,我们所从而得知的并不多于我们在我们通常经验上的思维里在实际上所预先假定而且应用的东西。它是否真的值得我们像已做的那样花那么大的力气呢?

康德提出抗议说——显然他忘记了读者已经跟着他走过这一大段令人厌倦的路程——没有比在我们从事探讨以先,而且甚至如果是清楚地说明之后,然而在我们有了条件来了解探讨的用途以先,而就问那用途是什么这种追根究底的态度③更有害于人类知识的扩张。可是有我们先验探讨的一个用途是能对于最不情愿的学生还是能使之变为可理解,而且甚至变为重要的。一种只从事于寻常经验性的思维,而不反思到其知识的各种来源的知性,固然能照着它自己的方式很好地成功;但是它永远不

① 比较 一下 A118。像这样确定的想像力的综合乃是先验的。

② A237=B296。

③ 我在这里不同于康蒲·斯密的翻译。

能确定它自己的知识的限度。它永远不能知道什么是在它自己的范围以内,什么是在其以外。结果就是,没有我们所曾作出的种种困难的探讨,就永远不能确知它对于具有知识的要求的正确性;而在它不可避免地越出它自己的界限而在错误与幻相之中飘荡时,就必须期待碰到丢脸的谴责。

因此,知性的各种原理,而且其实一切概念,毫无例外,只有一种经验性的应用,这个学说乃是这样的学说,当它真的被认识到了,真的被理解了时,它就将带来最重要的后果。

3. 概念的先验使用

我们必须把概念的先验使用和概念的经验上的使用进行对比①。在经验性的使用上,概念是只用于出现,即用于一种可能的人类经验的对象。在先验的使用上,它是用于一般的东西,即用于自在之物。按照康德在其《纯粹理性批判》自用本里的一条注释来说,这些自在之物可描写为不在任何直观里对我们被给予出来的对象,因而就不是感性的对象②。

一般认为,康德应该称这种用法为"超验的",而不应称它为"先验的"。然而这样的术语会和他原来在"超验的"与"先验的"之间所作的区别相违背③。这个论点是无关重要的,而且康德的意思可能是说,所谓一个先验的用法单纯是一种用法,它是由于偶然或者由于缺乏批评而超出经验的限度的,而一个超验的用法乃是一种用法,它是由于一种必然性而超出经验的限度的。但是,依我看来,他所谓一个先验的用法,可能是指这样的一种用法,在其里面,不但一个概念的起源,而且它的实际上的应用,都可能是完全验前的。这样的一种应用总是非法的,而严格地说来,是完全没有概念的先验用法的。

如果一个概念是要给我们以关于对象的知识,两个东西就是必要的。首先,这个概念必须有一般概念的逻辑形式,而康德把这种形式和思想的形式同一起来。我认为,他这样说的意思不过是,那个概念一定不能自相

① A238-239=B297-298,比较一下 A56=B81;又本书第十一章第四节。

② 见《补充条文》(Nachträge)CⅩⅦ。

③ A296=B352。

矛盾。他的意思是说，那概念必须具有普遍性；而且它只作为一个可能判断的述项才能具有这种普遍性①。持有思想也就是作出判断来；如果这样，那么每一个概念都必须有思想形式②。

可是重要的乃是第二个：我们必须能够指出，能有一个对象被给予出来是这个概念可以与之有关系。没有这样的一个对象，那个概念就只含有思想的形式而无其他。但是，就人来说，一个对象只可对感官性的直观才能被给予出来。

我们诚然有（时间与空间的）纯粹直观，这些纯粹直观在逻辑上是先于所予的对象的；但是只有当对象给予经验性的直观，纯粹直观甚至才能有客观的有效性，或说能应用于一个对象③。

可见一切概念、结果就是一切的知性原理，无论它们是如何验前的，到了最后，还必须和经验性的直观有关系。没有这，它们就没有任何客观有效性，而只能是想像力或知性以及分别属于它们的一些观念的一种单纯的游戏而已④。

所以概念的先验使用，由于它妄想着不需要有经验性的直观，是完全不能给我们以关于任何对象的知识的。

4.数学的种种概念

这个学说是以实例来加以例证的。让我们考虑一下数学概念的情况，而

---

① A69＝B94。

② 因此，它就必是或者一个范畴或者预先假定有范畴。这就是一种理由何以一切概念都是必然性的一种来源：看 A105-106 而且比较一下 B142。

康德又说，每一个概念都必须含有这种逻辑的功用，从某种材料——一般的材料——组成一个概念。这里的功能（或说形式）像是用分析与抽象来作成概念的这种功能；看 A68＝B93，A76＝B102，A78＝B104，但是我们曾看到，用概念借以被做成的那种分析动作而以统一性给予在一个判断里的各个不同的观念（或说对象）的同样功能也以统一性给予在一个直观里的一些不同观念的只是综合：看 A79＝B104。因此，每个概念都是一种综合这个概念，而范畴都是存在于，而且为之预先假定的，一切经验性综合以及一切经验性概念的普遍性综合的概念。

③ 严格说来，我认为它是空间性与时间性的概念，而不是对于空间与时间的直观，空间与时间是有对象给予经验性的直观的。

④ 在经验性的虚构概念里的各成分或说标志是为想像力所任意结合的。在把范畴用于自在之物时，我们有知性的一种任意活动，而不是想像力的任意活动。

首先以它们“在其纯粹直观上”①来理解。这个在引号里的短语是难懂的，除非康德的意思是说，这些数学概念对经验性的直观有其第二性的关系②。

空间有第三个向度：两点之间只有一条直线。这是欧氏几何所依据的原理，或说公理。这些原理或说公理的对象，我认为是空间本身，而且按照康德来说，我们关于空间的观念是验前在心里产生的。可是，虽然这些原理是完全验前的，但是，除非我们能在出现（或说经验性的对象）里显出它们的意义，它们是不会有任何意义的——那就是说，我们不能知道它们是和一个可能的对象有关系的。

因此，如果我们拿一个概念在其抽掉了它的对象的情况下，而想要确定它是否是一个对象的概念，我们就必须使这个概念成为感官性的③；也就是我们必须在直观里显示出与其相应的一个对象来。不这样做，一个概念就没有意思④或说没有客观意义。

数学用作出一个图形来满足这种要求。这样的图形是按照一个概念在验前构成的；但是，无论它是在想象中或在纸上作出的，它仍然是呈现于感官的一个出现。在数学的推论里，我们只注意其中是按照那个概念而作出的结构的必然后果的这些成分：它的单纯的偶然特征是完全被忽视的，或者至少是应该被完全忽视的⑤。

5.范　畴

康德所主要关心的乃是范畴。他自然转到量这个范畴来⑥，这是数

① A239＝B298-299。

② 所予的各实例像是康德称为公理的东西；比较一下 A163＝B204 以及 A31＝B47。这可能没有任何特殊的意义，而且我看不到它和“在其纯粹直观上”这个短语有任何特别的联系。然而它十分清楚地说明，康德相信，如果我们是要知道空间与时间的作为对象，思想与直观的一种结合是必需的。比较一下本书第五章第八节又 B160 注以及 A107。

③ 比较一下 A51＝B75。

④ 依我看来，完全清楚，康德是玩弄“意思”（sense 又可作“感官”讲）这个词的双关意义。

⑤ 比较一下 A713-714＝B741-742。一般是说，欧几里得在其第一卷的第一个命题里没有能这样做；因为他从看所作的图就假定两个圆只能在两点上相交，而这是需要证明的。如果不能看到这是毋须证明而直接从所下定义的一个圆的性质得出来的，那么他就犯了把经验性的证据和验前的证据混淆起来的错误。现代数学理论家认为欧氏犯了这个错误，这个事实就证明欧氏几何是经验性的。依我看来，这好像是一个错误。

⑥ A240＝B299。

学的基本范畴，而这样就过渡到了一般范畴。

量这个范畴在数里找到了它的意思与意义，而数就是量的图型。数是在算术里使用的，而且康德像是把它看作一切数学的基础[①]。数又在图形里找到它的意思与意义，即在算盘的算珠里，或写在纸上的笔画或点里。

在这一切里，康德坚持，无论一个概念是怎样验前的（而且普遍的综合原理——即公理——或者以之为基础的个别公式是怎样验前的），它的用途或说应用，以及它与对象的关系，到了最后，只能在经验中去寻找：其实这些验前的概念都“含有”经验的可能性，其意义乃是它们是经验的形式或说必然条件的概念[②]。

同样的原理适用于一切范畴[③]。这是为这个事实所说明的，即我们不能给任何范畴以一个实在的定义（就是说，一个说明它是适用于一个可能的对象的定义）而不涉及它的图型，而这样就涉及空间与时间作为感受性的条件或者说作为出现的形式[④]。结果，范畴就必须局限于出现。如果我们拿走了对于感受性的各条件的关系，那么概念的整个意义，即它与一个对象的关系，就消失了。我们不能举出任何使我们能够把握什么样的事物才能用这样的概念去思维的实例。

在第二版所删去的一段里，这一点得到了进一步的思考[⑤]。

在他更早的讨论里[⑥]，康德叙明，虽然他心里曾有过范畴的定义，但是他故意省掉了它们，其理由就是为了他的有限的意图，它们是不需要的，而且可能会引起怀疑与反对。他许诺在必要的限度内把它们清楚地说明，但是不像纯粹理性的一种完整的体系所要求的那么详细，而且他的著作只是这体系的一种概要[⑦]。他现在就声言他的程序有一种更深刻的

---

① 比较它对空间性的图型和时间性的持续的关系，如在 A724＝B752 里所描述的那样。

② 比较一下本书第四十九章第五节。

③ A240＝B300。

④ “出现的形式”这个短语暗示康德所谓“感受性的条件”是指空间与时间；但是“感受性的条件”同样可指先验图型（看 A140＝B179）。

⑤ A241-242。

⑥ A282-283＝B108-109。

⑦ 比较一下 A13-14＝B27-28。

理由。

严格地说，其更早的讨论只是和纯粹范畴有关，虽然用于它们的名称，至少在某些情况下，是图型化范畴的名称。如果我们拿走了——如关于纯粹范畴我们必须拿走的那样——一切划定范畴作为其用途是经验性的那些概念，简言之，如果我们把范畴看作一般事物的概念而这样就是有一种先验的用途[①]，剩下来我们还有什么呢？只是判断的逻辑形式，在某种方式上它被当作是事物本身的可能性的条件[②]。但是在这样的一种情况下，我们就没有丝毫的观念，它们是如何适用于任何对象的，而结果就是，我们不能作出它们的任何实在的定义来。

我们将会看到，就康德来说——而且我们在后文里将要更清楚地看到这一点——纯粹范畴，由于在知性里有其起源，就此而论，就不是局限于感性的对象，而是在表面上有其资格来适用于自在之物。又将注意到，要说一个纯粹范畴是什么，是没有任何困难的。康德自己恰恰曾这样做过，而且他正要说明各个纯粹范畴的性质。这为什么不能被看作一个定义，其理由就是这样的一种描述不能说明有任何可能的对象是一个纯粹范畴能适用的。稍后一点[③]，康德作为另一个理由而补充说，判断的各种形式，而这样纯粹范畴也是一样，不借助于循环定义就不能得到定义；因为这定义本身会是一个判断，因而就已经含有这些判断形式[④]。这并不妨碍我们认识到：每一个纯粹范畴都是一个判断形式，可以用来确定一般直观的一种杂多的结合，这一来，就是一个一般对象的概念了[⑤]。如果康德作出这个说明是在分析论的开始，而不是在其末尾的话，他就会使《纯粹理性批判》大大地更容易了解了。他自己是在第二版里这样做的，如果不是太清楚的话[⑥]。

康德关于作为纯粹的而又作为图型化的各个范畴讨论，在我关于先

---

① 看 A238=B298。

② 比较一下本书第十四章第八节。

③ A245。

④ 这暗示着，就康德来说，判断的一切形式，如它们是应该的那样，都是存在于每个判断里的。

⑤ 比较一下 A245-246。

⑥ B128-129。

验图型的说明里已经加以考查和详细地思考过了①。在这里我毋需再多说了②。

6. 康德的结论

可见，范畴的用途总是经验性的，而永远不是先验的③。纯粹知性的原理必须只用于感官的对象，而永远不用于一般的事物或自在之物；因为没有一种可能的感官性的经验，而且其实没有人类的经验④，范畴对我们来说就与任何知道是可能的对象毫无关系了。

所以康德的结论就是，知性只能预测一种一般可能的经验的形式。在这样预测的过程中，知性永远不能越出感受性的限度，单是在这种限度内，对象才能对我们被给予出来。我们必须放弃本体论这个高傲的名称——本体论是一种科学，声明给我们以关于一般事物的验前综合的知识，而这样也就给我们关于自在之物的知识。这种假定上的科学必须让位于纯粹知性的一种谦逊的分析性。

康德利用先验图型说来加强他的结论。先验图型说乃是一种学说，处在整个这一章的、他的一切论证的根基之上。

康德说，思维乃是这种动作，使一种所予的直观和一个对象发生关系⑤。这可能与他的下述见解相矛盾，就是有一种思维，它并不给我们任何关于一个对象的知识，而单纯是疑问，即抱有一种可能的概念，而不追究它的对象是否也是可能的。可是，甚至这样的思维，对康德来说，还是与某种对象有一种模糊的关系的——不然的话，我们怎能问到它的对象是否可能呢？它甚至与某种一般直观的杂多有一种模糊的关系——虽然我们并不去问这样的一种直观是怎样能被给予出来的。其实，如我们将

---

① 看本书第三十三章。

② 在第二版删去的那段(A244-246)是重复性的，而且大概是为着这个理由被删去的。

③ A246＝B303。

④ 纯粹范畴会适用于任何是有一种在不是时间与空间的直观的形式下被给予出来的杂多的有限经验的；但是关于这样的一种经验，我们完全不能着想。

⑤ A247＝B304。比较一下在B141里的判断的定义。

看到的，康德在这里所记在心里的正是这类疑问思维①，虽然他的描述是要包括一切思维，当然包括疑问思维在内。

这是为他的这种说法所已经证明的：如果所说的那类直观决不是所予的②，那么其对象就单纯是先验的：它只是一种未知的某东西＝x③。所持有的概念必须是知性的一个概念，因为一切别的概念都是与某种直观或直观的结合有关系的；而且它的用途必须在下述意义上是先验的，即就此而言，这个概念的应用并不认为是依据一种能描述为对感官被给予出来的直观。

在这个阶段上，康德有点不严谨地把先验的用法和"一般的可能直观的一种杂多这个思想的统一性"同一起来④。我想他的意思必是说，在这种先验用途上的概念只能"含有"思想外加于一般直观的一种杂多之上的统一性⑤。这显然不是什么有确定性的对象，而且这样的思维单靠其自身是不给我们以任何知识的。如康德所说，通过一个纯粹的范畴（抽掉了感官性直观的所有条件——感官性的直观是对我们唯一可能的一种直观）没有任何对象是被确定的，而且没有任何东西是被知道的⑥。我们所有的不过是一个一般的对象的思想按照判断的各种形式表达出来的而已⑦。

要有一个概念的用途——如果它是要给我们知识的话——我们所需

---

① 比较一下 A255＝B310。

② 康德的意思可能是"如果这种直观的形式决不是所予的"，但是他所说的也许是有更一般的意思。

③ 比较一下 A104 以及 A109。

④ 我沿用康德自己的明显的修订（《补充条文》CXXV）。康蒲·斯密翻译原文如下："知性的概念只有先验的作用，即作为一种一般的杂多这个思想的统一性。"我拿不稳"作为"（英文的"as"）能否这样来理解而不改订其原德文，但是一般的意思像是对的。附带地说，先验对象本身几乎也可同样地下定义；看 A105。

⑤ 如果这样，这就符合于 A105 与 A109 的学说而且指出我们能给先验对象以任何一种一定意义的唯一方法。

⑥ 在这里我又是沿用康德自己的订正（《补充条文》CXXVI）。

⑦ 这句里的"按照判断的各种形式"是英文的"according to different forms of judgement"即原德文的"nach verschiedenen modis"之译。

要的是多于概念的作用或者疑问的思维的:我们又需要,如我们谈到先验图型时所曾看到的那样①,判断的一种功能(在其专门的意义上)。只有这样,一个对象才能被统摄在这个概念之下。要有这样的判断,我们必须至少有某东西能在其之下在直观里被给予出来的形式条件。所说的形式条件就是先验图型。

如果我们没有这种图型,而它乃是判断的条件,一切在范畴下的统摄都是不可能的;因为简直没有任何东西被给予出来是能被统摄在范畴之下的。因此,声明和感官或者感官的条件毫无关系的范畴先验用途,事实上完全不是什么用途;或者无论如何不是什么东西能借以被知道的任何用途②。它不适用于任何有确定性的对象,不适用于乃至一个能被确定的对象的形式(或说图型)③。

所以康德就总结其立场如下。没有感受性的形式条件——其意思可能是指空间与时间说的④,但是更有可能是指先验图型说的⑤——纯粹范畴就只有一种单纯的先验意义而已⑥:它们声言适用于不对任何感官性直观给予出来的一个对象。它们毫无先验的用途。先验用途在其自身来说是没有可能的;因为在它里面一切在判断里使用范畴的条件都消失了,就是说,把一个认为是对象统摄于范畴之下的形式条件⑦消失了。因此,如果我们拿范畴单单作为纯粹范畴,而不是作为图型化的范畴,它们就不应该有一种经验性的用途,而它们又不能有一种先验的用途。总之,它们

① A132=B172。在那里判断力(德文的 Urteilskraft)是与知性及理性对立的。

② 我又是沿用康德的订正(《补充条文》CXXVII)。

③ 照字面说,“它乃至没有单纯(关于其形式的)可确定的对象”。这是表达得很模糊的,但我很难认为康德的意思是说“它没有甚至一个可确定的对象,是在这种意义上说的,就是直观的一种杂多,它还等待着被带到一种形式(或说图型)之下来得到确定”。我认为他的意思必是说,它没有乃至一个可确定的对象,其意思是说一个由于在其底下得到直观的特殊一种杂多而能被确定的形式(或说图型)。就康德来说,形式与质料、概念与直观,同时在其彼此的关系上是“可确定的”。

④ 比较一下 A138=B177。

⑤ 比较一下 A140=B179。

⑥ 可是康德可能同样说它们是完全没有意义的;看 A240=B299 和 A242。

⑦ 这里清楚地是图型。

是毫无用途的。那就是说，抽掉了一切感受性，它们就不能适用于任何所谓的对象。它们仅仅是知性在其对一般对象的关系上的使用的纯粹形式[①]（或说思想的纯粹形式）；但是单单通过这种纯粹形式，它们不能想到（在"确定"的意义上）任何对象。

所有这一切精细的讨论几乎没有超出于康德关于先验图型的学说的一种阐发[②]。

① 也许更好是说"纯粹形式的概念"。

② 特别看 A139-140＝B178-179。

第五十五章　本体与先验对象

1.现象与本体

概念在其经验性的用途上适用于感性的对象，而这些对象可描述为出现，或者用更专门的术语来说：现象。在其先验的用途上，概念——至少这是它的本意——适用于事物的如它们在其本身来说的那样，而且如它们能为知性而没有感官的帮助所掌握的那样。这样的对象称为“本体”，即可了解或可理解（而不是感性）的对象。这样，现象与本体之间的对立相应于概念的经验性的用途与先验的用途之间的对立。

我们现在已经明白，不存在概念的先验运用。所以就可十分自然地作出结论说，没有像本体这样的东西，而且甚至说没有任何自在之物。这种学说每每被曲解为康德关于现象与本体的讨论的意思①：它和某些观念论的偏爱同调，而且又为带有一种更实在论的倾向的意见所欢迎。取消了自在之物可能对于康德的理论有所改善，但是我现在关于这一点不觉得这么有信心，如在我的无知更有甚于今日的那时所觉得的那样。依我看来，确凿无疑的东西是，康德自己从来没有作出过这种改善。他关于现象与本体的讨论乃是一种要说明自在之物永远不能为人类的心所知道的企图。这是和想要说明没有任何自在之物的一种企图很不同的一件事；而我怀疑康德是否曾重视过如此革命性的一种假设。依我看来，对于自在之物的实在性与独立的存在的信念乃是他目前讨论的预先假定，如它是整部批判哲学的预先假定一样②。这是一个复杂而议论纷纷的问题，只能靠小心谨慎的分析才能予以解决。不幸在第二版中，在讨论部分问题时，他换了新的说法，而这就意味着我们得要重复涉及或多或少是相

---

① 我认为这大体上是 Hermann Cohen（柯亨）与其遵从者的见解，但我几乎到处都可以找到其痕迹。

② 关于这点，比较一下阿迪克斯的《康德与自在之物》。这部著作依我看来是十分重要的。

同的范围。

本章的其余部分将是对于第一版特有的论证的一种考查。这个论证的难懂,主要是因为它从事于探讨本体与先验对象之间的区别。它重述我们在先验演绎的临时阐述里已经研究过的有些复杂的理论。急于掌握康德的主要学说而不去研究不必要的细节的读者,我们最好是劝告他去专心从事于研究在第二版里所作出的更清楚的说明,而这种说明将在第五十六章里加以考查。

2.关于本体的所谓知识

在第一版里①,康德一开始便说明我们冒险主张我们有关于本体的知识的那种理由。

他为现象下了一个很清楚的定义:现象乃是"就其是按照范畴的统一性而被看作对象的出现"。如果他原只用"现象"这个词前后一贯地指作为一个对象(或现象性的对象)的这种出现的话,我们就会省去许多解释上的困难;因为他惯于使用"出现"这个词,而又没有说清楚他的意思是指整个对象说还是指它的一个部分或一时的方面说的。

就康德来说,出现总是对感官性直观的一种出现。我们可以假定有不是这种意义上的出现的那些东西,而是知性的单纯对象。这样的对象,既然不是对感官被给予出来的,而又不能是对推理的思维②被给予出来的,就不得不对某种主动的知性直观被给予出来。那时,它们就会被称作"本体"③或"可理解物"(拉丁文的 intelligibilia)。

也许可以认为,先验感性论的学说使对于这样的本体的客观实在性的信念有其正当的理由。感性论的学说把出现局限于在我们感受性的形式下——即空间与时间——对我们被动地被给予出来的感性出现。既然

---

① A248-249。

② 推理的思维总是一种关于从外面给予它的某东西的而不是为思维活动本身给予出来的某东西的思维。

③ 古希腊文"νοῦs"或"νόησιs"这词是用来指那种的能力是我们借以关于实在性有直接的知性见地而无待于甚至存在于 διάνοια(思索)里这样的感官的;比较一下柏拉图的《理想国》, p. 511d。

它把被动的感受性和能动的知性分开，那么这种知性显然就决不是局限于感性的出现的；而这就暗示着现象与本体之间，感性世界与知性世界之间的一种区别的可能性。

这种含义是康德自己在其1770年的就职论文里所承认的，虽然我倒是怀疑：他对这一点在那个时候就如此有信心，像他通常所坚持的那样。无论如何，这是莱布尼兹的信徒所看不见的一种新的可能性。按照莱布尼兹来说，同样的对象为感官不明晰地知道而为思想明晰地知道，而感官与思想之间的差别只是在我们的知识里的不明晰性与明晰性之间的一种差别[①]。其意思是说，思想到的对象与感觉到的对象只在它们被知道的当中的明晰性的程度有所不同：毫无种类的差别。但是，如果感官与知性是两种根本上不同的力量，而又如果对象可以独自对这些不同的力量被给予出来，那么在所感觉到的对象与所了解的对象之间、在现象与本体之间，就可有种类上的一种区别。

一个完全不是对感官被给予出来的对象可以对知性被给予出来这个可能性[②]不是在这里为康德所讨论的。他举出的是这样的事例，在那里同样的对象独自既对感官又对知性被给予出来。如果如康德在感性论里所曾证明过的，诸感官能表现某东西只是如它在时间与空间这种人类的形式下出现的那样，那么出现的某东西就必须是一个自在之物[③]；而且，如果它是对知性被给予出来的，它就必须是非感官性的直观的某种对象——康德假定：概念作用（我们借它单纯想到所予的对象）本身是不能把一个要思考的对象给予我们的。

因此，我们似乎已确立了一种在其里面是没有感受性的知识的这种可能性。这种知识靠其自己而没有感受性，就有一种绝对客观的实在性或说有效性：靠它，我们就知道对象如其实是那样，而不是单纯如其出现的那样。

如果我们在经验上使用我们的知性，如果我们把我们的概念只应用于在感受性的条件下被给予出来的出现，我们所能知道的对象就只是如它们出现的那样。这是立刻从康德关于空间与时间的理论引申出来的。

---

① 看本书第十九章第八节。

② 比较一下B306。

③ 比较一下B26-27。

但是现在我们像是有一个全新的知识范围展现在我们面前，有一个自在之物的世界，它是我们能利用我们的纯粹范畴来想到的[①]，而且显然在某种意义上能直观到的，这就是说我们面前有一个为我们纯粹知性运用的更为崇高的对象。

如果真的是这样，那么它与我们从前所说的一切就都是相矛盾的。

3.先验对象

康德是按照他前面关于先验对象的说明[②]来讨论这个困难的[③]。

事实上，我们的一切观念都是为知性使之和某对象有关系的。种种出现，既然它们都是观念，就都是这样和"某东西"有关系的；即是说，它们都是被看作某东西的出现；而这种"某东西"可被描述为先验对象[④]。它之称为先验对象，因为它显然是不能对感官被给予出来的；因为，如果它是能的话，它就会只是为一个出现而已。因此，如果它是被知道的，它就必须是在验前被知道的。

不幸的是，如果我们前面的论证是正确的，先验对象就完全不是而且不能是被知道的。所以康德就进一步论证说，正如他在先验演绎里所曾做的那样，说先验对象只能是统觉的统一性的一种有相互关系的东西：它得要用作知性借以在一个对象的概念里把其杂多统一起来的那个杂多的统一性，或者是得要和这种统一性同一起来[⑤]。

按这种见解来说，先验对象，在其是被知的限度内，必须和那是客观性的唯一可指定而普遍的标志的必然综合统一性同一起来。这种统一性是这样的统一性，其本身是为知性外加于直观的杂多之上的[⑥]。如康德所说，先验对象，在这种意义上，不能与感官性的材料分开——如果它这样被分开，就没有什么东西剩下来是它能借以被思想的了。它就其自身

---

① 一切别的概念都含有一种从感官得来的成分。

② A104起。

③ A250。

④ 康德在一个注里描写它为"作为一个一般直观的对象的某东西"；看《补充条文》CXXXⅣ。

⑤ A250。

⑥ 为着这个缘故，它就会正当地称为先验的；看本书第二十二章第二节。

来说,绝不是知识的对象。我理解这个意思是说,它不是我们能(用纯粹知性)如它在其自身里那样去知道的一个对象。

先验对象的双重意义是令人糊涂的,虽然我们能了解一个意义是如何从另一个意义生长出来的①。这段文字肯定我们不能知道先验对象作为一个自在之物。也许可以这样理解,即它断言没有任何先验对象,因而根据推论就可以说没有任何自在之物。我不认为,这种解释是必需的,也不认为,如果它对先验对象来说是必需的,所以它对于如它在其自身里那样的事物就是有效的。

康德还说,先验对象"只是出现在一个一般对象这个概念之下的表现,就是通过出现的杂多而可确定的一个概念"。我不知道这是什么意思,除非先验对象与思维的活动或者统觉的统一性是同一的②。在其自身来说,我不认为这是很可理解的;但是如果意思是这个,它就只能适用于在第二种意义上的先验对象。我要有更多的证据才能接受下述见解,它认为康德在这里是废弃了其关于自在之物的整个学说。

因此,先验对象的学说就应用于范畴,而范畴乃是一个一般对象的概念,最终至少在其纯粹形式上也是一般的某东西的概念③。我们是用范畴来思想一般的对象,或说在其第二种意义上的先验对象的。这个意思并不是说,靠范畴,我们就有关于单单给予知性的某特别对象的知识。范畴单纯用于确定先验对象——这里显然是和一般某东西的概念等同的——以便通过在感受性里被给予出来的东西从而在对象的概念之下知道出现④。

---

① 比较一下本书第二十二章第二节。

② A251。如果说它单纯是一个对象的普遍形式而且只靠从感官得到一种适当的质料才能被确定,这就会大大地更简单了。康德后来把它同一于一般某东西的概念,这就把问题弄复杂了。也许这是他在这里的意思——比较一下下面的第五节——虽然,如果这样,他表达自己的意思是不严谨的。

③ 不清楚,康德是想把一个一般对象的概念和一般某东西的概念同一起来或者是要把这两者分别开来。严格地说,一个一般的对象应该是感官的对象,虽然它的概念不总是局限于这种用法的。"一般的某东西"应该是等值于"一般的东西"的,而且它的概念应该是在其应用上宽于一个一般对象的概念的。

④ A251。"对象的概念"在这里可能是指"经验性的概念"说的。

如此多的名词有双关意义使得关于这一点的解释困难重重。其一般的意思乃是，纯粹范畴不给我们任何关于自在之物的知识。它们的唯一用途是在经验上的。它们如何确定先验对象或其概念，这就不那么清楚了；但是由于它们与先验图型的关系，它们就为一般某东西的终极概念提供质料，而这样就使我们能够把这个终极的概念应用于为这些先验图型所表征的一种经验性的杂多。这样一来，我们就能通过对象的经验性概念而知道出现，这种经验性的概念是预先假定有范畴以及先验对象本身的概念的。

这是一种描写现象性的对象、说明范畴在与这种对象的关系中的用途的一种精心设计的方法。

4. 对于本体的信念之起源

康德极力进一步说明我们为什么不肯满足于现象而坚持要加上只是纯粹知性所想到的本体①。

先验感性论曾说明，既然空间与时间是我们感受性的形式，我们用感受性就知道事物的只如它们对我们出现的那样，而不是如它们在其自身里那样。这个意思是说，就感受性而论，我们只局限于关于出现的知识：结果就含有与自在之物的一种对比的意思。但是即使撇开这一点，出现这个概念本身暗指着不是出现的某关联物。一个出现，就其本身来说，不是什么东西；它必须是对某东西的出现，而且又是其东西的出现②。这后一个论点乃是康德特别关心的论点。“出现”这个词，在其本身而言，就含有与“某东西”有关系的意思，而与某东西有关系也就是与一个独立于我们感受性的对象有关系③。出现本身(或说我们关于对象的直接观念)是感性的这个事实丝毫也不影响这个论点。

---

① A251。康德已经在A248-249里说明了这点。他在这里是说，我们不满足于感受性的“基质”。这是说到先验对象的一个奇怪的短语，可是我觉得难于见到他的意思能是别的什么。具有在先验对象这个概念里想到的统一性的出现也就是现象(或说现象性的对象)。

② 比较一下B26-32。如果“出现”这词是适当地应用——很成问题的——这个争点就是真的。而且像是不可能相信一个出现能是一个出现的出现，如此以至无穷。

③ 这是一个出现区别于一个幻相的东西。

从我们感受性的这种限制就产生了本体这个概念。康德在第一版里是把这种概念作为消极的来对待的①:它并不给我们关于任何东西的有确定性的知识。这种概念单纯是一般的某东西这个思想,而在这种思想里完全抽去了与感受性直观的各种形式的任何关系②。但是,如果本体是要成为不同于现象的一个真正的对象,那么在它的概念里就应该抽去感官性直观的一切条件③,这是不够的。我必须有一种积极的根据来假定一种非感官性的直观是这样一个对象能对它被给予出来的。不然的话,我的概念,虽是可能不自相矛盾的,但仍会是空洞的——在我不能知道它是适用于一个可能对象的这种意义上。

可是我们不能证明感官性的直观乃是唯一可能一类的直观。但是我们同样不能证明有任何别类的直观。在思维中我们是能持有一个抽掉了感受性的概念,这个事实是完全无结论的。我们的概念是否不是一个概念的单纯形式,在抽去了感受性时,它是否能有任何对象,而且其实在这样的抽象之中任何可能的直观是否还留下来,这仍然是一个未决的问题④。

以言语来说,这个问题可能仍然是未决的;但是就康德来说,它实是结束了的。一个本体这个概念只是一个概念的形式,而我们在抽去了感受性时,就完全不能把它应用于任何对象。这并不必然是说,康德有权来断言,或者他想要断言本体的非实在性,尤其是自在之物的非实在性。其意思可能只是说,我们无法知道它们;而这就是我相信它所包含的意思。

5.康德在第一版中的结论

这最后一节是比较直截了当的,但是谈到结论⑤,我们又必须转到先

① 在第二版里他把这词的积极意义与消极意义区别开来;看B307。

② 一般东西或说一般某东西的概念对于一个一般的对象的概念的关系正如纯粹范畴对于图型化范畴的关系;但是不幸康德不总是前后一致地保持这种用法,而有时他的一些说法是有双关意义的。

③ “条件”等于说“形式”。

④ 这个最后一点是从康德自己的笔记加上的;看《补充条文》CXXXⅦ。

⑤ A253。

验对象的种种复杂那里去。

我使出现与之发生关系的对象总是先验对象。康德把这种对象和一般某东西的思想，即完全未有确定性的思想，同一起来——我却宁可说它是那思想的内容。它不能称为本体，所谓本体，我们是指一个为纯粹知性所如其在其本身里面那样知道的东西说的。在先验对象的情况下，我们不知道它在其本身来说是什么①。我们关于它的唯一概念就是一般感官性直观的对象这个思想，这个对象所以就是对一切出现来说都是同样的一个对象②。

我不能通过范畴来思维先验对象③；因为范畴只适用于现象性的对象：它们适合于把经验性直观从属于一个一般的对象这个概念之下。范畴的一种纯粹的或更确切地说先验的用途，在逻辑上是可能的；也就是它能被思想而没有矛盾；但是它没有任何客观的有效性，因为我们不能知道它是有一个可能的对象的。更精细地来说，我们不能知道，它是否与任何非感受性的直观有关系，从而就能获得那象征一个对象的统一性④。范畴乃是思想的一种单纯功能(或说形式)。没有任何对象是通过它被给予出来的。我们通过范畴所想的对象是必须作为直观的一种杂多被给予出来而为想像力的先验综合在一个时间与空间里结合起来的。

我们必须认识到，在这样陈述的那些结论里，有些模糊不清的地方是由于先验对象的侵入。如在先验演绎里那样，康德首先是把先验对象作为我们使出现中的杂多与之有关系的未知的“某东西”来对待的，接着，在它是能被知的限度内，他就把它归结为那些出现本身的必然综合统一性。

---

① 这至少让这个问题悬而不决：先验对象(在第一种意义上)是否可能是一个自在之物。

② 在所说的里面不清楚康德的想到先验对象是在其第一种意义上的(作为任何出现必须与之有关系的未知的某东西)或者在其第二种意义上(作为任何现象性的对象的杂多的统一性)。我却倾向于认为他是指后者说的。比较一下A109。

③ 先验对象在这里清楚地是在其第一种意义上的。在第二种意义上，先验对象乃是在范畴里清楚地说出而且通过在感受性里给予出来的东西而为范畴所“确定”的那必然的综合统一性(看A251)。在第二种意义上，我猜测我们能说是通过范畴来想到先验对象的；因为我们想到现象性对象的必然综合统一性是通过范畴的。

④ 有时康德坦白地说，我们的范畴只适用于感官性的或说被动性的直观而不适用于知性的或说能动性的直观；看B145。

依我看来，这还是使下述问题悬而不决：我们是否仍然必须认为有一个未知的“某东西”，一个自在之物，一种实在，关于它我们只知道对我们的出现。据我所了解的康德来说，他并不打算放弃他对那未知的自在之物的或在这种消极意义上的本体的信念。他所急于要断言的乃是：我们利用纯粹范畴得不到任何关于这样的自在之物的知识，虽然是这样，他还是把它作为一种逻辑上的可能性保留下来了。如果我们在一种积极的意义上来理解本体，即把它理解为仅通过我们的纯粹范畴才可理解的实在性，那么他的意思一定是否定我们有任何正当理由来主张我们知道任何这样的实在性。我们要弄清楚他的立场，唯一的条件就是我们把“本体”这个词的一种积极的意义和一种消极的意义区别开来，而这种区别只在第二版里才得到阐述。

我几乎毋须说，康德在这里和在先验演绎里一样，并无意要放弃他关于现象性对象的学说。先验对象归结为出现中的杂多的必然综合统一性，其实就是一种坚持下述观点的方法，即我们所知的唯一对象必然是现象性的。

困难还有另一种的来源，就是在于康德惯于把概念与所概括的东西，思维与所想的东西，思维的统一性与其对象的统一性，等等，同一起来。曾有一个时候，我相信：这是根源于单纯的不小心，而且也许是根源于混乱。我现在仍然觉得它是令人困惑的，但是我有一种不安的疑惑，认为我如果更好地理解了康德，这些困难都是可能消失的。

第五十六章　现象与本体

1. 范畴与关于本体的知识

在第二版里所作出的关于本体的说明比在第一版里所作出的要简短一些，而且又清楚一些。

康德从范畴说起①。这些范畴是起源于知性，而不是(像时间与空间的形式那样)起源于感受性。因此范畴为什么只适用于感性的对象：它们表面上有一种适用于那些不同于感官对象的对象的要求，这似乎没有任何理由。

可是这种要求乃是一种幻相。范畴，就其本身来说，乃是思想或判断的单纯形式。它们在其自身里不含有任何质料或说杂多，而这样就不能靠其自身来给我们关于任何对象的知识。它们所含有的一切，都是验前在一个意识里把那必须在直观里被给予出来的一种杂多统一起来的逻辑力量②。如果我们抽掉了对我们是唯一可能的那种直观——即在时间与空间的形式下的感官性的直观——来考虑范畴，那时它们就都是空洞的了：它们就是没有任何意义的，意思是说它们与可指定的对象毫无关系。它们乃至比感官的纯粹形式(即时间与空间)所有的意义还要少些；因为通过这些形式至少某种杂多被给予出来了，而这样，某种对象也被给予出来了③。在范畴里，我们所想到的一切，乃是结合杂多的一种方式，一种知性所应有而包含在思想本身的性质里的方式。如果我们把单在其里面

---

① B305。

② 康德在这里像是想到范畴作为知性的动作(看 A57＝B81)或者作为知性的动作的形式(或说功能的)(看 A69＝B94)。如果我们理解它们为概念，它们所含有的东西(或说在它们里所想到的东西)就是必然综合统一性在其各方面之一之上。这种必然综合统一性乃是一般直观的一种杂多的统一性；但是等到我们考虑它为在时间的形式下给予出来的一种杂多的必然综合统一性时为止，它还是一种空洞的形式。

③ 所予的对象只是一个对象的形式；看 B147。

一种杂多能对我们被给予出来的那种感官性的直观都完全搁置在一边，那么结合的单纯方式，单靠其自己，是毫无意义的。我们当然还是把它当作思想的一种形式，但是它对任何对象是不会告诉我们什么的。

因此如已曾说过的那样，范畴对于没有对感官被给予出来的对象的应用这种要求乃是一种幻相。然而我们必须试图了解这种幻相是怎样发生的。

我们所知道的通常对象可以作为对我们的出现而被称作现象(或感性之物)。这种术语意含着这样一种区别，即对象如它们对我们出现(或说为我们所直观的)那样，与对象如它们在其自身里那样而带有一种独立于我们的感受性的性格，这两种对象之间的一种区别①。比方我们所知的桌子是对我们出现为占有空间而且在时间里一直持续着的；但是这的确是如此，只是因为空间与时间原是我们感受性的形式，而这样，我们就必须把这桌子如它对我们出现的性格，与它如它在其自身里面那样的性格，或说内部的性质，区别开来。

因此，如果我们把桌子和类似的对象看作现象，我们就不得不把同样的对象在其如它们在其自身里面那样的原有性格上与这些现象对比起来，虽然在这种性格上我们是不能直观到它们的；因为我们能直观到它们，只是如它们在时间与空间的形式下出现的那样。我们又不得不假定，可能有别的东西是在其自身里有它们原来的性格的，即令它们永远不为我们作为现象来直观到。这些如其在其自身里那样的东西，不管它们是否为我们所直观到作为现象，我们都不得不看作这种对象，是我们离开感官而用单纯的知性来思想的。我们称这些对象为本体(或说可理解之物)。

那么这个问题便发生了：纯粹范畴可否应用于这些本体之上呢？纯粹范畴能否说是作为应用于本体而有其意义的，而且我们能把它们看作给我们以关于这样的本体的知识吗②？

---

① 比较一下 B27 以及 A251。

② B306。注意康德并不提出我们是否应放弃我们对这些本体的信念这个问题，唯一的问题就是我们是否能知道它们。

2."本体"的积极与消极意义

要答复这些问题,我们必须区别"本体"这个词的两种不同的意义①。

当知性想到一个对象作为一个现象在其对于我们感官的关系上时,它又想到一个对象如其没有这种关系而在其自身里那样的。它还假定——否则它怎能想到它们呢?——它必定能够对于这些对象如其在其自身里那样作出一些概念来。知性没有感受性的帮助而从它自己产生出来的唯一一种概念就是纯粹范畴。因此,相信我们利用这些纯粹范畴(如果不用别的概念的话)就必定能够想到对象的如它们在其自身里那样,这只是自然的。

我们在这种论证里是受了迷惑的。我们是把一个本体这个完全没有确定性的概念混淆为独立于我们各感官的东西的一个单纯"一般的某东西"——我们是把一个本体这种没有确定性的概念和作为一个容许为知性在一种纯然知性的方式上所知道的物这种本体的有确定性的概念混淆起来了。

那么在这里就清楚地有"本体"的两种不同的意义。所谓"本体",如果我们把它理解为一个就其不是我们感官性直观的对象而言的东西,这就是一个在消极意义上的本体。它的概念是由完全抽掉了我们在时间与空间的形式下的种种感官性的直观而得出来的②。但是,如果我们的所谓"本体"被理解为一个就其是一种非感官性的(或说知性的)直观的对象而言的东西,这就是在积极意义上的一个本体。那时我们就不单纯抽掉我们自己的感官性的直观:我们是假定有另一种直观(一种通过它本体就能被知道的知性直观),虽然我们既不具有这样的一种直观,又没有任何深入到这样一种直观的可能性的洞见。

"本体"这个概念在其消极的意义上乃是一个没有确定性的概念:除非有一种杂多是能提供给它的,否则它就不给我们任何知识③。"本体"

---

① B306-307。

② 这样的抽象给我们以一个一般对象的纯粹概念,或(更好地)说以一个一般的东西的纯粹概念。

③ 没有任何杂多是能被给予于它的,而没有一种杂多,它就不能成为有确定性的。

这个概念在其积极的意义上则声称是一个有确定性的概念;但是如果没有一种知性的直观,它一定不能实现它的声明的。

3.我们能认识自在之物吗

我们现在必须从这种区别得出我们的种种结论。康德这样做,乃是在全部《纯粹理性批判》里的最重要的一段中完成的,因为它是最清楚的一段[①]。在这一段里,他说明毫无合理的可疑之处,他不但认为:自在之物是不可知的,而且他又说明他远非有意要放弃他对于自在之物的信念。他关于我们对现象的知识的附带说明又是我们所熟悉的最确切的一种说明,而且是与我所曾试图一致地作出的解释完全相符合的。

在这部《批判》里所阐明的感受性理论同时也是关于在消极意义上的本体的一种学说。它的含义乃是:我们必须想到事物,如它们在其本身里那样,不单纯是如它们对我们出现的那样,或者如它们在其对我们的感受性的关系上的那样。可是,在我们抽掉了我们的感受性来想到事物时,我们了解,在这样考虑它们的过程中,我们是不能利用范畴的。范畴之有意义(或说有对象),只是在其于我们在时间与空间里的直观的统一性的关系上的;而且范畴能通过结合的普遍性概念而在验前确定这种统一性,只是由于时间与空间的观念性。

依我看来,这是指出——就是我前后一致要论证的东西——想像力的先验综合能按照纯粹范畴把统一性外加于对象之上,只是因为时间与空间同时是纯粹范畴,而且还是一切出现的必然形式。并且这些范畴,如我们所曾证明的那样,能有其客观的有效性,只是因为一切我们的直观,而且一切我们的对象,都必须在一个时间与一个空间里被统一起来[②]。

如果缺乏一切直观在时间(与空间)里的这种统一性,如它在本体的情况下由于假设所必须是的那样,那么就完全没有范畴的整个用途,而且

① B307-309。

② 这特别是适用于诸类比的,但是也适用于其他的知性原理。

完全没有它们的客观有效性或意义了。范畴对其可适用的事物的可能性①是永远不能为我们所理解的②。我们永远不能从一个事物的概念不是自相矛盾的这个单纯的事实而确定这个事物的可能性:我们能这样确定,只是靠证明有一种与这个概念相应的直观。如果我们想要证明范畴适用于不是作为现象的对象,我们就必须把这种证明奠立于一种知性的直观之上;而这样一来,这种对象就会是一个在积极意义上的本体了。既然这样一种知性的直观在我们认识的各力量里没有地位,所以我们范畴的用途就不能超出感官性经验对象的范围以外。

虽然如此,康德还是不怀疑存在着与现象相应的可理解之物:每一个出现都是一个自在之物的对我们的一种出现。他甚至也不怀疑,可能有一些可理解的物是永远完全不在直观里对我们出现的③。他只是断言我们的范畴不能适用于这样的物;因为我们的范畴乃是思想的单纯形式,有待于一种杂多在感官性的直观里被给予出来。当我们谈到一个本体时,我们必须只在消极的意义上来解释它作为并不是我们感官性直观的任何对象。

我们能看到,黑格尔主义者和别的人怎样认为这一段证明了:康德早就应放弃一种对自在之物的信念④。我关于这一点并不提出任何意见,除了说,如果实在是这样,康德就要重写他的全部哲学了。如果断言康德已经公开地放弃了他对自在之物的信念,依我看来,这显然是和他的许多明显的表述相矛盾的。

4.思想与直观

康德的论证的其余部分⑤不过是已经说了的东西的一种扩大;但是它含有的论点,有的是就其本身来说饶有兴趣的,而又有的是由于它们所

---

① B308。又如康德自己所提出,比较一下 B288 起。

② 所用的词是原德文的“einsehen”,这词是特别与理性相联系的。

③ B309。

④ 也许应把费希特视为这种见解的发起人。

⑤ A253=B309 起。应要注意这段在两版里都有,而第一版所特有的那段必须按照这段来解释。

引起的种种误解而有兴趣的。其主要的论点可以说是批判哲学的中心论点——就是虽然我们必须总要把思想与直观区别开来，但是任何一个如果没有另一个是不能给我们任何关于对象的知识的。

单纯的直观本身是盲目的①。在我里面有感受性的一种刺激这个事实——而且甚至没有思想而能知道这一点作为一种事实——并不构成这样得到的观念与一个对象的关系。要知道对我给予出来的这个出现乃是一个对象的出现，我就必须思想，而且通过范畴来思想；比方我必须把这个出现看作一个永恒实体的状态；而只有在这种预先的假定上，我才能用关于对象的经验性概念。

单纯的思想本身是空洞的。如果我丢去一切直观，我剩下来的只是思想的形式。这样的思想形式简直就是综合的原则，结合某种杂多的一种方式，而这样就是为一种可能直观的杂多确定一个对象的一种方式。可是，作为这样综合原则的范畴并不含有任何对感受性的关系作为那杂多(因而就是对象)的可以被给予出来的特别方式。康德在别处②好像是暗示着范畴的性质就暗指杂多是必须被动地因而就是对一种感官性的直观被给予出来的；但是无论如何，范畴并不含有与作为人类感受性的唯一一种形式的时间与空间的关系。所以范畴，作为一般对象的概念来说，确是有应用于感官性直观的领域③以外，或者至少应用于人类的感官性直观的领域以外的表面的要求。虽然如此，它们仍然没有给我们任何对象的有确定性的知识，除非是感性现象的知识；因为我们不能假定这样的对象是会被给予出来的，除了是预先假定有一种非感官性的或说知性的直观；而我们是没有权利来这样预先假定的。

5. 作为一种限制概念的“本体”概念

康德下一步就是考查“本体”这个概念，而且断言它乃是一个限制的概念。这个论点是常为人误解的。

---

① A51＝B75。

② 看 B145 而又比较一下 B149。

③ 我们甚至没有权利来假定感官性直观有除了时间与空间以外的形式。

本体这个概念(或说一个东西如它在其自身里那样而且如它为纯粹知性所认识的那样)首先不是自相矛盾的;因为在假定一种非感官性的直观的过程中并没有任何矛盾之处,如在这个概念的这种描写里那样。其次,这个概念和我们其余的知识相结合,作为对其他概念,尤其是感受性这个概念设置一种限度:它乃是关于感受性以外是什么东西的一个概念。再次,我们无法证明它的客观实在性或说有效性。按照这些根据,康德称它为一个有问题的概念[①]。

本体这个概念是多于这样的:它又是一个必需的概念。它是需要来限制我们感官性知识的客观有效性的,那就是防止我们认为我们的感官性直观给我们关于事物如它们在其自身来说那样的知识。

很难弄明白康德怎能主张这一点,除非他相信有自在之物,而且除非他又相信我们必须思想到自在之物,虽然我们永远不能知道它们。可是他坚持说,我们归根到底没有任何洞见透入到本体的可能性。在出现的领域以外的区域是空虚的——他小心地说,对我们来说是空虚的。我们的知性在有问题的形势下扩张到出现的领域以外——不然的话,它怎能知道那领域的限度呢?但是我们没有任何直观——我们甚至没有一种直观的任何概念——是感受性的范围以外的对象借以能对我们被给予出来的。因此,我们的知性不能武断地用在感官性出现的限度以外。

这一切,依我看来,意思是说,我们必须认为在出现的领域以外实在是有自在之物(而且乃至也许这些自在之物只能为一种不同于我们自己的智力的智力所能知道的,虽然这种思想是空洞的)。康德只否定我们关于这样的自在之物能有任何积极的知识。依我看来,他的整个思想完全有别于这样的学说,即自在之物应归结为心的一种单纯概念。

因此,他作出结论说,本体这个概念乃是一个限制性的概念[②]。它的用处只是限制感受性的种种主张,因而乃是消极的,不是积极的。然而这个概念远不是任意的。它是必然和感受性的限制结合在一起的,虽然它关于处在感受性以外的东西的内部性质不能给我们任何积极的知识。这

① A254=B310。

② A255=B310-311,"限制的概念"是原德文的"Grenzbegriff"。

一段被人用来证明:康德有意识地把自在之物归结为一种单纯的概念,这对我来说是离奇的。应该注意到,康德并不断言本体是一个限制性的概念——有时别人引用说他如此:他只断言本体的概念是一个限制性的概念(或说一个关于限制的概念)。这样说也就只是说,它是一个概念——无疑是一个没有确定性的概念——是关于处在我们感受性的范围以外的;因为按康德的理论说来,能限制的东西必是不同于它所限制的①。没有一种非感官性的直观,我们永远不能知道处在我们感受性的范围以外的是什么。但是康德并不怀疑不是感官性直观的一个对象的某东西确是处在这个范围以外的——否则谈到范围就会毫无意义了②。

6.知性不为感受性所限制

在更后一个段落里③,康德精心阐述了他的学说,但没有增加任何实在是新的东西。

他坚持说,对象划分为现象与本体,以及一个感性世界(拉丁文的 mundus sensibilis)与一个知性的世界(拉丁文的 mundus intelligibilis)之间的区别不能在其积极的意义上被承认。这后一个短语是在第二版里增加的;而我提出,它表示积极意义上的本体与消极意义上的本体之间的区别之被引入,主要是为了防止这样的解释,即认为康德放弃自在之物,而不是仅仅否定我们有关于自在之物的知识。

他在感官性概念与知性概念之间的另一种区别,以及他坚持范畴不给我们任何知识,除非我们能指出一种是它们能适用的可能直观——这一切都毋须有任何评论④。这同样适用于他的下述论点,即认为本体这

① 看 A515=B543。

② 我想有的注释家已经是为一个"限制的概念"的现代种种联想所错引了康德的所谓"限制的概念",其意思并不是指某东西的概念,是我们能逐渐接近它的。他并不是有意用它来暗指我们能逐渐更多地知道实在如它的实是那样,这是例如 Balliol 学院院长在其《论康德》一书 p. 284 上所曾提出的。康德的意思反是要含有这个意思的,就是我们永远不能如实地知道实在。

③ A255=B311。

④ 也许除了这种限制,就是知性的概念(即范畴)对于经验性直观的对象来说是有效的,而且必须是有效的:康德的话语可能暗示这不是如此的。当他说我们不能替知性的概念确定任何对象时,他的意思必是说"只要它们依然是纯然知性的"(即未图型化的)。

个概念作为一个有问题的概念来说①,不但是可容许的,而且是不可避免的:虽然是这样,我们却必不可积极地解释这个概念,或者以为我们的知性就从而获得一个用纯粹思想而知道的有确定性的对象。如果是用这种方法知道实在,而不是推理式地用有待于对感官被给予出来的一种直观的范畴,直观性地在一种非感官性的直观里知道实在,这一种知性,对我们来说,本身就是一个问题:我们无法证明这样一种知性是可能的。

由于本体这个概念,我们的知性就获得一种纯是消极的扩张:它不为感受性所限制,反而限制了感受性;因为它必须想到,在感受性以外而且在种种出现以外,有如其在其自身来说那样的东西,是它称为本体以别于现象的。但是它立刻又对自己加以限制;因为它认识到,它靠它的任何范畴都不能知道这些自在之物。它只能在一个未知的某东西的名义下来思想它们。

在这一切里,并没有否定自在之物。只有一种极力的主张,在我们必须想到自在之物而且从而认识到我们经验的限度时,我们永不得欺骗自己以致相信我们能用纯粹知性就能知道这些自在之物。

7.知性与感受性的统一

感性世界与知性世界之间的区别不得同一于观察性天文学所知的世界与理论(或说数理)天文学所知的世界之间的区别②。我们当然能把知性与理性应用于出现的东西;但是“一个知性的世界”这个短语应该局限于单是知性所知的一个世界。要问我们是否知道这样一个知性的世界,也就是问是否有知性的一种先验用途,如有知性的一种经验性用途一样;而我们已曾消极地答复了这个问题③。

所以,如果我们说,各感官是表现对象如其出现那样,而知性则表现对象如其实是的那样,我们就必须在经验性的意义上来使用后一个短语。如实地知道事物简直就是知道它们为经验的对象——即是作为在一个体

① 看A254=B310。
② A256-257=B312-313。
③ A257=B313。

系里按照范畴结合起来的一些出现。我们不能知道它们像它们离开它们对可能经验的关系而可能是的那样，而这样，我们就不能知道它们作为离开感官的单纯知性的对象。我们甚至不能知道这样的一种知识是否可能——康德还补充说，至少如果它要服从我们人类的范畴的支配的话。

这最后一个短语可能暗示着始终深藏于康德的心底里的一些推测，但是又不能看作多于推测的东西。一个有限的知性必须从外边得到一种所予的杂多，而且必须按照在它自己之中起源的范畴来把这种杂多结合起来——那么，它怎能有其可能来如实地知道实在呢？毫无疑问，这是一个除自身以外不会有任何实在东西的无限的心的特权。这样一个无限的心也许可能在它自己的知性的，然而又是直观性的活动里知道一切实在。在这样的知识里，我们的各范畴都不能有任何地位，但是我们确实无法知道这样的一种神圣的知识是可能的。

如果我们把自己局限于我们知其是可能的经验，我们就必须说，对我们来说，知性与感受性只能联合起来才确定对象[①]。如果我们把它们分开，我们诚然可以有直观而没有概念，或者有概念而没有直观，但是随便哪一种靠其自己都不能给我们一个有确定性的对象。分析论的结尾像它的开头一样[②]。感官与知性，直观与思想，在我们一切的知识里的根本区别和必然的合作——这就是《纯粹理性批判》的中心而又最重要的学说。

8. 知识的种种限制

如果我们还是不为这种学说所说服，而迟疑不愿放弃范畴的先验使用，康德就叫我们尝试一下这个试验，即单用范畴来作出综合的判断[③]。我们可以单用范畴来作出分析判断，但是这样一来，我们只是使在这个范畴里所想的东西变为明显的：我们并不能说明这个范畴适用于一个对象，而且它可能单纯是包含在思想的性质里的综合的一条原理。如果我们试试作出综合的判断来——例如如果我们单纯从实体与偶性这个概念出发

① A258＝B314。

② A51＝B75。

③ A258＝B314。

而说,凡是存在的东西都是作为实体或偶性而存在的——我们怎能为我们的断言辩护呢? 这样的一个判断自认为适用于作为纯粹知性所知道的对象的自在之物。那么那单独能带我们超出我们的概念的第三物,或说那必需的直观[①],在哪里呢? 我们除了求援于不是我们原来的概念的另外的某东西之外,是永远不能证明这样一个命题的。这个第三物只能是可能的经验;但是如果我们求援于可能的经验连带它的必然形式,我们便从而丢掉了我们的下述要求,即在验前作出与感觉没有任何关系的判断这种要求。

所以我们就没有任何我们据以应用一个单纯知性对象的概念的原理[②],如果我们把那个概念看作积极的[③]而且看作可能知识的一种来源的话;因为我们不能想到这样的对象能被给予出来的任何方式。我们必须把这个概念作为有问题的或说消极的来对待。然后它才为这样的知性对象留有余地[④];但是它像一个空洞的空间一样,只用来限制知性的经验性原理。我们能说知性的原理(如因果律这样的原理),连同以它们为基础的各门科学,只能适用于现象性世界的。我们必不可欺骗自己以致认为这种消极的而又必然的限制同时又是关于彼岸的一种积极的知识。

在康德关于现象与本体的整个讨论里,我看不到任何示意说:他曾片刻放弃他对自在之物的信念。关于先验对象的这一段诚然是可以在这种意义上来解释而有些可说得通之处,但是我却不相信或者在这里或者在先验演绎里,这样的一种解释是必要的,而且我也不相信它是能表达康德思想的意旨的。无论如何,这些段落在第二版里删除了,这也许是因为它们容易导致这种解释。至少不能有任何合理的怀疑,在第二版里康德在这个问题上的立场是完全清楚的。也不能有任何合理的怀疑,没有预先假定自在之物——不管我们是否认为它有正当的理由——整个批判哲学就会崩溃。

---

① 比较一下《补充条文》(Nachträge)CXXXIX。

② “凡是存在的东西都是作为实体或偶性而存在的”。如它能被证明的话,就会是这样的一条原理。

③ 比较一下《补充条文》(Nachträge)CXL。

④ 要有这样的余地是康德的哲学所绝对必要的。

写完之后的话

在我回顾我们已曾走过的遥远而艰难的路途时，我觉得不能不问，它是否值得走。至少对我自己来说，我必须郑重地回答说，是值得的。我认为我现在能够明白：康德的理论是一个整体，而且甚至是一个比较简单的整体，这是就一个探讨了对人类心灵是可能的最终究的一些问题的理论在任何时候能称为简单的来说的。我认为我又能看到，他的阐述的错综之处不是由于无能为力，而主要是由于他的题目的种种复杂性；而且我常常发现：我自己对于他的论证的初步简化都是错误的，而且他的更错综的说法原是正确的说法。如果他的阐述安排得更好一些，就会更加清楚；而有些段落，不幸每每是关键的段落，在那里有不必要的模糊，大概是由于过分匆忙所致。虽然如此，整个来说，康德依我看来有一套前后一致的哲学，而且又是把它表达出来正如它应该得到表达的那样。我至少已使我自己相信：说他犯了学究气、形式主义、支离破碎、紊乱无章之类的错误，这种种盛行的责难，都是远离目标的：在其是确实的限度内而言，它们只是对付事情的表面；就它们现在浮夸的形式而论，一经人们能够从内部得到了解，就马上不得不把它们置之不理。而没有内在的了解，则任何伟大的哲学都不能成为可理解的。

在自己力所能及的限度之内，获得并传播这样一种内在的了解也正是每一个注释家的任务。我相信，能做到这层，只有靠耐心研究一切细节，试图遵循着一个作家心里的种种错综复杂的作用，而且我们总是要记得有我们极力想知道的一个整体，而按照这个整体我们才能解释其一切细节。总之，这就是我一直想要遵循的方法。我想，如果我只企图把我自己对于康德哲学的见解表达出来，我是能写出一本更容易读，而且篇幅一定是更短的书。的确是迫切需要有这样的书，而有时我还觉得想要试试写一本。但是这一类的著作即使再好也不能使学人核对它们所作出的种种陈述；而且没有一本书，不管它多么好，能替代对康德自己的直接理解。

我希望：我所采取的方法对学人阅读这部《纯粹理性批判》有所帮助，

而且能够从而形成他自己的判断。没有别的方法是能恢复康德在哲学史上的实在地位的，而依我看来，这个地位在现时一般是判断错了的。这一点，依我看来，是特别重要的，因为康德所引起现代观念论诸派别正在百花齐放，至少目前是如此，而且各思想家到处都在从一种不同的观点来和同样的一些问题打交道。我认为康德的态度比他的直接继承者的态度更大大接近于现代的态度；而且我又认为关于这部《批判》的一种实在的知识作为与一种肤浅的知识相对立，有助于使现代哲学省去一些不必要的错误，而又使它不离开前进的轨道。

我们所曾仔细研究的建筑物仅仅是那被称为批判哲学的惊人结构的门廊。然而我相信，如果我们是掌握了其建筑的各种原理的话，我们就已经获得必要的线索来了解与欣赏其整体。一个哲学家，如果其著述不包括人类经验的整个范围，就不能算是真正伟大的；而且根据这个消极的标准，康德表面上与伟大的相称至少是不会有什么争论的。我自己相信，凭所有能合理地用于分有人类共同弱点的人的标准来说，康德在最伟大的思想家之中是突出的。如果我能劝服别人来耐心研究这部《批判》，以获得我越考查他的著作就越觉得情不自禁地尊重他而且羡慕他的这种心情，我就觉得我的漫长而有时令人沉闷的劳力就不是没有得到一种适当的酬报。

一般的索引*

本索引是按英文字母编排的,检查汉字名词可先翻阅汉英对照表。

abgeleitet 得出来,Ⅰ118 注②,Ⅰ512 注①.

abstraction 抽象,Ⅰ200、200 注⑥,267;又看 comparison 比较.

abstraction 不同类的抽象,Ⅰ124-126.

accident 偶性,看 substance 实体.

accurate 正确的,Ⅰ266 注④.

acquaintance 熟悉,Ⅰ334,334 注⑨.

act 动作,and function 动作与作用(功能),Ⅰ413.

act,identity of 动作的同一性,看 function 作用,identity of 作用的同一性.

actio mutua 相互作用,Ⅰ297 注④,Ⅱ294 注②.

action 行动,作用,Ⅱ215,215 注③,216,282,325.

activity 活动,causal 因果活动(作用),看 substance 实体.

activity,continuity of 活动(作用)的连续性,Ⅱ287.

actual 现实的,看 possible 可能的.

actual,the 现实的东西,and the necessary 现实东西与必然东西,Ⅱ360.

actuality 现实性,Ⅱ57,228 注④;又看 existence 存在.

actuality,and necessity 现实性与必然性,Ⅱ341;又看 necessity 必然性;possibility 可能性.

actuality,logical and real 逻辑的现实性与实在的现实性,Ⅱ361.

actuality,no wider than necessity 现实性不宽于必然性,Ⅱ340,343.

actuality,pure category of 现实性的纯粹范畴,Ⅱ58.

actuality,schematised category of 现实性的图型化范畴,Ⅱ59.

* 索引中的Ⅰ、Ⅱ分别指本出第一、第二卷,其后的数字为该卷英文版页码。 ——整理者

actuality,sense-perception the mark of 感官知觉是现实性的标志,Ⅱ359.

actuality,transcendental schema of 现实性的先验图型,Ⅱ59.

Adam 亚当,Ⅰ15,159 注①.

Adickes 阿迪克斯,Ⅰ38,40 注③,41,41 注①,42 注①,53 注②,61 注②,66 注④,70 注②,237 注④,301 注②,308 注①,注②,320 注②,373 注②,378 注③,421,421 注②,424 注③,426 注⑥,429 注②,486 注①,490 注④,492 注⑦,520 注⑥,Ⅱ60 注③,66 注②,165 注⑦,224 注②,287 注①,318 注①,339,339 注①,346 注③,371,440 注①.

Aesthetic 感性论,the Transcendental 先验感性论,Ⅰ52,73,93,98,Ⅱ93,96 注①,445.

Aesthetic,doctrine of the 感性论的学说,Ⅱ121-124,441.

Aesthetic,principles of the 感性论的原理,Ⅱ97.

Affection 刺激,影响,by ourselves 为我们自己所刺激(影响),Ⅱ400.

Affection,by outer objects 为外部对象所刺激(影响),Ⅱ400.

Affection,double 双重刺激(影响),Ⅰ520 注⑥;又看 causality 因果性,double 双重因果性.

Affection,of the self from within 为自我从里边的刺激(影响),Ⅱ421.

affects 刺激,meaning of 刺激的意义,Ⅱ388.

affinity 相近性,Ⅰ366,367,369,480 注⑥;又看 appearances 出现.

affinity,and association of ideas 相近性与联想,Ⅰ448,480.

affinity,and object 相近性与对象,Ⅰ445.

affinity,association by 由于相近性的联合,Ⅰ366,367 注②.

affinity,transcendental 先验相近性,Ⅰ367-371,395,481-484.

affinity,transcendental and empirical 先验的与经验性的相近性,Ⅰ446-449.

aggregate 集合,Ⅱ152.

Alexander S. 亚力山大,Ⅰ49,112 注④,152 注①,175 注①,305 注①,Ⅱ78 注①,107 注①,256 注③.

algebra 代数, Ⅰ157-158.

Amphiboly 歧义,of concepts of Reflexion 反思概念的歧义, Ⅰ308.

Analogies(诸)类比,principles of the 类比的原理(则), Ⅱ159-161.

Analogies,proof of the 类比的证明, Ⅱ175-176.

Analogies,the regulative 制约性的类比, Ⅱ178-179.

analogy,cognition by 由类比的认识, Ⅰ67 注②.

analogy,mathematical 数学的类比, Ⅱ179.

Analogy,first meaning of 类比的第一种意义, Ⅱ179-180.

Analogy, second meaning of 类比的第二种意义, Ⅱ180-183.

analysis 分析, Ⅰ200-201,250.

analysis,and conception 分析与概念作用, Ⅰ267.

analysis,and synthesis 分析与综合, Ⅰ81,87,266-269,437,505.

analysis,confusion between two kinds of 两种分析之间的混淆, Ⅰ219.

analysis,of concepts 概念的分析, Ⅰ160,172.

Analytic 分析论, the Transcendental 先验分析论, Ⅰ52,73,234, 236-238.

animals 兽, Ⅰ330 注①,376 注③.

animals,consciousness of 兽意识, Ⅱ389;又看 consciousness 意识, animal 兽;Erlebnis 经历.

Anschauung 直观, Ⅰ94 注⑤,477 注①, Ⅱ284-286,291.

Anticipations(诸)预测, of sense-perception, 感官知觉的预测, principle of the 感官知觉预测的原则, Ⅱ134-139.

appearance 出现, Ⅰ339,339 注①.

appearance,and illusion 出现与幻相, Ⅱ416-418.

appearance,and phenomenon 出现与现象, Ⅰ96 注⑦.

appearance,meaning of 出现的意义, Ⅱ230,445.

appearance,necessary synthetic unity of the 出现的必然综合统一性,and necessary unity of consciousness 出现与意识的必然统一性, Ⅰ419.

appearances,affinity of 出现的亲合性,Ⅰ444-446.

appearances,and objects 出现与对象,Ⅰ488.

appearances,change, or exchange of 出现的变动或出现的交换,Ⅱ216,217.

appearances,forms of 出现的各形式,Ⅰ102,109,131,135.

appearances,given 被给予的出现,Ⅰ476-478.

appearances, necessary synthetic unity of 出现的必然综合统一性,Ⅰ369,482.

appearances, outer 外部出现,time the mediate condition of 时间是外部出现的间接条件,Ⅱ383.

appearances, relation of, to reality 出现对实在性的关系,Ⅰ61-63.

appearances, substance,the permanent substratum of 实体是出现的永恒基体(质),Ⅱ191.

apperceptio 统觉,Ⅰ332 注⑦,333 注①.

apperception 统觉,Ⅰ345-346,Ⅱ87,415;又看 imagination 想像力;self-consciousness 自我意识;sense inner 内感官;space and time 空间与时间;unity 统一性.

apperception and categories 统觉与范畴,Ⅰ432-434;and form of judgement 统觉与判断的形式,Ⅰ521-523;and objects of knowledge 统觉与知识的对象,Ⅰ516-518;and self-consciousness 统觉与自我意识,Ⅰ398,511,512;and self-knowledge 统觉与自我知识,Ⅱ401-403;and space and time 统觉与空间及时间,Ⅰ462;and synthesis 统觉与综合,Ⅰ465;and transcendental object 统觉与先验对象,Ⅰ417-420;and understanding 统觉与知性,Ⅰ469-471,515;and unity of time 统觉与时间的统一性,Ⅰ486.

apperception as an act 统觉作为一种动作,Ⅰ307;as the condition of experience 统觉作为经验的条件,Ⅰ408-411;as a power 统觉作为一种力量,Ⅰ397.

apperception communion of 统觉的交互作用,Ⅱ319.

apperception empirical 经验性的统觉,Ⅰ402;and inner sense 经验性

的统觉与内感官，Ⅰ399-403.

apperception empirical and transcental 经验性统觉与先验统觉，Ⅰ379-381,398-399.

apperception inner sense affected by 内感官为统觉所刺激(影响)，Ⅱ388.

apperception original 原始统觉，Ⅰ346,397;and time 原始统觉与时间，Ⅱ162.

pure,the act of 纯粹统觉的动作，Ⅰ403,408;又看experience经验，inner 内部经验.

apperception transcendental 先验统觉，Ⅰ403-405.

apperception,the unity of 统觉的统一性，Ⅰ207,405-408,458-459,482,483,570-571,Ⅱ161.

apperception,the unity of, and time and space 统觉与时间及空间，Ⅰ420,462,516;and unity of the manifold 统觉与杂多的统一性，Ⅰ512,515;又看 interaction 相互作用;time 时间;understanding 知性.

apperception,the unity of analytic and synthetic 统觉的分析统一性与综合的统一性，Ⅰ513;empirical 统觉的经验性的统一性，Ⅰ519;objective 统觉的客观的统一性，Ⅰ518-521,522;original transcendental 统觉的原始先验统一性，Ⅰ520;synthetic,统觉的原始先验综合的统一性，Ⅰ510-516;synthetic,ultimate principle of 统觉的先验综合统一性的最后原理，Ⅰ517-518;transcendental 统觉的先验统一性，Ⅰ512,520.

apprehensio(拉丁文的“领会”)或 Auffassung(德文的“拾起来”)，Ⅰ359 注⑦.

apprehensio bruta 兽性的领会，Ⅰ333 注(Ⅰ).

apprehension 领会，Ⅰ262 注②,355,489,Ⅱ139,168,186,232.

apprehension and inner sense 领会与内感官，Ⅰ355,360;and sense perception 领会与感官知觉，Ⅰ361;and space and time 领会与空间及时间，Ⅰ539-540.

apprehension continuity as the formal condition of 连续性作为领会的条件，Ⅱ289-293.

apprehension mere 单纯领会，Ⅱ303，312.

apprehension production of time in 在领会里时间的产生，Ⅱ396.

apprehension pure synthesis of 领会的纯粹综合，Ⅰ360.

apprehension reversible and irreversible order in 在领会里的可颠倒与不可颠倒的次序，Ⅱ263；又看 sense-perception 感官知觉.

apprehension rule of 领会的规则，Ⅱ236-237，242-243，266.

apprehension successiveness of 领会的前后相继性，Ⅱ192-195，231，239，246，250.

apprehension synthesis of 领会的综合，Ⅰ264，354-355，356，359-363，447，478-479，538-539，542-543，Ⅱ258，352.

a priori，comparatively 比较上的验前，Ⅱ358.

a priori meaning of 验前的意义，Ⅰ76.

a priori two senses of 验前的两种意义，Ⅰ154，166，191，322 注②.

Archimedes 阿基米德，Ⅰ580.

architectonic 建筑术，Ⅰ54，235-237，308，Ⅱ66 注②，76，121，339.

Argument 论证，analytic or regressive 分析的或说回溯的论证，Ⅰ457.

Argument indirect 间接的论证，Ⅱ198；又看 proof 证明.

Argument progressive and regressive 顺行的与回溯的论证，Ⅰ130.

Argument synthetic and analytic 综合的与分析的论证，Ⅰ130.

Argument synthetic and analytic synthetic or progressive 综合的或说顺行的论证，Ⅰ457.

Aristotle 亚里士多德，Ⅰ159 注(Ⅰ)187，190，246 注(Ⅰ)，257，578，Ⅱ18 注①，130 注⑦，187 注(Ⅰ).

arithmetic 算术，Ⅰ160；又看 geometry 几何.

arithmetic formulae of 算术的各公式，Ⅱ129-131.

association 联合，Ⅰ367 注②，368，489；又看 ideas 观念；reproduction 再生.

astronomy 天文学，observational and theoretical 观察的与理论的天文学，Ⅱ459.

atomism,of Hume 休谟的原子说,Ⅰ138,354 注③.

atoms 原子 and the void 原子与真空,Ⅱ148 注②,154,318 注⑤,365.

attention 注意力,Ⅱ400.

attraction 引力,看 repulsion 抗引.

attribution 属性,Ⅰ85,Ⅱ163.

attribution analytic and synthetic 分析属性与综合属性,Ⅰ86 注①.

Auffassung(德文的"领会")或 apprehensio(拉丁文的"领会"),Ⅰ359 注⑥.

axioms 公理,Ⅰ127,218 注⑥,Ⅱ101,124,130,431.

Axioms,of Intuition 直观的公理,principle of the 公理的原理,Ⅰ218,Ⅱ111.

Balfour,Lord 鲍尔夫尔爵士,Ⅱ217 注⑦.

Barker,H 柏克尔,Ⅰ20,280 注①.

Baumgarten 鲍姆嘉顿,Ⅰ47,48 注②,85 注③,100 注②,138,204 注⑤,257,257 注③与注④,307,332 注⑦,365,522 注②,Ⅱ294 注⑤,295 注②.

begreifen(德文)抓住,Ⅰ263 注④,376 注②.

begreifen 或拉丁文的 comprehendere 抓在一起,Ⅰ334 注⑧.

Begriff 德文的"概念",Ⅰ94 注⑤,108 注②,115 注(Ⅰ),376 注②.

Begriffe,usurpierte 窃权的概念,Ⅰ197 注②,315 注(Ⅰ),Ⅱ364 注(Ⅰ).

Beloselsky,prince von 冯・卑洛斯尔斯基王子,Ⅰ332 注⑤,Ⅱ21 注④.

Berechtigung,看 Berichtigung.

Berichtigung 和 Berechtigung 更正,Ⅱ217 注②.

Berkeley 贝克莱(柏克莱),Ⅰ48,67,71,Ⅱ262 注②,375,376-377,378 注④,381 注③.

Bestimmungen 德文的"确定",Ⅰ107 注④,112 注③,133 注⑥,171 注①.

Bewusstsein 德文的“意识”，Ⅰ332 注⑦，333.

Bezeichnen 德文的“象征”或“指出”，Ⅱ232 注①.

bezeichnet 德文的“被指定的”或“为符号所表示的”，Ⅰ141 注⑤，158 注②，Ⅱ123 注④，170 注①，216 注③，253 注③.

Bezeichnung 德文的“标记”或“标志”，Ⅱ123 注④.

Biester 卑斯特尔，Ⅰ45 注④.

Black(人名)，Ⅱ119 注①.

blind 盲目的，Ⅰ96，98，170 注①，269，270，270 注①，321，434，455，574.

bodies 物体，Ⅰ561.

body 物体，Ⅱ212.

body the concept of 物体这个概念，Ⅱ219.

Borowski(人名)，Ⅰ40，46.

Bradley 勃拉德莱，Ⅰ252.

brain，phantoms of the 幻想，Ⅱ349.

Braithwaite(人名)，Ⅰ162 注①.

Broad(人名)，Ⅰ514 注②，Ⅱ199 注①，329 注①.

Brown，George(人名)，Ⅰ20.

Caesar，Julius 凯撒，Ⅱ227 注①，228.

Caird，E. 凯尔德，Ⅰ17，213 注⑤，260 注③，290 注①，300 注④，349 注①，422 注①，513 注③，560 注②，581 注①，Ⅱ27 注②，51，51 注①，361，371.

canon 规例，Ⅰ189，Ⅱ23 注③.

capacities，original or underivation 原有的或非派生的能力或力量，Ⅰ345.

capacity 能力，Ⅰ94，345 注④.

Cassirer，Ernst E·卡斯拉，Ⅰ49 注①，Ⅱ147 注④.

Cassirer，Heinrich H·卡斯拉，Ⅰ20.

casus 拉丁文的“偶然事件”，Ⅰ197 注②，Ⅱ364.

categories 范畴，Ⅰ225，226，426，488-491，Ⅱ432-435；又看 apperception 统

觉;concepts 概念;intuition 直观;mind, infinite 无限的心;revolution, Copernican 哥白尼式的变革;space and time 空间与时间.

categories and formal conditions of sensibility 范畴与感觉性的形式条件,Ⅱ31;and forms of judgement 范畴与判断的形式,Ⅰ259,293-297,299,341,475,524;and forms of thought 范畴与思想的形式,Ⅰ430-432;and the form of time,Ⅰ522-525;and generic concepts 范畴与类概念,Ⅰ306-307;and human experience 范畴与人类经验,Ⅰ526-527;and knowledge of noumena 范畴与关于本体的知识,Ⅱ450-451;and the manifold 范畴与杂多,Ⅱ455;and non-human intelligence 范畴与非人类的智力,Ⅰ531-532;and the self 范畴与自我,Ⅱ423;and synthesis,范畴与综合,Ⅱ338 注⑤;and the transcendental object,Ⅱ444.

categories as acts of pure thought 范畴作为纯粹思想的动作,Ⅰ224,Ⅱ450 注②.

categories as conditions of the unity of self-consciousness 范畴作为自我意识的统一性的条件,Ⅰ426.

categories as predicates of possible judgements 范畴作为可能判断的述项,Ⅱ25.

categories claim of the 范畴的要求,Ⅱ450-451,456.

categories clue to the discovery of 发现范畴的线索,Ⅰ169,239,297-300.

categories completeness of list of 范畴表的完整性,Ⅰ308-309.

categories Deduction of the 范畴的演绎,看 Deduction 演绎.

categories definitions of the 范畴的定义,Ⅰ256-260,303,Ⅱ433,434.

categories derivation of the 范畴的得出,Ⅱ75.

categories discovery of the 范畴的发现,Ⅰ299.

categories limits of knowledge thought 通过范畴的知识的限度,Ⅰ530-531.

categories names of the 范畴的名称,Ⅰ298.

categories objective reality of 范畴的客观实在性,Ⅱ348.

categories objective validity of 范畴的客观有效性，Ⅰ 321，Ⅱ453-454.

categories pure 纯粹范畴，Ⅰ260，298，304，320，325，526，532，555，Ⅱ63，343，434.

categories pure，without sense and meaning 纯粹范畴没有意思与意义，Ⅰ304 注②.

categories schematised 图型化的范畴，Ⅰ260-261，304.

categories schematised and pure 图型化的范畴与纯粹范畴，Ⅱ82.

categories subsumption under 统摄在范畴之下，Ⅱ24-25；difficulty of 统摄在范畴之下的困难，Ⅱ25-28.

categories table of 范畴表，Ⅰ297.

categories trichotomy of the 范畴的三分法，Ⅰ305-306.

categories use of，empirical and transcendental 范畴的经验性用途与先验用途，Ⅰ231，Ⅱ338.

categories use of，transcendental 范畴的先验用途，Ⅱ438，460.

category，and schema 范畴与图型，Ⅱ42-44，68-70，76，102，182.

category pure 纯粹范畴，Ⅱ42.

category pure and schematised 纯粹范畴与图型化范畴，Ⅱ41，42，67-68.

category transcendental use of the 范畴的先验用途，Ⅱ436-437.

category two senses of 范畴的两种意义，Ⅰ66 注④.

causa cognoscendi 认识的原因，Ⅱ363 注①.

causa essendi 存在的原因，Ⅱ363 注①.

causa fiendi 发生的原因，Ⅱ363 注①.

causality 因果性，Ⅰ308，445-446，Ⅱ106.

causality analysis of the concept of 因果性这个概念的分析，Ⅱ281-283.

causality and time 因果性与时间，Ⅱ273-275.

causality argument for，“moments”of the 关于因果性的“环节”的论证，Ⅱ257；presuppositions of the 因果性的“环节”的各种预先假定，

Ⅱ 262.

causality category of 因果性这个范畴，Ⅰ 544-545.

causality continuity of 因果性的连续性，Ⅱ 292.

causality double 双重的因果性，Ⅰ 64,96 注①；又看 affection, double 双重刺激(影响).

causality kinds of 各种的因果性，Ⅱ 278.

causality origin of the concept of 因果性这个概念的起源，Ⅱ 248-249.

causality predicables of 因果性的述项，Ⅱ 282.

causality principle of 因果性的原理，Ⅱ 221-224,283.

causality reciprocal 交互的因果性，Ⅱ 314；of co-existent substances 同时并存的各实体的因果性，Ⅱ 327；of simultaneous states 同时的各状态的因果性，Ⅱ 327.

causality six proofs of 因果性的六种证明，Ⅱ 224-225.

causality subject of 因果性的主体，Ⅱ 216.

causality transcendental schema of 因果性的先验图型，Ⅱ 54,236 注①,243 注①.

causality vertical and horizontal 直的与横的因果性，Ⅱ 150 注②,279 注①.

causation 因果作用，and continuity of time 因果作用与时间的连续性，Ⅱ 288.

causation streaky view of 因果作用不均匀的见解，Ⅱ 297 注①.

cause, and effect 原因与结果，Ⅰ 326-328，Ⅱ 70,362-363；the law of 因果律，Ⅱ 221；quantitative equivalence of 因果的量的同值，Ⅱ 179 注⑤；the schematised category of 因果的图型化范畴，Ⅱ 54；simultaneity of 因果的同时性，Ⅱ 283-284,327；successiveness of 因果的前后相继性，Ⅱ 283-284.

cause causality of the 原因的因果性，Ⅱ 284.

cause concept of 原因的概念，Ⅰ 433.

cause determines effect 原因确定结果，Ⅱ 244.

cause efficient of effective 有效因,Ⅱ281.

causes,final 目的因,Ⅱ278.

certainty 确实性,Ⅱ100 注②.

certainty intuitive 直观性的确定性,Ⅱ125,145,147.

certainty intuitive and discursive 直观性的与推理性的确实性,Ⅰ545 注④,Ⅱ56,100-103.

change 变动,变化,改变,Ⅰ148,152,Ⅱ188,216,226,268 注②.

change and exchange 变动与交换,Ⅱ216,217.

change and motion 变动与运动,Ⅰ101,128.

change and the permanent 变动与永恒的东西,Ⅱ407.

change a way in which the permanent exists 变动是永恒东西存在的一种方式,Ⅱ202.

change the concept of 变动这个概念,Ⅱ217-218,395.

change the continuity of 变动的连续性,Ⅱ153,256,284-287,291-292.

change experience of 变动的经验,Ⅱ196-197.

change the form of 变动的形式,Ⅱ285,290.

change the law of continuity in 变动中的连续律,Ⅱ288-289.

change subjective,awareness of 主观变动的觉知,Ⅱ384.

changes,measurement of 变动的测量,Ⅱ196.

chimaera 吐火兽,Ⅰ193.

Cicero 西塞罗,Ⅰ255 注③.

cinnabar 朱砂,Ⅰ368.

Circe 古希腊神话中的女魔,Ⅱ229 注⑥.

clear 清楚的,Ⅰ266 注④.

clock,ship's 船钟,Ⅰ197 注①,Ⅱ349.

coexistence 同时并存,又看 interaction 相互作用.

coexistence meaning of 存在的意义,Ⅱ297-298.

coexistence necessary 必然的存在,Ⅱ314.

coexistence objective 客观的存在,Ⅱ301,305,307,309.

coexistence objective and necessary 客观的而又必然的存在，Ⅱ312.

coexistence objective，and causation 客观的存在与因果作用，Ⅱ314.

coexistence objective，and objective succession 客观的存在与客观的前后相继，Ⅱ264，301，311-312.

cognitio discursiva 推理的认识，Ⅰ216.

cognition 认识，different grades of 认识的不同等级，Ⅰ334.

cognition subjective sources of 认识的各种主观的来源，Ⅰ353.

cognitions，a priori，origion of 验前认识的起源，Ⅰ223；又看 origin 起源.

cognoscere(拉丁文的“认识”——动词)，看德文的“认识”——动词.

Cohen，Hermann 柯亨，Ⅰ84 注②，422 注①，Ⅱ130 注⑤，439 注①.

Coleridge 考尔立奇，Ⅰ13.

colours 颜色，totality of 颜色的总数，Ⅰ117.

combination 结合，又看 connexion 联系.

combination as synthesis 结合或说综合，Ⅰ503-510.

combination subjective and objective 主观的结合与客观的结合，Ⅰ504.

commercium 拉丁文的“交互性”，Ⅰ297 注③，Ⅱ55 注③，294 注①，316，326.

communio 拉丁文的“交互性”，Ⅰ297 注③，Ⅱ55 注③，294 注①，316，319 注③.

communion 交互性，Ⅱ55 注③，294 注②，309；又看 apperception 统觉.

communion dynamical 力学的交互性，Ⅱ326.

communion subjective 主观的交互性，Ⅱ320.

communion subjective，objective ground of 主观交互性的客观根据，Ⅱ320.

communion，pure category of 交互性的纯粹范畴，Ⅱ54-55.

comparison，reflexion，and abstraction 比较、反思与抽象，Ⅰ199，249.

composition,Kant's method of 康德作文的方法,Ⅰ45,53.

compositum 组织,totum 总体,Ⅱ323 注②.

compositum reale 实在的组织,compositum ideale 理想的组织,Ⅱ323 注②.

comprehendere 拉丁文的"掌握","抓在一起",看德文的 begreifen "抓住".

comprehensio(拉丁文的"掌握","理解"——名词),看德文的 zusammenfassung .

comprehension 掌握、理解,Ⅰ334.

conceiving 想出的活动,and judging 与判定的活动,Ⅰ201-202.

conceiving forms of 想出的种种形式,Ⅰ203.

concept 概念,又看 concepts 各概念;synthesis 综合.

concept and existence 概念与存在,Ⅱ358;and imaginative synthesis 概念与想象性的综合,Ⅰ272,465;and intuition 概念与直观,Ⅰ94,115,Ⅱ26;and rule 概念与规则,Ⅰ388-390;and rule of imaginative synthesis 概念与想象性综合的规则,Ⅰ273;and schema 概念与图型,Ⅱ35.

concept a priori factitious 验前人为的概念,Ⅰ197.

concept arbitrary or factitious 任意的或人为的概念,Ⅰ196.

concept different types of 概念的不同类型,Ⅰ196-198,Ⅱ343,346-354.

concept empirical 经验性的概念,Ⅰ196,473.

concept,empirical factitious 经验性的人为概念,Ⅰ197.

concept form of the 概念的形式,Ⅰ196.

concept "in a"在"一种概念里",Ⅰ195.

concept intellectual,or notion 知性的概念或说想法,Ⅰ196.

concept limiting 限制的概念,Ⅱ457,458 注①.

concept logical form of a 一种概念的逻辑形式,Ⅱ430.

concept mathematical 数学的概念,Ⅰ197,389,473,Ⅱ26.

concept mathematical,and schema 数学的概念与图型,Ⅱ33.

concept nature of the 概念的性质,Ⅰ94,192,249-251.

concept of body,物体的概念,Ⅰ391,Ⅱ219;of circle 圆的概念,Ⅱ26;of dog 狗的概念,Ⅰ273 注②;of god 上帝的概念,Ⅰ352;of object in general,Ⅰ417;of objectivity 客观性的这个概念,Ⅰ424;of spirit or soul 精神或说灵魂的概念,Ⅰ351;of tree 树的概念,Ⅰ199;of triangle 三角形的概念,Ⅰ272,388-389.

concept possibility in relation to different types of 在对各种不同类型的概念上的可能性,Ⅱ346-354.

concept pure,two types of 两种类型的纯粹概念, Ⅰ317.

concept recognition in the 在概念里的认识,Ⅰ375.

concept "under a"在一个概念之下,Ⅰ195.

concept universality of the 概念的普遍性,Ⅰ196.

conception 概念作用,Ⅱ344;又看 analysis 分析;intuition 直观.

concepts 个别概念,又看 concept 概念;imagination 想象.

concepts analysis of 个别概念的分析,Ⅰ160,172,238.

concepts a priori 验前概念,Ⅰ497;objective reality of 验前概念的客观实在性,Ⅱ89.

concepts bringing the pure synthesis to 把纯粹综合带到概念中来,Ⅰ263,271-273,388.

concepts clear knowledge of 关于个别概念的清楚知识,Ⅰ200.

concepts completeness in 在个别概念里的完整性,Ⅱ336 注②.

concepts complex 复杂概念,Ⅰ268.

concepts construction of 个别概念的结构,Ⅰ160.

concepts content or matter of 个别概念的内容或说质料,Ⅰ267.

concepts empirical 经验性的概念,Ⅰ197,390-392,430,Ⅱ26,445;and universal 经验性的概念与普遍性的概念,Ⅰ139;and necessary synthetic unity 个别概念与必然的综合统一性,Ⅰ430;and schemata 个别概念与图型,Ⅱ35;objective reality of 个别概念的客观实在性,Ⅱ347.

concepts factitious 虚构的(人为的)概念,Ⅰ198,Ⅱ349.

concepts form of 个别概念的形式,Ⅰ198—203,249,267;made and

not given 个别概念是做成的不是所予的，Ⅰ198.

concepts general 一般的个别概念，Ⅰ115 注①.

concepts generic 类概念，看 categories 范畴.

concepts higher or wider 更高级的或说更广的概念，Ⅰ254 注④.

concepts intellectual or notions 知性概念或说想法，Ⅰ197；又看 concepts, sensuous 感官性的知性概念.

concepts logical origin of, as regards their form, 关于概念的形式上的逻辑起源，Ⅰ199.

concepts mathematical 数学概念，Ⅰ161 注③，197，304 注②，Ⅱ347 注①，431-442；and the categories 数学概念与范畴，Ⅰ277；objective reality of 数学概念的客观实在性，Ⅱ350.

concepts matter of 个别概念的质料，Ⅰ192-196，268.

concepts origin and acquisition of 个别概念的起源与获得，Ⅰ316.

concepts partial 部分概念，Ⅰ194.

concepts prediates of possible judgements 个别概念作为可能判断的述项，Ⅰ251.

concepts pure 纯粹的个别概念，Ⅰ225；又看 intuition, pure 纯粹直观.

concepts pure, and acts of pure thought 纯粹个别概念与思想的动作，Ⅰ224；又看 categories 范畴.

concepts sensuous and intellectual 感官性的与知性的概念，Ⅱ458.

concepts simple 简单概念，Ⅰ194.

concepts synthesis in accordance with 综合按照概念，Ⅰ442.

concepts unity in accordance with 统一性按照概念，Ⅰ429-430.

concepts universal and particular 普遍概念与特殊概念，Ⅰ303.

concepts usurpatory 窃取(篡夺)的概念，Ⅰ197 注②.

concepts use of, empirical 经验性概念的用途，Ⅱ427-429；empirical and transcendental 经验性的概念与先验的概念，Ⅱ439；transcendental, 先验概念，Ⅱ429-431.

Concepts, the Analytic of 概念的分析论，Ⅰ236，238-239.

conceptus communis 共同的概念,Ⅰ201.

conceptus dati 所予的概念,Ⅰ196 注⑤.

conceptus factitii 人为的(结构的)概念,Ⅰ196 注⑤.

condition 条件,看 form 形式.

confused 模糊的,Ⅰ266 注④;又看 distinct 明晰的.

confused and distinct 模糊的与明晰的,Ⅰ133.

connexion 联系,Ⅱ226,335 注⑥.

connexion and combination 联系与结合,Ⅱ159 注⑤,173 注②.

connexion necessary 必然的联系,Ⅱ159,170;and existence 联系与存在,Ⅱ360;又看 experience 经验.

connexion objective 客观的联系,Ⅰ464.

connexion teleological 目的论的联系,Ⅱ278 注①.

connotation 涵义,Ⅰ193 注①,195.

conscientia 拉丁文的"意识",Ⅰ332 注⑦,398 注①.

consciousness 意识,Ⅰ332;又看 synthesis 综合.

consciousness animal 兽的意识,Ⅰ332-335,Ⅱ383;又看 animals 动物.

consciousness categories not the conditions of 范畴不是意识的条件,Ⅰ334.

consciousness empirical 经验性意识,Ⅰ463.

consciousness empirical and transcendental 经验性的意识与先验的意识,Ⅰ460-462,483.

consciousness mediate and immediate 间接意识与直接意识,Ⅰ377.

consciousness possible 可能的意识,Ⅰ477-478.

consciousness,unity of 意识的统一性,Ⅰ378-379;analytic 意识的分析的统一性,Ⅰ201,202,289 注①,514 注②; formal 意识的形式统一性,Ⅰ385-387; necessary synthetic 意识的必然综合统一性,Ⅰ461-462; subjective 意识的主观统一性,Ⅰ519;又看 appearance,unity of 出现的统一性;manifold,unity of 杂多的统一性;object,unity of 对象的统一性.

conservation,the Cartesian doctrine of 笛卡尔学说的保存,Ⅱ197 注④.

constitutive 组织性的，Ⅱ179.

construction 结构，Ⅱ351，432.

construction a priori, the necessity of 验前结构的必要性，Ⅰ158-160.

construction symbolical and ostensive 用符号表示的结构与直接表示的结构，Ⅰ158.

content，transcendental 先验的内容，Ⅰ519 注⑤，Ⅱ202 注⑥.

contingent，the 偶然（可能）事件，Ⅰ519 注⑤，Ⅱ102 注⑥.

continuity，the doctrine of 连续性的学说，Ⅱ152-153；又看 activity 活动，causal 因果性活动；causality 因果性；change 变动；space and time 空间与时间；time 时间.

continuity the formal condition of apprehension 连续性作为领会的形式条件，Ⅱ289-293.

Cook Wilson（人名），Ⅰ405 注①，Ⅱ214 注②.

co-operation，of mind and reality 心与实在性的合作，Ⅰ581-582.

Copernicus 哥白尼，Ⅰ75.

copula 连系词，Ⅰ522.

correspondence 相应，看 truth 真理.

counting 计数，Ⅰ374.

Cousin，D. R.（人名），Ⅰ20，280 注①.

Croce 克罗齐，Ⅰ563 注①.

crude 粗糙的，Ⅰ266 注④.

Darstellung 德文的“展示”，Ⅱ73 注④.

day 日，看 night 夜.

Dasein 德文的“有”，Ⅰ297 注⑤，Ⅱ52 注③，58 注②.

Dauer 德文的“持续”，Ⅱ45 注②.

deduced，meaning of 被演绎出来是什么意思，Ⅱ368.

Deduction，of the Categories，the 范畴的演绎，Ⅰ220. Metaphysical，the 形而上学演绎，Ⅰ239，280，325 注⑤，521，538，538 注①，553；

divisions of 形而上学演绎的划分, Ⅰ 245;又看 Deduction 演绎.

Deduction Objective, the 客观的演绎, Ⅰ 240, 350-352, 523-525; method of 客观演绎的方法, Ⅰ 342-344; summary of 客观演绎的概述, Ⅰ 502-503.

Deduction subjective, the 主观的演绎, Ⅰ 240, 352-353, 541-542; aim of the 主观演绎的目的, Ⅰ 537-538; and the objective 主观演绎与客观演绎, Ⅰ 527(又看 Deductions 各种演绎); framework of 主观演绎的轮廓, Ⅰ 529-530; method of 主观演绎的方法, Ⅰ 344-347.

deduction transcendental, in general 一般的先验演绎, Ⅰ 314; necessity for 一般的先验演绎的必要性, 319-321; principle of 一般的先验演绎的原理, Ⅰ 344; principles of 一般先验演绎的各原理, Ⅰ 313-314.

deduction transcendental of the categories, difficuty of 范畴的先验演绎的困难, Ⅰ 322-323; of the categories, difficulty of, illustration of 范畴的先验演绎的困难的例证, Ⅰ 326-327; of the categories, difficulty of, reasons for 范畴的先验演绎的困难的各种理由, Ⅰ 322-323.

deduction transcendental, of space 空间的先验演绎, Ⅰ 321; of space and time 空间与时间的先验演绎, Ⅰ 109, 319 注②.

Deduction, Transcendental, the 先验演绎, Ⅰ 316, 552, Ⅱ 40, 275, 443; argument of 先验演绎的论证, Ⅱ 265; authoritative exposition of 先验演绎的权威的阐述, Ⅰ 313, 348, 457-458; divisions of 先验演绎的划分, Ⅰ 313; in the first and second editions 先验演绎的在第一版里和在第二版里, Ⅰ 499-501; progressive exposition of 先验演绎的顺行的阐述, Ⅰ 457; provisional exposition of 先验演绎的临时阐述, Ⅰ 53, 313, 322 注⑤; 348, 364, 365 注③, 457; regressive exposition of 先验演绎的回溯阐述, Ⅰ 476; subjective and objective sides of 先验演绎的主观方面与客观方面, Ⅰ 555-558.

deductions 各种演绎, empirical and transcendental 经验性的演绎与先验演绎, Ⅰ 314-316.

Deductions, Metaphysical and Transcendental 形而上学的演绎与先验演绎, Ⅰ 239-241.

Deductions Subjective and Objective 主观演绎与客观演绎，Ⅰ241-242,473,501-502,528-529.

definition,real 实在定义，Ⅰ303-304，Ⅱ433.

definitions,in philosophy 哲学中的各种定义，Ⅰ51.

degree 等级，Ⅱ49-50,135,140,149,285；又看 time 时间.

Demonax 古希腊人名，Ⅱ210 注①.

demonstration 证实，Ⅱ101 注③.

denotation 外延，Ⅰ195.

derivative 派生的，Ⅰ118 注②.

Descartes 笛卡尔，Ⅰ398 注①，Ⅱ164,165 注⑧,184 注①,381 注③,401,401 注④；and Berkeley 笛卡尔与贝克莱，Ⅱ376-377.

determinately 有确定性地，Ⅰ541.

determination 确定，Ⅱ176；temporal 时间性的确定，Ⅱ313；又看德文的 Bestimmung 确定；time-determination 时间确定.

determine 确定(动词)，meaning of 确定是什么意思，Ⅱ244,252 注⑩,254,313,319 注④,338 注②,342,363 注②,390.

deutlich 德文的“明晰的”，Ⅰ266 注④.

development,psychological,in time 在时间里的心理发展，Ⅰ317.

de Vleeschauwer(人名)，Ⅰ18,53 注③,365 注②，Ⅱ281 注③.

dialectic 辩证法，Hegelian 黑格尔的辩证法，Ⅰ306.

Dialectic,Transcendental,the 先验辩证法，Ⅰ74,170 注①,235,237，Ⅱ366.

dichotomy 二分法，Ⅰ306.

differences,empirical,due to things 由于事物的经验性差别，Ⅰ140.

discontinuity 不连续性，Ⅱ364.

discursive 推理的，Ⅰ216 注③.

distinct 明晰的，Ⅰ266 注④；and indistinct or confused 明晰的与不明晰的或说模糊的，Ⅰ377.

distinctness 明晰性，看 indistinctness 不明晰性.

doctrine,Kant's,novelty of 康德学说的新颖，Ⅰ46-48.

doctrine rationalist 唯理论(理性论)者的学说，Ⅰ336.

Doktrin 德文的“学说”，Ⅱ23 注③.

dream 梦，Ⅰ434.

dreams 个别的梦，Ⅰ459 注①，539 注⑨，541，Ⅱ121 注③，267，270，359 注②，385-386.

duration 持续的时间，Ⅱ45，166，188；又看 permanence 永恒性.

Eddy，Mrs 艾地夫人，Ⅰ55.

effect 结果，看 cause 原因.

effect empirical criterion of the 结果的经验性标准，Ⅱ268 注③.

efficacy，real 实在的功效，Ⅱ282.

Eindruck 德文的“印象”，Ⅰ97 注③，477 注③.

einfliessen，与 Einfluss 德文的“流进去”和“影响”，Ⅰ458 注⑤.

einsehen 或 perspicere 德文的“洞察”或拉丁文的“看透”，Ⅰ334 注⑦.

Einstein 爱因斯坦，Ⅰ162 注②.

elements 成分，heterogeneous and homogeneous 不同质的成分与同质的成分，Ⅱ160.

Empfindung 德文的“感觉”，Ⅰ477 注①，539 注②.

empty 空洞，Ⅰ222 注②.

energy 能，Ⅱ207，209.

England 英国，Ⅰ213 注⑤.

epigenesis 新生论，Ⅰ578.

equation 等式，7＋5＝12 的等式，Ⅰ160，Ⅱ129.

Erdmann，Benno，B. 日尔德曼，Ⅰ100 注②，418 注④，Ⅱ24 注⑤，99 注④，141 注⑧，186 注③，200 注①.

Erdmann，J. E. ，J. E. 日尔德曼，Ⅰ377 注②.

Erfahrung 德文的“经验”，Ⅱ383.

Erfahrungsbegriff 德文的“经验性概念”，Ⅰ196 注④.

erkennen 或 cognoscere 德文的“认知”或“认识”，Ⅰ334 注⑤.

Erkenntnisgrund 德文的“知识根据”，Ⅰ195 注③.

Erlebnis 德文的“经历”，Ⅱ383,413,421.

Erzeugung 德文的“生产”，Ⅱ221 注①.

essence 本质，Ⅰ85，Ⅱ163.

essentialia 拉丁文的“本质”，Ⅰ85，Ⅱ163.

Euclid 欧几里得，Ⅰ159,432 注③.

events 事件，the objective order of 事件的客观次序，Ⅱ169-171,227.

evidence 证据，intuitive 直观性的证据，Ⅱ62 注①；又看 certainty 确实性.

Evidenz 德文的“证据”，Ⅱ100 注②.

Ewing 伊温，Ⅰ398 注④,529 注②,573 注②，Ⅱ192 注②,254 注⑧,256 注①,276 注②,294 注⑤,423 注③.

exact 确切的，Ⅰ266 注④.

exchange 交换，Ⅱ216,217；又看 change 变动.

exhibition 展示，Ⅱ73.

existence 存在，Ⅱ169,178,298；又看 actuality 现实性；concept 概念；connexion 联系.

existence and actuality 存在与现实性，Ⅱ357 注①；and matter 存在与物质，Ⅱ359.

existence determinate and indeterminate 有确定性的存在与无确定性的存在，Ⅱ404.

existence my, consciousness of 关于我的存在的意识，Ⅱ385；my, determination of 我的存在的确定，Ⅱ402,406,408,410；my, knowledge of 关于我的存在的知识，Ⅱ380-381.

existence of other men 别人的存在，Ⅰ179.

necessary 必然的存在，Ⅱ362.

necessary not restricted to the present 存在不局限于现在，Ⅱ 358.

Existenz 德文的“存在”，Ⅱ58 注②.

experience 经验，Ⅰ318,331,426,431,489,531，Ⅱ169-171；又看 science 科学；synthesis, pure 纯粹综合.

experience advance of, in time 经验在时间里的进展，Ⅱ290.

experience analysis of 经验的分析，Ⅰ547-549,575,579.

experience and necessary connexion 经验与必然的联系，Ⅱ 175.

experience conditions of 经验的各种条件，Ⅱ268-271,272.

experience development of 经验的发展，Ⅰ577-579，Ⅱ272.

experience divine 神的经验，Ⅰ178,427,559.

experience form of 经验的形式，Ⅱ90,338.

experience formal conditions of 经验的各种形式条件，Ⅱ335,337, 341,345,348.

experience formal and material conditions of 经验的各种形式的与质料的条件，Ⅱ341.

experience human 人类经验，Ⅰ 178-180，526-527；all-embracing system of 经验的无所不包的体系，Ⅱ367；empirical and a priori within 在经验里面经验性的东西与验前的东西，Ⅰ559.

experience immediate 直接的经验，Ⅱ381；又看 inner experience 内部经验；outer experience 外部经验.

experience inner 内部经验，Ⅱ382,408；and permanent substances in space 内部经验与空间中的永恒实体，Ⅱ410；and pure apperception 内部经验与纯粹统觉，Ⅱ381；and outer 内部经验与外部经验，Ⅰ147，Ⅱ386；immediacy of 内部经验的直接性，Ⅱ383；space，mediate condition of 空间是内部经验的间接条件，Ⅰ147.

experience judgement of 经验的判断，Ⅰ270 注③.

experience material condition of 经验的质料条件，Ⅱ335.

experience matter of 经验的质料，Ⅱ338.

experience matter and form of 经验的形式与质料，Ⅰ78.

experience metaphysic of 经验的形而上学，Ⅰ72.

experience one all-embracing 一个无所不包的经验；Ⅰ427-429,450-453；the phenomenal world as 现象性世界是一个无所不包的经验，Ⅱ366 注③,367.

experience outer，immediacy of 外部经验的直接性，Ⅱ381.

experience possible 可能的经验，Ⅰ 350，531，Ⅱ 89，461；the pure

schema of 可能经验的纯粹图型, Ⅱ428.

experience possibility of 经验的可能性, Ⅰ 472, Ⅱ 90-95, 175, 354-356.

experience, process to 到经验的过程, Ⅱ271-273.

experience unity of 经验的统一性, Ⅰ427-429.

experience universal conditions of 经验的普遍性条件, Ⅱ 236, 341-342.

experiences, of different individual men 不同个人的种种经验, Ⅰ428.

exposition 阐明(阐述), Ⅱ194 注①.

exposition Kant's method of 康德的阐述方法, Ⅰ348, 382, 488 注④; the competence of 康德阐述方法的充足性, Ⅱ370-371, 463.

exposition metaphysical 形而上学阐明, Ⅰ108; 又看 space and time 空间与时间.

exposition transcendental 先验阐明, Ⅰ108, 108 注④; 又看 space and time 空间与时间.

extension 外延, Ⅱ412.

extension 外延, 看 denotation 内涵.

extent 范围, Ⅰ225, 228, 240.

Fähigkeit 德文的"能力", Ⅰ94 注④, 345 注④.

fate 命运, Ⅰ197 注②, 315.

fatum 拉丁文的"命运", Ⅰ197 注②, Ⅱ364.

force 力, Ⅱ215 注③, 282.

forces, moving 动力, Ⅱ135 注③, 137, 138 注③, 149, 212, 324, 326 注①, 412; 又看 repulsion and attraction 抗力与吸力.

form, and condition 形式与条件, Ⅰ103, 103 注④, 137.

form and matter 形式与质料, Ⅰ97, 137-143.

form empirical 经验性形式, Ⅰ140, 142 注③.

form intellectual 知性形式, Ⅰ497.

freedom 自由, Ⅰ66, 74.

function 作用,机能,Ⅰ250,281,413;又看 mind 心,心灵.

function and act 作用与动作,Ⅰ413.

function and power 作用与力量,Ⅰ419.

function definition of 作用的定义,Ⅰ247.

function identity of 作用的同一性,and identity of act 作用与动作的同一性,Ⅰ440.

function meaning of 作用的意义,Ⅰ245-248,434-438.

functions 各种机能,看 synthesis 综合.

functions of unity 统一性的各种机能,Ⅰ246,247,248.

Galileo 伽利略,Ⅰ75.

Garve 迦尔惠,Ⅰ45 注④.

Gegenstand 德文的"对象",Ⅰ193 注①.

Gegenwirkung 德文的"反作用",Ⅱ295 注②.

Gemeinschaft 德文的"相互作用",Ⅰ297 注③,Ⅱ55 注③,294 注①,316,319 注③.

Gemüt 心,Ⅰ95 注④.

genau 德文的"足够",Ⅰ266 注④.

general 一般的,and universal 普遍的,Ⅰ77.

geometries 种派几何学,modern 现代几何学,Ⅰ160-163.

geometry 几何学,Ⅰ126,319-320;and arithmetic 几何与算术,Ⅱ131.

geometry axioms of 几何公理,Ⅱ124-125;又看 axioms 公理.

geometry Euclidean 欧几里得几何学,Ⅰ159,161.

geometry pure 纯粹几何,Ⅰ106,127.

Gesetz 德文的"规律",and gesetzt"规律"与"被断定的",Ⅰ446 注①.

gesetzt 德文的"被断定的",Ⅱ228 注④;又看 Gesetz 规律.

Gestalt 德文的"形状",Ⅱ45 注②,127 注④.

given 所予的,Ⅰ506 注①,515,541,580,Ⅱ88.

given ambiguity of the word,"所予的"这词模棱两可,Ⅰ525.

Glück 幸福,Ⅱ364 注①.

gravitation 引力,the law of 引力定律,Ⅱ295,324 注②.

gravity 地心吸力,the moment of 地心吸力的契机,Ⅱ150 注④.

Green,T. H. ,T. H. 格林,Ⅰ386 注⑤.

ground and consequent 根据与后果,the pure category of 根据与后果这个纯粹范畴,Ⅱ18,53.

Grundkraft 德文的“基本力量”,Ⅱ350 注①.

Hardy 哈地(人名),Ⅰ155 注①.

harmony 和谐,pre-established 前定和谐,Ⅰ181,556,574.

Heath(人名),Ⅰ130 注①.

Hegel 黑格尔,Ⅰ65,386 注⑤,Ⅱ362,371.

Herz 哈尔茨(人名),Ⅰ44 注⑥,46 注①,321 注①.

hiatus 拉丁文的“空隙”,Ⅱ364.

Hirngespinst 德文的“幻想”,Ⅰ220.

Hirngespinste 德文的“幻想”复数,Ⅱ349 注⑤.

history 历史,mental 心理的历史,Ⅱ423.

homogeneous 不同质的(东西),synthesis of the 不同质的东西的综合,Ⅱ44.

Hume 休谟,Ⅰ43,44,46,48,67,138,354 注③,373,444 注③,571,Ⅱ144 注③,146,168,171,219,222,226 注③,248 注③,262 注②,270,283,378 注④.

“I”我,constant and unchanging 不断不变的我,Ⅰ486.

“I” the idea“我”这个观念,Ⅰ463.

idea 观念,Ⅰ334;又看 ideas 种种观念;object 对象;representation 表象;thing 事物,东西;Vorstellung 德文的“表象”,“出现”.

idea contained in one moment 观念包含在一刹那间,Ⅰ358,Ⅱ193.

idea discursive 推理性的观念,Ⅰ198 注④.

idea of the permanent 永恒这个观念,and permanent idea 永恒这个观念与永恒的观念,Ⅱ411.

Idea 理念,Ⅰ238 注①;又看 reason 理性.

idealism 观念论,and science 观念论与科学,Ⅰ68-70.

idealism Berkeleyan, and space 贝克莱的观念论与空间，Ⅱ376.

idealism dogmatic 独断的观念论，Ⅱ376.

idealism empirical and transcendental 经验性的观念论与先验观念论，Ⅱ376.

idealism formal 形式的观念论. Ⅱ426.

idealism material and formal 唯物的观念论与形式的观念论，Ⅱ376.

idealism problematic 疑问的观念论，Ⅱ376,381.

idealism representive 描写式的观念论，Ⅱ376.

idealism transcendental 先验观念论，Ⅰ143 注③，144 注②，453，Ⅱ411,412；又看 realism 实在论，empirical 经验实在论.

idealism turning the tables on 对观念论的主客易地，Ⅱ381-384.

Idealism, Refutation of 对观念论的驳斥，Ⅱ377-380.

idealisms, modern 现代各观念论，Ⅱ464.

ideality 观念性，transcendental 先验观念性；看 reality, empirical 经验性的实在性.

ideas, a priori 验前观念，Ⅰ80；and object 验前观念与对象，Ⅰ338.

ideas association of 联想，Ⅰ480；又看 affinity 近似性，亲合性；association 联合.

ideas clear and obscure 清楚的观念与模糊的观念，Ⅰ377-379，463-464.

ideas co-existence of 观念的同时并存，Ⅱ331.

ideas empirical 经验性观念，Ⅰ337-338.

ideas innate 与生俱来的观念，Ⅰ377.

ideas objective unity of 观念的客观统一性，Ⅰ523.

ideas of space and time not empirical, but a priori 空间与时间的观念不是经验性的而是验前的，Ⅰ110-114.

ideas play of 观念的游戏(活动)，Ⅰ434，Ⅱ245,263.

Ideas 理念，看 reason 理性.

illusion 幻相，看 appearance 出现.

image 意象，Ⅰ477,479，Ⅱ37.

image, and time 意象与时间，Ⅱ37.

imagination 想像力，想象，Ⅰ263，269，345，363，536，Ⅱ87，301，411；又看 sense 感官.

imagination and concepts 想像力与概念，Ⅰ465；and judgement 想像力与判断力，Ⅱ 71-72；and sensibility 想像力与感受性，Ⅰ488；and understanding 想像力与知性，Ⅰ269 注③，488，503，536，Ⅱ392.

imagination associative 联合性的想像力，Ⅰ366.

imagination plastic 造型的想像力，Ⅰ366.

imagination play of 想像力的作用，Ⅱ257，259，431.

imagination productive 生产的想像力，Ⅰ114，Ⅱ89，354 注①.

imagination reproductive 再生的想像力，Ⅰ114，Ⅱ89，354 注①.

imagination reproductive and productive 再生的想像力与生产的想像力，Ⅰ365.

imagination three kinds of 三种类型的想像力，Ⅰ366-367.

imagination transcendental, and apperception 先验想像力与统觉，Ⅰ486-488.

imagination transcendental, and experience 先验想像力与经验，Ⅰ484-485.

imagination transcendental power of 想像力的先验力量，Ⅰ364.

imagination uncontrolled by thought 想像力不为思想所控制，Ⅱ227.

imagination, synthesis of 想像力的综合，Ⅰ572，Ⅱ257；formal unity in 在想象中的形式统一性，Ⅰ490；necessary aspects of 想象的各种必然方面，Ⅱ56；principle of the necessary transcendental unity of the pure (productive)纯粹(生产的)想像力的必然先验统一性的原理，Ⅰ465；pure 纯粹想像力的综合，Ⅰ464-466；reproductive 再生的想像力的综合，Ⅰ464，536 注②.

imagination, transcendental synthesis of 想像力的先验综合，Ⅰ431，431，440-441，467，475，483-485，529，535-537，540，556，558，576，581，Ⅱ 71-72，77，174，278-280，388-389，392；and necessary synthetic unity 想像

力与必然的综合统一性，Ⅰ485；and time 想像力的先验综合与时间，Ⅰ536，Ⅱ421.

imagination，transcendental synthesis of productive 生产的想像力的先验综合，Ⅰ536 注②；reproductive 再生的想像力的先验综合，Ⅰ364；transcendental unity of 想像力的综合的先验统一性，Ⅰ468-469.

immanent 内在的，Ⅰ232.

immediacy，pure of 直接性的证明，Ⅱ382.

immediate 直接的，meaning of 直接的意义，Ⅱ383.

impenetrability 不可入性，Ⅰ391 注④，Ⅱ135 注③，207.

Indiscernibles 不可分辨的东西，Identity of 不可分辨的东西的同一性，Ⅰ180，452 注②.

indistinct 不明晰的，Ⅰ266 注④；又看 distinct 明晰的.

indistinctness，and distinctness 不明晰性与明晰性，Ⅱ441.

infinity 无限性(无穷性)，Ⅰ305.

influence 影响，Ⅰ62，65，Ⅱ143 注⑦，204 注⑤，295，309；又看 things-in-themselves 自在之物.

influence reciprocal 交互影响，Ⅱ326.

influences 各种影响，continuous 不断的各种影响，Ⅱ317.

Inhalt 德文的“内容”，Ⅰ195 注⑤.

inherence 依存，Ⅱ203.

inherence and subsistence 依存与潜在，Ⅱ298.

inner and outer 内与外，meaning of 内与外的意义，Ⅱ408.

inside 内面，and outside 内面与外面，Ⅰ100.

insight 洞见，洞察，Ⅰ334，Ⅱ382.

intelligence 智慧，an infinite 一个无限的智慧，Ⅰ527.

intelligence non-human 非人类的智慧，看 categories 范畴.

intelligere 拉丁文的“了解”，看德文的‘verstehen’(了解).

intelligibilia 拉丁文的“可理解物”，Ⅱ441.

intension 内包，Ⅰ193 注①，195.

interaction 相互作用，Ⅱ294，294 注②，295-296，309，317，326.

interaction and co-existence 相互作用与同时并存，Ⅱ324-329；and sense-perception 相互作用与感官知觉，Ⅱ316-318；and space 相互作用与空间，Ⅱ330；and the unity of apperception 相互作用与统觉的统一性，Ⅱ319-324.

interaction concept of 相互作用的概念，Ⅱ324-325，530.

interaction dynamic 动力的相互作用，Ⅱ315.

interaction matter in 物质在相互作用里，Ⅱ317.

interaction mediate 间接的相互作用，Ⅱ318.

interaction mediate and immediate 间接的与直接的相互作用，Ⅱ315，328.

interaction Principle of 相互作用的原理，Ⅱ294-297.

interaction proof of 相互作用的证明，Ⅱ329-331.

interaction schematised category of 相互作用的图型化范畴，Ⅱ55，323.

interaction transcendental Schema of 相互作用的先验图型，Ⅱ55，315.

intuition 直观，Ⅰ73，93-98，458；又看 concept 概念；intuitions 个别的直观；possibility 可能性；thought 思想.

intuition and copception 直观与概念作用，Ⅰ122-124；and object 直观与对象，Ⅱ 119-121；and thought 直观与思想，Ⅰ 431；Ⅱ 460；and understanding 直观与知性；Ⅰ329-332.

intuition by itself，blind 单有直观是盲目的，Ⅱ455；又看 intuitions 个别直观，blind 个别直观是盲目的.

intuition categories independent of 范畴不依靠直观，Ⅰ122.

intuition empirical 经验性直观，看 validity 有效性，objective 客观的有效性.

intuition form of 直观的形式，Ⅰ101-103，Ⅱ414.

intuition form of，and pure 直观的形式与纯粹直观，Ⅰ104，109.

intuition in general 一般的直观，Ⅰ284 注③，287，289-292，528，534，538，542.

intuition in general,and human intuition 一般的直观与人类直观，Ⅰ260.

intuition intellectual 知性直观，Ⅰ178,217,217 注③,532,Ⅱ403,405,410,415,441,452,454,456.

intuition matter of 直观的质料，Ⅱ138.

intuition mere 单纯的直观，Ⅱ113.

intuition mere,synthesis of 单纯直观的综合，Ⅱ341 注①.

intuition outer 外部直观,看 time 时间.

intuition outer,and relations 外部直观与各种关系，Ⅱ412.

intuition permanent 永恒的直观，Ⅱ384 注①.

intuition pure 纯粹直观，Ⅰ103-106.

intuition pure,in two senses 在两种意义上的纯粹直观，Ⅰ105.

intuition pure,and the categories 纯粹直观与范畴，Ⅰ262;and form of intuition 纯粹直观与直观的形式，Ⅰ104,109;and pure concepts 纯粹直观与纯粹概念，Ⅰ338-340.

intuitions,blind 所有直观都是盲目的，Ⅰ96,98.

intuitions in general 一般性的直观，Ⅰ526 注①.

intuitions intellectual 知性的个别直观，Ⅰ249,527,530.

intuitions pure 纯粹的个别直观，Ⅰ110.

intuitions space and time not concepts but 空间与时间不是概念而是直观，Ⅰ114-115.

intuitions unconscious 非意识的直观，Ⅰ458.

investigation 研究,psychological or physiological 心理学的或生理学的研究，Ⅰ200.

irreversibility 不可倒置性，Ⅱ246;又看 sense-perceptions 感官知觉.

'I think'我思，Ⅰ463,518-520.

'I think' the idea 我思这个观念，Ⅰ510.

Jachmann 翟曼(人名)，Ⅰ349 注①.

Joseph 约瑟(人名)，Ⅰ204.

judgement 判断,判断力，Ⅰ251-256,548,Ⅱ337;又看 imagination 想

像力;judgements 判断.

judgement acts of understanding can be reduced to 知性的动作都可归结为判断,Ⅰ251.

judgement analysis in all 在一切判断中的分析,Ⅰ219,283.

judgement analysis and synthesis in 在判断里的分析与综合,Ⅰ265,269.

judgement analytic 分析判断,Ⅰ201,549 注①.

judgement apodeictic 必然判断,Ⅰ202 注③.

judgement a priori synthesis in all 在一切判断里的验前综合,Ⅰ516.

judgement definition of 判断的定义,Ⅰ206,220,522.

judgement form of 判断的形式,Ⅰ288.

judgement form of,one ultimate 一个最后的判断形式,Ⅰ207;又看 apperception 统觉.

judgement forms of 判断的各种形式,Ⅰ204-206,209,246,248-249,294,435;又看 categories 范畴;judgement 判断力;moments of 判断的各环节(契机).

judgement forms of,and the categories 判断的各形式与各范畴,Ⅰ259,260,293-297,299,341,475,524.

judgement forms of, as moments 判断的各形式作为契机,Ⅰ211,294.

judgement forms of,classification of 判断形式的分类,Ⅰ204.

judgement forms of,common to all judgements 一切判断共同的判断形式,Ⅰ215.

judgement forms of,table of the 判断形式表,Ⅰ204,568.

judgement forms of,universal and necessary 普遍的而又必然的各种判断形式,Ⅰ206-8.

judgement functions of 判断的各种机能,Ⅰ246.

judgement hypothetical form of 判断的假言形式,Ⅱ223.

judgement infinite 不定判断,Ⅰ205,208 注②,212 注②.

judgement metaphysical 形而上学的判断，Ⅰ89.

judgement moments of 判断的各契机，Ⅰ211,294.

judgement moments and forms of 判断的契机与形式，Ⅰ208.

judgement power of 判断力，Ⅱ21.

judgement problematic 盖然的(有问题的)判断，Ⅰ202 注③，Ⅱ344.

judgement singular 单称判断，Ⅰ205,208 注②.

judgement synthesis in every 在凡判断里的综合，Ⅰ220,509.

judgement synthetic 综合判断，different kinds of 各种不同类别的综合判断，Ⅱ84-86.

judgement two aspects of 判断的两个方面，Ⅰ280,287.

judgement unity in 在判断里的统一性，Ⅰ281-283.

Judgement, the Transcendental Doctrine of 先验判断论(判断的先验论)，Ⅰ236，Ⅱ21-24.

judgements, analytic 分析判断；Ⅰ84-86,189 注⑧,214,300 注⑤，Ⅱ84.

judgements analytic, principle of 分析判断的原理，Ⅱ83-84.

judgements analytic, truth of 分析判断的真实性，Ⅰ214,214 注③，Ⅱ84.

judgements analytic and synthetic 分析判断与综合判断，Ⅰ81,82-84,220,300-302,508，Ⅱ460.

judgements analytic and synthetic, analogy between 分析判断与综合判断之间的类似，Ⅰ301.

judgements copulative 连结的判断，Ⅰ204.

judgements of physical science 物理科学的判断，Ⅰ89.

judgements logical forms in all possible 在一切可能判断里的逻辑形式，Ⅰ213.

judgements mathematical 数学判断，Ⅰ87,89，Ⅱ91.

judgements matter of 判断的质料，Ⅰ206.

judgements metaphysical 形而上学的各种判断，Ⅰ89.

judgements modality of 判断的样式，Ⅰ205.

judgements Problematic, assertoric, and apodeictic 盖然的判断，实然的判断，与必然的判断，Ⅱ57.

judgements, quality of 判断的质，Ⅱ51.

judgements simple and complex 简单判断与复杂判断，Ⅰ204.

judgements synthetic 综合判断，Ⅰ86-87，Ⅱ86，461.

judgements synthetic a posteriori 综合验后判断，Ⅰ88，Ⅱ85，94-95.

judgements synthetic a priori 综合验前判断，Ⅰ 81-82，87，Ⅱ 91.

judgements synthetic, different kinds of 各种不同的综合判断，Ⅱ84-86.

judgements synthetic, form of 综合判断的形式，Ⅰ213-215.

judgements synthetic, principle of all 一切综合判断的原理，Ⅱ94-96.

judgements synthesis in all 在一切判断里的综合，Ⅰ509.

judging 下判断，看 conceiving 设想，构思，想出.

Kantliteratur 康德文献，Ⅰ18.

Kemp Smith 康蒲·斯密，Ⅰ19.

Kemp Smith Commentary《纯粹理性批判》解义一书，Ⅰ37 注①，38，43 注①，49 注②，75 注③，201 注④，213 注⑤，216 注②，217 注⑤，350 注⑥，300 注④，305 注④，307 注①，323 注④，329-330，332-333，339 注⑤，345 注②，346 注⑥，382，397 注①，413 注①，421-425，421 注⑦，423 注①与注②，424 注③，425 注④与注⑤，490 注②与注③，516 注②，529 注②，573 注②，583 注①，Ⅱ21 注④，24 注⑤，25 注②，66 注②，69 注②，165 注⑦，182 注④，224 注②，282 注⑥，289 注②，294 注⑤，301 注④，335 注⑥，339，340 注③，346 注③，359 注③，367 注③，370-371.

Kemp Smith Translation《纯粹理性批判》的英译，Ⅰ147 注②，195 注⑥，339 注⑤，371 注③，378 注②、③与⑤，391 注①，418 注④，444 注④，458 注⑤，462 注③，463 注②，492 注⑦，495 注②，512 注①，528 注⑥，531 注⑤，534 注②，537 注①，540 注①，Ⅱ24 注⑤，36 注③，50 注③，60 注③，84 注④，86 注⑥，87 注②，90 注⑤，91 注①与注③，92 注④，115 注④，163 注④，166 注⑤，169 注③，178 注⑤，181 注⑤，186 注⑤，217 注

⑦,249 注④,251 注②,258 注⑥,317 注②与注③,399 注①,429 注①,436 注④.

kennen,or noscere 德文的"认识"或拉丁文的"认识",Ⅰ334注④.

Kinkel(人名),Ⅰ84 注②,213 注⑤,232 注③,Ⅱ130 注⑤.

klar 德文的"清楚的",Ⅰ266 注④.

knowing 认识活动,看 thinking 思维活动.

knowledge 知识,Ⅰ334,354,582 注①.

knowledge acquired and innate 获得的知识与与生俱来的知识,Ⅰ78.

knowledge a priori 验前的知识,Ⅰ76-77.

knowledge a priori,comparatively 比较上验前的知识,Ⅱ 358.

knowledge a priori, conditions of 验前知识的各条件,Ⅰ278-279; double character of 验前知识的双重性格,Ⅰ564;types of 验前知识的类型,Ⅰ80-82;又看 a priori 验前.

knowledge empirical, an advance in time 经验性知识是在时间里的一种进展,Ⅱ289.

knowledge limits of 知识的限度,Ⅱ429,460-462.

knowledge mathematical 数学的知识,Ⅰ170 注①,530.

knowledge mathematical,intuitive 数学知识是直观性的,Ⅰ 218.

knowledge philosophical and mathematical 哲学知识与数学知识,Ⅰ218,Ⅱ101.

knowledge pure a priori 纯粹验前知识,Ⅰ76.

knowledge pure,synonymous with a priori 纯粹知识与验前知识是同义词,Ⅰ77.

knowledge subjective sources of 知识的主观来源,Ⅰ345,354,401.

knowledge synthetic a priori 综合的验前知识,Ⅰ561-563.

knowledge transcendental 先验知识,Ⅰ226-230;又看 theory,理论,transcendental 先验知识理论.

knowledge two factors in 在知识里的两种因素,Ⅱ269-271.

knowledge use of,transcendental 先验知识的用途,Ⅰ230-232.

Kräfte, bewegende 德文的“动力”，Ⅱ137.

Kritik 德文的“批判”，Ⅱ23 注③.

Laird 赖尔特(人名)，Ⅱ256 注⑤，260 注①.

Lambert 兰柏特(人名)，Ⅰ182 注①.

language，语言，Kant's use of 康德的语言用法，Ⅰ50-54.

Laughland，Miss Elizabeth(女士名)，Ⅰ20.

law 规律，看 rule 规则.

law causal 因果律 and the transcendental synthesis of imagination 与想像力的先验综合，Ⅱ278-280.

law definitions of 规律的各种定义，Ⅰ495.

laws 各规律，看 rules 各规则 .

laws causal，empirical 经验性的因果规则，Ⅱ363；causal，particular 特殊的因果规则，Ⅱ275-278.

laws empirical and universal 经验性的规律与普遍性的规律，Ⅰ139-140.

laws of nature 自然规律，Ⅰ450，496，Ⅱ98 注②.

laws of nature，empirical 经验性的自然规律，Ⅰ496.

laws particular empirical 特殊的经验性规律，Ⅰ494.

laws particular necessary 特殊的必然规律，Ⅰ494.

laws ultimate and universal 终究的而且普遍性的规律，Ⅰ496.

laws universal 普遍性的规律，Ⅰ546.

lecturing 讲演，Kant's method in 康德讲演的方法，Ⅰ349.

Leibniz 莱布尼兹，Ⅰ43，78，107，125，125 注②，138，145，161，171，173，175，183，235 注②，309，359 注⑥，377 注②，398 注①，458，477 注④，562，563 注④，564 注②，Ⅱ295，353，366，441.

Leibniz，arguments against 反对莱布尼兹的各论证，Ⅰ171-175.

Lenzen(人名)，Ⅱ282 注④.

Levett，Miss M. J.(女士名)，Ⅰ20.

light 光，Ⅰ64，Ⅱ317，328.

limitation 限制，Ⅱ48，149.

limits 限度，Ⅰ228，240.

Lindsay 林赛，Ⅰ135 注③，138 注③，142 注③，576 注①，Ⅱ128，297 注①，418 注①，458 注①.

line 线，intuition of a 对一条线的直观，Ⅱ389.

line knowledge of a 关于一条线的知识，Ⅰ372，Ⅱ193.

Locke 洛克，Ⅰ48，100 注②，315 注③，317，377，Ⅱ203 注⑤，206 注①，376 注⑥.

Loewenberg(人名)，Ⅱ269 注①.

logic 逻辑，applied 应用逻辑，Ⅰ188；general 普通逻辑，Ⅰ187；mathematical 数理逻辑，Ⅰ188，210；modern 现代数理逻辑，Ⅰ172.

philosophical 哲学逻辑，Ⅰ188；special or particular 特种逻辑，Ⅰ187.

Logic，Formal 形式逻辑，Ⅰ187-188，521，525.

Logic Formal，divisions of 形式逻辑的各部分，Ⅰ188-190.

Logic Transcendental 先验逻辑，Ⅰ223-226，478 注⑤.

Logic Transcendental and Formal 先验逻辑与形式逻辑，Ⅰ222-223，232-233，278，293.

Logic Transcendental，and time 先验逻辑与时间，Ⅰ261.

Logic Transcendental，divisions of 先验逻辑的划分，Ⅰ233-235.

Lucian 三世纪古希腊作家名，Ⅱ210 注①.

luck 运气，Ⅰ197 注②，315.

Maimon 梅蒙(人名)，Ⅰ321 注①.

Malebranche 马尔布兰(人名)，Ⅰ132 注⑦，321 注⑤.

manifold 杂多，as a manifold 杂多作为一种杂多，Ⅰ357，359.

manifold empirical，and pure synthesis 经验性杂多与纯粹综合，Ⅰ466.

manifold given，and the categories 所予的杂多与范畴，Ⅱ455.

manifold homogeneous 同质杂多，Ⅱ115.

manifold in general 一般的杂多，Ⅰ507 注⑤.

manifold necessary synthetic unity of the 杂多的必然综合统一性，

Ⅰ462,515.

manifold, synthetic unity of the 杂多的综合统一性,Ⅰ551.

manifold transcendental principle of the necessary synthetic unity of 杂多的必然综合统一性的先验原理,Ⅰ459-460.

manifold unity of the 杂多的统一性,Ⅰ459-460,512.

mark 标志,Ⅰ125,194.

marks 各种标志,Ⅰ119 注②,549.

mass 质量,Ⅱ206,209,212.

mass conservation of 质量不灭,Ⅱ209.

mathematical theory, modern 现代数学的理论,Ⅰ155.

mathematicians, the intuitionist school of 直观派的数学家,Ⅱ119.

mathematics 数学,Ⅰ73,160,218.

mathematics application of, to objects of experience 数学对经验的对象的应用,Ⅱ131-133.

mathematics principles of 数学原理,Ⅱ97.

mathematics pure 纯粹数学,Ⅰ81,530 注④.

matter 物质,质料,Ⅰ96 注②,Ⅱ135 注③,138 注④与注⑥,149,210 注③,317;又看 existence 存在;form 形式.

matter and substance 物质与实体,Ⅱ221.

matter conception of 物质的想法,Ⅱ207.

matter conservation of 物质不灭,Ⅱ197,209,213-214.

matter, dynamical theory of 物质的力学说,Ⅱ155.

matter magnetic 磁性的物质,Ⅱ357.

matter mechanical theory of 物质的机械说,Ⅱ155.

matter permanence of 物质的永恒性,Ⅱ204.

matter quantity of 物质的量,Ⅱ212.

Mattingly, Miss Lilian(女士名),Ⅰ20.

meaning 意义,Ⅱ31 注③.

mechanics 动力学,third law of 力学第三定律,Ⅱ213.

Meier, G. F. 迈尔雅(人名),Ⅰ 47,85 注③,190 注③,200 注⑤,257

注③,309,332 注⑦,522 注②.

Mellin 梅林(人名),Ⅰ221,247,247 注⑥,332 注⑦,Ⅱ86 注⑤,111 注①.

memory 记忆,Ⅰ401,Ⅱ171-172.

Mendelssohn 曼德尔松(人名),Ⅰ44,45 注④,182 注①.

Merkmal 德文的"标志",Ⅰ194 注②.

Merkmale 德文"标志"的复数,Ⅰ119 注②.

metaphysics 形而上学,as a natural disposition 作为一种自然的倾向,Ⅰ82.

metaphysics as a science 形而上学作为一种科学,Ⅰ82.

metaphysics claim made by 形而上学所提出的要求,Ⅰ80.

metaphysics first part of 形而上学的第一部分,Ⅰ76.

Meyerson 梅也逊(人名),Ⅱ220,362 注①.

Milky Way 天河,Ⅰ267 注②.

mind 心,infinite 无限的心,and our categories 无限的心与我们的范畴,Ⅱ460.

mind common function of the 心的共通作用,Ⅰ441.

mind object in relation to our 对象对于我们的心,Ⅱ336.

mind windows of the 心的窗户,Ⅰ183,Ⅱ424.

minds 各个心,co-existence of 各个心的同时并存,Ⅱ331.

modality 样式,interdependence of categories of 样式的各范畴的相互依靠,Ⅱ339-342.

modality schema of the category of 样式范畴的图型,Ⅱ61.

modality schemata of 样式的各图型,Ⅱ56-60,342 注③.

mode 样式,Ⅱ163.

modes 各样式,Ⅰ85,Ⅱ164;又看 sensibility,pure 纯粹的感受性;space 空间;time 时间.

moment 契机,Ⅰ211,Ⅱ287 注①.

monades 单子,Ⅰ183.

monogram 拼合字,Ⅱ36.

Moore,G. E. 摩尔(人名),Ⅰ72.

morality 道德,Ⅰ72.

More,Henry 亨利·摩尔,Ⅰ321 注⑤.

motion 运动,Ⅰ148,Ⅱ210 注③,288,412;又看 change 变动;synthesis 综合.

motion and change, empirical 经验性的运动与变动,Ⅰ101;又看 change 变动,and motion 与运动.

motion general doctrine of 运动的一般学说,Ⅰ128.

movable 可移动的,可动的,the 可动的东西,Ⅱ149,210 注③,211.

movable the,and substance 可动的东西与实体,Ⅱ211.

Muirhead,J. H. 缪尔哈德(人名),Ⅰ20,216 注③.

mundus sensibilis 感性世界 and mundus intelligibilis 知性世界,Ⅱ458.

natura formaliter spectata 从形式看的自然,Ⅰ412 注④,491 注①,545 注⑦.

natura materialiter spectata 从物质看的自然,Ⅰ412 注④,545 注⑦.

nature 自然,Ⅰ450,491.

nature laws of 自然律,Ⅰ450,496,Ⅱ98 注②.

nature uniformity of 自然的一律性,Ⅰ445.

nature unity of 自然的统一性,Ⅰ411-416,449-450.

necessary,the 必然的东西,看 actual,the,and the necessary 现实的东西与必然的东西.

necessity 必然性,Ⅱ57;又看 actuality 现实性;objectivity 客观性;possibility 可能性.

necessity actuality no wider than 现实性不宽于必然性,Ⅱ340,343.

necessity and substances 必然性与实体,Ⅱ363.

necessity and universality 必然性与普遍性,Ⅰ77,135,146.

necessity category of 必然性的范畴,Ⅱ340,340 注②.

necessity criterion of 必然性的标准,Ⅱ363.

necessity empirical 经验性的必然性,Ⅱ216 注⑧.

necessity logical or formal 逻辑的或说形式的,and real or material 与实在的或说实质的必然性,Ⅱ362.

necessity pure category of 必然性的纯粹范畴,Ⅱ58-59.

necessity real,not absolute,but hypothetical 实在的必然性不是绝对的必然性而是假设的必然性,Ⅱ363.

necessity schematised category of 必然性的图型化范畴,Ⅱ59-60.

necessity subjectivity and knowledge of 主观性与关于必然性的知识,Ⅰ169-171.

necessity transcendental schema of 必然性的先验图型,Ⅱ60.

negation 否定性,看 reality 实在性.

neo-Kantian,English 英国的新康德派者,Ⅰ65.

Newton 牛顿(人名),Ⅰ106,113,132,144,171,174,175,176,567 注①,Ⅱ132 注④,291 注①.

Newton arguments against 反对牛顿的种种论证,Ⅰ171-175,176.

nexus 关系,Ⅱ159,170,226.

Nichtsein 德文的"不存在"、"无",Ⅰ297 注⑤.

night,and day 夜与日,Ⅱ270,270 注③.

non-contradiction 毋矛盾,the law of 毋矛盾律,Ⅱ83-84.

noscere 拉丁文的"认识"(动词),看 kennen 德文的"认识".

nota 拉丁文的"标志",Ⅰ194 注②.

notion 想法,念头,看 concept,intellectual 知性概念.

noumena 本体,Ⅱ441;又看 phenomena 现象.

noumena alleged knowledge of 关于本性的所谓知识,Ⅱ440;又看 categories 范畴.

noumena in the negative sense 消极意义上的本体,Ⅱ453.

noumena origin of the belief in 对本体的信念的起源,Ⅰ445-456.

noumenon,and the transcendental object 本体与先验对象,Ⅱ440.

noumenon concept of 关于本体的概念,Ⅱ445-446;as a limiting concept 本体概念作为一个限制的概念,Ⅱ456-468;determinate 有确定性的本体概念,Ⅱ452;indeterminate 无确定性的本体概念,Ⅱ452;

necessary 必然的本体概念，Ⅱ456；problematic 疑问的本体概念，Ⅱ456，458，461.

noumenon in the positive sense 在积极意义上的本体，Ⅱ454.

noumenon positive and negative meaning of 本体的积极的与消极的意思，Ⅱ448，452-453.

number 数，Ⅰ375，Ⅱ45-47，114，432.

numbers 各种数，Ⅱ127.

object 对象，Ⅰ193，325，337 注②，340-341，382-385，516，Ⅱ235-236，306；又看 affinity 相近性，亲合性；intuitions 个别直观；objectivity 客观性；objects 个别对象；thinking 思维；thought 思想.

object，actual 现实的对象，Ⅱ337.

object and idea 对象与观念，Ⅰ337.

object and its temporal relations 对象与其时间关系，Ⅱ230-238.

object as all unknown something 对象作为一个未知的某东西，Ⅰ384，418.

object causality of the 对象的因果性，Ⅱ150-151.

object characteristics of the 对象的各特征，Ⅱ417.

object definition of 对象的定义，Ⅰ387，396 注⑤，516-517，Ⅱ235，236.

object determinate 有确定性的对象，Ⅰ341.

object determinate and indeterminate 有确定性的对象与无确定性的对象，Ⅰ326.

object existence of the 对象的存在，Ⅱ406-410.

object form and matter of the 对象的形式与质料，Ⅱ340.

object immanent and transcendent 内在的对象与超验的对象，Ⅰ421.

object indeterminate 无确定性的对象，Ⅰ51，95-96.

object in general，the concept of an 一个一般对象的概念，Ⅰ259，341-342，417，Ⅱ265，402.

object in relation to our mind 对象在其对我们的心的关系上，

Ⅱ336.

object knowledge of 关于对象的知识,Ⅱ265.

object knowledge of,and knowledge of subject 关于对象的知识与关于主体的知识,Ⅰ361.

object matter of the 对象的质料,Ⅱ138,340.

object meaning of 对象的意义,Ⅱ231,250.

object necessary 必然的对象,Ⅱ338.

object phenomenal 现象性对象,Ⅰ51,96,151,424,425,Ⅱ234,266.

object possible 可能的对象,Ⅱ337.

object reference of ideas to an 观念对一个对象的关系,Ⅱ250.

object succession in the 在对象里的前后相继,Ⅱ242.

object,transcendental 先验的对象,Ⅰ420-425,Ⅱ234,237,436,442-445,447-448,461;又看 apperception 统觉,categories 范畴.

object transcendental,and thing-in-itself,先验对象与自在之物,Ⅰ420-425.

object under all the categories 对象在一切范畴下,Ⅰ226.

object unity of the 对象的统一性,Ⅰ571.

object unity of the,and unity of consciousness 对象的统一性与意识的统一性,Ⅰ386.

object the word 对象这词,Ⅰ50,95.

objects 各个对象,看 appearances and objects 出现与对象.

objects as they appear and as they are 如所出现的对象与如实的对象,Ⅱ459.

objects differences in,ignored by Formal Logic 对象里的种种差别为形式逻辑所无视,Ⅰ191,191 注①.

objects in general,concepts of 关于一般对象的各概念,Ⅰ 342.

objects phenomenal,现象性对象,Ⅰ422.

Objekt 德文的“对象”,Ⅰ193 注①.

objective,and object 客观的与对象,Ⅰ193 注①.

objectivity,and necessity 客观性与必然性,Ⅱ270.

objectivity concept of 客观性这个概念，Ⅰ424-425.

obscure 模糊的，Ⅰ266 注④.

obscurity 模糊性，Ⅰ45.

ontology 本体论，Ⅰ257，Ⅱ435.

ontology handbooks of 本体论手册，Ⅰ307.

opposition 对立，real and logical 实在的对立与逻辑性的对立，Ⅱ149.

order 次序，objective 客观次序，Ⅱ173.

order subjective and objective 主观次序与客观次序，Ⅱ172.

orders，subjective 主观的种种次序，Ⅱ227 注①.

organon 拉丁文的"工具"，Ⅰ189.

origin 起源，Ⅰ223，225，227，228，316.

original 原始的，Ⅰ118 注②.

outer 外部的，Ⅰ99 注②.

outside，and inside 外边与里边，Ⅰ100.

outside me 在我之外，meaning of 是什么意思，Ⅱ378.

Pacius 帕斯奥斯(人名)，Ⅰ15.

Pappus 帕普斯(人名)，Ⅰ130 注①.

Partialvorstellungen 德文的"部分表象"，Ⅰ 119 注②，194 注③.

passion 被动，Ⅱ282.

patchwork theory，the 凑合说，Ⅰ38-40，328-329，498，Ⅱ346注③.

patchwork theory the，consequences of 凑合说的种种后果，Ⅰ42-43.

Paulsen 保罗逊(人名)，Ⅱ196 注②，282 注⑤.

perception 知觉，judgements of 知觉的各判断，Ⅰ270 注③.

perception，petites 法文的"微弱的知觉"，Ⅰ477 注④.

percipere 拉丁文的"知觉"，看 wahrnehmen 德文的"知觉".

perfection 完善，logical 逻辑上的完善，Ⅰ309，390 注③.

permanence 永恒性，Ⅱ53，163，166-167，413.

permanence and duration 永恒性与持续，Ⅱ188 注⑥.

permanence the principle of 永恒性的原理，Ⅱ184-185.

permanent, the 永恒的东西, Ⅱ 378; 又看 change 变动; substance 实体.

permanent the, and time determination 永恒的东西与时间确定, Ⅱ 195-198.

permanent the idea of something 某永恒的东西这个观念, Ⅱ 384.

permanent the, sense-perception of 对永恒东西的感官知觉, Ⅱ 379.

perspicere 拉丁文的"洞察", 看 einsehen 德文的"透见".

phenomena 现象, and noumena 本体, Ⅱ 439-440, 451, 458, 461.

phenomena definition of 现象的定义, Ⅱ 440.

phenomena outer, time the mediate condition of 时间是外部现象的间接条件, Ⅰ 149.

phenomenon 现象, 看 appearance and phenomenon 出现与现象.

phenomenalism 现象主义, 看 subjectivism 主观主义.

philosophy 哲学, definitions in 哲学里的定义, Ⅰ 51.

philosophy discursive knowledge 哲学是推理的知识, Ⅰ 218.

philosophy, critical 批判哲学, central contention of the 批判哲学的中心争点, Ⅱ 455.

philosophy critical, problem of the 批判哲学的问题, Ⅱ 375-376.

philosophy Transcendental 先验哲学, Ⅱ 145 注②, 153, 207 注②, 284 注④.

philosophy Transcendental, and Physiology, Rational 先验哲学与理性自然学, Ⅱ 137, 137 注②, 153 注③.

physical science 物理科学, judgements of 物理科学的种种判断, Ⅰ 89.

physics 物理, Ⅰ 73; pure 纯粹物理, Ⅰ 81; modern 现代物理, Ⅰ 162.

physics Newtonian 牛顿派的物理, Ⅱ 218, 282.

Physics, Rational 理性物理学, Ⅱ 284 注④.

Physics Rational, and Psychology, Rational 理性物理学与理性心理学, Ⅱ 153 注③.

Physiology 自然学, Rational 理性自然学, Ⅱ 208, 284 注④; 又看

philosophy Transcendental 先验哲学.

Plato 柏拉图(人名),Ⅰ54,60 注①,159 注①,160 注②,203 注②,216 注③,246 注①,347 注④,405 注①,562,Ⅱ52 注①,101 注③,130 注⑦,441 注②.

play 自由活动,游戏,of ideas 观念的游戏,Ⅰ434,Ⅱ245,263.

polytomy 多分法,Ⅰ306.

posit 安置,断定,meaning of 断定是什么意思,Ⅱ413.

posited 被断定的,Ⅱ54 注②,228,252 注④.

position 位置,看 shape 形状.

position absolute 绝对的位置,Ⅱ228 注④.

position temporal 时间位置,Ⅱ255.

possibility 可能性,Ⅱ57,345.

possibility absolute 绝对的可能性,Ⅱ368.

possibility actuality,and necessity 可能性,现实性与必然性,Ⅱ57.

possibility actuality,and necessity,absolute 绝对的可能性,现实性与必然性,Ⅱ338 注③;real 实在的可能性,Ⅱ338;real and logical 实在的可能性与逻辑上的可能性,Ⅱ336,344;real or material 实在的或说质料的可能性,Ⅱ337.

possibility actuality, and necessity,the Principle of 可能性,现实性,与必然性的原理,Ⅱ335-339.

and actuality 可能性与现实性,Ⅱ341,350;又看 necessity 必然性.

possibility and intuition 可能性与直观,Ⅱ354.

possibility,and outer intuition 可能性与外部直观,Ⅱ354.

possibility Leibnizian 莱布尼兹式的可能性,Ⅱ366-368.

possibility logical and real 逻辑的可能性与实在的可能性,Ⅰ66,Ⅱ344,346,351.

possibility no wider than actuality 可能性不宽于现实性,Ⅱ339-340,343,366-367.

possibility pure category of 可能性的纯粹范畴,Ⅱ58.

possibility real 实在的可能性,Ⅱ95 注①,336 注①,353.

possibility schematised category of 可能性的图型化范畴，Ⅱ59.

possible，the，and the actual 可能的东西与现实的东西，Ⅱ366-367.

Postulate 公准，the First 第一条公准，Ⅱ345-346.

Postulate the meaning of the word 公准这个词的意义，Ⅱ368-370.

Postulate the Second 第二条公准，Ⅱ357-362.

Postulate the Third 第三条公准，Ⅱ362-364.

postulates，mathematical 数学的公准，Ⅱ369-370.

power 力量，Ⅰ94；又看 function 机能，作用.

powers 个别力量，Ⅰ345，345 注④.

predicables，the 副范畴，Ⅰ307-308.

predicates 述项，universal 普遍述项，Ⅰ257.

prediction 预言，Ⅱ283.

present 现在，the specious 假现在，Ⅰ366，Ⅱ398.

Price 皮里士(人名)，Ⅰ584 注①，Ⅱ150 注②，151 注③，175 注④，205 注④，279 注①.

Prichard 皮里卡(人名)，Ⅰ17，77 注②，80 注①，177，177 注②，213 注⑤，277 注①，290 注③，337 注②，405 注①，500 注⑦，565 注②，581 注①，582 注①，Ⅱ34 注④，136 注③，214 注②，217 注②，225，234 注②，240 注①，241 注⑤，242 注③，249 注⑤，266 注②，268 注①，272 注①，296，298 注②，299 注①，300，306，316 注④，325，378 注③，380.

principle 原理，原则，different kinds of 各种不同的原理，Ⅱ97-98.

principle empirical，a contradiction in terms 经验性的原理是名词的矛盾，Ⅱ97.

principle Kant's ultimate，an analytic proposition 康德的终究原理是一个分析命题，Ⅰ518.

principles，synthetic，discursive 推理的综合原理，Ⅰ218.

Principles 知性的各原理，Ⅰ226，234，493-494.

Principles Analytic of 原理的分析论，Ⅰ236，Ⅱ24.

Principles，Dynamical，the 力学的原理，Ⅱ99-100，235.

Principles Mathematical，the 数学的原理，Ⅱ99-100，178-179.

Principles of the Understanding 知性原理,看 understanding 知性.

Principles Proof of 原理的证明,Ⅱ82-83.

priori 在前,objectively 客观上在前的,Ⅰ80.

priority 在前性,logical 逻辑上的在前性,Ⅰ177.

priority temporal 时间上的在前性,Ⅰ77-80,136-137,177,Ⅱ122 注③.

problem,the critical 批判问题,Ⅱ233.

Problem reality of Kant's 康德的问题的实在性,Ⅰ89-90.

procedure 进程,analytic 分析的进程,Ⅰ283.

proof 证明,indirect 间接的证明,Ⅱ104,244,244 注②;又看 argument 论证.

Proof,the Ontological 本体论的证明,Ⅱ359.

proofs,multiplicity of 证明的多数性,Ⅱ224.

proofs multiplication of 多种证明,Ⅱ225 注①.

proportion 比例,Ⅱ179.

proposition 命题,kinds of 各种类别的命题,Ⅰ210;又看 judgement 判断.

propositions,arithmetical 算术的命题,Ⅱ129.

propositions enumerative and universal 枚举性的命题与普遍性的命题,Ⅰ209.

protensive,and extension 伸出的与外延的,Ⅱ125 注③.

psychology 心理学,Ⅰ318.

pure 纯粹的,Ⅰ77.

qualities 种种质,primary 第一性的质,Ⅰ391 注④,Ⅱ135 注③,412.

qualities primary and secondary 第一性的与第二性的质,Ⅰ59-61.

qualities secondary 第二性质,Ⅰ167 注③.

quality,and quantity 质与量,Ⅱ155.

quality pure category of 质的纯粹范畴,Ⅱ48.

quality schema of 质的图型,Ⅱ45-52.

quality schema of the category of 质这个范畴的图型,Ⅱ61.

quality synthesis of 质的综合，Ⅱ147-149，341.

quanta 限量，Ⅰ157，Ⅱ125.

quanta example of 限量的实例，Ⅱ127.

quantitas 拉丁文的“量”，Ⅰ157.

quantitas and quantum 拉丁文的“量”与“限量”，Ⅱ125-129.

quantitas phaenomenon 拉丁文的“现象的量”，Ⅱ45.

quantitates 拉丁文“量”的复数，Ⅱ127.

quantities 种种量，continuous 连续量，Ⅱ152.

quantities determinate extensive 有确定性的外延量，Ⅱ118.

quantities in general 一般的量，Ⅱ352.

quantity 量，看 quality 质.

quantity category of 量的范畴，Ⅰ543，Ⅱ432.

quantity extensive 外延量，Ⅱ45，112，114，116.

quantity，extensive and intensive 外延量与内涵量，Ⅱ136，148.

quantity extensive，schematised category of 外延量的图型化范畴，Ⅰ275，Ⅱ45，115，126.

quantity extensive，synthesis of 外延量的综合，Ⅱ100.

quantity intensive 内涵量，Ⅱ49 注③，135，140，143-147；synthesis of 内涵量的综合，Ⅱ100.

quantity pure category of 量的纯粹范畴，Ⅰ275-276，Ⅱ44，115，125.

quantity schema of 量的图型，Ⅱ44-48.

quantity schema of the category of 量这个范畴的图型，Ⅱ60-61.

quantity synthesis of 量的综合，Ⅰ576，Ⅱ341.

quantum 拉丁文的“限量”，看 quantitas 拉丁文的“量”.

quantum and aggregate 量与集合，Ⅱ152.

quantum determinate and indeterminate 有确定性的限量与无确定性的限量，Ⅱ43 注④，128.

quantum indeterminate 无确定性的限量，Ⅱ112 注②，194.

Ramus，Peter 彼得·饶姆斯(人名)，Ⅰ190 注④.

rationalism 理性主义(论)，Ⅱ176.

rationalism and Leibnizian 理性主义与莱布尼兹派,Ⅱ359 注③.

rationalists 理性主义者,Ⅰ323;又看 doctrine 学说.

reactio 拉丁文的"反作用",Ⅱ295 注②.

real,the 实在的东西,Ⅱ207.

real the,and sensation 实在东西与感觉,Ⅱ136-138.

realism 实在论(主义),Ⅰ337,Ⅱ176.

realism empirical 经验实在论,143 注③,Ⅱ375,411.

realism empirical, and transcendental idealism 经验实在论与先验观念论,Ⅰ582-583,Ⅱ185,247,384-387,426-427.

realism transcendental 先验实在论,Ⅱ377.

realistic tendencies Kant's 康德的实在论倾向,Ⅰ70-71.

realitas phaenomenon 拉丁文的"现象的实在性",Ⅱ49 注③,134,135 注③,137 注⑤,138 注④又注⑥,140,191 注③,285 注③.

reality 实在性,Ⅱ48.

reality and existence 实在性与存在,Ⅱ357 注①.

reality and negation 实在性与否定,Ⅱ149.

reality empirical,and transcendental 经验性的实在性与先验的实在性,Ⅰ143-145.

reality objective 客观的实在性,Ⅱ87,345.

reality quantity of 实在性的量,Ⅱ287.

reality relation of appearance to 出现与实在性的关系,Ⅰ61-63.

reason 理性,Ⅰ73,Ⅱ337.

reason,ideas of 理念,Ⅰ198 注①,Ⅱ73 注⑥.

Reason,Paralogisms of 理性的谬误推理,Ⅱ419.

reason 理由,sufficient,the principle of 充足理由原理,Ⅱ255注⑥.

recognition 认识,Ⅰ489.

recognition synthesis of 认识的综合,Ⅰ354,356,374-377,379,420,488.

red 红,the idea 红这个观念,Ⅰ514 注②.

redness 红性,Ⅰ125 注③,268 注①,Ⅱ35 注②.

reflexion 反思，Ⅰ200；又看 comparison 比较.

regularity 规律(则)性，and repetition 规律性与重复，Ⅱ276-277.

regulative 限制性的，Ⅱ179.

Reicke 日亦克(人名)，Ⅰ289 注①，464 注③.

relation 关系，detemining 能确定的关系，Ⅱ252.

relation schema of the category of 关系这个范畴的图型，Ⅱ 61.

relation schemata of 关系的各图型，Ⅱ52-56.

relation synthesis of 关系的综合，Ⅱ341.

relation systems of 关系的各种系统，Ⅰ172.

relations 各个关系，Ⅰ 85，Ⅱ 163，164；又看 intuition，outer 外部直观.

relations logical system of 关系的逻辑体系，Ⅰ173.

relations spacial and temporal，given 所予的空间与时间关系，Ⅰ135.

relations temporal 时间关系，看 object 对象.

Relativity，theory of 相对论，Ⅱ160 注⑤.

religion 宗教，Ⅰ72.

repetition 重复，看 regularity 规律性.

repetitions 加次重复，Ⅰ349-350.

repraesentatio per notas communes 通过共同标志的表象，Ⅰ 94，194.

repraesentatio singularis 单个的表象，Ⅰ94.

representations，partial 部分表象，Ⅰ119，194.

reproducible 可再生的，necessarily 必然可再生的，Ⅰ415.

reproduction 再生，Ⅰ489.

reproduction and association 再生与联想，Ⅰ 485 注④，489 注①.

reproduction necessary 必然的再生，Ⅰ388，391，393-395.

reproduction synthesis of 再生的综合，Ⅰ 354，356，363-366，479-481.

reproduction synthesis of，pure transcendental 再生的纯粹先验综

合，Ⅰ354,371-374.

repulsion 抗拒，and attraction 与吸引，Ⅱ137,138 注③,149,212,295,326 注①,328.

repulsion and attraction,moving forces of 抗拒与吸引的动力，Ⅱ137 注③,149,212,295,326 注①.

resistance 抵抗，Ⅱ135 注③,212;又看 impenetrability 不可入性.

resistentia 拉丁文的"反对作用"，Ⅱ295 注②.

reversibility 可倒置性，Ⅱ305;又看 sense-perceptions 感官知觉.

revolution 变革，Copernican 哥白尼式的变革，Ⅰ75-76,169,176,336-337,394,561-565.

revolution Copernician,and the categories 哥白尼式变革与范畴，Ⅰ567-569.

Riehl 日哈里(人名)，Ⅰ299 注④,533 注①，Ⅱ27 注②.

roh 德文的"粗糙的"，Ⅰ266 注④.

Ross,W. D. 罗斯(人名)，Ⅰ 190 注②,257 注①,又注④.

roundness 圆性，and sequareness 与方性，Ⅰ134,139.

Rückwirkung 德文的"反作用"，Ⅱ295 注②.

rule 规则，看 concept 概念.

rule and law 规则与规律，Ⅰ446 注①,495.

rule condition of a 一条规则的条件，Ⅱ238,243,243 注①.

rule definitions of 规则的各种定义，Ⅰ495.

rules,and laws 各种规则与各种规律，Ⅰ493-494.

Russell,Bertrand 罗素(人名)，Ⅰ55,156 注①.

St. Thomas 圣多马(人名)，Ⅱ216 注⑥.

saltus 拉丁文的"跳跃"，Ⅱ364.

Schattenbild 德文的"影象"，Ⅱ36 注④.

Schema 图型，看 category 范畴;concept 概念.

Schema in general 一般的图型，Ⅱ32-37.

Schema mere 单纯图型，the idea of space and time a 空间与时间的观念是一个单纯图型，Ⅰ114，Ⅱ354 注①.

Schema restriction of the category through the 范畴通过图型的局限，Ⅱ31-32.

Schema transcendental 先验图型，Ⅱ18，28-30，39，43，435，437.

Schema transcendental，special characteristics of the 先验图型的各特别特征，Ⅱ37-39.

Schemata 各图型，看 concepts，empirical 各经验性概念.

Schema the number of the 图型的数目，Ⅱ63-65.

Schema transcendental 各先验图型，Ⅰ542，Ⅱ19，22，40，62，181，238；又看 time，modes of 时间的样式.

schematism 图型法，analogical or symbolic 类比的或符号的图型法，Ⅱ73 注⑥.

schematism importance of the chapter on 图型法一章的重要性，Ⅱ20-21.

schematism of the understanding 知性的图型法，Ⅰ170 注①，Ⅱ73-75.

Schicksal 德文的“天命”，Ⅱ364 注①.

Schlick 舒里克(人名)，Ⅱ270 注③，324 注③.

Schmidt 舒密(人名)，Ⅰ253 注③，378 注③，495 注①.

school 学派，empirical，of philosophy 哲学的经验学派，Ⅰ67.

school rationalistic，of philosophy 哲学的理性主义学派，Ⅰ67.

Schopenhauer(人名)叔本华，Ⅰ44 注③，Ⅱ294 注⑤，323.

Schulz 叔尔茨(人名)，Ⅰ158 注⑥，182 注①，305 注④，306 注①，Ⅱ130 注⑥，294 注⑤.

science 科学，看 idealism 观念论.

science and experience 科学与经验，Ⅱ218-220.

science modern 现代科学，and the principles of the understanding 现代科学与知性的原理，Ⅱ106-107.

science physical 物理科学，Ⅰ89.

Seele 德文的“灵魂”，Ⅰ95 注④.

Segner(人名)，Ⅱ284 注②.

self 自我,看 categories 范畴.

self empirical,nothing permanent in the 在经验性的自我里没有任何永恒的东西,Ⅱ200.

self existence of the 自我的存在,Ⅱ404-406.

self phenomenal 现象性的自我,看 sense,inner 内感官.

self-consciousness 自我意识,Ⅰ376,512,570-571,575;又看 apperception 统觉.

self-consciousness, and apperception 自我意识与统觉,Ⅰ512.

self-consciousness conditions of,categories as 范畴作为自我意识的条件,Ⅰ426.

self-evidence 自明,Ⅱ368.

self-evident,the 自明的东西,Ⅱ97 注①.

self-knowledge 自我知识,看 apperception 统觉.

self-subsistent 自存的东西,Ⅱ184 注①.

sensa 感官材料,Ⅰ167.

sensatio 拉丁文的"感觉",Ⅱ49 注③.

sensation 感觉,Ⅰ97,539,Ⅱ49,136-138,138 注④,141 注⑧,337;又看 sense-perception 感官知觉.

sensation degree of,construction of 感觉的等级的构成,Ⅱ 146.

sensation the real of 感觉的实在东西,Ⅱ141;matter as 物质作为感觉,Ⅱ141 注⑧.

sensation synthesis of 感觉的综合,Ⅱ141.

sensation what corresponds to a 什么与感觉相应,Ⅱ50 注③.

sense 感官,Ⅰ345,531 注⑤;and imagination 感官与想像力,Ⅱ385-386;and understanding 感官与知性,Ⅰ98,Ⅱ441.

sense and meaning 意思与意义,Ⅰ304 注②.

sense illusion of 感官的幻相,Ⅱ386 注①.

sense,influence on,degree of 对感官的影响的等级,Ⅱ143.

sense inner 内感官,Ⅰ99,357,Ⅱ87,397;又看 apperception, empirical 经验性统觉;apprehension 领会;time 时间;understanding

知性.

sense inner, and apperception 内感官与统觉, Ⅰ 519, Ⅱ 388, 392.

sense inner and outer, ideality of 内外感官的观念性, Ⅱ 411-413.

sense inner and outer, reality of 内外感官的实在性, Ⅱ 398-401, 415-416.

sense inner, and pure apperception 内感官与纯粹统觉, Ⅱ 390.

sense inner, and time 内感官与时间, Ⅰ 148, Ⅱ 413-415.

sense inner, determination of 内感官的确定, Ⅱ 38-39, 289, 390, 394.

sense inner, difficulties of 内感官的种种困难, Ⅱ 418-424.

sense inner, matter of 内感官的质料, Ⅰ 90, Ⅱ 389, 393-394.

sense inner, no permanent ego in 没有永恒的我在内感官里, Ⅱ 379 注①.

sense inner, paradox of 内感官的似非而是, Ⅱ 387-390.

sense inner, stuff of 内感官的材料, Ⅰ 99, Ⅱ 389, 413.

sense inner, time the form of 时间是内感官的形式, Ⅰ 100.

sense inner, to determine, meaning of 确定内感官的意义, Ⅱ 390.

sense outer 外感官, Ⅰ 99 注②.

sense, outer and inner 外感官与内感官, Ⅰ 99-101, Ⅱ 382 注③, 389, 410-413.

sense outer and inner, determination of 外感官与内感官的确定, Ⅱ 394.

sense passive 感官是被动的, Ⅰ 362.

senses 各感官, crudity of the 各感官的粗糙性, Ⅱ 356.

sense matter of 各感官的质料, Ⅱ 337.

sense-impressions, atomic 原子式的感官印象, Ⅰ 358.

sense-perception 感官知觉, Ⅰ 334, 359, 477, 538; 又看 apprehension 领会; interaction 相互作用.

sense-perception and sensation 感官知觉与感觉, Ⅱ 141, 143.

sense-perception connexion with 和感官知觉的联系, Ⅱ 367.

sense-perception degree of 感官知觉的等级, Ⅱ 290.

sense-perception, actual and possible 现实的与可能的感官知觉，Ⅱ307，308 注①，309.

sense-perception irreversibility of 感官知觉的不可倒置性，Ⅱ239，240 注③，269.

sense-perception possible 可能的感官知觉，Ⅱ260 注②，267，358.

sense-perception reciprocal succession of 感官知觉的交互的前后相继，Ⅱ299-300，304-308.

sense-perception irreversibility of 感官知觉的可倒置性，Ⅱ299-301，305，310.

sense-perception synthesis of 感官知觉的综合，Ⅱ168.

sensibility 感受性，Ⅰ 94；又看 space and time 空间与时间；understanding 知性.

sensibility conditions of 感受性的各条件，Ⅱ22.

sensibility form of 感受性的形式，Ⅰ137.

sensibility formal conditions of 感受性的形式条件，看 categories 范畴.

sensibility forms of 感受性的各种形式，Ⅰ102，131，134.

sensibility knowledge apart from 离开感受性的知识，Ⅱ442.

sensibility limitation of own 我们感受性的限制，Ⅱ 445；by understanding 我们感受性的为知性所限制，Ⅱ459.

sensibility pure, modes of 纯粹感受性的各种样式，Ⅱ 165 注⑧.

sensibility understanding not limited by 知性不为感受性所限制，Ⅱ485-489.

series, causal, repetition of 因果性系列的重复，Ⅱ277.

series reversible 可颠倒的系列，Ⅱ301 注④.

shape 形状，Ⅱ127，139.

shape and position, apparent 表面上的形状与位置，Ⅰ151；real 实在的形状与位置，Ⅰ151.

sich etwas vorstellen 德文的“某物自表现”，Ⅰ334 注②.

Sidgwick 司其为克(人名)，Ⅱ119 注④.

Simmel 司姆尔(人名),Ⅱ346 注③.

simultaneity 同时性,Ⅱ163,166-167,297,413.

simultaneity necessary 必然的同时性,Ⅱ55,322-323.

simultaneity objective 客观的同时性,Ⅱ195.

simultaneous,meaning of 同时的是什么意思,Ⅱ297 注③,327 注①.

Sinn 德文的“意思”,Ⅰ304 注②,531 注⑤.

size 大小,Ⅱ45.

Smith,J. A. 斯密(人名),Ⅰ190 注④.

smoke 烟,the weight of 烟的重量,Ⅱ210.

solid,the 固体,Ⅱ205.

solidity 固体性,Ⅱ211;又看 impenetrability 不可入性.

space 空间,Ⅰ262,Ⅱ310,323 注②,368 注①;又看 idealism, Berkeleyan 贝克莱的观念论;interaction 相互作用;substances 各实体.

space absolute 绝对的空间,Ⅱ123 注④.

space and synthesis 空间与综合,Ⅰ123.

space condition,mediate of inner experience 空间是内部经验的间接条件,Ⅰ147.

space empirical or relative 经验性的或说相对的空间,Ⅱ170 注①.

space empty 空洞的空间,Ⅱ318,365;and interaction 空洞的空间与相互作用,Ⅱ311,317,318 注③.

space Euclidean 欧几里得的空间,Ⅰ161,Ⅱ132 注⑥,352.

space knowledge of things in 关于空间里的事物的知识,Ⅱ 381.

space modes of 空间的各样式,Ⅱ164.

space,necessity of 空间的必要性,Ⅰ152-155.

space permanent substances in 在空间里的永恒实体,Ⅱ199,384,408-409;又看 experience,inner 内部经验.

space relative as material 相对的或物质的空间,Ⅱ123 注④.

space represented as an infinite given quantity 空间表现为一个无限的所予的量,Ⅰ123,Ⅱ122.

space sensible 感性的空间,Ⅰ141.

space to fill 填满空间，Ⅱ205 注②，211 注⑧.

space to occupy 占住空间，Ⅱ205 注②，211-212.

space transcendental deduction of 空间的先验演绎，Ⅰ321.

space university of 空间的普遍性，Ⅰ146-148，151-152.

space use of，transcendental and empirical 先验空间与经验性空间的用处，Ⅰ231.

space and time 空间与时间，Ⅰ107，322，324，410，466，474，557，567 注①，Ⅱ78，89，113，223，353；又看 apperception 统觉；apperception，the unity of 统觉的统一性，apprehension 领会；schema 图型.

space and time absolute 绝对的空间与时间，Ⅰ174，Ⅱ123 注④，170 注①.

space and time and the categories 空间时间与范畴，Ⅰ316-317，431，527.

space and time and the synthetic unity of apperception 空间时间与统觉的综合统一性，Ⅰ516.

space and time，as concepts 空间与时间作为概念，Ⅰ 317 注②.

space and time as conditions of god's existence 空间与时间作为上帝存在的条件，Ⅰ 174.

space and time as forms of intuition 空间与时间是直观的条件，Ⅰ540.

space and time as pure intuitions 空间与时间作为纯粹直观，Ⅰ540.

space and time as real things 空间与时间作为实在的东西，Ⅰ 174.

space and time conclusions 关于空间与时间的结论，Ⅰ130-131.

space and time connexion with sensibility 空间与时间和感受性的联系，Ⅰ164-165.

space and time continuity of 空间与时间的连续性，Ⅱ119.

space and time determinate 有确定性的空间与时间，Ⅱ120.

space and time empty 空洞的空间与时间，Ⅰ113，Ⅱ154-155.

space and time ideality of 空间与时间的观念性，Ⅱ418，453.

space and time individuality of 空间与时间的个体性，Ⅰ173.

space and time infinite 无限的空间与时间，Ⅰ124.

space and time infinity of 空间与时间的无限性，Ⅰ118-122.

space and time involve unity 空间与时间包含着统一性，Ⅰ410，540-541.

space and time Kantian view of 关于空间与时间的康德见解，Ⅰ134-136.

space and time knowledge of, intuitional 关于空间与时间的知识是直观性的，Ⅰ172.

space and time, Leibnizian view of 关于空间与时间的莱布尼兹见解，Ⅰ133-134.

space and time Metaphysical Exposition of 空间与时间的形而上学阐明，Ⅰ109-110.

space and time Metaphysical and Transcendental Exposition of 关于空间与时间的形而上学的与先验的阐明，Ⅰ107-109.

space and time necessity of 空间与时间的必要性，Ⅰ152-155.

space and time Newtonian view of 关于空间与时间的牛顿见解，Ⅰ132-133.

space and time not concepts but intuitions 空间与时间不是概念而是直观. Ⅰ114-115.

space and time not empirical, but a priori ideas 空间与时间不是经验性的观念而是验前观念，Ⅰ110-114.

space and time oneness of 空间与时间的整个性，Ⅰ115-117.

space and time relation to things-in-themselves 空间与时间对自在之物的关系，Ⅰ180-181.

space and time subjectivity of 空间与时间的主观性，Ⅰ165-167.

space and time three possibilities 空间与时间的三种可能性，Ⅰ107，132.

space and time transcendental deduction of 空间与时间的先验演绎，Ⅰ109，319 注②.

space and time Transcendental Exposition of 空间与时间的先验阐

明, Ⅰ127-130.

space and time, transcendental ideality of 空间与时间的先验观念性, Ⅰ131.

space and time ultimate facts 空间与时间是终究的事实, Ⅰ 152.

space and time universality of 空间与时间的普遍性, Ⅰ151-152.

space and time without unity in themselves 空间与时间在其本身里没有统一性, Ⅰ503.

space-time 空时, Ⅰ147,162,163,175.

space-time pure intuition of 空时的纯粹直观, Ⅰ161-162.

spatiality 空间性, Ⅰ116,120,122,125,165 注①,193,198 注①.

spectacles 眼镜, blue 蓝色眼镜, Ⅰ143 注②,166,168,180,581.

sphaera 拉丁文的"范围", Ⅰ195 注⑥.

Sphäre 德文的"区域", Ⅰ283 注①.

Spinoza 斯宾诺莎(人名), Ⅰ 132 注⑦,321 注⑤, Ⅱ164 注③,184 注①.

spirit 精神, 或 soul 灵魂, concept of 精神或灵魂的概念, Ⅰ 351.

squareness 方性, 看 roundness 圆性.

state 状态, Ⅱ217 注⑥.

state change of 状态的变动, Ⅱ285 注①.

states 各状态, coexisting, direct perception of 直接知觉到同时并存的状态, Ⅱ330.

states, exchange of 状态的交换, Ⅱ217.

states mental 心理状态, Ⅰ63-67.

states simultaneous, interaction of 同时状态的相互作用, Ⅱ323; reciprocal causality of 同时状态的交相因果性, Ⅱ322,327-328.

states subjective 主观状态, Ⅰ521.

Stebbing 斯贴宾(人名), Ⅰ155,156 注②,157 注①,158 注④,210 注②.

stimuli 刺激物, physical 物理的刺激, Ⅱ151.

subject 主体, knowledge of 关于主体的知识, 看 object 对象.

subject relation of object to the 对象对主体的关系，Ⅱ413.

subjective, and objective 主观的与客观的，Ⅱ272.

subjectivism, and phenomenalism 主观主义与现象主义，Ⅰ583注①.

subsistence 潜在，Ⅱ203；又看 inherence 依存.

substance 实体，Ⅱ 70，160；又看 movable, the 能运动的东西；substances 各实体；substratum 基体.

substance and accident, concept of 实体与偶性的概念，Ⅱ 220.

substance and accidents 实体与偶性，Ⅱ203.

substance and causal activity 实体与因果性活动，Ⅱ283.

substance and substances 实体与各实体，Ⅱ211，214.

substance empirical criterion of 实体的经验性标准，Ⅱ 215-217.

substance made up of substances 实体为一些实体所构成，Ⅱ 184.

substance, material 物质的实体，Ⅱ209-213.

substance perception of 对实体的知觉，Ⅱ204-207.

substance permanent phenomenal 永恒的现象性实体，Ⅱ380.

substance pure category of 实体的纯粹范畴，Ⅱ52.

substance quatum of 实体的限量，Ⅱ184，207-209，219.

substance schematised category of 实体的图型化范畴，Ⅱ53.

substance traditional view of 关于实体的传统见解，Ⅱ184.

substance transcendental schema of 实体的先验图型，Ⅱ53.

substances 各实体，看 necessity 必然性.

substances causality of 各实体的因果性，Ⅱ315.

substances coexistence of 各实体同时并存，Ⅱ298.

substances coexistent 同时并存的各实体，Ⅱ325.

substances coexistent, reciprocal causality of 同时并存的各实体的交相因果性，Ⅱ321，327-328.

substances permanent 永恒的各种实体，Ⅱ225，262-263，300-301，367，384；又看 space 空间.

substances permanent, change of 永恒实体的变动，Ⅱ226.

substances permanent spatial 永恒的空间性实体，Ⅱ420.

substantia phenomenon 现象的实体，Ⅱ53 注④，185，189，191，217，379.

substantial，the 实体性的东西，Ⅱ203 注⑤.

substantiality 实体性，empirical criterion of 实体性的经验性标准，Ⅱ325.

Substanziale，das 德文的"实体性东西"，Ⅱ203 注⑤.

substratum 基体，Ⅱ187 注①，189.

substratum and substance 基体与实体，Ⅱ201-204.

subsumption 统摄，Ⅱ24 注⑤；又看 categories 各范畴.

subsumption and syllogism 统摄与三段论式，Ⅱ66-68，82.

succession 前后相继，Ⅱ163，166-167，413；又看 sense-perception 感官知觉；things 东西，事物.

succession the concept of 前后相继这个概念，Ⅱ395.

succession necessary 必然的前后相继，Ⅰ327，Ⅱ54，223，281.

succession objective 客观的前后相继，Ⅱ195，238-240，247-248，250，252，255，258.

succession objective，and objective coexistence 客观的前后相继与客观的同时并存，Ⅱ264，301，311-312.

succession objective and necessary 客观的而又必然的前后相继，Ⅱ263，292.

succession objective and subjective 客观的前后相继与主观的前后相继，Ⅱ222，236，246，253，265-268.

succession objective，experience of 关于客观前后相继的经验，Ⅱ264.

succession reciprocal 交替的前后相继，Ⅱ307.

succession，regular 规则性前后相继，Ⅱ54 注③.

succession subjective，and objective coexistence 主观的前后相继与客观的同时并存，Ⅱ300.

succession subjective，derived from objective 主观的前后相继得自客观的前后相继，Ⅱ240-241.

Sulzer(人名),Ⅰ182 注①.

supposing 假定,Ⅱ344.

syllogism 三段论式,Ⅰ330 注①,347,358 注④.

syllogism and syntheses 三段论式与各种综合,Ⅰ355.

syllogism and synthesis 三段论式与综合,Ⅰ346,354.

synthesis 综合,Ⅰ262,347,584;又看 analysis 分析;apprehension 领会;categories 各范畴;combination 结合;imagination 想像力;recognition 认识;reproduction 再生;synopsis 概观;unity 统一性.

synthesis and the concept 综合与概念,Ⅰ271-274.

synthesis and concepts 综合与个别概念,Ⅰ387.

synthesis and consciousness 综合与意识,Ⅰ514.

synthesis and motion 综合与运动,Ⅱ395.

synthesis a priori, in all judgement 凡判断里都有验前的综合,Ⅰ516.

synthesis concept of the 综合这个概念,Ⅰ376.

synthesis conscious or unconscious 有意识的综合或无意识的综合,Ⅰ572-575.

synthesis figurative 形象的综合,Ⅰ141,535,537,Ⅱ351.

synthesis formal 形式综合,Ⅱ338 注⑤.

synthesis function of 综合的作用,Ⅰ388.

synthesis functions of 综合的各种作用,Ⅰ432,435,438-443.

synthesis imaginative 想象性的综合,看 concept 概念.

synthesis in general 一般的综合,Ⅰ 258,263,284,Ⅱ 338 注⑤.

synthesis intellectual 知性综合,Ⅰ533,535,537,552 注①.

synthesis judgement is 判断就是综合,Ⅰ219-221,509.

synthesis mathematical 数学的综合,Ⅱ146.

synthesis mere 单纯的综合,Ⅰ283-284,291.

synthesis nature of 综合的性质,Ⅰ263-266.

synthesis necessity of 综合的必要性,Ⅰ579-581.

synthesis pre-conscious and noumenal 意识前的与本体性的综合,

Ⅰ577,Ⅱ280.

synthesis productive and reproductive 生产的综合与再生的综合,Ⅰ464.

synthesis pure 纯粹综合,Ⅰ266,276;and the category 综合与范畴,Ⅰ259,274-277;and the empirical manifold 综合与经验性杂多,Ⅰ466;and experience 综合与经验,Ⅰ466.

synthesis successive 前后相继的综合,Ⅰ358,Ⅱ112-114,257.

synthesis, successiveness of 综合的前后相继性,Ⅱ117-119,128,257.

synthesis threefold 三重的综合,Ⅰ353-356,357-381.

synthesis timeless and noumenal 无时间的与本体性的综合,Ⅱ422.

synthesis transcendental,definition of 先验综合的定义,Ⅰ 467.

synthesis transcendental,example of 先验综合的例子,Ⅰ576-577.

synthesis transcendental,is productive 先验综合是生产的,Ⅰ536.

synthesis unconscious and timeless 无意识的与无时间的综合,Ⅱ393.

synthesis universal functions of 综合的普遍作用,Ⅰ432,441.

synthesis various kinds of 各种的综合,Ⅰ504,Ⅱ56 注②.

synthesis intellectualis 知性的综合,Ⅰ535,Ⅱ393.

synthesis opociosa 形象的综合,Ⅰ535,Ⅱ393.

Teilbegniffe 德文的"部分概念",Ⅰ119 注②,194 注③.

Teilvorstellungen 德文的"部分表象",Ⅰ119 注②,194 注③.

telepathy 精神感应术,Ⅱ350.

temporality 时间性,Ⅰ119,125,198 注①.

terminology 术语,Kant's 康德的术语,Ⅰ47.

Tetens 提顿斯(人名),Ⅰ100 注②,138,365 注②.

theory 理论,transcendental,definition of 先验理论的定义,Ⅰ228.

thing 东西,and idea 东西与观念,Ⅱ379.

thing 东西,事物, the meaning of 东西(事物)是什么意思,Ⅱ297.

thing the third 第三物,Ⅰ88,91,Ⅱ28,86-89,90,91,93,176,461.

thing-in-itself 自在之物，Ⅱ417，439，457；又看 object，transcendental 先验对象；things-in-themselves 种种自在之物.

thing-in-itself unknowability of the 自在之物的不可知性，Ⅰ180-181，583，Ⅱ453-455，457.

things，reciprocal succession of 'determinations' or 'states' of 事物的"确定"或说"状态"的交互前后相继，Ⅱ306.

things reciprocal succession of the states of 事物的状态的交互前后相继，Ⅱ308.

things-in-themselves 种种自在之物，Ⅰ64，70，167 注③，Ⅱ461-462；又看 space and time 空间与时间；time 时间.

things-in-themselves belief in 对种种自在之物的信念，Ⅱ454.

things-in-themselves influence of 种种自在之物的影响，Ⅰ139.

thinking，and knowing 思维活动与认识活动，Ⅰ65，405 注①，Ⅱ343.

thinking and object 思维与对象，Ⅱ436.

thinking creative 创作的思维，Ⅰ217 注⑤.

thinking definition of 思维的定义，Ⅱ435.

thinking discursive and analytic 推理思维与分析思维，Ⅰ216-219.

thinking finite 有限的思维，Ⅰ526.

thinking，problematic 疑问的思维，Ⅱ436-437.

thinking synthetic 综合的思维，Ⅰ217 注⑤.

thought 思想，看 intuition 直观.

thought and intuition 思想与直观，Ⅱ455-456，460.

thought and its object 思想与其对象，Ⅱ342-345.

thought by itself，empty 单独思想是空洞的，Ⅰ455.

thought content of 思想的内容，Ⅰ193.

thought the demand of 思想的要求，Ⅰ549-552.

thought demands of 思想的种种要求；Ⅰ295-296，553-554，Ⅱ174.

thought forms of 思想的各种形式，Ⅰ552-555；又看 categories 范畴.

thought laws of 思想的规律，Ⅰ191，192，378.

thought pure，acts of 纯粹思想的动作，看 categories 范畴；concepts，

pure 纯粹概念.

thought self-consciousness of 思想的自我意识,Ⅱ402.

thought unity imposed by 思想所外加的统一性,Ⅰ285.

thoughts,empty 各空洞的思想,Ⅰ98.

time 时间,Ⅱ28-29,291-292,421-422;又看 apperception,original 原始统觉;image 意象;imagination 想像力;Logic,Transcendental 先验逻辑;sense,inner 内感官.

time abides and does not change 时间常住不变,Ⅱ190.

time,absolute 绝对时间,Ⅱ165 注②,177,302;又看 time itself 时间本身.

time absolute,cannot be perceived 绝对时间不能被知觉,Ⅱ255,261,292,312 注④,322.

time advance of experience in 时间里经验的进展,Ⅱ290.

time and degree 时间与等级,Ⅱ291.

time and inner sense 时间与内感官,Ⅰ100,Ⅱ413-415.

time and outer intuition 时间与外部直观,Ⅰ121-122,Ⅱ399.

time and space 时间与空间,看 space and time 空间与时间.

time and things-in-themselves 时间与自在之物,Ⅰ181-183.

time and the unity of apperception 时间与统觉的统一性,Ⅰ500,Ⅱ161.

time as a substratum 时间作为一个基体,Ⅱ190.

time awareness of 对于时间的觉知,Ⅱ390.

time awareness in 在时间里的觉知,Ⅰ180.

time cannot be outwardly intuited 时间不能在外面直观到,Ⅰ148.

time concept of 时间的概念,Ⅱ398;又看 temporality 时间性.

time condition,mediate,of outer phenomena 时间是外部现象的间接条件,Ⅰ149,Ⅱ383.

time continuity of 时间的连续性,Ⅱ256,288,291.

time continuity and irreversibility of 时间的连续性与不可倒置性,Ⅱ274.

time determinate intuition of 时间的有确定性的直观,Ⅱ393.

time determinate position in 在时间里的有确定性的位置,Ⅱ 293.

time determination of 时间的确定,Ⅱ38-39,290.

time direction of 时间的方向,Ⅱ256.

time empirical idea of 时间的经验性观念,Ⅱ187 注①.

time empirical knowledge of 关于时间的经验性知识,Ⅱ274.

time empirical unity of 时间的经验性统一性,Ⅱ197.

time empty 空洞的时间,Ⅱ165 注②,218.

time existence in 在时间里的存在,Ⅱ358.

time form of 时间的形式,Ⅰ529;又看 categories 范畴.

time importance of 时间的重要性,Ⅰ357-359.

time in constant flux 时间在不住的流动里,Ⅱ200.

time infinity of 时间的无限性,Ⅰ123.

time in general 一般的时间,Ⅱ173.

time itself 时间本身,Ⅱ165.

time itself,cannot be perceived 时间本身不能被知觉,Ⅱ165 注②,170-171,189-190,227,253,273-274,302.

time mode of 时间的样式,Ⅰ395.

time modes of 时间的各种样式,Ⅱ 163-167,274,414;and time-relation 时间的各样式与各种时间关系,Ⅱ 166;and transcendental schemata 时间的各样式与各先验图型,Ⅱ163.

time,nature of 时间的性质,argument from 从时间性质的论证,Ⅱ253.

time necessary connexion in 在时间里的必然联系,Ⅱ274.

time necessary succession of the parts of 时间的各部分的必然的前后相继,Ⅱ253.

time parts of,successive 时间的各部分是前后相继的,Ⅱ 188.

time permanence of 时间的永恒性,Ⅱ199-200.

time position in 在时间里的位置,Ⅱ252 注④,258 注⑦;objective 在时间里的客观位置,Ⅱ251.

time psychological development in 在时间里的心理发展，Ⅰ317-318.

time relation in 在时间里的关系，Ⅱ161-162.

time spatial image of 时间的空间性意象，Ⅱ394-395，399，407.

time totality of 时间的总体，Ⅱ62.

time unity of 时间的统一性，Ⅱ253；又看 apperception 统觉.

time universality of 时间的普遍性，Ⅰ148-151.

time-content 时间内容，Ⅱ62.

time-determination 时间确定，Ⅱ176，379 注①；又看 permanent，the 永恒的东西.

time-determination a priori，rules of 验前时间确定的规则，Ⅱ163，176-177.

time-determination empirical 经验性的时间确定，Ⅱ176.

time-determination transcendental 先验的时间确定，Ⅱ29-30.

time-determinations 各种的时间确定，Ⅱ62，164.

time-determinations a priori 验前的时间确定，Ⅱ62.

time-determinations empirical 经验性的时间确定，Ⅱ163.

time-determinations substratum of 时间确定的基体，Ⅱ189.

time-order 时间次序，Ⅱ62.

time-relations 各种时间关系，Ⅱ162，165，186；又看 time，modes of 时间的各样式.

time-relations empirical knowledge of 关于时间关系的经验性知识，Ⅱ292.

time-relations objective 客观的时间关系，Ⅱ187，245.

time-series 时间系列，Ⅱ62.

time-series empirical knowledge of the 关于时间系列的经验性知识，Ⅱ254.

times 各个时间，continuity of the sequence of 各个时间的次第的连续性，Ⅱ254.

Todd-Naylor，Miss Ursula(女士名)，Ⅰ20.

Torricelli 托里赛利(人名),Ⅰ75.

totality 总体,Ⅰ44,47.

totum 拉丁文的“整体”,看 compositum 拉丁文的“合成物”.

transcendent 超验的,Ⅰ230,232,232 注②.

transcendent,and transcendental 超验的与先验的,Ⅱ430.

transcendental 先验的,Ⅰ129 注④;又看 transcendent 超验的.

transcendental the word 先验这个词,Ⅰ229 注③,230;又看 theory 理论.

transcendentalia 拉丁文的“超出范畴的范围的东西”,Ⅰ230 注①.

transcendentia 拉丁文的“超验的东西”,Ⅰ230 注①.

triangle 三角形,Ⅰ272.

triangle empirical concept of 三角形的经验性概念,Ⅰ 141,Ⅱ 352.

triangle mathematical and empirical 数学的三角形与经验性的三角形,Ⅰ140-141,Ⅱ34,113.

trianglarity,三角形性,Ⅱ33.

trichotomy 三分法,Ⅰ306.

truth 真实性,真理,Ⅱ92.

truth and correspondence 真实性与相应,Ⅰ189,193,549.

truth empirical 经验性的真实性,Ⅱ234.

truth empirical,condition of 经验性真实性的条件,Ⅱ260.

truth empirical,formal conditions of 经验性真实性的各种形式条件,Ⅱ234-235.

truth logical and material 逻辑的真实性与质料的真实性,Ⅱ361,361 注②.

truth transcendental 先验的真实性,Ⅱ345,348.

Umfang 德文的“范围”,Ⅰ195 注⑥,283 注①.

understanding 知性,Ⅰ73,94,190,334,Ⅱ337;又看 apperception 统觉;imagination 想像力;intuition 直观;sense 感官.

understanding and appearances 知性与各种出现,Ⅰ 472-473;and categories 知性与范畴,Ⅰ 471-472;and imagination 知性与想像力,

Ⅰ473-475;and inner sense 知性与感官,Ⅱ397;and objects 知性与对象,Ⅱ255;and reason 知性与理性,Ⅰ366.

understanding and sensibility, the union of 知性与感受性的统一,Ⅱ459-460.

understanding as faculty of knowledge 知性作为知识的能力,Ⅰ470;as faculty of thought 知性作为思想的能力,Ⅰ470;as law-giver 知性作为立法者,Ⅰ496-497,545-546;as power of knowing 知性作为认识力量,Ⅰ352;as power of rules 知性作为规则的力量,Ⅰ492-493;as power of thinking 知性作为思维的力量,Ⅰ352.

understanding descriptions of 知性的各种描写,Ⅰ492,515.

understanding finite 有限的知性,Ⅱ460.

understanding functions of 知性的各种作用,Ⅰ249.

understanding imagination, and inner sense 知性与内感官,Ⅱ390-393.

understanding imagination as a lower form of 想像力作为知性的低级形式,Ⅰ269 注③,503,536-537.

understanding inner sense determined by 内感官为知性所确定,Ⅱ289,390.

understanding intuitive 直观性的知性,Ⅰ217,217 注⑤,527.

understanding limits sensibility 知性限制感官性,Ⅱ459.

understanding necessary synthetic unity imposed by 必然的综合统一性为知性所外加,Ⅰ507.

understanding not limited by sensibility 知性不为感官性所限制,Ⅱ458-459.

understanding pure, and the unity of apperception 纯粹知性与统觉的统一性,Ⅰ470-471.

understanding pure concept of the 知性这个纯粹概念,Ⅰ286-287,351.

understanding pure concepts of the 知性的种种纯粹概念,Ⅰ279,474.

understanding schematism of the 知性的图型法，Ⅰ170 注①，Ⅱ73-75.

understanding synthesis of 知性的综合，Ⅱ391.

understanding use of,logical 知性的逻辑用途，Ⅰ245 注①,570 注①,Ⅱ337;use of transcendental and empirical 知性的先验用途与经验性用途,Ⅱ459.

Understanding,Principles of the 知性各原理，Ⅰ462,Ⅱ81,90,94,98-100,428-429;又看 science,modern 现代科学.

Understanding,proof of the Principles of the 知性各原理的证明，Ⅱ82-83,98,103-106.

Understanding pure,Principles of the 纯粹知性的各原理，Ⅱ 23.

Undeutlich 德文的"不明晰的"，Ⅰ266 注④.

Unding 德文的"非物"，Ⅰ132 注⑤，Ⅱ377 注①.

Undinge 德文的"不可能的东西"的复数，Ⅰ132,174.

unity 统一性,analytic 分析的统一性，Ⅰ256,288-289,293.

unity analytic and synthetic 分析的统一性与综合的统一性，Ⅰ287-288,294,437,513 注④.

unity and synthesis 统一性与综合，Ⅰ283-286.

unity apperception the source of all 统觉是一切统一性的来源，Ⅰ459.

unity necessary synthetic 必然的综合统一性，Ⅰ258,372,385,394,415,429-430,482,Ⅱ229;又看 appearances 出现;consciousness 意识;imagination,transcendental synthesis of 想像力的先验综合;manifold 杂多.

unity necessary synthetic, and apperception 必然综合统一性与统觉，Ⅰ396-397.

unity necessary synthetic, imposed 必然综合统一性是外加的，Ⅰ372,438,507.

unity,objective 客观的统一性，Ⅰ460.

unity objective,the purest 客观的统一性是最纯粹的，Ⅰ410.

unity synthetic 综合统一性，Ⅰ289-293.

unity synthetic,a priori rules of 综合统一性的各规则，Ⅰ 420.

unity synthetic,nature of 综合统一性的性质，Ⅰ509.

universal,and general 普遍的与一般的，Ⅰ77.

universality 普遍性，看 necessity 必然性.

'unthing'"无物"，Ⅱ377.

'unthings'"不可能的东西"的复数，Ⅰ132；又看 Undinge 德文的"不可能的东西".

Unum,verum,bonum 拉丁文的"一、真、善"，Ⅰ230 注①，308-309.

ursprünglich 德文的"原始的"，Ⅰ118 注②，512 注①.

Urteil 德文的"判断"and Urteilskraft 德文的"判断力"，Ⅱ21注③.

Urwesen 德文的"原始存在者"，Ⅰ217 注③.

use 用途，用法，empirical of categories 范畴的经验性用途，Ⅰ231；of understanding, judgement, and reason 知性，判断力与理性的用途，Ⅱ337.

use empirical and transcendental 经验性的用途与先验的用途，Ⅰ232，Ⅱ181；又看 categories 范畴；concepts 概念；knowledge 知识；space 空间；understanding 知性.

use,empirical and transcendental,of power 各种力量的经验性用途与先验用途，Ⅰ346.

use logical,of understanding,judgement,and reason 知性，判断力，与理性的逻辑用途，Ⅱ337.

use transcendent and immanent 超验的用途与内在的用途，Ⅰ 232.

use transcendent and transcendental 超验的用途与先验的用途，Ⅱ430.

use transcendental,of powers of the mind 心的各种力量的先验用途，Ⅰ231 注④.

Vaihinger 花亨格尔(人名)，Ⅰ15，38-40，40 注③，41 注①，53 注②又注③，70 注②，93 注⑤，116 注⑤，122 注②，123 注②，126 注③，140 注④，153 注③，182 注①，194 注⑤，326 注①，328，330 注①，345 注②，346

注⑥,347 注⑤,354,356,364 注⑤,376 注⑦,380,380 注④,382,410 注⑤,413 注①又④,421,424 注③,486 注①,489 注⑦,498 注①又注②,512 注③,516 注②,528 注②,573 注②,574,Ⅱ26 注①,91 注③,115 注④,290 注①,393,398 注④.

validity 有效性,objective 客观有效性,Ⅰ225,228,240.

validity objective,and empirical intuition 客观有效与经验性直观,Ⅱ431.

velocity 速率,Ⅱ136 注③,285 注①.

Veränderung,and Wechsel 德文的“转变”与“替代”,Ⅱ217注⑦.

Verbindung 德文的“结合”,Ⅱ159 注⑤,173 注②.

Verknüpfung 德文的“联系”,Ⅱ159 注⑤,160,173 注②,335 注⑥.

Vermögen 德文的“能力”,Ⅰ94 注④,345 注④.

verstehen 德文的“了解”或 intelligere 拉丁文的“了解”,Ⅰ334注⑥.

Verwandtschaft 德文的“相近性”,Ⅰ366 注⑥.

verworren 德文的“混乱的”,Ⅰ266 注④.

void,the 空虚,Ⅱ365;又看 atoms 原子.

Vorstellung 德文的“表象”,Ⅰ94 注⑤,108 注①.

Vorstellungsfähigkeit 德文的“表象能力”,Ⅰ95 注④.

wahrnehmen,or percipere 德文或拉丁文的“知觉”,Ⅰ334 注③.

Ward 华尔德(人名),Ⅰ578 注③.

Watson 华特生(人名),Ⅱ217 注⑦.

Wechsel 德文的“交替”,Ⅱ216 注④,217 注⑤;又看 Veränderung “转变”.

Wechselwirkung 德文的“交互作用”,Ⅰ297 注④,Ⅱ55 注③,294 注②.

weight 重量,Ⅱ135 注③,207.

Weitläufigkeit 德文的“散漫性”,Ⅰ44 注⑦.

Whitehead 怀海德(人名),Ⅰ49.

Wille 威里(人名),Ⅱ50 注③,290 注①.

Wirklichkeit 德文的“现实性”,Ⅱ58 注②.

Wolff,Casper 卡斯帕·乌尔夫(人名),Ⅰ578.

words 词,concrete and abstract 具体词与抽象词,Ⅰ193.

world 世界,phenomenal,as one experience 现象性的世界作为一个经验,Ⅱ366 注③.

world the sensible and the intelligible 感性世界与知性世界,Ⅱ459.

worlds,possible 种种的可能世界,Ⅱ353.

worlds possible,the best of all 一切可能世界中的最好的,Ⅱ 366.

world-whole 世界整体,unity of the 世界整体的统一性,Ⅱ 331.

Zufall 德文的"偶然事件",Ⅱ364 注①.

zufällig 德文的"不必然的",Ⅰ519 注⑤.

Zusammenfassen 德文的"抓在一起",Ⅰ263 注④.

Eusammenfassung 德文的"理解"或 comprehensio 拉丁文的"理解",Ⅰ359 注⑦.

Zustand 德文的"情况",Ⅱ217 注⑥,251 注①.

有注释的段落之索引

每段里的左边各引证(比方 A4=B8)表示所注释的文字在《纯粹理性批判》一书第一版和第二版里的那段的页数。其右边的各引证(比方Ⅰ81)表示在本解义里有注释的册数与页数。

AⅩⅦ	Ⅰ44
BⅩⅥ	Ⅰ75
BⅩⅧ	Ⅰ65
	Ⅰ72
BⅩⅨ	Ⅰ65
	Ⅰ72
BⅩⅫ注	Ⅰ75
BⅩⅩⅦ	Ⅰ70
BⅩⅩⅩⅧ	Ⅰ54
BⅩⅩⅩⅨ注	Ⅰ99
	Ⅱ378
	Ⅱ383
	Ⅱ407
BⅩL注	Ⅱ378
	Ⅱ382
BⅩL注	Ⅱ385
	Ⅱ408
	Ⅱ409
	Ⅱ410
BⅩLⅠ注	Ⅱ382
	Ⅱ384
	Ⅱ386
	Ⅱ410
	Ⅱ412
BⅩLⅣ	Ⅰ48
	Ⅰ49
A1	Ⅰ77
B1	Ⅰ77
B2	Ⅰ76
B3	Ⅰ76
B3	Ⅰ77
B4 起	Ⅰ77
	Ⅰ80
A4=B8	Ⅰ81
A5=B9	Ⅰ81
A6=B10	Ⅰ81
	Ⅰ83
A8	Ⅰ88
B12	Ⅰ88
B14 起	Ⅰ81
B22	Ⅰ82
A19=B33	Ⅰ73
A19=B34	Ⅰ95
A20	Ⅰ102
B34	Ⅰ102
A20=B34	Ⅰ94
	Ⅰ95
	Ⅰ97
A20=B35	Ⅰ104
A21=B35	Ⅰ102
	Ⅰ104
A22=B36	Ⅰ52
A23=B37	Ⅰ100
	Ⅰ107
A23=B38	Ⅰ110
	Ⅰ125
	Ⅰ153
A24	Ⅰ127
B38	Ⅰ108
A24=B39	Ⅰ115
A25	Ⅰ123
B39	Ⅰ123
A25=B39	Ⅰ115
	Ⅰ116
B40	Ⅰ108
B41	Ⅰ127
A26=B42	Ⅰ102
A27=B43	Ⅰ104
A28	Ⅰ60
A29	Ⅰ60
B44	Ⅰ60
A30=B46	Ⅰ125

	Ⅰ153
A31＝B47	Ⅰ109
A32＝B47	Ⅰ109
	Ⅰ115
	Ⅰ123
A32＝B48	Ⅰ118
	Ⅰ119
	Ⅰ120
	Ⅰ123
B48	Ⅰ119
	Ⅰ127
B49	Ⅰ127
A32＝B49	Ⅰ132
A34＝B50	Ⅰ150
A34＝B51	Ⅰ149
A36＝B53	Ⅰ181
A37＝B53	Ⅰ181
A37＝B54	Ⅰ63
	Ⅰ181
A38＝B54	Ⅰ181
A38＝B55	Ⅰ181
A39＝B56	Ⅰ132
	Ⅰ174
A40＝B56	Ⅰ133
	Ⅰ174
A40＝B57	Ⅰ132
	Ⅰ133
	Ⅰ174
	Ⅰ176
A41＝B58	Ⅰ148
A43＝B60	Ⅰ133
	Ⅰ171
A43＝B61	Ⅰ171
A45＝B62	Ⅰ60
A45＝B63	Ⅰ60
A46＝B63	Ⅰ60
A48＝B66	Ⅰ167
A49＝B66	Ⅰ167
	Ⅱ412
B67	Ⅱ412
	Ⅱ413
	Ⅱ414
B68	Ⅰ217
	Ⅱ399
	Ⅱ412
	Ⅱ414
	Ⅱ415
B69	Ⅱ412
	Ⅱ416
B70	Ⅰ174
	Ⅱ412
B70 注	Ⅱ417
B71	Ⅰ174
B71	Ⅰ178
	Ⅱ412
B72	Ⅰ118
	Ⅰ178
	Ⅱ412
B73	Ⅱ412
A50＝B74	Ⅰ73
A51＝B75	Ⅰ96
A52＝B76	Ⅰ187
A54＝B78	Ⅰ188
A55＝B79	Ⅰ222
A55＝B80	Ⅰ222
A56＝B80	Ⅰ223
	Ⅰ226
A56＝B81	Ⅰ226
	Ⅰ231
A57＝B81	Ⅰ224
	Ⅰ225
A60＝B84	Ⅰ189
A61＝B85	Ⅰ190
A61＝B86	Ⅰ190
A62＝B86	Ⅰ190
A62＝B87	Ⅰ233
A63＝B87	Ⅰ235
A63＝B88	Ⅰ235
A64＝B89	Ⅰ234
	Ⅰ237
A65＝B90	Ⅰ238
A66＝B90	Ⅰ238
A68＝B93	Ⅰ216
	Ⅰ217
	Ⅰ247
	Ⅰ248
	Ⅰ252
A69＝B93	Ⅰ253
A69＝B94	Ⅰ202
	Ⅰ247
	Ⅰ248
A70＝B95	Ⅰ204
	Ⅰ211
A71＝B96	Ⅰ205
A71＝B97	Ⅰ205
A72＝B97	Ⅰ205

A74=B100	Ⅰ205
A76=B102	Ⅰ200
	Ⅰ267
A77=B102	Ⅰ262
A77=B103	Ⅰ263
A78=B103	Ⅰ263
A78=B104	Ⅰ267
	Ⅰ274
	Ⅰ276
A79=B104	Ⅰ256
	Ⅰ277
	Ⅰ281
A79=B105	Ⅰ202
	Ⅰ256
	Ⅰ281
A79=B105	Ⅰ286
	Ⅰ290
A80=B106	Ⅰ297
A81=B107	Ⅰ307
A82=B108	Ⅰ307
B110	Ⅰ305
B111	Ⅰ305
	Ⅱ340
A84=B116	Ⅰ314
A84=B117	Ⅰ314
	Ⅰ315
A85=B117	Ⅰ315
	Ⅰ316
A85=B118	Ⅰ200
	Ⅰ317
A86=B118	Ⅰ200
	Ⅰ316
A86=B119	Ⅰ200
	Ⅰ317
A87=B119	Ⅰ316
	Ⅰ317
	Ⅰ319
A87=B120	Ⅰ319
A88=B120	Ⅰ320
A89=B122	Ⅰ322
	Ⅰ324
A90=B122	Ⅰ325
A90=B123	Ⅰ324
	Ⅰ325
	Ⅰ327
A91=B123	Ⅰ325
	Ⅰ328
A91=B124	Ⅰ328
A92=B124	Ⅰ337
A92=B125	Ⅰ337
A93=B125	Ⅰ339
	Ⅰ341
A93=B126	Ⅰ339
	Ⅰ341
	Ⅰ343
A94=B126	Ⅰ344
A94	Ⅰ345
A95	Ⅰ345
	Ⅰ350
A96	Ⅰ197
	Ⅰ350
	Ⅰ351
A97	Ⅰ350
	Ⅰ352
	Ⅰ354
A98	Ⅰ53
	Ⅰ348
	Ⅱ397
A99	Ⅰ357
	Ⅰ358
	Ⅰ359
	Ⅱ397
A100	Ⅰ368
A101	Ⅰ369
	Ⅰ371
A102	Ⅰ363
A103	Ⅰ375
A103	Ⅰ376
A104	Ⅰ378
	Ⅰ383
A105	Ⅰ386
	Ⅰ388
	Ⅰ393
A106	Ⅰ391
	Ⅰ393
	Ⅰ396
A107	Ⅰ398
	Ⅰ399
	Ⅰ403
	Ⅰ406
	Ⅰ408
A108	Ⅰ412
	Ⅰ417
	Ⅰ439
A109	Ⅰ441
A110	Ⅰ305

	Ⅰ426
A110	Ⅰ427
A111	Ⅰ305
	Ⅰ426
	Ⅰ430
	Ⅰ432
	Ⅰ441
A112	Ⅰ433
	Ⅰ441
	Ⅰ442
	Ⅰ444
A113	Ⅰ308
	Ⅰ444
	Ⅰ446
	Ⅰ450
	Ⅰ452
	Ⅰ495
A114	Ⅰ308
	Ⅰ447
	Ⅰ449
	Ⅰ450
A115	Ⅰ308
	Ⅰ448
A116	Ⅰ308
	Ⅰ448
	Ⅰ460
	Ⅰ458
A117	Ⅰ460
A117 注	Ⅰ460
A118	Ⅰ464
	Ⅰ467
	Ⅰ468
	Ⅰ535
A119	Ⅰ470
A120	Ⅰ476
	Ⅰ478
A121	Ⅰ481
A122	Ⅰ481
	Ⅰ483
A123	Ⅰ483
	Ⅰ484
A123	Ⅰ486
A124	Ⅰ486
	Ⅰ487
	Ⅰ488
A125	Ⅰ489
	Ⅰ490
A126	Ⅰ492
	Ⅰ495
	Ⅰ496
A127	Ⅰ140
	Ⅰ492
	Ⅰ496
A128	Ⅰ140
	Ⅰ497
A129	Ⅰ497
A130	Ⅰ497
B129	Ⅰ503
B130	Ⅰ503
	Ⅰ504
	Ⅰ505
B131	Ⅰ507
	Ⅰ510
B131 注	Ⅰ220
B132	Ⅰ510
	Ⅰ511
	Ⅰ512
B133	Ⅰ511
	Ⅰ513
B133 注	Ⅰ194
	Ⅰ201
B134	Ⅰ515
B134 注	Ⅰ201
	Ⅰ515
B135	Ⅰ515
	Ⅰ518
B136	Ⅰ516
B137	Ⅰ113
B167	Ⅰ578
A131＝B170	Ⅰ237
A132＝B171	Ⅱ24
A133 注＝B173 注	Ⅰ190
A135＝B174	Ⅱ21
A136＝B175	Ⅱ22
	Ⅱ23
	Ⅱ73
A137＝B176	Ⅱ26
A138＝B177	Ⅱ28
	Ⅱ29
A139＝B178	Ⅱ31
A140＝B179	Ⅱ32
	Ⅱ73
A141＝B180	Ⅱ35
	Ⅱ73
A141＝B181	Ⅱ36
	Ⅱ73

A142＝B181	Ⅱ37
	Ⅱ38
A142＝B182	Ⅱ44
	Ⅱ46
A143＝B182	Ⅱ44
A143＝B182	Ⅱ46
	Ⅱ49
	Ⅱ140
A143＝B183	Ⅱ49
	Ⅱ52
	Ⅱ140
A144＝B183	Ⅱ55
A144＝B184	Ⅱ55
	Ⅱ56
	Ⅱ59
	Ⅱ342
A145＝B184	Ⅱ56
	Ⅱ57
	Ⅱ59
	Ⅱ60
	Ⅱ62
	Ⅱ63
	Ⅱ342
A145＝B185	Ⅱ62
	Ⅱ68
A145＝B185	Ⅱ74
A146＝B185	Ⅱ62
	Ⅱ68
A146＝B186	Ⅱ45
	Ⅱ62
	Ⅱ69
A147＝B186	Ⅱ23
	Ⅱ62
	Ⅱ63
	Ⅱ71
A148＝B188	Ⅱ83
A149＝B188	Ⅱ82
	Ⅱ83
A149＝B189	Ⅱ82
A150＝B189	Ⅰ189
	Ⅱ83
A150＝B190	Ⅰ189
A151＝B190	Ⅰ214
	Ⅱ83
	Ⅱ84
A151＝B191	Ⅰ214
	Ⅱ84
A153＝B192	Ⅱ83
A154＝B193	Ⅱ84
A155＝B194	Ⅱ86
	Ⅱ87
A156＝B195	Ⅱ89
	Ⅱ90
A156＝B196	Ⅱ90
A157＝B196	Ⅱ91
	Ⅱ92
A158＝B197	Ⅱ94
	Ⅱ95
A159＝B198	Ⅱ97
A160＝B199	Ⅱ92
	Ⅱ99
	Ⅱ102
A161＝B200	Ⅱ98
A162＝B201	Ⅱ99
	Ⅱ100
A162＝B202	Ⅱ99
	Ⅱ120
A162	Ⅱ111
B201 注	Ⅱ100
	Ⅱ159
B202	Ⅱ111
	Ⅱ114
	Ⅱ120
B203	Ⅱ121
	Ⅱ126
A162＝B203	Ⅱ112
	Ⅱ122
A163＝B203	Ⅱ113
	Ⅱ120
A163＝B204	Ⅱ124
	Ⅱ125
	Ⅱ127
	Ⅱ129
A164＝B204	Ⅱ130
A164＝B205	Ⅱ129
A164＝B205	Ⅱ130
A165＝B206	Ⅱ132
A166	Ⅱ134
A166＝B206	Ⅱ132
A166＝B207	Ⅱ132
B207	Ⅱ134
	Ⅱ141
A166＝B208	Ⅱ134
A167＝B208	Ⅱ134
A167＝B209	Ⅱ134
A168＝B210	Ⅱ135

	Ⅱ136
	Ⅱ140
A169＝B210	Ⅱ150
A169＝B211	Ⅱ140
	Ⅱ152
A170＝B211	Ⅱ152
A170＝B212	Ⅱ152
	Ⅱ155
A171＝B212	Ⅱ119
A171＝B212	Ⅱ153
	Ⅱ155
	Ⅱ284
A171＝B213	Ⅱ145
	Ⅱ153
	Ⅱ284
A172＝B213	Ⅱ284
A172＝B214	Ⅱ137
A173＝B215	Ⅱ135
A175＝B217	Ⅱ135
	Ⅱ146
A176＝B217	Ⅱ146
A176＝B218	Ⅱ135
	Ⅱ148
A176	Ⅱ160
A177	Ⅱ160
B218	Ⅱ159
	Ⅱ168
B219	Ⅱ168
	Ⅱ173
B219	Ⅱ175
	Ⅱ229
A177＝B219	Ⅱ161

	Ⅱ163
	Ⅱ166
A177＝B220	Ⅱ161
	Ⅱ167
A178＝B221	Ⅱ147
	Ⅱ178
	Ⅱ180
A179＝B221	Ⅱ102
	Ⅱ146
	Ⅱ178
A180＝B223	Ⅱ181
A181＝B223	Ⅱ82
	Ⅱ176
	Ⅱ181
A181＝B224	Ⅱ181
	Ⅱ182
B224	Ⅱ190
B224	Ⅱ202
A182＝B225	Ⅱ186
	Ⅱ202
A182＝B226	Ⅱ166
	Ⅱ202
A183＝B226	Ⅱ165
	Ⅱ186
	Ⅱ187
	Ⅱ202
A183＝B227	Ⅱ166
A184＝B227	Ⅰ86
	Ⅱ211
A185＝B228	Ⅱ208
	Ⅱ209
	Ⅱ210

A186＝B229	Ⅱ197
	Ⅱ203
A186＝B230	Ⅱ203
A187＝B230	Ⅱ203
	Ⅱ217
A188＝B231	Ⅱ197
	Ⅱ198
	Ⅱ218
A188＝B232	Ⅱ197
	Ⅱ198
A189	Ⅱ221
A189＝B232	Ⅱ198
B232	Ⅱ221
	Ⅱ225
B233	Ⅱ225
	Ⅱ226
B234	Ⅱ225
	Ⅱ228
A189＝B234	Ⅱ230
	Ⅱ231
A190＝B235	Ⅱ230
	Ⅱ232
	Ⅱ233
A191＝B236	Ⅱ230
	Ⅱ231
A191＝236	Ⅱ233
	Ⅱ234
	Ⅱ235
	Ⅱ236
	Ⅱ241
	Ⅱ242
	Ⅱ243

A192＝B237 Ⅱ230
Ⅱ240
Ⅱ241
Ⅱ242
Ⅱ243
A193＝B238 Ⅱ230
Ⅱ240
Ⅱ241
Ⅱ242
Ⅱ243
Ⅱ245
A194＝B239 Ⅱ230
Ⅱ240
Ⅱ241
A194＝B239 Ⅱ242
Ⅱ243
Ⅱ245
Ⅱ246
Ⅱ253
A194＝B240 Ⅱ246
A195＝B240 Ⅱ246
Ⅱ247
Ⅱ248
A196＝B241 Ⅱ248
Ⅱ249
A197＝B242 Ⅱ249
A198＝B243 Ⅱ250
A198＝B244 Ⅱ252
A199＝B244 Ⅱ252
Ⅱ253
Ⅱ273
A199＝B245 Ⅱ253
Ⅱ273
A200＝B245 Ⅱ253
A200＝B245 Ⅱ254
Ⅱ255
A200＝B246 Ⅱ253
Ⅱ255
A201＝B246 Ⅱ253
Ⅱ255
Ⅱ257
A202＝B247 Ⅱ283
A202＝B248 Ⅱ283
A203＝B249 Ⅱ268
A204＝B249 Ⅱ215
Ⅱ282
A205＝B251 Ⅱ216
A206＝B251 Ⅱ217
A206＝B252 Ⅱ283
Ⅱ284
A207＝B252 Ⅱ283
Ⅱ284
A207＝B253 Ⅱ284
A208＝B253 Ⅱ285
A208＝B253 Ⅱ290
A208＝B254 Ⅱ285
A209＝B254 Ⅱ288
A210＝B255 Ⅱ289
A210＝B256 Ⅱ276
Ⅱ292
A211 Ⅱ294
B256 Ⅱ294
Ⅱ298
A211＝B256 Ⅱ276
Ⅱ292
B257 Ⅱ298
Ⅱ300
Ⅱ302
Ⅱ303
Ⅱ306
A211＝B285 Ⅱ297
Ⅱ310
B258 Ⅱ298
Ⅱ309
A212＝B258 Ⅱ310
A212＝B259 Ⅱ310
A213＝B260 Ⅱ151
Ⅱ311
Ⅱ316
A214＝B260 Ⅱ311
Ⅱ316
A214＝B261 Ⅱ311
Ⅱ316
Ⅱ319
Ⅱ323
Ⅱ328
A215＝B261 Ⅱ316
Ⅱ319
Ⅱ323
A215＝B262 Ⅱ166
Ⅱ177
Ⅱ316
Ⅱ319
A216＝B263 Ⅱ177
A217＝B264 Ⅱ175
Ⅱ176

A218＝B265	Ⅱ335
A218 注＝B265 注	Ⅱ323
	Ⅱ331
A218＝B266	Ⅱ335
A219＝B267	Ⅱ335
A220＝B267	Ⅱ88
	Ⅱ89
	Ⅱ341
A220＝B268	Ⅱ344
	Ⅱ345
	Ⅱ351
A221＝B269	Ⅱ348
A222＝B269	Ⅱ346
	Ⅱ348
	Ⅱ349
A223＝B270	Ⅱ347
	Ⅱ348
	Ⅱ350
A223＝B271	Ⅱ348
	Ⅱ351
A224＝B271	Ⅰ141
A225＝B272	Ⅱ357
	Ⅱ358
	Ⅱ359
A225＝B273	Ⅱ358
A226＝B273	Ⅱ357
	Ⅱ358
B274	Ⅱ376
B275	Ⅱ376
B276	Ⅰ147
	Ⅱ376
	Ⅱ381
B276 注	Ⅱ382
B277	Ⅱ196
	Ⅱ376
	Ⅱ379
B277 注	Ⅱ382
B278	Ⅱ196
B278	Ⅱ376
	Ⅱ379
	Ⅱ381
	Ⅱ385
B279	Ⅱ385
A226＝B279	Ⅱ362
A228＝B280	Ⅱ363
A229＝B282	Ⅱ364
A230＝B282	Ⅱ366
A231＝B284	Ⅱ367
A232＝B284	Ⅱ368
A232＝B285	Ⅱ368
A234＝B286	Ⅱ337
	Ⅱ359
A234＝B287	Ⅱ369
B288	Ⅱ353
B289	Ⅱ353
B291	Ⅱ200
A235＝B294	Ⅱ427
A236＝B295	Ⅱ427
A237＝B296	Ⅱ428
A238＝B297	Ⅱ429
A238＝B298	Ⅱ429
A239＝B298	Ⅱ429
	Ⅱ431
A239＝B299	Ⅱ431
A240＝B299	Ⅰ113
	Ⅰ159
	Ⅱ432
A240＝B300	Ⅱ433
A241	Ⅱ433
A241 注	Ⅰ303
B300	Ⅰ303
A242 注	Ⅰ303
A242	Ⅱ433
A245	Ⅱ434
A246＝B303	Ⅱ435
A247＝B304	Ⅱ435
A248＝B305	Ⅱ427
A248	Ⅱ440
A249	Ⅱ440
A250	Ⅱ442
	Ⅱ443
A251	Ⅰ70
	Ⅱ444
	Ⅱ445
A252	Ⅰ70
A253	Ⅱ447
B305	Ⅱ450
B306	Ⅱ451
	Ⅱ452
B307	Ⅱ452
	Ⅱ453
B308	Ⅱ453
	Ⅱ454
B309	Ⅱ453
	Ⅱ454
A253＝B309	Ⅱ455

A254＝B309 Ⅱ455
A254＝B10 Ⅱ455
A254＝B310 Ⅱ456
A255＝B310 Ⅱ455
Ⅱ457
A255＝B311 Ⅱ455
Ⅱ457
Ⅱ458
A256＝B311 Ⅱ455
A256＝B312 Ⅱ455
Ⅱ459
A257＝B312 Ⅱ455
Ⅱ459
A257＝B313 Ⅱ455
Ⅱ459
A258＝B313 Ⅱ455
A258＝B314 Ⅱ455
Ⅱ460
A292＝B348 Ⅰ174
B412 Ⅱ384
B423 注 Ⅱ402
A426 注＝B454 注 Ⅱ112
A426 注＝B454 注 Ⅱ128
Ⅱ139
A452 注＝B480 注 Ⅰ80
A570＝B598 Ⅱ36
A581＝B609 Ⅰ140
A713＝B741 Ⅰ160
A714＝B724 Ⅱ161
A717＝B745 Ⅱ127
A720＝B748 Ⅱ127
A729＝B757 Ⅰ197
A734＝B762 Ⅱ101
A735＝B763 Ⅱ101
A736＝B764 Ⅱ103
Ⅱ104
A737＝B765 Ⅱ104

汉欧翻译名词对照表

本表是按汉语拼音编排的。翻用本书的索引时,先根据本表汉语的词语找出与之对照的欧洲语的词,然后翻阅索引。

A

安置
posit
艾地夫人
Eddy, Mrs
阿基米德
Archimedes
爱因斯坦
Einstein
阿迪克斯
Adickes

B

比较
comparison
比例
proportion
变革
revolution
变动
change
标志
mark
Bezeichnung
标志
nota
标志
Merkmal
保存
conservation
保罗逊
Paulsen
本体
noumena
noumenon
本质
essence
essentialia
本体论
ontology
被动
passion
被指定的
bezaichnet
表象
Vorstellung
表象
representation
表象能力
Vorstellungs-
fähigkeit
辩证法
dialectic
贝克莱
Beckeley
必然性
necessity
必然的
necessary
柏克尔
Barker
柏拉图
Plato
不存在
nichtsein
不同质的
homogeneous
不可入性
impenetrability
不明晰的
indistinct
不明晰的
undeutlich
不明晰性
indistinctness
不必然的
zufällig
不连续性
discontinuity
不可倒置性

inversibility
不可分辨的
indiscernible
托里塞利
Torricelli
卑斯特尔
Biester
勃拉德莱
Bradley
鲍尔夫尔
Balfoul
鲍姆嘉顿
Baumgarten
部分概念
Teilbegriffe
部分表象
portialvor-
stelbungen
部分表象
Teilvorstell-
ungen
彼得·饶姆斯
Peter Ramus

C

词
word
阐明
exposition
出现
appear(动词)
appearance(名词)
次序
order
重复
repetition
抽象
abstract
成分
element
持续
duration
Dauer
差别、差异
difference
刺激
affect(动词)
affection(名词)
刺激物
stimulus
存在
existence
Existenz
存在的原因
cause
essendi
凑合说
parchwork theory
纯粹的
pure
粗糙的
roh(德)
粗糙的
crude(英)
超验的
transcendent
超验的东西
transcendentia
超出范畴范围的东西
transcendentalia
从物质看的自然
natura materialiter
spectata
从形式看的自然
natura formaliter
spectata

D

大小
size
洞察
einsehen perspicere
洞见
insight
道德
morality
代数
algebra
抵抗
resistance
东西
thing
定义
definition
等式
equation
等级
degree
对立

opposition
对象
object(英)
Gegenstand(德)
动作
act
动力学
mechanics
单子
monad
单个的表象
representatio singularis
得出来
algeleitet
笛卡尔
Descartes
多分法
polytomy
断定的
gesetzt
地心吸力
gravity

E

二分法
dichotomy

F

方性
squareness
否定
negation
非物
Unding(德)
unthing(英)
范围
extent
范围
extent(英)
sphaera(德)
范围
Umfang
范畴
category
分析
analysis
分析论
Analytic
反思
reflexion
反作用
reaction(英)
Gegenwirkung(德)
反作用
Ruckwirkung
反对作用
resistentia
发展
develop(动词)
development(名词)
发生的原因
causa fiendi
副范畴
predicables
卑洛斯尔斯基
Belaselsky

G

光
light
格林
Green
该撒
Caesar
关系
relation
nexus
更正
Berichtigung
Berechtigung
功效
efficacy
工具
organon
公理
axiom
公准
postulate
概念
concept(英)
Begriff(德)
概念作用
conception
固体
solid
固体性
solidity
观念

idea
观念论
idealism
观念性
ideality
规律
law(英)
Gesetz(德)
规律(则)性
regularity
规则
rule
规例
Canon
感官
sense
感觉
sensation(英)
sensatio(拉丁)
Emfindung(德)
感性论
Aesthelic
感受性
sensibility
感官知觉
sense-perception
感官印象
sense-impression
感官材料
sensa
感性世界
mundus sensibilis
哥白尼
Copernicus
共同的概念
conceptus communis
古希腊神话女魔
Circe

H

红
red
红性
redness
涵义
connotation
合作
cooperation
和谐
harmony
后果
consequent
活动
activity
哈地
Hardy
哈尔茨
Herz
幻相
illusion
幻想
phantom of the brain (英)
Hirngespinst(德)
黑格尔
Hegel
混乱的
Verworren
怀海德
Whitehead
华特生
Walson
华尔德
Ward
亨利·摩尔
More, Henry
花亨格尔
Vaihinger

J

集合
aggregate
根据
ground
计数
counting
进程
procedure
讲演
lecturing
基体
substratum
记忆
memory
假定
supposing
经验
experience(英)
Erfahrung(德)

经历
Erlebnis
精神
spirit
精神感应术
telepathy
结果
effect
结合
combination(英)
Verbindung(德)
结构
construction
交换
exchange
交替
Wechsel
交互性
communio(拉丁)
communion(英)
交互作用
commeruim(拉丁)
Wechselwirkung(德)
迦尔惠
Garve
伽利略
Galileo
建筑术
architectonic
基本力量
Grundkraft
几何学
geometry

K

科学
science
抗拒
repulsion
柯亨
Cohen
凯撒
Caesar
凯尔德
Caird
空虚
void
空隙
hiatus
空时
space-time
空间
space
空间性
spatiality
空洞的
empty
克罗齐
Croce
客观的
objective
客观性
objectivity
可能的
possible
可能性
possibility
可理解物
intelligibilia
可移动的
movable
可倒置性
reversibility
可再生的
reproducible
考尔立奇
Coleridge
康德文献
Kantliteratur
康蒲·斯密
Kemp Smith

L

量
quantity(英)
quantitas(拉丁)
力
force
力量
power(英)
Kräft(德)
论证
argument
历史
history
类比
analogy
洛克
Locke

灵魂
soul(英)
Seele(德)
逻辑
logic
林赛
Lindsay
领会(名词)
apprehension(英)
apprehensio(拉丁)
Auffassung(德)
了解(动词)
understand(英)
intelligere(拉丁)
verstehen(德)
罗素
Russell
罗斯
Ross
联系
connexion(英)
Verknüpfung(德)
联合
association
理论
theory
理性
reason
理念
Idea
理解
Zusammenfassung
理性主义
rationalism
理性主义者
rationalist
流进去
einfliessen
连续性
continuity
赖尔特
Laird
兰柏特
Lambert
连系词
copula
莱布尼兹
Leibniz

M

梦
dream
摩尔
Moore
命题
proposition
命运
fate(英)
fatum(拉丁)
梅蒙
Maimon
梅林
Meillin
梅尔逊
Meyerson
明晰的
deutlich(德)
distinct(英)
明晰性
distinctness
盲目的
blind
迈尔雅
Meier
模糊的
obscure
混乱的
confused
模糊性
obscurity
缪尔哈德
Muirhead
曼德尔松
Mendelssohn
马尔布兰
Malebranche
某物自表现
sich etwas vorstellen

N

能
energy
能力
capacity(英)
faculty(英)
Fähigkeit(德)
Vermögen(德)
念头
notion

牛顿
Newton
内容
content(英)
inhalt(德)
内包,内涵
intension
内在的
immanent
内面的
inside
内部的,内的
inner

O

偶性
accident
偶然的事
casus
偶然事件
Zufall
欧几里得
Euclid

P

批判
Kritik(德)
critique(英)
判断
Urteil(德)
判断,判断力
judgement(英)
皮里卡
Prichard
皮里士
Price
派生的
derivative
拼合字
monogram
普遍性
universality
普遍性的
universal
帕普斯
Pappus
帕斯奥斯
Pacius

Q

潜在
subsistence
区域
sphäre
契机
moment
起源
origin
情况
Zustand
歧义
amphiboly
确定
determination(名词)
确定
determine(英.动词)
Bestimmungen
(德.动词)
确定性
certainty
确切的
exact
卡斯拉
Cassirer
清楚的
clear(英)
klar(德)
前后相继
succession
卡斯帕·马尔夫
Wolf,Casper

R

日
day
日哈里
Richl
日亦克
Reicke
日尔曼德
Erdmann
认识(动词)
know(英)
erkennen(德)
认识(名词)
recognition(英)
cognition(英)
cognoscere
(拉丁.动词)

认识活动

knowing

认识的原因

causa

cognoscendi

人为的概念

conceptus

factitii

S

善

bonum

兽

animal

数

number

数学

mathematics

数学的

mathematical

速度

velocity

述项

predicate

术语

terminology

熟悉

acquaintance

算术

arithmetic

生产

produce(动词)

production(英．名词)

Erzeugung(德．名词)

属性

attribute

事物

thing

事件

event

思想

thought

思维

thinking

舒密

Schmidt

舒里克

Schlick

斯密

Smith

斯贴宾

Stebbing

斯宾诺莎

Spinoza

世界

world

世界整体

world-whole

实体

substance

实体的

substantial

实体性

substantiality

实在性

reality

实在的

real

实在论、实在主义

realism

实体性的东西

substanziale

时间

time

时间性

temporality

时间关系

time-relation

时间次序

time-order

时间确定

time-determination

时间内容

time-content

时间系列

time-series

伸出的

protensive

圣多马

St. Thomas

散漫性

weitlaufigkeit

叔尔茨

Schulz

叔本华

Sehopenhauer

司姆尔

Simmel

司其为克

Sidgwick
三角形
triangle
三分法
trichotomy
三角形性
triangularity
三段论式
syllogism
所予的
given
所予的概念
conceptus dati

T

替代
Wechsel(德)
条件
condition
跳跃
saltus
天命
Schicksal
天文学
astronomy
统觉
apperception
统摄
subsumption
统一性
unity
图型
schema(单)
schemata(复)
图型法
schematism
吐火兽
chimaera
提顿斯
Tetens

X

线
line
心,心灵
mind(英)
Gemüt(德)
幸福
happiness(英)
Gluck(德)
行动
action
系列
series
休谟
Hume
象征(动词)
bezeichnen
学派
school
学说
doctrine(英)
Doctrin(德)
限量
quantum(拉丁)
quanta(拉丁复数)
quantitas(拉丁)
限度
limits
限制
limiting(形容词)
limitation(名词)
限制性的
regulative
想出
conceive
想法
notion
想象、想像力
imagination
形式
form
形状
shape(英)
gestalt(德)
形而上学
metaphysics
相应
correspondence
相近性
affinity(英)
Verwandtschaft(德)
相对论
relativity
相互作用
interaction(英)
actio mutua(拉丁)
Gemeinschafl(德)
现在

present
现象
phenomenon(单)
phenomena(复)
现实性
actuality(英)
wirklichkeit(德)
现实的
actual
现象主义
phenomenalism
下判断,判定
judging
先验的
transcendental
西赛罗
Cicero
心理学
psychology
新生论
epigenesis

Y

夜
night
烟
smoke
一
unum
一般的
general
有
Dasein
有效性
validity
有确定性的
determinate
验前
a priori
样式
modality, mode
眼镜
spectacles
引力
athroction
约瑟
Joseph
研究
investigation
游戏
play
预测
anticipation
预言
prediction
圆性
roundness
颜色
colour
印象
impression(英)
Eindruck(德)
伊温
Ewing
语言
language
运动
motion
运气
luck
影象
schattenbild(德)
影响
influence(英)
affect(英)
Einfluss(德)
用法
use
用途
use
原因
cause
原理、原则
principle
原子
atom
原子说
atomism
原始的
original(英)
ursprünglich(德)
原始存在者
Urwesen
意思
sense(英)
sinn(德)
意象
image
意识

consciousness(英)
Bewusstsein(德)
conscientia(拉丁)
意义
meaning
significance
演绎
Deduction
演绎出来
deduce
英国
England
英国的新康德派者
neo-Kantian,
England
亚当
Adam
亚力山大
Alexander
亚里士多德
Aristotle
依存性
inherence
永恒的
permanent
永恒性
permanence
因果性
causality
因果作用
causation

Z

钟
clock
质
quality
质料
matter
质量
mass
真
verum
真实性,真理
truth
翟曼
Jachmann
总体
totality
再生
reproduction
朱砂
cinnabar
宗教
religion
综合
synthesis
作用
action
function
重量
weight
状态
state
掌握
comprehension(英)
comprehensio(拉丁)
Zusammenfassung(德)
转变
veranderung
足够
sufficient(英)
genau(德)
哲学
philosophy
整体
whole(英)
totum(拉丁)
杂多
manifold
智力、智慧
intelligence
展示
exhibition(英)
Darstellung(德)
证明
proof
证据
evidence(英)
Evidenz(德)
证实
demonstration
知性
understanding
知识
knowledge
知觉(名词)
perception
知觉(动词)
perceive(英)

Wahrnehmen(德)
percipere(拉丁)
主体
subject
主观的
subjective
主观主义
subjectivism
组织
composition
组织性的
constitutive
直观
Anschauung(德)
intuition(英)
直观到
intuit
直接性
immedieay
直接的
immediate
直观性的
intuitional
抓住
begreifen
抓住一起
comprehendare(拉丁)
Zusammenfassen(德)
在前
priori
在前性
priority
在我之外
outside me
自我
self
自存
subsistent
自然
nature
自由
freedom
自明
self-evident
自然学、生理学
physiology
自由活动
play
自在之物
thing-in-itself
自我意识
self-consciousness
自我知识
self-knowledge
正确的
accurate
注意力
attention

整理者后记

苏格兰康德哲学研究专家 H. J. 裴顿的《康德的经验形而上学》的确是一部非常重要、极有价值的著作。他努力深入到康德思想的创作过程，“设身处地”，对康德的《纯粹理性批判》上半部作出了细致入微、精辟入里的分析和解读。更为难得的是，他独辟蹊径，对康德哲学提出了与康蒲·斯密等人的传统看法大相径庭的阐释。这对我们深入研究康德哲学无疑具有重要的借鉴和启迪作用。正是有鉴于此，韦卓民先生花极大的气力译成了这部堪称大部头的著作。

该译著本是应商务印书馆之约于 20 世纪 60 年代初译成的，交稿后即逢“文化大革命”，自然被打入了冷宫。90 年代初，华中师范大学成立韦卓民遗著整理小组，决心系统整理出版韦卓民先生的译作和著作手稿。这本书自然被列入了计划。尽管韦先生留下了比较完整的誊抄稿，但由于多方面的原因，仍存在着一些问题。整理者接受整理任务之后，抱着对神圣学术的赤诚之心，把这次整理当作学习翻译和钻研康德哲学的大好机会，毅然放下手中的许多工作，全身心地投入整理之中。

这次整理主要是依照英文原著，在尽可能理解韦先生的翻译思路、尊重其原译与风格的前提下，对下述方面作了订正、修改：(1)补译了漏译的词、短语及句子；(2)对过时、不通行的人名、地名、术语根据新的规范作了必要的改译，当然凡属韦先生独创性的译法，尽管不流行，甚至念起来有点不习惯，如“出现”等，皆一并保留；(3)按现行规范对标点符号做了改动；(4)对不符合现代汉语规范和现代人阅读习惯的表述方式做了必要的调整；(5)对翻译明显有误或译得不准确的句子做了必要的修改。(6)花较大气力对繁体字和连写且不清晰的西文单词做了规范的处理。尽管整理者尽了最大的努力，但不一定完成了职责要求完成的任务。希望读者批评指正 ，以便今后进一步订正。

高新民

2002 年 9 月 10 日

出版后记

韦卓民先生(1888—1976),广东珠海人,我国著名的翻译家、哲学家、教育家,曾长期担任华中大学校长(1929—1951年)。韦先生毕业于文华大学,曾留学美国、英国,先后获哈佛大学哲学硕士学位和伦敦大学哲学博士学位,精通英、德、法、俄等多种外语,学贯中西,尤其是在康德哲学、黑格尔哲学、逻辑学、宗教学方面造诣很深。他毕生致力于沟通中西文化,在西学东渐、弘扬中国传统文化方面作出了巨大贡献。整理、出版《韦卓民全集》(11卷)对全面展示、传承韦卓民先生的学术成就,弘扬他的爱国精神和教育思想具有重要的文化价值和现实意义。

华中师范大学有一批富于抢救保护学术珍品责任感的领导和学者,一直在不计得失地付出。如上世纪八九十年代,以章开沅教授为首的校领导组织成立了韦卓民遗著整理小组,与韦先生一同工作过的曹方久(已去世)教授,敬仰韦先生学问与人品的唐有伯、高新民、王宏维等教授,一直在搜集、整理韦先生的遗著。华中师范大学出版社从20世纪90年代起就开始陆续编辑出版韦卓民先生的译著系列及相关研究,出版有"韦译哲学名著研究系列"及关于韦卓民研究的重点图书260多万字,包括《康德哲学讲解》、《康德〈纯粹理性批判〉解义》、《康德哲学原著选读》及《韦卓民学术论著选》等书。其后,由于经费和人手的紧张,仍有约700万字的译稿和文章等未能整理出版。所幸2013年湖北省新闻出版广电局启动了湖北省学术著作出版专项资金资助项目,11卷本的《韦卓民全集》获得资助;一贯重视韦卓民著述出版的珠海市委宣传部对该套书的出版也给予了高度重视和经费上的有力支持;还有马敏、余子侠、高新民、刘家峰等老师也为全集的出版不计名利地做了大量工作。特别要说明的是,韦卓民先生的后人对全集出版给予了无私的帮助,他们承诺放弃稿酬。根据他们的建议,出版社和他们商定全集出版后开付的稿酬,将作为"韦卓民奖励基金",用于研究韦卓民先生著述的出版及相关的学术活动。在此,对这些一直关心、支持全集出版的所有同仁一并致以诚挚的谢意！

《韦卓民全集》的书稿形式繁多而复杂，除有大量手稿外，还有一些是从图书馆和档案馆拍摄的图片资料；手稿的大部分存放于华中师范大学档案馆，少部分保存在韦先生亲属手中，还有部分资料被收藏在英国和美国的大学图书馆。韦卓民遗著整理小组力求尽量把海内外所藏相关文献搜罗完备，整理出版。此次出版的《韦卓民全集》包括韦卓民生前已公开出版的各类作品和从未刊发的手稿、书信等，总体上分为翻译书稿和研究论著两大类，并按照哲学、逻辑、教育、宗教及文化等板块进行分卷，共11卷。

由于《韦卓民全集》绝大部分为翻译作品，如康德的《纯粹理性批判》、《康德的经验形而上学——〈纯粹理性批判〉上半部分注释》、《判断力批判》及卡斯拉的《康德〈判断力批判〉解义》、《康德哲学原著选读》，斯密的《康德〈纯粹理性批判〉解义》等，都是深奥难懂的哲学著作；加之韦卓民先生生活的年代和当时的行文习惯，书稿中有些说法和表述与现在的语言文字规范及出版规范有较大出入，但又不能按现在的要求径改，只能采取尊重历史、适当变通的原则进行特殊处理，现分述如下：

1. 关于标点符号。书稿中有很多不是分句而使用分号，不必断句而使用逗号，在“与”、“和”等之前使用标点的情况，还有在破折号前使用逗号和句号，以及括号中的内容单独列出并在句末用句号的情形等。这是当时的行文特点及作者的表达习惯，只要不影响对文意的理解，一律保持原貌；但如果导致无法理解，甚至是明显的错误，才按现在的规范予以改正。

2. 对书稿中的有些字词与现在的说法有出入的处理。如把“钥匙”写作“锁钥”、“介绍”写作“绍介”、“终究” 写作“终久”等，都一仍其旧；还有一些不符合现在的用词规范的，如“已曾”、“看成是”、“涉及到”等，只要不影响对内容的理解，亦未作改动。

3. 全集的注释很多，且形式繁杂。有大量简写的，如“A713 即 B741”是指康德《纯粹理性批判》两个不同版本的页码；有很多注项不全的，如“见书之第 12 节”；同一文献资料有多种说法的，典型的如华特生的 The

Philosophy of Kant Explained 一书,韦先生有时简译为《解康德》,有时译为《释康德》,更多的时候译为《康德解》等等。编审人员不宜按照现有的规范统一,注项不全的也因资料有限而没法补充完整。为了尽可能保持原貌,更为避免造成新的错误,只能大致统一。

4. 正文内容的层次复杂,很多并没按现在通行的层次表达形式。同一层次的内容,有用 A、B、C……表示的,也有用 a、b、c……表示的,还有用(1)、(2)、(3)……表示的等,甚至同一层次的内容,其表现形式也不统一。考虑到没有错误,均未径改。

5. 有些表述虽不合适,但明显属于个人的写作习惯。如书稿中经常用"而"表递进关系,还有很多"是……的"句式,但有的"是……"后面没有"的"字等。虽然改了更符合现在的规范,但文中此类表述甚多,考虑到这种表述不影响读者的理解,亦未擅改。

6. 全集中还有少部分英文内容,原稿中同一个英文单词既有英式拼写,也有美式拼写,专用词的大小写亦不统一,同一地名的写法不尽相同,还有作者在书信后的署名写法不尽一致,为了保持作品原貌,亦未全书统一,仅在同一篇章或同一书信中统一。

韦卓民先生行文的特殊性还有不少,书稿的编校需要特别对待之处也很多,在此不一一赘述。

与大多数 20 世纪上半叶人物文集整理出版的难度大一样,《韦卓民全集》书稿的整理、编审难度远远超乎我们的想象。书稿除了少部分成书外,绝大部分都是图书馆和档案馆存放多年的手稿,编校这类书稿的难度有三:一是书稿中有大量非规范的简化字、繁体字、异体字,并夹杂有德文、英文、法文、拉丁文、希腊文等外文,且字迹难以辨认;二是书稿存放时间太久而导致的字迹脱落或模糊不清;三是由于书稿的专业性太强而难于理解。这不仅给书稿的收集整理增加了难度,对编审和校对人员也是极大的挑战。为了使文集尽量保持韦先生写作的原貌,也为了最大限度减少书稿的差错,编校人员反复查阅原件,并多次到图书馆、档案馆通过复印、拍照等方式获得资料进行核对和辨认。这仅仅有负责、敬业的精神和认真、细致的态度是不够的,编辑同人是怀着对韦先生的景仰之情和对学术的敬畏之心来做这套书的。我们有理由相信,《韦卓民全集》的出版将为学术界提供一个全面研究韦卓民先生的最佳文本,也将为西方哲学、教育学和宗教学等的研究提供重要的学术资源。同时,韦卓民作为研究中西方文化的先贤,其全集的刊行也将进一步推动中西方文化的交流与合作,为我国当下的学术发展与文化建设起到积极作用。

本社

2016 年 3 月 10 日